HERMES

在希腊神话中，赫耳墨斯是宙斯和迈亚的儿子，奥林波斯诸神的信使，道路与边界之神，睡眠与梦想之神，亡灵的引导者，演说者、商人、小偷、旅者和牧人的保护神……

本书由中国社会科学院"绝学"、冷门学科建设项目"古典学研究"资助出版

经典与解释　古典学研究丛编
HERMES
中国社会科学院外国文学研究所
古典学研究室　编
主编　刘小枫　贺方婴

A Grammatical Commentary
on Thucydides

《伯罗奔半岛战争志》语法笺释

何元国　编著

中国社会科学出版社

图书在版编目(CIP)数据

《伯罗奔半岛战争志》语法笺释 / 何元国编著.
北京：中国社会科学出版社，2025.4. --（经典与解释）.
-- ISBN 978-7-5227-5025-5

Ⅰ. K125；H791.34

中国国家版本馆 CIP 数据核字第 202548UH66 号

出 版 人	赵剑英	
责任编辑	郝玉明	
责任校对	谢　静	
责任印制	李寡寡	

出　　版	中国社会科学出版社	
社　　址	北京鼓楼西大街甲 158 号	
邮　　编	100720	
网　　址	http://www.csspw.cn	
发 行 部	010-84083685	
门 市 部	010-84029450	
经　　销	新华书店及其他书店	

印刷装订	北京君升印刷有限公司	
版　　次	2025 年 4 月第 1 版	
印　　次	2025 年 4 月第 1 次印刷	

开　　本	787×1092　1/16	
印　　张	26.75	
字　　数	525 千字	
定　　价	198.00 元	

凡购买中国社会科学出版社图书，如有质量问题请与本社营销中心联系调换
电话：010-84083683
版权所有　侵权必究

To Prof. Evangelos Chrysos

出版说明

　　1953年2月，新中国成立第一个国家级文学研究所，涵盖中国文学学科和外国文学学科。1955年6月，中国科学院设立哲学社会科学学部等四个学部，文学研究所遂隶属于中国科学院哲学社会科学学部，其外国文学学科下设四个组，即苏联文学组、东欧文学组、东方文学组和西方文学组。

　　1957年7月，在"古为今用、洋为中用"的文化方针引领下，文学研究所创办《文艺理论译丛》辑刊，"旨在有计划、有重点地介绍外国的美学及文艺理论的古典著作"，1959年年初停刊，共出版6辑。同年，文学研究所制订"外国古典文学名著丛书"和"外国古典文艺理论丛书"编译计划。1961年，《文艺理论译丛》复刊，更名为《古典文艺理论译丛》，同时创办《现代文艺理论译丛》，历史地刻写了文学研究所外文组古今并重的学术格局，"为新中国文艺理论界提供了丰富而难得的参考资源，成为公认的不可缺少的资料库"。

　　1964年9月，为加强对外研究，经毛泽东同志批示，中国科学院哲学社会科学学部以文学研究所下辖的四个外国文学组，加上中国作协《世界文学》编辑部，另行成立外国文学研究所。自晚清以来，我国学界译介西方文明古今典籍的学术生力终于有了建制归属。

　　时世艰难，国际形势的变化很快中断了外国文学研究所的新生热情。《古典文艺理论译丛》在1965年停办（共出版11辑），"外国古典文艺理论丛书"选题39种，仅出12种。

　　1977年，中国科学院哲学社会科学学部独立组成中国社会科学院。值此改革开放之机，外国文学研究所迅速恢复"外国古典文学名著丛书"和"外国古典文艺理论丛书"编译计划，"分别删去两种丛书中的'古典'二字"。显然，译介西方现当代学术文籍乃我国新时期发展所亟需。1979年，外国文学研究所推出大型"外国文学研究资料丛书"，开创了经典与解释并举的编译格局（至1993年的15年间，出版近70种），尽管因人力所限无法继续秉持古今并重的编译方针。

1958年出版的《文艺理论译丛》（第四期）曾译介过十九世纪法国著名批评家圣·佩韦（1804—1869，又译"圣勃夫"）的文章《什么是古典作家》，其中对古今作家之别有清晰界定。classique这个语词引申为"经典作家"的含义时，起初仅仅指古希腊的荷马、肃剧诗人和柏拉图等。大约公元二世纪时，罗马人也确认了自己的古典作家——西塞罗和维吉尔。但自但丁（1265—1321）、乔叟（1340—1400）、马基雅维利（1469—1527）、拉伯雷（1494—1553）、蒙田（1533—1592）、塞万提斯（1547—1616）、莎士比亚（1564—1616）以来，拉丁欧洲也有了自己的古典作家，他们与新兴王国或者说领土性民族国家的形成有关。1694年，法兰西学院的第一部词典把classique界说为"具有权威的古代作家"，而十九世纪的圣·佩韦则认为，这种界定过于"拘束"，现在是时候"扩大它的精神含义"了。因为自"拿破仑帝国时代"——如今称为"大西洋革命时代"——以来，只要作品"新鲜"或"多少有些冒险性"就能够成为classique。由此看来，在今天的中国学人面前，实际上有两个品质不同的西方古典文明传统，以及自启蒙运动以来形成的现代欧洲文明传统。

从1959年的"外国古典文学名著丛书"和"外国古典文艺理论丛书"编译计划，到1979年的"外国文学研究资料丛书"编译计划，记录了前辈学人致力于整全地认识和译介西方文学传统所付出的历史艰辛，尽管因时代所限，对两个西方古典文明的基础文本及研究文献的编译刚刚开始就中断了。2002年，古典文明研究工作坊创设"经典与解释"系列丛书和专题辑刊，意在承接数代前辈学人建设新中国学术的坚韧心志，继续积累可资参考的学术文献。

2023年12月，在"两个结合"的学术方针激励下，外国文学研究所正式设立古典学研究室。值此之际，我们开设"经典与解释·古今丛编"，志在赓续三大编译计划的宏愿，进一步型塑古今并重和经典与解释并举的编译格局，同时向普及性整理中国文史典籍方面拓展，为我国的古典学建设尽绵薄之力。

中国社会科学院外国文学研究所
古典学研究室谨识
2024年5月

目　　录

前　言…………………………………………………………… 1
卷　一…………………………………………………………… 1
卷　二…………………………………………………………… 77
卷　三…………………………………………………………… 132
卷　四…………………………………………………………… 182
卷　五…………………………………………………………… 241
卷　六…………………………………………………………… 285
卷　七…………………………………………………………… 332
卷　八…………………………………………………………… 368
后　记…………………………………………………………… 411

前　言

修昔底德的《伯罗奔半岛战争志》是一部传世之作，其史料之翔实，记述之严谨，思想之深邃，历来广受史学、政治学和国际关系学等领域的学者和其他社会有识之士的重视。它用古希腊文写成，距今2400多年了。对于只需要一般了解的读者，坊间各种译本基本够用。但是，对专业研究者——西方称之为"古典学者"（Classicist）——而言，其希腊文原文就是一道必须迈过去的门槛。

只是这道门槛相当高，因为古希腊文本身就很难学，修昔底德的希腊文又以艰深著称。笔者曾用8年时间从原文翻译这部书，对此深有体会。2018年拙译作初版（中国社会科学出版社2017年12月出版）面世后，笔者看到一些读者反馈，自己也发现了许多错误，心中惶恐。于是，下决心再读一遍原文（实际上读了两遍）。同时，感觉有必要将两次精读的成果"固化"下来，即将其中的难句逐词进行语法疏解。既方便自己，还希望有益于同道，尤其是青年学子，于是就有了本书。

这项工作是否值得做？2015年，笔者发现这项工作已经有人着手做了，那就是美国学者卡梅伦，不过他只做了修昔底德的第一卷。[1] 他的用意大概是，第1卷是最长最难的一卷，初学者可以举一反三，其他几卷就不必做了。但是，笔者有如下几点考虑。第一，卡梅伦是为英语读者而做。英语与古希腊语同属印欧语系，二者有很多相通之处（详下文），故母语为英语者学习古希腊语占很大便宜。对于中国学者而言，我们没有这个便宜，起点要低得多，难以举一反三。第二，虽然第1卷差不多是最难的，但其他各卷也有很难的句子（比如，第2卷"伯里克利的葬礼演说"通篇都很难）。而且，就是第1卷，卡梅伦的疏解对于中国学者来说，还是偏少了。因此，笔者打算全部都做，而且将原文稍有难度的地方都加以分析，让具有中等古希腊语程度的读者——尤

---

[1] H. D. Cameron, *Thucydides Book I: A Students' Grammatical Commentary*, Ann Arbor: The University of Michigan Press, 2003.

其是研究生——可以借助本书读懂原文。笔者相信，结合本书读通原文，其古希腊语水平将跃升到一个新层次。

何为难句？这当然要依人而定。对于20世纪甚至19世纪的西方古典学者而言，他们可能觉得修昔底德的书难句不多。历来的一些注释者，如莫里斯（Charles D. Morris）、马钱特（E.C. Marchant）、格雷夫斯（C. E. Graves）、福勒（Harold North Fowler）、塔克（T. G. Tucker）等人，他们的语法疏解都不多。① 戈姆等主要对那些原文有争议的地方做语法疏解（本书在正文和脚注中简称"戈姆《评注》"或"戈姆等《评注》"）。② 霍恩布洛尔则几乎不做（本书在正文和脚注中简称"霍氏《评注》"）。③ 用卡梅伦的话说，前人在语法上提供的帮助，实在太吝啬了（distressingly stingy with grammatical help）。④

事非经过不知难。在笔者看来，如果我们不仅要懂得句子的意思，还要讲清楚句子的语法结构，以及每个词的语法作用，而且要说明其根据，即其在语法书上的出处，那就很难了。举一个简单的例子，看起来不起眼又很常见的一个词：τι，它有一个义项："在某种程度上""以某种方式"等，即因其中性、宾格用作副词，而不是直接作宾格。⑤ 对此，历代注释家只注少数几处。可是，对于那些不知道这个义项，又没有通读注释的人，遇到了就会被卡住，半天前进不得。每每遇到这种情况，真有叫天天不应，叫地地不灵的感觉。真希望注释者能不吝笔墨！因此，笔者的原则是，宁多毋少，尽量为读者考虑。即便是相同的语法的现象，每次遇到都要疏解。这样，即使读者随便挑一句，都能看到比较详尽的解释，不必从头看起。

关于难句，笔者的标准是，超过中等希腊语程度。什么是中等程度？即系统学完了古希腊语语法，可以顺利读懂一些难度不大的古希腊文献，如色诺芬的《希腊志》（*Hellenica*），亚里士多德学派所作的《雅典政制》（*The Athenian Constitution*）等。坊间有不少古希腊语教材，应该说各有千秋。但笔者青睐的是英国剑桥大学出版社出版的 *Reading Greek*。首先，它是一整套，包括《课文与词汇》《语法与练习》《自学辅

---

① 详见美国塔弗茨大学的网站：www.perseus.tufts.edu，具体链接：https://www.perseus.tufts.edu/hopper/text?doc=Perseus%3Atext%3A1999.01.0199。

② A. W. Gomme, *A Historical Commentary on Thucydides, Vol. I*, Oxford at the Clarendon Press, Reprinted in 1959; *Vol. II*, 1962; *Vol. III*, Reprinted in 1962; A. W. Gomme, A. Andrewes and K. J. Dover, *Vol. IV*, Reprinted in 1978; A. W. Gomme, A. Andrewes and K. J. Dover: *Vol. V, Book 8*, 1981.

③ Simon Hornblower: *A Commentary on Thucydides, Vol. I, Book I–III*, Oxford: Clarendon Press, 1991; *Vol. II, Book IV–V.24*, 1996; *Vol. III, Book 5.15–8.109*, 2008.

④ H. D. Cameron, *Thucydides Book I: A Students' Grammatical Commentary*, Preface.

⑤ CGCG § 29.41（关于简称"CGCG"详见下文）。

导》《教师备课参考》，以及几本拓展阅读材料等，[1] 还有开头若干篇课文的配套朗读录音。特别适合自学。其次，自1978年出版问世，到第二版历经29年，花费大量人力物力，做了大量修改优化。最后，教材课文设计由易到难，循序渐进，语法讲解系统完整，并且配有大量练习。最后一点尤其值得称道。练习数量少，形式单一，编排不科学，是许多同类教材的软肋。青年学子千万不可跳过不做。一定要独立完成后，再去核对《自学辅导》中的答案。对于英语母语者，学完这套教材大概需要1—2年。中国学生如果保证时间投入，大概需要2年以上，当然还要具备足够的学习能力和旺盛的求知欲。

学完 Reading Greek，阅读修昔底德依然会非常吃力，这就是这篇前言想说的关键。如果说 Reading Greek 系统讲清了语法，但那只是一般规则，尽管这些已经够繁复了，而修昔底德的文本含有大量这些规则之外的"例外"。这时候就要参考详尽型（full-scale）语法书。史密斯（Herbert Weir Smyth, 1857—1937）的《大学希腊语语法》（*A Greek Grammar for Colleges*）初版于1920年，1956年出了修改版，由梅辛（Gordon M. Messing）修改，至今仍是最权威的古希腊语语法书。[2] 2019年，剑桥大学出版社出版了最新的详尽型古希腊语语法，[3] 做了许多改进，对青年学生更为友好。在该书编者看来，史密斯和梅辛的主要缺点有：没有反映新的语法研究成果；规则内容简练密集（dense），令人生畏（daunting）；例句不总是具有代表性；术语混乱过时等。[4] 笔者对于这些都有所体会，这些瑕疵的确存在。但它能否完全取代《希腊语语法》？恐怕还需要时间检验。首先，它的例句极为丰富，是一大优点。《剑桥希腊语语法》可能为了追求简明扼要，例句较少。其次，《希腊语语法》有些地方比较全面。这里仅举两例。第一例，关于多重否定（Multiple Negatives），《剑桥希腊语语法》很简明扼要（第56.3—5条），但漏掉了一种类型，即多个复合否定词连用的情况，《希腊语语法》则专列了一条（第2761条）。第二例，关于定冠词作指示代词。《剑桥希腊语语法》仅指出定冠词加小品词的情形，即 ὁ, ἡ, τό + μέν/δέ（第28.26—28条）；但《希腊语语法》指

---

[1] The Joint Association of Classical Teachers' Greek Course, *Reading Greek: Text and Vocabulary, Grammar and Exercises,* Second Edition, 2007; *An Independent Study Guide to Reading Greek*, Second Edition, 2008; *The Teachers' Notes to Reading Greek*, 1986, Cambridge: Cambridge University Press.

[2] H. W. Smyth, *Greek Grammar*, Revised by G. M. Messing, Harvard University Press, 1956, Renewed, 1984.

[3] E. van Edme Boas, A. Rijksbaron, L. Huitink, M. de Bakker, *Cambridge Grammar of Classical Greek*, Cambridge: Cambridge University Press, 2019.

[4] E. van Edme Boas, A. Rijksbaron, L. Huitink, M. de Bakker, *Cambridge Grammar of Classical Greek*, Preface, p. xxxi.

出还有定冠词加 γέ 和 τοί，以及 καί ὁ，其中的定冠词也都作指示代词（第 1106 条）。①最后是个人原因。笔者长期使用史密斯和梅辛的书，已经很顺手，感到它基本够用。不过，遇到有疑问的地方，还是要翻阅这部新著。

本书凡是注语法根据的地方，直接在文中夹注其语法书简称和规则第 × 条，如"GG § 1106"，即史密斯和梅辛：《希腊语语法》规则第 1106 条。同理，"CGCG § 27.14"即《剑桥古典希腊语语法》规则第 27.14 条。

下面从几个方面举例说说这项工作的困难之所在。第一，有些常用词词义变化多端。如 ὡς 的用法。Reading Greek 作了总结（规则第 392 条），共有 9 项，已经够多了。但是，在修昔底德笔下，它至少还有如下用法：(1) so far as was possible；(2) as soon as；(3) ὡς ... εἶναι，"就……而言"（GG § 2012c）；(4) ὡς + 独立宾格结构（§ 2078），"因为……"；(5) ὡς μάλιστα，certainly；(6) ὡς ἐπὶ πλεῖστον，"尽可能地"（GG § 1086）；(7) ὡς + 独立属格结构，表示原因或者目的（GG § 2086）；(8) ὡς + 分词，表示分词主语的意见，"以为""相信"（GG § 2086）；(9) ὡς 跟介词 ἐς，表真正意图（GG § 2996）；(10) as if。以上规则加"例外"差不多近 20 项了。

第二，看似确定无疑的词却有意想不到的用法。如 οἱ 竟然可以解作反身代词。先看一个句子：Περικλῆς ... προηγόρευε τοῖς Ἀθηναίοις ἐν τῇ ἐκκλησίᾳ ὅτι Ἀρχίδαμος μέν οἱ ξένος εἴη ...（2.13.1）。马钱特注明 οἱ 是间接单数反身代词，意思是 to himself，并且说在修昔底德的书中只此一见。但实际上不止这一句，如：ξύμπαν δὲ τὸ ὁπλιτικὸν τῶν Ἑλλήνων τρισχίλιοι μάλιστα, ἱππῆς δ' οἱ πάντες ἠκολούθουν Μακεδόνων ξὺν Χαλκιδεῦσιν ὀλίγου ἐς χιλίους ...（4.124.1）。②这里无注，实际上此处的 οἱ 更容易被误解为定冠词。《希腊语语法》指出，这类间接反身代词用在从句中，指主句的主语（GG §§ 1225, 1228b），应该写作 οἷ，可是，其引的例句却写作 οἱ（ἠρώτᾱ αὐτὴν εἰ ἐθελήσοι διᾱκονῆσαί οἱ），不得不说是一个疏忽。但是《剑桥古典希腊语语法》明确指出，οἷ 可以写作 οἱ（CGCG § 29.18），但没有举出例句，这就是一个改进。

第三，一些用法不能看作理所当然，要在语法书中找出其根据。有这样一句话：... ὁ Δημοσθένης ὀλίγῳ ὕστερον, ὡς αὐτῷ τότε πλεύσαντι τὰ περὶ τὰς Σίφας τῆς προδοσίας πέρι οὐ προυχώρησεν ...（4.101.3）。其中的 τῆς προδοσίας πέρι 似乎只能解作 περὶ τῆς προδοσίας。但是，这属于何种语法现象？《希腊语语法》认为，πέρι 的调号应该在第二个音节上，但这里却在第一个音节上，这叫"反转"（Anastrophe）（GG § 175a），故

---

① 笔者发现，τε οἱ 似乎类似 καί ὁ，其中定冠词 οἱ 也作指示代词（Thuc. 4.92.5）。
② 还有：4.28.2; 5.7.3; 5.10.3; 6.59.2; 6.93.3; 7.42.5; 7.49.3; 7.86.2; 8.50.5; 8.85.3。

应解作 περὶ τῆς προδοσίας。《剑桥古典希腊语语法》把介词置于主语名词短语之后，叫"反转"，这种情况多出现于韵文中，而在阿提卡散文中，这种结构仅限于"περὶ + 属格"的形式（CGCG § 60.14）。应该说，这里《剑桥古典希腊语语法》又略胜一筹。

第四，某些动词其后跟双宾格（double accusative）的问题。《希腊语语法》没用"双宾语"这个词，但提到某些动词其后跟两个宾语（一个是人，另一个是物）（GG § 1628），还提到某些动词带两个宾格（其一为直接宾语，其二用来表述直接宾语）（GG § 1613）。《剑桥古典希腊语语法》则用了这个词，而且将其分为两大类：直接宾语 + 用作补语（complement）的宾格（CGCG § 30.9）和直接宾语 + 用来表述（predicative）的补语（complement）（CGCG § 30.10）。该书举出了第一大类的例词：ποιέω; δράω; αἰτέω; ἐρωτάω; ἀφαιρέομαι; διδάσκω; κρύπτω。第二大类例词：αἱρέομαι; ἡγέομαι; τίθημι; καθίστημι; καλέω; λέγω; νομίζω; ποιέω。但修昔底德著作中实际出现的这两类动词比这里的例词多很多。第一大类还有：ἔργω; πράσσω; ἀπωθέω; ἐκπράσσω; ὑπερφέρω; περιβάλλω; προσκατηγορέω; ἀδικέω; ἀνταπαιτέω 等。第二大类还有：ἀξιόω; ἔχω; παρέχω; λαμβάνω; δέχομαι; κρίνω; εἶδον; λείπω; καταλείπω; προστάσσω; ἀναμιμήσκω; ὑπομιμνήσκω; τειχίζω; πέμπω; ἐκπέμπω; ἐπιλέγω/ἐπιλέγομαι; στέλλω; ἀποστέλλω; δίδωμι 等。而且，大类下面还有若干小类，意思有细微差异，读者需要倍加小心。

第五，一些单词和词语组合有其特殊含义。如：ἀλλ' ἤ, unless; ἄλλως, "漫无目的"; αὐτοῦ, 副词, "就在那里"。εἰ καί, 相当于 ὅτι（that）; ἔνι = ἔνεστι; τῷ ὄντι, 相当于 ἔργῳ, "实际上"; μέχρι 跟直陈式, "只要"; ὅ, 用在句首（有时用 ἅ）, as to what; ὅ 还可以用作副词, whereas; οἷ γε, 引导表原因的从句, "因为……"; οἵ, 常常用来代替 οἵτινες, 尤其是在跟 ἄν 和 μή 的情况下; ὅτι = ὅ τι, anything which。如此等等。这些含义虽然与其本义多少有些联系，但毕竟离本义已经很远了，不能想当然，必须查阅语法书。而上述两部语法书都是七八百页的大部头，有时候查找起来很不容易。

还有许许多多 Reading Greek 没有提及的语法现象，比如，属格还有"品质属格"（Genitive of quality）（或称 Pregnant genitive）、"谓词性属格"（Predicative Genitive）、"宾语性属格"（The Objective genitive）和"部分属格"（Partitive genitive）等之分。动词除了一般的分类之外，还有所谓"感知动词"（verbs of perceiving）、表示"知道"的动词（verbs of knowing）、表示"思考"的动词（verbs of thinking）。表示"努力行动"的动词（verbs of effort）。表示愿望或者需要的动词、表示"阻碍"的动词、表示 go 的动词和异态动词等。Reading Greek 共有语法规则 454 条，可以看作基本规则，而《希腊语语法》的语法规则竟有 3048 条之多，《剑桥古典希腊语语法》则分 6 大类，每个大类又有若干小类，估计也有近 3000 条。这些多出来的 2000 多条规则，可以看作基本规则的"例外"，或者说特殊情形。

再有难对付的关系代词（尤其是 ὧν）、不定式、祈愿语气、虚拟语气和变化多端的命令语气和否定用法等。至于那些演说词中包含大量"对偶句"（antithesis）、让人分不清主句从句的长长的句子，就更不用说了。最后还有经过历代传抄，出现讹误和阙文的句子。总之，对付这桩劳神费力的苦活，需要耐心、细致和大量的时间投入。

本书具体的疏解策略有以下三条：第一，指出句子主干，即其主谓（详见下文）。对于结构复杂的长句，首先要分清主句和从句，再分析主句和从句的主干。如果不知道主干，那么这个句子甭想读懂了。

第二，整理词序。古希腊语的冠词、名词、代词和形容词要变格，有性、数、格之分。动词随着主语的不同而变位。主语要用主格，宾语用宾格。有些动词要求跟除宾格之外其他格。介词跟不同的格，意思有所不同。分词也要与被修饰的对象进行性、数、格的配合。如此等等。因此，古希腊语句子的词序（word order）比较灵活。主语不一定在谓语前面，谓语也不一定在宾语前面。修昔底德特别喜欢将要强调的词放到句子的最前面，那么句子的词序就更"乱"了。所谓整理词序，就是按照英语或者汉语的习惯重新安排词序，以便于理解。

第三，针对有难度的句法和词法问题做出疏解。如指出形容词修饰的对象；分词跟什么词配合；介词、动词、形容词甚至名词后面跟什么格；哪个词与哪个词连读，如此等等。疏解中有些希腊语词加了括号，意思是该词在原文中被省略，加上后有助于理解。如 ἀναχωρησάντων (αὐτῶν)（2.5.5），这明显是"独立属格结构"。其他疏解方法内行应该一看就懂，这里就不再赘述。

本书旨在疏解难句的语法（包括句法和词法），一般不注单词或者词组的语义，只在语义很特殊时注明。参考的是《希英词典》（H. G. Liddell, R. Scott, H. S. Jones, *A Greek Lexicon*, Oxford: Clarendon Press, 1940）。Perseus 网站提供了该词典的词条链接，使用起来很方便。近来荷兰 Brill 出版社和英国剑桥大学出版社推出了新的《希英词典》，[①] 有许多改进。但笔者只在查阅牛津的《希英词典》遇到疑问时才查阅这两部新词典。如《剑桥希腊语词典》注明：ἐλλιπὲς 跟属格（τῆς δοκήσεως）（4.55.2）；κηρύξαι + 宾格（τὸν βουλόμενον）+ 不定式（ἰέναι）（4.68.3）。ἡγούμενοι 跟双宾格（τούς ... Μεγαρέας 和 πολεμίους）（4.69.3）等，这些用法牛津的《希英词典》都没有说明。

---

① Franco Montanari, *The Brill Dictionary of Ancient Greek*, Leiden, Boston: Brill, 2015; J. Diggle, *The Cambridge Greek Lexicon*, Cambridge: Cambridge University Press, 2021.

有一点需要说明，细心的读者将发现，笔者有时候用英语作疏解，这是因为用英语有时更方便。比如，ὅτι 有一个义项，引导一个从句做主语动词的宾语，这就类似 He said that ... 中的 that。如果注：ὅτι, that，是不是有胜过千言万语之感？这是因为英语跟古希腊语同属印欧语系。虽然西方有一句谚语：It's all Greek to me！（"全然不懂"；"一窍不通"）但在我们局外人看来，它们相通的地方还是太多了。首先，它们都是字母文字；其次，各种词类、时态、语态、语气等，大部分称呼都相同。少数如部分变格（属格、与格、呼格）、中动态等完全不同。在学习的过程，我们时常发现，用英语译古希腊语确实很方便。不可否认，西方人（尤其是操有变格变位语言的人）学习古希腊语具有我们没有的先天优势。当然，我们用汉语译也有自己的优势，有时候甚至胜过英译。有利的是，中国学习西方古典者普遍英语水平较高，对于绝大多数人而言，英语是我们通往古希腊语唯一的桥梁，就像小篆是通往先秦古文字的桥梁一样。这也是笔者前面力荐 Reading Greek 的原因之一。

还有以下几个小问题需要说明。

第一，本书依据的希腊语底本是"牛津古典文本"（Oxford Classical Texts）中的 *Thucydidis Historiae*，[1] 还参考了"洛布古典丛书"（The Loeb Classical Library）中的文本（本书简称"洛布本"）[2] 和阿尔伯蒂的校勘本。[3] 如果读者想要参考英译本，坊间几个译本都可以用。但笔者推荐"洛布本"中的英译（Charles F. Smith 译），它利用英语与古希腊语在语法上有共通之处的特点，尽量模仿古希腊语的词法和句法，有助于我们理解原文。如果读者愿意，拙译《伯罗奔尼撒战争史》修订译本也可以参考。

第二，修昔底德用阿提卡方言写作，有一些拼写习惯：ἤν = ἐάν；ξύν = σύν；ἐς = εἰς；-σσ- = -ττ-（如：θάλασσα = θάλαττα）；-ρσ- = -ρρ-（如：θάρσος = θάρρος）；αἰεί = ἀεί 等。这些都容易熟悉。

第三，希腊语语法书经常提及一个词：predicative，汉译为"表语"。表语在西方语言中很好理解。因为，所有句子都可以分为两部分：主语（subject）（也称为"主词"）和对主语的说明（也叫"谓词"）。后者就是对前者的"表述"或者"谓述"（predicate）。由此，The green tree 和 The tree is green，两者中的 green 虽然都是形容词，但后者叫"表语形容词"。所谓"表语属格""表语宾格""表语分词""表语名词"等，

---

[1] Henricus Stuart Jones, Johannes Enoch Powell: *Thucydidis Historiae*, Oxford University Press, first printed 1900. Reprinted with emended and augmented apparatus criticus 1942.

[2] *Thucydides: History of the Peloponnesian War*, Harvard University Press, Reprinted in 1999.

[3] I. B. Alberti: *Thucydidis Historiae*, Romae: Typis Officinae Polygraphicae, Vol. I, 1972; Vol. II, 1992; Vol. III, 2000.

也就容易理解了。

第四，关于单词调号改变的问题。有的会造成误解或者困惑，如：... οἵ τε Ἀθηναίων τύραννοι ...（1.18），οἵ 是定冠词，本应写作 οἱ，但它跟一个前倾词（τε），它自己就是后倾词。[1] 于是，加了高调符号（"´"），我们不要误解为关系代词等。这是一定要说明的。再如，εἴ 跟前倾词（τις、ποι、τι、τῳ、τε、πως 和 μοι 等），实际上是 εἰ (if) 加了高调符号。还有 ἔς、ἔκ 和 ἔν 等跟前倾词（γε 和 τε 等），也是同样道理。还有一类情况，如 δράσαντές τι（1.20.2），δράσαντές 竟然有两个调号，这是因为它跟了前倾词（τι），故其末音节加了高调符号。这类情况很多，本书对第 1 卷和第 2 卷做了疏解，后面 6 卷就没有再做，以节省篇幅。需要说明的是，有些不该标高调的单词标了高调，也因为跟了前倾词，如 δέ μοι、τό τε、τέ μοι、γάρ ἐστι、τά τε、περί τε、ἐμέ τε、καί τινες、κατά τε、μή τι、ἐπί τε 等，前一个词一般不用高调，但都用了，也是同样的道理。本书不一一注明。另外，有时候，前倾词与后倾词合写一个单词，如 οὔτε，本应写作 οὐ τε，即 οὐ 跟前倾词（τε），故加了高调符号。其他如 ὥστε、εἴτε、καίτοι、οὔτινος、ᾧτινι、ὧντινων 等，都可以这样理解。有些已经不可分开写的单词如 ὥσπερ、ὅδε、τούσδε、οἴκαδε 也是同样的道理（GG § 186）。这些词出现的频率很高，本书也不再一一注明。

最后想说的是，由于笔者水平有限，疏解难免有疏漏、不当和错误之处，恳请读者诸君不吝指正，以便日后改正！

---

[1] 前倾词（enclitics），源自 ἐγκλίνω，意思是 lean on/upon，它紧跟前一个词（后倾词或者其他词），发音很快，失去了自己的调号。罗念生译为"前倾词"（见其与水建馥合著《古希腊语汉语词典》，北京：商务印书馆 2004 年第 1 版），这里沿用。后倾词（proclitics）在前倾词前面，但数量不多（ὁ, ἡ, οἱ, αἱ, ἐν, εἰς(ἐς), ἐξ(ἐκ), εἰ, ὡς, οὐ(οὐκ, οὐχ) 等）（GG § 179）。罗先生没有用这个词。

卷　　一

1.1［笺释］Ἀθηναῖος，名词，是 Θουκυδίδης 的同位语，前面没有定冠词，可以看作带不定冠词，故应译为"一位雅典人"。这里修昔底德以第三人称说自己，按照汉语的习惯，这里的数量词"一位"不必译出。ξυνέγραψε，ξυν- 为前缀，本为 συν-，修昔底德全书都写作 ξυν-，这是阿提卡方言的拼写。ὡς，how。这半句话英译可简化为 He wrote the war, how they fought。这里的 ὡς 本来应该用 ὅν（关系代词，其先行词是 τὸν πόλεμον，which），即 He wrote the war, which Peloponnesians and Athenians fought。但作者直接用了 ὡς。这在语法上称作"预叙"（prolepsis），即从句的主语（"伯罗奔尼撒人和雅典人"）是读者可以预想到的。① καθισταμένου 应该跟一个名词属格（τοῦ πολέμου），构成所谓"独立属格结构"（Genitive Absolute），② 以表时间。由于 εὐθὺς 这里显然是跟时间相连，故将 τοῦ πολέμου 省略。εὐθὺς καθισταμένου（τοῦ πολέμου），"从（这场战争）一开始"（GG § 2072）。ἐλπίσας+ 宾格（τὸν πόλεμον）+ 不定式（ἔσεσθαι）。τὸ μὲν ... τὸ δὲ ... 表对比，两个 τὸ 作指示代词（GG § 1106），指 τὸ ἄλλο Ἑλληνικὸν，"有的……有的……"。

1.2-3［笺释］δή，用来加强 μεγίστη 的语气，"的确""确实"。ὡς εἰπεῖν，惯用语，"可以说"。ἐπὶ πλεῖστον，"最大程度地"（GG § 1689.3c）。ἀδύνατα ἦν，it was impossible ...，无人称句，跟不定式（εὑρεῖν）。ἀδύνατα 一般作 (ἐστίν) ἀδύνατον，即中性、单数、无人称，但修昔底德爱用中性、复数（GG § 1052）。τὰ πρὸ αὐτῶν，定冠词 + 介词短语 = 名词。τὰ ... παλαίτερα，定冠词 + 形容词 = 名词，均作 εὑρεῖν 的宾语。συμβαίνει +

---

① 这种语法现象也称"野百合构造"（lilies-of-the-field construction），语出《圣经》（《马太福音》第 6 章第 28 节），参考其英译 Consider the lilies of the field, how they grow. 这里的 they 指 lilies，故从句主语是主句动词的宾语。在修昔底德的这句话中，从句的主语不是主句动词的宾语，但暗含于其中，与此例略有不同。

② 所谓"独立属格结构"（直译"绝对属格"），是指属格形式的分词，跟句子其他成分没有语法关联，总是用属格。

与格（*μοι*）+ 不定式（*πιστεῦσαι*），it happens to somebody to do ...。*συμβαίνει μοι πιστεῦσαι*，"我相信"，*συμβαίνει* 在这里不能直译。*σκοποῦντί* 与 *μοι* 配合（保持性、数、格的一致）。*ὧν* = *τούτων ἅ*，关系代词 *ἅ* 被其先行词 *τούτων*（省略）所吸引（attracted），故采用其格（GG §§ 2522, 2538），作 *σκοποῦντί* 和 *πιστεῦσαι* 的宾语。*ἐπὶ μακρόν*，far, a long way。*νομίζω* + 宾格（*τὰ ... πρὸ αὐτῶν καὶ τὰ ... παλαίτερα*）+ 不定式（*γενέσθαι*）。*κατὰ ... ἐς ...*，"关于……关于……"，本来可以用 *κατὰ ... κατὰ ...*，避免重复。*τὰ ἄλλα*，定冠词 + 形容词 = 名词。

2.1-3［笺释］*φαίνεται* 跟分词（*οἰκουμένη*、*οὖσαι*、*ἀπολείποντες* 和 *βιαζόμενοι*）（GG §§ 2106, 2143）。*τὰ πρότερα*，定冠词 + 形容词 = 名词，用作副词，"从前"。*τῆς ἐμπορίας οὔσης*，独立属格结构。*νεμόμενοι*，中动态，"分配给自己""占有""据有"（其主动态是 *νέμω*，"分配""分发"）。*νεμόμενοί* 跟前倾词（*τε*），故其末音节加了高调符号（" ́ "）。① *ὅσον ἀποζῆν* = *ἐπὶ τοσοῦτο μόνον ὥστε ἀποζῆν*，"仅够过活"。*ἄδηλον ὄν* = it being unclear，独立宾格结构（Accusative Absolute），② 后面跟从句。从句的主干是 *τις ... ἄλλος ἀφαιρήσεται*。*ἀτειχίστων ... ὄντων (αὐτῶν)* 可以看作独立属格结构，也可以看作接在 *ἀφαιρήσεται* 后面，因为 *ἀφαιρήσεται* 可以跟属格（*αὐτῶν*，省略），意思是 take away from somebody。*ἡγούμενοι* + 宾格（*αὐτούς*，省略）+ 不定式（*ἐπικρατεῖν*）。*ἐπικρατεῖν* 跟属格（*τῆς τροφῆς*）。*τῆς γῆς ἡ ἀρίστη*，即 *ἡ ἀρίστη γῆ*。*ἥ*，定冠词，跟前倾词（*τε*），故加了高调符号。

2.4［笺释］*αἵ*，定冠词，跟前倾词（*τε*），故加了高调符号。*τισί*，"对某些（群体）而言"，因此这句话说的是一般情况。*ἐξ ὧν*，from which, whereby，*ὧν*，关系代词，其先行词是 *στάσεις*。

2.5［笺释］*γοῦν* = *γε οὖν*，后置小品词，位于句子的第二个单词位置上，"无论如何""确实"，一般表示通过举出具体事例肯定前面的普遍性观点（GG § 2830）。*τοῦ ἐπὶ πλεῖστον*，定冠词 + 介词短语 = 名词。*ἐπὶ πλεῖστον*，"经过最长的时间（距离）"。*τὸ λεπτόγεων*，定冠词 + 形容词（宾格）= 名词。*ἄνθρωποι ... οἱ αὐτοὶ* = *οἱ ἄνθρωποι αὐτοί*。

2.6［笺释］第一句主干：*τόδε ἐστι παράδειγμα*。*τόδε*，"这个"，指接下来的话。*τοῦ λόγου*，指上述观点。*οὐκ ἐλάχιστόν* = not least，"尤其""重要"。*ἐλάχιστόν* 跟前倾词（*ἐστι*），故其末音节加了高调符号。*ἐς* = *εἰς*，"关于""涉及"。*ἐς τὰ ἄλλα*，"就其

---

① 即 *νεμόμενοί* 为后倾词（proclitics），*τε* 为前倾词（enclitics），下同。

② 直译："绝对宾格"，所谓"绝对"是说其总是以宾格形式出现，与句子其他成分无明显的语法关联。这一点与独立属格结构同。

他地区（阿提卡之外）而言"（"洛布本"和阿尔伯蒂的校勘本作 τὰ ἄλλα，定冠词＋形容词＝名词，用作副词）。不定式 αὐξηθῆναι 可作主语（GG § 1984），是 τόδε 所指的内容之一。οἱ ... ἐκπίπτοντες ... οἱ δυνατώτατοι，重复定冠词结构。ἢ，or。ὡς βέβαιον ὄν，"（由于）它是安全的"。βέβαιον ὄν，独立宾格结构，ὡς 一般不跟无人称动词的独立宾格结构，这里跟了，表示行为人的行为的理由（GG § 2086d）。μείζω 是 μέγας 的宾格、比较级，称为"表语宾格"（Predicative Accusative）。动词 ἐποίησαν 的直接宾语是 τὴν πόλιν，μείζω 是它带的第二个宾格，用来断定（predicate）直接宾语（GG § 1613）。ὥστε ＋ 陈述语气（ἐξέπεμψαν），表结果。... οὔσης τῆς Ἀττικῆς，独立属格结构。

3.1［笺释］τόδε δηλοῖ ἀσθένειαν。τῶν παλαιῶν，定冠词＋形容词＝名词。οὐχ ἥκιστα，not least。πρὸ 跟属格（τῶν Τρωικῶν）。φαίνεται 跟分词（ἐργασαμένη）。πρότερον，用作副词。

3.2［笺释］δοκεῖ ＋ 与格（μοι）＋ 不定式（εἶναι, παρέχεσθαι, καλεῖσθαι 和 ἐκνικῆσαι）。ἄλλα τε καὶ，"尤其是""特别是"，类似 ἄλλως τε καὶ（GG § 2980）。τὸ Πελασγικὸν，定冠词＋形容词＝名词，"珀拉斯戈斯部族"，即"珀拉斯戈斯人"，作不定式 παρέχεσθαι 的主语。ἐπὶ πλεῖστον，"最大程度地"，修饰 τὸ Πελασγικὸν。καθ' ἑκάστους，"一个接一个地"。Ἕλληνος δὲ καὶ τῶν παίδων ... ἰσχυσάντων, καὶ ἐπαγομένων ...，独立属格结构。πολλοῦ χρόνου，表时间的属格，意思是在该时间段内。

3.3［笺释］πολλῷ 跟比较级（ὕστερον）（GG § 1514）。ὕστερον，用作副词，比较级，跟属格（τῶν Τρωικῶν），表比较。μὴν，加强语气的小品词，"真的""无疑"。οὐ μὴν οὐδὲ，nor (yet) again（GG §§ 2921, 2768）。τὸ ἀποκεκρίσθαι，定冠词＋不定式＝名词。Ἕλληνάς 作不定式 ἀποκεκρίσθαι 的主语。Ἕλληνάς 跟前倾词（πω），故其末音节加了高调符号。ἀντίπαλον ἐς ἕν ὄνομα ἀποκεκρίσθαι，"被区分并归于一个对立的名称"。ἀντίπαλον，形容词，修饰 ὄνομα。ὡς ἐμοὶ δοκεῖ，"在我看来"。

3.4［笺释］δ'οὖν ＝ δε οὖν，结束插叙，回归正题。ὡς ἕκαστοι，each by themselves。ξυνίεσαν 跟属格（ἀλλήλων）。πλείω 是 πολύς 的中性、复数、宾格、比较级，用作副词。①

4.［笺释］ὧν ＝ τούτων οὕς，οὕς 是关系代词，其先行词是 τούτων（省略），οὕς 被其先行词所吸引（attracted），采用了它的格（本应为宾格，却用了属格）（GG §§ 2522, 2538）。ἐκράτησε 跟属格（τῆς ... θαλάσσης）。ἦρξέ 跟属格（τῶν ... νήσων）。τῶν πλείστων，定冠词＋形容词＝名词。τοῦ ... ἰέναι，关节不定式（Articular infinitive）的属格，表示目的（通常是否定的）（GG § 2032e）。τὰς προσόδους 作不定式 ἰέναι 的主语。

---

① 即 Adverbial Accusative，下同。

5.1［笺释］*οἵ*，定冠词，跟前倾词（*τε*），故加了高调符号。*ἤρξαντο* 跟不定式（*περαιοῦσθαι*）。*ἐτράποντο*，中动态，"转身"。*ἡγουμένων ἀνδρῶν οὐ τῶν ἀδυνατωτάτων*，独立属格结构。*ἥνεκα* 跟属格（*κέρδους* 和 *τροφῆς*）。*κέρδους τοῦ σφετέρου αὐτῶν = τοῦ κέρδους τοῦ σφετέρου αὐτῶν*。*σφετέρου αὐτῶν*，"他们自己的"，*σφετέρου* 是单数，与 *κέρδους* 配合。*αὐτῶν* 是复数，在语法上本应该与 *κέρδους* 配合，但这里与所指对象的真正的性和数配合，语法称为 Construction according to sense（GG § 926a）。*προσπίπτοντες* 跟与格（*πόλεσιν*）。*ἐποιοῦντο* 的宾语是 *τὸν πλεῖστον*（定冠词 + 形容词 = 名词）。*ἔχοντός ... τοῦ ἔργου ... φέροντος ...* 独立属格结构。*τι καὶ δόξης*，something of glory。*ἔχοντός* 跟前倾词（*πω*），故其末音节加了高调符号。

5.2–3［笺释］这句话语法结构相当复杂，体现了修昔底德的文风。*δηλοῦσι* 的主语是 *τινὲς* 和 *οἱ παλαιοί*（定冠词 + 形容词 = 名词），但没带宾语，其宾语是上句说的当时人不以劫掠为耻的情况。*οἷς*，关系代词，其先行词是 *τινὲς*，"对 *τινὲς* 而言"。*δρᾶν ... (ἐστί) κόσμος*，不定式 *δρᾶν* 作主语（GG § 1984）。*τῶν καταπλεόντων*，定冠词 + 分词 = 名词，修饰 *τὰς πύστεις*。*εἰ*，whether。*ὡς* 跟独立属格结构（*ὧν ... ἀπαξιούντων ... ὀνειδιζόντων*），表原因（GG § 2086d）。*ὧν = τούτων οὕς*。*οὕς* 是关系代词，其先行词是 *τούτων*（省略）。关系代词 *οὕς* 被其先行词 *τούτων* 所吸引（attracted），采用了它的格（本应为宾格，却用了属格）（GG §§ 2522, 2538）。*πυνθάνονται* + 宾格（*οὕς*）+ 属格（*τούτων*），"从某人那里得知某事"。*οἷς*，自主关系代词，to whom。*ἐπιμελὲς* 跟不定式（*εἰδέναι*）。*εἴη*，祈愿语气。祈愿语气一般用来表达说话人的愿望或者比较遥远的可能性，但它还有一个用法，即在从句中，在主句动词是过去时的情况下，它可以取代虚拟语气或者陈述语气。这里的主句的主语是 *οἱ παλαιοί*（"古时候的人"），他们的想法当然是过去的。*νέμεται*，中动态，"生活""居住"。*μέχρι τοῦδε*，"直到今天"。*τό ... σιδηροφορεῖσθαι*，定冠词 + 不定式 = 名词。

6.2［笺释］这个句子的主干是 *ταῦτα ἐστὶ σημεῖον*。*ταῦτα*，主语，被看作集合名词，用作单数（GG § 958）。*ἔτι οὕτω νεμόμενα* 是 *ταῦτα* 的从句，故 *νεμόμενα* 与之配合。*τῶν ... διαιτημάτων* 修饰 *σημεῖον*。

6.3［笺释］*ἐν τοῖς πρῶτοι δὲ ...*，*ἐν τοῖς* 一般用在最高级形容词前，表示强调（GG § 1089）。*δὲ*，小品词，往往出现在句子第二个单词位置上，这里出现在第四个单词位置上，说明 *ἐν τοῖς πρῶτοι* 是一个独立短语（阿提卡方言），意即"第一个（做某事）"，语气较强。第二句话的词序可以调整为：*οὐ πολὺς χρόνος ἐπειδὴ οἱ πρεσβύτεροι ... ἐπαύσαντο*，要好懂得多。*αὐτοῖς*，与格，应该用属格（*αὐτῶν*），作者大概是为了避免连用两个属格，即 *αὐτῶν τῶν εὐδαιμόνων*，改用与格。在韵文中，人名的与格有一种用法，如 Τρώεσσιν（Hom. Il. 6.477），意即 among the Trojans，这里的与格表示 among，可供参考（GG § 1531）。ἐπαύσαντο 跟分词（φοροῦντες）。φοροῦντες 的宾语是 χιτῶνας λινοῦς。余下句子的词序可以调整为：ἀναδούμενοι κρωβύλον τῶν ἐν τῇ κεφαλῇ τριχῶν ἐνέρσει χρυσῶν τεττίγων。ἀφ' οὗ，"来自那个"。ἀφ' = ἀπό；οὗ，关系代词，其先行词是 κρωβύλον。

6.4［笺释］ἐχρήσαντο 后跟与格（ἐσθῆτι）。οἱ ... κεκτημένοι，定冠词+分词=名词。τὰ μείζω，定冠词+形容词=名词。ἐς τὰ ἄλλα，"在其他方面"；μάλιστα，"最为""尤其"。

6.5［笺释］ἐγυμνώθησάν 跟前倾词（τε），故其末音节加了高调符号。μετὰ 跟属格（τοῦ γυμνάζεσθαι），"在……过程中"。τοῦ γυμνάζεσθαι，定冠词+不定式=名词。τὸ ... πάλαι，定冠词+副词=名词，"这个古时候的（习俗）"，它作主语。其表语是可以看作后面的从 καὶ 到逗号的部分，省略了系动词 ἐστί。καὶ，"甚至"。ἔστιν οἷς νῦν，among some barbarians now，ἔστιν οἷς 是 εἰσὶν οἵ 的间接用法，相当于一个固定用法，意思是 some（GG § § 2513, 2514）。οἷς 和 οἵ 都是关系代词，其先行词是 βαρβάροι。

6.6［笺释］διαιτώμενον（"过……生活"）的宾语是 πολλὰ ... καὶ ἄλλα，但它本身已经含有宾语，这叫"内在宾格"（Internal Accusative）。ὁμοιότροπα 与 πολλὰ 和 ἄλλα 配合，也可以看作副词。

7.［笺释］τῶν πόλεων 修饰 ὅσαι。νεώτατα，用作副词。τῶν πόλεων ... πλωιμωτέρων ὄντων，独立属格结构。αὐτοῖς, themselves。περιουσίας ... ἔχουσαι χρημάτων = ἔχουσαι περιουσίας χρημάτων。ἕνεκα 跟属格（ἐμπορίας 和 τῆς ... ἰσχύος）。ἕκαστοι 指的是人，而不是前文说的城邦。αἱ παλαιαὶ (πόλεις)。αἵ ἐν ταῖς νήσοις καὶ ἐν ταῖς ἠπείροις (πόλεις)。αἵ，定冠词，跟前倾词（τε），故加了高调符号。ἔφερον，"劫掠"。κάτω，副词，"向下"，这里指海滨，从陆地走向大海是向下的。

8.1–3［笺释］Κᾶρές 跟前倾词（τε），故其末音节加了高调符号。Δήλου ... καθαιρομένης, τῶν θηκῶν ἀναιρεθεισῶν 和 καταστάντος ... τοῦ Μίνω ναυτικοῦ，独立属格结构。Μίνω 是 Μίνως 的属格。ἀνέστησαν 是 ἀνίστημι 的不定过去时、复数。它作及物动词时，意思是"使迁居"，作不及物动词时，意思是"被迫迁居"，这里作不及物动词。πλουσιώτεροι，形容词比较级，跟属格（ἑαυτῶν），表比较。ὡς, as。ἐφιέμενοι 跟属格（τῶν κερδῶν），"渴望""盼望"。οἵ，定冠词，跟前倾词（τε），故加了高调符号。

9.1［笺释］δοκεῖ + 与格（μοι）+ 不定式（ἀγεῖραι）。προύχων 跟属格（τῶν τότε）。τῶν τότε，定冠词+副词=名词。οὐ τοσοῦτον，"与其说"。κατειλημμένους 与 τοὺς ... μνηστῆρας 配合。

9.2［笺释］οἱ ... δεδεγμένοι，定冠词+分词=名词。τὰ σαφέστατα，定冠词+形容

词 = 名词，作 δεδεγμένοι 的宾语。λέγουσι 跟不定式（σχεῖν，ξυνενεχθῆναι，τυγχάνειν，παραλαβεῖν 和 καταστῆναι）。Πέλοπα（Πέλοψ 的宾格）作不定式 σχεῖν 的主语，σχεῖν 的宾语是 τὴν ἐπωνυμίαν。ἅ，关系代词，其先行词是 χρημάτων，在从句中作 ἔχων 的宾语。περιποιησάμενον 和 ὄντα 与 Πέλοπα 配合，δύναμιν 是其宾语。Εὐρυσθέως ... ἀποθανόντος、Ἀτρέως ... ὄντος 和 ἐπιτρέψαντος ... Εὐρυσθέως，独立属格结构。ὑπὸ (τῶν) Ἡρακλειδῶν，作者经常省略定冠词 τῶν。整理词序：ἐπιτρέψαντος Μυκήνας καὶ τὴν ἀρχὴν Ἀτρεῖ。τυγχάνειν 跟分词（φεύγοντα）。αὐτὸν 作不定式 τυγχάνειν 的主语。βουλομένων ... τῶν Μυκηναίων，独立属格结构。φόβῳ τῶν Ἡρακλειδῶν，"出于对赫拉克剌斯后裔的恐惧"。δοκοῦντα 和 τεθεραπευκότα 都是分词，修饰 Ἀτέρα。δοκοῦντα 跟不定式（εἶναι）。Ἀτέρα 作不定式 παραλαβεῖν 的主语。ἦρχε 跟属格（ὅσων）。μείζους，形容词比较级，跟属格（τῶν Περσειδῶν），表比较。

9.3［笺释］δοκεῖ 跟不定式（ποιήσασθαι）。分词 παραλαβών，ἰσχύσας，ξυναγαγών 都与 Ἀγαμέμνων 配合。ἅ，自主关系代词，作 παραλαβών 的宾语，指上文所说的两个家族的财富和权势。πλέον，形容词比较级，跟属格（τῶν ἄλλων），表比较。οὐ ... τὸ πλέον ἤ ...，"如其说……不如说……"。τὸ πλέον = μᾶλλον。

9.4［笺释］φαίνεται 跟分词（ἀφικόμενος 和 προσπαρασχών）。εἴ τῳ ἱκανὸς τεκμηριῶσαι，"无论对谁来说，若有了荷马的证明便足矣"。εἴ 跟前倾词（τῳ），故加了高调符号。εἴ 并非真的要引出一个条件句，意思只是"假使""试想"（GG § 2354）。τῳ，to anybody。ἱκανὸς 跟不定式（τεκμηριῶσαι）。ἅμα，"而且"。τοῦ σκήπτρου 修饰 τῇ παραδόσει。οὐκ ἄν ... εἰ μή ...，与事实相反的条件句。ἐκράτει 跟属格（νήσων）。ἔξω 跟属格（τῶν περιοικίδων）。αὗται 指 αἱ νῆσοι。ἄν ... εἶεν，祈愿语气，在主句是过去时的情况下，可以取代虚拟语气。χρὴ 跟不定式（εἰκάζειν）。τὰ πρὸ αὐτῆς，定冠词 + 介词短语 = 名词。χρὴ = it is necessary，这里的意思较弱，相当于 one can。

10.1［笺释］ὅτι，"因为"。εἴ 跟前倾词（τι），故加了高调符号，其引导的从句表示原因，"鉴于……"。第二短句整理词序：τι ... πόλισμα ... δοκεῖ εἶναι ἀξιόχρεων。δοκεῖ 跟不定式（εἶναι）。τῶν τότε，定冠词 + 副词 = 名词，修饰 τι ... πόλισμα。οὐκ 否定的不是第三个短句，只是 ἀκριβεῖ。这个短句的主干是：τις ἀπιστοίη γενέσθαι τὸν στόλον τοσοῦτον ὅσον ...。ἀπιστοίη 跟不定式（γενέσθαι），μὴ 为赘词。τὸν στόλον 作不定式 γενέσθαι 的主语。χρώμενος 跟与格（ἀκριβεῖ σημείῳ）。οἵ，定冠词，跟前倾词（τε），故加了高调符号。

10.2［笺释］主句整理词序：οἶμαι πολλὴν ἀπιστίαν τῆς δυνάμεως εἶναι πρὸς τὸ κλέος αὐτῶν。οἶμαι + 宾格（ἀπιστίαν）+ 不定式（εἶναι）。προελθόντος πολλοῦ χρόνου,

独立属格结构。*τοῖς ἔπειτα*，定冠词 + 副词 = 名词。*ξυνοικισθείσης πόλεως*，独立属格结构。最后一个短句主干是：(*οἴμαι*) *τὴν δύναμιν εἰκάζεσθαι ἢ ἔστιν*。*ἢ*，than。*Ἀθηναίων ... παθόντων*，独立属格结构。*τῆς ... ὄψεως τῆς πόλεως*，重复定冠词结构。

10.3［笺释］*εἰκός* 跟不定式（*ἀπιστεῖν*、*σκοπεῖν* 和 *νομίζειν*）。*οὔκουν* 和 *οὐδὲ* 都是否定 *εἰκός* 的，而不否定后面的不定式，否定不定式要用 *μή*。但 *νομίζειν* 前面无否定词，故应理解为 *εἰκός νομίζειν*。*εἴ* 跟前倾词（*τι*），故加了高调符号。*χρὴ* + 宾格（*τι*）+ 不定式（*πιστεύειν*），one must。*εἰκός* 跟不定式（*κοσμῆσαι*）。*ἥν*，关系代词，其先行词是 *τὴν στρατείαν*，作 *κοσμῆσαι* 的宾语。*ποιητὴν ὄντα* 指的是荷马，这里省略了 *Ὁμήρον*，作不定式 *κοσμῆσαι* 的主语。*ἐνδεεστέρα*，形容词比较级，跟属格（*τῶν νῦν*），表比较。

10.4-5［笺释］*τὰς ... Βοιωτῶν* (*ναῦς*)。*τὰς ... Φιλοκτήτου* (*ναῦς*)。*τὰς μεγίστας καὶ ἐλαχίστας* (*ναῦς*)。*μεγέθους πέρι* = *περὶ μεγέθους*（GG § 175a）（CGCG § 60.14）。*ὅτι*，that。*εἰκός* 跟不定式（*ξυμπλεῖν*）。*περίνεως*（宾格）作不定式 *ξυμπλεῖν* 的主语。*μέλλοντας* 和 *ἔχοντας* 与 *περίνεως* 配合。*μέλλοντας* 跟不定式（*περαιώσεσθαι*），*περαιώσεσθαι* 的宾语是 *πέλαγος*。*τῶν ἐν τέλει* 定冠词 + 介词短语 = 名词。*ἄλλως τε καὶ*，"尤其"。*φαίνονται* 跟分词（*ἐλθόντες*）。*σκοποῦντι* 与 *τινι*（省略，与 *φαίνονται* 连读）配合。*ὡς* 跟分词（*πεμπόμενοι*），表相信的理由（GG § 2086）。

11.1［笺释］*οὐχ ... τοσοῦτον ὅσον ...*，"与其说……不如说……"。*ἤλπιζον* 跟不定式（*βιοτεύσειν*）。*χρησάμενοι* 跟与格（*τῇ δυνάμει*）。*ᾗ*，关系副词，in that way。*ᾗ καὶ* 跟比较级（*μᾶλλον*），表示强调由前提（*αὐτῶν διεσπαρμένων*）引出的后果。*αὐτῶν διεσπαρμένων*，独立属格结构。

11.2［笺释］*ἄνευ* 跟属格（*λῃστείας* 和 *γεωργίας*）。*τῷ ... παρόντι*，定冠词 + 分词 = 名词。*οἵ*，关系代词，指前文的主语，"他们"。*ἐλάσσονι* 跟前倾词（*τε*），故其末音节加了高调符号。*ταῦτα*，被看作集合名词，用作单数（GG § 958）。*τά πρὸ τούτων*，定冠词 + 介词短语 = 名词，*δηλοῦται* 跟分词（*ὄντα*）。*ὑποδεέστερα*，形容词比较级，跟属格（*τῆς φήμης*），表比较。*τοῦ ... λόγου ... κατεσχηκότος*，独立属格结构。

12.1-4［笺释］*ὥστε* 跟不定式（*αὐξηθῆναι*），表结果。*μὴ* 既否定分词（*ἡσυχάσασαν*），又否定不定式（*αὐξηθῆναι*）。*μετανίστατό* 跟前倾词（*τε*），故其末音节加了高调符号。*ἥ*，定冠词，跟前倾词（*τε*），故加了高调符号。*χρονία*，形容词中性、宾格，用作副词，"长时间以后""拖延长时间"。*μόλις*，副词。*ἔστιν ἅ*，固定用法，"一些"。*ὕστερον*，用作副词，比较级，跟属格（*τῶν Τρωικῶν*），表比较。

13.1-4［笺释］*... γιγνομένης τῆς Ἑλλάδος ... ποιουμένης ...* 和 *τῶν προσόδων ... γιγνομένων*，

独立属格结构。ἔτι μᾶλλον ἢ πρότερον，"比以前更加"。ἤ，than。τὰ πολλὰ，定冠词 + 形容词 = 名词，用作副词，"普遍地"。ἀντείχοντο 跟属格（τῆς θαλάσσης），"紧贴""靠近"。ἐγγύτατα 跟属格（τοῦ ... τρόπου）。ὧν = τούτων οὕς，οὕς 是关系代词，其先行词是 τούτων（省略），οὕς 被其先行词所吸引（attracted），采用了它的格（本应为宾格，却用了属格）（GG §§ 2522, 2538）。διακόσιά 跟前倾词（ἐστι），故其末音节加了高调符号。

13.5–6［笺释］τῶν Ἑλλήνων ... τῶν ἐντὸς Πελοποννήσου ... τῶν ἔξω ... ἐπιμισγόντων，独立属格结构，是句子主干。τῶν ἐντὸς Πελοποννήσου，定冠词 + 介词短语 = 名词。τῶν ἔξω，定冠词 + 副词 = 名词。χρήμασί 跟前倾词（τε），故其末音节加了高调符号。τῆς ἐκείνων (γῆς)。ἀμφότερα 不与ἐμπόριον 配合（性、数、格），只在句子意义上配合（Construction according to sense, GG § 926a）。ἔσχον 属于"进入性不定过去时（ingressive aorist）"（GG §§ 1924, 1925），即表示进入那种状态或者开始那种行动。ἔσχον τὴν πόλιν δυνατὴν，make their city powerful。τινα χρόνον，表时间的宾格，表示贯穿该时间段。

14.1–3［笺释］φαίνεται 跟分词（γενόμενα，χρώμενα 和 ἐξηρτυμένα）。ταῦτα，被看作集合名词，用作单数（GG § 958）。ὕστερα，比较级，与 ταῦτα 配合，跟属格（τῶν Τρωικῶν），表比较。χρώμενα 跟与格（τριήρεσι）。ταῦτα，被看作集合名词，用作单数（GG § 958）。εἰ 跟前倾词（τινες），故加了高调符号。ἀφ᾽ οὗ，"从那时起"。τοῦ βαρβάρου ... ὄντος，独立属格结构。διὰ πάσης (νεώς)，over the whole ship。

15.1–3［笺释］τὰ ... ναυτικὰ 和 τά ... παλαιά，定冠词 + 形容词 = 名词。τὰ ... γενόμενα，定冠词 + 分词 = 名词。οἱ προσσχόντες，定冠词 + 分词 = 名词。αὐτοῖς = τοῖς ναυτικοῖς。τῆς ἑαυτῶν (γῆς)。ὡς ἕκαστοι，each by themselves。μάλιστα，"最为""尤其"；ἐς，"关于""涉及"。

16.［笺释］κωλύματα 跟不定式（αὐξηθῆναι），μὴ 为赘词。προχωρησάντων ... τῶν πραγμάτων，独立属格结构。κρατῶν 跟与格（τῷ ... ναυτικῷ）。

17.［笺释］τύραννοί 跟前倾词（τε），故其末音节加了高调符号。τὸ ἐφ᾽ ἑαυτῶν，定冠词 + 介词短语 = 名词，"为了他们自己的利益"。ἔς 跟前倾词（τε），故加了高调符号。τὸ ... αὔξειν，定冠词 + 不定式 = 名词，τὸν ... οἶκον 作不定式 αὔξειν 的宾语。δι᾽ ἀσφλείας，"平安地""稳妥地"。εἰ μὴ εἰ，原文如此，读不通。εἰ 跟前倾词（τι），故加了高调符号。εἰ μή，except。τι，主格。(τοὺς) περιοίκους τοὺς αὑτῶν，重复定冠词结构。οἱ ... ἐν Σικελίᾳ，定冠词 + 介词短语 = 名词。δυνάμεως 修饰 πλεῖστον。

18.1［笺释］οἵ，定冠词，跟前倾词（τε），故加了高调符号。οἱ ἐκ τῆς ἄλλης

Ἑλλάδος ... οἱ πλεῖστοι καὶ τελευταῖοι，重复定冠词结构。ἐπὶ πολὺ，"大部分"（地区）。πλὴν 跟属格（τῶν ἐν Σικελίᾳ）。τῶν ἐν Σικελίᾳ，定冠词 + 介词短语 = 名词。括号里第一句主干：ἡ ... Λακεδαίμων (πολιτεία) ... ἦν ἀστυράννευτος。τῶν ... Δωριῶν 是 Λακεδαίμων 的同位语。ἐπὶ πλεῖστον ... χρόνον，"在绝大部分时间里"。ὧν = τούτων οὕς，οὕς 是关系代词，其先行词是 τούτων（省略），οὕς 被其先行词所吸引（attracted），采用了它的格（本应为宾格，却用了属格）（GG §§ 2522, 2538）。χρῶνται 跟与格（τῇ ... πολιτείᾳ）。τὰ ἐν ταῖς ... πόλεσι，定冠词 + 介词短语 = 名词。ὀλίγῳ 跟比较级（πλείω）（GG § 1514）。ἀφ' οὗ，"从那时起"，οὗ，自主关系代词，指前文所说的时间。

18.2［笺释］... κινδύνου ἐπικρεμασθέντος，独立属格结构。οἵ，定冠词，跟前倾词（τε），故加了高调符号（两处"οἵ τε"同）。ἡγήσαντο 跟属格（τῶν ... Ἑλλήνων）。προύχοντες 跟与格（δυνάμει）。ἐπιόντων τῶν Μήδων，独立属格结构。διανοηθέντες，异态动词，形式是被动的，意思是主动的，跟不定式（ἐκλιπεῖν）。ναυτικοὶ ἐγένοντο，became a naval power。ναυτικοὶ，"航海的人"，不仅指水手。"水手"希腊语为 ναύτης（单数）。πολλῷ 跟比较级（ὕστερον）（GG § 1514）。最后一句词序整理：ταῦτα διεφάνη μέγιστα δυνάμει。ταῦτα，中性、复数、主格，被当作单数（GG § 958）。διεφάνη 亦可写成 διεφάνθη。οἱ μὲν ... οἱ δὲ ...，"一方……另一方……"。

18.3［笺释］ὀλίγον ... χρόνον，表时间的宾格，表示贯穿该时间段。διενεχθέντες，被动态分词，本义是"与……不同"，此处的意思是"不和""争吵"。διασταῖεν 是 διίστημι 的现在时祈愿语气、第三人称复数。εἴ 跟前倾词（τινές），τινές 又跟前倾词（που），故 εἴ 和 τινές 都加了高调符号。ἤδη，"最终""到这时""此时"。ὥστε，用在句首，表总结，so, therefore。τὰ μὲν ... τὰ δὲ ...，"一方面……另一方面……"。ἢ ... ἢ ...，"或者……或者……"。τὰ πολέμια，定冠词 + 形容词 = 名词，用作副词，"在……方面"。μετὰ 跟属格（κινδύνων），with。

19.［笺释］θεραπεύοντες σφίσιν αὐτοῖς。σφίσιν αὐτοῖς, to themselves。后半句主干：Ἀθηναῖοι ... παραλαβόντες ... ναῦς ... τάξαντες φέρειν χρήματα。此句没有谓语动词，只有两个分词（παραλαβόντες 和 τάξαντες）。τῷ χρόνῳ，over time。πλὴν 跟属格（Χίων, Λεσβίων）。τάξαντες 跟不定式（φέρειν），有些特殊，一般是表示意愿的动词跟不定式。τοῖς πᾶσι，定冠词 + 形容词 = 名词。最后一句主干：ἡ ... παρασκευὴ ἐγένετο μείζων ἢ ὡς ...。ἤ，than。ὡς（when）后面是一个从句。αὐτοῖς，"对于他们"，一说指雅典人和拉刻代蒙人（如迈诺特），一说单指雅典人。霍氏认为后者正确。ἐς τόνδε τὸν πόλεμον，"为这场战争"。τὰ κράτιστα，定冠词 + 形容词 = 名词。

20.1［笺释］τὰ παλαιά，定冠词 + 形容词 = 名词。μὲν οὖν，小品词，表转折。一

般情况下，μὲν 用来总结旧话题，δὲ 引出新话题，但这里没有用 δέ，而是用 οὖν，新话题由 ὄντα 引出了。ὄντα χαλεπὰ 跟不定式（πιστεῦσαι）。第二句主干：οἱ ἄνθρωποι δέχονται τὰς ἀκοὰς παρ' ἀλλήλων。ἦν = ἐάν，跟虚拟语气（ᾖ）。

20.2 ［笺释］γοῦν，"例如"（GG § 2830）。οἴονται + 宾格（Ἵππαρχον）+ 不定式（ἀποθανεῖν）。ὑποτοπήσαντες + 宾格（τι）+ 不定式（μεμηνύσθαι）。τῇ ἡμέρᾳ，表时间的与格，表示在该时间点。ἐκ τῶν ξυνειδότων，这里用 ἐκ 很罕见，一般用 ὑπό（GG § 1688c）。σφίσιν 与 ξυνειδότων 连读。τοῦ μέν，τοῦ 为指示代词（GG § 1106），指 Ἱππίας。ἀπέσχοντο 跟属格（τοῦ）。ὡς 跟分词（προειδότος），表示分词主语的意见，"以为""相信"（GG § 2086）。βουλόμενοι 跟不定式（κινδυνεύσαι）。πρὶν 跟不定式（ξυλληφθῆναι）。δράσαντές 跟前倾词（τι），故其末音节加了高调符号。

20.3 ［笺释］οἴονται + 宾格（τούς ... βασιλέας 和 τὸν ... λόχον）+ 不定式（προστίθεσθαι 和 εἶναι）。αὑτοῖς εἶναι，"对他们来说存在""他们有"。ὅς，关系代词，其先行词是 τὸν ... λόχον。τοῖς πολλοῖς 和 τὰ ἑτοῖμα，定冠词 + 形容词 = 名词。

21.1 ［笺释］ὅμως，"然而"，针对前文（1.20.1）的一个转折，按照汉语习惯，应该用在句首。νομίζων 跟双宾格（ἃ διῆλθον 和 τοιαῦτα）（CGCG § 30.10）。ἅ，自主关系代词，whatever。μάλιστα，副词，"大抵""近似"。ὡς，that。περὶ αὐτῶν，αὐτῶν 指 ἃ διῆλθον。ἐπὶ 跟宾格（τὸ μεῖζον 和 τὸ προσαγωγότερον ... ἢ ἀληθέστερον），"为了"。τὸ μεῖζον，τὸ προσαγωγότερον ... ἢ ἀληθέστερον，τὰ πολλὰ 和 τὸ μυθῶδες，定冠词 + 形容词 = 名词。ἤ, than。ἐκνενικηκότα，"流行""成为"。ἡγησάμενος 跟不定式（ηὑρῆσθαι）。ὡς ... εἶναι，绝对不定式，"就……而言"（GG § 2012c）。

21.2 ［笺释］καίπερ，"尽管"。τῶν ἀνθρώπων ... πρινόντων ... παυσαμένων ... θαυμαζόντων，独立属格结构。ἐν ᾧ，while。ἄν 跟虚拟语气（πολεμῶσι）。τὸν παρόντα，定冠词 + 分词 = 名词。τὰ ἀρχαῖα，定冠词 + 形容词 = 名词。δηλώσει 跟分词（γεγενημένος）。μείζων，形容词比较级，跟属格（αὐτῶν），表比较。αὐτῶν = τῶν παλαιῶν。

22.1 ［笺释］第一句主干：ὅσα εἶπον ἕκαστοι ἦν χαλεπὸν διαμνημονεῦσαι τὴν ἀκρίβειαν。λόγῳ，"在辩论上"，不是一般的言语，而是指书中的演说。ἦν χαλεπὸν 跟不定式（διαμνημονεῦσαι）。分词 μέλλοντες 和 ὄντες 与 ἕκαστοι 配合。ἢ ... ἢ ...，"或者……或者……"。ἐν αὐτῷ = ἐν τῷ πολεμεῖν。χαλεπὸν 与 ὅσα 配合，ὅσα 本为复数，被看作单数。τὴν ἀκρίβειαν αὐτὴν，αὐτὴν, herself, 指 τὴν ἀκρίβειαν。ὧν，关系代词，其先行词是 τῶν λεχθέντων（定冠词 + 分词 = 名词），ἤκουσα 跟属格（ὧν）。αὐτός，"自己"，指 ἐμοί。τοῖς ἀλλοθέν ποθεν，定冠词 + 副词 = 名词，"那些从另外某个地方来的人"。第二句主干只有一个词：εἴρηται，从 ὡς 开始的前一句都是其宾语。οὕτως εἴρηται，"如此被

说", 指修昔底德书中所叙述的。ὡς, how。ἐδόκουν + 与格 (ἐμοὶ) + 不定式 (εἰπεῖν)。 τῶν ... παρόντων 和 τὰ δέοντα, 定冠词 + 分词 = 名词。ἐχομένῳ 与 ἐμοὶ 配合, 跟属格 (τῆς ... γνώμης), cling to。ὅτι ἐγγύτατα, as closely as possible。

22.2 [笺释] τῶν πραχθέντων 和 τοῦ παρατυχόντος, 定冠词 + 分词 = 名词。ἠξίωσα 跟不定式 (γράφειν)。ὡς, as。οἷς, 自主关系代词, in which。τῶν ἄλλων, 定冠词 + 形容词 = 名词。ὅσον δυνατὸν, "尽力"。ἀκριβείᾳ, 与格, "为了准确"。

22.3 [笺释] οἱ παρόντες, 定冠词 + 分词 = 名词。ταὐτὰ (= τὰ αὐτὰ) 和 τῶν αὐτῶν, 定冠词 + 形容词 = 名词。τῶν αὐτῶν, 指 ἔργοις。τοῖς ἔργοις ἑκάστοις, "对于每一个事件来说"。ὡς, as, 后跟一个句子。ἔχοι, 重复的祈愿语气 (iterative optative) (GG § 2340a), 跟属格 (εὐνοίας 和 μνήμης), depend on。此句的主句动词 (ἔλεγον) 是过去未完成时, 属于"第二序列" (second sequence), 故 ἔχοι 用祈愿语气; 如果主句动词属"第一序列" (primary sequence), 则用 ἄν 加虚拟语气。ἔχοι εὐνοίας ἑκατέρων, "偏袒其中之一"。ἤ, "或者"。κτῆμά 跟前倾词 (τε), 故其末音节加了高调符号。

22.4 [笺释] τὸ ... μυθῶδες, 定冠词 + 形容词 = 名词。αὐτῶν 指修昔底德的著作的任一部分, 因为这个词在语法上被称为"部分的" (partitive), 当它用作句子的主语或者宾语时, 强调的是整体; 当它用属格时, 强调的是部分 (GG § 984)。第二句主干: ἕξει (τούτους) κρίνειν αὐτὰ ὠφέλιμα。ἕξει, 是无人称动词, it will be possible, 跟不定式 (κρίνειν)。τούτους 作不定式 κρίνειν 的主语。ὅσοι, 自主关系形容词 (或关联代词) (CGCG § 50.28)。κρίνειν 跟双宾格 (αὐτὰ 和 ὠφέλιμα) (CGCG § 30.10)。αὐτὰ (宾格) 的用法参考上句中的 αὐτῶν, 指修昔底德的著作 (强调整体)。βουλήσονται 跟不定式 (σκοπεῖν)。τὸ σαφές, 定冠词 + 形容词 = 名词。τῶν γενομένων 和 τῶν μελλόντων, 定冠词 + 分词 = 名词。μελλόντων 跟将来时不定式 (ἔσεσθαι)。κατὰ τὸ ἀνθρώπινον, according to human condition/situation。κτῆμά ... ἐς αἰεὶ。μᾶλλον ἤ, ... rather than ...。τὸ ... ἀκούειν, 定冠词 + 不定式 = 名词。

23.1–2 [笺释] δυοῖν ναυμαχίαιν καὶ πεζομαχίαιν, 双数、属格, 修饰 τὴν κρίσιν。ξυνηνέχθη 跟不定式 (γενέσθαι)。οἷα οὐχ ἕτερα, unprecedented, 修饰 παθήματα。αὐτῷ 指这场战争。μήκος 和 παθήματά 跟前倾词 (τε), 故其末音节加了高调符号。αἱ μὲν ... αἱ δ' ... (πόλεις), "有的……有的……(城邦)"。ὑπὸ σφῶν αὐτῶν, "被他们自己" εἰσὶ αἵ, there are those who = some。ὁ μὲν ... ὁ δὲ ... "有的……有的……"。κατ' αὐτὸν τὸν πόλεμον, "在这场战争期间"。

23.3 [笺释] τά ... λεγόμενα, 定冠词 + 分词 = 名词。σπανιώτερον, 用作副词。σεισμῶν ... πέρι = περὶ σεισμῶν (GG § 175a) (CGCG § 60.14)。οἵ, 关系代词, 其

先行词是 $\sigma\epsilon\iota\sigma\mu\hat{\omega}\nu$。$\dot{\epsilon}\pi\grave{\iota}$ $\pi\lambda\epsilon\hat{\iota}\sigma\tau\sigma\nu$，"绝大部分"。$\ddot{\alpha}\mu\alpha$ ... $\kappa\alpha\grave{\iota}$ ... "一……就……""而且"。$o\dot{\iota}$ $a\dot{v}\tau o\acute{\iota}$，the same。$a\mathring{\iota}$ 是关系代词，其先行词是 $\dot{\epsilon}\kappa\lambda\epsilon\acute{\iota}\psi\epsilon\iota\varsigma$。$\pi\alpha\rho\acute{\alpha}$，"与……相比"。$\tau\grave{\alpha}$ ... $\mu\nu\eta\mu\nu\epsilon\upsilon\acute{o}\mu\epsilon\nu\alpha$，定冠词 + 分词 = 名词。$\ddot{\epsilon}\sigma\tau\iota$ $\pi\alpha\rho$' $o\mathring{\iota}\varsigma$ = $\pi\alpha\rho$' $\ddot{\epsilon}\sigma\tau\iota$ $o\mathring{\iota}\varsigma$，among some。$\ddot{\epsilon}\sigma\tau\iota$ $o\mathring{\iota}\varsigma$，some。$\dot{\eta}$ ... $\beta\lambda\acute{\alpha}\psi\alpha\sigma\alpha$ $\kappa\alpha\grave{\iota}$ ... $\phi\theta\epsilon\acute{\iota}\rho\alpha\sigma\alpha$ ... $\dot{\eta}$ ... $\nu\acute{o}\sigma o\varsigma$，重复定冠词结构。$\mu\acute{\epsilon}\rho o\varsigma$ $\tau\iota$，用作副词，in part。$\mu\epsilon\tau\grave{\alpha}$ 跟属格（$\tau o\hat{\upsilon}$ $\pi o\lambda\acute{\epsilon}\mu o\upsilon$），"伴随"。

23.4–5 ［笺释］$\mathring{\eta}\rho\xi\alpha\nu\tau o$ 跟属格（$a\dot{v}\tau o\hat{\upsilon}$）。$a\dot{v}\tau o\hat{\upsilon}$ = $\tau o\hat{\upsilon}$ $\pi o\lambda\acute{\epsilon}\mu o\upsilon$。$a\mathring{\iota}$，关系代词，指 $\tau\grave{\alpha}\varsigma$ ... $\sigma\pi o\nu\delta\grave{\alpha}\varsigma$。$\mu\epsilon\tau\grave{\alpha}$ 跟宾格（$\ddot{\alpha}\lambda\omega\sigma\iota\nu$），"在……之后"。$\delta\iota\acute{o}\tau\iota$，for what reason，"洛布本"和阿尔伯蒂的校勘本作 $\delta\iota$' $\ddot{o}$ $\tau\iota$，because of anything which。$\tau o\hat{\upsilon}$ $\mu\grave{\eta}$ ... $\zeta\eta\tau\hat{\eta}\sigma\alpha\acute{\iota}$，属格不定式，表目的（通常是否定的）（GG §§ 1408, 2032e）。$\tau\iota\nu\alpha$ 作不定式 $\zeta\eta\tau\hat{\eta}\sigma\alpha\acute{\iota}$ 的主语。$\zeta\eta\tau\hat{\eta}\sigma\alpha\acute{\iota}$ 跟前倾词（$\pi o\tau\epsilon$），故其末音节加了高调符号。

23.6 ［笺释］$\dot{\eta}\gamma o\hat{\upsilon}\mu\alpha\iota$ 跟双宾格（$\tau o\grave{\upsilon}\varsigma$ $\dot{A}\theta\eta\nu\alpha\acute{\iota}o\upsilon\varsigma$ 和 $\tau\grave{\eta}\nu$ ... $\pi\rho\acute{o}\phi\alpha\sigma\iota\nu$）（CGCG § 30.10）。$\tau\grave{\eta}\nu$ ... $\pi\rho\acute{o}\phi\alpha\sigma\iota\nu$ 提到句首，表强调。$\gamma\iota\gamma\nu o\mu\acute{\epsilon}\nu o\upsilon\varsigma$ 和 $\pi\alpha\rho\acute{\epsilon}\chi o\nu\tau\alpha\varsigma$ 与 $\tau o\grave{\upsilon}\varsigma$ $\dot{A}\theta\eta\nu\alpha\acute{\iota}o\upsilon\varsigma$ 配合。($\dot{\eta}\gamma o\hat{\upsilon}\mu\alpha\iota$) + 宾格（$\tau o\grave{\upsilon}\varsigma$ $\dot{A}\theta\eta\nu\alpha\acute{\iota}o\upsilon\varsigma$） + 不定式（$\dot{\alpha}\nu\alpha\gamma\kappa\acute{\alpha}\sigma\alpha\iota$）。$\dot{\alpha}\nu\alpha\gamma\kappa\acute{\alpha}\sigma\alpha\iota$ 后面缺少宾语，可以补上 $a\dot{v}\tau o\grave{\upsilon}\varsigma$，指 $\Lambda\alpha\kappa\epsilon\delta\alpha\iota\mu o\nu\acute{\iota}o\iota$，也有人认为可以指 $\Lambda\alpha\kappa\epsilon\delta\alpha\iota\mu o\nu\acute{\iota}o\iota$ 和 $\dot{A}\theta\eta\nu\alpha\hat{\iota}o\iota$，似乎有些勉强。$\tau\grave{o}$ $\pi o\lambda\epsilon\mu\epsilon\hat{\iota}\nu$，定冠词 + 不定式 = 名词。$\dot{\alpha}\lambda\eta\theta\epsilon\sigma\tau\acute{\alpha}\tau\eta\nu$ 和 $\dot{\alpha}\phi\alpha\nu\epsilon\sigma\tau\acute{\alpha}\tau\eta\nu$ 都是最高级形容词，作者通篇爱用最高级，往往只有比较级的作用。$\dot{\epsilon}\varsigma$ $\tau\grave{o}$ $\phi\alpha\nu\epsilon\rho\grave{o}\nu$，"公开地"。$a\mathring{\iota}\delta$'，"如下"。$\hat{\omega}\nu$，关系代词，其先行词是 $a\dot{\iota}\tau\acute{\iota}a\iota$。$\dot{\alpha}\phi$' $\hat{\omega}\nu$，"由于这些"。

24.1–6 ［笺释］$\dot{E}\pi\acute{\iota}\delta\alpha\mu\nu\acute{o}\varsigma$ 跟前倾词（$\dot{\epsilon}\sigma\tau\iota$），故其末音节加了高调符号。$\pi\rho o\epsilon\lambda\theta\acute{o}\nu\tau o\varsigma$ ... $\tau o\hat{\upsilon}$ $\chi\rho\acute{o}\nu o\upsilon$，独立属格结构。$\dot{\omega}\varsigma$，as。$\dot{\epsilon}\sigma\tau\epsilon\rho\acute{\eta}\theta\eta\sigma\alpha\nu$ 跟属格（$\tau\hat{\eta}\varsigma$ $\delta\upsilon\nu\acute{\alpha}\mu\epsilon\omega\varsigma$ $\tau\hat{\eta}\varsigma$ $\pi o\lambda\lambda\hat{\eta}\varsigma$，重复定冠词结构）。$\tau\grave{\alpha}$ ... $\tau\epsilon\lambda\epsilon\upsilon\tau\alpha\hat{\iota}\alpha$，定冠词 + 形容词 = 名词，用作副词，"最后"。$\tau o\grave{\upsilon}\varsigma$ $\delta\upsilon\nu\alpha\tau o\acute{\upsilon}\varsigma$，定冠词 + 形容词 = 名词。$o\dot{\iota}$ $\delta\grave{\epsilon}$，but they。要说明的是，在 $\dot{o}$ $\delta\grave{\epsilon}$（but/and he），$\dot{\eta}$ $\delta\grave{\epsilon}$（but/and she），$\tau\grave{o}$ $\delta\grave{\epsilon}$（but/and it）和它们的复数形式中，定冠词指前句的名词，但此名词不是前句的主语（GG § 1112）。$\tau o\grave{\upsilon}\varsigma$ $\dot{\epsilon}\nu$ $\tau\hat{\eta}$ $\pi\acute{o}\lambda\epsilon\iota$ 和 $o\dot{\iota}$ ... $\dot{\epsilon}\nu$ $\tau\hat{\eta}$ $\pi\acute{o}\lambda\epsilon\iota$，定冠词 + 介词短语 = 名词。$\dot{\omega}\varsigma$，towards。$\delta\epsilon\acute{o}\mu\epsilon\nu o\iota$ 跟不定式（$\pi\epsilon\rho\iota o\rho\hat{\alpha}\nu$，$\xi\upsilon\nu\alpha\lambda\lambda\acute{\alpha}\xi\alpha\iota$ 和 $\kappa\alpha\tau\alpha\lambda\hat{\upsilon}\sigma\alpha\iota$）。

25.1 ［笺释］$\dot{\epsilon}\nu$ $\dot{\alpha}\pi\acute{o}\rho\omega$ $\epsilon\mathring{\iota}\chi o\nu\tau o$ = $\mathring{\eta}\sigma\alpha\nu$ $\dot{\epsilon}\nu$ $\dot{\alpha}\pi\acute{o}\rho\omega$（$\epsilon\mathring{\iota}\chi o\nu\tau o$ 相当于英语的 be），跟不定式（$\theta\acute{\epsilon}\sigma\theta\alpha\iota$）。$\tau\grave{o}$ $\pi\alpha\rho\acute{o}\nu$，定冠词 + 分词 = 名词，"当下的局势"，作不定式 $\theta\acute{\epsilon}\sigma\theta\alpha\iota$ 的宾语。$\epsilon\dot{\iota}$，"是否"，引导间接引语从句，故 $\pi\alpha\rho\alpha\delta o\hat{\iota}\epsilon\nu$ 和 $\pi\epsilon\iota\rho\hat{\omega}\nu\tau$' 都是祈愿语气。$\dot{\omega}\varsigma$，as。$\pi\epsilon\iota\rho\hat{\omega}\nu\tau$' 跟不定式（$\pi o\iota\epsilon\hat{\iota}\sigma\theta\alpha\iota$）。$\tau\iota\mu\omega\rho\acute{\iota}\alpha\nu$ 作不定式 $\pi o\iota\epsilon\hat{\iota}\sigma\theta\alpha\iota$ 的宾语。$\dot{o}$ δ'，but he，指阿波罗（见前文 1.24.5 笺释）。$\dot{\alpha}\nu\epsilon\hat{\iota}\lambda\epsilon$ 跟不定式（$\pi\alpha\rho\alpha\delta o\hat{\upsilon}\nu\alpha\iota$ 和 $\pi o\iota\epsilon\hat{\iota}\sigma\theta\alpha\iota$）。$\dot{\eta}\gamma\epsilon\mu\acute{o}\nu\alpha\varsigma$ 作不定式 $\pi o\iota\epsilon\hat{\iota}\sigma\theta\alpha\iota$ 的宾语。$a\dot{v}\tau o\hat{\iota}\varsigma$ = $Ko\rho\iota\nu\theta\acute{\iota}o\iota\varsigma$。

25.2–3 ［笺释］$\dot{\epsilon}\delta\acute{\epsilon}o\nu\tau\acute{o}$ 跟不定式（$\pi\epsilon\rho\iota o\rho\hat{\alpha}\nu$ 和 $\dot{\epsilon}\pi\alpha\mu\hat{\upsilon}\nu\alpha\iota$）。$\kappa\alpha\tau\acute{\alpha}$ ... $\tau\grave{o}$ $\delta\acute{\iota}\kappa\alpha\iota o\nu$，"根

据正义"，即科林斯人认为自己的行为是正义的。*νομίζοντες* + 宾格（*τὴν ἀποικίαν*）+ 不定式（*εἶναι*）。*οὐχ ἧσσον ... ἤ ...*，quite as much as ...。*ἅμα δὲ καὶ*，*δὲ* 承上文的 *τε* 而来。*ἅμα καὶ*，partly。

25.4［笺释］*τὰ νομιζόμενα*，定冠词 + 分词 = 名词。*προκαταρχόμενοι* 跟属格（*τῶν ἱερῶν*）。*ὅμοια*，用作副词。*ἔστιν ὅτε*，"有时"。*τοῖς ... πλουσιωτάτοις*，定冠词 + 形容词 = 名词。*ἐπαιρόμενοι* 跟不定式（*προύχειν*）。*πολὺ*，用作副词。*κατὰ τὴν Φαιάκων προενοίκησιν τῆς Κερκύρας*，*κατὰ*，according to，"依据"。*κλέος*，中性、单数、宾格，此词只用作主格和宾格。*τὰ περὶ τὰς ναῦς*，定冠词 + 介词短语 = 名词。*ᾗ καὶ* 跟比较级（*μᾶλλον*）表示强调由某个前提引出的后果。*ὑπῆρχον αὐτοῖς*，"他们有"。

26.1–5［笺释］*κελεύοντες* + 宾格（*τὸν βουλόμενον*）+ 不定式（*ἰέναι*）。*φρουρούς* 从语法上说，是接上文 *κελεύοντες ... ἰέναι*，但从语义上说，接上文 *ἔπεμπον*。*οἰκήτορά* 跟前倾词（*τε*），故其末音节加了高调符号。*δέει*，名词、与格，跟虚拟语气（*κωλύωνται*），*μὴ* 为赘词。*δέει τῶν Κερκυραίων*，"害怕科西拉人"。*τούς ... φεύγοντας*，定冠词 + 分词 = 名词。*κατ' ἐπήρειαν* 修饰 *ἐκέλευον*。*ἐκέλευον* + 宾格（*αὐτοὺς*）+ 不定式（*δέχεσθαι* 和 *ἀποπέμπειν*）。*ἣν*，关系代词，其先行词是 *ξυγγένειαν*。*ἐδέοντο* + 宾格（*σφᾶς*）+ 不定式（*κατάγειν*）。*οὕς*，关系代词，其先行词是 *τούς ... φρουροὺς*。*ὑπήκουσαν* 跟属格（*αὐτῶν*）。*οὐδὲν*，not at all。*ὡς* 跟将来时分词（*κατάξοντες*），in order to。*προεῖπον* + 宾格（*τὸν βουλόμενον καὶ τοὺς ξένους*）+ 不定式（*ἀπιέναι* 和 *χρήσεσθαι*）。*ὡς*，as。*χρήσεσθαι* 跟与格（*πολεμίοις*）。*ὡς*，when。

27.1［笺释］第一句整理词序：*ὡς ἄγγελοι ἦλθον ἐκ τῆς Ἐπιδάμνου αὐτοῖς ὅτι πολιορκοῦνται*，*ὡς*，when；*αὐτοῖς*，所谓"有利（不利）的与格"（Dative of Advantage or Disadvantage，GG §§ 1481, 1485），意思是"（信使）为了他们（回来）"，即给他们带回来了（消息），"消息"的内容是 *ὅτι πολιορκοῦνται*。*ἐκήρυσσον* + 宾格（*τὸν βουλόμενον*）+ 不定式（*ἰέναι* 和 *μένειν*）。*τὸν βουλόμενον*，定冠词 + 分词 = 名词。*τῇ ἴσῃ ὁμοίᾳ* (*δίκῃ*)。*τὸ παραυτίκα*，"立即"。*ἐθέλει* 跟不定式（*ξυμπλεῖν*）。*βούλεται* 跟不定式（*μετέχειν*）。*μετέχειν* 跟属格（*τῆς ἀποικίας*）。*οἱ πλέοντες* 和 *οἱ καταβάλλοντες*，定冠词 + 分词 = 名词。

27.2［笺释］*ἐδεήθησαν*，异态动词，形式是被动态，意思是主动的。*ἐδεήθησαν* + 属格（*τῶν Μεγαρέων*）+ 不定式（*ξυμπροπέμψαι*）。*σφᾶς*，作不定式 *ξυμπροπέμψαι* 的宾语。*εἰ ἄρα*，"万一……"（GG § 2354）。*κωλύοιντο* 跟不定式（*πλεῖν*）。*οἱ δὲ*，but they（见前文 1.24.5 笺释），指上句的 *Μεγαρεῖς*。*παρεσκευάζοντο* 跟不定式（*ξυμπλεῖν*）。*αὐτοῖς*，"为他们（科林斯人）"。*ἐδεήθησαν* 跟属格（*Ἐπιδαυρίων*）。*οἵ*，关系代词，

其先行词是 Ἐπιδαυρίων。以下几句都省略了谓语动词 παρέσχον。ᾔτησαν 跟双宾格（Θηβαίους、Φλειασίους 和 χρήματα）（CGCG § 30.9），"向某人要求某物"。

28.1［笺释］οὕς，关系代词，指 πρέσβεων。ἐκέλευον + 宾格（Κορινθίους）+ 不定式（ἀπάγειν）。ὡς + 独立宾格结构（μετὸν）（GG § 2078），"因为……"。μετὸν + 与格（αὐτοῖς）+ 属格（Ἐπιδάμνου），"他们分享对 Ἐπίδαμνος 的权利"。

28.2［笺释］τι，宾格。ἤθελον 跟不定式（δοῦναι）。δοῦναι δίκας，一般意思是"受罚"，此处意思是"提交仲裁"。αἷς，关系代词，其先行词是 πόλεσιν。ξυμβῶσιν 跟与格（αἷς）。整理词序：(ἤθελον) τούτους κρατεῖν τὴν ἀποικίαν ἂν δικασθῇ εἶναι ὁποτέρων。(ἤθελον) + 宾格（τούτους）+ 不定式（κρατεῖν）。δικασθῇ 跟不定式（εἶναι）。ὁποτέρων，"两者中的任何一个"。τούτους 指 ὁποτέρων，在作者看来，城邦是人的集体，故用复数。这句话直译为"这个殖民地若被裁决是两者之中任何一方的，那一方就占上风"，即"接受任何裁决结果"。ἤθελον 跟不定式（ἐπιτρέψαι）。

28.3［笺释］εἴων 跟不定式（ποιεῖν），persuade (not to)。εἰ ... μή，"否则"。ἔφασαν 跟不定式（ἀναγκασθήσεσθαι）。ἀναγκασθήσεσθαι 跟不定式（ποιεῖσθαι）。ἑτέρους φίλους 作不定式 ποιεῖσθαι 的宾语。τῶν ... ὄντων，定冠词 + 分词 = 名词。ἐκείνων βιαζομένων，独立属格结构。οὕς，关系代词，其先行词是 φίλους。μᾶλλον 修饰 οὐ βούλονται。ἕνεκα 跟属格（ὠφελίας）。

28.4［笺释］ἢν = εἰ ἄν = ἐάν。ἀπεκρίναντο 跟不定式（βουλεύσεσθαι 和 ἕχειν）。καλῶς ἔχειν 跟不定式（πολιορκεῖσθαι 和 δικάζεσθαι），"情况良好"（ἔχειν，to be）。τοὺς μὲν，τοὺς 作指示代词（GG § 1106），作不定式 πολιορκεῖσθαι 的主语。αὐτοὺς 作不定式 δικάζεσθαι 的主语，指科林斯人。

28.5［笺释］ἢν = ἐάν。τοὺς ἐν Ἐπιδάμνῳ，定冠词 + 介词短语 = 名词。ἀντέλεγον 跟不定式（ποιήσειν 和 εἶναι）。ὥστε + 不定式（μένειν 和 ποιήσασθαι），under the condition that……。ἀμφοτέρους，宾格，作不定式 μένειν 和 ποιήσασθαι 的主语。ἕως + ἂν + 虚拟语气（γένηται），"直到……"。

29.1-3［笺释］ὑπήκουον 跟属格（τούτων）。οὐδὲν，not at all。ἐστρατήγει 跟属格（τῶν ... νεῶν 和 τοῦ ... πεζοῦ）。Ἀρχέτιμός 跟前倾词（τε），故其末音节加了高调符号。οὗ，关系代词，其先行词是 Ἄκτῳ。ἀπεῖπον + μὴ + 不定式（πλεῖν），"禁止……"。ὥστε 跟不定式（εἶναι），"以便……"。κήρυκά 和 ζεύξαντές 跟前倾词（τε），故其末音节都加了高调符号。τὰς ἄλλας，定冠词 + 形容词 = 名词。

29.4-5［笺释］ὡς，when。παρὰ πολὺ，decisively, by far。τῇ ... ἡμέρᾳ，表时间的与格，表示在该时间点。ξυνέβη + 与格（αὐτοῖς）+ 不定式（παραστήσασθαι）。

παραστήσασθαι, "通过武力将……带回自己一边", 其主语是 τοὺς ... πολιορκοῦντας (定冠词 + 分词 = 名词)。ὥστε + 不定式 (ἀποδόσθαι 和 ἔχειν), under the condition that ……。τοὺς ... ἐπήλυδας 作不定式 ἀποδόσθαι (to sell) 的宾语。τι, 主格。

30.1–4 [笺释] οὓς, 关系代词, 其先行词是 τοὺς ἄλλους ... αἰχμαλώτους。ἐκράτουν 跟属格 (τῆς θαλάσσης)。τῆς θαλάσσης ... τῆς κατ' ἐκεῖνα, 重复定冠词结构。ἔτεμον 跟属格 (τῆς γῆς), 这里的 τῆς γῆς, 是"部分的" (partitive), 见前文 (1.22.4) 笺释, 意思是"毁坏部分土地上的树木和庄稼"。ὅτι, "因为"。τοῦ ... χρόνου τὸν πλεῖστον, 表时间的宾格, 表示贯穿该时间段。μέχρι οὗ, until。περιόντι τῷ θέρει, towards the end of summer。ἕνεκα 跟属格 (φυλακῆς)。ὅσαι, 关系形容词 (或关联代词), 其先行词 τοσούτων 被吸收, 且被吸引到关系形容词 (或关联代词) 的格 (主格) (GG §§ 2537, 2538)。χειμῶνος, 表时间的属格, 表示在该时间段。

31.1–3 [笺释] τὸν ἐνιαυτὸν ... τὸν μετὰ τὴν ναυμαχίαν ... τὸν ὕστερον, 重复定冠词结构, 表时间的宾格, 表示贯穿该时间段。φέροντες, "忍受"。τὰ κράτιστα, 定冠词 + 形容词 = 名词, 用作副词, 修饰 παρεσκευάζοντο。μισθῷ πείθοντες, 直译"用酬金劝说", 结合前文 ἀγείροντες ("召集"), 可以理解成"以优厚酬金招募"。ἔδοξεν + 与格 (αὐτοῖς) + 不定式 (γενέσθαι 和 πειρᾶσθαι)。ὡς 跟宾格 (人) (τοὺς Ἀθηναίους), "到某人那里去"。πειρᾶσθαι 跟不定式 (εὑρίσκεσθαι)。ὅπως 后面句子的谓语动词用虚拟语气 (γένηται)。τὸ ... προσγενόμενον, 定冠词 + 分词 = 名词。αὐτῶν 指雅典人。ἐμπόδιον, 名词, "障碍"。θέσθαι 之所以用不定式, 是因为 ἐμπόδιον 这个名词有类似动词的作用。表示"阻碍" (hindering) 的动词 + μή + 不定式 (μή 通常省略) (GG § 2744)。τὸν πόλεμον 是 θέσθαι 的宾语。ᾗ, 关系副词, in the way that, as。

32.1 [笺释] 此句主干: δίκαιον ... τοὺς ... ἥκοντας ... ὀργίζεσθαι ...。即 δίκαιον + 宾格 + 不定式, it is right for somebody to do something。δίκαιον, 用在句首, 表示强调。ὦ Ἀθηναῖοι, 插入语, Ἀθηναῖοι 为呼格。τοὺς ... ἥκοντας, 定冠词 + 分词 = 名词。παρά 跟宾格 (τοὺς ... ἐπικουρίας), to。εὐεργεσίας ... ξυμμαχίας προυφειλομένης, 独立属格结构。ὥσπερ καὶ ἡμεῖς νῦν, 插入句。δεησομένους 与 τοὺς ... ἥκοντας 配合。δεησομένους 跟不定式 (ἀναδιδάξαι), 其后的从句有: πρῶτον ... ὡς ... ὅτι ... ἔπειτα ...。ὡς、ὅτι 和 ὡς, that。δέονται 的主语是 τοὺς ἥκοντας。δέονται 一般情况下跟属格, 但其宾语是中性形容词或者代词时, 它跟宾格 (ξύμφορα) (GG § 1398)。εἰ ... μή, "如果不……""或者"。γε, "至少"。ἐπιζήμια, 后面省略了 δέονται。ἤν + 虚拟语气 (ἀτυχῶσιν)。

32.2–3 [笺释] μετά 跟属格 (τῆς αἰτήσεως), with。τῆς ξυμμαχίας 修饰 τῆς αἰτήσεως。πιστεύοντες 跟不定式 (παρέξεσθαι)。ταῦτα, "这些", 指上句说的接受科西拉人求援

的好处。整理词序：<u>τὸ αὐτὸ ἐπιτήδευμα τετύχηκε (ὤν)</u> ἡμῖν <u>ἄλογον</u> ἐς τὴν χρείαν πρὸς ὑμᾶς καὶ <u>ἀξύμφορον</u> ἐς τὰ ἡμέτερα αὐτῶν ἐν τῷ παρόντι（双下画线部分是句子主干）。αὐτὸ, same。τὸ αὐτὸ ἐπιτήδευμα, 指科西拉人的老习惯。τετύχηκε 后跟分词 ὤν 常常省略（GG § 2119）。ἄλογον 和 ἀξύμφορον 与主语配合。αὐτῶν, "自己的"。ἐς τὴν χρείαν πρὸς ὑμᾶς 与 ἐς τὰ ἡμέτερα αὐτῶν ἐν τῷ παρόντι 语法结构相同，形成对偶（antithesis）。τὰ ἡμέτερα, 定冠词 + 形容词 = 名词。τῷ παρόντι, 定冠词 + 分词 = 名词。

32.4［笺释］第一句主干：ἥκομεν ... καὶ ... καθέσταμεν ... ἐρῆμοι。ξύμμαχοί 跟前倾词（τε），故其末音节加了高调符号。γενόμενοι 和 δεησόμενοι 与主语（ἡμεῖς）配合。整理词序：γενόμενοι ἑκούσιοι ξύμμαχοί οὐδενός πω ἐν τῷ πρὸ τοῦ χρόνῳ。πω 与否定词（οὐδενός）连用，"尚未""迄今未"。δεησόμενοι + 属格（ἄλλων）+ 宾格（τοῦτο），应该是：δεησόμενοι + 属格 + 属格，但 τοῦτο 是代词，故用宾格（见上文 1.32.1 笺释），"向某人要求……"。τοῦτο 指向雅典提出的结盟的请求。καθέσταμεν 是 καθίστημι 的现在完成时，不及物动词，we stand。ἐρῆμοι, 形容词，此处相当于副词。ἐς, into。第二句主干：ἡ ... σωφροσύνη περιέστηκεν φαινομένη ἀβουλία καὶ ἀσθένεια。περιέστηκεν, 跟分词（φαινομένη），"转变成另一种情况"。ἡ δοκοῦσα ἡμῶν πρότερον σωφροσύνη = ἡ ἡμῶν σωφροσύνη δοκοῦσα πρότερον。δοκοῦσα 与 ἡ ... σωφροσύνη 配合。整理词序：τὸ μὴ ξυγκινδυνεύειν τῇ τοῦ πέλας γνώμῃ ἐν ἀλλοτρίᾳ ξυμμαχίᾳ。不定式短语 τὸ ... ξυγκινδυνεύειν 作为独立成分，指 ἡ ... σωφροσύνη 的实际内容。τοῦ πέλας, 定冠词 + 副词 = 名词。

32.5［笺释］第一句：ἀπεωσάμεθα 跟双宾格（τὴν ... ναυμαχίαν 和 Κορινθίους）（CGCG § 30.9），repel x from y, 可理解为：νικᾶν τινα ναυμαχίαν（"在一场海战中击败某人"）。第二句整理词序：ἡμεῖς ὁρῶμεν ὄντες ἀδύνατοι περιγενέσθαι τῇ οἰκείᾳ μόνον δυνάμει。ὁρῶμεν 跟分词（ὄντες），ἀδύνατοι 跟不定式（περιγενέσθαι）。第三句：καὶ ἅμα μέγας ὁ κίνδυνος εἰ ἐσόμεθα ὑπ' αὐτοῖς。这个句子叫作"情感未来条件句"（Emotional Future Conditions, GG § 2328）。即条件句的前提子句表达某种不情愿、害怕或者不依说话者意愿的情况，结论子句表达一种威胁、警告或者急切诉之于情感的情况；结论子句用 εἰ + 将来时（ἐσόμεθα）。ὑπ' αὐτοῖς, under their power。最后一句整理词序：<u>(ἐστί) ἀνάγκη</u> δεῖσθαι ὑμῶν καὶ ἄλλου παντὸς ἐπικουρίας, καὶ <u>(ἐστί) ξυγγνώμη</u> εἰ τολμῶμεν ἐναντία τῇ πρότερον ἀπραγμοσύνῃ μὴ μετὰ κακίας, μᾶλλον δόξης ἁμαρτίᾳ。（双下画线部分是句子主干）(ἐστί) ἀνάγκη 跟不定式（δεῖσθαι）(GG § 2004)。δεῖσθαι 跟属格（ὑμῶν καὶ ἄλλου παντὸς ἐπικουρίας）。ξυγγνώμη 表示情感状态，后面的从句动词一般用陈述语气（τολμῶμεν）(GG § 2247)。ἐναντία, 用作副词，跟与格（τῇ ...

ἀπραγμοσύνη)。μὴ 只否定 μετὰ κακίας。κακίας，有两种解释："怯懦" 和 "不良用心"，笔者以为，根据上下文，前者较好。μετὰ 跟属格（κακίας 和 δόξης ）。

33.1［笺释］第一句整理词序：<u>ἡ</u> καλὴ ξυντυχία <u>τῆς ἡμετέρας χρείας γενήσεται ὑμῖν</u> πειθομένοις κατὰ πολλά。（双下画线部分是句子主干）ὑμῖν 与 πειθομένοις 配合。κατὰ πολλά，"在许多方面"，下文开始列举：πρῶτον（"首先"）；ἔπειτα（"其次"）；τε（"再次"）。第二句整理词序：πρῶτον μὲν ὅτι ποιήσεσθε τὴν ἐπικουρίας ἀδικουμένοις καὶ οὐχ βλάπτουσι ἑτέρους。第三句主干：καταθήσεσθε τὴν χάριν。δεξάμενοι 的主语是 "你们"，其宾语是 κινδυνεύοντας περὶ τῶν μεγίστων（"冒最大危险的人"）。ὡς ἂν μάλιστα，这里的 ἂν 没有动词与之配合，可以通过上下文补充（γένοιτο）（GG § 1776）。ὡς μάλιστα, certainly。καταθήσεσθε τὴν χάριν，直译 "你们将留存感激"，意即 "我们将感激你们"。μετ' αἰειμνήστου μαρτυρίου，"带着永远（对恩惠）的证据"。最后一句：πλὴν 跟属格（τοῦ ... πλεῖστον ）。τοῦ ... πλεῖστον，定冠词 + 形容词 = 名词。παρ' ὑμῖν，near you。

33.2［笺释］σκέψασθε 后面句子整理词序：τίς εὐπραξία (ἐστὶ) σπανιωτέρα ἢ τίς τοῖς πολεμίοις (ἐστὶ) λυπηροτέρα, εἰ δύναμις πάρεστιν ἣν ἂν ὑμῖν προσγενέσθαι ἐτιμήσασθε ... διδοῦσα ἑαυτὴν καὶ φέρουσα ... ἀρέτην ... χάριν ... ἰσχύν。整个这句话是比较疑问句，但没有问号。相当于英语的 "What ... is more ... if ..."。ἤ, or。ἥν，关系代词，其先行词是 δύναμις。ἐτιμήσασθε + 宾格（ἥν）+ 不定式（προσγενέσθαι）。πρὸ 跟属格（πολλῶν χρημάτων καὶ χάριτος ），"在……之前""宁愿""本应该……"。αὕτη 指 δύναμις。分词 διδοῦσα 和 φέρουσα 与 αὕτη 配合。ἐς ... τοὺς πολλοὺς，"对于世人来说""在世人眼里"。οἷς ... ἐπαμυνεῖτε χάριν = χάριν τούτων οἷς ἐπαμυνεῖτε（ἐπαμυνεῖτε 跟与格），gratitude in the hearts of those whom you shall help。οἷς，关系代词，其先行词 τούτων 省略，它保留自己的格（GG § § 2536, 2538）。分号后第一个句子主干：ἃ ξυνέβη ὀλίγοις。ἃ，自主关系代词，指上文所说的种种好处。ξυνέβη + 与格（ὀλίγοις），"（事情）落到……身上"。πάντα，用作副词。δή，小品词，加强后面 ἅμα 的语气。第二个句子主干：ὀλίγοι ... παραγίγνονται。δεόμενοι 跟属格（ξυμμαχίας ）。οἷς ἐπικαλοῦνται = τούτοις οὓς ἐπικαλοῦνται，to whom they make their appeal。τούτοις 指的是 ξυμμαχία。先行词 τούτοις 省略，关系代词（οὓς）被吸引到先行词的格（GG § 2531b）。οὐχ ἧσσον ... ἤ ... no less ... than ...。

33.3［笺释］εἴ 跟前倾词（τις），故加了高调符号。οἴεται + 宾格（τὸν ... πόλεμον ）+ 不定式（ἔσεσθαι）。ὅνπερ，关系代词，其先行词是 τὸν ... πόλεμον。ἁμαρτάνει 跟属格（γνώμης ）。τῷ ὑμετέρῳ φόβῳ，"对你们的恐惧"（GG § § 1331, 1334）。παρ' αὐτοῖς, with them。ἵνα μὴ，跟虚拟语气（στῶμεν 和 ἁμάρτωσιν ），"免得"。κατὰ αὐτοὺς, against them。一般认为，ἁμάρτωσιν 跟不定式（φθάσαι），δυοῖν 是 δύο 的双数、与格。但是，卡梅伦认为，ἁμάρτωσιν 后面不跟不定式，δυοῖν 是 δύο 的双数、属格（ἁμάρτωσιν 跟 δυοῖν）；φθάσαι，不定式，不带定冠词，相当于一个表示"在……方面"的宾格（like an accusative of respect）（GG § 2005）。[①] ἤ ... ἤ ...，or ... or ...。κακῶσαι 和 βεβαιώσασθαι 作 φθάσαι 的同位语。σφᾶς αὐτοὺς，作不定式 βεβαιώσασθαι 的宾语，"他们自己"。

33.4[笺释] ἡμέτερον ἔργον (ἐστί) 跟不定式（προτερῆσαι, προεπιβουλεύειν 和 ἀντεπιβουλεύειν），it is our job to ...。τῶν μὲν διδόντων，本应作 ἡμῶν διδόντων（独立属格结构），由于前面已经用了 ἡμέτερον（"我们的"），故改用 τῶν μὲν διδόντων（τῶν 作指示代词，见 GG § 1106）。ὑμῶν ... δεξαμένων，也是独立属格结构。μᾶλλον ... ἤ ...，... rather than ...。

34.1[笺释] ἤν = ἐάν，跟虚拟语气（λέγωσιν）。ὡς，that。δίκαιον (ἐστί) 跟不定式（δέχεσθαι）。ὑμᾶς 作不定式 δέχεσθαι 的主语。μαθόντων，不定过去时第三人称、复数、命令语气。ὡς，that。ἐπὶ 跟与格（τῷ ... εἶναι），on the condition that ...（GG § 1689.2c）。τῷ ... εἶναι，定冠词 + 不定式 = 名词。δοῦλοι 和 ὁμοῖοι 本应为宾格，与不定式 εἶναι 的主语配合，但此不定式表达的是主句主语的状态，且其定冠词为间接格（与格），故该用主格（GG § 1973a）。τοῖς λειπομένοις，定冠词 + 分词 = 名词。

34.2[笺释] ὡς，that。ὡς ἠδίκουν，句子主语。προκληθέντες 是 προκαλέω 的不定过去时分词、被动态，主语是"他们"。ἐβουλήθησαν 是异态动词（部分动词在变成不定过去时时，形式是被动的，实际上表示主动），跟不定式（μετελθεῖν）。μᾶλλον ... ἤ ...，... rather than ...。

34.3[笺释] ἔστω 跟主格（ἃ 引导的从句），let something be ...，ἃ，自主关系代词，whatever。τοὺς ξυγγενεῖς，定冠词 + 形容词 = 名词，作 ἡμᾶς 的同位语。τι, some one, a。ὥστε 跟不定式（παράγεσθαι 和 ὑπουργεῖν），表结果（CGCG § 46.7）。δεομένοις 跟 ὑμῖν 配合。ἐκ τοῦ εὐθέος 与 ἀπάτῃ 相对，"直接""公开"。最后一句整理词序：ὁ (ἄνθρωπος) λαμβάνων τὰς ἐλαχίστας μεταμελείας ἐκ τοῦ χαρίζεσθαι τοῖς ἐναντίοις διατελοίη (ἄν) ἀσφαλέστατος。τοῦ χαρίζεσθαι，定冠词 + 不定式 = 名词。λαμβάνων 和 ἀσφαλέστατος 与 ὁ (ἄνθρωπος) 配合。

35.2[笺释] εἴρηται ἐν αὐταῖς，"在它们（和约）中载明"。εἴρηται 跟不定式（ἐξεῖναι）。τῶν ... ξυμμαχεῖ，是逻辑上的条件句。ἐξεῖναι 是 ἔξεστι 的现在时不定式，无人称动词，

---

① 卡梅伦认为，原文中的 φθάσαι 应作 φθάσθαι，见其书页 52。

"可以……""能够……"跟不定式（ἐλθεῖν）。παρ' ὁποτέρους，to either of two。

35.3［笺释］句子主干就一个词 δεινὸν，it is monstrous，后面都是实际上的主语。从句主干：ἔσται τοῖσδε πληροῦν τὰς ναῦς ... ἀπό ... ἐκ ... ἀπό ... εἴρξουσι ἡμᾶς ὠφελίας ἀπό ... ἀπό ... θήσονται ἃ δεόμεθα ἐν ἀδικήματι ...。ἔσται + 与格（τοῖσδε）+ 不定式（πληροῦν），it will be possible for somebody to ⋯。τοῖσδε，"这些人"，指上文刚提及的那些人。τῶν ἐνσπόνδων 和 τῶν ... ὑπηκόων，定冠词 + 形容词 = 名词。εἴρξουσι 带双宾格（ἡμᾶς 和 ὠφελίας）（CGCG § 30.9）。τῆς ἀλλοθέν，定冠词 + 副词 = 名词。πεισθέντων ὑμῶν，独立属格结构。ἃ δεόμεθα，what we ask，ἃ，自主关系代词。

35.4［笺释］第一短句主干：ἡμεῖς ἕξομεν πολὺ ἐν πλέονι αἰτίᾳ。μὴ πείσαντες ὑμᾶς 是主语从句。πολὺ，用作副词。这里与比较级（πλέονι）连用，表示强调。ἐν αἰτίᾳ ἔχειν = αἰτιᾶσθαι。第二句：οὐχ ὅπως ... ἀλλὰ καὶ ..."不但不……反而……"。整理词序：γενήσεσθε κωλυταὶ τῶνδε ὄντων ἐχθρῶν καὶ ἐπιόντων ... περιόψεσθε προσλαβεῖν δύναμιν ἀπὸ τῆς ὑμετέρας ἀρχῆς。τῶνδε，"这些人"。ὄντων ἐχθρῶν καὶ ἐπιόντων 与 τῶνδε 配合。περιόψεσθε 跟不定式（προσλαβεῖν）。ἣν οὐ δίκαιον，that cannot be right。ἣν，关系代词，从语法上说其先行词是上文的 δύναμιν，但实际指整个上一句。ἀλλ'（δίκαιόν ἐστι）... κωλύειν ... πέμπειν ... βοηθεῖν ...。δίκαιόν ἐστι 跟不定式（κωλύειν，πέμπειν 和 βοηθεῖν），it is right to ....。ἢ ... ἢ ...，"或者……或者……"。ἐκ τῆς ὑμετέρας (ἀρχῆς)。καθ' = κατὰ。ὅτι，that，后面跟句子（ἂν πεισθῆτε）。ἀπὸ τοῦ προφανοῦς，相当于副词，"公开地"。δεξαμένους 与上文的 ὑμᾶς 配合。

35.5［笺释］τὰ ξυμφέροντα，定冠词 + 分词 = 名词。μέγιστον (ἐστὶ) ὅτι ...，the greatest is that ...，省略了 ἐστὶ。下面三个小短句都省略了系动词。οἵ，定冠词，跟前倾词（τε），故加了高调符号。ὅπερ，自主关系代词，指上文所说的情况。ἱκανοὶ 跟不定式（βλάψαι）。τοὺς μεταστάντας，定冠词 + 分词 = 名词。τῆς ξυμμαχίας διδομένης，独立属格结构。ἡ ἀλλοτρίωσις οὐχ (ἐστὶν) ὁμοία。δύνασθε 跟不定式（ἐᾶν 和 ἔχειν），ἐᾶν 跟不定式（κεκτῆσθαι）。

36.1［笺释］这个长句的主干实际上只有一个单词：γνώτω，let him know。它是γιγνώσκω 的单数、第三人称、不定过去时命令语气，跟主格（ὅστις，省略），其宾语是：τὸ δεδιὸς ... τὸ θαρσοῦν ... οὐ βουλευόμενος ... οὐ προνοῶν ...。δοκεῖ + 与格（ὅτῳ）+ 不定式（λέγεσθαι），"某人认为如何"。ὅτῳ 是 ὅστις 的与格，whoever。τάδε 作 δοκεῖ 的主语。λέγω（主动态）可跟双宾格（τάδε 和 ξυμφέροντα），但由于 λέγεσθαι 是被动态，故 τάδε 和 ξυμφέροντα 为主格（CGCG § 30.10 Note 1）。φοβεῖται 的主语是 ὅστις，跟虚拟语气（λύσῃ），μὴ 为赘词。δι' αὐτὰ πειθόμενος 是主语从句，与 ὅστις 配合；αὐτὰ

指 ξυμφέροντα。

第三、四短句：τὸ δεδιὸς 和 τὸ θαρσοῦν，定冠词 + 分词 = 名词。修昔底德喜欢这么用，一般用名词：τὸ δέος 和 τὸ θάρσος。αὐτοῦ 指 ὅστις。φοβῆσον，将来时分词，主语是 ὅστις。ἰσχὺν ἔχον 修饰 τὸ δεδιὸς。μὴ δεξαμένου (ἡμᾶς) 与上文的 αὐτοῦ 配合。ἀσθενὲς ὂν 修饰 τὸ θαρσοῦν。余下半句整理词序：ἐσόμενον ἀδεέστερον πρὸς τοὺς ἐχθροὺς ἰσχύοντας。

第五、六、七短句：... τὸ πλέον ἢ ...，more than。περὶ + 属格（τῆς Κερκύρας 和 τῶν Ἀθηνῶν），concerning。προνοῶν，现在时分词，其宾语是 τὰ κράτιστα（定冠词 + 形容词 = 名词）。αὐταῖς 指 τῶν Ἀθηνῶν。ὅσον οὐ，almost。ὅταν，whenever。ἐς ... πόλεμον，"鉴于……战争"。τὸ αὐτίκα περισκοπῶν = περισκοπῶν τὸ αὐτίκα。τὸ αὐτίκα，定冠词 + 副词 = 名词，"眼前的局势"。ἐνδοιάζῃ 跟不定式（προσλαβεῖν）。χωρίον 是 ἐνδοιάζῃ 的宾语，a country。ὅ，关系代词，其先行词是 χωρίον。ὅ 以后从句的主干是 οἰκειοῦταί τε καὶ πολεμοῦται。μετὰ 跟属格（μεγίστων καιρῶν），with。οἰκειοῦταί 跟前倾词（τε），故其末音节加了高调符号。

36.2［笺释］此句主干：... κεῖται ... ἐστιν ξυμφορώτατον ... 。主语都是 it（指科西拉）。καλῶς ... κεῖται + 属格（παράπλου），... is beautifully situated。类似 ἔχω + 副词（GG § 1438）。καλῶς，这里是表示性质和方式的副词，跟属格（παράπλου）（GG § 1441）。ὥστε 跟不定式（ἐᾶσαι 和 παραπέμψαι），表结果。μὴ 否定 ἐᾶσαι。ἐᾶσαι 跟不定式（ἐπελθεῖν）。ἐπελθεῖν 的宾语是 ναυτικόν。τὸ ἐνθένδε (ναυτικόν)。τἀκεῖ = τὰ ἐκεῖ。ἐς + 宾格（τἆλλα），into ...；τἆλλα (= τὰ ἄλλα)。ξυμφορώτατον 跟前倾词（ἐστιν），故其末音节加了高调符号。

36.3-4［笺释］第一个短句主干：μάθοιτε ἂν μὴ προέσθαι ἡμᾶς τῷδε。μάθοιτε 跟不定式（προέσθαι）。τῷδε，"以（下面）这种方式"。βραχυτάτῳ ... κεφαλαίῳ 与 τῷδε 配合。τοῖς τε ξύμπασι καὶ καθ' ἕκαστον，可以看作副词，也可以看作 βραχυτάτῳ ... κεφαλαίῳ 的同位语。本句有两个 ἄν，都表示可能（potential），前一个是告诉读者此句将表达一种可能，后一个表达这个可能（GG § 1765）。第二个短句整理词序：ναυτικὰ (εἰσίν) ἄξια λόγου τοῖς Ἕλλησι ὄντα τρία。ἄξια 跟属格（λόγου）。ὄντα τρία，独立宾格结构。παρ' ὑμῖν，with you。τὸ παρ' ὑμῖν (ναυτικὸν)。τὸ ἡμέτερον (ναυτικὸν)。τὸ Κορινθίων (ναυτικὸν)。第二个短句的从句整理词序：εἰ περιόψεσθε τὰ δύο τούτων ἐλθεῖν ἐς ταὐτὸν ... περιόψεσθε + 宾格（τὰ δύο）+ 不定式（ἐλθεῖν）。τούτων 指上文所说的三家海军。最后一个短句：ἕξετε + 不定式（ἀγωνίζεσθαι），you will be able to ...。πλείοσι ναυσὶ ταῖς ἡμετέραις，with our ships in addition to (yours)。ταῖς ἡμετέραις (ναυσὶ)。μετ' αὐτοὺς，after them。

37.1–2［笺释］ἀναγκαῖον + 宾格（ἡμᾶς）+ 不定式（ἰέναι），it is necessary for somebody to …。τῶνδε Κερκυραίων ... ποιησαμένων，独立属格结构。οὐ μόνον ... ἀλλὰ ...，not only ... but ...。περὶ 跟属格（τοῦ δέξασθαι）。τοῦ δέξασθαι，定冠词 + 不定式 = 名词。ἀλλ᾽ ὡς καὶ = ἀλλὰ καὶ ὡς。ὡς，that。μνησθέντας 与 ἡμᾶς 配合。μνησθέντας περὶ + 属格（ἀμφοτέρων）。οὕτω = οὕτως。ἀσφαλέστερον，用作副词，修饰谓语动词 προειδῆτε。φασὶ 跟不定式（δέξασθαι）。τὸ σῶφρον，定冠词 + 形容词 = 名词。τὸ δὲ，but it（见前文 1.24.5 笺释）。βουλόμενοι 跟不定式（ἔχειν 和 αἰσχύνεσθαι）。τἀδικήματα = τὰ ἀδικήματα。παρακαλοῦντες 与 βουλόμενοι 配合。

37.3［笺释］θέσιν κειμένη，situated in a situation。κειμένη，现在时分词，与主语 ἡ πόλις 配合。θέσιν，名词、宾格。αὐτάρκη 修饰 θέσιν。αὐτῶν 修饰 αὐτάρκη。ὧν = τούτων οἷς，οἷς，关系代词，by means of which，其先行词是 τούτων，被省略（修饰 δικαστάς），它被先行词的格所吸引，故用属格（ὧν）（GG § 2531a）。παρέχει + 宾格（αὐτοὺς）+ 不定式（γίγνεσθαι），allow somebody to …。... μᾶλλον ἢ ...，... rather than ...。τὸ ... δέχεσθαι，定冠词 + 不定式 = 名词。ἥκιστα 与 μάλιστα 形成对比。ἐκπλέοντας 的主语是"他们"，即科西拉人。δέχεσθαι 的宾语是 τοὺς ἄλλους καταίροντας。ἀνάγκῃ，"出于必需""不得不"。βλάπτουσί 跟前倾词（τινα），故其末音节加了高调符号。

37.4［笺释］此句主干：τὸ ... ἄσπονδον προβέβληνται οὐχ ἵνα μὴ ξυναδικῶσιν, ἀλλ᾽ ὅπως ἀδικῶσι ... καὶ ὅπως μέν βιάζωνται ... δὲ ἔχωσιν ... δὲ ἀναισχυντῶσιν。οὗ，关系副词，where。ἐν ᾧ，where, wherever；ᾧ，关系代词，指情况、场合。πλέον ἔχωσιν，have more，"得势""占上风"。ἤν = εἰ ἄν。πού，where。ἀλλ᾽ ὅπως ... καὶ ὅπως ... 从语法角度看，是两个平行结构，但也可以理解成后一个结构具体说明前一个结构。故可译为"而是为了……包括……"。δέ 跟前倾词（πού），πού 又跟前倾词（τι），故 δέ 和 πού 都加了高调符号。

37.5［笺释］ἦσαν ὅσῳ + 比较级（ἀληπτότεροι）+ τόσῳ + 比较级（φανερωτέραν），"越是……越是……"。τοῖς πέλας，定冠词 + 副词 = 名词。ἐξῆν + 与格（αὐτοῖς）+ 不定式（δεικνύναι），it is allowed for somebody to do something。τὰ δίκαια，定冠词 + 形容词 = 名词。ἐξῆν 是 ἔξεστι 的过去未完成时。διδοῦσι 和 δεχομένοις 都与 αὐτοῖς 配合。这句话是反事实的条件句，但其结论子句中没有 ἄν，原因是该子句含有 ἐξῆν 并且带有不定式时（表达未实现的可能性），ἄν 可以省略（GG § 2313）。

38.1–2［笺释］ἀφεστᾶσί 是 ἀφίστημι 的第三人称复数、完成时，跟前倾词（τε），故其末音节加了高调符号。διὰ παντὸς，always。ὡς，that。ἐπὶ 跟与格（τῷ ... πάσχειν）。τῷ ... πάσχειν，定冠词 + 不定式 = 名词。ἡμεῖς ... αὐτοί，we ourselves。φαμεν 跟不定式

(κατοικίσαι)。ἐπὶ 跟与格（τῷ ... ὑβρίζεσθαι, τῷ ... εἶναι ... θαυμάζεσθαι，定冠词 + 不定式 = 名词）。ὑπὸ τούτων，"被他们"。τὰ εἰκότα，用作副词，"应有地""合适地"，修饰 θαυμάζεσθαι。

38.3-4［笺释］γοῦν，"确实"。μάλιστα，"最为""尤其"。στεργόμεθα，被动态。δῆλον ὅτι, it is clear that …。εἰ ... ἐσμεν ... ἂν ... ἀπαρέσκοιμεν，混合条件句，前半句是真实条件，后半句是祈愿句。ἀρέσκοντες 跟前倾词（ἐσμεν），故其末音节加了高调符号。τοῖς πλέοσιν，定冠词 + 形容词 = 名词。μὴ ... ἀδικούμενοι，μὴ 相当于一个"如果……"句子。οὐ + 分词，表示事实；μὴ + 分词，表示条件（GG § 2728）。τι，用作副词，in a way。

38.5［笺释］ἦν καλὸν 跟不定式（εἶξαι）。ἦν αἰσχρὸν 跟不定式（βιάσασθαι）。εἶξαι 跟与格（τῇ ἡμετέρᾳ ὀργῇ）。τοῖσδε，"对于他们而言"。后半句主干：ἡμαρτήκασι ... ἐς ἡμᾶς ... οὐ προσεποιοῦντο ... Ἐπίδαμνον ... ἔχουσιν（Ἐπίδαμνον）。πολλὰ ... ἄλλα，用作副词，time and again，跟 καὶ（"尤其……"）。ἡμετέραν οὖσαν 和 κακουμένην 修饰 Ἐπίδαμνον。ἐλθόντων ἡμῶν，独立属格结构。

39.1［笺释］δὴ，小品词，加强 ἐθελῆσαι 的语气。φασὶ 跟不定式（ἐθελῆσαι）。ἐθελῆσαι 跟不定式（κρίνεσθαι）。δεῖ + 宾格（τὸν προύχοντα καὶ προκαλούμενον 和 τὸν ... καθιστάντα，定冠词 + 分词 = 名词）+ 不定式（δοκεῖν），it is needful for one to do ..., one must ...。οὐ 否定 δεῖ。δοκεῖν + 不定式（λέγειν），it seems best ...。λέγειν 的宾语是 τι。ἥν，关系代词，其先行词是 δίκη，它作分词 προκαλούμενον 的宾语。句子主干可以英译为：it is not proper for ... to think he is saying something (meaningfull)。οὐ ... ἀλλὰ ...，"不是……而是……"。最后半句整理词序：ἀλλὰ τὸν καθιστάντα τά ἔργα καὶ τοὺς λόγους ὁμοίως ἐς ἴσον πρὶν διαγωνίζεσθαι。πρὶν 跟不定式（διαγωνίζεσθαι）。τά ἔργα καὶ τοὺς λόγους 作分词 καθιστάντα 的宾语。προσεποιοῦντο，过去未完成时，可以表达过去的尝试、意图和期望，如果带否定词，则表示排斥、拒绝（GG § § 1895, 1896），这里有否定词 οὐ，故表示拒绝。

39.2［笺释］πρὶν 跟不定式（πολιορκεῖν）。ἡγήσαντο + 宾格（ἡμᾶς）+ 不定式（περιόψεσθαι）。τὸ εὐπρεπὲς τῆς δίκης 比 τὴν εὐπρεπῆ δίκην 更有力。τἀκεῖ = τὰ ἐκεῖ。ἀξιοῦντες οὐ ξυμμαχεῖν, ἀλλὰ ξυναδικεῖν = οὐ ἀξιοῦντες ξυμμαχεῖν, ἀλλὰ ξυναδικεῖν，目的是让 ξυμμαχεῖν 与 ξυναδικεῖν 形成对比（antithesis）。ἀξιοῦντες + 宾格（ὑμᾶς）+ 不定式（ξυμμαχεῖν、ξυναδικεῖν 和 δέχεσθαι）。

39.3［笺释］χρῆν + 宾格（οὕς）+ 不定式（προσιέναι 和 ἔχειν）。οὕς，关系代词，其先行词是 σφᾶς。τότε，副词。ἐν ᾧ，while。μεταλαβόντες 跟属格（τῆς δυνάμεως）。

μεταδώσετε 跟属格（τῆς ὠφελίας）。ἀπογενόμενοι 跟属格（τῶν ἁμαρτημάτων）。整理词序：ἕξετε τὸ ἴσον τῆς ἀφ᾽ ἡμῶν αἰτίας。πάλαι，副词。κοινώσαντας 的主语是οὓς。κοινὰ 修饰 τὰ ἀποβαίνοντα（定冠词+分词=名词）。

40.1［笺释］ὡς (μὲν) ... ὡς (δὲ) ...，that ... that ... 表示对比。整理词序：δεδήλωται ὡς αὐτοί ἐρχόμεθα μετὰ προσηκόντων ἐγκλημάτων καὶ οἵδε εἰσι βίαιοι καὶ πλεονέκται, χρή μαθεῖν ὡς δέχοισθε αὐτοὺς οὐκ δικαίως。αὐτοί，selves，与 ἐρχόμεθα 配合，"我们自己""我方"。μετὰ 跟属格（ἐγκλημάτων）。προσηκόντων，分词，相当于形容词，"合适的"，与 ἐγκλημάτων 配合。οἵδε，"他们"，指科西拉人。χρή + 不定式（μαθεῖν）。

40.2［笺释］第一短句：εἰ ... εἴρηται，不是条件句，表示让步，一般用 εἰ καί（GG § 2369, 2372）。εἴρηται 跟不定式（ἐξεῖναι）。ἐξεῖναι 跟不定式（ἐλθεῖν），"能够"。整理词序：... ἐξεῖναι ἐλθεῖν παρ᾽ ὁποτέρους τις τῶν ἀγράφων πόλεων βούλεται。第二短句整理词序：ἡ ξυνθήκη οὐ ἐστίν τοῖς ἰοῦσιν ἐπὶ βλάβῃ ἑτέρων。τοῖς ἰοῦσιν，定冠词+分词=名词。ἰοῦσιν 是 εἰμι（"来""去"）的现在时分词。第三短句：ὅστις μή，先行词是一个不定词时，其否定词用 μή（GG § 2506）。ἀποστερῶν + 宾格（ἑαυτὸν）+ 属格（ἄλλου），defrauding one of a thing。δεῖται 跟属格（ἀσφαλείας）。τοῖς δεξαμένοις，定冠词+分词=名词。最后一个短句：ὃ，自主关系代词，指战争带来的痛苦。

40.3-4［笺释］οὐ μόνον ... ἀλλὰ ...，"不单……还……"。句子主干：γένοισθε ἐπίκουροι τοῖσδε ... πολέμιοι ἡμῖν。(ἐστί) ἀνάγκη 跟不定式（ἀμύνεσθαι），it is necessary to do ...（GG § 2004）。ἴτε 是 εἰμι 的第二人称、复数、现在时。μὴ ἄνευ ὑμῶν = μεθ᾽ ὑμῶν。δίκαιοί 跟前倾词（γ᾽），故其末音节加了高调符号。ἐστε δίκαιοι + 不定式（στῆναι，ἰέναι 和 καθιστάναι）。τοὐναντίον = τὸ ἐναντίον，用作副词，"相反"。ὥστε 在表达意图、倾向和能力带来实际后果时，跟不定式（δέχεσθαι）（GG § § 2257, 2258）。τοὺς ... ἀφισταμένους，定冠词+分词=名词。

40.5-6［笺释］Σαμίων ἀποστάντων 和 τῶν ἄλλων Πελοποννησίων ἐψηφισμένων，独立属格结构。χρή 跟不定式（ἀμύνειν）。προσήκοντας，belonging to one。ἀντείπομεν 跟不定式（κολάζειν）。αὐτόν τινα，each for himself，作不定式 κολάζειν 的主语。τοὺς δρῶντας，定冠词+分词=名词。κακόν τι 是 δρῶντας 的宾语。φανεῖται ... ἃ = ἔστι ἃ，"有的（盟邦）"。τῶν ὑμετέρων (ξυμμαχῶν)。μᾶλλον ἢ ...，rather than ...。

41.1［笺释］此句主干：ἔχομεν τάδε δικαιώματα ... τοιάνδε παραίνεσιν καὶ ἀξίωσιν。ἥν，关系代词，其先行词是 παραίνεσιν 和 ἀξίωσιν。ὥστε 跟不定式（βλάπτειν 和 ἐπιχρῆσθαι），表结果。φαμέν 跟不定式（χρῆναι）。χρῆναι 跟不定式（ἀντιδοθῆναι）。τῳ παρόντι，定冠词+分词=名词。

41.2［笺释］σπανίσαντές 跟前倾词（ποτε），故其末音节加了高调符号。σπανίσαντές 跟属格（μακρῶν νεῶν）。πρὸς 跟宾格（τὸν ... πόλεμον）。ὑπὲρ 跟宾格（τὰ Μηδικὰ）表示时间，"before"。παρὰ 跟属格（Κορινθίων）。ἡ ἐς Σαμίους (εὐεργεσία)。τὸ ... βοηθῆσαι，定冠词 + 不定式 = 名词。δι' ἡμᾶς, because of us。Πελοποννησίους 作不定式 βοηθῆσαι 的主语。ἐγένετο 的主语是下文，其主干是：ἄνθρωποι εἰσι ἀπερίοπτοί παρὰ τὸ νικᾶν。τοὺς σφετέρους (ἐχθροὺς)。οἷς = ἐν οἷς，ἐν 省略（GG § 1671）。οἷς 指 καιροῖς。ἀπερίοπτοί 跟属格（τῶν ἁπάντων，定冠词 + 形容词 = 名词）。παρὰ，"与……相比"。τὸ νικᾶν，定冠词 + 不定式 = 名词。ἀπερίοπτοί 跟前倾词（εἰσι），故其末音节加了高调符号。

41.3［笺释］ἡγοῦνται 跟双宾格（τὸν ὑπουργοῦντα 和 φίλον）（CGCG § 30.10）。τὸν ὑπουργοῦντα，定冠词 + 分词 = 名词。ἢν = ἐάν，跟虚拟语气（ἦ 和 τύχῃ）。τύχῃ 跟分词（ὤν）。ἕνεκα 跟属格（τῆς αὐτίκα (φιλονικίας)）。πολέμιόν 跟前倾词（τε），故其末音节加了高调符号。τὰ οἰκεῖα，定冠词 + 形容词 = 名词。

42.1［笺释］ἐνθυμηθέντες 跟属格（ὧν）。ὧν，自主关系代词，指前文所说的情况，即下文的 αὐτά。ἀξιούτω，第三人称单数现在时命令语气，跟主格（νεώτερός τις），又跟不定式（ἀμύνεσθαι）。ἡμᾶς 作不定式 ἀμύνεσθαι 的宾语。τοῖς ὁμοίοις，定冠词 + 形容词 = 名词。νομίσῃ + 宾格（τάδε 和 ἄλλα）+ 不定式（λέγεσθαι 和 εἶναι）。νεώτερός 跟前倾词（τις），故其末音节加了高调符号。

42.2–3［笺释］第一短句主干：τὸ ξυμφέρον ... ἕπεται。ἐν ᾧ, where。第二短句主干：τὸ μέλλον ... κεῖται。ᾧ，关系代词，其先行词是 τὸ μέλλον（定冠词 + 分词 = 名词），with which。κελεύουσιν 跟不定式（ἀδικεῖν）。ἐν ἀφανεῖ，"不确定""可疑"。(ἐστίν) ἄξιον 跟不定式（κτήσασθαι）。αὐτῷ, with it, it 指 τὸ μέλλον。(ἐστί) σῶφρον 跟不定式（ὑφελεῖν）。ὑφελεῖν 跟属格（τῆς ... ὑποψίας），"慢慢消除"。δύναται 跟不定式（λῦσαι）。κἂν = καὶ ἄν。ᾖ 是 εἰμί 的现在时虚拟语气。

42.4［笺释］(ἐστί) σῶφρον 跟不定式（ἐφέλκεσθαι）。μηδ' 否定 ἐφέλκεσθαι。τούτῳ, by this，指 ὅτι 引导的从句。第二短句主干：τὸ ... ἀδικεῖν (ἐστί) δύναμις ἐχυρωτέρα ἢ τὸ ... ἔχειν。τὸ ... ἀδικεῖν 和 τὸ ... ἔχειν，定冠词 + 不定式 = 名词。ἤ, than。τοὺς ὁμοίους，定冠词 + 形容词 = 名词。τῷ αὐτίκα φανερῷ，"眼前的表面现象"。διὰ κινδύνων，"冒险地"，διὰ 跟属格名词，表示方式。

43.1–4［笺释］ἀξιοῦμεν 跟不定式（κομίζεσθαι 和 βλάψαι）。τὸ αὐτὸ, the same。οἷς = τούτοις ἅ，先行词 τούτοις 省略，关系代词 οἷς 被吸引到其先行词的格，περιπεπτωκότες 跟与格（τούτοις），ἅ 作 προείπομεν 的宾语（GG § 2531b）。προείπομεν 跟不定式（κολάζειν 和 βλάψαι）。αὐτόν τινα，作不定式 κολάζειν 的主语，each for himself。τῇ ὑμετέρᾳ

($ψήφῳ$)。$τὸ ... ἴσον$，定冠词 + 形容词 = 名词。$γνόντες$ + 宾格（$τοῦτον$）+ 不定式（$εἶναι$）。$ᾧ$，关系代词，其先行词是 $τὸν καιρὸν$。$ὅ$，定冠词，跟前倾词（$τε$），故加了高调符号。$δέχεσθε$ 跟双宾格（$Κερκυραίους$ 和 $ξυμμάχους$）（CGCG § 30.10）。$βίᾳ ἡμῶν$，"违背我们的意愿""不顾我们的强烈反对"。$ἀδικοῦσιν$ 与 $αὐτοῖς$ 配合。$τὰ προσήκοντά$，分词 $προσήκοντά$ 用作形容词，跟前倾词（$τε$），故其末音节加了高调符号。$τὰ ἄριστα$，定冠词 + 形容词 = 名词。$ὑμῖν αὐτοῖς$，for yourslves。

44.1［笺释］$ἀκούσαντες$ 跟属格（$ἀμφοτέρων$）。$γενομένης ... ἐκκλησίας$，独立属格结构。$καὶ δὶς$，$καὶ$ 有强调的意味，"不是一次，而是两次"。$τῇ προτέρᾳ$（$ἐκκλησίᾳ$）。$μετέγνωσαν$ 跟不定式（$ποιήσασθαι$）。$ξυμμαχίαν$ 作不定式 $ποιήσασθαι$ 的宾语。$ὥστε$ 跟不定式（$νομίζειν$），表结果。$τοὺς αὐτοὺς ἐχθροὺς$，$αὐτοὺς$ 夹在定冠词和名词之间，same。$ἐκέλευον$ 跟不定式（$ξυμπλεῖν$）。$σφίσιν$ = $τοῖς Κερκυραίοις$。$αὐτοῖς$ = $τοῖς Ἀθηναίοις$。不定式 $βοηθεῖν$ 解释 $ἐπιμαχίαν$（GG § 1987）。$τῇ ἀλλήλων$（$γῇ$）。$ἢ ... ἢ ...$，"或者……或者……"。

44.2–3［笺释］句子主干：$ὁ ... πόλεμος ἐδόκει ἔσεσθαι αὐτοῖς$。$ἐδόκει$ 跟不定式（$ἔσεσθαι$）。$καὶ ὣς$，"无论如何"，$ὣς$ = $οὕτως$。$ἐβούλοντο$ 跟不定式（$προέσθαι$ 和 $ξυγκρούειν$）。$ὅτι μάλιστα$，"最大限度地"，$ὅτι$ 用来加强最高级副词或者形容词。$τοῖς ἄλλοις$，定冠词 + 形容词 = 名词。$οὖσιν$ 和 $ἔχουσιν$ 与 $Κορινθίοις καὶ τοῖς ἄλλοις$ 配合。$ἤν τι δέῃ$ = $ἐάν τι δέῃ γενέσθαι$, if ever it becomes necessary。$τι$，用作副词，"在某种程度上"。$δέῃ$ 跟不定式（$γενέσθαι$，省略）。$ἐφαίνετο$ 跟不定式（$κεῖσθαι$）。

45.1–3［笺释］$τῶν Κορινθίων ἀπελθόντων$，独立属格结构。$ἐστρατήγει$ 跟属格（$αὐτῶν$）。$Λακεδαιμόνιός$ 跟前倾词（$τε$），故其末音节加了高调符号。$προεῖπον$ 跟不定式（$ναυμαχεῖν$ 和 $κωλύειν$）。$ἢν μὴ$ = $ἐὰν μὴ$，"除非"。$μέλλωσιν$ 跟不定式（$ἀποβαίνειν$）。$ἢ$，"或者"。$τι τῶν ... χωρίων$。$οὕτω$ = $ἐὰν δὲ τοῦτο ποιήσωσι$。$ἕνεκα$ 跟属格（$τοῦ ... λύειν$，定冠词 + 不定式 = 名词）。

46.1–5［笺释］$αὐτοῖς παρεσκεύαστο$，施动者在与被动态动词（常常是完成时或者过去完成时）连用时，用与格（$αὐτοῖς$）（GG § 1488）。整理词序：$ὁ αὐτός Ξενοκλείδης$ （$ἐστι$）$πέμπτος$。$οὗ$，关系代词，其先行词是 $ποταμὸς$。$ἐντὸς$ 跟属格（$ὧν$）。$ὧν$，关系代词，其先行词是 $Θεσπρωτίδα$ 和 $Κεστρίνην$。

47.1–2［笺释］$ὡς$，when。$ἦρχε$ 跟属格（$ὧν$）。$ὧν$，关系代词，其先行词是 $δέκα καὶ ἑκατὸν ναῦς$。$αἳ$，关系代词，其先行词是 $τῶν νήσων$。

48.1–4［笺释］$παρεσκεύαστο τοῖς Κορινθίοις$，见上文 46.1 笺释。$ὡς ἐπὶ ...$，表达句子主语的想法或者断言（GG § 2996）。$νυκτός$，表时间的属格，表示在该时间段内。$μετέωρος$ 本义是"悬在空中的"，这里意思是"（船只）在外海的"。$ὡς$，as，when。$ὧν$

ἦρχε，同 47.1 笺释。ὡς ἕκαστοι，each by themselves。τὸ δεξιὸν (κέρας)。ταῖς ... πλεούσαις，定冠词 + 分词 = 名词。ἄριστα，中性、复数、宾格形容词用作副词（GG § 1609）。

49.1–5［笺释］ἀπειρότερον，用作副词。ἦν，置于句首，表示强调，"实际上是"。τὸ πλέον，more。ὑπό 跟属格（τοῦ πλήθους καὶ ὄχλου），because of。μᾶλλόν τι，somewhat more。πιστεύοντες 跟与格（τοῖς ... ὁπλίταις）。οἵ，关系代词，其先行词是 τοῖς ... ὁπλίταις。ἡσυχαζουσῶν τῶν νεῶν，独立属格结构。τὸ πλέον ... ἤ ...，more ... than ...。ᾗ，关系代词，其先行词是 ἡ ναυμαχία。εἴ 跟前倾词（πῃ），故加了高调符号。τοῖς ἐναντίοις，定冠词 + 形容词 = 名词。ἦρχον 跟属格（μάχης）。τρεψάμενοι 是 τρέπω 的不定过去时分词、中动态，一般作不及物动词，这里作及物动词，意思是"打败"。

49.6–7［笺释］ᾗ，关系副词，where。τῶν εἴκοσι νεῶν ... οὐ παρουσῶν，独立属格结构。τοῖς Κερκυραίοις，"对科西拉人来说"。ἡσσῶντό 跟前倾词（τε），故其末音节加了高调符号。τὸ ... πρῶτον，"首先"。τότε δή，"当即"。εἴχετο 跟属格（ἔργου）。ξυνέπεσεν，无人称句，things came to (such a pass)。ὥστε 跟不定式（ἐπιχειρῆσαι），表结果。τοὺς Κορινθίους καὶ Ἀθηναίους 作不定式 ἐπιχειρῆσαι 的主语。

50.1–2［笺释］τῆς τροπῆς γενομένης，独立属格结构。ἅς，关系代词，其先行词是 τῶν νεῶν。ἐτράποντο 跟不定式（φονεύειν 和 ζωγρεῖν）。μᾶλλον ἤ，rather than。ὅτι，that。πολλῶν νεῶν οὐσῶν ἀμφοτέρων ... ἐπεχουσῶν，独立属格结构。ἤ，"或者"。最后短句主干：αὕτη ναυμαχία γεγένηται μεγίστη τῶν πρὸ αὐτῆς ...。νεῶν πλήθει，"在船只数量方面"。τῶν πρὸ αὐτῆς，定冠词 + 不定式 = 名词。

50.3–5［笺释］τοὺς νεκροὺς τοὺς σφετέρους，重复定冠词结构。ἐκράτησαν 跟属格（τῶν πλείστων，定冠词 + 形容词 = 名词）。ὥστε 跟不定式（προσκομίσαι），表结果。οἵ，关系副词，"到那里""向那里"，"洛布本"和阿尔伯蒂的校勘本作 οὗ（whither）。句子主干：οἱ δὲ ... αὐτοὶ ἀντεπέπλεον。οἱ δὲ，but they，见前文笺释（1.24.5）。ταῖς πλωίμοις，定冠词 + 形容词 = 名词。ὅσαι，关系形容词（或关联代词），其先行词 τοσαύταις 被吸收，且被吸引到关系形容词（或关联代词）ὅσαι 的格（主格）（GG § § 2537, 2538）。δείσαντες 跟虚拟语气（πειρῶσιν），μή 为赘词。πειρῶσιν 跟不定式（ἀποβαίνειν）。ὡς ἐς ...，表真正意图（GG § 2996）。πρύμναν ἐκρούοντο，"倒划"。ἅς，关系代词，其先行词是 ναῦς。τῶν δέκα (νεῶν)。ὅπερ ἐγένετο，"事情就是这样发生"。δείσαντες 跟虚拟语气（νικηθῶσιν 和 ὦσιν），μή 为赘词。ὦσιν ὀλίγαι 跟不定式（ἀμύνειν），be too few to ...。

51.1–4［笺释］οὖν，接续前文，"却说"。ὑποτοπήσαντες + 宾格（ταύτας）+ 不定式（εἶναι）。τοῦ ἀφανοῦς，定冠词 + 形容词 = 名词。πρίν 与不定过去时分词（ἰδόντες

连用，until（GG § 2434）。ὅτι, that。αἱ ... νῆες αἱ ἐκ τῶν Ἀθηνῶν，重复定冠词结构。ἦρχε 跟属格（ὧν）。ὧν，关系代词，其先行词是 αἱ ... νῆες。πολλῷ 跟比较级（ὕστερον）（GG § 1514）。ἤ, than。ἐφοβήθησαν 跟虚拟语气（ὦσιν），μή 为赘词。

52.1-2［笺释］τῇ ... ὑστεραίᾳ (ἡμέρᾳ)，表时间的与格，表示在该时间点。αἵ, 定冠词，跟前倾词（τε），故加了高调符号。ᾧ，关系代词，其先行词是 τὸν ... λιμένα。βουλόμενοι 跟不定式（εἰδέναι）。εἰ, whether。οἱ δέ, but they（见前文 1.24.5 笺释），指 Κορίνθιοι。διανοούμενοι 跟不定式（ἄρχειν）。περὶ φυλακῆς αἰχμαλώτων。οὕς 是关系代词，其先行词是 αἰχμαλώτων，οὕς 是 εἶχον 的宾语。τὰ ἄπορα，定冠词＋形容词＝名词。

52.3［笺释］διεσκόπουν 跟属格（τοῦ πλοῦ）。ὅπῃ = ὅπη，副词。κομισθήσονται 是 κομίζω 的将来时被动态，"返回"。δεδιότες 跟虚拟语气（ἐῶσι），μή 为赘词。νομίσαντες + 宾格（τὰς σπονδάς）+ 不定式（λελύσθαι）。ἐῶσι + 宾格（σφᾶς）+ 不定式（ἀποπλεῖν）。

53.1-4［笺释］ἔδοξεν + 与格（αὐτοῖς）+ 不定式（προσπέμψαι 和 ποιήσασθαι）。πεῖραν 作不定式 ποιήσασθαι 的宾语。πέμψαντές 跟前倾词（τε），故其末音节加了高调符号。ἄρχοντες 跟属格（πολέμου）。τοὺς ἡμετέρους πολεμίους。γνώμη ἐστί 跟不定式（κωλύειν），it is an intention to ...。ἤ, or。βουλόμεθα 跟不定式（πλεῖν）。χρήσασθε ὡς 跟与格（πολεμίοις），"当作……对待"。οἱ μέν, οἱ 作指示代词（GG § 1106）。ἀνεβόησεν 跟不定式（λαβεῖν 和 ἀποκτεῖναι）。ἄρχομεν 跟属格（πολέμου）。(ὄντες) βοηθοὶ τοῖσδε Κερκυραίοις。ἄλλοσέ 跟前倾词（ποι），故其末音节加了高调符号。βούλεσθε 跟不定式（πλεῖν）。ἤ, or。ἐς τι τῶν ... χωρίων。κατὰ τὸ δυνατόν, "尽力"。

54.1-2［笺释］τῶν Ἀθηναίων ἀποκριναμένων，独立属格结构。τὸν πλοῦν τὸν ἐπ᾽ οἴκου 和 τὰ ναυάγια καὶ νεκροὺς τὰ κατὰ σφᾶς，重复定冠词结构。ὅς，关系代词，其先行词是 τοῦ ῥοῦ καὶ ἀνέμου。τῆς νυκτός，表时间的属格，表示在该时间段内。ὡς, as, because。ὥστε 跟不定式（προσκομίσασθαι），表结果。ὅτι, that。ὑπεχώρησαν αὐτοῖς, retreated from them，αὐτοῖς 指科西拉人。ταῦτα 指上文列举的种种理由。

55.1-2［笺释］ἠξίουν 跟不定式（νικᾶν）。ὅ 是关系代词，其先行词是 Ἀνακτόριον。αὐτῷ 指 Ἀνακτόριον。οἵ 是关系代词，其先行词是 ὀκτακοσίους。οἱ πλείους，定冠词＋形容词＝名词。ἐτύγχανον 跟分词（ὄντες）。ὅτι, "因为"。

56.1-2［笺释］ξυνέβη + 不定式（γενέσθαι）+ 与格（τοῖς Ἀθηναίοις καὶ Πελοποννησίοις），"（某事）恰巧落到（某人）身上"。τὸ πολεμεῖν，定冠词＋不定式＝名词。τῶν Κορινθίων πρασσόντων，独立属格结构。ὅπως 跟在表示努力行动的动词（a verb of effort）后面，再跟将来时（τιμωρήσονται）（GG § § 2209, 2211）。αὐτούς 指雅典人。αὐτῶν 指科林斯人。οἵ，关系代词，其先行词是 Ποτειδεάτας。ἐκέλευον + 宾格（Ποτειδεάτας）+ 不定式

（καθελεῖν, δοῦναι, ἐκπέμπειν 和 δέχεσθαι）。τὸ λοιπὸν，"将来"。οὓς，关系代词，其先行词是τούς ... ἐπιδημιουργούς。δείσαντες 跟虚拟语气（ἀποστῶσιν 和 ξυναποστήσωσι），μὴ 为赘词。τοὺς ... ἄλλους τοὺς ... ξυμμάχους，重复定冠词结构。

57.2–6［笺释］οἱ，定冠词，跟前倾词（τε），故加了高调符号。ὅτι，"因为"。表努力行动的动词（ἔπρασσεν）+ ὅπως + 虚拟语气（γένηται）（GG §2214）。ἕνεκα 跟属格（τῆς ... ἀποστάσεως）。προσέφερε λόγους + 与格（τοῖς ... Χαλκιδεῦσι καὶ Βοττιαίοις）+ 不定式（ξυναποστῆναι）。ῥᾷον 跟不定式（ποιεῖσθαι）。τὸν πόλεμον 作不定式 ποιεῖσθαι 的宾语。αἰσθόμενοι 跟属格（ὤν）。ὤν，自主关系代词，指前文所说的 Περδίκκας 的所作所为。βουλόμενοι 跟不定式（προκαταλαμβάνειν）。ἔτυχον 跟分词（ἀποστέλλοντες）。αὐτοῦ，指 Περδίκκας。ἐπιστέλλουσι + 与格（τοῖς ἄρχουσι）+ 不定式（λαβεῖν、καθελεῖν 和 ἔχειν）。表示努力行动的动词（ἐπιστέλλουσι）+ ὅπως μὴ + 将来时（ἀποστήσονται）（GG §§2209, 2211）。

58.1–2［笺释］παρ' 跟宾格（人）（Ἀθηναίους），"到某人那里去"。εἴ 跟前倾词（πως），故加了高调符号。πως，"一定""无论如何"。πείσειαν 跟不定式（νεωτερίζειν）。σφῶν πέρι = περὶ σφῶν（GG §175a）（CGCG §60.14）。πράσσοντες ἐκ πολλοῦ，"活动了很久""谈判了很久"。ἐκ 跟前倾词（τε），故加了高调符号。αἱ νῆες αἱ ἐπὶ Μακεδονίαν，重复定冠词结构。μὴ ... μηδέν，简单否定词 + 复合否定词，后者强调前者，仍表否定（CGCG §56.4）。τὰ τέλη，"当局"。τότε δὴ κατὰ τὸν καιρὸν τοῦτον，"就在这个时机""抓住这个时机"。πείθει + 宾格（Χαλκιδέας）+ 不定式（ἀνοικίσασθαι 和 ποιήσασθαι）。ποιήσασθαι 跟双宾格（ταύτην 和 πόλιν）。ἔδωκε 跟不定式（νέμεσθαι）。τοῖς ἐκλιποῦσι，定冠词 + 分词 = 名词。τῆς ἑαυτοῦ γῆς 修饰 περὶ τὴν Βόλβην λίμνην。ἀνῳκίζοντό 跟前倾词（τε），故其末音节加了高调符号。

59.1–2［笺释］τὰ ἐπὶ Θρᾴκης，定冠词 + 介词短语 = 名词。τἆλλα = τὰ ἀλλὰ。νομίσαντες 跟不定式（εἶναι）。ἀδύνατα 跟不定式（πολεμεῖν）。ἐφ' ὅπερ，"就是因为那个情况"。τὸ πρῶτον，"起初"。

60.1–3［笺释］τῆς Ποτειδαίας ἀφεστηκυίας 和 τῶν ... νεῶν ... οὐσῶν，独立属格结构。ἡγούμενοι + 宾格（τὸν κίνδυνον）+ 形容词（οἰκεῖον）。ἐστρατήγει 跟属格（αὐτῶν）。ἡμέρᾳ，表时间的与格，表示在该时间点。ἤ，than。

61.1–4［笺释］ἡ ἀγγελία τῶν πόλεων ὅτι ἀφεστᾶσι，"那些城邦已经叛离的消息"。τῶν πόλεων 被称为"宾语性属格"（The Objective Genitive），(news) about the cities，消息的具体内容由 ὅτι 引导的从句解释（GG §1332）。ὡς，when。τοὺς ... ἐπιπαριόντας 和 τὰ ἀφεστῶτα，定冠词 + 分词 = 名词。οἵ，关系代词，其先行词是 ὁπλίτας。ἀναγκαίαν，形

容词，"作为权宜之计的"。ὡς，"因为"。κἀκεῖθεν = καὶ ἐκεῖθεν。πειράσαντες 跟属格（τοῦ χωρίου）。χωρὶς δὲ，"此外"。τοῖς μετὰ Φιλίππου καὶ Παυσανίου，定冠词 + 介词短语 = 名词。

62.2–6［笺释］ἀπέστη 跟属格（τῶν Ἀθηναίων）。ἀνθ' αὑτοῦ，"代替他"。ἡ γνώμη τοῦ Ἀριστέως = ἔδοξε τῷ Ἀριστεῖ。即 ἔδοξε + 与格（τῷ Ἀριστεῖ）+ 不定式（ἐπιτηρεῖν、μένειν 和 ποιεῖν）。ἔχοντι 与 τῷ Ἀριστεῖ 配合。τὴν ... ἵππον，集合名词，"骑兵"。ἢν = ἐάν。Χαλκιδέας ...καὶ τοὺς ... ξυμμάχους καὶ τὴν ... ἵππον 作不定式 μένειν 的主语。整理词序：... ποιεῖν τοὺς πολεμίους ἐν μέσῳ αὑτῶν ...。εἴργωσι + 宾格（τοὺς ἐκεῖθεν）+ 不定式（ἐπιβοηθεῖν）。τοὺς ἐκεῖθεν，定冠词 + 副词 = 名词。τοὺς ἐναντίους 和 τῶν ἄλλων，定冠词 + 形容词 = 名词。ὡς ἐς ...，表真正意图（GG § 2996）。ἐπὶ πολύ，"一长段距离"。

63.1–3［笺释］ὡς，when。διακινδυνεύσῃ，不定过去时虚拟语气，跟在表示自思量的动词 ἠπόρησε 后面，叫作"自思量虚拟语气"（Deliberative subjunctive）（GG § 1805）。ἢ ... ἢ ...，"或者……或者……"。οὖν，really。ἔδοξε + 与格（αὑτῷ，省略）+ 不定式（βιάσασθαι）。ξυναγαγόντι 与省略了的 αὑτῷ 配合。τοὺς μεθ' αὑτοῦ，定冠词 + 介词短语 = 名词。ὡς + 介词（ἐς）+ 最高级（ἐλάχιστον），"尽可能地"（GG § 1086）。βαλλόμενός 跟前倾词（τε），故其末音节加了高调符号。τοὺς ... πλείους，定冠词 + 形容词 = 名词。οἱ ... βοηθοί，定冠词 + 形容词 = 名词。ἀπεῖχει + 属格（省略）+ 宾格（σταδίους），"距离（某地）多少里程"。ὡς，when。τι，用作副词，somewhat。ὡς 跟将来时分词（βοηθήσοντες 和 κωλύσοντες），in order to。διὰ τάχους，"迅速"。ὀλίγῳ 跟比较级（ἐλάσσους）（GG § 1514）。

64.1–2［笺释］τὸ ... ἐς τὴν Παλλήνην (τεῖχος)。ἐνόμιζον 跟不定式（εἶναι）。εἶναι ἱκανοί 跟不定式（φρουρεῖν 和 τειχίζειν）。δεδιότες 跟虚拟语气（ἐπίωνται），μή 为赘词。σφίσιν 与 γενομένοις 配合。σφίσιν 指雅典人。χρόνῳ，in process of time。ὅς，关系代词，其先行词是 Φορμίων。ὡς，"因为"。

65.1–2［笺释］ἀποτειχισθείσης αὑτῆς，独立属格结构。ἢν μή，"除非"。τι，主格。ἤ，"或者"。ξυνεβούλευε + 与格（τοῖς ἄλλοις）+ 不定式（ἐκπλεῦσαι）。πλὴν 跟属格（πεντακοσίων）。τηρήσασι 与 τοῖς ἄλλοις 配合。ἐπὶ πλέον，"更长时间"。ἤθελε 跟不定式（εἶναι）。τῶν μενόντων，定冠词 + 分词 = 名词。ὡς，"由于"。βουλόμενος 跟不定式（παρασκευάζειν）。τὰ ἐπὶ τούτοις，定冠词 + 介词短语 = 名词，"这种情况下所必需的"。表示努力行动的动词（παρασκευάζειν）+ ὅπως + 将来时（ἕξει）。ἕξει，hold。τὰ ἔξωθεν，定冠词 + 副词 = 名词，"外面的局势"。ὡς ἄριστα，"最大程度地"。τά ... ἄλλα，"其他方面""各个方面"。表示努力行动的动词（ἔπρασσεν）+ ὅπῃ + 将来时

(γενήσεται)。ἔστιν ἅ，"有些"。

66.［笺释］ὅτι，that。ἀπὸ τοῦ προφανοῦς，"公开地"。ὅ，定冠词，跟前倾词（γε），故加了高调符号。γε，"至少""无论如何"。πω，"尚""还"。ξυνερρώγει 是 συρρήγνυμι 的过去完成时，"已经爆发"。

67.1–4［笺释］πολιορκουμένης ... τῆς Ποτειδαίας 和 ἀνδρῶν ... ἐνόντων，独立属格结构。σφίσιν 是 σφεῖς 的与格，这里与属格的意思差不多，可以按照属格来翻译（GG § 1481）。跟属格（τῶν Ἀθηναίων）。ὅτι，that。Αἰγινῆται 跟前倾词（τε），故其末音节加了高调符号。λέγοντες 跟不定式（εἶναι）。τῶν ξυμμάχων ... εἴ τίς，any of their allies。εἰ 跟前倾词（τίς），τίς 又跟前倾词（τι），故 εἴ 和 τίς 都加了高调符号。ἔφη + 宾格（τι ἄλλο）+ 不定式（ἠδικῆσθαι）。σφῶν αὐτῶν，their own。τὸν εἰωθότα，定冠词 + 分词 = 名词。ἐκέλευον 跟不定式（λέγειν）。ὡς ἕκαστοι，each by themselves。δηλοῦντες 跟不定式（εἴργεσθαι）（GG § 2131）。εἴργεσθαι 跟属格（τῶν ἐν τῇ Ἀθηναίων ἀρχῇ λιμένων καὶ τῆς Ἀττικῆς ἀγορᾶς）。ἐάσαντες + 宾格（τοὺς ἄλλους）+ 不定式（παροξῦναι）。

68.1［笺释］此句主干：τὸ πιστὸν καθίστησιν ὑμᾶς ἀπιστοτέρους ἐς τοὺς ἄλλους，ἔχετε σωφροσύνην，χρῆσθε ἀμαθίᾳ ... πλέονι πρὸς τὰ ἔξω πράγματα。καθ' ὑμᾶς αὐτούς，among yourselves。τῆς καθ' ὑμᾶς αὐτοὺς πολιτείας καὶ ὁμιλίας 修饰 τὸ πιστόν。ἤν = ἐάν。ἀπ' αὐτοῦ，αὐτοῦ 指 τὸ πιστόν。 μὲν ... δὲ ...，表示两相对照。χρῆσθε 跟与格（ἀμαθίᾳ πλέονι），"处于某种状态"。

68.2［笺释］前三个短句整理词序：προαγορευόντων ἡμῶν πολλάκις ἃ ἐμέλλομεν βλάπτεσθαι ὑπὸ Ἀθηναίων，οὐ ἐποιεῖσθε τὴν μάθησιν περὶ ὧν ἐδιδάσκομεν ἑκάστοτε，ἀλλὰ μᾶλλον ὑπενοεῖτε τῶν λεγόντων ὡς λέγουσιν ἕνεκα τῶν αὐτοῖς ἰδίᾳ διαφόρων。προαγορευόντων ἡμῶν，独立属格结构。ἃ ἐμέλλομεν βλάπτεσθαι ὑπὸ Ἀθηναίων 作 προαγορευόντων 的宾语。ἅ，自主关系代词，whatever。ἐμέλλομεν 跟不定式（βλάπτεσθαι）。ὧν = τούτων ἅ，先行词 τούτων 省略，关系代词 ἅ 被先行词的格所吸引（GG § 2522），作 ἐδιδάσκομεν 的宾语。ὑπενοεῖτε 跟属格（τῶν λεγόντων）。ὡς，as，because。ἕνεκα 跟属格（τῶν αὐτοῖς ἰδίᾳ διαφόρων）。αὐτοῖς，to them，指雅典人。后三个短句：δι' αὐτό，"由于这个原因"。πρίν 跟不定式（πάσχειν），ἡμᾶς（省略）作不定式 πάσχειν 的主语。ἐν οἷς，οἷς 指上文的 τοὺς ξυμμάχους。προσήκει 跟不定式（εἰπεῖν），ἡμᾶς 作 εἰπεῖν 的主语。ὅσῳ，与最高级形容词（μέγιστα）连用，"鉴于"。ὑπὸ μὲν Ἀθηναίων ὑβριζόμενοι，ὑπὸ δὲ ὑμῶν ἀμελούμενοι，典型的对偶句（antithesis）。

68.3［笺释］που，somewhere。προσέδει 跟属格（διδασκαλίας）。ὡς，as。τί，why。δεῖ + 宾格（ἡμᾶς，省略）+ 不定式（μακρηγορεῖν）。ὧν，关系代词，其先行词是省略

了的 ἡμᾶς（另一种解释：其先行词与上文的 τὴν Ἑλλάδα 相关，即"希腊人"；这里含有因果关系的成分，等于说 ἐπεὶ τῶν Ἑλλήνων ...），修饰 τοὺς ... δεδουλωμένους（定冠词 + 分词 = 名词）。ἐπιβουλεύοντας 跟与格（τοῖς 和 τοῖς ἡμετέροις ξυμμάχοις）。τοῖς δὲ，τοῖς 为指示代词（GG § 1106）。αὐτούς 与 ἐπιβουλεύοντας 配合。ἐκ πολλοῦ，"一长段时间"。εἰ 跟前倾词（ποτε），故加了高调符号。εἰ ἄρα，"万一"，在条件句中，εἰ 和 ἄρα 连用，表示结果是不想要的（GG § 2796）。

68.4［笺释］βίᾳ ἡμῶν，"违背我们的意愿"。ὧν，自主关系代词，of which，指包括 Ποτείδαια 在内的地方。ἐπικαιρότατον 跟不定式（ἀποχρῆσθαι）。τὰ ἐπὶ Θρᾴκης，定冠词 + 介词短语 = 名词。ἡ δὲ，but she（见前文 1.24.5 笺释）。

69.1［笺释］αἴτιοι 跟属格（τῶνδε）。ἐάσαντες + 宾格（αὐτοὺς）+ 不定式（κρατῦναι 和 στῆσαι）。ἐς τόδε，"时至今日"。ἀποστεροῦντες + 宾格（τοὺς ... δεδουλωμένους 和 τοὺς ... ξυμμάχους）+ 属格（ἐλευθερίας），"剥夺某人某种东西"。最后两个短句主干：ὁ δουλωσάμενος οὐ δρᾷ αὐτό, ἀλλ' ὁ δυνάμενος (ἐστί) ἀληθέστερον. ὁ δουλωσάμενος 和 ὁ δυνάμενος，定冠词 + 分词 = 名词。δουλωσάμενος 是 δουλόω 的不定过去时分词、中动态，"使为自己所驱使""奴役他人"。αὐτὸ 指剥夺希腊自由。δυνάμενος 跟不定式（παῦσαι）。περιορῶν，现在时分词，与 ὁ δυνάμενος 配合。εἴπερ，"即使"。ὡς 跟现在时分词（ἐλευθερῶν），表相信的理由（GG § 2086）。

69.2［笺释］χρῆν 跟不定式（σκοπεῖν）。οὐκ 否定 χρῆν。εἰ，whether。καθ' ὅτι，how。最后短句主干：οἱ ... δρῶντες ἐπέρχονται πρὸς (τοὺς) οὐ διεγνωκότας. οἱ ... δρῶντες，定冠词 + 分词 = 名词。ἤδη 修饰 βεβουλευμένοι。μέλλοντες 和 βεβουλευμένοι 与 οἱ ... δρῶντες 配合。διεγνωκότας 是完成时分词、宾格，这里当名词用，似乎在其前面要补上一个定冠词。修昔底德经常省略定冠词。

69.3-4［笺释］第一句整理词序：ἐπιστάμεθα ὅτι οἱ Ἀθηναῖοι χωροῦσιν οἴᾳ ὁδῷ ἐπὶ τοὺς πέλας κατ' ὀλίγον. 这句中的 καὶ ὅτι 很不好解释，有校勘者将它括起来了。οἴᾳ ὁδῷ，"以这样的方式"。τοὺς πέλας，定冠词 + 副词 = 名词。κατ' ὀλίγον, little by little。第二句主干：θαρσοῦσι ἧσσον, ἐγκείσονται ἰσχυρῶς. οἰόμενοι 跟不定式（λανθάνειν）。γνόντες 跟分词（εἰδότας）。εἰδότας 跟不定式（περιορᾶν）。γνόντες 和 εἰδότας 都可以看作条件句，if they recognize, if you know。οὐ τῇ δυνάμει 与 ἀλλὰ τῇ μελλέσει、ἀρχομένην 与 διπλασιουμένην 是对偶句（antithesis）。ἀμυνόμενοι 的宾语是 τινά，defend oneself against some people。

69.5［笺释］καίτοι，"然而"。ἐλέγεσθε 跟不定式（εἶναι）。ὧν，自主关系代词，of which，指上句所说的关于"你们"的情况，相当于 ὑμῶν，修饰 τοῦ ἔργου。ἄρα，

表达一个新的想法或者意外（GG § 2795）。ἐκράτει 跟属格（τοῦ ἔργου），"胜过"。πρότερον ... ἤ ..., "比……早"，相当于 πρίν + 不定式（προαπαντῆσαι）。τὰ παρ' ὑμῶν, your defense forces。第三、四、五短句主干：περιορᾶτε τοὺς Ἀθηναίους ... βούλεσθε ἀμύνεσθαι ... καταστῆναι ἐς τύχας。ἀντί 跟属格（τοῦ ἐπελθεῖν）。τοῦ ἐπελθεῖν，定冠词 + 不定式 = 名词。αὐτοί 是主格，它修饰不定式（ἐπελθεῖν）的主语，这里主句动词的主语与不定式的主语相同（GG § 1973a）。βούλεσθε 跟不定式（ἀμύνεσθαι 和 καταστῆναι）。(τούς) ἐπιόντας 是 ἀμύνεσθαι 的宾语，省略了定冠词。πρός (τοὺς) δυνατωτέρους。πολλῷ 跟比较级（δυνατωτέρους）（GG § 1514）。ἀγωνιζόμενοι 的主语是"你们"，指斯巴达人。最后两个短句主干：ἐπιστάμενοι τὸν βάρβαρον ... ἡμᾶς περιγεγενημένους ... ἐπεὶ αἱ ἐλπίδες ἔφθειραν τινάς。αὐτὸν περὶ αὑτῷ, by his own fault。τὰ πλείω, "主要地"。πολλά, 副词，"主要"。μᾶλλον ἤ ..., "比……更"。αἱ ὑμέτεραι ἐλπίδες, 不是"你们的希望"，而是"对你们的希望"。这里的 ὑμέτεραι 是"宾语性属格"（The Objective Genitive）（GG § 1331）。αἵ, 定冠词，跟前倾词（γε），故加了高调符号。

69.6［笺释］整理词序：μηδεὶς ὑμῶν νομίσῃ λέγεσθαι τάδε ἐπ' ἔχθρᾳ τὸ πλέον ἢ αἰτίᾳ, αἰτία μὲν γάρ ἐστι φίλων ἀνδρῶν ἁμαρτανόντων, κατηγορία δὲ (ἐστὶν) ἐχθρῶν ἀδικησάντων。μηδεὶς ὑμῶν νομίσῃ λέγεσθαι ..., let none of you say ...。νομίσῃ 是"禁止性虚拟语气"（Prohibitive subjunctive）（GG § 1800）。νομίσῃ 跟不定式（λέγεσθαι）。τάδε 作不定式 λέγεσθαι 的宾语。τὸ πλέον ἤ, "比……更多地"。

70.1［笺释］ἅμα, "同时""此外"。ἅμα 以下的从句整理词序：εἴπερ τινὲς ἄλλοι (εἰσίν) ἄξιοι ἐπενεγκεῖν ψόγον τοῖς πέλας, νομίζομεν εἶναι (ἄξιοι)。νομίζομεν 跟不定式（εἶναι）。ἄξιοι 跟不定式（ἐπενεγκεῖν）。τοῖς πέλας, 定冠词 + 副词 = 名词，"我们的邻邦"。ἄλλως τε καί, "尤其"。... τῶν διαφερόντων καθεστώτων, 独立属格结构。περὶ ὧν, ὧν 是关系代词，其先行词是 τῶν διαφερόντων。δοκεῖτε + 与格（ἡμῖν 和 ὑμῖν）+ 不定式（αἰσθάνεσθαι 和 ἐκλογίσασθαι）。πώποτε, ever yet。πρός 跟宾格（οἵους）。Ἀθηναίους ὄντας 与οἵους 配合。ὅσον διαφέροντας ὑμῶν, how different from you。διαφέροντας 跟属格（ὑμῶν）。ὡς πᾶν, how completely。从句 ὁ ἀγὼν ἔσται 根据前文的 ὑμῖν 而来，即 ὁ ἀγὼν ἔσται ὑμῖν。

70.2［笺释］οἱ μέν ... ὑμεῖς δέ ..., "他们……你们……"。ὀξεῖς, 形容词，跟不定式（ἐπινοῆσαι, ἐπιτελέσαι, σῴζειν, ἐπιγνῶναι 和 ἐξικέσθαι），"敏于……"，但用在斯巴达人身上就带有讽刺意味了。ἃ ἂν γνῶσιν, whatever they have decided, ἅ, 自主关系代词。τὰ ὑπάρχοντά, 定冠词 + 分词 = 名词。τἀναγκαῖα = τὰ ἀναγκαῖα。

70.3［笺释］此句主干：οἱ (Ἀθηναῖοι) (εἰσὶ) τολμηταὶ ... κινδυνευταὶ ... εὐέλπιδες ...

τὸ ὑμέτερον (ἐστί) πρᾶξαι ... πιστεῦσαι ... οἴεσθαι ...。οἱ μὲν，οἱ 为指示代词，指雅典人。τοῖς δεινοῖς，定冠词 + 形容词 = 名词。τὸ ὑμέτερον，定冠词 + 形容词 = 名词，"你们的（性格）"。ἐνδεᾶ 跟属格（τῆς ... δυνάμεως）。πιστεῦσαι 跟与格（τοῖς βεβαίοις）。τῆς γνώμης 修饰 τοῖς βεβαίοις。οἴεσθαι 跟不定式（ἀπολυθήσεσθαι）。ἀπολυθήσεσθαι 跟属格（τῶν δεινῶν，定冠词 + 形容词 = 名词）。

70.4–5［笺释］καὶ μὴν καί, and in truth also（GG § 2921）。整理词序：(εἰσὶν) ἄοκνοι πρὸς ὑμᾶς ὄντας μελλητάς, καὶ (εἰσὶν) ἀποδημηταὶ πρὸς (ὑμᾶς ὄντας) ἐνδημοτάτους, οἱ μὲν οἴονται ἂν κτᾶσθαι τι τῇ ἀπουσίᾳ, ὑμεῖς δὲ (οἴεσθε) ἂν βλάψαι τὰ ἕτοιμα τῷ ἐπελθεῖν。οἱ μέν ... ὑμεῖς δέ ...，"他们……你们……"。οἴονται/οἴεσθε 跟不定式（κτᾶσθαι 和 βλάψαι）。τῷ ἐπελθεῖν，定冠词 + 不定式 = 名词。τὰ ἕτοιμα，定冠词 + 形容词 = 名词。κρατοῦντές 跟前倾词（τε），故其末音节加了高调符号，跟属格（τῶν ἐχθρῶν）。

70.6［笺释］整理词序：... χρῶνται τοῖς σώμασιν ἀλλοτριωτάτοις ὑπὲρ τῆς πόλεως, (χρῶνται) τῇ γνώμῃ οἰκειοτάτῃ ἐς τὸ πράσσειν τι ὑπὲρ αὐτῆς。χρῶνται 跟与格（τοῖς σώμασιν 和 τῇ γνώμῃ）。ὑπέρ 跟属格（τῆς πόλεως 和 αὐτῆς），αὐτῆς 指 τῇ γνώμῃ。τὸ πράσσειν，定冠词 + 不定式 = 名词。τι，宾格。

70.7［笺释］第一句整理词序：μὴ ἐπεξέλθωσιν ἃ μὲν ἂν ἐπινοήσαντες, ἡγοῦνται στέρεσθαι οἰκείων, κτήσωνται ἃ δ' ἂν ἐπελθόντες, (ἡγοῦνται) τυχεῖν πράξαντες ὀλίγα πρὸς τὰ μέλλοντα。ἐπεξέλθωσιν ... ἄν ...，κτήσωνται ... ἄν ...，都是不定过去时虚拟语气 + ἄν，条件句，"如果……"。ἅ，自主关系代词，whatever。ἡγοῦνται 跟不定式（στέρεσθαι 和 τυχεῖν），στέρεσθαι 跟属格（οἰκείων）。τυχεῖν 跟分词（πράξαντες），表示时间上的巧合，just then。τὰ μέλλοντα，定冠词 + 分词 = 名词。ἢν ἄρα，"万一"，ἤν = ἐάν，在条件句中，εἰ 和 ἄρα 连用，表示结果是不想要的（GG § 2796）。σφαλῶσιν，不定过去时虚拟语气。του，τις 的属格，修饰 πείρᾳ，something。ἄλλα，副词，"在其他方面"。τὴν χρείαν，"损失"。μόνοι、ἔχουσί 和 ἐλπίζουσιν 的主语都是"雅典人"。ἃ ἂν ἐπινοήσωσι 是 ἔχουσι 和 ἐλπίζουσιν 的宾格。διά 跟宾格（τὸ ... ποιεῖσθαι，定冠词 + 不定式 = 名词）。ποιεῖσθαι τὴν ἐπιχείρησιν 跟属格（ὧν）。ταχεῖαν 与 τὴν ἐπιχείρησιν 配合。ὧν，自主关系代词，whatever。ἔχουσί 跟前倾词（τε），故其末音节加了高调符号。

70.8［笺释］整理词序：καὶ ταῦτα <u>μοχθοῦσι</u> δι' ὅλου τοῦ αἰῶνος μετὰ πόνων πάντα καὶ κινδύνων, καὶ <u>ἀπολαύουσιν</u> ἐλάχιστα τῶν ὑπαρχόντων διὰ τὸ αἰεὶ κτᾶσθαι καὶ μήτε <u>ἡγεῖσθαι</u> ἑορτὴν ἄλλο τι ἢ τὸ τὰ δέοντα πρᾶξαι (ἡγεῖσθαι) ξυμφορὰν οὐχ ἧσσον ἡσυχίαν ἀπράγμονα ἢ ἀσχολίαν ἐπίπονον（双下画线部分为句子主干）。καὶ ταῦτα，承上句，and that so, therefore, that is why ...（GG § 947）。μοχθοῦσι 和 ἀπολαύουσιν 引出两个

独立的句子。διά 跟属格（ὅλου τοῦ αἰῶνος）。μετά 跟属格（πόνων ... καὶ κινδύνων）。πάντα，用作副词，"各个方面""各种情况"。ἀπολαύουσιν 跟属格（τῶν ὑπαρχόντων）。ἐλάχιστα，用作副词，"最少地"。διά 跟宾格（τὸ ... κτᾶσθαι ... ἡγεῖσθαι）。τὸ ... κτᾶσθαι ... ἡγεῖσθαι，定冠词 + 不定式 = 名词。ἡγεῖσθαι 跟双宾格（τὸ ... πρᾶξαι 和 ἑορτὴν；ἡσυχίαν ἀπράγμονα, ἀσχολίαν ἐπίπονον 和 ξυμφοράν）（CGCG § 30.10）。τὰ δέοντα，定冠词 + 分词 = 名词。ἄλλο τι ἢ，something else than。ἑορτὴν，前面无定冠词，当作带不定冠词，a holiday。οὐχ ἧσσον ... ἢ ...，no less ... than ...。

70.9［笺释］ὥστε，用在句首，表示总结，and so, therefore。εἴ 跟前倾词（τις），故加了高调符号。ξυνελὼν，不定过去时分词，"总之""一句话"。φαίη + 宾格（αὐτοὺς）+ 不定式（πεφυκέναι）。ἐπὶ + 与格（τῷ ... ἔχειν，定冠词 + 不定式 = 名词），"为了……的目的"。αὐτοὺς 作不定式 ἔχειν 的主语。ἐάν + 宾格（τοὺς ... ἀνθρώπους）+ 不定式（ἔχειν）。

71.1［笺释］μέντοι，"确实"。ταύτης ... τοιαύτης ἀντικαθεστηκυίας πόλεως，独立属格结构。οἴεσθε + 宾格（τὴν ἡσυχίαν）+ 不定式（ἀρκεῖν）。ἀρκεῖν 跟与格（τούτοις），"经历""持续"。οὐ τούτοις τῶν ἀνθρώπων ... οἳ ἂν ... πράσσωσι，not to those who ... but to those who do ...。οὐ 否定 τούτοις。οἵ，关系代词，其先行词是 τῶν ἀνθρώπων。τούτοις τῶν ἀνθρώπων，to some of people。ἐπὶ πλεῖστον，"最大限度地"。ὦσι δῆλοι + 分词（ἐπιτρέψοντες）。μὴ ἐπιτρέψοντες，"不屈服"，之所以用否定词 μή，是因为这是一个条件句（ἣν ἀδικῶνται ...）。τῇ δὲ γνώμῃ，"在精神上""在思想上"。νέμετε ... τὸ ἴσον ἐπὶ τῷ ... λυπεῖν καὶ ... βλάπτεσθαι，"在……条件下行使公正"。νέμετε，exercise, practice。ἐπί 跟与格（τῷ ... λυπεῖν καὶ ... βλάπτεσθαι，定冠词 + 不定式 = 名词），"在……条件下"。αὐτοί，指斯巴达人，ἀμυνόμενοι 的主语也是斯巴达人，这两个词都是主格，表达主动词 νέμετε 的行动或者状态（GG § 1973a）。

71.2-3［笺释］ἐτυγχάνετε 跟属格（τούτου），τούτου 指上文说的斯巴达人的策略。ὅπερ，自主关系代词，just which。ἀνάγκη (ἐστί) 跟不定式（κρατεῖν）（GG § 2004）。τὰ ἐπιγιγνόμενα，定冠词 + 分词 = 名词，作不定式 κρατεῖν 的主语。ὥσπερ τέχνης，as of an art。τὰ ... νόμιμα (ἐστί) ἄριστα。ἀναγκαζομένοις 跟不定式（ἰέναι）。πολλά，"（变化）多"。(τοῖς) ἀναγκαζομένοις ...，"对于那些不得不……的人"。δεῖ 跟属格（τῆς ἐπιτεχνήσεως）。δι᾽ ὅπερ，"就由于这个原因"。τὰ τῶν Ἀθηναίων，定冠词 + 属格 = 名词。ἐπὶ πλέον ὑμῶν，more than yours。

71.4-5［笺释］μέχρι 跟属格（τοῦδε）。ὡρίσθω，第三人称单数命令语气，跟主格（ἡ ὑμῶν βραδυτής），let ... end。κατὰ τάχος，"迅速"。ἵνα + 虚拟语气（προῆσθε

和 τρέψητε)。δρῶμεν，祈愿语气。οὐδὲν ... οὔτε ... οὔτε ...，多个复合否定词连用，后二者强调前者，仍表否定（GG § 2761）。πρὸς 跟属格（τῶν ὁρκίων θεῶν 和 τῶν αἰσθανομένων ἀνθρώπων），in the eyes of ...。οἱ ... προσιόντες 和 οἱ βοηθοῦντες，定冠词 + 分词 = 名词。δι' ἐρημίαν，"由于被抛弃"。οἷς，to whom。

71.6–7［笺释］βουλομένων ὑμῶν，独立属格结构。βουλομένων 跟不定式（εἶναι）。προθύμων 与 ὑμῶν 配合。整理词序：βουλεύεσθε εὖ πρὸς τάδε καὶ πειρᾶσθε μὴ ἐξηγεῖσθαι τὴν Πελοπόννησον ἐλάσσω ἢ οἱ πατέρες παρέδοσαν (τὴν Πελοπόννησον) ὑμῖν。πειρᾶσθε 跟不定式（ἐξηγεῖσθαι）。ἐλάσσω ἢ ...，"比……更弱"。

72.1［笺释］ἔτυχε 跟分词（παροῦσα）。ὡς，when。ᾔσθοντο 跟属格（τῶν λόγων）。ἔδοξεν + 与格（αὐτοῖς）+ 不定式（εἶναι 和 δηλῶσαι）。τῶν ἐγκλημάτων πέρι = περὶ τῶν ἐγκλημάτων（GG § 175a）（CGCG § 60.14）。ἀπολογησομένους 与省略了的 αὐτούς 配合（αὐτοὺς 作不定式 δηλῶσαι 的主语）。ἐνεκάλουν 跟属格（ὧν），ὧν 是关系代词，其先行词是 τῶν ἐγκλημάτων。τοῦ παντός，定冠词 + 形容词 = 名词。ὡς，that。εἴη 跟形容词（βουλευτέον 和 σκεπτέον）。βουλευτέον 跟与格（αὐτοῖς）。αὐτοῖς，to them。第三句：καὶ ἅμα τὴν σφετέραν πόλιν ἐβούλοντο σημῆναι ὅση εἴη δύναμιν。从句中的主语（由 εἴη 可以推知，she）是主句的宾语（τὴν σφετέραν πόλιν），属于所谓"野百合构造"（lilies-of-the-field construction）（见 1.1.1 脚注）。ἐβούλοντο 跟不定式（σημῆναι 和 ποιήσασθαι）。ὑπόμνησιν 和 ἐξήγησιν 作不定式 ποιήσασθαι 的宾语。第一个 ὧν = ἐκείνων ἅ，关系代词 ἅ 被其先行词 ἐκείνων（省略）吸引，故写作 ὧν（GG §§ 2522, 2538）。ἐκείνων 修饰 ὑπόμνησιν，ἅ 作 ᾔδεσαν 的宾语。第二个 ὧν = ἐκείνων ὧν，先行词 ἐκείνων（省略）修饰 ἐξήγησιν，ἄπειροι 跟属格（ὧν），ὧν 为关系代词。νομίζοντες + 宾格（αὐτοὺς）+ 不定式（τραπέσθαι）。μᾶλλον ... ἢ ...，"比……更……"。τὸ ἡσυχάζειν 和 τὸ πολεμεῖν，定冠词 + 不定式 = 名词。

72.2［笺释］ἔφασαν 跟不定式（βούλεσθαι）。βούλεσθαι 跟不定式（εἰπεῖν）。αὐτοί，指雅典人，这里用主格，是因为它作不定式 εἰπεῖν 的主语，同主句动词 ἔφασαν 的主语（GG § 1973）。αὐτῶν，指斯巴达人。εἴ 跟前倾词（τι），故加了高调符号。τι，主格，something。οἱ δέ，but they（见前文 1.24.5 笺释）。ἐκέλευον 跟不定式（παριέναι）。

73.1［笺释］περὶ 跟属格（ὧν），ὧν 为自主关系代词。καταβοὴν ἡμῶν，outcry against us。括号里的句子整理词序：οἱ λόγοι οὔτε (ὄντες) ἡμῶν οὔτε τούτων οὐ γίγνοιντο παρὰ δικασταῖς (οὖσιν) ὑμῖν。τούτων，"他们的"。παρά 跟与格（δικασταῖς），with。ὑμῖν 与 δικασταῖς 配合。χεῖον，副词，worse。ὅπως 后面句子的谓语动词用虚拟语气（βουλεύσησθε）。βουλόμενοι 跟不定式（δηλῶσαι）。τοῦ ... λόγου τοῦ ... καθεστῶτος，重

复定冠词结构。ὡς，that。ἃ，自主关系代词，whatever。ἀξία 跟属格（λόγου），"值得一提""重要"。ἥ，定冠词，跟前倾词（τε），故加了高调符号。

73.2［笺释］第一个句子主干：τί δεῖ λέγειν τὰ ... παλαιὰ, μάρτυρες ὧν (εἰσίν) μᾶλλον ἀκοαὶ ἢ ὄψις。δεῖ 跟不定式（λέγειν）。ὧν，关系代词，其先行词是 τὰ παλαιὰ（定冠词+形容词=名词），of which。λόγων 修饰 ἀκοαί。τῶν ἀκουσομένων，定冠词+分词=名词。μᾶλλον ... ἢ ...，... rather than ...。第二个句子（分号以前）：αὐτοὶ，themselves，指斯巴达人。εἰ，"即使"，它引导的句子是条件句。主句主干：(ἐστίν) ἀνάγκη (ἡμῖν) λέγειν τὰ Μηδικά。从句整理词序：ἔσται δι' ὄχλου (ἡμῖν) προβαλλομένοις。ἔσται δι' ὄχλου，"将会厌烦"。προβαλλομένοις 与省略了的 ἡμῖν 配合。第二个句子（分号以后）：ἧς，关系代词，其先行词是 ὠφελία。μετέσχετε 跟属格（ἧς）。τοῦ μὲν ἔργου 和 τοῦ δὲ λόγου 修饰 ἧς，并构成对照（antithesis）。修昔底德笔下的 ἔργον 常常指 "事实""行动"等看得见的东西，而 λόγος 与之相对，指无形的话语、诺言、理论、借口等。στερισκώμεθα 跟属格（τοῦ λόγου）。εἴ 跟前倾词（τι），故加了高调符号。

73.3-5［笺释］ἕνεκα+属格（παραιτήσεως, μαρτυρίου 和 δηλώσεως）。μᾶλλον ... ἢ ...，... rather than ...。πρὸς οἵαν πόλιν ὑμῖν。βουλευομένοις 与 ὑμῖν 配合。φαμὲν 跟不定式（προκινδυνεῦσαι 和 ξυνναυμαχῆσαι）。Μαραθῶνί 跟前倾词（τε），故其末音节加了高调符号。τὸ ὕστερον，"第二次"。ὄντες ἱκανοὶ+不定式（ἀμύνεσθαι）。κατὰ γῆν，"从陆地"。ὅπερ，the very thing，指上文雅典人抵抗波斯人的事情。κατὰ πόλεις，"一个接一个城邦"。ἔσχε+宾格（αὐτὸν）+不定式（πορθεῖν）。ἀδυνάτων ἂν ὄντων，由于 ἂν 的存在，表明这是一个潜在的祈愿语气或者反事实的条件句（GG§1845），相当于 ἐν ᾧ ἀδύνατοι ἂν ἦσαν（ἐν ᾧ，"在那种情况下"，指波斯国王攻陷伯罗奔尼撒的各个城邦的事情），因此这不是独立属格结构，ὄντων 与隐含的 τῶν Πελοποννησίων 配合。ἀδυνάτων 跟不定式（ἐπιβοηθεῖν）。πρὸς πολλὰς ναῦς。ὡς+独立属格结构（οὔσης τῆς δυνάμεως），表示原因或者目的，这里表原因（GG§2086）。κατὰ τάχος，"迅速"。τῷ πλέονι，定冠词+形容词=名词。

74.1［笺释］τοιούτου τούτου ξυμβάντος ... δηλωθέντος，独立属格结构。ὅτι，that。τὰ ὠφελιμώτατα，定冠词+形容词=名词。τὰς τετρακοσίας ναῦς。ὀλίγῳ 跟比较级（ἐλάσσους）（GG§1514）。ἐλάσσους 跟属格（τῶν δύο μοιρῶν），表比较。ὅς，关系代词，其先行词是 Θεμιστοκλέα。ἐγένετο 相当于系动词 ἦν。αἰτιώτατος 跟不定式（ναυμαχῆσαι）。ὅπερ，the very thing。τῶν ... ἐλθόντων，定冠词+分词=名词。ὡς ὑμᾶς，to you。

74.2［笺释］οἵ γε，引出表原因的关系从句（GG§§2555, 2826）。οἵ γε ... ἠξιώσαμεν，

"因为……我们下决心"。τῶν ἄλλων ... δουλευόντων，独立属格结构。μέχρι ἡμῶν，"直至我们跟前"。ἠξιώσαμεν + 不定式（προλιπεῖν, γενέσθαι, κινδυνεῦσαι 和 ὀργισθῆναι）。ὣς，指示性的，thus, so。μηδ' ὣς，"即使在这种情况下也不……"。τὸ ... κοινὸν，作 προλιπεῖν 的宾语。ὅτι, that。

74.3［笺释］ὥστε 引导一个句子，表示要得出一个很肯定的结论，"因此"。φαμὲν + 不定式（ὠφελῆσαι 和 τυχεῖν）。τυχεῖν 跟属格（τούτου）。τούτου，"这个"，指上文说的帮助。οὐχ ἧσσον ... ἤ ...，no less than。ἐπὶ + 与格（τῷ νέμεσθαι），"为了……""目的是……"。τῷ νέμεσθαι，定冠词 + 不定式 = 名词。τὸ λοιπὸν，"将来"。ὑπὲρ 跟属格（ὑμῶν 和 ἡμῶν）。τὸ πλέον，"主要地"。ἀπό τῆς (πόλεως) οὐκ οὔσης ἔτι；ἀπό τῆς (πόλεως) οὔσης ἐν βραχείᾳ ἐλπίδι。τὸ μέρος，用作副词，修饰 ἡμεῖς，as far as we could，we did our part。

74.4［笺释］ἤ，"或者"。ὡς + 分词（διεφθαρμένοι），表示分词主语的意见，"以为""相信"（GG § 2086）。ἔδει + 宾格（ὑμᾶς）。ἔδει 的主语是 οὐδέν。ἔτι，"已经"。οὐδὲν ἔδει ἔτι ὑμᾶς ...，"你们不再有必要……"。ἱκανὰς 跟不定式（ναυμαχεῖν）。καθ' ἡσυχίαν，基本意思是 keep quiet，这里还可以解释为 at leisure，without recourse to arms，without interference 等。αὐτῷ, to him, 指上文的 τῷ βαρβάρῳ。ᾗ = ὅπως, how, as。

75.1［笺释］引导一个否定疑问句，表示说话人期待一个否定的答复。ἄξιοί 跟前倾词（ἐσμεν），故其末音节加了高调符号，跟不定式（διακεῖσθαι）。ἕνεκα 跟属格（προθυμίας 和 τῆς ... ξυνέσεως）。γνώμης 修饰 ξυνέσεως。ἧς，关系代词，其先行词是 ἀρχῆς。ἧς 本应作 ἥν（作 ἔχομεν 的宾语），但这里它被其先行词吸引（attraction），用了其先行词的格（GG § 2522a）。γε, at least。τοῖς Ἕλλησι, by the Greeks。διακεῖσθαι，"处于某种状态"。ἐπιφθόνως，副词。ἐπιφθόνως διακεῖσθαι = φθονεῖσθαι。

75.2［笺释］αὐτὴν τήνδε，"她自身"，指上文的 ἀρχῆς。ὑμῶν ... ἐθελησάντων，独立属格结构。ἐθελησάντων 跟不定式（παραμεῖναι）。τὰ ὑπόλοιπα，定冠词 + 形容词 = 名词。προσελθόντων τῶν ξυμμάχων 和 αὐτῶν δεηθέντων，独立属格结构。δεηθέντων 跟不定式（καταστῆναι）。

75.3-5［笺释］ἐξ αὐτοῦ δὲ τοῦ ἔργου，from this task itself。κατηναγκάσθημεν 跟不定式（προαγαγεῖν）。μάλιστα，"首要地"。ὑπὸ 跟属格（δέους、τιμῆς 和 ὠφελίας）。(ἐστίν) ἀσφαλὲς 跟不定式（κινδυνεύειν），it is safe to ...。ἐδόκει + 宾格（ἡμᾶς，省略）+ 不定式（εἶναι）。τοῖς πολλοῖς，"被大多数（盟邦）"。ἀπηχθημένους 与省略了的 ἡμᾶς 配合。τινων ... ἀποστάντων ... κατεστραμμένων 和 ὑμῶν ... φίλων ... ὑπόπτων ὄντων διαφόρων，独立属格结构。ἀνέντας 与省略了的 ἡμᾶς 配合。整理词序：εὖ τίθεσθαι τὰ ξυμφέροντα (ἐστίν) ἀνεπίφθονον πᾶσι περὶ κινδύνων τῶν μεγίστων。εὖ τίθεσθαι，"善加利用"，不

定式（不带定冠词）作主语（GG § 1984）。πᾶσι，"对所有人"。τῶν μεγίστων πέρι κινδύνων = περὶ τῶν μεγίστων κινδύνων（GG § 175a）（CGCG § 60.14），"涉及重大危险之时"。

76.1［笺释］γοῦν，这里用来引出一个理由，但不是绝对的结论，而是对上文的观点提出最可能的解释（GG § 2830），可以译为"不管怎样""总是"。后一个短句主干：ἴσμεν ὑμᾶς。διὰ παντός，"永远""继续地"。μή，一般用否定词οὐ，但当主动词表达强烈肯定或者信念时，比如"希望""同意""证明""发誓"，用μή，不用否定词οὐ（GG § 2725）。γενομένους λυπηρούς 和 ἀναγκασθέντας 与 ὑμᾶς 配合。ἀναγκασθέντας 跟不定式（ἄρχειν 和 κινδυνεύειν）。ἤ ... ἤ ...，"或者……或者……"。αὐτούς，作不定式κινδυνεύειν 的主语，yourselves，指 ὑμᾶς。

76.2［笺释］οὐδ' ... οὐδὲν ... οὐδ' = ... οὐδ' ... οὐδ' ... οὐδέν，多个复合否定词连用，后二者强调前者，仍表否定（GG § 2761）。θαυμαστόν，用作副词。ἀπό 跟属格（τοῦ ... τρόπου）。διδομένην 与 ἀρχήν 配合。νικηθέντες 的主语是 ἡμεῖς，宾语是 ταύτην。ταύτην 指 ἀρχήν。ὑπό 跟属格（τῶν μεγίστων，τιμῆς，δέους 和 ὠφελίας）。ὑπάρξαντες 跟属格（τοῦ τοιούτου）。... αἰεὶ καθεστῶτος τὸν ἥσσω ὑπὸ τοῦ δυνατωτέρου καθείργεσθαι，这是一个无人称结构。καθεστῶτος 是 καθίστημι 的完成时分词、中性、属格，跟不定式（καθείργεσθαι），本应该与一个名词属格构成独立属格结构，但此处名词省略（GG § 2072b）。τὸν ἥσσω（定冠词+形容词=名词）作不定式 καθείργεσθαι 的主语。ὑπό 跟属格（τοῦ δυνατωτέρου，定冠词+形容词=名词）。νομίζοντες 跟不定式（εἶναι）。ἄξιοι 跟前倾词（τε），故其末音节加了高调符号。δοκοῦντες + 与格（ὑμῖν）+ 不定式（εἶναι，省略），"你们认为是"。μέχρι οὗ，"到现在"。χρῆσθε 跟与格（τῷ δικαίῳ λόγῳ）。παρατυχὸν κτήσασθαί τι ἰσχύι，独立宾格结构，there being a chance to acquire something by force。ἀπετράπετο 跟属格（τοῦ ... ἔχειν）。πω，yet，μή 是多余的，因为它与表示否定意义的不定式 ἀπετράπετο（turn away from）连用，用来强调其否定意味（GG § 2739）。προθείς 跟宾格（ὅν），ὅν，关系代词，其先行词是 τῷ δικαίῳ λόγῳ。

76.3-4［笺释］(ὄντες) ἄξιοι 跟不定式（ἐπαινεῖσθαι）。ἐπαινεῖσθαι 跟前倾词（τε），故其末音节加了高调符号。χρησάμενοι 跟与格（τῇ ἀνθρωπείᾳ φύσει）。ὥστε 跟不定式（ἄρχειν），表结果。ἄρχειν 跟属格（ἑτέρων）。γένωνται 是不定过去时虚拟语气，前面应有 ἄν。第一个 ἄν 预示第二个 ἄν（表达祈愿）的到来（GG § 1765）。οὖν，推断性的，"无论如何"。οἰόμεθα + 宾格（ἄλλους）+ 不定式（δεῖξαι）。λαβόντας τὰ ἡμέτερα，条件性的分词，"如果……"。τὰ ἡμέτερα，"我们的地位（或实力）"。εἰ 跟前倾词（τι），故加了高调符号。εἴ μετριάζομέν τι = ὅσον μετριάζομεν，whether we are at all moderate, how moderate we are。整理词序：... ἀδοξία τὸ πλέον ἢ ἔπαινος ἐκ τοῦ ἐπιεικοῦς οὐκ περιέστη ἡμῖν εἰκότως。τὸ πλέον ἢ，more ... than ...。τοῦ ἐπιεικοῦς，定冠词＋形容词＝名词。

77.1［笺释］δοκοῦμεν 跟不定式（φιλοδικεῖν），we seem to ...。ἐν 跟与格（ταῖς ... δίκαις）。ξυμβολαίαις，形容词，"关于契约的"，大概是说雅典对盟邦遵从城邦之间的条约。παρ' ἡμῖν αὐτοῖς，with ourselves，大概是说将诉讼转到我们这里（雅典）。

77.2［笺释］第一个短句主干：οὐδεὶς σκοπεῖ διότι τοῦτο οὐκ ὀνειδίζεται τοῖς ἄλλοθί。αὐτῶν ＝ τῶν ξυμμάχων，修饰 οὐδεὶς。τοῖς ... ἔχουσι ...，定冠词＋分词＝名词，"被那些……的人"。ἄλλοθί 跟前倾词（που），故其末音节加了高调符号。που，somewhere。ἧσσον ἡμῶν，less than us。διότι，why，这里作间接疑问词。τοῦτο，指上句话的 φιλοδικεῖν，它是动词 ὀνειδίζεται 的主语。ἔξεστι ＋ 与格（οἷς）＋ 不定式（βιάζεσθαι），"（某人）可以（做）……"。οἷς，自主关系代词。προσδέονται 跟不定式（δικάζεσθαι），"缺少……"。这句话直译："如果他们可以使用暴力，那么他们不缺什么审判。"

77.3［笺释］οἱ δὲ，but they，见前文笺释（1.24.5）。εἰθισμένοι 跟不定式（ὁμιλεῖν）。ἤν τι，if ever。ἤν ＝ ἐάν；τι，用作副词，"在某种程度上"。παρὰ τὸ μὴ οἴεσθαι χρῆναι，"根据他们认为不应该的情况"。παρὰ 跟名词（τὸ ... οἴεσθαι），"按照"。μὴ 否定 οἴεσθαι。οἴεσθαι 跟不定式（χρῆναι）。ἢ (τῇ) γνώμῃ ἢ (τῇ) δυνάμει τῇ διὰ τὴν ἀρχήν，"或者由于（我们做出的）裁决，或者由于（我们）诉诸霸主之权力"。(τῇ) δυνάμει τῇ διὰ τὴν ἀρχήν，重复定冠词结构。ὁπωσοῦν，副词。στερισκόμενοι 跟属格（τοῦ πλέονος）。φέρουσιν χαλεπώτερον，"比较难以忍受"，其后跟属格（τοῦ ἐνδεοῦς），表示原因（GG § 1405）。χαλεπώτερον ... ἢ ...，"比……更难忍受"。ἀπὸ πρώτης，"从一开始"。ἐκείνως，"在那种情况下"。ὡς，that，以下是反驳者说的内容。(ἐστί) χρεών ＝ χρή。χρή ＋ 宾格（τὸν ἥσσω）＋ 不定式（ὑποχωρεῖν）。这句话直译："在那种情况下，他们不反驳说，弱者不必须在强者面前退让"。

77.4-5［笺释］ἀδικούμενοί 跟前倾词（τε），故其末音节加了高调符号。ὡς ἔοικεν，"看来"。μᾶλλον ... ἢ ...，more ... than ...。τὸ μὲν ... τὸ δ' ...，"一方……另一方……"。δοκεῖ 跟不定式（πλεονεκτεῖσθαι 和 καταναγκάζεσθαι）。τοῦ ἴσου 和 τοῦ κρείσσονος，定冠词＋形容词＝名词。γοῦν，"因此"，用具体的事例解释前述的一般判断（GG § 2830）。ὑπὸ 跟属格（τοῦ Μήδου）。δεινότερα (ἢ) 跟属格（τούτων），表比较，τούτων 指上文所说的情况。δοκεῖ 跟不定式（εἶναι）。χαλεπὴ，形容词，与 ἡ ... ἀρχὴ 配合。τὸ παρὸν，定冠词＋分词＝名词。τοῖς ὑπηκόοις，定冠词＋形容词＝名词。

77.6［笺释］γ' ＝ γε。ἂν ... ἂν ...，同 1.76.4。οὖν，"于是"。ἥν，关系代词，其先行词是τὴν εὔνοιαν。διὰ 跟宾格（τὸ ... δέος）。εἴπερ，if indeed。πρὸς 跟宾格（τὸν

Μῆδον）, against。διʼ ὀλίγου,"短期"。ὁμοῖα, 副词。ἄμεικτα 与 τά ... νόμιμα 配合。καθʼ ὑμᾶς αὐτούς, according to yourselves,"他们本地流行的"。προσέτι, 副词。εἷς ἕκαστος, one of each。ἐξιών, 分词, 与 εἷς ἕκαστος 配合。χρῆται 跟与格（τούτοις 和 οἷς）。τούτοις 指 τά ... νόμιμα。οἷς, 关系代词, 其先行词是 τά ... νόμιμα。

78.1［笺释］βουλεύεσθε, 命令语气。ὡς, that。μή + 不定过去时虚拟语气（πρόσθησθε）, 叫作"禁止性虚拟语气"（Prohibitive subjunctive）（GG § 1800）。προδιάγνωτε 的宾语是 τὸν παράλογον。ὅσος ἐστί, how great it is。ἐστί 的主语是 ὁ παράλογος。πρὶν 跟不定式（γενέσθαι）。ἐν αὐτῷ, αὐτῷ 指 τοῦ πολέμου。

78.2［笺释］μηκυνόμενος, 分词, 主语是 ὁ πόλεμος。φιλεῖ 的主语也是 ὁ πόλεμος,"喜欢", 这里引申为"常常是", 跟不定式（περιίστασθαι）。τὰ παλλὰ, 用作副词。ὧν 以下是两个句子：ὧν ἴσον ... ἀπέχομεν 和 ... ὁποτέρως ἔσται ἐν ἀδήλῳ κινδυνεύεται, 用 τε ... καὶ ... 连接起来。ἀπέχομεν 跟属格（ὧν）。ὧν 是关系代词, 其先行词是 τυχάς。ἴσον, 用作副词,"平等地"。ἔσται = γενήσεται,"将变成", 其主语是 ὁ πόλεμος。ἔσται 的宾语是由两个句子组成的从句：(ἐστίν) ἐν ἀδήλῳ (καὶ) κινδυνεύεται。ὁποτέρως, 副词,"两者中无论哪一种"。直译："……（战争）将变得既不确定又危险"。

78.3［笺释］ἔχονται 跟属格（τῶν ἔργων）, grasp at。ἆ, 关系代词, 其先行词是 τῶν ἔργων, 它是 δρᾶν 的宾语。χρῆν + 不定式（δρᾶν）。ἅπτονται 跟属格（τῶν λόγων）。ὄντες οὔτʼ αὐτοί = (ἡμεῖς) αὐτοὶ οὔτʼ ὄντες (ἐν οὐδεμιᾷ ... ἁμαρτια)。οὔθʼ ὑμᾶς ὁρῶντες = οὔθʼ ὁρῶντες ὑμᾶς (ἐν οὐδεμιᾷ ... ἁμαρτια)。λέγομεν + 与格（ὑμῖν）+ 不定式（λύειν、παραβαίνειν 和 λύεσθαι）。整理词序：... ἕως ἡ εὐβουλία (ἐστίν) ἔτι αὐθαίρετος ἀμφοτέροις。ἕως,"只要"。πειρασόμεθα 跟不定式（ἀμύνεσθαι）。ποιούμενοι 跟双宾格（θεοὺς 和 τοὺς ... μάρτυρας）。ἄρχοντας 跟属格（πολέμου）, ἄρχοντας 跟省略了的 ὑμᾶς 配合。ᾗ, 关系副词, wherever。

79.1–2［笺释］τὰ ἐγκλήματα τὰ ἐς τοὺς Ἀθηναίους, 重复定冠词结构。ἆ, 关系代词, 其先行词是 τοιαῦτα。κατὰ σφᾶς αὐτούς, amongst themselves。περὶ τῶν παρόντων,"关于当前局势"。整理词序：... αἱ γνῶμαι τῶν ... πλεόνων ἔφερον ἐπὶ τὸ αὐτό。τὸ αὐτό, the same。γνῶμαι 跟不定式（ἀδικεῖν 和 εἶναι）, 表示 γνῶμαι 的内容。τοὺς Ἀθηναίους 作不定式 ἀδικεῖν 的主语。ἐν τάχει,"立即"。δοκῶν 跟不定式（εἶναι）。

80.1［笺释］ἔμπειρός 跟属格（πολέμων）。τοὺς ἐν τῇ αὐτῇ ἡλικίᾳ, 定冠词 + 介词短语 = 名词。ἐν τῇ αὐτῇ ἡλικίᾳ,"与我同样的年纪"。ὥστε + μή + 不定式（ἐπιθυμῆσαί）, so as not to。τινα, anyone (of you older men), 作不定式 ἐπιθυμῆσαί 的主语。ἐπιθυμῆσαί 跟前倾词（τινα）, 故其末音节加了高调符号, 跟属格（τοῦ ἔργου）。τοῦ ἔργου, 这里指

战争行为，荷马史诗常常这么用。ὅπερ ἂν οἱ πολλοὶ πάθοιεν，"就像大多数人经常做的那样"。ὅπερ，自主关系代词，做 πάθοιεν 的宾语，指上文所说的没有战争经验的人热衷于战争的情况。νομίσαντα 的宾语是 τὸ ἔργον（省略）。

80.2–3［笺释］οὗ，关系代词，其先行词是 τόνδε。τις，someone。αὐτὸν，指 τόνδε。οἷόν τε 跟不定式（ἐλθεῖν），"able to"。ἐφ' ἕκαστα，"到每个地方"或者"针对每个目标"。διὰ ταχέων，"迅速"。οἷόν 跟前倾词（τε），故其末音节加了高调符号。οἷ，关系代词，其先行词是 ἄνδρας。ἐμπειρότατοί 跟属格（θαλάσσης）。τοῖς ἄλλοις ἅπασιν，"在所有其他方面"。... οὐκ ἐστίν ὅσος ...，... is not as many as ...。χρή + 宾格（ἡμᾶς，省略）+ 不定式（ἄρασθαι 和 ἐπειχθῆναι）。πιστεύσαντας 跟与格（τίνι 和下文的 ταῖς ναυσίν、τοῖς χρήμασιν）。分词 πιστεύσαντας 和 ἀπαρασκεύους 与省略了的 ἡμᾶς 配合。ἐμπειρότατοί 跟前倾词（εἰσι），ἐνί 跟前倾词（γε），故其末音节都加了高调符号。

80.4［笺释］πότερον ... ἤ ...；选择问句，但 πότερον 这里没有跟 ἤ，而用了 ἀλλὰ，这是为了表达的生动和多变（GG § 3029）。ἥσσους，主格。ἀντιπαρασκευσόμεθα，前缀"ἀντι-"表示"对等"。χρόνος ἐνέσται，"时间将在里面""将耗费时日"。πολλῷ πλέον，far greater，πολλῷ 跟比较级（πλέον）(GG § 1514)。ἐλλείπομεν 跟属格（τούτου），τούτου 指 τοῖς χρήμασιν。

81.1–2［笺释］τάχ' ἄν，"大概""很可能""或许"。ὅτι，that。ὑπερφέρομεν 跟属格（αὐτῶν）。ὥστε 跟不定式（δηοῦν），表结果。πολλὴ ἄλλη γῆ ἐστι τοῖς δὲ，"许多别的土地对于他们是""他们有许多别的土地"。τοῖς δὲ，τοῖς 作指示代词（GG § 1106）。ἄρχουσι 与 τοῖς 配合，跟属格（ἧς）。ἧς，关系代词，其先行词是 γῆ。δέονται 跟属格（ὧν）。ὧν，自主关系代词，whatever。

81.3–4［笺释］πειρασόμεθα 跟不定式（ἀφιστάναι）。δεήσει + 不定式（βοηθεῖν）。τὸ πλέον，"主要地"。οὖσι νησιώταις 与 τούτοις 配合。ὁ ἡμῶν πόλεμος。εἰ μὴ，"除非"，ἤ ... ἤ ...，"或者……或者……"。κρατήσομεν 跟与格（ναυσὶ）。ὧν，关系代词，其先行词是 τὰς προσόδους。τὰ πλείω，用作副词。

81.5–6［笺释］κἂν τούτῳ = καὶ ἐν τούτῳ，"如果事情结果如此""在这种情况下"。(ἐστί) καλόν 跟不定式（καταλύεσθαι）。ἄλλως τε καὶ，"尤其"。δόξομεν 跟不定式（ἄξαι）。ἄξαι 跟属格（τῆς διαφορᾶς）。ὡς ταχὺ，"尽快"。ἤν = ἐάν。δέδοικα 跟虚拟语气（ὑπολίπωμεν），μὴ 为赘词。αὐτὸν 指 τὸν πόλεμον。οὕτως，thus。εἰκὸς + 宾格（Ἀθηναίους）+ 不定式（δουλεῦσαι 和 καταπλαγῆναι），it is likely for somebody to ...。(ἐν) φρονήματι 修饰 Ἀθηναίους。δουλεῦσαι τῇ γῇ，"做土地的奴隶"。ἀπείρους 与 Ἀθηναίους 配合。τῷ πολέμῳ，in the war。

82.1［笺释］κελεύω + 宾格（ὑμᾶς，省略）+ 不定式（ἐᾶν, κινεῖν, πέμπειν, αἰτιᾶσθαι 和 ἐξαρτύεσθαι）。οὐ μὴν οὐδὲ, nor again, 不是双重否定（肯定），比一个否定词的意思更强烈（GG § 2768）。ἐᾶν + 宾格（αὐτοὺς）+ 不定式（βλάπτειν 和 καταφωρᾶν）。ἐπιβουλεύοντας 与 αὐτοὺς 配合。μήπω, not yet。ἄγαν, 副词, very much。δηλοῦντας 与省略了的 ὑμᾶς 配合。μήθ' = μήτε。ὡς, that。κἂν τούτῳ = καὶ ἐν τούτῳ, "在这期间"。τὰ ἡμέτερ' αὐτῶν = τὰ ἡμέτερα αὐτῶν, "我们自己的资源"。αὐτῶν 修饰 τὰ ἡμέτερα。ξυμμάχων ... καὶ Ἑλλήνων καὶ βαρβάρων 修饰 προσαγωγῇ。εἴ ... προσληψόμεθα, 这不是真实的条件句, 而是一个 "有希望……"（on the chance that）句子（GG § 2354）。εἴ 跟前倾词（ποθέν），ποθέν 又跟前倾词（τινα），故 εἴ 和 ποθέν 加了高调符号。τινα δύναμιν 作 προσληψόμεθα 的宾语。ἢ ... ἢ ..., "或者……或者……"。(ἐστίν) ἀνεπίφθονον 跟不定式（διασωθῆναι）。ἐπιβουλεύμεθα 本应该为 ἐπιβουλεύονται, 与 ὅσοι 配合, 但被 ὥσπερ ἡμεῖς 所吸引, 故主语为 ἡμεῖς。同理, προσλαβόντας 应该与 αὐτούς 配合, 但这里与 ἡμᾶς（省略, 作不定式 διασωθῆναι 的主语）配合。τὰ αὐτῶν = τὰ ἡμέτερα αὐτῶν, 这个表达很别扭, 故有校勘者建议这里应作 τὰ αὐτοῦ 或者 τὰ αὐτόθεν（things here）, 那就要改动原文了。

82.2–3［笺释］ἐσακούωσί 跟前倾词（τι），故其末音节加了高调符号。πρεσβευομένων ἡμῶν, 独立属格结构。τι 作 ἐσακούωσί 和 πρεσβευομένων 的宾语。ἢν δὲ μή (ἐσακούωσί)。διελθόντων ἐτῶν ..., 独立属格结构。αὐτούς, "他们", 指雅典人。ἡμῶν 修饰 τὴν παρασκευήν。τοὺς λόγους 是 ὁρῶντες 的宾语之一。ὑποσημαίνοντας 与 τοὺς λόγους 配合。ὅμοια, 用作副词, 跟与格（αὐτῇ）。ὁρῶντες, ἔχοντες 和 βουλευόμενοι 的主语都是 "他们"。περὶ 跟属格（παρόντων）。ἀγαθῶν ... ἐφθαρμένων 与 παρόντων 配合。

82.4［笺释］μὴ ... νομίσητε, "禁止性虚拟语气"（Prohibitive subjunctive）（GG § 1800）跟不定式（ἔχειν）。ἔχειν, to hold, 其主语是 ἡμᾶς（省略）。ἄλλο τι ... ἢ ..., "不是别的, 正是……"。οὐχ ἧσσον ὅσῳ, "越是……越是……"。χρή + 宾格（ἡμᾶς, 省略）+ 不定式（φείδεσθαι 和 ἔχειν）。φείδεσθαι 跟属格（ἧς）。ἧς, 关系代词, 其先行词是 τὴν γῆν。ὡς ἐπὶ πλεῖστον, as long as possible。καταστήσαντας 与省略了 ἡμᾶς 配合。αὐτοὺς 作 καταστήσαντας 的宾语。ἔχειν + 宾格（αὐτοὺς）+ 形容词（ἀληπτοτέρους）。

82.5［笺释］表达努力行动的动词（a verb of effort）（ὁρᾶτε）+ ὅπως + μὴ + 将来时（πράξομεν）, see to it that we do not ..., "必须不要……"（GG §§ 2209, 2210b, 2211）。οἷόν τε 跟不定式（καταλῦσαι）。(ἐστί) ῥᾴδιον 跟不定式（θέσθαι）。πόλεμον 作 θέσθαι 的宾语。(τοὺς) ξύμπαντας 作不定式 θέσθαι 的主语。ἀραμένους 与 ξύμπαντας 配合。ἕνεκα 跟属格（τῶν ἰδίων）。ὑπάρχει 跟不定式（εἰδέναι）。εἰδέναι 的宾语是 ὅν。ὅν,

关系代词，其先行词是 πόλεμον。καθ' ὅτι χωρήσει, according to what it will come out, how it will come out。καθ' = κατὰ，这里指方式（GG § 1690.2c）。οἷόν 跟前倾词（τε），故其末音节加了高调符号。

83.1–3［笺释］δοκείτω + 与格（μηδενὶ）+ 不定式（εἶναι），let no one think ...。δοκείτω 是第三人称、单数命令语气。δοκείτω (τὸ) μὴ ἐπελθεῖν εἶναι ἀνανδρία。(τὸ) μὴ ἐπελθεῖν 作不定式 εἶναι 的主语。πολλοὺς 作不定式 ἐπελθεῖν 的主语。ξύμμαχοι ... εἰσὶ ... ἐκείνοις，"盟邦对那些人存在……""那些人有盟邦"。ὅπλων 和 δαπάνης 是"表语属格"（Predicative Genitives），类似表语形容词（GG § 1320）。τὸ πλέον = μᾶλλον。ἥν，关系代词，其先行词是 δαπάνης。τὰ ὅπλα 集合名词，看作单数。πρὸς 跟宾语（θαλασσίους），against。ἄλλως τε καὶ，"尤其"。αὑτήν 指 δαπάνης。οἵπερ，关系代词，其先行词是上句的主语。ἕξομεν 的宾语是 τὸ πλέον（定冠词 + 形容词 = 名词）。τῆς αἰτίας 修饰 τὸ πλέον。τῶν ἀποβαινόντων，定冠词 + 分词 = 名词，修饰 τῆς αἰτίας。ἐπ' ἀμφότερα, towards both things，"两方面（好的和坏的）"。由于前面有一个关系代词引导的从句，第二个从句的关系代词便可以省略，以免重复，或者用 οὗτος 或 ἐκεῖνος 取代，这里用 οὗτοι（GG § 2517）。προΐδωμεν，第一人称复数虚拟语气用作命令语气，let us take thought for ...。τι，宾格。αὐτῶν 指 τῶν ἀποβαινόντων。

84.1［笺释］ὅ，关系代词，其先行词是 τὸ βραδὺ καὶ μέλλον。τὸ βραδὺ，定冠词 + 形容词 = 名词。τὸ ... μέλλον，定冠词 + 分词 = 名词。ἡμῶν 修饰 ὅ。σπεύδοντές 相当于条件句的前提子句，跟前倾词（τε），故其末音节加了高调符号。διὰ 跟宾格（τὸ ... ἐγχειρεῖν，定冠词 + 不定式 = 名词）。ἀπαράσκευοι 是形容词，这里用主格。因为主句动词 παύσαισθε 和不定式 ἐγχειρεῖν 的主语是一样的，故不定式的主语可以省略，ἀπαράσκευοι 与这个被省略的主语配合，故用主格（GG § 1973）。ἅμα，"与此同时""再加上"。διὰ παντός，"一直"。

84.2［笺释］τοῦτ'（τοῦτο）指上文的 τὸ βραδὺ καὶ μέλλον。δύναται，"等同于"。εἶναι 可以看作赘词。μάλιστα，副词，most。ἔμφρων，形容词，修饰 σωφροσύνη，两个词意思差不多，这里表示强调。αὐτὸ 指 τὸ βραδὺ καὶ μέλλον。ἧσσον 跟属格（ἑτέρων），表比较。τῶν ... ἐξοτρυνόντων，定冠词 + 分词 = 名词，修饰 ἡδονῇ。ξὺν 跟与格（ἐπαίνῳ）。ἡμᾶς 作 ἐξοτρυνόντων 的宾语。ἐπὶ τὰ δεινά，"面对危险的事情"。παρὰ τὸ δοκοῦν ἡμῖν，"与我们的判断相反"。παρά，"与……相反"。τὸ δοκοῦν，定冠词 + 分词 = 名词。δοκοῦν 跟与格（ἡμῖν）。ἄρα，表示强调。ξὺν 跟与格（κατηγορίᾳ）。δή，强调后面的副词 μᾶλλον。

84.3［笺释］τὸ μὲν ... εὔβουλοι δὲ = πολεμικοί μὲν ... εὔβουλοι δὲ，τὸ 为指示代词

（GG § 1106）。ὅτι，"因为"。μετέχει 跟属格（σωφροσύνης 和 αἰσχύνης）。ἀμαθέστερον，比较级，跟属格（τῆς ὑπεροψίας），表示比较。τῶν νόμων 修饰 τῆς ὑπεροψίας。ξὺν 跟与格（χαλεπότητι）。σωφρονέστερον ἢ ὥστε ... ἀνηκούστειν，比较句，"较为克制还不至于不听从（法律）"。ὥστε 跟不定式（ἀνηκούστειν、ἐπεξιέναι 和 νομίζειν），表期望或者可能的（非实际的）结果（GG § 2260）。ἀνηκούστειν 跟属格（αὐτῶν）。αὐτῶν 指 τῶν νόμων。τὰ ἀχεῖα，定冠词 + 形容词 = 名词，用作副词，"在无用事情方面"。νομίζειν + 宾格（τὰς διανοίας 和 τὰς ... τύχας）+ 不定式（εἶναι）。τῶν πέλας，定冠词 + 副词 = 名词。

84.4［笺释］ὡς, as, on the assumption that。τοὺς ἐναντίους，定冠词 + 形容词 = 名词。δεῖ 跟不定式（ἔχειν）。ἔχειν 的宾语是 τὰς ἐλπίδας。ἐξ 跟属格（ἐκείνων），ὡς 跟独立属格（(ἐκείνων) ἁμαρτησομένων 和 ἡμῶν αὐτῶν ... προνοουμένων），in the hope of（GG § 2086d）。δεῖ 跟不定式（νομίζειν）。πολὺ，用作副词。νομίζειν + 宾格（ἄνθρωπον）+ 不定式（διαφέρειν 和 εἶναι）。διαφέρειν 跟属格（ἀνθρώπου）。ὅστις，不定关系代词，whoever。τοῖς ἀναγκαιοτάτοις，定冠词 + 形容词 = 名词。

85.1［笺释］μὴ + 不定过去时虚拟语气（παρῶμεν 和 βουλεύσωμεν），"禁止性虚拟语气"（Prohibitive subjunctive）（GG § 1800）。ἃς，关系代词，作 παρέδοσαν 的宾语，其先行词是 ταύτας μελέτας。διὰ παντὸς，"一直""持续"。ἡμέρας，属格，修饰 μορίῳ。ἔξεστι + 与格（ἡμῖν），it is possible for ...，其主语指上文说的建议。μᾶλλον，副词比较级，跟属格（ἑτέρων），表示比较。διὰ 跟宾格（ἰσχύν）。

85.2-3［笺释］περὶ ὧν = περὶ τούτων οὓς，关系代词 οὓς 被先行词 τούτων 所吸引，变成了 ὧν（GG § 2522）。ξύμμαχοί 跟前倾词（φασιν），故其末音节加了高调符号。φασιν + 宾格（οὓς）+ 不定式（ἀδικεῖσθαι）。ἄλλως τε καὶ，"尤其"。ἑτοίμων ὄντων αὐτῶν，独立属格结构。ἑτοίμων 跟不定式（δοῦναι）。δοῦναι δίκας，"提交仲裁"。(ἐστὶ) νόμιμον 跟不定式（ἰέναι）。τὸν διδόντα，定冠词 + 分词 = 名词。ὡς ἐπ' (τὸν) ἀδικοῦντα，ὡς，as。τοῖς ἐναντίοις，定冠词 + 形容词 = 名词。

86.1-3［笺释］τοὺς ... λόγους τοὺς πολλοὺς，重复定冠词结构。ὡς，that。ἄξιοί 跟属格（ζημίας），跟前倾词（εἰσιν），故其末音节加了高调符号。ὅτι，"因为"。ἀντ' 跟属格（ἀγαθῶν）。μελλήσομεν 跟不定式（τιμωρεῖν）。οἱ δ'，but they（见前文 1.24.5 笺释）。χρήματά ... ἐστι ἄλλοις，"钱财对别人来说存在""别人有钱财"。ξύμμαχοι (εἰσίν) ἡμῖν，同上。整理词序：... οὐ ἐστίν παραδοτέα οὓς τοῖς Ἀθηναίοις, οὐδὲ (ἐστίν) διακριτέα δίκαις καὶ λόγοις ... (ἐστίν) τιμωρητέα ...。ἐστίν παραδοτέα = δεῖ παραδιδόναι，one must give up（GG § 2152a）。οὓς，关系代词，其先行词是 ξύμμαχοι。(ἐστίν) διακριτέα = δεῖ διακρίνεσθαι。βλαπτομένους 与省略了的 ἡμᾶς 配合（ἡμᾶς 作不定式 διακρίνεσθαι 的

主语）。τιμωρητέα，同上。χρήματά 跟前倾词（ἐστι），故其末音节加了高调符号。

86.4-5［笺释］διδασκέτω，第三人称单数命令语气，跟主格（μηδείς）。διδασκέτω μηδείς，let no man tell ...。ὡς, that。πρέπει + 宾格（ἡμᾶς 和 τοὺς μέλλοντας）+ 不定式（βουλεύεσθαι），"对于……来说做……是合适的"。μέλλοντας 跟不定式（ἀδικεῖν）。πολὺν χρόνον，表时间的宾格，表示贯穿该时间段。ψηφίζεσθε（命令语气）的宾语是 τὸν πόλεμον。ἀξίως 跟属格（τῆς Σπάρτης）。ἐᾶτε（命令语气）+ 宾格（τοὺς Ἀθηναίους）+ 不定式（γίγνεσθαι）。καταπροδιδῶμεν 和 ἐπίωμεν，第一人称复数虚拟语气用作命令语气。τοὺς ἀδικοῦντας，定冠词 + 分词 = 名词。

87.1-3［笺释］ὁ δέ, and he（见前文 1.24.5 笺释）。ἔφη 跟不定式（διαγιγνώσκειν）。ὁποτέρα (ἐστί) μείζων, which of two is bigger。βουλόμενος + 宾格（αὐτοὺς）+ 不定式（ὁρμῆσαι）。τὸ πολεμεῖν，定冠词 + 不定式 = 名词。δοκοῦσιν + 与格（ὅτῳ）+ 不定式（λελύσθαι 和 ἀδικεῖν），ὑμῶν 修饰 ὅτῳ。αἱ σπονδαὶ 和 οἱ Ἀθηναῖοι 既是主动词 δοκοῦσιν 的主语，也分别作不定式 λελύσθαι 和 ἀδικεῖν 的主语，故用主格，即主动词和不定式的主语相同（GG § 1973）。ὅτῳ ... μὴ δοκοῦσιν，有省略，语法结构同上。ἀναστήτω，第三人称单数不定过去时命令语气。τὰ ἐπὶ θάτερα，定冠词 + 介词短语 = 名词。ἐδόκουν + 与格（οἷς）+ 不定式（λελύσθαι）。πολλῷ 跟比较级（πλείους）（GG § 1514）。οἷς，关系代词，其先行词是 οἱ ἄνθρωποι（省略）。αἱ σπονδαὶ 既是主动词 ἐδόκουν 的主语，又作不定式 λελύσθαι 的主语。

87.4［笺释］ὅτι, that。δοκοῖεν + 与格（σφίσι）+ 不定式（ἀδικεῖν）。οἱ Ἀθηναῖοι 既是主动词 δοκοῖεν 的主语，又作不定式 ἀδικεῖν 的主语。εἶπον 跟一个从句（ὅτι 引导）和一个不定式（βούλεσθαι）。βούλεσθαι 跟不定式（ἐπαγαγεῖν）。ὅπως 后面句子的谓语动词用虚拟语气（ποιῶνται），in order to/that。κοινῇ 既修饰 βουλευσάμενοι，又修饰 ποιῶνται。οἱ μέν，οἱ 为指示代词（GG § 1106）。ἐφ᾽ ἅπερ ἦλθον，"他们为之而来"。ἅπερ，自主关系代词，just that。τοῦ ... λελύσθαι，定冠词 + 不定式 = 名词，修饰 ἡ διαγνώμη。τὰς σπονδὰς 作不定式 λελύσθαι 的主语。αἵ，关系代词，其先行词是 αἱ σπονδαί。

88.［笺释］ἐψηφίσαντο + 宾格（τὰς σπονδὰς）+ 不定式（λελύσθαι 和 εἶναι）。οὐ τοσοῦτον ... ὅσον ...，"与其说……不如说……"。φοβούμενοι + 宾格（τοὺς Ἀθηναίους）+ 虚拟语气（δυνηθῶσιν），μή 为赘词。τὰ πολλά，定冠词 + 形容词 = 名词。

89.1-2［笺释］οἷς，关系代词，其先行词是 τὰ πράγματα。οἱ καταφυγόντες，定冠词 + 分词 = 名词。ὅσπερ，关系代词，其先行词是 Λεωτυχίδης。ἡγεῖτο 跟属格（τῶν ... Ἑλλήνων）。Μήδων ἐχόντων ...，独立属格结构，ἐχόντων 和 ἐπολιόρκουν 的宾语都是

Σηστόν。ἐκλιπόντων βαρβάρων，独立属格结构。ἐκλιπόντων 的宾语是 αὐτήν。αὐτήν 指 Σηστόν（Σηστόν 为阴性，ἡ Σηστός），也是 εἷλον 的宾语。ὡς ἕκαστοι，each by themselves。κατὰ 跟宾格（πόλεις），according to。

89.3［笺释］Ἀθηναίων τὸ κοινόν，"雅典人"或者"雅典当局"。ἀπῆλθον αὐτοῖς，"离开他们"，αὐτοῖς 指雅典人。παρεσκευάζοντο 跟不定式（ἀνοικοδομεῖν）。αἷς，关系代词，其先行词是 οἰκίαι。αὐτοί，themselves，指 οἱ δυνατοί（定冠词+形容词=名词）。

90.1［笺释］τὸ μέλλον，定冠词+分词=名词，"将要发生的事"。ἦλθον πρεσβεία = ἐπρεσβεύσαντο。τὰ μὲν ... τὸ δὲ πλέον ...，on the one hand ... but more ...。ἥδιον，形容词，中性、单数、宾格，用作副词。ἂν ὁρῶντες，ἂν 本应跟祈愿语气 ὁρῷμεν（GG §§ 1845, 1846），但这里用的是分词 ὁρῶντες，其引导的从句表原因（GG § 2064）。ὁρῶντες 属于感知动词（verb of perceiving），故其后跟分词（ἔχοντα）（GG §§ 2110, 2112）。否定词 μήτε ... μήτε ... μηδένα ...，多个复合否定词连用，后二者强调前者，仍表否定（GG § 2761）。τῶν ξυμμάχων ἐξοτρυνόντων καὶ φοβουμένων，独立属格结构。ὅ，关系代词，其先行词是 τὸ πλῆθος。

90.2［笺释］ἠξίουν + 宾格（αὐτούς）+ 不定式（τειχίζειν 和 ξυγκαθελεῖν）。τῶν ἔξω Πελοποννήσου，定冠词+介词短语=名词。(τὰ τείχη) εἰστήκει ὅσοις。ὅσοις，与格，表示所有（GG § 1480）。μετὰ σφῶν，with them。τὸ ... βουλόμενον，定冠词+分词=名词。ὡς 跟独立属格结构（τοῦ βαρβάρου ... ἔχοντος），表达相信的理由（GG § 2086d），接上文的 ἠξίουν。ἂν + 现在时分词（ἔχοντος），表祈愿语气（GG §§ 1845, 1846）。ἔχοντος + 不定式（ὁρμᾶσθαι），be able to。ἔφασαν + 宾格（τὴν ... Πελοπόννησον）+ 不定式（εἶναι）。

90.3［笺释］ὅτι，that。Θεμιστοκλέους，属格，修饰 γνώμη。ὡς αὐτούς，to them。περὶ ὧν = περὶ τούτων οὕς，关系代词 οὕς 被先行词 τούτων 所吸引，变成了属格（ὧν）（GG § 2522）。ἐκέλευεν + 宾格（τοὺς Ἀθηναίους，省略）+ 不定式（ἀποστέλλειν、ἐκπέμπειν、ἐπισχεῖν 和 τειχίζειν）。ὡς τάχιστα，"尽快"。ἑλομένους 与省略了的 τοὺς Ἀθηναίους 配合。ἄλλους πρέσβεις 作 ἑλομένους 的宾语。πρὸς 跟与格（ἑαυτῷ），"加上"。μέχρι 跟属格（τοσούτου），as far as。ἕως + ἂν + 不定过去时虚拟语气（ἄρωσιν）。ὥστε + 不定式（ἀπομάχεσθαι），so as to。τοὺς ἐν τῇ πόλει（定冠词+介词短语=名词）作 τειχίζειν 的宾语。πανδημεί，副词。φειδομένους 和 καθαιροῦντας 与省略了的 τοὺς Ἀθηναίους 配合。φειδομένους 跟属格（οἰκοδομήματος）。ὅθεν，副词，in any way。

90.4-5［笺释］ὁ μέν，ὁ 是指示代词（GG § 1106），指 ὁ Θεμιστοκλῆς。τἆλλα = τὰ ἄλλα，"其他方面"，用作副词。ὅτι，that。αὐτός，"他自己"。τἀκεῖ = τὰ ἐκεῖ，"那里的事务"。ὅτι，that。第二短句主干：ὁπότε τις ἔποιτο αὐτὸν ὅτι ... ὡς ...。ὁπότε，whenever。ἔποιτο，

祈愿语气。因为主动词 ἔφη 是过去未完成时，属于第二序列（second sequence），故其时间从句的动词用祈愿语气（GG § 2414）。ἔφη 跟不定式（ἀναμένειν、ὑπολειφθῆναι、προσδέχεσθαι 和 θαυμάζειν）。τοὺς ξυμπρέσβεις 作不定式 ἀναμένειν 的宾语。αὐτοὺς 作不定式 ὑπολειφθῆναι 的主语。προσδέχεσθαι 跟不定式（ἥξειν）。ἐν τάχει, quickly。τῶν … ὄντων, 定冠词 + 分词 = 名词。ὅτι, that。τινος οὔσης …, 独立属格结构。ὡς, that。

91.1–2［笺释］οἱ … ἀκούοντες, 定冠词 + 分词 = 名词。αὐτοῦ 指 Θεμιστοκλῆς。τῶν ἄλλων ἀφικνουμένων … κατηγορούντων, 独立属格结构。ὅτι, that。(τὸ τεῖχος) τειχίζεται τε καὶ … λαμβάνει ὕψος。εἶχον, be able to, know how to。ὅπως χρὴ ἀπιστῆσαι, how it was necessary to disbelieve。χρή 跟不定式（ἀπιστῆσαι）。τειχίζεταί 跟前倾词（τε），故其末音节加了高调符号。ἐκεῖνος, 指 Θεμιστοκλῆς。κελεύει + 宾格（αὐτοὺς）+ 不定式（παράγεσθαι 和 πέμψαι）。μᾶλλον … ἤ …, … but rather …。οἵτινες, 不定关系代词，其先行词（ἄνδρας）是不定的，故不用 οἵ（GG § 2508）。

91.3［笺释］περὶ αὐτῶν, "关于他们", 指那些斯巴达派出的人。κελεύων 跟不定式（κατασχεῖν 和 ἀφεῖναι）。ὡς ἥκιστα …, as least … as possible。αὐτοί, "他们自己", 指 Θεμιστοκλῆς 和其同僚（见下文）。ἀγγέλλοντες 跟不定式（ἔχειν）。τὸ τεῖχος（宾格）作不定式 ἔχειν 的主语。ἐφοβεῖτο … μὴ … οὐκέτι ἀφῶσιν, 表示害怕的句子，μὴ … οὐ(κέτι) 表示害怕某事可能不会发生（GG § 2221）。ὁπότε, whenever。ἀκούσειαν, 祈愿语气。ἀφῶσιν 是不定过去时虚拟语气，为何不用祈愿语气？一些史家（包括修昔底德）经常用，以增强表达的生动性（GG § 2226）。Ἀβρώνιχός 跟前倾词（τε），故其末音节加了高调符号。

91.4［笺释］οἵ, 定冠词，跟前倾词（τε），故加了高调符号。ὅτι, that。ὥστε 跟不定式（εἶναι），表结果。εἶναι ἱκανή + 不定式（σῴζειν）。τοὺς ἐνοικοῦντας, 定冠词 + 分词 = 名词。βούλονται 跟不定式（πρεσβεύεσθαι）。τι, 宾格, anything。ἤ, "或者"。παρὰ σφᾶς, to them。整理词序：… ὡς ἰέναι πρὸς (τοὺς) διαγιγνώσκοντας τά … ξύμφορα καὶ τὰ κοινά。σφίσιν αὐτοῖς, to themselves。ὡς 跟不定式（ἰέναι）, so as to。不定式 ἰέναι 含有 "应该……" 的意思（GG § 2633c）。

91.5［笺释］ἐδόκει + 不定式（εἶναι）。εἶναι ἄμεινον + 不定式（ἐκλιπεῖν 和 ἐσβῆναι）。ἄνευ ἐκείνων = ἄνευ γνώμης ἐκείνων。γνόντες + 不定式（τολμῆσαι）。这句话（ὅσα … φανῆναι）的主动词是 ἔφασαν, 其后的关系从句中用不定式（βουλεύεσθαι 和 φανῆναι）取代陈述语气（GG § 2631）。αὖ, again。μετ' ἐκείνων, with them。ὅσα … βουλεύεσθαι, "在……商议方面", 作用相当于副词。ὕστεροι, 形容词比较级, 跟属格（οὐδενός）, 表

比较。γνώμῃ，"在判断方面"。

91.6–7［笺释］ἔφασαν 跟不定式（δοκεῖν）。δοκεῖν + 与格（σφίσι）+ 不定式（εἶναι 和 ἔσεσθαι）。εἶναι ἄμεινον + 不定式（ἔχειν）。τεῖχος 是 ἔχειν 的宾语，τὴν ... πόλιν 是其主语。ἰδίᾳ，用作副词。οἷόν 跟前倾词（τ'），故其末音节加了高调符号。ὁμοῖόν 跟前倾词（τι），故其末音节加了高调符号。οὐ (ἐστίν) οἷόν τ' 跟不定式（εἶναι），it is impossible to。εἶναι ὁμοῖόν ἢ ἴσον + 不定式（βουλεύεσθαι）。τι ἐς τὸ κοινόν, something about the public interests，作 βουλεύεσθαι 的宾语。ἀπὸ ἀντιπάλου παρασκευῆς = ἀπὸ παρασκευῆς μὴ ἀντιπάλου οὔσης。ἔφη 跟不定式（χρῆναι）。χρῆναι + 宾格（πάντας）+ 不定式（ξυμμαχεῖν 和 νομίζειν）。ἢ ... ἢ ...，"或者……或者……"。νομίζειν + 宾格（τάδε）+ 不定式（ἔχειν）。τάδε，"这些事"。ἔχειν ὀρθῶς，"正确"。

92.［笺释］ἐπὶ + 与格（κωλύμῃ 和 παραινέσει），"为了……的目的"。γνώμης 修饰 παραινέσει。τῷ κοινῷ，"为了共同的事业"。δῆθεν，本义是"真的"，这里的意思是"他们所谓的"，含有不真实的意思。ἐτύγχανον 跟分词（ὄντες）。τῷ τότε，定冠词 + 副词 = 名词，"当时"。τὰ μάλιστ', most。ἁμαρτάνοντες 跟属格（τῆς βουλήσεως）。οἵ，定冠词，跟前倾词（τε），故加了高调符号。

93.2–4［笺释］ὅτι, that。ξυνειργασμένων 与 λίθων 配合。ἔστιν ᾗ, in some way, somehow。ὡς ἕκαστόν, each by themselves。μείζων，形容词，阳性、单数、主格、比较级。τῆς πόλεως 修饰 ὁ περίβολος。ἕκαστόν 跟前倾词（ποτε），故其末音节加了高调符号。ἔπεισε 跟不定式（οἰκοδομεῖν）。τὰ λοιπά，定冠词 + 形容词 = 名词。ὑπῆρκτο，跟属格（αὐτοῦ）。αὐτοῦ 指筑墙这件工作。ἦρξε 跟属格（ἧς）。ἧς，关系代词，其先行词是 τῆς ... ἀρχῆς。κατ' ἐνιαυτόν, each year, 这里的意思是 for a year。νομίζων + 宾格（τὸ χωρίον 和 αὐτοὺς）+ 不定式（εἶναι 和 προφέρειν）。μέγα，形容词用作副词。τὸ κτήσασθαι，定冠词 + 不定式 = 名词。整理词序：πρῶτος ἐτόλμησεν εἰπεῖν ὡς ἐστί ἀνθεκτέα τῆς θαλάσσης。ἐτόλμησεν 跟不定式（εἰπεῖν）。ὡς, that。

93.5–8［笺释］ὅπερ，关系代词，其先行词是 τὸ πάχος。δῆλόν 跟前倾词（ἐστι），故其末音节加了高调符号。τὰ ἔξωθεν，定冠词 + 副词 = 名词。οὗ，关系代词，其先行词是 τὸ ὕψος，of which, 修饰 ἥμισυ。ἐβούλετο 跟不定式（ἀφιστάναι）。ἐνόμιζεν + 宾格（τὴν φυλακὴν 和 τοὺς ἄλλους）+ 不定式（ἀρκέσειν 和 ἐσβήσεσθαι）。ἀνθρώπων ὀλίγων καὶ τῶν ἀχρειοτάτων 修饰 τὴν φυλακήν。ὡς ἐμοὶ δοκεῖ，插入语，"在我看来"。εὐπορωτέραν，形容词比较级，跟属格（τῆς ... στρατιᾶς），表比较。ὠφελιμώτερον τῆς ἄνω πόλεως，同上。ἐνόμιζε 跟不定式（ἀνθίστασθαι）。ἢν ἄρα，"万一"，ἢν = ἐάν。在条件句中，εἰ 和 ἄρα 连用，表示结果是不想要的（GG § 2796）。αὐτὸν 指 τὸν Πειραιᾶ。

τἆλλα = τὰ ἀλλὰ。

94.2［笺释］Μήδων ἐχόντων，独立属格结构。

95.1［笺释］οἵ，定冠词，跟前倾词（τε），故加了高调符号。αὐτοῦ ὄντες βιαίου，独立属格结构。νεωστὶ，副词，"刚刚"。ἠξίουν + 宾格（αὐτοὺς）+ 不定式（γίγνεσθαι 和 ἐπιτρέπειν）。που，副词，somewhere。ἐπιτρέπειν Παυσανίᾳ，"对 Παυσανίας 让步"。ἤν = ἐάν。φοιτῶντές 跟前倾词（τε），故其末音节加了高调符号。

95.2–3［笺释］προσεῖχον τὴν γνώμην，"下决心"。ὡς + 将来时分词（περιοψόμενοι 和 καταστησόμενοι），in order to。τἆλλά = τὰ ἀλλὰ，作 καταστησόμενοι 的宾语。ᾗ + 最高级副词（ἄριστα），"尽可能好地"。αὐτοῖς，for them。ὧν πέρι = περὶ ὧν（GG § 175a）（CGCG § 60.14）= περὶ τούτων οὕς，关系代词 οὕς 被先行词 τούτων（省略）所吸引，变成了 ὧν（GG § 2522）。αὐτοῦ 修饰 ἀδικία。τῶν Ἑλλήνων τῶν ἀφικνουμένων。重复定冠词结构。μᾶλλον ... ἤ ...，rather ... than ...。

95.4［笺释］καλεῖσθαί 跟前倾词（τε），故其末音节加了高调符号。ξυνέβη + 与格（αὐτῷ）+ 不定式（καλεῖσθαί），it happened to him to。ξυνέβη + 不定式（μετατάξασθαι），it happened that ...。τοὺς ξυμμάχους 作不定式 μετατάξασθαι 的主语。τῷ ἐκείνου ἔχθει，"出于对他的憎恨"，这里的 ἐκείνου 是"宾语性属格"（The Objective Genitive）（GG § 1331）。παρ' Ἀθηναίους，to Athenians。πλὴν 跟属格（τῶν ... στρατιωτῶν），"除了……"。

95.5–6［笺释］ηὐθύνθη 跟属格（τῶν ... ἀδικημάτων）。ἀπολύεται μὴ + 不定式（ἀδικεῖν），"因……开释"。τὰ μέγιστα 是 ἀπολύεται 的主语，可以看作单数。αὐτοῦ 修饰 μηδισμός。ἐδόκει 跟不定式（εἶναι）。ἐκπέμπουσιν 的宾语是 ἐκεῖνον，ἄρχοντα，Δόρκιν 和 ἄλλους τινάς。ἔχοντας 的主语是 ἄλλους τινάς，宾语是 στρατιάν。οὐ (οὖσαν) πολλήν 与 στρατιάν 配合。οἷς，to whom，其先行词是 Δόρκιν 和 ἄλλους τινάς。

95.7［笺释］οἱ δὲ，but they，见前文笺释（1.24.5）。φοβούμενοι 跟虚拟语气（γίγνωνται），μὴ 为赘词。οἱ ἐξιόντες σφίσιν，"那些从他们当中出去的人"。ὅπερ，自主关系代词，the very thing which。ἀπαλλαξείοντες 跟属格（τοῦ Μηδικοῦ πολέμου）。ἱκανοὺς 跟不定式（ἐξηγεῖσθαι）。

96.1［笺释］(ὄντων) ἑκόντων τῶν ξυμμάχων，独立属格结构。τὸ Παυσανίου μῖσος，"对 Παυσανίας 的憎恨"。ἔδει + 宾格（ἅς 和 ἅς）+ 不定式（παρέχειν）。τῶν πόλεων 修饰 ἅς。ἅς，关系代词，这里用作间接疑问词，"哪些（城邦）"（GG § § 339f, 2668）。χρήματα 是 παρέχειν 的宾语。(ἔδει) ἅς (παρέχειν) ναῦς，同上。ἦν πρόσχημα 跟不定式（ἀμύνεσθαι）。ὧν = ἐκείνων ἅ，关系代词 ἅ 被其先行词 ἐκείνων（省略）吸引，故写作

ὧν（GG § § 2522, 2538）。ἀμύνεσθαι 跟属格（ἐκείνων），ἅ 作 ἔπαθον 的宾语。δῃοῦντας 与省略了的 αὐτοὺς（作不定式 ἀμύνεσθαι 的主语）配合。

96.2［笺释］整理词序：ἀρχή Ἑλληνοταμίαι κατέστη Ἀθηναίοις τότε πρῶτον。ἀρχή 是句子主语。Ἑλληνοταμίαι 作 ἀρχή 的同位语。οἵ，关系代词，其先行词是 Ἑλληνοταμίαι。ταμιεῖόν 跟前倾词（τε），故其末音节加了高调符号。

97.1［笺释］此句主干：ἐπῆλθον τοσάδε, so many follow。ἡγούμενοι 跟属格（τῶν ξυμμάχων）。πολέμῳ τε καὶ διαχειρίσει ...，与格，表示方式，through ...。μεταξὺ ... καὶ ...，"在……和……之间"。ἅ ἐγένετο ... αὐτοῖς。ἅ，关系代词，其先行词是 τοσάδε。Πελοποννησίων 修饰 τοὺς ... προστυγχάνοντας（定冠词 + 分词 = 名词）。ἐν ἑκάστῳ, in each case。

97.2［笺释］πρὸ ἐμοῦ，"在我之前"。ὅτι，"因为"。τοῖς ... ἅπασιν，定冠词 + 形容词 = 名词。τὸ χωρίον，"这一段"，指叙事主题或者叙事时段。ἤ ... ἤ ...，"或者……或者……"。τὰ ... Ἑλληνικά，定冠词 + 形容词 = 名词。τὰ Μηδικὰ αὐτά，"波斯战争本身"。ἥψατο 跟属格（τούτων）。ὅσπερ (ἐστίν) Ἑλλάνικος。ὅσπερ，自主关系代词，the very man who。整理词序：...（ἡ ἐκβολή）ἔχει ἀπόδειξιν τῆς ἀρχῆς τῆς τῶν Ἀθηναίων ἐν οἵῳ τρόπῳ κατέστη。ἔχει = παρέχει。τῆς ἀρχῆς τῆς τῶν Ἀθηναίων，重复定冠词结构。

98.1–4［笺释］(τὴν) Ἠιόνα τὴν ἐπὶ Στρυμόνι，重复定冠词结构。Μήδων ἐχόντων 和 Κίμωνος ... στρατηγοῦντος，独立属格结构。ἥν，关系代词，其先行词是 τὴν ... νῆσον。ἄνευ 跟属格（τῶν ... Εὐβοέων）。χρόνῳ, in process of time。παρά 跟宾格（τὸ καθεστηκὸς，定冠词 + 分词 = 名词），against。整理词序：... καὶ τῶν ἄλλων (ἑκάστη ἐδουλώθη) ὡς ἑκάστη ξυνέβη (δουλωθῆναι), and each of the others was enslaved as it happened to each one to be enslaved。ξυνέβη 跟不定式（δουλωθῆναι）。ὡς ἑκάστη，"各自"。

99.1［笺释］αἰτίαι 跟属格（τῶν ἀποστάσεων）。整理词序：αἱ μέγισται (ἦσαν) ἔκδειαι καὶ λιποστράτιον。εἴ τῳ ἐγένετο, if ever it happened to anyone，在有些情况下。βουλομένοις 跟不定式（ταλαιπωρεῖν）。προσάγοντες τὰς ἀνάγκας，"通过强制手段"。εἴ 跟前倾词（τῳ = τινί），故加了高调符号。

99.2［笺释］πως καὶ ἄλλως，"在别的方面"。整理词序：... ἦν ῥᾴδιον προσάγεσθαι τοὺς ἀφισταμένους αὐτοῖς, οἱ ξύμμαχοι αὐτοὶ ἐγένοντο αἴτιοι ὤν。ἦν ῥᾴδιον 跟不定式（προσάγεσθαι）。τοὺς ἀφισταμένους，定冠词 + 分词 = 名词。αὐτοῖς, to them。τοῦ ἴσου，定冠词 + 形容词 = 名词。ἐγένοντο 相当于 ἦσαν。αἴτιοι 跟属格（ὤν）。ὤν，指上述盟邦的尴尬处境。

99.3［笺释］οἱ πλείους，定冠词 + 形容词 = 名词。ἵνα + 现在时虚拟语气（ὦσι），

"为了……"，在主动词 ἐτάξαντο 为不定过去时的情况下，这里没有用祈愿语气，而用虚拟语气，是为了表达的生动（GG § 2197）。ἐτάξαντο 跟不定式（φέρειν），中动态，"给自己定级"。ἀντί 跟属格（τῶν νεῶν），instead of。ἥν 是关系代词，其先行词是 τῆς δαπάνης，作 ξυμφέροιεν 的宾语。由于主动词 ἐτάξαντο 属于第二系列动词（不定过去时），故直接用祈愿语气（ξυμφέροιεν），不加 ἄν（GG § 2568）。ηὔξετο 的主语是 τὸ ναυτικόν。ὁπότε ἀποσταῖεν，ἀποσταῖεν 是 ἀφίστημι 的祈愿语气，这里用祈愿语气，也是因为主动词属于第二系列动词（GG § § 2409, 2414）。αὐτοί，指 οἱ πλείους，"他们自己"。

100.1–3［笺释］Κίμωνος ... στρατηγοῦντος，独立属格结构。χρόνῳ，in process of time。ξυνέβη + 宾格（Θασίους）+ 不定式（ἀποστῆναι）。ἀποστῆναι 跟属格（αὐτῶν），αὐτῶν 指雅典人。ἅ，关系代词，其先行词是 τῶν ἐμπορίων καὶ τοῦ μετάλλου。ὑπὸ τοὺς αὐτοὺς χρόνους，at about the same time。ὡς 跟将来时分词（οἰκιοῦντες），in order to。ἐκράτησαν 跟属格（τῶν Ἐννέα ὁδῶν）。Ἐννέα，基数词，不变格。τῆς Θρᾴκης 修饰 μεσόγειαν。ξυμπάντων，原文如此，但有学者主张改为 ξύμπαντες（与主语配合）。οἷς，to whom。τὸ χωρίον κτιζόμενον，the settlement of the place，这种定冠词 + 名词 + 分词的结构相当于一个名词加一个属格（GG § 2053）。

101.1–3［笺释］ἐκέλευον 跟不定式（ἐπαμύνειν）。οἱ δέ，but they 见前文笺释（1.24.5）。ᾧ，关系代词，其先行词是 τοῦ σεισμοῦ。ἀπέστησαν αὐτοῖς。整理词序：οἱ ... ἀπόγονοι ... ἐγένοντο πλεῖστοι。ᾗ，关系副词，for which reason。οἱ πάντες，定冠词 + 形容词 = 名词。ὡμολόγησαν 跟不定式（φέρειν）。ἔδει + 不定式（ἀποδοῦναι）。ταξάμενοι，中动态，"为自己偿付""愿意偿付"。χρήματά 是 ταξάμενοι 宾语。τὸ λοιπόν，"将来"。τεῖχός 和 χρήματά 跟前倾词（τε），故其末音节都加了高调符号。

102.1–2［笺释］ὡς，when。αὐτοῖς 与 ἐμηκύνετο 连读，指拉刻代蒙人。οἱ δ'，but they 见前文笺释（1.24.5）。Κίμωνος στρατηγοῦντος，独立属格结构。μάλιστα，副词。ὅτι，"因为"。ἐδόκουν + 不定式（εἶναι）。ἐδόκουν 的主语是"他们"，指雅典人。δυνατοὶ 跟不定式（τειχομαχεῖν），be able to。τοῖς δέ，but to them，到底是指雅典人还是斯巴达人？根据前文 1.24.5 笺释，应该指上文不作主语的名词，那就是雅典人。但是，根据上下文的文意应该指斯巴达人，即 τοῖς δὲ = τοῖς δὲ Λακεδαιμονίοις。这样的解释稍勉强，故"洛布本" τοῖς 写作 τῆς。τῆς 与后面的 πολιορκίας 配合。(τῆς) πολιορκίας ... καθεστηκυίας，独立属格结构。ἐφαίνετο，无人称动词，it seemed，跟分词 ὄν（省略）。ἐνδεᾶ 跟属格（τούτου），"缺少……"。ἄν + 虚拟语气（εἷλον），这里把未来的不确定看作不可避免的，故用此结构。

102.3–4［笺释］δείσαντες 的宾语是 τὸ τολμηρὸν καὶ τὴν νεωτεροποιίαν，δείσαντες

跟虚拟语气（νεωτερίσωσι），μή 为赘词。τι，用作副词，"在某种程度上"。ἤν = ἐάν。τῶν ἐν Ἰθώμῃ，定冠词+介词短语=名词。ὅτι，that。οὐδὲν，not at all。προσδέονται 跟属格（αὐτῶν）。ἐπὶ 跟与格（τῷ ... λόγῳ），"因为……"。ἀποπεμπόμενοι，被动态。τινος ... γενομένου，独立属格结构。δεινὸν ποιησάμενοι，"被激怒""发怒"。ἀξιώσαντες 跟不定式（παθεῖν），τοῦτο 作不定式 παθεῖν 的宾语。ὑπὸ 跟属格（Λακεδαιμονίων），under，at the hands of ...。πρὸς，towards。αὐτοὺς，指斯巴达人。ἅμα ἀμφοτέροις，with both parties，指雅典人和阿耳戈斯人。

103.1［笺释］οἱ ἐν Ἰθώμῃ，定冠词+介词短语=名词。ὡς，"因为"。ἐδύναντο 跟不定式（ἀντέχειν）。ἐφ' ᾧ，"在……条件下"，跟否定词（μηδέποτε）+将来时（ἐπιβήσονται）。ἐπιβήσονται 跟属格（αὐτῆς），αὐτῆς 指 ἡ Πελοπόννησος。εἶναι 可以解释为 ξυνέβησαν+不定式，或者 ἐφ' ᾧ+不定式（GG § 2279）。τοῦ λαβόντος（定冠词+分词=名词）修饰 δοῦλον。(τὸ) δοῦλον = οἱ δοῦλοι。

103.2［笺释］τι，a。主格（τι χρηστήριον Πυθικὸν）+ἦν+与格（τοῖς Λακεδαιμονίοις），"对于……来说，存在……""……有……"。χρηστήριον 跟不定式（ἀφιέναι），说明 χρηστήριον 的内容。πρὸ τοῦ，"在此之前"。τοῦ Διὸς τοῦ Ἰθωμήτα，重复定冠词结构。Ἰθωμήτα = Ἰθώμη+μαθήτης，阿提卡方言拼写应为 Ἰθωμήτου，多里斯（Doric）拼写为 Ἰθωμήτα-ο，缩合为 Ἰθωμήτα。修昔底德这里用的是后者。

103.3-4［笺释］κατ' (τὸ) ἔχθος ἤδη τὸ Λακεδαιμονίων，"出于他们已经对拉刻代蒙人产生的敌意"。这里的 Λακεδαιμονίων 是 "宾格性属格"（The Objective Genitive）（GG § 1331）。ἥν，关系代词，其先行词是 Ναύπακτον（ἡ Ναύπακτος）。ἔτυχον 跟分词（ᾑρηκότες）。νεωστὶ 可以理解为修饰其前面的动词，也可以理解成修饰后面的独立属格结构（Λοκρῶν ... ἐχόντων）。ἀποστάντες 跟属格（Λακεδαιμονίων）。ὅτι，"因为"。αὐτοὺς 指墨伽拉人。τὰ ... τείχη ... τὰ ἀπὸ τῆς πόλεως，重复定冠词结构。αὐτοί 指雅典人。ἤρξατο 跟不定式（γενέσθαι）。

104.1-2［笺释］(τῶν) Λιβύων τῶν πρὸς Αἰγύπτῳ，重复定冠词结构。πρὸς 跟与格（Αἰγύπτῳ），near。τὰ πλείω，定冠词+形容词=名词。οἱ δέ，but they，见前文笺释（1.24.5）。ἔτυχον 跟分词（στρατευόμενοι）。κρατοῦντες 跟属格（τοῦ ποταμοῦ 和 τῆς Μέμφιδος τῶν δύο μερῶν）。ὃ，关系代词，其先行词是 τὸ τρίτον μέρος。οἱ καταφυγόντες 和 οἱ ... ξυναποστάντες，定冠词+分词=名词。

105.2-6［笺释］πολέμου καταστάντος 和 Λεωκράτους ... στρατηγοῦντος，独立属格结构。βουλόμενοι 跟不定式（ἀμύνειν）。νομίζοντες+宾格（Ἀθηναίους 和 αὐτούς）+不定式（ἔσεσθαι 和 ἀναστήσεσθαι）。ἀδυνάτους 跟不定式（βοηθεῖν）。... στρατιᾶς ...

ἀπούσης，独立属格结构。οἵ πρεσβύτατοι 和 οἱ νεώτατοι，定冠词 + 形容词 = 名词。τῶν ... ὑπολοίπων，定冠词 + 分词 = 名词。Μυρωνίδου στρατηγοῦντος，独立属格结构。οἵ，定冠词，跟前倾词（τε），故加了高调符号。μάχης ... γενομένης，独立属格结构。ἐνόμισαν 跟不定式（ἔχειν）。ἔλασσον，用作副词。τῷ ἔργῳ，指战斗。ἀπελθόντων τῶν Κορινθίων，独立属格结构。τῶν ... πρεσβυτέρων，定冠词 + 形容词 = 名词。ὡς，as。τούς ... ἱστάντας，定冠词 + 分词 = 名词。τοῖς ἄλλοις，定冠词 + 形容词 = 名词。

106.1–2［笺释］οἱ ... νικώμενοι，定冠词 + 分词 = 名词。τι ... μέρος，a part。διαμαρτὸν 跟属格（τῆς ὁδοῦ）。ἐς χωρίον του ἰδιώτου。χωρίον，a place。ἔτυχεν ᾧ ...，it happened to it that ...。ᾧ，关系代词，其先行词是 χωρίον。πρόσωπόν 跟前倾词（τε），故其末音节加了高调符号。τοῖς ὁπλίταις，"以重甲兵"，这里用了与格，是把他们当作工具来看（GG § 1507b）。τοὺς ἐσελθόντας，定冠词 + 分词 = 名词。αὐτοῖς 与 ἀνεχώρησεν 连读，指雅典人。

107.1–5［笺释］ἤρξαντο 跟不定式（οἰκοδομεῖν）。τὸ ... Φαληρόνδε（τεῖχος）。τὸ ἐς Πειραιᾶ（τεῖχος）。Φωκέων στρατευσάντων ... ἑλόντων，独立属格结构。ἕν，one。Νικομήδους ... ἡγουμένου，独立属格结构。ὑπὲρ 跟属格（Πλειστοάνακτος），on behalf of。ἀναγκάσαντες + 宾格（τοὺς Φωκέας）+ 不定式（ἀποδοῦναι）。βούλοιντο 跟不定式（περαιοῦσθαι）。αὐτοὺς 作不定式 περαιοῦσθαι 的主语。ἔμελλον 跟不定式（κωλύσειν）。ἀσφαλὲς 跟不定式（πορεύεσθαι）。μέλλοντας 跟不定式（κωλύσειν），与 αὐτοὺς 配合。δύσοδός 跟前倾词（τε），故其末音节加了高调符号。ἔδοξε + 与格（αὐτοῖς）+ 不定式（σκέψασθαι）。ὅτῳ τρόπῳ，"以何种方式"。τὸ δέ τι，用作副词，"部分地"。ἐλπίσαντες 跟不定式（καταπαύσειν）。καταπαύσειν 跟分词（οἰκοδομούμενα）。ὡς ἕκαστοι，each for himself。δῆμόν 跟前倾词（τε），故其末音节加了高调符号。

107.6–7［笺释］νομίσαντες 跟不定式（ἀπορεῖν）。不定式 ἀπορεῖν 的主语省略了，因为它与主动词（ἐπεστράτευσαν）的宾语（以属格或与格的形式出现，这里是与格，即 αὐτοῖς）相同（GG § 1978）。ὅπῃ，副词，by which way。διέλθωσιν 是虚拟语气，因为这是一个间接问句，此虚拟语气为"协商式虚拟语气"（Deliberative subjunctive）。καί τι καί，"而且有点"，前一个 καί 是连系词，表示对前文加以补充；后一个 καί 用作副词，表示此补充出乎意料。[1] τοῦ δήμου 修饰 καταλύσεως，καταλύσεως 修饰 ὑποψίᾳ。οἵ，关系代词，其先行词是 ἱππῆς。τῷ ἔργῳ 指战斗。παρὰ 跟宾格（τοὺς Λακεδαιμονίους），

---

[1] J. D. Denniston, *The Greek Particles*, Second Edition, Revised by K. J. Dover, Bristol: Bristol Classical Press, 1996, p. 294.

towards。

108.1–5［笺释］γενομένης ... μάχης 和 Μυρωνίδου στρατηγοῦντος，独立属格结构。... ἡμέρᾳ，表时间的与格，表示在该时间点。ἐκράτησαν 跟属格（τῆς χώρας ... τῆς Βοιωτίας καὶ Φωκίδος）。τοὺς πλουσιωτάτους ὁμήρους。τὰ τείχος ... τὰ μακρά，重复定冠词结构。Τολμίδου ... στρατηγοῦντος，独立属格结构。ἀποβάσει τῆς γῆς，"下船登陆"。

109.2–4［笺释］ἐκράτουν 跟属格（τῆς Αἰγύπτου）。ὅπως 后面句子的谓语动词用祈愿语气（ἀπαγάγοι），表原因（GG § 2196）。πεισθέντων τῶν Πελοποννησίων，独立属格结构。ὡς，"由于"。αὐτῷ，"对于他而言"，指波斯国王。ἄλλως，"徒劳地"。τὰ λοιπά，定冠词+形容词=名词。μέχρι οὗ = μέχρι，"直到"。ἄλλῃ，"别处"。τοῦ ξηροῦ 和 τὰ πολλά，定冠词+形容词=名词。ἐποίησε 跟双宾格 τὰ πολλά 和 ἤπειρον。

110.1–4［笺释］ἐξ ἔτη，表时间的宾格，表示贯穿该时间段。οἱ ... πλεῖστοι，定冠词+形容词=名词。ὑπὸ 跟宾格（βασιλέα），under。πλὴν 跟属格（Ἀμυρταίου）。ἐδύναντο 跟不定式（ἑλεῖν）。τοῦτον 指 Ἀμύρταιος。ὅς，关系代词，其先行词是 Ἰνάρως。τὰ πάντα 和 τὰς πολλάς，定冠词+形容词=名词。ἔσχον ἐς Αἴγυπτον，"驶进埃及"。τῶν γεγονότων，定冠词+分词=名词。αἱ ... ἐλάσσους，定冠词+形容词=名词。τὰ ... κατὰ τὴν ... στρατείαν ...，定冠词+介词短语=名词。κατὰ 跟宾格（τὴν ... στρατείαν），during（GG § 1690. 2b）。μὲν 与下节的 δὲ 配合。μέγεθός 跟前倾词（τε），故其末音节加了高调符号。ἔκ 跟前倾词（τε），故加了高调符号。

111.1–3［笺释］ἔπεισεν + 宾格（Ἀθηναίους）+ 不定式（κατάγειν）。ἐκράτουν 跟属格（τῆς γῆς）。ὅσα，用作副词，so far as。τῶν ὅπλων 是 τὰ ὅπλα 的属格，"军营"。οὐδ' ... οὐδέν，两个复合否定词连用，后者强调前者，仍表否定（GG § 2761）。ἄλλο προυχώρει αὐτοῖς ...，"对于他们来说，有别的进展"。ἕνεκα ὧν，for the sake of them。ὧν 的先行词应该是复数（ἄλλοι），但原文是单数（ἄλλο），大概因为有否定词。πολλῷ 跟比较级（ὕστερον）（GG § 1514）。τὰς ναῦς τὰς ἐν Πηγαῖς，重复定冠词结构。Περικλέους ... στρατηγοῦντος，独立属格结构。ἐκράτησαν 的宾语是 τοὺς προσμείξαντας（定冠词+分词=名词）。εἷλόν 跟前倾词（γε），故其末音节加了高调符号。

112.2–5［笺释］διαλιπόντων ἐτῶν τριῶν，独立属格结构。πεντέτεις 修饰 σπονδαί。ἔσχον 跟属格（πολέμου），stop, keep away from。Κίμωνος στρατηγοῦντος，独立属格结构。ἀπ' αὐτῶν，from them，αὐτῶν 指上文所说的船只。Ἀμυρταίου μεταπέμποντος，Κίμωνος ἀποθανόντος 和 λιμοῦ γενομένου，独立属格结构。ὑπὲρ Σαλαμῖνος，off Salamis "（船只）经过萨拉弥斯"。τῆς ἐν Κύπρῳ 修饰 Σαλαμῖνος。αἱ ... νῆες ... [αἱ] ἐλθοῦσαι，重复定冠词结构。κρατήσαντες 跟属格（τοῦ ... ἱεροῦ）。ἀποχωρησάντων αὐτῶν，独立属格

结构。

113.1–4［笺释］χρόνου ἐγγενομένου 和 Βοιωτῶν τῶν φευγόντων ἐχόντων，独立属格结构。τῶν φευγόντων，定冠词 + 分词 = 名词。ἄττα = ἄτινα, some。ὡς ἑκάστοις, each for themselves。ἑκάστοις 与 χιλίοις ὁπλίταις 配合。Τολμίδου ... στρατηγοῦντος，独立属格结构。οἵ，定冠词，跟前倾词（τε），故加了高调符号。πορευομένοις 与 αὐτοῖς 配合。τοὺς μὲν ... τοὺς δὲ ..., "有的……有的……"。ἐφ' ᾧ, "在……条件下"。οἱ φεύγοντες，定冠词 + 分词 = 名词。οἱ ἄλλοι，定冠词 + 形容词 = 名词。

114.1–3［笺释］πολλῷ 跟比较级（ὕστερον）(GG § 1514)。διαβεβηκότος ... Περικλέους，独立属格结构。ἠγγέλθη αὐτῷ ὅτι ..., it is reported to him that ...。μέλλουσιν 跟不定式（ἐσβαλεῖν）。πλήν 跟句子。κατὰ τάχος, "迅速"。τῆς Ἀττικῆς 修饰 Ἐλευσῖνα。Θριῶζε，副词，at Thria。Πλειστοάνακτος ... ἡγουμένου，独立属格结构。τὸ πλέον, further。

115.1–5［笺释］πολλῷ 跟比较级（ὕστερον）(GG § 1514)。τριακοντούτεις 与 σπονδὰς 配合。ταῦτα ... (εἰσίν) Πελοποννησίων。ἕκτῳ ... ἔτει，表时间的与格，表示在该时间点。κατεβόων 跟属格（τῶν Σαμίων）。βουλόμενοι 跟不定式（νεωτερίσαι）。οἵ，关系代词，其先行词是 τινες。τῶν ἐν τῇ πόλει，定冠词 + 介词短语 = 名词，修饰 τοῖς δυνατωτάτοις（定冠词 + 形容词 = 名词）。ὅς，关系代词，其先行词是 Πισσούθνη。ἐκράτησαν 跟属格（τῶν πλείστων）。τοὺς ὁμήρους ... τοὺς αὐτῶν 和 τοὺς φρουροὺς τοὺς Ἀθηναίων，重复定冠词结构。αὐτῶν = ἑαυτῶν。οἵ，关系代词，其先行词是 τοὺς ἄρχοντας。παρεσκευάζοντο 跟不定式（στρατεύειν）。

116.1–3［笺释］ὡς, when。ταῖς ... ἑκκαίδεκα (ναυσὶν)。ἔτυχον 跟分词（οἰχόμεναι 和 περιαγγέλλουσι）。αἱ μὲν ... αἱ δὲ ..., "有的……有的……"。περιαγγέλλουσι 跟不定式（βοηθεῖν）。Περικλέους ... στρατηγοῦντος，独立属格结构。πρὸς 跟与格（Τραγίᾳ），off ...。ὧν，关系代词，其先行词是 ναυσὶν ἑβδομήκοντα, of whom。αἱ πᾶσαι (νῆες)。ἔτυχον 跟分词（πλέουσαι）。τῶν ἐφορμουσῶν，定冠词 + 分词 = 名词。κατὰ τάχος, "迅速"。ἐσαγγελθέντων ὅτι ..., 省略了名词的独立属格结构（省略名词的前提条件是动词为被动态分词，且后接以 ὅτι 开头的从句）(GG § 2072c)。

117.1–3［笺释］τὰς ἀντανανομένας (ναῦς)。ἐκράτησαν 跟属格（τῆς θαλάσσης τῆς καθ' ἑαυτούς）。ἡμέρας περὶ τέσσαρας καὶ δέκα，表时间的宾格，表示贯穿该时间段。ἅ，自主关系代词，whatever。ἐλθόντος Περικλέους，独立属格结构。αἱ μετὰ ... (νῆες)。ἀδύνατοι 跟不定式（ἀντίσχειν）。ἐνάτῳ μηνὶ，表示时间的与格，表示在该时间点。προσεχώρησαν ὁμολογίᾳ 跟不定式（ἀποδοῦναι），表示协议的内容（参考：ὁμολογῶ 跟不定式）。(τὰ) χρήματα τὰ ἀναλωθέντα，重复定冠词结构。κατὰ χρόνους, "根据时

间""分期"。ξυνέβησαν 跟不定式（εἶναι）。ὥσπερ ... πρότερον，as before。τεῖχός 跟前倾词（τε），故其末音节加了高调符号。

118.1–2［笺释］τὰ προειρημένα，定冠词＋分词＝名词。τά ... Κερκυραϊκά 和 τὰ Ποτειδεατικά，定冠词＋形容词＝名词。ὅσα κατέστη πρόφασις ...。ὅσα，可看作单数。μεταξὺ ... καὶ＋属格（τῆς ... ἀναχωρήσεως 和 τῆς ἀρχῆς ...），between ... and ...。ἐν οἷς，"在此期间"。οἷς，关系代词，其先行词是 ἔτεσι πεντήκοντα。ἐχώρησαν 跟属格（δυνάμεως）。τὸ πλέον，定冠词＋形容词＝名词。ὄντες ... ταχεῖς＋不定式（ἰέναι）。πρὸ τοῦ，"在此之前"。τὸ δέ τι，"部分地"，有校勘者和研究者主张改为 τότε δ' ἔτι（"当时已"）。πρὶν δή 跟句子，"终至……"。ἥπτοντο 跟属格（τῆς ξυμμαχίας）。ἀνασχετὸν ἐποιοῦντο＝ἀνεῖχον（GG § 1565）。ἐδόκει＋与格（σφίσιν，省略）＋不定式（εἶναι）。εἶναι 跟形容词（ἐπιχειρητέα）。ἡ ἰσχύς（ἐστι）καθαιρετέα。ἀραμένοις 与省略了的 σφίσιν 配合。ἡσύχαζόν 跟前倾词（τε），故其末音节加了高调符号。

118.3［笺释］διέγνωστο＋与格（αὐτοῖς ... τοῖς Λακεδαιμονίοις）＋不定式（λελύσθαι 和 ἀδικεῖν），"某人决定……"。τὰς σπονδὰς 作不定式 λελύσθαι 的主语。τοὺς Ἀθηναίους 作不定式 ἀδικεῖν 的主语。εἰ，"是否"。ἔσται ἄμεινον＋分词（πολεμοῦσιν），it will be better to ...。ὁ δέ，but he，见前文（1.24.5）笺释。ἀνεῖλεν 跟不定式（ἔσεσθαι）。νίκην 作不定式 ἔσεσθαι 的主语。ὡς λέγεται，"据说"。κατὰ κράτος，"尽全力"。ἔφη 跟不定式（ξυλλήψεσθαι）。

119［笺释］ἐβούλοντο 跟不定式（ἐπαγαγεῖν）。ψῆφον 作不定式 ἐπαγαγεῖν 的宾语。εἰ，"是否"。χρή 跟不定式（πολεμεῖν）。ἐλθόντων τῶν πρέσβεων 和 ξυνόδου γενομένης，独立属格结构。οἵ，定冠词，跟前倾词（τε），故加了高调符号。ἅ，自主关系代词，whatever。οἱ πλείους，定冠词＋形容词＝名词。κατηγοροῦντες 跟属格（τῶν Ἀθηναίων）。ἀξιοῦντες＋宾格（τὸν πόλεμον）＋不定式（γίγνεσθαι）。δεηθέντες，异态动词，形式是被动的，实际上表示主动，"恳求""乞求"。δεηθέντες 跟属格（ἑκάστων）。κατὰ πόλεις，"一个城邦接一个城邦"。表示愿望或者需要的动词（δεηθέντες）＋ὥστε＋不定式（ψηφίσασθαι），这里相当于 δεηθέντες＋不定式（GG § 2271a）。δεδιότες 跟虚拟语气（προδιαφθαρῇ），μή 为赘词。

120.1［笺释］ὡς，ὅτι。πόλεμόν 跟前倾词（εἰσι），故其末音节加了高调符号。χρή＋宾格（τοὺς ἡγεμόνας）＋不定式（προσκοπεῖν）。τὰ ἴδια 和 τὰ κοινά，定冠词＋形容词＝名词。νέμοντας 与 τοὺς ἡγεμόνας 配合。ὥσπερ καὶ ἐν ἄλλοις ἐκ πάντων προτιμῶνται，"像在其他方面那样首先被所有人尊敬"。ἐκ πάντων，before all others。

120.2［笺释］οὐχί＝οὐ。δέονται 跟属格（διδαχῆς）。ὥστε＋不定式（φυλάξασθαι），

表目的。χρὴ + 宾格（τοὺς ... κατῳκημένους）+ 不定式（εἰδέναι、εἶναι、προσδέχεσθαι 和 βουλεύεσθαι）。ὅτι 引导的从句（到 δίδωσι 为止）作 εἰδέναι 的宾语。τοῖς κάτω，定冠词 + 副词 = 名词。ἢν = ἐάν。χαλεπωτέραν，用作副词。τῶν ὡραίων，定冠词 + 形容词 = 名词。ὧν = τούτων ἃ（GG § 2522），τούτων 修饰 ἀντίληψιν，ἃ 作 δίδωσιν 的宾语。κριτὰς 与 τοὺς ... κατῳκημένους（定冠词 + 分词 = 名词）配合。κακοὺς 和 τῶν ... λεγομένων（定冠词 + 分词 = 名词）修饰 κριτάς。ὡς，on the ground that。προσηκόντων 与 τῶν ... λεγομένων 配合。ποτε，someday。τὰ κάτω，定冠词 + 副词 = 名词。κἂν = καὶ ἄν。ἄν + 不定过去时不定式（προελθεῖν），表达不定过去时祈愿语气。μέχρι 跟属格（σφῶν），so far as。τὸ δεινόν，定冠词 + 形容词 = 名词，作不定式 προελθεῖν 的主语。

120.3［笺释］δι' ὅπερ，"就是因为这个"。δεῖ + 宾格（αὐτοὺς）+ 不定式（ὀκνεῖν）。ὀκνεῖν 跟不定式（μεταλαμβάνειν）。ἀντ' 跟属格（εἰρήνης），"取代"。关于人的名词属格（ἀνδρῶν σωφρόνων）+ 系动词（ἐστίν）+ 不定式（ἡσυχάζειν），表示做什么（不定式）是某种人的本性、职责和习惯等，这里的意思是"审慎的人习惯于安静自守"。这种属格被称为"表语属格"（Predicative Genitive）（GG § 1304）。下一句同理：(ἀνδρῶν) ἀγαθῶν (ἐστίν) ... πολεμεῖν。ἀδικουμένους 与省略了的 αὐτοὺς 配合（αὐτοὺς 作不定式 πολεμεῖν 的主语）。παρασχὸν（独立宾格结构）跟不定式（ξυμβῆναι、ἐπαίρεσθαι 和 ἀδικεῖσθαι），无人称句，it is in one's power to ...。εὖ，副词，well，"（在战争中）运气好"。κατὰ πόλεμον，"在战争过程中"。ἡδόμενον，分词、宾格，有一种解释：ἡδόμενον 与省略了的 τινα（anyone）配合，τινα 做不定式 ἀδικεῖσθαι 的主语；另一种解释：ἡδόμενον 受下文的 ὁ ... ὀκνῶν（"退缩的人"）的影响，即与省略了的 τοῦτον 配合。

120.4［笺释］ὅ ... ὀκνῶν，定冠词 + 分词 = 名词。ὅ，定冠词，跟前倾词（τε），故加了高调符号。ἀφαιρεθείη 跟宾格（τὸ τερπνόν），τῆς ῥᾳστώνης 修饰 τὸ τερπνόν。δι' ὅπερ ὀκνεῖ，从句，修饰 τὸ τερπνόν。ὅ ... πλεονάζων，定冠词 + 分词 = 名词。ὅ，定冠词，跟前倾词（τε），故加了高调符号。πλεονάζων 跟与格（εὐτυχίᾳ）。ἐπαιρομένους θράσει ἀπίστῳ，"被不可信的勇气所鼓动"。

120.5［笺释］πολλά，集合名词用作单数。γνωσθέντα 和 τυχόντα 与 πολλὰ 配合。τυχόντα 跟属格（人）（τῶν ἐναντίων，定冠词 + 形容词 = 名词），"遇到"。ἀβουλοτέρων 修饰 τῶν ἐναντίων，作表语（GG § § 1168, 1169）。πλείω，是 πλείων 的比较级、中动态、宾格，用作名词，类似 πολλὰ，"更多的"。δοκοῦτα 与 πλείω 配合，跟不定式（βουλευθῆναι）。τοὐναντίον = τὸ ἐναντίον。οὐδεὶς，nobody。ὁμοῖα，用作副词。καὶ，表示比较。ἐλλείπομεν，"缺少""失败""缺少成功"。

121.1–3［笺释］αὐτὸν，指 τὸν πόλεμον。κατὰ πολλὰ，"在许多方面"。εἰκὸς 跟

不定式（ἐπικρατῆσαι）。ἡμᾶς 作不定式 ἐπικρατῆσαι 的主语。προὔχοντας 和 ἰόντας 与 ἡμᾶς 配合。τὰ παραγγελλόμενα，定冠词+分词=名词。ᾧ，关系代词，其先行词是 ναυτικόν，with which。οἷοί τ' +不定式（ὑπολαβεῖν），"（我们）能够……"。οἷοί 跟前倾词（τ'），故其末音节加了高调符号。ὑπολαβεῖν 的宾语是 τοὺς ... ναυβάτας。μᾶλλον ἤ，more than。ἧσσον 用作副词。τοῦτο，指上文说的那种情况。ἰσχύουσα 与 ἡ ἡμετέρα（δύναμις）配合。τὸ πλέον ... ἤ ...，more ... than ...。

121.4［笺释］κατὰ τὸ εἰκὸς，"十之八九""极有可能"。ἁλίσκονται，现在时用作将来时。在说明某事立即、可能、肯定发生或者形成威胁时，现在时用作将来时（GG § 1879）。最后一句主干：ὃ ... οὐκ ἂν γένοιτο ἐκείνοις, ὃ ... ἐστι καθαιρετὸν ἡμῖν。前一个 ὃ 是自主关系代词，which，作 ἔχομεν 的宾语。ἀγαθόν 修饰 ὃ。γένοιτο ἐκείνοις，"对于他们来说产生""成为他们的"。后一个 ὃ 是不是关系代词？问题是 προὔχουσι 是不及物动词，故一种解释是：这个 ὃ 是一个副词性的宾格，如同 πολύ，μέγα 和 ὅσον 之类（GG § 1609）。但这句话前后半句结构相同，没有理由对两个 ὃ 做出不同解释，故应当将 προὔχουσι 看作及物动词，其宾语就是 ὃ。这个 ὃ 是关系代词，其先行词是省略了的 τοῦτο，即主句 καθαιρετόν ἐστι 的主语。

121.5［笺释］ὥστε 跟不定式（ἔχειν），表目的。或者解作：οἴσομεν χρήματα，"我们将出钱"，可以看作带有意愿（"我们愿意出钱"），故也可以跟不定式（ἔχειν）（GG § 1991），ὥστε 可以省略。αὐτά，"这个"，指上文说的情况。χρήματα 既是 ἔχειν 的宾语，又是 οἴσομεν 的宾语。接下来的句子的主句是 δεινὸν ἂν εἴη，从句是从 εἰ 到句号的一长段。ἤ = εἰ δὲ μή，"否则""要不然"（GG § 2859）。从句以 εἰ 开头，没有以 ὅτι 开头，原因是主句 δεινὸν ἂν εἴη 相当于一个表情感的动词（GG § 2247）。ἐπὶ + 与格（(τῇ) δουλείᾳ τῇ αὐτῶν），"为了……的目的"。ἐπὶ τῷ ... σῴζεσθαι 和 ἐπὶ τῷ ... πάσχειν（定冠词+不定式=名词），同理。ἀπεροῦσιν 跟现在时分词（φέροντες）。ἄρα，加强句子语气。οὐκ ἀπεροῦσιν 和 οὐκ ... δαπανήσομεν，从句中的两个动词均用 οὐκ 否定（εἰ 开头的从句，应该用 μή 否定），原因是主句为 δεινόν, αἰσχρόν, ἄτοπον, θαυμαστόν ἐστι (ἂν εἴη)，从句有两个前提子句时，其否定词用 οὐκ（GG § 2698e）。ἀφαιρεθέντες，不定过去时分词、被动态，其主语是 ἡμεῖς，其宾语是 αὐτὰ，指 τὰ χρήματα，"我们被剥夺了（钱财）"。αὐτοῖς τούτοις，by means of this very money，指 αὐτὰ。αὐτοῖς τούτοις 修饰 κακῶς πάσχειν。故 αὐτοῖς τούτοις ἀφαιρεθέντες αὐτὰ ὑπ' ἐκείνων 可以译为 by means of the very money we have been deprived of at their hands。

122.1［笺释］第一句主干：ἄλλαι ὁδοὶ ... ἀπόστασις ... ἐπιτειχισμὸς ... ἄλλα ὅσα ... ὑπάρχουσι ἡμῖν。ὑπάρχουσι ἡμῖν，"它们对我们来说存在""我们有它们"。ἀπόστασις ...

οὖσα παραίρεσις，即分词 οὖσα 引导的从句修饰 ἀπόστασις。αἷς，关系代词，其先行词是 τῶν προσόδων，with which。ἐπὶ ῥητοῖς，"按照确定的规则"。ἀφ' αὑτοῦ = ἀπὸ ἑαυτοῦ，itself。τὸ παρατυγχάνον，定冠词 + 分词 = 名词。ᾧ，关系代词，其先行词是 πόλεμος。ὁ ... προσομιλήσας 和 ὁ ... ὀργισθείς，定冠词 + 分词 = 名词。προσομιλήσας 跟与格（αὐτῷ）。αὐτῷ 和 αὐτὸν 都指 πόλεμος。ἐλάσσω，用作副词。

122.2［笺释］ἐνθυμώμεθα，"让我们考虑""劝告性虚拟语气"（Hortatory subjunctive）（GG § 1797）。ὅτι，that。ἡμῶν 修饰 αἱ διαφοραί。οἰστὸν ἂν ἦν，it might be borne。δυνατώτεροι 前面省略了 εἰσί。ὥστε 后面跟句子，so, therefore。κατὰ 跟宾格（ἔθνη καὶ ἕκαστον ἄστυ），by。αὐτούς，指雅典人。ὄντας δίχα 与 ἡμᾶς 配合。χειρώσονται 的主语是雅典人，宾语是 ἡμᾶς。εἰ καί，although（GG § 2375）。(ἐστί) δεινόν τῳ ἀκοῦσαι，it is terrible to hear ...。τῳ ἀκοῦσαι，定冠词 + 不定式 = 名词。ἴστω 是 οἶδα 的第三人称单数命令语气，let it be known。φέρουσαν 与 τὴν ἧσσαν 配合。οὐκ ἄλλο τι ἤ ...，nothing else than ...。ἄντικρυς，副词，这里用作形容词，故 ἄντικρυς δουλείαν = τὴν ἄντικρύς δουλείαν。

122.3［笺释］(ἐστί) αἰσχρὸν 跟不定式（ἐνδοιασθῆναι 和 κακοπαθεῖν），it is shameful to ...。ὅ，关系代词，作 ἐνδοιασθῆναι 的宾语，指前文所说的战败受奴役的情况。λόγῳ，"口头上"。τοσάσδε πόλεις，作不定式 κακοπαθεῖν 的主语。ὑπὸ μιᾶς，"在一个（城邦）手里"。ἐν ᾧ，"在那种情况下"。ἤ ... ἤ ...，"或者……或者……"。δοκοῖμεν 跟不定式（πάσχειν、ἀνέχεσθαι 和 φαίνεσθαι）。χείρους 是 χείρων 的阳性、复数、主格，与主语"我们"配合。τῶν πατέρων 修饰 χείρους。οἵ，关系代词，其先行词是 τῶν πατέρων。ἡμῖν αὐτοῖς，for ourselves。αὐτό，指"自由"。ἐῶμεν + 宾格（τύραννον πόλιν）+ 不定式（ἐγκαθεστάναι）。ἀξιοῦμεν 跟不定式（καταλύειν）。καταλύειν 的宾语是 τοὺς μονάρχους。ἐν μιᾷ，"在一个（城邦）"。

122.4［笺释］ὅπως，how。ἀπήλλακται + 宾格（τάδε）+ 属格（τριῶν τῶν μεγίστων ξυμφορῶν 和 ἀξυνεσίας, μαλακίας, ἀμελείας），"……被从……摆脱"。ἀπήλλακται 是被动态。ἤ ... ἤ ...，"或者……或者……"。γὰρ δή，for of course, for you know。οὐ γὰρ δή，与上述意思相反，表示不相信。αὐτά，"它们"，指上文的 ἀξυνεσίας, μαλακίας, ἀμελείας。βλάψασαν，分词，修饰 τὴν ... καταφρόνησιν。(τοὺς) πλείστους，宾格、最高级，作 βλάψασαν 的宾语。δή 加强最高级的语气。ἥ，关系代词，其先行词是 τὴν ... καταφρόνησιν。τὸ ἐναντίον ὄνομα 是 μετωνόμασται 的宾语，但其意思已经包含在动词当中，故称"内在宾格"（Internal Accusative）（GG § 1554）。ἀφροσύνη，表语宾格，用来表述 τὸ ἐναντίον ὄνομα（GG § 1613）。τοῦ ... σφάλλειν，定冠词 + 不定式 = 名词。(τοὺς) πολλοὺς 作不定式 σφάλλειν 的主语。

123.1［笺释］第一句整理词序：τί δεῖ αἰτιᾶσθαι τὰ προγεγενημένα μακρότερον ἢ ἐς ὅσον τοῖς νῦν ξυμφέρει; 直译："有必要比有益于现在更深入地检讨过去吗？"。δεῖ 跟不定式（αἰτιᾶσθαι）。τί δεῖ ... ; "什么需要……？""有必要……吗？"。τὰ προγεγενημένα，定冠词+分词=名词。μακρότερον，用作副词。ἢ，than。ἐς ὅσον = ἐς τοσοῦτον ἐς ὅσον，so far as "就……而论"。τοῖς νῦν，定冠词+副词=名词，与 τὰ προγεγενημένα 相对。χρὴ + 宾格（ἡμᾶς，省略）+ 不定式（ἐπιταλαιπωρεῖν 和 μεταβάλειν）。τῶν ... μελλόντων，定冠词+分词=名词。βοηθοῦντας 跟与格（τοῖς παροῦσι），这里的意思是"保存"。βοηθοῦντας 与省略了的 ἡμᾶς 配合。τοῖς παροῦσι，定冠词+分词=名词。(ἐστί) πάτριον + 与格（ὑμῖν）+ 不定式（κτᾶσθαι）。εἰ ἄρα，"即使"，引导让步从句。ὀλίγον，用作副词。(ἐστί) δίκαιον + 不定式（ἀπολέσθαι）。ἃ τῇ ἀπορίᾳ ἐκτήθη 作不定式 ἀπολέσθαι 的主语。ἃ，自主关系代词，whatever。θαρσοῦντας 与省略了的 ἡμᾶς 配合，跟不定式（ἰέναι）。κατὰ πολλά，"在许多方面"。τοῦ ... θεοῦ χρήσαντος, αὐτοῦ ὑποσχομένου, τῆς ... Ἑλλάδος ... ξυναγωνιουμένης 都是独立属格结构。ὑποσχομένου 跟不定式（ξυλλήψεσθαι）。τὰ μὲν ... τὰ δὲ ...，"一方面……另一方面……"。

123.2［笺释］ἅς，关系代词，其先行词是 σπονδάς。νομίζει + 宾格（ἅς）+ 不定式（παραβεβάσθαι）。κελεύων 跟不定式（πολεμεῖν）。βοηθήσετε 跟与格（(ταῖς) ἠδικημέναις (σπονδαῖς))。οἱ ἀμυνόμενοι 和 οἱ ... ἐπιόντες，定冠词+分词=名词。

124.1［笺释］此句主干：μὴ μέλλετε ποιεῖσθαι ... μετελθεῖν ...。ὥστε 引导的不是表结果的从句，而是主句（GG § 2255）。μέλλετε 跟不定式（ποιεῖσθαι 和 μετελθεῖν）。ὑπάρχον + 与格（ὑμῖν）+ 不定式（πολεμεῖν），独立宾格结构，since it is allowed you to ...。ἡμῶν ... παραινούντων，独立属格结构。εἴπερ，if indeed。(ἐστί) βεβαιότατον 跟不定式（εἶναι）。τὸ ... ξυμφέροντα，定冠词+分词=名词，作不定式 εἶναι 的主语。ταὐτὰ，形容词，"同样的"。οὖσι ... πολιορκουμένοις 与 Ποτειδεάταις 配合。οὗ πρότερον ἦν τοὐναντίον，the opposite of which was formerly true。οὗ，自主关系代词，of which，指上文说的情况。ὡς，"因为"。ἐνδέχεται + 宾格（ἡμᾶς，省略）+ 不定式（βλάπτεσθαι 和 πάσχειν），it is possible for somebody to ...。περιμένοντας 与省略了的 ἡμᾶς 配合。τοὺς μὲν ... τοὺς δ' ...，"有的……有的……"。τολμῶντες 跟不定式（ἀμύνεσθαι）。τὸ αὐτὸ，定冠词+形容词=名词，the same。

124.2［笺释］νομίσαντες 跟不定式（ἀφῖχθαι 和 λέγεσθαι）。τάδε 作不定式 λέγεσθαι 的主语。ἄριστα 修饰 τάδε。τὸ δεινόν，定冠词+形容词=名词。αὐτίκα，副词。ἐπιθυμήσαντες 跟属格（τῆς ... εἰρήνης）。αὐτοῦ，指 πολέμου。διὰ πλείονος，"持续长时间"。ἀφ' ἡσυχίας，"出自安宁""贪图安宁"。μὴ πολεμῆσαι (ἐστί) ἀκίνδυνον。不定式

（πολεμῆσαι）作主语，不带冠词（GG § 1984）。ὁμοίως，"同样地"，即把贪图安宁与开战看作一样。

124.3［笺释］παραστησώμεθα，οἰκῶμεν 和 ἐλευθερώσωμεν，都是第一人称复数虚拟语气，用作命令语气，"让我们……"。ἡγησάμενοι + 宾格（τὴν ... πόλιν）+ 不定式（καθεστάναι），"相信……做……"。ὥστε 跟不定式（ἄρχειν 和 διανοεῖσθαι），表结果。τῶν μὲν ... τῶν δὲ ...，"有的……有的……"。ἄρχειν 和 διανοεῖσθαι 跟属格（τῶν (πόλεων)）。τὸ λοιπὸν，"将来"。

125.1–2［笺释］ὅσοι，关联代词（或者关系形容词），其先行词 τούτοις（省略）被吸收到关联代词（或者关系形容词）的格（主格）（GG § 2538a）。ἐψηφίσαντο 跟不定式（πολεμεῖν）。δεδογμένον αὐτοῖς，独立宾格结构，"决定已经被他们做出"（GG § 2076b）。εὐθὺς 修饰 ἀδύνατα ἦν。ἦν ἀδύνατα 跟不定式（ἐπιχειρεῖν）。ἀδύνατα 一般作 (ἐστίν) ἀδύνατον，但修昔底德爱用复数（GG § 1052）。ἀπαρασκεύοις οὖσιν 与 αὐτοῖς 配合。ἐδόκει + 与格（ἑκάστοις）+ 不定式（ἐκπορίζεσθαι 和 εἶναι）。ἃ πρόσφορα ἦν，作不定式 ἐκπορίζεσθαι 的主语；ἃ，自主关系代词，whatever。μέλλησιν 作不定式 εἶναι 的主语。ὅμως，"然而"。καθισταμένοις 与前文 αὐτοῖς 配合，这里作及物动词，put in order，其宾语是 ὧν ἔδει。ἔδει 跟属格（ὧν）。ὧν，自主关系代词，whatever。ἔλασσον，用作副词。πρὶν 跟不定式（ἐσβαλεῖν 和 ἄρασθαι）。

126.1–3［笺释］ἐν τούτῳ ... τῷ χρόνῳ。ὅπως 跟表示目的的从句，该从句动词（εἴη）为祈愿语气。τοῦ πολεμεῖν，定冠词 + 不定式 = 名词，修饰 πρόφασις。τι，用作副词，"在某种程度上"。ἐκέλευον + 宾格（τοὺς Ἀθηναίους）+ 不定式（ἐλαύνειν）。τῶν πάλαι，定冠词 + 副词 = 名词。ὃς，关系代词，其先行词是 Θεαγένους。κατ' 跟宾格（ἐκεῖνον τὸν χρόνον），during。ἐτυράννει 跟属格（Μεγάρων）。

126.4–7［笺释］χρωμένῳ 与 τῷ Κύλωνι 配合。ἀνεῖλεν 跟不定式（καταλαβεῖν）。ὁ δὲ，but he（见前文 1.24.5 笺释）。(τὰ) Ὀλύμπια τὰ ἐν Πελοποννήσῳ。ὡς ἐπὶ ...，表达句子主语的想法或者断言（GG § 2996）。νομίσας + 宾格（ἑορτήν 和 Ὀλύμπια）+ 不定式（εἶναι 和 προσήκειν）。τι，用作副词，"在某种程度上"。νενικηκότι 与 ἑαυτῷ 配合。εἰ δὲ ... ἢ ...，这里不是条件句，而是间接疑问句，"是……还是……"。Διάσια ἔστι Ἀθηναίοις，"对雅典人来说是一个宙斯节""雅典人有一个宙斯节"。ἃ，关系代词，其先行词是 Διάσια。ᾗ，关系代词，其先行词是 ἑορτὴ。πολλὰ，原文如此，根据最新的研究，应作 πολλοί。[①]δοκῶν，分词，其主语是 Κύλων，跟不定式（γιγνώσκειν）。

[①] Simon Hornblower: *A Commentary on Thucydides*, Vol. I, Book I–III, Oxford: Clarendon Press, 1991, pp. 207–208.

126.8–10［笺释］χρόνου ἐγγιγνομένου，独立属格结构。οἱ Ἀθηναῖοι 和 οἱ πολλοί 是同位语，后者对前者作进一步限定。ἐπιτρέψαντες + 与格（τοῖς ... ἄρχουσι）+ 宾格（τὴν φυλακὴν 和 τὸ ... διαθεῖναι）。τοῖς ... ἄρχουσι，定冠词 + 分词 = 名词，αὐτοκράτορσι 与之配合。τὸ ... διαθεῖναι，定冠词 + 不定式 = 名词。ᾗ，关系副词，as。οἱ ... μετὰ τοῦ Κύλωνος，定冠词 + 介词短语 = 名词，"那些与库隆在一起的人（包括库隆本人）"。φλαύρως εἶχον，固定用法，in bad shape，相当于系动词 εἰμί 加表语形容词（GG § 1438）。ὡς，as，when，since。καί τινες καί，前一个 καί 起连接作用；后一个 καί 用作副词，强调动词 ἀπέθνῃσκον，"甚至"。(ὄντες) ἱκέται。τὸν βωμὸν ... τὸν ἐν τῇ ἀκροπόλει，重复定冠词结构。

126.11–12［笺释］οἱ ... ἐπιτετραμμένοι，定冠词 + 分词 = 名词。ὡς，when。ἀποθνῄσκοντας 与 αὐτούς 配合。ἐφ' ᾧ，on condition that。ἀπεχρήσαντο，"杀死"，其宾语是 τινας。ἀπὸ τούτου，"由于这（个行为）"。τὸ γένος τὸ ἀπ' ἐκείνων，重复定冠词结构。μετά 跟属格（Ἀθηναίων）。στασιαζόντων 修饰 Ἀθηναίων。τούς ... ζῶντας 和 τῶν τεθνεώτων，定冠词 + 分词 = 名词。

127.1［笺释］ἐκέλευον 跟不定式（ἐλαύνειν）。δῆθεν，副词，"真的"，带嘲讽的意味。προσεχόμενον 与 Περικλέα 配合。αὐτῷ 指 τὸ ἄγος。κατά 跟宾格（τὴν μητέρα），"在……方面"。ἐκπεσόντος αὐτοῦ，独立属格结构。ῥᾷον 跟不定式（προχωρεῖν）。προχωρεῖν σφίσι，to go on well for them。τὰ ἀπὸ τῶν Ἀθηναίων，定冠词 + 介词短语 = 名词，作 προχωρεῖν 的主语，what they wanted from the Athenians。

127.2［笺释］οὐ τοσοῦτον ... ὅσον ...，"与其说……不如说……"。ἤλπιζον 跟不定式（παθεῖν 和 οἴσειν）。αὐτὸν 作不定式 παθεῖν 的主语，τοῦτο 作 παθεῖν 的宾语。οἴσειν + 宾格（διαβολήν）+ 与格（αὐτῷ）。πρὸς τὴν πόλιν，修饰 διαβολήν，"在城邦（公民）眼里""在城邦（公民）看来"。ὡς，"因为"。ἄν ... ἔσται ...，这句话前半部分用祈愿语气，表示将来的可能性，后半部分用将来时，表示未来的确定性。τὸ μέρος，用作副词，"部分地"。τῶν καθ' ἑαυτόν，定冠词 + 介词短语 = 名词。καθ' ἑαυτόν，"在他那个时代"。πάντα，用作副词，"全部""处处"。εἶα 跟不定式（ὑπείκειν）。

128.1–2［笺释］ἀντεκέλευον 跟不定式（ἐλαύνειν）。γάρ，"因为""原来"。δι' ὅ，"由于这个""因此"。δή，加强语气。σφίσιν αὐτοῖς，to themselves。νομίζουσι + 宾格（τὸν ... σεισμόν）+ 不定式（γενέσθαι）。ἐκέλευον + 宾格（αὐτούς）+ 不定式（ἐλαύνειν）。ἀναστήσαντές 跟前倾词（ποτε），故其末音节加了高调符号。

128.3［笺释］τὸ πρῶτον，"首先"。τῆς ἀρχῆς τῆς ἐν Ἑλλησπόντῳ，重复定冠词结构。ἀπελύθη 跟不定式（ἀδικεῖν）。αὐτός，"他本人"。τριήρη，不带定冠词，看作前面有不

定冠词，"一艘三层桨战舰"。Ἑρμιονίδα 修饰 τριήμη。ἄνευ 跟属格（Λακεδαιμονίων），"没得到拉刻代蒙人的指令"。表行动的动词（ἀφικνεῖται）跟不定式（πράσσειν），用来表目的（GG § 2009）。τῷ λόγῳ，"口头上"；τῷ ἔργῳ，"实际上"。μὲν ... δὲ ...，表对照。ἐφιέμενος 跟属格（τῆς ... ἀρχῆς）。

128.4–6［笺释］ἀπὸ τοῦδε，"从下面这件事来"。τοῦ ... πράγματος 修饰 ἀρχὴν。αὐτὸ，指拜占庭。οἳ，关系代词，其先行词是 προσήκοντές τινες καὶ ξυγγενεῖς。αὐτῷ，指夺取拜占庭这件事。οὓς，关系代词，其先行词是 τούτους。κρύφα 跟属格（τῶν ἄλλων ξυμμάχων）。ἀπέδρασαν 跟宾格（αὐτόν），ἀπέδρασαν 的主语是"他们"，αὐτόν 指泡萨尼阿斯。Ἐρετριῶς 是 Ἐρετριεύς 的属格。ἐπέτρεψε + 宾格（τό Βυζάντιον καὶ τοὺς αἰχμαλώτους）+ 与格（ᾧπερ）。ᾧπερ，关系代词，其先行词是 Γόγγυλος。φέροντα ἐπιστολὴν αὐτῷ，"送一封信给他"。αὐτῷ，指波斯国王。φέροντα 与 τὸν Γόγγυλον 配合。αὐτῇ 指 ἐπιστολήν。ὡς，as。

128.7［笺释］βουλόμενος 跟不定式（χαρίζεσθαι）。ἀποπέμπει τούσδε (οὓς) ἑλὼν δορί。ἑλὼν δορί（= μάχῃ) 是以前韵文的用法，可能因为这个原因，这里省略了关系代词 οὕς。γνώμην 跟不定式（γῆμαι 和 ποιῆσαι），表示建议的内容。εἰ ... σοι δοκεῖ, if it seems good to you。τούσδε 跟前倾词（τέ），τέ 又跟前倾词（σοι），故 τούσδε 和 τέ 都改为高调。θυγατέρα τὴν σὴν 也许作 θυγατέρα σὴν 更好，波斯公主应该不止一位。δοκῶ 跟不定式（εἶναι）。δυνατὸς 跟不定式（πρᾶξαι）。βουλευόμενος 与 δοκῶ 配合。τι（主语）+ 谓语动词（ἀρέσκει）+ 宾语（σε）。τούτων 修饰 τι。δι᾽ οὗ，"通过他"。οὗ，关系代词，其先行词是 Γόγγυλος。

129.1–2［笺释］κελεύει + 宾格（αὐτὸν）+ 不定式（παραλαβεῖν）。ὃς，关系代词，其先行词是 Μεγαβάτην。ἀντεπετίθει ἐπιστολὴν αὐτῷ ... διαπέμψαι ... ἀποδεῖξαι ... πράσσειν，三个不定式（διαπέμψαι，ἀποδεῖξαι 和 πράσσειν）前省略了动词（"命令"），因为 ἀντεπετίθει 是一个复合动词，有前缀 ἀντε-，这样的动词后面往往省略动词，叫作"简略表达法"（Brachylogy）（GG § 3018d）。两个 αὐτῷ 均指 Ἀρτάβαζος。ὡς τάχιστα，"尽快"。ἤν = ἐάν。τι，宾格，anything。ἑαυτοῦ，指 Ξέρξης。ὡς 跟最高级（ἄριστα καὶ πιστότατα，用作副词），as ... as possible。ὁ δὲ, but he（见前文 1.24.5 笺释）。τά ... ἄλλα，定冠词 + 形容词 = 名词。

129.3［笺释］οὕς，自主关系代词，指那些被俘人员。τῶν ἀνδρῶν 修饰 οὕς。πέραν 跟属格（θαλάσσης），against。κείσεταί 跟前倾词（σοι），故其末音节加了高调符号。ἐς αἰεὶ，"到永远"。ἀνάγραπτος，形容词，阴阳性同形，这里是阴性，与εὐεργεσία 配合。τοῖς λόγοις τοῖς ἀπὸ σοῦ，重复定冠词结构。ἐπισχέτω，第三人称单数

命令语气，跟主格（νύξ 和 ἡμέρα），σε 是其宾语。ὥστε 跟不定式（ἀνεῖναι），表结果。ἀνεῖναι 跟不定式（πράσσειν）。τι ὧν ἐμοὶ ὑπισχνῇ, anything of which you promised to me. ὧν = τούτων ἅ, 关系代词 ἅ 被其先行词 τούτων（省略）所吸引（attracted），故采用其格（GG §§ 2522, 2538）。τούτων 修饰 τι, ἅ 作 ὑπισχνῇ 的宾语。κεκωλύσθω, 第三人称单数命令语气、中动态，"让你被……阻止"，这里"你"（σύ）省略。χρυσοῦ καὶ ἀργύρου 修饰 δαπάνῃ。στρατιᾶς 修饰 πλήθει。εἴ 跟前倾词（ποι），故加了高调符号。ποι，副词，"到任何地方"。δεῖ 跟不定式（παραγίγνεσθαι）。ὅν, 关系代词, 其先行词是 Ἀρτάβαζος。τὰ ἐμά 和 τὰ σά, 定冠词 + 形容词 = 名词。ὅπῃ，副词，in what way。ἕξει κάλλιστα καὶ ἄριστα ἀμφοτέροις, shall be most honorable and best for both of us.

130.1–2［笺释］ὑπὸ τῶν Ἑλλήνων, by the Greeks。πολλῷ 跟比较级（μᾶλλον）（GG § 1514）。ἐδύνατο 跟不定式（βιοτεύειν）。πορευόμενον 与 αὐτόν 配合。ἐδύνατο 跟不定式（κατέχειν）。ἅ, 关系代词, 其先行词是 ἔργοις, 作 πράξειν 的宾语。μειζόνως, 副词，"更大程度上"。ἔμελλε 跟不定式（πράξειν）。παρεῖχε 带双宾格（αὐτόν 和 δυσπρόσοδόν）（CGCG § 30.10）。αὐτόν = ἑαυτόν。ἐχρῆτο 跟与格（τῇ ὀργῇ）。ὥστε 跟不定式（δύνασθαι），表结果。μηδένα 作不定式 δύνασθαι 的主语。δύνασθαι 跟不定式（προσιέναι）。τράπεζάν 跟前倾词（τε），故其末音节加了高调符号。

131.1［笺释］τό πρῶτον，"第一次"。τὸ δεύτερον，"第二次"。δι' αὐτὰ ταῦτα, because of the same these。下文的 τοιαῦτα 与这里的 αὐτά 呼应。κελευσάντων αὐτῶν, 独立属格结构。ἐφαίνετο 跟分词（ποιῶν）。ἐσηγγέλλετο, 被动态，跟分词（πράσσων 和 ποιούμενος）。οὕτω δή, 引出结论子句, then finally。εἶπον 跟不定式（λείπεσθαι 和 προαγορεύειν）。λείπεσθαι 跟属格（τοῦ κήρυκος），"落在……后面"。εἰ δὲ μή，"要不然""否则"。εἶπον + 宾格（Σπαρτιάτας）+ 不定式（προαγορεύειν）。

131.2［笺释］ὁ δέ, but he（见前文 1.24.5 笺释）。βουλόμενος 跟不定式（εἶναι）。πιστεύων 跟不定式（διαλύσειν）。ὡς ἥκιστα, as least as possible。ἔξεστι + 与格（τοῖς ἐφόροις）+ 不定式（δρᾶσαι）。δρᾶσαι 跟双宾格（τὸν βασιλέα 和 τοῦτο）。τοῖς βουλομένοις, 定冠词 + 分词 = 名词。βουλομένοις 跟不定式（ἐλέγχειν）。περὶ αὐτῶν，"关于它们"。

132.1［笺释］过去未完成时（ἐτιμωροῦντο），表示过去的可能性（GG § 1784）。πιστεύσαντες 跟与格（ὅτῳ）。βεβαίως 修饰 πιστεύσαντες。ὄντα γένους, 这里的属格是"表语属格"，ὄντα、ἔχοντα 与 ἄνδρα 配合。τῷ παρόντι, 定冠词 + 分词 = 名词。ἐπετρόπευεν 的宾语是 Πλείσταρχον。

132.2［笺释］παρεῖχε 的主语是 Παυσανίας, 宾语是 ὑποψίας。不定式引导的从句 βούλεσθαι εἶναι ἴσος τοῖς παροῦσι 作 ὑποψίας 的同位语（GG § 1987）。βούλεσθαι 跟不

定式（εἶναι）。τοῖς παροῦσι，定冠词+分词=名词。εἰ 跟前倾词（τί），τί 又跟前倾词（που），故 εἴ 和 τί 都加了高调符号。τι，用作副词，"在某种程度上"。ἐξεδεδιῄτητο，中动态，跟属格（τῶν καθεστώτων νομίμων），changed one's habits from ...。ὅτι，that。ἠξίωσεν+宾格（τὸ ἐλεγεῖον τόδε）+不定式（ἐπιγράψασθαι）。τὸν τρίποδά ... τὸν ἐν Δελφοῖς，重复定冠词结构。ὅν，关系代词，其先行词是 τὸν τρίποδά。ἀκροθίνιον，表语宾格，用来表述 ὅν（GG § 1613）。αὐτὸς ἰδίᾳ，表明这是他的私自行为，没有得到斯巴达城邦或者希腊人集体的授意。μνῆμ'，表语宾格，用来表述 τόδε（GG § 1613）。

132.3–4［笺释］τὸ ἐλεγεῖον ... τοῦτο。ὀνομαστί，副词。ὅσαι，关系形容词（或关联代词），其先行词 τοσαύτας 被吸收，且被吸引到关系形容词（或关联代词）ὅσαι 的格（主格）（GG § § 2537, 2538）。ἐδόκει 跟不定式（εἶναι），ἐδόκει 的主语是上文 Παυσανίας 的行为。γε，at least。δή，indeed。ἐν τούτῳ καθειστήκει，he got himself into this situation。πολλῷ 跟比较级（μᾶλλον）（GG § 1514）。ἐφαίνετο 跟不定式（πραχθῆναι）。παρόμοινον，用作副词。ἐπυνθάνοντο 跟不定式（πράσσειν）。τι，宾格，something。αὐτόν 作不定式 πράσσειν 的主语。καί，"甚至"。ἦν，it was 或者 he was，都说得通。δέ，表转折。τὸ πᾶν，定冠词+形容词=名词。

132.5［笺释］οὐδ' 否定 ἠξίωσαν。πιστεύσαντες 跟与格（μηνυταῖς τισὶ）。ἠξίωσαν 跟不定式（ποιεῖν 和 εἶναι）。νεώτερόν 跟前倾词（τι），故其末音节加了高调符号。τι，宾格，anything。χρώμενοι 跟与格（τῷ τρόπῳ）。ᾧπερ，关系代词，其先行词是 τρόπῳ，with which。ἐς σφᾶς αὐτούς，"与他们自己相关"。不定式短语 μὴ ταχεῖς εἶναι 是名词 τρόπῳ 的同位语（GG § 1987）。不定式 βουλεῦσαί 是解释性不定式，相当于表示"在……方面"的宾格，修饰形容词 ταχεῖς（GG § § 2001, 2005）。τι，宾格，anything。βουλεῦσαί 跟前倾词（τι），故其末音节加了高调符号。πρίν 以后句子的主干：ὁ μέλλων ... γίγνεται μηνυτὴς αὐτοῖς, λύει τὰς ἐπιστολάς, ηὗρεν ... κτείνειν αὐτόν。πρίν γε δή，"直到最后"。πρίν 后面跟的是一个句子。γε，at least。δή，"确实"，加强语气。ὡς λέγεται，"据说"。ὁ μέλλων，定冠词+分词=名词。ἀνὴρ Ἀργίλιος 是 ὁ μέλλων 的同位语。μέλλων 跟不定式（κομιεῖν）。ὤν，being。πιστότατος 跟与格（ἐκείνῳ）。κατά 跟宾格（ἐνθύμησίν τινα），because。ἐνθύμησίν 跟前倾词（τινα），故其末音节加了高调符号。ὅτι，that。πω，"迄今"。πρὸ ἑαυτοῦ，"在他本人之前"。ἤν = ἐάν。ἤ，"or"。ἵνα 跟虚拟语气（ἐπιγνῷ），表目的。ἐκεῖνός 跟前倾词（τι），故其末音节加了高调符号。ψευσθῇ 跟属格（τῆς δόξης），be mistaken about ...。αἰτήσῃ 跟不定式（μεταγράψαι）。τι，宾格，anything。αἷς，关系代词，其先行词是 τὰς ἐπιστολάς。ὑπονοήσας+宾格（τι τοιοῦτον）+不定式（προσεπεστάλθαι）。τι τοιοῦτον，something of the sort。ηὗρεν 跟不

定式（κτείνειν）。αὐτὸν = ἑαυτὸν。ἐγγεγραμμένον，表语分词，与 αὐτὸν 配合。

133.［笺释］δείξαντος αὐτοῦ ...，独立属格结构。βουληθέντες + 不定式（γενέσθαι）+ 形容词（αὐτήκοοι）。βουληθέντες，异态动词（形式是被动的，实际上表示主动）。αὐτοῦ Παυσανίου ... λέγοντος，独立属格结构。τι 作 λέγοντος 的宾语。ἀπὸ παρασκευῆς，"通过安排"。τοῦ ἀνθρώπου ... οἰχομένου καὶ σκηνησαμένου，独立属格结构。（ὄντος）ἱκέτου，与 τοῦ ἀνθρώπου 配合。ἣν，关系代词，其先行词是 καλύβην。Παυσανίου ... ἐλθόντος καὶ ἐρωτῶντος ...，独立属格结构。ὡς αὐτὸν，to him。αἰτιωμένου τοῦ ἀνθρώπου ... ἀποφαίνοντος ...，独立属格结构。τά περὶ αὑτοῦ γραφέντα 作 αἰτιωμένου 的宾语。卡梅伦认为，αὑτοῦ 应该写作 αὐτοῦ（himself），否则指的是 Παυσανίας。[①] τἆλλα' = τὰ ἄλλα。καθ᾽ ἕκαστον，singly, by itself。ὡς，that。παραβάλοιτο，"置于危险之中""威胁"，其宾语是 αὐτὸν。προτιμηθείη 跟不定式（ἀποθανεῖν）。προτιμηθείη，表示选择的动词，to be honored before others, to be selected，其后面跟不定式（ἀποθανεῖν），表目的（GG § 2009）。ἴσῳ 跟与格（τοῖς πολλοῖς），"与……平等"。τῶν διακόνων，定冠词 + 分词 = 名词，修饰 τοῖς πολλοῖς。κἀκείνου ... ξυνομολογοῦντος ... ἐῶντος ... διδόντος ... ἀξιοῦντος ...，独立属格结构。κἀκείνου = καὶ ἐκείνου，he on his part，这里 καὶ 用作副词（GG § 2882）。αὐτά ταῦτα，these same。ἐῶντος 跟不定式（ὀργίζεσθαι）。τῆς ἀναστάσεως 修饰 πίστιν。ἀξιοῦντος 跟不定式（πορεύεσθαι 和 διακωλύειν）。ὡς τάχιστα，"尽快"。τὰ πρασσόμενα，定冠词 + 分词 = 名词。

134.1［笺释］λέγεται + 宾格（αὐτὸν）+ 不定式（γνῶναι, χωρῆσαι 和 προκαταφυγεῖν）。λέγεται，it is said。μέλλοντα 跟不定式（ξυλληφθήσεσθαι）。ἑνὸς ... προσιόντος，独立属格结构。ὡς，as, when。ἐφ᾽ ᾧ，"为了……目的"。ἄλλου ... χρησαμένου ... δηλώσαντος，独立属格结构。χρησαμένου 跟与格（νεύματι）。εὐνοίᾳ，"出于善意"。ὅ，关系代词，其先行词是 οἴκημα。ἵνα 跟祈愿语气（ταλαιπωροίη），表目的。

134.2–3［笺释］οἱ δὲ，but they，指监察官（见前文 1.24.5 笺释）。τὸ παραυτίκα，"立刻""当即"。ἔνδον ὄντα 修饰 αὐτὸν。ἔσω 修饰 ἀπολαβόντες。προσκαθεζόμενοί 跟前倾词（τε），故其末音节加了高调符号。μέλλοντος αὐτοῦ ...，独立属格结构。μέλλοντος 跟不定式（ἀποψύχειν）。ὥσπερ εἶχεν，just as he was。ἔτι ἔμπνουν ὄντα 与省略了的 αὐτὸν 配合。παραχρῆμα，副词，on the spot。

134.4［笺释］ἐμέλλησαν 跟不定式（ἐσβάλλειν）。οὗπερ，关系副词，where。τοὺς κακούργους，定冠词 + 形容词 = 名词。ἔδοξε 跟不定式（κατορύξαι）。ὁ ... θεὸς ὁ ἐν

---

① "洛布本"和阿尔伯蒂的校勘本均作 αὐτοῦ。

Δελφοῖς，重复定冠词结构。ἔχρησε + 与格（τοῖς Λακεδαιμονίοις）+ 不定式（μετενεγκεῖν 和 ἀποδοῦναι）。τόν τάφον 作不定式 μετενεγκεῖν 的宾语。οὗπερ，同上。ὅ，自主关系代词，指前文所说的情况，作 δηλοῦσι 的宾语。ὡς ἄγος αὐτοῖς ὃν τὸ πεπραγμενον = ὡς τὸ πεπραγμενον ὃν ἄγος αὐτοῖς，"因为那些所作所为对于他们是被诅咒的"。ὄν 是独立宾格结构，因为前面用了 ὡς（GG §§ 2076, 2078）。ἄγος，宾格，与 τὸ πεπραγμενον（定冠词+分词=名词）配合。ἀνθ' ἑνός，in place of one。οἱ δὲ，but they，指斯巴达人（见前文 1.24.5 笺释）。ὡς ἀντὶ Παυσανίου，as instead of Pausanias。

135.1-3［笺释］ὡς + 独立属格结构（τοῦ θεοῦ ... κρίναντος），表原因（GG § 2086），"由于……"，表达雅典人的意见。ἄγος，"一个被神诅咒的人"，作 κρίναντος 的宾语。ἀντεπέταξαν + 与格（τοῖς Λακεδαιμονίοις）+ 不定式（ἐλαύνειν）。αὐτό，the same，指 ἄγος。τοῦ ... μηδισμοῦ τοῦ Παυσανίου，重复定冠词结构。ξυνεπῃτιῶντο + 宾格（τὸν Θεμιστοκλέα）+ 属格（τοῦ μηδισμοῦ），"还指控……（人）的……（行为）"。ὡς，as，when。ἠξίουν + 宾格（αὐτόν）+ 不定式（κολάζεσθαι）。τοῖς αὐτοῖς，in the same way。οἱ δὲ，but they，指雅典人（见前文 1.24.5 笺释）。ἔτυχε 跟分词（ὠστρακισμένος，ἔχων 和 ἐπιφοιτῶν）。ἑτοίμων ὄντων 与 τῶν Λακεδαιμονίων 配合。ἑτοίμων 跟不定式（ξυνδιώκειν）。εἴρητο + 与格（οἷς）+ 不定式（ἄγειν），"命令他们（捉住他）带（到雅典）"，这里有省略。οἷς，关系代词，其先行词是 ἄνδρας。

136.1-3［笺释］φασκόντων Κερκυραίων，独立属格结构。φασκόντων 跟不定式（δεδιέναι）。δεδιέναι 跟不定式（ἔχειν）。ὥστε 跟不定式（ἀπεχθέσθαι），表结果。τὴν ἤπειρον τὴν καταντικρύ，重复定冠词结构。τῶν προστεταγμένων，定冠词+分词=名词。ᾗ，关系副词，wherever。ἀναγκάζεται 跟不定式（καταλῦσαι）。καταλῦσαι παρά + 宾格（Ἄδμητον），"从某人那里寻求款待"。κατά τι ἄπορον，"鉴于几乎走投无路"。τι，宾格。αὐτῷ，to him。ὁ μὲν ... ὁ δὲ ...，"一方面……另一方面……"，前后两句主语不同，叙事上对照。ἔτυχεν 跟分词（ἐπιδημῶν）。ἱκέτης，主格。διδάσκεται 跟不定式（καθέζεσθαι）。σφῶν，"他们的"，指国王夫妇。

136.4［笺释］ἐλθόντος ... τοῦ Ἀδμήτου，独立属格结构。ὅς ἐστι，who he is。ἀξιοῖ 跟不定式（τιμωρεῖσθαι）。εἰ 跟前倾词（τι），故加了高调符号。εἰ ... ἄρα，if at all，"就算"。αὐτός，指 Θεμιστοκλῆς。ἀντεῖπεν + 宾格（τι）+ 与格（αὐτῷ），"反对某人的某事"。αὐτῷ 指国王。δεομέω 跟属格（Ἀθηναίων）。φεύγοντα 与省略了的 αὐτόν 配合（αὐτόν 作不定式 τιμωρεῖσθαι 的主语）。ἄν + 不定式（πάσχειν），表达潜在可能性的祈愿语气，这句话是一个间接引语，应该有"他说"（省略），后跟不定式（πάσχειν）（GG §§ 1845, 2630）。ὑπ 跟属格（ἐκείνου），under ..., at the mercy of。πολλῷ 跟比较

级（ἀσθενεστέρου）（GG § 1514）。ἀσθενεστέρου，形容词比较级，跟属格（ἐκείνου），表比较。τῷ παρόντι，定冠词+分词=名词。εἶναι+形容词（γενναῖον），"他说"（省略）的内容，故用不定式（同上）。γενναῖον 跟不定式（τιμωρεῖσθαι），it is noble to ...。τοὺς ὁμοίους 作不定式 τιμωρεῖσθαι 的主语。τοῦ ἴσου，定冠词+形容词=名词。最后一句仍然是间接引语，省略了"他说"，故用了两个不定式（ἐναντιωθῆναι 和 ἀποστερῆσαι）和宾格（ἐκεῖνον），但括号里的句子不是间接引语。καὶ ἅμα，"而且"。αὐτὸς，himself。ἐναντιωθῆναι + 与格（ἐκείνῳ）+ 属格（χρείας τινὸς），"反对某人的某事"。ἐς + 宾格（τὸ ... σῴζεσθαι），"关于……"。σῶμα 作不定式 σῴζεσθαι 的主语。ἐκεῖνον，指国王。αὐτόν，指 Θεμιστοκλῆς。ἀποστερῆσαι + 宾格（αὐτόν，省略）+ 属格（σωτηρίας τῆς ψυχῆς），"剥夺某人的某东西"。括号里的句子：ὑφ' ὧν，by whom。ἐφ' ᾧ，"为了……的目的"。

137.1 ［笺释］ὁ δὲ，but he（见前文 1.24.5 笺释）。ἀνίστησί 跟前倾词（τε），故其末音节加了高调符号。μετὰ 跟属格（τοῦ ἑαυτοῦ υἱέος），with。πολλῷ 跟比较级（ὕστερον）（GG § 1514）。ἐλθοῦσι 修饰 τοῖς Λακεδαιμονίοις καὶ Ἀθηναίοις。βουλόμενον 跟不定式（πορευθῆναι）。βουλόμενον 与 αὐτὸν（省略）配合。ὡς，to。

137.2–3 ［笺释］ᾗ，关系代词，其先行词是 Πύδνα。τυχὼν 跟分词（ἀναγομένης）。ὅ，关系代词，其先行词是 τὸ ... στρατόπεδον。τοῖς ἐν τῇ νηΐ，定冠词+介词短语=名词。ὅστις ἐστὶ，who he is。δι' ἃ，why。ὅτι，that。ἔφη 跟不定式（ἐρεῖν）。ἔφη + 宾格（τὴν ἀσφάλειαν）+ 不定式（εἶναι）。不定式（ἐκβῆναι）作表语，用来说明 τὴν ἀσφάλειαν。μηδένα 作不定式 ἐκβῆναι 的主语。ἔφη ... ἀπομνήσεσθαι χάριν ἀξίαν αὐτῷ。ἔφη 跟不定式（ἀπομνήσεσθαι）。χάριν ἀξίαν 作不定式 ἀπομνήσεσθαι 的宾语。πειθομένῳ 与 αὐτῷ 配合。ἡμέραν καὶ νύκτα，表时间的宾格，表示贯穿该时间段。ὑπὲρ 跟属格（τοῦ στρατοπέδου），off。ἐκεῖνόν 跟前倾词（τε），故其末音节加了高调符号。ἐκ 跟前倾词（τε），故加了高调符号。ἃ，自主关系代词，whatever。

137.4 ［笺释］ὅτι，that。Ἑλλήνων 修饰 ὅς。ὅς，关系代词，其先行词是 Θεμιστοκλῆς。κακὰ ... πλεῖστα，用作副词。ὅσον τὸν χρόνον，as long as。ἠμυνόμην + 与格（ἐμοὶ）+ 宾格（σὸν πατέρα），defend somebody against ...。ἐπιόντα 与 σὸν πατέρα 配合。ἀνάγκῃ 与 ἐμοὶ 配合。πολὺ δ' ἔτι πλείω ἀγαθά，用作副词，修饰谓语动词 εἴργασμαι。τῆς ἀναχωρήσεως 修饰 τὴν προάγγελσιν。τῶν γεφυρῶν 修饰 τὴν ... διάλυσιν。注意，τὴν 与 διάλυσιν 之间有很长的修饰语。ἥν，关系代词，其先行词是 τὴν ...διάλυσιν。δι' αὐτὸν，"由于他自己"。ἔχων 跟不定式（δρᾶσαι），being able to。δρᾶσαι 带双宾格（σε 和 ἀγαθά）。βούλομαι 跟不定式（δηλῶσαι）。περὶ ὧν ἥκω，for which I am here。

138.1–2［笺释］ὡς λέγεται，"据说"。ἐθαύμασέ 跟前倾词（τε），故其末音节加了高调符号。ἐκέλευε 跟不定式（ποιεῖν）。ὁ δ'，but he（见前文 1.24.5 笺释）。ὅν，关系代词，作 ἐπέσχε 的宾语，其先行词是 τῷ χρόνῳ。κατενόησε 跟属格（τῆς ... γλώσσης 和 τῶν ἐπιτηδευμάτων）。ὅσα ἐδύνατο，"尽他所能"。整理词序：γίγνεται μέγας καὶ ὅσος οὐδείς πω Ἑλλήνων παρ' αὐτῷ。ὅσος οὐδείς πω Ἑλλήνων，nobody of Greeks ever as great as。διά 跟宾格（τὴν ... ἀξίωσιν καὶ (τὴν) ... ἐλπίδα）。ἐλπίδα 跟不定式（δουλώσειν）。τοῦ Ἑλληνικοῦ 在语法上修饰（τὴν）... ἐλπίδα，在意义上修饰 δουλώσειν。ἥν，关系代词，作 ὑπετίθει 的宾语，其先行词是 ἐλπίδα。ἀπό 跟属格（τοῦ ... φαίνεσθαι，定冠词 + 不定式 = 名词）。ξυνετός 和 διδούς 与主句主语（同于不定式 φαίνεσθαι 的主语）配合。

138.3［笺释］ἄξιος 跟不定式（θαυμάσαι）。βεβαιότατα，用作副词。δή，"确实"。διαφερόντως τι ... μᾶλλον ἑτέρου，rather specially more than anyone else，修饰不定式 θαυμάσαι。μᾶλλον，副词比较级，跟属格（ἑτέρου），表比较。διαφερόντως τι，在比较句中，τι 与副词、形容词和数词连用表示加强或者削弱语气，rather specially（GG § 1268）。ἐς αὐτό，"关于它"，αὐτό 指上文的 φύσεως ἰσχύν。ἐς αὐτήν，"关于它"，αὐτήν 指 ξυνέσει。οὔτε ... οὐδέν 和 οὔτ' ... (οὐδέν)，两个复合否定词连用，后者强调前者，仍表否定（GG § 2761）。τῶν παραχρῆμα，定冠词 + 副词 = 名词，修饰 γνώμων。γνώμων，名词，a judger。δι' 跟属格（βουλῆς），through。ἐπί 跟属格（τοῦ γενησομένου，定冠词 + 分词 = 名词）。τῶν μελλόντων（定冠词 + 分词 = 名词）修饰 εἰκαστής。οἷός τε 跟不定式（ἐξηγήσασθαι），is able to ...。ἅ ... ἔχοι 作不定式 ἐξηγήσασθαι 的宾语。ἅ，自主关系代词，whatever。μετὰ χεῖρας ἔχοι = μεταχειρίζοιτο。εἴη ἄπειρος 跟属格（ὧν）。ὧν，自主关系代词，which。从句 ὧν δ' ἄπειρος εἴη 作不定式 κρῖναι 的宾语。ἀπήλλακτο 是 ἀπαλλάσσω 的过去完成时中动态，表示过去的连续状态，was removed = ἀδύνατος ἦν，跟不定式（κρῖναι）。τό ἄμεινον（或 χεῖρον）和 τῷ ἀφανεῖ，定冠词 + 形容词 = 名词。ἤ，"或者"。τὸ ξύμπαν εἰπεῖν，"总的来说"。μελέτης 修饰 βραχύτητι。οὗτος (ἐστι) κράτιστος + 不定式（αὐτοσχεδιάζειν）。τὰ δέοντα ἐγένετο，what was needed。

138.4–5［笺释］λέγουσι + 宾格（αὐτόν）+ 不定式（ἀποθανεῖν）。ἑκούσιον 和 νομίσαντα 与 αὐτόν 配合。νομίσαντα 跟不定式（εἶναι）。εἶναι ἀδύνατον 跟不定式（ἐπιτελέσαι）。ἅ，自主关系代词，whatever。ἦρχε 跟属格（ταύτης ... τῆς χώρας）。δόντος βασιλέως，独立属格结构。αὐτῷ，to him。ἥ，关系代词，其先行词是 Μαγνησίαν。ἄρτον，表语宾格，用来表述 Μαγνησίαν（GG § 1613）。τοῦ ἐνιαυτοῦ，表时间的属格，表示在该时间段内，"一年当中"。ἐδόκει 跟不定式（εἶναι）。ἐδόκει 的主语是 Λάμψακος。τῶν τότε，定冠词 + 副词 = 名词。

138.6［笺释］οἱ προσήκοντες，定冠词 + 分词 = 名词。φασὶ + 宾格（τὰ ὀστᾶ）+ 不定式（κομισθῆναι）。κελεύσαντος ἐκείνου，独立属格结构。κελεύσαντος 跟不定式（τεθῆναι）。κρύφα 跟属格（Ἀθηναίων）。ἐξῆν 跟不定式（θάπτειν）。ὡς 跟独立属格结构（ἐκείνου) φεύγοντος），"由于……"。τὰ κατὰ Παυσανίαν ... καὶ Θεμιστοκλέα ...，定冠词 + 介词短语 = 名词。γενομένους 与 Παυσανίαν ... Θεμιστοκλέα 配合。καθ' ἑαυτοὺς，"他们的时代"。

139.1［笺释］ἐπέταξάν 跟前倾词（τε），故其末音节加了高调符号。ἐκέλευον 跟不定式（ἀπανίστασθαι 和 ἀφιέναι）。ἀπανίστασθαι 跟属格（Ποτειδαίας）。μάλιστά 跟前倾词（γε），故其末音节加了高调符号。ἐνδηλότατα，用作副词。προὔλεγον + 与格（αὐτοῖς，省略）+ 不定式（γίγνεσθαι）。προὔλεγον 带有命令的意味，故其所跟的不定式用 μὴ 否定，而不是通常用的 οὐ。καθελοῦσι 与省略了的 αὐτοῖς 配合。καθελοῦσι 的宾语是 τὸ ... ψήφισμα。πόλεμον 作不定式 γίγνεσθαι 的主语。ὧ，关系代词，其先行词是 τὸ ... ψήφισμα。εἴρητο + 宾格（αὐτοὺς）+ 不定式（χρῆσθαι）。χρῆσθαι 跟与格（τοῖς λιμέσι τοῖς ἐν τῇ ... ἀρχῇ 和 τῇ ... ἀγορᾷ）。τοῖς λιμέσι τοῖς ἐν τῇ ... ἀρχῇ，重复定冠词结构。

139.2-4［笺释］ἐπικαλοῦντες + 宾格（ἐπεργασίαν 和 ὑποδοχὴν）+ 与格（Μεγαρεῦσι）。τῆς γῆς τῆς ἱερᾶς καὶ τῆς ἀορίστου，重复定冠词结构。τῶν ἀφισταμένων，定冠词 + 分词 = 名词。ἀφικομένων ... τῶν ... πρέσβεων ... λεγόντων ...，独立属格结构。Ῥαμφίου ... Μελησίππου ... Ἀγησάνδρου 作 τῶν ... πρέσβεων 的同位语。ἄλλο 与 αὐτὰ τάδε 相对。αὐτὰ τάδε，only this。ὧν = τούτων ἃ（GG § 2531a），τούτων 修饰 οὐδὲν，ἃ 作 εἰώθεσαν 的宾语。ὅτι，that。βούλονται + 宾格（τὴν εἰρήνην）+ 不定式（εἶναι）。προυτίθεσαν γνώμας，hold a debate。σφίσιν αὐτοῖς，to themselves。ἐδόκει + 宾格（αὐτοὺς，省略）+ 不定式（ἀποκρίνασθαι）。βουλευσαμένους 与省略了的 αὐτοὺς 配合。ἅπαξ，副词。ἐπ' ἀμφότερα γιγνόμενοι，ranging themselves on both sides。ταῖς γνώμαις，"在意见方面"。ὡς，that。χρὴ 跟不定式（πολεμεῖν，εἶναι 和 καθελεῖν）。τὸ ψήφισμα 作不定式 εἶναι 的主语。εἰρήνης 修饰 ἐμπόδιον。δυνατώτατος 跟不定式（λέγειν 和 πράσσειν）。

140.1［笺释］ἔχομαι 跟属格（τῆς ... γνώμης ... τῆς αὐτῆς，重复定冠词结构），"坚持"。γνώμης 跟不定式（εἴκειν），表达建议的内容。ἀναπειθομένους 跟不定式（πολεμεῖν）。分词 τρεπομένους 在表示"知道"的动词（verbs of knowing and showing）εἰδὼς 后面的间接引语中，表达一个依赖性的陈述（GG § 2106）。因此，τὰς γνώμας 作 εἰδὼς 的宾语，τρεπομένους 是中动态，不带宾语，可以理解为"（在他们的意见方面）被转变了"，即"改变了（他们的意见）"。ὁρῶ 后面是一个从句，作它的宾语。ξυμβουλευτέα μοι，动词词根（ξυμβουλευ）+ τέα 变成动词性形容词（Verbal Adjective），I must advise，这里作"非人称使用"(impersonal use)。ὄντα 与 ὅμοια καὶ παραπλήσια 配合，它们是 ὁρῶ 的宾语从句，故用宾格。ὅμοια καὶ παραπλήσια 指建议的内容"相同或者差不多"，不是指 τὰς γνώμας 这个词，故用中性、宾格。δικαιῶ + 宾格（τοὺς ἀναπειθομένους）+ 不定式（βοηθεῖν 和 μεταποιεῖσθαι）。ὑμῶν 修饰 τοὺς ἀναπειθομένους（定冠词 + 分词 = 名词）。τοῖς κοινῇ δόξασιν = τούτοις ἃ ἂν κοινῇ δοξῃ。ἢν ἄρα τι καὶ, even if in some way。μεταποιεῖσθαι 跟属格（τῆς ξυνέσεως），lay claim to, pretend to。κατορθοῦτας 与 τοὺς ἀναπειθομένους 配合。ἐνδέχεται + 宾格（τὰς ξυμφορὰς 和 τὰς διανοίας）+ 不定式（χωρῆσαι），it is possible for ... to ...。οὐχ ἧσσον ... ἢ ..., no less ... than ...。εἰώθαμεν 跟不定式（αἰτιᾶσθαι）。τὴν τύχην 作不定式 αἰτιᾶσθαι 的主语。ὅσα, so far as。ξυμβῇ 的主语是 τὴν τύχην。

140.2［笺释］πρότερόν 跟前倾词（τε），故其末音节加了高调符号。ἦσαν δῆλοι 跟分词（ἐπιβουλεύοντες）。εἰρημένον 跟不定式（διδόναι, δέχεσθαι 和 ἔχειν），表示和约的内容。ἑκατέρους 作不定式 ἔχειν 的主语。ἃ, 自主关系代词, whatever。ἡμῶν διδόντων, 独立属格结构。βούλονται 跟不定式（διαλύεσθαι）。τὰ ἐγκλήματα 作不定式 διαλύεσθαι 的宾语。μᾶλλον ἢ, rather than。

140.3-4［笺释］κελεύουσι 跟不定式（ἀπανίστασθαι, ἀφιέναι 和 καθαιρεῖν）。ἀπανίστασθαι 跟属格（Ποτειδαίας）。οἱ ... τελευταῖοι, 定冠词 + 形容词 = 名词。οἴδε, 用作副词, here。προαγορεύουσιν 跟不定式（ἀφιέναι）。μηδεὶς νομίσῃ, 否定词 + 不定过去时虚拟语气, 用作命令语气, let nobody think ...。νομίσῃ 跟不定式（πολεμεῖν）。ὅπερ, 关系代词, 其先行词是 τὸ ψήφισμα, 作 προύχονται 的宾语和 καθαιρεθείη 的主语。προύχονται + 宾格（τὸν πόλεμον）+ 不定式（γίγνεσθαι）。προύχονται, put forward as a pretext, 带有命令意味，故其所跟的不定式 γίγνεσθαι 用 μὴ 否定，而不是通常用的 οὐ（同前文笺释 1.139.1）。μηδὲ ὑπολίπησθε, 否定词 + 不定过去时虚拟语气, 用作命令语气，do not let there remain ...。ἐν ὑμῖν αὐτοῖς, in your own mind。ὡς, that。

140.5［笺释］τὸ ... βραχύ τι τοῦτο, this little something, 作句子主语。谓语动词是 ἔχει。ἔχει, "涉及"。οἷς, 自主关系代词, to whom, 指斯巴达人。ἐπιταχθῆσθε 跟宾格（ἄλλο τι μεῖζον），(of things) to be ordered。ὡς 跟分词（ὑπακούσαντες），表相信的理由（GG § 2086）。τοῦτο 作 ὑπακούσαντες 的宾语。καταστήσαιτε + 与格（αὐτοῖς）+ 名词。这里不定式短语（προσφέρεσθαι ...），相当于一个名词（GG § 1990）。τοῦ ἴσου, 定冠词 + 形容词 = 名词。

141.1［笺释］αὐτόθεν, 副词, here and now。διανοήθητε, 异态动词, 其形式是被动的，但意义是主动的，跟不定式（ὑπακούειν）。ἢ ... ἢ ..., "要么……要么……"。

πρίν 跟不定式（βλαβῆναι）。τι，宾格，anything，作不定式 βλαβῆναι 的主语。δοκεῖ + 与格（ἔμοιγε）+ 不定式（εἶναι）。ἅ，自主关系代词，whatever。最后短句主干：ἤ ... δικαίωσις δύναται τὴν αὐτὴν ... δούλωσιν。ἤ，定冠词，跟前倾词（τε），故加了高调符号。δύναται，"意味着"，跟宾格（τὴν αὐτὴν ... δούλωσιν）。ἐπιτασσομένη 与 ἤ ... δικαίωσις 配合。πρὸ δίκης，instead of negotiation or arbitration。τοῖς πέλας，定冠词 + 副词 = 名词。

141.2-4［笺释］τὰ τοῦ πολέμου καὶ (τὰ) τῶν ἑκατέροις ὑπαρχόντων，定冠词 + 属格 = 名词，宾格，表示方面，"就……而言"。γνῶτε，命令语气，其宾语是 ὡς οὐκ ἀσθενέστερα ἕξομεν。ὡς，that。ἀσθενέστερα，用作副词。καθ' ἕκαστον，one by one。χρήματά ἐστιν αὐτοῖς，"财富对于他们来说存在""他们有财富"。χρήματά 跟前倾词（ἐστιν），故其末音节加了高调符号。ἔπειτα，叙事上的递进，"而且"。ἄπειροι 跟属格（πολέμων）。διὰ 跟宾语（τὸ ... ἐπιφέρειν，定冠词 + 不定式 = 名词）。αὐτοὶ 是主格，它修饰不定式（ἐπιφέρειν）的主语，这里主句动词的主语同于不定式的主语（GG § 1973a）。ἐπ' ἀλλήλους，against one another。ὑπὸ 跟属格（πενίας），under, by。οἱ τοιοῦτοι，定冠词 + 形容词 = 名词，such people。δύνανται 跟不定式（ἐκπέμπειν）。τῶν ἰδίων 和 τῶν αὑτῶν，定冠词 + 形容词 = 名词。εἰργόμενοι 跟属格（θαλάσσης）。

141.5［笺释］μᾶλλον ἤ，rather than。σώμασί 跟前倾词（τε），故其末音节加了高调符号。ἑτοιμότεροι，形容词比较级，跟属格（τῶν ἀνθρώπων），表示比较。ἤ，than。ἑτοιμότεροι 跟不定式（πολεμεῖν）。以下是卡梅伦的疏解：τὸ μὲν ... τὸ δὲ ...，"一方面……另一方面……"，分别指上文提及的 τὰ σώματα 和 τὰ χρήματα。不定式 περιγενέσθαι 和 προαναλώσειν 表示"就……而言"，相当于宾格。形容词 πιστὸν 和 βέβαιον 作表语，跟前面的不定式配合，故用宾格。笔者认为，μὲν ... δὲ ...，表对照，分别指上文提及的两个方面。ἔχοντες 的宾语是 τὸ ... πιστὸν 和 τὸ ... βέβαιον（定冠词 + 形容词 = 名词）。πιστὸν 跟不定式（περιγενέσθαι），βέβαιον 跟不定式（προαναλώσειν）。此解释似乎更简单。οὐ βέβαιον μὴ οὐ προαναλώσειν，it is not sure that it will not be spent。这里的 μὴ οὐ 不是双重否定（肯定），而是强调其意味否定，因为前面形容词 βέβαιον 前有一个否定词（GG § § 2745, 2747）。ἄλλως τε κἂν = ἄλλως τε καὶ ἄν，"尤其"。ὅπερ εἰκός，as it may well be，ὅπερ，自主关系代词，"那种情况"。αὐτοῖς，to them。

141.6［笺释］δυνατοὶ 跟不定式（ἀντισχεῖν）。ἀδύνατοι 跟不定式（πολεμεῖν）。μὴ 否定 πρὸς ὁμοίαν ἀντιπαρασκευήν，相当于 εἰ μή，except（GG § 2346a）。ὅταν，when, as long as，通常引导一个时间从句，这里表示原因，since。χρώμενοι 跟与格（βουλευτηρίῳ ἑνὶ)。παραχρῆμά，副词，跟前倾词（τι），故其末音节加了高调符号。τι，宾格，anything。πάντες，all，但在意义上应为 each。τὸ ἐφ' ἑαυτόν，定冠词+介词短语=名词，作 σπεύδῃ 的宾语。ἕκαστος，形容词，修饰主语。ἐξ ὧν，from which, whereby，ὧν 指上文所说的情况。φιλεῖ γίγνεσθαι，it usually happens，无人称句。不定式短语 μηδὲν ἐπιτελὲς γίγνεσθαι 作 φιλεῖ 的语法上的主语。μηδὲν ἐπιτελὲς 作不定式 γίγνεσθαι 的主语。

141.7 ［笺释］οἱ μὲν ... οἱ δὲ ...，"有的……有的……"。ὡς μάλιστα，"最大程度地"。βούλονται 跟不定式（τιμωρήσασθαί 和 φθεῖραι）。τιμωρήσασθαί 跟前倾词（τινα），故其末音节加了高调符号。τινα 作不定式 τιμωρήσασθαί 的宾语。ὡς ἥκιστα，"尽可能少"。τὰ οἰκεῖα，定冠词+形容词=名词。χρόνιοί，after a long time，跟前倾词（τε），故其末音节加了高调符号。σκοποῦσί 跟前倾词（τι），故其末音节加了高调符号。τι，宾格，anything。τῶν κοινῶν，定冠词+形容词=名词。(ἐν) τῷ πλέονι (μορίῳ)。ἕκαστος，形容词，修饰主语。παρὰ 跟宾格（τὴν ... ἀμέλειαν），resulting from, owing to。οἴεται 是表示思考的动词（a verb of thinking），跟不定式（βλάψειν 和 μέλειν）。μέλειν+与格（τινι ἄλλῳ）+不定式（προϊδεῖν）。one is concerned to ...。τι，宾格，anything。ὑπὲρ 跟属格（ἑαυτοῦ），instead of。ὥστε 跟不定式（λανθάνειν），表结果。λανθάνειν 跟分词（φθειρόμενον）。τὸ κοινόν，定冠词+形容词=名词，作不定式 λανθάνειν 的主语。ἀθρόον 修饰 τὸ κοινόν。τῷ ... δοξάσματι，与格，表示 by means of。αὐτῷ，same。ὑπὸ ἁπάντων，by everybody。ἰδίᾳ，用作副词。

142.1–2 ［笺释］μέγιστον = ὃ μέγιστόν ἐστι。ὅταν，whenever, as long as, since，见前文 141.6 笺释。ποριζόμενοι，中动态，"给自己提供""弄到""得到"，其宾语是 αὐτά。αὐτά 指 τῶν χρημάτων。καὶ μήν，"而且"。ἄξιον，作定语的形容词，与其最近的实词（即 τὸ ναυτικόν，而不是 ἡ ἐπιτείχισις）配合（GG § 1030），故为中性。ἄξιον 跟不定式（φοβηθῆναι）。

142.3–4 ［笺释］μὲν ... δὲ ...，表对照（这里的 δὲ 在下文 142.6），指上文的 ἡ ἐπιτείχισις 和 τὸ ναυτικόν 两个方面。故 τὴν 指 τὴν ἐπιτείχισιν。(ἐστί) χαλεπὸν 跟不定式（κατασκευάσασθαι）。τὴν (ἐπιτείχισιν) 作不定式 κατασκευάσασθαι 的主语。关于 πόλιν ἀντίπαλον，可以解释为 τὴν (ἐπιτείχισιν) 的同位语，有些勉强；另一种解释是加一个词：(πρὸς) πόλιν ἀντίπαλον。ἦ που δή，indeed, of course。ἐκείνοις，to those cities。ἡμῶν ἀντεπιτετειχισμένων，独立属格结构。τῆς γῆς 修饰 τι μέρος（宾格）。μέντοι，"确实"。ἱκανόν ἔσται + 不定式（κωλύειν），其主语是上文的 ἡ ἐπιτείχισις。κωλύειν + 宾格（ἡμᾶς）+ 不定式（ἐπιτειχίζειν 和 ἀμύνεσθαι）。πλεύσαντας 与 ἡμᾶς 配合。τὴν ἐκείνων (γῆν)。ᾗπερ，关系副词，"在那里""在那个方面"。

142.5–6［笺释］这句话省略较多：ἡμεῖς ἔχομεν πλέον ἐμπειρίας τοῦ κατὰ γῆν (πολέμου) ἐκ τοῦ ναυτικοῦ ἢ ἐκεῖνοι (ἔχουσιν) (ἐμπειρίας) ἐκ τοῦ κατ' ἤπειραν (πολέμου) ἐς τὰ ναυτικά。πλέον ... ἤ ...，more ... than ...。τὸ δὲ 与上文 142.3 的 τὴν μὲν 配对，开始说到 τὸ ναυτικὸν 方面了。句子主干：τὸ ... γενέσθαι προσγενήσεται αὐτοῖς。τὸ ... γενέσθαι，定冠词+不定式=名词。ἐπιστήμονας 跟属格（τῆς θαλάσσης），ἐπιστήμονας 与省略了的 αὐτοὺς（作不定式 γενέσθαι 的主语）配合。

142.7–8［笺释］αὐτὸ，指 τὸ ναυτικόν。ἐξείργασθέ 跟前倾词（πω），故其末音节加了高调符号。πω，副词，"迄今""尚""还"。ἐασόμενοι 跟不定式（μελετῆσαι）。τὸ ... ἐφορμεῖσθαι，定冠词+不定式=名词。τι，宾格，anything。πρὸς ὀλίγας ἐφορμούσας (ναῦς)。ἐφορμούσας 是 ἐφορμέω 的不定过去时分词，注意不要与 ἐφορμάω（"攻击"）混淆。θρασύνοντες 跟宾格（τὴν ἀμαθίαν）。ἐν 跟与格（τῷ ... μελετῶντι），in，owing to。τῷ ... μελετῶντι，定冠词+分词=名词。αὐτὸ，指上文所说的情况。

142.9［笺释］ἐστίν τέχνης，it is a matter of skill，τέχνης，属格，即所谓 pregnant genitive 或者 genitive of quality（GG § 1320），是表语属格。ἐνδέχεται 跟不定式（μελετᾶσθαι 和 γίγνεσθαι），it is possible to。 ... πάρεργον ἄλλο γίγνεσθαι ἐκείνῳ。μηδὲν，多余的否定词，因为主动词 οὐ ἐνδέχεται 表示否定，μηδὲν 只表示对主动词否定意义的确认（GG § 2739）。ἐκείνῳ，指 τὸ ναυτικόν。πάρεργον ἄλλο 作不定式 γίγνεσθαι 的主语。

143.1–2［笺释］εἴ τε καὶ，and if ... also。εἴ 跟前倾词（τε），故加了高调符号。κινήσαντες 跟属格（τῶν ... χρημάτων）。ἤ，or。πειρῶντο 跟不定式（ὑπολαβεῖν）。ἡμῶν ὄντων ἀντιπάλων 和 αὐτῶν τε καὶ τῶν μετοίκων ἐσβάντων，独立属格结构。νῦν δὲ，but as it is。τόδε，这个词往往指下面将要说到的情况，但偶尔也指刚提及的情况（GG § 1247）。τόδε ὑπάρχει = ἀντίπαλοί ἐσμεν。ὅπερ (ἐστί) κράτιστον，"最重要的是"。ἔχομεν 跟双宾格（πολίτας 和 κυβερνήτας）（CGCG § 30.10）。ἤ，than。δέξαιτο 跟不定式（φεύγειν 和 ξυναγωνίζεσθαι），prefer。τῶν ξένων 修饰 οὐδεὶς。φεύγειν 跟宾格（τὴν αὑτοῦ）。τὴν αὑτοῦ = τὴν αὑτοῦ (πόλιν)（GG § 1027）。μετὰ 跟属格（τῆς ... ἐλπίδος）。ὀλίγων ἡμερῶν 修饰 μισθοῦ。ἕνεκα 跟属格（δόσεως）。μεγάλου μισθοῦ 修饰 δόσεως。ἐκείνοις，with them。

143.3–4［笺释］δοκεῖ + 与格（ἔμοιγε）+ 不定式（εἶναι）。τὰ Πελοποννησίων，定冠词+属格=名词，集合名词看作单数，作 δοκεῖ 的主语。τὰ ἡμέτερα (δοκεῖ ἔμοιγε) ἀπηλλάχθαι ... ἔχειν。ἀπηλλάχθαι 跟属格（τούτων）。ἐμεμψάμην + 与格（ἐκείνοις）+ 宾格（ἅπερ），"指摘某人某事"。ὧνπερ 本应为 ἅπερ，但被吸收，采用了其先行词 τούτων 的

格，故为属格（GG § 2522）。ἔχειν 的宾语是 ἄλλα。μεγάλα 修饰 ἄλλα。τοῦ ἴσου，定冠词 + 形容词 = 名词。不定式 τμηθῆναι 作句子主语，不带定冠词（GG § 1984）。μέρος τι 和 τὴν Ἀττικήν 作不定式 τμηθῆναι 的主语。小品词 καί 含有比较的意思。μέν ... δέ ...，表示对照，故 οἱ 作指示代词（GG § 1106），指伯罗奔尼撒人，下文说到"我们"（ἡμῖν）。ἕξουσιν 跟不定式（ἀντιλαβεῖν），they are able to。ἄλλην = ἄλλην γῆν。πολλὴ γῆ ἐστὶ ἡμῖν，"对我们来说存在大量土地""我们有大量土地"。

143.5［笺释］χρή + 宾格（ἡμᾶς，省略）+ 不定式（ἀφεῖναι, ἔχειν, διαμάχεσθαι 和 ποιεῖσθαι）。ὅτι + 最高级（ἐγγύτατα），as ... as possible（GG § 1086）。ἐγγύτατα 跟属格（τούτου），"接近……"。τούτου，指上句所说的情况。διανοηθέντας，异态动词（形式是被动的，意思是主动的），与省略了的 ἡμᾶς 配合。ὑπὲρ αὐτῶν，"为了它们"，指土地和房屋。πολλῷ 跟比较级（πλέοσι）（GG § 1514）。πλέοσι 与 Πελοποννησίοις 配合。κρατήσαντές 跟前倾词（τε），故其末音节加了高调符号。οὐκ ἐλάσσοσι，"与不更少的人（开战）"。τὰ τῶν ξυμμάχων，定冠词 + 属格 = 名词，指拥有盟邦的好处。ὅθεν，副词，whence。ἡμῶν ὄντων ...，独立属格结构。ὄντων ἱκανῶν 跟不定式（στρατεύειν）。οἰκιῶν καὶ γῆς 和 τῶν σωμάτων 都修饰 τήν ... ὀλόφυρσιν。τάδε 和 ταῦτα 都指土地和房屋。τάδε οὐ (κτῶνται) τοὺς ἄνδρας。ᾤμην 跟不定式（πείσειν）。ἐκέλευον + 宾格（αὐτούς）+ 不定式（δῃῶσαι 和 δεῖξαι）。(ὑμᾶς) αὐτούς，"（你们）自己"，指雅典人。ἐξελθόντας 与 αὐτούς 配合。ὅτι, that。ἕνεκα 跟属格（τούτων）。αὐτά 和 τούτων 都指土地和房屋。

144.1［笺释］ἔχω ... πολλὰ ... ἄλλα ... ἐς ἐλπίδα。ἐς，"涉及""与……关联"。τοῦ περιέσεσθαι，定冠词 + 不定式 = 名词。ἐθέλητε 跟不定式（ἐπικτᾶσθαι 和 προστίθεσθαι）。ἐπικτᾶσθαι 的宾语是 ἀρχήν。κινδύνους 作不定式 προστίθεσθαι 的宾语。

144.2［笺释］ἅμα 跟与格（τοῖς ἔργοις），at time of。从 Μεγαρέας 开始直到这节结束是答复的内容，共用了三个 ὅτι（that），分别由小品词 μέν ... δέ ... τε ... 引导。ἐάσομεν + 宾格（Μεγαρέας）+ 不定式（χρῆσθαι）。χρῆσθαι 跟与格（ἀγορᾷ 和 λιμέσι）。ἡμῶν τῶν ἡμετέρων ξυμμάχων 修饰 ξενηλασίας。μήτε ... μήτε，前面已有否定词 μή，这里仅表示强调。οὔτε ... κωλύει = οὐδὲν κωλύει。ἐκεῖνο，指 ξενηλασία。τόδε 指"关于 Μέγαρα 的法令"。这里 ἐκεῖνο（"那个"）和 τόδε（"这个"）不是从时间角度说的（刚提及的为"这个"，以前提及的为"那个"），而是从距离角度说的（伯里克利在雅典说斯巴达）。ὅταν, as soon as。ἀποδῶσι + 与格（ταῖς ἑαυτῶν πόλεσι）+ 不定式（αὐτονομεῖσθαι），"允许……做……"。μὴ σφίσι ἐπιτηδείως，"不以对他们自己合适的方式"。αὐτοῖς ἑκάστοις, to themselves each。ὡς, as。ἐθέλομεν 跟不定式（δοῦναι）。δοῦναι δίκας，"提交仲裁"。ἄρξομεν 跟属格（πολέμου）。ἀμυνούμεθα (τοὺς) ἀρχομένους。ταῦτα (ἐστί) δίκαια καὶ πρέποντα ἅμα ...。ταῦτα，被看作集合名词，用作单数（GG § 958）。ἅμα，副词，"与此同时"。πρέποντα + 与格（τῇδε τῇ πόλει）+ 不定式（ἀποκρίνασθαι），"做……对……合适"。

144.3-4［笺释］χρὴ + 宾格（ἡμᾶς，省略）+ 不定式（εἰδέναι）。εἰδέναι 的宾语是两个 ὅτι 引导的宾语从句。(ἐστίν) ἀνάγκη 跟不定式（πολεμεῖν）（GG § 2004）。ἕξομεν，是 ἔχω 的将来时，we will understand/know。ὑποστάντες 跟宾格（Μήδους）。τὰ ὑπάρχοντα，定冠词 + 分词 = 名词。πλέονι ἢ ...，more than ...。μείζονι ἢ ...，more than ...。αὐτά，指上文所说的其父辈的作为。χρὴ + 宾格（ἡμᾶς，省略）+ 不定式（λείπεσθαι，ἀμύνεσθαι 和 πειρᾶσθαι）。λείπεσθαι 跟属格（ὧν）。ὧν，关系代词，其先行词是 οἱ ... πατέρες。πειρᾶσθαι 跟不定式（παραδοῦναι）。τοῖς ἐπιγιγνομένοις，定冠词 + 分词 = 名词。αὐτὰ，指其父辈的遗产。

145.［笺释］整理词序：οἱ Ἀθηναῖοι νομίσαντες αὐτὸν παραινεῖν σφίσι ἄριστα ἐψηφίσαντο ἃ ἐκέλευε ...。νομίσαντες + 宾格（αὐτὸν）+ 不定式（παραινεῖν）。σφίσι，to them，指雅典人。ἄριστα，用作副词。ἃ，自主关系代词，whatever。ἐκείνου，指伯里克利。καθ' ἕκαστά，"逐条地"。ἕκαστά 跟前倾词（τε），故其末音节加了高调符号。ὡς ἔφρασε，as he set forth。τὸ ξύμπαν，用作副词，"大概""总体"。ἀπεκρίναντο 跟不定式（ποιήσειν 和 εἶναι），表示答复的内容。ποιήσειν οὐδὲν κελευόμενοι，to do nothing on demand。εἶναι ἕτοιμοι 跟不定式（διαλύεσθαι）。διαλύεσθαι 一般跟宾格，这里跟 περὶ + 属格（τῶν ἐγκλημάτων）。δίκῃ，"在仲裁方面"。οἱ μὲν，οἱ 为指示代词（GG § 1106）。

146.［笺释］πρὸ 跟属格（τοῦ πολέμου）。τῶν ἐν Ἐπιδάμνῳ καὶ Κερκύρᾳ，定冠词 + 介词短语 = 名词。ἐν αὐταῖς = ἐν ᾧ οὕτω διεφέροντο，"在此争执之中"。整理词序：τὰ γιγνόμενα ... ἦν ξύγχυσις σπονδῶν καὶ πρόφασις τοῦ πολεμεῖν。τὰ γιγνόμενα，定冠词 + 分词 = 名词。τοῦ πολεμεῖν，定冠词 + 不定式 = 名词。

卷　　二

1.［笺释］ἄρχεται，放在句首，表示强调。ἐνθένδε，"自此"，指下文（第二章）所说的战争爆发的具体时间。τῶν ἑκαστέροις ξυμμάχων，在属格中，与格表示所有者（GG § 1480）。ἐν ᾧ，while。ὡς，as。κατά 跟宾格（θέρος 和 χειμῶνα），"按照"。

2.1［笺释］τέσσαρα ... καὶ δέκα ἔτη，表时间的宾格，表示贯穿该时间段。αἵ，关系代词，其先行词是 αἱ ... σπονδαί，τῷ ... ἔτει，表示时间的与格，表示在该时间点上。ἐπί + 人名的或者人称代词的属格（Χρυσίδος），"在某人的时代"。ἱερωμένης 与 Χρυσίδος 配合。πεντήκοντα ἔτη，表示时间的宾格，表示贯穿该时间段。δέοντα 跟属格（δυοῖν），与 ἔτη 配合。(ἐπί) Αἰνησίου (ὄντος) ἐφόρου 和 (ἐπί) Πυθοδώρου ... ἄρχοντος，同上。ἄρχοντος 跟与格（Ἀθηναίοις）。μηνὶ ἕκτῳ，表示时间的与格，同上。ἅμα 跟与格（ἦρι）。ἀρχομένῳ 与 ἦρι 配合。ὀλίγῳ 跟比较级（πλείους）（GG § 1514）。πλείους 是 πλείων 的比较级，跟属格（τριακοσίων），表比较。περί 跟宾格（ὕπνον）。ξύν 跟与格（ὅπλοις），with。οὖσαν，分词，与 Πλάταιαν 配合。

2.2-3［笺释］οἱ μετ' αὐτοῦ，定冠词 + 介词短语 = 名词。βουλόμενοι 跟不定式（διαφθεῖραι 和 προσποιῆσαι）。ἕνεκα 跟属格（ἰδίας δυνάμεως）。τοὺς ... ὑπεναντίους，定冠词 + 形容词 = 名词。δι' 跟属格（Εὐρυμάχου），through。Εὐρυμάχου 与 ἀνδρός ... δυνατωτάτου 配合。ὅτι，that。ἐβούλοντο 跟不定式（προκαταλαβεῖν）。οὖσαν 与 τὴν Πλάταιαν 配合。σφίσι，to them。τοῦ πολέμου ... καθεστῶτος，独立属格结构。ῥᾷον，用作副词。ᾗ καί，用在副词前，强调一个推理，and so。φυλακῆς ... προκαθεστηκυίας，独立属格结构。

2.4［笺释］ἐπείθοντο + ὥστε + 不定式（ἔχεσθαι 和 ἰέναι）（GG § 2271a）。τοῖς ἐπαγαγομένοις，定冠词 + 分词 = 名词。ἔχεσθαι 跟属格（ἔργου），cling to。余下句子：ἐποιοῦντο γνώμην 跟不定式（χρήσασθαι 和 ἀγαγεῖν）。χρήσασθαι 跟与格（ἐπιτηδείοις κηρύγμασί）。κηρύγμασί 跟前倾词（τε），故其末音节加了高调符号。整理词序：ἀγαγεῖν τὴν πόλιν ἐς φιλίαν ξύμβασιν。εἴ 跟前倾词（τις），故加了高调符号。νομίζοντες 跟不定式（προσχωρήσειν）。ἀνεῖπεν 跟不定式（τίθεσθαι）。βούλεται 跟不定式（ξυμμαχεῖν）。

3.1–2［笺释］ὡς, when。ἐξαπιναίως，"突然"，这是阿提卡方言的用法（或者 ἐξαπίνης）。伊俄尼亚方言作 ἐξαίφνης（或者 αἰφνιδίως）。νομίσαντες 跟不定式（ἐσεληλυθέναι）。πολλῷ 跟比较级（πλείους）(GG § 1514)。πλείους，宾格、比较级，作不定式 ἐσεληλυθέναι 的主语。ἄλλως τε καί，"尤其"。οὐδέν ... οὐδένα，两个复合否定词连用，后者强调前者，仍表否定 (GG § 2761)。ἐνόμισαν 跟不定式（κρατήσειν）。τῷ πλήθει ... οὐ βουλομένῳ ἦν ... ἀφίστασθαι = τὸ πλῆθος οὐκ ἐβούλετο ἀφίστασθαι。ἀφίστασθαι 跟属格（τῶν Ἀθηναίων）。

3.3–4［笺释］ἐδόκει 跟不定式（εἶναι）。ὅπως 后面句子的谓语动词用现在时虚拟语气（ὦσιν），表目的。ἵνα 跟现在时虚拟语气（ᾖ）。ἀντί 跟属格（τείχους），instead of。τἆλλα=τὰ ἄλλα。ᾗ，关系副词，in the way that, as。ἐφαίνετο 跟不定式（ἔσεσθαι）。ὡς，as。ἐκ τῶν δυνατῶν，"尽可能地"。ἑτοῖμα ἦν，主语是上文所说的各项准备工作。αὐτὸ，itself。ὅπως 后面句子的谓语动词用祈愿语气（προσφέροιντο）和虚拟语气（γίγνωνται 和 ὦσι）。θαρσαλεωτέροις οὖσι 与 σφίσιν 配合。ἐκ τοῦ ἴσου, on an equal basis。ἥσσους，形容词比较级，跟属格（τῆς σφετέρας ἐμπειρίας τῆς κατὰ τὴν πόλιν），表比较。τῆς ... τῆς ...，重复定冠词结构。

4.1–2［笺释］οἱ δὲ，but they（见前文 1.24.5 笺释）。ὡς，as。σφίσιν αὐτοῖς, themselves。ᾗ，关系副词，where。αὐτῶν προσβαλόντων, τῶν γυναικῶν καὶ τῶν οἰκετῶν ... χρωμένων ... βαλλόντων 和 ὑετοῦ ... ἐπιγενομένου，都是独立属格结构。χρωμένων 跟与格（κραυγῇ 和 ὀλολυγῇ）。βαλλόντων 跟与格（λίθοις 和 κεράμῳ）。διά 跟属格（τῆς πόλεως），through。ἄπειροι 跟属格（τῶν διόδων）。οἱ πλείους，定冠词+形容词=名词。ᾗ，关系副词，by which, by the way that。χρή 跟不定式（σωθῆναι）。τὰ γιγνόμενα，定冠词+分词=名词。ἔχοντες 的宾语是 τοὺς διώκοντας（定冠词+分词=名词）。ἐμπείρους 与 τοὺς διώκοντας 配合。ἐμπείρους 跟属格（τοῦ ἐκφεύγειν，定冠词+不定式=名词）。οἱ πολλοί，定冠词+形容词=名词。

4.3–5［笺释］ᾗ，关系副词，where。αἵπερ，关系代词，其先行词是 τὰς πύλας。χρησάμενος 跟与格（στυρακίῳ）。ἀντί 跟属格（βαλάνου）。ὥστε 跟不定式（εἶναι）。ἔξοδον 与 τὰς πύλας 配合（城门有两扇，但只是一个出口，ἔξοδον 为单数）。ταύτῃ，副词，in this way。κατὰ τὴν πόλιν, throughout the city。οἱ μέν ... οἱ δέ ...，"有的人……有的人……"。τὸ ἔξω，定冠词+副词=名词。σφᾶς αὐτούς, themselves。γυναικὸς δούσης ...，独立属格结构。ἄλλῃ，副词，elsewhere。τὸ πλεῖστον，定冠词+形容词最

高级＝名词。ὅσον 加强最高级形容词（μάλιστα）（GG § 1087）。ὅ，关系代词，其先行词是（τὸ）οἴκημα。ἔτυχον 跟分词（ἀνεῳγμέναι）。αὐτοῦ 修饰 αἱ θύραι。οἰόμενοι + 宾格（τὰς θύρας）+ 不定式（εἶναι）。

4.6–8［笺释］ἀπειλημμένους 修饰 αὐτούς。ὥσπερ ἔχουσιν，just as they were，where they were，"就地"。χρήσωνται，"对付"。τι ἄλλο，中性形容词用作副词。ξυνέβησαν 跟不定式（παραδοῦναι 和 χρήσασθαι），表示协议的内容。σφᾶς αὐτούς，themselves。χρήσασθαι + 与格（σφίσι，省略）+ 宾格（ὅτι），to deal with somebody in some way。ὅτι，"洛布本"和阿尔伯蒂的校勘本作 ὅ τι，anything which，作 βούλωνται 的宾语，这里用作副词。οἱ ἐν τῇ Πλαταίᾳ，定冠词 + 介词短语 = 名词。

5.1–3［笺释］ἔδει + 宾格（οὕς）+ 不定式（παραγενέσθαι）。οὕς，关系代词，其先行词是 οἱ ... Θηβαῖοι。τῆς νυκτός，表时间的属格，表示在该时间段内。ἆρα 与 μὴ 连用，表示不确定性甚至担忧（GG § 2651e）。εἴ 跟前倾词（τις），故加了高调符号。προχωροίη 的主语是 τι。τοῖς ἐσεληλυθόσι 和 τῶν γεγενημένων，定冠词 + 分词 = 名词。τῆς ἀγγελίας ... ῥηθείσης，独立属格结构。καθ᾽ = κατα。ἀπέχει + 属格（τῶν Θηβῶν）+ 宾格（σταδίους），"距离某地多少里程"。τὸ ὕδωρ τὸ γενόμενον，重复定冠词结构。ἐποίησε + 宾格（αὐτούς）+ 不定式（ἐλθεῖν），"导致……"。βραδύτερον，用作副词。τῶν ἀνδρῶν τῶν μὲν διεφθαρμένων ... τῶν δὲ ζώντων ἐχομένων，独立属格结构。τῶν μὲν ... τῶν δὲ ...，"有的……有的……"。ζώντων，表语分词，与其主语 τῶν ἀνδρῶν 配合（GG § 915）。

5.4［笺释］ὡς，as。τὸ γεγενημένον，定冠词 + 分词 = 名词。ἐπεβούλευον 跟与格（τοῖς ἔξω τῆς πόλεως，定冠词 + 介词短语 = 名词）。οἷα，相当于 ὡς 或者 ἅτε，跟独立属格结构（κακοῦ ... γενομένου），表原因。ἐβούλοντο 跟不定式（ὑπάρχειν）。εἴ 跟前倾词（τινα），故加了高调符号。ὑπάρχειν σφίσιν，"对他们来说有""他们有"。ἀντί 跟属格（τῶν ἔνδον，定冠词 + 副词 = 名词），"交换"。ἢν ἄρα，if ... actually，"万一"。τύχωσί 跟分词（ἐξωγρημένοι）。τύχωσί 跟前倾词（τινες），故其末音节加了高调符号。

5.5［笺释］οἱ μὲν ... οἱ δὲ ...，"一方面……另一方面……"。διαβουλευομένων αὐτῶν，独立属格结构。ὑποτοπήσαντες + 宾格（τοιοῦτόν τι）+ 不定式（ἔσεσθαι）。τοιοῦτόν 跟前倾词（τι），故其末音节加了高调符号。τοῖς ἔξω，定冠词 + 副词 = 名词。ὅτι，that。τὰ πεποιημένα，定冠词 + 分词 = 名词。πειράσαντες 跟不定式（καταλαβεῖν）。τά ἔξω，定冠词 + 副词 = 名词，指人员和财物。ἔλεγον 跟不定式（ἀδικεῖν）。ἔφασαν 跟不定式（ἀποκτενεῖν 和 ἀποδώσειν）。οὕς，关系代词，其先行词是 τοὺς ἄνδρας。ἀναχωρησάντων (αὐτῶν)，独立属格结构。

5.6–7［笺释］φασὶν + 宾格（αὐτοὺς）+ 不定式（ἐπομόσαι）。ὁμολογοῦσι 跟不定式（ὑποσχέσθαι）。ὑποσχέσθαι 跟不定式（ἀποδώσειν）。λόγων ... γενομένων，独立属格结构。τι，宾格，anything。φασὶν 跟不定式（ἐπομόσαι）。τὰ ἐκ τῆς χώρας，定冠词 + 介词短语 = 名词。κατὰ τάχος，"迅速"。οἱ ληφθέντες 和 οἱ προδιδόντες，定冠词 + 分词 = 名词。πρὸς + 宾格（ὃν），towards，by reference to。ὃν，关系代词，其先行词是 Εὐρύμαχος。

6.1–4［笺释］ἔς 跟前倾词（τε），故加了高调符号。τά ... ἐν τῇ πόλει，定冠词 + 介词短语 = 名词。τὰ παρόντα，定冠词 + 分词 = 名词。ᾗ，关系副词，in the way that，as。ἐδόκει αὐτοῖς，it seemed best to them。τά ... γεγενημένα，定冠词 + 分词 = 名词。ὅσοι，关系形容词（或关联代词），其先行词（τοσούτους）被吸收，且被吸收入关系形容词（或关联代词）的格（主格）(GG §§ 2537, 2538)。κελεύοντες 跟不定式（εἰπεῖν）。εἰπεῖν 跟不定式（ποιεῖν）。ὅτι，that。ἅμα 跟与格（τῇ ἐσόδῳ）。ὁ ... δεύτερος (ἄγγελος)。(τῶν) Θηβαίων νενικημένων ... ξυνειλημμένων，独立属格结构。τῶν ὕστερον，定冠词 + 形容词 = 名词，修饰 οὐδέν。σῖτόν 跟前倾词（τε），故其末音节加了高调符号。τοὺς ἀχρειοτάτους，定冠词 + 形容词 = 名词。

7.1［笺释］γεγενημένου τοῦ ... ἔργου，λελυμένων ... τῶν σπονδῶν，独立属格结构。ὡς 跟将来时分词（πολεμήσοντες），in order to。μέλλοντες 跟不定式（πέμπειν）。ποθέν，"从某处"。ἑκάτεροι，形容词，修饰主语，either of them。ἤλπιζον 跟不定式（προσλήψεσθαι）。εἴ 跟前倾词（ποθέν），ποθέν 又跟前倾词（τινα），故 εἴ 和 ποθέν 都加了高调符号。ποιούμενοι 跟双宾格（πόλεις 和 ξυμμαχίδας）。ὅσαι，关系形容词（或关联代词），其先行词（τοσαύτας）被吸收，且被吸收入关系形容词（或关联代词）的格 ὅσαι（主格）(GG §§ 2537, 2538)。ἐκτὸς 跟属格（τῆς ... δυνάμεως）。

7.2–3［笺释］ἐπετάχθη Λακεδαιμονίοις，it was ordered by Lacedemonians，跟不定式（ποιεῖσθαι 和 ἑτοιμάζειν）。πρὸς 跟与格（ταῖς ... ὑπαρχούσαις，定冠词 + 分词 = 名词），towards。ναῦς，宾格，作不定式 ποιεῖσθαι 的宾语。τοῖς ... ἑλομένοις，定冠词 + 分词 = 名词，"对于已经拥有的"。τἀκείνων = τὰ ἐκείνων，"那些在那里的"，指在伯罗奔尼撒的。ὡς 跟独立属格结构（... νεῶν ἐσομένων）表示原因或者目的，这里表目的（GG § 2086）。τά ... ἄλλα，用作副词，"在其他方面"。ἡσυχάζοντας καὶ δεχομένους 与省略了的 αὐτοὺς 配合。αὐτοὺς 作 ἐπετάχθη 的宾语。ἕως，"直到"。μᾶλλον，more than elsewhere，especially。

8.1–3［笺释］ὀλίγον 修饰 οὐδέν。ἀντιλαμβάνονται，"参与"。ὑπὸ 跟属格（ἀπειρίας），under。ἥπτετο 跟属格（τοῦ πολέμου）。μετέωρος，本义是"悬在空中的"，引申为"带

着悬念的""精神振奋的"。ἥ, 定冠词, 跟前倾词 (τε), 故加了高调符号。ξυνιουσῶν τῶν ... πόλεων, 独立属格结构。τοῖς μέλλουσι ..., 定冠词 + 分词 = 名词。μέλλουσι 跟不定式 (πολεμήσειν)。ὀλίγον, 用作副词。πρὸ 跟属格 (τούτων)。σεισθεῖσα 与 (ἡ) Δῆλος 配合。οὗ, 自主关系代词, which。ἐδόκει 跟不定式 (σημῆναι)。σημῆναι 跟不定式 (γενήσεσθαι)。ξυνέβη 跟不定式 (γενέσθαι), "碰巧……"。εἴ 跟前倾词 (τέ), τέ 又跟前倾词 (τι), 故 εἴ 和 τέ 都加了高调符号。

8.4–5［笺释］τῶν ἀνθρώπων 修饰 ἡ εὔνοια。παρὰ πολὺ, very much。ἐποίει ἐς, 在阿提卡方言作品中仅此一见, 但被后世仿效。ἄλλως τε καὶ, "尤其"。προειπόντων 与 τῶν ἀνθρώπων 配合。ὅτι, that。ἔρρωτό 跟前倾词 (τε), 故其末音节加了高调符号。ἔρρωτό 跟不定式 (ξυνεπιλαμβάνειν)。εἴ 跟前倾词 (τι), 故加了高调符号。τι, 用作副词, "在某种程度上"。ἐν τούτῳ ... ᾧ, in any enterprise in which ..., παρέσται 跟与格 (ᾧ)。ἐδόκει + 与格 (ἑκάστῳ) + 不定式 (κεκωλῦσθαι)。τὰ πράγματα 作不定式 κεκωλῦσθαι 的主语。τις αὐτός, someone himself。εἶχον, hold。οἱ πλείους, 定冠词 + 形容词 = 名词。οἱ μὲν ...οἱ δὲ ..., "有的……有的……"。βουλόμενοι 跟不定式 (ἀπολυθῆναι)。ἀπολυθῆναι 跟属格 (τῆς ἀρχῆς)。φοβούμενοι 跟虚拟语气 (ἀρχθῶσι), μή 为赘词。

9.1–5［笺释］οἱ ἐντὸς Ἰσθμοῦ Πελοποννήσιοι。πλήν 跟属格 (Ἀργείων καὶ Ἀχαιῶν)。τούτοις, to them, 指斯巴达人。ἔξω 跟属格 (Πελοποννήσου)。οἱ ἐν Ναυπάκτῳ Μεσσήνιοι。οἱ πλείους, 定冠词 + 形容词 = 名词。αἱ ... οὖσαι, 定冠词 + 分词 = 名词。ἡ ἐπὶ θαλάσσῃ 和 τὰ ἐπὶ Θρῄκης, 定冠词 + 介词短语 = 名词。πλήν 跟属格 (Μήλου καὶ Θήρας)。πρὸς ἥλιον ἀνίσχοντα, "朝向升起的太阳""以东"。οἱ ... ἄλλοι, 定冠词 + 形容词 = 名词。

10.1–3［笺释］περιήγγελλον 跟不定式 (παρασκευάζεσθαι)。στρατιὰν 和 τὰ ἐπιτήδεια 作不定式 παρασκευάζεσθαι 的宾语。τὰ ἐν Πλαταιαῖς, 定冠词 + 介词短语 = 名词。οἷα, 关系形容词 (或关联代词), 其先行词是 τοιαῦτα 被吸收入关系从句中 (GG §2532)。(ἐστίν) εἰκὸς + 不定式 (ἔχειν), be appropriate for。ὡς 跟将来时分词 (ἐσβαλοῦντες), in order to。τὸν χρόνον τὸν εἰρημένον, 重复定冠词结构。τὰ δύο μέρη, "两部分""三分之二"(如果分子比分母少 1, 分母就省略) (GG §353)。ὅσπερ, 关系代词, 其先行词是 Ἀρχίδαμος。ἡγεῖτο 跟属格 (τῆς ἐξόδου)。τοὺς ... ἐν τέλει καὶ ἀξιολογωτάτους, 定冠词 + 介词短语 / 形容词 = 名词。

11.1–3［笺释］οἱ πρεσβύτεροι, 定冠词 + 形容词 = 名词。ἄπειροι 跟属格 (πολέμων)。(ἐστί) δίκαιον + 不定式 (φαίνεσθαι)。ἡμᾶς 作不定式 φαίνεσθαι 的主语。χείρους, 形

容词比较级，跟属格（τῶν πατέρων），表比较。ἐνδεεστέρους ... τῆς δόξης，同上。προσέχει τὴν γνώμην 跟不定式（πρᾶξαι）。ἡμᾶς 作不定式 πρᾶξαι 的主语。ἅ，自主关系代词，whatever。τὸ Ἀθηναίων ἔχθος，"对雅典人的仇恨"。χρή + 宾格（ἡμᾶς 和 ἡγεμόνα καὶ στρατιώτην）+ 不定式（χωρεῖν 和 προσδέχεσθαι）。δοκοῦμεν + 与格（τῳ = τινί）+ 不定式（ἐπιέναι 和 εἶναι）。ἀσφάλεια 跟不定式（ἐλθεῖν）。τοὺς ἐναντίους 作不定式 ἐλθεῖν 的主语。εἴ 跟前倾词（τῳ），故加了高调符号。προσδέχεσθαι 跟不定式（ἥξειν）。τῳ πλήθει，"以优势人数"。διὰ μάχης，through a battle。τούτων ἕνεκα，"因为这些"。ἀμελέστερόν，用作副词，跟前倾词（τι），故其末音节加了高调符号。παρασκευασμένους 与省略了的 ἡμᾶς 配合。τι 作 παρασκευασμένους 的宾语，anything。τὸ καθ' αὑτόν，for his own part "就与他自己的关系而言"。一种解释：定冠词 + 介词短语 = 名词（中性），这里用作副词；另一种解释：定冠词 τό 可用在句子或者单词前，有时似乎没有作用，翻译时可以忽略，见《希腊语语法》中的例子（GG § 1153g）。

11.4–5[笺释]τὰ τῶν πολέμων，定冠词 + 属格 = 名词。ἐξ ὀλίγου，"突然"。τὰ πολλά，定冠词 + 形容词 = 名词。ἄμεινον，用作副词。τοὺς πλέονας，定冠词 + 形容词 = 名词。διά 跟宾格（τὸ ... γενέσθαι，定冠词 + 不定式 = 名词）。καταφρονοῦντας 和 ἀπαρασκεύους 与 τοὺς πλέονας 配合。χρή + 宾格（ἡμᾶς，省略）+ 不定式（στρατεύειν 和 παρεσκευάσθαι）。θαρσαλέους 和 δεδιότας 与省略了的 ἡμᾶς 配合。ἐν τῇ πολεμίᾳ (γῇ)。τῇ μὲν γνώμῃ 与 τῷ δ' ἔργῳ，πρὸς τὸ ἐπιέναι 与 πρὸς τὸ ἐπιχειρεῖσθαι 形成对偶（antithesis），本句对偶较多。πρός，with a view to。τὸ ἐπιέναι 和 τὸ ἐπιχειρεῖσθαι，定冠词 + 不定式 = 名词。

11.6–7[笺释]ἀδύνατον 和 παρασκευασμένην 修饰 πόλιν。ἀδύνατον 跟不定式（ἀμύνεσθαι）。τοῖς πᾶσιν，"在所有方面"。χρὴ 跟不定式（ἐλπίζειν）。ἐλπίζειν 跟不定式（ἰέναι）。αὐτούς 作不定式 ἰέναι 的主语。εἰ μὴ καὶ νῦν，if not already ... at least。ἐν ᾧ，in which。ᾧ，自主关系代词。τἀκείνων = τὰ ἐκείνων，"别人的（财产）""他们的（财产）"。ἐκείνων 可以指说话者和听众之外的所有人。πᾶσι，"对所有人而言"。ἐν 跟与格（τῷ ... ὁρᾶν，定冠词 + 不定式 = 名词）πάσχοντάς 与省略了的 σφᾶς αὐτούς 配合（σφᾶς αὐτούς 作不定式 ὁρᾶν 的主语）。παραυτίκα = παραχρῆμα，副词。τι 作 πάσχοντάς 的宾语。οἱ ... χρώμενοι，定冠词 + 分词 = 名词。χρώμενοι 跟与格（λογισμῷ）。ἐλάχιστα、πλεῖστα，用作副词。θυμῷ，"一怒之下"。πάσχοντάς 跟前倾词（τι），故其末音节加了高调符号。

11.8[笺释]εἰκὸς 跟不定式（δρᾶσαι）。Ἀθηναίους 作不定式 δρᾶσαι 的主语。πλέον τι = μᾶλλον（GG § 1068），跟属格（τῶν ἄλλων），表比较。οἵ，关系代词，其先行词是

Ἀθηναίους。ἀξιοῦσι 跟不定式（ἄρχειν，δηοῦν 和 ὁρᾶν），"认为有权（做）……"。ἄρχειν 跟属格（τῶν ἄλλων）。τὴν τῶν πέλας (γῆν)。τὴν αὑτῶν (γῆν)。μᾶλλον ἤ，rather than。

11.9［笺释］此句主干只有一个词：ἕπεσθ'（命令语气）。ὡς 跟将来时分词（οἰσόμενοι），in order to。ἐπ' ἀμφότερα ἐκ τῶν ἀποβαινόντων，"两方面（好和坏）的结果"。τῶν ἀποβαινόντων，定冠词+分词=名词。ὅπῃ, where。περὶ παντός，"首要的"。τὰ παραγγελλόμενα，定冠词+分词=名词。ὀξέως，副词。τόδε (ἐστί) κάλλιστον καὶ ἀσφαλέστατον…。ἀσφαλέστατον 跟不定式（φαίνεσθαι）。分词 ὄντας 和 χρωμένους 与省略了的 αὑτούς 配合（αὑτούς 作不定式 φαίνεσθαι 的主语）。χρωμένους 跟与格（ἑνὶ κόσμῳ）。

12.1-5［笺释］εἴ 跟前倾词（τι），故加了高调符号。τι，用作副词，"在某种程度上"。οἱ δέ, but they（见前文 1.24.5 笺释）。γνώμη 跟不定式（προσδέχεσθαι），表示提议的内容。Λακεδαιμονίων ἐξεστρατευμένων，独立属格结构。πρίν 跟不定式（ἀκοῦσαι）。ἐκέλευον + 宾格（αὐτόν）+ 不定式（εἶναι）。ἐκτός 跟属格（ὅρων）。αὐθημερόν，副词，"当天"。τὸ λοιπόν，"将来"。τὰ σφέτερα αὐτῶν，"他们自己的领土"。τι，用作副词，"在某种程度上"。βούλωνται 跟不定式（πρεσβεύεσθαι）。ξυμπέμπουσί 跟前倾词（τε），故其末音节加了高调符号。ὁ δ', but he（见前文 1.24.5 笺释）。ἔμελλε 跟不定式（διαλύσεσθαι）。ὅτι, that。ἄρξει 跟属格（μεγάλων κακῶν）。ὡς, when。ὅτι，同上。δή，强调前面的副词 οὕτω。ἄρας, set out。παρείχοντο + 宾格（τὸ σφέτερον μέρος καὶ τοὺς ἱππέας）+ 不定式（ξυστρατεύειν）。τοῖς … λειπομένοις，定冠词+分词=名词。

13.1［笺释］τῶν Πελοποννησίων ξυλλεγομένων … ὄντων，独立属格结构。πρίν 跟不定式（ἐσβαλεῖν）。ὡς, when。ὅτι, that。ἐτύγχανε 跟分词（ὤν）。μὴ πολλάκις，"也许"。ὑποτοπήσας 跟不定过去时虚拟语气（παραλίπῃ，δῃώσῃ 和 γένηται）。ἢ … ἤ …，"或者……或者……"。βουλόμενος 跟不定式（χαρίζεσθαι）。Λακεδαιμονίων κελευσάντων，独立属格结构。ἐπί，"为了……的目的"。τῇ ἑαυτοῦ διαβολῇ，"对他本人的偏见"。τοῦτο 指上述放过伯利克里个人土地不加蹂躏的做法。προεῖπον 跟不定式（ἐλαύνειν）。ἕνεκα ἐκείνου, because of him。ὅτι, that。οἷ, to himself, 间接反身代词（用在从句中，指主句的主语）（GG §§ 1225, 1228b）（CGCG § 29.18）。ἐπὶ κακῷ，同上。τοὺς … ἀγροὺς τοὺς ἑαυτοῦ，重复定冠词结构。τὰ τῶν ἄλλων，定冠词+属格=名词。ἀφίησιν + 宾格（αὐτά 和 μηδεμίαν）+ 不定式（εἶναι 和 γίγνεσθαι）。οἷ，间接反身代词（同上）。κατὰ ταῦτα, because of these。

13.2 [笺释] παρῄνει 跟不定式（παρασκευάζεσθαι, ἐσκομίζεσθαι, ἐπεξιέναι, φυλάσσειν, ἐξαρτύεσθαι 和 ἔχειν）。παρασκευάζεσθαί 跟前倾词（τε），故其末音节加了高调符号。ἔς 跟前倾词（τε），故加了高调符号。τὰ ἐκ τῶν ἀγρῶν，定冠词＋介词短语＝名词，作不定式 ἐσκομίζεσθαι 的宾语。τὸ ναυτικόν 作不定式 ἐξαρτύεσθαι 的宾语。ᾗπερ，关系副词，in the very place in which。τά ... τῶν ξυμμάχων，定冠词＋属格＝名词。ἐσελθόντας 与省略了的 αὐτούς 配合（αὐτούς 作不定式 φυλάσσειν 的主语）。διὰ χειρός，"于掌控之中"。λέγων＋宾格（τὴν ἰσχὺν）＋不定式（εἶναι）。λέγων 跟不定式（κρατεῖσθαι）。τὰ πολλά，用作副词，"一般情况下"。κρατεῖσθαι 跟属格（τοῦ πολέμου）。

13.3 [笺释] ἐκέλευε 跟不定式（θαρσεῖν）。προσιόντων ἑξακοσίων ταλάντων ... φόρου，独立属格结构。ὡς ἐπὶ τὸ πολύ，"就大多数情况而言""平均"（GG §2595）。κατ' ἐνιαυτόν，"每年"。τῇ πόλει，to this city-state，指雅典。ἄνευ 跟属格（τῆς ... προσόδου）。ὑπαρχόντων ἀργυρίου ... ταλάντων，独立属格结构。τὰ πλεῖστα，定冠词＋形容词＝名词。ἀποδέοντα 跟属格（τριακοσίων）。ὧν，关系代词，其先行词是 μύρια ἀποδέοντα τρικοσίων（τάλαντον）。τἆλλα ＝ τὰ ἄλλα。ἔς 跟前倾词（τε），故加了高调符号。

13.4 [笺释] χωρίς，"此外"。此句子随上句而来，其主干是一个独立属格结构：χρυσίου ... καὶ ἀργυρίου καὶ ὅσα ... σκεύη ... (ὑπαρχόντων)。ἐλάσσονος ἢ 跟属格（ταλάντων），表比较。ὅσα，关系形容词（或关联代词），其先行词 τοσούτων 被吸收，且被吸引到关系形容词（或关联代词）的格（主格）（GG §2538）。περί 跟宾格（τὰς πομπὰς καὶ τοὺς ἀγῶνας），about，引申为 used in。εἴ τι τοιουτότροπον，if anything else of that kind。εἴ 跟前倾词（τι），故加了高调符号。

13.5 [笺释] προσετίθει 的宾语是 τὰ ... χρήματα。οὐκ (ὄντα) ὀλίγα。προσετίθει 还跟不定式（χρήσεσθαι）。χρήσεσθαι 跟与格（οἷς）。οἷς，关系代词，其先行词是 τὰ ... χρήματα。αὐτούς 作不定式 χρήσεσθαι 的主语。ἐξείργωνται 跟属格（πάντων）。(χρήσεσθαι) τοῖς ... χρυσίοις。ἀπέφαινε＋宾格（τὸ ἄγαλμα）＋不定式（εἶναι）。ἐπί 跟与格（σωτηρίᾳ），"为了……的目的"。ἔφη 跟不定式（χρῆναι）。χρῆναι 跟不定式（ἀντικαταστῆσαι）。χρησαμένους 与 αὐτούς 配合。

13.6–7 [笺释] (ἔφη)＋不定式（εἶναι）。ὁπλίτας 作不定式 εἶναι（"有"）的主语。ἄνευ 跟属格（τῶν ... καὶ τῶν ...）。τὸ πρῶτον，"第一次"。ὅσοι，关系形容词（或关联代词），其先行词（τοσούτων）被吸收，且被吸收入关系形容词（或关联代词）的格（主格）（GG §§2537, 2538）。括号中句子的主干是：τὸ μεταξὺ τοῦ ... καὶ τοῦ ... ἦν ἀφύλακτον。ὅ，关系代词，其先行词在后面主句中（GG §2541），即 τὸ μεταξὺ τοῦ τε μακροῦ καὶ τοῦ Φαληρικοῦ。ἔστι δὲ αὐτοῦ 修饰 ὅ。αὐτοῦ，指上文的 τὸ κύκλος。ὧν，关

系代词，其先行词是 *τὰ ... τείχη*，of which。*τὸ ἔξωθεν* (*τεῖχος*)。整理词序：*τὸ ἥμισυ τούτου ὂν ἐν φυλακῇ*。*τούτου*，指 *ὁ ... περίβολος*。*τὸ ἥμισυ*，定冠词 + 形容词 = 名词。

13.9［笺释］... *ὑπῆρχεν Ἀθηναίοις*，"对雅典人来说存在……""雅典人有……"。*ἐλάσσω*，形容词比较级，跟属格（*τούτων*），表比较。*ἕκαστα*，用作副词，"各个方面"。*ἔμελλε* 跟不定式（*ἔσεσθαι*）。*οἷάπερ* 修饰 *ἄλλα*。*τοῦ περιέσεσθαι*，定冠词 + 不定式 = 名词，修饰 *ἀπόδειξιν*。(*ἐν*) *τῷ πολέμῳ*。

14.1–2［笺释］*ἀνεπείθοντό* 跟前倾词（*τε*），故其末音节加了高调符号。*ἐχρῶντο* 跟与格（*ᾗ*）。*ᾗ*，关系代词，其先行词是 *τὴν ... κατασκευήν*。*κατ'* 跟宾格（*οἶκον*），according to。*τὰς νήσους τὰς ἐπικειμένας*，重复定冠词结构。*τὸ ... εἰωθέναι*，定冠词 + 不定式 = 名词。*τοὺς πολλοὺς* 作 *εἰωθέναι* 的主语。*εἰωθέναι* 跟不定式（*διαιτᾶσθαι*）。

15.1–2［笺释］*τοῦ ... ἀρχαίου*，定冠词 + 形容词 = 名词。*μᾶλλον* 跟属格（*ἑτέρων*），表比较。*ἐπὶ* + 人名或者人称代词的属格（*Κέκροπος καὶ τῶν πρώτων βασιλέων ...*），"在……之时"。*κατὰ πόλεις*，"按照城邦"。*ὡς*，towards，to。*αὐτῶν* 修饰 *τινες*。*μετὰ* 跟属格（*τοῦ ξυνετοῦ καὶ δυνατὸς*），with。*τὰ ἄλλα*，"在其他方面"。*ἐς τὴν πόλιν* (*τὴν*) *οὖσαν νῦν*。*ἑκάστους* 与 *νεμομένους* 配合。*τὰ αὑτῶν*，"他们自己的地方"。*ἅπερ*，关系代词，其先行词是 *τὰ αὑτῶν*。*πρὸ τοῦ*，"此前"。*ἠνάγκασε* 跟不定式（*χρῆσθαι*）。*χρῆσθαι* 跟与格（*μιᾷ πόλει ταύτῃ*）。*ἣ ... γενομένη ἐς αὐτὴν μεγάλη*。*ἣ*，关系代词，其先行词是 *μιᾷ πόλει ταύτῃ*。*ἁπάντων ... ξυντελούντων*，独立属格结构。*τοῖς ἔπειτα*，定冠词 + 副词 = 名词，to those who followed。*ἐξ ἐκείνου ... ἔτι καὶ νῦν*，"从他的时代直到今天"。*τῷ θεῷ*，to this goddess，指雅典娜。*ποιοῦσιν* 跟双宾格（*ξυνοίκια* 和 *ἑορτήν*）。

15.3［笺释］*τὸ πρὸ τοῦ*，"在这之前"，*τοῦ* 指什么？众说不一。*ἡ ἀκρόπολις ἡ νῦν οὖσα*，重复定冠词结构。*ὑπ'* 跟宾格（*αὐτήν*），under，beneath。*ἐστὶ*，"存在""有"。*τὰ ἔξω*，定冠词 + 副词 = 名词。*τοῦτο τὸ μέρος*，"这个部分"，指卫城南面的区域。*τὸ* (*ἱερόν*) *τοῦ Διὸς τοῦ Ὀλυμπίου*。*τὸ* (*ἱερόν*) *τῆς Γῆς*。*τὸ* (*ἱερόν*) *... Διονύσου*。*ᾧ*，关系代词，其先行词是 *Διονύσου*，in whose (honor)。*ποιεῖται*，被动态。*ταύτῃ*，"在这个地方"，指古时候的雅典城。

15.5［笺释］句子主干：*ἐκεῖνοί ἐχρῶντο τῇ κρήνῃ*。*ἐχρῶντο* 跟与格（*τῇ κρήνῃ*）。*τῇ κρήνῃ τῇ νῦν*，重复定冠词结构。*Ἐννεακρούνῳ καλουμένῃ*，*Καλλιρρόῃ ὠνομασμένῃ* 和 *ἐγγὺς οὔσῃ* 与 *τῇ κρήνῃ* 配合。*τῶν τυράννων ... σκευασάντων*，独立属格结构。*τὸ πάλαι*，"古代"。*τῶν πηγῶν οὐσῶν*，独立属格结构。*ἐκεῖνοί* 跟前倾词（*τε*），故其末音节加了高调符号。*ἐγγὺς οὔσῃ*，分词短语，表原因。*τὰ πλείστου ἄξια*，"最有价值的（场合）"，这里用作副词。*ἀπὸ τοῦ ἀρχαίου*，"来自古代""传统上"。*πρό* 跟属格（*γαμικῶν*）， before。ἐς 跟宾格（ἄλλα），in regard to。νομίζεται 跟不定式（χρῆσθαι）。χρῆσθαι 跟与格（τῷ ὕδατι）。ταύτῃ，"在这个地方"，指古时候的雅典城。μέχρι τοῦδε，"直至今日"。

16.1-2［笺释］μετεῖχον 跟与格（τῇ ... οἰκήσει）。ἐπὶ πολύ，"长期"。κατά 跟宾格（τὴν χώραν），throughout。καὶ ἐπειδή ...，even when ...。τῶν ... ἀρχαίων（定冠词＋形容词＝名词）和 τῶν ὕστερον（定冠词＋副词＝名词），修饰 οἱ πλείους。μέχρι 跟属格（τοῦδε τοῦ πολέμου），"直到"。γενόμενοι，"出生"，跟前倾词（τε），故其末音节加了高调符号。ἄλλως τε καί，"尤其"。ἅ，关系代词，其先行词是 ἱερά，作从句的主语。... ἦν αὐτοῖς，"……对他们来说是""他们有……"。διὰ παντός，"永远""继续地"。ἐκ 跟属格（τῆς ... πολιτείας）。"洛布本"和阿尔伯蒂的校勘本在 πολιτείας 和 πάτρια 之间有逗号，说明 πάτρια 修饰 τὸ ἀρχαῖον。μέλλοντες 跟不定式（μεταβάλλειν）。δίαιτάν 作不定式 μεταβάλλειν 的宾语。δίαιτάν 跟前倾词（τε），故其末音节加了高调符号。οὐδὲν ἄλλο ἤ ...，nothing else than ...，"等同于"。τὴν αὑτοῦ πόλιν。

17.1［笺释］主格（οἰκήσεις καὶ καταφυγή）＋ ὑπῆρχον ＋与格（τισιν ὀλίγοις），"对于……来说存在……""……有……"。παρά 跟宾格（τινάς），to some people's (houses)。φίλων ἢ οἰκείων 修饰 τινάς。ἤ，"或者"。πλήν 跟属格（τῆς ἀκροπόλεως καὶ τοῦ Ἐλευσινίου）和 εἰ 引导的从句（εἴ τι ἄλλο ...）。πλὴν ... εἰ，except if (GG § 2966a)。εἴ 跟前倾词（τι），故加了高调符号。τὸ Πελαργικὸν ... τὸ ὑπὸ τὴν ἀκρόπολιν，重复定冠词结构。ὅ，关系代词，其先行词是 τὸ Πελαργικόν。... ἦν ἐπάρατον μή 跟不定式（οἰκεῖν），ἐπάρατον 含有"禁止"的意思。τοιόνδε ... τι，such as this。ὡς，that。

17.2［笺释］δοκεῖ ＋与格（μοι）＋不定式（ξυμβῆναι）。τοὐναντίον = τὸ ἐναντίον，用作副词，"相反"。ἤ，than。αἱ ξυμφοραὶ (δοκοῦσι) γενέσθαι ... ἡ ἀνάγκη (δοκεῖ γενέσθαι)。ὅν，关系代词，其先行词是 τὸν πόλεμον。从句主干：τὸ μαντεῖον προῄδει αὐτό。προῄδει 是 πρόοιδα 的过去完成时，表示相信什么，其内容用 μή 表示否定，而不是 οὐ (GG § 2727)。ἐπ᾽ 跟与格（ἀγαθῷ），"为了……"。αὐτό 指前文的 τὸ Πελαργικόν。

17.3-5［笺释］καί，even (CGCG § 59.56)。ὡς ἕκαστός，each of them。ἐχώρησε 的宾语是 αὐτούς。ἥπτοντο 跟属格（τῶν πρὸς τὸν πόλεμον，定冠词＋介词短语＝名词）。ἐπίπλουν，名词，ἑκατὸν νεῶν 修饰 ἐπίπλουν。οἱ μέν，οἱ 为指示代词 (GG § 1106)。μέν 与下文 ὁ δέ ... 中的 δέ 配合。ἐν 跟与格（τούτῳ）。παρασκευῆς 修饰 τούτῳ。

18.1-3［笺释］ᾗπερ，关系副词，where, from where。ἔμελλον 跟不定式（ἐσβαλεῖν）。ὡς，when。παρεσκευάζοντο 跟分词（ποιησόμενοι）。ἐχρῶντο 跟与格（αὐτῷ）。φρουρίῳ 是表语名词，加到前面的与格中去，use something as something (GG § 1509)。ἄλλως，in other ways。περί 跟宾格（αὐτήν），near。αὐτήν 指 ἡ Οἰνόη。δοκῶν 跟不定式

（εἶναι）。παραινῶν 跟不定式（πολεμεῖν）。ἥ，定冠词，跟前倾词（τε），故加了高调符号。ἄλλην，as well。

18.4–5 [笺释] ἐδόκουν 跟不定式（καταλαβεῖν）。διὰ τάχους，"迅速"。μὲν 与下句的 δὲ 配合。ὁ δὲ，but he（见前文 1.24.5 笺释）。ὡς λέγεται，"据说"。προσδεχομένους + 宾格（τοὺς Ἀθηναίους）+ 不定式（ἐνδώσειν 和 κατοκνήσειν）。κατοκνήσειν 跟不定式（περιιδεῖν），"不想……"。τῆς γῆς ... οὔσης，独立属格结构。τι，用作副词，"在某种程度上"。

19.1–2 [笺释] ἐδύναντο 跟不定式（ἑλεῖν）。αἵ，定冠词，跟前倾词（τε），故加了高调符号。οὕτω δή，"于是""最后""终于"。αὐτῆς 指 ἡ Οἰνόη。μετά 跟宾格（τὰ ... γενόμενα）。ἡμέρᾳ，表时间的与格，表示在该时间点。μάλιστα，"大约"。θέρους (ὄντος) 和 τοῦ σίτου ἀκμάζοντος，独立属格结构。整理词序：... ἐποιήσαντο τινα τροπὴν τῶν Ἀθηναίων ἱππέων。στρατόπεδόν 跟前倾词（τε），故其末音节加了高调符号。

20.1–3 [笺释] λέγεται + 宾格（τὸν Ἀρχίδαμον）+ 不定式（μεῖναι 和 καταβῆναι）。ὡς ἐς ...，表真正意图（GG § 2996）。由于这句话是间接引语，故不定式 καταβῆναι 用 οὐ 来否定（而不是 μή）。ἤλπιζεν + 宾格（τοὺς Ἀθηναίους）+ 不定式（ἐπεξελθεῖν 和 περιιδεῖν）。ἀκμάζοντάς 跟前倾词（τε），故其末音节加了高调符号。περιιδεῖν 跟不定式（τμηθῆναι）。ὡς οὔπω πρότερον，as never before。αὐτῷ 指 Ἀρχίδαμος。εἰ，whether。

20.4 [笺释] ἐπιτήδειος 跟不定式（ἐνστρατοπεδεῦσαι）。ἐδόκουν 跟不定式（περιόψεσθαι 和 ὁρμήσειν）。τὰ σφέτερα（定冠词 + 形容词 = 名词）作不定式 περιόψεσθαι。περιόψεσθαι 跟分词（διαφθαρέντα）。τοὺς πάντας，定冠词 + 形容词 = 名词。εἰ 跟前倾词（τε），故加了高调符号。否定词 μή 用于条件句。ἀδεέστερον，用作副词。ἐδοκεῖ（省略，he thought）跟不定式（τεμεῖν 和 χωρήσεσθαι）。ἤδη ἐς τὸ ὕστερον，"今后"。ἐδοκεῖ（省略，he thought）跟不定式（ἔσεσθαι 和 ἐνέσεσθαι）。τοὺς Ἀχαρνέας 作不定式 ἔσεσθαι 的主语。ἐστερημένους 修饰 τοὺς Ἀχαρνέας，跟属格（τῶν σφετέρων）。ἔσεσθαι προθύμους 跟不定式（κινδυνεύειν）。ὑπὲρ 跟属格（τῆς ἄλλων）。στάσιν 作不定式 ἐνέσεσθαι 的主语。τῶν σφετέρων 和 τῆς ἄλλων，定冠词 + 形容词 = 名词。

21.1 [笺释] μέχρι ... οὗ，"只要"。εἶχον τινα ἐλπίδα + 不定式（προϊέναι）。αὐτοὺς 作不定式 προϊέναι 的主语。τὸ ἐγγυτέρω，定冠词 + 形容词 = 名词。πρὸ 跟属格（τοῦδε τοῦ πολέμου）。τέσσαρσι καὶ δέκα ἔτεσιν，表时间的与格，表示在该时间点。ἐς τὸ πλέον οὐκέτι，"不再推进"。δι' ὅ，"因为这个"。ὅ，自主关系代词，指前文所说的情况。δή，indeed。整理词序：ἡ φυγὴ ἐγένετο αὐτῷ。δόξαντι 与 αὐτῷ 配合。δόξαντι + 宾格（τὴν ἀναχώρησιν）+ 不定式（πεισθῆναι）。

21.2［笺释］ἀπέχοντα + 属格（τῆς πόλεως）+ 宾格（ἑξήκοντα σταδίους），"距离某地多少里程"。ἐποιοῦντο 跟表语形容词（ἀνασχετόν），make, render。ὡς εἰκός，"自然地"。γῆς τεμνομένης，独立属格结构。ὅ，关系代词，指土地遭受蹂躏一事。οἵ，定冠词，跟前倾词（γε），故加了高调符号。πλήν，"除了"，跟的不是属格（GG § 2966）。τὰ Μηδικά，宾格，用作副词，"在波斯战争期间"。整理词序：ὃ ἐφαίνετο δεινὸν αὐτοῖς。ἐδόκει + 与格（τοῖς ἄλλοις ... τῇ νεότητι）+ 不定式（ἐπεξιέναι 和 περιορᾶν）。

21.3［笺释］κατά 跟宾格（ξυστάσεις），according to。οἱ μέν ... οἱ δέ (τινες) ...，"一部分……，另一部分……"，两个 οἱ 均为指示代词（GG § § 1106, 1108）。ὥρμητο 跟不定式（ἀκροᾶσθαι）。οἵ，定冠词，跟前倾词（γε），故加了高调符号。ἀκροᾶσθαι 跟属格（ὧν）。ὧν，关系代词，其先行词是 χρησμούς。ὡς ἕκαστος，each of them。οἰόμενοι + 宾格（μοῖαν）+ 不定式（εἶναι）。Ἀθηναίων 修饰 μοῖαν。(εἶναι) παρὰ σφίσιν αὐτοῖς，(be) among themselves。ὡς，since。ὧν，自主关系代词，of which，修饰 οὐδέν。ὅτι，that。ἐνόμιζον (αὐτὸν) αἴτιόν ...。ὧν = τούτων ἅ（GG § 2531a），αἴτιον 跟属格（τούτων），ἅ 作 ἔπασχον 的宾语。σφίσιν，to them。αἴτιόν 跟前倾词（τε），故其末音节加了高调符号。

22.1-3［笺释］τὸ παρόν 和 τὰ ἄριστα，定冠词 + 形容词 = 名词。πιστεύων 跟不定式（γιγνώσκειν）。περί 跟属格（τοῦ ··· ἐπεξιέναι，定冠词 + 不定式 = 名词）。οὐκ ... οὐδένα，简单否定词 + 复合否定词，后者强调前者，仍表否定（CGCG § 56.4）。τοῦ μή ... ἐξαμαρτεῖν，属格不定式，表目的（通常是否定的）（GG § 1408, 2032e）。μᾶλλον ἤ ...，more ... than ...。ξυνελθόντας 与 αὐτούς 配合。εἶχεν δι' ἡσυχίας，to keep it quiet（GG § 1685.1a）。μάλιστα ὅσον ἐδύνατο，as much as possible。τοῦ μή ··· κακουργεῖν，属格不定式，表目的（通常是否定的）（GG § 1408, 2032e）。ἐσπίπτοντας 和 προδρόμους 与省略了的 αὐτούς（作不定式 κακουργεῖν 的主语）配合。τοὺς ἀγροὺς τοὺς ἐγγύς，重复定冠词结构。ἥ，关系代词，其先行词是 τις ἱππομαχία。μέχρι οὗ，"直到"。προσβοηθησάντων ... τῶν ὁπλιτῶν，独立属格结构。αὐτῶν 修饰 τροπή。τῇ ὑστεραίᾳ (ἡμέρᾳ)。παρ' αὐτούς，to them。ἡγοῦντο 跟属格（αὐτῶν）。

23.1-3［笺释］τῶν μεταξὺ Πάρνηθος καὶ Βριλησσοῦ ὄρους，定冠词 + 介词短语 = 名词。ὄντων ... αὐτῶν ...，独立属格结构。ἅσπερ，关系代词，其先行词是 τὰς ... ναῦς。ἐπ' αὐτῶν，on them, on board。οἱ μέν (Ἀθηναῖοι) ..., οἱ δὲ Πελοποννήσιοι ...，其中 μέν ... δέ ...，表对照。χρόνον，用作副词，for a time。ὅσου 指 χρόνον，表时间的属格，表示在该时间段内。ὅσου，关系形容词（或关联代词），其先行词为 τοσούτου 被吸收入关系从句（GG § 2532）。ᾗπερ，关系副词，where。τὴν γῆν τὴν Γραϊκήν，重复定冠词结构。(ὄντες) ὑπήκοοι，形容词，跟属格（Ἀθηναίων）。

24.1［笺释］ἀναχωρησάντων ... αὐτῶν，独立属格结构。κατὰ γῆν，by land。κατὰ θάλασσαν，by sea。ὥσπερ δὴ，just as。ἔμελλον 跟不定式（φυλάξειν）。διὰ παντὸς τοῦ πολέμου，"在整个这场战争期间"。ἔδοξεν + 与格（αὐτοῖς）+ 不定式（θέσθαι，ἀναλοῦν 和 πολεμεῖν）。ποιησαμένοις (χίλια τάλαντα) ἐξαίρετα，ἐξαίρετα 是表语形容词。χωρὶς，separately。εἴπῃ 和 ἐπιψηφίσῃ 跟不定式（κινεῖν）。ἤ，"或者"。ἐς ἄλλο τι，"用作其他"。ἢν μὴ，"除非"。δέῃ 跟不定式（ἀμύνασθαι）。

24.2［笺释］ἐποιήσαντο ἑκατὸν τριήρεις ἐξαιρέτους，ἐξαιρέτους 是表语形容词。τὰς βελτίστας 修饰 ἑκατὸν τριήρεις。(ἐποιήσαντο) τριηράρχους αὐταῖς。αὐταῖς，to them，指战舰。(ἔδοξεν) χρῆσθαι 跟与格（μηδεμιᾷ）。ὧν，关系代词，其先行词是 ἑκατὸν τριήρεις，修饰 μηδεμιᾷ。ἐς ἄλλο τι ἢ ...，in any other way than。αὐτοῦ，same。ἢν δέῃ，"如果需要"。

25.1–5［笺释］ἄλλα 作 ἐκάκουνν 的宾语，various places。ἀνθρώπων οὐκ ἐνόντων，独立属格结构，这里表原因，故其分词用 οὐκ 否定。ἔτυχε 跟分词（ἔχων）。τοῖς ἐν τῷ χωρίῳ、τῶν μεθ' αὑτοῦ 和 τῶν κατὰ τὸν πόλεμον，定冠词 + 介词短语 = 名词。ἐπὶ δύο ἡμέρας，for two days（GG § 1689.3b）。τῶν ἐκ τῆς ... Ἤλιδος，同上。προσβοηθήσαντας 修饰 τριακοσίους λογάδας。μεγάλου ἀνέμου ... κατιόντος，独立属格结构。μὲν ... δὲ ...，表示对照。ἐν τούτῳ，meanwhile。οἱ ... δυνάμενοι，定冠词 + 分词 = 名词。δυνάμενοι 跟不定式（ἐπιβῆναι）。αἵ，定冠词，跟前倾词（τε），故加了高调符号。

26.1–2［笺释］ὑπὸ，about。αὐτὸν，same。ἐστρατήγει 跟属格（αὐτῶν）。ἔστιν ἅ，there is what，some places。αἵ，定冠词，跟前倾词（τε），故加了高调符号。τοὺς βοηθήσαντας，定冠词 + 分词 = 名词。

27.1–2［笺释］τῷ ... θέρει，表时间的与格，表示在该时间点。ἐπικαλέσαντες + 宾格（αὐτοὺς，省略）+ 不定式（εἶναι）。αἰτίους 跟属格（τοῦ πολέμου），与 αὐτοὺς 配合。σφίσιν，to them，指雅典人。οὐχ ἥκιστα，above all，more than all。ἐφαίνετο 跟不定式（ἔχειν）。ἀσφαλέστερον，用作副词。ἐπικειμένην 与 τὴν Αἴγιναν 配合。πέμψαντας 与省略了的 αὐτοὺς 配合。πολλῷ 跟比较级（ὕστερον）（GG § 1514）。ἔδοσαν + 宾格（Θυρέαν 和 τὴν γῆν）+ 不定式（οἰκεῖν 和 νέμεσθαι）。κατὰ 跟宾格（τὸ ... διάφοραν），"由于"。τε ... καὶ ...，both ... and ...。ὅτι，since。ὑπὸ 跟宾格（τὸν σεισμὸν 和 τὴν ἐπανάστασιν），during。οἱ μὲν ... οἱ δὲ ...，"有的……有的……"。

28.［笺释］τοῦ ... αὐτοῦ θέρους，表时间的属格，表示在该时间段内。δοκεῖ 跟不定式（εἶναι）。(εἶναι μόνον) δυνατόν 跟不定式（γίγνεσθαι）。ἀστέρων τινῶν ἐκφανέντων，独立属格结构。

29.1–2［笺释］ἐποιήσαντο 跟双宾格（Νυμφόδωρον 和 πρόξενον）。οὗ，关系代词，其先行词是 Νυμφόδωρον，whose。εἶχε，"结婚"。παρ' αὐτῷ，before him，in the presence of him。νομίζοντες Νυμφόδωρον πολέμιον。βουλόμενοι + 宾格（Σιτάλκην）+ 不定式（γενέσθαι）。ὁ Τήρης ... ὁ ... πατὴρ，重复定冠词结构。αὐτόνομόν 跟前倾词（ἐστι），故其末音节加了高调符号。

29.3［笺释］第一短句主干：ὁ Τήρης προσήκει οὐδέν τῷ Τηρεῖ，οὐδὲ ἐγένοντο τῆς αὐτῆς Θρᾴκης ...。从句 σχόντι γυναῖκα Πρόκνην τὴν Πανδίονος ἀπ' Ἀθηνῶν 修饰 τῷ Τηρεῖ。ὁ μὲν，ὁ 是指示代词（GG § 1106），指 ὁ Τηρεύς；μὲν 与下文的 δὲ 配合，表对照。整理词序：αἱ γυναῖκες ἔπραξαν τὸ ἔργον τὸ περὶ τὸν Ἴτυν ...。τῶν ποιητῶν 修饰 πολλοῖς。ἐν μνήμῃ，in reference to。ἀηδόνος 修饰 μνήμῃ。Δαυλιὰς 修饰 ἡ ὄρνις。εἰκός + 宾格（Πανδίονα）+ 不定式（ξυνάψασθαι）。ἐπ' 跟与格（τῇ πρὸς ἀλλήλους ὠφελίᾳ），"为了……"。μᾶλλον ἢ，rather than。最后短句主干：Τήρης πρῶτος ἐγένετο βασιλεύς ἐν κράτει Ὀδρυσῶν。

29.4–7［笺释］ἐποιοῦντο 跟双宾格（τὸν Σιτάλκην 和 ξύμμαχον）。οὗ，关系代词，其先行词是 Τήρης。δὴ，表强调。βουλόμενοι + 宾格（αὐτόν）+ 不定式（ξυνεξελεῖν）。ἐποίησε 跟双宾格（Σάδοκον 和 τὸν ... Ἀθηναῖον）。ὑπεδέχετο 跟不定式（καταλύσειν 和 πείσειν）。πείσειν + 宾格（Σιτάλκην）+ 不定式（πέμπειν）。ἔπεισεν 跟不定式（ἀποδοῦναι）。ξυνεστράτευσέ 跟前倾词（τε），故其末音节加了高调符号。

30.1–2［笺释］Σόλλιόν 跟前倾词（τε），故其末音节加了高调符号。παραδιδόασι 跟不定式（νέμεσθαι）。νέμεσθαι，中动态，"占有""据有"。ἐτυράννει 跟属格（ἧς）。ἧς，关系代词，其先行词是 (ἡ) Ἀστακός。κατὰ，against，opposite。πολλῷ 跟比较级（ὕστερον）（GG § 1514）。

31.1–3［笺释］Περικλέους ... στρατηγοῦντος，独立属格结构。ἔτυχον 跟分词（ὄντες）。ὡς，when。τοὺς ... ὄντας，定冠词 + 分词 = 名词。παρ' αὐτούς，to them。ἀκμαζούσης ... τῆς πόλεως ... νενοσηκυίας，独立属格结构。ἐλάσσους，比较级，跟属格（μυρίων ὁπλιτῶν 和 τρισχιλίων ὁπλιτῶν），表比较。οἱ ἐν Ποτειδαίᾳ，定冠词 + 介词短语 = 名词。στρατόπεδόν 跟前倾词（τε），故其末音节加了高调符号。ἄλλαι ἐσβολαὶ ... ἐγένοντο ...。μέχρι οὗ，"直到"。

32.［笺释］τοῦ θέρους ... τελευτῶντος，独立属格结构。(ἡ) Ἀταλάντη ἐτειχίσθη ὑπὸ Ἀθηναίων φρούριον = οἱ Ἀθηναῖοι τετείχικε τὴν Ἀταλάντην φρούριον，即 τετείχικε 跟双宾格（τὴν Ἀταλάντην 和 φρούριον）（CGCG § 30.10）。τοῦ μὴ ... κακουργεῖν，属格不定式，表目的（通常是否定的）（GG §§ 1408, 2032e）。

33.1–3［笺释］*τοῦ ... χειμῶνος*，表时间的属格，意思是在该时间段内。*βουλόμενος* 跟不定式（*κατελθεῖν*）。*πείθει* + 宾格（*Κορινθίους*）+ 不定式（*κατάγειν*）。*ἦρχον* 跟属格（*τῆς στρατιᾶς*）。*τῆς ἄλλης Ἀκαρνανίας τῆς περὶ θάλασσαν*，重复定冠词结构。*ἔστιν ἃ*，"有些"。*βουλόμενοι* 跟不定式（*προσποιήσασθαι*）。*ὡς*，"因为"。*σχόντες*，being。*ἐξ* 跟属格（*τινὸς ὁμολογίας*）。*σφῶν αὐτῶν* 修饰 *ἄνδρας*，"他们自己的"。*ἐπιθεμένων ... τῶν Κρανίων*，独立属格结构。*βιαιότερον*，用作副词。

34.1–4［笺释］*χρώμενοι* 跟与格（*δημοσίᾳ*）。*τῶν ... ἀποθανόντων* 和 *τῶν ἀπογενομένων*，定冠词 + 分词 = 名词。*τῷ αὑτοῦ*，for his own (dead)。*τι*，宾格，anything。*ᾖ*，现在时虚拟语气。*ἔνεστι δὲ τὰ ὀστᾶ ἧς ἕκαστος ἦν φυλῆς*, the bones of the coffin which each is of a tribe are in。*ἧς*，关系代词，其先行词是 (*ἡ*) *λάρναξ*, of which，修饰 *τὰ ὀστᾶ*。*ἐστρωμένη* 和 *τῶν ἀφανῶν* 修饰 *κλίνη*。*τῶν ἀφανῶν*，定冠词 + 形容词 = 名词。*οἷ*，关系代词，其先行词是 *τῶν ἀφανῶν*。*ὁ βουλόμενος* 和 *αἱ προσήκουσαι*，定冠词 + 分词 = 名词。

34.5–8［笺释］*ὅ*，关系代词，其先行词是 *τὸ ... σῆμα*。*τοὺς ἐκ τῶν πολέμων*，定冠词 + 介词短语 = 名词。*γε*，"至少""确实"。*πλήν* 这里没有跟属格，而是跟宾格（*τοὺς ἐν Μαραθῶνι*，定冠词 + 介词短语 = 名词），因为后者是句子谓语动词的宾语（GG § 2966）。*αὐτοῦ*，副词，"就在那里"。*καί*，"和"，指火化尸体之外还造坟茔。*ὅς*，关系代词，其先行词是 *ἀνήρ*。*ἄν* 跟虚拟语气（*δοκῇ* 和 *προήκῃ*）。*δοκῇ* 跟不定式（*εἶναι*），表示可能（GG § 2270）。*τὸν πρέποντα*，定冠词 + 分词 = 名词。*ὧδε*, in this manner, thus。*ὁπότε ξυμβαίη αὐτοῖς*, whenever it happened to them。*ἐχρῶντο* 跟与格（*τῷ νόμῳ*）。*τοῖς πρώτοις*，定冠词 + 形容词 = 名词。*ᾑρέθη* 跟不定式（*λέγειν*）。*ἐλάμβανε*, came to, occurred。*ὅπως* 后面句子的谓语动词用祈愿语气（*ἀκούοιτο*），表目的。*ὡς ἐπὶ πλεῖστον*, as far as possible, as many as possible。

35.1［笺释］*οἱ πολλοί*，定冠词 + 形容词 = 名词。*τῶν ... εἰρηκότων*，定冠词 + 分词 = 名词。*τὸν προσθέντα*，定冠词 + 分词 = 名词。*προσθέντα* 的宾语是 *τὸν λόγον*。*ὡς*, that。*καλόν* 跟不定式（*ἀγορεύεσθαι*），it is well to。*αὐτόν* 作不定式 *ἀγορεύεσθαι* 的主语。*τοῖς θαπτομένοις*，定冠词 + 分词 = 名词。*ἐδόκει* + 与格（*ἐμοί*）+ 不定式（*εἶναι* 和 *κινδυνεύεσθαι*）。*εἶναι ἀρκοῦν* 跟不定式（*δηλοῦσθαι*），be sufficient to。*ἀρκοῦν*，分词，用作形容词。*ἀνδρῶν ... γενομένων*，独立属格结构。*τὰς τιμάς* 作不定式 *δηλοῦσθαι* 的主语。*οἷα*，中性、单数、宾格，such as，指表现 *τὰς τιμάς* 中的一种情形（不是 *τὰς τιμάς* 本身，故用中性）。*ἀρετάς* 作不定式 *κινδυνεύεσθαι* 的主语，也作不定式 *πιστευθῆναι* 的主语。*εὖ τε καὶ χεῖρον*，副词，修饰 *εἰπόντι*。*εἰπόντι* 与 *ἑνὶ ἀνδρί* 配合。*κινδυνεύεσθαι* 跟不

定式（πιστευθῆναι），run the risk of doing ....。

35.2［笺释］τὸ ... εἰπεῖν (ἐστί) χαλεπόν。τὸ ... εἰπεῖν，定冠词 + 不定式 = 名词。ἐν ᾧ，"在那种情况下"。第二句主干：ὃ ἀκροατὴς νομίσειε τι δηλοῦσθαι, ὃ ἄπειρος (νομίσειε) πλεονάζεσθαι。ὃ，定冠词，跟前倾词（τε），故加了高调符号。νομίσειε 跟不定式（δηλοῦσθαι 和 πλεονάζεσθαι）。τάχ᾽ ἄν，"很可能"。ἃ，自主关系代词，whatever。τι 作不定式 δηλοῦσθαι 的主语。βούλεταί 跟前倾词（τε），故其末音节加了高调符号。ἔστιν ἃ，"有些地方"，作不定式 πλεονάζεσθαι 的主语。εἰ 跟前倾词（τι），故加了高调符号。τι，宾格，anything。第三句主干：οἱ ἔπαινοί εἰσι ἀνεκτοί。ἔπαινοί 跟前倾词（εἰσι），故其末音节加了高调符号。δρᾶσαί 跟前倾词（τι），故其末音节加了高调符号。μέχρι τοῦδε，even to this，so far as to this。ἐς ὅσον，in so far as。οἴηται 跟不定式（εἶναι）。εἶναι ἱκανός 跟不定式（δρᾶσαί）。ὧν = τούτων ἃ（GG § 2531a），τούτων 修饰 τι，ἃ 作 ἤκουσεν 的宾语。τῷ ὑπερβάλλοντι，定冠词 + 分词 = 名词。ὑπερβάλλοντι 跟属格（αὐτῶν）。αὐτῶν 指上文说的听众有能力做到的事情。

35.3［笺释］整理词序：ἐπειδὴ ταῦτα ἐδοκιμάσθη ἔχειν καλῶς τοῖς πάλαι οὕτως, χρὴ ἐμὲ πειρᾶσθαι τυχεῖν τῆς ... βουλήσεώς τε καὶ (τῆς) δόξης ....。ταῦτα，被看作集合名词，用作单数（GG § 958）。ἐδοκιμάσθη 跟不定式（ἔχειν）。ἔχειν καλῶς，"处于良好状态"。τοῖς πάλαι，定冠词 + 形容词 = 名词。χρὴ + 宾格（ἐμὲ）+ 不定式（πειρᾶσθαι）。πειρᾶσθαι 跟不定式（τυχεῖν）。τυχεῖν 跟属格（τῆς ... βουλήσεώς τε καὶ δόξης），"得到......"。ὑμῶν 修饰 ἑκάστου。ὡς ἐπὶ πλεῖστον，"尽可能地"（GG § 1086）。βουλήσεώς 跟前倾词（τε），故其末音节加了高调符号。

36.1［笺释］整理词序：... (ἐστί) δίκαιον αὐτοῖς καὶ (ἐστί) πρέπον τὴν τιμὴν δίδοσθαι ....。δίκαιον 和 πρέπον 跟不定式（δίδοσθαι）。τὴν τιμὴν 作不定式 δίδοσθαι 的主语。ἐν τῷ τοιῷδε，"在这样的场合"。οἱ αὐτοί，定冠词 + 形容词 = 名词。τῶν ἐπιγιγνομένων，定冠词 + 分词 = 名词，修饰 διαδοχῇ。μέχρι τοῦδε，"直到今天"。παρέδοσαν 的宾语是 τὴν χώραν。ἐλευθέραν 修饰 τὴν χώραν。

36.2–3［笺释］ἐκεῖνοί 跟前倾词（τε），故其末音节加了高调符号。ἄξιοι 跟属格（ἐπαίνου）。ὅσην ... ἀρχὴν 既是 κτησάμενοι 的宾语，也是 προσκατέλιπον 的宾语。πρὸς οἷς ἐδέξαντο，"除了他们收到的之外"。οἷς，自主关系代词。τοῖς νῦν，定冠词 + 副词 = 名词。ἡμῖν 和 τοῖς νῦν 是同位语。句子主干：ἡμεῖς ἐπηυξήσαμεν τὰ πλείω αὐτῆς καὶ παρεσκευάσαμεν τὴν πόλιν αὐταρκεστάτην ....。ἡμεῖς 和 οἱ νῦν 是同位语。τὰ πλείω，定冠词 + 形容词 = 名词。αὐτῆς 指上文的 ἀρχήν。τοῖς πᾶσι，定冠词 + 形容词 = 名词，用作副词，"在各个方面"。αὐταρκεστάτην，表语形容词。

36.4［笺释］第一短句主干：*ἐγὼ ἐάσω τὰ ... ἔργα*。*ὧν*，关系代词，其先行词是 *αὐτῶν καὶ τῶν πατέρων*, of them。*κατὰ πολέμους*, "在战争方面"。*οἷς*，关系代词，其先行词是 *τὰ ... ἔργα*, by them。*ἢ ... ἢ ... ἢ ...*, "或者……或者……或者……"。*εἴ* 跟前倾词（*τι*），故加了高调符号。*εἴ τι*, if any。*ἐπιόντα* 修饰 *πολέμιον*。*βουλόμενος* 跟不定式（*μακρηγορεῖν*）。*ἐν* 跟与格（*εἰδόσιν*），in the presence of。第二短句主干：*εἶμι ἐπὶ τὸν ... ἔπαινον*。*αὐτά*，"它们"，指雅典取得的霸权。*μεθ'* = *μετά*，跟属格（*οἵας πολιτείας*）。*ἐξ* 跟属格（*οἵων τρόπων*）。*ἐγένετο* 的主语省略，可以补上（*αὐτά*），指雅典的霸权。*ταῦτα*，"这些"，指刚刚提及的内容。*τὸν ... ἔπαινον*，定冠词＋形容词＝名词。整理词序：*νομίζων αὐτὰ ἀπρεπῆ λεχθῆναι καὶ τὸν ... ὅμιλον εἶναι ξύμφορον ἐπακοῦσαι αὐτῶν*。*ἀπρεπῆ* 跟不定式（*λεχθῆναι*）。*αὐτά* 是 *νομίζων* 的宾语，也作不定式 *λεχθῆναι* 的主语。*νομίζων* ＋宾格（*τὸν ... ὅμιλον*）＋不定式（*εἶναι*）。*εἶναι ξύμφορον* 跟不定式（*ἐπακοῦσαι*）。*ἐπακοῦσαι* 跟属格（*αὐτῶν*）。*αὐτῶν* 指 *τὸν ... ἔπαινον*。*ἐπί ... τῷ παρόντι*，"在目前的场合"。

37.1［笺释］*χρώμεθα* 跟与格（*πολιτείᾳ*）。*μᾶλλον ... ἤ ...*, ... rather than ...。*κέκληται* 跟双宾格（前文的 *πολιτεία* 和 *ὄνομα*）（CGCG § 30.10）。*δημοκρατία* 是 *ὄνομα* 的同位语。*τὸ ... οἰκεῖν*，定冠词＋不定式＝名词。*μέτεστι* ＋ 与格（*πᾶσι*）＋宾格（*τὸ ἴσον*），"……分享……"。*κατά* 跟宾格（*τοὺς νόμους*），"按照……"。*κατὰ τὴν ἀξίωσιν*，同上。*ὡς ἕκαστος*, each of them。*ἔν τῳ*, in any (thing), in any way。*ἐν* 跟前倾词（*τῳ* ＝ *τινι*），故加了高调符号。*ἀπὸ μέρους*, "轮流"（in rotation），一般应作 *ἐν μέρει*，这里大概是为了平衡下文的 *ἀπ' ἀρετῆς*，故用 *ἀπὸ μέρους*。*τὸ πλέον ... ἤ ...* ＝ *μᾶλλον ... ἤ ...*。*τὰ κοινά*，定冠词＋形容词＝名词。*κατά* 跟宾格（*πενίαν*），同上。*ἔχων* 跟不定式（*δρᾶσαι*), being able to。*δρᾶσαι* 跟双宾格（*τὴν πόλιν* 和 *τι*）（CGCG § 30.9）。*τι ἀγαθόν*, anything good。*ἀξιώματος* 修饰 *ἀφανείᾳ*。*κεκώλυται* 的主语是 *ὡς ἕκαστος*。*γέ* 跟前倾词（*τι*），故加了高调符号。

37.2–3［笺释］*τά ... πρὸς τὸ κοινόν*，定冠词＋介词短语＝名词。*πρὸς ἀλλήλους*，"互相"。*καθ' ἡμέραν*，"每天"。*τὸν πέλας*，定冠词＋副词＝名词。*καθ' ἡδονήν*，"按照喜好"。*ἀζημίους* 和 *λυπηρὰς* 均修饰 *ἀχθηδόνας*。*μέν ... δέ ...*，表示对照。*τὰ ἴδια* 和 *τὰ δημόσια*，定冠词＋形容词＝名词，用作副词，"在……方面"。*ἀκροάσει* 跟属格（*τῶν ... ὄντων καὶ τῶν νόμων, καὶ ... αὐτῶν*）。*τῶν ... ὄντων*，定冠词＋分词＝名词。*ὅσοι*，关系形容词（或关联代词），其先行词（*τοσούτων*）被吸收，且被吸收入关系形容词（或关联代词）的格（主格）（GG § § 2537, 2538）。*τῶν ἀδικουμένων*，定冠词＋分词＝名词。

38.1–2［笺释］*καὶ μήν*，"而且"。*νομίζοντες* 跟与格（*ἀγῶσι, θυσίαις* 和 *κατασκευαῖς*），

use。ὧν，关系代词，其先行词是 κατασκευαῖς，修饰 ἡ τέρψις。ἡ καθ' ἡμέραν τέρψις。τὸ λυπηρὸν，定冠词 + 形容词 = 名词。τὰ πάντα，定冠词 + 形容词 = 名词。ξυμβαίνει + 与格（ἡμῖν）+ 不定式（καρποῦσθαι）。μηδὲν + 形容词比较级与格（οἰκειοτέρᾳ）+ ἤ ...，比较句，"……比……不更……"。τῇ ἀπολαύσει，"在享受方面"。τὰ ... γιγνόμενα，定冠词 + 分词 = 名词，作不定式 καρποῦσθαι 的宾语。αὐτοῦ，副词，"那里"，指雅典。τὰ τῶν ἄλλων ἀνθρώπων，定冠词 + 属格 = 名词，也作不定式 καρποῦσθαι 的宾语。

39.1［笺释］διαφέρομεν 跟属格（τῶν ἐναντίων，定冠词 + 形容词 = 名词）。κοινήν，表语形容词。ἔστιν ὅτε，"有时""偶尔"。ἀπείργομέν 跟前倾词（τινα），故其末音节加了高调符号。ἤ ... ἤ ...，"或者……或者……"。πιστεύοντες 跟与格（ταῖς παρασκευαῖς 和 τῷ ... εὐψύχῳ）。ὃ，自主关系代词，指上文所说的情况。τὸ πλέον ... ἤ ...，"与其说……不如说……"。ἀφ' ἡμῶν αὐτῶν，"出于我们自己"。οἱ μὲν ... ἡμεῖς δὲ ...，οἱ 为指示代词（GG § 1106），"他们……我们……"。

39.2–3［笺　释］καθ' ἑαυτούς, on their own, alone。ἁπάντων = ἁπάντων τῶν ξυμμάχων。τήν ... τῶν πέλας (γῆν)。τῶν πέλας，定冠词 + 副词 = 名词。αὐτοί, by themselves。τῇ ἀλλοτρίᾳ (γῇ)。τοὺς ... ἀμυνομένους，定冠词 + 分词 = 名词，作 μαχόμενοι 的宾语。τὰ πλείω，"通常"。πω，"到这时""尚""还"，通常与否定词连用。ἅμα ... καὶ ...，"既……又……"。διὰ 跟宾格（τὴν ... ἐπιμέλειαν 和 τὴν ... ἐπίπεμψιν）。ἡμῶν αὐτῶν，"我们自己的"，意思是没有盟邦。αὐχοῦσιν 跟不定式（ἀπεῶσθαι 和 ἡσσῆσθαι）。πάντας 作不定式 ἀπεῶσθαι 的宾语。κρατήσαντές 跟前倾词（τέ），τέ 又跟前倾词（τινας），故 κρατήσαντές 的末音节和 τέ 都加了高调符号。

39.4［笺释］μᾶλλον ἤ, rather than。μὴ 否定 μετὰ ἀνδρείας。μετὰ 跟属格（ἀνδρείας）。νόμων 和 τρόπων 修饰 ἀνδρείας。... τὸ πλέον ἤ ..., more ... than ...。ἐθέλομεν 跟不定式（κινδυνεύειν）。περιγίγνεται + 与格（ἡμῖν）+ 不定式（προκάμνειν, φαίνεσθαι 和 εἶναι），"某人在……方面有优势"。τοῖς ... ἀλγεινοῖς，定冠词 + 形容词 = 名词。αὐτά，指前文所说的危险。ἀτολμοτέρους，形容词比较级，跟属格（τῶν ... μοχθούντων，定冠词 + 分词 = 名词），表比较。ἀτολμοτέρους 与省略了的 ἡμᾶς（作不定式 φαίνεσθαι 的主语）配合。τὴν πόλιν 作不定式 εἶναι 的主语。εἶναι ἀξίαν 跟不定式（θαυμάζεσθαι）。ἔν 跟前倾词（τε），故加了高调符号。

40.1［笺释］φιλοκαλοῦμέν 跟前倾词（τε），故其末音节加了高调符号。χρώμεθα 跟与格（πλούτῳ 和 καιρῷ, κόμπῳ），we use ... as ...。μᾶλλον ... ἤ ..., rather ... than ... (ἐστίν) αἰσχρόν 跟不定式（ὁμολογεῖν）。τὸ πένεσθαι，定冠词 + 不定式 = 名词。(ἐστίν) αἴσχιον 跟不定式（διαφεύγειν）。

40.2［笺释］第一短句整理词序：*οἰκείων ἅμα καὶ πολιτικῶν* <u>*ἐπιμέλεια* (*ἐστίν*) *ἔνι*</u> <u>*τοῖς αὐτοῖς*</u>, *καὶ μὴ γνῶναι ἐνδεῶς τὰ πολιτικὰ* (*ἐστίν*) (*ἔν*) *ἑτέροις τετραμμένοις πρὸς ἔργα*。*ἔνι* = *ἔν*（韵文的拼写，有几个抄本和残篇写作 *ἔν*，见"牛津本"校勘记）。*ἔνι* 跟前倾词（*τε*），故加了高调符号。*τοῖς αὐτοῖς* = *ἡμῖν*，"（我们）自己"。不定式 *γνῶναι* 作主语，不带定冠词（GG § 1984）。(*ἔν*) *ἑτέροις*，(in) others (of us)。第二短句：*τόν ... μετέχοντα*，定冠词 + 分词 = 名词，作 *νομίζομεν* 的宾语。*μετέχοντα* 跟属格（*τῶνδε*）。*τῶνδε* 指上文的 *τὰ πολιτικά*。第三短句：*οἱ αὐτοί*，the same people，有几个抄本和残篇作 *αὐτοί*（we ourselves），后者更佳。*ἤτοι*，"确实"。*γε*，"至少"，修饰 *κρίνομέν*。*κρίνομέν* 跟前倾词（*γε*），故其末音节加了高调符号。*ἤ*，"或者"。*ἐνθυμούμεθα*，"思考"，这里的意思是立法创制（不仅能对城邦事务做出正确判断，还能深入思考）。*ὀρθῶς*，修饰 *κρίνομέν*。*ἡγούμενοι* 跟双宾格（*τοὺς λόγους*，(*τὸ*) *προδιδαχθῆναι*，*βλάβην*）（CGCG § 30.10）。*προδιδαχθῆναι*，被动态不定式，learn beforehand。*μᾶλλον ... ἤ ...*，"rather ... than ..."。*λόγῳ* 与 *ἔργῳ* 形成对照。*ἐπὶ ἅ δεῖ* (*ἔργῳ ἐλθεῖν*)，on which necessary。*δεῖ* 跟不定式（*ἐλθεῖν*）。*ἅ*，自主关系代词，whatever。

40.3［笺释］第一句：*δή*，强调 *διαφερόντως*。*τόδε*，指前句表达的意思。*ὥστε* 跟不定式（*τολμᾶν* 和 *ἐκλογίζεσθαι*），表结果。*οἱ αὐτοί*，the same people，作 *ἔχομεν* 的主语的同位语；有抄本作 *αὐτοί*（形容词，修饰两个不定式的主语和句子的主语，we ourselves）。*μάλιστα*，"最为""尤其"。*περί* 跟属格（*ὧν*）。*ὧν*，自主关系代词，指将要着手之事。*ὅ*，用作副词，whereas。整理词序：... *ἀμαθία μὲν* (*φέρει*) *θράσος*，*λογισμὸς δὲ φέρει ὄκνον*。第二句主干：*οἱ ... γιγνώσκοντες κριθεῖεν κράτιστοι*。*τὴν ψυχήν*，用作副词，"在精神方面"。*οἱ ... γιγνώσκοντες*，定冠词 + 分词 = 名词。*τὰ ... δεινὰ καὶ ἡδέα*，定冠词 + 形容词 = 名词。*σαφέστατα*，用作副词。*διὰ ταῦτα*，"因为这个"。

40.4–5［笺释］*τὰ ἐς ἀρετὴν*，定冠词 + 介词短语 = 名词，用作副词，in doing good。*τοὺς φίλους*，按照英语的习惯，应理解为 our friends。整理词序：<u>*ὁ δράσας*</u> *τὴν χάριν ὥστε σῴζειν* (*τὴν*) *ὀφειλομένην ᾧ δέδωκε δι' εὐνοίας* <u>(*ἐστί*) *βεβαιότερος*</u>。带双下画线的部分是句子主干。*ὁ δράσας*，定冠词 + 分词 = 名词。*ὥστε* 跟不定式（*σῴζειν*），表结果。*δι'* = *διά*，through。*ᾧ*，自主关系代词，to whom。整理词序：*ὁ ἀντοφείλων* (*ἐστίν*) *ἀμβλύτερος*，*εἰδὼς ἀποδώσων τὴν ἀρετὴν οὐκ ἐς χάριν*，*ἀλλ' ἐς ὀφείλημα*。*ὁ ἀντοφείλων*，定冠词 + 分词 = 名词。*εἰδώς*，属于 Verbs of Knowing and Showing，跟分词（*ἀποδώσων*）（GG § 2106）。整理词序：... *μόνοι ὠφελοῦμεν τινὰ ἀδεῶς οὐ μᾶλλον λογισμῷ τοῦ ξυμφέροντος ἢ τῷ πιστῷ τῆς ἐλευθερίας*。*ἀδεῶς* 修饰 *ὠφελοῦμεν*。*μᾶλλον ... ἤ ...*，... rather than ...。*τοῦ ξυμφέροντος*（定冠词 + 分词 = 名词）

修饰 λογισμῷ。τῆς ἐλευθερίας 修饰 τῷ πιστῷ。

41.1–3［笺释］λέγω+ 宾格（τήν ... πόλιν 和 τὸν ... ἄνδρα）+ 不定式（εἶναι 和 δοκεῖν）。δοκεῖν + 与格（μοι）+ 不定式（παρέχεσθαι）。τὸ σῶμα 作不定式 παρέχεσθαι 的宾语。αὔταρκες, 表语形容词。καθ' ἕκαστον, by itself。ἐπὶ πλεῖστ' ἂν εἴδη, on/in the most various forms (of action)。μετὰ χαρίτων, with grace, μάλιστ' ... εὐτραπέλως, (with) utmost versatility。句子主干：ἡ δύναμις σημαίνει ὡς ...。ὡς, that, 引导宾语从句。整理词序：... τάδε οὐ (ἐστίν) κόμπος λόγων ... μᾶλλον ἢ (τάδε) ἐστὶν ἀλήθεια ἔργων。μᾶλλον ἢ, ... rather than ...。ἐν τῷ παρόντι "现时的" "眼下的"。ἥν, 关系代词, 其先行词是 ἡ δύναμις。整理词序：... μόνη (ἡ πόλις) τῶν νῦν (πόλεων) ... ἔρχεται ἐς πεῖραν, καὶ μόνη οὔτε ἔχει ἀγανάκτησιν τῷ πολεμίῳ ... οὔτε (ἔχει) κατάμεμψιν τῷ ὑπηκόῳ ...。κρείσσων, 二尾型形容词比较级, 阴阳性同, 跟属格（ἀκοῆς），表比较。ἔχει = παρέχει, supply。ἐπελθόντι 与 τῷ πολεμίῳ 配合。ὑφ' οἵων, by whom, 指雅典人, 故用复数（οἵων）。ὡς, that。

41.4–5［笺释］句子主干：θαυμασθησόμεθα τοῖς νῦν καὶ τοῖς ἔπειτα。τοῖς νῦν 和 τοῖς ἔπειτα, 定冠词 + 副词 = 名词。δή, 强调否定词 οὐ。τοι, "真的"。γε, "至少"。ἀμάρτυρόν 跟前倾词（γε），故其末音节加了高调符号, 用作副词。τὴν δύναμιν 作 παρασχόμενοι（被动态）的宾语。οὐδέν ... οὔτε ... οὔτε ..., 多个复合否定词连用, 后两个强调第一个, 仍表否定（GG § 2761）。προσδεόμενοι 跟属格（ἐπαινέτου）。整理词序：... ὅστις τέρψει τὸ αὐτίκα ἔπεσι。τὸ αὐτίκα, 定冠词 + 副词 = 名词, "当下"。整理词序：ἡ ἀλήθεια βλάψει τὴν ὑπόνοιαν τῶν ἔργων。这句话费解, 如果写成 ἡ ὑπόνοια τὴν ἀλήθειαν βλάψει, 或者 τῇ ὑπονοίᾳ ἡ ἀλήθεια βλάψεται, 就好理解了。καταναγκάσαντες + 宾格（θάλασσαν καὶ γῆν）+ 不定式（γενέσθαι）。οἵδε, 指示代词, "这些人", 指雅典人。δικαιοῦντες + 宾格（αὐτήν）+ 不定式（ἀφαιρεθῆναι）。εἰκὸς+ 宾格（τινὰ）+ 不定式（ἐθέλειν）。ἐθέλειν 跟不定式（κάμνειν）。τῶν λειπομένων, 定冠词 + 分词 = 名词, 修饰 τινὰ。

42.1［笺释］δι' ὃ δὴ καί, "就是因为这个"。ὅ, 自主关系代词, 指上文所说的观点。δὴ καί, 表强调。τὰ περὶ τῆς πόλεως, 定冠词 + 介词短语 = 名词。ποιούμενος διδασκαλίαν 跟不定式（εἶναι）。τὸν ἀγῶνα 作不定式 εἶναι 的主语。μηδὲν τῶνδε ὑπάρχει οἷς, nothing of these exists to them。ἐφ' οἷς, on whom。两个 οἷς 均为自主关系代词。整理词序：... καθιστάς τὴν εὐλογίαν φανερὰν σημείοις。直译："通过证据使颂词明显"。

42.2–3［笺释］καί, 用在句首, 用作副词, 表强调, "的确"。αὐτῆς, 指上文的 τὴν εὐλογίαν。ἅ, 关系代词, 其先行词是 τὰ μέγιστα（定冠词 + 形容词 = 名词）。整理词序：... αἱ ἀρεταὶ τῶνδε καὶ τῶν τοιῶνδε ἐκόσμησαν (τὴν πόλιν), καὶ ὁ λόγος ἂν φανείη ἰσόρροπος ὥσπερ τῶνδε τῶν ἔργων οὐκ πολλοῖς τῶν Ἑλλήνων。ὥσπερ 跟属格（τῶνδε τῶν ἔργων）。τῶν Ἑλλήνων 修饰 πολλοῖς。第二句主干：ἡ καταστροφή δοκεῖ μοι δηλοῦν ἀρετήν。δοκεῖ + 与格（μοι）+ 不定式（δηλοῦν）。μηνύουσα、τελευταία 和 βεβαιοῦσα 修饰 ἡ καταστροφή。(ἐστί) δίκαιον 跟不定式（προτίθεσθαι）。τὴν ... ἀνδραγαθίαν 作不定式 προτίθεσθαι 的宾语。ἀφανίσαντες κακὸν ἀγαθῷ, erasing the bad with good。μᾶλλον ... ἤ ..., rather ... than ...。τἆλλα = τὰ ἀλλά, "在其他方面"。τοῖς χείροσι, 定冠词 + 形容词 = 名词。τῶν ἰδίων, 定冠词 + 形容词 = 名词，"私人生活"。

42.4［笺释］这一节很长，但只有一句话。其主干简单，但夹有很多分词引导的从句。其主干：τις ἐμαλακίσθη, ἐποιήσατο ἀναβολὴν, ἐβουλήθησαν μὲν τιμωρεῖσθαι δὲ ἐφίεσθαι, ἔφυγον τὸ αἰσχρὸν, ὑπέμειναν τὸ ἔργον, ἀπηλλάγησαν τῆς δόξης μᾶλλον ἢ τοῦ δέους。τῶνδε 修饰 τις。πλούτου 修饰 τὴν ἀπόλαυσιν。οὔτε πενίας ἐλπίδι, ὡς κἂν ἔτι διαφυγὼν αὐτὴν πλουτήσειεν = οὔτε ἐλπίδι, ὡς διαφυγὼν τὴν πενίαν κἂν ἔτι πλουτήσειεν。ὡς 跟祈愿语气（πλουτήσειεν）, in order to。ποθεινοτέραν, 形容词比较级，跟属格（αὐτῶν），表比较。νομίσαντες + 宾格（τόνδε）+ 表语形容词（κάλλιστον）。κινδύνων 修饰 τόνδε。ἐβουλήθησαν, 异态动词（形式是被动的，意思是主动的），跟不定式（τιμωρεῖσθαι 和 ἐφίεσθαι）。τοὺς μὲν ... = τοὺς ἐναντίους（τῶν 为指示代词，GG § 1106），作不定式 τιμωρεῖσθαι 的宾语。ἐφίεσθαι, 有抄本作 ἀφίεσθαι, 指上"洛布本"采用，确实更佳。ἀφίεσθαι 跟属格（τῶν δὲ ...）, let go。τῶν 为指示代词（GG § 1106），指上文所说的享受自己的财富和致富的希望等。μὲν ... δὲ ..., 表对照。μετ' αὐτοῦ = μετὰ τοῦ κινδύνου。τὸ ἀφανὲς, 定冠词 + 形容词 = 名词，中性，用作副词，"在……方面"。τοῦ κατορθώσειν（定冠词 + 不定式 = 名词）修饰 τὸ ἀφανές。ἐπιτρέψαντες 跟与格（ἐλπίδι）。τοῦ ... ὁρωμένου, 定冠词 + 分词 = 名词。ἀξιοῦντες 跟不定式（πεποιθέναι）。σφίσιν αὐτοῖς, to themselves。ἐν αὐτῷ τῷ (κινδύνῳ)。ἡγησάμενοι 跟不定式（ἀμύνεσθαι、παθεῖν 和 σῴζεσθαι）。μᾶλλον ... ἤ ..., rather ... than ...。ὑπέμειναν τὸ ἔργον, "等待战斗"。τύχης ἅμα ἀκμῇ, "在命运的转折关头"。τύχης 修饰 ἀκμῇ, 不修饰前面的 καιροῦ。ἀπηλλάγησαν 跟属格（τῆς δόξης 和 τοῦ δέους）。μᾶλλον ... ἤ ..., rather ... than ...。①

43.1［笺释］第一短句：καὶ, and thus。οἵδε, 这些人，指为雅典捐躯的人。第二短句很长，主干简单，但从句多。其主干是：χρὴ τοὺς λοιποὺς εὔχεσθαι, ἀξιοῦν ἔχειν τὴν ... διάνοιαν。χρὴ + 宾格（τοὺς λοιπούς）+ 不定式（εὔχεσθαι 和 ἀξιοῦν）。τοὺς λοιπούς =

---

① 其他可能的解释参见戈姆《评注》，第 2 卷，页 132—135。

τοὺς λειπομένους。ἀσφαλεστέραν 和 ἀτολμοτέραν，比较级形容词，用作副词，与那些捐躯者比较。ἀξιοῦν 跟不定式（ἔχειν）。整理词序：ἣν ἄν τις μηκύνοι πρὸς αὐτοὺς ὑμᾶς εἰδότας οὐδὲν χεῖρον, λέγων ὅσα ἀγαθὰ ἔνεστιν ἐν τῷ ... ἀμύνεσθαι。ἥν，关系代词，其先行词是 τὴν ὠφελίαν，作 μηκύνοι 的宾语。εἰδότας 修饰 ὑμᾶς。χεῖρον，中性形容词，用作副词。τῷ ... ἀμύνεσθαι，定冠词 + 不定式 = 名词。μᾶλλον，rather。καθ' ἡμέραν，"每日"。ἔργῳ ... τὴν ... δύναμιν = οἷα ἔργῳ ἐστὶν ἡ τῆς πόλεως δύναμις。θεωμένους、γιγνομένους 和 ἐνθυμουμένους 与 ὑμᾶς 配合。αὐτῆς 修饰 ἐραστάς。ὅταν δόξῃ ὑμῖν (αὐτὴν) εἶναι μεγάλῃ，"一旦你们认识到她是伟大的"。δόξῃ + 与格（ὑμῖν）+ 不定式（εἶναι）。αὐτὴν 作不定式 εἶναι 的主语，指雅典城邦。ὅτι 引导的从句主干：ἄνδρες ἐκτήσαντο αὐτά。τοῦ 是 τις 的属格，修饰 πείρᾳ。ἀξιοῦντες 跟不定式（στερίσκειν）。στερίσκειν + 宾格（τὴν πόλιν）+ 属格（τῆς ... ἀρετῆς），to deprive ... of ...。αὐτῇ，to her。

43.2–4 [笺释] κοινῇ，to the common cause。ἰδίᾳ，for themselves。ᾧ，关系代词，其先行词是 τὸν τάφον。οὐκ μᾶλλον ... ἀλλ' ...，"与其说……不如说……"。παρὰ τῷ ἐντυχόντι αἰεὶ ... καιρῷ，"在每一个合适的场合"。λόγου 和 ἔργου 修饰 καιρῷ。αἰείμνηστος 修饰 ἡ δόξα。整理词序：γῆ (ἐστί) τάφος, ἐπιγραφὴ οὐ μόνον (ἐστί) ἐν τῇ ... σημαίνει, ἀλλὰ ἐν τῇ ... προσηκούσῃ, μνήμη ἐνδιαιτᾶται παρ' ... τῆς γνώμης μᾶλλον ἢ τοῦ ἔργου。οὐ μόνον ... ἀλλὰ ...，"不仅……而且……"。τῇ ... προσηκούσῃ，定冠词 + 分词 = 名词。ἄγραφος，二尾型形容词（阴阳性变格同），修饰 μνήμη。παρ' 跟属格（τῆς γνώμης），from。ἑκάστῳ，for each one。τοῦ ἔργου，与 τῆς γνώμης 对举，可以引申为"刻在石头上的"。οὕς，关系代词，其先行词是 ἀνδρῶν。ὑμεῖς，句子主语已经包含在动词命令语气（περιορᾶσθε）中，这里表示强调。κρίναντες 跟双宾格（τὸ εὔδαιμον 和 τὸ ἐλεύθερον、τὸ ἐλεύθερον 和 τὸ εὔψυχον）（CGCG § 30.10）。

43.5–6 [笺释] οἱ κακοπραγοῦντες，定冠词 + 分词 = 名词。δικαιότερον，用作副词。ἀφειδοῖεν 跟属格（τοῦ βίου）。οἷς ἐλπὶς οὐκ ἔστιν ἀγαθοῦ，"希望对他们来说不是好的""他们没有好的希望"。οἷς，关系代词，其先行词是 οἱ κακοπραγοῦντες。ἀγαθοῦ，表语属格。整理词序：ἡ ἐναντία μεταβολὴ οἷς κινδυνεύεται ἐν τῷ ζῆν。ἡ ἐναντία μεταβολή，"反向的变化"，即由幸运到不幸的变化。οἷς，自主关系代词，to whom。τῷ ζῆν，定冠词 + 不定式 = 名词。ἐν οἷς，in whose case（οἷς，自主关系代词）。τὰ διαφέροντα (ἐστί) μεγάλῃ。τι，用作副词，"在某种程度上"。句子主干：ἡ ... κάκωσις (ἐστίν) ἀλγεινοτέρα ἢ ὁ ... θάνατος。ἡ ... κάκωσις = ἡ ἐναντία μεταβολή。ἔχοντι 与 ἀνδρί 配合。μετὰ 跟属格（τοῦ μαλακισθῆναι，定冠词 + 不定式 = 名词）。μετὰ 跟属格（ῥώμης 和 ἐλπίδος）。γιγνόμενος ἀναίσθητος 与 θάνατος 配合。

44.1［笺释］*τῶνδε*，指那些捐躯者。*μᾶλλον ἢ ...*, rather than ...。*ἐπίστανται* 跟分词（*τραφέντες*）。最后短句主干：(*ἐστί*) *τὸ εὐτυχές, καὶ ὁ βίος ξυνεμετρήθη*。*οἵ*, 关系代词, 其先行词是 *τῶνδε*。*λάχωσιν* 跟属格（*τῆς εὐπρεπεστάτης τελευτῆς*）。*οἵδε*（"这些人", 指捐躯者）与 *ὑμεῖς* 对举。*μέν ... δέ*, 表对照。*... ὑμεῖς (δὲ ἂν λάχωσιν τῆς εὐπρεπεστάτης) λύπης ...*。*οἷς*, 关系代词, 其先行词是 *τῶνδε*, to whom。*ἐνευδαιμονῆσαί* 和 *ἐντελευτῆσαι*, 不带定冠词的不定式, 表示 "在……方面"（like an accusative of respect）（GG § 2005）。*ἐνευδαιμονῆσαί* 跟前倾词（*τε*）, 故其末音节加了高调符号。

44.2［笺释］*χαλεπὸν ... οἶδα πείθειν ὄν = οἶδα (ἐστί) χαλεπὸν πείθειν (τὸ) ὄν*。(*ἐστί*) *χαλεπὸν* 跟不定式（*πείθειν*）。(*τὸ*) *ὄν*, 定冠词 + 分词 = 名词, "事实"。*ὤν*, 关系代词, 其先行词是 (*τὸ*) *ὄν*, 修饰 *ὑπομνήματα*。*ἄλλων*, "别人的", 修饰 *εὐτυχίαις*。*αἷς*, 关系代词, 其先行词是 *εὐτυχίαις*。*αὐτοί*, yourselves。*λύπη οὐχ (ἐστίν) ...*。*πειρασάμενος* 与 *τις* 配合, 跟属格（*ὧν*）。*ὧν*, 关系代词, 其先行词是 *ἀγαθῶν*。*στερίσκηται* 跟属格（*ἀγαθῶν*）。*ἀφαιρεθῇ* 跟属格（*οὗ*）。*οὗ*, 关系代词, 其先行词是 *ἐθάς*。

44.3［笺释］*χρὴ* 跟不定式（*καρτερεῖν*）。*ἄλλων παίδων* 修饰 *ἐλπίδι*。*οἷς*, 自主关系代词, for whom。*ἡλικία*, 跟解释性不定式（*ποιεῖσθαι*）（GG § 2004）。*τέκνωσιν* 作不定式 *ποιεῖσθαι* 的宾语。整理词序：*... οἱ ἐπιγιγνόμενοί τισιν ἔσονται λήθη τῶν οὐκ ὄντων*。*ἐπιγιγνόμενοί* 跟前倾词（*τισιν*）, 故其末音节加了高调符号。*ἰδίᾳ*, "对于个人而言"。*οἱ ἐπιγιγνόμενοί* 和 *τῶν οὐκ ὄντων*, 定冠词 + 分词 = 名词。*διχόθεν*, 副词, "在两个方面"。*τοῦ ... ἐρημοῦσθαι*, 定冠词 + 不定式 = 名词。*οἷόν τε* 跟不定式（*βουλεύεσθαι*）。*οἷόν* 跟前倾词（*τε*）, 故其末音节加了高调符号。*ἴσον τι ἢ δίκαιον*, 用作副词（或者解作：作 *βουλεύεσθαι* 的宾语）。*οἷ*, 自主关系代词。*ἐκ τοῦ ὁμοίου = ὁμοίως*。*παραβαλλόμενοι*, 中动态, exposing oneself to, 其宾语是 *παῖδας*。

44.4［笺释］*αὖ*, "另一方面"。*ἡγεῖσθε* 和 *κουφίζεσθαι* 都是命令语气。*ἡγεῖσθε* 跟双宾格（*τὸν πλέονα βίον* 和 *κέρδος*）（CGCG § 30.10）。*ὄν*, 关系代词, 其先行词是 *τὸν πλέονα βίον*。(*ἡγεῖσθε*) + 宾格（*τόνδε*）+ 不定式（*ἔσεσθαι*）。*τῶνδε*, 指捐躯者。*τὸ φιλότιμον μόνον (ἐστίν) ἀγήρων ... τὸ κερδαίνειν ... μᾶλλον τέρπει, ἀλλὰ τὸ τιμᾶσθαι* (*τέρπει*)。*μᾶλλον ... ἀλλὰ ...*, "不是……而是……"。*τινές* 跟前倾词（*φασι*）, 故其末音节加了高调符号。

45.1［笺释］*ὅσοι*, 关系形容词（或关联代词）, 其先行词（*τοσούτοις*）被吸收, 且被吸收入关系形容词（或关联代词）的格（主格）（GG §§ 2537, 2538）。*τούτοις* 与 *παισὶ* 和 *ἀδελφοῖς* 配合。*ἤ*, or。*μέγαν*, 表语形容词。*εἴωθεν* 跟不定式（*ἐπαινεῖν*）。*τὸν ... ὄντα*, 定冠词 + 分词 = 名词。*καθ' = κατὰ*, 跟宾格（*ὑπερβολὴν*）, according to。ἀρετῆς 修饰 ὑπερβολήν。ὀλίγῳ 跟比较级（χείρους）（GG § 1514）。χείρους，用作副词。κριθεῖτε 是 κρίνω 的第二人称不定过去时、被动态。φθόνος (ἐστί) τοῖς ζῶσι ...。τοῖς ζῶσι，定冠词 + 分词 = 名词。τὸ ἀντίπαλον，定冠词 + 形容词 = 名词。τὸ ... ἐμποδών，定冠词 + 副词 = 名词。

45.2 ［笺释］δεῖ + 宾格（με）+ 不定式（μνησθῆναι）。τι，作不定式 μνησθῆναι 的宾语。γυναικείας 和 ἀρετῆς 修饰 τι。句子主干：ἡ δόξα (ἐστίν) μεγάλη ὑμῖν καὶ κλέος ἂν ᾖ ἐπ' ἐλάχιστον。χείροσι 形容词比较级，跟属格（τῆς ... φύσεως），表比较，与 ὑμῖν 配合。修饰 ἡ δόξα 跟解释性不定式（γενέσθαι）（GG § 2004）。ἧς，关系代词，其先行词是 δόξα，修饰 κλέος。ἀρετῆς πέρι ἢ ψόγου = περὶ ἀρετῆς ἢ ψόγου（GG § 175a）（CGCG § 60.14）。ἤ，"或者"。ἐν τοῖς ἄρσεσι, among men。

46.1–2 ［笺释］整理词序：ὅσα εἶχον πρόσφορα εἴρηται ἐμοὶ λόγῳ κατὰ τὸν νόμον, καὶ οἱ θαπτόμενοι ἤδη κεκόσμηνται ἔργῳ ... ἡ πόλις θρέψει τοὺς παῖδας, προτιθεῖσα ὠφέλιμον στέφανον。οἱ θαπτόμενοι，定冠词 + 分词 = 名词。λόγῳ ... ἔργῳ ...，"口头上……实际上……"。τὰ μὲν ... τὰ δὲ ...，"一方面……另一方面……"。αὐτῶν，指捐躯者。τὸ ἀπὸ τοῦδε，定冠词 + 介词短语 = 名词，用作副词，for the future。ὠφέλιμον στέφανον，"有益的花冠"，意思是"好处和荣誉"。τοῖσδέ，"这些人"，指捐躯者，跟前倾词（τε），故其末音节加了高调符号。τοῖς λειπομένοις，定冠词 + 分词 = 名词。οἷς，自主关系代词，for whom。τοῖς δὲ, τοῖς 为指示代词（GG § 1106），指上文的 οἷς。ὅν προσήκει ἑκάστῳ, whom is akin to for each one。ὅν，自主关系代词，指捐躯者，作ἀπολοφυράμενοι 的宾语。

47.1–4 ［笺释］διελθόντος αὐτοῦ 和 τοῦ θέρους ... ἀρχομένου，独立属格结构。τὰ δύο μέρη τὰ，用作副词。δύο μέρη，"两部分""三分之二"（如果分子比分母少 1，分母就省略）（GG § 353）。ὄντων αὐτῶν，独立属格结构。πω，"到这时""尚""还"，通常与否定词连用。πολλὰς ἡμέρας，宾格，用作副词。ἤρξατο 跟不定式（γενέσθαι）。λεγόμενον，"据说"，跟不定式（ἐγκατασκῆψαι）。ἐμνημονεύετο，被动态，跟不定式（γενέσθαι）。οὐ ... οὐδὲ ... οὐδαμοῦ，简单否定词 + 复合否定词，后两个强调第一个，仍表否定（CGCG § 56.4）。οὕτως 修饰 γενέσθαι。τοσοῦτός 跟前倾词（γε），故其末音节加了高调符号。ἤρκουν 跟分词（θεραπεύοντες）。τὸ πρῶτον，"首先"。ὅσῳ，跟从句，与最高级副词（μάλιστα）连用，"鉴于"。οὔτε ... οὐδεμία，两个复合否定词连用，后者强调前者，仍表否定（GG § 2761）。ἤ, or。ἐχρήσαντο 跟与格（μαντείοις 和 τοῖς τοιούτοις）。ἀπέστησαν 跟属格（αὐτῶν），"停止做……""放弃……"。τοῦ κακοῦ，定冠词 + 形容词 = 名词。τελευτῶντές 跟前倾词（γε），故其末音节加了高调符号。

卷 二　101

48.1–3［笺释］τὸ ... πρῶτον，"第一次"。ὡς λέγεται，"据说"。τῆς ὑπὲρ Αἰγύπτου，定冠词＋介词短语＝名词。τὴν ... γῆν τὴν πολλήν，重复定冠词结构。ἥψατο 跟属格（τῶν ἀνθρώπων）。αὐτῶν 指 τῶν ἀνθρώπων。ὡς，that。πολλῷ 跟比较级（μᾶλλον）（GG § 1514）。第一短句主干：λεγέτω ἰατρὸς καὶ ἰδιώτης περὶ αὐτοῦ ... ἀφ' ὅτου ... καὶ τὰς αἰτίας τοσαύτης μεταβολῆς。λεγέτω，第三人称命令语气，跟主格（ἰατρὸς καὶ ἰδιώτης），"让……说……"。ὡς ἕκαστος γιγνώσκει，as each one knows。ἦν εἰκὸς＋宾格（αὐτό）＋不定式（γεγέσθαι）。ἅστινας，复合关系代词，其先行词是 τὰς αἰτίας，whatever。νομίζει＋宾格（ἅστινας）＋不定式（εἶναι）。εἶναι ἱκανὰς 跟不定式（σχεῖν）。δύναμιν 作不定式 σχεῖν 的宾语。τὸ μεταστῆσαι，定冠词＋不定式＝名词。第二短句主干：ἐγὼ λέξω οἷόν τε ἐγίγνετο, δηλώσω ταῦτα。οἷόν τε ἐγίγνετο，what it was like as it happened。ὧν，关系代词，其先行词是 ταῦτα。τι 作分词 προειδὼς 的宾语。ἔχοι 跟不定式（ἀγνοεῖν），he should be able to。σκοπῶν，分词，修饰 τις。νοσήσας 和 ἰδὼν，分词，修饰 ἐγώ。οἷόν 跟前倾词（τε），故其末音节加了高调符号。εἴ 跟前倾词（ποτε），故加了高调符号。

49.1–4［笺释］ὡς，as。整理词序：τὸ ἔτος ἐκεῖνο ἐτύγχανεν ὂν ἄνοσον ἐς τὰς ... ἀσθενείας。ἐτύγχανεν 跟分词（ὄν）。ἐκ πάντων ＝ ὑπὸ πάντων。δή，强调 μάλιστα。τι，宾格，anything。προύκαμνέ 跟前倾词（τι），故其末音节加了高调符号。τοὺς ἄλλους，用作副词，in other cases。句子主干：θέρμαι καὶ ἐρυθήματα καὶ φλόγωσις ἐλάμβανε τοὺς ἄλλους。动词 ἐλάμβανε 与最近的主语（φλόγωσις）配合，故用单数。ὄντας 与τοὺς ... ἄλλους 配合。ἀπ' 跟属格（προφάσεως）。πρῶτον μέν，"首先"。τὰ ἐντός，定冠词＋副词＝名词。ἥ，定冠词，跟前倾词（τε），故加了高调符号。αὐτῶν，指上文描述的症状。χρόνῳ，in process of time。αὐτήν，指 τὴν καρδίαν。整理词序：... ἀποκαθάρσεις ... ἐπῇσαν。从句整理词序：πᾶσαι ὅσαι εἰσὶν ὠνομασμέναι ὑπὸ ἰατρῶν。ἀνέστρεφέ 跟前倾词（τε），故其末音节加了高调符号。τοῖς πλέοσιν，定冠词＋形容词＝名词。ἐνδιδοῦσα，"产生"。τοῖς μὲν ... τοῖς δὲ ...，"有些……有些……"。μετὰ 跟宾格（ταῦτα），"在……之后"。ταῦτα 指第三阶段的症状，即 ἀποκαθάρσεις。λωφήσαντα 修饰 ταῦτα。πολλῷ 跟比较级（ὕστερον）（GG § 1514）。

49.5［笺释］τὸ ... ἔξωθεν, τὰ ... ἐντός，定冠词＋副词＝名词。μὲν ... δὲ ...，表对照。(τὸ) σῶμα，定冠词省略。ὥστε 跟不定式（ἀνέχεσθαι 和 ῥίπτειν），表结果。τὰς ἐπιβολὰς 和 ἄλλο τι 作不定式 ἀνέχεσθαι 的主语。ἄλλο τι ἤ ...，anything other than ...。σφᾶς αὐτούς，作不定式 ῥίπτειν 的宾语。ἥδιστά，用作副词。ἥδιστά 跟前倾词（τε），故其末音节加了高调符号。ἄν 跟不定式（ῥίπτειν）不常见，这里表示条件，即如果他

们能够这么做。第二句主干：πολλοὶ ἔδρασαν τοῦτο, τό ... ποτόν καθειστήκει。καὶ，and in fact。

49.6［笺释］τοῦ ... ἡσυχάζειν，定冠词 + 不定式 = 名词。διὰ παντός，always。ὅσονπερ χρόνον καὶ，so long as，throughout。παρὰ δόξαν，"令人惊奇"。ὥστε 跟句子。ἢ ... ἢ ...，"或者……或者……"。οἱ πλεῖστοι 和 οἱ πολλοὶ，定冠词 + 形容词 = 名词。ἔχοντές 跟前倾词（τι），故其末音节加了高调符号。τι 作 ἔχοντές 的宾语。τοῦ νοσήματος ἐπικατιόντος ...，独立属格结构。整理词序：ἰσχυρᾶς <u>ἑλκώσεώς ἐγγιγνομένης</u> αὐτῇ，其中双下画线部分为独立属格结构。ἑλκώσεώς 跟前倾词（τε），故其末音节加了高调符号。διαρροίας ... ἐπιπιπτούσης，独立属格结构。αὐτὴν 指 διαρροίας。

49.7-8［笺释］句子主干：τὸ ... κακόν διεξῄει, ἀντίληψις ἐπεσήμαινεν。τὸ κακόν，定冠词 + 形容词 = 名词。διὰ παντὸς，through the whole。ἀρξάμενον 修饰 τὸ κακόν。εἴ 跟前倾词（τις），故加了高调符号。τῶν μεγίστων，定冠词 + 形容词 = 名词。γε，"至少"。αὐτοῦ 指 τὸ κακόν。στερισκόμενοι 跟属格（τούτων 和 τῶν ὀφθαλμῶν）。εἰσὶ οἳ，there are those who，some（GG § 2514）。整理词序：λήθη τῶν πάντων ὁμοίως <u>ἐλάμβανε τοὺς ... ἀναστάντας</u>。双下画线部分为句子主干。τῶν πάντων ὁμοίως，every object alike。τοὺς (παραυτίκα) ἀναστάντας，定冠词 + 分词 = 名词，"那些痊愈者（立即……）"。ἠγνόησαν 的主语是"那些痊愈者"。σφᾶς ... αὐτοὺς，themselves。τοὺς ἐπιτηδείους，定冠词 + 形容词 = 名词。

50.1-2［笺释］第一短句主干：τὸ εἶδος προσέπιπτεν ἑκάστῳ, ἐδήλωσε ὂν ἄλλο τι ἢ ... τι。κρεῖσσον，形容词比较级，跟属格（λόγου），表比较。τά ἄλλα，"在其他方面"，指除上句所说的其他方面，很难译出。χαλεπωτέρως ἢ...，表比较。ἐδήλωσε 跟分词（ὂν）。ἄλλο τι ἢ ...，anything else than ...。τῶν ξυντρόφων，定冠词 + 分词 = 名词，修饰 τι。ἅπτεται 跟属格（ἀνθρώπων）。πολλῶν ... γιγνομένων，独立属格结构。ἢ ... ἢ ...，"或者……或者……"。句子主干：τεκμήριον (ἐστί), ἐπίλειψις ἐγένετο, καὶ οὐχ ἑωρῶντο, οἱ κύνες παρεῖχον αἴσθησιν。οὐχ ... οὔτε ... οὔτε ... οὐδέν，简单否定词 + 复合否定词，后者强调前者，仍表否定（CGCG § 56.4）。περὶ τοιοῦτον = περὶ σώματα。τοῦ ἀποβαίνοντος 修饰 αἴσθησιν。τὸ ξυνδιαιτᾶσθαι，定冠词 + 不定式 = 名词。

51.1-2［笺释］第一句主干：τὸ ... νόσημα ἦν τοιοῦτον ἐπὶ ... τὴν ἰδέαν。παραλιπόντι 与 ἑκάστῳ 配合。ὡς ἑκάστῳ，each for himself。整理词序：ἐτύγχανέ γιγνόμενον τι διαφερόντως ἑτέρῳ πρὸς ἕτερον。ἐτύγχανέ 跟分词（γιγνόμενον），跟前倾词（τι），故其末音节加了高调符号。τι，宾格，anything。πρὸς 跟宾格（ἕτερον），towards，"与……相比"。κατ' ἐκεῖνον τὸν χρόνον，"在那段时间内"。τῶν εἰωθότων，定冠词 + 分词 = 名词。

ὅ, 用在句首（有时用 ἅ）, as to what, "至于……方面"（GG § 2494）。οἱ μὲν ... οἱ δὲ ..., "有的……有的……"。ἕν τε οὐδὲ ἕν ... ἴαμα, 非常强烈的否定, "绝对没有哪一种治疗方案"。有抄本作 "ἕν τε οὐδὲν ... ἴαμα", 似乎更简明。ὡς εἰπεῖν, one has to say。ὅτι, "洛布本"作 ὅ τι, anything which。χρῆν + 不定式（ὠφελεῖν）。不定式 ὠφελεῖν 的宾语省略, 应为 αὐτούς。προσφέροντας（apply）与省略了的 αὐτούς 配合。τὸ ξυνενεγκὸν, 定冠词 + 分词 = 名词。τῳ = τινί。

51.3–4［笺释］整理词序：οὐδὲν σῶμά διεφάνη ὂν αὔταρκες πρὸς αὐτὸ περὶ ἰσχύος ἢ ἀσθενείας ...。διεφάνη 跟分词（ὄν）。σῶμά 跟前倾词（τι）, 故其末音节加了高调符号。ἰσχύος πέρι ἢ ἀσθενείας = περὶ ἰσχύος ἢ ἀσθενείας（GG § 175a）（CGCG § 60.14）。ἢ, or。καί, "甚至"。τὰ ... θεραπευόμενα, 定冠词 + 分词 = 名词。句子主干：δεινότατον ἦν ἥ ... ἀθυμία ... καὶ ὅτι ...。δεινότατον, "最可怕的（事情）", 注意它是中性的。ἥ, 定冠词, 跟前倾词（τε）, 故加了高调符号。αἴσθοιτο 跟分词（κάμνων）。τὸ ἀνέλπιστον, 定冠词 + 形容词 = 名词。τῇ γνώμῃ, "在思想上"。πολλῷ μᾶλλον, "更可能"。πολλῷ 跟比较级（μᾶλλον）（GG § 1514）。σφᾶς αὐτούς, themselves。ἀφ' 跟属格（θεραπείας）。整理词序：τοῦτο ἐνεποίει τὸ ... φθόρον。

51.5–6［笺释］θέλοιεν 跟不定式（προσιέναι）。ἀπορίᾳ 跟属格（τοῦ θεραπεύσοντος, 定冠词 + 分词 = 名词）, "缺少……"。οἱ μεταποιούμενοι, 定冠词 + 分词 = 名词。μεταποιούμενοι 跟属格（ἀρετῆς）, "自以为具备……"。τι, 用作副词, to some degree, somehow。ἠφείδουν 跟属格（σφῶν αὐτῶν）。ἐπεὶ καί, "因为"（GG § 2240）。τὰς ὀλοφύρσεις 作 ἐξέκαμνον 的宾语。τῶν ἀπογιγνομένων, 定冠词 + 分词 = 名词。οἱ διαπεφευγότες、τὸν θνήσκοντα 和 τὸν πονούμενον, 定冠词 + 分词 = 名词。τὸ προειδέναι, 定冠词 + 不定式 = 名词。προειδέναι 跟不定式（εἶναι）。τὸν αὐτόν, the same (person), 作 ἐπελάμβανεν 的宾语。ὥστε 跟不定式（κτείνειν）, 表结果, "以至于"。句子主干：ἐμακαρίζοντό ... , καὶ εἶχόν τι ἐλπίδος μηδ' διαφθαρῆναι。ἐλπίδος 跟不定式（διαφθαρῆναι）, 修饰 τι。ἐμακαρίζοντό 跟前倾词（τε）, 故其末音节加了高调符号。αὐτοί, 形容词, 修饰主语。παραχρῆμα, 副词。τῷ ... περιχαρεῖ, 定冠词 + 形容词 = 名词。ποτε, some day。νοσήματός 跟前倾词（ποτε）, 故其末音节加了高调符号。

52.1–4［笺释］ἡ ξυγκομιδὴ ἐπίεσε αὐτούς ...καὶ ... τοὺς ἐπελθόντας。πρός 跟与格（τῷ ... πόνῳ）, "除了……之外"。οὐχ ἧσσον = μᾶλλον。τοὺς ἐπελθόντας, 定冠词 + 分词 = 名词。οἰκιῶν ... ὑπαρχουσῶν, 独立属格结构。(αὐτῶν) διαιτωμένων, 独立属格结构。ὥρᾳ ἔτους, 本义"季节", 在史家笔下, 往往指征战的季节, 即夏季。οἷς, 关系代词, 其先行词是 τὰ ἱερά。αὐτοῦ, just there。(ἐκείνων/αὐτῶν) ἐναποθνῃσκόντων, 独

立属格结构。ὑπερβιαζομένου ... τοῦ κακοῦ，独立属格结构。οὐκ ἔχοντες ὅτι γένωνται，not knowing what was to become of them。ἔχοντες = εἰδότες。ὅτι，"洛布本"和阿尔伯蒂的校勘本作 ὅ τι，anything which。ἐχρῶντο 跟与格（οἷς）。οἷς，关系代词，其先行词是 νόμοι。ὡς ἕκαστος ἐδύνατο，each one as he could。τῶν ἐπιτηδείων，定冠词+形容词=名词。τὸ ... προτεθνάναι，定冠词+不定式=名词。συχνοὺς，形容词、宾格，many，与省略了的名词宾格（指他们的家庭成员）配合，此宾格作不定式 προτεθνάναι 的主语。οἱ μὲν ... οἱ δὲ ...，"有的……有的……"。καιομένου ἄλλου (ἀνθρώπου)，独立属格结构。ὃν，关系代词，其先行词是 νεκρὸν，作分词 ἐπιβαλόντες 的宾语。

53.1［笺释］第一句主干：τὸ νόσημα ἦρξε ἀνομίας。ἦρξε 跟属格（ἀνομίας）。ἐς τἆλλα (τὰ ἄλλα)，"在其他方面"。ἐπὶ πλέον，"更大程度"。ῥᾷον，用作副词。ἐτόλμα 跟不定式（ποιεῖν）。ἃ，自主关系代词，whatever。τῶν εὐδαιμόνων ... θνησκόντων，独立属格结构。τῶν ... κεκτημένων ... ἐχόντων，独立属格结构。τἀκείνων = τὰ ἐκείνων。ὥστε 跟陈述句，so that。ἠξίουν 跟不定式（ποιεῖσθαι）。ταχείας 修饰 τὰς ἐπαυρέσεις。τὰς ἐπαυρέσεις 作不定式 ποιεῖσθαι 的宾语。τὸ τερπνὸν，定冠词+形容词=名词。

53.3［笺释］第一短句主干：οὐδεὶς ἦν πρόθυμος。τὸ ... προσταλαιπωρεῖν (τῷ ... καλῷ)，定冠词+不定式=名词，用作副词，表示"在……方面"。τῷ ... καλῷ，定冠词+形容词=名词。εἰ，whether。πρὶν 跟不定式（ἐλθεῖν）。αὐτὸ，指 τῷ ... καλῷ。句子主干：τοῦτο κατέστη καλὸν καὶ χρήσιμον。κατέστη 跟表语形容词（καλὸν καὶ χρήσιμον），made，rendered。ὅτι，"洛布本"和阿尔伯蒂的校勘本作 ὅ τι，anything which。ἡδὺ 和 κερδαλέον 与 ὅ τι 配合。αὐτὸ，指 τι ... ἡδύ。τοῦτο 指 ὅ τι 引导的从句。

53.4［笺释］θεῶν φόβος，"对神的恐惧"。ἤ，or。整理词序：... κρίνοντες τὸ ... σέβειν καὶ (τὸ) μὴ (σέβειν) ἐκ τοῦ ... ὁρᾶν ...。κρίνοντες 是复数，它应该与前句中的主语（"雅典人"）配合，但这个主语却是单数，这种语法上不一致叫作 Anacoluthon，这种不一致可以增强文字的生动和鲜活（GG §§3004, 3008）。τὸ ... σέβειν 和 τοῦ ... ὁρᾶν，定冠词+不定式=名词。πάντας 作不定式 ὁρᾶν 的宾语。τῶν ἁμαρτημάτων（定冠词+分词=名词）修饰 οὐδεὶς。βιοὺς 作 ἐλπίζων 的宾语。μέχρι 跟属格（τοῦ ... γενέσθαι (καὶ) (τοῦ) ... ἀντιδοῦναι）。δίκην 作不定式 γενέσθαι 的主语。τὴν τιμωρίαν 作不定式 ἀντιδοῦναι 的宾语。πολὺ μείζω，用作副词。ἐλπίζων + 宾格（τὴν κατεψηφισμένην）+ 不定式（ἐπικρεμασθῆναι），supposing，believing。ἣν，关系代词，作不定式 ἐμπεσεῖν 的主语，其先行词是 τὴν κατεψηφισμένην。πρὶν 跟不定式（ἐμπεσεῖν）。εἶναι εἰκὸς 跟不定式（ἀπολαῦσαι）。ἀπολαῦσαι 跟属格（τοῦ βίου）。τι，用作副词，"在某种程度上"。

54.1–2［笺释］ἀνθρώπων ... θνησκόντων 和 γῆς ... δῃουμένης，独立属格结构。τῷ κακῷ，定冠词 + 形容词 = 名词。οἷα εἰκός，as was natural。ἀνεμνήσθησαν，异态动词，形式是被动的，意思是主动的，跟属格（τοῦ ἔπους）。οἱ πρεσβύτεροι，定冠词 + 形容词 = 名词。φάσκοντες 跟不定式（ᾄδεσθαι）。引号里面的句子作不定式 ᾄδεσθαι 的主语。

54.3［笺释］ἔρις 跟不定式（ὠνομάσθαι）。λοιμόν 和 λιμόν 作不定式 ὠνομάσθαι 的主语。τῶν παλαιῶν，定冠词 + 形容词 = 名词。ἐπὶ τοῦ παρόντος，"当时"。ἐνίκησε 跟不定式（εἰρῆσθαι）。λοιμόν 作不定式 εἰρῆσθαι 的主语。ἅ，自主关系代词，whatever。第二句主干：οἶμαί ᾄσονται。ἤν = ἐάν，"如果"。Δωρικός 修饰 πόλεμος。ὕστερος 跟属格（τοῦδε），later than …。τοῦδε 指 ἄλλος πόλεμος。ξυμβῇ 跟不定式（γενέσθαι）。λιμόν 作不定式 γενέσθαι 的主语。οἶμαί 跟前倾词（ποτε），故其末音节加了高调符号。κατὰ τὸ εἰκός，"很可能"。

54.4–5［笺释］μνήμη ἐγένετο τοῖς εἰδόσιν，直译"记忆对于那些知道的人产生"，即"那些知道的人记起"。τοῖς εἰδόσιν，定冠词 + 分词 = 名词。εἰ，whether。χρή 跟不定式（πολεμεῖν）。ἀνεῖλε αὐτοῖς。ἀνεῖλε + 宾格（νίκην）+ 不定式（ἔσεσθαι）。πολεμοῦσι，分词，与 αὐτοῖς 配合。ἔφη 跟不定式（ξυλλήψεσθαι）。ᾔκαζον + 宾格（τὰ γιγνόμενα）+ 不定式（εἶναι）。ἐσβεβληκότων ... τῶν Πελοποννησίων，独立属格结构。ὅτι，"洛布本"和阿尔伯蒂的校勘本作 ὅ τι，anything which。ἄξιον 跟不定式（εἰπεῖν）。τὰ πολυανθρωπότατα，定冠词 + 形容词 = 名词。τὰ ... γενόμενα，定冠词 + 不定过去时分词 = 名词，"已经发生的事情"。

55.1–2［笺释］μέχρι 跟属格（Λαυρείου），"直至"。οὗ，关系副词，where。… ἐστιν Ἀθηναίοις，"……对于雅典人来说是""雅典人有……"。μέταλλά 跟前倾词（ἐστιν），故其末音节加了高调符号。τὴν τετραμμένην πρὸς ... (γῆν)。ᾗ，关系副词，where。περί 跟属格（τοῦ ... ἐπεξιέναι，定冠词 + 不定式 = 名词）。

56.1–5［笺释］αὐτῶν ... ὄντων，独立属格结构。πρίν 跟不定式（ἐλθεῖν）。τοῦ ἐλθεῖν，定冠词 + 不定式 = 名词。μέντοι，副词，加强否定意味。γε，副词，"总之"。προυχώρησέ 跟前倾词（γε），故其末音节加了高调符号。ἔτεμον 跟属格（τῆς ... γῆς），"蹂躏部分（土地）"。

57.1–2［笺释］ὅσον ... χρόνον，表时间的宾格，表示贯穿该时间段。οἵ，定冠词，跟前倾词（τε），故加了高调符号。τῇ γῇ τῇ Ἀθηναίων，重复定冠词结构。ἔν 跟前倾词（τε），故加了高调符号。ὥστε，表结果，"以至于"。καί，"甚至"。ἐλέχθη + 宾格（τοὺς Πελοποννησίους）+ 不定式（ἐξελθεῖν）。ὡς，"因为"。ἐπυνθάνοντο + 宾格（ὅτι 引导的从句）+ 属格（τῶν αὐτομόλων），"从……得知……"。θᾶσσον，用作副词。πλεῖστόν ... χρόνον 和 ἡμέρας ... τεσσαράκοντα，表时间的宾格，表示贯穿该时间段。τῇ γῇ τῇ

Ἀττικῇ，重复定冠词结构。ἐγένοντο，were。

58.1-3［笺释］τοῦ ... θέρους，属格，表示在该时间段内。ἐκεῖνος 指伯里克利。ἐχρήσατο 跟与格（ᾗπερ）。ᾗπερ，关系代词，其先行词是τὴν στρατιάν。ἐπειρῶντο 跟不定式（ἑλεῖν）。整理词序：ἡ αἵρεσις τῆς πόλεως οὔτε προυχώρει αὐτοῖς οὔτε τἆλλα (ἐστίν) ἀξίως τῆς παρασκευῆς, ... ἡ νόσος ... ἐπίεσε τοὺς Ἀθηναίους ... , ὥστε ... νοσῆσαι ....。双下画线部分为句子主干。προυχώρει 跟与格（αὐτοῖς），"……对于……来说进展顺利"。τἆλλα = τὰ ἀλλὰ，"在其他方面"。ἀξίως，副词，跟属格（τῆς παρασκευῆς）。δή，小品词，加强ἐνταῦθα的语气。ὥστε 跟不定式（νοσῆσαι），表结果。τοὺς στρατιώτας 作不定式 νοσῆσαι 的主语。πρὸ τοῦ，"在此之前"。ὑγιαίνοντας，分词，与 τοὺς στρατιώτας 配合。ἀπολέσας，分词，与主语 ὁ Ἅγνων 配合。

59.1-3［笺释］ὡς，"因为"。ἥ，定冠词，跟前倾词（τε），故加了高调符号。τὸ δεύτερον，"再次"。ὡς，since。πείσαντα + 宾格（σφᾶς）+ 不定式（πολεμεῖν）。ὥρμηντο 跟不定式（ξυγχωρεῖν）。ὡς αὐτούς，to them。ἄποροι καθεστηκότες = εἰς ἀπορίαν。ὁ δέ，but he（见前文 1.24.5 笺释）。αὐτούς，指雅典人。τὰ παρόντα，定冠词 + 分词 = 名词。ἅπερ，关系副词，in the way that, like。ἐβούλετο 跟不定式（θαρσῦναί和καταστῆσαι）。τὸ ὀργιζόμενον，定冠词 + 分词 = 名词。τὸ ἠπιώτερον，定冠词 + 形容词 = 名词。ἀδεέστερον，用作副词。θαρσῦναί 跟前倾词（τε），故其末音节加了高调符号。

60.1-2［笺释］句子主干：τὰ τῆς ὀργῆς γεγένηται μοι。τὰ τῆς ὀργῆς ὑμῶν ἐς με，"你们对我的愤怒"。προσδεχομένῳ 与 μοι 配合。ἕνεκα 跟属格（τούτου）。ἐς 跟前倾词（με），故加了高调符号。εἰ 跟前倾词（τι），故加了高调符号。τι，用作副词，"在某种程度上"。ἤ ... ἤ...，"或者……或者……"。ἡγοῦμαι + 宾格（πόλιν）+ 不定式（ὠφελεῖν）。πλείω ... ἤ..., "比……更多地……"。ὠφελεῖν 的宾语是 τοὺς ἰδιώτας。καθ' ἕκαστον，"个别地"。τῶν πολιτῶν 修饰 ἕκαστον。前半句没提"个人遭殃"可以依据后半句补上。

60.3-4［笺释］句子主干：ἀνὴρ ξυναπόλλυται, διασῴζεται。φερόμενος καλῶς，"繁荣""兴盛""成功"。τὸ καθ' ἑαυτόν，定冠词 + 介词短语 = 名词，用作副词，"在他自己的事业方面"。διαφθειρομένης τῆς πατρίδος，独立属格结构。οὐδὲν ἧσσον ...，"不少于……""与……一样"。πολλῷ 跟比较级（μᾶλλον）(GG § 1514)。整理词序：... πόλις (ἐστίν) οἵα φέρειν τὰς ... ξυμφοράς, εἷς ... ἕκαστος (ἐστίν) ἀδύνατος (φέρειν) τὰς ἐκείνης (ξυμφορὰς) ...。ὁπότε，since。(ἐστίν) οἵα + 不定式（φέρειν），she is able to。εἷς ... ἕκαστος，each one of them。ἐκείνης 指 πόλις。χρή + 宾格（πάντας）+ 不定式（ἀμύνειν）。αὐτῇ 指 πόλις。整理词序：... μὴ δρᾶτε ὅ νῦν ὑμεῖς (δρᾶτε)。ὅ，自主关系代

词，that。*κατ' οἶκον*，at home，与下文的 *τοῦ κοινοῦ* 对举。*ἀφίεσθε* 跟属格（*τῆς σωτηρίας*）。*τοῦ κοινοῦ* 修饰 *τῆς σωτηρίας*。*ἔχετε δι' αἰτίας*，"指责"（GG § 1685.1a），其宾语是 *ἐμέ ... καὶ ὑμᾶς αὐτούς*。*τὸν ... παραινέσαντα*，定冠词 + 分词 = 名词，与 *ἐμέ* 配合。*παραινέσαντα* 跟不定式（*πολεμεῖν*）。*ὑμᾶς αὐτούς*，yourselves。*οἵ*，关系代词，其先行词是 *ὑμᾶς*。

60.5［笺释］*καίτοι*，and yet。*ὅς*，关系代词，其先行词是 *ἐμοί*。*οἴομαι* 跟不定式（*εἶναι*、*γνῶναί* 和 *ἑρμηνεῦσαι*）。*ἥσσων*，形容词比较级，跟属格（*οὐδενός*），表比较。*τὰ δέοντα*，定冠词 + 分词 = 名词，what has to be done。*ταῦτα* 指 *τὰ δέοντα*。*κρείσσων*，形容词比较级，跟属格（*χρημάτων*），表比较，superior to。*γνῶναί* 和 *φιλόπολίς* 跟前倾词（*τε*），故其末音节都加了高调符号。

60.6［笺释］*ὅ* 跟前倾词（*τε*），故加了高调符号。*ὁ ... γνούς* 和 *ὁ ... ἔχων*，定冠词 + 分词 = 名词。*ἐνεθυμήθη*，异态动词，形式是被动的，意义上表主动。*ὁμοίως*，"同样地"。*τι*，anything，作 *φράζοι* 的宾语。*οἰκείως*，"忠心地"。*προσόντος ... τοῦδε*、（*τοῦδε*）... *νικωμένου* 和 *τούτου ἑνὸς*（*προσόντος*），独立属格结构。*τοῦδε* 指上文的"爱城邦"。*τούτου* 指为钱财所动。*τὰ ξύμπαντα*，定冠词 + 形容词 = 名词。

60.7［笺释］*ὥστ'*，so, therefore。*εἰ* 跟前倾词（*μοι*），故加了高调符号。*ἐπείσθητε πολεμεῖν μοι*，"你们被我劝说开战"。*ἐπείσθητε* 跟不定式（*πολεμεῖν*）。*ἡγούμενοι* + 宾格（*αὐτά*）+ 不定式（*προσεῖναι*）。*αὐτά* 指上文所说的爱城邦，不为钱财所动的情况。*μέσως* 修饰 *ἡγούμενοι*，"适度地"。*μᾶλλον*，副词比较级，跟属格（*ἑτέρων*）。*τοῦ ... ἀδικεῖν*，定冠词 + 不定式 = 名词，修饰 *αἰτίαν*。*γε*，at least，表强调。

61.1［笺释］此句主干：（*τὸ*）*πολεμῆσαι*（*ἐστίν*）*ἄνοια*, *εἰ ἢ*（*τὸ*）*ὑπακοῦσαι ... ἢ ...*（*τὸ*）*περιγενέσθαι ἦν ἀναγκαῖον*, *ὁ φυγὼν ...*（*ἐστι*）*μεμπτότερος τοῦ ὑποστάντος*。*οἷς*，自主关系代词，to whom。*αἵρεσις γεγένηται*，"选择（战争或者和平）已经发生"。*εὐτυχοῦσι* 与 *οἷς* 配合。*τἆλλα* = *τὰ ἄλλα*，"在其他方面（除了战争）"。*ἢ ... ἢ ...*，"或者……或者……"。*ὑπακοῦσαι* 跟与格（*τοῖς πέλας*，定冠词 + 副词 = 名词）（GG § 1464）。*ὁ φυγών*，定冠词 + 分词 = 名词。*μεμπτότερος*，形容词比较级，跟属格（*τοῦ ὑποστάντος*），表比较。*τοῦ ὑποστάντος*，定冠词 + 分词 = 名词。

61.2［笺释］*ὁ αὐτός*，the same man。*ξυνέβη* + 与格（*ὑμῖν*）+ 不定式（*πεισθῆναι*, *μεταμέλειν* 和 *φαίνεσθαι*），it happened to somebody that ...。*ἀκεραίοις* 和 *κακουμένοις* 与 *ὑμῖν* 配合。*τὸν ... λόγον* 作不定式 *φαίνεσθαι* 的主语。*ὀρθόν* 与 *τὸν ... λόγον* 配合。*τῆς γνώμης* 修饰 *τῷ ... ἀσθενεῖ*。*τὸ ... λυποῦν*，定冠词 + 不定式 = 名词。*ἔχει τὴν αἴσθησιν* = *αἰσθάνεται*。整理词序：*ἡ δήλωσις ἄπεστιν τῆς ὠφελίας ἅπασι*。*ἄπεστιν* 跟属格（*τῆς* ὠφελίας）。ταύτης ... μεταβολῆς ... ἐμπεσούσης，独立属格结构。整理词序：ἡ ὑμῶν διάνοια（ἐστί）ταπεινὴ ἐγκαρτερεῖν ἃ ἔγνωτε。ταπεινή 跟不定式（ἐγκαρτερεῖν）（类似 ὀλίγος 和 βραχύς 等）。ἐξ ὀλίγου，suddenly。ἅ，自主关系代词，whatever。

61.3［笺释］此句主干：τὸ αἰφνίδιον καὶ ἀπροσδόκητον καὶ τὸ ... ξυμβαῖνον δουλοῖ φρόνημα，ὃ γεγένηται ὑμῖν。τὸ αἰφνίδιον καὶ ἀπροσδόκητον，定冠词＋形容词＝名词。τὸ ... ξυμβαῖνον，定冠词＋分词＝名词。δουλοῖ，主动态，enslaves。ὅ，关系代词，指上文所说的情况。πρός 跟与格（τοῖς ἄλλοις），"除了"。οὐχ ἥκιστα，"尤其"。κατά 跟宾格（τὴν νόσον），"关于"。

61.4［笺释］此句主干：（ἐστί）χρεών（ὑμᾶς）ἐθέλειν ... μὴ ἀφανίζειν ... ἀντιλαμβάνεσθαι ...。（ἐστί）χρεών＝χρή＋宾格（ὑμᾶς，省略）＋不定式（ἐθέλειν、ἀφανίζειν 和 ἀντιλαμβάνεσθαι）。οἰκοῦντας、τεθραμμένους 和 ἀπαλγήσαντας 与省略了的 ὑμᾶς 配合。ἐθέλειν 跟不定式（ὑφίστασθαι）。τὴν ἀξίωσιν 作不定式 ἀφανίζειν 的宾语。ἀντιλαμβάνεσθαι 跟属格（τῆς σωτηρίας），lay claim to。τοῦ κοινοῦ 修饰 τῆς σωτηρίας。ἐν ἴσῳ＝ὁμοίως。δικαιοῦσι 跟不定式（αἰτιᾶσθαι 和 μισεῖν）。ἐλλείπει 跟属格（τῆς ... δόξης），"缺少"。τὰ ἴδια，定冠词＋形容词＝名词。τόν ... ὀρεγόμενον，定冠词＋分词＝名词。ὀρεγόμενον 跟属格（τῆς ... προσηκούσης）。

62.1［笺释］第一短句主干：ἀρκείτω ἐκεῖνα ὑμῖν，let those be suffice to you。ἀρκείτω，第三人称命令语气，跟主格（ἐκεῖνα）。整理词序：ἀπέδειξα αὐτὸν ὀρθῶς。αὐτόν 指 τὸν πόνον。τὸν πόνον τὸν κατὰ τὸν πόλεμον，重复定冠词结构，宾格，表示"在……方面"。ὑποπτευόμενον 与 αὐτόν 配合。ὑποπτευόμενον＋μή＋虚拟语气（γένηταί 和 περιγενώμεθα），表示怀疑的内容，μή 为赘词。οὐδὲν μᾶλλον，"还是不……"。γε，at least。δή，表强调。γένηταί 跟前倾词（τε），故其末音节加了高调符号。οἷς，关系代词，其先行词是 ἐκεῖνα。第二短句主干：δηλώσω ... τόδε。ὅ，关系代词，其先行词是 τόδε。μοι δοκεῖτε αὐτοί，you yourselves seem to me ...。δοκεῖτε 跟不定式（ἐνθυμηθῆναι）。ὅ 作不定式 ἐνθυμηθῆναι 的宾语。ἐνθυμηθῆναι 是异态动词，形式是被动态，意思表主动。(ὅ) ὑπάρχον ὑμῖν，"它对你们来说存在""你们有它"。ἐς τὴν ἀρχήν，"关于霸权"。μεγέθους πέρι＝περὶ μεγέθους（GG § 175a）（CGCG § 60.14），"就范围而论"。整理词序：(ἐγώ) ἐχρησάμην (αὐτῷ) ἔχοντι τὴν προσποίησιν κομπωδεστέραν。ἐχρησάμην 跟与格（αὐτῷ，省略，指 τόδε）。ἔχοντι 与省略了 αὐτῷ 的配合。κομπωδεστέραν 修饰 τὴν προσποίησιν。μή 否定分词 ἑώρων。παρὰ τὸ εἰκός，"不合适"。

62.2［笺释］第一短句主干：οἴεσθε ἄρχειν τῶν ξυμμάχων，ἐγὼ ἀποφαίνω ὑμᾶς ὄντας κυριωτάτους τοῦ ἑτέρου ... ἐφ' ... ἐπί ...。οἴεσθε 跟不定式（ἄρχειν）。ἄρχειν 跟属格

(τῶν ξυμμάχων)。κυριωτάτους 跟属格（τοῦ ἑτέρου）。δύο μερῶν 修饰 τοῦ ἑτέρου。τῶν ... φανερῶν，定冠词 + 形容词 = 名词，与 μερῶν 配合。ἐφ' ὅσον ... ἐπὶ πλέον ...，not only on ... but also on ...。第二短句主干：οὐκ ἔστιν ὅστις κωλύσει ὑμᾶς。οὐκ ἔστιν ὅστις/ὅς，no one。οὔτε ... οὐδέν，两个复合否定词连用，后者强调前者，仍表否定（GG § 2761）。τῷ παρόντι，定冠词 + 分词 = 名词。

62.3［笺释］第一短句主干：ὥστε ... ἡ δύναμις φαίνεται οὐ κατὰ τὴν ... χρείαν。ὥστε 跟句子。νομίζετε 跟不定式（ἐστερῆσθαι）。ἐστερῆσθαι 跟属格（ὧν）。ὧν，关系代词，其先行词是 τῶν οἰκιῶν 和 τῆς γῆς。μεγάλων 修饰 ὧν。第二短句主干：οὐδ' εἰκὸς φέρειν ... μᾶλλον ἢ (εἰκὸς) ὀλιγωρῆσαι ... γνῶναι ... φανῆναι ... ἰέναι ...。εἰκὸς 跟不定式（φέρειν、ὀλιγωρῆσαι、γνῶναι、φανῆναι 和 ἰέναι），"应该……"。φέρειν χαλεπῶς 跟属格（αὐτῶν），"为……感到痛苦"（GG § 1405）。μᾶλλον ἢ οὐ，rather than ...，οὐ 为赘词（GG § 2753）。πρὸς ταύτην，"与之相比"。ταύτην 指 ἡ δύναμις。νομίσαντας 与省略了的 αὐτοὺς 配合（αὐτοὺς 作不定式 φέρειν、ὀλιγωρῆσαι、γνῶναι、φανῆναι 和 ἰέναι 的主语）。ἢν = ἐάν，"如果"。ἀντιλαμβανόμενοι 跟属格（αὐτῆς）。αὐτῆς 指 ἐλευθερίαν。ταῦτα 指上文的房屋和土地。γνῶναι ἐλευθερίαν ... ἀναληψομένην ταῦτα ...，这里的 γνῶναι 意思是"认识到"。γνῶναι 跟不定式（φιλεῖν）时，意思是"判断""决定"。γνῶναι + 宾格（τὰ προκεκτημένα）+ 不定式（φιλεῖν）。φιλεῖν 跟不定式（ἐλασσοῦσθαι），love to ...。ὑπακοῦσαι 跟属格（ἄλλων），与下文的 ὑμῖν 配合（或者 ὑμῖν 暗含于此）。τὰ προκεκτημένα 作不定式 ἐλασσοῦσθαι 的主语。χείρους，形容词比较级，跟属格（τῶν πατέρων），表比较。κατ' ἀμφότερα，"在两方面"。χείρους 与省略了的 ὑμᾶς 配合。ὑμᾶς 作不定式 φανῆναι 的主语。οἷ，关系代词，其先行词是 τῶν πατέρων。αὐτά 指雅典的霸权。(ἐστίν) αἴσχιον + 不定式（ἀφαιρεθῆναι 和 ἀτυχῆσαι）。ἔχοντας 和 κτωμένους 与省略了的 ὑμᾶς 的配合。ἤ，than。

62.4–5［笺释］句子主干：αὔχημα ἐγγίγνεται τινί, καταφρόνησις (ἐγγίγνεται τινί)。δειλῷ 与 τινί 配合。ὅς，关系代词，其先行词是 τινί。πιστεύῃ 跟不定式（προύχειν）。προύχειν 跟属格（τῶν ἐναντίων）。τῶν ἐναντίων，定冠词 + 形容词 = 名词。ὅ，关系代词，其先行词是 καταφρόνησις。ἡμῖν ὑπάρχει，"对我们而言有""我们有"。句子主干：ἡ ξύνεσις παρέχεται τὴν τόλμαν, πιστεύει ἧσσον ἐλπίδι ... , γνώμῃ ...。πιστεύει 跟与格（ἐλπίδι 和 γνώμῃ）。ἐχυρωτέραν, ἧσσον 和 βεβαιοτέρα，用作副词。前一个 ἧς，关系代词，其先行词是 ἐλπίδι。后一个 ἧς，关系代词，其先行词是 γνώμῃ。

63.1［笺释］(ἐστίν) εἰκὸς + 不定式（βοηθεῖν, φεύγειν, διώκειν 和 νομίσαι）。ὑμᾶς 作不定式 βοηθεῖν 的主语。βοηθεῖν 跟与格 τῷ τιμωμένῳ。τῷ τιμωμένῳ，定冠词 + 分

词 = 名词。τῆς ... πόλεως 修饰 τῷ τιμωμένῳ。τοῦ ἄρχειν，定冠词 + 不定式 = 名词。ᾧπερ，关系代词，其先行词是 τῷ τιμωμένῳ。ἀγάλλεσθε 跟与格（ᾧπερ）。ἤ，"要么"。περὶ 跟属格（ἑνὸς，στερήσεως 和 κινδύνου）。ἀντ' = ἀντὶ，跟属格（ἐλευθερίας）。νομίσαι 跟不定式（ἀγωνίζεσθαι）。ἀρχῆς 修饰 στερήσεως。ὧν = τούτων ἅ，关系代词 ἅ 被其先行词 τούτων（省略）所吸引（attracted），故采用其格（GG § § 2522, 2538）。ἅ 作 ἀπήχθεσθε 的主语。

63.2［笺释］ἔστιν + 不定式（ἐκστῆναι），it is possible to ...。ἐκστῆναι 跟属格（ἧς）。ἧς，关系代词，其先行词是 ἀρχῆς。εἴ 跟前倾词（τις），故加了高调符号。τόδε = τὸ ἐκστῆναι τῆς ἀρχῆς，作分词 δεδιὼς 的宾语。τῷ παρόντι，定冠词 + 分词 = 名词。ὡς，as, like。ἥν，关系代词，其先行词是 ἀρχῆς。整理词序：(τὸ) λαβεῖν ἥν δοκεῖ εἶναι ἄδικον, (τὸ) ἀφεῖναι (ἥν δοκεῖ εἶναι) ἐπικίνδυνον。δοκεῖ 跟不定式（εἶναι 和 ἀφεῖναι）。

63.3［笺释］第一短句整理词序：οἱ τοιοῦτοι τάχιστα ἂν ἀπολέσειαν πόλιν ... καὶ εἰ αὐτόνομοι οἰκήσειαν ἐπὶ σφῶν αὐτῶν που (ἂν ἀπολέσειαν πόλιν)。οἱ τοιοῦτοι，定冠词 + 形容词 = 名词，"这类人"。εἴ 跟前倾词（που），故加了高调符号。ἐπὶ σφῶν αὐτῶν，by themselves。第二短句主干：τὸ ἄπραγμον οὐ σῴζεται ... οὐδὲ ξυμφέρει ..., ἀλλὰ ἀσφαλῶς δουλεύειν。τὸ ... ἄπραγμον，定冠词 + 形容词 = 名词。τοῦ δραστηρίου，定冠词 + 形容词 = 名词。ἀσφαλῶς 跟不定式（δουλεύειν）。

64.1［笺释］ᾧ, with whom，关系代词，其先行词是 ἐμὲ。ξυνδιέγνωτε 跟不定式（πολεμεῖν）。ἅπερ εἰκὸς ἦν (δρᾶσαι)。ἅπερ，自主关系代词，whatever。εἰκὸς ἦν 跟不定式（δρᾶσαι，省略）。ἐθελησάντων ὑμῶν，独立属格结构。ἐθελησάντων 跟不定式（ὑπακούειν）。ἐπιγεγένηταί 跟前倾词（τε），故其末音节加了高调符号。πέρα，副词，跟属格（ὧν）。ὧν = τούτων ἅ，关系代词 ἅ 被其先行词 τούτων（省略）所吸引（attracted），故采用其格（GG § § 2522, 2538）。πρᾶγμα，指上句所说"瘟疫降临到我们头上"这件事，实际上是上句的同位语、中性、宾格，用作副词（GG § 1607）。τῶν πάντων 修饰 μόνον。δὴ，表强调。κρεῖσσον，形容词比较级，跟属格（ἐλπίδος），表比较。αὐτήν，指瘟疫。ὅτι，that。μέρος τι，用作副词，in part。παρὰ λόγον，"出乎意料"。τι，宾格，anything。

64.2-3［笺释］χρή 跟不定式（φέρειν）。τά δαιμόνια，定冠词 + 形容词 = 名词，作不定式 φέρειν 的宾语。τά ... ἀπὸ τῶν πολεμίων，定冠词 + 介词短语 = 名词。ταῦτα (ἐστίν) ἐν ἔθει τῇδε τῇ πόλει ...。ταῦτα，被看作集合名词，用作单数（GG § 958）。μὴ + 不定过去时虚拟语气（κωλυθῇ），命令语气，don't do it just this once。γνῶτε，命令语气，其宾语是 αὐτήν。ἔχουσαν 与 αὐτήν 配合。διὰ 跟宾格（τὸ ... εἴκειν ... ἀνηλωκέναι,

定冠词 + 不定式 = 名词）。εἴκειν 跟与格（ταῖς ξυμφοραῖς）。ἧς，关系代词，其先行词是 δύναμιν，修饰 μνήμη。τοῖς ἐπιγιγνομένοις，定冠词 + 分词 = 名词。πέφυκε 跟不定式（ἐλασσοῦσθαι）。ὅτι 引导的从句修饰 μνήμη。Ἕλληνες 是主语 ἡμεῖς 的同位语。ἤρξαμεν 跟属格（Ἑλλήνων）。μέχρι τοῦδε，"至今"。ἢν καὶ νῦν，"即使在现在的情况下"。ἀντέσχομεν 跟与格（πολέμοις）。τοῖς πᾶσιν，"在各个方面"。

64.4–6［笺释］καίτοι，"确实"。ταῦτα，指上文所说的情况。ὁ ... ἀπράγμων，定冠词 + 形容词 = 名词。ὁ ... βουλόμενος，定冠词 + 分词 = 名词。βουλόμενος 跟不定式（δρᾶν）。τι，宾格，something。αὐτὸς，跟在定冠词后面，the same，意思是"跟我们一样的人"。τὸ ... μισεῖσθαι ... εἶναι (λυπηροὺς)，定冠词 + 不定式 = 名词。ἐν τῷ παρόντι，"一时的"。ὅσοι，关系形容词（或关联代词），其先行词（τοσούτοις）被吸收，且被吸引到关系形容词（或关联代词）的格（主格）(GG § 2538)。ἠξίωσαν 跟不定式（ἄρχειν）。ἄρχειν 跟属格（ἑτέρων）。ἐπὶ πολὺ，"长时间"。ἡ ... λαμπρότης καὶ δόξα καταλείπεται。τὸ ἔπειτα，定冠词 + 副词 = 名词。τὸ μέλλον，定冠词 + 分词 = 名词。τὸ αὐτίκα，定冠词 + 副词 = 名词。τῷ ... προθύμῳ，定冠词 + 形容词 = 名词。ὡς，for，since。ἔς 跟前倾词（τε），故加了高调符号。κράτιστοί 跟前倾词（εἰσιν），故其末音节加了高调符号。

65.1–2［笺释］ἐπειρᾶτο + 宾格（τοὺς Ἀθηναίους）+ 不定式（παραλύειν 和 ἀπάγειν）。παραλύειν 跟属格（τῆς ... ὀργῆς）。τῶν ... δεινῶν，定冠词 + 形容词 = 名词。ἔς 跟前倾词（τε），故加了高调符号。οἱ δὲ，but they（见前文 1.24.5 笺释）。δημοσίᾳ，"在公共事务方面"。ἰδίᾳ，"在私人事务方面"。ὅτι，"因为"。μὲν ... δέ ...，表对照。ἐστέρητο 跟属格（τούτων）。καί，"甚至"。τούτων，指"赖以起家的少量财产"（ὁρμώμενος ἀπ' ἐλασσόνων）。τὸ ... μέγιστον，"首要的"。ἀντ' = ἀντί，跟属格（εἰρήνης）。

65.3–4［笺释］οὐ ... πρότερόν ... πρὶν ...，"直到……才……"。πρότερόν 跟前倾词（γε），故其末音节加了高调符号。μέντοι，"确实"。γε，"至少""无论如何"。ἐπαύσαντο 跟分词（ἔχοντες）。αὐτὸν，指伯里克利。χρήμασιν，与格。ὕστερον ... οὐ πολλῷ，"此后不久"。πολλῷ 跟比较级（ὕστερον）(GG § 1514)。ὅπερ，自主关系代词，the very thing which。φιλεῖ 跟不定式（ποιεῖν）。μὲν ... δέ ...，表对照。ὧν μὲν περὶ τὰ οἰκεῖα ἕκαστος ἤλγει 和 ὧν δὲ ἡ ξύμπασα πόλις προσεδεῖτο，均相当于 ταῦτα，表示"在……方面"。ἤλγει 跟属格（ὧν）。ὧν，自主关系代词。προσεδεῖτο 跟属格（ὧν），中动态，"需要……"。ὧν，自主关系代词。νομίζοντες + 宾格（αὐτὸν，省略）+ 不定式（εἶναι）。εἶναι ἄξιον 跟属格（πλείστου）。

65.5–6［笺释］ὅσον ... χρόνον ...，表时间的宾格，表示贯穿该时间段。προύστη

跟属格（τῆς πόλεως）。αὐτήν，指雅典城邦。ἐπ᾽ ἐκείνου，"在他的时代"。ὁ δὲ，and he（见前文 1.24.5 笺释）。φαίνεται 跟分词（προγνούς）。ἐν τούτῳ，in that case，in the meantime。... ἔτη καὶ ... μῆνας，表时间的宾格，表示贯穿该时间段。ἡ πρόνοια ... ἡ ἐς τὸν πόλεμον，重复定冠词结构。ἐπὶ πλέον，"更多地"。

65.7［笺释］ὁ μὲν ... οἱ δὲ ...，"他……他们……"，ὁ 和 οἱ 作指示代词（GG § 1106）。ἡσυχάζοντάς 跟前倾词（τε），故其末音节加了高调符号。ἔφη + 宾格（αὐτούς，省略）+ 不定式（περιέσεσθαι）。分词 ἡσυχάζοντάς, θεραπεύοντας, ἐπικτωμένους 和 κινδυνεύοντας 与省略了的 αὐτούς 配合。ταῦτά 跟前倾词（τε），故其末音节加了高调符号。整理词序：... ἄλλα δοκοῦντα εἶναι ἔξω τοῦ πολέμου ...。ἄλλα，"在别的方面"。ἔξω 跟属格（τοῦ πολέμου）。σφᾶς αὐτούς，themselves。ἃ，自主关系代词，whatever，指那些人的所作所为。κατορθούμενα 和 σφαλέντα 与 ἃ 配合。ἐς 跟前倾词（τε），故加了高调符号。

65.8–10［笺释］ὅτι，that。ἀδωρότατος 跟属格（χρημάτων）。αὐτοῦ 指 τὸ πλῆθος。διὰ 跟宾格（τὸ ... λέγειν，定冠词 + 不定式 = 名词）。τι，宾格，anything。ἔχων 跟不定式（ἀντειπεῖν），being able to。τι，同上。μᾶλλον ... ἤ ...，more ... than ...。分词 ὤν、γενόμενος, κτώμενος 和 ἔχων 均与 ἐκεῖνος 配合。ἐξ οὗ προσηκόντων，"用不合适的方法"。πρὸς 跟宾格（ἡδονήν 和 ὀργήν），so as to。γοῦν，at any rate。τι，用作副词，"在某种程度上"。τὸ φοβεῖσθαι 和 τὸ θαρσεῖν，定冠词 + 不定式 = 名词。λόγῳ ... ἔργῳ ...，"名义上……实际上……"。οἱ ... ὕστερον，定冠词 + 副词 = 名词。整理词序：αὐτοὶ ὄντες ἴσοι πρὸς ἀλλήλους。μᾶλλον，"更"。ὀρεγόμενοι 跟属格（τοῦ ... γίγνεσθαι，定冠词 + 不定式 = 名词）。ἐτράποντο 跟不定式（ἐνδιδόναι）。τὰ πράγματα 作不定式 ἐνδιδόναι 的宾语。

65.11–13［笺释］ἐξ ὧν，from which。ὧν，自主关系代词，指前文所说的情况。ἄλλα ... καὶ ...，"尤其是……"。ὡς，since。ὅς，关系代词，其先行词是 ὁ ... πλοῦς。οὐ τοσοῦτον ... ὅσον ...，"与其说……不如说……"。οὕς，自主关系代词，whom。οἱ ἐκπέμψαντες 和 τοῖς οἰχομένοις，定冠词 + 分词 = 名词。οὐ 否定分词 ἐπιγιγνώσκοντες。τὰ πρόσφορα，定冠词 + 形容词 = 名词，"有利的（措施）"。τά ... ἐν τῷ στρατοπέδῳ，定冠词 + 介词短语 = 名词，"军事行动"，作 ἐποίουν 的宾语。τὰ περὶ τὴν πόλιν，定冠词 + 介词短语 = 名词，用作副词，"在城邦内部方面"。τρία ἔτη，表时间的宾格，表示贯穿该时间段。τοῖς ... πολεμίοις，定冠词 + 形容词 = 名词。τοῖς ἀπὸ Σικελίας μετ᾽ αὐτῶν (πολεμίοις)。τῶν ξυμμάχων 修饰 τοῖς πλέοσιν。ὅς，关系代词，其先行词是 Κύρῳ。οὐ πρότερον ... ἤ ...，"直到……才……"。ἐν σφίσι = ἐν σφίσιν αὐτοῖς。τοσοῦτον ἐπερίσσευσε τῷ Περικλεῖ ...，such abundance of reason had Pericles for his belief ...。

ἀφ' ὧν, from which, ὧν, 自主关系代词, 指上文说的雅典实力之强大。προέγνω + 宾格（τὴν πόλιν）+ 不定式（περιγενέσθαι）。περιγενέσθαι 跟属格（Πελοποννησίων αὐτῶν, "伯罗奔尼撒人自己"）。καὶ πάνυ, 比单用 πάνυ 更显强调意义。

66.1–2［笺释］τοῦ ... θέρους, 表时间的属格, 表示在该时间段内。ᾗ, 关系代词, 其先行词是 τὴν νῆσον。ἀντιπέρας, 副词, 跟属格（Ἤλιδος）。τὰ πολλά, 定冠词 + 形容词 = 名词。

67.1［笺释］τοῦ ... θέρους, 表时间的属格, 表示在该时间段内。ὡς 跟宾格（人）（βασιλέα、Σιτάλκην 和 Φαρνάκην）, "到某人那里去""去见某人"。εἴ 跟前倾词（πως）, 故加了高调符号。χρήματά 跟前倾词（τε）, 故其末音节加了高调符号。πείσειαν + 宾格（αὐτὸν）+ 不定式（παρασχεῖν 和 ξυμπολεμεῖν）。βουλόμενοι 跟不定式（πεῖσαι）。πεῖσαί + 宾格（αὐτόν）+ 不定式（στρατεῦσαι）。πεῖσαί 跟前倾词（τε）, 故其末音节加了高调符号。μεταστάντα 跟属格（τῆς ... ξυμμαχίας）。οὗ, 关系副词, where。ἦν, there was。ᾗπερ, 关系副词, in the very place in which, where。ὥρμηντο 跟不定式（πορευθῆναι）。δι' ἐκείνου, "通过他（的帮助）"。πέραν, 副词, 跟属格（τοῦ Ἑλλησπόντου）。ὡς 跟宾格（人）（Φαρνάκην 和 βασιλέα）, 同上。ὅς, 关系代词, 其先行词是 Φαρνάκην。ἔμελλεν 跟不定式（ἀναπέμψειν）。

67.2［笺释］παρά 跟与格（τῷ Σιτάλκῃ）, with, near。πείθουσι + 宾格（τὸν Σάδοκον）+ 不定式（ἐγχειρίσαι）。τὸν Σάδοκον τὸν ... Ἀθηναῖον, 重复定冠词结构。σφίσιν, to them, 指雅典的使节。ὅπως 后面句子的谓语动词用虚拟语气（βλάψωσιν）, 表目的。ὡς 跟宾格（人）（βασιλέα）, "去某人那里"。τὸ μέρος, 用作副词, for one's part, in part, 既可以看作修饰 τὴν ἐκείνου πόλιν, 也可以看作修饰其后的动词 βλάψωσιν。前者可以译为 in a measure his own, 后者可以译为 doing their part。

67.3［笺释］此句主干：ὁ δὲ ξυλλαμβάνει αὐτούς, καὶ ἐκέλευσεν παραδοῦναι· οἱ δὲ ἐκόμισαν。ὁ δὲ, but he（见前文 1.24.5 笺释）。分词 πορευομένους 修饰 αὐτούς。ᾧ, 关系代词, 其先行词是 τὸ πλοῖον。ἔμελλον 跟不定式（περαιώσειν）。πρὶν 跟不定式（ἐσβαίνειν）。ἐκέλευσεν 跟不定式（παραδοῦναι）。οἱ δὲ, but they（见前文 1.24.5 笺释）。

67.4［笺释］ἀφικομένων ... αὐτῶν, 独立属格结构。δείσαντες 跟虚拟语气（κακουργῇ）, μή 为赘词。πλείω, 用作副词。ὅτι, "因为"。καί, "甚至"。πρὸ τούτων, "在此之前"。τὰ τῆς Ποτειδαίας καὶ τῶν ἐπὶ Θρᾴκης, 定冠词 + 属格 = 名词。ἐφαίνετο 跟分词（πράξας）。βουλομένους 跟不定式（εἰπεῖν）。ἔστιν ἅ, something, 作 εἰπεῖν 的宾语。δικαιοῦντες 跟不定式（ἀμύνεσθαι）。τοῖς αὐτοῖς, 定冠词 + 形容词 = 名词, in the same way。οἷσπερ, 关系代词, 其先行词是 τοῖς αὐτοῖς。τοὺς ἐμπόρους 作分词 ἀποκτείναντες 和 ἐσβαλόντες

的宾语。οὕς，关系代词，其先行词是τοὺς ἐμπόρους。πάντας δή，"全部，没有例外"。κατ' ἀρχὰς，"首先"。ὡς，as。τοὺς ... ξυμπολεμοῦντας，定冠词 + 分词 = 名词。τοὺς ... μεθ' ἑτέρων，定冠词 + 介词短语 = 名词。

68.1-9［笺释］κατὰ 跟宾格（时间）（τοὺς ... χρόνους），"大约"。τοῦ θέρους，表时间的属格，表示在该时间段内。ἤρξατο 跟不定式（γενέσθαι）。τοῦδε，指下文。句子主干：μετὰ 跟宾格（τὰ Τρωικὰ），after。ὁμώνυμον 修饰 Ἄργος。(τὸ) Ἄργος 作 ὀνομάσας 的宾语。τὴν ... γλῶσσαν，宾格，用作副词，"在语言方面"。χρόνῳ, in process of time。γενομένου τούτου，独立属格结构。οἷ，关系代词，其先行词是 Ἀθηναίους。ἀφικομένου τοῦ Φορμίωνος，独立属格结构。σφῶν αὐτῶν, of their own。ἐκράτουν 跟属格（τῆς χώρας）。ὡς，since。ἐδύναντο 跟不定式（ἑλεῖν）。

69.1［笺释］τοῦ ... χειμῶνος，表时间的属格，表示在该时间段内。ὅς，关系代词，其先行词是 Φορμίωνα。φυλακὴν εἶχε = ἐφυλάττετο。ἐφυλάττετο 跟不定式（ἐκπλεῖν 和 ἐσπλεῖν）。μήτ' 为赘词（GG § 2740）。μηδένα 作不定式 ἐκπλεῖν 和 ἐσπλεῖν 的主语。μηδένα ... μήτ'，两个复合否定词连用，后者强调前者，仍表否定（GG § 2761）。(ἔστειλαν) ἑτέρας ἐξ (ναῦς) ...。ὅπως 后面句子的谓语动词用虚拟语气（ἀργυρολογῶσι 和 ἐῶσιν），表目的。ταῦτά，用作副词，"在这些地方"。ταῦτά 跟前倾词（τε），故其末音节加了高调符号。ὁρμώμενον 修饰 τὸ λῃστικόν。ἐῶσιν + 宾格（τὸ λῃστικὸν）+ 不定式（βλάπτειν）。

70.1［笺释］τοῦ ... χειμῶνος，表时间的属格，表示在该时间段内。ἐπειδὴ，when。ἐδύναντο 跟不定式（ἀντέχειν）。αἵ 和 ὅ 都是定冠词，跟前倾词（τε），故都加了高调符号。βρώσεως πέρι ἀναγκαίας = περὶ βρώσεως ἀναγκαίας（GG § 175a）（CGCG § 60.14）。ἐγέγευντο 跟属格（ἀλλήλων）。δὴ 强调副词 οὕτω。τοῖς στρατηγοῖς ... τοῖς ἐπὶ σφίσι τεταγμένοις，重复定冠词结构。Ξενοφῶντί 跟前倾词（τε），故其末音节加了高调符号。

70.2-3［笺释］οἱ δέ, but they（见前文 1.24.5 笺释）。ἀνηλωκυίας 与省略了的 αὐτοὺς 配合。ξυνέβησαν 跟不定式（ἐξελθεῖν）。αὐτοὺς, παῖδας, γυναῖκας 和 τοὺς ἐπικούρους 作不定式 ἐξελθεῖν 的主语，分词 ἔχοντας 与它们配合。ἀργύριόν 跟前倾词（τι），故其末音节加了高调符号。οἱ μὲν ..., οἱ 为指示代词（GG § 1106）。ᾗ，关系副词，where。ὅτι, that。ἐνόμιζον 跟不定式（κρατῆσαι）。κρατῆσαι 跟属格（τῆς πόλεως）。ᾗ，关系副词，as, how。整理词序：ταῦτα ... ἐτελεύτα (τὸ) δεύτερον ἔτος τῷδε τῷ πολέμῳ。ταῦτα，被看作集合名词，用作单数（GG § 958）。ἐτελεύτα 是及物动词，其宾语是 (τὸ) δεύτερον ἔτος。(τὸ) δεύτερον ἔτος τῷδε τῷ πολέμῳ，"对于这场战争而言第 2 年""这场战争的第 2 年"。ὃν，关系代词，其先行词是 τῷ πολέμῳ。

71.1–2［笺释］τοῦ ... θέρους，表时间的属格，表示在该时间段内。ἔμελλε 跟不定式（δηώσειν）。οὐδ'... οὔτε ... οὔτε，多个复合否定词连用，后两个强调第一个，仍表否定（GG § 2761）。δίκαια，用作副词。ἄξια，用作副词，跟属格（ὑμῶν 和 τῶν πατέρων）。πατέρων ὧν ἐστέ = τῶν πατέρων, ὧν ἐστέ, you are of them。τῶν ἐθελησάντων，定冠词+分词 = 名词。ἐθελησάντων 跟不定式（ξυνάρασθαι）。ξυνάρασθαι 跟宾格（τὸν κίνδυνον）。ᾗ，关系代词，其先行词是 τῆς μάχης。παρ' ἡμῖν, at our land。ἀπεδίδου 跟不定式（οἰκεῖν, στρατεῦσαί 和 ἀμύνειν）。ἔχοντας αὐτονόμους，与下文的 αὐτούς 配合。τὴν σφετέραν γῆν καὶ πόλιν。ἐπὶ 跟与格（δουλείᾳ），"为了……的目的"。μηδένα 作不定式 στρατεῦσαί 的主语。μηδένα ... μηδ'...，两个复合否定词连用，同上。τοὺς ... ξυμμάχους 作不定式 ἀμύνειν 的主语。στρατεῦσαί 跟前倾词（τε），故其末音节加了高调符号。εἰ ... μὴ ...，"否则……"。

71.3–4［笺释］ἕνεκα 跟属格（ἀρετῆς καὶ προθυμίας τῆς ... γενομένης）。τἀναντία = τὰ ἐναντία，用作副词。τῶν ... ἐχθίστων，定冠词+形容词 = 名词。ἐπὶ τῇ ἡμετέρᾳ δουλείᾳ。ποιούμενοι 跟双宾格（θεοὺς ... τοὺς ... πατρῴους (θεοὺς) καὶ ...ἐγχωρίους (θεοὺς) 和 μάρτυρας）。τούς ... γενομένους (θεοὺς)。λέγομεν 跟不定式（ἀδικεῖν, παραβαίνειν 和 ἐᾶν）。ἐᾶν+ 宾格（ἡμᾶς 省略）+ 不定式（οἰκεῖν）。αὐτονόμους 与省略了的 ἡμᾶς 配合。καθάπερ，副词，just as。

72.1［笺释］εἰπόντων τῶν Πλαταιῶν，独立属格结构。δίκαια，用作副词。ἢν = ἐάν。ὅμοια，用作副词，跟与格（τοῖς λόγοις）。ὅσοι，关系形容词（或关联代词），其先行词 τοσούτους 被吸收，且被吸引到关系形容词（或关联代词）的格（主格）（GG § § 2537, 2538）。αὐτοί，形容词，selves。μετασχόντες 跟属格（τῶν κινδύνων）。παρασκευὴ τοσήδε 和 πόλεμος 是动词 γεγένηται 的主语，但 γεγένηται 只与最近的主语配合，故用单数。ἕνεκα 跟属格（ἐλευθερώσεως）。αὐτῶν 和 τῶν ἄλλων 修饰 ἐλευθερώσεως。μετασχόντες 跟属格（ἧς）。ἧς，关系代词，其先行词是 παρασκευή。ἐμμείνατε 跟与格（τοῖς ὅρκοις）。ἅπερ，关系副词，in the way that, as。τὰ ὑμέτερα，定冠词+形容词 = 名词。αὐτῶν 修饰 τὰ ὑμέτερα。τάδε 作主语，被看作单数。ἀρκέσει 跟与格（ἡμῖν）。

72.2［笺释］τὰ ῥηθέντα，定冠词+分词 = 名词。ὅτι, that。εἴη，祈愿语气，因为是在"没有得到雅典人的同意（ἄνευ Ἀθηναίων）"情况下。εἴη ἀδύνατο 跟不定式（ποιεῖν）。ἅ，自主关系代词，what。εἶεν，接着前句而来，故用祈愿语气。ἀπεκρίναντο 跟 ὅτι 引导的句子和不定式（δεδιέναι）。δεδιέναι 跟虚拟语气（ἐπιτρέπωσιν 和 πειράσωσι），μὴ 为赘词（GG § 2741）。ἐκείνων ἀποχωρησάντων，独立属格结构。ἤ，"或者"。ὡς，"因为"。τὸ ... δέχεσθαι，定冠词+不定式 = 名词。πειράσωσι 跟不定式（καταλαβεῖν）。

72.3［笺释］ὁ δὲ, but he（见前文 1.24.5 笺释）。整理词序：ἀποδείξατε (τούς) ὅρους (τῆς) γῆς καὶ τὰ ὑμέτερα δέντα ἀριθμῷ。(τούς) ὅρους (τῆς) γῆς，"你们的土地的界线"，定冠词省略（GG § 1148）。εἰ 跟前倾词（τε），故加了高调符号。δυνατὸν 跟不定式（ἐλθεῖν）。αὐτοὶ, selves。ὅποι，"到哪里"。ἃ，自主关系代词，whatever。μέχρι τοῦδε, until then。ἣ，关系代词，其先行词是 φορὰν。μέλλῃ 跟不定式（ἔσεσθαι）。

73.1–3［笺释］οἱ δὲ, but they（见前文 1.24.5 笺释）。ὅτι, that。βούλονται 跟不定式（κοινῶσαι 和 ποεῖν）。ἢν = ἐάν。ἃ，自主关系代词，whatever。μέχρι ... τούτου, until then。ἐκέλευον 跟不定式（σπείσασθαι 和 δηοῦν）。ὁ δὲ, but he（见前文 1.24.5 笺释）。ἡμέρας，表时间的宾格，表示贯穿该时间段。αἷς，关系代词，其先行词是 ἡμέρας。ἣν εἰκὸς 跟不定式（κομισθῆναι）。ὡς 跟宾格（人）(τοὺς Ἀθηναίους)，"去某人那里"。τοῖς ἐν τῇ πόλει，定冠词+介词短语=名词。πρὸ τοῦ，"此前"。ἀφ' οὗ, ever since。οὗ，关系代词，其先行词是 τῷ ... χρόνῳ。φασιν 跟不定式（προέσθαι, περιόψεσθαι 和 βοηθήσειν）。ἐν οὐδενί，"在任何情况下都不"。ἐπισκήπτουσί 跟不定式（νεωτερίζειν）。οὓς，关系代词，其先行词是 τῶν ὅρκων。μηδὲν, not at all。Ἀθηναῖοί 跟前倾词（φασιν），故其末音节加了高调符号。ἐπισκήπτουσί 跟前倾词（τε），故其末音节加了高调符号。

74.1［笺释］τῶν πρέσβεων ἀπαγγειλάντων，独立属格结构。ἐβουλεύσαντο 跟不定式（προδιδόναι, ἀνεχεσθαι, ἐξελθεῖν 和 ἀποκρίνασθαι）。δεῖ 跟宾格（ὑμᾶς, 省略）。分词 ὁρῶντας 和 πάσχοντας 与省略了的 ὑμᾶς 配合。ὅτι，"洛布本"和阿尔伯蒂的校勘本作 ὅ τι, anything which。μηδένα 作不定式 ἐξελθεῖν 的主语。ὅτι, that。ἀδύνατα 跟不定式（ποιεῖν）。ἐστὶν ἃ, there are those what，"有些"。

74.2［笺释］ὡς, when。ὅτι, that。ξυνίστορές 跟前倾词（ἐστε），故其末音节加了高调符号。τὴν ἀρχὴν，用作副词，to begin with。ἐκλιπόντων ... τῶνδε，独立属格结构。τὸ ξυνώμοτον，定冠词+形容词=名词。ᾗ，关系代词，其先行词是 γῆν。ἐκράτησαν 跟属格（Μήδων）。παρέσχετε + 宾格（αὐτὴν）+ 不定式（ἐναγωνίσασθαι）。ἢν = ἐάν。τυγχάνομεν，"达到目的""成功"。ξυγγνώμονες + 与格（τοῖς ὑπάρχουσι）+ 不定式（κολάζεσθαι）, allow ... to ...。τοῖς ὑπάρχουσι，定冠词+分词=名词。ὑπάρχουσι 跟属格（τῆς ... ἀδικίας）。ξυγγνώμονες 跟不定式（τυγχάνειν）。τυγχάνειν 跟属格（τῆς τιμωρίας），"获得……"。τοῖς ἐπιφέρουσι，定冠词+分词=名词。

75.1–6［笺释］ἃ，关系代词，其先行词是 τοῖς δένδρεσιν。τοῦ μηδένα ἐπεξιέναι，属格不定式，表目的（通常是否定的）(GG §§ 1408, 2032e)。μηδένα 作不定式 ἐπεξιέναι 的主语。ἐλπίζοντες + 宾格（αἴρεσιν）+ 不定式（ἔσεσθαι）。... στρατεύματος ...

ἐργαζομένου，独立属格结构。ἀντὶ 跟属格（τοίχων），in place of。ὅπως 跟句子，表目的。εἴ 跟前倾词（τι），故加了高调符号。μέλλοι 跟不定式（ἀνύτειν）。ἐπιβαλλόμενον 修饰 τι。ὥστε 跟不定式（φέρειν 和 αἱρεῖσθαι），表目的。τοὺς μὲν ... τοὺς δὲ ...，"有的……有的……"，分别作不定式 φέρειν 和 αἱρεῖσθαι 的主语。ἑκάστης πόλεως 修饰 οἱ ξεναγοί。ξύλινον τεῖχος，宾格，a wooden structure。ᾗ，关系副词，where。τοῦ μὴ ... εἶναι，属格不定式，表目的（通常是否定的）（GG § § 1408, 2032e）。τὸ οἰκοδόμημα 作不定式 εἶναι 的主语。ὑψηλὸν γιγνόμενον 修饰 τὸ οἰκοδόμημα。ὥστε 跟不定式（βάλλεσθαι 和 εἶναι）。τοὺς ἐργαζομένους 和 τὰ ξύλα 作不定式 βάλλεσθαι 和 εἶναι 的主语。μέγα 和 σχολαίτερον，用作副词。τι，宾格，something。διελόντες 跟属格（τοῦ τείχους）。ᾗ，关系副词，where。

76.1–2［笺释］καλάμου 修饰 ταρσοῖς。τὸ διῃρημένον，定冠词 + 分词 = 名词。ὅπως 跟分词（διαχεόμενον），表目的。οἱ δὲ，but they（见前文 1.24.5 笺释）。ταύτῃ，in this way。τοῦτο，用作副词，"在这方面"。ἐπέσχον 是 ἐπέχω 的不定过去时，"停止"。παρὰ σφᾶς，to them。ἐλάνθανον 跟宾格（τοὺς ἔξω）。τοὺς ἔξω，定冠词 + 副词 = 名词。ἐπὶ πολὺ，"长时间"。ὥστε 跟不定式（ἀνύτειν）。ἐπιβάλλοντας，与省略了的 αὐτοὺς 配合（αὐτοὺς 作不定式 ἀνύτειν 的主语）。ἧσσον，用作副词。ὑπαγομένου ... τοῦ χώματος ... ἰζάνοντος，独立属格结构。τὸ κενούμενον，定冠词 + 分词 = 名词。

76.3［笺释］δεδιότες 跟虚拟语气（δύνωνται），μὴ 为赘词。δύνωνται 跟不定式（ἀντέχειν）。ἐπαύσαντο 跟分词（ἐργαζόμενοι）。τὸ ... οἰκοδόμημα ... τὸ κατὰ τὸ χῶμα，重复定冠词结构。ἀρξάμενοι 跟属格（αὐτοῦ）。τοῦ ἐντός，定冠词 + 副词 = 名词。τοῦτ' 指半月形城墙。δέοι + 宾格（τοὺς ἐναντίους）+ 不定式（ἔχειν 和 γίγνεσθαι）。μᾶλλον，"更加"。διπλάσιόν 跟前倾词（τε），故其末音节加了高调符号。

76.4［笺释］ἅμα 跟与格（τῇ χώσει）。ᾗ，关系代词，其先行词是 μία (μηχανή)。τοῦ μεγάλου οἰκοδομήματος 修饰 μέγα。ἄλλη，elsewhere。περιβάλλοντες 跟双宾格（ἃς 和 βρόχους）（CGCG § 30.9）。ἃς，关系代词，其先行词是 ἄλλας (μηχανάς)。δοκοὺς，阴性、复数、宾格。ἀπὸ τῆς τομῆς ...，修饰 ἀλύσεσι。ἀπὸ κεραιῶν ... ὑπερτεινουσῶν，修饰 δοκοὺς。ἐγκαρσίας，形容词，单数、属格，"成直角的"，指与 ἡ δοκός 成直角，故与之配合。整理词序：... ἡ μηνακὴ μέλλοι προσπεσεῖσθαι。μέλλοι 跟不定式（προσπεσεῖσθαι）。πῃ，somewhere。διὰ χειρὸς ἔχοντες，holding in hand。ἡ δὲ，but she（见前文 1.24.5 笺释），指的是 τὴν δοκόν。προσπεσεῖσθαί 跟前倾词（πῃ），故其末音节加了高调符号。

77.1–2［笺释］ὥς，since。αἵ，定冠词，跟前倾词（τε），故加了高调符号。

νομίσαντες 跟不定式（εἶναι）。εἶναι ἄπορον 跟不定式（ἑλεῖν）。τῶν ... δεινῶν，定冠词 + 形容词 = 名词。πρὸς 跟宾格（τὴν περιτείχισιν），with a view to。πρότερον，用作副词，"首先"。ἔδοξεν + 与格（αὐτοῖς）+ 不定式（πειρᾶσαι）。εἰ，"是否"。δύναιντο 跟不定式（ἐφιφλέξαι）。πνεύματος γενομένου，独立属格结构。δή，强调 πᾶσαν。εἴ 跟前倾词（πως），故加了高调符号。πως，by any means。προσαχθείη 的主语是普拉泰亚人的城，跟与格（σφίσιν）。σφίσιν 指伯罗奔尼撒人。ἄνευ 跟属格（δαπάνης 和 πολιορκίας）。

77.3-4［笺释］τὸ μεταξὺ ... καὶ ...，定冠词 + 介词短语 = 名词。μεταξὺ ... καὶ ...，between ... and ...。... γενομένου (αὐτοῦ)，独立属格结构。ὅσον ἐδύναντο，so far as they could。ἐδύναντο 跟不定式（ἐπισχεῖν）。πλεῖστον，用作副词。τῆς ἄλλης πόλεως 修饰 πλεῖστον。ἀπὸ τοῦ μετεώρου，"从高处"。ὅσην，关系形容词（或关联代词），其先行词 τοσαύτη 被吸收（GG § 2532），作 εἶδεν 的宾语。ἀπ᾿ αὐτοῦ = ἀπὸ τοῦ πυρός。πω，yet。ἔς 跟前倾词（γε），故加了高调符号。γε，at least。

77.5-6［笺释］τἆλλα = τὰ ἄλλα，"在其他方面"。ἐδέησε + 属格（ἐλαχίστου）+ 不定式（διαφθεῖραι），"差（一点点）就……"。ἐντὸς 跟属格（χωρίου）。ἦν 跟不定式（πελάσαι），it was able to ...。αὐτῇ = τῇ πόλει。πνεῦμά 跟前倾词（τε），故其末音节加了高调符号。ὅπερ，自主关系代词，the very thing that。λέγεται 跟不定式（ξυμβῆναι，σβέσαι 和 παυσθῆναι）。τόδε 作不定式 ξυμβῆναι 的主语。ὕδωρ 和 βροντὰς 作不定式 σβέσαι 的主语。τὸν κίνδυνον 作不定式 παυσθῆναι 的主语。

78.1-4［笺释］διήμαρτον 跟属格（τούτου）。ἧς，关系代词，其先行词是 τάφρος。πᾶν，用作副词。τὸ ἥμισυ，定冠词 + 形容词 = 名词。οἱ ξύμπαντες，定冠词 + 形容词 = 名词。οὐδεὶς ... οὔτε ... οὔτ᾿ ...，多个复合否定词连用，后两个强调第一个，仍表否定（GG § 2761）。

79.1-2［笺释］τοῦ ... θέρους，表时间的属格，表示在该时间段内。ἅμα 跟与格（τῇ ... ἐπιστρατείᾳ）。ἀκμάζοντος τοῦ σίτου，独立属格结构。ὑπὸ 跟宾格（Σπάρτωλον ...），towards。ἐδόκει 跟不定式（προσχωρήσειν）。προσπεμψάντων ... τῶν ... βουλομένων，独立属格结构。ταὐτὰ，用作副词，"在此方面""以这种方式"。ἧς ἐπεξελθούσης ...，独立属格结构。ἧς，关系代词，其先行词是 στρατιά。ὑπ᾿ 跟与格（αὐτῇ τῇ πόλει），under。

79.4-7［笺释］τῆς μάχης γεγενημένης，独立属格结构。ὡς，when。τοῖς ... προσγιγνομένοις 和 τῶν προσβοηθησάντων，定冠词 + 分词 = 名词。ὅτι，"因为"。ἃς，关系代词，其先行词是 τὰς ... τάξεις。παρὰ 跟与格（τοῖς σκευοφόροις），with, near。οἵ，定冠词，跟前倾词（τε），故加了高调符号。ᾗ，关系副词，where。ἐπὶ πολύ，"一长段距离"。τῷ περιόντι，定冠词 + 分词 = 名词。τοῦ στρατοῦ 修饰 τῷ περιόντι。

80.1［笺释］*τοῦ ... θέρους*，表时间的属格，表示在该时间段内。*πολλῷ* 跟比较级（*ὕστερον*）（GG § 1514）。*βουλόμενοι* 跟不定式（*καταστρέψασθαι* 和 *ἀποστῆσαι*）。*τὴν πᾶσαν Ἀκαρνανίαν* 作不定式 *καταστρέψασθαι* 的宾语。*ἀποστῆσαι* 跟属格（*Ἀθηναίων*）。*πείθουσι* + 宾格（*Λακεδαιμονίους*）+ 不定式（*παρασκευάσασθαι* 和 *πέμψαι*）。*ναυτικόν* 作不定式 *παρασκευάσασθαι* 的宾语。*ὅτι*，that。*λέγοντες* + 宾格（*ἐλπίδα*）+ 不定式（*εἶναι*）。*ἐλπίδα* 跟不定式（*λαβεῖν*）。*ἀδυνάτων ὄντων ... τῶν ... Ἀκαρνάνων*，独立属格结构。*ὄντων ἀδυνάτων* 跟不定式（*ξυμβοηθεῖν*）。*κρατήσουσι* 跟属格（*τῆς Ζακύνθου καὶ Κεφαλληνίας*）。*περὶ Πελοπόννησον* 修饰 *ὁ περίπλους*。

80.2-5［笺释］*περιήγγειλαν* 跟不定式（*πλεῖν*）。*ὡς τάχιστα*，"尽快"。*τὸ* (*ναυτικὸν*) *ἐκ Λευκάδος καὶ ...*。*ὅς*，关系代词，其先行词是 *Φορμίωνα*。*ἦρχε* 跟属格（*τῶν ... νεῶν*）。*αἵ*，关系代词，其先行词是 *τῶν ... νεῶν*。*οὕς*，关系代词，其先行词是 *χίλιοι* (*Πελοποννησίων*)。*ἔχων*，having，这里相当于介词 with（GG § 2068a）。*ἡγοῦντο* 跟属格（*ὧν*）。*ὧν*，关系代词，其先行词是 *βάρβαροι ... Χάονες χίλιοι*。

80.6-8［笺释］*ὤν*，分词，与 *Σαβύλινθος* 配合。*Θάρυπος* 修饰 *ἐπίτροπος*。*ὄντος παιδὸς* 修饰 *Θάρυπος*。*Ὄροιδος* (*ἦγε*) *Παραυαίους*。*βασιλεύων*，分词，修饰 *Ὄροιδος*。*ἐβασίλευεν* 跟属格（*ὧν*）。*ὧν*，关系代词，其先行词是 *Ὀρέσται ... χίλιοι*。*Ἀντιόχου ἐπιτρέψαντος*，独立属格结构。*κρύφα*，副词，跟属格（*τῶν Ἀθηναίων*）。*οἵ*，关系代词，其先行词是 *χιλίους*。*ἀφικνοῦνταί* 跟前倾词（*τε*），故其末音节加了高调符号。*νομίζοντες* + 宾格（*τἆλλα*）+ 不定式（*προσχωρήσειν*）。*τἆλλα* = *τὰ ἀλλὰ*，"其他（地方）"。

81.1-3［笺释］*ἅμα* 跟与格（*ναυσὶν*）。*ἐφύλασσόν* 跟前倾词（*τε*），故其末音节加了高调符号。*τὰ αὑτῶν*，定冠词 + 属格 = 名词。*παρά* 跟宾格（人）（*Φορμίωνα*），"去某人那里""见某人"。*κελεύοντες* 跟不定式（*ἀμύνειν*）。*ὁ δὲ*, but he（见前文 1.24.5 笺释）。*ἔφη* 跟不定式（*εἶναι*）。*εἶναι ἀδύνατος* 跟不定式（*ἀπολιπεῖν*）。*ναυτικοῦ ... μέλλοντος ...*，独立属格结构。*μέλλοντος* 跟不定式（*ἐκπλεῖν*）。*σφῶν αὐτῶν*，their own。*ὅπως* 后面句子的谓语动词用祈愿语气（*πειρῶντο*），表目的。*πειρῶντο* 跟属格（*τοῦ τείχους*）。*οἱ μετὰ τούτων*，定冠词 + 介词短语 = 名词。*πολύ*，用作副词。*ἔστιν ὅτε*，"有时候"。

81.4-5［笺释］*διὰ φυλακῆς ἔχοντες*，"保持警戒"。*πιστεύοντες* 跟与格（*σφίσι ... αὐτοῖς*）。*ἀξιούμενοι* 跟不定式（*εἶναι*）。*ἐπέσχον* 跟不定式（*καταλαβεῖν*）。*ἐνόμισαν* 跟不定式（*ἑλεῖν* 和 *γενέσθαι*）。*τὸ ἔργον* 作不定式 *γενέσθαι* 的主语。*χωρήσαντές* 跟前倾词（*τε*），故其末音节加了高调符号。*ἡγησάμενοι* + 宾格（*τοὺς Ἕλληνας*）+ 不定式（*προσελθεῖν*）。*κρατήσειαν* 跟属格（(*τῶν*) *μεμονωμένων*，定冠词 + 分词 = 名词）。*δή*，"于是"。*τὰ περὶ τὴν πόλιν*，定冠词 + 介词短语 = 名词，作 *προλοχίζουσι* 的宾语。

ὁμόσε，副词，"与……同时"。ἔκ 跟前倾词（τε），故加了高调符号。

81.6–8［笺释］... καταστάντων ... τῶν Χαόνων，独立属格结构。διαφθείρονταί 跟前倾词（τε），故其末音节加了高调符号。ὡς, when。οὐδέτερον, neither of the two。ᾔσθετο 跟属格（τῆς μάχης）。διά 跟宾格（τὸ ... προελθεῖν ... οἰηθῆναι，定冠词 + 不定式 = 名词）。αὐτούς 作不定式 προελθεῖν 的主语。πολύ，用作副词。οἰηθῆναι 跟不定式（ἐπείγεσθαι）。分词 καταληψομένους 与 αὐτούς 配合。ἀνελάμβανόν 跟前倾词（τε），故其末音节加了高调符号。αὐτοῦ, there。τὴν ἡμέραν，表时间的宾格，表示贯穿该时间段。τῶν Στρατίων ἰόντων ... σφενδονώντω ... καθιστάντων，独立属格结构。διά 跟宾格（τὸ ... ξυμβεβοηθηκέναι，定冠词 + 不定式 = 名词）。τοὺς ... Ἀκαρνᾶνας 作不定式 ξυμβεβοηθηκέναι 的主语。ἦν 跟不定式（κινηθῆναι），was able to ...。ἄνευ 跟属格（ὅπλων）。δοκοῦσι 跟不定式（εἶναι）。εἶναι κράτιστοι 跟不定式（ποιεῖν）。

82.［笺释］κατὰ τάχος，"迅速"。ὅς，关系代词，其先行词是 τὸν ... ποταμόν。ἀπέχει + 宾格（σταδίους ὀγδοήκοντα）+ 属格（Στράτου），"距离某地多少里程"。τῇ ὑστεραίᾳ (ἡμέρᾳ)。Οἰνιαδῶν ξυμπαραγενομένων ...，独立属格结构。παρ' 跟宾格（人）（αὐτούς），"到某人那里""去见某人"。πρίν 跟不定式（ἐλθεῖν），τὴν ξυμβοήθειαν 作不定式 ἐλθεῖν 的主语。κἀκεῖθεν = καὶ ἐκεῖθεν。τῆς μάχης τῆς πρὸς τοὺς βαρβάρους，重复定冠词结构。

83.1–2［笺释］τῶν ... ξυμμάχων τῶν ἐκ τοῦ ...，重复定冠词结构。ὅ，关系代词，其先行词为 τὸ ... ναυτικόν。ἔδει 跟不定式（παραγενέσθαι）。整理词序：ὅπως οἱ Ἀκαρνᾶνες μὴ ξυμβοηθῶσιν ἀπὸ θαλάσσης ἄνω。ἠναγκάσθησαν 跟不定式（ναυμαχῆσαι）。αὐτάς, same。αἵ，关系代词，其先行词为 τὰς ... ναῦς。παραπλέοντας 与 αὐτούς 配合。βουλόμενος 跟不定式（ἐπιθέσθαι）。

83.3［笺释］ὡς ἐπί ...，表达句子主语的想法或者断言（GG § 2996）。στρατιωτικώτερον παρεσκευασμένοι, equipped rather as troop-ships。οἰόμενοι 跟不定式（τολμῆσαι）。τὰς σφετέρας ἑπτὰ καὶ τεσσαράκοντα ναῦς。τοὺς Ἀθηναίους 作不定式 τολμῆσαι 的主语。ταῖς ἑαυτῶν εἴκοσι (ναυσί)。τολμῆσαι 跟不定式（ποιήσασθαι）。ἀντιπαραπλέοντάς 跟前倾词（τε），故其末音节加了高调符号。... σφῶν κομιζομένων，独立属格结构。σφῶν，指"科林斯人及其盟友"。ἀναγκάζονται 跟不定式（ναυμαχεῖν）。νυκτός，表时间的属格，表示在该时间段内。δή 强调 οὕτω。

83.4–5［笺释］οἵ，关系代词，其先行词是 στρατηγοί。παρεσκευάζοντο，被动态。ὡς μέγιστον，"尽可能大"。οἷοί τ' ἦσαν, as they could。τ' = τε。οἷοί 跟前倾词（τ'），故其末音节加了高调符号。ἅ，关系代词，其先行词是 τά ... πλοῖα。ποιοῦνται,

中动态，"将……置于某种位置或者状态"。*διὰ βραχέος*，"就近"。*ὅπως* 后面句子的谓语动词用祈愿语气（*ἐκπλέοιεν*），表目的。*εἴ* 跟前倾词（*πῃ*），故加了高调符号。*πῃ*，anywhere。

84.1–2［笺释］*κατὰ μίαν*，"成一条线""成一条龙"。*αὐτοὺς*，指科林斯人及其盟友的舰队。*ἐν χρῷ*，close to the skin。*παρέχοντες δόκησιν* 跟不定式（*ἐμβαλεῖν*）。*προείρητο* 跟不定式（*ἐπιχειρεῖν*）。*πρὶν ἄν* + 虚拟语气（*σημήνῃ*）。*ἤλπιζε* 跟不定式（*μενεῖν*、*ξυμπεσεῖσθαι*、*παρέξει* 和 *ἡσυχάσειν*）。*αὐτῶν* 修饰 *τὴν τάξιν*。*ὥσπερ*（*τὴν*）*πεζήν*（*τάξιν*）。*τὰς ναῦς* 作不定式 *ξυμπεσεῖσθαι* 的主语。*τὰ πλοῖα* 作不定式 *παρέξει* 的主语。*εἴ* 跟前倾词（*τ᾽*），故加了高调符号。*ὅπερ*，关系代词，其先行词是 *τὸ πνεῦμα*，作 *ἀναμένων* 的宾语。*εἰώθει* 跟不定式（*γίγνεσθαι*）。*οὐδένα χρόνον*，表示时间的宾格，表示贯穿该时间段。*αὐτούς* 作不定式 *ἡσυχάσειν* 的主语。整理词序：*ἐνόμιζεν* + 宾格（*τὴν ἐπιχείρησιν*）+ 不定式（*εἶναι*）。*ἐνόμιζεν* 又跟不定式（*γίγνεσθαι*）。*τῶν νεῶν ... πλεουσῶν*，独立属格结构。*ἄμεινον*，用作副词。

84.3–5［笺释］*ὑπ᾽* 跟属格（*ἀμφοτέρων*），by ...。*τοῦ ... ἀνέμου τῶν ... πλοίων* 和 *προσκειμένων* 与 *ἀμφοτέρων* 配合。*χρώμενοι* 跟与格（*βοῇ*、*ἀντιφυλακῇ* 和 *λοιδορίᾳ*）。*οὐδὲν ... οὔτε ... οὔτε ...*，多个复合否定词连用，后两个强调第一个，仍表否定（GG § 2761）。*κατήκουον* 跟属格（人）（*τῶν παραγγελλομένων* 和 *τῶν κελευστῶν*），to hear from somebody。*ὄντες ἀδύνατοι* 跟不定式（*ἀναφέρειν*）。*ἀπειθεστέρας* 与 *τὰς ναῦς* 配合。*δή*，强调 *τότε*。*μίαν*（*ναῦν*）。*ᾗ*，关系副词，wherever。*τὰς ἄλλας*（*ναῦς*）。整理词序：*κατέστησαν μηδένα τρέπεσθαι ἐς ἀλκὴν ...，φεύγειν ...*。*κατέστησαν* 跟不定式（*τρέπεσθαι* 和 *φεύγειν*），brought into a certain state。*μηδένα* 作不定式 *τρέπεσθαι* 的主语。*αὐτῶν* 修饰 *μηδένα*。*ὑπὸ* 跟属格（*τῆς ταραχῆς*），under the state of ...。*τοὺς ... ἄνδρας ... τοὺς πλείστους*，重复定冠词结构。*αὐτῶν* 指 *ναῦς δώδεκα*。*ἃς*，关系代词，其先行词是 *αἱ ... νῆες*。*ἔδει* 跟不定式（*ξυμμεῖξαι*）。

85.1–2［笺释］*πέμπουσι* 跟双宾格（*Τιμοκράτη καὶ Βρασίδαν καὶ Λυκόφρονα* 和 *ξυμβούλους*）（CGCG § 30.10）。*κελεύοντες* 跟不定式（*παρασκευάζεσθαι* 和 *εἴργεσθαι*）。形容词 *βελτίω* 是 *βελτίων* 的中性、复数、宾格，用作副词。*εἴργεσθαι* 跟属格（*τῆς θαλάσσης*），to be kept away from。*ὁ παράλογος ἐδόκει αὐτοῖς εἶναι πολύς*。*ἐδόκει* 跟不定式（*εἶναι*）。*ἄλλως τε καί*，"尤其"。*πειρασαμένοις* 跟属格（*ναυμαχίας*），与 *αὐτοῖς* 配合。*ᾤοντο* + 宾格（*τὸ ναυτικὸν* 和 *τινα*）+ 不定式（*λείπεσθαι* 和 *γεγενῆσθαι*）。*ἀντιτιθέντες* + 宾格（*τὴν ... ἐμπειρίαν*）+ 属格（*τῆς ... μελέτης*）。*ἐκ πολλοῦ*，"长的"。*δι᾽ ὀλίγου*，"短的"。

85.3-4［笺释］οἱ δὲ, but they（见前文 1.24.5 笺释）。τὰς προϋπαρχούσας (ναῦς)。ὡς ἐπὶ ...，表达句子主语的想法或者断言（GG § 2996）。整理词序：ὁ Φορμίων πέμπει (τινα) ἐς τὰς Ἀθήνας ...。分词 ἀγγελοῦντας 和 φράσοντας 与省略了的 τινα 配合。ἥν, 关系代词，其先行词是 τῆς ναυμαχίας。κελεύων 跟不定式（ἀποστεῖλαι）。ὅτι 跟形容词最高级（πλείστας），"尽可能多的"。διὰ τάχους，"迅速"。ὡς，"因为"。καθ' ἡμέραν ἑκάστην，"每一天"。ἐλπίδος οὔσης ...，独立属格结构。ἐλπίδος 跟不定式（ναυμαχήσειν）。

85.5-6［笺释］οἱ δὲ, but they（见前文 1.24.5 笺释）。τῷ κομίζοντι ...，定冠词 + 分词 = 名词，αὐτὰς 作 κομίζοντι 的宾语。προσεπέστειλαν 跟不定式（ἀφικέσθαι）。πείθει + 宾格（αὐτοὺς）+ 不定式（πλεῦσαι）。φάσκων 跟不定式（προσποιήσειν）。αὐτὴν οὖσαν πολεμίαν 与 Κυδωνίαν 配合。ὁμόροις 与 Πολιχνίταις 配合。τῶν Κυδωνιατῶν 修饰 ὁμόροις。ὁ μὲν, ὁ 是指示代词（GG § 1106）；μὲν 与下节的 δὲ 对照。ὀλίγον χρόνον, 表时间的宾格，表示贯穿该时间段。

86.1-3［笺释］ᾧ 为关系代词，其先行词是 τούτῳ。ὡς ἐπὶ ...，表达句子主语的想法或者断言（GG § 2996）。οὗπερ，关系副词，where。τὸ Ῥίον τὸ Μολυκρικὸν，重复定冠词结构。ἔξω 跟属格（αὐτοῦ），αὐτοῦ 指 τὸ Ῥίον。αἵπερ，关系代词，其先行词是 ναυσὶν。τὸ ... ἕτερον Ῥίον ... τὸ ἐν τῇ Πελοποννήσῳ，重复定冠词结构。διέχετον，现在时第三人称双数。διέχετον + 宾格（σταδίους ... ἑπτὰ）+ 属格（τῆς θαλάσσης），"距离某地多少里程"。μάλιστα，"大约"。τοῦτό 跟前倾词（ἐστιν），故其末音节加了高调符号。

86.4-6［笺释］τῷ Ῥίῳ τῷ Ἀχαϊκῷ，重复定冠词结构。ἀπέχοντι 跟属格（τοῦ Πανόρμου）。πολὺ，用作副词。ᾧ，关系代词，其先行词是 τοῦ Πανόρμου。ὁ πεζὸς ἦν αὐτοῖς，"那支步兵队伍对他们来说是" "他们有那支步兵队伍"。ἑπτὰ καὶ ἑβδομήκοντα，基数词，不变格，修饰 ναυσὶν。ἔχοντες γνώμην 跟不定式（ἐκπλεῖν 和 ἐσπλεῖν）。οἱ μὲν ... οἱ δὲ ...，"一方……另一方……"。ἔξω 跟属格（τῶν Ῥίων）。νομίζοντες + 宾格（τὴν ... ναυμαχίαν）+ 不定式（εἶναι）。βουλόμενοι 跟不定式（ποιῆσαι）。ἐν τάχει，"立即"。πρίν 跟不定式（ἐπιβοηθῆσαι）。τι，any one，作不定式 ἐπιβοηθῆσαι 的主语。

87.1-2［笺释］εἴ 跟前倾词（τις），故加了高调符号。ὑμῶν 修饰 τις。αὐτὴν 指 ἡ ... ναυμαχία。τὴν μέλλουσαν (ναυμαχίαν)。τὸ ἐκφοβῆσαι，定冠词 + 不定式 = 名词。ἔχει 跟双宾格（τέκμαρσιν 和 τὸ ἐκφοβῆσαι），相当于 παρέχει（CGCG § 30.10）。(ἡ ... ναυμαχία) ἐγένετο ἐνδεής。οὐχὶ ... μᾶλλον ἤ ...，"与其说……不如说……"。第二短句主干：τὰ ἀπὸ τῆς τύχης ξυνέβη ἐναντιωθῆναι, καὶ ἡ ἀπειρία ἔσφηλεν。τὰ ἀπὸ τῆς τύχης，定冠词 + 介词短语 = 名词，集合名词，看作单数。ξυνέβη + 宾格（ἡμᾶς，省略）+ 不定

式（*ἐναντιωθῆναι*）。*καί* 跟前倾词（*πού*），*πού* 又跟前倾词（*τι*），故 *καί* 和 *πού* 都加了高调符号。*καί ... τι καί*，"而且甚至有点"。*που*，本义是 somewhere，引申为表达说话人不确定的感觉。[①]*ναυμαχοῦντας* 与省略了的 *ἡμᾶς* 配合。

87.3［笺释］*ὥστε* 跟陈述式（*προσεγένετο*），表示实际或者可能的结果，带有强调意味。*τὸ ἡσσᾶσθαι*，定冠词 + 不定式 = 名词。(*ἐστί*) *δίκαιον* + 宾格（*τὸ ... νικηθέν*）+ 不定式（*ἀμβλύνεσθαι*），it is right to ...。*τὸ ... νικηθέν*，定冠词 + 分词 = 名词。*τῆς γνώμης* 修饰 *τὸ ... νικηθέν*。*ἔχον*，现在时分词，其主语是 *τὸ ... νικηθέν*。*αὐτῷ*，指 *τὸ ... νικηθέν*。*τῷ ἀποβάντι*，定冠词 + 分词 = 名词。*τῆς ξυμφορᾶς* 修饰 *τῷ ἀποβάντι*。(*ἐστί*) *δίκαιον* 跟不定式（*νομίσαι*）。*νομίσαι* + 宾格（*τοὺς ἀνθρώπους* 和 *τοὺς αὐτούς*）+ 不定式（*ἐνδέχεσθαι*，*εἶναι* 和 *γενέσθαι*）。*ἐνδέχεσθαι*，to be possible that ...，跟不定式（*σφάλλεσθαι*）。*τοὺς αὐτούς*，the same men。*ἀπειρίαν* 作分词 *προβαλλομένους*（与 *τοὺς αὐτούς* 配合）的宾语。*τοῦ ἀνδρείου παρόντος*，独立属格结构，when courage is present。*τοῦ ἀνδρείου*，定冠词 + 形容词 = 名词。*ἔν τινι*，on any (occasion)。

87.4-6［笺释］*ὑμῶν* 修饰 *ἡ ἀπειρία*。*τοσοῦτον ... ὅσον ...*，"……跟……一样多"。*ὅσον* 跟一个句子 *τόλμῃ προύχετε*。*τῶνδε*，"他们的"，修饰 *ἡ ἐπιστήμη*，与前面的 *ὑμῶν* 对举。*ἥν*，关系代词，其先行词是 *ἡ ἐπιστήμη*。*ἔχουσα* 与 *ἡ ἀπειρία* 配合。*ἕξει μνήμην* = *μεμνήσεται*，跟不定式（*ἐπιτελεῖν*）(GG § § 581, 2138)。*ἅ*，自主关系代词，whatever。*ἄνευ* 跟属格（*εὐψυχίας*）。*τὸ ἐμπειρότερον* 和 *τὸ τολμηρότερον*，定冠词 + 形容词 = 名词。*τὸ ... δεδιέναι* 和 *τὸ ... τυχεῖν*，定冠词 + 不定式 = 名词。(*ἀντιτάξασθε*) *τὸ ... τυχεῖν πρὸς τὸ ... δεδιέναι*。*τυχεῖν* 跟分词（*ἀπαράσκευοι*）。*πλῆθός νεῶν περιγίγνεται ὑμῖν ...*。*πλῆθός* 跟前倾词（*τε*），故其末音节加了高调符号。*πρός* 跟与格（*τῇ γῇ*），near。*ὁπλιτῶν παρόντων ...*，独立属格结构。*παρόντων* 跟不定式（*ναυμαχεῖν*）。*τὰ πολλά*，定冠词 + 形容词 = 名词，用作副词，"在许多方面"。整理词序：*τὸ κράτος ἐστί τῶν πλεόνων καὶ ... παρεσκευασμένων*。*τῶν πλεόνων καὶ ... παρεσκευασμένων* 是表语属格。*ἄμεινον*，用作副词。

87.7-9［笺释］*ὥστε* 跟陈述句（*εὑρίσκομεν*），表示实际或者可能的结果，带有强调意味。*καθ' ἕν*，"根据一（条理由）"。整理词序：*ὅσα ἡμάρτομεν παρέξει διδασκαλίαν*。*τὸ καθ' ἑαυτόν*，定冠词 + 介词短语 = 名词，用作副词，"在他自己的方面"。*ᾗ*，关系副词，wherever。*χεῖρον*，形容词比较级，用作副词，跟属格（*τῶν ... ἡγεμόνων*），表比较。整理词序：*... ἐνδώσομεν πρόφασιν οὐδενὶ γενέσθαι κακῷ*。*ἐνδώσομεν πρόφασιν* 跟

[①] J. D. Denniston, *The Greek Particles*, Second Edition, Revised by K. J. Dover, Bristol: Bristol Classical Press, 1996, pp. 491–495.

不定式（γενέσθαι）。ἦν = ἐάν。ἄρα，副词，加重语气，"就是"。οἱ ἀγαθοὶ，定冠词 + 形容词 = 名词。

88.1–3［笺 释］ὅτι，that。τὸ πλῆθος 作 ἐφοβοῦντο 的宾语。κατὰ σφᾶς αὐτούς，among themselves。ἐβούλετο 跟不定式（θαρσῦναί 和 ποιήσασθαι）。τῷ παρόντι，定冠词 + 分词 = 名词。θαρσῦναί 跟前倾词（τε），故其末音节加了高调符号。ὡς，that。ὡς 引导的从句的主干：πλῆθος ἐστί αὐτοῖς。ἐστί αὐτοῖς，"……对于他们是""他们有……"。οὐδὲν，νεῶν 和 τοσοῦτον 修饰 πλῆθος。ὅτι，"洛布本"和阿尔伯蒂的校勘本均作 ὅ τι，anything which。ἐκ πολλοῦ，for a long time。ἐν σφίσιν αὐτοῖς，among themselves。εἰλήφεσαν τὴν ἀξίωσιν 跟不定式（ὑποχωρεῖν）。Πελοποννησίων νεῶν 修饰 μηδένα ὄχλον。μηδένα ὄχλον 作不定式 ὑποχωρεῖν 的宾语。πρὸς 跟宾格（τὴν ... ὄψιν），with a view to。ὁρῶν 的主语是 ὁ Φορμίων，宾语是 αὐτούς。ἐβούλετο 跟不定式（ποιήσασθαι）。τοῦ θαρσεῖν，定冠词 + 不定式 = 名词。

89.1–2［笺 释］ἀξιῶν 跟不定式（ἔχειν）。ἔχειν，hold，跟宾语（τὰ ... δεινά）。τὰ ... δεινά，定冠词 + 形容词 = 名词。οὗτοι，代词，"他们"。διὰ 跟宾格（τὸ προνενικῆσθαι ... οἴεσθαι，定冠词 + 不定式 = 名词）。οἴεσθαι 跟不定式（εἶναι）。ὅμοιοι 跟与格（ἡμῖν）。πιστεύοντες 跟与格（ᾧ）。ᾧ，自主关系代词，in which。ὡς，as。προσῆκον + 与格（σφίσιν）+ 不定式（εἶναι）。οὐ δι' ἄλλο τι ... ἢ διὰ ...，not because of anything else but ...。τὰ πλείω，定冠词 + 形容词 = 名词，用作副词。οἴονται 跟不定式（ποιήσειν）。τὸ αὐτό，the same。σφίσι，for them。

89.3–4［笺 释］τὸ δ'，but it（见前文1.24.5笺释），指 τὸ κατορθοῦν。ἐκ τοῦ δικαίου = δικαίως。τούτοις，to them。ἐν ἐκείνῳ = ἐν τῷ πεζῷ。οὐδὲν，副词，not at all。τῷ ... εἶναι ...，定冠词 + 不定式 = 名词。τι，用作副词，"在某种程度上"。τῷ ... ἑκάτεροί εἶναι ἐμπειρότεροι，"对于我们两方之中任何一方具有有经验的方面来说"。τῷ ... εἶναι，定冠词 + 不定式 = 名词。θρασύτεροί 跟前倾词（ἐσμεν），故其末音节加了高调符号。ἐσμεν，"我们是"。这里的"我们"，指雅典人和伯罗奔尼撒人。Λακεδαιμόνιοί 跟前倾词（τε），故其末音节加了高调符号。ἡγούμενοι 跟属格（αὐτῶν）。αὐτῶν 指其盟邦。ἄκοντας 与 τοὺς πολλοὺς 配合。ἐνεχείρησαν 跟不定式（ναυμαχεῖν）。παρὰ πολύ，by far，decisively。

89.5［笺 释］μὴ + 不定过去时虚拟语气（δείσητε），命令语气，don't do this just this once。παρέχετε + 宾格（φόβον）+ 与格（ἐκείνοις）。πλείω，宾格、阳性、单数，修饰 φόβον。πολὺ 和 πιστότερον，用作副词。κατὰ 跟宾格（τὸ προνενικηκέναι 和 ὅτι ...）。τὸ προνενικηκέναι，定冠词 + 不定式 = 名词。ἡγοῦνται + 宾格（ὑμᾶς）+ 不定式

（ἀνθίστασθαι）。μή，"除非"。μέλλοντας 与 ὑμᾶς 配合，跟不定式（πράξειν）。τι 作不定式 πράξειν 的宾语。ἄξιον 跟属格（τοῦ παρὰ πολύ），修饰 τι。τοῦ παρὰ πολύ，定冠词 + 介词短语 = 名词。παρὰ πολύ，by far。μέλλοντάς 跟前倾词（τι），故其末音节加了高调符号。

89.6［笺释］οἱ πλείους，定冠词 + 形容词 = 名词。οὗτοι，"这些人"，指伯罗奔尼撒人。τὸ πλέον ... ἤ ...，rather ... than ...。οἱ δέ，but they（见前文 1.24.5 笺释）。ἐκ 跟属格（ὑποδεεστέρων），from。πολλῷ 跟比较级（ὑποδεεστέρων）（GG § 1514）。τῆς διανοίας 修饰 τὸ βέβαιον（定冠词 + 形容词 = 名词）。μέγα 也修饰 τὸ βέβαιον。τι，用作副词，"在某种程度上"。ἅ，自主关系代词，指上文所说的情况，that。τῷ οὐκ εἰκότι，"不可能的（品质）""超凡的（胆略）"（τὸ εἰκός，"可能性"）。πλέον ... ἤ ...，rather ... than ...。κατὰ λόγον，"成比例的""相称的"。

89.7-8［笺释］ὑπ' 跟属格（ἐλασσόνων），by。ἔστι ... ἅ，"有些"。μετέχομεν 跟属格（οὐδετέρου）。ὧν，自主关系代词，指前文所说的两种情况，修饰（τοῦ）οὐδετέρου。... ἑκὼν εἶναι ...，as far as depends on one's will。ὁρῶ，"我知道"。ὅτι，that。ἄμεινον，用作副词。ἐπιπλεύσειέ 跟前倾词（τις），故其末音节加了高调符号。ὡς，when。χρή 跟不定式（ἐπιλεῦσαι，省略）。μή，"除非"。ἐκ πολλοῦ，"从远处"。ἐν δέοντι，at need。ἀναστροφαί（εἰσίν）。εἰσίν，"（它们）存在"。ἅπερ，关系代词，其先行词是 διέκπλοι 和 ἀναστροφαί。ἄμεινον，用作副词。εἴη ἀνάγκη 跟不定式（καθίστασθαι）（GG § 2004）。καθίστασθα 跟双宾格（τὴν ναυμαχίαν 和 πεζομαχίαν）（CGCG § 30.10）。ἐν τούτῳ，"在这种情况下"。

89.9-11［笺释］τούτων 修饰 τὴν πρόνοιαν，指前文所说的情况。κατὰ τὸ δυνατόν，"尽力"。τὰ παραγγελλόμενα，定冠词 + 分词 = 名词。ἄλλως τε καί，"尤其"。δι' ὀλίγου，"在近处"。τῆς ἐφορμήσεως οὔσης，独立属格结构。ἡγεῖσθε，believe，think。περὶ πλείστου，"首要""最重要"。ὅ，自主关系代词，指前文所说的情况，that。ἔς 跟前倾词（τε），故加了高调符号。τῶν πολεμίων，"敌人"，有抄本作 τῶν πολεμικῶν（"战争"），更佳。τῶν πολεμίων 修饰 τὰ πολλά（用作副词，"总体上"）。ἀξίως 跟属格（τῶν προειργασμένων）。ἀμύνεσθέ 跟前倾词（τε），故其末音节加了高调符号。ἀγών 跟解释性的不定式（καταλῦσαι 和 καταστῆσαι）（参考：动词 ἀγωνίζομαι 跟不定式）。ἤ ... ἤ ...，"或者……或者……"。ὅτι，that。ἡσσημένων ... ἀνδρῶν，独立属格结构。ἐθέλουσιν 跟不定式（εἶναι）。αὐτούς，same。

90.1-4［笺释］βουλόμενοι 跟不定式（προαγαγεῖν）。αὐτῷ 指 δεξιῷ κέρᾳ。τὰς ... πλεούσας（ναῦς）。ἄριστα，用作副词。ὅπως，跟句子，表目的，so that。εἰ ἄρα，if really, if indeed（GG § 2796）。νομίσας + 宾格（αὐτοὺς）+ 不定式（πλεῖν）。ταύτῃ, in that direction。ἔξω 跟属格（τοῦ ... κέρως）。πλέοντα 修饰 τὸν ἐπίπλουν。ὁ δέ, but he（见前文 1.24.5 笺释）。ὅπερ, 自主关系代词，指前文所说的情况，that。ὡς, when。κατὰ μίαν ἐπὶ κέρως, "排成一行"。ἐντὸς 跟属格（τοῦ κόλπου）。ὅπερ, 同上。μετωπηδόν, 副词。ὡς εἶχε τάχους ἕκαστος, as fast as each could。ἤλπιζον + 宾格（τὰς ναῦς）+ 不定式（ἀπολήψεσθαι）。

90.5–6［笺释］τῶν δὲ = τούτων δὲ = πασῶν τῶν νεῶν，修饰 τινες。αἵπερ，关系代词，其先行词是 τινες。ὑπεκφεύγουσι 跟宾格（τὸ κέρας 和 τὴν ἐπιστροφήν）。ἐξέωσάν 跟前倾词（τε），故其末音节加了高调符号。ὑποφευγούσας 修饰 τὰς ἄλλας。ὅσοι，关系形容词（或关联代词），其先行词 τοσούτους 被吸收，且被吸引到关系形容词（或关联代词）的格（主格）（GG § § 2537, 2538）。αὐτῶν 修饰 ὅσοι，指战舰上的雅典人。τῶν νεῶν 修饰 τινὰς。κενάς 也修饰 τινὰς。ἀνδράσιν, with men。αὐτοῖς, to them, 指战舰上的人员。ἑλκομένας 与 τὰς ... τινας 配合。τὰς ... τινας，定冠词 + 形容词 = 名词。

91.1–4［笺释］ταύτῃ, in this direction。αἱ ... νῆες ... αἱ ἀπὸ τοῦ ... κέρως，重复定冠词结构。αἵπερ，关系代词，其先行词是 τὰς ... ναῦς。αὐτοὺς, 指伯罗奔尼撒人。πλὴν 跟属格（μιᾶς）。σχοῦσαι, hold oneself, stay。ἢν = ἐάν。οἱ δέ, but they（见前文 1.24.5 笺释）。ὡς, as。τὴν ... ναῦν ... τὴν ὑπόλοιπον，重复定冠词结构。πολὺ, 用作副词。πρὸ 跟属格（τῶν ἄλλων）。整理词序：ὁλκὰς ἔτυχε ὁρμοῦσα μετέωρος。ἔτυχε 跟分词（ὁρμοῦσα）。μετέωρος, 形容词, 阴性, 与 ὁλκὰς 配合，这是希腊语的惯用法（idiom），可译为副词。ἣν, 关系代词，其先行词是 ὁλκὰς。句子主干：φόβος ἐμπίπτει τοῖς ... Πελοποννησίοις。γενομένου τούτου ἀπροσδοκήτου, 独立属格结构。παρὰ λόγον, "令人惊奇""非比寻常"。τὸ κρατεῖν, 定冠词 + 不定式 = 名词。αἱ μέν τινες ... αἱ δὲ ..., "有的战舰……有的战舰……"，两个 αἱ 均为指示代词（GG § § 1106, 1108）。καθεῖσαι, 分词。ἐπέστησαν 跟属格（τοῦ πλοῦ）。ἀξύμφορον, 用作副词。ἐξ ὀλίγου, "从近处""在近处"。βουλόμενοι 跟不定式（περιμεῖναι）。τὰς πλείους (ναῦς)。

92.1–7［笺释］第一句主干：θάρσος ἔλαβε τοὺς Ἀθηναίους。οἱ δέ, but they（见前文 1.24.5 笺释）。διὰ 跟宾格（τὰ ... ἁμαρτήματα 和 τὴν ... ἀταξίαν）。ὀλίγον χρόνον, 表时间的宾格，表示贯穿该时间段。ὅθενπερ, from where。ἃς, 关系代词，其先行词是 τὰς ἑαυτῶν (ναῦς)。τὸ πρῶτον, in the beginning。τοὺς μὲν ἄνδρας ... τινὰς (ἄνδρας) ...。ἣ, 关系代词，其先行词是 τῆς ... νεώς。πλέων, 分词，与 Τιμοκράτης 配合。ὡς, when。ὅθεν, from which。τὰ ἐκείνων, 定冠词 + 形容词 = 名词。ὡς, as。τῆς τροπῆς 修饰 τροπαῖον。νενικηκότες 的宾语是 ναῦς。ἃς, 关系代词，其先行词是 ναῦς（实际上在后

面的主句中)(GG § 2541)。整理词序：ἀνέθεσαν ναῦν ἥνπερ ἔλαβον ...。ἥνπερ，关系代词，其先行词是 ναῦν。τὸ Ῥίον τὸ Ἀχαϊκὸν，重复定冠词结构。ὑπὸ νύκτα, under the cover of night。πλὴν 跟属格((τῶν) Λευκαδίων (νεῶν))。αἷς，关系代词，其先行词是 ταῖς ναυσίν。ἔδει 跟不定式(παραγενέσθαι)。πολλῷ 跟比较级(ὕστερον)(GG § 1514)。ὕστερον，形容词比较级，跟属格(τῆς ἀναχωρήσεως)，表比较。

93.1–2［笺释］πρὶν 跟不定式(διαλῦσαι)。Κόρινθόν 跟前倾词(τε)，故其末音节加了高调符号。τὸ ... ναυτικόν 作不定式 διαλῦσαι 的宾语。ἀρχομένου τοῦ χειμῶνος，独立属格结构。ἐβούλοντο 跟不定式(ἀποπειρᾶσαι)。διδαξάντων Μεγαρέων，独立属格结构。ἀποπειρᾶσαι 跟属格(τοῦ Πειραιῶς τοῦ λιμένος，重复定冠词结构)。τὸ ἐπικρατεῖν，定冠词 + 不定式 = 名词。πολὺ 用作副词。ἐδόκει + 宾格(ἕκαστον) + 不定式(ἰέναι 和 πλεῦσαι)。τῶν ναυτῶν 修饰 ἕκαστον。λαβόντα 与 ἕκαστον 配合。ἀφικομένους 和 καθελκύσαντας 与隐含于句子中的 αὐτοὺς 配合。κατὰ τάχος，"迅速"。αἷ，关系代词，其先行词是 ναῦς。ἔτυχον 跟分词(οὖσαι)。

93.3［笺释］οὔτε ... οὐδὲν ... 和 οὔτε ... οὐδεμία ...，多个复合否定词连用，后者强调前者，仍表否定(GG § 2761)。προσδοκία (ἦν) ...。从句 ποτε οἱ πολέμιοι ... ἐπιπλεύσειαν 修饰 προσδοκία。προσδοκία + μὴ + 不定式(τολμῆσαι)，προσδοκία + μὴ οὔ + 不定式(προαισθέσθαι)(GG § § 2224a, 2221)。ἀπὸ τοῦ προφανοῦς，"公开地"。最后一句"牛津本"作 ... τολμῆσαι ἂν καθ' ἡσυχίαν, οὐδ' εἰ διενοοῦντο ...，"洛布本"作 ... τολμῆσαι ἄν, καθ' ἡσυχίαν δ' εἰ διενοοῦντο ...，后者更好理解，霍恩布洛尔表示赞成(见其《评注》第 1 卷第 370 页)。

93.4［笺释］ὡς, when。ἔδοξεν + 宾格(αὐτοῖς) + 不定式(省略)。νυκτὸς，表时间的属格，表示在该时间段内。οὐκέτι, not now。λέγεται 跟不定式(κωλῦσαι)。τὸ ἀκρωτήριον τὸ ὁρῶν πρὸς Μέγαρα，重复定冠词结构。τὸ ... ὁρῶν ... 定冠词 + 分词 = 名词。αὐτοῦ 指 τὸ ἀκρωτήριον。τοῦ μὴ ἐσπλεῖν ... μηδὲ ἐκπλεῖν μηδέν，属格不定式，表目的(通常是否定的)(GG § § 1408, 2032e)。μὴ ... μηδὲ ... μηδέν ...，简单否定词 + 复合否定词，后者强调前二者，仍表否定(CGCG § 56.4)。(τοῖς) ἀπροσδοκήτοις，定冠词 + 形容词 = 名词。

94.1–2［笺释］φρυκτοί 作句子主语，πολέμιοι 修饰 φρυκτοί。οὐδεμιᾶς 修饰 ἔκπληξις。τῶν ... ἐλάσσων，定冠词 + 形容词 = 名词，修饰 οὐδεμιᾶς。κατὰ τὸν πόλεμον，"在这场战争期间"。οἱ ... ἐν τῷ ἄστει 和 οἱ ... ἐν τῷ Πειραιεῖ，定冠词 + 介词短语 = 名词。μὲν ... δ' ...，表对照。ᾤοντο + 宾格(τοὺς πολεμίους、τὴν Σαλαμῖνα 和 αὐτούς) + 不定式(ἐσπεπλευκέναι, ᾑρῆσθαι 和 ἐσπλεῖν)。παρὰ σφᾶς, towards them。ὅσον οὐκ, almost, all but。最后短句主干：ὅπερ ἐγένετο。ὅπερ，自主关系代词，指前文所说的情况，that。ἐβουλήθησαν，异态动词，形式是被动的，意思是主动的，跟不定式（κατοκνῆσαι）。ἅμ᾽ 跟与格（ἡμέρᾳ）。κατὰ σπουδήν，"急忙"。

94.3-4［笺释］ὡς，when。τοῦ Βουδόρου τοῦ φρουρίου，重复定冠词结构。κατὰ τάχος，"迅速"。ἐπὶ 跟属格（τῆς Νισαίας 和 τῆς Κορίνθου），upon。第二短句主干：αἱ νῆες ἐφόβουν αὐτούς。ὅτι，"洛布本"和阿尔伯蒂的校勘本作 ὅ τι，更好理解。ἔστι ... ὅ，there is something（GG § 2514），τι，用作副词，"在某种程度上"，两者加起来相当于 καί τι καί（"而且甚至有点"）。ἐφόβουν，及物动词。διὰ χρόνου，for a long time。διὰ χρόνου καθελκυσθεῖσαι，"经过长时间才被拖下水"。οὐδέν，not at all。καταλαβόντες（αὐτούς）。μετὰ τοῦτο，"在此之后"。τὸ λοιπόν，in future。λιμένων 修饰 κλήσει。

95.1-3［笺释］ὑπὸ 跟表时间的宾格（τοὺς ... χρόνους），about。τοῦ χειμῶνος ... ἀρχομένου，独立属格结构。(τοὺς) Χαλκιδέας τοὺς ἐπὶ Θρᾴκης，重复定冠词结构。τὴν μὲν ... τὴν δὲ ...，"一个……另一个……"，指 ὑποσχέσεις。βουλόμενος 跟不定式（ἀναπρᾶξαι 和 ἀποδοῦναι）。ὅ，定冠词，跟前倾词（τε），故加了高调符号。αὐτῷ，指 Σιτάλκης。κατ᾽ ἀρχὰς，at the beginning。ἃ，自主关系代词，what。ὡμολογήκει 跟不定式（καταλύσειν）。ἕνεκα 跟属格（ἀμφοτέρων）。ὡς ἐπὶ ...，表达句子主语的想法或者断言（GG § 2996）。οἳ，关系代词，其先行词是 πρέσβεις。ἔτυχον 跟分词（παρόντες）。ἕνεκα 跟属格（τούτων）。ἔδει + 宾格（τοὺς Ἀθηναίους）+ 不定式（παραγενέσθαι）。ὡς 跟最高级形容词（πλείστῃ），as ... as possible。πλείστῃ 与 ναυσί 和 στρατιᾷ 配合。

96.1-4［笺释］τοὺς ἐντὸς τοῦ Αἵμου τε ὄρους καὶ τῆς ... Θρᾷκας，定冠词+介词短语=名词。ἦρχε 跟属格（ὅσων）。ὅσων，关系形容词（或关联代词），其先行词 τοσούτους 被吸收（GG § 2532）。μέχρι 跟属格（θαλάσσης）。ἐντὸς 跟属格（τοῦ ... ποταμοῦ）。πρὸς (τὴν) θάλασσαν ... τὴν τοῦ ... πόντου。ταύτῃ，"在那个地区"。ὅμοροί 跟前倾词（τε），故其末音节加了高调符号。τῶν ... Θρᾳκῶν ... τῶν αὐτονόμων καὶ ...，重复定冠词结构。οἳ，关系代词，其先行词是 πολλούς。τοὺς μὲν ... οἱ δ᾽...，"有些……有些……"，τοὺς 和 οἱ 作指示代词（GG § 1106）。ἦρχε 跟属格（ὧν）。ὧν，关系代词，其先行词是 ὅσα ἔθνη。ὃς，关系代词，其先行词是 τοῦ Στρυμόνος ποταμοῦ。οὗ，关系副词，where。τὰ πρὸς Παίονας，定冠词+形容词=名词。τὰ πρὸς Τριβαλλούς，定冠词+介词短语=名词。ἐχόμενον 跟属格（τῆς Ῥοδόπης），to be close, border on。

97.1-3［笺释］ἡ ἀρχὴ ἡ ... μέγεθος，重复定冠词结构。τὰ ξυντομώτατα，定冠词+形容词=名词，用作副词。τεσσάρων ἡμερῶν καὶ ... νυκτῶν，表时间的属格，表示在该时间段内。τὰ ... πρὸς θάλασσαν，定冠词+介词短语=名词。ἦν 跟不定式（ἀνύσαι）， it is possible to ...。ταύτῃ，"在那个地区"。διὰ πλείστου，"最大距离"。ἄνω，"向上"，指从海边往内地。δέκα τριῶν ἡμερῶν，表时间的属格，表示在该时间段内。句子主干：φόρος (ἦν) δύναμις。ὅσον，so far as, so much of。ἐπί 跟属格（人）(Σεύθου)，"在……的时代"（GG § 1689b）。ὅς，关系代词，其先行词是 Σεύθου。πλεῖστον，用作副词。δή，强调 πλεῖστον。ᾔει 跟宾格 (ἅ)。ἅ，关系代词，其先行词是 ταλάντων，ᾔει 与最近的主语 ἄργυρος 配合，故用第三人称单数。χρυσοῦ 和 ἀργύρου 修饰 δῶρα，ἐλάσσω，形容词比较级，跟属格 (τούτων)，表比较。τοῖς παραδυναστεύουσί τε καὶ γενναίοις，定冠词 + 分词（形容词）= 名词。

97.4［笺释］τὸν νόμον 跟解释性不定式（λαμβάνειν 和 διδόναι）（CGCG § 51.9）。... μᾶλλον ἤ ...，... rather than ...。ἦν αἴσχιον 跟不定式（δοῦναι 和 τυχεῖν）。分词 αἰτηθέντα 和 αἰτήσαντα 与省略了的 αὐτόν 配合。αὐτόν 作不定式（δοῦναι 和 τυχεῖν）的主语。τὸ δύνασθαι，定冠词 + 不定式 = 名词。ἐπὶ πλέον = μᾶλλον。ἐχρήσαντο 跟与格（αὐτῷ）。αὐτῷ = τῷ νόμῳ。ἦν 跟不定式（πρᾶξαι），it is possible to ...。οὐδέν，用作副词，not at all。分词 διδόντα 与省略了的 αὐτόν 配合。αὐτόν 作不定式（πρᾶξαι）的主语。ὥστε，跟句子，表结果。ἰσχύος 修饰 μέγα。

97.5［笺释］τῶν ... ἐν τῇ Εὐρώπῃ，定冠词 + 介词短语 = 名词，修饰 μεγίστη。μεγίστη 跟主语（ἡ βασιλεία）配合。ὅσοι，关系形容词（或关联代词），其先行词 τοσούτων 被吸收，且被吸引到关系形容词（或关联代词）的格（主格）（GG § § 2537, 2538）。μεταξὺ ... καί ...，between ... and ...。μάχης 修饰 ἰσχύι。στρατοῦ 修饰 πλήθει。πολύ 和 δευτέρα，用作副词。μετά 跟宾格（τὴν Σκυθῶν (ἰσχύν)），after, behind。

97.6［笺释］第一短句主干：τὰ ἐν τῇ Εὐρώπῃ (ἐστίν) ἀδύνατα ἐξισοῦσθαι。(ἐστίν) ἀδύνατα 跟不定式（ἐξισοῦσθαι）。ταύτῃ，"在这方面"。οὐχ ὅτι ... ἀλλ' ...，"不仅……而且……"（GG § 2763a）。ἓν πρὸς ἕν，"一对一"。οὐκ ἔστιν ὅτι = οὐδέν（ὅτι，"洛布本"和阿尔伯蒂的校勘本作 ὅ τι，anything which）。(ἐστί) δυνατόν 跟不定式（ἀντιστῆναι）。οὐ μὴν οὐδ'，not again, not however that（GG § 2768）。τῶν παρόντων，定冠词 + 分词 = 名词。τῶν παρόντων ἐς τὸν βίον，the things present for life。

98.1-4［笺释］βασιλεύων 跟属格（χώρας）。ὅ，关系代词，其先行词是 Κερκίνης ... ὄρους。αὐτοῦ，指 Κερκίνης ... ὄρους。ἥν，关系代词，其先行词是 τῇ ὁδῷ。τὸ ὄρος 作分词 διιόντες 的宾语。(τὴν) Δόβηρον τὴν Παιονικήν，重复定冠词结构。句子主干：οὐδὲν ἀπεγίγνετο αὐτῷ, προσεγίγνετο (αὐτῷ)。τι，用作副词，"在某种程度上"。ἐφ' 跟宾格（ἁρπαγήν），for。λέγεται 跟不定式（γενέσθαι）。ἔλασσον，形容词比较级，跟属格（μυριάδων），表比较。μετ' 跟宾格（αὐτούς），after, behind。οἱ μαχαιροφόροι ... οἱ ...

αὐτόνομοι，重复定冠词结构。ξύμμεικτος，形容词，习惯用法，可译作副词。

99.1-6［笺释］ὅπως 后面句子的谓语动词用虚拟语气（ἐσβαλοῦσιν），表目的。ἦρχεν 跟属格（ἧς）。ἧς，关系代词，其先行词是 τὴν κάτω Μακεδονίαν。τῶν Μακεδόνων，表语属格。ἃ，关系代词，其先行词是 ἔθνη。καθ᾽ αὑτά，"它们各自的"。τὸ ἀρχαῖον，"最初"。οἷ，关系代词，其先行词是 Πίερας。括号中句子的主干：ἡ γῆ καλεῖται Πιερικὸς κόλπος。(ἀναστήσαντες) Βοττιαίους ἐκ τῆς Βοττίας。οἳ，关系代词，其先行词是 Βοττιαίους。τῆς Παιονίας 修饰 τινα。μέχρι 跟属格（Πέλλης），as far as ...。πέραν 跟属格（Ἀξιοῦ）。ἐξελάσαντες 的宾语是 Ἠδῶνας。ὧν，关系代词，其先行词是 Ἐορδούς。τι，主格。(ἀνέστησαν) Ἄλμωπας ἐξ Ἀλμωπίας。ἐκράτησαν 跟属格（τῶν ... ἐθνῶν）。ἃ，关系代词，其先行词是 τῶν ... ἐθνῶν。τὸ ... ξύμπαν，定冠词+形容词=名词。

100.1-4［笺释］ἐπιόντος ... στρατοῦ，独立属格结构。ὄντες ἀδύνατοι 跟不定式（ἀμύνεσθαι）。ἔς 跟前倾词（τε），故加了高调符号。τὰ καρτερά，定冠词+形容词=名词。ὅσα，关系形容词（或关联代词），其先行词 τοσαῦτα 被吸收，且被吸引到关系形容词（或关联代词）的格（主格）(GG §§ 2537, 2538)。τὰ ... ὄντα，定冠词+分词=名词。τἆλλα = τὰ ἄλλα，用作副词，"在其他方面"。τά κατὰ τὸν πόλεμον，定冠词+介词短语=名词，作 διεκόσμησε 的宾语。κρείσσονι 与 τῇ ... παρασκευῇ 配合。ἢ ...，than。οἱ ἄλλοι βασιλῆς ... οἱ πρὸ αὐτοῦ γενόμενοι，重复定冠词结构。ἅττα = ἅσσα = ἅτινα，anyone。τοῦ ... υἱέος παρόντος 独立属格结构。ἐδύναντο 跟不定式（ἑλεῖν）。τὴν ... Μακεδονίαν ... τὴν ἐν ἀριστερᾷ，重复定冠词结构。ἔσω 跟属格（τούτων）。διενοοῦντο 跟不定式（ἀμύνεσθαι）。ὅπῃ，in what direction, where。ᾗ，关系副词，where。νομίζοντες 跟不定式（εἶναι）。εἶναι ἱκανοὶ 跟不定式（κινδυνεύειν）。τὸ πλέον，定冠词+形容词=名词。

101.1-4［笺释］ἕνεκα 跟属格（ὧν）。ὧν，自主关系代词，that。ἀπιστοῦντες + 宾格（αὐτὸν）+ 不定式（ἥξειν）。ἔς 跟前倾词（τε），故加了高调符号。μέρος τι，"部分"。καθημένου ... αὐτοῦ ...，独立属格结构。ἐφοβήθησαν 跟虚拟语气（χωρήσῃ），μὴ 为赘词 (GG § 2741)。παρέσχε 的主语是 ὁ Σιτάλκης。παρέσχε λόγον 类似 παρέσχε φόβον，跟否定词（μὴ）+虚拟语气（χωρήσωσιν），μὴ 为赘词 (GG § 2741)。αὐτῶν 指雅典人。ἀγόμενοι 的主语是 Σιτάλκης 的麾下。σφᾶς 指上文所说的害怕 Σιτάλκης 前来征伐的人。

101.5-6［笺释］ὁ δὲ，but he（见前文 1.24.5 笺释）。οὐδὲν 是 ἐπράσσετο（被动态）的主语。ἕνεκα 跟属格（ὧν）。ὧν，自主关系代词，that。ἀναπείθεται + ὥστ᾽ + 不定式（ἀπελθεῖν）。ὄντος 和 δυναμένου 与 Σεύθου 配合。μέγιστον，用作副词。μεθ᾽ 跟宾格（ἑαυτὸν），after, behind。ὑποσχόμενος 跟不定式（δώσειν）。αὐτῇ 指 ἀδελφὴν。ὁ μὲν， ὁ 作指示代词（GG § 1106），指 ὁ Σιτάλκης。τριάκοντα ... ἡμέρας 和 ὀκτὼ (ἡμέρας)，表时间的宾格，表示贯穿该时间段。τούτων 指 τριάκοντα ... ἡμέρας。(τὴν) Στρατονίκην τὴν ... ἀδελφήν，重复定冠词结构。τὰ ... κατὰ τὴν ... στρατείαν，定冠词 + 介词短语 = 名词。

102.1–3［笺释］τοῦ ... χειμῶνος，表时间的属格，表示在该时间段内。Φορμίωνος ἡγουμένου，独立属格结构。(τῶν) Ἀθηναίων τῶν ἀπὸ τῶν νεῶν，重复定冠词结构。ἔκ 跟前倾词（τε），故加了高调符号。ἐξήλασαν 的宾语是 ἄνδρας。δοκοῦντας 跟不定式（εἶναι）。ἐδόκει 跟不定式（εἶναι）。εἶναι δυνατὸν 跟不定式（στρατεύειν）。χειμῶνος ὄντος，独立属格结构。αὐτοῖς, to them，指 Οἰνιάδαι 人。ποιεῖ ἄπορον 跟不定式（στρατεύειν）。ἄπορον，用作副词。τῶν νήσων τῶν Ἐχινάδων，重复定冠词结构。καταντικρὺ 跟属格（Οἰνιαδῶν）。ἀπέχουσαι 跟属格（τῶν ἐκβολῶν）。οὐδέν，用作副词，not at all。εἰσὶ ... αἴ，"有些"。(ἐστίν) ἐλπὶς 跟不定式（παθεῖν）。πάσας 作不定式 παθεῖν 的主语。τοῦτο 作不定式 παθεῖν 的宾语。

102.4–6［笺释］ῥεῦμά 跟前倾词（ἐστι），故其末音节加了高调符号。τῆς προσχώσεως 修饰 ξύνδεσμοι。αἴ，定冠词，跟前倾词（τε），故加了高调符号。τῷ μὴ σκεδάννυσθαι, by reason of their soil not being scattered，定冠词 + 不定式 = 名词。这里的 τῷ 如果写作 τοῦ 更好理解，即 τοῦ μὴ σκεδάννυσθαι，属格不定式，表目的（通常是否定的）（GG § § 1408, 2032e）。λέγεται + 宾格（αὐτὸν 和 τὸν Ἀπόλλω）+ 不定式（ἀλᾶσθαι 和 χρῆσαι）。(τῷ) Ἀλκμέωνι τῷ Ἀμφιάρεω，重复定冠词结构。δὴ 强调 ὅτε。χρῆσαι 跟不定式（οἰκεῖν）。ὑπειπόντα + 宾格（λύσιν）+ 不定式（εἶναι）。τῶν δειμάτων 修饰 λύσιν。ἥτις, anyone which。ὡς, since。τῆς ἄλλης ... μεμιασμένης，独立属格结构。ὁ δ', but he（见前文 1.24.5 笺释）。ὥς φασι，"据说"。δίαιτα ἐδόκει αὐτῷ κεχῶσθαι。ἐδόκει 跟不定式（κεχῶσθαι）。ἱκανή 修饰 δίαιτα。τῷ σώματι 与 αὐτῷ 配合，to his body。δίαιτα 作不定式 κεχῶσθαι 的主语。ἀφ' οὗπερ, from that, since。ὀλίγον χρόνον，表时间的宾格，表示贯穿该时间段。ἐδυνάστευσέ 跟前倾词（τε），故其末音节加了高调符号。τὰ ... λεγόμενα，定冠词 + 分词 = 名词。

103.1–2［笺释］τοὺς ἐλευθέρους 和 τῶν αἰχμαλώτων，定冠词 + 形容词 = 名词。οἵ，关系代词，其先行词是 τοὺς ἐλευθέρους。ἀνὴρ ἀντ' ἀνδρός, man for man。ἅς，关系代词，其先行词是 τὰς ναῦς。整理词序：καὶ οὗτος ὁ χειμὼν ἐτελεύτα, ἐτελεύτα τρίτον ἔτος τῷδε τῷ πολέμῳ ὃν Θουκυδίδης ξυνέγραψεν。第一个 ἐτελεύτα 是不及物动词，第二个 ἐτελεύτα 是及物动词，其宾语是 τρίτον ἔτος。τρίτον ἔτος τῷδε τῷ πολέμῳ，"对于这场战争而言第 3 年""这场战争的第 3 年"。ὅν，关系代词，其先行词是 τῷ πολέμῳ。

卷　　三

1.1–3　[笺释] τοῦ ... θέρους，表时间的属格，表示在该时间段内。ἅμα 跟与格（τῷ σίτῳ）。ἡγεῖτο 跟属格（αὐτῶν）。ὅπῃ παρείκοι, wherever it was practicable。εἶργον 跟双宾格（τὸν ... ὅμιλον 和 τὸ ... κακουργεῖν）(CGCG § 30.9)，"阻止……做……"。προεξιόντας 与 τὸν ... ὅμιλον 配合，跟属格（τῶν ὅπλων）。τὸν ... ὅμιλον 为集合名词，可以理解为复数。τῶν ὅπλων = τοῦ στρατοπέδου。τὰ ἐγγὺς，定冠词+副词=名词。οὗ，关系代词，其先行词为 χρόνον。χρόνον，表时间的宾格，表示贯穿该时间段。

2.1–3　[笺释] πλὴν 跟属格（Μηθύμνης）。ἀναγκασθέντες 跟不定式（ποιήσασθαι）。τὴν ἀπόστασιν 作不定式 ποιήσασθαι 的宾语。πρότερον ἢ ...，"早于……"。ἐπέμενον+宾格（ποίησιν）+不定式（τελεσθῆναι）。ὅσα 既作 ἐπέμενον 的宾语，又作 ἔδει 的主语，可看作单数，包括 τοξότας，σῖτον 和 ἃ ... 等。ἔδει 跟不定式（ἀφικέσθαι）。ἃ，自主关系代词，whatever。γίγνονται μηνυταὶ 跟 ὅτι 引导的从句和不定式（στερήσεσθαι）。因为 γίγνονται μηνυταὶ 相当于"说"（GG § 2017）。αὐτοὺς 作不定式 στερήσεσθαι 的主语。στερήσεσθαι 跟属格（Λέσβου）。μετὰ 跟属格（Λακεδαιμονίων καὶ Βοιωτῶν）。

3.1　[笺释] ἡγοῦντο+宾格（(τὸ) προσπολεμώσασθαι）+不定式（εἶναι）。Λέσβον 作不定式 προσπολεμώσασθαι 的宾语。ἔχουσαν 与 Λέσβον 配合。整理词序：νέμοντες ... μέρος τῷ ... βούλεσθαι ...。νέμοντες, considering。τῷ ... βούλεσθαι，定冠词+不定式=名词。βούλεσθαι 跟不定式（εἶναι）。ἔπειθον+宾格（τοὺς Μυτιληναίους）+不定式（διαλύειν）。ἐβούλοντο 跟不定式（προκαταλαβεῖν）。

3.2–3　[笺释] αἳ，关系代词，其先行词是 ναῦς。ἔτυχον 跟分词（παρεσκευασμέναι）。παρεσκευασμέναι 跟不定式（πλεῖν）。ἐσηγγέλθη 跟 ὡς 引导的宾语从句和不定式（εἶναι）。εἶναι ἐλπίδα 跟不定式（ἐπιπεσεῖν 和 εἰπεῖν）。ἐπειχθέντας 与省略了的 αὐτοὺς 配合，αὐτοὺς 作不定式 ἐπιπεσεῖν 的主语，指雅典人。ἢν ... ξυμβῇ ἡ πεῖρα，习惯用语，"如果成功，（当然好）"。ἢν = ἐάν。εἰπεῖν 跟不定式（παραδοῦναι，καθελεῖν 和 πολεμεῖν）。

ἦν = ἐάν。(αὐτῶν) πειθομένων，独立属格结构。αὐτῶν 指 Μυτιληναῖοι。

3.4–5［笺释］αἱ，关系代词，其先行词是 τὰς ... τριήρεις。ἔτυχον 跟分词（παροῦσαι）。παρὰ σφᾶς，beside them，near them。αὐτῶν 指 τὰς ... τριήρεις。ἐπιτυχών 的主语是 ἀνήρ，跟属格（ὁλκάδος）。ἀναγομένης 修饰 ὁλκάδος。χρησάμενος 跟与格（πλῷ）。οἱ δέ，but they（见前文 1.24.5 笺释）。περί 跟宾格（τὰ ἡμιτέλεστα τά ... ἄλλα τῶν ...，重复定冠词结构）。

4.1–6［笺释］πολλῷ 跟比较级（ὕστερον）（GG § 1514）。ὡς，when。τὰ ἐπεσταλμένα，定冠词＋分词＝名词。... ἐσακουόντων ... τῶν Μυτιληναίων，独立属格结构。ἀναγκασθέντες 跟不定式（πολεμεῖν）。ὡς ἐπί ...，表达句子主语的想法或者断言（GG § 2996）。ὀλίγον，用作副词。βουλόμενοι 跟不定式（ἀποπέμψασθαι）。τὰς ναῦς 作不定式 ἀποπέμψασθαι 的宾语。τὸ παραυτίκα，"目前""暂时"。φοβούμενοι 跟虚拟语气（ὦσι）。μή 为赘词。ὦσι ἱκανοί 跟不定式（πολεμεῖν）。τῶν διαβαλλόντων，定冠词＋分词＝名词。μετέμελεν 跟与格（ᾧ）。ᾧ，自主关系代词，that，指其告密的行为。πείσειαν 跟不定式（ἀπελθεῖν）。τὰς ναῦς 作不定式 ἀπελθεῖν 的主语。ὡς，since。σφῶν ... νεωτεριούντων，独立属格结构。οὐδέν，用作副词，not at all。εἴ 跟前倾词（πως），故加了高调符号。ἐν τούτῳ，"与此同时"。οἵ，关系代词，其先行词是 τὸ ... ναυτικόν（集合名词）。ἐπίστευον 跟与格（τοῖς ... προχωρήσειν，定冠词＋不定式＝名词）。οἱ μέν，οἱ 为指示代词。αὐτοῖς，to them，指斯巴达人。

5.1–2［笺释］ὡς，when。ᾗ，关系代词，其先行词是 μάχη。ἔλασσον，用作副词。ἔχοντες，相当于 ὄντες。ἐπίστευσαν 跟与格（σφίσιν αὐτοῖς）。σφίσιν αὐτοῖς，themselves。οἱ μέν，οἱ 作指示代词（GG § 1106），指 Μυτιληναῖοι。μέν 与下文的 δέ 一起表对照。整理词序：εἴ τι ἐκ Πελοποννήσου καὶ μετ᾽ ἄλλης παρασκευῆς προσγένοιτό ....。βουλόμενοι 跟不定式（κινδυνεύειν）。οἵ，关系代词，其先行词是 Μελέας 和 Ἑρμαιώνδας。προαπεστάλησαν 跟属格（τῆς ἀποστάσεως）。δυνάμενοι 跟不定式（φθάσαι）。παρῄνουν 跟不定式（πέμπειν）。

6.1–2［笺释］πολύ，用作副词。οἵ，关系代词，其先行词是 ξυμμάχους。θᾶσσον 是 ταχύς 的比较级不规则形式，中性、宾格，用作副词。τὸ πρὸς νότον，定冠词＋介词短语＝名词。εἶργον μή ＋ 不定式（χρῆσθαι），μή 为赘词；εἶργον 也跟宾格（τοὺς Μυτιληναίους）和属格（τῆς θαλάσσης），加起来的意思是 exclude somebody from using something。ἐκράτουν 跟属格（τῆς γῆς τῆς ἄλλης，重复定冠词结构）。τὸ περὶ τὰ στρατόπεδα 和 τὰ περὶ Μυτιλήνην，定冠词＋介词短语＝名词。πολύ，用作副词。

7.1–5［笺释］κελευσάντων Ἀκαρνάνων ...，独立属格结构。κελευσάντων 跟不定式

（πέμψαι）。ἢ ... ἢ ...，"或者……或者……"。τὰς ... πλείους（ναῦς）。ὡς，since。τῶν ... ξυμβοηθησάντων，定冠词 + 分词 = 名词。παρὰ 跟属格（Λευκαδίων），from。

8.1［笺释］第一短句主干：οἱ ... πρέσβεις ἀφικνοῦνται。ὡς，when。εἶπον 跟不定式（παρεῖναι）。ἧ，关系代词，其先行词是 Ὀλυμπιὰς。

9.1-3［笺释］οἱ δεξάμενοι，定冠词 + 分词 = 名词。τοὺς ἀφισταμένους，定冠词 + 分词 = 名词，作 δεξάμενοι 的宾语。ἀπολείποντας 与 τοὺς ἀφισταμένους 配合。τὴν πρὶν ξυμμαχίαν。καθ' ὅσον，in so far as。ἐν ἡδονῇ ἔχουσι = ἐν ἡδονῇ εἰσίν。νομίζοντες + 宾格（τοὺς ἀφισταμένους）+ 不定式（εἶναι）。προδότας 与 τοὺς ἀφισταμένους 配合。πρὸ τοῦ，"在此之前"。χείρους，用作副词。οἵ，定冠词，跟前倾词（τε），故加了高调符号。οἵ ἀφιστάμενοι，定冠词 + 分词 = 名词。ὧν，自主关系代词，指盟邦。τύχοιεν 跟分词（ὄντες）。τῆς ἀποστάσεως 修饰 πρόφασις。ὅ，自主关系代词，指上文说的情况。δόξωμεν 跟不定式（εἶναι）。τῳ = τινί。

10.1-3［笺释］ἄλλως τε καί，"尤其"。δεόμενοι 跟属格（ξυμμαχίας）。οὔτε ... οὔτε ... οὐδέν，多个复合否定词连用，后者强调前二者，仍表否定（GG § 2761）。ἐς οὐδέν，come to aught，in any way。εἰ μὴ ...，"除非……"。τἆλλα = τὰ ἄλλα，"在其他方面"。ἀπολιπόντων ... ὑμῶν 和 παραμεινάντων ... ἐκείνων，独立属格结构。πρὸς 跟宾格（τὰ ὑπόλοιπα），表目的。τὰ ὑπόλοιπα，定冠词 + 形容词 = 名词。ἐπὶ 跟与格（καταδουλώσει 和 ἐλευθερώσει），表目的。

10.4-6［笺释］分词 ἀνιέντας 和 ἐπαγομένους 与 αὐτοὺς 配合。καθ' ἓν γενόμενοι，"联合"。ὄντες ἀδύνατοι 跟不定式（ἀμύνασθαι）。δή，at least。εἴχομεν 跟双宾格（Ἀθηναίους 和 πιστοὺς ἡγεμόνας）（CGCG § 30.10）。χρώμενοι 跟与格（παραδείγμασι）。τοῖς προγιγνομένοις παραδείγμασι。ἦν εἰκὸς + 宾格（αὐτοὺς）+ 不定式（καταστρέψασθαι 和 δρᾶσαι）。οὕς，关系代词，其先行词是 αὐτούς。δρᾶσαι 跟双宾格（τοὺς ὑπολοίπους 和 τοῦτο）（CGCG § 30.9）。τοὺς ὑπολοίπους，定冠词 + 形容词 = 名词。ἐδυνήθησαν，异态动词（形式是被动的，意思是主动的）。εἰ 跟前倾词（ποτε），故加了高调符号。

11.1-3［笺释］ἦσαν βεβαιότεροι 跟不定式（νεωτεριεῖν）。μηδέν，not at all。τοὺς πλείους，定冠词 + 形容词 = 名词。ἔμελλον 跟不定式（οἴσειν）。οἴσειν χαλεπώτερον，"痛苦地忍受"。χαλεπώτερον 跟属格（τοῦ ... ἀντισουμένου），表比较。τοῦ ... ἀντισουμένου，定冠词 + 分词 = 名词。πρός，"与……相比"。τὸ πλέον，定冠词 + 形容词 = 名词，the majority。εἶκον，分词，修饰 τὸ πλέον。ἄλλως τε καί，"尤其"。ὅσῳ，by how much，since。δυνατώτεροι 跟属格（αὑτῶν），表比较。αὑτῶν，"他们自己"。τὸ ... δέος（ἐστί）πιστὸν ...。ὁ ... βουλόμενος，定冠词 + 分词 = 名词。βουλόμενος 跟不定式

（παραβαίνειν）。τι，用作副词，"以某种方式"。τῷ ... ἐπελθεῖν，定冠词+不定式=名词。οὐ δι᾽ ἄλλο τι ἤ ...，"不因为别的……就因为……"。ὅσον，so far as。ἐς，with a view to。μᾶλλον ... ἤ ...，rather ... than ...。

11.4［笺释］ἅμα，"一方面"。ἐχρῶντο μαρτυρίῳ = ἐμαρτυροῦν，跟不定式（ξυστρατεύειν）。ἐχρῶντο 跟与格（μαρτυρίῳ）。τούς ... ἰσοψήφους 作不定式 ξυστρατεύειν 的主语。ἄκοντας 修饰 τούς ... ἰσοψήφους。整理词序：εἰ μή οἷς ἐπῆσαν ἠδίκουν τι。οἷς，自主关系代词，those whom。τι，用作副词，in some way。ἐν τῷ αὐτῷ = ἅμα。λιπόντες 跟双宾格（τὰ κράτιστα 和 τὰ τελευταῖα）（CGCG § 30.10）。τὰ τελευταῖα, τὰ κράτιστα 和 τοὺς ὑποδεεστέρους，定冠词+形容词=名词。πρώτους，形容词，与 τοὺς ὑποδεεστέρους 配合。τοῦ ἄλλου περιῃρημένου，独立属格结构。ἔμελλον ἕξειν (τὰ) ἀσθενέστερα。ἔμελλον 跟不定式（ἕξειν）。

11.5–8［笺释］ἐχόντων ... τῶν πάντων ...，独立属格结构。αὐτῶν，指盟邦。χρή 跟不定式（στῆναι）；πρός，towards。ὅτι，"洛布本"和阿尔伯蒂的校勘本作 ὅ τι，anyone who。ἐχειρώσαντο (τοὺς ξυμμάχους) ὁμοίως。γενόμενον καθ᾽ ἕν，become united。γενόμενον 和 προσθέμενον 均与 τό ... ναυτικὸν 配合。ἤ ... ἤ ...，"或者……或者……"。τῳ = τινί。τὰ δὲ καί，to some extent also。τῶν ... προεστώτων，定冠词+分词=名词。ἐπὶ πολύ，a long time。ἐδοκοῦμεν 跟不定式（δυνηθῆναι）。χρώμενοι 跟与格 παραδείγμασι）。τοῖς ἐς τοὺς ἄλλους παραδείγμασι。

12.1［笺释］τίς，what。ἤ ... ἤ ...，"或者……或者……"。ἧ，关系代词，其先行词是 φιλία。παρὰ γνώμην，"违心地"。οἱ μέν，οἱ 为指示代词（GG § 1106），"他们"。ἐποιοῦμεν 跟双宾格（ἐκείνους 和 τὸ αὐτό）（CGCG § 30.9）。τὸ αὐτό，the same。ὅ，本为 ὁ，跟前倾词（τε），故改低调符号为高调符号。ὅ，自主关系代词，指上文所说的情况。这个短句语法上不通，唯一的解决方法是将 πίστιν 括起来，[1] 那么此短句主干是：εὔνοια βεβαιοῖ ὅ。τοῖς ἄλλοις，"对于其他人而言"（与"我们"相比）。τὸ πλέον ἤ ...，rather than ...。κατεχόμενοι ξύμμαχοι，held down as allies。θᾶσσον，用作副词。ἔμελλον 跟不定式（παραβήσεσθαι）。τι。用作副词，in some way。

12.2–3［笺释］ὥστε，用在句首，表示预期的结果，"因此"。εἴ 跟前倾词（τῳ），故加了高调符号。τῳ = τινί。δοκοῦμεν 跟不定式（ἀδικεῖν）。τῶν ... δεινῶν，定冠词+形容词=名词，修饰 τὴν ... μέλλησιν。ἀνταναμείναντες 跟不定式（εἰδέναι）。εἴ 跟前倾词（τι），故加了高调符号。τι，主格，anything。αὐτῶν 指 τῶν ... δεινῶν。ἤμεν δυνατοί

---

[1] 参见戈姆《评注》，第 2 卷，页 266。

跟不定式（ἀντεπιβουλεῦσαι 和 ἀντιμελλῆσαι）。τί，how。ἔδει + 宾格（ἡμᾶς）+ 不定式（εἶναι）。这句话有两个 ἐπ' ἐκείνοις，按道理意思应该是一样的，但那样说不通，故有人建议将前一个改为 ἐπ' ἐκείνους，意思是 against them，还要将此短句的问号改为句号。但有人认为，这两处在文中可以有不同的意思，故将前者理解为 at their mercy，将后者理解为 in their hand。[①] ὄντος ... τοῦ ἐπιχειρεῖν，独立属格结构。整理词序：τὸ προαμύνασθαι δεῖ εἶναι ἐφ' ἡμῖν。τὸ προαμύνασθαι，定冠词 + 不定式 = 名词，作短句主语。δεῖ 跟不定式（εἶναι）。

13.1-3［笺释］ἔχοντες προφάσεις καὶ αἰτίας 跟不定式（γνῶναι）。ὡς，that。ἱκανὰς 与 προφάσεις καὶ αἰτίας 配合。ἱκανὰς 跟不定式（ἐκφοβῆσαι 和 τρέψαι）。ἡμᾶς 作不定式 ἐκφοβῆσαι 和 τρέψαι 的宾语。βουλομένους 和 κωλυθέντας 与 ἡμᾶς 配合。ὡς 跟宾格（ὑμᾶς），"到某人那里去"。ὑμῶν ... προσδεξαμένων，独立属格结构。ἐνομίζομεν 跟不定式（ἀποστήσεσθαι, ποιεῖν, ξυνελευθεροῦν, διαφθαρῆναι 和 προποιῆσαι）。ἀπόστασιν 作 ἀποστήσεσθαι 的宾语。ξὺν，副词，修饰 ποιεῖν。αὐτοὺς 作不定式 ποιεῖν 和 ξυνελευθεροῦν 的宾语，指希腊人（除雅典人之外）。ἦ καί，用在比较级（μᾶλλον）前，表推论，"因此"。χρή + 宾格（ὑμᾶς，省略）+ 不定式（ἀποστέλλειν）。δεξαμένους 与 ὑμᾶς 配合，跟双宾格（ἡμᾶς 和 ξυμμάχους）（CGCG § 30.10）。ἵνα 跟虚拟语气（φαίνησθε），表目的。φαίνησθε 跟分词（ἀμύνοντές 和 βλάπτοντες）。οἷς，关系代词，其先行词省略。δεῖ + 与格（οἷς）+ 不定式（省略）。ἐν τῷ αὐτῷ = ἅμα。（ἐστί）καιρὸς。ὡς，as。νῆες ... αἱ μὲν ... αἱ δ' ...，"一部分战舰……另一部分战舰……"。αὐτοῖς，to them，their。τὴν ὑμετέραν（γῆν）。

13.4-7［笺释］εἰκὸς + 宾格（αὐτοὺς）+ 不定式（ἔχειν）。τὸ δεύτερον，"第二次"。ἢ ... ἢ ...，"或者……或者……"。ἐπιπλέοντας 与 ὑμᾶς 配合。复合否定词（μηδεὶς）+ 不定过去时虚拟语气（νομίσῃ），let nobody do it just this once。νομίσῃ 跟不定式（ἕξειν）。γῆς πέρι = περὶ γῆς（GG § 175a）（CGCG § 60.14）。ἡ Λέσβος δοκεῖ ᾧ ἀπεῖναι μακρὰν ...。δοκεῖ + 与格（ᾧ）+ 不定式（ἀπεῖναι）。ᾧ，关系代词，其先行词是 μηδεὶς。μακρὰν，用作副词。αὐτῷ，to him，指 ᾧ。ὥς 跟前倾词（τις），故加了高调符号。ἥν，自主关系代词，指土地或者城邦。τῶν χρημάτων 修饰 ἡ πρόσοδος。τά ... ἡμέτερα，定冠词 + 形容词 = 名词。ἢ，than。οἱ ... δουλεύοντες，定冠词 + 分词 = 名词。βοηθησάντων ... ὑμῶν ...，独立属格结构。προσδεῖ 跟属格（οὗπερ）。οὗπερ，关系代词，其先行词是 ναυτικόν。ῥᾷον 和 βεβαιότερον 用作副词。πᾶς τις，every one。ἥν，关系代词，其先行词是 τήν ...

---

① 参见霍氏《评注》，第 1 卷，页 396—397。

αἰτίαν。φαίνησθε 跟分词（ἐλευθεροῦντες）。

14.1–2［笺释］αἰσχυνθέντες，异态动词（形式是被动的，实际上表主动），跟宾格（τάς ... ἐλπίδας 和 Δία），to be ashamed at a thing, respect。ἐς ὑμᾶς，"对于你们"。οὗ，关系代词，其先行词是 Δία。ἴσα καὶ = ὁμοίως καί。παραβαλλομένους 和 δώσοντας 与 ἡμᾶς 配合。δώσοντας 的宾语是 τὴν ... ὠφελίαν 和 τὴν βλάβην。τοῦ κατορθῶσαι，定冠词 + 不定式 = 名词。... πεισθέντων ὑμῶν，独立属格结构。ἀξιοῦσι 跟双宾格（ὑμᾶς 和 οἵουσπερ）（CGCG § 30.10）。οἵουσπερ，关系形容词（或关联代词），其先行词 τοιούτους 被吸收（GG § 2532）。οἵ，定冠词，跟前倾词（τε），故加了高调符号。

15.1–2［笺释］ἐποιήσαντο 跟双宾格（τοὺς Λεσβίους 和 ξυμμάχους）（CGCG § 30.10）。ἔφραζον 跟不定式（ἰέναι）。τοῖς δύο μέρεσιν，"两部分""三分之二"（如果分子比分母少 1，分母就省略）（GG § 353）。ὡς 跟将来时分词（ποιησόμενοι 和 ὑπεροίσοντες），"为了……"。οἱ μὲν，οἱ 为指示代词（GG § 1106）。

16.1–3［笺释］διὰ κατάγνωσιν ἀσθενείας σφῶν = διὰ τὸ καταγνῶναι σφῶν ἀσθένειαν。σφῶν 指雅典人。βουλόμενοι 跟不定式（δηλῶσα）。ὅτι, that。οἷοί τε 跟不定式（ἀμύνεσθαι），(they) are able to。οἷοί 跟前倾词（τέ），τέ 又跟前倾词（εἰσι），故 οἷοί 和 τέ 都加了高调符号。ἐπιὸν 修饰 τὸ ἀπὸ Πελοποννήσου（ναυτικόν）。ἐποιοῦντο 的宾语是 ἐπίδειξίν 和 ἀποβάσεις。ᾗ，关系副词，wherever。τά ... ῥηθέντα，定冠词 + 分词 = 名词。ὡς, since。ὅτι，"洛布本"和阿尔伯蒂的校勘本作 ὅ τι，anyone which。προσέταξαν 跟双宾格（Ἀλκίδαν 和 ναύαρχον）（CGCG § 30.10）。ὃς，关系代词，其先行词是 Ἀλκίδαν。ἔμελλεν 跟不定式（ἐπιπλεύσεσθαι）。

17.1–4［笺释］ὃν，关系代词，其先行词是 τὸν χρόνον。ἐν τοῖς πλεῖσται, the very largest number。ἐν τοῖς 一般用在最高级形容词前，表示强调（GG § 1089）。句子主干：νῆες ἐγένοντο ἐνεργοὶ κάλλει αὐτοῖς。κάλλει 是 (τὸ)κάλλος 的与格，意思是"美"，此处用来修饰战舰显然不妥，原文应有讹误。有学者建议改为 κάλλισται。πλείους，主格。ἀρχομένου τοῦ πολέμου，独立属格结构。αἱ περὶ Ποτείδαιαν καὶ ἐν τοῖς ... χωρίοις，定冠词 + 介词短语 = 名词。ὥστε，用在句首，表总结，so, therefore。τῆς ἡμέρας，表时间的属格，表示在该时间段内，"每天"。ἐλάσσους，形容词比较级，跟属格（ὧν），表比较。ὧν，关系代词，其先行词是 οἱ πρῶτοι τρισχίλιοι。οἵ，关系代词，其先行词是 ἑξακόσιοι καὶ χίλιοι。

18.1–4［笺释］ὃν，关系代词，其先行词是 τὸν χρόνον。ὡς 跟分词宾格（προδιδομένην），被称为"独立宾格结构"，in the belief that ... （GG § 2078）。ᾗ，关系副词, in the way that, as。τὰ ἐν ταῖς πόλεσι，定冠词 + 介词短语 = 名词。ἀναχωρησάντων αὐτῶν 和

ἐκβοηθείας τινὸς γενομένης，独立属格结构。οἱ λοιποί，定冠词+形容词=名词。κρατοῦντας 跟属格（τῆς γῆς）。ὄντας ἱκανούς 跟不定式（εἴργειν）。τῶν νεῶν 修饰 οἱ ... αὐτερέται。ἔστιν ᾗ，"在有些地方"。τῶν καρτερῶν，定冠词+形容词=名词。ἤρχετο 跟不定式（γίγνεσθαι）。

19.1–2［笺释］προσδεόμενοι 跟属格（χρημάτων）。ὁ δὲ，but he（见前文 1.24.5 笺释）。ἐξέπεμψαν 跟双宾格（Λυσικλέα 和 στρατηγόν）（CGCG § 30.10）。ἄλλα，用作副词，"在其他地方"（除了雅典之外），即"各地"。τῆς Καρίας 修饰 Μυοῦντος。ἐπιθεμένων τῶν Καρῶν καὶ Ἀναιτῶν，独立属格结构。

20.1–3［笺释］τοῦ ... χειμῶνος，表时间的属格，表示在该时间段内。τιμωρίας = βοηθείας，属格。οἱ ξυμπολιορκούμενοι，定冠词+分词=名词。ἐπιβουλεύουσιν 跟不定式（ἐξελθεῖν 和 ὑπερβῆναι）。ἤν = ἐάν。δύνωνται 跟不定式（βιάσασθαι）。ἐσηγησαμένων ... Θεαινέτου ... καὶ Εὐπομπίδου，独立属格结构。ὅς，关系代词，其先行词是 Εὐπομπίδου。μάλιστα ἐς ...，"大约"。ᾗ，关系副词，where。ἔτυχε 跟分词（ἐξαληλιμμένον）。οἱ μέν τινες，οἱ 为指示代词（GG § 1108）。οἱ ... πλείους，定冠词+形容词=名词。ἔμελλον 跟不定式（ἁμαρτήσεσθαι 和 τεύξεσθαι）。τεύξεσθαι 跟属格（τοῦ ... λογισμοῦ）。ἄλλως τε καὶ，"尤其"。καθορωμένου ... τοῦ τείχους，独立属格结构。ὅ，关系代词，其先行词是 τοῦ τείχους（实际上在后面的主句中）（GG § 2541）。

21.1–3［笺释］εἴ 跟前倾词（τις）。故加了高调符号。ἔς 跟前倾词（τε），故加了高调符号。ὥστε 分别跟不定式（φαίνεσθαι），so as to。διὰ 跟属格（ἐπάλξεων）。整理词序：οἱ αὐτοὶ (πύργοι) διήκοντες ἐς τὸ ἔσω μέτωπον αὐτοῦ καὶ τὸ ἔξω (μέτωπον)。ὥστε 跟不定式（εἶναι），so as to。πάροδον 作不定式 εἶναι 的主语。διὰ 跟属格（μέσων）。τὰς ... νύκτας，表时间的宾格，表示贯穿该时间段。ὄντων ... στεγανῶν 修饰 τῶν πύργων。ᾧ，关系代词，其先行词是 τὸ ... τεῖχος，with which。

22.1［笺释］οἱ δ'，but they（见前文 1.24.5 笺释）。οἵπερ，自主关系代词。ἦσαν αἴτιοι 跟属格（τῆς πείρας）。ᾗ，关系代词，其先行词是 τὴν τάφρον。αὐτούς 指普拉泰亚人。ἀνὰ 跟宾格（τὸ σκοτεινὸν），合起来意思是"在黑暗中"。προϊδόντων αὐτῶν ... κατακουσάντων 和 ἀντιπαταγοῦντος τοῦ ἀνέμου，独立属格结构。τῷ ἐκ τοῦ προσιέναι ψόφῳ。τοῦ προσιέναι，定冠词+不定式=名词。αὐτοὺς 作不定式 προσιέναι 的主语。

22.2–5［笺释］ἕνεκα 跟属格（ἀσφαλείας）。τῆς πρὸς τὸν πηλὸν ἀσφαλείας。οἱ ... φέροντες，定冠词+分词=名词。ξὺν 跟与格（ξιφιδίῳ 和 θώρακι）。ἡγεῖτο 跟属格（ὧν）。ὧν，关系代词，其先行词是 ψιλοί。οἱ ἑπόμενοι，定冠词+分词=名词。ξὺν 跟与格（δορατίοις）。οἷς，关系代词，其先行词是 ψιλοί。ἔμελλον 跟不定式（δώσειν）。

ὡς，when。ᾗ，关系代词，其先行词是 κεραμίδα。ὅτι，that。σκοτεινῆς νυκτὸς καὶ χειμῶνος ὄντος，独立属格结构。οἱ ... ὑπολελειμμένοι，定冠词 + 分词 = 名词。ἐκ τοὔμπαλιν ἤ ...，from the opposite to ...。τοὔμπαλιν = τὸ ἔμπαλιν。

22.6–8［笺释］ἐτόλμα 跟不定式（βοηθεῖν）。ἦσαν ἐν ἀπόρῳ 跟不定式（εἰκάσαι）。τὸ γιγνόμενον，定冠词 + 分词 = 名词。ἐτέτακτο + 与格（οἷς）+ 不定式（παραβοηθεῖν）。οἷς，关系代词，其先行词是 οἱ τριακόσιοι。εἴ 跟前倾词（τι），故加了高调符号。τι，用作副词，in any way。πολέμιοι 修饰 φρυκτοί。ὅπως 后面句子的谓语动词用虚拟语气（ᾖ 和 βοηθοῖεν）和祈愿语气（διαφύγοιεν 和 ἀντιλάβοιντο），表目的。νομίσαντες + 宾格（τὸ γιγνόμενον）+ 不定式（εἶναι）。τὸ γιγνόμενον，定冠词 + 分词 = 名词。ἄλλο τι ... ἤ ...，something else but ...。τὸ ὄν，定冠词 + 分词 = 名词，the truth。πρὶν 跟属格（σφῶν）。οἱ ἄνδρες οἱ ἐξιόντες，重复定冠词结构。ἀντιλάβοιντο 跟属格（τοῦ ἀσφαλοῦς，定冠词 + 形容词 = 名词）。

23.1–5［笺释］οἱ ... ὑπερβαίνοντες，定冠词 + 分词 = 名词。ἐν τούτῳ，"与此同时"。ὡς，when。οἱ πρῶτοι，定冠词 + 形容词 = 名词。ἐκεκρατήκεσαν 跟属格（τοῦ πύργου）。ἐφύλασσον 的宾语是 τάς ... διόδους。ἐφύλασσον 跟不定式（ἐπιβοηθεῖν）。μηδένα 作不定式 ἐπιβοηθεῖν 的主语。οἱ μὲν ... οἱ δ᾽ ...，"一部分……另一部分……"。οἱ πλείους（定冠词 + 形容词 = 名词）作 οἱ δ᾽ 的同位语。τοὺς ἐπιβοηθοῦντας，定冠词 + 分词 = 名词。ὁ δὲ，but he（见前文 1.24.5 笺释）。εἴ 跟前倾词（τις），故加了高调符号。τῆς διαβάσεως 修饰 κωλυτής。οἱ ἀπὸ τῶν πύργων ... οἱ τελευταῖοι，重复定冠词结构。ἐν τούτῳ，"与此同时"。ἧσσον，用作副词。ὥστε，用在句首，表总结，so, therefore。τῶν Πλαταιῶν 修饰 οἱ ὕστατοι（定冠词 + 形容词 = 名词）。ὥστ᾽ 跟不定式（ἐπελθεῖν），表示行动的实际的或者预想的结果。οἷος，such as。ἀπηλιώτου/βορέου (ὄντος)，独立属格结构。ἤ，"或者"。两处 αὐτῇ 均指 ἡ τάφρος。ὑπερέχοντες 的宾语是 ὅ。ὅ，关系代词，其先行词是 τὸ ὕδωρ。

24.1–3［笺释］νομίζοντες 跟不定式（ὑποτοπῆσαι）。ὑποτοπῆσαι + 宾格（σφᾶς ... αὐτοὺς）+ 不定式（τραπέσθαι）。ἥκιστ᾽，用作副词。ταύτην 与 τὴν ἐς τοὺς πολεμίους (ὁδόν) 连读。σφᾶς ... αὐτοὺς，"他们自己"。τὴν πρὸς Κιθαιρῶνα (ὁδόν) ... τὴν φέρουσαν ἐπ᾽ Ἀθηνῶν，重复定冠词结构。λαβόμενοι 跟属格（τῶν ὀρῶν）。οἵ，关系代词，其先行词是 τινες。πρὶν 跟不定式（ὑπερβαίνειν）。κατὰ χώραν ἐγένοντο，"他们回到岗位"。παυσάμενοι 跟属格（τῆς βοηθείας）。τῶν ... γεγενημένων，定冠词 + 分词 = 名词，修饰 οὐδέν。τῶν ... ἀποτραπομένων ... ἀπαγγειλάντων，独立属格结构。ὡς，that。

25.1–2［笺释］τοῦ ... χειμῶνος，表时间的属格，表示在该时间段内。αὐτῆς 指 Πύρραν。

ᾗ, 关系副词, where。ἔλεγε 跟 ὅτι 引导的从句和不定式 (προαποπεμφθῆναί)。ἔδει + 宾格 (ἃς) + 不定式 (βοηθῆσαι)。ἃς, 关系代词, 其先行词是 αἱ ... νῆες。αὐτοῖς, to them。προαποπεμφθῆναί, 被动态不定式, 其主语也是主句 (ἔλεγε) 的主语, 故 αὐτὸς 为主格。ἐπιμελησόμενος 与 αὐτὸς 配合。ἕνεκα 跟属格 (τούτων)。ἐπιμελησόμενος 跟属格 (τῶν ἄλλων)。ἧσσον, 用作副词。εἶχον τὴν γνώμην + ὥστε + 不定式 (ξυμβαίνειν)。ὅ, 定冠词, 跟前倾词 (τε), 故加了高调符号。第一个 ἐτελεύτα 是不及物动词, 第二个 ἐτελεύτα 是及物动词, 其宾语是 τέταρτον ἔτος。ὃν, 关系代词, 其先行词是 τῷ πολέμῳ τῷδε。τέταρτον ἔτος τῷ πολέμῳ τῷδε, "对于这场战争而言第 4 年" "这场战争的第 4 年"。

26.1–4 [笺释] τοῦ ... θέρους, 表时间的属格, 表示在该时间段内。προστάξαντες 跟双宾格 (Ἀλκίδαν 和 ἄρχοντα) (CGCG § 30.10)。ὃς, 关系代词, 其先行词是 Ἀλκίδαν。ὅπως 后面句子的谓语动词用虚拟语气 (ἐπιβοηθήσωσιν), 表目的。ἡγεῖτο 跟属格 (τῆς ἐσβολῆς)。ὑπὲρ 跟属格 (Παυσανίου), "代替"。ὄντος 与 Παυσανίου 配合。ὢν 与 Κλεομένης 配合。τά ... τετμημένα, 定冠词 + 分词 = 名词。εἴ 跟前倾词 (τι), 故加了高调符号。τι, 主格, anything。μετὰ 跟宾格 (τὴν δευτέραν), after。ἐπιμένοντες = προσδοκῶντες + 宾格 (τι ... ἔργον) + 不定式 (πεύσεσθαι)。ὡς 跟独立属格结构 ((τῶν νεῶν) πεπεραιωμένων), in the hope of (GG § 2086d)。τὰ πολλά, 定冠词 + 形容词 = 名词。ὡς, since。ὧν = τούτων οὕς, οὕς 是关系代词, 其先行词是 τούτων (省略), 关系代词 οὕς 被其先行词 τούτων 所吸引 (attracted), 采用了它的格 (本应为宾格, 却用了属格) (GG § § 2522, 2538)。προσεδέχοντο 跟宾格 (οὕς)。τούτων 修饰 οὐδέν。

27.1–3 [笺释] ὡς, when。ἀναγκάζονται 跟不定式 (ξυμβαίνειν)。διὰ 跟宾格 (τάδε), "由于"。ὡς 跟现在时分词 (ἐπεξιών), 表示分词主语的意见, "以为" "相信" (GG § 2086)。οἱ δὲ, but they (见前文 1.24.5 笺释)。ἠκροῶντο 跟属格 (τῶν ἀρχόντων)。τῶν ἀρχόντων, 定冠词 + 分词 = 名词。ἢ ... ἢ ..., "或者……或者……"。ἐκέλευον + 宾格 (τοὺς δυνατοὺς) + 不定式 (φέρειν 和 διανέμειν)。ἐς τὸ φανερὸν, into the open, "公开"。ἔφασαν 跟不定式 (παραδώσειν)。

28.1–3 [笺释] οἱ ἐν τοῖς πράγμασιν, 定冠词 + 介词短语 = 名词。ὄντες δυνατοὶ 跟不定式 (ἀποκωλύειν)。εἰ 跟前倾词 (τ'), 故加了高调符号。ἀπομονωθήσονται 跟属格 (τῆς ξυμβάσεως)。ποιοῦνται ὁμολογίαν + ὥστε + 不定式 (ἐξεῖναι, ἀποστέλλειν, δῆσαι, ἀνδραποδίσαι 和 ἀποκτεῖναι) (参考: ὁμολογέω 跟不定式)。ἐξεῖναι + 与格 (Ἀθηναίοις) + 不定式 (βουλεῦσαι 和 δέχεσθαι), it is allowed for somebody to do ...。ὁποῖον ... τι, whatever。αὐτούς 作不定式 δέχεσθαι 的主语。Μυτιληναίους 作不定式 ἀποστέλλειν 的主语。ἐν ὅσῳ = μέχρι οὗ。Πάχητα 作不定式 δῆσαι、ἀνδραποδίσαι 和

ἀποκτεῖναι 的主语。μήτε (μηδὲ) (μήτε) ... μηδένα，两个复合否定词连用，后者强调前者，仍表否定（GG § 2761）。οἱ ... πράξαντες，定冠词 + 分词 = 名词。τῶν Μυτιληναίων 修饰 οἱ ... πράξαντες。ὡς，when。ἀλλ᾽，but。ὅμως，"尽管（有协议）"。ὥστε 跟不定式（ἀδικῆσαι），表目的。μέχρι οὗ，"直到"。τι δόξῃ τοῖς Ἀθηναίοις，something seems good to the Athenians，"雅典人做出决定"。τἆλλα = τὰ ἄλλα，用作副词，"在其他方面（除此之外）"，generally。τὰ περὶ τὸ στρατόπεδον，定冠词 + 介词短语 = 名词。ᾗ ἐδόκει αὐτῷ，as it seems good to him。

29.1–2［笺释］ἔδει + 宾格（οὓς）+ 不定式（παραγενέσθαι）。οὓς，关系代词，其先行词是 οἱ ... Πελοποννήσιοι。ἔσχον，reach to。προσμείξαντες (τῇ Ἰκάρῳ καὶ Μυκόνῳ)，"抵达""登陆"。αὐτῆς 指 τῇ Δήλῳ。ὅτι，that。βουλόμενοι 跟不定式（εἰδέναι）。μάλιστα，"大约"。ὅτε，when。τῶν παρόντων，定冠词 + 分词 = 名词。

30.1–2［笺释］ἄρχοντες 跟属格（τῆς στρατιᾶς）。δοκεῖ + 与格（ἐμοὶ）+ 不定式（πλεῖν）。ἡμᾶς 作不定式 πλεῖν 和 γενέσθαι 的主语。ἐκπύστους 与省略了的 ἡμᾶς 配合。ὥσπερ ἔχομεν，just as we are "照旧""立即"。ἀνδρῶν ... ἐχόντων，独立属格结构。πολὺ 修饰 τὸ ἀφύλακτον（定冠词 + 形容词 = 名词）。καὶ πάνυ，"确凿无疑"。ᾗ，关系副词，where。(εἰσίν) ἀνέλπιστοι 跟不定式（ἐπιγενέσθαι）。τινα ... πολέμιον，定冠词 + 形容词 = 名词，作不定式 ἐπιγενέσθαι 的主语。τυγχάνει 跟分词（οὖσα）。(ἐστίν) εἰκὸς + 宾格（τὸ πεζὸν）+ 不定式（διεσπάρθαι）。ἀμελέστερον，用作副词。ὡς 跟独立属格结构（(αὐτῶν) κεκρατηκότων），表达相信的理由（GG § 2086d）。

30.3–4［笺释］νυκτός，表时间的属格，表示在该时间段内。ἐλπίζω 跟不定式（καταληφθῆναι）。τὰ πράγματα 作不定式 καταληφθῆναι 的宾语。τῶν ἔνδον，定冠词 + 副词 = 名词。εἴ 跟前倾词（τις），故加了高调符号。ὑπόλοιπος 和 εὔνους 与 τις 配合。... ἡμῖν ἐστιν，"……对于我们来说是""我们有……"。ἀποκνήσωμεν，第一人称复数虚拟语气，用作命令语气，let us shrink from ...。νομίσαντες + 宾格（τὸ τοιοῦτον）+ 不定式（εἶναι）。οὐκ ἄλλο τι ... ἢ ...，"不是别的，就是……"。τὸ τοιοῦτον，定冠词 + 形容词 = 名词，"这种情况"，指上文所说的攻击没有防备之敌。τὸ κενόν，定冠词 + 形容词 = 名词，但句子意思难以说通，有学者建议改为 τὸ καινὸν，霍氏赞成。[①] ὃ，自主关系代词，指上文所说的情况，作 φυλάσσοιτο 的宾语。εἴ 跟前倾词（τις），故加了高调符号。ἐν ... αὑτῷ，in his own case。ἔν 跟前倾词（τε），故加了高调符号。πλεῖστ᾽，用作副词。

31.1–2［笺释］ὁ μὲν，ὁ 作指示代词（GG § 1106）。παρῄνουν 跟不定式（καταλαβεῖν，

[①] 参见霍氏《评注》，第 1 卷，页 411。

εἶναι, ἀφῖχθαι 和 οἴεσθαι）。ἤ，"或者"。ὅπως 后面句子的谓语动词用虚拟语气（ἀποστήσωσιν 和 ὑφέλωσι）。ἐλπίδα 作不定式 εἶναι 的主语。οὐδενὶ ... ἀκουσίως ἀφῖχθαι, to have come as an unwelcome guest to nobody。ἤν = ἐάν。οἴεσθαι 跟不定式（πείσειν）。πείσειν + ὥστε + 不定式（ξυμπολεμεῖν）（CGCG § 51.17）。ὁ δὲ, but he（见前文 1.24.5 笺释）。τὸ πλεῖστον, 定冠词 + 形容词 = 名词。ὑστερήκει 跟属格（τῆς Μυτιλήνης）。ὅτι τάχιστα，"尽快"。τῆς γνώμης 跟不定式（προσμεῖξαι）。

32.1-3［笺释］οὕς, 关系代词，其先行词是 τοὺς αἰχμαλώτους。... καθορμισαμένου αὐτοῦ, 独立属格结构。ἔλεγον + 宾格（αὐτόν 和 αὐτὸν）不定式（ἐλευθεροῦν, προσάξεσθαι 和 ἕξειν）。εἴ 跟前倾词（τε），故加了高调符号。ὁ μὲν, ὁ 作指示代词（GG § 1106）。μᾶλλον，"毋宁是"。ὡς, as。Ἀττικαῖς（ναυσὶ）。ἐλπίδα 跟不定式（παραβαλεῖν）。οὐδὲ 否定主句动词 εἶχον, 故其后的否定词 μή（否定不定式 παραβαλεῖν）是多余的（GG § 2739）。Ἀθηναίων ... κρατούντων, 独立属格结构。κρατούντων 跟属格（τῆς θαλάσσης）。Πελοποννησίων 修饰 ναῦς。ναῦς, 宾格，作 παραβαλεῖν 的主语。

33.1-3［笺释］αἱ δ', but they（见前文 1.24.5 笺释）。ἔτυχον 跟分词（πλέουσαι）。整理词序：... ὡς οὐ σχήσων ἑκούσιος γῇ ἄλλῃ ἢ Πελοποννήσῳ。ὡς 跟将来时分词（σχήσων），"为了……"。ἑκούσιος 与句子主语配合。οὐ ... ἄλλῃ ἢ ...，"除了……什么别的（地方）都不……"。... οὔσης τῆς Ἰωνίας, 独立属格结构。τὸ δέος 跟 μὴ + 虚拟语气（πορθῶσιν），μή 为赘词。ὡς = οὕτως, so, thus。εἰ ... μή ..., 这是一个条件句，故不用 οὐ，而用 μή 来否定。διενοοῦντο 跟不定式（μένειν）。（οὖσαι）αὐτάγγελοι。分词 ἰδοῦσαι 与句子主语（ἡ Πάραλος καὶ ἡ Σαλαμινία）配合, αὐτὸν 作 ἰδοῦσαι 的宾语。ἤ, 定冠词，跟前倾词（τε），故加了高调符号。ὁ δὲ, but he（见前文 1.24.5 笺释）。ὑπὸ σπουδῆς，"急忙"。μέχρι 跟属格（Πάτμου），"直到"。ὡς, when, since。ἐνόμισεν 跟双宾格（ὅτι 引导的句子和 κέρδος）（CGCG § 30.10）。ἠναγκάσθησαν 跟不定式（ποιεῖσθαι 和 παρασχεῖν）。σφίσι, to them, 指被追赶的伯罗奔尼撒人。

34.1-4［笺释］οὗ, where。τῆς ... πόλεως ἑαλωκυίας, 独立属格结构。Ἰταμάνους = Ἰταμάνεος, 属格、单数。ἐπαχθέντων 与 τῶν βαρβάρων 配合。αὕτη 指 Νότιον 这个城邦。οἱ καταφυγόντες, 定冠词 + 分词 = 名词。οἱ μὲν ... οἱ δὲ ...，"一方……另一方……"。τῶν ... Κολοφωνίων 修饰 οἱ μηδίσαντες（定冠词 + 分词 = 名词）。ὑπεξελθόντες 跟宾格（τούτους）, withdraw from ..., escape from ...。ὁ δὲ, but he（见前文 1.24.5 笺释）。ὥστε 跟不定式（καταστήσειν），表行为的实际或预料的结果。ἤν = ἐάν。λέγῃ, 虚拟语气。ἀρέσκον, 形容词，修饰 μηδέν。σῶν 和 ὑγιᾶ, 形容词，与 αὐτὸν 配合。ὁ μὲν ... ὁ δ'，"一方……另一方……"。αὐτὸς 指 Πάχης。（ἐκείνων）προσδεχομένων, 独立属格结构。

ὅσοι，关系形容词（或关联代词），其先行词 τοσούτους 被吸收，且被吸引到关系形容词（或关联代词）的格（主格）（GG §§ 2537, 2538）。πλὴν 跟属格（τῶν μηδισάντων，定冠词+分词=名词）。εἴ 跟前倾词（πού），πού 又跟前倾词（τις），故 εἴ 和 πού 都加了高调符号。Κολοφωνίων，表语属格。

35.1–2［笺释］οὕς，关系代词，其先行词是 τοὺς ... ἄνδρας。εἴ 跟前倾词（τις）。ἐδόκει + 与格（αὐτῷ）+ 不定式（εἶναι）。εἶναι αἴτιος 跟属格（τῆς ἀποστάσεως）。καὶ ... ἅμα ... καὶ ...，and ... together with ... and ...。τοῖς λοιποῖς，定冠词+形容词=名词。τὰ περὶ τὴν ... Λέσβον，定冠词+介词短语=名词。ᾗ，as。

36.1–2［笺释］ἀφικομένων ... τῶν ἀνδρῶν καὶ τοῦ Σαλαίθου，独立属格结构。ἔστιν ἅ，"一些"。παρεχόμενον + 宾格（ἔστιν ἅ ... τά τ᾽ ἄλλα）+ 不定式（ἀπάξειν），与 τὸν Σάλαιθον 配合。ἔστιν ἅ ... τά τ᾽ ἄλλα καὶ ...，among other things ...，"一些……特别是……"。ἐποιοῦντο γνώμας，"提出了（一些）观点""举行了辩论"。ἔδοξεν + 与格（αὐτοῖς）+ 不定式（ἀποκτεῖναι 和 ἀνδραποδίσαι）。οὐ ... μόνον ... ἀλλὰ ...，"不仅……而且……"。τοὺς παρόντας，定冠词+分词=名词。ὅσοι，关系形容词（或关联代词），其先行词 τοσούτους 被吸收，且被吸引到关系形容词（或关联代词）的格（主格）（GG §§ 2537, 2538）。ὅτι，that。ἐποιήσαντο τήν ... ἀπόστασιν。ἄλλην，"别的""除那个之外的"，这里的意思是，让雅典人更生气的是后者（伯罗奔尼撒人的战舰居然敢到伊俄尼亚来）。οἱ ἄλλοι，定冠词+形容词=名词。ἐλάχιστον，用作副词。προσξυνελάβοντο 跟属格（τῆς ὁρμῆς），"参与……"。(ἦσαν) βοηθοὶ ἐκείνοις。τολμήσασαι，跟不定式（παρακινδυνεῦσαι）。ἐδόκουν 跟不定式（ποιήσασθαι）。τὴν ἀπόστασιν 作不定式 ποιήσασθαι 的宾语。

36.3–4［笺释］ὡς 跟宾格（人）（Πάχητα），"到某人那里去""去见某人"。τῶν δεδογμένων，定冠词+分词=名词，修饰名词（ἄγγελον）。κελεύοντες 跟不定式（διαχρήσασθαι）。Μυτιληναίους 作不定式 διαχρήσασθαι 的宾语。τῇ ὑστεραίᾳ (ἡμέρᾳ)，表时间的与格，表示在该时间点。ἀναλογισμός (ἦν αὐτοῖς) = ἀναλογίζοντο，跟不定式（ἐγνῶσθαι 和 διαφθεῖραι），类似 λογίζοντο（GG § 2580）。τὸ βούλευμα 作不定式 ἐγνῶσθαι 的主语。ὠμὸν 和 μέγα，表语形容词。μᾶλλον ἢ ...，rather than ...。τοὺς αἰτίους，定冠词+形容词=名词。

36.5–6［笺释］ὡς，when。οἱ ... ξυμπράσσοντες，定冠词+分词=名词。παρασκευάσαν + 宾格（人）（τοὺς ἐν τέλει）+ ὥστε + 不定式（προθεῖναι）（GG § 2271aN），put somebody in a position to ...。τοὺς ἐν τέλει，定冠词+介词短语=名词。ῥᾷον，用作副词。ἦν ἔνδηλον ἐκείνοις 跟从句。τὸ πλέον，定冠词+形容词=名词。βουλόμενον + 宾格（τινας）+ 不定式（ἀποδοῦναι）。σφίσιν，to them，指雅典人。ἀποδοῦναι

跟不定式（βουλεύσασθαι）。καταστάσης ... ἐκκλησίας，独立属格结构。ὅσπερ 关系代词，其先行词是 Κλέων。ἐνενικήκει+ 宾格（τὴν προτέραν（γνώμην））+ ὥστε + 不定式（ἀποκτεῖναι）。ἐς τὰ ἄλλα，"在其他方面（除了这个方面之外）""一般地"。παρὰ πολὺ（παρά，"超过"；πολύ，"多"），"尤其""最"，修饰最高级（πιθανώτατος）。τῷ τότε，定冠词 + 副词 = 名词。

37.1–2［笺释］ἔγνων 跟宾格（δημοκρατίαν）和 ὅτι 引导的从句。ἐστὶν ἀδύνατόν 跟不定式（ἄρχειν）。δημοκρατίαν 作不定式 ἄρχειν 的主语。ἄρχειν 跟属格（ἑτέρων）。διὰ 跟宾格（τὸ ... ἀδεὲς καὶ ἀνεπιβούλευτον）。καθ' ἡμέραν，"每日"。τὸ αὐτό，the same。ὅτι，"洛布本"和阿尔伯蒂的校勘本作 ὅ τι，anything which，其引导的从句作 ἡγεῖσθε 的宾语。ἢ ... ἢ ...，"或者……或者……"。ἡγεῖσθε 跟不定式（μαλακίζεσθαι）。ὅτι，that。ἔχετε 跟双宾格（τὴν ἀρχὴν 和 τυραννίδα）（CGCG § 30.10）。πρὸς 跟宾格（αὐτούς）。ἐπιβουλεύοντας，ἄκοντας 和 ἀρχομένους 都与 αὐτούς 配合。οἵ，关系代词，其先行词是 αὐτούς。ἀκροῶνται 跟属格（ὑμῶν）。ὧν = ἐκείνων ἅ，关系代词 ἅ 被其先行词 ἐκείνων 吸引，故写作 ὧν（GG § § 2522, 2538）。ἐξ 跟属格（ἐκείνων）。χαρίζησθε 跟宾格（ἅ），"愉快地、慷慨地给予……"。περιγένησθε 跟宾格（ἅ），"胜过……"。αὐτοὶ 和 βλαπτόμενοι 与 χαρίζησθε 配合。μᾶλλον ἤ，rather than ...。

37.3［笺释］整理词序：(ἐστί) δεινότατον εἰ μηδὲν καθεστήξει βέβαιον ἡμῖν πέρι ὧν ἂν δόξῃ。ὧν = ἐκείνων ἅ，ἅ，关系代词，被其先行词 ἐκείνων 吸引，故写作属格 ὧν（GG § § 2522, 2538）。δόξῃ 跟宾格（ἅ）。ὧν ... πέρι = περὶ ὧν（GG § 175a）（CGCG § 60.14）。πέρι ὧν ἂν δόξῃ 的意思是，"关于我们已经决定的（措施）"。βέβαιον，用作副词。整理 ὅτι 引导的从句词序：... πόλις χρωμένη χείροσι νόμοις ἀκινήτοις ἐστὶν κρείσσων ἢ (πόλις χρωμένη) ἀκύροις (νόμοις) ἔχουσιν καλῶς ...。χρωμένη 跟与格（νόμοις）。ἤ，than。ἔχουσιν καλῶς，being well。οἵ，定冠词，跟前倾词（τε），故加了高调符号。οἵ ... φαυλότεροι，定冠词 + 形容词 = 名词。πρὸς 跟宾格（τοὺς ξυνετωτέρους，定冠词 + 形容词 = 名词），"与……相比"。ὡς ἐπὶ τὸ πλέον，"一般""往往"。

37.4–5［笺释］οἱ μὲν ... οἱ δ' ...，"一方……另一方……"。βούλονται 跟不定式（φαίνεσθαι）。σοφώτεροι，形容词比较级，跟属格（τῶν ... νόμων），表比较。περιγίγνεσθαι 跟属格（τῶν ... λεγομένων）。ὡς，as if。μείζοσιν，形容词比较级，与ἄλλοις 配合。τὰ πολλά，定冠词 + 形容词 = 名词，用作副词，"在大多数情况下""通常"。ἀπιστοῦντες 跟与格（τῇ ... ξυνέσει）。ἀξιοῦσιν 跟不定式（εἶναι）。ἀμαθέστεροι，形容词比较级，跟属格（τῶν νόμων），表比较。ἀδυνατώτεροι 跟不定式（μέμψασθαι）。μέμψασθαι 跟宾格（λόγον）。τοῦ ... εἰπόντος，定冠词 + 分词 = 名词，修饰 λόγον。

μᾶλλον ἢ ..., rather than ...。τὰ πλείω, 定冠词 + 形容词 = 名词, 用作副词, "一般地""普遍地"。χρὴ + 宾格（ἡμᾶς）+ 不定式（παραινεῖν）。ὡς = οὕτως, thus, 修饰 ποιοῦντας。ποιοῦντας 和 ἐπαιρομένους 与 ἡμᾶς 配合。παρὰ δόξαν, "违心""不通情理"。

38.1［笺释］ὁ αὐτός, the same (man)。(θαυμάζω) μὲν ... (θαυμάζω) δὲ ..., "一方面……另方面……"。θαυμάζω 跟属格（τῶν προθέντων）。τῶν προθέντων, 定冠词 + 分词 = 名词。προθέντων 跟不定式（λέγειν）。ἐμποιησάντων 与 τῶν προθέντων 配合。ὅ, 本为 ὃ, 跟前倾词（ἐστι）, 故改低调符号为高调符号。ὅ, 自主关系代词, 指前文所说的情况。πρὸς 跟属格（τῶν ἠδικηκότων）, "为了……的利益"。τῶν ἠδικηκότων, 定冠词 + 分词 = 名词。μᾶλλον, "更"。ὁ ... παθὼν 和 τῷ δράσαντι, 定冠词 + 分词 = 名词。括号中的句子下半句（ἀμύνεσθαι δὲ τῷ παθεῖν ὅτι ἐγγυτάτω κείμενον ἀντίπαλον ὂν μάλιστα τὴν τιμωρίαν ἀναλαμβάνει）很难读通。句子没有主语, 无法解释 ὂν。只有在不定式 ἀμύνεσθαι 前加上定冠词 τὸ, 使其充当主语; 再将 ὂν 括起来, 使 ἀντίπαλον 与 τὴν τιμωρίαν 配合。这样才能勉强读通。其主干是 (τὸ) ἀμύνεσθαι ἀναλαμβάνει τὴν τιμωρίαν。τῷ παθεῖν, 定冠词 + 不定式 = 名词。ὅτι 跟副词最高级（ἐγγυτάτω）, as ... as possible。κείμενον, 用作副词, 与 ὅτι ἐγγυτάτω 连读。ἀντίπαλον, 表语形容词, 阴阳性同形, 与 τὴν τιμωρίαν 配合。第二个 θαυμάζω 跟从句。ὁ ἀντερῶν καὶ ἀξιώσων, 定冠词 + 分词 = 名词。ἀξιώσων 跟不定式（ἀποφαίνειν）。βλάβας 作 καθισταμένας 的宾语。

38.2–4［笺释］第一句主干: δῆλον ὅτι ἢ ἂν ἀγωνίσαιτ' ἀνταποφῆναι τὸ ... δοκοῦν ὡς οὐκ ἔγνωσται, ἢ πειράσεται παράγειν。δῆλον ὅτι ..., it is clear that ...。ἢ ... ἢ ..., "或者……或者……"。ἀγωνίσαιτ' = ἀγωνίσαιτο, 单数、第三人称、祈愿语气, 跟不定式（ἀνταποφῆναι）。πιστεύσας 跟与格（τῷ λέγειν, 定冠词 + 不定式 = 名词）。τὸ ... δοκοῦν, 定冠词 + 分词 = 名词, 作不定式 ἀνταποφῆναι 的宾语。πάνυ, 用作副词。τὸ πάνυ δοκοῦν, "大家公认的""普遍意见"。有学者认为应作 ὃ πάνυ ἐδόκει, 显得更自然。[①]ὡς, as。πειράσεται 跟不定式（παράγειν）。τὸ εὐπρεπές, 定冠词 + 形容词 = 名词。οἵτινες, 不定关系代词, 其先行词是 ὑμεῖς, 也指类似"你们"的一类人, 故用不定关系代词（GG § 2508）。εἰώθατε 跟不定式（γίγνεσθαι）。μὲν ... δὲ ..., "一方面……另一方面……"。τὰ ... μέλλοντα 和 τῶν ... εἰπόντων, 定冠词 + 分词 = 名词。ὡς (ὄντα) δυνατὰ γίγνεσθαι, as practicable。(ὄντα) δυνατὰ 跟不定式（γίγνεσθαι）。τὰ ... πεπραγμένα、τὸ δρασθὲν 和 τὸ ἀκουσθέν, 定冠词 + 分词 = 名词。πιστότερον 跟与格（ὄψει）。οὐ ... ἢ ..., "不是……而是……"。τῶν ... ἐπιτιμησάντων, 定冠词 + 分词 = 名词。

---

① 参见戈姆《评注》, 第 2 卷, 页 303。

38.5-7［笺释］(ἐστέ) ἄριστοι 跟不定式（ἀπατᾶσθαι 和 ἐθέλειν）。ἐθέλειν 跟不定式（ξυνέπεσθαι）。τῶν ... ἀτόπων，定冠词＋形容词＝名词。τῶν εἰωθότων，定冠词＋分词＝名词。βουλόμενος 跟不定式（δύνασθαι 和 δοκεῖν）。δύνασθαι 跟不定式（εἰπεῖν）。αὐτός 与不定式 εἰπεῖν 的主语配合。τοῖς ... λέγουσι，定冠词＋分词＝名词。τοιαῦτα，用作副词。δοκεῖν 跟不定式（ἀκολουθῆσαι, προεπαινέσαι、εἶναι）。(αὐτοῦ) λέγοντος，独立属格结构。τι 作 λέγοντος 的宾语。ὀξέως，副词。πρόθυμοι 和 βραδεῖς，形容词，主格，与主语配合。εἶναι πρόθυμοι 跟不定式（προαισθέσθαι）。τὰ λεγόμενα 定冠词＋分词＝名词，作不定式 προαισθέσθαι 的宾语。(εἶναι) βραδεῖς 跟不定式（προνοῆσαι）。τὰ ... ἀποβησόμενα，定冠词＋分词＝名词，作不定式 προνοῆσαι 的宾语。αὐτῶν，指演说。ἄλλο τι ... ἤ ...，something other than ...。ὡς εἰπεῖν，so to speak，"所谓"。οἷς，自主关系代词。τῶν παρόντων，定冠词＋分词＝名词。ἡσσώμενοι 跟与格（ἡδονῇ）。ἐοικότες 跟与格（θεαταῖς 和 (τοῖς) βουλευομένοις）。καθημένοις 修饰 θεαταῖς。μᾶλλον ἤ ...，rather than ...。

39.1-2［笺释］πειρώμενος 跟不定式（ἀποτρέπειν）。ἀποτρέπειν ＋宾格（ὑμᾶς）＋属格（ὧν），turn sb. away from sth.。ὧν，自主关系代词，指上文所说的雅典人的毛病。δή，强调 μίαν πόλιν，truly, actually, indeed。ἠδικηκότας 与 Μυτιληναίους 配合，其宾语是 ὑμᾶς。οἵτινες，any one who，先行词＋关系代词（即 τινες ＋ οἵ），先行词是不确定的（indefinite），故其引导的句子相当于条件句，故用否定词 μή，不用 οὐ（GG § 2505b）。其后两个 οἵτινες 都是不定关系代词。νῆσον 作 ἔχοντες 的宾语。(εἰσί) δυνατοί 跟不定式（φέρειν）。ἐν ᾧ，in which case。αὐτούς 指 τοὺς ... πολεμίους。τὰ πρῶτα，定冠词＋形容词＝名词。τί ἄλλο ... ἤ ...，what else ... but ...。μᾶλλον ἤ ...，rather than ...。τῶν ... πασχόντων，定冠词＋分词＝名词。πασχόντων 的宾语是 τι。βίαιόν 与 τι 配合。τῶν πολεμιωτάτων，定冠词＋形容词＝名词。ἤ，than。καθ' αὑτούς，by themselves。

39.3-4［笺释］整理词序：αἱ ... ξυμφοραὶ οὔτε ἐγένοντο παράδειγμα αὐτοῖς ...。τῶν πέλας，定冠词＋副词＝名词。ἀποστάντες 跟属格（ἡμῶν）。(παρέσχεν) ὄκνον μὴ ＋不定式（ἐλθεῖν）。τὰ δεινά 和 τὸ μέλλον，定冠词＋分词＝名词。μακρότερα 和 ἐλάσσω，形容词比较级，用作副词，跟属格（τῆς δυνάμεως 和 τῆς βουλήσεως），表比较。ἀξιώσαντες 跟不定式（προθεῖναι）。προθεῖναι ＋宾格（ἰσχὺν）＋属格（τοῦ δικαίου），"把……放在……之前"。ἐν ᾧ，in which case。ᾠήθησαν，异态动词（形式是被动的，意思是主动的），跟不定式（περιέσεσθαι）。εἴωθε 跟不定式（τρέπειν），it is accustomed to ...，"情况往往是……""一般情况是……"。τῶν πόλεων 修饰 αἷς。αἷς，

自主关系代词，to whom。ἀπροσδόκητος 修饰 εὐπραγία。δι' ἐλαχίστου，"突然"。τὰ (πολλὰ) εὐτυχοῦντα，定冠词 + 分词 = 名词。(τὰ) πολλὰ，用作副词，"一般""往往"。ἢ，than。κατὰ λόγον，"合理"。παρὰ δόξαν，"不合情理"。ὡς εἰπεῖν，"所谓"。ῥᾷον，用作副词。ἢ，than。

39.5［笺释］χρῆν + 宾格（Μυτιληναίους）+ 不定式（τετιμῆσθαι）。μηδὲν，not at all。διαφερόντως，副词，跟属格（τῶν ἄλλων）。τῶν ἄλλων，定冠词 + 形容词 = 名词，"其他的（盟邦）"。πέφυκε 跟不定式（ὑπερφρονεῖν 和 θαυμάζειν）。τὸ ... θεραπεῦον 和 τὸ ... ὑπεῖκον，定冠词 + 分词 = 名词。καὶ ἄλλως，"无论如何"。θαυμάζειν，"尊敬""服从"。κολασθέντων，这里不是第三人称分词、属格，而是第一不定过去时（first aorist）第三人称命令语气、被动态，let them be punished。[①]ἀξίως 跟属格（τῆς ἀδικίας）。μὴ + 不定过去时虚拟语气（ἀπολύσητε），命令语气，don't do it just this once。τοῖς ... ὀλίγοις，定冠词 + 形容词 = 名词。ἐξῆν + 与格（οἷς）+ 不定式（εἶναι）。οἷς，关系代词，其先行词是 τὸν δῆμον（"民众"，可看作复数）。ὡς，to。τραπομένοις 与 οἷς 配合。βεβαιότερον，用作副词。

39.7［笺释］τῶν ... ξυμμάχων 修饰 τοῖς ... ἀναγκασθεῖσιν 和 τοῖς ... ἀποστᾶσι（定冠词 + 分词 = 名词）。οἴεσθε 跟不定式（ἀποστήσεσθαι）。τίνα ... ὅντινα οὐ，作单独表述，who anyone who doesn't，"哪一个不"。τίνα ... ὅντινα 作不定式 ἀποστήσεσθαι 的主语。或解作：τίνα οἴεσθε ὅντινα οὐ = ἕκαστον，σκέψασθε 跟不定式（ἀποστήσεσθαι），ἕκαστον 作不定式 ἀποστήσεσθαι 的主语。ἢ ... ἢ ...，"或者……或者……"。κατορθώσαντι 和 σφαλέντι 与 τοῖς ... ἀναγκασθεῖσιν 和 τοῖς ... ἀποστᾶσι 配合。ἢ，虚拟语气。(τὸ) παθεῖν (ἢ) μηδὲν ἀνήκεστον。τά ... χρήματα καὶ αἱ ψυχαί 是短句的主语。ἀποκεκινδυνεύσεται，谓语动词，被动态，与其相邻的主语（τά ... χρήματα）配合，τά ... χρήματα，集合名词，可以看作单数，故此谓语动词为单数。τυχόντες 跟分词（παραλαβόντες）。στερήσεσθε 跟属格（τῆς ... προσόδου）。τὸ λοιπὸν，"将来"。τοῖς ὑπάρχουσιν，定冠词 + 分词 = 名词。整理词序：... ἕξομεν πολεμίους ... καὶ χρόνον ὃν ...。ὃν，关系代词，其先行词是 χρόνον（实际上在后面的主句中）(GG § 2541)。χρόνον，for a long or short time。δεῖ 跟不定式（ἀνθίστασθαι）。τοῖς ... καθεστηκόσι ... ἐχθροῖς。

40.1–2［笺释］οὔκουν ... οὔτε (οὔτε) ...，两个复合否定词连用，后者强调前者，仍表否定（GG § 2761）。δεῖ + 宾格（ἡμᾶς，省略）+ 不定式（προθεῖναι）。πιστὴν

[①] The Joint Association of Classical Teachers' Greek Course, *Reading Greek: Grammar and Exercises,* Second Edition, 2007, Cambridge University Press, p. 198.

和 ὠνητήν 与 ἐλπίδα 配合。ὡs，that，修饰 ἐλπίδα。λήψονται ξυγγνώμην 跟不定式（ἁμαρτεῖν）。τὸ ἀκούσιον，定冠词+形容词=名词。διαμάχομαι+宾格（ὑμᾶs）+μὴ/μηδὲ+不定式（μεταγνῶναι 和 ἁμαρτάνειν）。τὰ προδεδογμένα，定冠词+分词=名词。τοῖs ἀξυμφορωτάτοις，定冠词+形容词=名词。

40.3 [笺释] 第一短句主干：ἔλεόs (ἐστί) δίκαιοs ἀντιδίδοσθαι πρὸς τοὺς ὁμοίους，καὶ μὴ πρὸς τοὺς ... ἀντοικτιοῦντας ...。(ἐστί) δίκαιοs 跟不定式（ἀντιδίδοσθαι）。τοὺς ὁμοίους，定冠词+形容词=名词。τοὺς ... ἀντοικτιοῦντας，定冠词+分词=名词。ἐξ ἀνάγκης，"必然"。οἵ (ῥήτορες)，定冠词，跟前倾词（τε），故加了高调符号。ἐν ᾧ，in which case。ἡσθεῖσα 与 ἡ ... πόλις 配合。βραχέα 和 μεγάλα，用作副词。τοῦ ... εἰπεῖν 和 τὸ παθεῖν，定冠词+不定式=名词。τὸ παθεῖν εὖ，"愉快的经历"。整理词序：καὶ ἡ ἐπιείκεια δίδοται μᾶλλον πρὸς τοὺς μέλλοντας ἔσεσθαι ἐπιτηδείους καὶ τὸ λοιπὸν ἢ πρὸς τοὺς ὁμοίους ...。τοὺς μέλλοντας，定冠词+分词=名词。μέλλοντας 跟不定式（ἔσεσθαι）。τὸ λοιπόν，定冠词+形容词=名词，"将来"。μᾶλλον ... ἢ ...，better ... than ...。τοὺς ὁμοίους，定冠词+形容词=名词。οὐδὲν 和 ἧσσον，用作副词。ὑπολειπομένους 与 τοὺς ὁμοίους 配合。

40.4 [笺释] τὰ δίκαια，定冠词+形容词=名词。τοῖς μέν，τοῖς 作指示代词（GG § 1106）。ὑμᾶς ... αὐτούς，yourselves。μᾶλλον，"更"。χρεών，用作副词。δή，表强调，"还是……"（οὐ προσῆκον ὅμως），"……尽管不合适"。ἀξιοῦτε 跟不定式（δρᾶν）。τὸ εἰκός，定冠词+分词=名词。τοι，小品词，"真的""毫无疑问"。δεῖ+宾格（τούσδε）+不定式（κολάζεσθαι、παύεσθαι 和 ἀνδραγαθίζεσθαι）。ἤ，"否则"。δεῖ+宾格（ὑμᾶς，省略）+不定式（παύεσθαι 和 ἀνδραγαθίζεσθαι）。παύεσθαι 跟属格（τῆς ἀρχῆς）。

40.5 [笺释] αὐτῇ，the same。ἀξιώσατε 跟不定式（ἀμύνασθαι 和 φανῆναι）。οἱ διαφεύγοντες，定冠词+分词=名词。μὴ 否定不定式 φανῆναι。φανῆναι，被动态不定式，跟从句（οἱ διαφεύγοντες (εἰσίν) ἀναλγητότεροι τῶν ἐπιβουλευσάντων），此从句可以看作一个名词（宾格），类似 τοῦτο，作它的主语。ἀναλγητότεροι，形容词比较级，跟属格（τῶν ἐπιβουλευσάντων），表比较。τῶν ἐπιβουλευσάντων，定冠词+分词=名词。ἃ，自主关系代词，whatever，作 ποιῆσαι 的宾语。ἦν εἰκὸς+宾格（αὐτοὺς）+不定式（ποιῆσαι）。κρατήσαντας 跟属格（ὑμῶν），与 αὐτοὺς 配合。ἄλλως τε καί，"尤其"。προϋπάρξαντας，与 αὐτοὺς 配合。

40.6 [笺释] οἱ ... ποιοῦντες，定冠词+分词=名词。τινὰ 作 ποιοῦντες 的宾语。διολλύναι 抄本作 διόλλυνται，不能达意，有学者建议改为 διολλύναι，但不能令人完全满意。这里试解作：ἐπεξέρχονται 是表示"go"的动词，跟不定式（διολλύναι）表目的

（GG § 2009）。ὑφορώμενοι，"怀疑"。ὁ ... παθών，定冠词 + 分词 = 名词。τι 作 παθών 的宾语。χαλεπώτερος，副词比较级，跟属格（τοῦ ... ἐχθροῦ），表比较。τῆς ἴσης，定冠词 + 形容词 = 名词。

40.7［笺释］ὑμῶν αὐτῶν 修饰 προδόται。γενόμενοι τῇ γνώμῃ = διανοηθέντες。ὅτι 跟副词最高级（ἐγγύτατα），as ... as possible。τοῦ πάσχειν，定冠词 + 不定式 = 名词。ὡς，how。ἐτιμήσασθε + 宾格（αὐτούς）+ 不定式（χειρώσασθαι）。τὸ παρὸν αὐτίκα = τὸ αὐτίκα παρόν。αὐτίκα 放在后面是为了与下文的 ποτὲ 对照。τὸ παρόν，定冠词 + 分词 = 名词。ἀμνημονοῦντες 跟属格（τοῦ ... δεινοῦ）。τοῦ ... δεινοῦ，定冠词 + 形容词 = 名词。ὅς 与 ἄν 连用，相当于 ὅστις（GG § 2493b）。ἤν = ἐάν。ἧσσον，用作副词。ἀμελήσαντες 跟属格（τῶν πολεμίων）。ὑμετέροις αὐτῶν，"你们自己的"。

41.［笺释］ὅσπερ，关系代词，其先行词是 Διόδοτος。ἀντέλεγε 跟不定式（ἀποκτεῖναι）。

42.1［笺释］τοὺς προθέντας，定冠词 + 分词 = 名词。τὴν διαγνώμην 作分词 προθέντας 的宾语。τοὺς μεμφομένους，定冠词 + 分词 = 名词。μεμφομένους μὴ + 不定式（βουλεύεσθαι）。τῶν μεγίστων，定冠词 + 形容词 = 名词。νομίζω + 宾格（τὰ ἐναντιώτατα）+ 不定式（εἶναι）。ὧν，关系代词，其先行词是 τάχος 和 ὀργήν。τὸ μὲν ... τὸ δὲ ...，"一方……另一方……"。一般来说，应该是 τὸ μὲν = τάχος；τὸ δὲ = ὀργήν，但戈姆指出，这里似乎反过来更符合作者的用意。[①] φιλεῖ 跟不定式（γίγνεσθαι）。

42.2［笺释］διαμάχεται + 宾格（τοὺς λόγους）+ 不定式 + μὴ +（γίγνεσθαι）。ἢ ... ἢ ...，"或者……或者……"。διαφέρει τι αὐτῷ ἰδίᾳ，it make difference in something to him privately，he has some private interest in stake。ἡγεῖται 跟不定式（εἶναι）。εἶναι δυνατόν 跟不定式（φράσαι）。τοῦ μέλλοντος，定冠词 + 分词 = 名词。ἐμφανοῦς 与 τοῦ μέλλοντος 配合。βουλόμενος 跟不定式（πεῖσαι）。τι 作不定式 πεῖσαι 的宾语。οὐκ 否定 ἡγεῖται。ἡγεῖται 跟不定式（δύνασθαι）。δύνασθαι 跟不定式（εἰπεῖν 和 ἐκπλῆξαι）。τοῦ ... καλοῦ，定冠词 + 形容词 = 名词。τούς ... ἀντεροῦντας 和 τοὺς ἀκουσομένους，定冠词 + 分词 = 名词。

42.3-4［笺释］第一句主干：οἱ ... προσκατηγοροῦντες (εἰσί) χαλεπώτατοι。καὶ，"尤其""特别"。προσκατηγοροῦντες 跟双宾格（τινα 和 ἐπίδειξιν）（CGCG § 30.9）。κατῃτιῶντο 跟宾格（ἀμαθίαν）。ὁ ... πείσας，定冠词 + 分词 = 名词。δόξας，分词，跟不定式（εἶναι）。ἢ ...，rather than。ἀδικίας ... ἐπιφερομένης，独立属格结构。ἤ，定冠词，跟前倾词（τε），故加了高调符号。ἀποστερεῖται 跟属格（τῶν ξυμβούλων）。ἢ ...

[①] 参见戈姆《评注》，第 2 卷，页 313。

πόλις ὀρθοῖτο。πλεῖστ᾽，用作副词。ἔχουσα 修饰 ἡ ... πόλις。τοὺς τοιούτους，定冠词 + 形容词 = 名词。ἀδυνάτους 与 τοὺς τοιούτους 配合。ἀδυνάτους 跟不定式（λέγειν）。ἐλάχιστα，用作副词。(ἡ ... πόλις) πεισθεῖεν，跟不定式（ἁμαρτάνειν）。

42.5–6［笺释］χρὴ + 宾格（τὸν ... πολίτην 和 τὴν ... πόλιν）+ 不定式（φαίνεσθαι 和 προστιθέναι，ἐλασσοῦν，ζημιοῦν，ἀτιμάζειν）。ἐκφοβοῦντα 的宾语是 τοὺς ἀντεροῦντας。ἐκφοβοῦντα，ἄμεινον 和 λέγοντα 都与 τὸν ... πολίτην 配合。τῷ ... βουλεύοντι，定冠词 + 分词 = 名词。πλεῖστα，用作副词。ἐλασσοῦν 跟属格（τῆς ὑπαρχούσης）。οὐχ ὅπως ... ἀλλά ...，"不但不……反而……"。τὸν ... τυχόντα，定冠词 + 分词 = 名词，作不定式 ζημιοῦν 和 ἀτιμάζειν 的宾语。τυχόντα 跟属格（γνώμης）。ὅ，定冠词，跟前倾词（τε），故加了高调符号。ὁ κατορθῶν，定冠词 + 分词 = 名词。ἥκιστα，用作副词，跟不定式（ἀξιοῦσθαι 和 προσάγεσθαι）。τῷ ... μειζόνων，定冠词 + 形容词 = 名词。τι，用作副词，"在某种程度上"。ὅ，定冠词，跟前倾词（τε），故加了高调符号。ὁ ... ἐπιτυχών，定冠词 + 分词 = 名词。τῷ αὐτῷ，the same。τὸ πλῆθος 作不定式 προσάγεσθαι 的宾语。τι，同上。

43.1–2［笺释］τἀναντία = τὰ ἐναντία，跟属格（ὧν）。ὧν，自主关系代词，指前文所说的情况。καὶ προσέτι，"而且"。ἢν = ἐάν。καὶ，"甚至"。ὑποπτεύηται 跟不定式（λέγειν）。τὰ βέλτιστα ... ὅμως，"尽管（是）最好的"。τὰ βέλτιστα，定冠词 + 形容词 = 名词。ἕνεκα 跟属格（κέρδους）。φθονήσαντες 跟属格（τῶν κερδῶν）。τῆς ... δοκήσεως 修饰 τῶν κερδῶν。ἀφαιρούμεθα + 宾格（τὴν ... ὠφελίαν）+ 属格（τῆς πόλεως），"我们被从……那里被剥夺……"。καθέστηκε + 宾格（τἀγαθὰ）+ 不定式（εἶναι），it has come about that ...。τἀγαθὰ = τὰ ἀγαθά。λεγόμενα 修饰 τἀγαθά。τοῦ εὐθέος，定冠词 + 形容词 = 名词。ἀνυποπτότερα，形容词比较级，跟属格（τῶν κακῶν），表比较。ὥστε 跟不定式（δεῖν），so as to ...。δεῖν + 宾格（τόν ... βουλόμενον 和 τὸν ...λέγοντα）+ 不定式（πεῖσαι 和 γενέσθαι）。τὰ δεινότατα，定冠词 + 形容词 = 名词。πεῖσαι 跟不定式（προσάγεσθαι）。ψευσάμενον 修饰 τὸν ...λέγοντα。τὰ ἀμείνω，定冠词 + 形容词 = 名词。τόν ... βουλόμενον 和 τὸν ...λέγοντα，定冠词 + 分词 = 名词。

43.3–4［笺释］ἀδύνατον 跟不定式（ποιῆσαι）。μόνην πόλιν 作不定式 ποιῆσαι 的宾语。ἐξαπατήσαντα 与省略了的 ἡμᾶς 配合（ἡμᾶς 作不定式 ποιῆσαι 的主语）。τοῦ προφανοῦς，定冠词 + 形容词 = 名词。ὁ διδούς，定冠词 + 分词 = 名词。τι 作 διδούς 的宾语。ἀνθυποπτεύεται 跟不定式（ἕξει）。ἕξει πλέον，to have the advantage。πῃ，somehow。χρὴ + 宾格（ἡμᾶς）+ 不定式（ἀξιοῦν）。ἀξιοῦν 跟不定式（λέγειν）。τι 作不定式 λέγειν 的宾语。τὰ μέγιστα，定冠词 + 形容词 = 名词。ἐν τῷ τοιῷδε，"在这种情况下"。προνοοῦντας 与 ἡμᾶς 配合。περαιτέρω，副词比较级，跟属格（ὑμῶν），表比较。

τῶν ... σκοπούντων 修饰 ὑμῶν。δι' ὀλίγου，"短时间（近距离）"。ἄλλως τε καί，"尤其"。ἔχοντας 与 ἡμᾶς 配合，其宾语是 τὴν παραίνεσιν。πρὸς 跟宾格（τὴν ἀκρόασιν），"与……相比"。

43.5［笺释］ὅ，定冠词，跟前倾词（τε），故加了高调符号。ὁ ... πείσας 和 ὁ ἐπισπόμενος，定冠词 + 分词 = 名词。σωφρονέστερον，用作副词。ἥντινα，关系代词，其先行词是 ὀργὴν。"洛布本"作 ἥντιν' ἄν，跟虚拟语气（τύχητε），更容易理解。ἔστιν ὅτε，whenever。τοῦ πείσαντος。定冠词 + 分词 = 名词，修饰 τὴν ... μίαν γνώμην。τὰς ὑμετέρας αὐτῶν (γνώμας)，"你们自己的（判断）"。εἰ，"洛布本"和阿尔伯蒂的校勘本作 αἵ（关系代词，其先行词是 τὴν ... γνώμην），更容易理解。

44.2［笺释］前半句：ἤν = ἐάν。ἀποφήνω 跟宾格（αὐτούς）。ἀδικοῦντας 与 αὐτούς 配合。κελεύσω 跟不定式（ἀποκτεῖναι 和 εἶναι）。εἰ μὴ ...，"除非……"。ἤν = ἐάν。ἔχοντάς 以下的句子肯定有阙文，难以读通。戈姆建议改为：... ἤν τε καὶ ἔχοντές τι ξυγγνώμης φαίνωνται, οὐδ' εἶναι ἐν τῇ πόλει, εἰ μὴ ἀγαθόν。① φαίνωνται 跟分词（ἔχοντές）。τι 作 ἔχοντές 的宾语。εἶναι ἐν τῇ πόλει，"存在于城邦"。

44.3［笺释］νομίζω + 宾格（ἡμᾶς）+ 不定式（βουλεύεσθαι）。τοῦ μέλλοντος，定冠词 + 分词 = 名词。μᾶλλον ... ἤ ...，more ... than ...。τοῦ παρόντος，定冠词 + 分词 = 名词。καὶ τοῦτο ὅ ...，as for this that ...。ὅ，关系代词，其先行词是 τοῦτο。ἰσχυρίζεται + 宾格（ὅ）+ 不定式（ἔσεσθαι）。ἔσεσθαι ξυμφέρον（ἡμῖν）。τὸ λοιπὸν，"将来"。προθεῖσι (θάνατον ζημίαν)，set ... as ...。προθεῖσι 与省略了的 ἡμῖν 配合。τὸ ... ἀφίστασθαι，定冠词 + 不定式 = 名词。ἧσσον，用作副词。τοῦ ... ἔχοντος，定冠词 + 分词 = 名词。ἔχοντος καλῶς，being well。τὸ μέλλον，定冠词 + 分词 = 名词。αὐτὸς 和 ἀντισχυριζόμενος 与句子主语配合。τἀναντία = τὰ ἐναντία，定冠词 + 形容词 = 名词。

44.4［笺释］οὐκ ἀξιῶ + 宾格（ὑμᾶς）+ 不定式（ἀπώσασθαι），"我请求（你们）不要……"。注意 οὐκ 的位置在 ἀξιῶ 前。τὸ χρήσιμον，定冠词 + 形容词 = 名词，作不定式 ἀπώσασθαι 的宾语。πρὸς 跟宾格（τὴν ... ὀργὴν），"鉴于……"。τάχ' ἄν，"很可能""大概"。ὥστε 跟不定式（δεῖν），so as to ...。δεῖν 跟属格（τῶν δικαίων，定冠词 + 形容词 = 名词）。ὅπως 跟将来时分词（ἕξουσιν），表目的。

45.1–2［笺释］ζημίαι θανάτου πολλῶν ἁμαρτημάτων，"对于许多罪行的死刑惩罚"，这里的 πολλῶν ἁμαρτημάτων 是"宾语性属格"（The Objective Genitive）(GG § 1331)。ἴσων 和 ἐλασσόνων，形容词，与 ἁμαρτημάτων 配合。καταγνοὺς ἑαυτοῦ + μὴ + 不定式

---

① 参见戈姆《评注》，第2卷，页317。

($περιέσεσθαι$), charging himself with ..., $μή$ 为赘词（GG § 2724）。$ἥσσω$，形容词，与 $πόλις$ 配合。$ἤ ... ἤ ...$, "或者……或者……"。$τούτῳ$，指叛离。$ἄλλων ξυμμαχία τούτῳ$，"别的（城邦）对于其叛离的支援"。

45.3［笺释］$πεφύκασί$ 跟不定式（$ἁμαρτάνειν$）。$οὐκ ἔστι νόμος ὅστις$, there is no law which。$ἀπείρξει$ 跟属格（$τούτου$）。$εἴ$ 跟前倾词（$πως$），故加了高调符号。$ἧσσον$，用作副词。$τῶν κακούργων$，定冠词 + 分词 = 名词。（$ἐστίν$）$εἰκὸς$ 跟不定式（$κεῖσθαι$）。$αὐτάς$ 作不定式 $κεῖσθαι$ 的主语，指上文的 $αἱ ζημίαι$。$τῶν ... ἀδικημάτων$ 修饰 $αὐτάς$。$τὸ πάλαι$，副词。（$τουτῶν$）$παραβαινομένων ...$，独立属格结构。$τουτῶν$ 指 $τῶν ... ἀδικημάτων$。或解作：$παραβαινομένων$ 与 $τῶν ... ἀδικημάτων$ 配合。$τῷ χρόνῳ$, over time。$καὶ τοῦτο$，意思是清楚的，但语法上不太通顺。有学者建议改为 $κἄν τούτῳ$，或者 $ἐν τούτοις$，或者 $ἐν τούτῳ$（"在这种情况下"）；还有建议改为 $καὶ ταῦτα$（"同样的"，= $τὰ ἀδικήματα$，作 $παραβαίνεται$ 的主语）。

45.4–5［笺释］$ἤ ... ἤ ...$, "或者……或者……"。$ἐστὶν εὑρετέον$ 跟宾格（$τι δέος$），"必须发现……"。$δεινότερόν$，形容词比较级，跟属格（$τούτου$），表比较。$γε$, at least。$ἡ ... ἐξουσία$ ($παρέχουσα$) $τὴν πλεονεξίαν ὕβρει καὶ φρονήματι ...$。最后短句主干：$αἱ ... ξυντυχίαι ἐξάγουσιν ἐς τοὺς κινδύνους$。$ὀργῇ τῶν ἀνθρώπων$，"通过人类的一些激情"。$ὡς ἑκάστη τις$, as each one。$ἑκάστη τις$ 指 $ὀργῇ$。$ὑπ'$ 跟属格（$τινος$）。$ἥ$，定冠词，跟前倾词（$τε$），故加了高调符号。$ὁ μὲν ... ἡ δ' ...$，$ὁ$ 指示代词，指 $ὁ ἔρως$，$ἡ$ 指 $ἡ ἐλπίς$（GG § 1106）。$πλεῖστα$，用作副词。$καὶ$ ($ταῦτα$) $ὄντα ἀφανῆ ἐστι κρείσσω τῶν ... δεινῶν$。$ταῦτα$ 指 $ἡ ἐλπίς$ 和 $ὁ ἔρως$。$ταῦτα$，被看作集合名词，用作单数（GG § 958）。$κρείσσω$，形容词比较级，跟属格（$τῶν ... δεινῶν$），表比较。

45.6–7［笺释］$ἐπ' αὐτοῖς$，"除了它们（指 $ὁ ἔρως$ 和 $ἡ ἐλπίς$）"。$οὐδὲν$, not at all。$ἔλασσον$，用作副词。$τὸ ἐπαίρειν$，定冠词 + 不定式 = 名词。$ὅτε$, when。$καὶ ἐκ τῶν ὑποδεεστέρων$, even beyond their means, "甚至（自身）实力不济"。$προάγει$ + 宾格（$τινὰ$）+ 不定式（$κινδυνεύειν$）。整理词序：... $καὶ οὐχ ἧσσον$ ($προάγει$) $τὰς πόλεις$ ($κινδυνεύειν$) ...。$ἧσσον$，用作副词。$ὅσῳ$, by how much, "到……限度"。$τῶν μεγίστων$，定冠词 + 形容词 = 名词。$ἐλευθερίας$ 和 $ἀρχῆς$ 修饰 $τὰς πόλεις$。$αὐτὸν$, himself。$τι$，宾格，something。... ($ἐστίν$) $ἀδύνατον καὶ πολλῆς εὐηθείας, ὅστις οἴεται ...$。it is impossible and of much simplicity for anyone to think ...。$οἴεται$ 跟不定式（$ἔχειν$）。$τινα$ 作不定式 $ἔχειν$ 的宾语。$ἤ ... ἤ ...$, "或者……或者……"。$τῆς ... φύσεως ὁρμωμένης ...$，独立属格结构。$ὁρμωμένης$ 跟不定式（$πρᾶξαι$）。$τι$ 作不定式 $πρᾶξαι$ 的宾语。

46.1［笺释］$οὔκουν ... οὔτε ... οὔτε ...$，多个复合否定词连用，后两个强调第一

个，仍表否定（GG § 2761）。$\chi\rho\grave{\eta}$ + 宾格（$\dot{\eta}\mu\hat{\alpha}s$，省略）+ 不定式（$\beta o\upsilon\lambda\epsilon\dot{\upsilon}\sigma\alpha\sigma\theta\alpha\iota$ 和 $\kappa\alpha\tau\alpha\sigma\tau\hat{\eta}\sigma\alpha\iota$）。$\pi\iota\sigma\tau\epsilon\dot{\upsilon}\sigma\alpha\nu\tau\alpha s$ 与省略了的 $\dot{\eta}\mu\hat{\alpha}s$ 配合，跟与格（$\tau\hat{\eta}\ \zeta\eta\mu\dot{\iota}\alpha$）。$\dot{\omega}s$, as。$\dot{\epsilon}\chi\epsilon\gamma\gamma\dot{\upsilon}\omega$ 与 $\tau\hat{\eta}\ \zeta\eta\mu\dot{\iota}\alpha$ 配合。$\tau o\hat{\upsilon}\ \theta\alpha\nu\dot{\alpha}\tau o\upsilon$ 修饰 $\tau\hat{\eta}\ \zeta\eta\mu\dot{\iota}\alpha$。$\chi\epsilon\hat{\iota}\rho o\nu$，用作副词。$\kappa\alpha\tau\alpha\sigma\tau\hat{\eta}\sigma\alpha\iota$ 的宾语是 $\dot{\omega}s$（that）引导的从句。$\dot{\alpha}\nu\dot{\epsilon}\lambda\pi\iota\sigma\tau o\nu$，表语形容词。$\ddot{\epsilon}\sigma\tau\alpha\iota$ 跟不定式（$\mu\epsilon\tau\alpha\gamma\nu\hat{\omega}\nu\alpha\iota$ 和 $\kappa\alpha\tau\alpha\lambda\hat{\upsilon}\sigma\alpha\iota$），it will be possible to ...。$\ddot{o}\tau\iota\ \dot{\epsilon}\nu\ \beta\rho\alpha\chi\upsilon\tau\dot{\alpha}\tau\omega$ = $\ddot{o}\tau\iota$ 跟最高级（$\beta\rho\alpha\chi\upsilon\tau\dot{\alpha}\tau o s$），as ... as possible。

46.2-3［笺释］$\ddot{o}\tau\iota$, that。$\ddot{\eta}\nu$ = $\dot{\epsilon}\dot{\alpha}\nu$。$o\dot{\upsilon}\sigma\alpha\ \delta\upsilon\nu\alpha\tau\dot{\eta}$ 跟不定式（$\dot{\alpha}\pi o\delta o\hat{\upsilon}\nu\alpha\iota$ 和 $\dot{\upsilon}\pi o\tau\epsilon\lambda\epsilon\hat{\iota}\nu$）。$\dot{\epsilon}\kappa\epsilon\dot{\iota}\nu\omega s$，"在那种情况下""相反"。$o\ddot{\iota}\epsilon\sigma\theta\epsilon$ + 宾格（$\tau\dot{\iota}\nu\alpha\ \ddot{\eta}\nu\tau\iota\nu\alpha$）+ 不定式（$\pi\alpha\rho\alpha\sigma\kappa\epsilon\upsilon\dot{\alpha}\sigma\epsilon\sigma\theta\alpha\iota$ 和 $\pi\alpha\rho\alpha\tau\epsilon\nu\epsilon\hat{\iota}\sigma\theta\alpha\iota$）。$\tau\dot{\iota}\nu\alpha\ \ddot{\eta}\nu\tau\iota\nu\alpha$, which anyone which。$\ddot{\alpha}\mu\epsilon\iota\nu o\nu\ ...\ \ddot{\eta}\ \nu\hat{\upsilon}\nu$，"比现在更好"。$\tau o\dot{\upsilon}\sigma\chi\alpha\tau o\nu$ = $\tau\dot{o}\ \ddot{\epsilon}\sigma\chi\alpha\tau o\nu$。$\tau\dot{o}\ \alpha\dot{\upsilon}\tau\dot{o}$, the same。$\delta\dot{\upsilon}\nu\alpha\tau\alpha\iota$ 跟不定式（$\xi\upsilon\mu\beta\hat{\eta}\nu\alpha\iota$）。句子主干：$\pi\hat{\omega}s\ \delta\alpha\pi\alpha\nu\hat{\alpha}\nu\ ...\ \pi\alpha\rho\alpha\lambda\alpha\beta\epsilon\hat{\iota}\nu\ ...\ \sigma\tau\dot{\epsilon}\rho\epsilon\sigma\theta\alpha\iota\ ...\ (\dot{\epsilon}\sigma\tau\dot{\iota}\nu)\ \beta\lambda\dot{\alpha}\beta\eta\ \dot{\eta}\mu\hat{\iota}\nu$; 不定式（$\delta\alpha\pi\alpha\nu\hat{\alpha}\nu$, $\pi\alpha\rho\alpha\lambda\alpha\beta\epsilon\hat{\iota}\nu$ 和 $\sigma\tau\dot{\epsilon}\rho\epsilon\sigma\theta\alpha\iota$）作主语（GG § 1984）。$\kappa\alpha\theta\eta\mu\dot{\epsilon}\nu o\iota s$ 与 $\dot{\eta}\mu\hat{\iota}$ 配合。$\tau\dot{o}\ \lambda o\iota\pi\dot{o}\nu$，"将来"。$\sigma\tau\dot{\epsilon}\rho\epsilon\sigma\theta\alpha\iota$ 跟属格（$\tau\hat{\eta}s\ \pi\rho o\sigma\dot{o}\delta o\upsilon$）。$\alpha\dot{\upsilon}\tau\hat{\eta}s$ 指被围攻的城邦。$\tau\hat{\omega}\delta\epsilon$，"由此"。

46.4［笺释］$\ddot{\omega}\sigma\tau\epsilon$，用在句首，表示得出一个有力的结论，"因此"。$\delta\epsilon\hat{\iota}$ + 宾格（$\dot{\eta}\mu\hat{\alpha}s$）+ 不定式（$\beta\lambda\dot{\alpha}\pi\tau\epsilon\sigma\theta\alpha\iota$ 和 $\dot{o}\rho\hat{\alpha}\nu$）。$\ddot{o}\nu\tau\alpha s\ \delta\iota\kappa\alpha\sigma\tau\dot{\alpha}s$ 与 $\dot{\eta}\mu\hat{\alpha}s$ 配合。$\tau\hat{\omega}\nu\ \dot{\epsilon}\xi\alpha\mu\alpha\rho\tau\alpha\nu\dot{o}\nu\tau\omega\nu$, 定冠词 + 分词 = 名词，修饰 $\delta\iota\kappa\alpha\sigma\tau\dot{\alpha}s$。$\mu\hat{\alpha}\lambda\lambda o\nu\ ...\ \ddot{\eta}\ ...$, more ... than ...。$\dot{o}\rho\hat{\alpha}\nu$ 跟 $\ddot{o}\pi\omega s$（how）引导的从句。$\ddot{\epsilon}\xi o\mu\epsilon\nu$ 跟不定式（$\chi\rho\hat{\eta}\sigma\theta\alpha\iota$ 和 $\dot{\alpha}\xi\iota o\hat{\upsilon}\nu$），we will be able to ...。$\chi\rho\hat{\eta}\sigma\theta\alpha\iota$ 跟与格（$\tau\alpha\hat{\iota}s\ \pi\dot{o}\lambda\epsilon\sigma\iota\nu$）。$\dot{\iota}\sigma\chi\upsilon o\dot{\upsilon}\sigma\alpha\iota s$ 与 $\tau\alpha\hat{\iota}s\ \pi\dot{o}\lambda\epsilon\sigma\iota\nu$ 配合。$\dot{\epsilon}s\ ...\ \lambda\dot{o}\gamma o\nu$ 跟属格（$\chi\rho\eta\mu\dot{\alpha}\tau\omega\nu$），on account of ...。$\dot{\alpha}\xi\iota o\hat{\upsilon}\nu$ 跟不定式（$\pi o\iota\epsilon\hat{\iota}\sigma\theta\alpha\iota$）。$\tau\dot{\eta}\nu\ \phi\upsilon\lambda\alpha\kappa\dot{\eta}\nu$ 作不定式 $\pi o\iota\epsilon\hat{\iota}\sigma\theta\alpha\iota$ 的宾语。

46.5-6［笺释］$\tau o\dot{\upsilon}\nu\alpha\nu\tau\dot{\iota}o\nu$ = $\tau\dot{o}\ \dot{\epsilon}\nu\alpha\nu\tau\dot{\iota}o\nu$。$o\hat{\upsilon}$，自主关系代词，指上文所说的情况，修饰 $\tau o\dot{\upsilon}\nu\alpha\nu\tau\dot{\iota}o\nu$。$\ddot{\eta}\nu$ = $\dot{\epsilon}\dot{\alpha}\nu$。$\chi\epsilon\iota\rho\omega\sigma\dot{\omega}\mu\epsilon\theta\alpha$ 的宾语是 $\tau\iota\nu\alpha$。$\dot{\epsilon}\lambda\epsilon\dot{\upsilon}\theta\epsilon\rho o\nu$、$\dot{\alpha}\rho\chi\dot{o}\mu\epsilon\nu o\nu$ 和 $\dot{\alpha}\pi o\sigma\tau\dot{\alpha}\nu\tau\alpha$ 与 $\tau\iota\nu\alpha$ 配合。$o\dot{\iota}\dot{o}\mu\epsilon\theta\alpha$ 跟不定式（$\chi\rho\hat{\eta}\nu\alpha\iota$）。$\chi\rho\hat{\eta}\nu\alpha\iota$ 跟不定式（$\tau\iota\mu\omega\rho\epsilon\hat{\iota}\sigma\theta\alpha\iota$）。$\chi\rho\dot{\eta}$ + 宾格（$\dot{\eta}\mu\hat{\alpha}s$，省略）+ 不定式（$\kappa o\lambda\dot{\alpha}\zeta\epsilon\iota\nu$, $\phi\upsilon\lambda\dot{\alpha}\sigma\sigma\epsilon\iota\nu$, $\pi\rho o\kappa\alpha\tau\alpha\lambda\alpha\mu\beta\dot{\alpha}\nu\epsilon\iota\nu$ 和 $\dot{\epsilon}\pi\iota\phi\dot{\epsilon}\rho\epsilon\iota\nu$）。$\tau o\dot{\upsilon}s\ \dot{\epsilon}\lambda\epsilon\upsilon\theta\dot{\epsilon}\rho o\upsilon s$, 定冠词 + 形容词 = 名词。$\pi\rho\dot{\iota}\nu$ 跟不定式（$\dot{\alpha}\pi o\sigma\tau\hat{\eta}\nu\alpha\iota$），"在……之前"。$\ddot{o}\pi\omega s$ 后面句子的谓语动词用虚拟语气（$\ddot{\iota}\omega\sigma\iota$），表目的。$\tau o\dot{\upsilon}\tau o\upsilon$ 修饰 $\dot{\epsilon}\pi\dot{\iota}\nu o\iota\alpha\nu$，指叛离。$\kappa\rho\alpha\tau\dot{\eta}\sigma\alpha\nu\tau\dot{\alpha}s$ 与省略了的 $\dot{\eta}\mu\hat{\alpha}s$ 配合。$\ddot{o}\tau\iota\ \dot{\epsilon}\pi'\ \dot{\epsilon}\lambda\dot{\alpha}\chi\iota\sigma\tau o\nu$ = $\ddot{o}\tau\iota$ + 最高级（$\dot{\epsilon}\lambda\dot{\alpha}\chi\iota\sigma\tau o s$），as ... as possible。

47.1-3［笺释］$\ddot{\eta}\ ...\ \ddot{\eta}\ ...$，"或者……或者……"。$\tau o\hat{\iota}s\ \dot{o}\lambda\dot{\iota}\gamma o\iota s$, 定冠词 + 形容词 = 名词。$\dot{\upsilon}\pi\dot{\alpha}\rho\chi\epsilon\iota$, to be the beginning。$\tau o\hat{\iota}s\ \dot{\alpha}\pi o\sigma\tau\dot{\eta}\sigma\alpha\sigma\iota$, 定冠词 + 分词 = 名词。$\dot{\epsilon}\pi\dot{\epsilon}\rho\chi\epsilon\sigma\theta\alpha\iota\ \dot{\epsilon}s\ \pi\dot{o}\lambda\epsilon\mu o\nu$。$\ddot{\epsilon}\chi o\nu\tau\epsilon s$ 跟双宾格（$\tau\dot{o}\ \pi\lambda\hat{\eta}\theta o s$ 和 $\xi\dot{\upsilon}\mu\mu\alpha\chi o\nu$）（CGCG § 30.10）。

τῆς ... πόλεως 修饰 τὸ πλῆθος。τὸν δῆμον τὸν Μυτιληναίων，重复定冠词结构。ὃς，关系代词，其先行词是 τὸν δῆμον。μετέσχε 跟属格（τῆς ἀποστάσεως）。ἐκράτησεν 跟属格（ὅπλων）。τοῖς δυνατοῖς，定冠词＋形容词＝名词。ὃ，自主关系代词，whatever。τὰς πόλεις 作 ἀφιστάντες 的宾语。ἕξουσι 跟双宾语（τὸν δῆμον 和 ξύμμαχον）（CGCG § 30.10）。ὑμῶν προδειξάντων，独立属格结构。προδειξάντων ＋ 宾语（τὴν ... ζημίαν）＋ 不定式（κεῖσθαι）。τοῖς ... ἀδικοῦσιν，定冠词＋分词＝名词。τοῖς μή（ἀδικοῦσιν）。

47.4–5［笺释］δεῖ ＋ 宾语（ἡμᾶς，省略）＋ 不定式（προσποιεῖσθαι）。μὴ προσποιεῖσθαι，to make as if it were not so。ὅπως 后面句子的谓语动词用虚拟语气（γένηται），表目的。ὃ，自主关系代词，指民众。μόνον，ξύμμαχόν 和 πολέμιον 与 ὃ 配合。ἡγοῦμαι τοῦτο ξυμφορώτερον ...。τοῦτο 指 ἀδικηθῆναι ἢ διαφθεῖραι。ἢ，"或者"。ἡμᾶς 作 ἀδικηθῆναι 的主语，ἑκόντας 与 ἡμᾶς 配合。πολλῷ 跟比较级（ξυμφορώτερον）（GG § 1514）。οὓς μὴ δεῖ，"那些不应该（被处死）的人"。οὕς，关系代词，其先行词省略，作不定式 διαφθεῖραι 的主语。τὸ Κλέωνος τὸ αὐτὸ δίκαιον καὶ ξύμφορον，重复定冠词结构。αὐτό，same。ἐν αὐτῷ ＝ ἐν τῷ αὐτοὺς διαφθεῖραι。εὑρίσκεται 跟分词（ὄν）。ὂν δυνατὸν 跟不定式（γίγνεσθαι）。

48.1–2［笺释］γνόντες ＋ 宾语（τάδε）＋ 不定式（εἶναι）。νείμαντες πλέον，"控制""左右"。οἷς，关系代词，其先行词是 οἴκτῳ 和 ἐπιεικείᾳ。ἐῶ 跟不定式（προσάγεσθαι）。τῶν παραινουμένων，定冠词＋分词＝名词，修饰 αὐτῶν。οὕς，关系代词，其先行词就是修饰它的 Μυτιληναίων。πείθεσθέ 跟不定式（κρῖναι 和 ἐᾶν）。ἐᾶν 跟不定式（οἰκεῖν）。ὡς，as。καθ᾽ ἡσυχίαν，"心平气和地"。ἔς 跟前倾词（τε），故加了高调符号。τὸ μέλλον，定冠词＋分词＝名词。τοὺς ἐναντίους，定冠词＋形容词＝名词。κρείσσων ἤ ...，表比较。ἐπιών，分词，if he attacks。

49.1–3［笺释］ῥηθεισῶν ... τῶν γνωμῶν τούτων，独立属格结构。ἀντιπάλων 与 τῶν γνωμῶν 配合。τῆς δόξης 修饰 ἀγῶνα。ὅμως，"（尽管……）还是要"。ἡ τοῦ Διοδότου，定冠词＋属格＝名词。ὅπως 跟虚拟语气（εὕρωσι），表目的。φθασάσης τῆς προτέρας (νεώς)，独立属格结构。διεφθαρμένην 修饰 τὴν πόλιν。μάλιστα，"大约"。παρασκευασάντων ... τῶν ... πρέσβεων ... ὑποσχομένων，独立属格结构。οἶνον 和 ἄλφιτα 作 παρασκευασάντων 的宾语。μεγάλα，用作副词。τοιαύτῃ 修饰 σπουδῇ。ὥστε 跟句子，表可能的结果。οἱ μὲν ... οἱ δὲ ...，"有的……有的……"。κατὰ μέρος，"按照部分""轮流"。

49.4［笺释］πνεύματος ... ἐναντιωθέντος、τῆς ... νεὼς ... πλεούσης 和 ταύτης ... ἐπειγομένης，独立属格结构。ἡ μὲν ... ἡ δ᾽ ...，"一（艘）……另一（艘）……"。τοσοῦτον ὅσον ...，as far as ...，跟不定式（ἀνεγνωκέναι 和 μέλλειν）。Πάχητα 作不定式 ἀνεγνωκέναι 和

μέλλειν 的主语。μέλλειν 跟不定式（δράσειν）。τὰ δεδογμένα，定冠词 + 分词 = 名词。ὑστέρα，形容词比较级，跟属格（αὐτῆς），表比较。διεκώλυσε 跟不定式（διαφθεῖραι）。μὴ 为赘词。παρὰ τοσοῦτον ... κινδύνου, so close to danger。

50.1-3［笺释］οὓς，关系代词，其先行词是τοὺς ... ἄνδρας。ὡς，as。αἰτιωτάτους 跟属格（τῆς ἀποστάσεως）。Κλέωνος 修饰 γνώμη。ὀλίγῳ 跟比较级（πλείους）(GG § 1514)。πλείους，形容词比较级，跟属格（χιλίων），表比较。ὕστερον，用作副词。πλὴν 跟属格（τῆς Μηθυμναίων）。τοὺς ἄλλους，定冠词 + 形容词 = 名词。σφῶν αὐτῶν, of themselves。τοὺς λαχόντας，定冠词 + 分词 = 名词。οἷς，关系代词，其先行词是 κληρούχους。ταξάμενοι 跟不定式（φέρειν）。ὕστερον，同上。ἐκράτουν 跟属格（ὅσων）。ὑπήκουν 跟属格（Ἀθηναίων），"听命于……"。τὰ ... κατὰ Λέσβον，定冠词 + 介词短语 = 名词。

51.1-2［笺释］Νικίου στρατηγοῦντος，独立属格结构。ᾗ，关系代词，其先行词是 τὴν νῆσον。πρὸ 跟属格（Μεγάρων）。ἐχρῶντο 跟与格（αὐτῇ 和 φρουρίῳ），used something as ...。句子主干：Νικίας ἐβούλετο τὴν φυλακὴν εἶναι τοῖς Ἀθηναίοις, τούς ... Πελοποννησίους (φυλάσσεσθαι), ἅμα ἐσπλεῖν μηδὲν τοῖς ... Μεγαρεῦσιν。ἐβούλετο+ 宾格（τὴν φυλακὴν）+ 不定式（εἶναι）。此句语法上欠通，学者们提出了一些修改意见。主要是 τούς ... Πελοποννησίους 一词难以解释，这里采用的修改意见是加上不定式 φυλάσσεσθαι，理由是，τοῖς Ἀθηναίοις φυλακὴν εἶναι = τοὺς Ἀθηναίους φυλάσσεσθαι。φυλάσσεσθαι 跟宾格（τούς ... Πελοποννησίους），又跟不定式（ἐσπλεῖν）。δι' ἐλάσσονος，"更近"。ὅπως 后面句子的谓语动词用虚拟语气（ποιῶνται），表目的。τριήρων 修饰 ἔκπλους。οἷον，like。τὸ ... γενόμενον，定冠词 + 分词 = 名词。λῃστῶν 修饰 ἐκπομπαῖς。

51.3-4［笺释］句子主干：ἀπετείχιζε τὸ ἐκ τῆς ἠπείρου。πύργω，名词，双数、宾格。προύχοντε，分词，双数、宾格。τὸ μεταξὺ τῆς νήσου 和 τὸ ἐκ τῆς ἠπείρου，定冠词 + 介词短语 = 名词。ᾗ，关系副词，where。πολὺ，用作副词。διεχούσῃ 与 τῇ νήσῳ 配合，跟属格（τῆς ἠπείρου）。ὡς，when。ὕστερον，用作副词。δὴ 强调 ὕστερον。ἐγκαταλιπὼν 的宾语是 τεῖχος 和 φρουράν。

52.1［笺释］ὑπὸ 跟宾格（时间）（τοὺς ... χρόνους），"大约"。αὐτοὺς，same。δυνάμενοι 跟不定式（πολιορκεῖσθαι）。αὐτῶν 修饰 τῷ τείχει。οἱ δὲ, but they（见前文 1.24.5 笺释）。ἐδύναντο 跟不定式（ἀμύνεσθαι）。ἐβούλετο 跟不定式（ἑλεῖν）。εἰρημένον, when it had been agreed，独立宾格结构，跟 ὅπως + μὴ + 祈愿语气（εἴη），表目的（GG § 2218）。ξυγχωροῖεν 跟不定式（ἀποδίδοσθαι）。ὡς 跟独立属格结构

（αὐτῶν ... προσχωρησάντων），表原因。λέγοντα，分词，与 κήρυκα 配合，其宾语是其后的句子。εἰ，"是否"。βούλονται 跟不定式（παραδοῦναι，χρήσασθαι 和 κολάζειν）。χρήσασθαι 跟与格（δικασταῖς）。τοὺς ἀδίκους，定冠词 + 形容词 = 名词。οὐδένα 作 λέγοντα 的宾语。παρὰ δίκην，"违背正义"。

52.3［笺释］οἱ δέ，but they（见前文 1.24.5 笺释）。ἡμέρας τινάς，表时间的宾格，表示贯穿该时间段。ἐν ὅσῳ，while。ἐλθόντων ... αὐτῶν，独立属格结构。εἴ 跟前倾词（τι），故加了高调符号。εἰργασμένοι 跟双宾格（Λακεδαιμονίους καὶ τοὺς ξυμμάχους 和 τι）（CGCG § 30.9）。ἀγαθόν 修饰 τι。τῷ πολέμῳ τῷ καθεστῶτι，重复定冠词结构。οἱ δ᾿，but they（见前文 1.24.5 笺释）。αἰτησάμενοι 跟不定式（εἰπεῖν）。μακρότερα，用作副词。προτάξαντες + 宾格（Ἀστύμαχόν 和 Λάκωνα）+ 属格（σφῶν αὐτῶν），put somebody at their head。

53.1［笺释］πιστεύσαντες 跟与格（ὑμῖν）。οἰόμενοι 跟不定式（ὑφέξειν）。οἰόμενοι + 宾格（τινα）+ 不定式（ἔσεσθαι）。οὐκ ... ἄλλοις ... ἤ ...，"不（是）别的……而是……"。δεξάμενοι 跟不定式（γενέσθαι）。ἡγούμενοι + 宾格（τὸ ἴσον）+ 不定式（φέρεσθαι）。

53.2［笺释］ἡμαρτήκαμεν 跟属格（ἀμφοτέρων）。ὑποπτεύομεν + 宾格（τόν ... ἀγῶνα）+ 不定式（εἶναι）（GG § 2224a）。ὑποπτεύομεν + 宾格（ὑμᾶς）+ μή + 虚拟语气（ἀποβῆτε）。μή 表示所否定的可能为真（GG § 2751a）。οὐ 否定形容词 κοινοί。ἀποβῆτε 跟形容词（κοινοί），prove to be ...。τεκμαιρόμενοι 跟属格（προκατηγορίας）。ἡμῶν 修饰 προκατηγορίας，"首先控告我们"。προγεγενημένης 与 προκατηγορίας 配合。χρή + 宾格（ἡμᾶς，省略）+ 不定式（ἀντειπεῖν）。ἀντειπεῖν 跟与格（ᾗ）。ᾗ，关系代词，其先行词是 προκατηγορίας。(βραχὺ) ὄν，独立宾格结构。整理词序：... (τὸ) ἀποκρίνασθαι τὰ ἀληθῆ γίγνεται ἐναντία ᾧ, (τὸ ἀποκρίνασθαι) τὰ ψευδῆ ἔχει ἔλεγχον. 不定式 ἀποκρίνασθαι 作句子主语。ᾧ，关系代词，其先行词是 τὸ ἐπερώτημα。τὰ ἀληθῆ 和 τὰ ψευδῆ，定冠词 + 形容词 = 名词。μέν ... δέ ...，表对照。

53.3［笺释］πανταχόθεν，副词，修饰分词 καθεστῶτες。ἀναγκαζόμεθα 跟不定式（κινδυνεύειν）。δοκεῖ + 宾格（ἡμᾶς，省略）+ 不定式（εἶναι）。εἶναι ἀσφαλέστερον 跟不定式（κινδυνεύειν）。εἰπόντας 与省略了的 ἡμᾶς 配合。后半句主干：ὁ ... λόγος ἂν παράσχοι αἰτίαν τοῖς ὧδ᾿。ὁ μὴ ῥηθεὶς λόγος = τὸ τὸν λόγον ῥηθῆναι。τοῖς ὧδ᾿，定冠词 + 副词 = 名词，"对于那些像这样的人""对于我们这样的人"。αἰτίαν，"自责"。ἔχουσιν，分词，与格，修饰 τοῖς ὧδ᾿，having/with the thought ...，其宾语是 ὡς（that）引导的宾语从句。

53.4［笺释］第一句主干：ἡ πειθὼ ἔχει χαλεπῶς ἡμῖν。πρὸς τοῖς ἄλλοις，"除了这

些""此外还有"。第二句：ἀλλήλων 修饰名词 ἀγνῶτες。ἄπειροι 跟属格（ὧν）。ὧν，关系代词，其先行词是 μαρτύρια。整理词序：... εἰδότας πρὸς πάντα λελέξεται ...。εἰδότας 跟省略了的 ὑμᾶς 配合（ὑμᾶς 作下文 δέδιμεν 的宾语，被省略）。πρὸς，跟在表示看（seeing or looking）的动词后面，towards。δέδιμεν 是 δείδω 的过去完成时，μὴ（包括后一个）为赘词。οὐχὶ，带强调意味的否定词。προκαταγνόντες 跟不定式（εἶναι）。ποιῆτε 跟双宾格（αὐτὸ 和 ἔγκλημα）。αὐτὸ 指上文的 ἡμῶν τὰς ἀρετὰς ἥσσους εἶναι τῶν ὑμετέρων。ἥσσους，形容词比较级，跟属格（τῶν ὑμετέρων）。καθιστώμεθα，we are brought into a certain state。

54.1–2［笺释］ἅ，自主关系代词，whatever。πρός，ἐς，意思都是"有关"，避免重复。τε ... καί ...，both ... and ...。τῶν ... δεδραμένων，定冠词 + 分词 = 名词。πειρασόμεθα 跟不定式（πείθειν）。φαμὲν + 宾格（ὑμᾶς 和 αὐτοὺς、τοὺς ... ἐπιστρατεύσαντες）+ 不定式（ἀδικεῖσθαι 和 ἁμαρτάνειν）。τὸ ἐρώτημα τὸ βραχύ，重复定冠词结构。εἴ，whether，跟前倾词（τι），故加了高调符号。πεποιήκαμεν 跟双宾格（Λακεδαιμονίους，τοὺς ξυμμάχους 和 τι）。ἀγαθὸν 修饰 τι。εἰ，if。παθόντας 与 ὑμᾶς 配合。φίλους νομίζοντας = εἰ φίλους νομίζετε (ἡμᾶς)。αὐτοὺς ... τοὺς ... ἐπιστρατεύσαντες，"那些进攻（我们）的人自己"。

54.3–5［笺释］τὰ ἐν τῇ εἰρήνῃ καὶ πρὸς τὸν Μῆδον，定冠词 + 介词短语 = 名词，宾格，用作副词。整理词序：... νῦν οὐ πρότεροι λύσαντες τὴν μὲν (εἰρήνην), τότε μόνοι Βοιωτῶν ξυνεπιθέμενοι τῷ δὲ (Μήδῳ) ἐς ἐλευθερίαν ...。(ἐν) μάχῃ ...。εἴ 跟前倾词（τέ），τέ 又跟前倾词（τι），故 εἴ 和 τέ 都加了高调符号。ἄλλο 和 ἐπικίνδυνον 修饰 τι。μετέσχομεν 跟属格（πάντων）。ὑμῖν 本来应在 ἐπικουρίαν 之后，提前到句首表示强调。ἰδίᾳ，用作副词，in particular。ὅτεπερ，at the very time when。δή，表强调。τῶν ... Εἱλώτων ἀποστάντων，独立属格结构。εἰκὸς 跟不定式（ἀμνημονεῖν）。ἀμνημονεῖν 跟属格（ὧν）。ὧν，自主关系代词，指上文所说的情况。

55.1–2［笺释］第一句主干：τοιοῦτοι (εἰσί) τὰ παλαιὰ καὶ ... μέγιστα。ἠξιώσαμεν + 宾格（τὰ παλαιὰ καὶ ... μέγιστα）+ 不定式（εἶναι），we thought it right to。δεομένων (ἡμῶν)，独立属格结构。ἐκελεύετε 跟不定式（τραπέσθαι）。ὡς，since。ὑμῶν ... ἀποικούντων，独立属格结构。μέντοι，"然而"。οὐδὲν ... οὔτε ... οὔτε，多个复合否定词连用，后者（两个）强调前者，仍表否定（GG §2761）。

55.3–4［笺释］ὑμῶν κελευσάντων，独立属格结构。κελευσάντων 跟不定式（ἀποστῆναι）。ἀποστῆναι 跟属格（Ἀθηναίων）。ἦν καλόν 跟不定式（προδοῦναι）。ἄλλως τε καί，"尤其"。οὓς，关系代词，其先行词是 αὐτούς，作 δεόμενος 的宾语。παθών，分词，修饰

τις。τις καὶ αὐτὸς, someone himself, 指普拉泰亚人。ἦν εἰκὸς 跟不定式（ἰέναι）。τὰ παραγγελλόμενα，定冠词 + 分词 = 名词。ἐξηγεῖσθε + 宾格（ἃ）+ 与格（τοῖς ξυμμάχοις）。ἃ，自主关系代词，whatever。οἱ ἑπόμενοι 和 οἱ ἄγοντες，定冠词 + 分词 = 名词。εἴ 跟前倾词（τι），故加了高调符号。τὰ ... ἔχοντα，定冠词 + 分词 = 名词。ἔχοντα，being。ὀρθῶς（类似 καλῶς），修饰 ἔχοντα。

56.1–2［笺释］ἠδίκησαν 跟双宾格（ἡμᾶς 和 πολλὰ ... καὶ ἄλλα）。τὸ ... τελευταῖον，定冠词 + 形容词 = 名词。第二节主干：ἐτιμωρησάμεθα αὐτοὺς καὶ οὐκ βλαπτοίμεθα。καταλαμβάνοντας 与 αὐτοὺς 配合。τὴν ἡμετέραν πόλιν。τὸν ... νόμον，跟不定式（εἶναι）（CGCG § 51.9）。καθεστῶτα，完成时分词，修饰 τὸν ... νόμον。εἶναι ὅσιον 跟不定式（ἀμύνεσθαι）。τὸν ... πολέμιον 作不定式 ἀμύνεσθαι 的宾语。

56.3–4［笺释］句子主干：λήψεσθε τὸ δίκαιον, φανεῖσθε οὐκ ὄντες κριταὶ τοῦ ὀρθοῦ, μᾶλλον θεραπεύοντες τὸ ξυμφέρον。φανεῖσθε 跟分词（ὄντες 和 θεραπεύοντες）。τὸ δίκαιον，τοῦ ὀρθοῦ 和 τὸ ξυμφέρον，定冠词 + 形容词 = 名词。οὐκ ... μᾶλλον ...，"不是……而是……"。δοκοῦσιν 跟不定式（εἶναι）。οἵδε，"这些人"，指忒拜人。αὐτοῦ 指 ὁ βάρβαρος。

56.5［笺释］(ἐστί) δίκαιον 跟不定式（ἀντιθεῖναι）。ἀντιθεῖναι + 宾格（τὴν ... προθυμίαν）+ 属格（τῆς ... ἁμαρτίας），"将……与……并列"。ἡμῶν 修饰 τῆς ... ἁμαρτίας。τι，用作副词，"在某种程度上"。μείζω 和 ἐλάσσω，形容词比较级，用作副词。πρὸς，against。οἷς，关系代词，其先行词是 καιροῖς。ἦν σπάνιον 跟不定式（ἀντιτάξασθαι）。τινὰ ἀρετὴν 作不定式 ἀντιτάξασθαι 的宾语。最后短句主干：οἱ ... πράσσοντες ἐπῃνοῦντό μᾶλλον。οἱ ... πράσσοντες，定冠词 + 分词 = 名词。ἐθέλοντες 与 οἱ ... πράσσοντες 配合，跟不定式（τολμᾶν）。τὰ βέλτιστα，定冠词 + 形容词 = 名词，用作副词。μᾶλλον，"更加"。

56.6［笺释］ὧν，关系代词，其先行词是 οἱ ... πράσσοντες。τὰ πρῶτα，定冠词 + 形容词 = 名词。ἐπὶ τοῖς αὐτοῖς，"基于同样的（原则）"。τοῖς αὐτοῖς，定冠词 + 形容词 = 名词，the same。δέδιμεν 是 δείδω 的过去完成时，跟虚拟语气（διαφθαρῶμεν），μὴ 为赘词。μᾶλλον ἤ ...，rather than ...。

56.7［笺释］此句主干：χρὴ (ὑμᾶς) φαίνεσθαι ὁμοίως, καὶ νομίσαι τὸ ξυμφέρον μὴ ἄλλο τι ἢ τὸ ... ὠφέλιμον καθιστῆται。χρὴ + 宾格（ὑμᾶς，省略）+ 不定式（φαίνεσθαι 和 νομίσαι）。ταὐτὰ = τὰ αὐτά。τῶν αὐτῶν，the same。γιγνώσκοντας 跟省略了的 ὑμᾶς 配合，其宾语是 ταὐτά。ἔχωσι，"洛布本"和阿尔伯蒂的校勘本作 ἔχουσι（分词），与 ὑμῖν 配合。后半句整理词序：... καὶ νομίσαι τὸ ξυμφέρον μὴ ἄλλο τι ἢ τὸ παραυτίκα που ὑμῖν ὠφέλιμον καθιστῆται ὅταν αἰεὶ βέβαιον ἔχουσι τὴν χάριν τῆς ἀρετῆς τοῖς ἀγαθοῖς τῶν ξυμμάχων。καθιστῆται 是 καθίστημι 的现在时中动态虚拟语气，it sets up for itself。ἄλλο τι ἤ（anything other than）后面跟一个句子，与 τὸ ξυμφέρον 不对等。βέβαιον，用作副词，修饰 ἔχουσι。下画线部分虽是从句，却是作者想要强调的。τοῖς ἀγαθοῖς，τὸ ξυμφέρον 和 τὸ ... ὠφέλιμον，定冠词 + 形容词 = 名词。

57.1-2［笺释］ὅτι，that。τοῖς πολλοῖς，定冠词 + 形容词 = 名词。ἀνδραγαθίας 修饰 παράδειγμα。τὰ εἰκότα，用作副词，"公正合理"。περὶ ἡμῶν οὐδ' μεμπτῶν。ὅπως，that, how。μὴ οὐκ 引导 ὁρᾶτε（verb of fear and caution）后面的宾语从句，lest ... not, that ... not（GG § 2221）。ἀποδέξωνται + 宾格（αὐτοὺς 和 σκῦλα）+ 不定式（ἐπιγνῶναι 和 ἀνατεθῆναι）。ὄντας ἀμείνους 修饰 αὐτούς。不定式 ἐπιγνῶναι 的宾语是 τι，ἀπρεπές 修饰 τι。ἀνδρῶν ἀγαθῶν πέρι = περὶ ἀνδρῶν ἀγαθῶν（GG § 175a）（CGCG § 60.14）。δόξει 跟不定式（εἶναι）。εἶναι δεινὸν + 宾格（Λακεδαιμονίους, τοὺς ... πατέρας 和 ὑμᾶς）+ 不定式（πορθῆσαι, ἀναγράψαι 和 ἐξαλεῖψαι）。τὴν πόλιν 作不定式 ἀναγράψαι 的宾语。τὸν τρίποδα τὸν ἐν Δελφοῖς，重复定冠词结构。

57.3-4［笺释］δή，表强调。οἵτινες，关系代词，其先行词是句子主语（"我们"），本该用 οἵ，用 οἵτινες 表达先行词（人）的等级、性格、品质和能力等，"鉴于我们……"（GG § 2496）。Μήδων ... κρατησάντων，独立属格结构。πρίν，副词，"从前"。ἡσσώμεθα 跟属格（Θηβαίων）。ὑπέστημεν 跟宾格（ἀγῶνας）。ἀγῶνας 跟解释性的不定式（διαφθαρῆναι 和 κρίνεσθαι）（参考：动词 ἀγωνίζομαι 跟不定式）。περιεώσμεθα ... Πλαταιῆς，"我们普拉泰亚人被抛弃……"。οἱ ... πρόθυμοι，定冠词 + 形容词 = 名词，作 Πλαταιῆς 的同位语。οὔτε ... οὐδείς，两个复合否定词连用，后者强调前者，仍表否定（GG § 2761）。δέδιμεν 是 δείδω 的过去完成时，μή 为赘词。

58.1［笺释］ἀξιοῦμέν + 宾格（ὑμᾶς 和 (ὑμᾶς) αὐτοὺς）+ 不定式（καμφθῆναι, μεταγνῶναι, ἀνταπαιτῆσαι, κτείνειν, κομίσασθαι 和 ἀντιλαβεῖν）。ἕνεκα 跟属格（θεῶν 和 τῆς ἀρετῆς）。τῶν ξυμμαχικῶν 和 γενομένων 修饰 θεῶν。τῆς ἀρετῆς τῆς ἐς τοὺς Ἕλληνας，重复定冠词结构。εἴ 跟前倾词（τι），故加了高调符号。τι，用作副词，"在某种程度上"。ἀνταπαιτῆσαι 跟双宾格（αὐτοὺς 和 τὴν ... δωρεάν）（CGCG § 30.9）。οὕς，自主关系代词。μὴ ὑμῖν πρέπει (κτείνειν)，是一个条件句（可以加"如果……"），故用 μή 否定。χάριν 作不定式 κομίσασθαι 的宾语。σώφρονά 修饰 χάριν。ἀντί 跟属格（αἰσχρᾶς）。δόντας 与 (ὑμᾶς) αὐτοὺς 配合。

58.2-4［笺释］第一句主干：τὸ ... διαφθεῖραι (ἐστί) βραχύ, (ἐστί) ἐπίπονον ἀφανίσαι。(ἐστί) ἐπίπονον 跟不定式（ἀφανίσαι）。αὐτοῦ，指 τὸ ... διαφθεῖραι。οὐκ ... ἀλλ'...，"不

是……而是……"。ἐχθροὺς，εὔνους 和 πολεμήσαντας 与 ἡμᾶς 配合。κατ' ἀνάγκην，"被迫"。ὥστε，用在句首，表示总结，and so，therefore。ποιοῦντες ἄδειαν，"免于担忧"。ὅσια，用作副词。ὅτι，that。ἐλάβετε 的宾语省略（ἡμᾶς）。ἑκόντας，προϊσχομένους 和 γεγενημένους 与省略了的 ἡμᾶς 配合。ὁ νόμος (ἐστί) 跟不定式（κτείνειν）（CGCG § 51.9）。οὕς，关系代词，其先行词是 πατέρων，作 ἐτιμῶμεν 的宾语。ἀποθανόντας 和 ταφέντας 与 οὕς 配合。τῇ ἡμετέρων (γῇ)。ὅσα，关系形容词（或关联代词），其先行词 τοσούτοις 被吸收，且被吸引到关系形容词（或关联代词）的格（GG § 2538）。ὁμαίχμοις，to comrades in arms，ποτὲ γενομένοις 修饰 ὁμαίχμοις。ὧν，自主关系代词，指上文所说的情况，修饰 τοὐναντίον（= τὸ ἐναντίον）。

58.5［笺释］νομίζων 跟不定式（τιθέναι）。ποιήσετε 跟双宾语（τὴν Πλαταιίδα χώραν 和 (τὴν) Θηβαΐδα (χώραν)）。τί ἄλλο ἢ ...，what else than ...。ἀτίμους 跟属格（γερῶν）。ὧν = τούτων ἅ（GG § 2531a），先行词（τούτων）省略，关系代词 ἅ 作动词 ἴσχουσι 的宾语。πρὸς δὲ καί，"而且""还有"。ᾗ，关系代词，其先行词是 γῆν。οἷς，关系代词，其先行词是 θεῶν。ἐκράτησαν 跟属格（Μήδων）。ἐρημοῦτε，应该像 δουλώσετε 和 ἀφαιρήσεσθε 那样用将来时（ἐρημώσετε），有学者建议改为分词（ἐρημοῦντες）。τῶν ἑσσαμένων καὶ κτισάντων，定冠词 + 分词 = 名词，两个分词是一对同义词（doublet），起纯粹修辞作用，修饰 θυσίας。

59.1［笺释］此句主干：τάδε, οὐ (ἐστί) πρὸς τῆς ... δόξης, οὔτε ἁμαρτάνειν, διαφθεῖραι, ...。不定式 ἁμαρτάνειν 和 διαφθεῖραι 作 τάδε（"这些"）的同位语。πρὸς 跟属格（τῆς ... δόξης），"与……相称"。(δοκεῖ) + 宾格（ὑμᾶς，省略）+ 不定式（φείσασθαι 和 ἐπικλασθῆναι）。ἡμᾶς ... αὐτοὺς 作不定式 διαφθεῖραι 的宾语。ἕνεκα 跟属格（ἔχθρας）。ἀλλοτρίας 修饰 ἔχθρας。τοὺς εὐεργέτας 和 ἀδικηθέντας 与 ἡμᾶς ... αὐτοὺς 配合。ἐπικλασθῆναι τῇ γνώμῃ，be softened in heart。λαβόντας οἴκτῳ σώφρονι，"带着审慎的怜悯之情"。λαβόντας 和下文的 κατανοοῦντας 与省略了的 ὑμᾶς 配合，"理解"。整理词序：... κατανοοῦντας μὴ μόνον δεινότητα ὧν πεισόμεθα, ἀλλ' οἷοί τε ἂν ὄντες πάθοιμεν καὶ ὡς (τὸ) ἀστάθμητον τὸ τῆς ξυμφορᾶς ᾧτινι ἀναξίῳ ποτ' ἂν ξυμπέσοι。μὴ μόνον ... ἀλλ' ...，"不仅……而且……"。ὧν = τούτων ἅ，关系代词 ἅ 作 πεισόμεθα 的宾语，被其先行词 τούτων（省略）所吸引（attracted），故采用其格（GG § 2522, 2538）。οἷοί ... ὄντες，(we) being of what sort。ὡς，that。τὸ τῆς ξυμφορᾶς ἀστάθμητον。ἀναξίῳ 与 ᾧτινι 配合。

59.2［笺释］αἰτούμεθα 跟不定式（πεῖσαι）。πεῖσαι 跟双宾语（ὑμᾶς 和 τάδε）。τάδε（"这些"）后面的句子是其内容。两个 ὡς，as。οὕς，关系代词，其先行词是 ὅρκους。ὤμοσαν 跟不定式（ἀμνημονεῖν）。ἐπικαλούμεθα + 宾格（τοὺς κεκμηκότας）+

不定式（γενέσθαι 和 παραδοθῆναι）。ἀναμιμνῄσκομεν 跟属格（ἐκείνης ἡμέρας）。ᾗ，关系代词，其先行词是 ἡμέρας。ἐν τῇδε（ἡμέρᾳ）。τὰ λαμπρότατα 和 τὰ δεινότατα，定冠词+形容词=名词。κινδυνεύομεν 跟不定式（παθεῖν）。

59.3［笺释］ὅπερ，自主关系代词，that。(ἐστίν) ἀναγκαῖόν τε καὶ χαλεπώτατον 跟不定式（τελευτᾶν）。τελευτᾶν 跟属格（λόγου）。τοῖς ὧδε ἔχουσι，"对于那些处境如此的人们"，ἔχουσι，这里相当于 being。αὐτοῦ = τοῦ τελευτᾶν。παυόμενοι 是中动态，不能直接跟宾语，应该跟分词，故应加上一个分词 ποιοῦντες（ὅπερ）。λέγομεν ἤδη，"我们已经说"，在停止说话之前已经说，意思是，"我们最后说"。ὅτι，that。εἱλόμεθα 跟不定式（τελευτῆσαι），we prefer to ...。πρό 跟属格（τούτου），rather than ...。τούτου 指上文所说的将城邦交给忒拜人。πιστεύσαντες 跟与格（ὑμῖν）。δίκαιον 跟不定式（ἐᾶσαι）。ἐᾶσαι + 宾格（ἡμᾶς αὐτούς）+ 不定式（ἑλέσθαι）。τὸν ... κίνδυνον 作不定式 ἑλέσθαι 的宾语。καταστήσαντας ἐς τὰ αὐτά。καταστήσαντας 与 ἡμᾶς αὐτούς 配合。τὰ αὐτά，定冠词+形容词=名词，the same (position)。

59.4［笺释］ἐπισκήπτομέν + 宾格（ὑμᾶς，省略）+ 不定式（παραδοθῆναι, γενέσθαι 和 διολέσαι）。οἱ προθυμότατοι，定冠词+形容词=名词。τοῖς ἐχθίστοις ἡμῖν 是 Θηβαίοις 的同位语。σωτῆρας 和 ἐλευθεροῦντας 与省略了的 ὑμᾶς 配合。

60.［笺释］δείσαντες 跟虚拟语气（ἐνδῶσι），μή 为赘词。τι，用作副词，"在某种程度上"。πρός 跟宾格（τὸν λόγον），"鉴于"。ἔφασαν 跟不定式（βούλεσθαι）。βούλεσθαι 跟不定式（εἰπεῖν）。τὴν αὑτῶν γνώμην。λόγος ἐδόθη ἐκείνοις。μακρότερος 和 τῆς ... ἀποκρίσεως 修饰 λόγος。πρός 跟宾格（τὸ ἐρώτημα），"针对"。ὡς，when。

61.1［笺释］ᾐτησάμεθα 跟不定式（εἰπεῖν）。αὐτοί，they on their part。περὶ αὑτῶν，about themselves。τῶν προκειμένων καὶ ... ᾐτιαμένων，定冠词+分词=名词。ἐμέμψατο 跟属格（ὧν）。ὧν，自主关系代词，whatever。δεῖ 跟不定式（ἀντειπεῖν 和 ποιήσασθαι）。μέν ... δέ ...，表对照，定冠词在其后面，但这里有介词 πρός，故 μέν 放在了 τά 的前面，故作 πρὸς μὲν τὰ ... τῶν δέ ...。这里的 τά 和 τῶν 用作指示代词，指的是两个事物，即 one ... the other ...，类似 ὁ μέν ... ὁ δέ ... 中的 ὁ。只不过 τά 之前有介词 πρός，故变成 μὲν τά，τῶν 修饰 ἔλεγχον，故用了不同的格（GG§§1107, 1109）。ἵνα 跟虚拟语气（ὠφελῇ），表目的。τούτων，"他们的"。

61.2［笺释］ὅτι，that。ἡμῶν κτισάντων，独立属格结构。ὕστερον，副词、比较级，跟属格（τῆς ... Βοιωτίας），表比较。αὐτῆς 指 Πλάταια。ἅ，关系代词，其先行词是 χωρία，作 ἔσχομεν 的宾语。ἠξίουν 跟不定式（ἡγεμονεύεσθαι）。πολλά，用作副词。ὧν，自主关系代词，指上文说的作恶。

62.1–5［笺释］φασὶ + 宾格（αὐτοὺς 和 Ἀθηναίους）+ 不定式（μηδίσαι）。φαμεν + 宾格（(αὐτοὺς) μόνους）+ 不定式（ἀττικίσαι）。ἰόντων Ἀθηναίων，独立属格结构。ἡμῶν 修饰 ἑκάτεροι。ἐτύγχανεν 跟分词（πολιτεύουσα）。ὅπερ，自主关系代词，which。τῷ σωφρονεστάτῳ，定冠词 + 形容词 = 名词。ἐγγυτάτω，副词，跟属格（τυράννου）。ἐλπίσαντες 跟不定式（σχήσειν）。τὰ τοῦ Μήδου，定冠词 + 属格 = 名词，"波斯人的事业"。αὐτόν 指 τοῦ Μήδου。ἑαυτῆς 修饰 αὐτοκράτωρ。(ἐστίν) ἄξιον 跟不定式（ὀνειδίσαι）。ἥμαρτεν 跟属格（ὧν）。ὧν，自主关系代词，whatever。χρή σκέψασθαι ... εἰ ...。χρή + 宾格（ὑμᾶς，省略）+ 不定式（σκέψασθαι）。εἰ，whether。γοῦν，"无论如何"。ὅ，定冠词，跟前倾词（τε），故加了高调符号。Ἀθηναίων ... ἐπιόντων ... πειρωμένων ... ἐχόντων ...，独立属格结构。πειρωμένων 跟不定式（ποιεῖσθαι）。τὴν ... Ἑλλάδα 和 τὴν ... χώραν 作不定式 ποιεῖσθαι 的宾语。αὐτῆς 指 τὴν ... χώραν。τὰ πολλά，定冠词 + 形容词 = 名词。

63.1–2［笺释］τὰ ... ἐς τὸν μηδισμὸν，定冠词 + 介词短语 = 名词。ὡς，that。ἀξιώτεροί，形容词比较级，跟属格（ξημίας），表比较。πάσης，any。πειρασόμεθα 跟不定式（ἀποφαίνειν）。ὡς，as。ἐπὶ 跟与格（τῇ ... τιμωρίῳ），"为了……"。ἡμετέρᾳ，"目标性的"（objective）形容词，for us（GG § 1197）。οὐκοῦν，推论性的（inferential），不表示否定（GG § 2952），"因此""那么"。χρὴν + 宾格（ὑμᾶς）+ 不定式（ἐπάγεσθαι 和 ξυνεπιέναι）。ὑπάρχον 跟与格（ὑμῖν），it is possible for ...。γε，表强调，at least。εἴ 跟前倾词（τι），故加了高调符号。τι，at any point。τῆς ... ξυμμαχίας γεγενημένης，独立属格结构。τῶνδε，"这些的""这里的"。ἥν，关系代词，其先行词是 τῆς ... ξυμμαχίας。(ἡ ξυμμαχία) ἦν ἱκανή 跟不定式（ἀποτρέπειν 和 παρέχειν）。ἀποτρέπειν + 宾格（ἡμᾶς）+ 属格（ὑμῶν），to prevent ... from ...。τὸ μέγιστον，"最重要的是"。παρέχειν 跟不定式（βουλεύεσθαι），"允许"。ἀδεῶς 修饰 βουλεύεσθαι。τὰ Ἀθηναίων，定冠词 + 属格 = 名词，"雅典人的事业"。

63.3–4［笺释］ὡς，that。ἦν αἰσχρὸν 跟不定式（προδοῦναι）。(ἦν) αἴσχιον καὶ ἀδικώτερον 跟不定式（καταπροδοῦναι）。οἷς，关系代词，其先行词是 τοὺς ... Ἕλληνας。πολὺ ... καὶ ἀδικώτερον ... ἤ ...，far more ... and wicked ... than ...。τοὺς μὲν ... τοὺς δὲ ...，"一方……另一方……"。ἴσην 和 ἀπηλλαγμένην 与 τὴν χάριν 配合。ἀπηλλαγμένην 跟属格（αἰσχύνης）。ὡς，as。τοῖς ἀδικοῦσιν，定冠词 + 分词 = 名词。ἄλλους 作 ἀδικοῦσιν 的宾语。(ἐστίν) αἰσχρὸν 跟不定式（ἀντιδιδόναι）。μᾶλλον ἤ，rather than。τὰς ... ὀφειληθείσας，定冠词 + 分词 = 名词。

64.1–2［笺释］句子主干：δῆλον (ὅτι) ... ἀλλ' ὅτι ...。ἕνεκα 跟属格（τῶν Ἑλλήνων）。βουλόμενοι 跟不定式（ποιεῖν）。ταὐτὰ = τὰ αὐτά，定冠词 + 形容词 = 名词。τοῖς μὲν ...

τοῖς δὲ ...，"对于一方……对于另一方……"。τἀναντία = τὰ ἐναντία，定冠词 + 形容词 = 名词，用作副词。ἀξιοῦτε 跟不定式（ὠφελεῖσθαι）。ὧν，关系代词，其先行词是τούτων（实际上在后面的主句中）（GG § 2541）。ὥσπερ，like as。τούτοις，with them。ὡς，that。χρὴ 跟不定式（σώζεσθαι）。αὐτῆς 指 τὴν ... ξυνωμοσίαν。

64.3［笺释］αὐτὴν 指上文的 τὴν ... ξυνωμοσίαν。μᾶλλον ... ἢ ...，... rather than ...。τῶν ξυνομοσάντων，定冠词 + 分词 = 名词。καὶ ταῦτα，承上句，and that so，therefore，that is why ...（GG § 947）。οὕσπερ (ἔχοντες)，关系代词，其先行词是 τοὺς νόμους，which。μέχρι 跟属格（τοῦ δεῦρο）。οὐδενὸς ... βιασαμένου，独立属格结构。最后一句主干：οὐκ ἐδέχεσθε τὴν ... πρόκλησιν ἐς ἡσυχίαν。πρὶν 跟不定式（περιτειχίζεσθαι）。ἡμῶν 修饰 τὴν ... πρόκλησιν。ὥστε 跟不定式（ἀμύνειν），表目的。

64.4-5［笺释］δικαιότερον，形容词比较级，跟属格（ὑμῶν），表比较。οἵτινες，关系代词，其先行词是 ὑμῶν，本该用 οἵ，这里用 οἵτινες 表达先行词（人）的品质（quality），"鉴于你们……"（GG § 2496）。ἅ，自主关系代词，whatever。ὡς，as。ἅ，同上。τὸ ἀληθές，定冠词 + 形容词 = 名词。τὰ ... ἐς τὸν ... μηδισμὸν καὶ τὸν ... ἀττικισμὸν，定冠词 + 介词短语 = 名词。

65.1-3［笺释］φατε 跟不定式（ἀδικηθῆναι）。ἅ，自主关系代词，whatever，作不定式 ἀδικηθῆναι 的主语。τελευταῖα，形容词，修饰 ἅ。φατε + 宾格（ἡμᾶς）+ 不定式（ἐλθεῖν）。νομίζομεν 跟不定式（ἁμαρτεῖν）。μᾶλλον，副词，比较级，跟属格（ὑμῶν），表比较。ἐν τούτοις，"在这些方面"。ἡμεῖς αὐτοὶ，we on our part。ὡς，as。οἱ πρῶτοι，定冠词 + 形容词 = 名词。βουλόμενοι 跟不定式（παῦσαι 和 καταστῆσαι）。παῦσαι + 宾格（ὑμᾶς）+ 属格（τῆς ... ξυμμαχίας），hinder ... from ...。τὰ ... πάτρια，定冠词 + 形容词 = 名词。οἱ ... ἄγοντες 和 τῶν ἑπομένων，定冠词 + 分词 = 名词。μᾶλλον，副词，比较级，跟属格（τῶν ἑπομένων），表比较。ὡς，as。πλείω，用作副词。ἐβούλοντο + 宾格（τούς ... χείρους 和 τούς ... ἀμείνους）跟不定式（γενέσθαι 和 ἔχειν）。τὰ ἄξια，定冠词 + 形容词 = 名词。ἀλλοτριοῦντες + 宾格（τὴν πόλιν）+ 属格（τῶν σωμάτων），depriving ... of ...。

66.1-3［笺释］ὡς，that。οὔτε ... οὐδένα，两个复合否定词连用，后者强调前者，仍表否定（GG § 2761）。προείπομέν + 宾格（τὸν βουλόμενον）+ 不定式（ἰέναι）。βουλόμενον，跟不定式（πολιτεύειν）。τὰ ... πάτρια，定冠词 + 形容词 = 名词。εἰ ἄρα，if possibly。ἐδοκοῦμέν 跟不定式（πρᾶξαι）。τι，用作副词，"在某种程度上"。ἀνεπιεικέστερον，用作副词。τὰ ... ὅμοια，定冠词 + 形容词 = 名词，用作副词。ὅμοια 跟不定式（νεωτερίσαι 和 πείθειν）。ὥστε 跟不定式（ἐξελθεῖν），表目的。οὓς μὲν ...

οὓς δὲ ..., "一部分……另一部分……"。οὓς, 关系代词, 其先行词是 ἡμῖν。δή, 表强调。προϊσχομένους 与 οὓς 配合。ὑποσχόμενοί 跟不定式 (κτενεῖν)。δεινὰ, 用作副词。λυθεῖσαν 修饰 τὴν ... ὁμολογίαν。ψευσθεῖσαν 修饰 τὴν ... ὑπόσχεσιν。ὑπόσχεσιν 跟不定式 (κτενεῖν)。ἤν = ἐάν。τὰ ἐν τοῖς ἀγροῖς, 定冠词+介词短语=名词。φατε + 宾格 (ἡμᾶς) + 不定式 (παρανομῆσαι)。ἀξιοῦτε 跟不定式 (ἀντιδοῦναι)。ἤν = ἐάν。ἕνεκα 跟属格 (πάντων ... αὐτῶν)。

67.1-2［笺释］ἕνεκα 跟属格 (τούτου)。τούτου 指 ἵνα 引导的句子所说的内容。καταγνωσόμενοι 跟属格 (αὐτῶν)。ὁσιώτερον, 用作副词。εἴ 跟前倾词 (τις), 故加了高调符号。εἴ ... ἄρα, if possibly。μὴ 否定 ἐπικλασθῆτε。ἀρετάς 作 ἀκούντες 的宾语。χρὴ + 宾格 (ἃς) + 不定式 (εἶναι)。ἅς, 关系代词, 其先行词是 ἀρετάς。τοῖς ... ἀδικουμένοις, 定冠词+分词=名词。τοῖς ... δρῶσι, 定冠词+分词=名词。ὅτι, "因为"。ὠφελείσθων, 第三人称复数命令语气, let them be helped。τῶν ὑμετέρων πατέρων。

67.3-4［笺释］πολλῷ 跟比较级 (δεινότερα) (GG § 1514)。δεινότερα, 用作副词。παθοῦσαν 和 διεφθαρμένην 修饰 τὴν ... ἡλικίαν。ὑπὸ τούτων, "被他们"。ὧν, 关系代词, 其先行词是 τὴν ... ἡλικίαν。οἱ μὲν ... οἱ δὲ ..., "有些……有些……"。ποιοῦνται ἱκετείαν = ἱκετεύονται, 跟宾格 (τούσδε) + 不定式 (τιμωρήσασθαι)。οἱ ... πάσχοντες, 定冠词+形容词=名词。τι, 作 πάσχοντες 的宾语。ἀξιώτεροι 跟不定式 (τυγχάνειν)。τυγχάνειν 跟属格 (οἴκτου), to obtain a thing。οἱ ... (πάσχοντες) δικαίως。τὰ ἐναντία, 定冠词+形容词=名词, 用作副词。(ἄξιοί εἰσιν) 跟不定式 (εἶναι)。

67.5-7［笺释］δι' ἑαυτοὺς, "由于他们自己"。πλέον ἤ ..., rather than ...。ἔννομα, 用作副词。οὐχὶ, 带强调意味的否定词。σφᾶς αὐτοὺς, "他们自己"。ἀμύνατε 跟与格 (τῷ ... νόμῳ)。παραβαθέντι 与 τῷ ... νόμῳ 配合。παθοῦσιν 与 ἡμῖν 配合。ἄνομα, 用作副词。πρόθυμοι 跟属格 (ὧν), eager for。ὧν, 关系代词, 其先行词是 χάριν。ἐν ὑμῖν, in the power of you。λόγων 和 ἔργων 修饰 τοὺς ἀγῶνας。ὧν, 关系代词, 其先行词是 ἔργων, 修饰 ἀγαθῶν。βραχεῖα 修饰 ἡ ἀπαγγελία。ἀγαθῶν ... ὄντων 和 ἁμαρτανομένων 与 ἔργων 配合。τοὺς ξύμπαντας, 定冠词+形容词=名词。ἧσσόν, 用作副词。

68.1［笺释］νομίζοντες + 宾格 (τὸ ἐπερώτημα) + 不定式 (ἕξειν)。ἕξειν ὀρθῶς, "正确"。σφίσιν, to them, 指普拉泰亚人。εἴ 跟前倾词 (τι), 故加了高调符号, whether。ἀγαθὸν 与 τι 配合。διότι, "因为"。τόν ... ἄλλον χρόνον, 表时间的宾格, 表示贯穿该时间段。ἄλλον, "别的", 除了此时之外的时间, 意即 "一直以来"。τὰς ... Παυσανίου ... σπονδάς。ἠξίουν + 宾格 (αὐτοὺς) + 不定式 (ἡσυχάζειν)。δῆθεν, δή 的加强体, "就是"。μετὰ 跟宾格 (τὸν ... σπονδάς), after。ἅ, 自主关系代词, 其引导的

从句作 ἐδέξαντο 的宾语。πρό 跟属格（τοῦ περιτειχίζεσθαι，定冠词+不定式=名词）。προείχοντο + 与格（αὐτοῖς）+ 不定式（εἶναι）。κοινούς，形容词，"中立"。ἐκεῖνα 指前文的 τὰς ... Παυσανίου (σπονδάς)。ὡς, since, when。τὸ αὐτό, the same (question)。εἴ 跟前倾词（τι），故加了高调符号。δεδρακότες 跟双宾格（Λακεδαιμονίους καὶ τοὺς ξυμμάχους 和 τι）。

68.2–5［笺释］ἐλάσσους，形容词比较级、主格，跟属格（διακοσίων），表比较。οἵ，关系代词，其先行词是 πέντε καὶ εἴκοσιν。ἔδοσαν + 宾格（τὴν ... πόλιν）+ 不定式（ἐνοικεῖν）。ἐνιαυτὸν ... τινα，"大约 1 年"，表时间的宾格，表示贯穿该时间段。ὅσοι，关系形容词（或关联代词），其先行词 τοσούτοις 被吸收，且被吸引到关系形容词（或关联代词）的格（主格）（GG §§ 2537, 2538）。τὰ σφέτερα，定冠词+形容词=名词。ἐχρήσαντο 跟与格（(τοῖς) ὀροφαῖς καὶ θυρώμασι 和 τοῖς ἄλλοις）。(τοῖς) ὀροφαῖς καὶ θυρώμασι τοῖς τῶν Πλαταιῶν，重复定冠词结构。ἅ，关系代词，其先行词是 τοῖς ἄλλοις（定冠词+形容词=名词）。αὐτῇ = τῇ Ἥρᾳ。σχεδὸν δέ τι καὶ τὸ ξύμπαν, generally speaking in every respect。ἕνεκα 跟属格（Θηβαίων）。νομίζοντες + 宾格（αὐτούς）+ 不定式（εἶναι）。καθιστάμενον 修饰 τὸν πόλεμον。τὰ ... κατὰ Πλάταιαν，定冠词+介词短语=名词，"有关普拉泰亚的事件"。

69.1–2［笺释］αἱ ... νῆες ... αἱ ... ἐλθοῦσαι，重复定冠词结构。ὡς, when, since。ἐβούλοντο 跟不定式（πλεῦσαι）。ὡς, 同上。ἡμαρτήκεσαν 跟属格（τῆς Λέσβου）。στασιάζουσαν 修饰 τὴν Κέρκυραν。παρόντων Ἀθηναίων，独立属格结构。πρίν 跟不定式（ἐπιβοηθῆσαι）。πλέον τι 修饰 ναυτικόν。ναυτικόν 作不定式 ἐπιβοηθῆσαι 的主语。ὅπως 后面句子的谓语动词用虚拟语气（προφθάσωσι），表目的。ὅ，定冠词，跟前倾词（τε），故加了高调符号。

70.1–4［笺释］οἱ αἰχμάλωτοι ... οἱ ... ἀφεθέντες，重复定冠词结构。τῷ μὲν λόγῳ ... ἔργῳ δὲ ...，"名义上……实际上……"。διηγγυημένοι 跟属格（ταλάντων）。πεπεισμένοι 跟不定式（προσποιῆσαι）。ἀποστήσωσιν + 宾格（τὴν πόλιν）+ 属格（Ἀθηναίων），"使……脱离……"。ἀφικομένης ... Ἀττικῆς τε νεὼς καὶ Κορινθίας ...，独立属格结构。(τῶν νεῶν) ἀγουσῶν ... 和 (τῶν πρέσβων) καταστάντων ... 独立属格结构。πρέσβεις 作 ἀγουσῶν 的宾语。ἐψηφίσαντο 跟不定式（εἶναι）。τὰ ξυγκείμενα，定冠词+分词=名词。προειστήκει 跟属格（τοῦ δήμου）。λέγοντες 跟不定式（καταδουλοῦν）。ὁ δέ, but he（见前文 1.24.5 笺释）。φάσκων 跟不定式（τέμνειν）。τοῦ ... Διὸς τοῦ τεμένους καὶ τοῦ Ἀλκίνου，重复定冠词结构。

70.5–6［笺释］ὀφλόντων ... αὐτῶν καὶ ... ἱκετῶν καθεζομένων，独立属格结构。

ἐτύγχανε 跟分词（ὤν）。ὥστε 跟不定式（χρήσασθαι），so as to ...。χρήσασθαι 跟与格（τῷ νόμῳ）。οἱ δ᾽，but they（见前文 1.24.5 笺释）。ἐπυνθάνοντο + 宾格（τὸν Πειθίαν）+ 不定式（μέλλειν）。μέλλειν 跟不定式（ἀναπείσειν）。ἀναπείσειν + 宾格（τὸ πλῆθος）+ 不定式（νομίζειν）。τοὺς αὐτοὺς ... τε καὶ ...，the same ... and ...。οἱ δέ τινες，οἱ 为指示代词（GG § 1108）。αὐτῆς，same。

71.1–2［笺释］εἶπον 跟 ὅτι 引导的宾语从句和不定式（δέχεσθαι 和 ἡγεῖσθαι）。ἥκιστ᾽，用作副词。τό ... λοιπὸν，"将来"。μηδετέρους 作不定式 δέχεσθαι 的宾语。ἡσυχάζοντας 与 μηδετέρους 配合。ἀλλ᾽ ἢ ... τὸ ... πλέον ...，"除非……否则……"。ὡς，as soon as。ἠνάγκασαν 跟不定式（ἐπικυρῶσαι）。τῶν πεπραγμένων，定冠词+分词=名词。分词 διδάξοντας 和 πείσοντας 与 πρέσβεις 配合。ὡς，how。πείσοντας + 宾格（τοὺς ... καταπεφευγότας）+ 不定式（πράσσειν）。τοὺς ... καταπεφευγότας，定冠词+分词=名词。

72.1–3［笺释］ἐλθόντων（τῶν πρέσβεων），独立属格结构。ὡς，as。οἱ ἔχοντες ...，定冠词+分词=名词。ἐλθούσης τριήρους，独立属格结构。Κορινθίας 和 Λακεδαιμονίων πρέσβεων 修饰 τριήρους。ἀφικομένης ... νυκτὸς，独立属格结构。τὰ μετέωρα，定冠词+形容词=名词。αὐτοῦ，there。οἱ δὲ，but they（见前文 1.24.5 笺释）。οὗπερ，关系副词，where。αὐτῶν 修饰 οἱ πολλοὶ。οἱ πολλοὶ，定冠词+形容词=名词。τὸν λιμένα τὸν πρὸς αὐτῇ καὶ πρὸς ...，重复定冠词结构。

73.［笺释］τῇ ... ὑστεραίᾳ (ἡμέρᾳ)。ὀλίγα，用作副词。τοῖς ... ἑτέροις，定冠词+形容词=名词。

74.1–3［笺释］διαλιπούσης ... ἡμέρας，独立属格结构。αἵ，定冠词，跟前倾词（τε），故加了高调符号。γενομένης ... τῆς τροπῆς，独立属格结构。δείσαντες 跟从句，μὴ 为赘词。αὐτοβοεὶ，副词。κρατήσειαν 跟属格（τοῦ ... νεωρίου）。τὰς οἰκίας τὰς ἐν κύκλῳ ...，重复定冠词结构。ᾖ，虚拟语气。ἐκινδύνευσε 跟不定式（διαφθαρῆναι）。οἱ μὲν，οἱ 作指示代词（GG § 1106）。παυσάμενοι 跟属格（τῆς μάχης），keep back from ...。ὡς ἑκάτεροι，"双方"。τὴν νύκτα，表时间的宾格，表示贯穿该时间段。τοῦ δήμου κεκρατηκότος，独立属格结构。

75.1–2［笺释］τῇ ... ἡμέρᾳ，表时间的与格，表示在该时间点。πείθει + ὥστε + 不定式（ξυγχωρῆσαι、κρῖναι 和 οἰκεῖν）。οἵ，关系代词，其先行词是 ἄνδρας。τοὺς ... ἄλλους，定冠词+形容词=名词，作不定式 οἰκεῖν 的主语。σπονδὰς 作 ποιησαμένους 的宾语。ὥστε 跟不定式（νομίζειν），表目的。τοὺς αὐτοὺς ...，the same ...。ὁ μὲν，ὁ 作指示代词（GG § 1106）。ἔμελλεν 跟不定式（ἀποπλεύσεσθαι）。πείθουσιν + 宾格（αὐτὸν）+ 不定式（καταλιπεῖν）。τῶν αὐτοῦ，定冠词+副词=名词。ὅπως 后面句子的谓语动词

用虚拟语气（ὦσιν）和不定式（ξυμπέμψειν）。ἧσσόν，用作副词。τι，用作副词，"在某种程度上"。οἱ ἐναντίοι，定冠词+形容词=名词。ἴσας (ναῦς)。

75.3-5［笺释］ὁ μὲν ... οἱ δὲ ...，"他……他们……"。δείσαντες 跟虚拟语气（ἀποπεμφθῶσι）。μὴ 为赘词。两个 ὡς，since。αὐτῶν ... διανοουμένων，独立属格结构。τοῦ ... ξυμπλεῖν，定冠词+不定式=名词。τινὰς 作 διέφθειραν 的宾语。οἷς，关系代词，其先行词是 τινὰς。οἱ ἄλλοι，定冠词+形容词=名词。τὰ γιγνόμενα，定冠词+分词=名词。ἐλάσσους，形容词比较级，主格，跟属格（τετρακοσίων），表比较。δείσας 跟虚拟语气（νεωτερίσωσιν）。μή 为赘词。τι，宾格，anything。τὰ ἐπιτήδεια，定冠词+形容词=名词。

76.［笺释］τῆς στάσεως ... οὔσης，独立属格结构。τετάρτῃ ... πέμπτῃ ἡμέρᾳ，表时间的与格，表示在该时间点。ἢ，or。ἦρχε 跟属格（αὐτῶν）。ὅσπερ καὶ πρότερον，the very man who as before。ἅμα ἕῳ，"拂晓"。

77.1-3［笺释］οἱ δὲ，but they（见前文 1.24.5 笺释）。τά ... ἐν τῇ πόλει，定冠词+介词短语=名词。τὰς αἰεὶ πληρουμένας (ναῦς)。τοὺς ἐναντίους，定冠词+形容词=名词。παραινούντων Ἀθηναίων，独立属格结构。παραινούντων 跟不定式（ἐᾶσαι）。ἐᾶσαι+宾格（σφᾶς 和 ἐκείνους）跟不定式（ἐκπλεῦσαι 和 ἐπιγενέσθαι）。ὡς，when。αἱ νῆες ... αὐτοῖς，their ships (GG § 1529)。οἱ ἐμπλέοντες 和 τῶν ποιουμένων，定冠词+分词=名词。ταῖς ... λοιπαῖς，定冠词+形容词=名词。ὧν，关系代词，其先行词是 ταῖς ... λοιπαῖς。

78.1-3［笺释］τὸ καθ᾽ αὑτούς，定冠词+介词短语=名词，用作副词，"在他们自己这方面"。καθ᾽ αὑτούς，by or among themselves。ταῖς ... τεταγμέναις，定冠词+分词=名词。ἐφ᾽ ἑαυτούς，against themselves。 ... ταξαμένων αὐτῶν，独立属格结构。ἐπειρῶντο 跟不定式（θορυβεῖν）。οἱ πρὸς τοῖς Κερκυραίοις，定冠词+介词短语=名词。δείσαντες 跟祈愿语气（γένοιτο），μὴ 为赘词。ὅπερ，自主关系代词。οἱ δ᾽，but they（见前文 1.24.5 笺释）。ἐβούλοντο+宾格（τὰς τῶν Κερκυραίων (ναῦς)）+不定式（προκαταφυγεῖν）。ὅτι μάλιστα，as much as possible。ἑαυτῶν ... ὑποχωρούντων 和 τεταγμένων τῶν ἐναντίων，独立属格结构。

79.1-3［笺释］δείσαντες 跟虚拟语气（ἀναλάβωσιν 和 νεωτερίσωσι），μὴ 为赘词。ὡς，when。ἢ ... ἢ ...，"或者……或者……"。τοὺς ἐκ τῆς νήσου，定冠词+介词短语=名词。οἱ δ᾽，but they（见前文 1.24.5 笺释）。ἐτόλμησαν 跟不定式（πλεῦσαι）。τῇ ... ὑστεραίᾳ (ἡμέρᾳ)。ὄντας 与 τοὺς ἐν τῇ πόλει（省略）配合。Βρασίδου παραινοῦντος ... ὄντος ...，独立属格结构。ὡς，as。

80.1-2［笺释］γενόμενος περιδεὴς 跟虚拟语气（ἐπιπλεύσωσιν），μὴ 为赘词。

ἔπεισαν + 宾格（τινας）+ 不定式（ἐσβῆναι）。ὅμως，"（尽管……）还是……"。ἃς，关系代词，其先行词是νῆες，作ἀπέστειλαν的宾语。Εὐρυμέδοντα也是ἀπέστειλαν的宾语。μελλούσας跟不定式（πλεῖν），与τὰς ... ναῦς配合。

81.1–2［笺释］τῆς νυκτὸς，表时间的属格，表示在该时间段内。ὑπερενεγκόντες跟双宾格（τὸν ... ἰσθμὸν 和 τὰς ναῦς）（CGCG § 30.9）。λαβόντες，疑为衍文。ὄντας与τοὺς ... Μεσσηνίους配合。κελεύσαντες + 宾格（τὰς ναῦς）+ 不定式（περιπλεῦσαι）。ἃς，关系代词，其先行词是τὰς ναῦς，作ἐπλήρωσαν的宾语。ἐν ὅσῳ，while。εἴ，跟前倾词（τινα），故加了高调符号。τῶν ἐχθρῶν修饰τινα。整理词序：... ἀπεχρῶντο ἐκβιβάζοντες ὅσους ἔπεισαν ἐσβῆναι ἐκ τῶν νεῶν。下画线部分是宾语从句，作ἀπεχρῶντο和ἐκβιβάζοντες的宾语。ἀπεχρῶντο，"干掉""杀死"。ὡς，about。ἔπεισαν + 宾格（ἄνδρας）+ 不定式（ὑποσχεῖν）。

81.3–5［笺释］ὡς，when。τὰ γιγνόμενα，定冠词 + 分词 = 名词。αὐτοῦ，there。οἱ δ'，but they（见前文1.24.5笺释）。ὡς，as。ἃς，关系代词，其先行词是ἡμέρας ... ἑπτά。ἡμέρας ... ἑπτά，表时间的宾格，表示贯穿该时间段。σφῶν αὐτῶν，of themselves。δοκοῦντας跟不定式（εἶναι），与τοὺς ἐχθροὺς配合。τοῖς ... καταλύουσιν，定冠词 + 分词 = 名词。ἕνεκα跟属格（ἔχθρας）。χρημάτων ... ὀφειλομένων，独立属格结构。τῶν λαβόντων，定冠词 + 分词 = 名词。οἷον ... οὐδὲν ...，no such sort of thing ...。φιλεῖ跟不定式（γίγνεσθαι），"喜欢"，引申为"常常是"。οὐδὲν ... οὐ ...，复合否定词 + 简单否定词，双重否定，即表肯定（CGCG § 56.3）。ὅτι，"洛布本"和阿尔伯蒂的校勘本作ὅ τι，anything which。περαιτέρω，副词，further。οἱ δέ τινες，οἱ为指示代词（GG § 1108）。

82.1［笺释］μᾶλλον，"更甚"。ἐν τοῖς 一般用在最高级形容词前，表示强调（GG § 1089）。ὡς εἰπεῖν，"可以说"。διαφορῶν οὐσῶν，独立属格结构。διαφορῶν οὐσῶν + 与格（τοῖς ... προστάταις 和 τοῖς ὀλίγοις）+ 不定式（ἐπάγεσθαι）（参考：动词 διαφέρω + 与格 + 不定式）。τοῖς ὀλίγοις，定冠词 + 形容词 = 名词。τοὺς Ἀθηναίους 和 τοὺς Λακεδαιμονίους 作不定式 ἐπάγεσθαι 的宾语。(αὐτῶν) ἐχόντων ... (ὄντων) ἑτοίμων ... 和 (τῶν πόλεων) πολεμουμένων，独立属格结构。ἑτοίμων跟不定式（παρακαλεῖν）。ἅμα ... καὶ ...，both ... and ...。τῇ ... κακώσει καὶ ... προσποιήσει，表动机的与格。σφίσιν αὐτοῖς，to themselves。ἐκ τοῦ αὐτοῦ，"从同一个（行动）中"。τῶν ἐναντίων，定冠词 + 形容词 = 名词。τοῖς βουλομένοις，定冠词 + 分词 = 名词。βουλομένοις 跟不定式（νεωτερίζειν）。τι，宾格，anything。从 ἅμα 到 προσποιήσει 的句子修饰 ξυμμαχίας。ξυμμαχίας 修饰 αἱ ἐπαγωγαί，作者将其提前表示强调。ῥᾳδίως，副词，修饰动词 ἐπορίζοντο。

82.2［笺释］πολλὰ 作句子主语，χαλεπὰ, γιγνόμενα, ἐσόμενα, ἡσυχαίτερα 和 διηλλαγμένα 均与之配合。αὐτὴ, same。ὡς ἂν, according as。αἵ, 定冠词，跟前倾词（τε），故加了高调符号。τὸ ... πίπτειν, 定冠词+不定式=名词。最后半句主干：ὁ πόλεμος ὁμοιοῖ τὰς ὀργὰς πρὸς τὰ παρόντα. τοῦ καθ' ἡμέραν, 定冠词+介词短语=名词。τὰ παρόντα, 定冠词+分词=名词。τῶν πολλῶν, 定冠词+形容词=名词。

82.3［笺释］此句主干：τὰ τῶν πόλεων ἐστασίαζε, καὶ τὰ ἐφυστερίζοντά ἐπέφερε τὴν ὑπερβολήν. τὰ τῶν πόλεων, "属于那些城邦的事情"，几乎相当于 αἱ πόλεις。τὰ ἐφυστερίζοντά, 定冠词+分词=名词。τῶν προγενομένων, 定冠词+分词=名词，修饰 πύστει。πολὺ, 用作副词。τοῦ καινοῦσθαι, 定冠词+不定式=名词。τὰς διανοίας 作不定式 καινοῦσθαι 的宾语。τῶν ... ἐπιχειρήσεων 修饰 περιτεχνήσει。τῶν τιμωριῶν 修饰 ἀτοπίᾳ。

82.4［笺释］第一句整理词序：ἀντήλλαξαν τὴν ... ἀξίωσιν ... ἐς τὰ ἔργα τῇ δικαιώσει. τῶν ὀνομάτων 修饰 τὴν ... ἀξίωσιν。第二句主干：τόλμα ἐνομίσθη ἀνδρεία, μέλλησις (ἐνομίσθη) δειλία, τὸ ... σῶφρον (ἐνομίσθη) πρόσχημα , τὸ ... ξυνετὸν (ἐνομίσθη) ἀργόν, τὸ ... ὀξὺ προσετέθη μοίρᾳ, τὸ ἐπιβουλεύσασθαι (ἐνομίσθη) πρόφασις. τὸ ... σῶφρον、τὸ ... ξυνετὸν 和 τὸ ... ὀξὺ, 定冠词+形容词=名词。τὸ ἐπιβουλεύσασθαι, 定冠词+不定式=名词。

82.5［笺释］第一句：ὁ ... χαλεπαίνων 和 ὁ ... ἀντιλέγων, 定冠词+分词=名词。μὲν ... δ' ..., 表对照。αὐτῷ 指 ὁ ... χαλεπαίνων。第二句主干：τις (ἐστί) ξυνετὸς καὶ δεινότερος, (ἐστί) διαλυτὴς. ἐπιβουλεύσας, ὑπονοήσας, προβουλεύσας 和 ἐκπεπληγμένος 与 τις 配合。τυχών, 跟分词（ἐπιβουλεύσας 和 ὑπονοήσας）。ὅπως 后面句子的谓语动词用虚拟语气（δεήσει），表目的。δεήσει 跟属格（αὐτῶν）。αὐτῶν 指上文说的两类情形。μηδὲν, 副词，not at all。τῆς ... ἑταιρίας 修饰 διαλυτὴς（主格）。ἐκπεπληγμένος 跟宾格（τοὺς ἐναντίους）。第三句主干：ὁ φθάσας ἐπῃνεῖτο, ὁ ἐπικελεύσας (ἐπῃνεῖτο). ὁ φθάσας, ὁ ἐπικελεύσας, τὸν μέλλοντα 和 τὸν ... διανοούμενον 都是定冠词+分词=名词。μέλλοντα 跟不定式（δρᾶν）。

82.6［笺释］第一句：καὶ μὴν, "而且""还有"，引出新的重要观点（GG §2921）。τὸ ξυγγενὲς, 定冠词+形容词=名词。ἀλλοτριώτερον, 形容词比较级，跟属格（τοῦ ἑταιρικοῦ），表比较。τὸ ... εἶναι, 定冠词+不定式=名词。εἶναι ἑτοιμότερον 跟不定式（τολμᾶν）。整理词序：... αἱ τοιαῦται ξύνοδοι (ἐγένοντο) ὠφελίᾳ οὐ μετὰ τῶν κειμένων νόμων, ἀλλὰ πλεονεξίᾳ παρὰ τοὺς καθεστῶτας. ὠφελίᾳ, 原文作 ὠφελίας, 说不通，它显然与下文的 πλεονεξίᾳ 对举，故应改为与格。μετὰ 跟属格（τῶν κειμένων νόμων）， with，in company with。τοὺς καθεστῶτας，定冠词 + 分词 = 名词。第二句：τὰς ... πίστεις 作 ἐκρατύνοντο 的宾语。σφᾶς αὐτοὺς，themselves。μᾶλλον ... ἢ ...，rather ... than ...。τῷ ... παρανομῆσαι，定冠词 + 不定式 = 名词。τι 作 παρανομῆσαι 的宾语。κοινῇ，用作副词，"共同地"。

82.7［笺释］τὰ ... λεγόμενα，定冠词 + 分词 = 名词。ἔργων 修饰 φυλακῇ，"行动上的"。第二句主干：ἀντιτιμωρήσασθαι ἢ μὴ προπαθεῖν ἦν περὶ πλείονος。不定式 ἀντιτιμωρήσασθαι 和 προπαθεῖν 作句子的主语，不带定冠词（GG § 1984）。τινα 作不定式 ἀντιτιμωρήσασθαι 的宾语。αὐτὸν 作不定式 προπαθεῖν 的主语。περὶ πλείονος，"涉及更多的""更重要"。ἢ，than。第三句的第一短句主干：ὅρκοι ἴσχυον。εἴ 跟前倾词（που），故加了高调符号。εἴ ... ἄρα，if ... actually。ξυναλλαγῆς 修饰 ὅρκοι。τῷ ... πρὸς τὸ ἄπορον，定冠词 + 介词短语 = 名词。τὸ ἄπορον，定冠词 + 形容词 = 名词。ἑκατέρῳ，to each of two。διδόμενοι，offered，与 ὅρκοι 配合。(αὐτῶν) ἐχόντων，独立属格结构（GG § 2072b），αὐτῶν 指 ἑκατέρῳ，即对立的双方。第二短句主干：ὁ φθάσας ἐτιμωρεῖτο ἥδιον, καὶ ἐλογίζετο τό ... ἀσφαλὲς καὶ ὅτι ...。ἐν τῷ παρατυχόντι，as occasion offered。τῷ παρατυχόντι 和 ὁ φθάσας，定冠词 + 分词 = 名词。φθάσας 跟不定式（θαρσῆσαι）。ἥδιον 和 ἄφαρκτον，用作副词。ἢ，than。τοῦ προφανοῦς，定冠词 + 形容词 = 名词。ὅτι，that，引导宾语从句。περιγενόμενος，分词与 ὁ φθάσας 配合。第四句主干：οἱ πολλοὶ αἰσχύνονται, ἀγάλλονται。整理词序：... οἱ πολλοὶ ὄντες κακοῦργοι κέκληνται δεξιοὶ ἢ (οἱ πολλοὶ) (ὄντες) ἀμαθεῖς (κέκληνται) ἀγαθοί ...。ῥᾷον，用作副词。οἱ πολλοί，定冠词 + 形容词 = 名词。ἢ，rather than。τῷ μὲν ... ἐπὶ δὲ τῷ ...，这里的两个 τῷ 用作指示代词，指的是两个事物，即 one ... the other ...，类似 ὁ μὲν ... ὁ δὲ ... 中的 ὁ。只不过第二个 τῷ 之前有介词 ἐπί，故写作 δὲ τῷ（GG § § 1107, 1109）。

82.8［笺释］第一句整理词序：ἡ διὰ πλεονεξίαν καὶ φιλοτιμίαν · ἀρχὴ (ἐστίν) αἴτιον πάντων ... αὐτῶν, τὸ πρόθυμον (ἐστί) ἐκ ... αὐτῶν (τῶν ἀνθρώπων) καθισταμένων ἐς τὸ φιλονικεῖν。αἴτιον 跟属格（πάντων ... αὐτῶν）。αὐτῶν，指 πλεονεξίαν καὶ φιλοτιμίαν。(τῶν ἀνθρώπων) καθισταμένων，独立属格结构（GG § 2072b）。τὸ φιλονικεῖν，定冠词 + 不定式 = 名词。第二句主干：οἱ ...προστάντες ... ἐποιοῦντο ἆθλα ... ἐτόλμησάν ... τὰ δεινότατα ἐπεξῇσάν ... τὰς τιμωρίας ... ἦσαν ἑτοῖμοι ἐκπιμπλάναι τὴν ... φιλονικίαν。ἰσονομίας 和 ἀριστοκρατίας 修饰 προτιμήσει。τὰ ... κοινά，定冠词 + 形容词 = 名词，作分词 θεραπεύοντες 的宾语。ἀγωνιζόμενοι 跟不定式（περιγίγνεσθαι）。περιγίγνεσθαι 跟属格（ἀλλήλων）。μείζους 与 τὰς τιμωρίας 配合。μέχρι 跟属格（τοῦ δικαίου καὶ ξυμφόρου）。τῇ πόλει，"对于城邦而言"。προτιθέντες 的宾语是 τὰς τιμωρίας。ὁρίζοντες ἐς ... τὸ ... ἔχον ἡδονὴν ...。

τὸ ... ἔχον，定冠词 + 分词 = 名词。ἤ，"或者"。τὸ κρατεῖν，定冠词 + 不定式 = 名词，作 κτώμενοι 的宾语。ἦσαν ἑτοῖμοι 跟不定式（ἐκπιμπλάναι）。第三句：ὥστε，用在句首，表总结。λόγου 修饰 εὐπρεπείᾳ。ξυμβαίη + 与格（οἷς）+ 不定式（διαπράξασθαι），"某事发生在某人身上"。οἷς，关系代词，其先行词是主句主语。τι 作不定式 διαπράξασθαι 的宾语。ἄμεινον，用作副词。第四句主干：τὰ ... μέσα διεφθείροντο。ἤ ... ἤ ...，"或者……或者……"。ὅτι，"因为"。τοῦ περιεῖναι，定冠词 + 不定式 = 名词。

83.1［笺释］句子主干：... ἰδέα κατέστη, καὶ τὸ εὔηθες ... ἠφανίσθη, τὸ ... ἀντιτετάχθαι διήνεγκεν。οὗ，关系代词，其先行词是 τὸ εὔηθες。μετέχει 跟属格（οὗ）。τὸ εὔηθες 和 τὸ γενναῖον，定冠词 + 形容词 = 名词。πλεῖστον，用作副词。τὸ ... ἀντιτετάχθαι，定冠词 + 不定式 = 名词。ἐπὶ πολύ，largely，far and wide。ὁ διαλύσων，定冠词 + 分词 = 名词。μᾶλλον ... ἤ ...，rather ... than ...。τὸ ἀνέλπιστον，定冠词 + 形容词 = 名词。τοῦ βεβαίου 修饰 τὸ ἀνέλπιστον。προυσκόπουν 跟不定式（παθεῖν）。ἐδύναντο 跟不定式（πιστεῦσαι）。

83.3–4［笺释］οἱ φαυλότεροι，定冠词 + 形容词 = 名词。γνώμην，名词、宾格，用作副词，"在头脑方面"。ὡς τὰ πλείω，"就大部分而言""多半"。τῷ ... δεδιέναι，定冠词 + 不定式 = 名词。τό ... ἐνδεὲς 和 τό ... ξυνετόν，定冠词 + 形容词 = 名词。μή + 虚拟语气（ὦσι 和 φθάσωσι），表达怀疑的断定（doubtful assertion）（GG § 1801）。τοῦ πολυτρόπου ... τῆς γνώμης，"头脑灵活"。φθάσωσι 跟分词（προεπιβουλευόμενοι）。οἱ δέ，but they（见前文 1.24.5 笺释）。καταφρονοῦντες 跟不定式（προαισθέσθαι 和 δεῖν）。κἄν = καὶ ἄν。δεῖν + 宾格（σφᾶς）+ 不定式（λαμβάνειν）。ἅ，自主关系代词，whatever。μᾶλλον，"却"。

84.1［笺释］第一短句主干：τὰ πολλὰ ... προυτολμήθη, οἱ ἀνταμυνόμενοι δράσειαν ὁπόσα ... ὑπὸ τῶν ... παρασχόντων。τὰ πολλά，定冠词 + 形容词 = 名词。τὸ πλέον ἤ ...，rather than ...。τῶν ... παρασχόντων 和 οἱ ἀνταμυνόμενοι，定冠词 + 分词 = 名词。ἀπαλλαξείοντές 跟属格（τῆς εἰωθυίας πενίας）。ἐπιθυμοῦντες 跟不定式（ἔχειν）。τὰ τῶν πέλας，定冠词 + 属格 = 名词。τῶν πέλας，定冠词 + 副词 = 名词。οἵ，[1] 自主关系代词，the men who。ὀργῆς 修饰 ἀπαιδευσίᾳ。πλεῖστον，用作副词。

84.2［笺释］ξυνταραχθέντος ... τοῦ βίου ...，独立属格结构。κρατήσασα, εἰωθυῖα, ἀσμένη, οὖσα, κρείσσων 和 πολεμία 都与 ἡ ... φύσις 配合。κρατήσασα 跟属格（τῶν

---

[1] "洛布本"作 ἅ，但"牛津本"和阿尔伯蒂的校勘本都作 οἵ，而且后两者的校勘记中都没有说这里各家抄本有异。

νόμων）。εἰωθυῖα 跟不定式（ἀδικεῖν）。ἐδήλωσεν 跟分词（οὖσα）。κρείσσων，形容词比较级，跟属格（τοῦ δικαίου），表比较。τοῦ προύχοντος，定冠词+分词=名词，修饰πολεμία。προυτίθεσαν+宾格（τὸ τιμωρεῖσθαι 和 τὸ κερδαίνειν）+属格（τοῦ ... ὁσίου 和 τοῦ ... ἀδικεῖν），"把……置于……之上"。ἐν ᾧ, in which case。τὸ τιμωρεῖσθαι, τὸ κερδαίνειν, τοῦ ... ἀδικεῖν 和 τὸ φθονεῖν，定冠词+不定式=名词。τοῦ ... ὁσίου，定冠词+形容词=名词。

84.3［笺释］ἀξιοῦσί 跟不定式（προκαταλύειν 和 ὑπολείπεσθαι）。τοὺς ... νόμους 作 προκαταλύειν 和 ὑπολείπεσθαι 的宾语。ὧν，关系代词，其先行词是 τοὺς ... νόμους。ἐλπὶς 跟不定式（διασῴζεσθαι）。αὑτοὺς 作不定式 διασῴζεσθαι 的主语。σφαλεῖσι 修饰ἅπασιν。εἰ，跟前倾词（ποτε），故加了高调符号。εἴ ... ἄρα, if ... actually。δεήσεται 跟属格（τινὸς）。

85.1-3［笺释］ἐχρήσαντο 跟与格（τοιαύταις ὀργαῖς）。ταῖς πρώταις，定冠词+形容词=名词。οἱ φεύγοντες，定冠词+分词=名词。ἅ，关系代词，其先行词是τείχη。ἐκράτουν 跟属格（τῆς ... γῆς）。τοὺς ἐν τῇ νήσῳ，定冠词+介词短语=名词。πολλὰ，用作副词。ὡς, since。ὕστερον χρόνῳ，"一段时间以后"。μάλιστα 跟基数词（ἑξακόσιοι），"将近"。οἱ πάντες，定冠词+形容词=名词。ὅπως 后面句子的谓语动词用虚拟语气（ᾖ），表目的。τοῦ ... κρατεῖν，定冠词+不定式=名词，修饰 ἀπόγνοια。ἄλλο τι ... ἤ ...，some else than ...。κρατεῖν 跟属格（τῆς γῆς）。τοὺς ἐν τῇ πόλει，定冠词+介词短语=名词。ἐκράτουν 跟属格（τῆς γῆς）。

86.1-5［笺释］τοῦ ... θέρους τελευτῶντος，独立属格结构。πλὴν 跟属格（Καμαριναίων）。αἵπερ，关系代词，其先行词是 αἱ ... πόλεις。πρὸς 跟宾格（τὴν ... ξυμμαχίαν）。τὸ πρῶτον，"首次"。ἀρχομένου τοῦ πολέμου，独立属格结构。ὅτι, since。πείθουσι+宾格（τοὺς Ἀθηναίους）+不定式（πέμψαι）。εἴργοντο 跟属格（τῆς ... γῆς 和 τῆς θαλάσσης），kept away from ...。βουλόμενοι+宾格（σῖτον）+不定式（ἄγεσθαι）。εἰ, whether。τὰ ... πράγματα εἴη δυνατὰ 跟不定式（γενέσθαι）。

87.1-3［笺释］τοῦ ... χειμῶνος，表时间的属格，表示在该时间段内。τὸ δεύτερον，"再次"。χρόνον，用作副词，for a time。τὸ παντάπασιν，定冠词+副词=名词，用作副词，"彻底地"。τὸ ... ὕστερον，"后一次"。ἔλασσον，形容词比较级，跟属格（ἐνιαυτοῦ），表比较。τὸ ... πρότερον，"第一次"。ὥστε 跟不定式（εἶναι），表结果，ὅτι，"洛布本"和阿尔伯蒂的校勘本均作 ὅ τι, anything which。γε, at least。μᾶλλον，副词比较级，跟属格（τούτου），表比较，much than this。Ἀθηναίους，作 ἐπίεσε 的宾语，将其提前表强调。整理词序：(οἱ Ἀθηναῖοι) οὐκ ἐλάσσους τετρακοσίων ... ὁπλιτῶν καὶ τετρακισχιλίων ἀπέθανον ... ἀριθμός τοῦ ... ὄχλου (ἦν) ἀνεξεύρετος。ἐλάσσους，形容词比较级、主格，跟属格（τετρακοσίων ... ὁπλιτῶν καὶ τετρακισχιλίων），表比较。

88.1-4［笺释］τοῦ ... χειμῶνος 和 θέρους，表时间的属格，表示在该时间段内。ἦν ἀδύνατα 跟不定式（ἐπιστρατεύειν）。ὡς，that。ὅτι，"因为"。τὴν νύκτα 和 τὴν ἡμέραν，表时间的宾格，表示贯穿该时间段。φαίνεται 跟分词（ἀναδιδοῦσα），其主语是ἡ νῆσος。πῦρ 和 καπνόν 作 ἀναδιδοῦσα 的宾语。πολὺ 修饰 πῦρ。κατὰ 跟宾格（τὴν ... γῆν），down, by，"隔海相望"。ὡς，"因为"。τῷ πολέμῳ，"对于这场战争而言"。τῷδε 指 ὁ χειμών，ὃν，关系代词，其先行词是 τῷ πολέμῳ。

89.1-5［笺释］τοῦ ... θέρους，表时间的属格，表示在该时间段内。ὡς 跟将来时分词（ἐσβαλοῦντες），in order to。Ἄγιδος ... ἡγουμένου，独立属格结构。σεισμῶν ... γενομένων，独立属格结构。τῶν σεισμῶν κατεχόντων，独立属格结构。τὸ μὲν (μέρος) ... τὸ δ' (μέρος) ...，"一部分……另一部分……"。ὅσοι，关系形容词（或关联代词），其先行词τοσούτους被吸收，且被吸引到关系形容词（或关联代词）的格（主格）（GG §§ 2537, 2538）。παραπλησία，用作副词。παρεῖλε 跟属格（τοῦ ... φρουρίου）。τι 作 κατέβαλε 的宾语。αἴτιον 跟属格（τοῦ τοιούτου），又跟不定式（ἀποστέλλειν 和 ποιεῖν）。ᾗ，关系副词，where。τοῦτο 指 τοῦ τοιούτου。βιαιότερον，用作副词。δοκεῖ + 与格（μοι）+ 不定式（ξυμβῆναι）。ξυμβῆναι + 宾格（τὸ τοιοῦτο）+ 不定式（γενέσθαι）。

90.1-4［笺释］τοῦ ... θέρους，表时间的属格，表示在该时间段内。ἄλλοι 与 αὐτοὶ 对举。ὡς，as。ξυνέβαινεν 跟与格（ἑκάστοις）。μνησθήσομαι 跟属格（τούτων）。τούτων 指 ἃ 引导的从句。ἃ，自主关系代词，whatever。ἄξια 跟属格（λόγου）。ἢ ... ἢ ...，"或者……或者……"。οἱ ἀντιπόλεμοι，定冠词 + 形容词 = 名词。Χαροιάδου ... τεθνηκότος ...，独立属格结构。τὰς Μεσσηνίων Μυλὰς。ἔτυχον 跟分词（φρουροῦσαι 和 πεποιημέναι）。τοῖς ἀπὸ τῶν νεῶν 和 τοὺς ... ἐκ τῆς ἐνέδρας，定冠词 + 介词短语 = 名词。ἠνάγκασαν 跟不定式（παραδοῦναι 和 ξυστρατεῦσαι）。ἐπελθόντων ... τῶν ... Ἀθηναίων καὶ τῶν ξυμμάχων，独立属格结构。τὰ ἄλλα，定冠词 + 形容词 = 名词。

91.1-6［笺释］τοῦ ... θέρους，表时间的属格，表示在该时间段内。ἐστρατήγει 跟属格（ὧν）。ὧν，关系代词，其先行词是ναῦς。ἐστρατήγει 跟属格（αὐτῶν）。ἐθέλοντας 跟不定式（ὑπακούειν 和 ἰέναι）。ἐβούλοντο 跟不定式（προσαγαγέσθαι）。τοὺς ... Μηλίους 作不定式 προσαγαγέσθαι 的宾语。τὸ ... ξυμμαχικόν，定冠词 + 形容词 = 名词。ὡς，when。δῃουμένης τῆς γῆς 和 Ἱππονίκου ... στρατηγοῦντος καὶ Εὐρυμέδοντος，独立属格结构。τὸ αὐτό，定冠词 + 形容词 = 名词。ταύτην τὴν ἡμέραν，表时间的宾格，表示贯穿该时间段。τοὺς ἐπεξελθόντας，定冠词 + 分词 = 名词。οἱ μὲν ... οἱ δὲ ...，"有的

人……有的人……"。τὰ ἐπιθαλάσσια，定冠词+形容词=名词。

92.1-4 [笺释] ὑπὸ 跟表时间的宾格（τὸν χρόνον），"大约"。τὸ πρῶτον，"首次"。μελλήσαντες 跟不定式（προσθεῖναι）。σφᾶς αὐτούς，themselves。δείσαντες 跟虚拟语气（ὦσι），μὴ 为赘词。ἑλόμενοι 跟双宾格（Τεισαμενόν 和 πρεσβευτὴν）（CGCG § 30.10）。δεόμενοι 跟属格（τῶν αὐτῶν）。εἶχον γνώμην 跟不定式（ἐκπέμπειν）。βουλόμενοι 跟不定式（τιμωρεῖν）。ἅμα，副词。καθίστασθαι καλῶς 跟属格（τοῦ ... πολέμου）（GG § 1441），"在……中处于有利地位"。ἐδόκει + 与格（αὐτοῖς）+ 不定式（καθίστασθαι 和 παρασκευασθῆναι）。ὥστ' 跟不定式（γίγνεσθαι 和 ἕξειν），表目的。τὴν διάβασιν 作不定式 γίγνεσθαι 的主语。ἕξειν χρησίμως 跟属格（τῆς ... παρόδου）（GG § 1441）。τό ... ξύμπαν，"总之"。ὥρμηντο 跟不定式（κτίζειν）。

92.5-6 [笺释] (τοῦ θεοῦ) κελεύοντος，独立属格结构。ἐκέλευον + 宾格（τὸν βουλόμενον）+ 不定式（ἕπεσθαι）。ἔστιν ὧν，some。ᾗ，关系代词，其先行词是 τὴν πόλιν。ἀπέχουσα + 属格（Θερμοπυλῶν 和 τῆς ... θαλάσσης）+ 宾格（σταδίους ... τεσσαράκοντα 和 εἴκοσι (σταδίους)），"距离某地多少里程"。τὸ κατὰ Θερμοπύλας，定冠词+介词短语=名词。τὸ στενόν，定冠词+形容词=名词。ὅπως 后面句子的谓语动词用虚拟语气（εἴη），表目的。

93.1-2 [笺释] τῆς πόλεως ... ξυνοικιζομένης，独立属格结构。τὸ πρῶτον，"首先"。ἐνόμισαν 跟不定式（καθίστασθαι）。ὅτι，"因为"。ἀπέβη，it turned out。παρὰ δόξαν，"出乎预料"。οὐ ... οὐδέν，简单否定词+复合否定词，后者强调前者，仍表否定（CGCG § 56.4）。第二节的第一句话原文有讹误，只能勉强说通。此句主干：αἴτιον ... ἦν (ὅτι) ...，ἦν 后面句子都是从句。οἵ，定冠词，跟前倾词（τε），故加了高调符号。καὶ ὧν ἐπὶ τῇ γῇ ἐκτίζετο 似乎是后世笺注，用以说明 οἱ ... Θεσσαλοί，这里还是把它看作与 οἱ ... Θεσσαλοί 并列。即 ὧν 作自主关系代词。φοβούμενοι 跟虚拟语气（παροικῶσιν），μὴ 为赘词。γενομένους ... πολλούς 与省略了的 αὐτούς 配合。Λακεδαιμονίων οἰκιζόντων，独立属格结构。ἥκιστα，用作副词。οἱ ἄρχοντες ... οἱ ἀφικνούμενοι，重复定冠词结构，定冠词+分词=名词。τοὺς πολλοὺς 和 οἱ πρόσοικοι。定冠词+形容词=名词。ἔστιν ἅ，"有时"。ἐπεκράτουν 跟属格（αὐτῶν）。

94.1-2 [笺释] τοῦ ... θέρους，表时间的属格，表示在该时间段内。ὅν，关系代词，其先行词是 τὸν ... χρόνον。οἷ，关系代词，其先行词是 Ἀκαρνᾶσί。πλὴν 跟属格（Οἰνιαδῶν）。τῆς ... γῆς δῃουμένης καὶ τῆς ἐντὸς τοῦ ἰσθμοῦ，独立属格结构。τῆς ἐντὸς τοῦ ἰσθμοῦ，定冠词+介词短语=名词。ἥ，关系代词，其先行词是 τῆς ... γῆς。ἠξίουν + 宾格（Δημοσθένη）+ 不定式（ἀποτειχίζειν）。νομίζοντες 跟不定式（ἐκπολιορκῆσαι 和

ἀπαλλαγῆναι). ἀπαλλαγῆναι 跟属格（πόλεως）。... πόλεως (οὔσης) αἰεὶ σφίσι πολεμίας ...。

94.3–5［笺释］ὡς, that。(ἐστί) καλὸν 跟不定式（ἐπιθέσθαι）。στρατιᾶς ... ξυνειλεγμένης, 独立属格结构。οὖσι 与 Αἰτωλοῖς 配合。ἢν = ἐάν。κρατήσῃ 跟属格（αὐτῶν）。(ἐστίν) ῥᾳδίως 跟不定式（προσποιήσειν）。τὸ ... Ἠπειρωτικὸν τὸ ταύτῃ，重复定冠词结构。ἀναπείθεται + 宾格（τὸ ... ἔθνος τὸ τῶν Αἰτωλῶν）+ 不定式（εἶναι）。τὸ ... ἔθνος τὸ τῶν Αἰτωλῶν，重复定冠词结构，作上述三个不定式的主语。ἀτιχίστους 修饰 κώμας。διὰ πολλοῦ，"相距远"。分词 οἰκοῦν 和 χρώμενον 与 τὸ ... ἔθνος 配合。χρώμενον 跟与格（ψιλῇ）。ἀπέφαινον 跟不定式（καταστραφῆναι）。πρὶν 跟不定式（ξυμβοηθῆσαι）。ἐκέλευον 跟不定式（ἐπιχειρεῖν）。ὅπερ，关系代词，其先行词是 Εὐρυτᾶσιν。γλῶσσαν，名词，宾格，用作副词，"在语言方面"。ὡς, as。τούτων ... ληφθέντων，独立属格结构。τἆλλα = τὰ ἀλλὰ。(ἐστί) ῥᾳδίως 跟不定式（προσχωρήσειν）。

95.1–3［笺释］ὁ δὲ, but he（见前文 1.24.5 笺释）。ἄνευ 跟属格（τῆς ... δυνάμεως）。νομίσας 跟不定式（δύνασθαι）。δύνασθαι 跟不定式（ἐλθεῖν）。οἷ，关系代词，其先行词是 Φωκέας。ἐδόκουν 跟不定式（ξυστρατεύσειν 和 προσαχθῆναι）。κατὰ 跟宾格（τὴν ... φιλίαν）。ἢ，"或者"。(ὄντων) ἀκόντων τῶν Ἀκαρνάνων，独立属格结构。ὡς, since。διὰ 跟宾格（τὴν ... περιτείχισιν）。οὐ 否定实词（περιτείχισιν）（GG § 2735）。τῆς Λευκάδος 修饰 τὴν ... περιτείχισιν。ἔδει + 宾格（αὐτοὺς）+ 不定式（ἀπαντῆσαι）。ἐδόκουν 跟不定式（εἶναι）。τῆς ἐκείνων καὶ χωρίων μάχης 修饰 ἐπειρίᾳ。

96.1–3［笺释］ἐν 跟与格（τῷ ἱερῷ）。τοῦ Διὸς τοῦ Νεμείου，重复定冠词结构。ᾧ，关系代词，其先行词是 τῷ ἱερῷ。λέγεται 跟不定式（ἀποθανεῖν）。τῶν ταύτῃ，定冠词 + 副词 = 名词。整理词序：τοῦτο χρησθὲν αὐτῷ παθεῖν ἐν Νεμέᾳ。χρησθὲν 跟不定式（παθεῖν）。τῇ πρώτῃ ἡμέρᾳ，τῇ δευτέρᾳ (ἡμέρᾳ) 和 τῇ τρίτῃ (ἡμέρᾳ)，表时间的与格，表示在该时间点。αὐτοῦ, there, 指 Τείχιον。εἶχε τὴν ... γνώμην 跟不定式（στρατεῦσαι）。τὰ ἄλλα，定冠词 + 形容词 = 名词，作分词 καταστρεψάμενος 的宾语。βούλοιντο 跟不定式（ξυγχωρεῖν）。χειρί，"人手（尤指士兵）"。οἱ ἔσχατοι ... οἱ πρὸς τὸν ... κόλπον，重复定冠词结构。

97.1–2［笺释］ὅπερ，自主关系代词。ὡς, that。τῶν Αἰτωλῶν 修饰 ἡ αἵρεσις。ἐκέλευον 跟不定式（ἰέναι, μένειν 和 πειρᾶσθαι）。πειρᾶσθαι 跟不定式（αἱρεῖν）。ὅτι τάχιστα，"尽快"。τὴν ἐν ποσὶν (κώμην)。ὁ δὲ, but he（见前文 1.24.5 笺释）。ἐλπίσας 跟与格（τῇ τύχῃ）。ὅτι，"因为"。οὓς，关系代词，其先行词是 τοὺς Λοκροὺς。ἔδει + 宾格（οὓς）+ 不定式（προσβοηθῆσαι）。ἐνδεὴς 跟属格（ψιλῶν）。τῶν λόφων τῶν ὑπὲρ τῆς πόλεως，重复定冠词结构。ἀπέχουσα + 属格（τῆς θαλάσσης）+ 宾格（σταδίους），"距

离某地多少（里程）"。ὅτε，when。οἷς，关系代词，其先行词是 διώξεις 和 ὑπαγωγαί。ἥσσους，形容词比较级、主格。

98.1［笺释］μέχρι 跟陈述语气，"只要"。οἷοί τε 跟不定式（χρῆσθαι）。χρῆσθαι 跟与格（αὐτοῖς）。αὐτοῖς 指 τὰ βέλη。οἱ δέ，but they（见前文 1.24.5 笺释），指雅典人。τοῦ ... τοξάρχου ἀποθανόντος，独立属格结构。οὗτοι，指弓箭手。αὐτοί，指重甲兵。οἵ，定冠词，跟前倾词（τε），故加了高调符号。οὕτω δή，"终于""结果"。ἔμπειροι 跟属格（ὧν）。ὧν，关系代词，其先行词是 χωρία。αὐτοῖς，to them，their。ὁ ἡγεμὼν ... ὁ Μεσσήνιος，重复定冠词结构。ἐτύγχανε 跟分词（τεθνηκώς）。

98.2–5［笺释］αὐτοῦ，there。τοὺς ... πλείους，ἁμαρτάνοντας 和 ἐσφερομένους 与 πολλοὺς 配合。τοὺς ... πλείους，定冠词 + 形容词 = 名词。ἁμαρτάνοντας 跟属格（τῶν ὁδῶν）。ὅθεν，副词，"从那里"。τῆς φυγῆς 和 τοῦ ὀλέθρου 修饰 ἰδέα。ὅθεν，同上。οἱ περιγενόμενοι，定冠词 + 分词 = 名词。οὗτοι τοσοῦτοι (ἦσαν) τὸ πλῆθος καὶ ἡλικία ἡ αὐτή (ἦσαν)。ἡ αὐτή，the same。τῷ πολέμῳ τῷδε ἐκ τῆς ... πόλεως，重复定冠词结构。τοῖς πεπραγμένοις，定冠词 + 分词 = 名词。

99.［笺释］τοὺς προσβοηθήσαντας，定冠词 + 分词 = 名词。ὅ，关系代词，其先行词是 περιπόλιον。

100.1–2［笺释］τοῦ ... θέρους，表时间的属格，表示在该时间段内。πείθουσιν + ὥστε + 不定式（πέμψαι）。ἦρχεν 跟属格（τῆς στρατιᾶς）。

101.1–2［笺释］ξυλλεγέντος ... τοῦ στρατεύματος ...，独立属格结构。ἐβούλετο + 宾格（αὐτούς） + 不定式（ἀποστῆσαι）。ἀποστῆσαι 跟属格（τῶν Ἀθηναίων）。τὸ ... δεδιότες，定冠词 + 分词 = 名词。ἔχθος 作 δεδιότες 的宾语。ἔπεισαν + 宾格（τοὺς ἄλλους 和 Μυονέας ... Ἰπνέας καὶ ...） + 不定式（δοῦναι）。

102.1–7［笺释］αὐτῶν 指 τῶν Λοκρῶν。ὑπήκοον 跟属格（Ἀθηναίων）。ἐτύγχανεν 跟分词（ὤν）。τὰ ἐκ τῆς Αἰτωλίας，定冠词 + 介词短语 = 名词。προαισθόμενος 跟属格（τοῦ στρατοῦ）。αὐτῆς 指 ἡ Ναύπακτος。πείθει + 宾格（Ἀκαρνᾶνας） + 不定式（βοηθῆσαι）。οἵ，关系代词，其先行词是 χιλίους ὁπλίτας。ἦν δεινόν 跟赘词（μή）。... ὄντος τοῦ τείχους 和 ὀλίγων ... (ὄντων) τῶν ἀμυνομένων，独立属格结构。οἱ μετ' αὐτοῦ，定冠词 + 介词短语 = 名词。ὡς，when。ἀδύνατον ὄν，独立宾格结构，it being impossible，跟不定式（ἑλεῖν）。τὴν Αἰολίδα τὴν ... Καλυδῶνα καὶ Πλευρῶνα，重复定冠词结构。πείθουσιν + ὥστε + 不定式（ἐπιχειρῆσαι）。ὅτι，that。ἤν = ἐάν。κρατήσωσι 跟属格（τούτων）。ἕως 跟祈愿语气（δέοι），表目的。δέοι 跟不定式（βοηθεῖν）。τοῖς Ἀμπρακιώταις 与 βοηθεῖν 连读。注意：Ἀμπρακιώταις 为阳性，即 οἱ Ἀμπρακιῶται（见

2.68.9）。ἐκστρατευσαμένοις 与 τοῖς Ἀμπρακιώταις 配合。

103.1–3［笺释］τοῦ ... χειμῶνος，表时间的属格，表示在该时间段内。ὅσοι，关系形容词（或关联代词），其先行词 τοσούτων 被吸收，且被吸引到关系形容词（或关联代词）的格（主格）(GG § § 2537, 2538)。οὗ，关系代词，其先行词是 τὸ ... πόλισμα，of it。ὡς，since。ἐδύναντο 跟不定式（ἑλεῖν）。Ἀθηναίων 修饰 τοῖς ξυμμάχοις，ὑστέροις 与 τοῖς ξυμμάχοις 配合。τοὺς προσβοηθοῦντας，定冠词＋分词＝名词。ὡς，about。

104.1–3［笺释］τοῦ ... χειμῶνος，表时间的属格，表示在该时间段内。δή，表强调。τῆς νήσου 修饰 ὅσον。整理词序：ἀλεῖλον πάσας ὅσαι θῆκαι τῶν τεθνεώτων ἦσαν ἐν Δήλῳ ...。ὅσαι，关系形容词（或关联代词），其先行词 τοσαύτας 被吸收，且被吸引到关系形容词（或关联代词）的格（主格）(GG § § 2537, 2538)。τῶν τεθνεώτων，定冠词＋分词＝名词。τὸ λοιπὸν，"未来"。προεῖπον 跟不定式（ἐναποθνήσκειν，ἐντίκτειν 和 διακομίζεσθαι）。ἀπέχει 跟属格（τῆς Δήλου）＋宾格（ὀλίγον），"距离某地多少里程"。ὀλίγον，用作副词。οὕτως，such。ὥστε，"以至于"。τινὰ χρόνον，表时间的宾格，表示贯穿该时间段。ἄρξας 跟属格（τῶν ... νήσων）。τῷ Ἀπόλλωνι τῷ Δηλίῳ，重复定冠词结构。τὰ Δήλια，定冠词＋形容词＝名词。τὴν πεντετηρίδα，名词，宾格，用作副词。τὸ πάλαι，定冠词＋副词＝名词，"古时候"。τῶν Ἰώνων τε ... νησιωτῶν 修饰 ξύνοδος。

104.4–6［笺释］句子主干：δηλοῖ ὅτι ... ὅτι ...。ὅτι，that。ἅ，关系代词，其先行词是 τοῖς ἔπεσι。ἀλλ' ὅτε，but when ...，"洛布本"作 ἄλλοτε，at other times，意思差不多。提洛岛的阿波罗节每隔4年举办一届，在间隔期间，希腊其他地方也有举办阿波罗节的，但颂歌的作者认为，提洛岛上的该节日最得阿波罗的欢心。σὴν 修饰 ἀγυιάν。ἐφοίτων，过去未完成时动词。τοῖσδε 指 ἀγών。ἅ，自主关系代词，whatever，指下文的韵文，作 δηλοῖ 的宾语。ἐτελεύτα 跟属格（τοῦ ἐπαίνου）。οἷς，关系代词，其先行词是 τὰ ἔπη。ἐπεμνήσθη 跟属格（ἑαυτοῦ）。ἵληκοι，祈愿语气。μνήσασθ' 跟属格（ἐμεῖο）。ὑμεῖς (μνήσασθ') 跟不定式（ὑποκρίνασθαι）。μετόπισθε，副词。τέῳ，τεός 的与格。ὅτι，that。τὸ πάλαι，定冠词＋副词＝名词，"古时候"。τὰ ... περὶ τοὺς ἀγῶνας，定冠词＋介词短语＝名词。τὰ πλεῖστα，定冠词＋形容词＝名词。ὡς εἰκός，probably, reasonably。ὅ，关系代词，从语法上说其先行词应是 τὸν ἀγῶνα，但从意思上说应是 ἱπποδρομίας，但 ἱπποδρομίας 也是一项比赛（ἀγών）。

105.1–4［笺释］τοῦ ... χειμῶνος，表时间的属格，表示在该时间段内。ὅ，关系代词，其先行词是 τεῖχος。ἐχρῶντο 跟与格（δικαστηρίῳ）。μάλιστα，"大约"。οἱ μὲν ... οἱ δέ ...，"有的……有的……"。ὅ，关系代词，其先行词是 τῷ χωρίῳ。φυλάσσοντες μὴ 跟虚拟语气（λάθωσι），taking care lest ...。τὸν ... στρατηγήσαντα，定冠词＋分词＝名

词，修饰 Δημοσθένη。στρατηγήσαντα 跟属格（Ἀθηναίων）。αἵ，关系代词，其先行词是 τὰς ... ναῦς。ἔτυχον 跟分词（οὖσαι）。ἦρχεν 跟属格（ὧν）。ὧν，关系代词，其先行词是 τὰς ... ναῦς。κελεύοντες 跟不定式（βοηθεῖν）。δεδιότες 跟虚拟语气（δύνωνται，γένηται 和 ᾖ），μή 为赘词。οἱ μετ᾽ Εὐρυλόχου，定冠词 + 介词短语 = 名词。δύνωνται 跟不定式（διελθεῖν）。ἢ ... ἢ ...，"或者……或者……"。βουλομένοις 跟不定式（ἀναχωρεῖν），与 σφίσιν 配合。

106.1–3［笺释］ὡς, when。ἐρήμου，双尾型形容词，这里是阴性。Μεδεῶνος 修饰 ἔσχατα。λαβόμενοι 跟属格（τοῦ ... ὄρους）。ὅ，关系代词，其先行词是 τοῦ ... ὄρους。νυκτός，表时间的属格，表示在该时间段内。μεταξὺ ... καὶ ..., between ... and ..., 跟属格（τῆς ... πόλεως 和 τῆς ... φυλακῆς）。

107.1–4［笺释］πολλῷ 跟比较级（ὕστερον）（GG § 1514）。οἱ ... πλείους，定冠词 + 形容词 = 名词。ὡς 跟将来时分词（μαχούμενοι），"为了……"。αἱροῦνται 跟双宾格（Δημοσθένη 和 ἡγεμόνα）（CGCG § 30.10）。ὁ δὲ, but he（见前文 1.24.5 笺释）。ἐγγὺς 跟属格（τῆς Ὄλπης）。ἡμέρας ... πέντε，表时间的宾格，表示贯穿该时间段。ὡς ἐς，表真正意图（GG § 2996）。δείσας 跟虚拟语气（κυκλωθῇ），μή 为赘词。ὅπως 后面句子的谓语动词用虚拟语气（γίγνωνται），表目的。τὸ ὑπερέχον，定冠词 + 分词 = 名词。τὸ ... ἄλλο (κέρας)。ὡς ἕκαστοι, each by themselves。πλὴν 跟属格（Μαντινέων）。τῷ εὐωνύμῳ，定冠词 + 形容词 = 名词。οἱ μετ᾽ αὐτοῦ，定冠词 + 介词短语 = 名词。

108.1–3［笺释］ὡς, when。τὸ δεξιόν，定冠词 + 形容词 = 名词。ὥστε 跟不定式（ὑπομεῖναι 和 καταστῆσαι），表结果。整理词序：... καταστῆσαι τὸ πλέον ... ἐς φυγὴν ...。τὸ κατ᾽ Εὐρύλοχον，定冠词 + 介词短语 = 名词。ὅ，关系代词，其先行词是 τὸ κατ᾽ Εὐρύλοχον。πολλῷ 跟比较级（μᾶλλον）（GG § 1514）。τὸ πολύ，定冠词 + 形容词 = 名词。οἱ κατὰ τὸ δεξιὸν κέρας，τὸ καθ᾽ ἑαυτοὺς 和 τῶν περὶ ἐκεῖνα τὰ χωρία，定冠词 + 介词短语 = 名词。τυγχάνουσιν 跟分词（ὄντες）。ὡς, when。τὸ πλέον，定冠词 + 形容词 = 名词。αὐτῶν 修饰 πολλοί。πλὴν 跟属格（Μαντινέων）。παντὸς τοῦ στρατοῦ 修饰 οὗτοι。

109.1–3［笺释］τῇ ὑστεραίᾳ (ἡμέρᾳ)。Εὐρυλόχου τεθνεῶτος καὶ Μακαρίου 和 ... ἥσσης γεγενημένης，独立属格结构。ὅτῳ τρόπῳ, at any way, how。ἢ ... ἢ ...，"或者……或者……"。οἱ δὲ, but they（见前文 1.24.5 笺释）。τοὺς ... ἀποθανόντας，定冠词 + 分词 = 名词。σπένδονται + 与格（Μαντινεῦσι καὶ Μενεδαΐῳ καὶ ...）+ 不定式（ἀποχωρεῖν）。ὅσοι，关系形容词（或关联代词），其先行词 τοσούτοις 被吸收，且被吸引到关系形容词（或关联代词）的格（主格）（GG §§ 2537, 2538）。βουλόμενος 跟不定式（ψιλῶσαι）。χρῄζων + 宾格（Λακεδαιμονίους καὶ Πελοποννησίους）+ 不定

式（διαβαλεῖν）。τὸν ξενικόν，定冠词 + 形容词 = 名词。ὡς，as。τὸ ἑαυτῶν，定冠词 + 属格 = 名词，作 ἐποιήσαντο 的宾语。οἱ μὲν ...，οἱ 是指示代词（GG § 1106）。ὥσπερ ὑπῆρχε，as well as circumstances allowed，as best they could。οἷς，自主关系代词。

110.1–2［笺释］ἀγγέλλεται + 宾格（τοὺς Ἀμπρακιώτας τοὺς ἐκ τῆς πόλεως）+ 不定式（ἐπιβοηθεῖν）。βουλομένους 跟不定式（ξυμμεῖξαι）。τοῖς ἐν Ὄλπαις，定冠词 + 介词短语 = 名词。τῶν γεγενημένων，定冠词 + 分词 = 名词。προλοχιοῦντας 和 προκαταληψομένους 与 μέρος τι 配合。τὰ καρτερά，定冠词 + 形容词 = 名词。παρεσκευάζετο 跟不定式（βοηθεῖν）。

111.1–4［笺释］οἷς，自主关系代词。πρόφασιν，名词、宾格，用作副词。ἃ，自主关系代词，whatever。δῆθεν，δή 的加强体，"就是"。ἄπωθεν，副词，跟属格（τῆς Ὄλπης）。θᾶσσον，用作副词。ἐτύγχανον 跟分词（ξυνεξελθόντες）。ὡς，when。ἔγνωσαν 跟分词（ἀπιόντας）。βουλόμενοι 跟不定式（ἐπικαταλαβεῖν）。ἐνόμισαν + 宾格（πάντας）+ 不定式（ἀπιέναι）。ἀσπόνδους 与 πάντας 配合。整理词序：... τις ἠκόντισέ τινας ...。κωλύοντας 和 φάσκοντας 与 τινας 配合。φάσκοντας 跟不定式（ἐσπεῖσθαι）。αὐτοῖς，with them。νομίσας 与 τις 配合。νομίσας + 宾格（σφᾶς）+ 不定式（καταπροδίδοσθαι）。αὐτοὺς 指 οἱ ... ἄλλοι。

112.1–4［笺释］ἐστὸν，λόφω，ὑψηλώ 和 τούτοιν 都是双数。τὸν ... μείζω，定冠词 + 形容词 = 名词。νυκτὸς ἐπιγενομένης，独立属格结构。οἱ προαποσταλέντες，定冠词 + 分词 = 名词。τὸν ... ἐλάσσω，定冠词 + 形容词 = 名词。ἔτυχον 跟分词（προαναβάντες）。ἐπὶ 跟属格（τῆς ἐσβολῆς），upon。τὸ ἥμισυ 和 τὸ ... ἄλλο，定冠词 + 形容词 = 名词。τὰ γεγενημένα，定冠词 + 分词 = 名词。πολὺ，用作副词。νομίσασι + 宾格（τοὺς ἑαυτῶν）+ 不定式（εἶναι）。ἐκέλευε 跟不定式（προσαγορεύειν）。分词 ἱέντας、παρεχομένους 和 καθορωμένους 与 τοὺς Μεσσηνίους 配合。νυκτὸς ... οὔσης，独立属格结构。

112.5–7［笺释］ὡς，when。τοὺς πολλοὺς 和 οἱ ... λοιποὶ，定冠词 + 形容词 = 名词。αὐτοῦ，there。προκατειλημμένων ... τῶν ὁδῶν，τῶν ... Ἀμφιλόχων ... ὄντων ... 和 τῶν ... ἀπείρων καὶ ἀνεπιστημόνων，独立属格结构。ἐμπείρων 跟属格（τῆς ... γῆς）。ὅπῃ，by which way。τῆς φυγῆς 修饰 ἰδέαν。ὡς，when。ἅμα 跟与格（τῇ ξυντυχίᾳ）。τοῦ ἔργου 修饰 τῇ ξυντυχίᾳ。ἡγησάμενοι 跟不定式（εἶναι）。κρεῖσσον ... ἤ ...，better than ...。εἶναι κρεῖσσον 跟不定式（διαφθαρῆναι）。τῶν ἐν ταῖς ναυσίν，定冠词 + 介词短语 = 名词。εἰ δεῖ (διαφθαρῆναι)，插入语。

113.1–6［笺释］τῇ ὑστεραίᾳ (ἡμέρᾳ)。τῶν ... καταφυγόντων，定冠词 + 分词 = 名词。οὓς，关系代词，其先行词是 τῶν νεκρῶν。ὕστερον，形容词比较级，跟属格（τῆς ...

μάχης），表比较。τῶν ὑποσπόνδων，定冠词+形容词=名词，修饰 τῶν Μαντινέων。ᾤετο 跟不定式（εἶναι）。τῶν μετὰ σφῶν，定冠词+介词短语=名词。ὅτι，that。αὖ，for his part。ὁ ἐρωτῶν，定冠词+分词=名词。οἰόμενος 跟不定式（εἶναι）。τῶν ἐν Ἰδομεναῖς，定冠词+介词短语=名词。ὁ δ᾽，but he（见前文 1.24.5 笺释）。μάλιστα，"大约"。ταυτὶ，阿提卡方言用词，是 τοῦτο 的加强体（主格、复数），these here。πλέον ἢ 跟属格（χιλίων），表比较。οὐκ ἄρα，表示期待肯定的答案（GG § 2651）。τῶν ... μαχομένων，定冠词+分词=名词。εἴπερ 跟前倾词（γε），故加了高调符号。γε，at any rate。πρώην，用作副词。βοηθήσασι 与 τούτοις 配合。τῆς πόλεως ... τῆς Ἀμπρακιωτῶν，重复定冠词结构。ὡς，when。ὅτι，that。τῶν ἀποθανόντων，定冠词+分词=名词。λέγεται 跟不定式（ἀπολέσθαι）。ὡς，when。ἐβουλήθησαν，异态动词（形式上是被动的，意思是主动的），跟不定式（ἐξελεῖν）。ἔδεισαν 跟虚拟语气（ὦσιν），μὴ 为赘词。

114.1–4［笺释］τὰ ἄλλα，定冠词+形容词=名词。τὰ ... τῶν Ἀθηναίων，定冠词+属格=名词。τὰ ... ἀνακείμενα，定冠词+分词=名词。整理词序：... ἡ κάθοδος ἐγένετο ἀδεεστέρα αὐτῷ ...。ἀπελθόντων Ἀθηναίων καὶ Δημοσθένους，独立属格结构。οἵπερ，关系副词，"去那里"。ὥστε 跟不定式（στρατεύειν, βοηθεῖν, ἀποδοῦναι 和 βοηθεῖν），表预期的或者可能的结果（GG § 2260）。Ἀμπρακιώτας 作不定式 στρατεύειν 的主语。Ἀκαρνάνας 作不定式 στρατεύειν（省略）的主语。Ἀμπρακιώτας 作不定式 ἀποδοῦναι 的主语。τῇ ἀλλήλων（γῇ）。ἢ ... ἢ ...，"或者……或者……"。οἵ，关系代词，其先行词是ὁπλίτας καὶ Ξενοκλείδαν。τὰ ... κατ᾽ Ἀμπρακίαν，定冠词+介词短语=名词。

115.1–6［笺释］τοῦ ... χειμῶνος，表时间的属格，表示在该时间段内。τῶν Σικελῶν τῶν ... ἐσβεβληκότων，重复定冠词结构。τὰ ἔσχατα，定冠词+形容词=名词。ὧν，关系代词，其先行词是 τὰς ναῦς。ἦρχεν 跟属格（ὧν）。ἔπεισαν+宾格（τοὺς Ἀθηναίους）+不定式（βοηθεῖν）。ἐκράτουν 跟属格（τῆς ... γῆς）。εἰργόμενοι 跟属格（τῆς ... θαλάσσης）。ὡς 跟将来时分词（περιοψόμενοι），in order to。ἅμα μὲν ... ἅμα δὲ ...，"一方面……另一方面……"。ἡγούμενοι+宾格（τὸν ... πόλεμον）+不定式（καταλυθήσεσθαι）。θᾶσσον，用作副词。βουλόμενοι 跟不定式（ποιεῖσθαι）。τὸν ... Πυθόδωρον 作 ἀπέστειλαν 的宾语。ἔμελλον 跟不定式（ἀποπέμψειν）。τοῦ Λάχητος 修饰 τῶν νεῶν。τελευτῶντος τοῦ χειμῶνος，独立属格结构。ὅ，关系代词，其先行词是 τὸ ... φρούριον。

116.1–3［笺释］οἵ，关系代词，其先行词是 τῶν Καταναίων。整理词序：...

οἰκοῦσιν τῷ ὄρει ὑπὸ τῇ Αἴτνῃ ...。ὅπερ，关系代词，其先行词是 τῷ ὄρει。λέγεται + 宾格（τοῦτο 和 τὸ ῥεῦμα）+ 不定式（ῥυῆναι 和 γεγενῆσθαι）。τὸ ... ξύμπαν，"一共"。τὸ ῥεῦμα 作不定式 γεγενῆσθαι 的主语。ἀφ' οὗ，from which, since。τῷδε 指 τὸν χειμῶνα。ὅν，关系代词，其先行词是 τῷ πολέμῳ。

卷　四

1.1-4［笺释］τοῦ ... θέρους，表时间的属格，表示在该时间段内。τὴν ἐν Σικελίᾳ Μεσσήνην。αὐτῶν ἐπαγαγομένων，独立属格结构。ἀπέστη 跟属格（Ἀθηναίων）。整理词序：... ὁρῶντες τὸ χωρίον ἔχον προσβολὴν τῆς Σικελίας ...。φοβούμενοι 跟虚拟语气（ἐπέλθωσιν），μὴ 为赘词。βουλόμενοι 跟不定式（καταπολεμεῖν）。ἅμα，"与此同时"。ἵνα 跟虚拟语气（ἐπιβοηθῶσι），表目的。ἅμα δὲ καί，"而且"。ξυνεπαγόντων ... φυγάδων，独立属格结构。οἵ，关系代词，其先行词是 φυγάδων。ἦν ἀδύνατα 跟不定式（ἀμύνεσθαι）。τῷ παρόντι，定冠词+分词=名词。ᾗ καί，后跟比较级（μᾶλλον），表示强调由某个前提引出的后果。αἱ πληρούμεναι，定冠词+分词=名词。ἔμελλον 跟不定式（ποιήσεσθαι）。

2.1-4［笺释］πρίν 跟不定式（εἶναι）。τὸν σῖτον 作不定式 εἶναι 的主语。τοὺς ὑπολοίπους στρατηγούς。ὁ τρίτος，定冠词+形容词=名词。εἶπον+与格（τούτοις）+不定式（ἐπιμεληθῆναι）。τούτοις 指上文所说的两位雅典将军。παραπλέοντας 却没有与 τούτοις 配合，而是与 τούτους 配合（即 εἶπον+宾格+不定式），这里作者没有严格遵守语法规则，是为了避免表达上的呆板。ἐπιμεληθῆναι 跟属格（τῶν ἐν τῇ πόλει）。οἵ，关系代词，其先行词是 τῶν ἐν τῇ πόλει。(οὖσαι) τιμωροί 与 νῆες 配合。τοῖς ἐν τῷ ὄρει，定冠词+介词短语=名词。λιμοῦ ὄντος ...，独立属格结构。νομίζοντες 跟不定式（κατασχήσειν）。εἶπον+与格（Δημοσθένει）+不定式（χρῆσθαι）。χρῆσθαι 跟与格（ταῖς ναυσί）。τὴν ἀναχώρησιν τὴν ἐξ Ἀκαρνανίας，重复定冠词结构。αὐτῷ δεηθέντι，at his own request，与 Δημοσθένει 配合。ἦν = ἐάν。

3.1-2［笺释］ὡς, when。ὅτι, that。τῶν Πελοποννησίων 修饰 αἱ νῆες。ἐκέλευε+宾格（αὐτούς）+不定式（ποιεῖσθαι）。ἅ，自主关系代词，whatever。(τῶν στρατηγῶν) ἀντιλεγόντων，独立属格结构。ἐπιγενόμενος 修饰 χειμών。χειμών 作 κατήνεγκε 的主语。ἠξίου+宾格（τὸ χωρίον）+不定式（τειχίζεσθαι）。ἔφη（省略）跟不定式

（ξυνεκπλεῦσαι）。ἀπέφανε 跟宾语（εὐπορίαν 和 αὐτό τε καὶ πολὺ ...），ὃν 与 αὐτό τε καὶ πολὺ ... 配合。ἀπέχει + 属格（τῆς Σπάρτης）+ 宾格（σταδίους），"距离某地多少里程"。

3.3 [笺释] οἱ δὲ, but they（见前文 1.24.5 笺释）。ἔφασαν 跟不定式（εἶναι）。ἄκρας 作不定式 εἶναι 的主语。ἢν = ἐάν。βούληται 跟不定式（δαπανᾶν）。καταλαμβάνων 的宾语是 ἄκρας。ἐδόκει + 与格（τῷ (Δημοσθένει)）+ 不定式（εἶναι, βλάπτειν 和 ἔσεσθαι）。τῷ δὲ, but to him（见前文 1.24.5 笺释）。τὸ χωρίον 作不定式 εἶναι 的主语。... διάφορόν τι ... ἑτέρου μᾶλλον ...,"与别的地方相比更有优势"。λιμένος ... προσόντος, 独立属格结构。τοὺς Μεσσηνίους 作不定式 βλάπτειν 和 ἔσεσθαι 的主语。αὐτῷ 和 αὐτοῦ 均指 τὸ χωρίον。τὸ ἀρχαῖον, 定冠词 + 形容词 = 名词, 用作副词。ὁμοφώνους, ὁρμωμένους 和 βεβαίους φύλακας 都与 τοὺς Μεσσηνίους 配合。πλεῖστ', 用作副词。

4.1–3 [笺释] ὡς, when。οὐκ ... οὔτε ... οὔτε, 简单否定词 + 复合否定词, 后者强调前者, 仍表否定（CGCG § 56.4）。ἡσύχαζεν 应为 ἡσύχαζον, 其主语是"将军和士兵"。整理词序：... μέχρι ὁρμὴ ἐνέπεσε ... τοῖς στρατιώταις ... ἐκτειχίσαι τὸ χωρίον。ἐνέπεσε + 与格（τοῖς στρατιώταις）+ 不定式（ἐκτειχίσαι）。αὐτοῖς, to themselves。σχολάζουσιν 和 περιστᾶσιν 与 τοῖς στρατιώταις 配合。ὡς ἕκαστόν τι ξυμβαίνοι, just as something happened (to fit)。εἴ 跟前倾词（που），故加了高调符号。δέοι 跟不定式（χρῆσθαι）。ἀπορίᾳ 跟属格（ἀγγείων）。ὡς μάλιστα, as best。μέλλοι 跟不定式（ἐπιμένειν）。ἠπείγοντο 跟不定式（φθῆναι）。τὰ ἐπιμαχώτατα, 定冠词 + 形容词 = 名词。πρὶν 跟不定式（ἐπιβοηθῆσαι）。ὑπῆρχε, was。τὸ ... πλέον οὐδὲν ἔδει τείχους。ἔδει 跟属格（τείχους）。

5.1–2 [笺释] οἱ δὲ, but they（见前文 1.24.5 笺释）。ἔτυχον 跟分词（ἄγοντες）。ἐν ὀλιγωρίᾳ ἐποιοῦντο = ὠλιγώρει。ὡς, that, 其引导的从句作 πυνθανόμενοι 的宾语。ἢ ... ἢ ..., "或者……或者……"。καί τι καί, "而且甚至有点", 前一个 καί 是连系词, 表示对前文加以补充；后一个 καί 用作副词, 表示此补充出乎意料。αὐτοὺς 作 ἐπέσχεν 的宾语。τὰ πρὸς ἤπειρον, 定冠词 + 介词短语 = 名词。ἃ, 自主关系代词, whatever, 作 ἔδει 的主语。καταλείπουσι 跟双宾格（τὸν ... Δημοσθένη 和 φύλακα）（CGCG § 30.10）。

6.1–2 [笺释] ὡς, when。τῆς Πύλου κατειλημμένης, 独立属格结构。τὸ περὶ τὴν Πύλον, 定冠词 + 介词短语 = 名词。τοῦ σίτου ... ὄντος χλωροῦ ..., 独立属格结构。ἐσπάνιζον 跟属格（τροφῆς）。τοῖς πολλοῖς, 定冠词 + 形容词 = 名词。ὥστε, 用在句首, 表示总结, "于是"。ξυνέβη + 宾格（αὐτοὺς 和 τὴν ἐσβολὴν）+ 不定式（ἀναχωρῆσαί 和 γενέσθαι）。θᾶσσον 用作副词。ἡμέρας, 表时间的宾格, 表示贯穿该时间段。

7. [笺释] ἐπιβοηθησάντων Χαλκιδέων καὶ Βοττιαίων, 独立属格结构。

8.1—4［笺释］Ἀναχωρησάντων ... τῶν ... Πελοποννησίων，独立属格结构。οἱ ἐγγύτατα 和 τῶν περιοίκων，定冠词 + 形容词 = 名词。ἀφιγμένων 与 τῶν ... Λακεδαιμονίων 配合。περιήγγελλον 跟不定式（βοηθεῖν）。ὅτι τάχιστα，"尽快"。τὰς ... ναῦς ... τὰς ἑξήκοντα，重复定冠词结构。ἔπεμψαν ἐπὶ ...，"为了……派人去""召回……"。αἵ，关系代词，其先行词是 τὰς ... ναῦς。προσπλεόντων ... τῶν Πελοποννησίων，独立属格结构。ὑπεκπέμπει 跟不定式（ἀγγεῖλαι）。ἀγγεῖλαι 跟不定式（παρεῖναι）。ὡς 跟独立属格结构（τοῦ χωρίου κινδυνεύοντος），表原因（GG § 2086）。τὰ ἐπεσταλμένα，定冠词 + 分词 = 名词。ὡς 跟将来时分词（προσβαλοῦντες），in order to。ἐλπίζοντες 跟不定式（αἱρήσειν）。ἀνθρώπων ... ἐνόντων，独立属格结构。

8.5—9［笺释］εἶχον ἐν νῷ 跟不定式（ἐμφάρξαι）。ἦν ἄρα，"万一"。ὅπως 后面句子的谓语动词用虚拟语气（ᾖ），表目的。ᾖ + 与格（τοῖς Ἀθηναίοις）+ 不定式（ἐφορμίσασθαι），it is possible for sb. to ...。ἡ ... νῆσος ἡ ... καλουμένη，重复定冠词结构。τῇ μὲν ... τῇ δὲ ...，at one point ... at the other ...。ἔμελλον 跟不定式（κλῄσειν）。τὴν νῆσον ταύτην，名词，宾格，用作副词，"至于这座岛屿"。φοβούμενοι 跟虚拟语气（ποιῶνται），μὴ 为赘词。(εἶχον ἐν νῷ) 跟不定式（ἔσεσθαι、ἕξειν 和 ἐκπολιορκήσειν）。τὴν ... νῆσον 和 τὴν ... ἤπειρον 作不定式 ἔσεσθαι 的主语。τὰ ... πρὸς τὸ πέλαγος，定冠词 + 介词短语 = 名词。τοὺς αὑτῶν，定冠词 + 属格 = 名词。ἄνευ 跟属格（κινδύνου）。σφεῖς 作不定式的主语。κατὰ τὸ εἰκός，"很可能"。σίτου ... ἐνόντος，独立属格结构。ὡς，when。ταῦτα ἐδόκει αὐτοῖς，that seems to them，they think that。ταῦτα，被看作集合名词，用作单数（GG § 960）。οἱ ... τελευταῖοι，定冠词 + 形容词 = 名词。οἱ περὶ αὐτούς，定冠词 + 介词短语 = 名词，修饰 Εἵλωτες。ἦρχε 跟属格（αὐτῶν）。ὁ Μολόβρου，定冠词 + 属格 = 名词，修饰 Ἐπιτάδας。

9.1［笺释］μέλλοντας 跟不定式（προσβάλλειν）。αἵ，关系代词，其先行词是 τὰς τριήρεις。τῶν καταλειφθεισῶν，定冠词 + 分词 = 名词。ταῖς πολλαῖς，定冠词 + 形容词 = 名词。ἦν 跟不定式（πορίσασθαι），it was possible to ...。ὅπλα 作不定式 πορίσασθαι 的宾语。οἵ，关系代词，其先行词是 λῃστρικῆς 和 κέλητος。ἔτυχον 跟分词（παραγενόμενοι）。ὡς，about。ἐχρῆτο 跟与格（οἷς）。οἷς，关系代词，其先行词是 ὁπλῖται。τῶν ἄλλων，定冠词 + 形容词 = 名词。

9.2—4［笺释］τοὺς πολλοὺς、τῶν ... ἀόπλων καὶ ὡπλισμένων 和 τὰ τετειχισμένα ... καὶ ἐχυρά，定冠词 + 分词（形容词）= 名词。προειπὼν 跟不定式（ἀμύνασθαι）。τὸν πεζόν 作不定式 ἀμύνασθαι 的宾语。ᾗ，关系副词，where。προσεδέχετο + 宾格（ἐκείνους）+ 不定式（πειράσειν）。πειράσειν 跟不定式（ἀποβαίνειν）。τοῦ τείχους ... ὄντος，独立属

格结构。ἡγεῖτο + 宾格（αὐτοὺς）+ 不定式（προθυμήσεσθαι）。προθυμήσεσθαι 跟不定式（ἐσβιάσασθαι）。ἐλπίζοντές 跟不定式（κρατήσεσθαι 和 γίγνεσθαι）。ἐτείχιζον (τὸ τεῖχος) ἰσχυρὸν, ἰσχυρὸν 是表语形容词，修饰 τὸ τεῖχος。(ἐλπίζοντες) + 宾格（τὸ χωρίον）+ 不定式（γίγνεσθαι）。ὡς 跟将来时分词（εἴρξων），in order to。

10.1［笺释］οἱ ξυναράμενοι，定冠词 + 分词 = 名词。ξυναράμενοι 跟属格（τοῦ κινδύνου）。βουλέσθω，第三人称命令语气，跟主格（μηδεὶς），let nobody desire to。βουλέσθω 又跟不定式（δοκεῖν）。δοκεῖν 跟不定式（εἶναι）。τὸ ... δεινόν，定冠词 + 形容词 = 名词。μᾶλλον ἢ ...，"而要……"（有学者认为 ἢ 应作 δέ）。① (ὢν) εὔελπις 跟不定式（χωρῆσαι）。τοῖς ἐναντίοις，定冠词 + 形容词 = 名词。ὅσα（as many as）指 τάδε（"目前的情况"）。ἥκιστα，用作副词。προσδεῖται 跟属格（τοῦ ταχίστου κινδύνου）。

10.2–3［笺释］τὰ πλείω，定冠词 + 形容词 = 名词。ἢν = ἐάν。ἐθέλωμέν 跟不定式（μεῖναι 和 καταπροδοῦναι）。τὰ ὑπάρχοντα，定冠词 + 分词 = 名词，作不定式 καταπροδοῦναι 的宾语。κρείσσω 与 τὰ ὑπάρχοντα 配合。τὸ δυσέμβατον，定冠词 + 形容词 = 名词。ὃ，关系代词，其先行词是 τὸ δυσέμβατον。μενόντων ... ἡμῶν，独立属格结构。καίπερ 跟分词（ὂν）。ὑποχωρήσασι 与前句的 ἡμῖν 配合。μηδενὸς κωλύοντος 和 τῆς ἀναχωρήσεως οὔσης ... ῥᾳδίας αὐτῷ ...，独立属格结构。αὐτῷ 指 τὸν πολέμιον。ἢν = ἐάν。εἰσὶν ῥᾷστοί 跟不定式（ἀμύνεσθαι）。τῷ ἴσῳ，定冠词 + 形容词 = 名词。

10.4–5［笺释］δεῖ 跟不定式（φοβεῖσθαι）。μαχεῖται 的主语是 τὸ ... πλῆθος。καίπερ 跟分词（ὂν）ἀπορίᾳ 跟属格（τῆς προσορμίσεως）。整理词序：...（τὸ ... πλῆθος）ἐστιν μείζων στρατός ...。τοῦ ὁμοίου，定冠词 + 形容词 = 名词。句子主干：πολλὰ δεῖ ξυμβῆναι。δεῖ 跟不定式（ξυμβῆναι）。τὰ καίρια 修饰 πολλὰ。αἷς，关系代词，其先行词是 νεῶν。ὥστε，用在句首，表示总结。ἀξιῶ + 宾格（ὑμᾶς）+ 不定式（μεῖναι 和 σῴζειν）。ὅτι，"因为"，后面是一个解释性的插入句（GG § 2577）。εἴ 跟前倾词（τις），故加了高调符号。ῥοθίου 和 δεινότητος 修饰 φόβῳ。αὐτοὺς 作 ἀμυνομένους 的宾语。τὴν ῥαχίαν 修饰 αὐτὴν。ἡμᾶς ... αὐτοὺς，"我们自己"。

11.1–4［笺释］παρακελευσαμένου 与 τοῦ Δημοσθένου 配合。τοῦ Δημοσθένου 修饰 τοσαῦτα。τοσαῦτα，用作副词，so much。παρ' αὐτὴν τὴν θάλασσαν，"就在海边"。... (ὢν) ναύαρχος ...。ᾗπερ，just where。οἱ δὲ，but they（见前文 1.24.5 笺释）。ἢν 跟不定式（προσσχεῖν），was possible to ...。χρώμενοι 跟与格（προθυμίᾳ 和 παρασκευασμῷ）。εἴ πως，if by any means。εἴ 跟前倾词（πως），故加了高调符号。τριηραρχῶν，分词。τοῦ

---

① 参见戈姆《评注》，第 3 卷，页 446。

χωρίου ... ὄντος ...，独立属格结构。εἴ 跟前倾词（που），故加了高调符号。δοκοίη 跟不定式（εἶναι）。εἶναι δυνατὸν 跟不定式（σχεῖν）。φυλασσομένους 跟属格（τῶν νεῶν），与省略了的 αὐτοὺς（作不定式 εἶναι 的主语）配合。μὴ 跟不定过去时虚拟语气（ξυντρίψωσιν），叫作"禁止性虚拟语气"（Prohibitive subjunctive）（GG § 1800）。ὡς，that。εἴη εἰκὸς 跟不定式（περιιδεῖν）。φειδομένους 跟属格（ξύλων），与省略了的 αὐτοὺς 配合。τοὺς πολεμίους 作不定式 περιιδεῖν 的宾语。πεποιημένους 与 τοὺς πολεμίους 配合。ἐκέλευε + 宾格［αὐτοὺς（省略）和 τοὺς ξυμμάχους］+ 不定式（καταγνύναι 和 ἀποκνῆσαι，ἐπιδοῦναι 和 κρατῆσαι）。τάς ... ναῦς 作 καταγνύναι 的宾语。βιαζομένους 与省略了的 αὐτοὺς 配合。ὀκείλαντας 和 ἀποβάντας 与 τοὺς ξυμμάχους 配合。κρατῆσαι 跟属格（τῶν ... ἀνδρῶν καὶ τοῦ χωρίου）。ἀντὶ 跟属格（μεγάλων εὐεργεσιῶν）。

12.1-2［笺释］ὁ μέν，ὁ 作指示代词（GG § 1106）。τοιαῦτα，用作副词，thus。ἀναγκάσας + 宾格（τὸν ... κυβερνήτην）+ 不定式（ὀκεῖλαι）。πειρώμενος 跟不定式（ἀποβαίνειν）。πολλά，用作副词。αὐτοῦ πεσόντος 和 ἐξενεχθείσης αὐτῆς，独立属格结构。ὅ，关系代词，其先行词是 τὸ προπαῖον。τῆς προσβολῆς 修饰 τὸ προπαῖον。οἱ ... ἄλλοι，定冠词 + 形容词 = 名词。ἦσαν ἀδύνατοι 跟不定式（ἀποβῆναι）。τῶν ... χωρίων 修饰 χαλεπότητι。τῶν Ἀθηναίων μενόντων ... ὑποχωρούντων，独立属格结构。οὐδέν，用作副词，not at all。

12.3［笺释］ὥστε 跟不定式（ἀμύνεσθαι 和 ἀποβαίνειν），表结果。Ἀθηναίους 作不定式 ἀμύνεσθαι 的主语。ἐκείνους 作不定式 ἀμύνεσθαι 的宾语。Λακεδαιμονίους 作不定式 ἀποβαίνειν 的主语。τὴν ἑαυτῶν (γῆν)。ἐποίει ἐπὶ πολύ，特殊用法，it was the general character of ...，跟与格（τοῖς ... εἶναι ... 和 τοῖς ... προύχειν ...，定冠词 + 不定式 = 名词）。τῆς δόξης 修饰 πολύ。τῷ τότε，定冠词 + 副词 = 名词，"当时"。整理词序：τοῖς ... εἶναι ἠπειρώταις μάλιστα καὶ κρατίοις τὰ πεζά，τοῖς ... προύχειν θαλασσίοις τε καὶ ταῖς ναυσί ...。μέν ... δέ ...，表对照。ἠπειρώταις，阳性。τὰ πεζά，定冠词 + 形容词 = 名词，用作副词，"在步兵方面"。πλεῖστον，用作副词。προύχειν 跟与格（ταῖς ναυσί），"在……方面超出"。θαλασσίοις 与 τοῖς ... προύχειν ... 配合。

13.1-4［笺释］τὴν ἡμέραν 和 μέρος τι，表时间的宾格，表示贯穿该时间段。τῆς ὑστεραίας (ἡμέρας)。τῇ τρίτῃ (ἡμέρᾳ)。ἐλπίζοντες 跟不定式（ἕξειν 和 ἑλεῖν）。ἕξειν，"洛布本"和阿尔伯蒂的校勘本均改为 ἕξον（分词），戈姆认为没有必要。[①] ἀποβάσεως ... οὔσης，独立属格结构。ὡς，when。περίπλεων，宾格，跟属格（ὁπλιτῶν）。ὅπῃ，副

[①] 参见戈姆《评注》，第 3 卷，页 450。

词。ἥ，关系代词，其先行词是 τὴν νῆσον。πολύ，用作副词。τῇ ... ὑστεραίᾳ (ἡμέρᾳ)。ὡς ἐπί ...，表达句子主语的想法或者断言（GG § 2996）。ἤν = ἐάν。ἐθέλωσι 跟不定式（ἀντεκπλεῖν）。ὡς 跟将来时分词（ἐπεσπλευσούμενοι），"为了……"。οἱ μέν, οἱ 作指示代词（GG § 1106）。ἔτυχον 跟分词（ποιήσαντες）。ἅ，自主关系代词，whatever。διενοήθησαν，异态动词（形式是被动的，意思是主动的），跟不定式（φάρξαι）。ὡς 跟将来时分词（ναυμαχήσοντες），"为了……"。

14.1–5［笺释］τὰς ... πλείους，定冠词 + 形容词 = 名词，作分词 προσπεσόντες 和动词 κατέστησαν 的宾语。ὡς, as (they could)。διὰ βραχέος，"相隔一小段（距离）"。ταῖς ... λοιπαῖς，定冠词 + 形容词 = 名词。αἱ δέ, but they（见前文 1.24.5 笺释）。πρίν 跟不定式（ἀνάγεσθαι）。τῶν ἀνδρῶν ... ὡρμημένων，独立属格结构。ἅ，自主关系代词，whatever。ὅτιπερ，"因为"。αὐτῶν 修饰 οἱ ἄνδρες。ἐπιλαμβανόμενοι 跟属格（τῶν νεῶν）。ἐν τούτῳ，"此时"。ἕκαστος ἐδόκει κεκωλῦσθαι，"每个人都认为（事情）已被阻止"。ᾧ，自主关系代词，in that, wherever。ᾧ 引导的是条件句，故用 μή 否定。τινι 与 ἔργῳ 配合。ἀντηλλαγμένου τοῦ ... τρόπου，独立属格结构。οἵ，定冠词，跟前倾词（τε），故加了高调符号。ὡς εἰπεῖν，"可以说"。ἄλλο οὐδέν ἤ ...，"正是……"。βουλόμενοι 跟不定式（ἐπεξελθεῖν）。ὡς ἐπὶ πλεῖστον，"尽最大可能地"。τῶν ... ληφθεισῶν，定冠词 + 分词 = 名词。ὡς 跟独立属格结构（τῶν ἀνδρῶν ἀπειλημμένων），表达相信的理由（GG § 2086d）。οἱ μέν ..., οἱ 为指示代词（GG § 1106）。

15.1–2［笺释］ὡς, when。τὰ γεγενημένα，定冠词 + 分词 = 名词。ἔδοξεν + 与格（αὐτοῖς）+ 不定式（βουλεύειν）。ὡς, as。τὰ τέλη 作不定式 βουλεύειν 的主语。καταβάντας 和 ὁρῶντας 与 τὰ τέλη 配合。ὅτι, that。ὡς, when。ἀδύνατον ὄν，独立宾格结构，it being impossible，跟不定式（τιμωρεῖν）。ἐβούλοντο 跟不定式（κινδυνεύειν）。κινδυνεύειν 跟不定式（παθεῖν 和 κρατηθῆναι）。ἤ ... ἤ ..., "或者……或者……"。αὐτούς 作不定式 παθεῖν 的主语，τι 作其宾语，anything。ἔδοξεν + 与格（αὐτοῖς）+ 不定式（ἀποστεῖλαι 和 πειρᾶσθαι）。πρέσβεις 作 ἀποστεῖλαι 的宾语。τὰ περὶ Πύλον，定冠词 + 介词短语 = 名词，用作副词，"就有关皮罗斯事件"。πειρᾶσθαι 跟不定式（κομίσασθαι）。τοὺς ἄνδρας 作不定式 κομίσασθαι 的宾语。ὡς τάχιστα，"尽快"。

16.1［笺释］δεξαμένων ... τῶν στρατηγῶν ...，独立属格结构。第二短句以下是 σπονδαί 的内容，采取"宾格 + 不定式"的形式，即宾格 Λακεδαιμονίους 作不定式 παραδοῦναι 和 ἐπιφέρειν 的主语；Ἀθηναίους 作不定式 ἐᾶν 的主语；Λακεδαιμονίους 作不定式 ἐσπέμπειν 和 ἐσπλεῖν 的主语；Ἀθηναίους 作不定式 φυλάσσειν 和 ἐπιφέρειν 的主语。αἷς，关系代词，其先行词是 τὰς ναῦς。τὰς ... πάσας，定冠词 + 形容词 = 名词。ὅσαι，

关系形容词（或关联代词），其先行词 τοσαύτας 被吸收，且被吸引到关系形容词（或关联代词）的格（主格）（GG §§ 2537, 2538）。μακραί，"长的"，指战舰（当时的战舰是长条形的，货船是圆形的）。ἐπιφέρειν ὅπλα。ἐᾶν + 宾格（τοὺς ... Λακεδαιμονίους）+ 不定式（ἐκπέμπειν）。τῶν Ἀθηναίων ὁρώντων ... ταῦτα，独立属格结构。μηδὲν 和 ἧσσον，用作副词。ὅσα μὴ ...，"除了……"（GG § 2765）。μὴ ... μήτε ... μήτε，简单否定词 + 复合否定词 + 复合否定词，后两者强调前者，仍表否定（CGCG § 56.4）。

16.2［笺释］ὅτι，"洛布本"和阿尔伯蒂的校勘本作 ὅ τι，anything which，作 παραβαίνωσιν 的宾语。ὅ τι ... καὶ ὁτιοῦν，"哪怕是一点点"。τούτων 修饰 ὅ τι。καὶ，这里的意思不是 and，而是强调 ὁτιοῦν。这段话继续讲协议的内容，还是"宾格 + 不定式"的形式，即 τὰς σπονδάς 作不定式 λελύσθαι 的主语；αὐτὰς 作不定式 ἐσπεῖσθαι 的主语；Ἀθηναίους 作不定式 ἀποστεῖλαι 和 κομίσαι 的主语。τὰς σπονδάς 作不定式 λελύσθαι 的主语；Ἀθηναίους 作不定式 ἀποδοῦναι 的主语。μέχρι οὗ，"直到……"。(τῶν πρέσβων) ἐλθόντων，独立属格结构。

17.1–2［笺释］πράξοντας 与 ἡμᾶς 配合，其宾语是 ὅτι。ὅτι，"洛布本"和阿尔伯蒂的校勘本作 ὅ τι，关系代词，anything which。τὸ αὐτό，(at) the same (time)。μέλη 跟不定式（οἴσειν）。ὡς ἐκ τῶν παρόντων，as far as the present circumstances will admit。τῶν παρόντων，定冠词 + 分词 = 名词。τὸ εἰωθὸς，定冠词 + 分词 = 名词。ἐπιχώριον ὄν，独立宾格结构，it being our country's custom，跟不定式（χρῆσθαι）。οὗ，where。βραχεῖς 修饰动词 (ἂν) ἀρκῶσι 的主语。χρῆσθαι 跟与格（πολλοῖς）。整理词序：...（χρῆσθαι）πλέοσι λόγοις ἐν ᾧ ἂν ᾖ καιρὸς πράσσειν τὸ δέον ...。ᾧ，自主关系代词，which。ᾖ，虚拟语气。ᾖ καιρὸς 跟不定式（πράσσειν）。διδάσκοντάς 与省略了的 ἡμᾶς（作 χρῆσθαι 的主语）配合。τῶν προὔργου，定冠词 + 副词 = 名词。

17.3–5［笺释］αὐτοὺς 指上句的 τοὺς λόγους。ὡς，as if。διδασκόμενοι，被动态分词。ἀξύνετοι 与句子主语配合。ἡγησάμενοι 的宾语是 ὑπόμνησιν。τοῦ ... βουλεύσασθαι，定冠词 + 不定式 = 名词。πρὸς (τὰς) εἰδότας。ἔξεστι + 与格（ὑμῖν）+ 不定式（θέσθαι 和 παθεῖν），it is possible for somebody to do something。τὴν παροῦσαν，定冠词 + 分词 = 名词，修饰 εὐτυχίαν。κρατεῖτε 跟属格（ὧν）。ὧν，自主关系代词，其引导的从句作 ἔχουσι 的宾语。ἔχουσι 和 προσλαβοῦσι 与 ὑμῖν 配合。παθεῖν 的宾语是 ὅπερ。ὅπερ，自主关系代词，that。οἱ ... λαμβάνοντες，定冠词 + 分词 = 名词。ὀρέγονται 跟属格（τοῦ πλέονος）。τοῦ πλέονος，定冠词 + 形容词 = 名词。τὸ ... εὐτυχῆσαι，定冠词 + 不定式 = 名词。τὰ παρόντα，定冠词 + 分词 = 名词，作 εὐτυχῆσαι 的宾语。οἷς δὲ，but to them（见前文 1.24.5 笺释）。οἷς，自主关系代词。ἐπ' ἀμφότερα，"在两方面（好的和坏的）"。

εἰσι δίκαιοί 跟不定式（εἶναι）。ὅ，自主关系代词，which。ἐκ τοῦ εἰκότος，surely。

18.1［笺释］整理词序：γνῶτε δὲ καὶ ἀπιδόντες ἐς τὰς ... ξυμφοράς, οἵτινες ἔχοντες ἀξίωμα ... ἥκομεν παρ' ὑμᾶς, <u>νῦν ἀφιγμένοι αἰτούμεθα ὑμᾶς ἐφ' ἃ πρότερον αὐτοὶ νομίζοντες εἶναι κυριώτεροι δοῦναι</u>（下画线部分为句子主干）。οἵτινες，关系代词，其先行词省略，本该用οἵ，用οἵτινες表达先行词（人）的等级（class），"鉴于我们……"（GG § 2496）。νομίζοντες 跟不定式（εἶναι）。εἶναι κυριώτεροι 跟不定式（δοῦναι）。ἐφ' ἃ，for whatever。ἃ，自主关系代词。

18.2–3［笺释］ἐνδείᾳ 跟属格（δυνάμεως）。(δυνάμεως) προσγενομένης μείζονος，独立属格结构。τῶν ... ὑπαρχόντων，定冠词+分词=名词。ἐν ᾧ，in which。τὸ αὐτό，the same。ὥστε，用在句首，表总结。εἰκός+宾格（ὑμᾶς）+不定式（οἴεσθαι）。οἴεσθαι+宾格（τὸ τῆς τύχης）+不定式（ἔσεσθαι）。

18.4［笺释］οἵτινες，不定关系代词，those who。σωφρόνων ... ἀνδρῶν 修饰 οἵτινες。οἵτινες 的谓语是陈述语气（ἔθεντο），这句话前半段表达一般情况，即"明智的人会……"；后半段表达预期的结果，故用虚拟语气（νομίσωσι）（GG § 2569）。τἀγαθὰ = τὰ ἀγαθά，作 ἔθεντο 的宾语，"好运"。ἐς，"关于"。οἱ αὐτοί，定冠词+形容词=名词，the same (men)。εὐξυνετώτερον，用作副词。νομίσωσι+宾格（τόν ... πόλεμον）+不定式（ξυνεῖναι）。καθ' ὅσον，in so far as。τις，any one。αὐτοῦ 指 τόν ... πόλεμον，修饰 μέρος。μέρος 作不定式 μεταχειρίζειν 的宾语。βούληται 跟不定式（μεταχειρίζειν）。τούτῳ 指 τις。ὡς，as。ἡγήσωνται 跟属格（αὐτῶν）。αὐτῶν 指 μέρος αὐτοῦ，即 μέρη 或者 τὰ τοῦ πολέμου。ἐλάχιστ'，用作副词。οἱ τοιοῦτοι，定冠词+形容词=名词。τὸ ... ἐπαίρεσθαι，定冠词+不定式=名词。πιστεύοντες 跟与格（τῷ ὀρθουμένῳ，定冠词+分词=名词）。αὐτοῦ，指 τόν ... πόλεμον。τῷ εὐτυχεῖν，定冠词+不定式=名词。

18.5［笺释］ἔχει καλῶς 跟不定式（πρᾶξαι 和 νομισθῆναι），it is well to ...。ὅ，自主关系代词，which，作不定式 πρᾶξαι 的宾语。ἢν ἄρα，"万一"。ἐνδέχεται，is possible。ἅ，自主关系代词，whatever，指"栽跟头"（σφαλῆτε）。πολλὰ 修饰 ἅ。νομισθῆναι 跟不定式（κρατῆσαι）。τὰ ... προχωρήσαντα，定冠词+分词=名词，作不定式 κρατῆσαι 的宾语。ἐξὸν 跟不定式（καταλιπεῖν），it is possible to ...。ἀκίνδυνον，二尾型形容词，修饰 δόκησιν。τὸ ἔπειτα，定冠词+副词=名词。

19.1–2［笺释］προκαλοῦνται+宾格（ὑμᾶς）+不定式（ὑπάρχειν）。φιλίαν 和 οἰκειότητα 作不定式 ὑπάρχειν 的宾语。ἄμεινον 跟不定式（διακινδυνεύεσθαι）。παρατυχούσης τινὸς σωτηρίας，独立属格结构。νομίζομέν+宾格（τὰς ... ἔχθρας）+不定式（διαλύεσθαι）。

ἤν = ἐάν。τὰ πλείω，定冠词 + 形容词 = 名词。τοῦ πολέμου 修饰 τὰ πλείω。κατ' ἀνάγκην，"强迫"。τοῦ ἴσου，定冠词 + 形容词 = 名词。παρὸν 跟不定式（δρᾶσαι），it is in his power to do ...。τὸ αὐτὸ，定冠词 + 形容词 = 名词。πρὸς τὸ ἐπιεικὲς = ἐπιεικῶς。αὐτὸν 指 τις，作分词 νικήσας 的宾语。ἃ，自主关系代词，whatever。

19.3–4［笺释］ὀφείλων 跟不定式（ἀνταποδοῦναι）。ὁ ἐνταντίος，定冠词 + 形容词 = 名词。ὡς，when。βιασθεὶς 跟不定式（ἀνταμύνεσθαι）。ἑτοιμότερός ἐστιν 跟不定式（ἐμμένειν）。οἷς，自主关系代词，to them。μᾶλλον ... ἤ ...，more ... than ...。τοὺς ... ἐχθροὺς，定冠词 + 形容词 = 名词。τοὺς ... διενεχθέντας，定冠词 + 分词 = 名词。τὰ μέτρια，定冠词 + 形容词 = 名词，用作副词，"在……方面"。πεφύκασί 跟不定式（ἀνθησσᾶσθαι 和 διακινδυνεύειν）。τοῖς ... ἐνδοῦσιν 和 τὰ ὑπεραυχοῦντα，定冠词 + 分词 = 名词。παρὰ γνώμην，"违背判断""孤注一掷"。

20.1［笺释］整理词序：ἡ ξυναλλαγή ἀμφοτέροις ἔχει καλῶς ἡμῖν ...。εἴπερ 跟前倾词（ποτέ），故加了高调符号。πρίν 跟不定式（καταλαβεῖν）。ἡμᾶς 作不定式 καταλαβεῖν 的主语，"我们"，指斯巴达人和雅典人。τι 作不定式 καταλαβεῖν 的宾语。ἀνήκεστον ... γενόμενον 修饰 τι。διὰ μέσου，between。ἐν ᾧ，in which case。ἀνάγκη 跟不定式（ἔχειν 和 στερηθῆναι）（GG § 2004）。ὑμῖν ἔχθραν，"对你们的仇恨"。τῇ κοινῇ，定冠词 + 形容词 = 名词。ὑμᾶς 作不定式 στερηθῆναι 的主语。στερηθῆναι 跟属格（ὧν）。ὧν，自主关系代词。

20.2［笺释］此句主干：... διαλλαγῶμεν καὶ ἑλώμεθα ... καὶ ποιήσωμεν ἀνάπαυσιν ...。διαλλαγῶμεν，ἑλώμεθα 和 ποιήσωμεν，都是第一人称复数虚拟语气，用作命令语气，"让我们……"。(τῶν πολέμων) ... ὄντων ἀκρίτων，δόξης καὶ ... φιλίας προσγιγνομένης 和 τινὸς ξυμφορᾶς ... κατατιθεμένης，独立属格结构。οἷ，关系代词，其先行词是 τοῖς ἄλλοις Ἕλλησιν。καὶ ἐν τούτῳ，καὶ 意思是 "此外"。ὁποτέρων ἀρξάντων 和 καταλύσεως ... γενομένης，独立属格结构。ἔστε κύριοί 跟属格（ἧς）。ἧς，关系代词，其先行词是 καταλύσεως。τὸ πλέον，定冠词 + 形容词 = 名词，用作副词，"尤其"。

20.3–4［笺释］ἤν = ἐάν。ἔξεστιν + 宾格（φίλους）+ 不定式（γενέσθαι）。αὐτῶν ... προκαλεσαμένων，独立属格结构。μᾶλλον ἤ ...，rather than ...。χαρισαμένοις 和 βιασαμένοις 与 ὑμῖν 配合。整理词序：... σκοπεῖτε τὰ ... ἀγαθὰ ὅσα εἰκὸς εἶναι ἐν τούτῳ ...。εἰκὸς 跟不定式（εἶναι）。ἡμῶν ... καὶ ὑμῶν ... λεγόντων，独立属格结构。ὅτι，that。ὂν 与 τό ... Ἑλληνικὸν 配合。γε，at any rate。τὰ μέγιστα，定冠词 + 形容词 = 名词，用作副词。

21.1–3［笺释］νομίζοντες + 宾格（τοὺς Ἀθηναίους）+ 不定式（ἐπιθυμεῖν，κωλύεσθαι， δέξεσθαι 和 ἀποδώσειν）。ἐπιθυμεῖν 跟属格（σπονδῶν）。πρὶν，副词。σφῶν ... ἐναντιουμένων 和 διδομένης ... εἰρήνης，独立属格结构。ἀσμένους 与 τοὺς Ἀθηναίους 配合。οἱ δὲ, but they（见前文 1.24.5 笺释）。ἐνόμιζον + 宾格（τὰς ... σπονδάς）+ 不定式（εἶναι）。ὁπόταν, at any time。βούλωνται 跟不定式（ποιεῖσθαι）。ὠρέγοντο 跟属格（τοῦ ... πλέονος）。ἔπεισεν 跟不定式（ἀποκρίνασθαι）。ὡς, that。χρὴ 跟不定式（κομισθῆναι, κομίσασθαι 和 ποιήσασθαι）。τὰ ... ὅπλα καὶ σφᾶς αὐτοὺς τοὺς ἐν τῇ νήσῳ，既作 ἀποδόντας 的宾语，又作不定式 κομισθῆναι 的主语。ἀποδόντας 与 Λακεδαιμονίους 配合。(αὐτῶν) ἐλθόντων，独立属格结构。ἅ，关系代词，其先行词是 Νίσαιαν ... Ἀχαῖαν。Ἀθηναίων ξυγχωρησάντων，独立属格结构。τῷ τότε，定冠词 + 副词 = 名词。δεομένων ... σπονδῶν，独立属格结构。τι，用作副词，"在某种程度上"。ὁπόσον ... χρόνον, as long a time as ...。

22.1-3［笺释］οἱ δὲ, but they（见前文 1.24.5 笺释）。ἐκέλευον 跟不定式（ἑλέσθαι）。οἵτινες，不定关系代词，anyone who，其先行词（ξυνέδρους）是不定的（GG § 2508）。ὅτι，"洛布本"和阿尔伯蒂的校勘本写作 ὅ τι, anything which。ἐνέκειτο 常与形容词（πολὺς）或者副词连用。λέγων 跟不定式（γιγνώσκειν 和 εἶναι）。ἔχοντα 与 αὐτούς 配合。οἵτινες，关系代词，其先行词是 αὐτούς，本该用 οἵ，这里用 οἵτινες 表达先行词（人）的特点（character），"鉴于他们……"（GG § 2496）。ἐθέλουσιν 跟不定式（εἰπεῖν）。βούλονται 跟不定式（γίγνεσθαι）。εἴ 跟前倾词（τι），故加了高调符号。τι，宾格。ἐκέλευσεν 跟不定式（λέγειν）。οἷόν τε ὄν，独立宾格结构，跟不定式（εἰπεῖν）。εἴ 跟前倾词（τι），故加了高调符号。τι，宾格，作 ξυγχωρεῖν 的宾语。καί, even（CGCG § 59.56）。ἐδόκει + 与格（αὐτοῖς）+ 不定式（ξυγχωρεῖν）。μὴ 跟虚拟语气（διαβληθῶσιν），表达担忧，"唯恐"。τοὺς Ἀθηναίους 作 ὁρῶντες 的宾语，ποιήσοντας 与之配合。ἅ，自主关系代词，whatever。

23.1-2［笺释］ἀφικομένων ... αὐτῶν，独立属格结构。αἱ σπονδαὶ αἱ περὶ Πύλον，重复定冠词结构。δοκοῦντα 跟不定式（εἶναι）。ὅτι, that。δή，表强调。ὁτιοῦν，副词，whatsoever。εἴρητο + 宾格（τὰς σπονδάς）+ 不定式（λελύσθαι）。τὸ τῶν νεῶν，定冠词 + 属格 = 名词，修饰 ἀδίκημα。τὰ περὶ Πύλον，定冠词 + 介词短语 = 名词。τῆς ἡμέρας 和 τῆς ... νυκτός，表时间的属格，表示在该时间段内。καί，强调 ἁπάσαι。πλήν, except。τὰ πρὸς τὸ πέλαγος，定冠词 + 介词短语 = 名词，用作副词。ὥστε 跟句子，表结果。εἴ 跟前倾词（τις），故加了高调符号。ὥστε 跟不定式（σῶσι），表目的。

24.1-5［笺释］πρός 跟与格（ταῖς ... ναυσί），"除了"。ὅ，关系代词，其先行词是 τὸ ἄλλο ναυτικόν。ἐβούλοντο 跟不定式（ἀποπειρᾶσθαι）。ἀποπειρᾶσθαι 跟属格

（*ναυμαχίας*）。*ταῖς ... πλέοσι*（*ναυσὶ*）。*μελλούσαις* 跟不定式（*ἥξειν*）。*πυνθανόμενοι* + 宾格（*τὴν νῆσον*）+ 不定式（*πολιορκεῖσθαι*）。*ἤλπιζον* 跟不定式（*χειρώσεσθαι*, *γίγνεσθαι* 和 *εἶναι*）。*τὰ πράγματα* 作不定式 *γίγνεσθαι* 的主语。*κειμένου τοῦ ... ἀκρωτηρίου τῆς ... Μεσσήνης*，独立属格结构。*εἶναι* 跟不定式（*ἐφορμεῖν* 和 *κρατεῖν*），to be possible to ...。*κρατεῖν* 跟属格（*τοῦ πορθμοῦ*）。整理词序：*ὁ πορθμὸς ἔστι ἡ θάλασσα μεταξὺ Ῥηγίου καὶ Μεσσήνης ...*。*μεταξὺ ... καὶ ...*，between ... and ...。*ᾗπερ*，关系副词，where。*ἀπέχει* + 属格（*τῆς ἠπείρου*）+ 宾格（*βραχύτατον*），"距离某地多少里程"。*ᾗ*，关系代词，其先行词是 *ἡ Χάρυβδις*，through which。*λέγεται* 跟不定式（*διαπλεῦσαι*）。最后一句主干：*ἡ θάλασσα ἐνομίσθη χαλεπή*。

25.1-5［笺释］*τῷ μεταξὺ*，定冠词+副词=名词，与 *τούτῳ* 配合。*ὀλίγῳ* 跟比较级（*πλέοσιν*）（GG § 1514）。*πλέοσιν ἤ ...*，more than ...。*ἠναγκάσθησαν* 跟不定式（*ναυμαχῆσαι*）。*ὡς ἕκαστοι*，each by themselves。*τό ... ἐν τῇ Μεσσήνῃ καὶ ἐν τῷ Ῥηγίῳ*，定冠词+介词短语=名词。*ἐπεγένετο* 跟与格（*τῷ ἔργῳ*）。*τῶν ἀνδρῶν ἀποκολυμβησάντων* 和 *τῶν Συρακοσίων ἐσβάντων ... παραπλεόντων*，独立属格结构。*ἀπὸ κάλω*，"用缆绳"。*ἀποσιμωσάντων ἐκείνων ... προεμβαλόντων*，独立属格结构。*ἔλασσον*，用作副词。

25.6-12［笺释］*Καμαρίνης ἀγγελθείσης*，独立属格结构。*ἀγγελθείσης* 跟不定式（*προδίδοσθαι*）。*τῶν μετ' αὐτοῦ*，定冠词+介词短语=名词。*τῇ πρώτῃ ἡμέρᾳ* 和 *τῇ ὑστεραίᾳ*（*ἡμέρᾳ*），表时间的与格，表示在该时间点。*ὡς*，when。*ὡς*，that。*ὑπὲρ* 跟数词宾格（*χιλίους*），over。*οἱ λοιποὶ* 和 *τοὺς πλείστους*，定冠词+形容词=名词。*ὡς* 跟分词（*κεκακωμένην*），表示分词主语的意见，"以为""相信"（GG § 2086）。*οἷ*，关系代词，其先行词是 *τινὲς*。*τὸ πολὺ*，定冠词+形容词=名词。*ἐπιγενόμενοι*（*αὐτοῖς*）*τεταραγμένοις*。*ἐπιγενόμενοι*，attack。

26.1-4［笺释］*δὲ*，与前句的 *μὲν* 配对，表示叙事上的转折，"且说""话分两头"。*σίτου* 和 *ὕδατος* 修饰 *ἀπορίᾳ*。*ὅτι μὴ* = *ὅ τι μὴ*，except（GG § 2765）。*οἱ πλεῖστοι*，定冠词+形容词=名词。*οἷον εἰκός*，as was natural。*τῶν νεῶν ... ἐχουσῶν ...*，独立属格结构。*αἱ μὲν ... αἱ δὲ ...*，"一部分……另一部分……（战舰）"。*ᾤοντο* + 宾格（*οὕς*）+ 不定式（*ἐκπολιορκήσειν*）。*οὕς*，自主关系代词。*ἡμερῶν ὀλίγων*，表时间的属格，表示在该时间段内。*χρωμένους* 跟与格（*ὕδατι*），与 *οὕς* 配合。

26.5-7［笺释］*αἴτιον ... ἦν ...*，无人称句，it was because of ...。*προειπόντες* + 宾格（*τὸν βουλόμενον*）+ 不定式（*ἐσάγειν*）。*σῖτόν*、*οἶνον* 和 *τυρὸν* 作不定式 *ἐσάγειν* 的宾语。*εἴ* 跟前倾词（*τι*），故加了高调符号。*οἷ'* = *οἷα*。*τάξαντες* 跟属格（*ἀργυρίου*）。

τῷ ἐσαγαγόντι，定冠词 + 分词 = 名词。τῶν Εἱλώτων 修饰 τῷ ἐσαγαγόντι。ἄλλοι 与 οἱ Εἵλωτες 相对。τύχοιεν 跟分词（ἀπαίροντες）。νυκτὸς，表时间的属格，表示在该时间段内。τὰ πρὸς τὸ πέλαγος，定冠词 + 介词短语 = 名词。ἐτήρουν 跟不定式（καταφέρεσθαι）。ἄπορον 跟不定式（περιορμεῖν）。τοῖς δὲ，τοῖς 作指示代词（GG § 1106）。τετιμημένα 跟属格（χρημάτων）。

26.8–9［笺释］τὸ πρῶτον，"起初"。整理词序：... φυλακαὶ ὧν λανθανόντων ... ἐγένοντο。φυλακαὶ ὧν，"对他们的警戒"（即"警戒他们"），而不是"他们的警戒"，这里的 ὧν 是"宾语性属格"（The Objective Genitive）（GG § 1331）。ὧν，关系代词，其先行词是 κολυμβηταί。λανθανόντων 与 ὧν 配合。ἐτεχνῶντο 跟不定式（ἐσπέμπειν 和 λανθάνειν）。οἱ μὲν ... οἱ δὲ ...，"一方……另一方……"。

27.1［笺释］两个 ὅτι，that。τοῖς ἐν τῇ νήσῳ，定冠词 + 介词短语 = 名词。ἐδεδοίκεσαν 跟祈愿语气（ἐπιλάβοι），μὴ 为赘词。σφῶν 修饰 τὴν φυλακήν。ὁρῶντες 跟宾语（τὴν ... κομιδὴν 和 τόν ... ἔφορμον）和不定式（περιγενήσεσθαι 和 ἐκπλεύσεσθαι）。ἀδύνατον 和 ἐσομένην 与 τὴν ... κομιδήν 配合。ὄντες οἷοί 跟不定式（περιπέμπειν）。ἱκανά，用作副词。ἐσόμενον 与 τόν ... ἔφορμον 配合。χωρίων ... ὄντων，独立属格结构。ἢ ... ἢ ...，"或者……或者……"。σφῶν ἀνέντων ...，独立属格结构。τοὺς ἄνδρας 作不定式 περιγενήσεσθαι 的主语。ἅ，关系代词，其先行词是 τοῖς πλοίοις，是 ἦγε 的主语。τηρήσαντας 与 τοὺς ἄνδρας 配合。

27.2–3［笺释］πάντων 修饰 τοὺς Λακεδαιμονίους。ὅτι，"因为"。ἐνόμιζον + 宾格（αὐτοὺς）+ 不定式（ἐπικηρυκεύεσθαι）。ἔφη + 宾格（τοὺς ἐξαγγέλλοντας）+ 不定式（λέγειν）。τἀληθῆ = τὰ ἀληθῆ，定冠词 + 形容词 = 名词。παραινούντων ... τῶν ἀφιγμένων，独立属格结构。παραινούντων 跟不定式（πέμψαι）。τῶν ἀφιγμένων，定冠词 + 分词 = 名词。πιστεύουσι 跟与格（σφίσι）。

27.4–5［笺释］ὅτι，that。ἀναγκασθήσεται 跟不定式（λέγειν 和 φανήσεσθαι）。ἢ ... ἢ ...，"或者……或者……"。οἷς，自主关系代词，to them。ὡς，that。ὡρμημένους 跟不定式（στρατεύειν）。τι，用作副词，"在某种程度上"。τὸ πλέον，"更加"。χρὴ 跟不定式（πέμπειν，διαμέλλειν 和 πλεῖν）。παριέντας 与 αὐτοὺς 配合。δοκεῖ + 与格（αὐτοῖς）+ 不定式（εἶναι）。τὰ ἀγγελλόμενα，定冠词 + 分词 = 名词，作不定式 εἶναι 的主语。ἐπιτιμῶν 跟不定式（εἶναι）。εἶναι ῥᾴδιον 跟不定式（λαβεῖν 和 ποιῆσαι）。τοὺς ἐν τῇ νήσῳ，定冠词 + 介词短语 = 名词。γ' = γε，"at least"。

28.1［笺释］τῶν ... Ἀθηναίων ... ὑποθορυβησάντων ...，独立属格结构。τι，用作副词，"在某种程度上"。ὅτι，"洛布本"和阿尔伯蒂的校勘本作 ὅ τι，戈姆认为应作 ὅτι，

解作 why，而不是 that。[①] ῥᾳδιόν，用作副词。ἐκέλευεν + 宾格（αὐτὸν，省略）+ 不定式（ἐπιχειρεῖν）。整理词序：… λαβόντα δύναμιν ἥντινα βούλεται …。λαβόντα 与省略了的 αὐτὸν 配合。τὸ ἐπὶ σφᾶς εἶναι, as far as they were concerned。σφᾶς 指 Νικίας 与其同僚。εἶναι，绝对不定式（Absolute Infinitive）（GG § 2012c）。

28.2［笺释］ὁ δὲ, but he（见前文 1.24.5 笺释）。οἰόμενος + 宾格（αὐτὸν）+ 不定式（ἀφιέναι）。τῷ ὄντι，定冠词 + 分词 = 名词，相当于 ἔργῳ，与 λόγῳ 相对。παραδωσείοντα 与 αὐτὸν 配合。οὐκ 否定 αὐτός。ἔφη 跟不定式（στρατηγεῖν）。αὐτὸς 修饰 ἔφη 的主语，故修饰不定式 στρατηγεῖν 的主语（GG § 1973a）。ἐκεῖνον 作不定式 στρατηγεῖν 的主语。οἰόμενός + 宾格（αὐτὸν）+ 不定式（τολμῆσαι）。τολμῆσαι 跟不定式（ὑποχωρῆσαι）。οἷ, to himself，间接反身代词（用在从句中，指主句的主语）（GG §§ 1225, 1228b）（CGCG § 29.18）。

28.3［笺释］ἐξίστατο 跟属格（τῆς … ἀρχῆς）。ἐποιεῖτο 跟双宾格（τοὺς Ἀθηναίους 和 μάρτυρας）。οἱ δὲ, but they（见前文 1.24.5 笺释）。οἷον，用作副词，just as。φιλεῖ 跟不定式（ποιεῖν）。ὅσῳ … τόσῳ …, the more … the more …。τὰ εἰρημένα，定冠词 + 分词 = 名词。ἐπεκελεύοντο 跟不定式（παραδιδόναι）。ἐπεβόων 跟不定式（πλεῖν）。

28.4［笺释］ὥστε，用在句首，表总结，so。οὐκ ἔχων, having no means, not knowing（GG § 2546）。ὅπως 后面句子的谓语动词用虚拟语气（ἐξαπαλλαγῇ），表目的。ἐξαπαλλαγῇ 跟属格（τῶν εἰρημένων，定冠词 + 分词 = 名词）。ἔφη 跟不定式（φοβεῖσθαι 和 πλεύσεσθαί）。οἳ，关系代词，其先行词是 πελταστὰς。ἔφη 跟不定式（ἄξειν 和 ἀποκτενεῖν）。ἢ … ἢ …，"或者……或者……"。αὐτοῦ, there。

28.5［笺释］τι καὶ γέλωτος, something even of laughter。αὐτοῦ 修饰 τῇ κουφολογίᾳ。τοῖς σώφροσι，定冠词 + 形容词 = 名词。λογιζομένοις 跟不定式（τεύξεσθαι, ἀπαλλαγήσεσθαι 和 χειρώσεσθαι）。τοῦ ἑτέρου，定冠词 + 形容词 = 名词。ἢ … ἢ …，"或者……或者……"。ἀπαλλαγήσεσθαι 跟属格（Κλέωνος）。σφαλεῖσι，分词，与 τοῖς σώφροσι 配合，跟属格（γνώμης）。ὃ，自主关系代词。σφίσι, for them。Λακεδαιμονίους 作不定式 χειρώσεσθαι 的宾语。

29.1–3［笺释］ψηφισαμένων Ἀθηναίων …，独立属格结构。πυνθανόμενος + 宾格（αὐτὸν）+ 不定式（διανοεῖσθαι）。τοῦ χωρίου 修饰 τῇ ἀπορίᾳ。μᾶλλον … ἢ …, rather … than …。ὥρμηντο 跟不定式（διακινδυνεῦσαι）。整理词序：… ἡ νῆσος … παρέσχεν ῥώμην αὐτῷ …。οὔσης αὐτῆς …，独立属格结构。ἐπὶ τὸ πολὺ，"大部分"。ἐνόμιζε +

---

① 参见戈姆《评注》，第 3 卷，页 468。

宾格（τοῦτο）+ 不定式（εἶναι）。(ἐνόμιζε) + 宾格（αὐτοὺς）+ 不定式（βλάπτειν）。(ἐνόμιζε) + 宾格（τὰς ... ἁμαρτίας καὶ παρασκευὴν）+ 不定式（εἶναι）。(ἐνόμιζε) + 宾格（τὰ ἁμαρτήματα）+ 不定式（εἶναι）。τοῦ ... στρατοπέδου 修饰 τὰ ἁμαρτήματα。(ἐνόμιζε) + 宾格（τὴν ἐπιχείρησιν）+ 不定式（εἶναι）。ὥστε 跟不定式（προσπίπτειν），表结果。αὐτοὺς 作不定式 προσπίπτειν 的主语。ᾗ, 关系副词, wherever。

29.4［笺释］αὖ, "另一方面"。βιάζοιτο 跟不定式（ἰέναι）。ἐνόμιζε 的宾语是 τοὺς ἐλάσσους。κρείσσους, 形容词比较级, 跟属格（τῶν πλεόνων），表比较。τοὺς ἐλάσσους 和 τῶν πλεόνων, 定冠词 + 形容词 = 名词。ἐνόμιζε + 宾格（τὸ ... στρατόπεδον）+ 不定式（λανθάνειν）。λανθάνειν 跟分词（διαφθειρόμενον）。... οὔσης τῆς προσόψεως, 独立属格结构。ᾗ, 关系副词, where。χρῆν 跟不定式（ἐπιβοηθεῖν）。

30.1—2［笺释］句子主干：ταῦτα ἐσῄει αὐτόν。ταῦτα, 被看作集合名词, 用作单数（GG § 958）。ὃ, 关系代词, 其先行词是 τοῦ ... πάθους。μέρος τι, 用作副词, in part。ἥκιστα, 用作副词。τῶν ... στρατιωτῶν ἀναγκασθέντων ..., 独立属格结构。ἀναγκασθέντων 跟不定式（ἀριστοποιεῖσθαι）。τὴν στενοχωρίαν, 指在皮罗斯岛的情况。τῆς νήσου 修饰 τοῖς ἐσχάτοις（定冠词 + 形容词 = 名词），指斯帕克忒里亚岛。προσίσχοντας 与省略了的 αὐτοὺς 配合（αὐτοὺς 作不定式 ἀριστοποιεῖσθαι 的主语）。ἐμπρήσαντός τινος ... 和 πνεύματος ἐπιγενομένου, 独立属格结构。τὸ πολὺ, 定冠词 + 形容词 = 名词, 作 ἔλαθε 的主语。

30.3［笺释］οὕτω δὴ, "于是""最后""终于"。ὑπονοῶν 跟不定式（ἐσπέμπειν）。αὐτοῦ, there, "洛布本"和阿尔伯蒂的校勘本作 αὐτοὺς, 即作不定式 ἐσπέμπειν 的主语，似乎更好；还有学者认为应作 αὐτόσε（副词）。τότε, 戈姆指出, 有学者认为应与 ἐσπέμπειν 连读；ὡς ἐπ' ἀξιόχρεων, 戈姆认为最好解作 ὥστε ὡς ἐπ' ἀξιόχρεων,[①] "作为一个值得……的目标"。ἀξιόχρεων 跟不定式（ποιεῖσθαι）。τοὺς Ἀθηναίους 作不定式 ποιεῖσθαι 的主语。τὰ ἄλλα, 定冠词 + 形容词 = 名词。

30.4［笺释］ὡς, that。ἣν, 关系代词, 其先行词是 στρατιάν。ἅμα 跟分词（γενόμενοι）, as soon as ...。προκαλούμενοι 跟不定式（κελεύειν）。κελεύειν + 宾格（τοὺς ... ἄνδρας）+ 不定式（παραδοῦναι）。σφίσι, to them, 指雅典人。σφᾶς αὐτοὺς, "他们自己", 指斯巴达人。ἐφ' ᾧ, on condition that。τῇ μετρίᾳ φυλακῇ。τι, 宾格, anything。τοῦ πλέονος, 定冠词 + 形容词 = 名词。

31.1—2［笺释］... προσδεξαμένων ... αὐτῶν, 独立属格结构。μίαν ... ἡμέραν, 表时

---

① 参见戈姆《评注》，第 3 卷，页 472—473。

间的宾格，表示贯穿该时间段。τῇ ... ὑστεραίᾳ (ἡμέρᾳ)，表时间的与格，表示在该时间点。νυκτός，表时间的属格，表示在该时间段内。ὀλίγον，用作副词。ὡς，about。μέσον 和 ὁμαλώτατον，用作副词。εἶχε，与其最近的主语（Ἐπιτάδας）配合，故用单数。μέρος τι 作 ἐφύλασσε 的主语。τὸ ἔσχατον ... τὸ πρὸς τὴν Πύλον，重复定冠词结构。ὅ，关系代词，其先行词是 τὸ ἔσχατον。ἥκιστα，用作副词。καὶ ... τι καί，"而且甚至有点"，前一个 καί 是连系词，表示对前文加以补充；后一个 καί 用作副词，表示此补充出乎意料。[①] γάρ，"因为"。ὅ，关系代词，其先行词是 ἔρυμα。λογάδην，副词。ἐνόμιζον + 宾格（ὅ）+ 不定式（εἶναι）。

32.1–2 [笺释] οἷς，关系代词，其先行词是 τοὺς ... φύλακας。λαθόντες τὴν ἀπόβασιν，having landing without being seen，这里的 τὴν ἀπόβασιν，宾格，用作副词，"在……方面"。οἰομένων αὐτῶν，独立属格结构。οἰομένων + 宾格（τὰς ναῦς）+ 不定式（πλεῖν）。τῆς νυκτός，表时间的属格，表示在该时间段内。πλεόνων ὀλίγῳ，"多一点"。ὀλίγῳ 跟比较级（πλεόνων）（GG § 1514）。πλεόνων 与 νεῶν 配合。πλήν 跟属格（θαλαμιῶν 和 τῶν ... φυλάκων）。ὡς ἕκαστοι，each by themselves。ἐλάσσους，形容词比较级，跟属格（τούτων），表比较。οἱ βεβοηθηκότες，定冠词 + 分词 = 名词。οἱ ἄλλοι，定冠词 + 形容词 = 名词。

32.3–4 [笺释] Δημοσθένους ... τάξαντος，独立属格结构。πλείους, ἔστι ... ᾗ ἐλάσσους，more or less。ἔστι ... ᾗ，in some way（GG § 2515）。τὰ μετεωρότατα，定冠词 + 形容词 = 名词。ὅπως 后面句子的谓语动词用虚拟语气（ᾖ，ἔχωσι 和 γίγνωνται），表目的。ὅτι，that。第二个 ὅτι，"洛布本"和阿尔伯蒂的校勘本作 ὅ τι，anything which。τοῖς πρόσθεν 和 τῶν κατόπιν，定冠词 + 副词 = 名词。τοῖς πλαγίοις，定冠词 + 形容词 = 名词。τῶν ... παρατεταγμένων，定冠词 + 分词 = 名词。整理词序：οἱ πολέμιοι ... ἔμελλον ἔσεσθαι αὐτοῖς κατὰ νώτου ...。ἔμελλον 跟不定式（ἔσεσθαι）。ᾗ，关系副词，wherever, whichever way。(ὄντες) ψιλοί。οἱ ἀπορώτατοι，定冠词 + 形容词 = 名词。ἐκ πολλοῦ，"从远处""远距离"。οἷς，关系代词，其先行词是 οἱ πολέμιοι。οἷόν τε 跟不定式（ἐπελθεῖν）。

33.1–2 [笺释] οἱ ... περὶ τὸν Ἐπιτάδον，定冠词 + 介词短语 = 名词。ὅπερ，自主关系代词。τῶν ἐν τῇ νήσῳ，定冠词 + 介词短语 = 名词。ὡς，when。βουλόμενοι 跟不定式（ἐλθεῖν）。ἐδυνήθησαν，异态动词（形式是主动的，意思是被动的），跟不定式（προσμεῖξαι 和 χρήσασθαι）。χρήσασθαι 跟与格（τῇ ... ἐμπειρίᾳ）。ᾗ，关系副词，

---

① J. D. Denniston, *The Greek Particles*, Second Edition, Revised by K. J. Dover, Bristol: Bristol Classical Press, 1996, p. 294.

wherever。καὶ οἵ，οἵ 为指示代词（GG § 1113），指 τοὺς ... ψιλούς。(ὄντες) ἄνθρωποι ...。προλαμβάνοντες 跟属格（τῆς φυγῆς）。χωρίων 修饰 χαλεπότητι。χωρίων ... ὄντων ...，独立属格结构。这里如果写作 χωρίων τε χαλεπότητι καὶ τραχύτητι 或者 χωρίων τε χαλεπῶν καὶ τραχέων ὄντων，会显得更自然。οἷς，关系代词，其先行词是 χωρίων。ἐδύναντο 跟不定式（διώκειν）。

34.1［笺释］χρόνον ... τινὰ ὀλίγον，表时间的宾格，表示贯穿该时间段。τῶν ... Λακεδαιμονίων δυναμένων，独立属格结构。δυναμένων 跟不定式（ἐπεκθεῖν）。ᾗ，关系副词，wherever。τῷ ἀμύνασθαι，定冠词 + 不定式 = 名词，"在防守方面"。τῇ ... ὄψει，from their seeing。τοῦ θαρσεῖν，定冠词 + 不定式 = 名词，修饰 τὸ πλεῖστον。τὸ πλεῖστον，定冠词 + 形容词 = 名词，作 εἰληφότες 的宾语。ξυνειθισμένοι 跟不定式（φαίνεσθαι）。αὐτοὺς 作不定式 φαίνεσθαι 的主语，指斯巴达人。σφίσι，to them，指雅典人及其盟友。ὅτι，"因为"。εὐθὺς，"直接""第一波"。ἄξια 跟属格（τῆς προσδοκίας），形容词，中性、宾格，用作副词。ὥσπερ，just as。ὡς ἐπὶ ...，表达句子主语的想法或者断言（GG § 2996）。ὡς ἕκαστός，each of them。τι，宾格，anything。

34.2-3［笺释］γενομένης ... τῆς βοῆς，独立属格结构。ἅμα 跟与格（τῇ ἐπιδρομῇ）。πολὺς 修饰 ὁ κονιορτὸς，按照英语的习惯应译为副词。ἦν ἄπορόν 跟不定式（ἰδεῖν）。τὸ πρὸ αὑτοῦ，定冠词 + 介词短语 = 名词。φερομένων 与 ἀνθρώπων 配合。(αὐτῶν) βαλλομένων，独立属格结构。εἶχόν 跟不定式（χρήσασθαι），was able to ...。σφίσιν αὐτοῖς，to themselves。οὐδὲν，not at all。τοῦ προορᾶν，定冠词 + 不定式 = 名词。ὑπὸ，under。τὰ ... παραγγελλόμενα，定冠词 + 分词 = 名词。κινδύνου ... περιεστῶτος，独立属格结构。καθ' ὅτι，as to how。καθ' = κατὰ。ὅτι，"洛布本"和阿尔伯蒂的校勘本均作 ὅ τι，anything which。χρὴ 跟不定式（σωθῆναι）。ἀμυνομένους 与省略了的 αὐτοὺς（作不定式 σωθῆναι 的主语）配合。

35.1-2［笺释］τραυματιζομένων ... πολλῶν，独立属格结构。τὸ ... ἀναστρέφεσθαι，定冠词 + 不定式 = 名词。τῷ αὐτῷ，定冠词 + 形容词 = 名词，the same (space)。ὅ，关系代词，其先行词是 τὸ ... ἔρυμα。πολὺ，用作副词。ὡς，when。πολλῷ 跟比较级（πλέονι）（GG § 1514）。οἱ πολλοὶ，定冠词 + 形容词 = 名词。ταύτῃ，at this point。παρὰ πᾶν，at every point。ὡς 跟将来时分词（ἀμυνούμενοι），in order to。ᾗπερ，关系副词，where。

35.3-4［笺释］χωρίου 修饰 ἰσχύι。ἐπειρῶντο 跟不定式（ὤσασθαι）。χρόνον ... πολὺν ... τὸ πλεῖστον，表时间的宾格，表示贯穿该时间段。τὸ πλεῖστον，定冠词 + 形容词 = 名词。ὑπό，under。οἱ μὲν ... οἱ δὲ ...，"一方……另一方……"。πειρώμενοι 跟不定

式（ἐξελάσασθαι 和 ἐνδοῦναι）。τοῦ μετεώρου，定冠词+形容词=名词。ῥᾶον，用作副词。ἤ，than。τῷ πρίν，定冠词+副词=名词。οὔσης ... τῆς κυκλώσεως，独立属格结构。τὰ πλάγια，定冠词+形容词=名词。

36.1［笺释］ἔφη+宾格（σφᾶς）+不定式（πονεῖν）。ἄλλως，副词，"漫无目的地"。βούλονται 跟不定式（δοῦναι）。ᾗ，关系副词，wherever。ἔφη 跟不定式（περιιέναι 和 δοκεῖν）。δοκεῖν 跟不定式（和 βιάσεσθαι）。τὴν ἔφοδον 作不定式 βιάσεσθαι 的宾语。

36.2［笺释］ἅ，自主关系代词，其先行词是上文的 τῶν τοξοτῶν 和 τῶν ψιλῶν。τοῦ ἀφανοῦς，定冠词+形容词=名词。ὥστε 跟不定式（ἰδεῖν），表目的。ἐκείνους 作不定式 ἰδεῖν 的主语。κατὰ τὸ αἰεὶ παρεῖκον，by such ways as permitted a passage，这里的 τὸ ... παρεῖκον，定冠词+形容词=名词。τοῦ κρημνώδους，定冠词+形容词=名词。ᾗ，关系副词，wherever。πιστεύσαντες 跟与格（ἰσχύι）。χωρίου 修饰 ἰσχύι。τοῦ μετεώρου，定冠词+形容词=名词。τοὺς μὲν ... τοὺς δὲ ...，"一方……另一方……"，两个 τοὺς 均作指示代词，前者作 ἐξέπληξε 的宾语；后者作 ἐπέρρωσεν 的宾语。τῷ ἀδοκήτῳ，定冠词+形容词=名词。ἅ，自主关系代词。ἰδόντας 与 τοὺς δὲ 配合。πολλῷ 跟比较级（μᾶλλον）（GG § 1514）。

36.3［笺释］αὐτῷ，same。ὡς ... εἰκάσαι，as far as one can guess。τῷ ἐν Θερμοπύλαις，定冠词+介词短语=名词，与 μεγάλῳ 配合。περιελθόντων τῶν Περσῶν，独立属格结构。ἐκράτουν 跟属格（τῶν ἐφόδων）。

37.1-2［笺释］ὅτι，that。ὁποσονοῦν，how much so ever，ever so little。αὐτοὺς 作 γνοὺς 的宾语。τοὺς ἑαυτῶν，定冠词+属格=名词。βουλόμενοι 跟不定式（ἀγαγεῖν）。αὐτοὺς 作不定式 ἀγαγεῖν 的宾语。εἰ 跟前倾词（πως），故加了高调符号。ἀκούσαντες 跟属格（τοῦ κηρύγματος）。ἡσσηθεῖεν 跟属格（τοῦ ... δεινοῦ）。τοῦ ... δεινοῦ，定冠词+形容词=名词。τὰ ὅπλα παραδοῦναι，有学者认为是衍文，从下行窜入。σφᾶς αὐτοὺς，"themselves"。ὥστε 跟不定式（βουλεῦσαι），表结果。ὅτι，"洛布本"和阿尔伯蒂的校勘本均作 ὅ τι，anything which，作 δοκῇ 的主语。δοκῇ 跟与格（ἐκείνοις）。

38.1［笺释］οἱ δὲ，but they（见前文 1.24.5 笺释）。οἱ πλεῖστοι，定冠词+形容词=名词，与 οἱ δὲ 配合。δηλοῦντες，一般跟分词，这里跟不定式（προσίεσθαι）。τὰ κεκηρυγμένα，定冠词+分词=名词，作不定式 προσίεσθαι 的宾语。γενομένης τῆς ἀνοκωχῆς，独立属格结构。ὅ，定冠词，跟前倾词（τε），故加了高调符号。ἐκείνων，"代表他们（斯巴达人）"（The genitive of the divided whole, GG § 1310）。ὁ Φάρακος，定冠词+属格=名词，修饰 Στύφων。τῶν ... ἀρχόντων，定冠词+不定式=名词，与 ἐκείνων 配合。τοῦ μὲν ... Ἐπιτάδου ... τοῦ δὲ ... Ἱππαγρέτου ...。ὡς 跟分词（τεθνεῶτος）， in the belief that（GG § 2086）。ἐφηρημένος 跟不定式（ἄρχειν）。εἴ 跟前倾词（τι），故加了高调符号。τι，宾格，anything。

38.2-3［笺释］οἱ μετ' αὐτοῦ，定冠词 + 介词短语 = 名词。ὅτι, that。βούλονται 跟不定式（διακηρυκεύσασθαι）。ὅτι, "洛布本"和阿尔伯蒂的校勘本作 ὅ τι, anything which。χρή + 宾格（σφᾶς）+ 不定式（ποεῖν）。ἐκείνων ... ἀφέντων, αὐτῶν ... τῶν Ἀθηναίων καλούντων 和 γενομένων ἐπερωτήσεων，均为独立属格结构。ὅτι, that。ὁ τελευταῖος，定冠词 + 形容词 = 名词。κελεύουσιν + 宾格（ὑμᾶς αὐτούς）+ 不定式（βουλεύεσθαι）。ὑμῶν αὐτῶν, of yourselves。ὑμᾶς αὐτούς, yourselves。οἱ δέ, but they（见前文 1.24.5 笺释）。σφᾶς αὐτούς, themselves。

38.4-5［笺释］ταύτην ... τὴν ἡμέραν καὶ τὴν ... νύκτα，表时间的宾格，表示贯穿该时间段。τῇ ... ὑστεραίᾳ（ἡμέρᾳ）。τἆλλα = τὰ ἄλλα，定冠词 + 形容词 = 名词。ὡς ἐς ...，表真正意图（GG § 2996）。οἱ πάντες，定冠词 + 形容词 = 名词。ἀποδέοντες 跟属格（ὀκτὼ（ὁπλιτῶν））。οἱ ... ἄλλοι，定冠词 + 形容词 = 名词。

39.1-3［笺释］ὁ ξύμπας χρόνος。ὅσον, so far as，用作副词。οἱ ἄνδρες οἱ ἐν τῇ νήσῳ，重复定冠词结构。αἷς，关系代词，其先行词是 εἴκοσιν ἡμέρας。τὰς ... ἄλλας（ἡμέρας），表时间的宾格，表示贯穿该时间段。τοῖς ἐσπλέουσι，定冠词 + 分词 = 名词。ἤ, than。μὲν δή，表总结和转折（GG § 2900）。καίπερ 跟分词（οὖσα）。

40.1-2［笺释］δή，表强调。τῶν κατὰ τὸν πόλεμον，定冠词 + 介词短语 = 名词。ἠξίουν + 宾格（τοὺς ... Λακεδαιμονίους）+ 不定式（παραδοῦναι）。ὡς, as，"洛布本"作 ἕως，更容易理解。ἐδύναντο 跟不定式（ἀποθνῄσκειν）。ἀπιστοῦντές + μή + 宾格（τοὺς παραδόντας）+ 不定式（εἶναι）。τοὺς παραδόντας 和 τοῖς τεθνεῶσιν，定冠词 + 分词 = 名词。τινος ἐρομένου，独立属格结构。τῶν ... αἰχμαλώτων，定冠词 + 形容词 = 名词。εἰ, whether。οἱ τεθνεῶτες，定冠词 + 分词 = 名词。κἀγαθοί = καὶ ἀγαθοί。ἀπεκρίνατο + 与格（αὐτῷ）+ 不定式（εἶναι）。τὸν ἄπρακτον 作不定式 εἶναι 的主语。λέγων, meaning。ὅτι, that。ὁ ἐντυγχάνων，定冠词 + 分词 = 名词。

41.1-2［笺释］κομισθέντων ... τῶν ἀνδρῶν，独立属格结构。ἐβούλευσαν 跟不定式（φυλάσσειν 和 ἀποκτεῖναι）。μέχρι οὗ, "直到"。τι，用作副词, in any degree。ἤν = ἐάν。ὡς ἐς πατρίδα ταύτην = ἐς ταύτην ὡς ἐς πατρίδα。ὡς, as。τοὺς ἐπιτηδειοτάτους，定冠词 + 形容词 = 名词。πλεῖστα，用作副词。

41.3-4［笺释］ἀμαθεῖς 跟属格（λῃστείας 和 τοῦ ... πολέμου）。τῶν ... Εἱλώτων αὐτομολούντων，独立属格结构。φοβούμενοι 跟虚拟语气（νεωτερισθῇ），μή 为赘词。τι，宾格, anything。τῶν κατὰ τὴν χώραν，定冠词 + 介词短语 = 名词，修饰 τι。

καίπερ 跟分词（βουλόμενοι）。βουλόμενοι 跟不定式（εἶναι）。παρ' αὐτοὺς，"去他们那里"。ἐπειρῶντο 跟不定式（κομίζεσθαι）。τήν ... Πύλον καὶ τοὺς ἄνδρας 作不定式 κομίζεσθαι 的宾语。οἱ δὲ，but they（见前文 1.24.5 笺释）。ὠρέγοντο 跟属格（μειζόνων）。(αὐτῶν) φοιτώντων，独立属格结构。τὰ ... γενόμενα，定冠词 + 分词 = 名词。

42.1–4［笺释］τοῦ ... θέρους，表时间的属格，表示在该时间段内。μεταξὺ ... τε καὶ ...，跟属格（Χερσονήσου 和 Ῥείτου），between … and …。οὗ，关系代词，其先行词是 τὸν αἰγιαλὸν。ὃν，关系代词，其先行词是 ὁ ... λόφος。τὸ πάλαι，"古时候"。αὐτοῦ 指 ὁ ... λόφος。ἀπέχει + 属格（这里用的是 ἀπὸ ...）+ 宾格（δώδεκα σταδίους, ἑξήκοντα (σταδίους) 和 εἴκοσι (σταδίους)），"距离某地多少里程"。ὅτι，that。ἐκ πλείονος，from some time back，"早就"。πλὴν 跟属格（τῶν ἔξω Ἰσθμοῦ，定冠词 + 介词短语 = 名词）和句子。οἱ ... ἄλλοι，定冠词 + 形容词 = 名词，与地峡之外的军队等相对。οἷ，"到那里"。ὡς，when。νυκτός，表时间的属格，表示在该时间段内。τοὺς ἡμίσεις，定冠词 + 形容词 = 名词。ἢν ἄρα，"万一"。

43.1–5［笺释］ὁ ἕτερος，定冠词 + 形容词 = 名词。οἱ παρόντες，定冠词 + 分词 = 名词。τοῖς ἄλλοις，定冠词 + 形容词 = 名词。πρῶτα μὲν ... ἔπειτα δὲ ...。ἀποβεβηκότι 与τῷ ... κέρᾳ 配合。τῷ ἄλλῳ，定冠词 + 形容词 = 名词。οἱ δὲ，but they（见前文 1.24.5 笺释）。δεξαμένων ... τῶν Ἀθηναίων，独立属格结构。οἵ，定冠词，跟前倾词（τε），故加了高调符号。ᾧ，关系代词，其先行词是 τὸ ... κέρας。ἤλπιζον + 宾格（αὐτοὺς）+ 不定式（πειράσειν）。

44.1–6［笺释］χρόνον ... πολὺν，表时间的宾格，表示贯穿该时间段。τῶν ἑτέρων ... ἐχόντων ...，独立属格结构。οἱ πλεῖστοι，定冠词 + 形容词 = 名词。φυγῆς γενομένης，独立属格结构。τὰ μετέωρα，定冠词 + 形容词 = 名词。ὡς，when。αὐτοῖς，指雅典人。τοῖς ... ἡμίσεσι，定冠词 + 形容词 = 名词。οἵ，关系代词，其先行词是 τοῖς ... ἡμίσεσι。μὴ 跟不定过去时虚拟语气（πλεύσωσι），"禁止性虚拟语气"（Prohibitive subjunctive）（GG § 1800）。ὡς，when。τὸ γεγενημένον，定冠词 + 分词 = 名词。νομίσαντες + 宾格（βοήθειαν）+ 不定式（ἐπιέναι）。πλὴν 跟属格（δυοῖν，双数）。οὓς，关系代词，其先行词是 δυοῖν。δυνάμενοι 跟不定式（εὑρεῖν）。οὓς，关系代词，其先行词是（τοὺς νεκροὺς）。ὀλίγῳ 跟比较级（ἐλάσσους）（GG § 1514）。

45.1–2［笺释］αὐθημερὸν，副词。ἀπεῖχει + 属格（τῆς πόλεως）+ 宾格（σταδίους），"距离某地多少里程"。τὴν νύκτα 和 τὸν ... χρόνον，表时间的宾格，表示贯穿该时间段。τῇ ... ὑστεραίᾳ (ἡμέρᾳ)。τὴν μεταξὺ ... καὶ ... Μέθανα。

46.1–2［笺释］ὃν，关系代词，其先行词是 τὸν ... χρόνον。τῶν ἐκ τῆς πόλεως，定

冠词 + 介词短语 = 名词。τοὺς ... καθιδρυμένους，定冠词 + 分词 = 名词。οἵ，关系代词，其先行词是 τοὺς ... καθιδρυμένους。ἐκράτουν 跟属格（τῆς γῆς）。πολλά，用作副词。τι，some。ξυνέβησαν + ὥστε + 不定式（παραδοῦναι 和 διαγνῶναι）。τὸν ... δῆμον 作不定式 διαγνῶναι 的主语。παραδόντων 分词与 σφῶν 配合。

46.3–5［笺释］τὴν νῆσον ... τὴν Πτυχίαν，重复定冠词结构。ὑποσπόνδους 与 αὐτοὺς 配合。μέχρι οὗ，"直到"。ὥστ᾽ 跟不定式（λελύσθαι），表结果。τὰς σπονδάς 作不定式 λελύσθαι 的主语。δεδιότες 跟虚拟语气（ἀποκτείνωσι），μὴ 为赘词。τοὺς ἐλθόντας，定冠词 + 分词 = 名词。τι，a。τῶν ἐν τῇ νήσῳ，定冠词 + 介词短语 = 名词。διδάξαντες 跟不定式（λέγειν）。ὡς，as。δή，表强调。λέγειν 跟不定式（ἑτοιμάσειν 和 μέλλειν）。αὐτοὶ 修饰不定式 ἑτοιμάσειν 的主语（GG § 1973a）。ὅτι，that。εἴη κράτιστον 跟不定式（ἀποδρᾶναι）。ὡς τάχιστα，"尽快"。μέλλειν 跟不定式（παραδώσειν）。τοὺς στρατηγοὺς 作不定式 μέλλειν 的主语。

47.1–3［笺释］ὡς，when。(αὐτῶν) μηχανησαμένων，独立属格结构，这里的 αὐτῶν 指阴谋设计者。οἱ πάντες，定冠词 + 形容词 = 名词。ξυνελάβοντο 跟属格（τοῦ τοιούτου），contributed to ...。τοῦ τοιούτου，定冠词 + 形容词 = 名词。ἥκιστα，用作副词。ὥστε + 宾格（τὴν πρόφασιν 和 τοὺς τεχνησαμένους）+ 不定式（γενέσθαι 和 ἐγχειρῆσαι），表结果。ἀδεέστερον，用作副词。κατάδηλοι 跟不定式（βούλεσθαι）。βούλεσθαι 跟宾语（τοὺς ἄνδρας）和不定式（προσποιῆσαι）。κομισθέντας 与 τοὺς ἄνδρας 配合。τοῖς ἄγουσι，定冠词 + 分词 = 名词。δυοῖν στοίχοιν，属格、双数。ὁπλιτῶν 修饰 δυοῖν στοίχοιν。τῶν παρατεταγμένων，定冠词 + 分词 = 名词。εἴ πού τίς τινα，前三个单词后面都有前倾词（που，τις 和 τινα），故都加了高调符号。ἐπετάχυνον τῆς ὁδοῦ + 宾格（τοὺς ... προϊόντας），"催促某人上路"。σχολαίτερον，用作副词。

48.1–6［笺释］ᾤοντο 跟不定式（ἄγειν）。αὐτοὺς 作不定式 ἄγειν 的宾语。ὡς，when。ἐκέλευον + 宾格（σφᾶς）+ 不定式（διαφθείρειν）。ἤθελον 跟不定式（ἐξιέναι）。οὐδ᾽ ... οὐδένα，两个复合否定词连用，后者强调前者，仍表否定（GG § 2761）。ἔφασαν 跟不定式（περιόψεσθαι）。περιόψεσθαι + 宾格（οὐδένα）+ 不定式（ἐσιέναι）。διενοοῦντο 跟不定式（βιάζεσθαι）。οἱ δέ，but they（见前文 1.24.5 笺释）。ὡς，as。οἱ πολλοί，定冠词 + 形容词 = 名词。σφᾶς αὐτούς，themselves。οὕς，关系代词，其先行词是 οἰστούς。αἵ，关系代词，其先行词是 κλινῶν。ἔτυχον 跟分词（ἐνοῦσαι）。τὸ πολύ，定冠词 + 形容词 = 名词。σφᾶς αὐτούς，同上。τῶν ἄνω，定冠词 + 副词 = 名词。ἔξω 跟属格（τῆς πόλεως）。ὅσαι，关系形容词（或关联代词），其先行词 τοσαύτας 被吸收，且被吸引到关系形容词（或关联代词）的格（主格）（GG § § 2537, 2538）。ὅσα γε κατά ...，at least so far as relates to …。τῶν ἑτέρων，定冠词 + 形容词 = 名词，修饰 ὅτι。ὅτι，"洛布本"和阿尔伯蒂的校勘本作 ὅ τι，anything which。καὶ，even（CGCG § 59.56）。ἵναπερ，副词，to what place。

49.［笺释］τελευτῶντος τοῦ θέρους，独立属格结构。ἣ，关系代词，其先行词是 πόλιν。οἰκήτορας，古代笺注作 οἰκήτορες，即 (ὄντες) οἰκήτορες。

50.1–3［笺释］τοῦ … χειμῶνος，表时间的属格，表示在该时间段内。αἱ，关系代词，其先行词是 τῶν … νεῶν。παρὰ 跟属格（人）（βασιλέως），issuing from。βασιλέως 不带定冠词，一般指波斯国王。τῇ ἐπὶ Στρυμόνι，定冠词 + 介词短语 = 名词。αὐτοῦ κομισθέντος，独立属格结构。αἷς，关系代词，其先行词是 τὰς … ἐπιστολάς。πολλῶν … γεγραμμένων，独立属格结构。τὰς … ἐπιστολὰς 的具体内容用不定式（γιγνώσκειν、λέγειν 和 πέμψαι）表达（参考：动词 ἐπιστέλλω 跟不定式）。ὅτι，"洛布本"和阿尔伯蒂的校勘本作 ὅ τι，anything which。… ἐλθόντων πρέσβεων，独立属格结构。οὐδένα 作不定式 λέγειν 的主语。ταῦτα = τὰ αὐτά。βούλονται 跟不定式（λέγειν）。τι，宾格，anything。ὡς 跟宾格（人）（αὐτόν），"到某人那里去"。οἳ，关系代词，其先行词是 τὸν … Ἀρταφέρνην 和 πρέσβεις。

51.［笺释］τοῦ … χειμῶνος，表时间的属格，表示在该时间段内。τὸ τεῖχος … τὸ καινὸν，重复定冠词结构。κελευσάντων Ἀθηναίων καὶ ὑποπτευσάντων，独立属格结构。ὑποπτευσάντων 跟不定式（νεωτεριεῖν）。τι，宾格，anything。ἐς αὐτούς，against them。πίστεις 跟不定式（βουλεύσειν）。νεώτερον，用作副词。ἐκ τῶν δυνατῶν，"尽他们之所能"。τῷδε 指 ὁ χειμών。ὃν，关系代词，其先行词是 τῷ πολέμῳ。ἔβδομον ἔτος τῷ πολέμῳ，"这场战争的第 7 年"。

52.1–3［笺释］τοῦ … θέρους，表时间的属格，表示在该时间段内。τι，a，a certain。τοῦ … μηνὸς ἱσταμένου，独立属格结构。οἱ πολλοί，定冠词 + 形容词 = 名词。προδοσίας γεγνομένης，独立属格结构。整理词序：… ἡ αὐτῶν διάνοια ἦν ἐλευθεροῦν τάς … πόλεις … καὶ πάντων μάλιστα τὴν Ἄντανδρον。τάς … πόλεις τὰς Ἀκταίας，重复定冠词结构。ἃς，关系代词，其先行词是 τάς … πόλεις。Μυτιληναίων νεμομένων，独立属格结构。ἦν εὐπορία 跟不定式（ποιεῖσθαι）。ναῦς 作不定式 ποιεῖσθαι 的宾语。ξύλων ὑπαρχόντων 和 τῆς Ἴδης ἐπικειμένης，独立属格结构。ῥᾳδίως 跟不定式（κακώσειν 和 χειρώσεσθαι）。τὰ … πολίσματα 作不定式 χειρώσεσθαι 的宾语。οἱ μέν，οἱ 作指示代词（GG § 1106）。ἔμελλον 跟不定式（παρασκευάζεσθαι）。ταῦτα 作不定式 παρασκευάζεσθαι 的宾语。

53.1–3［笺释］ἐστρατήγει 跟属格（αὐτῶν）。ὁ Νικηράτου、ὁ Διειτρέφους 和 ὁ Τολμαίου，定冠词 + 属格 = 名词。τὰ … Κύθηρα，此地名是复数，但作为一个地点又

是单数。κατά, against。整理词序：προσβολή ἦν αὐτοῖς。ἧσσον, less likely, 用作副词。ᾗπερ, 关系副词, where。οἷόν τε 跟不定式（κακουργεῖσθαι）。

54.1–4［笺释］τὰ ... τετραμμένα, 定冠词 + 形容词 = 名词。τῆς νήσου, 修饰 τὰ ... τετραμμένα。εὐθύς, already。μάχης γενομένης, 独立属格结构。ὀλίγον ... τινα χρόνον, 表时间的宾格, 表示贯穿该时间段。ξυνέβησαν 跟不定式（ἐπιτρέψαι）。τοὺς ξυνάρχοντας, 定冠词 + 分词 = 名词。πλήν 跟属格（θανάτου）。整理词序：τινες λόγοι ἦσαν τῷ Νικίᾳ ... πρός τινας ...。ὅ, 自主关系代词, 指前文所说的情况, that。θᾶσσον 和 ἐπιτηδειότερον, 用作副词。τὸ παραυτίκα 和 τὸ ἔπειτα, 定冠词 + 副词 = 名词, 用作副词, "在……方面"。τὰ τῆς ὁμολογίας, 定冠词 + 属格 = 名词。τῆς νήσου ... ἐπικειμένης, 独立属格结构。τὰ πλεῖστα, 定冠词 + 形容词 = 名词。οὗ, 关系副词, wherever。ἑπτά ἡμέρας, 表时间的宾格, 表示贯穿该时间段。μάλιστα, "将近"。

55.1［笺释］προσδεχόμενοι 跟不定式（ποιήσεσθαι）。πλῆθος, 中性、宾格, 用作副词, "在……方面"。ὡς, as。τὰ ἄλλα, 定冠词 + 形容词 = 名词, 用作副词, "在其他方面"（与刚提及的措施相比）, "全面地"。φοβούμενοι 跟虚拟语气（γένηται）, μή 为赘词。τι, 主格, anything, τῶν περὶ τὴν κατάστασιν, 定冠词 + 介词短语 = 名词, 修饰 τι。γεγενημένου ... τοῦ ... πάθους, ... Πύλου ... ἐχομένης καὶ Κυθήρων 和 ... περιεστῶτος πολέμου ..., 均为独立属格结构。σφᾶς 作分词 περιεστῶτος 的宾语。

55.2［笺释］ὥστε, 表总结, and so。τὸ εἰωθός, 定冠词 + 分词 = 名词。ἔς 跟前倾词（τε）, 故加了高调符号, "关于……""在……方面"。τὰ πολεμικά, 定冠词 + 形容词 = 名词。εἴπερ 跟前倾词（ποτέ）, 故加了高调符号, if (ever)。μάλιστα δή, "极为"。ξυνεστῶτες, being involved。τούτῳ 指 ναυτικῷ ἀγῶνι。οἷς, 关系代词, 其先行词是 Ἀθηναίους。τὸ ... ἐπιχειρούμενον, 定冠词 + 分词 = 名词, ... to attempt a thing。ἐλλιπὲς 跟属格（τῆς δοκήσεώς）。δοκήσεως 跟不定式（πράξειν）。τι, anything, 作 πράξειν 的宾语。

55.3–4［笺释］τὰ τῆς τύχης, 定冠词 + 属格 = 名词。ἐδέδισαν 跟虚拟语气（περιτύχῃ）, μή 为赘词。οἷα, such as。ὅτι, "洛布本"和阿尔伯蒂的校勘本作 ὅ τι, anything which, 作 κινήσειαν 的宾语。πᾶν ὅ τι, whatever。ᾤοντο 跟不定式（ἁμαρτήσεσθαι）。τὸ ... γεγενῆσθαι, 定冠词 + 不定式 = 名词。τὴν γνώμην 作不定式 γεγενῆσθαι 的主语。τοῦ κακοπραγεῖν, 定冠词 + 不定式 = 名词。修饰 τῆς ... ἀηθείας。

56.1–2［笺释］τὴν παραθαλάσσιον, 定冠词 + 形容词 = 名词。τὰ ... πολλά, 定冠词 + 形容词 = 名词, 用作副词, "通常"。ὡς, when。ἐλάσσους, 形容词比较级、主格。ἡγούμενοι 跟不定式（εἶναι）。τῷ τοιούτῳ, 定冠词 + 形容词 = 名词。ᾗπερ, 关系

代词，其先行词是 φρουρά。τῶν ... ὁπλιτῶν δεξαμένων，独立属格结构。ἥ，关系代词，其先行词是 Θυρέαν。ἔδοσαν 跟不定式 (ἐνοικεῖν)。διά 跟宾格 (τὰς ... εὐεργεσίας)。ὑπὸ 跟宾格 (τὸν ... σεισμὸν 和 τὴν ἐπανάστασιν)。ὅτι，"因为"。ὑπακούοντες 跟属格 (Ἀθηναίων)。

57.1-2[笺释] προσπλεόντων ... τῶν Ἀθηναίων，独立属格结构。ὅ，关系代词，其先行词是 τὸ ... τεῖχος。ἔτυχον 跟分词 (οἰκοδομοῦντες)。ἥ，关系代词，其先行词是 τὴν ... πόλιν。ἀπέχουσαν + 属格 (τῆς θαλάσσης) + 宾格 (σταδίους)，"距离某地多少里程"。τῶν Λακεδαιμονίων ... τῶν περὶ τὴν χώραν，重复定冠词结构。ᾗπερ, where。ἠθέλησαν 跟不定式 (ξυνεσελθεῖν)。δεομένων τῶν Αἰγινητῶν，独立属格结构。ἐφαίνετο 跟不定式 (κατακλῄεσθαι)。τὰ μετέωρα，定冠词 + 形容词 = 名词。ὡς, since。ἐνόμιζον 跟不定式 (εἶναι)。

57.3-4[笺释] τὰ ἐνόντα 和 τὸν ἄρχοντα，定冠词 + 分词 = 名词。ὅσοι，关系形容词（或关联代词），其先行词 τοσούτους 被吸收，且被吸引到关系形容词（或关联代词）的格（主格）(GG §§ 2537, 2538)。ὅς，关系代词，其先行词是 τὸν ἄρχοντα。τὸν Πατροκλέους，定冠词 + 属格 = 名词。οὕς，关系代词，其先行词是 ἄνδρας。ἐδόκει + 宾格 (οὕς) + 不定式 (μεταστῆσαι)。ἕνεκα 跟属格 (ἀσφαλείας)。ἐβουλεύσαντο 跟不定式 (καταθέσθαι, φέρειν, ἀποκτεῖναι 和 καταδῆσαι)。τούτους 作不定式 καταθέσθαι 的宾语。τοὺς ... Κυθηρίους 作不定式 φέρειν 的主语。οἰκοῦντας 与 τοὺς ... Κυθηρίους 配合。τὴν ἑαυτῶν，定冠词 + 属格 = 名词，作 οἰκοῦντας 的宾语。τοὺς ἄλλους τοὺς ... Λακεδαιμονίους，重复定冠词结构。

58.[笺释] τοῦ ... θέρους，表时间的属格，表示在该时间段内。πρέσβεις 是 οἱ ... Σικελιῶται 的同位语。εἴ 跟前倾词 (πως)，故加了高调符号。(αὐτῶν) διαφερομένων καὶ ἀξιούντων，独立属格结构。ὡς ἕκαστοι, each by themselves。ἐνόμιζον 跟不定式 (ἐλασσοῦσθαι)。τι，用作副词，"在某种程度上"。ὁ Ἕρμωνος，定冠词 + 属格 = 名词。ὅσπερ，关系代词，其先行词是 Ἑρμοκράτης。τὸ κοινόν，定冠词 + 形容词 = 名词。最后一句有学者主张断句如下：... ἔπεισε μάλιστα αὐτούς ἐς τὸ κοινόν ...，即去掉中间的逗号。①

59.1[笺释] ὧν πόλεως, (I) being of city ...，这里的属格表归属。ἐλαχίστης 和 πονουμένης 都与 πόλεως 配合。ἐς κοινόν，"为了公共的（利益）"。δοκοῦσάν + 与格 (μοι) + 不定式 (εἶναι)。δοκοῦσάν 与 τὴν ... γνώμην 配合。

59.2[笺释] 第一句主干：τί τις ἂν μακρηγοροίη。τοῦ πολεμεῖν，定冠词 + 不定

---

① 参见霍氏《评注》，第 4 卷，页 222。

式 = 名词。ὡς χαλεπόν, what a grievous thing it is。τὸν ἐνόν, 定冠词 + 分词 = 名词, that it involves。ἐκλέγων, 这里是意思是 pronouncing, 而不是 choosing。ἐν 跟与格 (εἰδόσι), in the presence of。οὐδεὶς ... οὔτε ... οὔτε, 多个复合否定词连用, 后者 (两个) 强调前者, 仍表否定 (GG § 2761)。ἀναγκάζεται 跟不定式 (δρᾶν)。αὐτὸ 作不定式 δρᾶν 的宾语。οἴηταί 跟不定式 (σχήσειν)。τι, 宾格, anything。ξυμβαίνει + 与格 (τοῖς μὲν) + 不定式 (φαίνεσθαι)。τοῖς μὲν ... οἱ δὲ ..., to one side ... but the othe side ..., τοῖς 和 οἱ 均作指示代词 (GG § 1106), μὲν ... δὲ ... 表对照。τὰ κέρδη 作不定式 φαίνεσθαι 的主语。μείζω, 形容词比较级, 跟属格 (τῶν δεινῶν, 定冠词 + 形容词 = 名词), 表比较。ἐθέλουσιν 跟不定式 (ὑφίστασθαι)。τοὺς κινδύνους 作不定式 ὑφίστασθαι 的宾语。πρὸ 跟属格 (τοῦ ... ἐλασσοῦσθαι, 定冠词 + 不定式 = 名词)。τι, 宾格, anything, 作不定式 ἐλασσοῦσθαι 的主语。

59.3–4 [笺释] τύχοιεν 跟分词 (πράσσοντες)。αὐτὰ ... ταῦτα, these themselves, these very points, 作分词 πράσσοντες 的宾语。整理词序: ὃ ἄξιον πλείστου γένοιτο ἡμῖν ...。ὅ, 自主关系代词, 指前文所说的情况。τῷ παρόντι, 定冠词 + 分词 = 名词。πειθομένοις 与 ἡμῖν 配合。βουλευόμενοι 跟不定式 (θέσθαι)。δή, 表强调, 这里语带讽刺。εὖ 修饰 θέσθαι。τὰ ... ἴδια, 定冠词 + 形容词 = 名词, 作不定式 θέσθαι 的宾语。τό ... πρῶτον, "起初"。πειρώμεθα 跟不定式 (καταλλαγῆναι)。ἢν ἄρα, "万一"。ἴσον, 用作副词, alike, equally, his just due, 跟与格 (ἑκάστῳ)。ἔχοντι 与 ἑκάστῳ 配合, 跟不定式 (ἀπελθεῖν), being able to。

60.1 [笺释] 整理词序: χρὴ γνῶναι ὅτι ... ἡ ξύνοδος ἔσται οὐ περὶ τῶν ἰδίων ... ἀλλ' εἰ δυνησόμεθα ἔτι διασῶσαι τὴν ... Σικελίαν ... ἐπιβουλευομένην ὑπ' Ἀθηναίων ... νομίσαι Ἀθηναίους διαλλακτάς。χρὴ 跟不定式 (γνῶναι 和 νομίσαι)。ὅτι, that。τῶν ἰδίων, 定冠词 + 形容词 = 名词。εἰ, whether。ὡς, as。δυνησόμεθα 跟不定式 (διασῶσαι)。ἐπιβουλευομένην 与 τὴν ... Σικελίαν 配合。νομίσαι 跟双宾格 (Ἀθηναίους 和 διαλλακτάς) (CGCG § 30.10)。ἀναγκαιοτέρους, 形容词比较级, 跟属格 (τῶν ... λόγων), 表比较, 与 διαλλακτάς 配合。πολὺ, 用作副词, "更"。περὶ τῶνδε, "关于这些"。οἳ, 关系代词, 其先行词是 Ἀθηναίους。ξυμμαχίας, 单数、属格, 修饰 ὀνόματι。整理词序: ... καθίστανται τὸ φύσει πολέμιον ἐς τὸ ξυμφέρον ...。τὸ ... πολέμιον 和 τὸ ξυμφέρον, 定冠词 + 形容词 = 名词。

60.2 [笺释] ... αἰρομένων ἡμῶν ... ἐπαγομένων ... ποιούντων ... προκοπτόντων ..., 独立属格结构。οἳ, 关系代词, 其先行词是 ἄνδρας。τοῖς ... ἐπικαλουμένοις, 定冠词 + 分词 = 名词, 与 ἐπιστρατεύουσι 连读。ἡμᾶς αὐτούς, "我们自己"。τοῖς οἰκείοις, 定冠

词 + 形容词 = 名词。προκοπτόντων 跟属格（τῆς ἀρχῆς）。εἰκός + 宾格（αὐτοὺς）+ 不定式（πειράσασθαι）。πειράσασθαι 跟不定式（ποιεῖσθαι）。ἐλθόντας 与 αὐτοὺς 配合。τάδε 作不定式 ποιεῖσθαι 的宾语。

61.1［笺释］χρὴ + 宾格（ἑκάστους）+ 不定式（ἐπάγεσθαι, προσλαμβάνειν 和 νομίσαι）。τῇ ἐμαυτῶν，定冠词 + 属格 = 名词，"为了自己的（城邦）"。τὰ ... προσήκοντα，定冠词 + 分词 = 名词。μᾶλλον ἤ ...，rather than ...。τὰ ἑτοῖμα，定冠词 + 形容词 = 名词。ἐπικτωμένους 和 βλάπτοντας 与 ἑκάστους 配合。νομίσαι + 宾格（στάσιν）+ 不定式（φθείρειν）。ἧς，关系代词，其先行词是 τὴν Σικελίαν，of which。οἱ ἔνοικοι，定冠词 + 形容词 = 名词。κατὰ πόλεις，city by city。

61.2［笺释］χρὴ + 宾格（ἡμᾶς，省略）+ 不定式（καταλλαγῆναι, πειρᾶσθαι 和 παρεστάναι）。ἅ，自主关系代词，指上句所说的情况，作 γνόντας 的宾语。γνόντας 与省略了的 ἡμᾶς 配合。ἰδιώτην 和 πόλιν 作不定式 καταλλαγῆναι 的主语。πειρᾶσθαι 跟不定式（σῴζειν）。παρεστάναι，to come into one's head, occur to。μηδενί，to nobody。ὡς，that。ἡμῶν 修饰 οἱ ... Δωριῆς。οἱ ... Δωριῆς ... (εἰσί) πολέμιοι ... , τὸ ... Χαλκιδικὸν (ἐστίν) ἀσφαλές ...。

61.3-4［笺释］τοῖς ἔθνεσιν，"在种族方面"。ὅτι，since。πέφυκε 的主语是 ἡ Σικελία。τοῦ ἑτέρου，定冠词 + 形容词 = 名词，修饰 ἔχθει。ἐφιέμενοι 跟属格（τῶν ... ἀγαθῶν，定冠词 + 形容词 = 名词）。ἅ，关系代词，其先行词是 τῶν ... ἀγαθῶν。τοῖς ... προσβοηθήσασιν，定冠词 + 分词 = 名词。σφίσι，to them，指雅典人。αὐτοὶ，"（雅典人）自己"。τὸ δίκαιον，定冠词 + 形容词 = 名词。μᾶλλον，副词比较级，跟属格（τῆς ξυνθήκης），表比较。

61.5［笺释］ξυγγνώμη (ἐστί) 跟不定式（πλεονεκτεῖν 和 προνοεῖσθαι）。τοὺς ... Ἀθηναίους 作不定式 πλεονεκτεῖν 和 προνοεῖσθαι 的主语。ταῦτα 作不定式 πλεονεκτεῖν 的宾语。μέμφομαι 跟与格（τοῖς ... βουλομένοις 和 τοῖς ... οὖσιν ... ）。βουλομένοις 跟不定式（ἄρχειν）。οὖσιν ἑτοιμοτέροις 跟不定式（ὑπακούειν）。πέφυκε 跟不定式（ἄρχειν 和 φυλάσσεσθαι）。ἄρχειν 跟属格（τοῦ εἴκοντος，定冠词 + 分词 = 名词）。τὸ ἐπιόν，定冠词 + 分词 = 名词，作不定式 φυλάσσεσθαι 的宾语。

61.6-7［笺释］ὅσοι = εἴ τινες。αὐτὰ，all this。μηδὲ ... τις ... ἥκει = εἴ τις ἥκει μη ...。... κρίνας τοῦτό πρεσβύτατον ...。不定式 θέσθαι 作 τοῦτό 的同位语（GG § 1987）。ἅπαντας 与省略了的 ἡμᾶς 配合（ἡμᾶς 作不定式 θέσθαι 的主语）。τὸ ... φοβερόν，定冠词 + 形容词 = 名词，作不定式 θέσθαι 的宾语。αὐτοῦ 指 τὸ ... φοβερόν。τῆς αὑτῶν (γῆς)。τῆς τῶν ἐπικαλεσαμένων (γῆς)。最后一句整理词序：... οὐ πόλεμος (παύεται) πολέμῳ, διαφοραὶ παύονται εἰρήνῃ …。 οἵ, 定冠词, 跟前倾词（τ' = τε）, 故加了高调符号。 οἱ … ἐπίκλητοι … ἄδικοι, 定冠词 + 形容词 = 名词。

62.1-2［笺释］整理词序: τὸ … ἀγαθὸν (ἡμῖν) εὑρίσκεται。 βουλευομένοις 与省略了的 ἡμῖν 配合。 ὁμολογουμένην 与 τὴν … εἰρήνην 配合, 跟不定式（εἶναι）。 ἄριστον, 表语形容词, 这里把 τὴν … εἰρήνην 看作抽象事物, 故 ἄριστον 为中性。 χρὴ 跟不定式（ποιήσασθαι）。 τὴν … εἰρήνην 作不定式 ποιήσασθαι 的宾语。 ἤ, "或者"。 εἴ 跟前倾词（τῳ）, τῴ 跟前倾词（τι）, 故都加了高调符号。 εἴ 跟前倾词（τῳ = τινι）, 故加了高调符号。整理词序:… εἴ τι ἀγαθόν ἐστιν τῴ ἢ εἰ τὰ ἐναντία (ἐστί) τῳ …。 ἔστιν τῳ, "对某人来说是""某人有"。 τι, 主格, anything。 τὰ ἐναντία, 定冠词 + 形容词 = 名词。 δοκεῖτε 跟不定式（παῦσαι, ξυνδιασῶσαι 和 ἔχειν）。 οὐχ … μᾶλλον ἤ …, "不是……而是……"。 ἡσυχίαν 和 πόλεμον 作不定式 παῦσαι 的主语。 τὸ μὲν … τὸ δὲ …, "一个……另一个……", 分别作不定式 παῦσαι 和 ξυνδιασῶσαι 的宾语。 τὴν εἰρήνην 作不定式 ἔχειν 的主语。 ἄλλα … ὅσα, 作 διέλθοι 的宾语。 λόγων 修饰 μήκει。 τοῦ πολεμεῖν, 定冠词 + 不定式 = 名词。 χρὴ + 宾格（ὑμᾶς, 省略）+ 不定式（ὑπεριδεῖν 和 προϊδεῖν）。 σκεψαμένους 与省略了的 ὑμᾶς 配合。 ἅ, 自主关系代词, 作分词 σκεψαμένους 的宾语。 αὑτοῦ, "他自己的"。 αὐτῶν 指 τοὺς … λόγους。

62.3-4［笺释］εἴ 跟前倾词（τις）, 故加了高调符号。 οἴεται 跟不定式（πράξειν）。 τι 作不定式 πράξειν 的宾语, anything。 ἤ … ἤ …, "或者……或者……"。 τῷ δικαίῳ, 定冠词 + 形容词 = 名词。 σφαλλέσθω, 第三人称单数命令语气。 τῷ παρ' ἐλπίδα, 定冠词 + 介词短语 = 名词, "在令人失望的事情上"。 ὅτι, that。 μετιόντες 跟宾格（τοὺς ἀδικοῦντας）。 πλείους 与 τοὺς ἀδικοῦντας 配合。 ἐλπίσαντες 跟不定式（πλεονεκτήσειν）。 οἱ μὲν … τοὺς δὲ … ἔχειν …, 分别对应上文所说的两种人, "他们……那些占有……的人……"。 οὐχ ὅσον … ἀλλ' …, "不仅……而且……"。 ξυνέβη + 宾格（τοὺς … ἔχειν）+ 不定式（προσκαταλιπεῖν）。 τοὺς … ἔχειν, 定冠词 + 不定式 = 名词。 ἀντὶ 跟属格（τοῦ πλέον）, instead of …。 τοῦ πλέον, 定冠词 + 形容词 = 名词。 τὰ αὑτῶν, 定冠词 + 属格 = 名词。 ὅτι, "因为"。两个 καὶ, also, 表连接。 τοῦ μέλλοντος, 定冠词 + 分词 = 名词, 修饰 τὸ … ἀστάθμητον。 ὡς ἐπὶ πλεῖστον, "最大程度地"。 φαίνεται 跟分词（ὄν）。

63.1［笺释］此句主干: ἀποπέμπωμεν τοὺς … πολεμίους, ξυμβῶμεν ἐς ἀίδιον, ἀναβαλώμεθα τὰς … διαφορὰς ἐς αὖθις。 ἀποπέμπωμεν, ξυμβῶμεν 和 ἀναβαλώμεθα, 第一人称复数现在时虚拟语气, 用作命令语气, let us …。整理词序: καὶ νῦν ἐκπλαγέντες κατ' ἀμφότερα, διὰ τὸ … δέος τοῦ ἀφανοῦς τούτου καὶ διὰ τὸ ἤδη †φοβεροὺς παρόντας Ἀθηναίους …。其中后半部分不通, 符号 "†" 表示原文有讹误。阿尔伯蒂的校勘本改为

διὰ τοὺς ἤδη φοβεροὺς παρόντας Ἀθηναίους，可以参考。τὸ ἐλλιπές，定冠词 + 形容词 = 名词，跟属格（τῆς γνώμης），用作副词，"在……方面"；还可以解作不定式 εἰρχθῆναι 的主语。① ἕκαστος τι，有学者认为应作 ἕκαστος τις。② ὧν = τούτων οὕς，οὕς 被其先行词 τούτων 所吸引（attracted），采用了它的格（本应为宾格，却用了属格）（GG §§ 2522, 2538）。τούτων 指 τῆς γνώμης。οὕς 作不定式 πράξειν 的宾语。ᾠήθημεν，异态动词（形式是被动的，意义上是主动的），跟不定式（πράξειν）。νομίσαντες 跟不定式（εἰρχθῆναι）。χρόνον，宾格，用作副词，for a time。ὡς πλεῖστον，as long as possible。αὖθις，"来日"。

63.2［笺释］τὸ ξύμπαν，"总之"。δή，表强调。γνῶμεν，第一人称复数虚拟语气，用作命令语气，let us recognise ...。ἐλευθέραν 修饰 πόλιν。ἧς，关系代词，其先行词是 πόλιν。τὸν ... δρῶντα，定冠词 + 分词 = 名词。τοῦ τιμωρήσασθαι，定冠词 + 不定式 = 名词。τινα，anyone，作不定式 τιμωρήσασθαι 的宾语。τοῖς ἐχθίστοις，定冠词 + 形容词 = 名词。οἷς，自主关系代词，to them。οὐ χρή，"不应该"。κατ' ἀνάγκην，"必然"。

64.1［笺释］ἅπερ，自主关系代词，just that。τῳ = τινι。μᾶλλον ἤ ...，rather than ...。ἀξιῶ 跟不定式（ξυγχωρεῖν，δρᾶν 和 ἡγεῖσθαι）。προϊδόμενος 跟属格（αὐτῶν）。τοὺς ἐναντίους，定冠词 + 形容词 = 名词。ὥστε 跟不定式（βλάπτεσθαι），表结果。τὰ πλείω，定冠词 + 形容词 = 名词，用作副词。ἡγεῖσθαι 跟不定式（εἶναι 和 ἡσσᾶσθαι）。τῆς ... γνώμης 和 τύχης 修饰 αὐτοκράτωρ。ἄρχω 跟属格（ἧς）。ἧς，关系代词，其先行词是 τύχης。ὅσον εἰκός，all reasonable。

64.2–3［笺释］δικαιῶ + 宾格（τοὺς ἄλλους）+ 不定式（ποιῆσαι 和 παθεῖν）。ταὐτό μοι = τὸ αὐτὸ μοι。ὑμῶν αὐτῶν，"你们自己的"。τῶν πολεμίων，定冠词 + 形容词 = 名词。αἰσχρὸν (ἐστίν) 跟不定式（ἡσσᾶσθαι）。ἡσσᾶσθαι 跟属格（οἰκείων，Δωριῶς 和 τῶν ξυγγενῶν）。οἰκείους，Δωριᾶ τινὰ 和 Χαλκιδέα 作不定式 ἡσσᾶσθαι 的主语。τῶν ξυγγενῶν，定冠词 + 形容词 = 名词。ἤ ... ἤ ...，"或者……或者……"。τὸ ... ξύμπαν，定冠词 + 形容词 = 名词，用作副词，"全部"。ὄντας 与 οἰκείους 配合。οἵ，指示代词（GG § 1114），指上文的 οἰκείους，实际上就是"我们"。γε，at least。χρώμενοι 跟与格（λόγοις）。καθ' ἡμᾶς αὐτούς，"在我们中间"。

64.4–5［笺释］τοὺς ... ἀλλοφύλους，定冠词 + 形容词 = 名词，作 ἀμυνούμεθα 的宾语。εἴπερ，if really。καθ' ἑκάστους，"（我们）每一个"。τὸ λοιπόν，定冠词 + 形容

---

① 参见戈姆《评注》，第 3 卷，页 518。
② 参见戈姆《评注》，第 3 卷，页 518。

词 = 名词。ἕν 跟前倾词（τε），故加了高调符号。τῷ παρόντι，定冠词 + 分词 = 名词。στερήσομεν + 宾格（τὴν Σικελίαν）+ 属格（δυοῖν ἀγαθοῖν，双数），"剥夺某人（地）某物"。ἀγαθοῖν 跟不定式（ἀπαλλαγῆναι）。ἀπαλλαγῆναι 跟属格（Ἀθηναίων 和 πολέμου）。τὸ ἔπειτα，定冠词 + 副词 = 名词。καθ' ἡμᾶς αὐτοὺς，by ourselves。ἧσσον，用作副词。ἐπιβουλευομένην 与 ἐλευθέραν (γῆν) 配合。

65.1–2［笺释］τοῦ Ἑρμοκράτους εἰπόντος，独立属格结构。κατὰ σφᾶς αὐτοὺς，"在他们中间"。γνώμη + ὥστε + 不定式（ἀπαλλάσσεσθαι 和 εἶναι）。ἀπαλλάσσεσθαι 跟属格（τοῦ πολέμου）。ἃ，自主关系代词，whatever。Μοργαντίνην 作不定式 εἶναι 的主语。分词 ἀποδοῦσιν 与 τοῖς ... Καμαριναίοις 配合。τοὺς ... ὄντας，定冠词 + 分词 = 名词。ὅτι，that。κἀκείνοις = καὶ ἐκείνοις，they on their part，这里 καὶ 用作副词（GG § 2882）。ἐπαινεσάντων ... αὐτῶν，独立属格结构。

65.3–4［笺释］τοὺς μὲν ...，τοὺς 作指示代词（GG § 1106）。μὲν ... δὲ ...，表对照。ἐπράξαντο 跟双宾格（τὸν ... Εὐρυμέδοντα 和 χρήματα）（CGCG § 30.9）。ὡς，"因为"。ἐξὸν + 与格（αὐτοῖς）+ 不定式（καταστρέψασθαι）。τὰ ἐν Σικελίᾳ，定冠词 + 介词短语 = 名词，作不定式 καταστρέψασθαι 的宾语。χρώμενοι 跟与格（τῇ ... εὐτυχίᾳ）。ἠξίουν 跟不定式（ἐναντιοῦσθαι 和 κατεργάζεσθαι）。τὰ δυνατὰ 和 τὰ ἀπορώτερα，定冠词 + 形容词 = 名词，作不定式 κατεργάζεσθαι 的宾语。最后一句主干：ἡ ... εὐπραγία ἦν αἰτία。τῶν πλεόνων，定冠词 + 形容词 = 名词。ὑποτιθεῖσα 与 ἡ ... εὐπραγία 配合。

66.1［笺释］τοῦ ... θέρους，表时间的属格，表示在该时间段内。οἱ ἐν τῇ πόλει Μεγαρῆς。ἐσβαλλόντων 与 Ἀθηναίων 配合。τῶν ... φυγάδων τῶν ἐκ Πηγῶν，重复定冠词结构。οἳ，关系代词，其先行词是 τῶν ... φυγάδων。(αὐτῶν) στασιασάντων，独立属格结构。ὡς，that。χρὴ + 宾格（αὐτοὺς，省略）+ 不定式（φθείρειν）。分词 δεξαμένους 与省略了的 αὐτοὺς 配合。

66.2–3［笺释］τῶν ἔξω，定冠词 + 副词 = 名词。μᾶλλον ἢ πρότερον，"比以前更"。ἠξίουν 跟不定式（ἔχεσθαι）。ἔχεσθαι 跟属格（τοῦ λόγου），to cling to。ἐσόμενον δυνατὸν 跟不定式（καρτερεῖν）。βουλόμενοι 跟不定式（ἐνδοῦναι）。νομίζοντες 跟宾格（τὸν κίνδυνον）。ἐλάσσω ... ἤ ...，less than ...，跟不定式（κατελθεῖν）（GG § 2007）。τοὺς ἐκπεσόντας，定冠词 + 分词 = 名词，作不定式 κατελθεῖν 的主语。ξυνέβησαν + 宾格（Ἀθηναίους）+ 不定式（ἑλεῖν 和 πειρᾶσθαι）。ξυνέβησαν 跟不定式（πειρᾶσθαι）。σταδίων，表度量的属格（GG § 1327）。τὸν λιμένα 作 τὴν Νίσαιαν 的同位语。ὅπως 后面句子的谓语动词用虚拟语气（ἐπιβοηθήσωσιν），in order that。ᾗ，关系代词，其先行词是 τῆς Νισαίας。ἕνεκα 跟属格（βεβαιότητος）。τῶν Μεγάρων 修饰 βεβαιότητος。

πειρᾶσθαι 跟不定式（ἐνδοῦναι）。ῥᾷον，用作副词。ἔμελλον 跟不定式（προσχωρήσειν）。τούτου γεγενημένου，独立属格结构。

67.1-2［笺释］ἀπό, on the side of, so far as regards。ἦρχεν 跟属格（ὧν）。ὧν，关系代词，其先行词是ὁπλίταις。… ὅθεν ἐπλίνθευον τὰ τείχη καὶ ἀπεῖχεν οὐ πολύ，此句不太通顺，有学者建议改为 … ὅθεν ἐπλίνθευον καὶ τὰ τείχη ἀπεῖχεν οὐ πολύ，或者 … ὅθεν ἐπλίνθευον καὶ (ὅ) ἀπεῖχεν (ἐς) τὰ τείχη οὐ πολύ，[1] 可以参考。ὅθεν, from which。τοῦ Δημοσθένους τοῦ ἑτέρου，重复定冠词结构。ὅ，关系代词，其先行词是τὸ Ἐννάλιον。ἔλασσον 用作副词。εἰ μή, except。ἦν ἐπιμελὲς + 与格（οἷς）+ 不定式（εἰδέναι），whose business it was to …。οἷς，关系代词，其先行词是 οἱ ἄνδρες。τὴν νύκτα …，表时间的宾格，表示贯穿该时间段。

67.3［笺释］ἔμελλε 跟不定式（γίγνεσθαι）。οἱ προδιδόντες，定冠词 + 分词 = 名词。ὡς, as。ἐκ πολλοῦ，"长久以来"。εἰώθεσαν 跟不定式（κατακομίζειν 和 ἐκπλεῖν）。τὸν ἄρχοντα，定冠词 + 分词 = 名词。τῆς νυκτός，表时间的属格，表示在该时间段内。πρὶν 跟不定式（εἶναι）。ἡμέραν 作不定式 εἶναι 的主语。αὐτό 指 ἀκάτιον。ὅπως 后面句子的谓语动词用祈愿语气（εἴη），表希望。… πλοίου ὄντος …，独立属格结构。

67.4-5［笺释］(τῶν πυλῶν) ἀνοιχθεισῶν，独立属格结构。τὸ εἰωθὸς，定冠词 + 分词 = 名词。ὡς, as if。τὸ τοιοῦτον，定冠词 + 形容词 = 名词。βουλόμενοι 跟不定式（φθάσαι）。πρὶν 跟不定式（ξυγκλῃσθῆναι）。τὰς πύλας 作不定式 ξυγκλῃσθῆναι 的主语。κώλυμα 跟不定式（προσθεῖναι）。αὐτοῖς 应该跟在 ξυμπράσσοντες 后面，这里将它提前表强调。οὗ，关系副词，where。εὐθὺς, as soon as。ἐντός，副词，跟属格（τῶν πυλῶν）。τοὺς προσβοηθοῦντας，定冠词 + 分词 = 名词。

68.1-2［笺释］ὁ αἰεὶ ἐντὸς γιγνόμενος, every one as he got inside。ὁ … γιγνόμενος，定冠词 + 分词 = 名词。οἱ … πλείους，定冠词 + 形容词 = 名词。πολεμίων προσπεπτωκότων 和 τῶν … Μεγαρέων ἀντιμαχομένων，独立属格结构。νομίσαντες + 宾格（τοὺς … Μεγαρέας）+ 不定式（προδεδωκέναι）。σφᾶς 作不定式 προδεδωκέναι 的宾语，指伯罗奔尼撒人。

68.3［笺释］ξυνέπεσε + 宾格（τὸν … κήρυκα）+ 不定式（κηρύξαι）。κηρύξαι + 宾格（τὸν βουλόμενον）+ 不定式（ἰέναι）。τὸν βουλόμενον，定冠词 + 分词 = 名词。Μεγαρέων 修饰 τὸν βουλόμενον。θησόμενον τὰ ὅπλα，习惯用语，有4种意思，这里的意思是"拿着武器""战斗"。οἱ δ᾽, but they（见前文 1.24.5 笺释）。ὡς, when。

---

[1] 参见戈姆《评注》，第3卷，页529。

νομίσαντες 跟不定式（πολεμεῖσθαι）。πολεμεῖσθαι τῷ ὄντι ... κοινῇ, be attacked by the combined forces。τῷ ὄντι, 定冠词 + 分词 = 名词。κοινῇ, 用作副词。

68.4–5［笺释］ἑαλωκότων ... τῶν τειχῶν 和τῶν ... Μεγαρέων θορυβουμένων, 独立属格结构。οἱ ... πράξαντες, 定冠词 + 分词 = 名词。ὅ, 关系代词, 其先行词是 πλῆθος。ἔφασαν 跟不定式（χρῆναι）。χρῆναι 跟不定式（ἀνοίγειν 和 ἐπεξιέναι）。ξυνέκειτο 跟不定式（ἐσπίπτειν 和 ἀλείψεσθαι）。τοὺς Ἀθηναίους 作不定式 ἐσπίπτειν 的主语。αὐτοῖς, 指那些墨伽拉人和雅典人。τῶν πυλῶν ἀνοιχθεισῶν, 独立属格结构。ἔμελλον 跟不定式（ἔσεσθαι）。λίπα, 副词。ὅπως 后面句子的谓语动词用虚拟语气（ἀδικῶνται）, 表目的。τῆς νοίξεως 修饰 ἀσφάλεια。τὸ ξυγκείμενον, 定冠词 + 分词 = 名词。τὴν νύκτα, 表时间的宾格, 表示贯穿该时间段。

68.6［笺释］ἀληλιμμένων ... αὐτῶν καὶ ὄντων ..., 独立属格结构。τοῖς ἑτέροις, 定冠词 + 形容词 = 名词。οἵ 作指示代词（GG § 1113）, 指 τοῖς ἑτέροις。ἔφασαν 跟不定式（χρῆναι, τολμῆσαι 和 ἔσεσθαι）。χρῆναι 跟不定式（ἐπεξιέναι 和 καταγαγεῖν）。οὐκ ... οὔτε ... οὔτε ..., 简单否定词 + 复合否定词, 后者强调前者, 仍表否定（CGCG § 56.4）。εἴ 跟前倾词（τε）, 故加了高调符号。αὐτοῦ, here。τὴν μάχην 作不定式 ἔσεσθαι 的主语。οὐδέν, 用作副词, not at all。ὅτι, that。τὰ πρασσόμενα, 定冠词 + 分词 = 名词。ὡς, as。τὰ βέλτιστα, 定冠词 + 形容词 = 名词。ὥστε 跟陈述语气（ἐγένετο）, 表示实际或者可能的结果, 带强调意味。τοῖς ἐπιβουλεύουσι, 定冠词 + 分词 = 名词。ἐπιβουλεύουσι 跟不定式（πρᾶξαι）。ὅ, 自主关系代词。

69.1–2［笺释］ὅτι, that。οἷοί τε 跟不定式（λαβεῖν）。νομίζοντες + 宾格（τὰ Μέγαρα）+ 不定式（προσχωρῆσαι）。πρίν 跟不定式（ἐπιβοηθῆσαί）。τινας 作不定式 ἐπιβοηθῆσαί 的主语。θᾶσσον, 用作副词。τἆλλα = τὰ ἄλλα。ὅ, 关系代词, 其先行词是 τοῦ τείχους。τὸ πρὸς Μεγαρέας (τεῖχος)。χρώμενοι 跟与格（λίθοις 和 πλίνθοις）。εἴ 跟前倾词（πῃ）, 故加了高调符号。τι, 主格, anything。αὗταί 指 αἱ οἰκίαι。λαμβάνουσαι, added。

69.3–4［笺释］τὴν ἡμέραν, 表时间的宾格, 表示贯穿该时间段。τῇ ... ὑστεραίᾳ (ἡμέρᾳ)。ὅσον οὐκ, all but。οἱ ἐν τῇ Νισαίᾳ, 定冠词 + 介词短语 = 名词。σίτου 修饰 ἀπορία。ἐφ᾽ ἡμέραν, "每日"。νομίζοντες + 宾格（τοὺς Πελοποννησίους）+ 不定式（ἐπιβοηθήσειν）。ἡγούμενοι 跟双宾格（τούς ... Μεγαρέας 和 πολεμίους）（CGCG § 30.10）。ξυνέβησαν + 与格（τοῖς Ἀθηναίοις）+ 不定式（ἀπολυθῆναι 和 χρῆσθαι）。被省略了的 αὐτούς 作不定式 ἀπολυθῆναι 的主语, ἕκαστον 是 αὐτούς 的同位语, 注意它是单数（GG § 952）。ἀπολυθῆναι 跟属格（ἀργυρίου）。παραδόντας 与省略了的 αὐτούς 配合。εἴ 跟前倾词（τις）故加了高调符号。Ἀθηναίους 作不定式 χρῆσθαι 的主语。χρῆσθαι + 与

格（τοῖς ... Λακεδαιμονίοις 和 τῷ ... ἄρχοντι）+ 宾格（ὅτι），to deal with somebody in some way。ὅτι，"洛布本"和阿尔伯蒂的校勘本作 ὅ τι，anything which，这里用作副词，相当于 τὰ ἀλλά。

70.1［笺释］ἐτύγχανε 跟分词（ὤν）。ὡς，when。δείσας 跟虚拟语气（ληφθῇ），μὴ 为赘词。ἐς 跟前倾词（τε），故加了高调符号。κελεύων 跟不定式（ἀπαντῆσαι）。ὄνομα τοῦτο 作 ἔχουσα 的宾语。τοὺς μεθ' αὑτοῦ，定冠词＋介词短语＝名词。ὅσοι，关系形容词（或关联代词），其先行词 τοσούτους 被吸收，且被吸引到关系形容词（或关联代词）的格（主格）（GG §§ 2537, 2538）。οἰόμενος ＋ 宾格（τὴν Νίσαιαν）＋ 不定式（καταλήψεσθαι）。ἀνάλωτον，二尾型形容词。

70.2［笺释］ὡς，when。ἔτυχε 跟分词（ἐξελθών）。νυκτός，表时间的属格，表示在该时间段内。πρὶν 跟不定式（γενέσθαι）。βουλόμενος 跟不定式（πειρᾶσαι 和 βεβαιώσασθαι）。πειρᾶσαι 跟属格（τῆς Νισαίας）。τὸ ... μέγιστον，定冠词＋形容词＝名词，用作副词。τὴν ... πόλιν 作不定式 βεβαιώσασθαι 的主语。ἠξίου 跟不定式（δέξασθαι）。σφᾶς 作不定式 δέξασθαι 的宾语。λέγων 跟不定式（εἶναι）。ἐλπίδι 跟不定式（ἀναλαβεῖν）。

71.1–2［笺释］φοβούμεναι 跟虚拟语气（ἐκβάλῃ，ἐπίθηται 和 ἀπόληται），μὴ 为赘词。οἱ μὲν ... οἱ δὲ ...，"一派……另一派……"。σφίσιν 和 αὐτοὺς 均指第一派。δείσας 的宾语是 τοῦτο。καθ' αὑτὴν，with itself。... ἐφεδρευόντων Ἀθηναίων，独立属格结构。ἐδόκει ＋ 与格（ἀμφοτέροις）＋ 不定式（περιιδεῖν）。ἡσυχάσασι 与 ἀμφοτέροις 配合。τὸ μέλλον，定冠词＋分词＝名词。ἤλπιζον 跟不定式（ἔσεσθαι 和 ἕξειν）。μάχην 作不定式 ἔσεσθαι 的主语。τε ... καὶ ...，between ... and ...。τῶν προσβοηθησάντων，定冠词＋分词＝名词。οἷς = ὁποτέροις（指人群，故用复数），与 προσχωρῆσαι 连读。κρατήσασι 与 οἷς 配合。ἔχειν ἀσφαλεστέρως 跟不定式（προσχωρῆσαι）。ἔχειν，to be。ὡς，since，when。

72.1–2［笺释］πρὶν 跟不定式（πέμψαι）。Βρασίδαν 作不定式 πέμψαι 的主语。πέμψαι 跟不定式（βοηθεῖν）。ὡς，"因为"。... ὄντος τοῦ κινδύνου，独立属格结构。Πλαταιᾶσιν，副词。πολλῷ 跟比较级（μᾶλλον）（GG § 1514）。τοῖς πλέοσιν，定冠词＋形容词＝名词。παρόντος ... τοῦ στρατεύματος 和 ὁπλιτῶν (ὄντων) ...，独立属格结构。ἔλασσον，形容词比较级，跟属格（ἑξακισχιλίων），表比较。τῶν Ἀθηναίων τῶν ... ὁπλιτῶν ὄντων ... 和 τῶν ... ψιλῶν ... ἐσκεδασμένων，独立属格结构。μὲν ... δὲ ...，表对照。τῶν Ἀθηναίων τῶν ... ὁπλιτῶν 和 οἱ ἱππῆς οἱ τῶν Βοιωτῶν，重复定冠词结构。ἀπροσδοκήτοις 与 τοῖς ψιλοῖς 配合。括号中句子的主干：βοήθειά ἐπῆλθεν τοῖς Μεγαρεῦσιν。τῷ πρὸ τοῦ，定冠词＋介词短语＝名词。

72.3–4［笺释］οἱ τῶν Ἀθηναίων，定冠词＋属格＝名词。ἥ，关系代词，其先行词是 ἱππομαχία。ἀξιοῦσιν 跟不定式（γενέσθαι）。κρατήσαντες 跟属格（τῶν νεκρῶν）。οὐ ... βεβαίως ... ἀπεκρίθησαν，they were separated without decisive result。整理词序：... οἱ μὲν Βοιωτοὶ πρὸς τοὺς ἑαυτῶν, οἱ δὲ (Ἀθηναίοι) ἐπὶ τὴν Νίσαιαν。这个句子的原文似乎有讹误，有学者提出了改动原文的意见。[①] τοὺς ἑαυτῶν，定冠词＋属格＝名词。

73.1–2［笺释］ἐγγυτέρω，副词比较级，跟属格（τῆς θαλάσσης 和 τῆς ... πόλεως），表比较。οἰόμενοι + 宾格（τοὺς Ἀθηναίους）+ 不定式（ἐπιέναι）。ἐνόμιζον 跟不定式（ἕξειν, τίθεσθαι 和 ξυμβαίνειν）。ἕχειν καλῶς，to be well。ἀμφότερα，用作副词。ἅμα，副词。τὸ ... ἐπιχειρεῖν 和 (τὸ) ἄρξαι，定冠词＋不定式＝名词。ἄρξαι 跟属格（κινδύνου）。προτέρους 和 ἑκόντας 与省略了的 αὐτοὺς（作不定式 ἐπιχειρεῖν 和 ἄρξαι 的主语）配合。霍氏改动了原文：... ἐπειδή τε ... ἀμύνεσθαι，αὐτοῖς ... [②] ἔδειξαν 跟分词（ὄντες）。ἕτοιμοι 跟不定式（ἀμύνεσθαι）。ἀκονιτί，副词。τὴν νίκην 作不定式 τίθεσθαι 的宾语。ἐν τῷ αὐτῷ，at same time。τῷ αὐτῷ，定冠词＋形容词＝名词。

73.3［笺释］(ἐνόμιζον) + 不定式（γίγνεσθαι, στερηθῆναι 和 τυχεῖν）。(σφῶν) ἡσσηθέντων，独立属格结构。στερηθῆναι 跟属格（τῆς πόλεως）。τυχεῖν 跟分词（βουληθέντας）。αὐτοὺς Ἀθηναίους 作不定式 τυχεῖν 的主语。βουληθέντας 跟不定式（ἀγωνίζεσθαι）。ὥστε 跟不定式（περιγενέσθαι），表结果。ὧν ἕνεκα ἦλθον，whatever they came for，作不定式 περιγενέσθαι 的主语。ἕνεκα 跟属格（ὧν）。ὧν，自主关系代词（GG § 2509）。

73.4［笺释］此句主干：οἱ ... Μεγαρῆς ... οἱ ... φίλοι Μεγαρῆς ... ἀνοίγουσί ... τὰς πύλας ... ἔρχονται ἐς λόγους。οἱ ... Μεγαρῆς 和 οἱ ... φίλοι Μεγαρῆς 是同位语。ὡς，when。(τῶν Λακεδαιμονίων) ἐπιόντων，独立属格结构。λογιζόμενοι 跟不定式（εἶναι, λαβεῖν 和 βλαφθῆναι）。τὸν κίνδυνον 作不定式 εἶναι 的主语。ἐπειδή，"因为"。τὰ πλείω，定冠词＋形容词＝名词。ἄρξασι 与 αὐτοῖς 配合，跟属格（μάχης）。πρὸς 跟宾格（(τὰς) πλέονας）。πλέονας，形容词比较级，跟属格（αὐτῶν），表比较。ἢ ... ἢ ...，"要么……要么……"。τῷ βελτίστῳ，定冠词＋形容词＝名词。τοῖς δὲ，but to them（见前文 1.24.5 笺释）。μέρος ἕκαστον 作 κινδυνεύειν 的宾语。τῆς δυνάμεως 和 τῶν παρόντων 修饰 μέρος。εἰκότως 跟不定式（ἐθέλειν）。ἐθέλειν 跟不定式（τολμᾶν）。τολμᾶν 跟不定式（κινδυνεύειν）。χρόνον，宾格，用作副词，for a time。ὡς，when。οὐδὲν，用作副词，not at all。οὕτω δή，引出结论，then finally。ἀνοίγουσί ... τὰς πύλας τῷ ... Βρασίδᾳ ... καὶ

---

① 参见戈姆《评注》，第3卷，页533。
② 参见霍氏《评注》，第2卷，页241。

τοῖς ... ἄρχουσι。τοῖς ... ἄρχουσι，定冠词 + 分词 = 名词。ὡς，"因为"。ἐπικρατήσαντι 与 τῷ ... Βρασίδᾳ ... καὶ τοῖς ... ἄρχουσι 配合，跟属格（τῶν Ἀθηναίων）。ἐθελησάντων 与 τῶν Ἀθηναίων 配合。ἐθελησάντων 跟不定式（μάχεσθαι）。καταπεπληγμένων ... τῶν ... πραξάντων，独立属格结构。

74.1–2 [笺释] ὁ μὲν，ὁ 作指示代词（GG § 1106）。διαλυθέντων τῶν ξυμμάχων ... ἐπανελθών，独立属格结构。ἵναπερ，whither。ἀποχωρησάντων καὶ τῶν Ἀθηναίων ...，独立属格结构。μετέσχον 跟属格（τῶν πραγμάτων）。ὅτι，that。τοὺς ἐκ Πηγῶν，定冠词 + 介词短语 = 名词。ὁρκώσαντες 跟不定式（μνησικακήσειν 和 βουλεύσειν）。μηδὲν，用作副词，not at all。τὰ ἄριστα，定冠词 + 形容词 = 名词。

74.3–4 [笺释] οἱ δὲ，but they（见前文 1.24.5 笺释）。ἐξελέξαντο 的宾语是 ἄνδρας，τῶν ἐχθρῶν 和 οἳ 引导的从句修饰 ἄνδρας。τῶν ἐχθρῶν，定冠词 + 形容词 = 名词。οἵ，关系代词，其先行词是 ἄνδρας。ἐδόκουν 跟不定式（ξυμπρᾶξαι）。τὰ πρὸς τοὺς Ἀθηναίους，定冠词 + 介词短语 = 名词。ὡς，"将近"。τούτων πέρι = περὶ τούτων（GG § 175a）（CGCG § 60.14）。ἀναγκάσαντες + 宾格（τὸν δῆμον）+ 不定式（διενεγκεῖν）。ψῆφον 作不定式 διενεγκεῖν 的宾语。ὡς，when。τὰ μάλιστα，定冠词 + 副词 = 名词，用作副词。最后一句主干：αὕτη μετάστασις ξυνέμεινεν。χρόνον，宾格，用作副词，for a time。

75.1–2 [笺释] τοῦ ... θέρους，表时间的属格，表示在该时间段内。τῆς Ἀντάνδρου ... μελλούσης，独立属格结构。μελλούσης 跟不定式（κατασκευάζεσθαι）。ὡς，when。ἐδόκει + 与格（αὐτοῖς）+ 不定式（εἶναι）。οἱ φεύγοντες 和 τοὺς ἐξιόντας，定冠词 + 分词 = 名词。οὕτω δὴ，引出结论，then finally。τοὺς ... ἐπεξελθόντας，定冠词 + 分词 = 名词。ὕδατος ... γενομένου καὶ κατελθόντος ... τοῦ ῥεύματος，独立属格结构。οἵ，关系代词，其先行词是 Θρᾳκῶν。

76.1–3 [笺释] ἐπράσσετο，被动语态。βουλομένων 与 τινων ἀνδρῶν 配合，跟不定式（μεταστῆσαι 和 τρέψαι）。Πτοιοδώρου ... ἐσηγουμένου，独立属格结构。ἔμελλόν 跟不定式（προδώσειν）。τῆς ... γῆς，表语属格。ᾗ，关系代词，其先行词是 Χαιρώνειαν。ξυντελεῖ，belongs to。τὰ μάλιστα，定冠词 + 形容词 = 名词，用作副词。

76.4–5 [笺释] ἔδει + 宾格（τοὺς ... Ἀθηναίους）+ 不定式（καταλαβεῖν）。τὸ ... ἱερόν 是 Δήλιον 的同位语。(ἔδει)+ 宾格（ταῦτα）+ 不定式（γίγνεσθαι）。ὅπως 后面句子的谓语动词用虚拟语气（ξυμβοηθήσωσιν），表目的。τὰ σφέτερα，定冠词 + 形容词 = 名词。κινούμενα，被动语态，与 τὰ σφέτερα 配合。ἤλπιζον 跟不定式（μενεῖν 和 καταστήσειν）。αὐτὰ 作不定式 καταστήσειν 的宾语。τῶν κατὰ τὰς πολιτείας，定冠词 + 介词短语 = 名词，修饰 τι。ἐχομένων ... τῶν χωρίων，λῃστευομένης τῆς γῆς 和 οὔσης ...

ἀποστροφῆς，独立属格结构。χρόνῳ, in process of time。τῶν Ἀθηναίων ... προσιόντων，独立属格结构。τοῖς ἀφεστηκόσι，定冠词 + 分词 = 名词。τοῖς δὲ, but for them（见前文 1.24.5 笺释）。οὔσης ... τῆς δυνάμεως，独立属格结构。τὸ ἐπιτήδειον，定冠词 + 形容词 = 名词。

77.1–2［笺释］ἔμελλε 跟不定式（στρατεύειν）。ὅπως 后面句子的谓语动词用祈愿语气（πλέοι）。ὡς 跟分词宾格（προδοθησομένας），被称为"独立宾格结构"，in the belief that ...（GG § 2078）。προδοθησομένας 与 τὰς Σίφας 配合。ᾗ，关系代词，其先行词是 ἡμέρα。ἔδει 跟不定式（πράσσειν）。τὸ ξυμμαχικὸν τὸ ἐκείνῃ，重复定冠词结构。τἆλλα = τὰ ἄλλα。ὡς ἐπὶ ...，表达句子主语的想法或者断言（GG § 2996）。

78.1–2［笺释］προπέμψαντος αὐτοῦ ... ἀξιοῦντος ...，独立属格结构。παρὰ 跟宾格（人）（τοὺς ἐπιτηδείους），"到某人那里去"。τοὺς ἐπιτηδείους，定冠词 + 形容词 = 名词。ἀξιοῦντος 跟不定式（διάγειν）。τότε δή, only then。ἄλλως τε ... καί，"尤其"。ἦν εὔπορον 跟不定式（διιέναι）。ἄνευ 跟属格（ἀγωγοῦ）。γε，"至少"。δή，表强调。καθειστήκει ὕποπτον 跟不定式（διιέναι）。καθειστήκει, had become, had been。τῶν πέλας，定冠词 + 副词 = 名词。

78.3［笺释］ὥστε，用在句首，表示总结，and so。μᾶλλον ἤ ..., rather than ...。ἐχρῶντο 跟与格（δυναστείᾳ 和 ἰσονομίᾳ）。τὸ ἐγχώριον，定冠词 + 形容词 = 名词，用作副词，"根据当地习惯"。ἐπεὶ καὶ τότε，"即便如此"。ἀπαντήσαντες 跟与格（αὐτῷ）。τῶν τἀναντία τούτοις βουλομένων，"那些与他们想法相反的人""另一派"。τῶν ... βουλομένων，定冠词 + 分词 = 名词。τἀναντία = τὰ ἐναντία，定冠词 + 形容词 = 名词，用作副词。ἔφασαν 跟不定式（ἀδικεῖν）。ἄνευ 跟属格（τοῦ ... κοινοῦ）。τοῦ ... κοινοῦ，定冠词 + 形容词 = 名词。πορευόμενον 与省略了的 αὐτὸν 配合（αὐτὸν 作不定式 ἀδικεῖν 的主语）。

78.4［笺释］οἱ ... ἄγοντες，定冠词 + 分词 = 名词。(σφῶν ὄντων) ἀκόντων，独立属格结构。ἔφασαν 跟不定式（διάξειν 和 κομίζειν）。αἰφνίδιόν ... παραγενόμενον 与省略了的 αὐτὸν 配合（αὐτὸν 作 διάξειν 和 κομίζειν 的宾语）。ἔλεγε 跟不定式（ἰέναι, ἐπιφέρειν, εἰδέναι, προελθεῖν 和 δύνασθαι）。ὥστε 跟不定式（χρῆσθαι），表结果。χρῆσθαι 跟与格（τῇ ... γῇ）。ἀκόντων (ὄντων) ἐκείνων，独立属格结构。ἀξιοῦν 跟不定式（εἴργεσθαι）。οὐ 否定不定式 εἴργεσθαι。γε, at least。

78.5–6［笺释］οἱ μὲν ... ὁ δὲ ...,"他们……他……"，οἱ 和 ὁ 都是指示代词（GG § 1106）。κελευόντων τῶν ἀγωγῶν，独立属格结构。τῶν ἀγωγῶν，定冠词 + 分词 = 名词。πρίν 跟不定式（ξυστῆναι）。τι，宾格，anything，作不定式 ξυστῆναι 的主语。τὸ κωλῦσον，

定冠词 + 分词 = 名词，作不定式 ξυστῆναι 的宾语。οὐδὲν，用作副词，not at all。τῇ ἡμέρᾳ，表时间的与格，表示在该时间点。ᾗ，关系代词，其先行词是 τῇ ἡμέρᾳ，on which。ὅ，关系代词，其先行词是 Δῖον。

79.1–3［笺释］πρίν 跟不定式（παρασκευάσασθαι）。παρασκευάσασθαι 跟不定式（κωλύειν）。τινα 作不定式 παρασκευάσασθαι 的主语。ὡς 跟宾格（人）（Περδίκκαν），"到某人那里去"。ὡς，"因为"。τὰ τῶν Ἀθηναίων，定冠词 + 属格 = 名词。οἳ ... ἀφεστῶτες，定冠词 + 分词 = 名词（οἳ 跟前倾词 τε，故加了高调符号）。ἀφεστῶτες 是 ἀφεσταότες 的缩合，跟属格（Ἀθηναίων）。νομίζοντες + 宾格（τοὺς Ἀθηναίους）+ 不定式（ὁρμήσειν）。αἱ ... πόλεις ... αἱ ... ἀφεστηκυῖαι，重复定冠词结构。τοῦ φανεροῦ，定冠词 + 形容词 = 名词。βουλόμενος 跟不定式（παραστήσασθαι）。Ἀρραβαῖον 作不定式 παραστήσασθαι 的宾语。最后一句主干：ἡ ... κακοπαργία ξυνέβη αὐτοῖς。ὥστε 跟不定式（ἐξαγαγεῖν），表结果。

80.1–2［笺释］τῶν ... Ἀθηναίων ἐγκειμένων，独立属格结构。ἥκιστα，用作副词。ἤλπιζον 跟不定式（ἀποτρέψειν）。ἄλλως τε καὶ ... (ἄλλως) τε καὶ，"尤其"。... ὄντων (τῶν) ξυμμάχων ... ἐπικαλουμένων，独立属格结构。ὄντων ἑτοίμων 跟不定式（τρέφειν）。ἦν (αὐτοῖς) βουλομένοις 跟不定式（ἐκπέμψαι），it was according to their wish to ...。ἐπὶ προφάσει，on a pretext。ἐκπέμψαι 跟属格（τῶν Εἱλώτων）。τῶν Εἱλώτων，"部分属格"（Partitive genitive），强调部分（GG § 984）。μή 跟不定过去时虚拟语气（νεωτερίσωσιν），"禁止性虚拟语气"（Prohibitive subjunctive）（GG § 1800）。τι 作 νεωτερίσωσιν 的宾语。πρὸς τὰ παρόντα，"在当前的情况下"。τὰ παρόντα，定冠词 + 分词 = 名词。τῆς Πύλου ἐχομένης，独立属格结构。

80.3–5［笺释］ἐπεί，when, once。καί，even（CGCG § 59.56）。括号内句子整理词序：... Λακεδαιμονίοις τὰ πολλὰ πρὸς τοὺς Εἵλωτας καθειστήκει αἰεὶ μάλιστα πέρι τῆς φυλακῆς ...。τὰ πολλά，定冠词 + 形容词 = 名词，集合名词，可看作单数。τῆς φυλακῆς πέρι = περὶ τῆς φυλακῆς（GG § 175a）（CGCG § 60.14）。προεῖπον 跟不定式（κρίνεσθαι）。αὐτῶν，修饰 ὅσοι 引导的从句，指希洛特。ὅσοι，关系形容词（或关联代词），其先行词 τοσούτους 被吸收，且被吸引到关系形容词（或关联代词）的格（主格）（GG § § 2537, 2538）。ὅσοι 引导的从句作不定式 κρίνεσθαι 的宾语。ἀξιοῦσιν 跟不定式（γεγενῆσθαι）。ὡς 跟将来时分词（ἐλευθερώσοντες），"为了……"。ἡγούμενοι + 宾格（τούτους）+ 不定式（ἐπιθέσθαι）。σφίσιν，指斯巴达人。οἵπερ，关系代词，其先行词是 τούτους。ἠξίωσαν 跟不定式（ἐλευθεροῦσθαι）。ἕκαστος，是该句子的主语的同位语，注意它是单数（GG § 952）。οἱ μὲν ... οἱ δὲ ...，"一方……另一方……"。ὡς 跟分词

ἠλευθερωμένοι，表示分词主语的意见，"以为""相信"（GG § 2086）。πολλῷ 跟比较级（ὕστερον）（GG § 1514）。καὶ τότε，so now。τοὺς ... ἄλλους，定冠词 + 形容词 = 名词。

81.1-3［笺释］δοκοῦντα 和 γενόμενον 与 Βρασίδαν 配合。δοκοῦντα 跟不定式（εἶναι）。τὰ πάντα，定冠词 + 形容词 = 名词。ἄξιον 跟属格（πλείστου）。τὸ ... παραυτίκα，定冠词 + 副词 = 名词，用作副词，"当即"。τὰ πολλά，定冠词 + 形容词 = 名词。τὰ δὲ，but they（见前文 1.24.5 笺释）。τῶν χωρίων 修饰 τὰ δὲ。ὥστε 跟不定式（γίγνεσθαι），表结果。ἀνταπόδοσιν，ἀποδοχὴν 和 λώφησιν 作不定式 γίγνεσθαι 的主语。βουλομένοις 与 τοῖς Λακεδαιμονίοις 配合，跟不定式（ξυμβαίνειν）。ὅπερ，自主关系代词，指上文所说的情况。τοῦ πολέμου 修饰 λώφησιν。τὰ ἐκ Σικελίας，定冠词 + 介词短语 = 名词。τῶν μὲν ... τῶν δὲ ...，"有的……有的……"。τῶν μὲν ...αἰσθομένων, τῶν δὲ ... νομισάντων，独立属格结构。δόκας 跟不定式（εἶναι）。ὡς，that。οἱ ἄλλοι，定冠词 + 形容词 = 名词。

82.［笺释］ἀφικομένου αὐτοῦ，独立属格结构。τὰ ἐπὶ Θρᾴκης，定冠词 + 介词短语 = 名词。ποιοῦνται 跟双宾格（τόν ... Περδίκκαν 和 πολέμιον）。νομίσαντες 跟不定式（εἶναι）。αἴτιον 跟属格（τῆς παρόδου）。

83.1-3［笺释］διαφορᾶς ... οὔσης，独立属格结构。βουλόμενος 跟不定式（καταστρέψασθαι）。ἔφη 跟不定式（βούλεσθαι）。βούλεσθαι 跟不定式（ποιῆσαι）。λόγοις 与 ποιῆσαι 连读。ποιῆσαι 跟双宾格（Ἀρραβαῖον 和 ξύμμαχον）。καὶ ... τι καί，"而且甚至有点"，前一个 καί 是连系词，表示对前文加以补充；后一个 καί 用作副词，表示此补充出乎意料。[1] ὧν ἕτοιμος 跟不定式（ἐπιτρέπειν）。ἐπιτρέπειν 跟双与格（Βρασίδᾳ 和 μέσῳ，δικαστῇ）。ἐδίδασκον + 宾格（αὐτὸν）+ 不定式（ὑπεξελεῖν）。τὰ δεινά，定冠词 + 形容词 = 名词。ἵνα 跟祈愿语气（ἔχοιεν），"为了……"。ἔχοιεν 跟不定式（χρῆσθαι），was able to ...。τὰ ἑαυτῶν，定冠词 + 属格 = 名词。

83.4［笺释］ἅμα ... τι καί，"而且"。οἱ παρὰ τοῦ Περδίκκου，定冠词 + 介词短语 = 名词。ὡς，that。ποιήσοι 跟双宾格（πολλὰ 和 ξύμμαχα）。ὥστε 跟句子，表结果，"因此"。ἐκ τοῦ τοιούτου，"由于这些"。ἠξίου 跟不定式（πράσσειν）。τὰ τοῦ Ἀρραβαίου，定冠词 + 属格 = 名词。

83.5-6［笺释］ἔφη 跟不定式（ἀγαγεῖν 和 ἀδικήσειν）。δικαστὴν 和 καθαιρέτην，表语宾格，用来表述 Βρασίδαν（GG § 1613）。τῶν ... διαφορῶν 修饰 δικαστήν。ὧν = τούτων οὕς。οὕς 是关系代词，其先行词是 τούτων（省略）。关系代词 οὕς 被其先行词

---

[1] J. D. Denniston, *The Greek Particles*, Second Edition, Revised by K. J. Dover, Bristol: Bristol Classical Press, 1996, p. 294.

τούτων 所吸引（attracted），采用了它的格（本应为宾格，却用了属格）(GG §§2522, 2538)。τούτων 修饰 καθαιρέτην, οὓς 作 ἀποφαίνῃ 的宾语。πολεμίων 与 τούτων 配合。αὐτοῦ τρέφοντος, 独立属格结构。τὸ ἥμισυ, 定冠词 + 形容词 = 名词。ὁ δὲ, but he（见前文 1.24.5 笺释）。πρὶν 跟不定式 (ἐσβαλεῖν)。νομίζων 跟不定式 (ἀδικεῖσθαι)。

84.1-2［笺释］ὀλίγον, 用作副词。οἱ δὲ, but they（见前文 1.24.5 笺释）。τοῦ δέχεσθαι, 定冠词 + 不定式 = 名词。αὐτὸν 作不定式 δέχεσθαι 的主语。οἵ, 定冠词, 跟前倾词 (τε), 故加了高调符号。οἱ ... ξυνεπάγοντες, 定冠词 + 分词 = 名词。διὰ 跟宾格 (τὸ δέος), "由于……"。τοῦ καρποῦ ... ὄντος ..., 独立属格结构。πεισθὲν 跟不定式 (δέξασθαί 和 βουλεύσασθαι)。αὐτὸν 作不定式 δέξασθαί 的宾语。ἀκούσαντας, 阿尔伯蒂的校勘本同,"洛布本"作 ἀκούσαντες。后者与句子主语（"民众"）配合, 前者则可以指两派, 即与省略了的 αὐτοὺς 配合 (αὐτοὺς 作不定式 βουλεύσασθαι 的主语)。ἦν ... ἀδύνατος 跟不定式 (εἰπεῖν)。ὡς, as。

85.1-3［笺释］γεγένηται 跟分词 (ἐπαληθεύουσα)。ἥν, 关系代词, 其先行词是 τὴν αἰτίαν。ἀρχόμενοι 跟属格 (τοῦ πολέμου)。προείπομεν 跟不定式 (πολεμήσειν)。χρόνῳ, in process of time。σφαλέντες 跟属格 (τῆς ... δόξης)。ᾗ, 关系副词, where。ἠλπίσαμεν 跟不定式 (καθαιρήσειν)。μηδεὶς μεμφθῇ, let no one be blamed (GG §1840C. N.)。πειρασόμεθα 跟不定式 (κατεργάζεσθαι)。τῇ ... ἀποκλήσει μου τῶν πυλῶν, the closing of your gates against me。

85.4［笺释］第一短句难以读通, 戈姆建议改为: ... καὶ πρὶν αὐτοὶ ἔργῳ ἀφικέσθαι, παρ' ὑμᾶς τῇ γοῦν γνώμῃ ξυμμάχους ἤδη ὄντας ἥξειν ....[①] οἰόμενοί 跟不定式 (ἥξειν 和 ἔσεσθαι)。πρὶν 跟不定式 (ἀφικέσθαι)。... ἔσεσθαι (ὑμῖν) βουλομένοις ...。τὸ πρόθυμον, 定冠词 + 形容词 = 名词。

85.5-7［笺释］εἰ 跟前倾词 (τι), 故加了高调符号。ἤ, "或者"。ὑμετέρᾳ αὐτῶν, "你们自己的"。οὐ μόνον ὅτι, "洛布本"和阿尔伯蒂的校勘本作 οὐχ ὅτι（not that）。οὐ μόνον ... ἀλλὰ ..., "不仅……而且……"。οἷς, 自主关系代词, to whom。ἧσσον, 用作副词。ἐπὶ ὑμᾶς οὕς ...。οὕς, 关系代词, 其先行词是 ὑμᾶς。παρεχομένους 和 δοκοῦντας 与 ὑμᾶς 配合。δοκοῦντας 跟不定式 (ἔχειν)。ἕξω 跟不定式 (ἀποδεικνύναι, ἐπιφέρειν 和 ἀφῖχθαι), I shall be able to ...。ἤ ... ἤ ..., "或者……或者……"。ἀδύνατος 跟不定式 (τιμωρῆσαι)。τὰ πρὸς Ἀθηναίους, 定冠词 + 介词短语 = 名词。ἄδικον, 二尾型形容词。ἥν, 关系代词, 其先行词是 στρατιᾷ。ἐμοῦ βοηθήσαντος, 独立属格结构。ἠθέλησαν 跟

[①] 参见戈姆《评注》, 第 3 卷, 页 552。

不定式（$προσμεῖξαι$），$ὥστε$，表总结，and so。$γε$，表强调。$εἰκὸς$ + 宾格（$αὐτοὺς$）+ 不定式（$ἀποστεῖλαι$）。

86.1-2［笺释］$Λακεδαιμονίων$ 修饰 $τὰ\ τέλη$。$τοῖς\ μεγίστοις$，定冠词 + 形容词 = 名词，修饰 $ὅρκοις$。$ἦ\ μήν$，用在誓言的开头，"完全真的""实实在在的"（GG § 2921, CGCG § 59.65），跟将来时不定式（$ἔσεσθαι$）。$οὓς$，关系代词，其先行词是 $ξυμμάχους$。$ξυμμάχους$ 作不定式 $ἔσεσθαι$ 的主语。$ἵνα$ 跟虚拟语气（$ἔχωμεν$），表目的。$ἔχωμεν$ 跟双宾格（$ὑμᾶς$ 和 $ξυμμάχους$）。$ἢ\ ...\ ἤ\ ...$，"或者……或者……"。$τοὐναντίον = τὸ\ ἐναντίον$，用作副词。$οὐκοῦν$，推论性的（inferential），不表示否定（GG § 2952），"因此""那么"。$ἀξιῶ$ 跟不定式（$ὑποπτεύεσθαι$，$νομισθῆναι$ 和 $προσχωρεῖν$）。$αὐτός$，形容词，修饰主句动词 $ἀξιῶ$ 和不定式 $ὑποπτεύεσθαι$ 和 $νομισθῆναι$ 的主语，I myself。$τὰς\ μεγίστας$，定冠词 + 形容词 = 名词。$γε$，表强调。$ὑμᾶς$ 作不定式 $προσχωρεῖν$ 的主语。

86.3-4［笺释］$εἰ$ 跟前倾词（$τις$）。$ἄρα$ 与 $μὴ$ 连用，表示不确定性甚至担忧（GG § 2651e）。$δεδιὼς$ 跟宾格（$τινὰ$）和虚拟语气（$προσθῶ$），$μὴ$ 为赘词。$πάντων\ μάλιστα$，most of all。$πιστευσάτω$，不定过去时第三人称单数命令语气，let him be reassured。$νομίζω$ 跟不定式（$ἐπιφέρειν$）。$τὸ\ πάτριον$，$τὸ\ πλέον$，$τοῖς\ ὀλίγοις$，$τὸ\ ἔλασσον$ 和 $τοῖς\ πᾶσι$，定冠词 + 形容词 = 名词。$ἤ$，"或者"。

86.5-7［笺释］$χαλεπωτέρα$，形容词比较级，跟属格（$τῆς\ ...\ ἀρχῆς$），表比较。整理词序：$...\ χάρις\ ...\ μᾶλλον\ αἰτία\ οὐκ\ ἂν\ καθίσταιτο\ ἡμῖν\ τοῖς\ Λακεδαιμονίοις$。$ἀντὶ$ 跟属格（$πόνων$、$τιμῆς$ 和 $δόξης$），in place of。$οἷς$，关系代词，其先行词是 $ἐγκλήμασι$。$φαινοίμεθα$ 跟分词（$κατακτώμενοι$）。$ἐχθίονα$，用作副词。$ἤ$，than。$ὁ\ ...\ ὑποδείξας$，定冠词 + 分词 = 名词。$(ἐστίν)\ αἴσχιον$ 跟不定式（$πλεονεκτῆσαι$）。$τοῖς\ ...\ ἐν\ ἀξιώματι$，定冠词 + 介词短语 = 名词。$γε$，at least。$ἤ$，than。$τὸ\ μὲν\ ...\ τὸ\ δὲ\ ...$，"一方……另一方……"。$ἥν$，关系代词，其先行词是 $ἰσχύος$。

87.1［笺释］$τὰ\ μέγιστα$，定冠词 + 形容词 = 名词。$πρὸς$ 跟与格（$τοῖς\ ὅρκοις$），"除了……"。$ἤ$，than。$οἷς$，自主关系代词，from whom。$τὰ\ ἔργα$，集合名词，看作单数。$ἀναθρούμενα$ 与 $τὰ\ ἔργα$ 配合。第一个 $ὡς$（that）引导的从句修饰 $δόκησιν$。第二个 $ὡς$，as，like。

87.2［笺释］$ταῦτα$，用作副词，"在……方面"。$ἐμοῦ$ 修饰 $ταῦτα$，$προϊσχομένου$ 与 $ἐμοῦ$ 配合。$φήσετε$ 跟不定式（$εἶναι$，$φαίνεσθαι$ 和 $εἶναι$）。$εἶναι\ ἀδύνατοι$。$ἀξιώσετε$ 跟不定式（$διωθεῖσθαι$）。$τὴν\ ἐλευθερίαν$ 作不定式 $φαίνεσθαι$ 的主语。$ἀκίνδυνον$，二尾型形容词。$δίκαιόν$ 跟不定式（$ἐπιφέρειν$ 和 $προσαναγκάζειν$）。$δυνατὸν$ 跟不定式（$δέχεσθαι$）。$αὐτήν$ 作不定式 $δέχεσθαι$ 的主语。$οἷς$，关系代词，其先行词是 $τούτοις$。$μηδένα$ 作不

定式 προσαναγκάζειν 的宾语。ὡς，that。τὴν ὑμετέραν γῆν。πειράσομαι 跟不定式（βιάζεσθαι）。

87.3［笺释］νομιῶ 跟不定式（ἀδικεῖν 和 προσεῖναι）。τὸ εὔλογον，定冠词＋形容词＝名词，作不定式 προσεῖναι 的宾语。δέ 跟前倾词（τί），τί 跟前倾词（μοι），故都加了高调符号。τί 即 τι，用作副词，"在某种程度上"。τῶν ... Λακεδαιμονίων 修饰 ἀνάγκας，是 δύο ἀνάγκας 之一，"拉刻代蒙人所施加的必然的理由"。ὅπως 后面句子的谓语动词用虚拟语气（βλάπτωνται），表目的。παρ' 跟宾格（人）（Ἀθηναίους），"到某人那里去"。ἵνα 跟虚拟语气（κωλύωνται），表目的。κωλύωνται 跟不定式（ἀπαλλαγῆναι）。δουλείας 作不定式 ἀπαλλαγῆναι 的宾语。

87.4–6［笺释］δή，"确实"。γ' = γε，at any rate。ὀφείλομεν οἱ Λακεδαιμόνιοι，"我们拉刻代蒙人有义务……"，跟不定式（ἐλευθεροῦν）。ἀγαθοῦ 修饰 αἰτία。τοὺς ... βουλομένους，定冠词＋分词＝名词。ἐφιέμεθα 跟属格（ἀρχῆς）。σπεύδοντες 跟不定式（παῦσαι）。τοὺς πλείους，定冠词＋形容词＝名词。τοὺς ἐναντιουμένους，定冠词＋分词＝名词，与 ὑμᾶς 配合。πρὸς ταῦτα，"鉴于这些"。ἀγωνίσασθε 跟不定式（ἄρξαι，καταθέσθαι，βλαφθῆναι 和 περιθεῖναι）。ἄρξαι 跟属格（ἐλευθερίας）。δόξαν 作不定式 καταθέσθαι 的宾语。τά ... ἴδια，定冠词＋形容词＝名词，作不定式 βλαφθῆναι 的主语。τὸ ... ὄνομα 作不定式 περιθεῖναι 的宾语。

88.1［笺释］πολλῶν λεχθέντων，独立属格结构。πρότερον，用作副词。τὸ ... εἰπεῖν，定冠词＋不定式＝名词。τὸν Βρασίδαν 作不定式 εἰπεῖν 的主语。ἔγνωσαν 跟不定式（ἀφίστασθαι）。ἀφίστασθαι 跟属格（Ἀθηναίων）。πιστώσαντες ＋ 宾格（αὐτὸν）＋ 与格（τοῖς ὅρκοις）。οὕς，关系代词，其先行词是 τοῖς ὅρκοις。ἦ μήν，用在誓言的开头，"完全真的""实实在在的"（GG § 2921, CGCG § 59.65），跟将来时不定式（ἔσεσθαι）。οὕς，关系代词，其先行词是 ξυμμάχους。ξυμμάχους 作不定式 ἔσεσθαι 的主语。

89.1–2［笺释］τοῦ ... χειμῶνος ... ἀρχομένου，独立属格结构。ὡς，when。τὰ ἐν τοῖς Βοιωτοῖς。定冠词＋介词短语＝名词。ἔδει ＋ 宾格（τὸν ... Δημοσθένη）＋ 不定式（ἀπαντῆσαι）。τὸν δ'，τὸν 作指示代词（GG § 1106）。γενομένης διαμαρτίας，独立属格结构。ἅς，关系代词，其先行词是 τῶν ἡμερῶν，。ἔδει ＋ 宾格（αὐτοὺς，省略）＋ 不定式（στρατεύειν）。ἀμφοτέρους 与省略了的 αὐτοὺς 配合。πρότερον，用作副词。μηνυθέντος τοῦ ἐπιβουλεύματος，独立属格结构。τοῦ ἐπιβουλεύματος，定冠词＋分词＝名词。ὅς，关系代词，其先行词是 Νικομάχου。ἐκεῖνοι δὲ (εἶπεν) Βοιωτοῖς。βοηθείας γενομένης，独立属格结构。αἵ，定冠词，跟前倾词（τε），故加了高调符号。ὡς，when。οἱ πράσσοντες，定冠词＋分词＝名词。τῶν ἐν ταῖς πόλεσιν，定冠词＋介词短

语 = 名词，修饰 οὐδὲν。

90.1-2［笺释］ὅσοι，关系形容词（或关联代词），其先行词 τοσούτους 被吸收，且被吸引到关系形容词（或关联代词）的格（主格）（GG § § 2537, 2538）。ὕστερος，too late。τῶν Βιωτῶν ἀνακεχωρηκότων，独立属格结构。ἀντί 跟属格（τείχους），for the sake of。τὴν περὶ τὸ ἱερόν，定冠词 + 介词短语 = 名词，修饰 ἄμπελον。τῶν οἰκοπέδων τῶν ἐγγύς，重复定冠词结构。ᾗ，关系副词，where。ᾗπερ，关系副词，where。

90.3-4［笺释］ἡμέρᾳ ... τρίτῃ，表时间的与格，表示在该时间点。ὡς，when。τὴν τετάρτην，表时间的宾格，表示贯穿该时间段。μέχρι 跟属格（ἀρίστου）。ὡς，when。τὰ πλεῖστα，定冠词 + 形容词 = 名词。οἷον，about。ὡς ἐπὶ ...，表达句子主语的想法或者断言（GG § 2996）。οἱ ψιλοὶ οἱ πλεῖστοι，重复定冠词结构。θέμενοι τὰ ὅπλα，这里的意思是"放下武器（歇息）"。τὰ περὶ τὸ προτείχισμα，定冠词 + 介词短语 = 名词。ὡς，as。χρῆν 跟不定式（ἐπιτελέσαι）。

91.［笺释］τῶν ... βοιωταρχῶν ... ξυνεπαινούντων，独立属格结构。οἵ，关系代词，其先行词是 τῶν ... βοιωταρχῶν。ξυνεπαινούντων 跟不定式（μάχεσθαι）。μάλιστα，about, most nearly, more or less。ἔθεντο τὰ ὅπλα，这里的意思是"放下武器（歇息）"。ἡγεμονίας οὔσης αὐτοῦ，独立属格结构。βουλόμενος 跟不定式（ποιῆσαι）。νομίζων 跟不定式（εἶναι）。ἄμεινον 跟不定式（κινδυνεῦσαι）。ὅπως μὴ 后面句子的谓语动词用祈愿语气（ἐκλίποιεν），表目的。ἔπειθε + 宾格（τοὺς Βοιωτοὺς）+ 不定式（ἰέναι 和 ποιεῖσθαι）。τὸν ἀγῶνα 作不定式 ποιεῖσθαι 的宾语。

92.1-2［笺释］χρῆν 跟不定式（ἐλθεῖν）。τινα 作不定式 ἐλθεῖν 的主语。ὡς，that，其所引导的从句修饰 τινα。ἡμῶν 修饰 τινα。τῶν ἀρχόντων 是 ἡμῶν 的同位语。εἰκός 跟不定式（ἐλθεῖν）。ἢν ἄρα μή，"除非"。μέλλουσι 跟不定式（φθείρειν）。τὴν ... Βοιωτίαν 作不定式 φθείρειν 的宾语，提前表强调。δήπου，surely。ᾧ，关系代词，其先行词是 χωρίῳ（实际上在后面主句中）（GG § 2541）。εἰ 跟前倾词（τῳ），故加了高调符号。τῳ = τινι。ἔδοξεν + 与格（τῳ）+ 不定式（εἶναι）。μεταγνώτω，不定过去时第三人称单数命令语气。第二句主干：τὸ προμηθές ἐνδέχεται λογισμόν。οἷς，自主关系代词。τῆς σφετέρας 和 τὰ ... ἑαυτοῦ，定冠词 + 属格 = 名词。ὀρεγόμενος 跟属格（τοῦ πλέονος）。

92.3-4［笺释］πάτριόν (ἐστίν) 跟不定式（ἀμύνεσθαι）。στρατὸν 作不定式 ἀμύνεσθαι 的宾语。τῶν πέλας，定冠词 + 副词 = 名词。δεῖ 跟不定式（ἀμύνεσθαι，省略）。Ἀθηναίους 作不定式 ἀμύνεσθαι 的宾语。πολλῷ μάλιστα，most of all。πᾶσι，用作副词，"总的来说"。τὸ ἀντίπαλον，定冠词 + 形容词 = 名词。γε 和 δή，表强调。οἵ，关系代词，其先行词是 τούτους。τοὺς ἐγγύς 和 τοὺς ἄπωθεν，定冠词 + 副词 = 名词，作

不定式 δουλοῦσθαι 的宾语。πειρῶνται 跟不定式（δουλοῦσθαι）。χρή 跟不定式（ἐλθεῖν 和 γνῶναι）。ὅτι, that。ἔχομεν 跟双宾格（τούς ... Εὐβοέας, τὸ πολὺ 和 παράδειγμα）（CGCG § 30.10）。ὡς αὐτοῖς διάκειται, in what relations it stands to them。τῆς ... Ἑλλάδος, 修饰 τὸ πολύ。τὸ πολύ、τοῖς ἄλλοις 和 οἱ πλησιόχωροι, 定冠词 + 形容词 = 名词。ἐς πᾶσαν, for the whole (country)。τὰ ἡμέτερα, 定冠词 + 形容词 = 名词。

92.5［笺释］τοσούτῳ, so much。τε οἱ, οἱ 作指示代词（GG § 1106），τε 相当于 καί。εἰώθασί 跟不定式（ἐπιστρατεύειν 和 κατέχειν）。ἐπικινδυνοτέραν, 形容词比较级，跟属格（ἑτέρων），表比较，修饰 τὴν παροίκησιν。ἰσχύος 修饰 θράσει。τοῖς πέλας, 定冠词 + 副词 = 名词。τὸν ... ἡσυχάζοντα ... ἀμυνόμενον 和 τὸν ... προαπαντῶντα, 定冠词 + 分词 = 名词。τῇ ἑαυτοῦ (γῇ)。ἀδεέστερον, 用作副词。ἔξω 跟属格（ὅρων）。ᾗ, 关系副词, wherever。ἧσσον, 用作副词。ἄρχοντα 跟属格（πολέμου），与 τὸν ... προαπαντῶντα 配合。

92.6–7［笺释］αὐτοῦ 修饰 πεῖραν。ἡμῶν στασιαζόντων, 独立属格结构。τῇ Βοιωτίᾳ (γῇ)。μέχρι τοῦδε, "直至今日"。χρή + 宾格（ἡμᾶς）+ 不定式（ὁμοιωθῆναι, πειρᾶσθαι, αἰσχῦναι, χωρῆσαι 和 δεῖξαι）。μηνσθέντας 跟属格（ὧν）。ὧν, 自主关系代词，指前文所说的事情。τούς ... πρεσβυτέρους 和 τούς ... νεωτέρους, 定冠词 + 形容词 = 名词，是 ἡμᾶς 的同位语。τῶν ... γενομένων, 定冠词 + 分词 = 名词，与 πατέρων 配合，修饰 παῖδας。πιστεύσαντας + 与格（τῷ θεῷ 和 τοῖς ἱεροῖς）+ 不定式（ἔσεσθαι）。οὗ, 关系代词, 其先行词是 τῷ θεῷ。ἅ, 关系代词, 其先行词是 τοῖς ἱεροῖς, 集合名词，可看作单数。θυσαμένοις 与 ἡμῖν 配合。ὅτι, that。κτάσθων, 第三人称复数命令语气，let them hold ...。ἐφίενται 跟属格（ὧν）。ὧν, 自主关系代词。τοὺς ... ἀμυνομένους, 定冠词 + 分词 = 名词。οἷς, 自主关系代词, to those who。γενναῖον (ἐστίν) 跟不定式（ἐλευθεροῦν 和 δουλοῦσθαι）。τὴν ... αὐτῶν (γῆν)。τὴν ἄλλων (γῆν)。ἀπ' αὐτῶν, away from them。ἀπίασιν 的主语是从句的主语 οἷς。

93.1–5［笺释］ὀψὲ 跟属格（τῆς ἡμέρας）。ἐγγὺς 跟属格（τοῦ στρατεύματος）。λόφου ὄντος ..., 独立属格结构。ὡς ἐς ..., 表真正意图（GG § 2996）。ὡς, when。τῷ ... Ἱπποκράτει ὄντι 与 αὐτῷ 配合。κελεύων 跟不定式（καθίστασθαι）。πολλῷ 跟比较级（ὕστερον）（GG § 1514）。ὡς, about。ὅπως 后面句子的谓语动词用祈愿语气（εἶεν），表目的（GG § 2217）。εἰ 跟前倾词（τις），故加了高调符号。τοὺς ἀμυνουμένους, 定冠词 + 分词 = 名词，与 τούτους 配合。καλῶς εἶχεν, "处于良好状态"。ὑπερεφάνησαν 跟属格（τοῦ λόφου）。οἱ ἄλλοι οἱ περὶ τὴν λίμνην。重复定冠词结构。οἱ ... ἄλλοι, 定冠词 + 形容词 = 名词。ὡς ἕκαστοι, each by themselves。

94.1–2［笺释］οἱ ... ὁπλῖται 和 ψιλοὶ 是 Ἀθηναῖοι 的同位语。τοῖς ἐναντίοις，定冠词+形容词=名词。ἐκ παρασκευῆς ... ὡπλισμένοι，regularly armed。οἵπερ，自主关系代词。πολλαπλάσιοι 跟属格（τῶν ἐναντίων）。τῶν ἐναντίων，定冠词+形容词=名词。πανστρατιᾶς ... γενομένης，独立属格结构。τῶν παρόντων，定冠词+分词=名词。ὡς，when。τὸ πρῶτον，"首先"。ὅτι μή，except。καθεστώτων ... μελλόντων (τῶν Ἀθηναίων)，独立属格结构。μελλόντων 跟不定式（ξυνιέναι）。

95.1–3［笺释］δι' ὀλίγου，"短时间"。τὸ ἴσον，定冠词+形容词=名词。δύναται，means。μᾶλλον ... ἢ ...，rather ... than ...。παραστῇ，不定过去时虚拟语气用作命令语气，set before the mind, present。 ... παραστῇ ... μηδενί，let nobody think。ὑμῶν 修饰 μηδενί。ὡς，that。ὑπὲρ 跟属格（τῆς ἡμετέρας）。τῇ ἀλλοτρίᾳ (γῇ)。προσῆκον，独立宾格结构，it being fitting。τῇ τούτων (γῇ)。οὐ μή 跟虚拟语气（ἐσβάλωσιν），表示强烈否定或者禁止（CGCG § 34.9）。ἄνευ 跟属格（τῆς ἵππου）。ἀξίως 跟属格（τῆς ... πόλεως 和 τῶν πατέρων）。ἥν，关系代词，其先行词是 τῆς ... πόλεως。ἔχων 跟双宾格（ἥν 和 πατρίδα ... πρώτην）。οἵ，关系代词，其先行词是 τῶν πατέρων。

96.1–4［笺释］τοῦ Ἱπποκράτους παρακελευομένου ... ἐπελθόντος ... φθάσαντος，独立属格结构。μέχρι 跟属格（μέσου）。ὡς，when。παρακελευομένου ... Παγώνδου，独立属格结构。τὸ ... πλέον，τὰ ἔσχατα，τὸ αὐτὸ 和 τὸ ... ἄλλο，定冠词+形容词=名词。τὸ ... πλέον，用作副词。τοὺς ... ἄλλους，定冠词+形容词=名词。ἥκιστα，用作副词。ὑποχωρησάντων ... τῶν παρατεταγμένων 和 κυκλωθέντων (αὐτῶν)，独立属格结构。τῶν παρατεταγμένων，定冠词+分词=名词。οἵπερ，关系代词，其先行词是 αὐτοῖς（指 Θεσπιῆς）。αὐτοῖς 与 τῶν παρατεταγμένων 连读。Θεσπιῶν 修饰 οἵπερ。τὸ μέν，τὸ 为指示代词（GG § 1106），指 τὸ κέρας。τὸ μαχόμενον，定冠词+分词=名词。ᾗ，关系副词，where。ἐκράτει 跟属格（τῶν Ἀθηναίων）。τὸ πρῶτον，"首先"。

96.5–9［笺释］ξυνέβη 跟不定式（καταστῆναι）。Παγώνδου περιπέμψαντος ...，独立属格结构。τοῦ ἀφανοῦς，定冠词+形容词=名词。ὡς，when。ὑπερφανέντων (τῶν ἱππέων)，独立属格结构。νικῶν 与 τῶν Ἀθηναίων 配合。νομίσαν + 宾格（στράτευμα）+ 不定式（ἐπιέναι）。τοῦ τοιούτου，定冠词+形容词=名词。οἱ μὲν ... οἱ δὲ ... οἱ δὲ ...，"有的……有的……有的……"。ὡς ἕκαστοί，each by themselves。οἱ ἱππῆς οἵ ... αὐτῶν，重复定冠词结构。οἵ，定冠词，跟前倾词（τε），故加了高调符号。τῆς τροπῆς γιγνομένης 和 νυκτὸς ... ἐπιλαβούσης，独立属格结构。ῥᾷον，用作副词。τῶν φευγόντων，定冠词+分词=名词。τῇ ὑστεραίᾳ (ἡμέρᾳ)。οἵ ... ἐκ τοῦ Ὠρωποῦ 和 οἱ ἐκ τοῦ Δηλίου，定冠词+介词短语=名词。οἵ，定冠词，跟前倾词（τε），故加了高调符号。

97.1–2［笺释］*τοὺς ... τῶν πολεμίων（νεκροὺς）*。*ὡς* 跟将来时分词（*προσβαλοῦντες*），in order to。*ἐπὶ*, for, 表目的。*ὃς*, 关系代词，其先行词是 *κήρυκι*。*ὅτι*, that。*πρὶν ἄν* 跟虚拟语气（*ἀναχωρήσῃ*）。*ἐπὶ*, to, against。*τὰ παρὰ τῶν Βοιωτῶν*, 定冠词＋介词短语＝名词。*ὅτι*, that。*τὰ νόμιμα*, 定冠词＋形容词＝名词。

97.3［笺释］*πᾶσι*，"总的来说""通常"。(*ἔλεγε*) 跟不定式（*εἶναι, ἐνοικεῖν, γίγνεσθαι, χρῆσθαι* 和 *ὑδρεύεσθαι*）。*καθεστηκὸς* 跟不定式（*ἀπέχεσθαι*）。*ἀπέχεσθαι* 跟属格（*ἱερῶν*）。*τῶν ἐνόντων*, 定冠词＋分词＝名词，修饰 *ἱερῶν*。*ἰόντας* 与省略了的 *αὐτοὺς* 配合（*αὐτοὺς* 作不定式 *εἶναι* 的主语）。*τὴν ἀλλήλων*（*γῆν*）。*Ἀθηναίους* 作不定式 *ἐνοικεῖν* 的主语。*ὅσα ... πάντα* 作 *γίγνεσθαι* 的主语。*ὕδωρ* 作不定式 *χρῆσθαι* 的主语。*ὅ*, 关系代词，其先行词是 *ὕδωρ*。*χρῆσθαι* 跟与格（*χέρνιβι*）。*ἀνασπάσαντας* 与省略了的 *αὐτοὺς* 配合（*αὐτοὺς* 作不定式 *ὑδρεύεσθαι* 的主语）。

97.4［笺释］*ὥστε*，用在句首，表总结，and so, therefore。(*ἔλεγε*) 跟不定式（*προαγορεύειν*）。*προαγορεύειν* 跟不定式（*ἀποφέρεσθαι*）。*Βοιωτούς* 作不定式 *προαγορεύειν* 的主语。*αὐτοὺς* 作不定式 *προαγορεύειν* 的宾语。*ἀπιόντας* 与 *αὐτοὺς* 配合。*τὰ σφέτερα*, 定冠词＋形容词＝名词。

98.1［笺释］*τοῦ κήρυκος εἰπόντος*，独立属格结构。*παρὰ* 跟宾格（人）(*τοὺς Βοιωτοὺς*)，"到某人那里去"。*ἔφασαν* 跟不定式（*ἀδικῆσαι, βλάψειν* 和 *ἐσελθεῖν*）。*τοῦ ... ἱεροῦ* 修饰 *οὐδέν*。*οὐδὲν οὔτε ... οὔτε ...*, 多个复合否定词连用，后者（两个）强调前者，仍表否定（GG § 2761）。*τοῦ λοιποῦ*, 表时间的属格，表示在该时间段内，in the future（比较：*τὸ λοιπόν*, 表时间的宾格，表示贯穿该时间段，for the (entire) future）(GG § 1444)。*τὴν ἀρχὴν*, 中性、宾格，用作副词，"一开始"。*ἐπὶ* 跟与格（*τούτῳ*），"为了……"。*ἵνα* 跟虚拟语气（*ἀμύνωνται*）。*ἀμύνωνται* 的宾语是 *τοὺς ἀδικοῦντας*（定冠词＋分词＝名词）。*σφᾶς* 作分词 *ἀδικοῦντας* 的宾语。*μᾶλλον*, rather than。

98.2［笺释］(*ἔφασαν*) ＋ 宾格（*τὸν ... νόμον*）＋不定式（*εἶναι*）。*εἶναι* 的意思是 to be at one's disposition, 跟不定式（*γίγνεσθαι*）(GG § 2010)。整理词序：... *τὸ κράτος ᾖ ὧν ...*。*ὧν*, 关系代词，其先行词是 *τούτων*, of whom。*ἤν* ＝ *ἐάν*。整理词序：... *τὰ ἱερὰ ... γίγνεσθαι τούτων ...*。*τὰ ἱερὰ* 作不定式 *γίγνεσθαι* 的主语。*θεραπευόμενα* 与 *τὰ ἱερὰ* 配合。*οἷς*, 关系代词，其先行词是 *τρόποις*。*πρὸς τοῖς*, "洛布本"和阿尔伯蒂的校勘本作 *πρὸ τοῦ*（"在此之前"）。*εἰωθόσι* 与 *οἷς* 配合。

98.3［笺释］(*ἔφασαν*) ＋宾格（*Βοιωτοὺς καὶ τοὺς πολλοὺς*）＋不定式（*κεκτῆσθαι*）。*τοὺς πολλοὺς* 和 *τῶν ἄλλων*, 定冠词＋形容词＝名词。*ὅσοι*, 关系形容词（或关联代词），其先行词 *τοσούτους* 被吸收，且被吸引到关系形容词（或关联代词）的格（主格）

（GG §§ 2537, 2538）。τὸ πρῶτον，"首先"。ἐπελθόντας 与 Βοιωτοὺς καὶ τοὺς πολλοὺς 配合。οἰκεῖα，形容词，中性、宾格，用作副词。

98.4［笺释］(ἔφασαν) 跟不定式（δυνηθῆναι, ἔχειν 和 ἀπιέναι）。αὐτοί，指雅典人，修饰不定式 δυνηθῆναι 和 ἔχειν 的主语。δυνηθῆναι 跟不定式（κρατῆσαι）。κρατῆσαι 跟属格（τῆς ἐκείνων (γῆς)）。ᾧ，关系代词，其先行词是μέρει（实际上在后面主句中）（GG § 2541）。... ἀπιέναι μέρει ἐν ᾧ εἰσιν ...。ἑκόντες εἶναι，习惯用法，比 ἑκόντες 语气更强，as far as depends on one's will，as far as concerns one，跟否定词（οὐκ）。ὡς，as。

98.5［笺释］(ἔφασαν) 跟不定式（κινῆσαι, προσθέσθαι 和 βιάζεσθαι）。ὕδωρ 作不定式 κινῆσαι 的宾语。ἥν，关系代词，其先行词是 ὕδωρ。ἐκείνους 作不定式 βιάζεσθαι 的主语。προτέρους 和 ἐλθόντας 与 ἐκείνους 配合。τὴν σφετέραν (γῆν)。αὐτοὶ 和 ἀμυνόμενοι 分别与不定式 προσθέσθαι 和 βιάζεσθαι 的主语配合。βιάζεσθαι 跟不定式（χρῆσθαι）。

98.6［笺释］(ἔφασαν) 跟不定式（εἶναι, εἶναι 和 ὀνομασθῆναι）。εἰκὸς + 宾格（τὸ ... κατειργόμενον）+ 不定式（γίγνεσθαι）。πᾶν 修饰 τὸ ... κατειργόμενον。τι，修饰 ξύγγνωμόν，some。τῶν ἀκουσίων ἁμαρτημάτων，独立属格结构。τῶν ἀκουσίων，定冠词 + 分词 = 名词。τοὺς βωμοὺς 作不定式 εἶναι 的主语。παρανομίαν 作不定式 ὀνομασθῆναι 的主语。τοῖς ... κακοῖς，定冠词 + 形容词 = 名词。τοῖς ... τολμήσασιν，定冠词 + 分词 = 名词。τι，用作副词，"在某种程度上"。

98.7-8［笺释］(ἔφασαν) 跟不定式（ἀσεβεῖν）。ἐκείνους 作不定式 ἀσεβεῖν 的主语。ἀξιοῦντας 与 ἐκείνους 配合，跟不定式（ἀποδιδόναι）。τούς ... νεκροὺς 作不定式 ἀποδιδόναι 的宾语。πολὺ，用作副词。μειζόνως ... ἤ ...，more ... than ...。τοὺς ... ἐθέλοντας，定冠词 + 分词 = 名词。ἐθέλοντας 跟不定式（κομίζεσθαι）。τὰ πρέποντα，定冠词 + 分词 = 名词，作不定式 κομίζεσθαι 的主语。ἐκέλευον 跟不定式（εἰπεῖν 和 ἀναιρεῖσθαι）。ἀπιοῦσιν 与 σφίσιν 配合。(ἔφασαν) 跟不定式（εἶναι）。τῇ ἐκείνων (γῇ)。ᾗ，自主关系代词。

99.［笺释］ἀπεκρίναντο + 宾格（αὐτοὺς）+ 不定式（ἀποφέρεσθαι 和 γιγνώσκειν）。ἀπιόντας 与省略了的 αὐτοὺς 配合。τῆς ἑαυτῶν (γῆς)。τὰ σφέτερα，定冠词 + 形容词 = 名词，作不定式 ἀποφέρεσθαι 的宾语。τῇ ἐκείνων (γῇ)。τὸ ποιητέον，定冠词 + 形容词 = 名词。νομίζοντες + 宾格（τὴν ... Ὠρωπίαν, αὐτοὺς 和 τὸ δὲ）+ 不定式（εἶναι, κρατῆσαι 和 εἶναι）。ἥ，关系代词，其先行词是 τὴν ... Ὠρωπίαν。ξυνέβη + 宾格（τοὺς νεκροὺς）+ 不定式（κεῖσθαι）。τῆς μάχης γενομένης，独立属格结构。Ἀθηναίων，表语属格。τὸ ὑπήκοον，定冠词 + 形容词 = 名词。κρατῆσαι 跟属格（αὐτῶν）。τῆς ἐκείνων (γῆς)。τὸ δὲ，τὸ 为指示代词（GG § 1106），指引号内的内容。εὐπρεπὲς 跟不定式（ἀποκρίνασθαι）。ἀπεκρίναντο 跟不定式（ἀπολαβεῖν）。ἃ，自主关系代词。

100.1–5［笺释］βεβοηθηκότων ... ὁπλιτῶν ... τῶν φρουρῶν καὶ Μεγαρέων，独立属格结构。ἥπερ，关系代词，其先行词是μηχανήν。ἅπασαν，用作副词。形容词 σιδηροῦν 和分词 νεῦον 与 ἀκροφύσιον 配合。ᾗ，关系副词，where。ἔχοντα 与 τὸν λέβητα 配合。ἧψε 跟属格（τοῦ τείχους）。ὥστε 跟不定式（μεῖναι，καταστῆναι 和 ἁλῶναι），表结果。μηδένα 作不定式 μεῖναι 的主语。ἀπολιπόντας 与省略了的 αὑτοὺς（作不定式 καταστῆναι 的主语）配合。οἱ μεν，οἱ 为指示代词（GG § 1106）。τῶν ἄλλων，定冠词 + 形容词 = 名词。

101.1–5［笺释］τοῦ ... Δηλίου ... ληφθέντος，独立属格结构。ἑπτακαιδεκάτῃ ἡμέρᾳ，表时间的与格，表示在该时间点。τοῦ ... κήρυκος ... ἐπισταμένου ... ἐλθόντος ...，独立属格结构。ἐπισταμένου 跟属格（τῶν γεγενημένων）。ἐλάσσους，形容词，主格、比较级，跟属格（πεντακοσίων 和 χιλίων），表比较。ὀλίγῳ 跟比较级（ἐλάσσους 和 ὕστερον）（GG § 1514）。整理词序：... ὡς τὰ περὶ τῆς προδοσίας περὶ τὰς Σίφας ... οὐ προυχώρησεν αὐτῷ ...。τὰ περὶ τῆς προδοσίας，定冠词 + 介词短语 = 名词。τῆς προδοσίας πέρι = περὶ τῆς προδοσίας（GG § 175a）（CGCG § 60.14）。πρὶν 跟不定式（καταπλεῦσαι）。τὰς ναῦς 作不定式 καταπλεῦσαι 的主语。τοὺς ἀποβεβηκότας，定冠词 + 分词 = 名词。τοὺς μέν，τοὺς 为指示代词（GG § 1106）。τοῖς ἐπὶ Δηλίῳ，定冠词 + 介词短语 = 名词，与 αὐτὰς 连读。ὧν ἀδελφιδοῦς αὐτοῦ。ἐβασίλευσεν 跟属格（Ὀδρυσῶν，τῆς ... Θρᾴκης 和 ἧσπερ）。ἧσπερ καὶ ἐκεῖνος (ἐβασίλευσεν)。ἧσπερ，关系代词，其先行词 τῆς ... Θρᾴκης。

102.1–3［笺释］τοῦ ... χειμῶνος，表时间的属格，表示在该时间段内。οὗ，关系代词，其先行词是 τὸ ... χωρίον。ἐπείρασε 跟不定式（κατοικίσαι）。τὸ ... χωρίον 作不定式 κατοικίσαι 的宾语。σφῶν ... αὐτῶν，"他们自己的"。τῶν ἄλλων，定冠词 + 形容词 = 名词。τὸν βουλόμενον，定冠词 + 分词 = 名词。οἵ，关系代词，其先行词是 ἐποίκους。τριακοστῷ ἔτει，表时间的与格，表示在该时间点。δέοντι 跟属格（ἑνός）。Ἅγνωνος ... ἐκπεμφθέντος，独立属格结构。ὅπερ，关系代词，其先行词是 τὸ χωρίον。ἥν，关系代词，其先行词是 τῆς Ἠιόνος。ἥν，关系代词，其先行词是 τῆς ... πόλεως。ὅτι，"因为"。περιρρέοντος τοῦ Στρυμόνος，独立属格结构。τὸ περιέχειν，定冠词 + 不定式 = 名词。ᾤκισεν 宾语是 ἥν。(οὖσαν) περιφανῆ 与 ἥν 配合。

103.1–5［笺释］ᾗ，关系副词，where。τὴν νύκτα，表时间的宾格，表示贯穿该时间段。ᾗ καὶ 后跟比较级（μᾶλλον），表示强调由某个前提引出的后果。βουλόμενος 跟不定式（λαθεῖν）。τοὺς ἐν τῇ Ἀμφιπόλει，定冠词 + 介词短语 = 名词。πλὴν 跟属格（τῶν προδιδόντων）。οἵ，关系代词，其先行词是 ἄλλοι。οἱ μὲν ... οἱ δὲ ...，"有的……有的……"。ἐκ πλέονος，"长时间"。τοὺς ἐμπολιτεύοντας，定冠词 + 分词 = 名

词。ἀποστάντες 跟属格（τῶν Ἀθηναίων）。τῇ νυκτί，表时间的与格，表示在该时间点。ἀπέχει + 属格（τῆς διαβάσεως）+ 宾格（πλέον），"距离某地多少里程"。这里 πλέον 用作副词。ἥν，关系代词，其先行词是 φυλακή。τῆς προδοσίας οὔσης 和 χειμῶνος ὄντος，独立属格结构。τὰ ἔξω τῶν Ἀμφιπολιτῶν，定冠词 + 介词短语 = 名词。分词 οἰκούντων 与 τῶν Ἀμφιπολιτῶν 配合。

104.1-3［笺释］τῆς ... διαβάσεως ... γεγενημένης ...，τῶν ... πολλῶν ... ἁλισκομένων 和 τῶν δὲ ... καταφευγόντων，独立属格结构。τῶν δὲ，τῶν 是指示代词（GG § 1106）。τοῖς ἐν τῇ πόλει，定冠词 + 介词短语 = 名词。ἄλλως τε καί，"尤其"。λέγεται + 宾格（Βρασίδαν）+ 不定式（χωρῆσαι 和 δοκεῖν）。ἠθέλησε 跟不定式（τραπέσθαι）。δοκεῖν 跟不定式（ἑλεῖν）。ὁ μέν，ὁ 是指示代词（GG § 1106）。τὰ ἔξω，定冠词 + 副词 = 名词。τῶν ἔνδον，定冠词 + 副词 = 名词。ὡς，as。οἱ ... ἐναντίοι，定冠词 + 形容词 = 名词。

104.4［笺释］ἐναντίοι 跟与格（τοῖς προδιδοῦσι）。ὥστε 跟不定式（ἀνοίγεσθαι），表结果。τὰς πύλας 作不定式 ἀνοίγεσθαι 的主语。ὅς，关系代词，其先行词是 Εὐκλέους。τῶν ἐπὶ Θρᾴκης，定冠词 + 介词短语 = 名词。ὅς，关系代词，其先行词是 Θουκυδίδην。ἀπέχουσα + 属格（τῆς Ἀμφιπόλεως）+ 宾格（ἡμίσεος ἡμέρας πλοῦν），"距离某地多少里程"。μάλιστα，"大约"。κελεύοντες 跟不定式（βοηθεῖν）。ὁ μέν，ὁ 是指示代词（GG § 1106）。αἵ，关系代词，其先行词是 ναυσίν。ἔτυχον 跟分词（παροῦσαι）。ἐβούλετο 跟不定式（φθάσαι）。μάλιστα，above all。整理词序：... φθάσαι πρίν τι ἐνδοῦναι τὴν Ἀμφίπολιν。φθάσαι ... πρίν ...，"抢在……之前……"（GG § 2440a）。τὴν Ἀμφίπολιν 作不定式 ἐνδοῦναι 的宾语。τι，与动词连用，somewhat, in any degree, at all。

105.1-2［笺释］πυνθανόμενος + 宾格（τὸν Θουκυδίδην）+ 不定式（ἔχειν 和 δύνασθαι）。ἀπ' αὐτοῦ，from this。τοῖς πρώτοις，定冠词 + 形容词 = 名词。ἠπείγετο 跟不定式（προκατασχεῖν）。(δεδιώς) μή，μή 为赘词。ἀφικνουμένου αὐτοῦ，独立属格结构。ἐλπίσαν + 宾格（αὐτὸν）+ 不定式（περιποιήσειν）。ἀγείραντα 与 αὐτὸν 配合，其宾语是 ξυμμαχικόν。κήρυγμα 的内容用不定式（μένειν 和 ἀπιέναι）表达。τὸν ... βουλόμενον 和 τὸν ... ἐθέλοντα，定冠词 + 分词 = 名词，分别作不定式 μένειν 和 ἀπιέναι 的主语。τῶν ἐνόντων，定冠词 + 分词 = 名词。τοῖς ἑαυτοῦ，定冠词 + 属格 = 名词。μετέχοντα 跟属格（τῆς ἴσης καὶ ὁμοίας），与 τὸν ... βουλόμενον 配合。τὰ ἑαυτοῦ，定冠词 + 属格 = 名词。ἐκφερόμενον 与 τὸν ... ἐθέλοντα 配合。ἡμερῶν，表时间的属格，表示在该时间段内。

106.1［笺释］οἱ ... πολλοί，定冠词 + 形容词 = 名词。τὰς γνώμας，用作副词，"在……方面"。ἄλλως τε καί，"尤其"。τὸ ... πλέον，定冠词 + 形容词 = 名词。τῶν ...

ληφθέντων，定冠词 + 分词 = 名词。ὑπελάμβανον + 宾格（τὸ κήρυγμα）+ 不定式（εἶναι）。τὸ ... ἐξελθεῖν，定冠词 + 不定式 = 名词。ἡγούμενοι + 宾格（τὰ δεινὰ）+ 不定式（εἶναι）。ἀφιέμενοι 跟属格（κινδύνου）。

106.2 [笺释] ὥστε，用在句首，表总结，and so, therefore。τῶν πρασσόντων ... διαδικαιούντων ...，独立属格结构。τῶν πρασσόντων，定冠词 + 分词 = 名词。αὐτά，指通告的内容。τετραμμένον 和 ἀκροώμενον 与 τὸ πλῆθος 配合。ἀκροώμενον 跟属格（τοῦ ... στρατηγοῦ）。ἐφ᾽ οἷς, on the terms that。οἷς，自主关系代词。οἱ μὲν, οἱ 是指示代词（GG § 1106）。ἡμέρᾳ，表时间的与格，表示在该时间点。ἐγένετο + 与格（αὐτῷ）+ 不定式（λαβεῖν），it was possible for somebody to ...。παρὰ，so near to。

107.1–3 [笺释] ὁ μὲν ... ὁ δὲ ...，"一个……另一个……"。τὰ ἐν τῇ Ἠιόνι，定冠词 + 介词短语 = 名词。τὸ αὐτίκα 和 τὸ ἔπειτα，定冠词 + 副词 = 名词，用作副词。ἕξει ἀσφαλῶς, will be firm。τοὺς ἐθελήσαντας，定冠词 + 分词 = 名词。ἐθελήσαντας 跟不定式（ἐπιχωρῆσαι）。εἰ, if，跟前倾词（πως），故加了高调符号。κρατοίη 跟属格（τοῦ ἔσπλου）。τὰ ... περὶ τὴν Ἀμφίπολιν，定冠词 + 介词短语 = 名词。Πιττακοῦ ... ἀποθανόντος，独立属格结构。πολλῷ 跟比较级（ὕστερον）（GG § 1514）。καὶ Γαληψὸς ... καὶ Οἰσύμη (προσεχώρησαν αὐτῷ)。

108.1 [笺释] ἐχομένης ... τῆς Ἀμφιπόλεως，独立属格结构。ἄλλως τε καὶ，"尤其"。ὅτι，"因为"。Θεσσαλῶν διαγόντων、(αὐτῶν) κρατούντων ... τηρουμένων[①] 和 τοῦ ποταμοῦ ... οὔσης ...，独立属格结构。κρατούντων 跟属格（τῆς ... γεφύρας）。ἐπὶ πολὺ，"长距离"。τὰ ... πρὸς Ἠιόνα，定冠词 + 介词短语 = 名词，用作副词，"在……方面"。ἐνόμιζεν 应作 ἐνόμιζον，跟不定式（δύνασθαι 和 γεγενῆσθαι）。δύνασθαι 跟不定式（προελθεῖν）。ἐφοβοῦντο 跟虚拟语气（ἀποστῶσιν），μὴ 为赘词。

108.2–3 [笺释] ἐν τοῖς ἄλλοις，"在其他事情上"，意即除了此事之外，"一般来说"。μέτριον，用作副词。ὡς 跟将来时分词（ἐλευθερώσων），in order to。αἱ πόλεις ... αἱ ὑπήκοοι τῶν Ἀθηναίων，重复定冠词结构。ὑπήκοοι，二尾型形容词，跟属格（τῶν Ἀθηναίων）。ἃ，自主关系代词。τὸ νεωτερίζειν，定冠词 + 不定式 = 名词。κελεύοντες 跟不定式（ἐπιπαριέναι）。βουλόμενοι 跟不定式（ἀποστῆναι）。

108.4–5 [笺释] ἐψευσμένοις 跟属格（τῆς ... δυνάμεως）。ἐπὶ 跟宾格（τοσοῦτον）。τοσοῦτον ... ὅση ..., as much as ...。τὸ ... πλέον ... ἢ ..., more ... than ...。εἰωθότες 跟

---

① 戈姆指出，τηρουμένων 应作 (αὐτῶν) τηρούντων 才好理解。参见戈姆《评注》，第 3 卷，页 581。

不定式（διδόναι 和 διωθεῖσθαι）。ἐπιθυμοῦσιν 跟属格（οὗ）。οὗ，自主关系代词。ὅ，自主关系代词，作不定式 διωθεῖσθαι 的宾语。τῶν Ἀθηναίων ... πεπληγμένων 和 τοῦ Βρασίδου ... λέγοντος，独立属格结构。τὰ ὄντα，定冠词 + 分词 = 名词。ὡς，that。ἠθέλησαν 跟不定式（ξυμβαλεῖν）。ἐπίστευον 跟不定式（βοηθῆσαι）。μηδένα 作不定式 βοηθῆσαι 的主语。

108.6–7 ［笺释］τὸ ... μέγιστον，"首要的是"。τὸ ... ἔχον，定冠词 + 分词 = 名词。τῷ αὐτίκα，定冠词 + 副词 = 名词。τὸ πρῶτον，"首先"，修饰 ὀργώντων 或者 πειράσεσθαι。Λακεδαιμονίων ὀργώντων，独立属格结构。ἔμελλον 跟不定式（πειράσεσθαι）。ἦσαν ἑτοῖμοι 跟不定式（κινδυνεύειν）。αἰσθανόμενοι 跟属格（ὧν）。ὧν，自主关系代词，指上文所说的事情。ὡς，so far as was possible，尽量。ἐξ ὀλίγου，at short notice。ὁ δὲ，but he（见前文 1.24.5 笺释）。ἐκέλευε 跟不定式（προσαποστέλλειν）。τὰ μὲν ... τὰ δὲ ...，"一方面……另一方面……"。ὑπηρέτησαν 跟与格（αὐτῷ）。βουλόμενοι 跟不定式（κομίσασθαι 和 καταλῦσαι）。τούς ... ἄνδρας τοὺς ἐκ τῆς νήσου，重复定冠词结构，作不定式 κομίσασθαι 的宾语。

109.1–5 ［笺释］τοῦ ... χειμῶνος，表时间的属格，表示在该时间段内。ἅ，关系代词，其先行词是 τὰ ... τείχη。προύχουσα，表语分词。ὁ Ἄθως ... (ὢν) ὄρος ὑψηλὸν ...。αὐτῆς 指τὴν Ἀκτήν。αἷ，关系代词，其先行词是 πόλεις。τι，宾格，some, a。ἔνι = ἔνεστι（GG § 175b）。τὸ ... πλεῖστον，定冠词 + 形容词 = 名词，用作副词。τῶν ... Τυρσηνῶν οἰκησάντων，独立属格结构。οἱ ... πλείους，定冠词 + 形容词 = 名词。

110.1–2 ［笺释］ὡς，since。ὄντες ἑτοῖμοι 跟不定式（παραδοῦναι）。νυκτὸς，表时间的属格，表示在该时间段内。ὅ，关系代词，其先行词是 τὸ Διοσκόρειον。ἀπέχει + 属格（τῆς πόλεως）+ 宾格（τρεῖς ... σταδίους），"距离某地多少里程"。μάλιστα，"大约"。τοὺς Ἀθηναίους τοὺς ἐμφρουροῦντας，重复定冠词结构。οἱ ... πράσσοντες，定冠词 + 分词 = 名词，αὐτῷ 与之连读。ὅτι，that。ὡς，when。παρόντα 与省略了的 αὐτὸν 配合。παρ' 跟宾格（人）（αὐτούς），"到某人那里去"。τὸ πρῶτον，"首先"。ταχθέντων 与 ἀνδρῶν 配合。κατέδεισαν 跟不定式（ἐσελθεῖν）。ἦρχε 跟属格（αὐτῶν）。οἵ，关系代词，其先行词是 ἄνδρας ψιλούς。οὔσης τῆς πόλεως ...，独立属格结构。

111.1–2 ［笺释］ὀλίγον，用作副词。ὅπως 后面句子的谓语动词用虚拟语气（ἐσδράμοιεν），表目的。ὅ，关系代词，其先行词是 τὸ σημεῖον。οἱ μὲν ... οἱ δὲ ...，"一方……另一方……"。χρόνου ἐγγιγνομένου，独立属格结构。ἔτυχον 跟分词（προσελθόντες）。ἐγγὺς 跟属格（τῆς πόλεως）。τῶν ἐσεληλυθότων，定冠词 + 分词 = 名词。ὡς，when。ὅπως 后面句子的谓语动词用虚拟语气（φοβήσειαν），表目的。τοὺς ἐν τῇ πόλει，定冠词 + 介词短语 = 名词。οὐδέν，用作副词，not at all。ὡς，as。τοὺς λοιπούς，定冠词 + 形容词 = 名词。

112.1-3［笺释］τοῖς ἐν τῇ πόλει，定冠词 + 介词短语 = 名词。οἱ μέν ... οἱ δέ ...，"有的……有的……"。αἵ，关系代词，其先行词是δοκούς。ἔτυχον 跟分词（προσκείμεναι）。τὰ μετέωρα，定冠词 + 形容词 = 名词。βουλόμενος 跟不定式（ἑλεῖν）。κατ᾽ ἄκρας，"从上至下""彻底"。

113.1-3［笺释］γιγνομένης τῆς ἁλώσεως，独立属格结构。τὸ ... πολύ，定冠词 + 形容词 = 名词。οὐδέν，用作副词，not at all。οἱ ... πράσσοντες，定冠词 + 分词 = 名词。 ... ταῦτα ἤρεσκε οἷς ...。ἤρεσκε 跟与格（οἷς）。ταῦτα，被看作集合名词，用作复数（GG § 958）。οἷς，自主关系代词。τῶν ἐσελθόντων，定冠词 + 分词 = 名词。ἔτυχον 跟分词（καθεύδοντες）。ὡς，"大约"。οἱ μέν τινες，οἱ 为指示代词（GG § 1108）。τῶν ... λοιπῶν，定冠词 + 形容词 = 名词。οἱ μέν ... οἱ δέ ...，"有的……有的……"。αἵ，关系代词，其先行词是τὰς ναῦς。ὅ，关系代词，其先行词是τὸ φρούριον。

114.1［笺释］γεγενημένης ... ἡμέρας 和 τῆς πόλεως ἐχομένης，独立属格结构。κήρυγμα 的内容用不定式（πολιτεύειν）。τὸν βουλόμενον，定冠词 + 分词 = 名词，作不定式πολιτεύειν 的主语。ἐπὶ τὰ ἑαυτοῦ，go back to his property, go home。ἐξελθόντα 与τὸν βουλόμενον 配合。ἐκέλευεν 跟不定式（ἐξιέναι）。ὑποσπόνδους 和 ἔχοντας 与省略了的 αὐτούς 配合（αὐτοὺς 作不定式 ἐξιέναι 的主语）。τὰ ἑαυτῶν，定冠词 + 属格 = 名词。ὡς，"因为"。οὔσης 与 τῆς Ληκύθου 配合。Χαλκιδέων，表语属格。

114.2-3［笺释］οἱ δέ，but they（见前文1.24.5笺释）。ἔφασαν 跟不定式（ἐκλείψειν）。ἐκέλευον 跟不定式（σπείσασθαι）。σπείσασθαι + 与格（σφίσιν）+ 宾格（ἡμέραν）+ 不定式（ἀνελέσθαι）。ὁ δέ，but he（见前文1.24.5笺释）。τὰ σφέτερα，定冠词 + 形容词 = 名词。παραπλήσια 跟与格（τοῖς ἐν τῇ Ἀκάνθῳ）。τοῖς ἐν τῇ Ἀκάνθῳ，定冠词 + 介词短语 = 名词。ὅτι，that。εἴη δίκαιον 跟不定式（ἡγεῖσθαι 和 οἴεσθαι）。τοὺς πράξαντας，定冠词 + 分词 = 名词。τὴν λῆψιν 作 πράξαντας 的宾语。ἡγεῖσθαι 跟双宾格（τοὺς πράξαντας 和 χείρους，προδότας）（CGCG § 30.10）。πεισθέντας 跟不定式（δρᾶσαι）。οἴεσθαι + 宾格（τοὺς ... μετασχόντας）+ 不定式（τεύξεσθαι）。τεύξεσθαι 跟属格（τῶν αὐτῶν）。τῶν αὐτῶν，定冠词 + 形容词 = 名词，the same。οὐ ... οὔτε ... οὐδέ ...，简单否定词 + 复合否定词（后两个），后者强调前者，仍表否定（CGCG § 56.4）。ἔλεξε 跟不定式（ἀφῖχθαι）。οὐ ... οὔτε ... οὔτε ...，同上。οὔτε ... οὐδένα，两个复合否定词连用，后者强调前者，仍表否定（GG § 2761）。

114.4［笺释］(ἔλεξε) 跟不定式（ποιήσασθαι）。ἕνεκα 跟属格（τούτου）。τούτου

指 ὡς（that）引导的从句。τοῖς ... καταπεφευγόσιν，定冠词 + 分词 = 名词。ἡγούμενος 跟不定式（δοκεῖν 和 πεφοβῆσθαι）。οὐδέν，用作副词，not at all。χείρους，形容词比较级，宾格，用作副词。τῇ ἐκείνων φιλίᾳ，"在与他们（雅典人）的友谊方面"。ἡγούμενος + 宾格（αὐτούς）+ 不定式（δοκεῖν）。πειρασαμένους 与 αὐτούς 配合。ἧσσον 和 μᾶλλον，用作副词，比较级，跟属格（σφῶν 和 τῶν Λακεδαιμονίων），表比较。δοκεῖν 跟不定式（γενέσθαι）。πολλῷ 跟比较级（μᾶλλον）（GG § 1514）。ὅσῳ 通常与比较级连用，by how much, inasmuch as。δικαιότερα，形容词，中性、宾格，用作副词。πράσσουσιν 与 σφίσι（指斯巴达人）配合。

114.5［笺释］ἐκέλευεν + 宾格（τοὺς ... πάντας）+ 不定式（παρασκευάζεσθαι）。ὡς 跟将来时分词（ἐσομένους），in order to。τὸ ἀπὸ τοῦδε，定冠词 + 介词短语 = 名词，"从今往后"。ὅτι，"洛布本"和阿尔伯蒂的校勘本作 ὅ τι，anything which。ἔξοντας 跟双宾格（ὅ τι 和 αἰτίαν）。τὰ ... πρότερα，定冠词 + 形容词 = 名词，用作副词。（ἔλεξε）跟不定式（ἀδικεῖσθαι 和 εἶναι）。σφεῖς，在这里相当于 αὐτοί，布剌西达斯这里代表斯巴达人发言，故 σφεῖς 相当于主句动词 ἔλεξε 的主语，而不定式 ἀδικεῖσθαι 是 ἔλεξε 的附属成分，因此，它也作不定式 ἀδικεῖσθαι 的主语（GG § 1228b. N. 1）。注意：如果 σφεῖς 写作 σφᾶς（也作不定式 ἀδικεῖσθαι 的主语），那就指托洛涅人。ἐκείνους 作不定式 ἀδικεῖσθαι 的主语。εἰ 跟前倾词（τι），故加了高调符号。τι，用作副词，"在某种程度上"。

115.1–3［笺释］ὁ μέν，ὁ 为指示代词（GG § 1106）。διελθουσῶν τῶν σπονδῶν，独立属格结构。μίαν ... ἡμέραν，表时间的宾格，表示贯穿该时间段。τῇ ... ὑστεραίᾳ（ἡμέρᾳ）。μηχανῆς μελλούσης ...，独立属格结构。μελλούσης 跟不定式（προσάξεσθαι）。τῶν ἐναντίων，定冠词 + 形容词 = 名词。ἧς，关系代词，其先行词是 μηχανῆς。διενοοῦντο 跟不定式（ἐνήσειν）。προσιόντος ... τοῦ στρατεύματος，独立属格结构。ᾗ，关系副词，where。ᾤοντο + 宾格（αὐτούς）+ 不定式（προσκομιεῖν）。ψόφου πολλοῦ γενομένου，独立属格结构。τοὺς ... ἐγγὺς 和 οἱ ... ἄπωθεν，定冠词 + 副词 = 名词。οἱ διὰ πλείστου，定冠词 + 介词短语 = 名词。μᾶλλον ἤ ...，rather than ...。νομίσαντες 跟不定式（ἐαλωκέναι）。ταύτῃ，at that point。

116.1–3［笺释］ὡς，when。τὸ γιγνόμενον，定冠词 + 分词 = 名词。ἔτυχε 跟分词（κηρύξας）。κηρύξας 跟不定式（δώσειν）。ἔμελλε 跟不定式（προσβαλεῖν）。τῷ ἐπιβάντι，定冠词 + 分词 = 名词。νομίσας + 宾格（τὴν ἅλωσιν）+ 不定式（γενέσθαι）。ἤ，than。ὁ μέν，ὁ 为指示代词（GG § 1106）。τὸ λοιπὸν τοῦ χειμῶνος，表时间的宾格，表示贯穿该时间段。ἅ，自主关系代词。τοῖς ἄλλοις，定冠词 + 形容词 = 名词。τοῦ χειμῶνος διελθόντος，独立属格结构。

117.1［笺释］νομίσαντες + 宾格（τὸν Βρασίδαν）+ 不定式（προσαποστῆσαι 和 ξυμβῆναι）。προσαποστῆσαι 跟属格（σφῶν）。σφῶν 指雅典人。οὐδέν，用作副词，not at all。καθ' ἡσυχίαν，"从容地"。ἔχοι καλῶς，"事情进展顺利"。τὰ πλείω，定冠词 + 形容词 = 名词。ἡγούμενοι 跟不定式（φοβεῖσθαι, ἐπιθυμήσειν 和 ποιήσασθαι）。τοὺς Ἀθηναίους 作不定式 φοβεῖσθαι 的主语。ἅπερ，关系代词，其先行词是 ταῦτα。αὐτοὺς 作不定式 ἐπιθυμήσειν 的主语。πειρασαμένους 与 αὐτοὺς 配合，跟不定式（ξυναλλαγῆναί）。γενομένης ἀνοκωχῆς ...，独立属格结构。ἀποδόντας 与 αὐτοὺς 配合。

117.2［笺释］此章原文肯定有阙文或讹误，难以读通。ἐποιοῦντο，中动态，跟不定式（κομίσασθαι），"认为"。τοὺς ... ἄνδρας 作不定式 κομίσασθαι 的宾语。περὶ πλέονος，"更重要的"。ὡς，when。... χωρήσαντος αὐτοῦ ... καταστήσαντος，独立属格结构。ἀντίπαλα，用作副词。ἔμελλον 跟不定式（στέρεσθαι, κινδυνεύσειν 和 κρατήσειν）。关于其他地方，学者们提出了一些修补原文的建议，但都是猜测，如 τῶν ...(σφετέρων) ... τοῖς (ἄλλοις σφῶν)，但原句依然不能完全读通。①

118.1–3［笺释］δοκεῖ + 与格（ἡμῖν）+ 不定式（χρῆσθαι）。τὸν βουλόμενον，定冠词 + 分词 = 名词，作不定式 χρῆσθαι 的主语。ταῦτα 作 δοκεῖ 的主语，被看作集合名词，用作单数（GG § 960）。δοκεῖ + 与格（τοῖς ... Λακεδαιμονίοις 和 τοῖς ξυμμάχοις τοῖς παροῦσιν）。φασὶν 与 τοῖς ... Λακεδαιμονίοις 和 τοῖς ξυμμάχοις τοῖς παροῦσιν（重复定冠词结构）配合，跟不定式（πείσειν）。τῶν χρημάτων τῶν τοῦ θεοῦ，重复定冠词结构。(δοκεῖ ἡμῖν) + 不定式（ἐπιμέλεσθαι）。τοὺς ἀδικοῦντας，定冠词 + 分词 = 名词。χρώμενοι 跟与格（τοῖς ... νόμοις）。οἱ βουλόμενοι，定冠词 + 分词 = 名词。τῶν ἄλλων，定冠词 + 形容词 = 名词。

118.4［笺释］ἔδοξε + 与格（Λακεδαιμονίοις καὶ τοῖς ... ξυμμάχοις）+ 不定式（μένειν 和 ὑπερβαίνειν）。τῆς αὐτῶν，定冠词 + 属格 = 名词。ἑκατέρους 作不定式 μένειν 的主语。ἅπερ，自主关系代词，whatever。τοὺς ... ἐν τῷ Κορυφασίῳ，定冠词 + 介词短语 = 名词，与 μένοτας 配合。ἐντὸς 跟属格（τῆς Βουφράδος καὶ τοῦ Τομέως）。τοὺς ... ἐν Κυθήροις，定冠词 + 介词短语 = 名词，与 ἐπιμισγομένους 配合。τοὺς ... ἐν Νισαίᾳ καὶ Μινῴᾳ，定冠词 + 介词短语 = 名词，与 ὑπερβαίνοντας 配合。τὴν ὁδὸν τὴν ἀπὸ ... , τῶν πυλῶν τῶν παρὰ ... 和 τὴν γέφυραν τὴν ἐς Μινῴαν，重复定冠词结构。Μεγαρέας καὶ τοὺς ξυμμάχους 作不定式 ὑπερβαίνειν 的主语。ἥνπερ，关系代词，其先行词是 τὴν νῆσον。τὰ ἐν Τροιζῆνι，定冠词 + 介词短语 = 名词，作 ἔχοντας 的宾语。ἅ，自主

---

① 参见戈姆《评注》，第 3 卷，页 594—596；霍氏《评注》，第 2 卷，页 361—362。

关系代词。

118.5-8［笺释］(ἔδοξε + Λακεδαιμονίοις καὶ τοῖς ... ξυμμάχοις) + 不定式（πλεῖν）。Λακεδαιμονίους καὶ τοὺς ξυμμάχους 作不定式 πλεῖν 的主语，χρωμένους 与之配合，跟与格（τῇ θαλάσσῃ）。ὅσα ἂν ...，so far as ...。τὴν ἑαυτῶν，定冠词 + 属格 = 名词。ἄλλῳ，"别的"，指 μακρᾷ νηί（"战舰"）之外的船只。ἄγοντι，分词，与 πλοίῳ 配合。(ἔδοξε) + 不定式（εἶναι，δέχεσθαι 和 διδόναι）。σπονδὰς 作不定式 εἶναι 的主语。ἰοῦσι 和 ἀπιοῦσι 与 κήρυκι ... ἀκολούθοις 配合。ὑμᾶς 和 ἡμᾶς 作不定式 δέχεσθαι 的主语。τοὺς ... αὐτομόλους 作不定式 δέχεσθαι 的宾语。ὑμᾶς 和 ἡμᾶς 作不定式 διδόναι 的主语。διαλύοντας 与 ὑμᾶς 和 ἡμᾶς 配合。τὰ ἀμφίλογα，定冠词 + 形容词 = 名词。

118.9-10［笺释］ταῦτα δοκεῖ τοῖς ... Λακεδαιμονίοις καὶ τοῖς ξυμμάχοις）和 τι δοκεῖ + ὑμῖν + εἶναι，同上。εἴτε ... εἴτε ...，either ... or ...。κάλλιον 和 δικαιότερον，形容词比较级，跟属格（τούτων），表比较。ἀποστήσονται 跟属格（οὐδενὸς），"阻止"。ὅσα ἂν ...，so far as ...。ἰόντων，第三人称命令语气，跟主格（οἱ ... ἰόντες）。οἱ ... ἰόντες，定冠词 + 分词 = 名词。ᾗπερ，关系副词，in the way that，as。ἐνιαυτὸν，表时间的宾格，表示贯穿该时间段。

118.11-14［笺释］ἔδοξεν 跟与格（τῷ δήμῳ）。εἶπε 跟不定式（ποιεῖσθαι，εἶναι，ἄρχειν，ποιεῖσθαι，βουλεύσασθαι 和 σπείσασθαι）。τῇ Ἀθηναίων。定冠词 + 属格 = 名词。ἅ，自主关系代词。τὴν ... ἐκεχειρίαν 作不定式 εἶναι 的主语。ἐνιαυτόν，表时间的宾格，表示贯穿该时间段。τὴν ἡμέραν 作不定式 ἄρχειν 的主语。ὡς 跟宾格（人）（ἀλλήλους），"到某人那里去"。πρέσβεις καὶ κήρυκας 作不定式 ποιεῖσθαι 的主语，τοὺς λόγους 作不定式 ποιεῖσθαι 的宾语。ὅτι，"洛布本"和阿尔伯蒂的校勘本作 ὅ τι，anything which。Ἀθηναίους 作不定式 βουλεύσασθαι 的主语。ὅτι，同上。τὰς πρεσβείας 作不定式 σπείσασθαι 的主语。ἦ μήν，用在誓言的开头，"完全真的""实实在在的"（GG § 2921, CGCG § 59.65），跟将来时不定式（ἐμμενεῖν）。τὸν ἐνιαυτόν，同上。

119.1-3［笺释］δωδεκάτῃ，表时间的与格，表示在该时间点。διὰ παντὸς，"继续""永远"。

120.1［笺释］αἷς，关系代词，其先行词是 τὰς ἡμέρας，in which。φασὶ 跟不定式（εἶναι，κατενεχθῆναι 和 οἰκῆσαι）。τοὺς πρώτους，定冠词 + 形容词 = 名词，作不定式 κατενεχθῆναι 的主语。πλέοντας 与 τοὺς πρώτους 配合。ἐχρήσαντο 跟与格（ᾧ），suffer。ᾧ，关系代词，其先行词是 τῷ χειμῶνι。αὐτοῦ，there。

120.2［笺释］αὐτοῖς，to them，与 διέπλευσε 连读，ἀποστᾶσι 与其配合。νυκτός，表时间的属格，表示在该时间段内。ὅπως 后面句子的谓语动词用祈愿语气（ἀμύνοι），表目的。περιτυγχάνοι 跟与格（τινι ... πλοίῳ）。μείζονι，形容词比较级，跟属格（τοῦ κέλητος），表比较。... τριήρους ἐπιγενομένης，独立属格结构。τὸ ἔλασσον，定冠词 + 形容词 = 名词。νομίζων 跟不定式（τρέψεσθαι 和 διασώσειν）。

120.3［笺释］ἅ，自主关系代词。φάσκων 跟不定式（εἶναι）。αὐτοὺς 作不定式 εἶναι 的主语。ἀξιωτάτους 跟属格（ἐπαίνου）。整理词序：... οἵτινες ... ὄντες οὐδὲν ἄλλο ἢ νησιῶται ...。τῆς Παλλήνης ... ἀπειλημμένης，独立属格结构。ἐχόντων 与 Ἀθηναίων 配合。ἀνέμειναν + 宾格（ἀνάγκην）+ 不定式（προσγενέσθαι）。(φάσκων) + 不定式（εἶναι，ἡγήσεσθαι 和 τιμήσειν）。τοῦ ... ὑπομεῖναι，定冠词 + 不定式 = 名词，修饰 σημεῖον。αὐτοὺς 作不定式 ὑπομεῖναι 的主语。ὑπομεῖναι 跟宾格（τι）。τῶν μεγίστων，定冠词 + 形容词 = 名词，修饰 τι（宾格）。εἴ 跟前倾词（τε），故加了高调符号。ἡγήσεσθαι 跟双宾格（αὐτοὺς 和 φίλους）（CGCG § 30.10）。τἆλλα = τὰ ἀλλὰ，定冠词 + 形容词 = 名词，用作副词，"在其他方面""各方面"，意即"最大的"。

121.1［笺释］τὰ πρασσόμενα，定冠词 + 分词 = 名词，集合名词，可看作单数。ἤρεσκε 跟与格（οἷς）。οἷς，自主关系代词。διενοοῦντο 跟不定式（οἴσειν）。τά ... ἄλλα，定冠词 + 形容词 = 名词，用作副词，"在其他方面"。ὡς 跟分词宾格（ἐλευθεροῦντα），被称为独立宾格结构，in the belief that ...（GG § 2078）。

121.2［笺释］ὁ δὲ，but he（见前文 1.24.5 笺释）。τὸ ... παραυτίκα，"暂时"。πολλῷ 跟比较级（ὕστερον）（GG § 1514）。βουλόμενος 跟不定式（ἀποπειρᾶσαι）。ἀποπειρᾶσαι 跟属格（τῆς ... Μένδης καὶ τῆς Ποτειδαίας）。ἡγούμενος + 宾格（τοὺς Ἀθηναίους）+ 不定式（βοηθῆσαι）。ὡς，as。βουλόμενος 跟不定式（φθάσαι）。τι 作 ἐπράσσετο 的主语。προδοσίας πέρι = περὶ προδοσίας（GG § 175a）（CGCG § 60.14）。

122.1–4［笺释］ὁ μὲν，ὁ 为指示代词（GG § 1106）。ἔμελλεν 跟不定式（ἐγχειρήσειν）。οἱ ... περιαγγέλλοντες，定冠词 + 分词 = 名词。παρ' 跟宾格（人）（αὐτὸν），"到某人那里去"。οἱ δὲ，but they（见前文 1.24.5 笺释）。πολλῷ 跟比较级（ὕστερον）（GG § 1514）。τὰ πεπραγμένα，定冠词 + 分词 = 名词。τοῖς ... ἄλλοις，定冠词 + 形容词 = 名词。τῶν ἡμερῶν 修饰 λογισμοῦ。ὅτι，that。ἔφη 跟不定式（ἔσεσθαι）。οὐκ 否定不定式 ἔσεσθαι。ἐνσπόνδους 与省略了的 αὐτοὺς 配合（αὐτοὺς 作不定式 ἔσεσθαι 的主语）。πολλά，用作副词。ὡς，as。ὡς，when。ἦσαν ἑτοῖνοι 跟不定式（στρατεύειν）。ἔφασαν + 宾格（αὐτοὺς）+ 不定式（παραβήσεσθαι）。ἀντεποιοῦντο 跟属格（τῆς πόλεως）。πιστεύοντες 跟与格（Βρασίδᾳ）。ἦσαν ἑτοῖμοι 跟不定式（κρίνεσθαι）。

122.5–6［笺释］οἱ δὲ，but they（见前文 1.24.5 笺释）。ἤθελον 跟不定式（κινδυνεύειν 和 στρατεύειν）。ὡς τάχιστα，"尽快"。εἰ καὶ，这里意思相当于 ὅτι（that）（GG § 2374）。

有学者认为 ἤδη ὄντες 的位置应该颠倒为 ὄντες ἤδη，还有学者认为 ὄντες 为衍文。[①] ἤδη 修饰 ἀξιοῦσι。οἱ ... ὄντες，定冠词 + 分词 = 名词。ἀξιοῦσι 跟不定式（ἀφίστασθαι）。ἀφίστασθαι 跟属格（σφῶν）。πιστεύοντες 跟与格（τῇ ... ἰσχύι）。ἀνωφελεῖ = ἀνωφελεῖ οὔσῃ，表语形容词。ᾗ，关系副词，in the way that，as，与 εἶχε 连读。ἡμέραις，表时间的与格，表示在该时间点。Κλέωνος 修饰 γνώμῃ。ψηφίσμά 跟不定式（ἐξελεῖν 和 ἀποκτεῖναι）。τἆλλα = τὰ ἄλλα，定冠词 + 形容词 = 名词，用作副词，"在其他方面"。

123.1–4［笺释］ἀφίσταται 跟属格（αὐτῶν）。νομίζων 跟不定式（ἀδικεῖν）。ὅτι，that，与 ἀδικεῖν 连读。ἔστι ... ἅ，"有些地方"。ἐνεκάλει + 与格（τοῖς Ἀθηναίοις）+ 不定式（παραβαίνειν）。ὅ，自主关系代词。ὅτι，that。τῶν πρασσόντων ... ὄντων ... ἀνέντων ... φοβουμένων ... καταβιασαμένων，独立属格结构。σφίσιν 与 τῶν πρασσόντων 连读。ὡς，when。τὸ κατάδηλον 和 τοὺς πολλούς，定冠词 + 形容词 = 名词。πολλῷ 跟比较级（μᾶλλον）（GG § 1514）。ἄρχοντά 跟属格（τῶν ἁπάντων），与 Πολυδαμίδαν 配合。τῶν ἁπάντων，定冠词 + 形容词 = 名词。οἱ μέν，οἱ 为指示代词（GG § 1106）。τὰ περὶ σφᾶς αὐτούς，定冠词 + 介词短语 = 名词。ὡς 跟独立属格结构（παρεσομένων τῶν Ἀθηναίων），表达相信的理由（GG § 2086d）。

124.1［笺释］τὸ δεύτερον，定冠词+形容词=名词，用作副词。ὁ μὲν ... ὁ δὲ ...，"一位……另一位……"。ἐκράτει 跟属格（ὧν）。ὧν，关系代词，其先行词是 Μακεδόνων。πρὸς 跟与格（τοῖς ... περιλοίποις），besides。αὐτοῦ，there。(ἦγον ... τὴν δύναμιν) τῶν ἄλλων ...。τῶν ἄλλων 定冠词 + 形容词 = 名词。οἱ，to himself，间接反身代词（用在从句中，指主句的主语）（GG §§ 1225, 1228b）（CGCG § 29.18）。(δέοντες) ὀλίγου。

124.2–4［笺释］τὴν Ἀρραβαίου (γῆν)。ἐχόντων τῶν ... πεζῶν, τοῦ μέσου ὄντος 和 προελθόντων ... τῶν ... ὁπλιτῶν ... ὄντων ...，独立属格结构。ὄντων ἑτοίμων 跟不定式（μάχεσθαι）。τοῦ μέσου、οἱ ... λοιποί 和 τὰ μετέωρα，定冠词 + 形容词 = 名词。δύο ἢ τρεῖς ἡμέρας，表时间的宾格，表示贯穿该时间段。οἷ，关系代词，其先行词是 τοὺς Ἰλλυριούς。ἔτυχον 跟分词（μέλλοντες）。μέλλοντες 跟不定式（ἥξειν）。ἐβούλετο 跟不定式（προϊέναι 和 καθῆσθαι）。περιορώμενος 跟属格（τῆς ... Μένδης）。μή + 不定过去时虚拟语气（πάθῃ），叫作 "禁止性虚拟语气"（Prohibitive subjunctive）（GG § 1800）。τι 作 πάθῃ 的宾语。τῶν Ἀθηναίων ... ἐπιπλευσάντων 和 τῶν Ἰλλυριῶν ... παρόντων，独立属格结构。ἦν πρόθυμος 跟不定式（ἀναχωρεῖν）。

125.1–4［笺释］διαφερομένων αὐτῶν，独立属格结构。ὅτι，that。ὥστε，跟句子，

---

① 参见戈姆《评注》，第 3 卷，页 611。

表结果。δοκοῦν + 与格（ἀμφοτέροις）+ 不定式（ἀναχωρεῖν）。αὐτῶν ὄντων ...，独立属格结构。οὐδέν，用作副词，not at all。ἐκ 跟属格（τῆς διαφορᾶς），"由于……"。χρή 跟不定式（ὁρμᾶσθαι）。νυκτός ... ἐπιγενομένης，独立属格结构。ὅπερ，just as。στρατόπεδα 作 φιλεῖ 的主语。φιλεῖ 跟不定式（ἐκπλήγνυσθαι）。νομίσαντες +宾格（αὐτούς，省略）+ 不定式（ἐπιέναι 和 παρεῖναι）。πολλαπλασίους 与省略了的 αὐτούς 配合。ἤ，than。ὅσον ... οὔπω，all but, almost, practically（GG § 2766）。τὸ πρῶτον，"首先"。ὡς，when。ἠνάγκασαν 跟不定式（προαπελθεῖν）。πρὶν 跟不定式（ἰδεῖν）。τὸν Βρασίδαν 作不定式 ἰδεῖν 的主语。πολύ，用作副词。ὡς，when。μέλλοντας 跟不定式（ἐπιέναι）。διενοεῖτο 跟不定式（ἀναχωρεῖν）。εἰ 跟前倾词（πη），故加了高调符号。ἔταξε 跟双宾格（τοὺς νεωτάτους 和 ἐκδρόμους）（CGCG § 30.10）。εἶχεν γνώμην 跟不定式（ἀμύνεσθαι）。τελευταῖος 与 ὑποχωρῶν 连读。τοῖς ... προσκεισομένοις，定冠词 + 分词 = 名词。τῶν ἐναντίων，定冠词 + 形容词 = 名词。πρὶν 跟不定式（εἶναι）。τοὺς πολεμίους 作不定式 εἶναι 的主语。ὡς，since。

126.1［笺释］ὑπώπτευον + 宾格（ὑμᾶς）+ 不定式（ἔχειν）。τῷ ... μεμονῶσθαι，定冠词 + 不定式 = 名词，这里用与格表原因。τε ... καί ...，both ... and ...。ὅτι，with regard to the fact that ...。οἱ ἐπιόντες (εἰσί) βάρβαροι καὶ πολλοί。ὁμοίως，in the same way (that I do now)。τῇ παρακελεύσει，"那个鼓励"（用定冠词表示这种阵前鼓励是惯常的、人们期待的）"我的鼓励"。πρός，"鉴于"。τῶν ἡμετέρων 和 τῶν ἐναντίων，定冠词 + 形容词 = 名词。πειράσομαι 跟不定式（πείθειν）。τὰ μέγιστα，定冠词 + 形容词 = 名词，用作副词，"就最主要的方面"。

126.2［笺释］προσήκει + 与格（ὑμῖν）+ 不定式（εἶναι）。τὰ πολέμια，定冠词 + 形容词 = 名词，用作副词，"在……方面"。ἑτέρων 修饰 πλῆθος。μηδέν，用作副词。οἵ γε，引导表原因的从句，"因为……"（GG §§ 2495, 2555a）。αἷς，关系代词，其先行词是 πολιτειῶν。ἄρχουσιν 跟属格（ὀλίγων）。ἐλάσσους (ἄρχουσιν) πλεόνων。ἐλάσσους，形容词比较级，主格。οὐκ ἄλλῳ τινὶ ... ἤ ...，"不靠别的……而靠……""正是……"。τῷ ... κρατεῖν，定冠词 + 不定式 = 名词，与格表示手段，"通过……"。

126.3–4［笺释］χρή + 宾格（ὑμᾶς，省略）+ 不定式（μαθεῖν）。οὕς，关系代词，其先行词是 βαρβάρους。ὧν，自主关系代词。ἄλλων 修饰 ἀκοῇ。整理词序：ὅσα τῶν πολεμίων ὄντα ἀσθενῆ τῷ ὄντι ἔχει ἰσχύος δόκησιν ...。τῷ ὄντι，定冠词 + 分词 = 名词，相当于 ἔργῳ，"实际上"。διδαχή ... προσγενομένη ...，独立属格结构。τοὺς ἀμυνομένους，定冠词 + 分词 = 名词。οἷς，自主关系代词，与 πρόσεστιν 连读。τολμηρότερον，用作副词。

126.5［笺释］τοῖς ἀπείροις，定冠词 + 形容词 = 名词。ἤ，定冠词，跟前倾词

($τε$)。$προσμεῖξαι$，不定式，不带定冠词，"在……方面"（like an accusative of respect）（GG § 2005）。$τοῖς ὑπομένουσιν$，定冠词 + 分词 = 名词。$αὐτά$，看作单数。$αἰσχυνθεῖεν$ 跟不定式（$λιπεῖν$）。$ἤ$，定冠词，跟前倾词（$τε$），故加了高调符号。$τοῦ καλοῦ$ 和 $τὸ ἀνδρεῖον$，定冠词 + 形容词 = 名词。$τοῦ σῴζεσθαι$，定冠词 + 不定式 = 名词。$τὸ ἐκφοβῆσαι$ ...，定冠词 + 不定式 = 名词。$πιστότερον$，形容词比较级，跟属格（$τοῦ$ ... $ἐλθεῖν$），表比较。$ἐχρῶντο$ 跟与格（$ἐκείνῳ$）。$πρό$ 跟属格（$τούτο$），"置于……之前"。

126.6［笺释］$ὅ$，自主关系代词，作 $ὑπομείναντες$ 的宾语。$ἐπιφερόμενον$ 修饰 $ὅ$，"攻击"。$τὸ ἀσφαλές$，定冠词 + 形容词 = 名词。$θᾶσσον$，用作副词。$τὸ λοιπόν$，定冠词 + 形容词 = 名词，用作副词。$ὅτι$，that。$ὅτι$ 引导的从句主干：$οἱ$ ... $ὄχλοι ἐπικομποῦσιν τὸ ἀνδρεῖον$。$τοῖς$ ... $δεξαμένοις$，定冠词 + 分词 = 名词。$τὸ ἀνδρεῖον$，定冠词 + 形容词 = 名词。$μελλήσει$ 与 $ἀπειλαῖς$ 配合。$οἵ$，常常用来代替 $οἵτινες$，尤其是在跟 $ἄν$ 和 $μή$ 的情况下（GG § 2493b）。$τὸ εὔψυχον$ 和 $τῷ ἀσφαλεῖ$，定冠词 + 形容词 = 名词。

127.1–2［笺释］$νομίσαντες$ + 宾格（$αὐτόν$）+ 不定式（$φεύγειν$）。$νομίσαντες$ 又跟不定式（$διαφθερεῖν$）。$ὡς$，when。$αὐτοῖς$ 与 $ἀπήντων$ 连读。$αἵ$，定冠词，跟前倾词（$τε$），故加了高调符号。$ἐπικειμένους$，与省略了的 $αὐτούς$（指蛮族，作 $ὑφίστατο$ 的宾语）配合；"洛布本"作 $ἐπικειμένοις$，即与 $αὐτοῖς$ 配合。$τὸ λοιπόν$，定冠词 + 形容词 = 名词。$ἐπιφερομένους$ 同样与省略了的 $αὐτούς$ 配合。($αὐτῶν$) $ἡσυχαζόντων$，独立属格结构。$τότε δή$，then indeed（GG § 2844）。$ἀπέσχοντο$ 跟属格（$τῶν$ ... $Ἑλλήνων$）。$οἱ πολλοί$，定冠词 + 形容词 = 名词。$καταλιπόντες$ + 宾格（$μέρος$ ... $τι$）+ 不定式（$προσβάλλειν$）。$ἐπακολουθοῦν$ 跟与格（$αὐτοῖς$）。$οἱ λοιποί$，定冠词 + 形容词 = 名词。$τοὺς φεύγοντας$，定冠词 + 分词 = 名词。$οἷς$，关系代词，其先行词是 $τοὺς φεύγοντας$。$ἐντύχοιεν$ 跟与格（$οἷς$）。$ἥ$，关系代词，其先行词是 $τὴν ἐσβολήν$。$προσιόντος αὐτοῦ$，独立属格结构。$τὸ ἄπορον$，定冠词 + 形容词 = 名词。$ὡς$ 跟将来时分词（$ἀποληψόμενοι$），in order to。

128.1–2［笺释］$ὁ δέ$，but he（见前文 1.24.5 笺释）。$προεῖπε$ 跟不定式（$πειράσαι$）。$ὅν$，自主关系代词，作 $ἑλεῖν$ 的宾语。$τῶν λόφων$ 修饰 $ὅν$。$ᾤετο$ 跟不定式（$ἑλεῖν$）。$ὡς τάχιστα$，"尽快"。$ἄνευ$ 跟属格（$τάξεως$）。$πειράσαι$ 跟不定式（$ἐκκροῦσαι$）。$πρίν$ 跟不定式（$προσμεῖξαι$）。$τήν$ ... $κύκλωσιν$ 作不定式 $προσμεῖξαι$ 的主语。$οἱ μέν$，$οἱ$ 为指示代词（GG § 1106）。$ἐκράτησαν$ 跟属格（$τῶν ἐπὶ τοῦ λόφου$）。$τῆς τροπῆς$ ... $γενομένης$，独立属格结构。$σφῶν$ 修饰 $τῆς τροπῆς$。$τοῦ μετεώρου$，定冠词 + 形容词 = 名词。$τὸ πλέον$，further。$νομίζοντες$ + 宾格（$αὐτούς$）+ 不定式（$εἶναι$ 和 $διαπεφευγέναι$）。

128.3–5［笺释］$ὡς$，since。$ἀντελάβετο$ 跟属格（$τῶν μετεώρων$）。$αὐθημερόν$，表时间的宾格，表示贯穿该时间段。$ἐνέτυχον$ 跟与格（$ὅσοις$ ... $ζεύγεσιν$ ... $βοεικοῖς$）。

ἤ, or。εἴ 跟前倾词（τινι），故加了高调符号。οἷα ἦν εἰκὸς 跟不定式（ξυμβῆναι）。τὰ μὲν ... τῶν δὲ ...，这里的 τὰ 和 τῶν 用作指示代词，指的是两个事物（GG § 1107）。ἐνόμισε 跟双宾格（Βρασίδαν 和 πολέμιον）（CGCG § 30.10）。τὸ λοιπὸν，定冠词 + 形容词 = 名词。Πελοποννησίων μῖσος，"对伯罗奔尼撒人的仇恨"。διαναστὰς 跟属格（τῶν ... ξυμφόρων）。τάχιστα，用作副词。τοῖς μὲν ... τῶν δὲ ...，这里的 τοῖς 和 τῶν 用作指示代词，指的是两类人（GG § 1107）。ξυμβήσεται 跟与格（τοῖς），ἀπαλλάξεται 跟属格（τῶν）。

129.1–5［笺释］αὐτοῦ，there。ἐνόμιζεν 跟不定式（εἶναι）。εἶναι ἀδύνατος 跟不定式（τιμωρεῖν）。τοῖς ἐν τῇ Λύγκῳ，定冠词 + 介词短语 = 名词。ὧν，关系代词，其先行词是 ναυσὶ, of which。οἱ ... τριακόσιοι，定冠词 + 形容词 = 名词。Πελοποννησίων 修饰 οἱ ἐπίκουροι。ἔξω 跟属格（τῆς πόλεως）。πειρώμενος 跟不定式（προσβῆναι）。ἐδυνήθη，异态动词（形式是被动的，意思是主动的），跟不定式（βιάσασθαι）。ἐκ πλέονος，from further off, by a longer way。ἐς ὀλίγον，"差一点"，跟不定式（νικηθῆναι）。τῇ ἡμέρᾳ，表时间的与格，表示在该时间点。ὡς, since。νυκτὸς ἐπελθούσης，独立属格结构。

130.1–3［笺释］τῇ ... ὑστεραίᾳ (ἡμέρᾳ)。τὸ πρὸς Σκιώνης，定冠词 + 介词短语 = 名词。τὴν ἡμέραν，表时间的宾格，表示贯穿该时间段。οὐδενὸς ἐπεξιόντος，独立属格结构。ἦν ... τι καὶ ...，there was some kind of ...，τι，宾格、集体性的（一类事物）。τῆς ... νυκτὸς，表时间的属格，表示在该时间段内。τῇ ... ἡμέρᾳ，表时间的与格，表示在该时间点。τὰ μεθόρια 和 τοῖς λοιποῖς。定冠词 + 形容词 = 名词。ᾗ，关系副词，where。ἔτυχε 跟分词（κείμενα）。ἐντὸς，副词，跟属格（τοῦ τείχους）。ὡς ἐς ...，表真正意图（GG § 2996）。παρῄνει + 与格（τοῖς Μενδαίοις）+ 不定式（ἐπεξιέναι）。

130.4–5［笺释］τινος ... ἀντειπόντος ... ἐπισπασθέντος ... θορυβηθέντος，独立属格结构。τῶν ἀπὸ τοῦ δήμου，定冠词 + 介词短语 = 名词。ὅτι, that。δέοιτο 跟不定式（πολεμεῖν）。ὡς, when。τοὺς ... πράξαντας，定冠词 + 分词 = 名词。τὰ ἐναντία，定冠词 + 形容词 = 名词。ἅμα μὲν ... ἅμα δὲ ...，partly ... partly ...。τῶν πυλῶν ἀνοιγομένων 和 (αὐτῶν) φοβηθέντων，独立属格结构。ᾠήθησαν + 宾格（τὴν ἐπιχείρησιν）+ 不定式（γενέσθαι）。

130.6–7［笺释］οἱ μέν，οἱ 为指示代词（GG § 1106）。ἥνπερ，关系代词，其先行词是 τὴν ἀκρόπολιν。τὸ πρότερον，"以前"。ὡς, as。ὥστε 跟不定式（διαφθείρεσθαι），表结果。τοὺς ἀνθρώπους 作不定式 διαφθείρεσθαι 的主语。ἐκέλευον + 宾格（τοὺς ... Μενδαίους）+ 不定式（πολιτεύειν）。ἐν σφίσιν αὐτοῖς, among themselves。εἴ 跟前倾词（τινας），故加了高调符号。ἡγοῦνται + 宾格（τινας）+ 不定式（εἶναι）。αἰτίους 跟属格

（τῆς ἀποστάσεως）。τοὺς ... ἐν τῇ ἀκροπόλει 和 τὰ περὶ τὴν Μένδην，定冠词 + 介词短语 = 名词。

131.1–3［笺释］οἱ δέ，οἱ 为指示代词（GG § 1106）。πρό 跟属格（τῆς πόλεως）。ὅν，关系代词，其先行词是 λόφου。οἱ ἐναντίοι，定冠词 + 形容词 = 名词。τοὺς ἐπόντας，定冠词 + 分词 = 名词。αὐτῶν ... ὄντων，独立属格结构。νυκτός，表时间的属格，表示在该时间段内。οἱ πλεῖστοι，定冠词 + 形容词 = 名词。

132.1–2［笺释］περιτειχιζομένης ... τῆς Σκιώνης，独立属格结构。τὴν τοῦ Βρασίδου ἔχθραν，"对布剌西达斯的敌意"。ἀρξάμενος 跟不定式（πράσσειν）。ἐτύγχανε 跟分词（μέλλων）。μέλλων 跟不定式（πορεύσειν）。πορεύσειν 跟宾格（στρατιάν）。ὡς 跟宾格（人）（Βρασίδαν），"到某人那里去"。ἅμα μέν ... ἅμα δέ ...，partly ... partly ...。κελεύοντος τοῦ Νικίου，独立属格结构。ἐπειδή，since。κελεύοντος 跟不定式（ποιεῖν）。ἔνδηλόν 与 τι（宾格）配合。βεβαιότητος πέρι = περὶ βεβαιότητος（GG § 175a）（CGCG § 60.14）。βουλόμενος + 宾格（Πελοποννησίους）+ 不定式（ἀφικνεῖσθαι）。τὴν αὐτοῦ（γῆν）。παρασκευάσας，prevailed，worked upon。χρώμενος 跟与格（τοῖς πρώτοις，定冠词 + 形容词 = 名词）。ὥστε 跟不定式（πειρᾶσθαι），表意图。πειρᾶσθαι 跟属格（Θεσσαλῶν）。

132.3［笺释］ὡς Βρασίδαν，同上。πεμψάντων Λακεδαιμονίων ...，独立属格结构。πεμψάντων 跟不定式（ἐπιδεῖν）。τῶν ἡβώντων，定冠词 + 分词 = 名词。αὐτῶν，"部分属格"（Partitive genitive），强调部分（GG § 984）。ὥστε 跟不定式（καθιστάναι 和 ἐπιτρέπειν），表意图。τῶν πόλεων 修饰 ἄρχοντας。ἄρχοντας 与省略了的 αὐτούς 配合（αὐτούς 作不定式 καθιστάναι 的主语）。τοῖς ἐντυχοῦσιν，定冠词 + 分词 = 名词。

133.1–4［笺释］ἐπειδή，since。ὅτι，"洛布本"和阿尔伯蒂的校勘本作 ὅ τι，anything which。τοῦ ... θέρους，表示时间的属格，表示在该时间段内。Χρυσίδος ... θείσης ... ἐπικαταδαρθούσης，独立属格结构。ὥστε 跟句子，表可能的结果。τῆς νυκτός，表示时间的属格，同上。οἱ δέ，but they（见前文 1.24.5 笺释）。τοῦ νόμου τοῦ προκειμένου，重复定冠词结构。τοῦ πολέμου 修饰 ἔτη。τοῦ θέρους ... τελευτῶντος，独立属格结构。

134.1–2［笺释］τὰ ... Ἀθηναίων καὶ Λακεδαιμονίων，定冠词 + 属格 = 名词。τὸ καθ᾽ αὑτούς，定冠词 + 介词短语 = 名词，修饰 κέρας。διαφθαρέντων ... πολλῶν、... τῆς μάχης γενομένης 和 ἀφελομένης νυκτός ...，独立属格结构。ἀφελομένης 跟宾格（τὸ ἔργον）。

135.1–2［笺释］τοῦ χειμῶνος ... τελευτῶντος，独立属格结构。νυκτός，表时间的属

格，表示在该时间段内。整理词序：ἡ πρόσθεσις ἐγένετο ... ἐς τὸ διάκενον。τοῦ ... κώδωνος παρενεχθέντος，独立属格结构。πρὶν 跟不定式（ἐπανελθεῖν）。τὸν παραδιδόντα，定冠词 + 分词 = 名词，作不定式 ἐπανελθεῖν 的主语。αὐτόν 作 παραδιδόντα 的宾语，指 τοῦ ... κώδωνος。αἰσθομένων (αὐτῶν)，独立属格结构。πρὶν 跟不定式（προσβῆναι）。ἀνέμεινεν + 宾格（ἡμέραν）+ 不定式（γενέσθαι）。ἔνατον ἔτος τῷ πολέμῳ，"对于这场战争而言第 9 年""这场战争的第 9 年"。τῷδε 指 ὁ χειμὼν。ὃν，关系代词，其先行词是 τῷ πολέμῳ。

卷　　五

1.［笺释］τοῦ ... θέρους，表时间的属格，表示在该时间段内。ἐνιαύσιοι，既是三尾型形容词，又是二尾型形容词，这里是阴性。ἡγησάμενοι + 宾格（αὐτούς，省略，和τοῦτο）+ 不定式（ἱερῶσθαι 和 εἶναι）。ὄντας 与省略了的 αὐτούς 配合。ἐλλιπές 跟属格（τῆς καθάρσεως）。ᾗ，关系副词，as。ὡς, that。τῶν τεθνεώτων，定冠词 + 分词 = 名词。ἐνόμισαν 跟不定式（ποιῆσαι）。Φαρνάκου δόντος ...，独立属格结构。ὡς ἕκαστος, each of them。

2.2-4［笺释］ἀπέχοντα + 属格（τῆς πόλεως）+ 宾格（πολύ），"距离某地多少里程"。πολύ，用作副词。ὅτι, that。οἱ ἐνόντες，定冠词 + 分词 = 名词。τῇ ... στρατιᾷ τῇ πεζῇ，重复定冠词结构。περιέπεμψε + 宾格（ναῦς）+ 不定式（περιπλεῖν）。ὅ，关系代词，其先行词是 τὸ περιτείχισμα。βουλόμενος 跟不定式（ποιῆσαι）。... ποιῆσαι τὸ προάστειον ἐντός。διελών 跟属格（τοῦ ... τείχους）。τοῦ ... τείχους 是"部分属格"（Partitive genitive），强调部分（GG § 984）。μίαν αὐτὴν 与 πόλιν 配合。

3.1-2［笺释］προσβαλόντων τῶν Ἀθηναίων，独立属格结构。ὡς, when。αἱ νῆες ... αἱ ... περιπεμφθεῖσαι，重复定冠词结构。δείσας 跟虚拟语气（φθάσωσι 和 ἐγκαταληφθῇ），μή 为赘词。φθάσωσι 跟分词（λαβοῦσαι）, quicker in doing ...。αἵ 跟前倾词（τε），故加了高调符号。τοῦ τειχίσματος ἁλισκομένου，独立属格结构。οἱ ... Ἀθηναῖοι ... οἵ ... ἀπὸ τῶν νεῶν，重复定冠词结构。φθάνουσιν 跟分词（ἑλόντες）, quicker in doing ...。τὸ διῃρημένον，定冠词 + 分词 = 名词。τοὺς μέν ...，τούς 为指示代词（GG § 1106）。τοὺς ... ζῶντας，定冠词 + 分词 = 名词。

3.3-6［笺释］ἀποσχών μή 跟不定式（φθάσαι）, abstain from doing ...。φθάσαι 跟分词（ἐλθών）, quicker in doing ...。τὸ μέν ... τὸ δέ ...，"一个……另一个……"。εἴ 跟前倾词（τις），故加了高调符号。αὐτοῖς，指雅典人，与 ἀπῆλθε 连读。τὸ ... Πελοποννήσιον 和 τὸ ... ἄλλο，定冠词 + 形容词 = 名词。ὡς ἐπί ...，表达句子主语的想法

或者断言（GG § 2996）。

4.1—3［笺释］Ἀθηναίων πεμπόντων 和 ἀπελθόντων Ἀθηναίων，独立属格结构。ἐπενόει 跟不定式（ἀναδάσασθαι）。τὴν γῆν 作不定式 ἀναδάσασθαι 的主语。οἱ ... δυνατοί，定冠词 + 形容词 = 名词。οἱ μὲν，οἱ 为指示代词（GG § 1106）。ὡς ἕκαστοι，each by themselves。ἐπί 跟与格（πολιτείᾳ），on condition of ...。

4.4—6［笺释］τὸ ... ἀρέσκεσθαι，定冠词 + 不定式 = 名词。τῆς πόλεως ... τῆς Λεοντίνων，重复定冠词结构。τι 修饰 χωρίον。τῶν ... ἐκπεσόντων，定冠词 + 分词 = 名词。οἱ πολλοί，定冠词 + 形容词 = 名词。ὡς 跟宾格（人）（αὐτούς），"到某人那里去"。ἅ，关系代词，其先行词省略，whatever。εἴ 跟前倾词（πως），故加了高调符号，whether。πείσαντες + 宾格（τοὺς ... ξυμμάχους 和 τοὺς ἄλλους）+ 不定式（ἐπιστρατεῦσαι）。ὡς + 独立属格结构（Συρακοσίων ... περιποιουμένων），"由于……"。ἀντιστάντος ... τοῦ πράγματος，独立属格结构。τοὺς ἄλλους，定冠词 + 形容词 = 名词。αἰσθόμενος 跟不定式（πείθειν）。

5.1—3［笺释］τῇ παρακομιδῇ τῇ ἐς τὴν Σικελίαν，重复定冠词结构。ἐντυγχάνει 跟与格（τοῖς ... ἐποίκοις）。οἵ，关系代词，其先行词是 τοῖς ... ἐποίκοις。στασιασάντων Μεσσηνίων 和 ἐπαγαγομένων τῶν ἑτέρων，独立属格结构。ἔποικοι，是 οἵ 的同位语。τινὰ χρόνον，表时间的宾格，表示贯穿该时间段。ἐντυγχὼν 跟与格（τούτοις ... τοῖς κομιζομένοις）。τοῖς κομιζομένοις，定冠词 + 分词 = 名词。ξυμβάσεως πέρι = περὶ ξυμβάσεως（GG § 175a）（CGCG § 60.14）。

6.1—6［笺释］(μὲν) ... δὲ ...，这里表示叙事上的并列，"且说""话分两头"。ὡς，when。ὡς 跟宾格（人）（Περδίκκαν），"到某人那里去"。ὅπως 后面句子的谓语动词用祈愿语气（παραγένοιτο）。τὸ ξυμμαχικόν，定冠词 + 形容词 = 名词。παρά 跟宾格（人）（Πολλῆν），"到某人那里去"。ἄξοντας 与 ἄλλους 配合。ὡς πλείστους，as many as possible。πέραν，副词，跟属格（τοῦ ποταμοῦ）。ἀπέχον + 属格（τῆς Ἀμφιπόλεως）+ 宾格（πολύ），"距离某地多少里程"。πολύ，用作副词。ὥστε 跟句子，表可能的结果。ὅπερ，自主关系代词（CGCG § 50.7），that，作 ποιήσειν 的宾语。προσεδέχετο + 宾格（αὐτόν）+ 不定式（ποιήσειν）。不定式 ἀναβήσεσθαι 作 ὅπερ 的同位语（GG § 2494a）。πρός 跟与格（τοῖς ἐν Ἀμφιπόλει），"除了……"。μάλιστα，"大约"。

7.1—3［笺释］ἠναγκάσθη 跟不定式（ποιῆσαι）。ὅπερ，自主关系代词，that。τῶν ... στρατιωτῶν ἀχθομένων ... ἀναλογιζομένων ...，独立属格结构。πρός，against。μετά，with。γενήσοιτο，would become。ὡς，how。τὸ ... βαρύνεσθαι，定冠词 + 不定式 = 名词。τῷ αὐτῷ，the same (place)。ἐχρήσατο 跟与格（τῷ τρόπῳ）。ᾧπερ，关系

代词，其先行词是 τῷ τρόπῳ，by which。τῷ τρόπῳ，the spirit。ἐπίστευσέ 跟不定式（φρονεῖν）。τι φρονεῖν，习惯用法，"头脑敏锐"（CGCG § 29.42）。οὐδὲ ... οὐδένα，两个复合否定词连用，后者强调前者，仍表否定（GG § 2761）。ἤλπισέν + 宾格（οὐδένα）+ 不定式（ἐπεξιέναι）。οἷ，to himself，间接反身代词（用在从句中，指主句的主语）（GG § § 1225, 1228b）（CGCG § 29.18）。ἔφη 跟不定式（ἀναβαίνειν）。τοῦ χωρίου 修饰 θέαν。ὡς 跟将来时分词（περισχήσων 和 αἱρήσων），in order to。

7.4–5［笺释］τὸ λιμνῶδες，定冠词 + 形容词 = 名词。ὡς，as。ἐνόμιζεν 跟不定式（ἀπιέναι）。οὐδὲ ... οὔτ' ... οὐδεὶς οὔτε，多个复合否定词连用，οὐδεὶς 强调其余否定词，仍表否定（GG § 2761）。ὥστε 引出一个新句子，therefore（CGCG § 46.6）。ὅτι 引导的从句作 ἁμαρτεῖν 的宾语。μηχανὰς 提前表示强调。ἐδόκει 跟不定式（ἁμαρτεῖν 和 ἑλεῖν）。τὸ ἐρῆμον，定冠词 + 形容词 = 名词。

8.1–4［笺释］ὡς，when。整理词序：... νομίζων (τοὺς ἑαυτοῦ) εἶναι ὑποδεεστέρους ...。ὅπερ，自主关系代词，which。καθαρὸν 修饰 ὅπερ。τῶν ... Ἀθηναίων 修饰 ὅπερ。τὸ κράτιστον 和 τοῖς ἐναντίοις，定冠词 + 形容词 = 名词。τῶν μεθ' ἑαυτοῦ，定冠词 + 介词短语 = 名词，修饰 τὴν ὅπλισιν。ἡγεῖτο 跟不定式（περιγενέσθαι）。μᾶλλον ... ἤ ...，rather ... than ...。ἄνευ 跟属格（προόψεώς 和 καταφρονήσεως）。αὐτῶν 指布剌西达斯的军队。μή 为赘词（因为前面已有否定词 ἄνευ）。ἀπὸ 跟属格（τοῦ ὄντος）。τοῦ ὄντος，定冠词 + 分词 = 名词，the reality，"实际情况"。[①] τοὺς ἄλλους，定冠词 + 形容词 = 名词。ἐβουλεύετο 跟不定式（ἐπιχειρεῖν）。πρὶν 跟不定式（ἀπελθεῖν）。τοὺς Ἀθηναίους 作不定式 ἀπελθεῖν 的主语。νομίζων 跟不定式（ἀπολαβεῖν）。ἀπολαβεῖν 的宾语是 αὐτούς。μεμονωμένους 与 αὐτούς 配合。τύχοι 跟分词（ἐλθοῦσα）。βουλόμενος 跟不定式（παραθαρσῦναί 和 φράσαι）。

9.1［笺释］此句主干：ἀρκείτω ἥκομεν ἀπὸ ... χώρας, καὶ ὅτι Δωριῆς ... μάχεσθαι。ἀρκείτω，第三人称单数命令语气，跟主格（即句子 ἥκομεν ἀπὸ ... χώρας 和第二个 ὅτι 引导的句子，分词 δεδηλωμένον 用来修饰它们）。第一个 ὅτι，that，其引导的句子说明 οἵας χώρας。τὸ εὔψυχον，定冠词 + 形容词 = 名词。μέλλετε 跟不定式（μάχεσθαι）。εἰώθατε 跟不定式（εἶναι）。κρείσσους，形容词比较级，跟属格（ὧν），表比较。ὧν，关系代词，其先行词是 Ἴωσι。

9.2［笺释］διανοοῦμαι 跟不定式（ποιεῖσθαι）。ᾧ，关系代词，其先行词是 τρόπῳ（实际上在后面主句中）（GG § 2541）。整理词序：... ἵνα μή τὸ ... κινδυνεύειν παράσχῃ

[①] 此章原文可能有讹误，参见戈姆《评注》，第 3 卷，页 642—643。

ἀτολμίαν τῳ ....。ἵνα 跟虚拟语气（παράσχῃ）。τῳ = τινι，to anyone。τὸ ... κινδυνεύειν，定冠词 + 不定式 = 名词，作 ἵνα 后面从句的主语。φαινόμενον 修饰 τὸ ... κινδυνεύειν。κατ᾽ ὀλίγον，in small divisions。ἅπαντας 与省略了的 ἡμᾶς 配合（ἡμᾶς 作不定式 κινδυνεύειν 的主语）。

9.3–4［笺释］εἰκάζω + 宾格（τοὺς ... ἐναντίους）+ 不定式（ἀναβῆναι 和 ὀλιγωρεῖν）。ἡμῶν καταφρονήσει，"对我们的轻视"。τοὺς ... ἐναντίους，定冠词 + 形容词 = 名词。ἐλπίσαντας 和 τετραμμένους 与 τοὺς ... ἐναντίους 配合。ὡς，that。句子主干：ὅστις ποιεῖται τὴν ἐπιχείρησιν，πλεῖστ᾽ ἂν ὀρθοῖτο。κάλλιστα，用作副词，修饰 ἰδών。πρὸς，"根据"。τοῦ προφανοῦς，定冠词 + 形容词 = 名词。(τοῦ) ἀντιπαραταχθέντος，定冠词 + 分词 = 名词。μᾶλλον ... ἤ ...，rather ... than ....。τοῦ ... ξυμφέροντος 和 τὸ παρὸν，定冠词 + 分词 = 名词。πλεῖστ᾽，用作副词。

9.5–6［笺释］ἅ，关系代词，其先行词是 τὰ κλέμματα，作 ἀπατήσας 的宾语，这叫"同源宾格"（Cognate accusative）（GG § 1564），即该宾格的意思已经包含在另一个动词中，也就是说 κλέμμα ἀπατᾶν = ἀπάταν ἀπατᾶν，故 ἀπατήσας ἅ 跟宾格（τὸν πολέμιον）。μάλιστ᾽ 和 μέγιστ᾽，用作副词。ἕως，while, so long as。πλέον ἤ，more than ....。πλέον，形容词比较级，跟属格（τοῦ ὑπαπιέναι 和 τοῦ μένοντος），表比较。τοῦ ὑπαπιέναι，定冠词 + 不定式 = 名词。τοῦ μένοντος，定冠词 + 分词 = 名词。ἐξ ὧν，from what。ὧν，自主关系代词。τῷ ἀνειμένῳ，定冠词 + 分词 = 名词。πρὶν 跟不定式（ξυντᾰθῆναι）。τὴν δόξαν 作不定式 ξυντᾰθῆναι 的主语。τοὺς μετ᾽ ἐμαυτοῦ，定冠词 + 介词短语 = 名词。

9.7–8［笺释］ὕστερον，用作副词。τὸ εἰκὸς，定冠词 + 分词 = 名词。προσκείμενον 和 φοβοῦντα 与 ἐμὲ 配合。φοβοῦντα，及物动词。τοὺς μετὰ σεαυτοῦ τούς ... Ἀμφιπολίτας，重复定冠词结构。ἐπεκθεῖν 和 ἐπείγεσθαι，不定式用作第二人称命令语气（CGCG § § 38.37, 51.47）。ἐπείγεσθαι 跟不定式（ξυμμεῖξαι）。ὡς τάχιστα，"以最快的速度"。ἐλπὶς 跟不定式（φοβηθῆναι）。τὸ ... ἐπιὸν，定冠词 + 分词 = 名词。(ἐστὶ) δεινότερον，形容词比较级，跟属格（τοῦ παρόντος καὶ μαχομένου），表比较。τοῦ παρόντος καὶ μαχομένου，定冠词 + 分词 = 名词。τοῖς πολεμίοις，定冠词 + 形容词 = 名词。

9.9–10［笺释］γίγνου，第二人称单数命令语气。ἀκολουθήσατε 和 νομίσατε，第二人称复数命令语气。εἰκὸς，分词，宾格。νομίσατε + 宾格（τρία）+ 不定式（εἶναι）。τοῦ καλῶς，定冠词 + 副词 = 名词，修饰 τρία。τὸ ἐθέλειν，定冠词 + 不定式 = 名词。ἐθέλειν 跟不定式（πολεμεῖν）。τὸ αἰσχύνεσθαι 和 τὸ ... πείθεσθαι，定冠词 + 不定式 = 名词。τῇδε ... τῇ ἡμέρᾳ，表时间的与格，表示在该时间点。ἤ ... ἤ ...，"或者……

或者……"。γενομένοις 与 ὑμῖν 配合。(νομίσατε) + 不定式（ὑπάρχειν, κεκλῆσθαι 和 γενέσθαι）。(γενομένοις) δούλοις 和 κωλυταῖς 与 ὑμῖν 配合。ἢν = ἐάν。ἢ, "或者"。ἄνευ 跟属格（ἀνδραποδισμοῦ 和 θανατώσεως）。ἢ, "或者"。τὰ ἄριστα, 定冠词 + 形容词 = 名词，用作副词。ἢ πρὶν, than before。περὶ ὅσων, about how much。ὤν, being。οἷός τε 跟不定式（παραινέσαι 和 ἐπεξελθεῖν）。μᾶλλον ... ἢ ..., rather ... than ...。τοῖς πέλας, 定冠词 + 副词 = 名词。

10.1–2［笺释］τοὺς ἄλλους, 定冠词 + 形容词 = 名词。ὅπως 后面句子的谓语动词用祈愿语气（ἐπεξίοιεν）。... γενομένου αὐτοῦ ... καταβάντος ... θυομένου ... πράσσοντος ... 独立属格结构。αὐτοῦ 指布剌西达斯。τῷ ... Κλέωνι 与 ἀγγέλεται 连读。ὅτι, that。ἤ, 定冠词，跟前倾词（τε），故加了高调符号。ὡς 跟分词（ἐξιόντων），表示分词主语的意见，"以为""相信"（GG § 2086）。ἐξιόντων 与 ἵππων 和 ἀνθρώπων 配合。

10.3［笺释］ὁ δὲ, but he（见前文 1.24.5 笺释）。ὡς, when。βουλόμενος 跟不定式（διαγωνίσασθαι）。πρίν 跟不定式（ἥκειν）。τοὺς βοηθοὺς, 定冠词 + 形容词 = 名词。οἷ, to himself, 间接反身代词（用在从句中，指主句的主语）（GG §§ 1225, 1228b）（CGCG § 29.18）。οἰόμενος 跟不定式（φθήσεσθαι）。φθήσεσθαι 跟分词（ἀπελθών）。ἐκέλευεν 跟不定式（σημαίνειν）。παρήγγειλε + 与格（τοῖς ἀπιοῦσιν）+ 不定式（ὑπάγειν）。τοῖς ἀπιοῦσιν, 定冠词 + 分词 = 名词。

10.4–5［笺释］ὡς, as。ἐδόκει + 与格（αὐτῷ）+ 不定式（γίγνεσθαι）。τὸ δεξιὸν 和 τὰ γυμνὰ, 定冠词 + 形容词 = 名词。κἂν τούτῳ = καὶ ἐν τούτῳ, and at this moment/point。ὡς, when。τοῖς μεθ' ἑαυτοῦ, 定冠词 + 介词短语 = 名词。τοῖς ἄλλοις, 定冠词 + 形容词 = 名词。ὅτι, that。μενοῦσιν 跟宾格（ἡμᾶς）。δηλοῖ 的主语是 οἱ ἄνδρες。τῶν ... δοράτων 和 τῶν κεφαλῶν 修饰 τῇ κινήσει。οἷς, 自主关系代词, to whom, 与 γίγνηται 连读。εἰώθασι 跟不定式（μένειν）。μένειν, 及物动词。τοὺς ἐπιόντας, 定冠词 + 分词 = 名词。ἀνοιγέτω, 第三人称单数命令语气，跟主格（τις）。ἃς, 关系代词，其先行词是 τάς ... πύλας, 作 ἀνοίγειν（省略）的宾语。εἴρηται (ἀνοίγειν)。ἐπεξίωμεν, 第一人称复数现在时虚拟语气用作命令语气, let us ...。ὡς τάχιστα, "以最快的速度"。

10.6–8［笺释］ὁ μὲν, ὁ 是指示代词（GG § 1106）。τὰς πρώτας, 定冠词 + 形容词 = 名词。ᾗπερ, 关系副词, where。τὸ καρτερώτατον, 定冠词 + 形容词 = 名词。ἰόντι (τινι), as one come, 是对受众说的, 译不出。ἐκπεπληγμένοις 跟宾格（τὴν τόλμαν），与 τοῖς Ἀθηναίοις 配合。ξυνέβη + 与格（τῷ ἀδοκήτῳ）+ 不定式（θορυβηθῆναι）。τοὺς Ἀθηναίους 作不定式 θορυβηθῆναι 的主语。τὸ ... κέρας ... τὸ πρὸς τὴν Ἠιόνα, 重复定冠词结构。ὅπερ, 关系代词，其先行词是 τὸ ... κέρας。δὴ, 表强调。ὑποχωροῦντος ...

αὐτοῦ, 独立属格结构。αὐτοῦ 指 τὸ ... κέρας。τῷ δεξιῷ, 定冠词 + 形容词 = 名词。αὐτὸν 作 αἰσθάνονται 的宾语, πεσόντα 与其配合。οἱ ... πλησίον, 定冠词 + 副词 = 名词。

10.9–12 ［笺释］τὸ ... δεξιὸν, 定冠词 + 形容词 = 名词。ὡς, as。τὸ πρῶτον, "一开始"。διενοεῖτο 跟不定式（μένειν）。ἢ, "或者"。οὐ πρότερον ... πρὶν ..., "直到……才……"。ἤ, 定冠词, 跟前倾词（τε）, 故加了高调符号。οὕτω δὴ, 引出结论子句, then finally。ἢ ... ἢ ..., "或者……或者……"。ὅσοι 和 οἱ λοιποὶ 是同位语。οἱ δὲ, but they（见前文 1.24.5 笺释）。ὅτι, that。οἱ μεθ' αὑτοῦ, 定冠词 + 介词短语 = 名词。πολὺ, 用作副词。

11.1–3 ［笺释］τὸ λοιπὸν, 定冠词 + 形容词 = 名词。ὡς, as。εἴ, 跟前倾词（τι）, 故加了高调符号。τι μνημόσυνόν 作 ἔμελλεν 的主语。ἔμελλεν 跟不定式（περιέσεσθαι）。αὑτοῦ 和 τῆς οἰκίσεως 修饰 τι μνημόσυνόν。νομίσαντες + 宾格（τὸν Βρασίδαν 和 τὸν ... Ἄγνωνα）+ 不定式（γεγενῆσθαι 和 ἔχειν）。τῷ παρόντι, 定冠词 + 分词 = 名词。φόβῳ τῶν Ἀθηναίων, "对雅典人的恐惧"。τὰς τιμὰς 作不定式 ἔχειν 的宾语。τῶν ... ἐναντίων, 定冠词 + 形容词 = 名词。τὸ ... γενέσθαι, 定冠词 + 不定式 = 名词。τὴν μάχην 作不定式 γενέσθαι 的主语。μᾶλλον, rather。οἱ μὲν, οἱ 为指示代词（GG § 1106）。οἱ ... μετὰ τοῦ Κλεαρίδου 和 τὰ περὶ τὴν Ἀμφίπολιν, 定冠词 + 介词短语 = 名词。

12.1–2 ［笺释］τοῦ θέρους τελευτῶντος, 独立属格结构。τὴν ἐν Τραχῖνι, 定冠词 + 介词短语 = 名词。ὅτι, "洛布本"和阿尔伯蒂的校勘本作 ὅ τι, anything which。ἐδόκει + 与格（αὐτοῖς）+ 不定式（ἔχειν）。ἐνδιατριβόντων ... αὐτῶν, 独立属格结构。ἔτυχεν 跟分词（γενομένη）。

13.1 ［笺释］τοῦ ... χειμῶνος, 表时间的属格, 表示在该时间段内。οἱ περὶ τὸν Ῥαμφίαν, 定冠词 + 介词短语 = 名词, 包括 Ῥαμφίας 本人。μέχρι 跟属格（Πιερίου）。κωλυόντων ... τῶν Θεσσαλῶν 和 Βρασίδου τεθνεῶτος, 独立属格结构。ᾧπερ, 关系代词, 其先行词是 Βρασίδου。νομίσαντες + 宾格（καιρὸν）+ 不定式（εἶναι）。τῶν ... Ἀθηναίων ... ἀπεληλυθότων 和 ... αὐτῶν ὄντων, 独立属格结构。ἀξιόχρεων 跟不定式（δρᾶν）。ὧν, 自主关系代词, of which, 修饰 τι。κἀκεῖνος = καὶ ἐκεῖνος, he on his part, 这里 καὶ 用作副词（GG § 2882）。

14.1 ［笺释］ξυνέβη + ὥστε + 不定式（ἅψασθαι）（GG § 2271b. N.）。ἅψασθαι 跟属格（πολέμου）。μηδετέρους 与省略了 αὐτοὺς 的配合（αὐτοὺς 作不定式 ἅψασθαι 的主语）。δι' ὀλίγου, "隔了不久"。πιστὴν, 形容词, 修饰 τὴν ἐλπίδα。ᾗπερ, 关系副词, by which。δοκοῦντες 跟不定式（γενήσεσθαι）。

14.2–3 ［笺释］ἐδέδισαν 跟虚拟语气（ἀποστῶσι）, μὴ 为赘词。μὴ 之后是一个

从句，故 $\epsilon\pi\alpha\iota\rho\acute{o}\mu\epsilon\nu o\iota$ 为主格。$\H{o}\tau\iota$, that。$\tau\grave{\alpha}\ \epsilon\nu\ \Pi\acute{u}\lambda\omega$, 定冠词 + 介词短语 = 名词。$\pi\alpha\rho\alpha\sigma\chi\grave{o}\nu$, 独立宾格结构, an opportunity having presented itself。$\mathring{\alpha}\pi o\beta\alpha\acute{\iota}\nu o\nu\tau os\ \ldots\ \tau o\mathring{u}\ \pi o\lambda\acute{\epsilon}\mu o\nu$, 独立属格结构。$\mathring{\omega}$, 关系代词, 其先行词是 $\tau o\mathring{u}\ \pi o\lambda\acute{\epsilon}\mu o\nu$。$\mathring{\omega}o\nu\tau o$ 跟不定式（$\kappa\alpha\theta\alpha\iota\rho\acute{\eta}\sigma\epsilon\iota\nu$）。$\mathring{o}\lambda\acute{\iota}\gamma\omega\nu\ \mathring{\epsilon}\tau\mathring{\omega}\nu$, 表时间的属格, 表示在该时间段内。$\lambda\eta\sigma\tau\epsilon\nu o\mu\acute{\epsilon}\nu\eta s\ \tau\hat{\eta}s\ \chi\acute{\omega}\rho\alpha s$, $\alpha\mathring{u}\tau o\mu o\lambda o\acute{u}\nu\tau\omega\nu\ \ldots\ \tau\mathring{\omega}\nu\ E\mathring{\iota}\lambda\acute{\omega}\tau\omega\nu$ 和 $\pi\rho o\sigma\delta o\kappa\acute{\iota}\alpha s\ o\mathring{u}\sigma\eta s$, 独立属格结构。$\pi\rho o\sigma\delta o\kappa\acute{\iota}\alpha s\ o\mathring{u}\sigma\eta s\ \mu\grave{\eta}$ + 虚拟语气（$\nu\epsilon\omega\tau\epsilon\rho\acute{\iota}\sigma\omega\sigma\iota\nu$), $\mu\grave{\eta}$ 为赘词。$\tau\iota$, 用作副词, "在某种程度上"。$\kappa\alpha\grave{\iota}$, even（CGCG § 59.56）。$o\mathring{\iota}\ \mathring{u}\pi o\mu\acute{\epsilon}\nu o\nu\tau\epsilon s$, 定冠词 + 分词 = 名词。$\pi\acute{\iota}\sigma\nu\nu o\iota$ 跟与格（$\tau o\hat{\iota}s\ \mathring{\epsilon}\xi\omega$）。$\tau o\hat{\iota}s\ \mathring{\epsilon}\xi\omega$, 定冠词 + 副词 = 名词。$\tau\grave{\alpha}\ \pi\alpha\rho\acute{o}\nu\tau\alpha$, 定冠词 + 分词 = 名词。$\kappa\alpha\grave{\iota}\ \pi\rho\acute{o}\tau\epsilon\rho o\nu$, 这里的 $\kappa\alpha\grave{\iota}$ 强调 $\pi\rho\acute{o}\tau\epsilon\rho o\nu$（GG § 2881）。

14.4［笺释］$\xi\nu\nu\acute{\epsilon}\beta\alpha\iota\nu\epsilon$ + 宾格（$\tau\grave{\alpha}s\ \ldots\ \sigma\pi o\nu\delta\grave{\alpha}s$) + 不定式（$\epsilon\hat{\iota}\nu\alpha\iota$）。$\kappa\alpha\grave{\iota}$, also（CGCG § 59.56）。$\alpha\mathring{u}\tau o\hat{\iota}s$ 与 $\mathring{\epsilon}\pi$' $\mathring{\epsilon}\xi\acute{o}\delta\omega$ 连读。$\mathring{\eta}\theta\epsilon\lambda o\nu$ 跟不定式（$\sigma\pi\acute{\epsilon}\nu\delta\epsilon\sigma\theta\alpha\iota$）。$\mathring{\alpha}\lambda\lambda\alpha s$ 作不定式 $\sigma\pi\acute{\epsilon}\nu\delta\epsilon\sigma\theta\alpha\iota$ 的主语, 提前表强调。$\epsilon\mathring{\iota}\ \mu\acute{\eta}$, "除非"。$\mathring{\omega}\sigma\tau$', 跟句子, 表可能的结果。$\mathring{\epsilon}\phi\alpha\acute{\iota}\nu\epsilon\tau o$ 跟不定式（$\epsilon\hat{\iota}\nu\alpha\iota$）。$\epsilon\hat{\iota}\nu\alpha\iota\ \mathring{\alpha}\delta\acute{u}\nu\alpha\tau\alpha$ 跟不定式（$\pi o\lambda\epsilon\mu\epsilon\hat{\iota}\nu$）。$\mathring{\alpha}\mu\alpha$ 跟与格（$A\rho\gamma\epsilon\acute{\iota} o\iota s\ \kappa\alpha\grave{\iota}\ A\theta\eta\nu\alpha\acute{\iota} o\iota s$）。$\mathring{u}\pi\acute{\omega}\pi\tau\epsilon\nu\acute{o}\nu$ + 宾格（$\tau\iota\nu\alpha s$) + 不定式（$\mathring{\alpha}\pi o\sigma\tau\acute{\eta}\sigma\epsilon\sigma\theta\alpha\iota$）。$\H{o}\pi\epsilon\rho$, 自主关系代词。$\kappa\alpha\grave{\iota}$ 强调后面的 $\mathring{\epsilon}\gamma\acute{\epsilon}\nu\epsilon\tau o$, "确实"（GG § 2881）。

15.1—2［笺释］第一短句主干：$\mathring{\eta}\ \xi\acute{u}\mu\beta\alpha\sigma\iota s\ \mathring{\epsilon}\delta\acute{o}\kappa\epsilon\iota\ \alpha\mathring{u}\tau o\hat{\iota}s\ \epsilon\hat{\iota}\nu\alpha\iota\ \pi o\iota\eta\tau\acute{\epsilon}\alpha$, ($\mathring{\eta}\ \xi\acute{u}\mu\beta\alpha\sigma\iota s\ \mathring{\epsilon}\delta\acute{o}\kappa\epsilon\iota$) $\tau o\hat{\iota}s\ \Lambda\alpha\kappa\epsilon\delta\alpha\iota\mu o\nu\acute{\iota} o\iota s\ \kappa o\mu\acute{\iota}\sigma\alpha\sigma\theta\alpha\iota$。$\lambda o\gamma\iota\zeta o\mu\acute{\epsilon}\nu o\iota s$ 与 $\alpha\mathring{u}\tau o\hat{\iota}s$ 配合, 其宾语是 $\tau\alpha\mathring{u}\tau$'。$\mathring{\eta}\sigma\sigma o\nu$, 用作副词。$\mathring{\epsilon}\pi\iota\theta\nu\mu\acute{\iota}\alpha$ 跟属格（$\tau\mathring{\omega}\nu\ \mathring{\alpha}\nu\delta\rho\mathring{\omega}\nu$）。$\tau\mathring{\omega}\nu\ \mathring{\alpha}\nu\delta\rho\mathring{\omega}\nu\ \tau\mathring{\omega}\nu\ \mathring{\epsilon}\kappa\ \tau\hat{\eta}s\ \nu\acute{\eta}\sigma o\nu$, 重复定冠词结构。$\mathring{\eta}\rho\xi\alpha\nu\tau o$ 跟不定式（$\pi\rho\acute{\alpha}\sigma\sigma\epsilon\iota\nu$）。$\mathring{\eta}\theta\epsilon\lambda o\nu$ 跟不定式（$\kappa\alpha\tau\alpha\lambda\acute{u}\epsilon\sigma\theta\alpha\iota$）。$\mathring{\epsilon}\pi\grave{\iota}$ 跟与格（$\tau\hat{\eta}\ \mathring{\iota}\sigma\eta$), on condition that ...。$\tau\hat{\eta}\ \mathring{\iota}\sigma\eta$, 定冠词 + 形容词 = 名词。$\sigma\phi\alpha\lambda\acute{\epsilon}\nu\tau\omega\nu\ \ldots\ \alpha\mathring{u}\tau\mathring{\omega}\nu$, 独立属格结构。($\alpha\mathring{u}\tau o\mathring{u}s$) $\mathring{\epsilon}\nu\delta\epsilon\xi\alpha\mu\acute{\epsilon}\nu o\nu s$。$\mathring{\eta}$, 关系代词, 其先行词是 $\tau\grave{\eta}\nu\ \ldots\ \mathring{\epsilon}\kappa\epsilon\chi\epsilon\iota\rho\acute{\iota}\alpha\nu$。$\mathring{\epsilon}\delta\epsilon\iota$ + 宾格（$\alpha\mathring{u}\tau o\mathring{u}s$, 省略) + 不定式（$\beta o\nu\lambda\epsilon\acute{u}\epsilon\sigma\theta\alpha\iota$）。$\xi\nu\nu\iota\acute{o}\nu\tau\alpha s$ 与省略了的 $\alpha\mathring{u}\tau o\mathring{u}s$ 配合。

16.1［笺释］$o\mathring{\iota}\pi\epsilon\rho$, 关系代词, 其先行词 $K\lambda\acute{\epsilon}\omega\nu$ 和 $B\rho\alpha\sigma\acute{\iota}\delta\alpha s$。$\mathring{o}\ \mu\grave{\epsilon}\nu\ \ldots\ \mathring{o}\ \delta\grave{\epsilon}\ \ldots$, "一个……另一个……"。$\tau\grave{o}\ \epsilon\mathring{u}\tau\nu\chi\epsilon\hat{\iota}\nu/\tau\iota\mu\hat{\alpha}\sigma\theta\alpha\iota$ 和 $\tau o\hat{u}\ \pi o\lambda\epsilon\mu\epsilon\hat{\iota}\nu$, 定冠词 + 不定式 = 名词。$\gamma\epsilon\nu o\mu\acute{\epsilon}\nu\eta s\ \mathring{\eta}\sigma\nu\chi\acute{\iota}\alpha s$, 独立属格结构。$\nu o\mu\acute{\iota}\zeta\omega\nu$ 跟不定式（$\epsilon\hat{\iota}\nu\alpha\iota$）。$\kappa\alpha\kappa o\nu\rho\gamma\mathring{\omega}\nu$ 和 $\delta\iota\alpha\beta\acute{\alpha}\lambda\lambda\omega\nu$, 分词。$\pi\lambda\epsilon\hat{\iota}\sigma\tau\alpha$, 用作副词。$\tau\mathring{\omega}\nu\ \tau\acute{o}\tau\epsilon$, 定冠词 + 副词 = 名词。$\pi o\lambda\lambda\mathring{\omega}\ \delta\grave{\eta}\ \mu\hat{\alpha}\lambda\lambda o\nu$, rather ... than ever。$\beta o\nu\lambda\acute{o}\mu\epsilon\nu o s$ 跟不定式（$\delta\iota\alpha\sigma\acute{\omega}\sigma\alpha\sigma\theta\alpha\iota$, $\pi\epsilon\pi\alpha\hat{u}\sigma\theta\alpha\iota$, $\pi\alpha\hat{u}\sigma\alpha\iota$ 和 $\kappa\alpha\tau\alpha\lambda\iota\pi\epsilon\hat{\iota}\nu$）。$\tau\grave{\eta}\nu\ \epsilon\mathring{u}\tau\nu\chi\acute{\iota}\alpha\nu$ 作不定式 $\delta\iota\alpha\sigma\acute{\omega}\sigma\alpha\sigma\theta\alpha\iota$ 的主语。$\mathring{\eta}\xi\iota o\hat{u}\tau o$, 被动态。$\mathring{\epsilon}\nu\ \mathring{\omega}$, while。$\mathring{\epsilon}s$ 跟前倾词（$\tau\epsilon$), 故加了高调符号。$\tau\grave{o}\ \alpha\mathring{u}\tau\acute{\iota}\kappa\alpha$, "眼下"。$\pi\epsilon\pi\alpha\hat{u}\sigma\theta\alpha\iota$ 跟属格（$\pi\acute{o}\nu\omega\nu$), give one rest from ...。$\pi\alpha\hat{u}\sigma\alpha\iota$ 跟宾格（$\tau o\mathring{u}s\ \pi o\lambda\acute{\iota}\tau\alpha s$), bring ... to an end。$\mathring{\omega}s$, as。$\nu o\mu\acute{\iota}\zeta\omega\nu$ + 宾格（$\tau o\hat{u}\tau o$) + 不定式（$\xi\nu\mu\beta\alpha\acute{\iota}\nu\epsilon\iota\nu$）。$\tau o\hat{u}\ \mathring{\alpha}\kappa\iota\nu\delta\acute{u}\nu o\nu$, 定冠

词 + 形容词 = 名词。ἐλάχιστα，用作副词。αὑτὸν, himself, 指 ὅστις。(νομίζων) + 宾格（τὸ ... ἀκίνδυνον）+ 不定式（παρέχειν）。τὴν εἰρήνην 作不定式 παρέχειν 的宾语。τὸ ... ἀκίνδυνον，定冠词 + 形容词 = 名词。τῶν ἐχθρῶν，定冠词 + 形容词 = 名词。τι，宾格，anything。ὡς，as if。

16.2–3［笺释］ἐπῃτιῶντο + 宾格（αὐτὸν）+ 不定式（πεῖσαι）。τὴν ... πρόμαντιν τὴν ἐν Δελφοῖς，重复定冠词结构。ὥστε 跟不定式（χρῆσαι），表结果。χρῆσαι 跟不定式（ἀναφέρειν 和 εὐλαξεῖν）。不定式 ἀναφέρειν 和 εὐλαξεῖ 作 τάδε 的同位语。ἐπὶ πολὺ,"长时间"。τῆς ἀλλοτρίας，定冠词 + 形容词 = 名词。τὴν ἑαυτῶν (γῆν)。句子主干：(ὥστε) προτρέψαι τοὺς Λακεδαιμονίους καταγαγεῖν αὐτόν。χρόνῳ, in course of time。(ὥστε) 跟不定式（προτρέψαι），表结果。προτρέψαι + 宾格（τοὺς Λακεδαιμονίους）+ 不定式（καταγαγεῖν）。φεύγοντα 和 οἰκοῦντα 与 αὐτὸν 配合。διὰ 跟宾格（τὴν ... ἀναχώρησιν）。τοῦ ἱεροῦ ... τοῦ Διὸς 和 (τῷ) φόβῳ τῷ Λακεδαιμονίων，重复定冠词结构。ἔτει ... εἰκοστῷ，表时间的与格，表示在该时间点。τὸ πρῶτον，"第一次"。κτίζοντες 的宾语是 Λακεδαίμονα。(τὸ) ἥμισυ，定冠词 + 形容词 = 名词，作 οἰκοῦντα 的宾语。

17.1［笺释］νομίζων 跟不定式（εἶναι 和 εἶναι）。οὐδενὸς σφάλματος γιγνομένου，τῶν Λακεδαιμονίων ... κομιζομένων 和 πολέμου ... καθεστῶτος，独立属格结构。εἶναι ἀνάγκην 跟不定式（διαβάλλεσθαι）(GG § 2004)。τοὺς προὔχοντας，定冠词 + 分词 = 名词，作不定式 διαβάλλεσθαι 的主语。

17.2［笺释］τόν ... χειμῶνα ...，表时间的宾格，表示贯穿该时间段。ὡς <ἐς>，表真正的意图 (GG § 2996)。(αὐτῶν) προενεγκόντων，独立属格结构。ξυνεχωρεῖτο + ὥστε + 不定式（ποιεῖσθαι 和 ἔχειν）。τὴν εἰρήνην 作不定式 ποιεῖσθαι 的宾语。ἅ，自主关系代词，作 ἀποδόντας 的宾语。Ἀθηναίους 作不定式 ἔχειν 的主语。ἀνταπαιτούντων (τῶν Ἀθηναίων) 和 αὐτῶν προσχωρησάντων ... προδόντων，独立属格结构。ἔφασαν 跟不定式（ἔχειν）。δή，强调 τότε。ψηφισαμένων ... τῶν ἄλλων，独立属格结构。πλὴν 跟属格（Βοιωτῶν καὶ Κορινθίων καὶ Ἠλείων καὶ Μεγαρέων）。ψηφισαμένων + ὥστε + 不定式（καταλύεσθαι）。τὰ πρασσόμενα ἤρεσκε τούτοις。

18.1–2［笺释］ὤμοσαν 跟不定式（θύειν，ἰέναι，μαντεύεσθαι 和 θεωρεῖν）。τὸν βουλόμενον，定冠词 + 分词 = 名词，作以上不定式的主语。τῶν ἱερῶν τῶν κοινῶν，重复定冠词结构。τὰ πάτρια，定冠词 + 形容词 = 名词。(ὤμοσαν) 跟不定式（εἶναι）。τὸ ... ἱερόν，τὸν νεὼν τὸν ἐν Δελφοῖς 和 Δελφοὺς 作不定式 εἶναι 的主语。τὸν νεὼν τὸν ἐν Δελφοῖς，重复定冠词结构。αὐτῶν 和 τῆς γῆς τῆς ἑαυτῶν（重复定冠词结构）修饰形容词 αὐτονόμους，αὐτοτελεῖς 和 αὐτοδίκους。

18.3–4［笺释］(ὤμοσαν) 跟不定式（εἶναι）。τὰς σπονδὰς 作不定式 εἶναι 的主语。τοῖς ξυμμάχοις τοῖς Ἀθηναίων 和 τοῖς ξυμμάχοις τοῖς Λακεδαιμονίων，重复定冠词结构。ἐξέστω，第三人称单数命令语气，let it be allowed，跟不定式（ἐπιφέρειν）。Λακεδαιμονίους καὶ τοὺς ξυμμάχους 和 Ἀθηναίους καὶ τοὺς ξυμμάχους，作不定式 ἐπιφέρειν 的主语。μήτε ... μήτε ... μηδεμιᾷ，简单否定词＋复合否定词，后者强调前者，仍表否定（CGCG § 56.4）。ἢν = ἐάν。τι，主格，any。ᾖ 是 εἰμί 的虚拟语气。χρήσθων，第三人称单数命令语气，跟与格（δικαίῳ 和 ὅρκοις）。ὅτι，"洛布本"和阿尔伯蒂的校勘本作 ὅ τι，anything which。

18.5［笺释］ἀποδόντων，第三人称复数不定过去时命令语气，跟主格（Λακεδαιμόνιοι καὶ οἱ ξύμμαχοι）。ἐξέστω，第三人称单数命令语气，let it be allowed，跟不定式（ἀπιέναι 和 εἶναι）。αὐτοὺς 作不定式 ἀπιέναι 的主语。ἔχοντας 与 αὐτοὺς 配合。τὰ ἑαυτῶν，定冠词＋属格＝名词。τὰς πόλεις 作不定式 εἶναι 的主语。φερούσας 与 τὰς πόλεις 配合。τὸν φόρον τὸν ἐπ' Ἀριστείδου，重复定冠词结构。ἐπ' 跟属格（人）（Ἀριστείδου），"在……的时代"（GG § 1689b）。ἐξέστω，第三人称单数命令语气，跟不定式（ἐπιφέρειν）。Ἀθηναίους 和 τοὺς ξυμμάχους 作不定式 ἐπιφέρειν 的主语。ἐπὶ κακῷ，"加害"。ἀποδιδόντων，第三人称复数现在时命令语气。(ὤμοσαν) 跟不定式（εἶναι）。ἢν = ἐάν。ἐξέστω ＋与格（Ἀθηναίοις）＋不定式（ποιεῖσθαι）。ποιεῖσθαι 跟双宾格（αὐτοὺς 和 ξυμμάχους）。ταύτας 指上文列举的城邦，即 αὐτοὺς。βουλομένας 与 ταύτας 配合。

18.6–7［笺释］(ὤμοσαν) 跟不定式（οἰκεῖν）。Μηκυβερναίους，Σαναίους 和 Σιγγαίους 作不定式 οἰκεῖν 的主语。τὰς πόλεις τὰς ἑαυτῶν，重复定冠词结构。ἀποδόντων，第三人称复数不定过去时命令语气，跟主格（Λακεδαιμόνιοι καὶ οἱ ξύμμαχοι）。ἀποδόντων，同上，跟主格（Ἀθηναῖοι）。ὅσοι，关系形容词（或关联代词），其先行词 τοσούτους 被吸收，且被吸引到关系形容词（或关联代词）的格（主格）（GG § § 2537, 2538）。τῷ δημοσίῳ τῷ Ἀθηναίων，重复定冠词结构。ἢ，"或者"。ἄρχουσιν 跟属格（ὅσης (γῆς/χώρας)）。(ὤμοσαν) 跟不定式（ἀφεῖναι）。τοὺς ... πολιορκουμένους（定冠词＋分词＝名词）和 τοὺς ἄλλους（定冠词＋形容词＝名词），作不定式 ἀφεῖναι 的宾语。ὅσοι，同上。εἴ 跟前倾词（τις），故加了高调符号。εἴ τις，if any（CGCG § 29.42）。τῶν ξυμμάχων τῶν Λακεδαιμονίων，重复定冠词结构。ἢ，"或者"。ἄρχουσιν 跟属格（ἧς）。ἧς 自主关系代词，指 γῆ（或 χώρα）。ἀποδόντων，同上。οὕστινας（自主关系代词）作 ἀποδόντων 的宾语。Ἀθηναίων 和 τῶν ξυμμάχων 修饰 οὕστινας。κατὰ ταὐτά，"同样"。

18.8［笺释］(ὤμοσαν) 跟不定式（βουλεύεσθαι）。Ἀθηναίους 作不定式 βουλεύεσθαι

的主语。*εἴ τινα*，if any（CGCG § 29.42），*τινα* 作 *ἔχουσιν* 的宾语。*αὐτῶν* 指上述城邦。*ὅτι*，"洛布本"和阿尔伯蒂的校勘本作 *ὅ τι*，anything which。

18.9–11［笺释］(*ὤμοσαν*) 跟不定式（*ποιήσασθαι*）。*Ἀθηναίους* 作不定式 *ποιήσασθαι* 的主语。*ὀμνύντων*，第三人称复数现在时命令语气，跟主格（*ἑκάτεροι*）。*τὸν ... ὅρκον ... τὸν μέγιστον*，重复定冠词结构。*ἔστω*，第三人称单数现在时命令语气，跟主格（*ὁ ... ὅρκος*）。*ἐμμενῶ* 跟与格（*ταῖς ξυνθήκαις* 和 *ταῖς σπονδαῖς*）。*ἔστω* (*ὁ ... ὅρκος*)，同上。(*ὤμοσαν*) 跟不定式（*ἀνανεοῦσθαι*）。(*αὐτοὺς*) *ἀμφοτέρους* 作不定式 *ἀνανεοῦσθαι* 的主语。(*ὤμοσαν*) 跟不定式（*στῆσαι*）。*τι*，宾格，anything。*ὅτου πέρι = περὶ ὅτου*（GG § 175a）（CGCG § 60.14）。(*ὤμοσαν*) *εἶναι*。*χρωμένοις* 跟与格（*λόγοις*），与 *ἀμφοτέροις* 配合。*ταύτῃ*，副词，in this way。(*ὤμοσαν*) *μεταθεῖναι*。*δοκῇ* 跟与格（*ἀμφορτέροις*，*Ἀθηναίοις* 和 *Λακεδαιμονίοις*）。

19.1［笺释］此句主干：*ἔφορος Πλειστόλας* (*ἄρχων Ἀλκαῖος*) *ἄρχει τῶν σπονδῶν*。*ἄρχει* 与最近的主语配合，故用单数。*ἄρχει* 跟属格（*τῶν σπονδῶν*）。*Ἀρτεμισίου μηνὸς ... φθίνοντος* 和 *Ἐλαφηβολιῶνος μηνὸς ... φθίνοντος*，独立属格结构。

20.1［笺释］*τελευτῶντος τοῦ χειμῶνος*，独立属格结构。*τῶν ἀστικῶν*，定冠词+形容词=名词。*... ἐτῶν διελθόντων* 和 *ἡμερῶν ... παρενεγκουσῶν*，独立属格结构。*ἤ*，than。*ὡς*，since。*τὸ πρῶτον*，起初。*ἡ ἐσβολὴ ἡ ἐς τὴν Ἀττικήν*，重复定冠词结构。

20.2［笺释］*σκοπείτω*，第三人称单数现在时命令语气，跟主格（*τις*）。原文：*... μὴ τῶν ἑκασταχοῦ ἢ ἀρχόντων ἢ ἀπὸ τιμῆς τινος ἐς τὰ προγεγενημένα σημαινόντων τὴν ἀπαρίθμησιν τῶν ὀνομάτων πιστεύσας μᾶλλον*，难以读通。阿尔伯蒂的校勘本改作：*... μὴ τῶν ἑκασταχοῦ ἢ ἀρχόντων ἢ ἀπὸ τιμῆς τινος τῇ ἀπαριθμήσει τῶν ὀνόματα ἐς τὰ προγεγενημένα σημαινόντων πιστεύσας μᾶλλον*，容易理解。*μὴ* 否定 *πιστεύσας*。*πιστεύσας* 跟与格（*τῇ ἀπαριθμήσει*）。*τῶν ἑκασταχοῦ*，定冠词+副词=名词，与 *τῶν ... σημαινόντων*（定冠词+分词=名词）配合。*τὰ προγεγενημένα*，定冠词+分词=名词。*ἢ ... ἤ ...*，whether ... or ...。*ἀρχόντων* 和 *ἀπὸ τιμῆς τινος* 修饰 *τῇ ἀπαριθμήσει*。*τῶν ἑκασταχοῦ* 和 *τῶν ... σημαινόντων* 修饰 *ἀρχόντων* 和 *ἀπὸ τιμῆς τινος*。第二句主干：*οὐ ἐστιν ἀκριβές, τι ἐπεγένετο*。*τι*，主格，anything。*οἷς*，自主关系代词，in which，指上述计算时间的方法。*ὅπως ἔτυχέ τῳ*，anyhow it happened to anyone, any other point。*τῳ = τινι*。

20.3［笺释］整理词序：*... ἑκατέρου ἔχοντος τὴν δύναμιν ἐξ ἡμισείας τοῦ ἐνιαυτοῦ ...*。*ἑκατέρου ἔχοντος*，独立属格结构。*ἔχοντος τὴν δύναμιν*，being equivalent to。*θέρη* 和 *χειμῶνας* 作 *εὑρήσει* 的宾语。

21.1–2［笺释］ἔλαχον 跟不定式（ἀποδιδόναι）。ἅ，自主关系代词，whatever。τούς ... ἄνδρας ... τοὺς ... αἰχμαλώτους，重复定冠词结构。πέμψαντες 跟双宾格（Ἰσχαγόραν καὶ ... 和 πρέσβεις）（CGCG § 30.10）。τὰ ἐπὶ Θρᾴκης，定冠词+介词短语=名词。ἐκέλευον + 宾格（τὸν Κλεαρίδαν 和 τοὺς ἄλλους）+ 不定式（παραδιδόναι 和 δέχεσθαι）。ὡς，as。οἱ δ᾽，but they（见前文 1.24.5 笺释）。νομίζοντες 跟不定式（εἶναι）。ὡς，that。δυνατὸς 跟不定式（παραδιδόναι）。βίᾳ ἐκείνων，"违背他们的意愿"。

21.3［笺释］ἤν = ἐάν。οἱ περὶ τὸν Ἰσχαγόραν，定冠词+介词短语=名词。ὅτι，that。βουλόμενος 跟不定式（εἰδέναι）。εἰ，whether。κατειλημμένους 与省略了的 τὰς σπονδάς 配合。... πεμπόντων τῶν Λακεδαιμονίων καὶ κελευόντων ...，独立属格结构。κελευόντων 跟不定式（παραδοῦναι 和 ἐξαγαγεῖν）。αὐτὸς 与 ἐπορεύετο 连读。ὁπόσοι 类似 ὅσοι，即 ὅσοι 为关系形容词（或关联代词），其先行词 τοσούτους 被吸收，且被吸引到关系形容词（或关联代词）的格（主格）（GG § § 2537, 2538）。

22.1–3［笺释］ἔτυχον 跟分词（ὄντες）。ἐκέλευον + 宾格（τοὺς ... δεξαμένους）+ 不定式（ποιεῖσθαι）。οἱ δὲ，but they（见前文 1.24.5 笺释）。ᾗπερ，关系副词，for which。τὸ πρῶτον，"第一次"。ἔφασαν 跟不定式（δέξεσθαι）。ἢν μή，"除非"。δικαιοτέρας，形容词比较级，跟属格（τούτων），表比较。ὡς，since。ἐσήκουον 跟属格（αὐτῶν）。νομίζοντες + 宾格（τοὺς ... Ἀργείους）+ 不定式（ἐπιέναι[1]）。ἥκιστα，用作副词。Ἀμπελίδου καὶ Λίχου ἐλθόντων ...，独立属格结构。ἐλθόντων 跟不定式（ἐπισπένδεσθαι）。νομίσαντες + 宾格（αὐτοὺς 和 τὴν ... Πελοπόννησον）+ 不定式（εἶναι 和 ἡσυχάζειν）。(νομίσαντες) χωρεῖν。παρόντων ... πρέσβεων 和 γενομένων λόγων，独立属格结构。

23.1–2［笺释］πεντήκοντα ἔτη，表时间的宾格，表示贯穿该时间段。ἤν = ἐάν。τὴν γῆν ... τὴν Λακεδαιμονίων，重复定冠词结构。(ξυνέβησαν) 跟不定式（ὠφελεῖν）。Ἀθηναίους 作不定式 ὠφελεῖν 的主语。(ξυνέβησαν) εἶναι。τὴν πόλιν 作不定式 εἶναι 的主语。(ξυνέβησαν) πάσχειν。(ξυνέβησαν) καταλύειν。τὼ πόλεε，双数、宾格，作不定式 καταλύειν 的主语。(ξυνέβησαν) εἶναι。ταῦτα 作不定式 εἶναι 的主语。第 2 节同上。

23.3–6［笺释］ἤν = ἐάν。(ξυνέβησαν) ἐπικουρεῖν。Ἀθηναίους 作不定式 ἐπικουρεῖν 的主语。οἵπερ，自主关系代词。(ξυνέβησαν) ἀνανεοῦσθαι。Λακεδαιμονίους 和 Ἀθηναίους 作不定式 ἀνανεοῦσθαι 的主语。(ξυνέβησαν) στῆναι。ἑκατέρους 与省略了的 αὐτοὺς（作不定式 στῆναι 的主语）配合。τὴν μὲν ... τὴν δὲ ...，"一根（石柱）……另一根（石柱）……"。

---

[1] 据霍氏的意见补。参见霍氏《评注》，第 2 卷，页 497。

ἢν = ἐάν。δοκῇ 跟不定式（προσθεῖναι 和 ἀφελεῖν）。ὅτι，"洛布本"和阿尔伯蒂的校勘本作 ὅ τι，anything which。（ξυνέβησαν）εἶναι。

24.1-2［笺释］Λακεδαιμονίων 和 Ἀθηναίων 修饰 οἵδε。μὲν ... δὲ ...，表对照。πολλῷ 跟比较级（ὕστερον）（GG § 1514）。τοὺς ἄνδρας τοὺς ἐκ τῆς νήσου，重复定冠词结构。τὰ ... ἔτη，表时间的宾格，表示贯穿该时间段。

25.1-3［笺释］αἱ，关系代词，其先行词是 τὰς σπονδὰς。ἐπὶ 跟属格（人）（Πλειστόλα 和 Ἀλκαίου），"在……的时代"（GG § § 1689b，225）。(ἐν) Ἀθήνησι。τοῖς ... δεξαμένοις，定冠词 + 分词 = 名词。αὐτὰς 作 δεξαμένοις 的宾语。τὰ πεπραγμένα，定冠词 + 分词 = 名词。προϊόντος τοῦ χρόνου，独立属格结构。ἔστιν ἐν οἷς = εἰσὶν οἵ，some。τῶν ξυγκειμένων，定冠词 + 分词 = 名词。ἃ，自主关系代词，whatever。ἀπέσχοντο 跟不定式（στρατεῦσθαι）。τὰ μάλιστα，定冠词 + 形容词 = 名词，用作副词。ἀναγκασθέντες 跟不定式（λῦσαι）。φανερὸν，用作副词。

26.1-2［笺释］ὡς，as。μέχρι οὗ，"直到"。τοῦτο，指上文所说的事件。第二句主干：ἑπτὰ καὶ εἴκοσι ἔτη ἐγένετο。τὰ ξύμπαντα，定冠词 + 形容词 = 名词，用作副词。εἰ 跟前倾词（τις），故加了高调符号。ἀξιώσει 跟不定式（νομίζειν）。νομίζειν 跟双宾格（τὴν ... ξύμβασιν 和 πόλεμον）（CGCG § 30.10）。ἀθρείτω，第三人称单数命令语气。ὡς (τὰ ἔργα) διῄρηται。ὡς，as。εὑρήσει 跟分词（ὄν）。ὃν εἰκὸς 跟不定式（κριθῆναι）。αὐτὴν 作不定式 κριθῆναι 的主语。ᾗ，关系代词，其先行词是 αὐτὴν。ἃ，自主关系代词，whatever。ἔξω ... τούτων，"除了这些"。ἧσσον 和 δεχήμερον，用作副词。

26.3-4［笺释］ὥστε，用作句首，表示得出一个有力的结论。τῷ ... πολέμῳ τῷ δεκέτει，重复定冠词结构。τοῖς ... ἰσχυρισαμένοις，定冠词 + 分词 = 名词。τι 作 ἰσχυρισαμένοις 的宾语，anything。ἀπὸ，starting from ...。ἀρχομένου τοῦ πολέμου，独立属格结构。μέχρι οὗ，"直到"。προφερόμενον，独立宾格结构，since it was said。ὅτι，that。δέοι + 宾格（αὐτόν）+ 不定式（γενέσθαι）。

26.5-6［笺释］αὐτοῦ 修饰 παντός。τι，宾格，anything。ξυνέβη + 与格（μοι）+ 不定式（φεύγειν 和 αἰσθέσθαι）。τὴν ἐμαυτοῦ (γῆν) 作不定式 φεύγειν 的宾语。ἔτη εἴκοσι，表时间的宾格，表示贯穿该时间段。γενομένῳ，与 μοι 配合，be present。ἧσσον，用作副词。τι，宾格，anything，作不定式 αἰσθέσθαι 的宾语。αὐτῶν 指战争的双方。μᾶλλον，"更"。τὰ δέκα ἔτη，定冠词 + 副词 = 名词，"十年的战事"（δέκα ἔτη，名词，宾格，用作副词）。τὰ ἔπειτα，定冠词 + 副词 = 名词，用作副词。ὡς (πόλεμος) ἐπολεμήθη。ὡς，that。ἐπολεμήθη 被动态，跟同源宾语，(of a war) be fought。

27.1-3［笺释］αἵπερ，关系代词，其先行词是 αἱ ... πρεσβεῖαι。ὡς，that。

χρή + 宾格（τοὺς Ἀργείους）+ 不定式（ὁρᾶν, ψηφίσασθαι 和 ἀποδεῖξαι）。ὁρᾶν, to consider。ψηφίσασθαι + 宾格（τὴν ... πόλιν）+ 不定式（ποιεῖσθαι）。ὥστε 跟不定式（ἐπιμαχεῖν），表目的。τῇ ἀλλήλων（γῇ）。αὐτοκράτορας 修饰 ἄνδρας。ἀρχήν，名词、宾格，用作副词，"在权力方面"。(χρή) + 宾格（τοὺς λόγους）+ 不定式（εἶναι）。τοῦ μὴ ... γίγνεσθαι，属格不定式，表目的（通常是否定的）（GG §§ 1408, 2032e）。τοὺς ... πείσαντας，定冠词 + 分词 = 名词，作不定式 γίγνεσθαι 的主语。τὸ πλῆθος 作 πείσαντας 的宾语。ἔφασαν + 宾格（πολλοὺς）+ 不定式（προσχωρήσεσθαι）。μίσει τῶν Λακεδαιμονίων，"对拉刻代蒙人的厌憎"。

28.1–3［笺释］ἔς 跟前倾词（τε），故加了高调符号。ἐψηφίσαντο + 宾格（τὸν βουλόμενον）+ 不定式（ποιεῖσθαι）。ἐψηφίσαντο 跟不定式（ἐξεῖναι）。πρὸς 跟宾格（人）（οὕς），to, towards。οὕς，关系代词，其先行词是 ἄνδρας。τούτων 修饰 μηδετέροις。ἐξεῖναι 跟不定式（σπείσασθαι）。ἄνευ 跟属格（τοῦ δήμου τοῦ Ἀργείων，重复定冠词结构）。μᾶλλον，"更"。ἐλπίσαντες 跟不定式（ἡγήσεσθαι）。ἡγήσεσθαι 跟属格（τῆς Πελοποννήσου）。ἥ，定冠词，跟前倾词（τε），故加了高调符号，即 ἡ ... Λακεδαίμων（δόξα）。δὴ，强调副词最高级（μάλιστα）。οἵ 跟前倾词（τε），故加了高调符号。τοῖς πᾶσιν，定冠词 + 形容词 = 名词。ξυναρράμενοι 跟属格（τοῦ ... πολέμου）。τοὺς ἐθέλοντας，定冠词 + 分词 = 名词。

29.1–2［笺释］τοῦ ... πολέμου ὄντος，独立属格结构。ἐνόμιζον + 宾格（τοὺς Λακεδαιμονίους）+ 不定式（περιόψεσθαι）。περιόψεσθαι + 宾格（σφᾶς）+ 不定式（ἄρχειν）。ὥστε，用在句首，表总结，so, therefore。ἀποστάντων ... τῶν Μαντινέων，独立属格结构。ὡς, that。ποιητέον，形容词, to be done。νομίσαντες + 宾格（αὐτοὺς）+ 不定式（μεταστῆναι）。αὐτοὺς 与 εἰδότας 配合。ἔχοντες τοὺς Λακεδαιμονίους ... δι' ὀργῆς。δι' ὀργῆς = ἐν ὀργῇ。ἔν τε ἄλλοις τε καὶ ὅτι，"在其他方面，尤其是因为"。"洛布本"和阿尔伯蒂的校勘本在 ἐν ἄλλοις 前没有逗号，表明它与上句连读（后者作 ἐπ' ἄλλοις τε καὶ ὅτι）。ταῖς σπονδαῖς ταῖς Ἀττικαῖς，重复定冠词结构。ἐγέγραπτο 跟不定式（εἶναι）。εἶναι εὔορκον 跟不定式（προσθεῖναι 和 ἀφελεῖν）。ὅτι，"洛布本"和阿尔伯蒂的校勘本作 ὅ τι, anything which。τοῖν πολέοιν ἀμφοῖν，双数、与格。

29.3–4［笺释］βούλωνται 跟不定式（δουλώσασθαι）。σφᾶς 作不定式 δουλώσασθαι 的宾语。καθίστη ἐς ὑποψίαν，含有"思考"的意思，故跟不定式（εἶναι）。εἶναι δίκαιον 跟不定式（γεγράφθαι）。τὴν μετάθεσιν 作不定式 γεγράφθαι 的主语。ὥστε，用在句首，表总结，so, therefore。οἱ πολλοὶ，定冠词 + 形容词 = 名词。ὥρμηντο 跟不定式（ποιεῖσθαι）。

30.1［笺释］μέλλοντας 跟不定式（σπείσεσθαι）。βουλόμενοι 跟不定式（προκαταλαβεῖν）。τὸ μέλλον，定冠词 + 分词 = 名词。ἀποστάντες 跟属格（σφῶν）。ἔφασαν 跟不定式（παραβήσεσθαι 和 ἀδικεῖν）。αὐτοὺς τοὺς ὅρκους，the oaths themselves，作不定式 παραβήσεσθαι 的主语。ἀδικεῖν 跟宾格（ὅτι 引导的从句）。εἰρημένον，独立宾格结构，since it has been stated or stated，跟不定式（εἶναι）。ὅτι，"洛布本"和阿尔伯蒂的校勘本作 ὅ τι，anything which。ἢν μή，"除非"。τι 修饰 κώλυμα。ἤ，"或者"。

30.2［笺释］παρόντων ... τῶν ξυμμάχων，独立属格结构。αὐτοί 指科林斯人。ἅ，自主关系代词，whatever。ὅτι，that。εἴ 跟前倾词（τε），τέ 跟前倾词（τι），故 εἴ 和 τέ 都加了高调符号。ἐνόμιζον 跟不定式（ἐλασσοῦσθαι）。ποιούμενοι πρόσχημα 跟不定式（προδώσειν 和 ὀμόσαι）。τοὺς ἐπὶ Θρᾴκης，定冠词 + 介词短语 = 名词。τὸ πρῶτον，"首先"。ὕστερον，"后来"。

30.3-5［笺释］ἔφασαν 跟不定式（παραβαίνειν 和 εὐορκεῖν）。(ἔφασαν) + 宾格（ὅτι 引导的直接引语）+ 不定式（εἰρῆσθαι）。ἢν μή，"除非"。ἤ，"或者"。(ἔφασαν) + 宾格（τοῦτο）+ 不定式（φαίνεσθαι）。βουλευσάμενοι 跟不定式（ποιήσειν）。ὅτι，"洛布本"和阿尔伯蒂的校勘本作 ὅ τι，anything which。ἔτυχον 跟分词（παρόντες）。οἵ，关系代词，其先行词是 πρέσβεις。ἐκέλευον + 宾格（τοὺς Κορινθίους）+ 不定式（ἰέναι 和 μέλλειν）。οἱ δέ，but they（见前文 1.24.5 笺释）。προεῖπον 跟不定式（ἥκειν）。τὸν ... ξύλλογον ... τὸν παρὰ σφίσιν，重复定冠词结构。

31.1-2［笺释］ἐτύγχανον 跟分词（διαφερόμενοι）。πολέμου ... γενομένου ... 和 Ἠλείων παρακληθέντων ... λυσάντων ...，独立属格结构。ἐπί 跟与格（τῇ ἡμισείᾳ），on the condition that …。整理词序：... Ἠλεῖοι ἔταξαν τοῖς Λεπρεάταις ἀποφέρειν τάλαντον τῷ Διὶ τῷ Ὀλυμπίῳ ...。ἔταξαν + 与格（τοῖς Λεπρεάταις）+ 不定式（ἀποφέρειν）。αὐτοῖς 和 νεμομένοις 与 τοῖς Λεπρεάταις 配合。τὴν γῆν 作 νεμομένοις 的宾语。τῷ Διὶ τῷ Ὀλυμπίῳ，重复定冠词结构。

31.3-4［笺释］μέχρι 跟属格（τοῦ ... πολέμου）。(αὐτῶν) παυσαμένων，独立属格结构。οἱ δ'，but they（见前文 1.24.5 笺释）。δίκης ... ἐπιτραπείσης，独立属格结构。ὑποτοπήσαντες 跟不定式（ἕξειν）。ἴσον，用作副词。οὐδὲν ἧσσον，"（尽管如此）还是"。ἐδίκασαν + 宾格（Λεπρεάτας 和 Ἠλείους）+ 不定式（εἶναι 和 ἀδικεῖν）。ὡς，"因为"。(αὐτῶν) ἐμμεινάντων ...，独立属格结构。

31.5-6［笺释］νομίζοντες + 宾格（τοὺς Λακεδαιμονίους）+ 不定式（δέξασθαι）。ἥ，关系代词，其先行词是 τὴν ξυνθήκην。εἴρητο 跟不定式（ἐξελθεῖν）。ἔχοντας 与省略了的 αὐτοὺς 配合（αὐτοὺς 作不定式 ἐξελθεῖν 的主语）。ἅ，自主关系代词，whatever。ἴσον，用

作副词。ὑπὸ，戈姆建议改为 τὰ ἀπό。[①] νομίζοντες + 宾格（τὴν ... δημοκρατίαν）+ 不定式（εἶναι）。ἧσσον，形容词比较级，修饰 ξὐμφορον，跟属格（τῆς ... πολιτείας），表比较。αὑτοῖς，"对于他们来说"，ὀλιγαρχουμένοις 与之配合。

32.1–4［笺释］ἔδοσαν + 宾格（τὴν γῆν）+ 不定式（νέμεσθαι）。τοῦ ... θεοῦ χρήσαντος，独立属格结构。ἤρξαντο 跟不定式（πολεμεῖν）。ἀποστήσοντες 跟属格（Λακεδαιμονίων）。νομίζοντες 跟不定式（ἔχειν）。ὡς, since。ἔφασαν 跟不定式（ἐναντιωθῆναι）。μέχρι τούτου，"至此"。ἀνεῖσαν 跟属格（τῆς φιλονικίας）。ὠρρώδησαν 跟虚拟语气（προσχωρῇ），μὴ 为赘词。τῶν ἄλλων，定冠词 + 形容词 = 名词。

32.5［笺释］ἐδέοντο + 属格（σφῶν 和 Ἀργείων）+ 不定式（γίγνεσθαι 和 πράσσειν）。τἆλλα = τὰ ἀλλὰ，定冠词 + 形容词 = 名词，用作副词，"(除此之外) 其他地" "一般地"。αἷ，关系代词，其先行词是 τάς ... ἐπισπονδάς。πολλῷ 跟比较级（ὕστερον）（GG § 1514）。ὕστερον，用作副词，比较级，跟属格（τῶν ... σπονδῶν），表比较。ἐκέλευον + 宾格（τοὺς Βοιωτοὺς）+ 不定式（ποιῆσαι, ἀπειπεῖν 和 σπένδεσθαι）。δεχομένων ... Ἀθηναίων，独立属格结构。τάς ... ἐπισπονδάς 作不定式 ποιῆσαι 的宾语，这里将它提前表示强调。τὸ λοιπὸν，定冠词 + 形容词 = 名词，用作副词，"将来" "以后"。

32.6–7［笺释］δεομένων τῶν Κορινθίων，独立属格结构。ἐκέλευον + 宾格（αὑτοὺς）+ 不定式（ἐπισχεῖν）。ἀπεκρίναντο 跟不定式（εἶναι）。σπονδάς 作不定式 εἶναι 的主语。τὰς δεχημέρους (σπονδάς)。ἀξιούντων καὶ αἰτιωμένων Κορινθίων ...，独立属格结构。αἰτιωμένων 跟不定式（ξυνθέσθαι）。

33.1–2［笺释］τοῦ ... θέρους，表时间的属格，表示在该时间段内。Πλειστοάνακτος ... ἡγουμένου，独立属格结构。τῆς Ἀρκαδίας 修饰 Παρρασίους。ὄντας 与 Παρρασίους 配合。ὑπηκόους 跟属格（Μαντινέων）。ἐπικαλεσαμένων (τῶν Παρρασίων)，独立属格结构。σφᾶς，指伯罗奔尼撒人。ὅ，关系代词，其先行词是 τὸ ... τεῖχος。ἐπὶ 跟与格（τῇ Σκιρίτιδι），表目的。ὄντες ἀδύνατοι 跟不定式（διασῶσαι）。

34.1–2［笺释］τοῦ ... θέρους，表时间的属格，表示在该时间段内。ἡκόντων ... τῶν ... στρατιωτῶν，独立属格结构。οὕς，关系代词，其先行词是 τῶν ... στρατιωτῶν。ἐψηφίσαντο + 宾格（τοὺς ... Εἵλωτας）+ 不定式（εἶναι 和 οἰκεῖν）。ὅπου，副词，where。πολλῷ 跟比较级（ὕστερον）（GG § 1514）。ὕστερον，用作副词。κείμενον 与 Λέπρεον 配合。τοὺς ... ληφθέντας ... καὶ ... παραδόντας，定冠词 + 分词 = 名词。δείσαντες 跟虚拟语气（νεωτερίσωσιν），μή 为赘词。τι，anything，作 νεωτερίσωσιν 的宾语，这里将它提前

[①] 参见戈姆等《评注》，第 4 卷，页 29。

表强调。*νομίσαντες* 跟不定式（*ἐλασσωθήσεσθαι*）。*ὥστε* 跟不定式（*ἄρχειν* 和 *εἶναι*），表结果。*κυρίους* 跟分词（*πριαμένους* 和 *πωλοῦντας*）。*κυρίους* 跟省略了的 *αὐτοὺς* 配合（*αὐτοὺς* 作不定式 *εἶναι* 的主语）。*τι*，宾格，anything。*ἤ*，"或者"。*ὕστερον*，用作副词。

35.1–2［笺释］*τοῦ ... θέρους*，表时间的属格，表示在该时间段内。*τὴν ἐν τῇ Ἄθῳ Ἀκτῇ Θυσσόν*。*Ἄθῳ*，"洛布本"和阿尔伯蒂的校勘本作 *Ἀθωΐδι*。*τὸ θέρος*，表时间的宾格，表示贯穿该时间段。*οἵ*，定冠词，跟前倾词（*τε*），故加了高调符号。*κατὰ τὴν ... οὐκ ἀπόδοσιν = ὅτι οὐκ ἀπέδοσαν ...*，*οὐκ* 否定实词（*ἀπόδοσιν*）（GG § 2735）。

35.3–4［笺释］*λαχόντες* 跟不定式（*ἀποδιδόναι*）。*παρεῖχον* + 宾格（*ξυμμάχους*）+ 分词（*δεχομένους*）。*ὡς*, that。*οἷς*，关系代词，其先行词是 *χρόνους*。*χρῆν* + 宾格（*τοὺς ... ἐσιόντας*）+ 不定式（*εἶναι*）。*τοὺς ... ἐσιόντας*，定冠词 + 分词 = 名词。*τούτων* 修饰 *οὐδέν*。*γιγνόμενον* 与 *οὐδέν* 配合。*ὑπώπτευον* + 宾格（*τοὺς Λακεδαιμονίους*）+ 不定式（*διανοεῖσθαι*）。*δίκαιον*，用作副词。*ὥστε*，跟陈述句，表结果。*ἀπαιτούντων αὐτῶν*，独立属格结构。*τὰ εἰρημένα*，定冠词 + 分词 = 名词。

35.5［笺释］*τὰ ... δυνατά*，定冠词 + 形容词 = 名词。*ἔφασαν* 跟不定式（*πεποιηκέναι*, *ἀποδοῦναι* 和 *ἀπαγαγεῖν*）。*εἰ* 跟前倾词（*του*），故加了高调符号。*ἐγκρατεῖς* 跟属格（*του ἄλλου*）。*του ἄλλου*，定冠词 + 形容词 = 名词。*ἔφασαν* 跟不定式（*κρατεῖν* 和 *πειράσεσθαι*）。*κρατεῖν* 跟属格（*Ἀμφιπόλεως*）。*ὥστε* 跟不定式（*παραδοῦναι*），表结果。*πειράσεσθαι* 跟不定式（*ἐσαγαγεῖν*, *ἀπολαβεῖν* 和 *κομιεῖν*）。*Βοιωτοὺς* 和 *Κορινθίους* 作不定式 *ἐσαγαγεῖν* 的宾语。*ὅσοι*，关系形容词（或关联代词），其先行词 *τοσούτους* 被吸收，且被吸引到关系形容词（或关联代词）的格（主格）（GG § § 2537, 2538）。*Ἀθηναίων* 修饰 *ὅσοι*。

35.6–8［笺释］*ἠξίουν* 跟不定式（*ἀποδοῦναι* 和 *ἐξαγαγεῖν*）。*γε*，"至少"。*αὐτοὶ* 指拉刻代蒙人。*τοὺς ἀπὸ Θρῄκης*，定冠词 + 介词短语 = 名词。*Ἀθηναίους ... αὐτούς*，"雅典人自己"作不定式 *φρουρεῖν* 的主语。*... λόγων γενομένων*，独立属格结构。*ἔπεισαν* + 宾格（*τοὺς Ἀθηναίους*）+ *ὥστε* + 不定式（*ἐξαγαγεῖν*）（GG § 2271a）。*ὅσοι*，关系形容词（或关联代词），其先行词 *τοσούτους* 被吸收，且被吸引到关系形容词（或关联代词）的格（主格）（GG § § 2537, 2538）。*τὸ ... θέρος*，表时间的宾格，表示贯穿该时间段。

36.1–2［笺释］*τοῦ ... χειμῶνος*，表时间的属格，表示在该时间段内。*ἔτυχον* 跟分词（*ἄρχοντες*）。*ἐφ'* 跟属格（人）（*ὧν*），"在某人的时代"。*ὧν*，关系代词，其先行词是 *ἔφοροι*。*ἐλθουσῶν πρεσβειῶν ...* 和 *παρόντων Ἀθηναίων καὶ Βοιωτῶν καὶ Κορινθίων ... εἰπόντων ... ξυμβάντων*，独立属格结构。*ὡς*, when。*οἵπερ*，关系代词，其先行词是 *Κλεόβουλος* 和 *Ξενάρης*。*ἐβούλοντο* 跟不定式（*διαλῦσαι*）。*παραινοῦντες* 跟不定式

（*γιγνώσκειν*，*πειρᾶσθαι*，*ποιῆσαι* 和 *ἀναγκασθῆναι*）。*ὅτι μάλιστα*，"尽最大可能"。霍氏建议在原文 *πειρᾶσθαι Βοιωτούς* 后面插入一个词 "*πείθειν*"，此句就好理解得多。① 如此，则 *πειρᾶσθαι* 跟不定式（*πείθειν*）。*Βοιωτούς* 作不定式 *πείθειν* 的宾语。*γενομένους* 与 *Βοιωτούς* 配合。*ποιῆσαι* 跟双宾格（*Ἀργείους* 和 *ξυμμάχους*）。*ἥκιστ'*，用作副词。*Βοιωτούς* 作不定式 *ἀναγκασθῆναι* 的主语。*ἀναγκασθῆναι* 跟不定式（*ἐσελθεῖν*、*ἑλέσθαι* 和 *γενέσθαι*）。*Λακεδαιμονίους* 作不定式 *ἑλέσθαι* 的主语。*ἑλέσθαι* 跟不定式（*γενέσθαι*）。*Ἀργείους* 作不定式 *γενέσθαι* 的主语。*πρὸ* 跟属格（*τῆς ... ἔχθρας καὶ διαλύσεως*），一般表示"优先于"，这里的意思是"以……为代价"。*ἐπιθυμοῦντας* 跟不定式（*γενέσθαι*）。*τὸ ... Ἄργος* 作不定式 *γενέσθαι* 的主语。*ἡγούμενοι*，霍氏认为改作 *ἡγουμένους* 更好理解。② 如此，则 *ἡγουμένους* 跟不定式（*εἶναι*）。*τὸν ... πόλεμον* 作不定式 *εἶναι* 的主语。*ῥᾴω*，形容词比较级、宾格。*ἀντ'* 跟属格（*αὐτοῦ*）。*Πύλον* 作 *ἀπολαβόντες* 的宾语。*ῥᾷον*，用作副词。

37.1–2［笺释］*ἐπεσταλμένοι* + *ὥστε* + 不定式（*ἀπαγγεῖλαι*）。*ταῦτα*，用作副词。*ὅσοι*，关系形容词（或关联代词），其先行词 *τοσούτων* 被吸收，且被吸引到关系形容词（或关联代词）的格（GG § 2538）。*τὰ κοινὰ*，定冠词 + 形容词 = 名词。*τῆς ἀρχῆς τῆς μεγίστης*，重复定冠词结构。*εἴ* 跟前倾词（*πως*），故加了高调符号。*ξυγγενόμενοι ἐς λόγους* 跟不定式（*νομίζειν*）（参考：动词 *λέγω* 可跟不定式）。*νομίζειν* 跟不定式（*πολεμεῖν* 和 *σπένδεσθαι*）。*τούτου προχωρήσαντος*，独立属格结构。*χρωμένους* 跟与格（*λόγῳ*），与省略了的 *αὐτοὺς* 配合（*αὐτοὺς* 作不定式 *πολεμεῖν* 和 *σπένδεσθαι* 的主语）。*εἰ ... δέοι*，"如果（情况）需要"。*τινα πρὸς ἄλλον*，with anyone else。*εἴ* 跟前倾词（*τινα*），故加了高调符号。

37.3–5［笺释］*ἐδέοντο* 跟属格（*τούτων*）。*ὧνπερ*，关系代词，其先行词是 *τούτων*，本应为 *ἅπερ*，作 *ἐπεστάλκεσαν* 的宾语，但它被其先行词（*τούτων*）的格吸引，故为属格（GG § 2522）。*ὡς*，when。*ὅτι*，that。*τά ... ἐκ τῆς Λακεδαίμονος* 和 *τὰ ἀπὸ τῶν ... Ἀργείων*，定冠词 + 介词短语 = 名词。*πολλῷ* 跟比较级（*προθυμότεροι*）（GG § 1514）。*ὅτι*，since。*ξυνεβεβήκει* + 宾格（*τοὺς ... φίλους* 和 *τοὺς Ἀργείους*）+ 不定式（*δεῖσθαι* 和 *σπεύδειν*）。*τῶν Λακεδαιμονίων* 修饰 *τούς ... φίλους*。*δεῖσθαι* 跟属格（*τῶν αὐτῶν*）。*τῶν αὐτῶν*，定冠词 + 形容词 = 名词，the same。*τὰ ὅμοια*，定冠词 + 形容词 = 名词。*πολλῷ* 跟比较级（*ὕστερον*）（GG § 1514）。*τὰ εἰρημένα*，定冠词 + 分词 = 名词。*ὑποσχόμενοι*

---

① 参见霍氏《评注》，第 3 卷，页 85。
② 参见霍氏《评注》，第 3 卷，页 86。

跟不定式（ἀποστελεῖν）。

38.1-2［笺释］ἐδόκει + 与格（τοῖς βοιωτάρχαις καὶ Κορινθίοις καὶ Μεγαρεῦσι καὶ τοῖς ... πρέσβεσιν）+ 不定式（ὀμόσαι 和 σπένδεσθαι）。ἦ μὴν，用在誓言的开头，"完全真的""实实在在的"（GG § 2921, CGCG § 59.65），跟将来时不定式（ἀμυνεῖν，ξυμβήσεσθαι 和 πολεμήσειν）。ἕν 跟前倾词（τε），故加了高调符号。τῷ παρατυχόντι 和 τῷ δεομένῳ，定冠词 + 分词 = 名词。τῳ = τινι。τὸ ... αὐτό，定冠词 + 形容词 = 名词，the same。οὕτως ἤδη，thereupon。τοὺς Βοιωτοὺς 和 Μεγαρέας 作不定式 σπένδεσθαι 的主语。πρὶν 跟不定式（γενέσθαι）。τοὺς ὅρκους 作不定式 γενέσθαι 的主语。αἵπερ，关系代词，其先行词是 ταῖς ... βουλαῖς。παρῄνουν 跟不定式（γενέσθαι）。ὅρκους 作不定式 γενέσθαι 的主语。ὅσαι，关系形容词（或关联代词），其先行词 τοσαύταις 被吸收，且被吸引到关系形容词（或关联代词）的格（GG § 2538）。βούλονται 跟不定式（ξυνομνύναι）。ἐπ' 跟与格（ὠφελίᾳ），表目的。

38.3-4［笺释］οἱ ... ὄντες，定冠词 + 分词 = 名词。δεδιότες 跟虚拟语气（ποιήσωσι），μὴ 为赘词。ἀφεστῶσι 跟属格（ἐκείνων），"叛离……"。τὰ ἐκ τῆς Λακεδαίμονος，定冠词 + 介词短语 = 名词。ὅτι，that。παραινοῦσιν 跟不定式（γίγνεσθαι）。γενομένους 与省略了的 αὐτοὺς 配合（αὐτοὺς 作不定式 γίγνεσθαι 的主语）。μετὰ τῶν Λακεδαιμονίων 与 γίγνεσθαι 连读。οἰόμενοι + 宾格（τὴν βουλήν）+ 不定式（ψηφιεῖσθαι）。ἄλλα ... ἤ，any other than ...。ψηφιεῖσθαι 跟宾格（ἅ）。ἅ，自主关系代词，whatever。ὡς，when。μέλλοντες 跟不定式（πειράσεσθαι）。πειράσεσθαι 跟不定式（ποιεῖν）。οὕς，关系代词，其先行词是 τοὺς πρέσβεις，作 ὑπέσχοντο 的宾语。整理词序：... τις ἀμέλεια καὶ διατριβὴ ἐνῆν τῶν πάντων。

39.1-2［笺释］Ἀθηναίων φρουρούντων，独立属格结构。ὧν = τούτων ἅ，ἅ 被其先行词 τούτων（省略）所吸引（attracted），采用了它的格（本应为宾格，却用了属格）（GG § § 2522, 2538）。ἀλλήλων 修饰 τούτων，ἅ 作 εἶχον 的宾语。ἐλπίζοντες 跟不定式（κομίσασθαι）。Πύλον 作不定式 κομίσασθαι 的宾语。αὐτοὶ 既修饰主句动词的主语，又修饰不定式 κομίσασθαι 的主语，故用主格（GG § 1973a）。ἐδέοντο 跟不定式（παραδοῦναι）。ἀντ' 跟属格（αὐτῶν）。

39.3［笺释］ἔφασαν 跟不定式（ἀποδώσειν）。ἢν μή，"除非"。ὅτι，that。εἰρημένον，独立宾格结构，since it has been stated or told，跟不定式（σπένδεσθαί 和 πολεμεῖν）。τῳ = τινι。βουλόμενοι 跟不定式（παραλαβεῖν）。ὡς 跟将来时分词（κομιούμενοι），in order to。ἀντ' 跟属格（αὐτοῦ）。τῶν ... σπευδόντων ... προθυμουμένων，独立属格结构。τῶν ... σπευδόντων，定冠词 + 分词 = 名词。σπευδόντων 跟不定式（ξυγχέαι）。τὰ ἐς Βοιωτούς，

定冠词 + 介词短语 = 名词，作 $προθυμουμένων$ 的宾语。$τοῦ χειμῶνος τελευτῶντος$，独立属格结构。

40.1–2［笺释］$εὐθὺς$，副词，跟属格（$τοῦ ... θέρους$）。$ὡς$，"因为"。$οἵ$，定冠词，跟前倾词（$τε$），故加了高调符号。$οὕς$，关系代词，其先行词是 $οἵ ... πρέσβεις$。$ἔφασαν$ 跟不定式（$πέμψειν$）。$ἔδεισαν$ 跟虚拟语气（$μονωθῶσι$ 和 $χωρήσῃ$），$μὴ$ 为赘词。$ᾤοντο$ + 宾格（$τοὺς ... βοιωτοὺς$ 和 $τοὺς ... Ἀθηναίους$）+ 不定式（$πεπεῖσθαι$ 和 $εἰδέναι$）。$πεπεῖσθαι$ 跟不定式（$καθελεῖν$ 和 $ἐσιέναι$）。$ᾤοντο$ + $ὥστε$ + 不定式（$εἶναι$）（即 $ὥστε$ 跟不定式仍是 $ᾤοντο$ 的内容）。$εἶναι$ 跟不定式（$ποιήσασθαι$），be able to。$ξυμμαχίαν$ 作不定式 $ποιήσασθαι$ 的宾语。$ἐλπίζοντες$ 跟不定式（$ἔσεσθαι$）。

40.3［笺释］$φοβούμενοι$ 跟虚拟语气（$πολεμῶσι$），$μὴ$ 为赘词。$ἐν φρονήματι$ 跟将来时不定式（$ἡγήσεσθαι$）。$ἡγήσεσθαι$ 跟属格（$τῆς Πελοποννήσου$）。$ὡς$，as。$οἵ$，关系代词，其先行词是 $Εὔστροφον$ 和 $Αἴσωνα$。$ἐδόκουν$ 跟不定式（$εἶναι$）。$ἡγούμενοι$ 跟不定式（$ἔχειν$）。$τῶν παρόντων$。定冠词 + 分词 = 名词。

41.1–2［笺释］$ἐφ' ᾧ$，"在……条件下"。$ἠξίουν$ + 宾格（$ἐπιτροπὴν$）+ 不定式（$γενέσθαι$）。$ἢ ... ἢ ...$，"或者……或者……"。$ἧς ... πέρι = περὶ ἧς$（CGCG § 60.14; GG § 175a）。$ἧς$，关系代词，其先行词是 $τῆς ... γῆς$。$οὔσης μεθορίας$ 与 $ἧς$ 配合。$ἐώντων Λακεδαιμονίων ...$，独立属格结构。$ἐώντων$ 跟不定式（$μεμνῆσθαι$）。$βούλονται$ 跟不定式（$σπένδεσθαι$）。(λεγόντων) 跟不定式（$εἶναι$）。$ἐπηγάγοντο$ + 宾格（$τοὺς Λακεδαιμονίους$）+ 不定式（$ξυγχωρῆσαι$）。$τάδε$，指示代词，"这些""如下"。$ξυγχωρῆσαι$ 跟不定式（$ποιήσασθαι$，$ἐξεῖναι$ 和 $ἐξεῖναι$）。$ἔτη πεντήκοντα σπονδὰς$ 作不定式 $ποιήσασθαι$ 的宾语。$τῷ παρόντι$，定冠词 + 分词 = 名词。$ἐξεῖναι$ + 与格（$ὁποτέροισουν$）+ 不定式（$διαμάχεσθαι$）。$νόσου οὔσης$ 和 $πολέμου (ὄντος)$，独立属格结构。$ἠξίωσαν$ 跟不定式（$νικᾶν$）。$ἐξεῖναι$ 跟不定式（$διώκειν$）。$περαιτέρω$，形容词、双数、宾格，用作副词，跟属格（$τῶν ... ὅρων$）。

41.3［笺释］整理词序：$ταῦτα ἐδόκει τοῖς ... Λακεδαιμονίοις εἶναι μωρία ...$。$ταῦτα$，主语，中性、复数，被看作集合名词，用作单数（GG § 960）。$οἷς$，自主关系代词，whatever。$ἐπεθύμουν$ 跟不定式（$ἔχειν$）。$ἔχειν$ 跟双宾格（$τὸ Ἄργος$ 和 $φίλιον$）。$ἐκέλευον$ + 宾格（$αὐτοὺς$）+ 不定式（$δεῖξαι$ 和 $ἥκειν$）。$πρὶν$ 跟不定式（$ἔχειν$）。$τι$，anything，作不定式 $ἔχειν$ 的主语。$αὐτῶν$，修饰 $τι$，指和约。$ἢν = ἐάν$。$ᾖ$ 的主语是 $αὐτά$（省略，作 $δεῖξαι$ 的宾语）。$οἱ μὲν, οἱ$ 作指示代词（GG § 1106）。

42.1［笺释］$ᾧ = ἐν ᾧ$，$ἐν$ 省略（GG § 1671）。$ᾧ$，关系代词，其先行词是 $τῷ χρόνῳ$。$ἔδει$ + 宾格（$οὓς$）+ 不定式（$ἀποδοῦναι$）。$οὓς$，关系代词，其先行词是 $Ἀνδρομένης καὶ$

Φαίδιμος καὶ Ἀντιμενίδας。τοὺς ἄνδρας τοὺς παρὰ Βοιωτῶν，重复定冠词结构。αὐτῶν，"（他们）自己"。ἐπὶ προφάσει ὡς，"其借口是"。整理词序：ὅρκοι ... ἦσάν ποτε Ἀθηναίοις καὶ Βοιωτοῖς ... οἰκεῖν ... νέμειν。ὅρκοι 的内容用不定式（οἰκεῖν 和 νέμειν）（参考：动词 ὁρκόω 跟不定式）。μηδετέρους 作不定式 οἰκεῖν 的主语。οἱ περὶ τὸν Ἀνδρομένη，定冠词 + 介词短语 = 名词，Andromenes and his men。τοὺς ... ἄνδρας 作 ἐκόμισαν 和 ἀπέδοσαν 的宾语，这里将它提前表强调。νομίζοντες + 宾格（τοῦτο）+ 不定式（εἶναι）。εἶναι 省略，其跟的不定式 ἀποδιδόναι 相当于一个表语名词（GG § 1986）。νομίζοντες 跟不定式（οἰκήσειν）。οὐδένα πολέμιον 作不定式 οἰκήσειν 的主语。οὐκέτι ... οὐδένα，简单否定词 + 复合否定词，后者强调前者，仍表否定（CGCG § 56.4）。

42.2［笺释］λεγομένων ... τούτων，独立属格结构。ἐποίουν δεινά，"他们义愤填膺"。νομίζοντες 跟不定式（ἀδικεῖσθαι）。ὅ，关系代词，其先行词是 τοῦ ... Πανάκτου，作 παραδοῦναι 的宾语。ἔδει 跟不定式（παραδοῦναι）。ὅτι，that。φάσοντες 跟不定式（προσαναγκάσειν）。τοὺς ... δεχομένους ...，定冠词 + 分词 = 名词。τά ... ἄλλα，定冠词 + 形容词 = 名词。ὅσα 引导的从句修饰 τά ... ἄλλα。ἐξελελοίπεσαν 跟属格（τῆς ξυνθήκης）。ἐνόμιζον 跟不定式（ἐξηπατῆσθαι）。ὥστε 跟句子，表结果。χαλεπῶς，"愤怒地"。

43.1–2［笺释］δή，表强调。ὄντων τῶν Λακεδαιμονίων，独立属格结构。οἱ ... βουλόμενοι，定冠词 + 分词 = 名词。βουλόμενοι 跟不定式（λῦσαι）。ἄλλοι τε καί，"尤其"。ὡς，as。ἐδόκει + 与格（ᾧ）+ 不定式（εἶναι）。ᾧ，关系代词，其先行词是 Ἀλκιβιάδης。ἄμεινον 跟不定式（χωρεῖν）。μᾶλλον，rather。οὐ μέντοι ἀλλά，"尽管如此""然而""仍然"（GG § 2767）。ὅτι，"因为"。οὖσαν 与 τὴν ... προξενίαν 配合。ἥν，关系代词，其先行词是 τὴν ... προξενίαν。τοῦ πάππου ἀπειπόντος，独立属格结构。τοὺς ... αἰχμαλώτους，定冠词 + 形容词 = 名词。διενοεῖτο 跟不定式（ἀνανεώσασθαι）。

43.3［笺释］νομίζων 跟不定式（ἐλασσοῦσθαι）。τό ... πρῶτον，"首先""刚开始"，与下文的 καὶ τότε 相对。φάσκων + 宾格（Λακεδαιμονίους 和 αὐτούς）+ 不定式（εἶναι 和 σπένδεσθαι）。ἵνα 跟虚拟语气（ἐξέλωσι 和 ἴωσι），表目的。σφίσι = τοῖς Ἀθηναίοις。ἕνεκα 跟属格（τούτου）。κελεύων 跟不定式（ἥκειν）。προκαλουμένους 与省略了的 αὐτούς 配合（αὐτούς 作不定式 ἥκειν 的主语）。ὡς τάχιστα，"尽可能快"。ὡς，跟独立属格结构（καιροῦ ὄντος），表原因（GG § 2086）。ὡς 也跟将来时分词（ξυμπράξων），表目的。τὰ μάλιστα，定冠词 + 形容词 = 名词，用作副词。

44.1–3［笺释］ἀκούσαντες 跟属格（τῆς ... ἀγγελίας），"听到"。ἠμέλουν 跟属格（τῶν ... πρέσβεων）。οἵ，关系代词，其先行词是 τῶν ... πρέσβεων。ἔτυχον 跟分词（ἀπόντες）。

νομίζοντες + 宾格（πόλιν）+ 不定式（ξυμπολεμήσειν）。τὴν κατὰ θάλασσαν δύναμιν。ἢν = ἐάν。ὡς 跟宾格（人）（τοὺς Ἀθηναίους），"到某人那里去"。δοκοῦντες 跟不定式（εἶναι）。δείσαντες 跟虚拟语气（ποιήσωνται），μή 为赘词。ἀντί 跟属格（Πανάκτου）。ὡς, that。ἐπί 跟与格（κακῷ），表目的。τῶν Ἀθηναίων 修饰 κακῷ，"伤害雅典人"。

45.1–2［笺释］ὡς, as。ἤκουσι 跟不定式（ξυμβῆναι）。περὶ πάντων τῶν διαφόρων。ἐφόβουν 跟虚拟语气（ἐπαγάγωνται 和 ἀπωσθῇ），μή 为赘词。καί 与 ἐπαγάγωνται 连读。ἢν = ἐάν，跟虚拟语气（λέγωσιν）。τοιόνδε τι, something such as this。πίστιν 跟不定式（ἀποδώσειν, πείσειν, ἀντιλέγειν 和 ξυναλλάξειν）。ἢν = ἐάν。ὁμολογήσωσιν 跟不定式（ἥκειν）。αὐτοκράτορες, 名词，主格、复数，既是主句动词 ὁμολογήσωσιν 的主语，又是不定式 ἥκειν 的主语（类似 αὐτοί）（GG § 1973a）。αὐτός 作不定式 πείσειν 和 ἀντιλέγειν 的主语（GG § 1973a）。τἆλλα = τὰ ἄλλα。

45.3–4［笺释］βουλόμενος 跟不定式（ἀποστῆσαι）。ἀποστῆσαι + 宾格（αὐτούς）+ 属格（Νικίου）, to distance somebody from somebody。ὅπως 后面句子的谓语动词用虚拟语气（ποιήσῃ）。ὡς 跟分词（ἔχουσιν 和 λέγουσιν），as, since。οὐδὲ ... οὐδέποτε, 两个复合否定词连用，后者强调前者，仍表否定（GG § 2761）。ταὐτά, the same。ποιήσῃ 跟双宾格（τοὺς Ἀργείους καὶ Ἠλείους καὶ Μαντινέας 和 ξυμμάχους）。ἔφασαν 跟不定式（ἥκειν）。αὐτοκράτορες, 见上文笺释。ἐσήκουόν 跟属格（τοῦ Ἀλκιβιάδου）。καταβοῶντος 与 τοῦ Ἀλκιβιάδου 配合，跟属格（τῶν Λακεδαιμονίων）。πολλῷ 跟比较级（μᾶλλον）（GG § 1514）。ἤ, than。ἦσαν ἕτοιμοι 跟不定式（ποιεῖσθαι）。τοὺς μετ' αὐτῶν, 定冠词 + 介词短语 = 名词。σεισμοῦ ... γενομένου, 独立属格结构。πρίν 跟不定式（ἐπικυρωθῆναι）。τι, anything, 作不定式 ἐπικυρωθῆναι 的主语。

46.1［笺释］τῶν Λακεδαιμονίων ... ἠπατημένων, 独立属格结构。τοῦ ... ὁμολογῆσαι, 定冠词 + 不定式 = 名词。ὁμολογῆσαι 跟不定式（ἥκειν）。αὐτοκράτορας 与省略了的 αὐτούς 配合（αὐτούς 作不定式 ἥκειν 的主语），提前表强调。ἔφη + 宾格（αὐτούς, 省略）+ 不定式（χρῆναι, πέμψαι 和 εἰδέναι）。χρῆναι 跟不定式（γίγνεσθαι）。φίλους 和 ἐπισχόντας 与省略了的 αὐτούς 配合。τὰ πρὸς Ἀργείους, 定冠词 + 介词短语 = 名词。ὡς 跟宾格（人）（αὐτούς），"到某人那里去"。ὅτι, "洛布本"和阿尔伯蒂的校勘本作 ὅ τι, anything which。λέγων 跟不定式（ἀναβάλλεσθαι, εἶναι 和 εἶναι）。τὸν πόλεμον 作不定式 ἀναβάλλεσθαι 的主语。τῷ ... καλῷ 和 τῷ ... ἀπρεπεῖ, 定冠词 + 形容词 = 名词。ἑστώτων τῶν πραγμάτων, 独立属格结构。ὡς ἐπὶ πλεῖστον, "尽最大可能地"，与 διασώσασθαι 连读。εἶναι ἄριστον 跟不定式（διασώσασθαι）。τὴν εὐπραγίαν 作不定式 διασώσασθαι 的主语。ὅτι τάχιστα, "尽快"，与 διασώσασθαι 连读。διακινδυνεῦσαι, 不

定式（不带定冠词），可以做句子主语（GG § 1984），这里作不定式 εἶναι 的主语。

46.2–3［笺释］ἔπεισέ 跟不定式（πέμψαι）。ὧν，关系代词，其先行词是 πρέσβεις，of whom。κελεύσοντας 跟不定式（ἀποδιδόναι 和 ἀνεῖναι）。εἴ 跟前倾词（τι），故加了高调符号。ἤν = ἐάν，跟虚拟语气（ἐσίωσι）。εἴρητο 跟不定式（ξυμβαίνειν）。ἐκέλευον 跟不定式（εἰπεῖν）。εἰπεῖν 跟不定式（πεποιῆσθαι 和 παρεῖναί）。ὅτι, that。σφεῖς 作不定式 πεποιῆσθαι 的主语，与 ἐκέλευον 的主语同，类似 αὐτοί（GG § 1228b. N. 1）。ἐβούλοντο 跟不定式（ἀδικεῖν）。πεποιῆσθαι 跟双宾格（Ἀργείους 和 ξυμμάχους）。ὡς，as。αὐτοὺς 作不定式 παρεῖναί 的主语。ἕνεκα 跟属格（αὐτοῦ τούτου）。αὐτοῦ τούτου，"它本身"。εἴ 和 τέ 分别跟前倾词（τε 和 τι），故都加了高调符号。εἴ ... τι = ὅσα，即 πάντα。

46.4–5［笺释］ἀφικομένων αὐτῶν ... ἀπαγγειλάντων ... εἰπόντων ...，独立属格结构。τά ... ἄλλα，定冠词+形容词=名词。τέλος, at last。ὅτι, that。εἰ μή, "除非"。ἔφασαν 跟不定式（ἀνήσειν）。ἐπικρατούντων τῶν περὶ τὸν Ξενάρη τὸν ἔφοραν，独立属格结构。ἐπικρατούντων 跟不定式（γίγνεσθαι）。ταῦτα 作不定式 γίγνεσθαι 的主语。ὅσοι，关系形容词（或关联代词），其先行词 τοσούτων 被吸收，且被吸引到关系形容词（或关联代词）的格（GG § 2538）。τῆς ... γνώμης，表语属格。δεομένου Νικίου，独立属格结构。ἐφοβεῖτο 跟虚拟语气（ἀπέλθῃ 和 διαβληθῇ），μή 为赘词。ὅπερ，自主关系代词，指上文所说的情况。δοκῶν 跟不定式（εἶναι）。αἴτιος 跟属格（τῶν ... σπονδῶν）。ἀναχωρήσαντός ... αὐτοῦ，独立属格结构。ὡς, when。δι' ὀργῆς εἶχον，"怒气冲天"。νομίζοντες 跟不定式（ἀδικεῖσθαι）。ἔτυχον 跟分词（παρόντες）。παραγαγόντος Ἀλκιβιάδου，独立属格结构。

47.1–2［笺释］ἑκατὸν ἔτη σπονδάς。ὧν，关系代词，其先行词是 τῶν ξυμμάχων。ἄρχουσιν 跟属格（ὧν）。ἀδόλους 和 ἀβλαβεῖς 与 ἀλλήλους 配合。ἐξέστω，第三人称单数命令语气，跟不定式（ἐπιφέρειν）。Ἀργείους, Ἠλείους, Μαντινέας 和 τοὺς ξυμμάχους 作不定式 ἐπιφέρειν 的主语。ὧν，关系代词，其先行词是 τοὺς ξυμμάχους。ἄρχουσιν 跟属格（ὧν）。Ἀθηναίους καὶ τοὺς ξυμμάχους 作不定式 ἐπιφέρειν（省略）的主语。μηδὲ ... μηδεμιᾷ，两个复合否定词连用，后者强调前者，仍表否定（GG § 2761）。

47.3–4［笺释］σπονδάς 的内容用不定式（εἶναι, βοηθεῖν, εἶναι, πάσχειν 和 ἐξεῖναι）（参考：σπένδω 跟不定式）。Ἀθηναίους καὶ Ἀργείους καὶ Μαντινέας καὶ Ἠλείους 作不定式 εἶναι 的主语。ἤν = ἐάν，跟虚拟语气（ἴωσιν）。τὴν γῆν τὴν Ἀθηναίων，重复定冠词结构。Ἀργείους καὶ Μαντινέας καὶ Ἠλείους 作不定式 βοηθεῖν 的主语。ὅτι，"洛布本"和阿尔伯蒂的校勘本作 ὅ τι, anything which。ἤν = ἐάν，跟虚拟语气（οἴχωνται）。τὴν πόλιν 作不定式 εἶναι 和 πάσχειν 的主语。ἐξεῖναι + 与格（μηδεμιᾷ）+καταλύειν。τῶν πόλεων 修饰 μηδεμιᾷ。μὴ ... μηδεμιᾷ，简单否定词 + 复合否定词，后者强调前者，仍表否定（CGCG § 56.4）。ἢν = ἐάν。第 4 节笺释同第 3 节。

47.5［笺释］σπονδὰς 的内容用不定式（ἐᾶν）。ἐᾶν + 宾格（αὐτοὺς，省略）+ 不定式（διιέναι）。ἔχοντας 与 αὐτοὺς 配合。τῆς γῆς τῆς σφετέρας αὐτῶν ...，重复定冠词结构。σφετέρας αὐτῶν，"他们自己的"。ὧν，关系代词，其先行词是 τῶν ξυμμάχων。ἄρχουσιν 跟属格（ὧν）。ἢν μὴ，"除非"。ψηφισμαμένων τῶν πόλεων ... Ἀθηναίων καὶ Ἀργείων καὶ Μαντινέων καὶ Ἠλείων，独立属格结构。ψηφισμαμένων + 宾格（τὴν δίοδον）+ 不定式（εἶναι）。

47.6［笺释］παρεχέτω，第三人称单数命令语气，跟主格（ἡ πόλις）。ἡ πόλις ἡ πέμπουσα，重复定冠词结构。τοῖς ... βοηθοῦσιν，定冠词 + 分词 = 名词。μέχρι 跟属格（ἡμερῶν）。ἐπὴν = ἐπεὶ ἄν，跟虚拟语气（ἔλθωσιν）。τὴν πόλιν τὴν ἐπαγγείλασαν，重复定冠词结构。ἐπαγγείλασαν 跟不定式（βοηθεῖν）。ἀπιοῦσι，分词，与 τοῖς ... βοηθοῦσιν 配合。ἢν = ἐάν，跟虚拟语气（βούληται）。βούληται 跟不定式（χρῆσθαι）。χρῆσθαι 跟与格（τῇ στρατιᾷ）。πλέονα χρόνον，表时间的宾格，表示贯穿该时间段。διδότω，第三人称单数命令语气，跟主格（ἡ πόλιν）。ἡ πόλιν ἡ μεταπεμψαμένη，重复定冠词结构。ὀβολοὺς 和 δραχμὴν 作 σῖτον 的同位语。

47.7［笺释］ἐχέτω，第三人称单数命令语气，跟主格（ἡ ... πόλις）。ἡ ... πόλις ἡ μεταπεμψαμένη，重复定冠词结构。ἢν = ἐάν，跟虚拟语气（δόξῃ）。δόξῃ + 与格（ταῖς πόλεσι）+ 不定式（στρατεύεσθαι）。σπονδὰς 的内容用不定式（μετεῖναι）。μετεῖναι + 与格（ταῖς πόλεσιν）+ 属格（τῆς ἡγεμονίας）。τὸ ἴσον，定冠词 + 形容词 = 名词，用作副词。

47.8［笺释］σπονδὰς 的内容用不定式（ὀμόσαι）。Ἀθηναίους 作不定式 ὀμόσαι 的主语。σφῶν αὐτῶν，"他们自己的"。ὀμνύντων，第三人称复数命令语气，跟主格（Ἀργεῖοι ... οἱ ξυμμαχοι）。ὀμνύντων，第三人称复数命令语气，跟主格（ἕκαστοι）。τὸν ... ὅρκον ... τὸν μέγιστον，重复定冠词结构。ἔστω，第三人称单数命令语气，跟主格（ὁ ... ὅρκος）。ἐμμενῶ 跟与格（τῇ ξυμμαχίᾳ）。τὰ ξυγκείμενα，定冠词 + 分词 = 名词。οὐδὲ ... μηδεμιᾷ，两个复合否定词连用，后者强调前者，仍表否定（GG § 2761）。

47.9［笺释］ὀμνύντων，第三人称复数命令语气，跟主格（ἡ βουλὴ καὶ αἱ ... ἀρχαί，ἡ βουλὴ καὶ οἱ ὀγδοήκοντα καὶ οἱ ἀρτῦναι, οἱ δημιουργοὶ καὶ ἡ βουλὴ καὶ αἱ ... ἀρχαί 和 οἱ δημιουργοὶ καὶ οἱ ... ἔχοντες καὶ οἱ ἑξακόσιοι）。ἐξορκούντων，第三人称复数命令语气，跟主格（οἱ πρυτάνεις, οἱ ὀγδοήκοντα, οἱ ὀγδοήκοντα, οἱ θεωροὶ καὶ οἱ πολέμαχοι 和 οἱ δημιουργοὶ καὶ οἱ θεσμοφύλακες)。οἱ ... ἔχοντες，定冠词 + 分词 = 名词。

47.10–12［笺释］σπονδὰς 的内容用不定式（ἀνανεοῦσθαι，ἀναγράψαι 和 εἶναι）。Ἀθηναίους 作不定式 ἀνανεοῦσθαι 的主语。τοὺς ὅρκους 作不定式 ἀνανεοῦσθαι 的宾语。ἰόντας 与 Ἀθηναίους 和 Ἀργείους ... Μαντινέας 配合。τῶν μεγάλων Παναθηναίων。Ἀθηναίους，Ἀργείους 和 Μαντινέας 作不定式 ἀναγράψαι 的主语。τὰς ... ξυνθήκας τὰς περὶ τῶν ... ξυμμαχίας，重复定冠词结构。κατατιθέντων，第三人称复数命令语气。τοῖς νυνὶ Ὀλυμπίοις。ἐὰν 跟虚拟语气（δοκῇ）。τι，anything，作 δοκῇ 的主语。δοκῇ + 与格（ταῖς πόλεσι）+ 不定式（εἶναι）。εἶναι ἄμεινον 跟不定式（προσθεῖναι）。τοῖς ξυγκειμένοις，定冠词 + 分词 = 名词。ὅτι，"洛布本" 和阿尔伯蒂的校勘本作 ὅ τι，anything which。δόξῃ 跟与格（ταῖς πόλεσιν）。τοῦτο 作不定式 εἶναι 的主语。

48.1–3［笺释］αἱ τῶν Λακεδαιμονίων καὶ Ἀθηναίων (σπονδαί)。οὐκ ... οὐδ'，简单否定词 + 复合否定词，后者强调前者，仍表否定（CGCG § 56.4）。从 ἀλλὰ καὶ 到 ξυνώμοσαν 是插入句。ἀλλὰ καὶ，even。γενομένης ... ξυμμαχίας，独立属格结构。(ὥστε) 跟不定式（πολεμεῖν 和 ἄγειν），用来解释 ξυμμαχίας（参见 5.27.2：... πρὸς Ἀργείους ξυμμαχίαν ποιεῖσθαι ὥστε τῇ ἀλλήλων ἐπιμαχεῖν）。τοῖς αὐτοῖς，the same (people)。ἔφασαν 跟不定式（ἀρκεῖν）。ἀρκεῖν + 宾格（τὴν ... ἐπιμαχίαν）+ 与格（σφίσι），"……让某人满意"。(ὥστε) 跟不定式（βοηθεῖν 和 ξυνεπιστρατεύειν）（同上）。ἀπέστησαν 跟属格（τῶν ξυμμάχων）。

49.1［笺释］τοῦ θέρους，表时间的属格，表示在该时间段内。οἷς，关系代词，其先行词是 (τὰ) Ὀλύμπια，in which。εἴρχθησαν 跟属格（τοῦ ἱεροῦ）。ὥστε 跟不定式（θύειν 和 ἀγωνίζεσθαι），表结果。ἣν，关系代词，其先行词是 τὴν δίκην。αὐτοῖς 与 τὴν δίκην 连读。κατεδικάσαντο τὴν δίκην 跟属格（αὐτῶν），"对某人课以罚款"。φάσοντες 跟不定式（ἐπενεγκεῖν 和 ἐσπέμψαι）。

49.2–3［笺释］ἀντέλεγον 跟不定式（καταδεδικάσθαι）。καταδεδικάσθαι 跟属格（σφῶν）。λέγοντες + 宾格（τὰς σπονδάς）+ 不定式（ἐπηγγέλθαι）。ἔφασαν + 宾格（τὴν ... ἐκεχειρίαν）+ 不定式（εἶναι）。σφίσιν αὐτοῖς，to themselves。ἡσυχαζόντων σφῶν ... προσδεχομένων ...，独立属格结构。προσδεχομένων + 宾格（αὐτοὺς）+ 不定式（λαθεῖν）。ἀδικήσαντας 与 αὐτοὺς 配合。ὡς，since。

49.4–5［笺释］ὑπελάμβανον 跟不定式（εἶναι 和 ἐπενεγκεῖν）。αὐτοὺς 作不定式 εἶναι 的主语。εἶναι χρεών 跟不定式（ἐπαγγεῖλαι）。ἐνόμιζον 跟不定式（ἀδικεῖν）。αὐτούς 作不定式 ἀδικεῖν 的宾语。ἀλλ' οὐχ ὡς νομίζοντας，but not as if they thought so, but as if they didn't think so。νομίζοντας 跟不定式（δρᾶσαι），与 αὐτούς 配合。εἴχοντο，中动

态，跟属格（τοῦ ... λόγου），"坚持……"。ὡς，that。εἴχοντο τοῦ ... λόγου 跟不定式（πεισθῆναι, ἐκτίσειν 和 ἀφιέναι）。βούλονται 跟不定式（ἀποδοῦναι）。ὅ，关系代词，其先行词是 τό ... μέρος，作不定式 ἐκτίσειν 的宾语。αὐτοί 修饰不定式 ἐκτίσειν 的主语，也修饰主句动词的主语（GG § 1973a）。ὑπέρ 跟属格（ἐκείνων），"替某人"。

50.1［笺释］ὡς，"因为"。ἠξίουν 跟不定式（ἀποδοῦναι 和 ἐπομόσαι）。τάδε，"如下"。ἀναβάντας 与省略了的 αὐτούς 配合（αὐτούς 作不定 ἀποδοῦναι 的主语）。τοῦ Διὸς τοῦ Ὀλυμπίου，重复定冠词结构。προθυμοῦνται 跟不定式（χρῆσθαι）。χρῆσθαι 跟与格（τῷ ἱερῷ）。ἐναντίον，副词，跟属格（τῶν Ἑλλήνων）。ἦ μήν，用在誓言的开头，"完全真的""实实在在的"（GG § 2921, CGCG § 59.65），跟将来时不定式（ἀποδώσειν）。

50.2-5［笺释］ὡς，"因为"。εἴργοντο 跟属格（τοῦ ἱεροῦ, θυσίας 和 ἀγώνων）。πλήν 跟属格（Λεπρεατῶν）。δεδιότες 跟虚拟语气（θύσωσι），μή 为赘词。ξύν 跟与格（ὅπλοις）。οἵ，关系代词，其先行词是 ἱππῆς。整理词序：μέγα δέος ἐγένετο τῇ πανηγύρει...。δέος 跟虚拟语气（ἔλθωσιν），μή 为赘词。ἄλλως τε καί，"尤其"。ὁ Ἀρκεσιλάου Λίχας。ὅτι，"因为"。νικῶντος τοῦ ... ζεύγους ... 和 ἀνακηρυχθέντος Βοιωτῶν δημοσίου，独立属格结构。Βοιωτῶν δημοσίου = τοῦ δημοσίου τῶν Βοιωτῶν。βουλόμενος 跟不定式（δηλῶσαι）。ὅτι，that。ὥστε，用在句首，表总结，so, therefore。πολλῷ 跟比较级（μᾶλλον）（GG § 1514）。δή，表强调。ἐδόκει + 宾格（τι）+ 不定式（ἔσεσθαι）。δεησόμενοι + 属格（αὐτῶν）+ 不定式（ἐλθεῖν）。παρά 跟宾格（人）（σφᾶς），"到某人那里去"。ἔτυχον 跟分词（παρόντες）。... λόγων γενομένων 和 σεισμοῦ γενομένου，独立属格结构。

51.1-2［笺释］τοῦ ... χειμῶνος，表时间的属格，表示在该时间段内。τοῖς ἐν Τραχῖνι Ἡρακλεώταις。ἤ，than。τῇ τούτων (γῇ)。ἐς ὅσον ἐδύναντο，"尽他们之所能"。τῷ πολέμῳ，"对于这场战争而言"。

52.1-2［笺释］τοῦ ... θέρους ... ἀρχομένου，独立属格结构。εὐθύς 跟分词（ ）。ὡς，as。ὡς，"因为"。δείσαντες 跟虚拟语气（λάβωσιν），μή 为赘词。Λακεδαιμονίων ... θορυβουμένων，独立属格结构。τὰ κατὰ Πελοπόννησον，定冠词 + 介词短语 = 名词。Ἀθηναίων 修饰 στρατηγός。Ἀργείων καὶ τῶν ξυμμάχων ξυμπρασσόντων，独立属格结构。μετ' 跟属格（ὁπλιτῶν καὶ τοξοτῶν καὶ τῶν ... ξυμμάχων）。τά ... ἄλλα，定冠词 + 形容词 = 名词。ἔπεισεν + 宾格（Πατρέας）+ 不定式（καθεῖναι）。διενοεῖτο 跟不定式（τειχίσαι）。ἕτερον (τεῖχος) 作不定式 τειχίσαι 的宾语。τῷ Ῥίῳ τῷ Ἀχαϊκῷ，重复定冠词结构。οἷς，自主关系代词, to whom。

53.［笺释］τοῦ ... θέρους，表时间的属格，表示在该时间段内。τοῦ θύματος τοῦ Ἀπόλλωνος τοῦ Πυθαέως，重复定冠词结构。ὅ，关系代词，其先行词是 τοῦ θύματος。

δέον，独立宾格结构，跟不定式（ἀπαγαγεῖν），it being needful …。ὑπὲρ 跟属格（βοταμίων）。κυριώτατοι 跟属格（τοῦ ἱεροῦ）。ἐδόκει + 与格（τῷ Ἀλκιβιάδῃ καὶ τοῖς Ἀργείοις）+ 不定式（προσλαβεῖν）。τὴν Ἐπίδαυρον 作不定式 προσλαβεῖν 的宾语。ἄνευ 跟属格（τῆς αἰτίας）。ἕνεκα 跟属格（τῆς ... ἡσυχίας），然后是一个宾格 + 不定式结构（τὴν βοήθειαν+ἔσεσθαι 和 περιπλεῖν），二者同表目的。①τὴν βοήθειαν 作不定式 ἔσεσθαι 的主语。βραχυτέραν 修饰 τὴν βοήθειαν。ἤ，than。ὡς，as。

54.1-4［笺释］Ἄγιδος ... ἡγουμένου，独立属格结构。ὧν，关系代词，其先行词是 αἱ πόλεις。ὡς，"因为"。θυμένοις 与 αὐτοῖς 配合。περιήγγειλαν 跟不定式（παρασκευάζεσθαι）。τὸν μέλλοντα，定冠词 + 分词 = 名词。ὡς 跟将来时分词（στρατευσομένους），in order to …。ἀναχωρησάντων αὐτῶν，独立属格结构。τοῦ ... μηνὸς ... φθίνοντος，独立属格结构。πάντα，用作副词。τὸν χρόνον，表时间的宾格，表示贯穿该时间段。ὧν，关系代词，其先行词是 τοὺς ξυμμάχους，of which。οἱ μὲν ... οἱ δὲ ...，"有的……有的……"。

55.1-4［笺释］χρόνον，宾格，用作副词，for a time。ὅν，关系代词，其先行词是 χρόνον。Ἀθηναίων παρακαλεσάντων 和 γιγνομένων λόγων，独立属格结构。ἔφη 跟不定式（ὁμολογεῖν, ξυγκαθῆσθαι, ἀντιτετάχθαι, χρῆναι 和 λέγειν）。τοὺς λόγους 作不定式 ὁμολογεῖν 的主语。σφεῖς 作不定式 ξυγκαθῆσθαι 的主语，类似 αὐτοί (GG § 1228b. N. 1)。μὲν ... δ' ...，表对照。τοὺς ... Ἐπιδαυρίους καὶ τοὺς ξυμμάχους καὶ τοὺς Ἀργείους 作不定式 ἀντιτετάχθαι 的主语。χρῆναι + 宾格（αὐτοὺς，省略）+ 不定式（διαλῦσαι）。ἐλθόντας 与省略了的 αὐτοὺς 配合。τὸ αὐτό, the same (place)。ὥς = οὕτως，"如此这样"。ἐδυνήθησαν，异态动词，形式是被动的，意思是主动的，跟不定式（ξυμβῆναι）。ὡς，"由于"。ὡς，about。πυθόμενος + 宾格（τοὺς Λακεδαιμονίους）+ 不定式（ἐξεστρατεῦσθαι）。ὡς，"由于"。οὐδὲν，用作副词，not at all。ἔδει 跟属格（αὐτῶν）。

56.1-2［笺释］τοῦ ... χειμῶνος，表时间的属格，表示在该时间段内。ὅτι，that。γεγραμμένον，独立宾格结构，since it has been written，类似 εἰρημένον，跟不定式（ἐᾶν）。ἑκάστους 修饰省略了的 αὐτοὺς（作不定式 ἐᾶν 的主语）。ἐᾶν + 宾格（πολεμίους）+ 不定式（διιέναι）。τῆς ἑαυτῶν（γῆς）。ἐάσειαν 跟不定式（παραπλεῦσαι）。κἀκεῖνοι = καὶ ἐκεῖνοι。（ἐπεκάλουν）跟不定式（ἀδικήσεσθαι）。αὐτοί 修饰不定式 ἀδικήσεσθαι 的主语（GG § 1973a）。

56.3-5［笺释］Ἀλκιβιάδου πείσαντος，独立属格结构。ὅτι，that。ἐνέμειναν 跟与

---

① 霍氏称之为："inconcinnity" 或者 "binary but non-balancing expression"。参见霍氏《评注》，第 3 卷，页 142。

格（τοῖς ὅρκοις）。λήζεσθαι，表目的的不定式，相当于 (ὥστε/ὡς) λήζεσθαι（GG § 2009; CGCG § 51.16）。τὰ ... ἄλλα，定冠词＋形容词＝名词，用作副词，"在其他方面"。τὸν ... χειμῶνα，表时间的宾格，表示贯穿该时间段。πολεμούντων Ἀργείων καὶ Ἐπιδαυρίων，独立属格结构。ἐκ παρασκευῆς = ἐκ φανερᾶς παρατάξεως，"列阵（作战）"。αἷς，关系代词，其先行词是ἐνέδραι 和 καταδρομαί。ὡς，as。τελευτῶντος τοῦ χειμῶνος 独立属格结构。ὡς 跟将来时分词（αἱρήσοντες），in order to ...。ἐρήμου οὔσης (τῆς Ἐπιδαύρου)，独立属格结构。τῷ πολέμῳ，"对于这场战争而言"。

57.1–2［笺释］τοῦ ... θέρους μεσοῦντος，独立属格结构。ὡς，when。ὄντες ξύμμαχοι αὐτοῖς。οἵ，定冠词，跟前倾词（τε），故加了高调符号。τἆλλα = τὰ ἄλλα，定冠词＋形容词＝名词。τὰ μὲν ... τὰ δ' ...，"有的……有的……"。καλῶς εἶχε，"心怀好意"。νομίσαντες 宾格（αὐτά）＋不定式（χωρήσεσθαι）。οἱ ἔξωθεν，定冠词＋副词＝名词。οἱ ... ἄλλοι，定冠词＋形容词＝名词。ὡς ἕκαστοι，each by themselves。ὅτι，"因为"。

58.1–5［笺释］βουλόμενοι 跟不定式（προσμεῖξαι）。τοῖς ἄλλοις，定冠词＋形容词＝名词。δή，强调 τότε。παρεσκευάζοντο 跟不定式（μάχεσθαι）。ὡς，when。τῆς νυκτός，表时间的属格，表示在该时间段内。ᾗ，关系副词，where。προσεδέχοντο＋宾格（τοὺς Λακεδαιμονίους）＋不定式（καταβήσεσθαι）。τὴν ... ὁδόν 作 ἐχώρουν 的宾语。ἥν，关系代词，其先行词是 ταύτην (ὁδόν)。εἴρητο 跟不定式（καταβαίνειν）。ᾗ，关系副词，where。ὅπως 后面句子的谓语动词用祈愿语气（χρῷντο），表愿望。χρῷντο 跟与格（τοῖς ἵπποις）。ὁ μέν，ὁ 作指示代词（GG § 1106）。

59.1–5［笺释］ἡμέρας ἤδη，"天已亮"，ἡμέρας 为属格。πολλῷ 跟比较级（πλείους）（GG § 1514）。ὡς，when。τὰ ἑαυτῶν，定冠词＋属格＝名词。εἶργον 跟属格（τῆς πόλεως）。οἱ μετ' αὐτῶν 和 τὸ ... πρὸς Νεμέας，定冠词＋介词短语＝名词。τὸ παρόν，定冠词＋分词＝名词。ἐδόκει 跟不定式（ἔσεσθαι）。ἐνόμιζον＋宾格（τοὺς Λακεδαιμονίους）＋不定式（ἀπειληφέναι）。τῇ αὐτῶν (γῇ)。τῶν στρατοπέδων ... ξυνιόντων，独立属格结构。ὅσον οὐ，"差不多""几乎"。διελεγέσθην，双数，跟不定式（ποιεῖν 和 εἶναι）。Ἀργείους 作不定式 εἶναι 的主语。ἑτοίμους 跟不定式（δοῦναι, δέξασθαι 和 ἄγειν）。ἴσας καὶ ὁμοίας 修饰 δίκας。εἴ 跟前倾词（τι），故加了高调符号。τὸ λοιπόν，定冠词＋形容词＝名词，用作副词，"将来"。ποιησαμένους 与 Ἀργείους 配合。

60.1［笺释］οἱ μέν，οἱ 作指示代词（GG § 1106）。τῶν Ἀργείων，部分属格（Partitive genitive），强调部分（GG § 984），修饰 οἱ。ἀφ' ἑαυτῶν, of themselves，"自作主张"。τοῦ πλήθους κελεύσαντος，独立属格结构。οὐ ... οὐδέ，简单否定词＋复合否定词，后者强调前者，仍表否定（CGCG § 56.4）。τῶν πλεόνων，定冠词＋形容词＝名词。(τῶν πλεόνων) ἤ, than。τῶν ἐν τέλει, 定冠词 + 介词短语 = 名词，ξυστρατευομένων 与之配合。τῶν ἐν τέλει 修饰 ἑνὶ ἀνδρὶ。οἷς，关系代词，其先行词是 μῆνας。ἔδει + 宾格（αὐτοὺς）+ 不定式（ἐπιτελέσαι）。τὰ ῥηθέντα, 定冠词 + 分词 = 名词。

60.2-3［笺释］ὡς, as。εἶχον τὸν Ἆγιν ἐν αἰτίᾳ...。νομίζοντες 跟不定式（ἀπιέναι）。παρατυχὸν, 独立宾格结构，it being in one's power, 跟不定式（ξυμβαλεῖν）。αὐτῶν ἀποκεκλημένων, 独立属格结构。οὐδὲν, nothing。ἄξιον 跟属格（τῆς παρασκευῆς）。第二句主干：τοῦτο στρατόπεδον ξυνῆλθεν，此句可改为：τοῦτο κάλλιστον ἦν τῶν Ἑλληνικῶν στρατοπέδων ἃ μέχρι τοῦδε ξυνῆλθεν，意思更明白。δὴ,"确实"。τῶν μέχρι τοῦδε, 定冠词 + 介词短语 = 名词。ᾧ, 关系代词，其先行词是 τοῦτο στρατόπεδον。δοκοῦντες 跟不定式（εἶναι）。

60.4-6［笺释］ἔχοντες τὸν Ἆγιν ἐν αἰτίᾳ。εἶχον τοὺς σπεισαμένους ἐν ... αἰτίᾳ。πολλῷ 跟比较级（πλέονι）(GG § 1514)。ἄνευ 跟属格（τοῦ πλήθους）。νομίζοντες + 宾格（Λακεδαιμονίους 和 τὸν ἀγῶνα）+ 不定式（διαπεφευγέναι 和 γίγνεσθαι）。παρασχὸν, 独立宾格结构，an opportunity having presented itself。κάλλιον，用作副词。μὴ 否定 παρασχὸν。τὸν ... Θράσυλον 作 λεύειν 的宾语，提前表强调。ἤρξαντο 跟不定式（λεύειν）。οὗπερ, 关系副词，where。πρὶν 跟不定式（ἐσιέναι）。ὁ δὲ, but he（见前文 1.24.5 笺释）。

61.1［笺释］βοηθησάντων ... ὁπλιτῶν καὶ ... ἱππέων，独立属格结构。ἐστρατήγουν 跟属格（ὧν），ὧν, 关系代词，其先行词是 ὁπλιτῶν καὶ ... ἱππέων。ὤκνουν 跟不定式（λῦσαι）。ἐκέλευον + 宾格（αὐτοὺς）+ 不定式（ἀπιέναι）。βουλομένους 跟不定式（χρηματίσαι）。πρὶν 跟陈述句,"直到……"。δὴ, 表强调,"终于"。

61.2-5［笺释］Ἀλκιβιάδου ... παρόντος, 独立属格结构。ἔν 跟前倾词（τε），故加了高调符号。ἔν τε τοῖς ... = ἐν τοῖς τε ...。ὅτι, that, 引导一个插入句。ἔλεγον 跟不定式（παρεῖναι 和 χρῆναι）。σφεῖς 作不定式 παρεῖναι 的主语，类似 αὐτοὶ (GG § 1228b. N. 1)。χρῆναι 跟不定式（ἅπτεσθαι）。ἅπτεσθαι 跟属格（τοῦ πολέμου）。ἐκ τῶν λόγων,"被这些言辞"。τὸν Ἀρκαδικὸν Ὀρχομενὸν。πλὴν 跟属格（Ἀργείων）。βουλόμενοι 跟不定式（προσγενέσθαι）。ἄλλως τε ... καὶ,"尤其"。δείσαντες 跟虚拟语气（προαπόλωνται），μὴ 为赘词。ὡς，when。ξυνέβησαν + ὥστε + 不定式（εἶναι, δοῦναι 和 παραδοῦναι）(GG § 2271b. N.)。σφῶν ... αὐτῶν,"他们自己的"。οὕς, 自主关系代词，those whom, 作不定式 παραδοῦναι 的宾语。

62.1-2［笺释］ὅτι,"洛布本"和阿尔伯蒂的校勘本作 ὅ τι，anything which。χρὴ 跟不定式（ἰέναι）。τῶν λοιπῶν, 定冠词 + 形容词 = 名词,"那些剩下的（城邦）"，修饰 ὅ τι。ἐκέλευον (ἰέναι)。ὅτι,"因为"。ὡς ἐπὶ ...，表达句子主语的想法或者断言（GG §

2996）。αὐτῶν τῶν ἐν τῇ πόλει，霍氏认为应作 αὐτῶν Τεγεατῶν ἐν τῇ πόλει。[1]

63.1–2［笺释］εἶχον Ἆγιν ἐν ... αἰτίᾳ。Ἆργος，宾格。παρασχόν，独立宾格结构，an opportunity having presented itself。ὡς，as。ἐνόμιζον 跟不定式（εἶναι）。εἶναι ῥᾴδιον 跟不定式（λαβεῖν）。ἠγγέλλετο 跟不定式（ἑαλωκέναι）。πολλῷ 跟比较级（μᾶλλον）（GG § 1514）。τὸν τρόπον τὸν ἑαυτῶν，重复定冠词结构。ὡς，that。χρὴ 跟不定式（κατασκάψαι 和 ζημιῶσαι）。

63.3–4［笺释］ὁ δὲ，but he（见前文 1.24.5 笺释）。παρῃτεῖτο 跟不定式（δρᾶν，ῥύσεσθαι 和 ποιεῖν）。τούτων 修饰 μηδέν。ἢ，"或者""若否"。αὐτοὺς 作不定式 ποιεῖν 的主语。ὅτι，"洛布本"和阿尔伯蒂的校勘本作 ὅ τι，anything which。οἱ δὲ，οἱ 为指示代词（GG § 1106）。τῷ παρόντι，定冠词 + 分词 = 名词。ὃς，关系代词，其先行词是 νόμον。ἄνευ 跟属格（ὧν）。ὧν，关系代词，其先行词是 ἄνδρας。νόμον 跟不定式（εἶναι）（CGCG § 51.9）。εἶναι κύριον 跟不定式（ἀπάγειν）。

64.1–4［笺释］τῶν ἐπιτηδείων，定冠词 + 形容词 = 名词。ὅτι，that。ἀποστήσεται 跟属格（αὐτῶν）。ὅσον οὐκ，"几乎""差不多"。δὴ，表强调。αὐτῶν，"（他们）自己的"。οἷα ... (ἐγένετο)，用作副词，just as ...。προεῖπον 跟不定式（ἰέναι）。σφῶν αὐτῶν，"他们自己的"。ᾧ，关系代词，其先行词是 τὸ ... μέρος。τὸ πρεσβύτερον = οἱ πρεσβύτεροι。τὸ νεώτερον = οἱ νεώτεροι。ὥστε 跟不定式（φρουρεῖν），表目的。τὰ οἴκοι，定冠词 + 副词 = 名词。πολλῷ 跟比较级（ὕστερον）（GG § 1514）。κελεύοντες 跟不定式（βοηθεῖν）。τοῖς μὲν，τοῖς 为指示代词（GG § 1106）。ἐξ ὀλίγου，"突然"。μὴ，"除非"。ἦν ῥᾴδιον 跟不定式（διελθεῖν）。διὰ μέσου，between。

65.1–3［笺释］ὡς，when。ὡς ἐς ...，表真正意图（GG § 2996）。μέχρι 跟属格（βολῆς）。τῶν πρεσβυτέρων，"老人"。ὅτι，that。διανοεῖται 跟不定式（ἰᾶσθαι）。(τὸ) κακὸν 作不定式 ἰᾶσθαι 的宾语。βουλόμενον + 宾格（τὴν ... ἀνάληψιν τῆς ... ἀναχωρήσεως）+ 不定式（εἶναι）。ἄκαιρον，用作副词。ὁ δέ，but he（见前文 1.24.5 笺释）。δόξαν，独立宾格结构，since it was thought。ἢ，"或者"。κατὰ τὸ αὐτό，霍氏认为可改为 καὶ τὸ αὐτό。[2] τὸ αὐτό，the same。αὐτῷ 与 δόξαν 连读。πρὶν 跟不定式（ξυμμεῖξαι）。

65.4［笺释］οὗπερ，关系代词，其先行词是 τὸ ὕδωρ。ὡς，"因为"。τὰ πολλὰ，定冠词 + 形容词 = 名词，用作副词，the most。βλάπτοντος 与 οὗπερ 配合。ἐβούλετο + 宾格（τοὺς ... βοηθοῦντας 和 τοὺς Ἀργείους καὶ τοὺς ξυμμάχους）+ 不定式（καταβιβάσαι

---

[1] 参见霍氏《评注》，第 3 卷，页 163。
[2] 参见霍氏《评注》，第 3 卷，页 171。

和 ποιεῖσθαι)。τὴν μάχην 作不定式 ποιεῖσθαι 的宾语。

65.5–6［笺释］ὁ μὲν, ὁ 作指示代词（GG § 1106）。τὴν ἡμέραν, 表时间的宾格, 表示贯穿该时间段。αὐτοῦ, there。τὸ ... πρῶτον, "开始"。τῇ ... ἀναχωρήσει。 ἐξ ὀλίγου, "突然"。εἶχον, understand。ὅτι, "洛布本"和阿尔伯蒂的校勘本作 ὅ τι, anything which。σφεῖς 类似 αὐτοὶ（GG § 1228b. N. 1）。εἶχον τοὺς ... στρατηγοὺς ἐν αἰτίᾳ。 αἰτίᾳ 跟不定式（ἀφεθῆναι）。Λακεδαιμονίους 作不定式 ἀφεθῆναι 的主语。ληφθέντας 和 ἀποδιδράσκοντας 与 Λακεδαιμονίους 配合。τὸ ... πρότερον, "以前"。ὅτι, "因为"。οἱ μὲν, οἱ 为指示代词（GG § 1106）。σφεῖς, 类似 αὐτοὶ（GG § 1228b. N. 1）。τὸ παραυτίκα, 定冠词 + 副词 = 名词, "当时"。τὸ ὁμαλὸν, 定冠词 + 形容词 = 名词。ὡς 跟将来时分词（ἰόντες）, 表目的（ἰόντες 是 εἶμι 的现在时分词, εἶμι 本身通常是将来时, 故它可以当作将来时分词, GG § 1880）。

66.1–2［笺释］τῇ ὑστεραίᾳ (ἡμέρᾳ)。οἵ 跟前倾词（τε）, 故加了高调符号。ὡς, when。ἔμελλον 跟不定式（μαχεῖσθαι）。ἤν = ἐάν, 跟虚拟语气（περιτύχωσιν）。δι' ὀλίγου, at a short distance。τοὺς ἐναντίους, 定冠词 + 形容词 = 名词。δὴ 强调 μάλιστα。ἐς ὃ ἐμέμνηντο, as far back as they remembered, ὃ 为自主关系代词, what。διὰ 跟属格（μελλήσεως）。 ὑπὸ σπουδῆς, "急忙"。τὸν ἑαυτῶν κόσμον。Ἄγιδος ... ἐξηγουμένου, 独立属格结构。ἕκαστα, 用作副词。

66.3–4［笺释］βασιλέως ... ἄγοντος, 独立属格结构。πάντα, 用作副词。τὸ δέον, 定冠词 + 分词 = 名词。οἱ δὲ, but they（见前文 1.24.5 笺释）。ἤν = ἐάν, 跟虚拟语气（βούλωνται）。τι, 宾格, anything。τὰ αὐτὰ, the same。ταχεῖαι, 表语形容词, 主格, 修饰句子主语, 相当于英语的副词（GG § 1043）。第二短句主干：ἄρχοντες εἰσί ἀρχόντων。τὸ στρατόπεδον, 宾格, 用作副词, "在……方面"。σχεδὸν, "副词"。 τι, 用作副词, "在某种程度上"。πλὴν 跟属格（ὀλίγου）。ἀρχόντων, 表语属格。τὸ ἐπιμελὲς, 定冠词 + 形容词 = 名词。τοῦ δρωμένου, 定冠词 + 分词 = 名词。

67.1–2［笺释］ἐπὶ σφῶν αὐτῶν, for themselves alone。τὸ ἔσχατον 和 οἱ ἐναντίοι 定冠词 + 形容词 = 名词。ὅτι, "因为"。τῇ ἐκείνων (γῇ)。οἷς, 关系代词, 其先行词是 οἱ ... λογάδες, 与 παρεῖχε 连读。ἐκ πολλοῦ, "长期"。ἄσκησιν 跟属格（τῶν ἐς τὸν πόλεμον, 定冠词 + 介词短语 = 名词）。ἐχόμενοι 跟属格（αὐτῶν）, come next to, follow。ἔσχατοι 和 ταχεῖαι, 表语形容词, 主格, 修饰句子主语, 相当于英语的副词（GG § 1043）。οἱ οἰκεῖοι ἱππῆς。

68.2–3［笺释］ἐδυνάμην, 异态动词, 形式是被动的, 意思是主动的, 跟不定式（γράψαι）。ἢ ... ἢ ..., "或者……或者……"。τῆς πολιτείας 修饰 τὸ κρυπτόν。τὸ κρυπτόν，定冠词 + 形容词 = 名词。τῶν δ᾽，but of those（见前文 1.24.5 笺释），修饰 τὰ ... πλήθη。ἔξεστί + 与格（τῳ = τινι）+ 不定式（σκοπεῖν）。ἄνευ 跟属格（Σκιριτῶν）。ὡς，as。ἐπὶ πᾶν，"一般来说"。

69.1［笺释］ἔμελλον 跟不定式（ξυνιέναι）。(παραινέσεις ἐγίγνοντο) + 与格（Μαντινεῦσι μὲν ... Ἀργείοις δὲ ... τοῖς δὲ Ἀθηναίοις）+ 不定式（ἀφαιρεθῆναι，πειρᾶσθαι，ἀνέχεσθαι，ἀμύνασθαι 和 εἶναι）（参考：παραινέω 跟不定式）。μὲν ... δὲ ... δὲ ...，表对照。ὅτι，that。τὴν μὲν ... τῆς δὲ ...，τὴν 和 τῆς 均为指示代词（GG § 1106），前者指 τὴν (ἀρχὴν)，后者指 τῆς (δουλείας)。τὴν (ἀρχὴν) 作不定式 ἀφαιρεθῆναι 的主语。πειρᾶσθαι 跟属格（τῆς (δουλείας)）。πειρασαμένοις 与 Μαντινεῦσι 配合。στερισκομένους 与省略了的 αὐτοὺς 配合（αὐτοὺς 作不定式 ἀνέχεσθαι 的主语）。ἄνδρας 作不定式 ἀμύνασθαι 的宾语。εἶναι καλὸν 跟不定式（ἀγωνιζομένους），与省略了的 αὐτοὺς 配合（αὐτοὺς 作不定式 λείπεσθαι 的主语）。λείπεσθαι 跟属格（μηδενὸς）。ὅτι，that。οὐ μή 跟虚拟语气（ἔλθῃ），表示强烈否定或者禁止（CGCG § 34.9）。

69.2［笺释］καθ᾽ ἑκάστους，"一个接一个地"（指斯巴达一方的各路人马）。ἐν σφίσιν αὐτοῖς，among themselves。ἠπίσταντο 跟属格（ὧν）。ὧν，关系代词，其先行词是 τῶν ... νόμων。οὖσιν 与 σφίσιν αὐτοῖς 配合。ἐκ πολλοῦ，"长期"。ἔργων 修饰 μελέτην。πλείω 是 πολύς 的中性、复数、宾格、比较级，用作副词。ἤ，than。δι᾽ ὀλίγου，"短期"。λόγων 修饰 παραίνεσιν。ἔργων 和 λόγων 提前表示强调，同时表示对比。

70.［笺释］ὑπὸ 跟属格（αὐλητῶν）。ἐγκαθεστώτων 与 αὐλητῶν 配合。ὁμοῦ，有抄本作 νόμῳ，"洛布本" 和阿尔伯蒂的校勘本均采纳。χάριν，宾格，用作副词，in somebody's favour。ἵνα 跟虚拟语气（προσέλθοιεν 和 διασπασθείη），表目的。φιλεῖ 跟不定式（ποιεῖν）。ὅπερ，自主关系代词，what，作不定式 ποιεῖν 的宾语。

71.1［笺释］ξυνιόντων (αὐτῶν)，独立属格结构。ἐβουλεύσατο 跟不定式（δρᾶσαι）。ἅπαντα 与 τὰ στρατόπεδα 配合。τῶν ἐναντίων 和 τῷ δεξιῷ，定冠词 + 形容词 = 名词。διὰ 跟宾格（τὸ ... προσστέλλειν ... νομίζειν）。φοβουμένους 与省略了的 αὐτοὺς 配合（αὐτοὺς 作不定式 προσστέλλειν 的主语）。ἕκαστον，这里只能看作修饰不定式 προσστέλλειν 的主语（即该不定式的主语先是 αὐτοὺς，接着是 αὐτὸν），"洛布本" 英译作：... because in their fear each man brings ...，可供参考。τὰ γυμνὰ，定冠词 + 形容词 = 名词。ὡς μάλιστα，"尽可能地"。τοῦ ... παρατεταγμένου，定冠词 + 分词 = 名词。νομίζειν + 宾格（τὴν πυκνότητα）+ 不定式（εἶναι）。ἡγεῖται 跟属格（τῆς αἰτίας）。προθυμούμενος 跟不定式（ἐξαλλάσσειν）。ἐξαλλάσσειν + 宾格（τὴν ... γύμνωσιν）+ 属格（τῶν ἐναντίων），turn ... away from ...。οἱ ἄλλοι，定冠词 + 形容词 = 名词。

71.2–3［笺释］περιέσχον 跟属格（τῶν Σκιριτῶν 和 τῶν Ἀθηναίων）。πολὺ 和 πλέον，用作副词。ὅσῳ 跟形容词比较级（μεῖζον），by how much。δείσας 跟虚拟语气（κυκλωθῇ，μὴ 为赘词。νομίσας + 宾格（τοὺς Μαντινέας）+ 不定式（περιέχειν）。ἐσήμηνεν 跟不定式（ἐξισῶσαι）。ἐπεξαγαγόντας 与省略了的 αὐτοὺς 配合（αὐτοὺς 作不定式 ἐξισῶσαι 的主语）。παρήγγελλεν 跟不定式（παρελθεῖν 和 πληρῶσαι）。ἔχουσι 与Ἱππονοΐδᾳ καὶ Ἀριστοκλεῖ 配合，其宾语是 δύο λόχους。ἐσβαλόντας 与省略了的 αὐτοὺς 配合（αὐτοὺς 作不定式 πληρῶσαι 的主语）。νομίζων 跟不定式（ἔσεσθαι 和 τετάξεσθαι）。τὸ κατὰ τοὺς Μαντινέας，定冠词+介词短语＝名词，作不定式 τετάξεσθαι 的主语。θ' = τε。

72.1［笺释］ξυνέβη + 与格（αὐτῷ）+ 不定式（'θελῆσαι，φεύγειν，φθάσαι 和 δυνηθῆναι）。'θελῆσαι 是 ἐθέλω 的不定式，跟不定式（παρελθεῖν）。παραγγείλαντι，分词，与 αὐτῷ 配合，其宾语是 τόν ... Ἀριστοκλέα καὶ τὸν Ἱππονοΐδαν。ἐξ ὀλίγου，"突然"。δόξαντας 与 τόν ... Ἀριστοκλέα καὶ τὸν Ἱππονοΐδαν 配合，跟不定式（μαλακισθῆναι）。τοὺς πολεμίους 作不定式 φθάσαι 的主语。κελεύσαντος αὐτοῦ，独立属格结构。ὡς，"因为"。κελεύσαντος 跟不定式（προσμεῖξαι）。μὴ ... μηδὲ ...，简单否定词+复合否定词，后者强调前者，仍表否定（CGCG § 56.4）。δυνηθῆναι，异态动词，形式是被动的，意思是主动的，跟不定式（ξυγκλῇσαι）。τούτους 指 οἱ Σκιρῖται，作不定式 δυνηθῆναι 的主语。

72.2–4［笺释］δὴ 强调 μάλιστα。κατὰ πάντα，in every way, throughout。οὐχ ἧσσον = μᾶλλον。τοῖς ἐναντίοις，定冠词+形容词＝名词。αὐτῶν = τῶν Λακεδαιμονίων，修饰 τοὺς Σκιρίτας καὶ τοὺς Βρασιδείους。ξυγκλῃσθὲν 修饰 τὸ διάκενον。τῶν πρεσβυτέρων τῶν ἐπιτεταγμένων，重复定冠词结构，修饰 τινας。μὲν ... δὲ ...，表对照。τῷ μέσῳ，定冠词+形容词＝名词。ᾗπερ，关系副词，where。τοῖς παρατεταγμένοις，定冠词+分词＝名词。τοὺς πολλοὺς，定冠词+形容词＝名词。ὡς，when。ἐνδόντας 与 τοὺς πολλοὺς 配合。ἔστιν οὕς，"有的"，οὕς 为关系代词，其先行词是 τοὺς πολλοὺς。καταπατηθέντας 与 οὕς 配合。τοῦ μὴ φθῆναι，属格不定式，表目的（通常是否定的）（GG § § 1408, 2032e）。

73.1–2［笺释］ὡς，when。ἅμα，on the point of；ἅμα，at the same time，两个 ἅμα 连用，表示情况紧急。ἐφ' ἑκάτερα，"在两个方向"。τῷ περιέχοντι，定冠词+分词＝名词。τῇ μὲν ... τῇ δὲ ...，"在一个方面……在另一个方面……"。κυκλουμένους 和 ἡσσημένους 与 αὐτοὺς 配合。μάλιστ' 跟属格（τοῦ στρατεύματος），more than ...。ξυνέβη + 宾格（τὸν Ἆγιν）+ 不定式（παραγγεῖλαι）。παραγγεῖλαι 跟不定式（χωρῆσαι）。ὡς，when。τὸ εὐώνυμον ... τὸ κατὰ τοὺς Μαντινέας καὶ ... τοὺς χιλίους，重复定冠词结

构。τὸ νικώμενον，定冠词 + 分词 = 名词。

73.3-4［笺释］γενομένου τούτου，独立属格结构。ὡς，when。τῶν Ἀργείων 修饰 τὸ ἡσσηθέν（定冠词 + 分词 = 名词）。整理词序：... εἶχον τὴν γνώμην πρὸς τὸ ἐγκεῖσθαι τοῖς ἐναντίοις。τὸ ἐγκεῖσθαι，定冠词 + 不定式 = 名词。τοῖς ἐναντίοις，定冠词 + 形容词 = 名词。τούς ... νενικημένους，定冠词 + 分词 = 名词。μέχρι 跟属格（τοῦ τρέψαι）。τοῦ τρέψαι 和 τῷ μένειν，定冠词 + 不定式 = 名词。τὰς μάχας 和 τὰς διώξεις 作 ποιοῦνται 的宾语。ἐπὶ πολὺ，"长距离"。

74.1-3［笺释］ὅτι 跟最高级形容词（ἐγγύτατα），as ... as possible。ἐγγύτατα 跟属格（τούτων）。χρόνον，表时间的属格，表示在该时间段内。前一个 δή 强调 πλείστου。后一个 δή 强调 μεγίστη。προθέμενοι τῶν ... νεκρῶν τὰ ὅπλα = θέμενοι τὰ ὅπλα πρὸ τῶν ... νεκρῶν；或者 τῶν ... νεκρῶν 修饰 τὰ ὅπλα。τοὺς αὑτῶν，定冠词 + 属格 = 名词。οὗπερ，关系副词，where。τοὺς ... ὑποσπόνδους，定冠词 + 形容词 = 名词。ὥστε 跟不定式（ἀπογενέσθαι），表结果。τι，anything，作不定式 ἀπογενέσθαι 的主语。αὐτῶν，"他们自己的"，修饰 τριακοσίους（提前表示与前句对照），也可以看作修饰 τὴν ἀλήθειαν，但比较罕见。ἦν χαλεπὸν 跟不定式（πυθέσθαι）。τὴν ἀλήθειαν 作不定式 πυθέσθαι 的主语。ἐλέγοντο 跟不定式（ἀποθανεῖν）。

75.1-3［笺释］τῆς ... μάχης μελλούσης ...，独立属格结构。μελλούσης 跟不定式（ἔσεσθαι）。μέχρι 跟属格（Τεγέας）。ἐτύγχανον 跟分词（ὄντα）。整理词序：ἀπελύσαντο τὴν ... αἰτίαν ἔς τε μαλακίαν ... καὶ ἐς τὴν ... ἀβουλίαν τε καὶ βραδυτῆτα, ὡς ἐδόκουν, οἱ αὐτοὶ κακιζόμενοι τύχῃ ἔτι ὄντες γνώμῃ。ὡς，as。

75.4-6［笺释］τῇ ... ἡμέρᾳ，表时间的属格，表示在该时间段内。τῆς μάχης 修饰 τῇ ... ἡμέρᾳ。ξυνέβη + 宾格（τοὺς Ἐπιδαυρίους）+ 不定式（ἐσβαλεῖν 和 διαφθεῖραι）。ὡς，"因为"。τῶν Ἀργείων αὐτῶν ἐξελθόντων，独立属格结构。... ὁπλιτῶν βοηθησάντων 和 Ἀθηναίων（βοηθησάντων），独立属格结构。ὕστερον，形容词比较级，跟属格（τῆς μάχης），表比较。πρός 跟与格（τοῖς προτέροις），"除了……"。τοῖς προτέροις，定冠词 + 形容词 = 名词。ἕως，while。οἱ ... ἄλλοι，定冠词 + 形容词 = 名词。τὴν ἄκραν 和 τὸ Ἡραῖον 是同位语。整理词序：... ἅπαντες ξυγκαταλιπόντες φρουρὰν ἐν τούτῳ τῷ τειχίσματι。

76.1-3［笺释］τοῦ ... χειμῶνος ἀρχομένου，独立属格结构。... ἦσαν αὐτοῖς，"……对他们来说是""他们有……"。βουλόμενοι 跟不定式（καταλῦσαι）。τὸν δῆμον τὸν ἐν Ἄργει，重复定冠词结构。πολλῷ 跟比较级（μᾶλλον）（GG § 1514）。ἐδύναντο 跟不定式（πείθειν）。τοὺς πολλούς，定冠词 + 形容词 = 名词。ἐβούλοντο 跟不定式（ἐπιτίθεσθαι）。

ποιήσαντες σπονδὰς ... καὶ ξυμμαχίαν。 οὕτως ἤδη，"做了这些以后"。ὤν，being。Ἀργείων，表语属格。λόγω，双数、宾格。τὸν μὲν ... τὸν δ' ...，"其一……其二……"。τὸν，指示代词（GG § 1106），指 λόγω。整理词序：... (πολεμήσουσι) καθ' ὅτι εἰ βούλονται πολεμεῖν, ... (ἄξουσι εἰρήνη) ὡς εἰ (βούλονται) ἄγειν εἰρήνην。καθ' ὅτι，on condition that。ὅτι，阿尔伯蒂的校勘本作 ὅ τι，anything which。βούλονται 跟不定式（πολεμεῖν）。ὡς = καθ' ὅτι。γενομένης ... ἀντιλογίας，独立属格结构。ἔτυχε 跟分词（παρών）。οἱ ἄνδρες οἱ ... πράσσοντες，重复定冠词结构。ἐκ τοῦ φανεροῦ，"公开地"。ἔπεισαν + 宾格（τοὺς Ἀργείους）+ 不定式（προσδέξασθαι）。

77.1-3［笺释］这一章有许多多里斯方言拼写。καττάδε = κατὰ τάδε。δοκεῖ + 与格（τᾶ ἐκκλησίᾳ）+ 不定式（ξυμβαλέσθαι, ἦμεν 和 ἀποδόμεν）。τᾶ = τῇ。ποττώς = πρὸς τούς。Ἀργείως = Ἀργείους。τώς = τούς。τὼς ἄνδρας τὼς ἐν Μαντινείᾳ，重复定冠词结构。ἀποδιδόντας, ἐκβῶντας（= ἐκβαίνοντας）和 ἀναιρίοντας 与 Ἀργείους 配合。Ἐπιδαύρω = Ἐπιδαύρου。αἰ δέ κα μὴ εἴκωντι = ἐὰν δὲ μὴ εἴκωσι。τοί = οἱ。πολεμίως = πολεμίους。ἦμεν = εἶναι。ἔχοντι = ἔχουσι。ἀποδόμεν = ἀποδοῦναι。πολίεσσι = πόλεσι。

77.4-6［笺释］(δοκεῖ) + 与格（τοῖς Ἐπιδαυρίοις）+ 不定式（δόμεν）。τῶ σιῶ σύματος = τοῦ θεοῦ θύματος。αἰ = εἰ。λῆν = βούλεσθαι。δόμεν = δοῦναι。αὐτὼς = αὐτούς，作不定式 ὀμόσαι 的主语。(δοκεῖ) + 不定式（ὀμόσαι, ἦμεν 和 ἀλεξέμεναι）。⟨αἰ⟩ δέ = εἰ δὲ μή。τὰς ... πόλιας τὰς ἐν Πελοποννάσῳ，重复定冠词结构，作不定式 ἦμεν 的主语。πόλιας = πόλεις。αὐτονόμως = αὐτονόμους。ἦμεν = εἶναι。καττὰ = κατὰ τά。αἰ = εἰ。κα = ἄν。τῶν ἐκτὸς Πελοποννάσω（= Πελοποννήσου），定冠词 + 介词短语 = 名词。τὰν Πελοπόνασον γᾶν = τὴν Πελοποννήσην γῆν。ἀλεξέμεναι = ἀλέξειν。ἐπὶ κακῷ，"加害"。ἀμόθι = ἅμα = κοινῇ。βωλευσαμένως = βολευσαμένους，与省略了的 αὐτοὺς 配合（αὐτοὺς 作不定式 ἀλεξέμεναι 的主语）。ὅπᾳ κα = ὅπῃ ἄν。

77.7-8［笺释］ὅσσοι = ὅσοι。Πελοποννάσω = Πελοποννήσου。ἐντί = εἰσί。τῷ αὐτῷ，定冠词 + 形容词 = 名词。τὦπερ，指 τῷ αὐτῷ。ἐσσίονται = ἐσσοῦνται。τοί = οἱ。τὰν = τήν。(δοκεῖ) + 不定式（ξυμβαλέσθαι 和 ἀπιάλλην）。αἴ（= εἰ）跟前倾词（κα），故加了高调符号。ἀπιάλλην = ἀπιάλλειν。

78.［笺释］ἐπιμειξίας οὔσης，独立属格结构。πολλῷ 跟比较级（ὕστερον）（GG § 1514）。ὥστε 跟不定式（ποιήσασθαι），表结果。Ἀργείους 作不定式 ποιήσασθαι 的主语。σπονδὰς καὶ ξυμμαχίαν 作不定式 ποιήσασθαι 的宾语。

79.1-4［笺释］这一章同样有许多多里斯方言拼写。καττάδε = κατὰ τάδε。ἔδοξε + 与格（τοῖς Λακεδαιμονίοις καὶ Ἀργείοις）+ 不定式（ἦμεν）。ἦμεν = εἶναι。καττὰ = κατὰ τά。ταὶ πόλιες = αἱ πόλεις。ταὶ ... ταὶ ...，重复定冠词结构。κοινανεόντω，第三人称复数命令语气，跟主格（ταὶ πόλιες）。τᾶν = τῶν。αὐτοπόλιες = αὐτοπόλεις。τᾶν αὐτῶν = τῶν αὐτῶν（γῆν）。ὅσσοι = ὅσοι。ἐντι = εἰσί。ἐσσίονται = ἐσσοῦνται。τοὶ = οἱ。τῷ αὐτῷ，定冠词 + 形容词 = 名词。τῷπερ，so（GG § 2987）。αἰ = εἰ。δέη 跟属格（στρατείας）。(ἔδοξε) 跟不定式（βουλεύεσθαι）。Λακεδαιμονίως（= Λακεδαιμονίους）和 Ἀργείως（= Ἀργείους）作不定式 βουλεύεσθαι 的主语。ὅπᾳ = ὅπῃ。κα = ἄν。τᾶν πολίων = τῶν πόλεων。ἢ ... ἢ ...，"或者……或者……"。τᾶν ἐντὸς 和 τᾶν ἐκτὸς Πελοποννάσω，定冠词 + 介词短语 = 名词（τᾶν = τῶν）。αἴτε = εἴτε。ἄλλω = ἄλλου。(ἔδοξε) 跟不定式（διακριθῆμεν，ἐλθῆν 和 δικάζεσθαι）。διακριθῆμεν = διακριθεῖναι。πόλι = πόλει。ἐλθῆν = ἐλθεῖν。ἅντινα ἴσαν ... δοκείοι = (ἐς) ἄν τινα (ὡς οὖσαν) ἴσαν (ἐλθεῖν) δοκείοι。ἴσαν =ἴσην。ἀμφοῖν，both。πολίεσσι = πόλεσι。τὼς ἔτας = τοὺς ἔτας 作不定式 δικάζεσθαι 的主语。

80.1–3［笺释］ἢ，"或者"。εἴ，跟前倾词（τι），故加了高调符号。ἐψηφίσαντο 跟不定式（προσδέχεσθαι，ξυμβαίνειν 和 πολεμεῖν）。τῳ = τινι。ἢ，"或者"。τά ἄλλα，定冠词 + 形容词 = 名词。ὡς 跟宾格（人）（Περδίκκαν），"到某人那里去"。ἀνέπεισαν + 宾格（Περδίκκαν）+ 不定式（ξυνομόσαι）。ἀπέστη 跟属格（τῶν Ἀθηναίων）。ὅτι，"因为"。ἑώρα τοὺς Ἀργείους (ἀφεστηκότας)。τὸ ἀρχαῖον，定冠词 + 形容词 = 名词，用作副词，anciently。整理词序： ... κελεύοντες ἐκλιπεῖν τὸ τεῖχος ἐξ Ἐπιδαύρου。οἱ δ᾽，but they（见前文 1.24.5 笺释）。τοὺς σφετέρους，定冠词 + 形容词 = 名词。ὁ δὲ，but he（见前文 1.24.5 笺释）。ποιήσας 跟双宾格（ἀγῶνά τινα 和 πρόφασιν）。ὡς，when。

81.1–2［笺释］τὸ ... πρῶτον，"首先"。δυνάμενοι (ἀντέχειν)。τὰ ... ἐν Σικυῶνι，定冠词 + 介词短语 = 名词。ἐκεῖνα，指 τὰ ... ἐν Σικυῶνι。τοῦ χειμῶνος λήγοντος，独立属格结构。τῷ πολέμῳ，"对于这场战争而言"。

82.1–3［笺释］τοῦ ... θέρους，表时间的属格，表示在该时间段内。οἱ ἐν Ἄθῳ 修饰 Διῆς。ἀπέτησαν 跟属格（Ἀθηναίων）。τὰ ἐν Ἀχαΐᾳ，定冠词 + 介词短语 = 名词。κατ᾽ ὀλίγον，"逐渐"。τοῖς ὀλίγοις，定冠词 + 形容词 = 名词。αὐτὰς，themselves，即该竞技会举办的准确日子。μάχης γενομένης，独立属格结构。τοὺς μὲν ... τοὺς δὲ ...，"有的……有的……"。αὐτοὺς 指 οἱ Λακεδαιμόνιοι。ἐκ πλέονος，"长时间"。ὅτι，that。ἠθέλησαν 跟不定式（προελθεῖν）。δεομένων τῶν διαπεφευγότων，独立属格结构。

82.4–5［笺释］ἐλθόντων πρέσβεων，παρόντων ... τῶν ξυμμάχων 和 ῥηθέντων πολλῶν，独立属格结构。ἔγνωσαν + 宾格（τοὺς ἐν τῇ πόλει）+ 不定式（ἀδικεῖν）。ἔδοξεν + 与格（αὐτοῖς）+ 不定式（στρατεύειν）。νομίζων 跟不定式（ὠφελῆσαι）。σφᾶς 作不定式 ὠφελῆσαι 的宾语。μέγιστον，用作副词。ἢν = ἐάν。εἴργωνται 跟属格（τῆς γῆς）。τῶν ἐπιτηδείων，定冠词 + 形容词 = 名词。σφᾶς 作 ὠφελῇ 的宾语。

83.1–4［笺释］τοῦ ... χειμῶνος，表时间的属格，表示在该时间段内。ὡς，when。ᾔσθοντο 跟分词属格（τειχιζόντων），全书仅此一见，跟宾格更常见。πλὴν 跟属格（Κορινθίων）。τι ὑπῆρχε αὐτοῖς。πρασσόμενον 与 τι 配合。τὰ ... δοκοῦντα，定冠词 + 分词 = 名词，跟不定式（προϋπάρχειν）。οὓς，关系代词，其先行词是 τοὺς ἐλευθέρους（定冠词 + 形容词 = 名词）。ὅτι，"因为"。οἱ πολλοὶ，定冠词 + 形容词 = 名词。τοῦ ... χειμῶνος，同上。ὅτι，that。παρασκευασαμένων αὐτῶν，独立属格结构。παρασκευασαμένων 跟不定式（ἄγειν）。τοὺς ἐπὶ Θρᾴκης 修饰 Χαλκιδέας。Νικίου ... στρατηγοῦντος，独立属格结构。ἐκείνου ἀπάραντος，独立属格结构。戈姆建议将 ἀπάραντος 改为 ἀποστάντος。[①] τῷ πολέμῳ，"对于这场战争来说"。

84.1–3［笺释］τοῦ ... θέρους，表时间的属格，表示在该时间段内。Ἀργείων 修饰 τοὺς δοκοῦντας。δοκοῦντας 跟不定式（εἶναι 和 φρονεῖν）。ἄνδρας 与 τοὺς δοκοῦντας 配合。τὰ Λακεδαιμονίων，定冠词 + 属格 = 名词。ἦρχον 跟属格（ὧν）。ὧν，关系代词，其先行词是 τὰς ... νήσους。τριάκοντα，数词，不变格。ἤθελον 跟不定式（ὑπακούειν）。ὑπακούειν 跟属格（τῶν ... Ἀθηναίων）。τὸ ... πρῶτον，"起初"。ὡς，when。ὁ Λυκομήδους 和 ὁ Τεισιμάχου，定冠词 + 属格 = 名词。πρὶν 跟不定式（ἀδικεῖν）。τι，宾格，anything。οὓς，关系代词，其先行词是 πρέσβεις。τοῖς ὀλίγοις，定冠词 + 形容词 = 名词。ἐκέλευον 跟不定式（λέγειν）。ὧν，自主关系代词，what。

85.［笺释］ὅπως 后面句子的谓语动词用虚拟语气（ἀπατηθῶσιν），表目的。δὴ，不仅表动机，而且给出实际理由。οἱ πολλοὶ，定冠词 + 形容词 = 名词。ἐπαγωγὰ 作 ἀκούσαντες 的宾语。ἀνέλεγκτα 和 ἡμῶν 修饰 ἐπαγωγὰ。ἐσάπαξ，"洛布本"和阿尔伯蒂的校勘本作 ἐς ἅπαξ，once for all。ἡ ... ἀγωγή φρονεῖ τοῦτο。φρονεῖ，means。ἡμῶν 修饰 ἡ ... ἀγωγή。τοὺς ὀλίγους，定冠词 + 形容词 = 名词。οἱ καθήμενοι，定冠词 + 分词 = 名词，是 ὑμεῖς 是同位语。ἀσφαλέστερον，用作副词。τὸ ... δοκοῦν，定冠词 + 分词 = 名词。δοκοῦν 跟不定式（λέγεσθαι）。ὡς λέγομεν，as we propose。εἰ，"是否"。

86.［笺释］οἱ ... ξύνεδροι，定冠词 + 形容词 = 名词。τοῦ διδάσκειν，定冠词 + 不定式 = 名词，修饰 ἡ ... ἐπιείκεια。τὰ ... παρόντα καὶ ... μέλλοντα，定冠词 + 分词 = 名词。διαφέροντα，形容词比较级，跟属格（αὐτοῦ），表比较。αὐτοῦ，指 τοῦ διδάσκειν ...。ὁρῶμεν 跟双宾格（αὐτούς ... ὑμᾶς 和 κριτὰς）。αὐτούς ... ὑμᾶς，"你们自己"。τῶν λεχθησομένων，定冠词 + 分词 = 名词，修饰 κριτὰς。αὐτοῦ，同样指 τοῦ διδάσκειν ...

[①] 参见戈姆《评注》，第 4 卷，页 154。

κατὰ τὸ εἰκός,"十之八九"。περιγενομένοις 与 ἡμῖν 配合。τῷ δικαίῳ，定冠词 + 形容词 = 名词。αὐτὸ 指 περιγενομένοις ... τῷ δικαίῳ。μὴ 否定分词 (ἐνδοῦσι)。(τὴν τελευτὴν) φέρουσαν πόλεμον ἡμῖν ... δουλείαν。πεισθεῖσι 与 ἡμῖν 配合。

87.［笺释］τοίνυν, well then。τῶν μελλόντων，定冠词 + 分词 = 名词，修饰 ὑπονοίας。ὑπονοίας 作 λογιούμενοι 的宾语。ἤ,"或者"。ἄλλο τι ... ἤ ...，any other ... than ...。ἐκ 跟属格（τῶν παρόντων 和 ὧν 引导的从句）。τῶν παρόντων，定冠词 + 分词 = 名词。ὧν，自主关系代词。

88.［笺释］(ἐστίν) εἰκὸς ... καὶ ξυγγνώμη + 宾格（τοὺς ἀνθρώπους，省略）+ 不定式 (τρέπεσθαι)。ἥδε 指 ἡ ... ξύνοδος。γιγνέσθω，第三人称命令语气，跟主格 (ὁ λόγος)。ᾧ ... τρόπῳ，in the way that。

89.［笺释］此句主干：ἡμεῖς οὔτε παρέξομεν μῆκος λόγων μετ' ὀνομάτων ... , ὡς ἢ ... ἤ ... , οὔθ' ἀξιοῦμεν ὑμᾶς οἴεσθαι πείσειν ἢ ὅτι ... ἢ ὡς ... , διαπράσσεσθαι τὰ δυναστὰ ...。τοίνυν, well then。ὡς, that。ἢ ... ἤ ...,"或者……或者……"。ἀξιοῦμεν + 宾格 (ὑμᾶς) + 不定式（οἴεσθαι 和 διαπράσσεσθαι）。οἴεσθαι 跟不定式 (πείσειν)。ὅτι 和 ὡς, that，二者引导的从句作 λέγοντας 的宾语。λέγοντας 与 ὑμᾶς 配合。τὰ δυναστά，定冠词 + 形容词 = 名词，作不定式 διαπράσσεσθαι 的宾语。ἐξ ὧν, from which。ὧν 是自主关系代词。ἐπισταμένους 与 ἡμᾶς（省略）配合，πρὸς,"加上"，εἰδότας 与 ὑμᾶς 配合，即 ἐπισταμένους πρὸς εἰδότας = ἐπισταμένων καὶ ἡμῶν καὶ ὑμῶν（独立属格结构）。ὅτι, that。δίκαια ... κρίνεται。οἱ προύχοντες，定冠词 + 分词 = 名词。(τὰ) δυνατά。οἱ ἀσθενεῖς，定冠词 + 形容词 = 名词。

90.［笺释］ἧι μὲν δὴ = ᾗ μὲν δή,"无论如何"。ᾗ，关系副词，where；μέν，隐含与确定情形的对照；[①]δή，表强调。整理词序：... νομίζομέν χρήσιμον (ἐστί) ... καταλύειν ...。χρήσιμον (ἐστί) 跟不定式 (καταλύειν)。ὑμᾶς 作不定式 καταλύειν 的主语。τὸ ... ἀγαθόν，定冠词 + 形容词 = 名词。τῷ ... γιγνομένῳ，定冠词 + 分词 = 名词。νομίζομέν + 宾格（τὰ εἰκότα 和 τινα）不定式（εἶναι 和 ὠφεληθῆναι）。τὰ εἰκότα，定冠词 + 分词 = 名词。τι ἐντὸς τοῦ ἀκριβοῦς, something which falls short of exactness。τι 作 πείσαντά 的宾语。πείσαντά 与 τινα 配合。πρὸς ὑμῶν, in your interest。ἧσσον，用作副词。ὅσῳ, by how much,"因为"。τοῖς ἄλλοις，定冠词 + 形容词 = 名词。括号中的句子整理词序：ἀνάγκη (ἐστί) λέγειν (τὸ ξυμφέρον) ἐπειδὴ ὑμεῖς οὕτω ὑπέθεσθε τὸ ξυμφέρον παρὰ τὸ

[①] J. D. Denniston, *The Greek Particles*, Second Edition, Revised by K. J. Dover, Bristol: Bristol Classical Press, 1996, p. 382.

δίκαιον。

91.1［笺释］τῆς ... ἀρχῆς 修饰 τὴν τελευτήν。ἢν =ἐάν，跟虚拟语气（παυθῇ）。οἱ ἄρχοντες，定冠词 + 分词 = 名词。ἄρχοντες 跟属格（ἄλλων）。τοῖς νικηθεῖσιν，定冠词 + 分词 = 名词。ἢν = ἐάν，跟虚拟语气（κρατήσωσιν）。οἱ ὑπήκοοι，定冠词 + 形容词 = 名词。κρατήσωσιν 跟属格（τῶν ἀρξάντων）。τῶν ἀρξάντων，定冠词 + 分词 = 名词。

91.2［笺释］ἀφείσθω，第三人称单数命令语气，跟不定式（κινδυνεύεσθαι）。ὡς ... ἐπ' ...，表达句子主语的想法或者断言（GG § 2996）。τῆς ... ἀρχῆς 修饰 ὠφελίᾳ。τῆς ... πόλεως 修饰 σωτηρίᾳ。βουλόμενοι 跟不定式（ἄρξαι 和 σωθῆναι）。ἄρξαι 跟属格（ὑμῶν）。ὑμᾶς 作不定式 σωθῆναι 的主语。

92.［笺释］χρήσιμον 跟从句。ξυμβαίη + 与格（ἡμῖν）+ 不定式（δουλεῦσαι）。... ὥσπερ καὶ (ἂν ξυμβαίη) ὑμῖν ἄρξαι。

93.［笺释］ὅτι，"因为"。整理词序：... γένοιτο (χρήσιμον) ὑμῖν ὑπακοῦσαι ...。πρὸ 跟属格（τοῦ ... παθεῖν），before。τοῦ ... παθεῖν，定冠词 + 不定式 = 名词。τὰ δεινότατα，定冠词 + 形容词 = 名词。

94.［笺释］ὥστε，用在句首，表总结，and so。δέξαισθε + 宾格（ἡμᾶς）+ 不定式（εἶναι）。ἄγοντας 与 ἡμᾶς 配合。ἄγοντας ἡσυχίαν，"保持中立"。

95.［笺释］οὐ ... τοσοῦτον ... ὅσον ...，"……与……不一样多"。整理词序：οὐ ... τοσοῦτον ἡ ἔχθρα ὑμῶν βλάπτει ἡμᾶς ὅσον ἡ φιλία，(ἡ) μὲν (οὖσα) ἀσθενείας (παράδειγμα)，τὸ δὲ μῖσος δηλούμενον δυνάμεως παράδειγμα τοῖς ἀρχομένοις。(ἡ) μὲν，ἡ 为指示代词（GG § 1106），指 ἡ φιλία。τοῖς ἀρχομένοις，定冠词 + 分词 = 名词。

96.［笺释］此句主干：οἱ ὑπήκοοι σκοποῦσι τὸ εἰκός, ὥστε τιθέασιν τοὺς ... προσήκοντας καὶ ὅσοι ... ἐς τὸ αὐτό。οἱ ὑπήκοοι，定冠词 + 形容词 = 名词。ὑμῶν 修饰 οἱ ὑπήκοοι。τὸ εἰκός，定冠词 + 分词 = 名词。ὥστε，跟句子，表可能的结果，"以至于"。τοὺς ... προσήκοντας，定冠词 + 分词 = 名词。ὅσοι，关系形容词（或关联代词），其先行词 τοσούτους 被吸收，且被吸引到关系形容词（或关联代词）的格（主格）（GG § § 2537, 2538）。οἱ πολλοὶ 和 τὸ αὐτό，定冠词 + 形容词 = 名词。οἱ πολλοὶ 与 ὅσοι 配合。

97.［笺释］ἡγοῦνται + 宾格（οὐδετέρους，τοὺς μὲν 和 ἡμᾶς）不定式（ἐλλείπειν，περιγίγνεσθαι 和 ἐπιέναι）。ἐλλείπειν 跟与格（δικαιώματι）。τοὺς μὲν，τοὺς 作指示代词（GG § 1106），指 τοὺς ... μὴ προσήκοντας。ὥστε 表总结，so。ἔξω 跟属格（τοῦ ... ἄρξαι）。τοῦ ... ἄρξαι，定冠词 + 不定式 = 名词。ἄρξαι 跟属格（πλεόνων）。τὸ ἀσφαλὲς，定冠词 + 形容词 = 名词。τὸ καταστραφῆναι，定冠词 + 不定式 = 名词。ἄλλως τε καὶ，"尤其"。整理词序：... ὄντες νησιῶται ἀσθενέστεροι ἑτέρων εἰ μὴ περιγένοισθε ναυκρατόρων。

ἀσθενέστεροι，形容词比较级，跟属格（ἑτέρων），表比较。περιγένοισθε 跟属格（ναυκρατόρων）。ναυκρατόρων 提前，以便与νησιῶται 对照。ἄλλως τε καὶ ... εἰ μὴ ...，"就（因为）……，……才不……"。εἰ μὴ，if not。

98. [笺释] ἐκείνῳ 指上文所说的保持中立。ἐκβιβάσαντες + 宾格（ἡμᾶς）+ 属格（τῶν ... λόγων），"阻止某人做某事"。πείθετε + 宾格（ἡμᾶς）+ 不定式（ὑπακούειν）。τῷ ... ξυμφόρῳ，定冠词 + 形容词 = 名词。διδάσκοντας 与ἡμᾶς 配合。τὸ ... χρήσιμον，定冠词 + 形容词 = 名词。διδάσκοντας 跟不定式（πειρᾶσθαι）。πειρᾶσθαι 跟不定式（πείθειν）... τὸ αὐτὸ τυγχάνει ξυμβαῖνον ὑμῖν ...。τὸ αὐτὸ，定冠词 + 形容词 = 名词。τυγχάνει 跟分词（ξυμβαῖνον）。ὅσοι，关系形容词（或关联代词），其先行词 τοσούτους 被吸收，且被吸引到关系形容词（或关联代词）的格（主格）（GG §§ 2537, 2538），作 αὐτούς 的同位语，它们作 πολεμώσεσθε 的宾语（或可解作：ὅσοι = εἴ τινες）。ἡγήσωνταί + 宾格（ὑμᾶς）+ 不定式（ἥξειν）。κἂν τούτῳ = καὶ ἂν τούτῳ，herein, hereby。τί ἄλλο ἢ，what else than ...，"不是在……吗"。ἐπάγεσθε + 宾格（τοὺς ... μελλήσαντας）+ 不定式（γενέσθαι）。

99. [笺释] 第一句主干：οὐ νομίζομεν τούτους, ἀλλὰ τοὺς νησιώτας, καὶ τοὺς ... παροξυνομένους δεινοτέρους。ἡμῖν 与δεινοτέρους 连读。δεινοτέρους，表语形容词。ὅσοι，关系形容词（或关联代词），其先行词 τοσούτους 被吸收，且被吸引到关系形容词（或关联代词）的格（主格）（GG §§ 2537, 2538）。τῆς ... φυλακῆς 修饰 τὴν διαμέλλησιν。τῆς ἀρχῆς 修饰 τῷ ἀναγκαίῳ。τοὺς ... παροξυνομένους，定冠词 + 分词 = 名词。第二句主干：οὗτοι ... ἂν καταστήσειαν σφᾶς τε αὐτοὺς καὶ ἡμᾶς ἐς ... κίνδυνον。πλεῖστ'，用作副词。τῷ ἀλογίστῳ，定冠词 + 形容词 = 名词。σφᾶς αὐτούς，"他们自己"。

100. [笺释] 整理词序：... εἰ ὑμεῖς καὶ οἱ δουλεύοντες ποιοῦνται τὴν παρακινδύνευσιν τε μὴ παυθῆναι ἀρχῆς τοσαύτην καὶ ἤδη ἀπαλλαγῆναι, πολλὴ κακότης καὶ δειλία (ἂν εἴη) ἡμῖν。ἦ που ἄρα，surely then（GG § 2865）。τοσαύτην，用作副词。γε，表强调。ποιοῦνται τὴν παρακινδύνευσιν = παρακινδυνεύουσιν，跟不定式（παυθῆναι 和 ἀπαλλαγῆναι）。παυθῆναι 跟属格（ἀρχῆς）。γε，表强调。οἱ δουλεύοντες，定冠词 + 分词 = 名词。κακότης καὶ δειλία 跟不定式（ἐπεξελθεῖν）。πᾶν 用作副词。τοῖς ... ἐλευθέροις，定冠词 + 形容词 = 名词，是ἡμῖν 的同位语。πρὸ 跟属格（τοῦ δουλεῦσαι，定冠词 + 不定式 = 名词）。

101. [笺释] ἤν = ἐάν。γε，at least。ὁ ἀγὼν οὐ (ἐστὶ) περὶ ἀνδραγαθίας ...。ἡ βουλὴ μᾶλλον (ἐστί) περὶ ... σωτηρίας ...。ὀφλεῖν 和 ἀνθίστασθαι，命令语气不定式（CGCG § 38.37）。μᾶλλον，rather。τοῦ ἴσου，定冠词 + 形容词 = 名词。τοὺς (πολλῷ) κρείσσονας，定冠词 + 形容词 = 名词。πολλῷ 跟比较级（κρείσσονας）（GG § 1514）。

102.［笺释］τὰ τῶν πολέμων，定冠词 + 属格 = 名词。ἔστιν ὅτε，"有时"。τὰς τύχας 作 λαμβάνοντα 的宾语。λαμβάνοντα 与 τὰ τῶν πολέμων 配合。κατὰ 跟宾格（τὸ ... πλῆθος）。ἢ，than。τὸ ... εἶξαι，定冠词 + 不定式 = 名词。τοῦ δρωμένου，定冠词 + 分词 = 名词。ἐλπὶς 跟不定式（στῆναι）。

103.1［笺释］整理词序：<u>ἐλπὶς κἂν βλάψῃ, οὐ καθεῖλεν τοὺς ... χρωμένους</u>, ἅμα ... γιγνώσκεται καὶ ἐν ὅτῳ ἔτι τις φυλάξεταί αὐτὴν <u>οὐκ ἐλλείπει</u>（下画线部分为句子主干）。κἂν = καὶ ἄν。οὖσα 与 ἐλπὶς 配合。τοὺς ... χρωμένους，定冠词 + 分词 = 名词。χρωμένους 跟与格（αὐτῇ）。αὐτῇ 指 ἐλπὶς。τοῖς ... ἀναρριπτοῦσι。定冠词 + 分词 = 名词。τὸ ὑπάρχον，定冠词 + 分词 = 名词。（ἐλπὶς ἐστι）δάπανος ... φύσει。（αὐτῶν）σφαλέντων，独立属格结构。ἐν ὅτῳ，whilst。φυλάξεταί，虚拟语气。γνωρισθεῖσαν 与 αὐτὴν 配合。

103.2［笺释］ὑμεῖς μὴ βούλεσθε παθεῖν ὅ, μηδὲ ὁμοιωθῆναι τοῖς πολλοῖς ...。βούλεσθε，命令语气，跟不定式（παθεῖν 和 ὁμοιωθῆναι）。ὅ，自主关系代词，that，指前文所说的情况。τοῖς πολλοῖς，定冠词 + 形容词 = 名词。παρὸν（= παρεόν）+ 与格（οἷς）+ 不定式（σῴζεσθαι），独立宾格结构，it being in one's power。οἷς，关系代词，其先行词是 τοῖς πολλοῖς。ἐπειδὰν αἱ ... ἐλπίδες ἐπιλίπωσιν αὐτοὺς ...。πιεζομένους 与 αὐτοὺς 配合。τὰς ἀφανεῖς（ἐλπίδας）。

104.［笺释］χαλεπὸν 跟不定式（ἀγωνίζεσθαι）。τὴν ὑμετέραν (δύναμίν) καὶ τὴν τύχην 作不定式 ἀγωνίζεσθαι 的宾语。πιστεύομεν + 与格（τῇ ... τύχῃ 和 τῷ ἐλλείποντι）+ 不定式（ἐλασσώσεσθαι 和 προσέσεσθαι）。ὅτι，"因为"。τῷ ἐλλείποντι，定冠词 + 分词 = 名词。ἐλλείποντι 跟属格（τῆς ... δυνάμεως）。τὴν ... ξυμμαχίαν 作不定式 προσέσεσθαι 的主语。ἔχουσαν ἀνάγκην 跟不定式（βοηθεῖν）（GG § 2004）。ἔχουσαν 与 τὴν ... ξυμμαχίαν 配合。ἕνεκα 跟属格（τῆς ... ξυγγενείας 和 του ἄλλου）。αἰσχύνη = διὰ τὸ αἰσχρόν。

105.1［笺释］οἰόμεθα 跟不定式（λελείψεσθαι）。λελείψεσθαι = ἐλασσώσεσθαι，跟属格（τῆς ... εὐμενείας）。τὸ θεῖον，定冠词 + 形容词 = 名词。ἔξω 跟属格（τῆς ἀνθρωπείας νομίσεως 和 τῆς ἀνθρωπείας βουλήσεως）。τῶν μὲν ... τῶν δ' ...，"一方面……另一方面……"。σφᾶς αὐτοὺς，"他们自己"。ἢ，"或者"。

105.2［笺释］ἡγούμεθα + 宾格（τό ... θεῖον 和 τὸ ἀνθρώπειον）+ 不定式（ἄρχειν）。δόξῃ，名词、与格。διὰ παντός，"永远""继续"。整理词序：... ὑπὸ φύσεως ἀναγκαίας ἄρχειν οὗ ἂν κρατῇ διὰ παντός。οὗ，wherever。χρησάμενοι 跟与格（(τῷ) κειμένῳ (νομῷ)）。整理词序：... παραλαβόντες (τὸν νόμον) ὄντα καὶ ἐσόμενον καταλείψοντες (τὸν νόμον) ἐς αἰεὶ ...。χρώμεθα 跟与格（αὐτῷ），αὐτῷ 指 τὸν νόμον。ὄντα，"存在"。ἐσόμενον，"将来存在"。ταὐτό，the same。

105.3［笺释］$\pi\rho\dot{o}s$ 跟宾格（$\tau\dot{o}\ \theta\epsilon\hat{\iota}ov$），"关于"。$\tauο\hat{\upsilon}\ \epsilon\dot{\iota}\kappa\dot{o}\tauο s$，定冠词+分词=名词。$\phi o\beta o\dot{\upsilon}\mu\epsilon\theta a$ 跟不定式（$\dot{\epsilon}\lambda a\sigma\sigma\acute{\omega}\sigma\epsilon\sigma\theta a\iota$）。$\tau\hat{\eta}s\ ...\ \delta\acute{o}\xi\eta s$ 修饰 $\tau\dot{o}\ \dot{a}\pi\epsilon\iota\rho\acute{o}\kappa a\kappa o\nu$ 和 $\tau\dot{o}\ \ddot{a}\phi\rho o\nu$，提前表示强调。$\ddot{\eta}\nu$，关系代词，其先行词是 $\tau\hat{\eta}s\ ...\ \delta\acute{o}\xi\eta s$。$\delta\acute{o}\xi\eta s$，这里相当于 $\pi\acute{\iota}\sigma\tau\iota s$，即 $\pi\iota\sigma\tau\epsilon\acute{\upsilon}\epsilon\tau\epsilon\ \pi\acute{\iota}\sigma\tau\iota\nu\ \beta o\eta\theta\acute{\eta}\sigma\epsilon\iota\nu\ \dot{\upsilon}\mu\hat{\iota}\nu\ ...$。$\pi\iota\sigma\tau\epsilon\acute{\upsilon}\epsilon\tau\epsilon\ \pi\acute{\iota}\sigma\tau\iota\nu$ + 宾格（$a\dot{\upsilon}\tauο\acute{\upsilon}s$） + 不定式（$\beta o\eta\theta\acute{\eta}\sigma\epsilon\iota\nu$）。$\tau\dot{o}\ \dot{a}\pi\epsilon\iota\rho\acute{o}\kappa a\kappa o\nu$、$\tau\dot{o}\ \ddot{a}\phi\rho o\nu$ 和 $\tau\dot{o}\ a\dot{\iota}\sigma\chi\rho\acute{o}\nu$，定冠词+形容词=名词。

105.4［笺释］$\pi\rho\dot{o}s$ 跟宾格（$\sigma\phi\hat{a}s\ ...\ a\dot{\upsilon}\tauο\acute{\upsilon}s$ 和 $\tau\dot{a}\ ...\ \nu\acute{o}\mu\iota\mu a$）。$\pi\lambda\epsilon\hat{\iota}\sigma\tau a$，用作副词。$\chi\rho\hat{\omega}\nu\tau a\iota$ 跟与格（$\dot{a}\rho\epsilon\tau\hat{\eta}$）。$\tauο\grave{\upsilon}s\ \ddot{a}\lambda\lambda o\upsilon s$，定冠词+形容词=名词。$\ddot{\epsilon}\chi\omega\nu$ 跟不定式（$\epsilon\dot{\iota}\pi\epsilon\hat{\iota}\nu$），being able to。$\dot{\omega}s\ \pi\rho o\sigma\phi\acute{\epsilon}\rho o\nu\tau a\iota\ \pi\rho\dot{o}s\ ...\ \tauο\grave{\upsilon}s\ \ddot{a}\lambda\lambda o\upsilon s$。$\dot{\omega}s$，as。$\xi\upsilon\nu\epsilon\lambda\grave{\omega}\nu$，"简而言之"。$\ddot{o}\tau\iota$，that。$\dot{\omega}\nu$，自主关系代词，of whom，修饰 $\dot{\epsilon}\pi\iota\phi a\nu\acute{\epsilon}\sigma\tau a\tau a$。$\tau\dot{a}\ ...\ \dot{\eta}\delta\acute{\epsilon}a$，定冠词+形容词=名词。$\tau\dot{a}\ ...\ \xi\upsilon\mu\phi\acute{\epsilon}\rho o\nu\tau a$，定冠词+分词=名词。$\dot{\eta}\ ...\ \delta\iota\acute{a}\nu o\iota a\ o\dot{\upsilon}\ (\dot{\epsilon}\sigma\tau\acute{\iota})\ \pi\rho\dot{o}s\ \tau\hat{\eta}s\ ...\ \sigma\omega\tau\eta\rho\acute{\iota}a s$。$\dot{a}\lambda\acute{o}\gamma o\upsilon$ 修饰 $\tau\hat{\eta}s\ ...\ \sigma\omega\tau\eta\rho\acute{\iota}a s$。

106.［笺释］$\pi\iota\sigma\tau\epsilon\acute{\upsilon}o\mu\epsilon\nu$ + 宾格（$M\eta\lambda\acute{\iota}o\upsilon s$） + 不定式（$\beta o\upsilon\lambda\acute{\eta}\sigma\epsilon\sigma\theta a\iota$）。$\tau\hat{\omega}\ \xi\upsilon\mu\phi\acute{\epsilon}\rho o\nu\tau\iota$，定冠词+分词=名词，与 $\beta o\upsilon\lambda\acute{\eta}\sigma\epsilon\sigma\theta a\iota$ 连读。$\beta o\upsilon\lambda\acute{\eta}\sigma\epsilon\sigma\theta a\iota$ 跟不定式（$\kappa a\tau a\sigma\tau\hat{\eta}\nu a\iota$）。$\ddot{o}\nu\tau a s$，$\pi\rho o\delta\acute{o}\nu\tau a s$，$\dot{a}\pi\acute{\iota}\sigma\tau o\upsilon s$ 和 $\dot{\omega}\phi\epsilon\lambda\acute{\iota}\mu o\upsilon s$ 与 $M\eta\lambda\acute{\iota}o\upsilon s$ 配合。$\tau\hat{\omega}\nu\ \dot{\text{E}}\lambda\lambda\acute{\eta}\nu\omega\nu$ 修饰 $\tauο\hat{\iota}s\ ...\ \epsilon\ddot{\upsilon}\nu o\iota s$。$\tauο\hat{\iota}s\ ...\ \pi o\lambda\epsilon\mu\acute{\iota}o\iota s$，定冠词+形容词=名词。

107.［笺释］$o\ddot{\iota}\epsilon\sigma\theta\epsilon$ + 宾格（$\tau\dot{o}\ \xi\upsilon\mu\phi\acute{\epsilon}\rho o\nu$ 和 $\tau\dot{o}\ ...\ \delta\acute{\iota}\kappa a\iota o\nu\ \kappa a\dot{\iota}\ \kappa a\lambda\dot{o}\nu$） + 不定式（$\epsilon\hat{\iota}\nu a\iota$ 和 $\delta\rho\hat{a}\sigma\theta a\iota$）。$\ddot{o}$，自主关系代词，that，指上文所说的情况，作 $\tauο\lambda\mu\hat{\omega}\sigma\iota\nu$ 的宾语。$\ddot{\eta}\kappa\iota\sigma\tau a$，用作副词。$\dot{\omega}s\ \dot{\epsilon}\pi\dot{\iota}\ \tau\dot{o}\ \pi o\lambda\grave{\upsilon}$，"就大多数情况而言""平均"（GG§2595）。

108.［笺释］$\dot{\eta}\gamma o\acute{\upsilon}\mu\epsilon\theta$' + 宾格（$a\dot{\upsilon}\tauο\acute{\upsilon}s$） + 不定式（$\dot{\epsilon}\gamma\chi\epsilon\iota\rho\acute{\iota}\sigma a\sigma\theta a\iota$ 和 $\nu o\mu\iota\epsilon\hat{\iota}\nu$）。$\tauο\grave{\upsilon}s\ \kappa\iota\nu\delta\acute{\upsilon}\nu o\upsilon s$ 作不定式 $\dot{\epsilon}\gamma\chi\epsilon\iota\rho\acute{\iota}\sigma a\sigma\theta a\iota$ 的宾语。$\ddot{\epsilon}\nu\epsilon\kappa a$ 跟属格（$\dot{\eta}\mu\hat{\omega}\nu$）。$\nu o\mu\iota\epsilon\hat{\iota}\nu\ (\tauο\grave{\upsilon}s\ \kappa\iota\nu\delta\acute{\upsilon}\nu o\upsilon s)\ \beta\epsilon\beta a\iota o\tau\acute{\epsilon}\rho o\upsilon s$。$\ddot{o}\sigma\omega$，"鉴于"。$\dot{\epsilon}\gamma\gamma\grave{\upsilon}s$ 跟属格（$\tau\hat{\eta}s\ \Pi\epsilon\lambda o\pi o\nu\nu\acute{\eta}\sigma o\upsilon$）。$\pi\rho\dot{o}s$ 跟宾格（$\tau\dot{a}\ \ddot{\epsilon}\rho\gamma a$），with a view to（GG§1695）。$\tau\hat{\eta}s\ ...\ \gamma\nu\acute{\omega}\mu\eta s$ 修饰 $\tau\hat{\omega}\ \xi\upsilon\gamma\gamma\epsilon\nu\epsilon\hat{\iota}$（定冠词+形容词=名词）。$\pi\iota\sigma\tau\acute{o}\tau\epsilon\rho o\iota$，形容词比较级，跟属格（$\dot{\epsilon}\tau\acute{\epsilon}\rho\omega\nu$），表比较。

109.［笺释］$\tau\dot{o}\ ...\ \dot{\epsilon}\chi\upsilon\rho\acute{o}\nu$ 和 $\tau\dot{o}\ \epsilon\ddot{\upsilon}\nu o\upsilon\nu$，定冠词+形容词=名词。$\tauο\hat{\iota}s\ \xi\upsilon\nu a\gamma\omega\nu\iota o\upsilon\mu\acute{\epsilon}\nu o\iota s$ 和 $\tau\hat{\omega}\nu\ \dot{\epsilon}\pi\iota\kappa a\lambda\epsilon\sigma a\mu\acute{\epsilon}\nu\omega\nu$，定冠词+分词=名词。$...\ \ddot{\eta}\nu\ \tau\iota s\ \pi\rho o\acute{\upsilon}\chi\eta\ \pi o\lambda\grave{\upsilon}\ \delta\upsilon\nu\acute{a}\mu\epsilon\iota\ \tau\hat{\omega}\nu\ \ddot{\epsilon}\rho\gamma\omega\nu$。$\ddot{\eta}\nu = \dot{\epsilon}\acute{a}\nu$。$\pi o\lambda\grave{\upsilon}$ 用作副词。$\tau\hat{\omega}\nu\ \ddot{\epsilon}\rho\gamma\omega\nu$ 修饰 $\delta\upsilon\nu\acute{a}\mu\epsilon\iota$。$\ddot{o}$，自主关系代词，that，指前文所说的情况，作 $\sigma\kappa o\pi o\hat{\upsilon}\sigma\iota\nu$ 的宾语。$\pi\lambda\acute{\epsilon}o\nu$，形容词比较级，跟属格（$\tau\hat{\omega}\nu\ \ddot{a}\lambda\lambda\omega\nu$），表比较。$\tau\iota$，用作副词，这里有加强语气的作用，at all，类似 $\mu\acute{\epsilon}\rho o s\ \tau\iota$ 中的 $\tau\iota$。$\tau\hat{\eta}s\ ...\ \pi a\rho a\sigma\kappa\epsilon\upsilon\hat{\eta}s$ 修饰 $\dot{a}\pi\iota\sigma\tau\acute{\iota}a$。$\tauο\hat{\iota}s\ \pi\acute{\epsilon}\lambda a s$，定冠词+副词=名词。$\ddot{\omega}\sigma\tau\epsilon$ 跟句子，表可能的结果。$\epsilon\dot{\iota}\kappa\dot{o}s$ + 宾格（$a\dot{\upsilon}\tauο\acute{\upsilon}s$） + 不定式（$\pi\epsilon\rho a\iota\omega\theta\hat{\eta}\nu a\iota$）。$\dot{\eta}\mu\hat{\omega}\nu\ ...\ \ddot{o}\nu\tau\omega\nu$，独立属格结构。

110.1–2［笺释］$o\dot{\iota}\ \delta\dot{\epsilon}$，but they（见前文 1.24.5 笺释）。$\ddot{\epsilon}\chi o\iota\epsilon\nu$ 跟不定式（$\pi\acute{\epsilon}\mu\psi a\iota$）， will be able to。οὗ，关系代词，其先行词是 τὸ ... πέλαγος。整理词序：... ἡ λῆψις δι' οὗ τῶν κρατούντων (ἐστίν) ἀπορώτερος ἢ ἡ σωτηρία τῶν βουλομένων λαθεῖν。τῶν κρατούντων，定冠词+分词=名词，修饰 ἡ λῆψις。ἤ，than。τῶν βουλομένων，定冠词+分词=名词，修饰 ἡ σωτηρία。βουλομένων 跟不定式（λαθεῖν）。σφάλλοιντο 跟属格（τοῦδε）。τοὺς λοιποὺς，定冠词+形容词=名词。μᾶλλον ἤ，rather than。

111.1 [笺释] 整理词序：τι τούτων ἂν γένοιτο ὑμῖν πεπειραμένοις καὶ οὐκ ἀνεπιστήμοσιν ὅτι Ἀθηναῖοι οὐδ' πώποτε ἀπεχώρησαν ἀπὸ μιᾶς πολιορκίας δι' φόβον ἄλλων（下画线部分为句子主干）。τούτων 修饰 τι。πεπειραμένοις 和 ἀνεπιστήμοσιν 与 ὑμῖν 配合。ὅτι，that。φόβον ἄλλων，"惧怕别人"。

111.2 [笺释] ὅτι，that。φήσαντες 跟不定式（βουλεύσειν）。πιστεύσαντες 跟与格（ᾧ）。ᾧ，关系代词，其先行词是 λόγῳ。νομίσειαν 跟不定式（σωθήσεσθαι）。τὰ ... ἐλπιζόμενα，定冠词+分词=名词。整理词序：... τὰ ... ὑπάρχοντα (ἐστί) βραχέα περιγίγνεσθαι πρὸς τὰ ... ἀντιτεταγμένα。τὰ ... ὑπάρχοντα 和 τὰ ... ἀντιτεταγμένα，定冠词+分词=名词。(ἐστί) βραχέα 跟不定式（περιγίγνεσθαι）（类似 ὀλίγος）。εἰ μή，"除非"。σωφρονέστερον，形容词比较级，跟属格（τῶνδε），表比较。

111.3 [笺释] 第一句主干：οὐ ... τρέψεσθε ἐπὶ ... τὴν ... αἰσχύνην。δή，表强调。γε，at least。διαφθείρουσαν，分词，与 τὴν ... αἰσχύνην 配合。πλεῖστα，用作副词。第二句主干：τὸ αἰσχρὸν ἐπεσπάσατο περιπεσεῖν ξυμφοραῖς καὶ προσλαβεῖν αἰσχύνην πολλοῖς。ἐς οἷα φέρονται，what they are rushing on。ἐπεσπάσατο 跟不定式（περιπεσεῖν 和 προσλαβεῖν）。προορωμένοις 和 ἡσσηθεῖσι 与 πολλοῖς 配合。ὀνόματος ἐπαγωγοῦ 修饰 δυνάμει。ἡσσηθεῖσι 跟属格（τοῦ ῥήματος）。ἔργῳ，"实际上"。περιπεσεῖν 跟与格（ξυμφοραῖς）。ἑκόντας 与省略了的 αὐτοὺς 配合（αὐτοὺς 作不定式 περιπεσεῖν 的主语）。αἰσχίω，形容词比较级、宾格，与 αἰσχύνην 配合。ἤ，than。

111.4 [笺释] 此句主干：ὑμεῖς φυλάξεσθε ὅ, καὶ οὐκ νομεῖτε ἀπρεπὲς ἡσσᾶσθαι πόλεώς, γενέσθαι ὑποτελεῖς ξυμμάχους, καὶ μὴ φιλονικῆσαι τὰ χείρω。νομεῖτε ἀπρεπὲς 跟不定式（ἡσσᾶσθαι，γενέσθαι 和 φιλονικῆσαι）。ὅ，自主关系代词，指上文所说的情况，that。τῆς μεγίστης，定冠词+形容词=名词，修饰 πόλεώς。προκαλουμένης 与 πόλεώς 配合。μέτρια，形容词，用作副词。ἔχοντας 与省略了的 ὑμᾶς 配合（ὑμᾶς 作不定式 γενέσθαι 的主语）。τὴν ὑμετέραν αὐτῶν (γῆν)。δοθείσης αἱρέσεως，独立属格结构。πολέμου πέρι καὶ ἀσφαλείας = περὶ πολέμου καὶ ἀσφαλείας（CGCG § 60.14; GG § 175a）。τὰ χείρω，定冠词+形容词=名词。ἤν= ἐάν。ὡς，"因为"。τοῖς ... ἴσοις，τοῖς ... κρείσσοσι 和 τοὺς ἥσσους，定冠词+形容词=名词。καλῶς προσφέρονται，"行为恰当"，这里是"屈服"

的委婉说法。 $\pi\lambda\epsilon\hat{\iota}\sigma\tau'$，用作副词。

111.5［笺释］$\mu\epsilon\tau\alpha\sigma\tau\acute{\alpha}\nu\tau\omega\nu\ \dot{\eta}\mu\hat{\omega}\nu$，独立属格结构。$\ddot{o}\tau\iota$，that。$\mathring{\eta}s$，关系代词，其先行词是 $\pi\alpha\tau\rho\acute{\iota}\delta os$。$\mathring{\eta}s\ \mu\iota\hat{\alpha}s\ \pi\acute{\epsilon}\rho\iota = \pi\epsilon\rho\grave{\iota}\ \mu\iota\hat{\alpha}s\ \pi\alpha\tau\rho\acute{\iota}\delta os$（CGCG § 60.14; GG § 175a）。$\tau\nu\chi o\hat{\upsilon}\sigma\acute{\alpha}\nu$ 和 $\kappa\alpha\tau o\rho\theta\acute{\omega}\sigma\alpha\sigma\alpha\nu$，分词，与 $\beta o\nu\lambda\grave{\eta}\nu$ 配合。$\check{\epsilon}\sigma\tau\alpha\iota$ 一词戈姆认为很不好解释，但霍氏认为可以接受，解作：it will be at stake。[①]

112.1–3［笺释］$\kappa\alpha\tau\grave{\alpha}\ \sigma\phi\hat{\alpha}s\ \alpha\dot{\upsilon}\tau o\grave{\upsilon}s$，by themselves alone。$\dot{\omega}s$，when。$\pi\alpha\rho\alpha\pi\lambda\acute{\eta}\sigma\iota\alpha\ \kappa\alpha\acute{\iota}$，"与……差不多"。第二节主干：$o\ddot{\upsilon}\tau\epsilon\ \ddot{\alpha}\lambda\lambda\alpha\ \mathring{\eta}\ \ddot{\alpha}\pi\epsilon\rho\ \kappa\alpha\grave{\iota}\ \tau\grave{o}\ \pi\rho\hat{\omega}\tau o\nu\ \delta o\kappa\epsilon\hat{\iota}\ \dot{\eta}\mu\hat{\iota}\nu\ ... \ \dot{\alpha}\phi\alpha\iota\rho\eta\sigma\acute{o}\mu\epsilon\theta\alpha\ \tau\grave{\eta}\nu\ \dot{\epsilon}\lambda\epsilon\upsilon\theta\epsilon\rho\acute{\iota}\alpha\nu,\ \dot{\alpha}\lambda\lambda\grave{\alpha}\ \pi\epsilon\iota\rho\alpha\sigma\acute{o}\mu\epsilon\theta\alpha\ \sigma\acute{\omega}\zeta\epsilon\sigma\theta\alpha\iota$。$o\ddot{\upsilon}\tau\epsilon\ \ddot{\alpha}\lambda\lambda\alpha\ \mathring{\eta}$，no other than。$\ddot{\alpha}\pi\epsilon\rho$，自主关系代词，whatever，指上文所说的情况。$\tau\grave{o}\ \pi\rho\hat{\omega}\tau o\nu$，"开始"。$\dot{\epsilon}\pi\tau\alpha\kappa\acute{o}\sigma\iota\alpha\ \check{\epsilon}\tau\eta$，表时间的宾格，表示贯穿该时间段。$o\dot{\iota}\kappa o\upsilon\mu\acute{\epsilon}\nu\eta s$ 与 $\pi\acute{o}\lambda\epsilon\omega s$ 配合。$\alpha\dot{\upsilon}\tau\grave{\eta}\nu$ 作 $\sigma\omega\zeta o\acute{\upsilon}\sigma\eta$ 的宾语。$\pi\iota\sigma\tau\epsilon\acute{\upsilon}o\nu\tau\epsilon s$ 跟与格（$\tau\hat{\eta}\ ...\ \tau\acute{\upsilon}\chi\eta$ 和 $\tau\hat{\eta}\ ...\ \tau\iota\mu\omega\rho\acute{\iota}\alpha$）。$\mu\acute{\epsilon}\chi\rho\iota\ \tau o\hat{\upsilon}\delta\epsilon$，"至今"。$\kappa\alpha\grave{\iota}\ \Lambda\alpha\kappa\epsilon\delta\alpha\iota\mu o\nu\acute{\iota}\omega\nu\ ...$，"尤其（甚至）是拉刻代蒙人的……"。$\pi\epsilon\iota\rho\alpha\sigma\acute{o}\mu\epsilon\theta\alpha$ 跟不定式（$\sigma\acute{\omega}\zeta\epsilon\sigma\theta\alpha\iota$）。$\pi\rho o\kappa\alpha\lambda o\acute{\upsilon}\mu\epsilon\theta\alpha$ + 宾格（$\dot{\upsilon}\mu\hat{\alpha}s$）+ 不定式（$\epsilon\hat{\iota}\nu\alpha\iota$ 和 $\dot{\alpha}\nu\alpha\chi\omega\rho\hat{\eta}\sigma\alpha\iota$）。$\pi o\iota\eta\sigma\alpha\mu\acute{\epsilon}\nu o\upsilon s$ 与 $\dot{\upsilon}\mu\hat{\alpha}s$ 配合。$\alpha\ddot{\iota}\tau\iota\nu\epsilon s$，不定关系代词，其先行词（$\sigma\pi o\nu\delta\grave{\alpha}s$）是不定的，故不用 $\alpha\ddot{\iota}$（GG § 2508）。$\delta o\kappa o\hat{\upsilon}\sigma\iota\nu$ 跟不定式（$\epsilon\hat{\iota}\nu\alpha\iota$）。

113.［笺释］$\tau\hat{\omega}\nu\ \beta o\upsilon\lambda\epsilon\upsilon\mu\acute{\alpha}\tau\omega\nu$，$\tau\grave{\alpha}\ ...\ \mu\acute{\epsilon}\lambda\lambda o\nu\tau\alpha$ 和 $\tau\hat{\omega}\nu\ \dot{o}\rho\omega\mu\acute{\epsilon}\nu\omega\nu$，定冠词 + 分词 = 名词。$\dot{\omega}s$，as。$\sigma\alpha\phi\acute{\epsilon}\sigma\tau\epsilon\rho\alpha$，形容词比较级，跟属格（$\tau\hat{\omega}\nu\ \dot{o}\rho\omega\mu\acute{\epsilon}\nu\omega\nu$），表比较。$\tau\grave{\alpha}\ ...\ \dot{\alpha}\phi\alpha\nu\hat{\eta}$，定冠词 + 形容词 = 名词。$\tau\hat{\omega}\ \beta o\acute{\upsilon}\lambda\epsilon\sigma\theta\alpha\iota$，定冠词 + 不定式 = 名词。$\dot{\omega}s$，as。$(\tau\grave{\alpha})\ \gamma\iota\gamma\nu\acute{o}\mu\epsilon\nu\alpha$，定冠词 + 分词 = 名词。$\pi\iota\sigma\tau\epsilon\acute{\upsilon}\sigma\alpha\nu\tau\epsilon s$ 跟与格（$\Lambda\alpha\kappa\epsilon\delta\alpha\iota\mu o\nu\acute{\iota}o\iota s$，$\tau\acute{\upsilon}\chi\eta$ 和 $\dot{\epsilon}\lambda\pi\acute{\iota}\delta\iota$）。$\pi\lambda\epsilon\hat{\iota}\sigma\tau o\nu$，用作副词。$\delta\acute{\eta}$，表强调。

114.1–2［笺释］$o\dot{\upsilon}\delta\acute{\epsilon}\nu$，not at all。$\ddot{\upsilon}\sigma\tau\epsilon\rho o\nu$ 用作副词。$\sigma\phi\hat{\omega}\nu\ ...\ \alpha\dot{\upsilon}\tau\hat{\omega}\nu$，"他们自己的"。$\tau\hat{\omega}\ \pi\lambda\acute{\epsilon}o\nu\iota$，定冠词 + 形容词 = 名词。$o\dot{\iota}\ ...\ \lambda\epsilon\iota\pi\acute{o}\mu\epsilon\nu o\iota$，定冠词 + 分词 = 名词。

115.1–4［笺释］$\tau\grave{o}\nu\ \chi\rho\acute{o}\nu o\nu\ \tau\grave{o}\nu\ \alpha\dot{\upsilon}\tau\acute{o}\nu$，重复定冠词结构。$\dot{\omega}s$，"大约"。$\dot{\omega}s = o\ddot{\upsilon}\tau\omega s$。$\epsilon\dot{\iota}$ 跟前倾词（$\tau\iota s$），故加了高调符号。$\beta o\acute{\upsilon}\lambda\epsilon\tau\alpha\iota$ 跟不定式（$\lambda\acute{\eta}\zeta\epsilon\sigma\theta\alpha\iota$）。$\mathring{A}\theta\eta\nu\alpha\acute{\iota}o\upsilon s$ 作不定式 $\lambda\acute{\eta}\zeta\epsilon\sigma\theta\alpha\iota$ 的宾语。$\sigma\phi\hat{\omega}\nu$，指雅典的盟邦。$\check{\epsilon}\nu\epsilon\kappa\alpha$ 跟属格（$\dot{\iota}\delta\acute{\iota}\omega\nu\ \tau\iota\nu\hat{\omega}\nu\ \delta\iota\alpha\phi o\rho\hat{\omega}\nu$）。$\tau\grave{o}\ \kappa\alpha\tau\grave{\alpha}\ \tau\grave{\eta}\nu\ \dot{\alpha}\gamma o\rho\grave{\alpha}\nu$，定冠词 + 介词短语 = 名词。$\nu\upsilon\kappa\tau\acute{o}s$，表时间的属格，表示在该时间段内。$\tau\grave{o}\ \check{\epsilon}\pi\epsilon\iota\tau\alpha$，定冠词 + 副词 = 名词。

116.1–4［笺释］$\tau o\hat{\upsilon}\ ...\ \chi\epsilon\iota\mu\hat{\omega}\nu os$，表时间的属格，表示在该时间段内。$\mu\epsilon\lambda\lambda\acute{\eta}\sigma\alpha\nu\tau\epsilon s$ 跟不定式（$\sigma\tau\rho\alpha\tau\epsilon\acute{\upsilon}\epsilon\iota\nu$）。$\dot{\omega}s$，since。$\tau\hat{\omega}\nu\ \dot{\epsilon}\nu\ \tau\hat{\eta}\ \pi\acute{o}\lambda\epsilon\iota$，定冠词 + 介词短语 = 名词。$\tau o\grave{\upsilon}s\ \mu\grave{\epsilon}\nu\ ...\ o\dot{\iota}\ \delta'\ ...$，some ... the other ...，$\tau o\grave{\upsilon}s$ 和 $o\dot{\iota}$ 都是指示代词（GG § 1106）。$\alpha\dot{\upsilon}\tau o\grave{\upsilon}s$ 作

[①] 参见戈姆等《评注》，第 4 卷，页 180；霍氏《评注》，第 3 卷，页 240。

διέφυγον 的宾语。παρόντων ... πολλῶν τῶν φυλάκων 和 ἐλθούσης στρατιᾶς ... ἄλλης，独立属格结构。ὡς，since。ταῦτα，看作单数。ἦρχε 跟属格（ἧς）。ἧς，关系代词，其先行词是 στρατιᾶς ... ἄλλης。γενομένης ... προδοσίας τινός，独立属格结构。ὥστε 跟不定式（βουλεῦσαι），表结果。ἐκείνους 作不定式 βουλεῦσαι 的主语。ὕστερον，用作副词。

卷　　六

1.1–2［笺释］*τοῦ ... χειμῶνος*，表时间的属格，表示在该时间段内。*ἐβούλοντο* 跟不定式（*καταστρέψασθαι*）。*τῆς μετὰ Λάχητος καὶ Εὐρυμέδοντος*，定冠词＋介词短语＝名词。*οἱ πολλοὶ*，定冠词＋形容词＝名词。*ὄντες ἄπειροι* 跟属格（*τοῦ μεγέθους* 和 *τοῦ πλήθους*）和 *ὅτι* 引导的从句。*πολλῷ τινὶ* 跟比较级（*ὑποδεέστερον*）(GG §§1514, 1586)。*τινὶ*，"在一定程度上"。*ὑποδεέστερον*，用作副词。*ἢ*，than。*τὸν πρὸς Πελοποννησίους*，定冠词＋介词短语＝名词。*πολλῷ τινὶ ἔλασσον*，同上。*ἢ*，than。句子主干：... *τοσαύτη διείργεται τὸ μὴ εἶναι ἤπειρος*。*διείργεται* + *τὸ μὴ* + 不定式（*εἶναι*）(GG §2744.9)，"（它）被阻止（是大陆）"。

2.1［笺释］*τὸ ἀρχαῖον*，定冠词＋形容词＝名词，"起初"。*τὰ ξύμπαντα*，定冠词＋形容词＝名词。*λέγονται* 跟不定式（*οἰκῆσαι*）。*ἔχω* 跟不定式（*εἰπεῖν*），I am able to ...。*ὧν*，关系代词，其先行词是 *Κύκλωπες καὶ Λαιστρυγόνες*，of them。*ἀρκείτω*，第三人称单数命令语气，let it suffice ...，it 指两个 *ὡς*（that）引导的从句。

2.2–3［笺释］*φαίνονται* 跟分词（*ἐνοικισάμενοι*）。*ὡς*，as。*φασὶ* 跟不定式（*εἶναι*）。*τὸ αὐτόχθονες*，定冠词＋形容词＝名词。*ὡς*，as。*τοῦ Σικανοῦ ποταμοῦ τοῦ ἐν Ἰβηρίᾳ*，重复定冠词结构。*τὰ πρὸς ἑσπέραν*，定冠词＋介词短语＝名词，用作副词。*Ἰλίου ... ἁλισκομένου*，独立属格结构。*τῶν ἀπὸ Τροίας*，定冠词＋介词短语＝名词。

2.4–6［笺释］*ὡς*，as。*κατιόντος τοῦ ἀνέμου*，独立属格结构。*τάχα ἂν*，"很可能""也许"。*τὰ μεσημβρινὰ καὶ ἑσπέρια*，定冠词＋形容词＝名词。*ἐποίησαν* + 宾格（*τὴν νῆσον*）+ 不定式（*καλεῖσθαι*）。*Σικελίαν* 作不定式 *καλεῖσθαι* 的主语。*ἀντὶ* 跟属格（*Σικανίας*）。*τὰ κράτιστα*，定冠词＋形容词＝名词。*ἔτη ... πριακόσια*，表时间的宾格，表示贯穿该时间段。*πρὶν* 跟不定式（*ἐλθεῖν*）。*Ἕλληνας* 作不定式 *ἐλθεῖν* 的主语。*τὰ μέσα*，定冠词＋形容词＝名词。*τὰ πρὸς βορρᾶν*，定冠词＋介词短语＝名词。*ἕνεκεν* 跟属格（*ἐμπορίας*）。*τῆς πρὸς τοὺς Σικελούς*，定冠词＋介词短语＝名词，修饰 *ἐμπορίας*。

τὰ πλείω，定冠词 + 形容词 = 名词。ἐγγὺς 跟属格（τῶν Ἐλύμων）。τῇ τῶν Ἐλύμων，定冠词 + 属格 = 名词，修饰 ξυμμαχίᾳ。ὅτι，"因为"。ἀπέχει + 属格（Καρχηδὼν）+ 宾格（πλοῦν），"距离某地多少里程"。Σικελίας 修饰 πλοῦν。

3.1–3［笺释］μετὰ 跟属格（Θουκλέους），with。ὅστις ... ἐστιν，there is some one which（GG § 2513）。ᾧ，关系代词，其先行词是 βωμὸν。τοῦ ... ἔτους，表时间的属格，表示在该时间段内。ᾗ，关系代词，其先行词是 τῆς νήσου。ἡ πόλις ἡ ἐντός，重复定冠词结构。χρόνῳ，in process of time。ἡ ἔξω（πόλις）。ἔτει πέμπτῳ，表时间的与格，表示在该时间点。ἐποιήσαντο 跟双宾格（Εὔαρχον 和 οἰκιστὴν）。

4.1–2［笺释］ὀλίγον χρόνον，表时间的宾格，表示贯穿该时间段。οἱ ... ἄλλοι，定冠词 + 形容词 = 名词。Ὕβλωνος ... προδόντος ... καθηγησαμένου，独立属格结构。ἔτη ... πέντε καὶ τεσσαράκοντα καὶ διακόσια，表时间的宾格，表示贯穿该时间段。πρὶν 跟不定式（ἀναστῆναι 和 οἰκίσαι）。ὕστερον ... ἢ，later ... than。αὐτοὺς 作不定式 οἰκίσαι 的主语。οὔσης 与 Μεγάρων 配合。

4.3–4［笺释］ἔτει πέμπτῳ καὶ τεσσαρακοστῷ，表时间的与格，表示在该时间点。τοὔνομα = τὸ ὄνομα。οὗ，关系副词，where。ὃ，关系代词，其先行词是 τὸ ... χωρίον。ἔτεσι ... ὀκτὼ καὶ ἑκατόν，表时间的与格，表示在该时间点。ποιήσαντες 跟双宾格（Ἀριστόνουν καὶ Πυστίλον 和 οἰκιστὰς）。τὰ Γελῴων νόμιμα。

4.5–6［笺释］τὴν ... ἀρχὴν，in the beginning。λῃστῶν ἀφικομένων，独立属格结构。αὐτῆς 修饰 οἰκισταί。ὁ μὲν ... ὁ δὲ ...，"一个……另一个……"。τὸ ... πρῶτον，"首先"。ὅτι，"因为"。καλοῦσιν 跟双宾格（τὸ ... δρέπανον 和 ζάγκλον）。οἳ，关系代词，其先行词是 Σαμίων 和 ἄλλων Ἰώνων。πολλῷ 跟比较级（ὕστερον）（GG § 1514）。οἰκίσας + 属格（ἀνθρώπων）+ 宾格（τὴν πόλιν），"与某人一起殖民某地"。τὸ ἀρχαῖον，定冠词 + 形容词 = 名词，用作副词，"原来"。

5.1–3［笺释］οἱ πλεῖστοι，定冠词 + 形容词 = 名词。ἑβδομήκοντα ἔτεσι ... εἴκοσι 和 ἔτεσιν ... πέντε καὶ πριάκοντα καὶ ἑκατὸν，表时间的与格，表示在该时间点。τὸ πρῶτον，"首先"。αὐτῆς 修饰 οἰκισταί。λαβὼν 跟双宾格（τὴν γῆν ηε 和 λύτρα）（CGCG § 30.10），taking ... as ...。ἀνδρῶν 修饰 λύτρα。... Καμαριναίων γενομένων，独立属格结构。χρόνῳ，in process of time。τὴν γῆν τὴν Καμαριναίων，重复定冠词结构。τὸ τρίτον，"第三次"。γενομένη 与 τὴν γῆν 配合。ἀνάστατος，二尾型形容词。

6.1–3［笺释］ἐφιέμενοι 跟不定式（ἄρξαι）。ἄρξαι 跟属格（τῆς πάσης）。τῆς πάσης，定冠词 + 形容词 = 名词。βουλόμενοι 跟不定式（βοηθεῖν）。προθυμότερον，用作副词。ὥστε，用在句首，表总结，and so。ἐπὶ 跟属格（Λάχητος καὶ τοῦ ... πολέμου ...），

"在……的时代"。ἀναμιμνήσκοντες 跟双宾格（τοὺς Ἀθηναίους 和 τὴν ... ξυμμαχίαν）（CGCG § 30.10）。ἐδέοντο 跟不定式（ἐπαμῦναι）。λέγοντες 跟不定式（εἶναι 和 εἶναι）。εἶναι κίνδυνον μή ... 跟宾语从句（μή 不表示否定）（GG § § 2221, 2224a）。τὸ ξυγγενὲς，定冠词 + 形容词 = 名词。εἶναι σῶφρον 跟不定式（ἀντέχειν）。ἄλλως τε καί，"尤其"。σφῶν παρεξόντων，独立属格结构。ἱκανά 修饰 χρήματα。ὧν，自主关系代词，指上文所说的情况。ἀκούοντες 跟属格（ὧν）。τῶν ... Ἐγεσταίων ... λεγόντων καὶ τῶν ξυναγορευόντων，独立属格结构。τῶν ξυναγορευόντων，定冠词 + 分词 = 名词。ἐψηφίσαντο 跟不定式（πέμψαι）。σκεψομένους 和 εἰσομένους 与 πρέσβεις 配合。τῷ κοινῷ，定冠词 + 形容词 = 名词。τὰ τοῦ πολέμου ἅμα πρὸς τοὺς Σελινουντίους，定冠词 + 属格和介词短语 = 名词，作 εἰσομένους 的宾语。

7.1–4［笺释］τοῦ ... χειμῶνος，表时间的属格，表示在该时间段内。πλὴν 跟属格（Κορινθίων）。τινα χρόνον，表时间的宾格，表示贯穿该时间段。ὥστε 跟不定式（ἀδικεῖν），表结果。Ὀρνεάτας 和 Ἀργείους 作不定式 ἀδικεῖν 的主语。τὴν ἀλλήλων (γῆν)。ἐλθόντων ... Ἀθηναίων，独立属格结构。πολλῷ 跟比较级（ὕστερον）（GG § 1514）。μίαν ἡμέραν，表时间的宾格，表示贯穿该时间段。αὐλισαμένου τοῦ στρατεύματος，独立属格结构。οἱ ἐκ τῶν Ὀρνεῶν，定冠词 + 介词短语 = 名词。τῇ ὑστεραίᾳ (ἡμέρᾳ)。ὡς，when。τὴν ὅμορον，定冠词 + 形容词 = 名词，ὅμορον 为二尾型形容词。σφῶν ... αὐτῶν，"他们自己的"。τὴν Περδίκκου (γῆν)。παρά 跟宾格（人）（Χαλκιδέας），"到某人那里去"。τοὺς ἐπὶ Θρᾴκης，定冠词 + 介词短语 = 名词。ἄγοντας 与 Χαλκιδέας 配合。ἐκέλευον 跟不定式（ξυμπολεμεῖν）。οἱ δ'，but they（见前文 1.24.5 笺释）。ὃν，关系代词，其先行词是 τῷ πολέμῳ。

8.1–2［笺释］τοῦ ... θέρους，表时间的属格，表示在该时间段内。ὡς μηνὸς μισθὸν ἐς ἑξήκοντα ναῦς。ὡς，as。ἃς，关系代词，其先行词是 ναῦς。ἔμελλον 跟不定式（δεήσεσθαι）。δεήσεσθαι 跟不定式（πέμπειν）。ἀκούσαντες + 属格（τῶν ... Ἐγεσταίων καὶ τῶν ... πρέσβεων）+ 宾格（τά ... ἄλλα 和 ὡς 引导的宾语从句）。ὡς，that。πολλὰ εἴη ἑτοῖμα。τῷ κοινῷ，定冠词 + 形容词 = 名词。ἐψηφίσαντο 跟不定式（πέμπειν，ξυγκατοικίσαι 和 πρᾶξαι）。πέμπειν 跟双宾格（Ἀλκιβιάδην ... Νίκαν ... Λάμαχον 和 στρατηγούς）。τὸν Κλεινίου、τὸν Νικηράτου 和 τὸν Ξενοφάνους，定冠词 + 属格 = 名词。βοηθοὺς 与 στρατηγοὺς 配合。ἢν = ἐάν。τοῦ πολέμου 修饰 τι。τι，anything，作从句主语。τἆλλα = τὰ ἄλλα。τὰ ἐν τῇ Σικελίᾳ，定冠词 + 介词短语 = 名词。ἄριστα，用作副词。

8.3–4［笺释］ἡμέρᾳ πέμπτῃ，表时间的与格，表示在该时间点。καθ' ὅτι = καθ' ὅ τι，how。ὅτι，"洛布本"和阿尔伯蒂的校勘本作 ὅ τι，anything which。χρὴ +

宾格（τὴν παρασκευὴν）+ 不定式（γίγνεσθαι 和 ψηφισθῆναι）。τάχιστα 用作副词。εἴ 跟前倾词（του），故加了高调符号。προσδέοιντο 跟属格（του）。ᾐρημένος 跟不定式（ἄρχειν）。νομίζων 跟不定式（βεβουλεῦσθαι 和 ἐφίεσθαι）。τὴν πόλιν 作不定式 βεβουλεῦσθαι 的主语。ἐφίεσθαι 跟属格（τῆς Σικελίας）。τῆς Σικελίας 和 ἔργου 是同位语。ἐβούλετο 跟不定式（ἀποτρέψαι）。

9.1［笺释］τῆς ἡμετέρας παρασκευῆς。καθ' ὅτι = καθ' ὅ τι，how。ὅτι，"洛布本"和阿尔伯蒂的校勘本作 ὅ τι，anything which。χρὴ 跟不定式（ἐκπλεῖν）。δοκεῖ + 与格（ἐμοί）+ 不定式（χρῆναι）。χρῆναι 跟不定式（σκέψασθαι 和 ἄρασθαι）。αὐτοῦ τούτου，"这件事本身"。εἰ，whether。ἄμεινόν ἐστιν 跟不定式（ἐκπέμπειν）。πειθομένους 与省略了的 ἡμᾶς 配合（ἡμᾶς 作不定式 χρῆναι 的主语）。πόλεμον 作不定式 ἄρασθαι 的宾语。

9.2［笺释］ἧσσον，形容词比较级，用作副词，跟属格（ἑτέρων），表比较。νομίζων 跟不定式（εἶναι）。ὅς，自主关系代词，who。προνοῆται 跟属格（τοῦ σώματος 和 τῆς οὐσίας）。τι，用作副词，"在某种程度上"。ὁ τοιοῦτος，定冠词 + 形容词 = 名词。βούλοιτο 跟不定式（ὀρθοῦσθαι）。τὰ τῆς πόλεως，定冠词 + 属格 = 名词，作不定式 ὀρθοῦσθαι 的主语。τὸ προτιμᾶσθαι，定冠词 + 不定式 = 名词。ᾗ，关系副词，by which，in whatever way。βέλτιστα，用作副词。

9.3［笺释］πρὸς 跟宾格（τοὺς τρόπους τοὺς ὑμετέρους），against。τοὺς τρόπους τοὺς ὑμετέρους，重复定冠词结构。τά ... ὑπάρχοντα，定冠词 + 分词 = 名词。παραινοίην 跟不定式（σῴζειν 和 κινδυνεύειν）。τοῖς ἑτοίμοις，定冠词 + 形容词 = 名词。τῶν ἀφανῶν καὶ μελλόντων，定冠词 + 形容词（分词）= 名词。ὡς，that，其引导的从句作 ταῦτα 的同位语。ῥᾴδιά ἐστι 跟不定式（κατασχεῖν）。ἅ，自主关系代词，whatever。

10.1-2［笺释］φημί + 宾格（ὑμᾶς）+ 不定式（ἐπιθυμεῖν）。ἐπιθυμεῖν 跟不定式（ἐπαγαγέσθαι）。οἴεσθε + 宾格（τὰς ... σπονδὰς）+ 不定式（ἔχειν）。τι，anything，作不定式 ἔχειν 的宾语。αἵ，关系代词，其先行词是 τὰς ... σπονδὰς。ἡσυχαζόντων ... ὑμῶν，独立属格结构。ἄνδρες ἐνθένδε καὶ ἐκ τῶν ἐναντίων。τῶν ἐναντίων，定冠词 + 形容词 = 名词。(ὑμῶν) σφαλέντων，独立属格结构。οἱ ἐχθροί，定冠词 + 形容词 = 名词。οἷς，关系代词，其先行词是 οἱ ἐχθροί。句子主干：ἡ ξύμβασις ἐγένετο οἷς ἢ ἡμῖν。ἤ，than。τοῦ αἰσχίονος，定冠词 + 形容词 = 名词。τὰ ἀμφισβητούμενα，定冠词 + 分词 = 名词。

10.3-4［笺释］εἰσὶ ... οἵ，"有的"。οἱ ἀσθενέστατοι，定冠词 + 形容词 = 名词。οἱ μὲν ... οἱ δὲ ...，"有的……有的……"。τὸ ... ἡσυχάζειν，定冠词 + 不定式 = 名词。Λακεδαιμονίους 作不定式 ἡσυχάζειν 的主语。τάχα ... ἄν，"大概"。ὅπερ，自主关系代词，which。οὕς，关系代词，其先行词是 Σικελιωτῶν。ἐτιμήσαντο + 宾格（οὕς）+ 不定式

（γενέσθαι）。πρὸ 跟属格（πολλῶν），"优先于……""在……之前"。

10.5［笺释］ὥστε，用在句首，表总结，and so。χρὴ 跟不定式（σκοπεῖν 和 ἀξιοῦν）。ἀξιοῦν 跟不定式（κινδυνεύειν 和 ὀρέγεσθαι）。ὀρέγεσθαι 跟属格（ἀρχῆς）。ἥν，自主关系代词，what。οἱ ἐπὶ Θρᾴκης，定冠词+介词短语=名词。ἔτη τοσαῦτα，表时间的宾格，表示贯穿该时间段。τὰς ἠπείρους，定冠词+形容词=名词。ὡς，when。ἡμεῖς βοηθοῦμεν Ἐγεσταίοις。ὑφ' ὧν，"被他们"。ὧν，自主关系代词，whom。ἀφεστώτων 与 ὧν 配合。μέλλομεν 跟不定式（ἀμύνεσθαι）。

11.1［笺释］τοὺς μὲν ... τῶν δ' ...，"一方……另一方……"，τοὺς 和 τῶν 都是指示代词（GG § 1106）。τοὺς 作 κατάσχοιμεν 的宾语，κρατήσαιμεν 跟属格（τῶν）。δυναίμεθα 跟不定式（ἄρχειν）。διὰ πολλοῦ，"距离遥远"。πολλῶν ὄντων，独立属格结构。ἀνόητον (ἐστίν) 跟不定式（ἰέναι）。ὧν，关系代词，其先行词是 τοιούτους。κρατήσας 跟属格（ὧν）。πρὶν 跟不定式（ἐπιχειρῆσαι）。

11.2–3［笺释］δοκοῦσιν + 与格（μοι）+ 不定式（γενέσθαι）。ἧσσον，用作副词。ὥς = οὕτως。γε，at least。ἄρξειαν 跟属格（αὐτῶν）。ὅπερ，自主关系代词，指上文所说的情况，which。整理词序：... ἕκαστοι ἔλθοιεν χάριτι Λακεδαιμονίων ...。ἐκείνως，"在那种情况下"。εἰκὸς + 宾格（ἀρχὴν）+ 不定式（στρατεῦσαι）。ᾧ ... τρόπῳ，by whatsoever means，将它提前表强调。τὴν ἡμετέραν (ἀρχὴν)。εἰκὸς + 宾格（τὴν σφετέραν (ἀρχὴν)）不定式（καθαιρεθῆναι）。τῶν αὐτῶν (Πελοποννησίων)。τοῦ αὐτοῦ，the same (means)。

11.4–5［笺释］ἐκπεπληγμένοι 跟宾格（ἡμᾶς）。ἔπειτα δὲ καί，"则次之"。δι' ὀλίγου，"短时间"。整理词序：πάντες ἴσμεν τὰ διὰ πλείστου δόντα τὰ πεῖραν τῆς δόξης ἥκιστα。τὰ διὰ πλείστου，定冠词+介词短语=名词，θαυμαζόμενα 与其配合。ἥκιστα，用作副词。τι，用作副词，"在某种程度上"。τάχιστ'，用作副词。τῶν ἐνθάδε，定冠词+副词=名词。ὅπερ，自主关系代词，which。ἐς，in regard to。τὸ ... περιγεγενῆσθαι，定冠词+不定式=名词。αὐτῶν (ὑμῶν) 修饰 γνώμην。πρὸς 跟宾格（ἅ），"与……相比"。ἅ，自主关系代词，whatever，作 ἐφοβεῖσθε 的宾语。τὸ πρῶτον，"首先"。ἐφίεσθε 跟属格（Σικελίας）。

11.6–7［笺释］χρὴ + 宾格（ὑμᾶς，省略）+ 不定式（ἐπαίρεσθαι 和 θαρσεῖν）。χρὴ + 宾格（Λακεδαιμονίους）+ 不定式（ἡγήσασθαι）。τῶν ἐναντίων，定冠词+形容词=名词。τὰς διανοίας，有学者认为应作 τῆς διανοίας。[①] κρατήσαντας 跟属格（τῆς διανοίας），与

[①] 参见戈姆等《评注》，第4卷，页235。

省略了的 ὑμᾶς 配合。ἡγήσασθαι 跟不定式（σκοπεῖν）。ἄλλο τι ... ἤ ...，any other ... than ...。τὸ αἰσχρόν，定冠词 + 形容词 = 名词。ὅτῳ τρόπῳ，"如何"。τὸ ... ἀπρεπές，定冠词 + 形容词 = 名词。ὅσῳ，by as much as。περὶ πλείστου，"最大限度"。διὰ πλείστου，for longest time。μελετῶσιν 跟宾格（δόξαν）。ὥστε，用在句首，表总结，and so。δι' 跟属格（ὀλιγαρχίας），under。ἐπιβουλεύουσαν 与 πόλιν 配合。

12.1［笺释］χρή+ 宾格（ἡμᾶς）+ 不定式（μεμνῆσθαι）。ὅτι，that。τι，用作副词，"在某种程度上"。ὥστε 跟不定式（ηὐξῆσθαι），表结果。μεμνῆσθαι 跟 ὅτι 引导的从句和不定式（εἰδέναι 和 ξυναπολέσαι）。(ἐστὶ) δίκαιον 跟不定式（ἀναλοῦν）。ταῦτα 作不定式 ἀναλοῦν 的宾语。εἶναι，"洛布本"和阿尔伯蒂的校勘本将其省略了，更容易理解（或解作：μεμνῆσθαι 跟不定式（εἶναι），εἶναι δίκαιον 跟不定式 ἀναλοῦν；或解作 ἐνθάδε εἶναι，副词短语，within our sphere of action）。τῶνδε ... δεομένων，定冠词 + 分词 = 名词。δεομένων 跟属格（ἐπικουρίας）。οἷς，关系代词，其先行词是 ἀνδρῶν，"对于他们来说"。τό ... ψεύσασθαι，定冠词 + 不定式 = 名词。(ἐστὶ) χρήσιμον。τοῦ πέλας，定冠词 + 副词 = 名词。αὐτοὺς 作不定式 ψεύσασθαι 的主语，παρασχομένους、κατορθώσαντας 和 πταίσαντάς 与其配合。ἤ ... ἤ ...，"或者……或者……"。

12.2［笺释］εἰ 跟前倾词（τε），τέ 跟前倾词（τις），故都加了高调符号。(ὤν) ἄσμενος。αἱρεθεὶς 跟不定式（ἄρχειν）。παραινεῖ 跟不定式（ἐκπλεῖν）。τὸ ἑαυτοῦ，定冠词 + 属格 = 名词。ἄλλως τε καί，"尤其"。τὸ ἄρχειν，定冠词 + 不定式 = 名词。ὅπως 后面句子的谓语动词用虚拟语气（θαυμασθῇ 和 ὠφεληθῇ），how。διά，"由于"。τι，用作副词，"在某种程度上"。ἐμπαράσχητε + 与格（τούτῳ）+ 不定式（ἐλλαμπρύνεσθαι）。νομίσατε + 宾格（τοὺς τοιούτους 和 τὸ πρᾶγμα）+ 不定式（ἀδικεῖν、ἀναλοῦν 和 εἶναι）。τὰ ... δημόσια 和 τὰ ... ἴδια，定冠词 + 形容词 = 名词。μὴ οἷον ... τε 跟不定式（βουλεύσασθαι 和 μεταχειρίσαι）。

13.1［笺释］οὕς，自主关系代词，whom，"那些（年轻）人"（与下文的"老年人"相对）。καθημένους 和 παρακελευστοὺς 与 οὕς 配合。ἀντιπαρακελεύομαι 跟不定式（καταισχυνθῆναι，εἶναι，ἀντιχειροτονεῖν 和 ψηφίζεσθαι）。εἰ 跟前倾词（τῳ），τῷ 跟前倾词（τις），故都加了高调符号。τῳ = τινι，与 παρακάθηνται 连读。τῶνδε 修饰 τις。ὅπως μή 跟将来时（δόξει），lest。δόξει 跟不定式（εἶναι）。ψηφίζηται 跟不定式（πολεμεῖν）。ὅπερ，自主关系代词，指上文所说的情况，which。δυσέρωτας 跟属格（τῶν ἀπόντων）。τῶν ἀπόντων，定冠词 + 分词 = 名词。γνόντας 与 οὕς 配合。ὅτι，that。ἐλάχιστα 和 πλεῖστα，用作副词。ὑπέρ 跟属格（τῆς πατρίδος），"为了"。 ... ὡς ἀναρριπτούσης μέγιστον δὴ τῶν πρίν ...。ὡς，as，when。ἀναρριπτούσης 与 τῆς πατρίδος 配合。δὴ 强调 μέγιστον。τῶν πρὶν，定冠词 + 副词 = 名词，修饰 μέγιστον。ψηφίζηται + 宾格（τοὺς ... Σικελιώτας）+ 不定式（ξυμφέρεσθαι）。τὰ αὑτῶν，定冠词 + 副词 = 名词，作不定式 ξυμφέρεσθαι 的主语。καθ᾽ αὑτοὺς，among themselves。χρωμένους 跟与格（οἷσπερ ... ὅροις）。μεμπτοῖς 与 οἷσπερ ... ὅροις 配合。ἢν = ἐάν。

13.2 [笺释] (ἀντιπαρακελεύομαι) 跟不定式（εἰπεῖν 和 ποιεῖσθαι）。ἰδίᾳ，in particular。τὸ πρῶτον，"起初"。μετὰ σφῶν αὐτῶν，by themselves。τὸ λοιπὸν，定冠词 + 形容词 = 名词，用作副词。οἷς，自主关系代词，to whom。δεηθέντες 跟属格（ὠφελίας）。

14. [笺释] ἡγεῖ + 宾格（ταῦτα）+ 不定式（προσήκειν）。προσήκειν + 与格（σοι）+ 不定式（κήδεσθαι）。κήδεσθαί 跟属格（τῆς πόλεως）。βούλει + 不定式（γενέσθαι）。τὸ ἀναψηφίσαι，定冠词 + 不定式 = 名词。νομίσας + 宾格（τὸ ... λύειν）+ 不定式（σχεῖν）。μετὰ 跟属格（τοσῶνδ᾽ ... μαρτύρων），with, in the presence of。τῆς ... πόλεως 修饰 ἰατρὸς。βουλευσαμένης 与 τῆς ... πόλεως 配合。(νομίσας) 跟不定式（γενέσθαι 和 εἶναι）。τοῦτ᾽ 作不定式 εἶναι 的主语。τὸ ... ἄρξαι，定冠词 + 不定式 = 名词。ὃς + ἂν + 虚拟语气（ὠφελήσῃ 和 βλάψῃ），相当于 ὅστις（不定关系代词，anyone who）（GG § § 2493b, 2508）。ὡς πλεῖστα，"最大程度地"。ἢ，or at least。ἑκὼν εἶναι，跟否定词（μηδὲν），as far as depends on one's will。

15.1–2 [笺释] οἱ ... πλεῖστοι，定冠词 + 形容词 = 名词。παρῄνουν 跟不定式（στρατεύειν 和 λύειν）。τὰ ἐψηφισμένα，定冠词 + 分词 = 名词。οἱ δέ τινες，οἱ 为指示代词（GG § 1108）。ὁ Κλεινίου，定冠词 + 属格 = 名词。βουλόμενος 跟不定式（ἐναντιοῦσθαι）。ἐς τἆλλα ... τὰ πολιτικά，"在总的城邦治理方面"。τἆλλα = τὰ ἄλλα，"其他（除此之外）"，in general。ὅτι，"因为"。ἐμνήσθη 跟属格（αὐτοῦ）。ἐπιθυμῶν 跟不定式（στρατηγῆσαί）。ἐλπίζων 跟不定式（λήψεσθαι 和 ὠφελήσειν）。Σικελίαν 和 Καρχηδόνα 作不定式 λήψεσθαι 的主语。δι᾽ αὑτοῦ = δι᾽ τοῦ στρατηγεῖν。τὰ ἴδια，定冠词 + 形容词 = 名词，作不定式 ὠφελήσειν 的宾语。

15.3–5 [笺释] ὑπὸ 跟属格（τῶν ἀστῶν），among。ἐχρῆτο 跟与格（ταῖς ἐπιθυμίαις）。μείζοσιν ἢ，"超过"。ἔς 跟前倾词（τε），故加了高调符号，"在……方面"。ὅπερ，自主关系代词，指上文所说的情况，which。ἥκιστα，用作副词。οἱ πολλοὶ，定冠词 + 形容词 = 名词。τῆς ... παρανομίας 和 τῆς διανοίας 都修饰 τὸ μέγεθος。ἐς，"在……方面"。ὧν = τούτων ἃ (γίγνοιτο)（GG § 2522）。καθ᾽ ἓν ἕκαστον，"在每件事上"。ἐν ὅτῳ，in anything which。καθέστασαν πολέμιοι (αὐτῷ)，they became hostile (to him)。ἐπιθυμοῦντι 和 διαθέντι 与省略了的 αὐτῷ 配合。ὡς，"因为"。ἐπιθυμοῦντι 跟属格（τυραννίδος）。κράτιστα，用作副词。τὰ τοῦ πολέμου，定冠词 + 属格 = 名词。ἀχθεσθέντες 跟属格

（αὐτοῦ）。διὰ μακροῦ，"长时间"。

16.1［笺释］προσήκει + 与格（μοι）+ 不定式（ἄρχειν）。μᾶλλον，副词比较级，跟属格（ἑτέρων），表比较。ἀνάγκη (ἐστίν) 跟不定式（ἄρξασθαι）（GG § 2004）。καθήψατο 跟属格（μου）。νομίζω 跟不定式（εἶναι）。ὧν ... πέρι = περὶ ὧν（GG § 175a）（CGCG § 60.14）。ὧν，自主关系代词，指上文提到的情况。整理词序：ταῦτα φέρει δόξαν τοῖς ... προγόνοις μου καὶ ἐμοὶ, καὶ (φέρει) ὠφελίαν τῇ ... πατρίδι。

16.2–3［笺释］μείζω，形容词比较级，与δύναμιν配合，跟属格（ἡμῶν），表比较。τῷ ... διαπρεπεῖ，定冠词 + 形容词 = 名词。ἐλπίζοντες + 宾格（αὐτὴν）+ 不定式（καταπεπολεμῆσθαι）。τἆλλα = τὰ ἄλλα。ἀξίως 跟属格（τῆς νίκης）。τὰ τοιαῦτα (ἐστί) τιμή。τοῦ δρωμένου，定冠词 + 分词 = 名词。ὅσα，用作副词，so far as。ἤ，"或者"。τῳ =τινι。ἥδ᾽ ἡ ἄνοια οὐκ (ἐστίν) ἄχρηστος。ὅς + ἄν + 虚拟语气（ὠφελῇ），相当于 ὅστις（不定关系代词，anyone who）（GG § § 2493b, 2508）。

16.4［笺释］ἄδικον 跟不定式（εἶναι）。φρονοῦντα 与省略了的 αὐτὸν 配合（αὐτὸν 作不定式 εἶναι 的主语）。μέγα，用作副词。ὁ ... πράσσων，定冠词 + 分词 = 名词。ἰσομοιρεῖ 跟属格（τῆς ξυμφορᾶς）。ἐν τῷ ὁμοίῳ，"同样"。ἀνεχέσθω，第三人称命令语气，跟主格（τις）。τῶν εὐπραγούντων，定冠词 + 分词 = 名词。ἤ, or。ἀνταξιούτω，第三人称命令语气，跟主格（τὰ ἴσα）。τὰ ἴσα，定冠词 + 形容词名词。τὰ ὁμοῖα，定冠词 + 形容词 = 名词，作 νέμων 的宾语。

16.5［笺释］τοὺς τοιούτους，定冠词 + 形容词 = 名词。ὅσοι，关系形容词（或关联代词），其先行词 τοσούτους 被吸收，且被吸引到关系形容词（或关联代词）的格（主格）（GG § § 2537, 2538）。ἕν 跟前倾词（τινος），故加了高调符号。τινος (πράγματος) 修饰 λαμπρότητι。καθ᾽ αὑτοὺς, of their own。ὄντας，ξυνόντας 和 καταλιπόντας 与 τοὺς τοιούτους 配合。τοῖς ὁμοίοις 和 τοῖς ἄλλοις，定冠词 + 形容词 = 名词。整理词序：καταλιπόντας προσποίησίν τῶν ... ἔπειτα ἀνθρώπων τε ξυγγενείας τισὶ καὶ μὴ οὖσαν。ξυγγενείας 修饰 προσποίησίν。τισί, with them。οὖσαν 形式上与 προσποίησίν 配合，意义上与 ξυγγενείας 配合，"存在"。πατρίδος 修饰 αὔχησιν。ἧς，关系代词，其先行词是 πατρίδος, of which。ἧς ἂν ὦσι, they are of which, 提前表强调。ταύτῃ，"以之""因此"。αὔχησιν ... περὶ ...。ὡς, as。

16.6［笺释］ὀρεγόμενος 跟属格（ὧν）。ὧν，自主关系代词，指上文所说的情况。τὰ ἴδια 和 τὰ δημόσια，定冠词 + 形容词 = 名词，用作副词，"在……方面"。εἴ 跟前倾词（του），故加了高调符号。χεῖρον，形容词比较级，用作副词，跟属格（του），表比较。τὰ δυνατώτατα，定冠词 + 形容词 = 名词。ἄνευ 跟属格（κινδύνου 和 δαπάνης）。

κατέστησα + 宾格（Λακεδαιμονίους）+ 不定式（ἀγωνίσασθαι）。τῶν ἁπάντων，定冠词 + 形容词 = 名词。ἐξ οὗ，"由此""结果"。

17.1［笺释］第一句主干：ταῦτα ὡμίλησε καὶ ἔπεισεν。ἡ ... νεότης καὶ ἄνοια 是 ταῦτα 的同位语。δοκοῦσα εἶναι παρὰ φύσιν。δοκοῦσα 和 παρασχομένη 与 ἡ ... νεότης καὶ ἄνοια 配合。παρασχομένη πίστιν ὀργῇ，inspiring confidence in them by spirit。πεφόβησθε，形式是完成时，意义是现在时，命令语气，be afraid（GG § 713）。αὐτήν 和 αὐτῆς，语法上可以指 ἡ ... νεότης καὶ ἄνοια，但意义上似乎指 νεότης。ἕως，while。δικεῖ 跟不定式（εἶναι）。ἀποχρήσασθε，命令语气，跟与格（τῇ ... ὠφελίᾳ）。

17.2–3［笺释］ὡς，"因为"。ῥᾳδίας 与 τὰς μεταβολὰς καὶ ἐπιδοχάς 配合。第三节第一短句主干：οὐδεὶς ἐξήρτυται τὰ περὶ τὸ σῶμα ... τὰ ἐν τῇ χώρᾳ。οὐδεὶς ... οὔτε ... οὔτε ...，多个复合否定词连用，后者（两个）强调前者，仍表否定（GG § 2761）。ὡς περὶ οἰκείας πατρίδος，as for his own fatherland。τὰ περὶ τὸ σῶμα 和 τὰ ἐν τῇ χώρᾳ，定冠词 + 介词短语 = 名词。ὅτι，"洛布本"和阿尔伯蒂的校勘本作 ὅ τι，anything which，whatever，作 λαβὼν 的宾语。ἢ ... ἢ ...，"或者……或者……"。τοῦ ... πείθειν，定冠词 + 不定式 = 名词。στρασιάζων = ἐκ τοῦ στρασιάζειν。τοῦ κοινοῦ，定冠词 + 形容词 = 名词。οἴεται 跟不定式（οἰκήσειν）。ἄλλην γῆν 作 οἰκήσειν 的宾语，将它提前表强调。ταῦτα 指 ὅ τι 引导的从句，语法上称为"回旋强调"（Epanalepsis）（GG § 3010）。

17.4–5［笺释］εἰκὸς + 宾格（τὸν ... ὅμιλον）+ 不定式（ἀκροᾶσθαι 和 τρέπεσθαι）。ἀκροᾶσθαι 跟属格（λόγου）。ὡς ἕκαστοι，"一个一个地"。εἴ 跟前倾词（τι），故加了高调符号。τι 作 λέγοιτο 的主语。ἄλλως τε καί，"尤其"。καὶ μήν，"而且"。οὐδ' οὔτ' ... οὔτε ...，多个复合否定词连用，οὔτ' 强调 οὐδ' 和 οὔτε，仍表否定（GG § 2761）。ἐκείνοις 与 ὅσοιπερ 连读。τοσοῦτοι ... ὅσους ...，as many as ...。ὅσους ... σφᾶς αὐτούς 作 ἠρίθμουν 的宾语。μέγιστον，用作副词。δή 表强调。

17.6–8［笺释］τὰ ... ἐκεῖ (ἐστὶ) τοιαῦτα。τὰ ... ἐκεῖ，定冠词 + 副词 = 名词。ὧν = τούτων ἅ（GG § 2531a），ἐξ 跟属格（τούτων），ἅ 作 αἰσθάνομαι 的宾语。οἵ，关系代词，其先行词是 βαρβάρους。Συρακοσίων μίσει，"因痛恨叙拉古人"。τὰ ἐνθάδε，定冠词 + 副词 = 名词。ἤν = ἐάν。ἔχοντες τοὺς αὐτοὺς ... τὸν ... ἐχθρόν。τοὺς αὐτούς，the same。οὗσπερ，关系代词，其先行词是 τοὺς αὐτούς。φασί + 宾格（ἡμᾶς）+ 不定式（πλεῖν）。ὑπολείποντας 与 ἡμᾶς 配合。προσέτι，副词。ἄλλῳ τινὶ ἤ ...，any else than ...。ἐς，against。εἴ 跟前倾词（τε），故加了高调符号。εἴ τε καί，even if。ἱκανοί εἰσι 跟宾格（τὸ ... ἐσβάλλειν）。τὸ ... ἐσβάλλειν，定冠词 + 不定式 = 名词。δύναιντο 跟不定式（βλάπτειν）。ναυτικόν ἐστιν ἡμῖν。

18.1 [笺释] ὥστε + ἄν + 祈愿语气 (ἀποκνοῖμεν 和 βοηθοῖμεν)，表结果。λέγοντες τί εἰκός, what reasonable thing can we say。ἤ ... ἤ ..., "或者……或者……"。χρεών 跟不定式 (ἐπαμύνειν 和 ἀντιτιθέναι)。οἷς, 关系代词，其先行词是 τοὺς ... ξυμμάχους，与 ἐπαμύνειν 连读。ἐπειδή, as。γε, at least。ὅτι, "因为"。 ... οὐδὲ ἐκεῖνοι (ἐπήμυναν) ἡμῖν。ἵνα 跟虚拟语气 (ἀντιβοηθῶσι 和 κωλύωσιν)，"为了……"。κωλύωσιν + 宾格 (αὐτοὺς) + 不定式 (ἐπιέναι)。

18.2 [笺释] ἤ ... ἤ ..., "或者……或者……"。τοῖς ... ἐπικαλουμένοις, 定冠词 + 分词 = 名词。ἐπεὶ 跟祈愿语气 (ἡσυχάζοιεν), whereas。εἰ 跟前倾词 (γε)，故加了高调符号。ἤ, "或者"。οἷς χρεών 跟不定式 (βοηθεῖν)。οἷς, 关系代词，其先行词是 τοῖς ... ἐπικαλουμένοις。τι, something, 作 προσκτώμενοι 的宾语。αὐτῇ 和 αὐτῆς 指 τὴν ... ἀρχήν。αὐτῆς ... ταύτης, (the empire) itself。τὸν ... προύχοντα, 定冠词 + 分词 = 名词，作 ἀμύνεται 的宾语。ἐπιόντα 与 τὸν ... προύχοντα 配合。

18.3 [笺释] ἔστιν 跟不定式 (ταμιεύεσθαι), it is possible ...。ἐς ὅσον, to what extent。βουλόμεθα 跟不定式 (ἄρχειν)。ἀνάγκη 跟不定式 (ἐπιβουλεύειν 和 ἀνιέναι) (GG § 2004)。τοὺς μὲν ... τοὺς δὲ ..., "一些……另一些……"。τοὺς 和 τοὺς 都是指示代词 (GG § 1106)。διὰ τὸ εἶναι κίνδυνον αὐτοῖς ἀρχθῆναι ... ὑφ' ἑτέρων。τὸ ... εἶναι, 定冠词 + 不定式 = 名词。εἶναι κίνδυνον 跟不定式 ἀρχθῆναι。ἄρχοιμεν 跟属格 (ἄλλων)。τὸ ἥσυχον οὐκ ἐπισκεπτέον ὑμῖν ἐκ τοῦ αὐτοῦ τοῖς ἄλλοις。ἐπισκεπτέον, must be considered。τὸ ἥσυχον、τοῦ αὐτοῦ、τοῖς ἄλλοις 和 τὸ ὅμοιον, 定冠词 + 形容词 = 名词。

18.4 [笺释] λογισάμενοι + 宾格 (τάδε) + 不定式 (αὐξήσειν)。ἤν = ἐάν。ποιώμεθα, 第一人称复数虚拟语气，用作命令语气，let us make ...。Πελοποννησίων 修饰 τὸ φρόνημα。εἰ, if。δόξομεν 跟不定式 (πλεῦσαι)。ἄρξομεν 跟属格 (τῆς Ἑλλάδος ... πάσης)。τῶν ἐκεῖ προσγενομένων, 独立属格结构。τῶν ἐκεῖ, 定冠词 + 副词 = 名词。τῷ εἰκότι, "很可能"。ἐν ᾧ, from which。

18.5–6 [笺释] παρέξουσιν + 宾格 (τὸ ... ἀσφαλές) + 不定式 (μένειν 和 ἀπελθεῖν)。τὸ ... ἀσφαλές, 定冠词 + 形容词 = 名词。ἤν = ἐάν。μὴ + 主格 (ἡ ... ἀπραγμοσύνη καὶ διάστασις) + 第二人称不定过去时虚拟语气 (ἀποτρέψῃ)，用作命令语气，let ... not do ...。αὐτά 指上文所说的情况。πειρᾶσθε 跟不定式 (προαγαγεῖν)。νομίσατε + 宾格 (νεότητα καὶ γῆρας、τό ... φαῦλον καὶ τὸ μέσον καὶ τὸ ... ἀκριβές、τὴν πόλιν、τὴν ἐπιστήμην 和 τὴν ἐμπειρίαν) 不定式 (δύνασθαι, ἰσχύειν, τρίψεσθαι, ἐγγηράσεσθαι 和 προσλήψεσθαί)。μηδέν, nothing。τό ... φαῦλον、τὸ μέσον 和 τὸ ... ἀκριβές, 定冠词 + 形容词 = 名词。ὁμοῦ, 副词。αὐτὴν 和 αὐτήν 指 τὴν πόλιν。τρίψεσθα αὐτὴ περὶ αὑτήν, to wear itself out。ἀγωνιζομένην 与 τὴν πόλιν 配合。ξύνηθες 跟不定式（ἕξειν）。τὸ ἀμύνεσθαι，定冠词 + 不定式 = 名词，作不定式 ἕξειν 的宾语。

18.7［笺释］παράπαν，副词。γιγνώσκω + 宾格（πόλιν 和 τούτους）+ 不定式（δοκεῖν 和 οἰκεῖν）。δοκεῖν + 与格（μοι）+ 不定式（διαφθαρῆναι）。τάχιστ', 用作副词。τῶν ἀνθρώπων 修饰 τούτους。ἀσφαλέστατα 用作副词。οἷ，关系代词，其先行词是 τούτους。ἢν καὶ，even when。ἥκιστα，用作副词。

19.1-2［笺释］ἀκούσαντες 跟属格（ἐκείνου，τῶν Ἐγεσταίων 和 φυγάδων）。οἳ，关系代词，其先行词是 φυγάδων。ὑπομιμνήσκοντες 跟属格（τῶν ὁρκίων）。τῶν ὁρκίων，定冠词 + 形容词 = 名词。ἱκέτευον 跟不定式（βοηθῆσαι）。πολλῷ 跟比较级（μᾶλλον）（GG § 1514）。μᾶλλον ἢ ...，rather than ...。ὥρμηντο 跟不定式（στρατεύειν）。ὅτι，that。τάχ' ἂν，"大概""可能"。

20.1-2［笺释］ὡρμημένους 跟不定式（στρατεύειν）。ταῦτα ξυνενέγκοι，things will turn out。ταῦτα，看作单数。ξυνενέγκοι，第三人称单数祈愿语气。ὡς，as。τῷ παρόντι，定冠词 + 分词 = 名词。ἃ，自主关系代词，whatever。μέλλομεν 跟不定式（ἰέναι）。μεγάλας、ὑπηκόους 和 δεομένας 与 πόλεις 配合。ὑπηκόους 跟属格（ἀλλήλων）。δεομένας 跟属格（μεταβολῆς）。整理词序：... ᾗ τις ἄσμενος ἂν χωροίη ἐκ βιαίου δουλείας ἐς ῥᾴω μετάστασιν。ᾗ，关系代词，其先行词是 μεταβολῆς，with which, by which。τὴν ἀρχὴν τὴν ἡμετέραν，重复定冠词结构。τό ... πλῆθος，用作副词，"在……方面"。ὡς，as。πολλὰς 和 τὰς Ἑλληνίδας 与 πόλεις 配合。

20.3-4［笺释］πλὴν 跟属格（Νάξου 和 Κατάνης）。ἐλπίζω + 宾格（ἃς）+ 不定式（προσέσεσθαι）。ἃς，关系代词，其先行词是 Νάξου 和 Κατάνης。τὸ ... ξυγγενὲς 和 τοῖς πᾶσιν，定冠词 + 形容词 = 名词。ἥκιστα，用作副词。ἃς，关系代词，其先行词是 Σελινοῦς 和 Συράκουσαι。ὁ πληρώσων，定冠词 + 分词 = 名词。αὐτάς 作 ἔνεισι 的宾语。τὰ μὲν ... τὰ δὲ ...，"一些……另一些……"。ᾧ，自主关系代词，by which。προύχουσιν 跟属格（ἡμῶν）。χρῶνται 跟与格（σίτῳ）。

21.1［笺释］δεῖ 跟属格（στρατιᾶς）。δεῖ + 宾格（πεζὸν）+ 不定式（ξυμπλεῖν）。εἴπερ，if indeed。βουλόμεθα 跟不定式（δρᾶν 和 εἴργεσθαι）。δρᾶν (τι) ἄξιον τῆς διανοίας。ἄξιον 跟属格（τῆς διανοίας）。εἴργεσθαι 跟属格（τῆς γῆς），to be kept away from。ἄλλως τε καὶ，"尤其"。ἢ ...，"除了……"。ἱππικὸν 作 ἀντιπαράσχωσιν 的宾语。ᾧ，关系代词，其先行词是 ἱππικόν，by which。

21.2［笺释］αἰσχρὸν (ἐστί) 跟不定式（ἀπελθεῖν 和 ἐπιμεταπέμπεσθαι）。βιασθέντας、βουλευσαμένους 和 γνόντας 与省略了的 ἡμᾶς 配合（ἡμᾶς 作不定式 ἀπελθεῖν 和

ἐπιμεταπέμπεσθαι 的主语）。ἤ，"或者"。ὕστερον，用作副词。αὐτόθεν, from right here。(δεῖ) 跟不定式 (ἐπιέναι)。ὅτι, that。πολύ，用作副词。τῆς ἡμετέρας (γῆς) αὐτῶν，"我们自己的土地"。μέλλομεν 跟不定式 (πλεῖν)。τῷ ὁμοίῳ 和 τοῖς ... ὑπηκόοις, 定冠词+形容词=名词。ἐν τοῖς ... ὑπηκόοις, among your subjects。τῇδε, "这里"。ὅθεν, whence。... αἱ κομιδαὶ (ἦσαν) ῥᾴδιαι ...。προσέδει 跟属格 (ὧν)。ὧν, 关系代词，其先行词是 αἱ κομιδαί。ἧς, 关系代词，其先行词是 ἀλλοτρίαν (γῆν)。μηνῶν ... τεσσάρων τῶν χειμερινῶν, 表时间的属格，表示在该时间段内。(ἐστί) ῥᾴδιον 跟不定式 (ἐλθεῖν)。

22.［笺释］δοκεῖ + 与格 (μοι) + 不定式 (χρῆναι)。χρῆναι + 宾格 (ἡμᾶς) + 不定式 (ἄγειν, περιεῖναι, ἄγειν, ἑτοιμάσασθαι, γίγνεσθαι 和 ἔχειν)。ἡμῶν αὐτῶν, "我们自己的"。τῶν ... ὑπηκόων, 定冠词+形容词=名词。ἤν =ἐάν。δυνώμεθα 跟不定式 (πεῖσαι 和 προσαγαγέσθαι)。ἢ ... ἤ ..., "或者……或者……"。πολύ, 用作副词。τὰ ἐπιτήδεια, 定冠词+形容词=名词。πρὸς μέρος, "按比例"。ἤν =ἐάν。ἔσται 跟不定式 (ὑποδέξασθαι), will be able to ...。πάσης ... πόλεως ὑποδέξασθαι = δέξασθαι ὑπὸ πάσης ... πόλεως。τά ... ἄλλα, 定冠词+形容词=名词，用作副词。ὅσον δυνατόν, "尽可能"。ὡς πλεῖστα, "尽可能多地"。ἅ, 关系代词，其先行词是 τὰ ... παρ' Ἐγεσταίων (定冠词+介词短语=名词)。νομίσατε + 宾格 (τὰ ... παρ' Ἐγεσταίων) + 不定式 (εἶναι)。

23.1［笺释］ἤν =ἐάν。μὴ ... μόνον ... ἀλλὰ καί ..., "不仅……而且……"。γε, indeed。τὸ μάχιμον 和 τὸ ὁπλιτικόν, 定冠词+形容词=名词，后者解释前者。τοῖς πᾶσι, 定冠词+形容词=名词。οἷοί τε 跟不定式 (κρατεῖν 和 διασῶσαι)。τῶν μὲν ... τὰ δέ ..., "一部分……另一部分……"，τῶν 和 τά 是指示代词 (GG § 1106)。κρατεῖν 跟属格 (τῶν μέν = τῶν ἐκεῖ πραγμάτων)。διασῶσαι 跟宾格 (τὰ δέ = τὰ οἰκεῖα)。

23.2［笺释］χρή + 宾格 (ἡμᾶς, 省略) + 不定式 (νομίσαι 和 εἰδέναι)。νομίσαι 跟不定式 (ἰέναι)。πόλιν 作 οἰκιοῦντας 的宾语。οἰκιοῦντας 与省略了的 ἡμᾶς 配合。πρέπει + 宾格 (οὕς) + 不定式 (κτατεῖν), it is fitting for somebody to ...。οὕς, 自主关系代词，those who。κτατεῖν 跟属格 (τῆς γῆς)。τῇ ... ἡμέρᾳ, 表时间的与格，表示在该时间点。ᾗ, 关系代词，其先行词是 τῇ ... ἡμέρᾳ。ἤ, "或者"。ὅτι, that。ἤν = ἐάν。

23.3［笺释］第一句主干：ἐγὼ βούλομαι ἐκπλεῖν ... ἐκπλεῦσαι。ὅπερ, 自主关系代词，指上文所说情况。从 πολλά 到括号里的句子作 εἰδώς 的宾语。δέον + 宾格 (ἡμᾶς) + 不定式 (βουλεύσασθαι 和 εὐτυχῆσαι)。πολλά 和 πλείω, 均用作副词。(ἐστί) χαλεπόν (εὐτυχῆσαι)。ἡμᾶς (省略) 作不定式 εὐτυχῆσαι 的主语。ὄντα ἀνθρώπους 与 ἡμᾶς 配合。ὅτι, "因为 (以上两点)" "因此"。βούλομαι 跟不定式 (ἐκπλεῖν 和 ἐκπλεῦσαι)。

ἐλάχιστα，用作副词。ἀπὸ τῶν εἰκότων，"根据人类的理性""合理的"。βεβαιότατα，用作副词。τοῖς στρατευσομένοις，定冠词 + 分词 = 名词，是 ἡμῖν 的同位语。τῳ = τινι。

24.1-2 [笺释] νομίζων + 宾格（τοὺς Ἀθηναίους）+ 不定式（ἀποτρέψειν 和 ἐκπλεῦσαι）。ἢ ... ἢ ...，"或者……或者……"。ἀναγκάζοιτο 跟不定式（στρατεύεσθαι）。οἱ δέ，but they（见前文 1.24.5 笺释）。τὸ ... ἐπιθυμοῦν，定冠词 + 分词 = 名词。πολὺ 和 τοὐναντίον 用作副词。ἔδοξε 跟不定式（παραινέσαι 和 ἔσεσθαι）。

24.3-4 [笺释] ἔρως 跟不定式（ἐκπλεῦσαι）。τοῖς πᾶσιν，定冠词 + 形容词 = 名词，τοῖς ... πρεσβυτέροις 和 τοῖς ... ἐν τῇ ἡλικίᾳ 是其同位语。ὡς + 将来时分词（间接格）（καταστρεψομένοις），用作说明，in the belief that ...（GG § 2086c）。ὡς + 分词宾格（σφαλεῖσαν），被称为"独立宾格结构"，in the belief that ...（GG § 2078）。δύναμιν 作 σφαλεῖσαν 的宾语。οὐδέν，用作副词，not at all。ἢ ... ἢ ...，"或者……或者……"。ἅ，自主关系代词，whatever。τοῖς ... ἐν τῇ ἡλικίᾳ，定冠词 + 介词短语 = 名词。τῆς ... ἀπούσης，定冠词 + 形容词 = 名词，修饰 ὄψεως 和 θεωρίας。ὄψεως 和 θεωρίας 修饰 πόθῳ。ὄντες εὐέλπιδες 跟不定式（σωθήσεσθαι）。ἐν 跟前倾词（τε），故加了高调符号。τῷ παρόντι，定冠词 + 分词 = 名词。(εὔελπις ὤν) 跟不定式（οἴσειν，προσκτήσεσθαι 和 ὑπάρξειν）。ὥστε，用在句首，表总结，and so。τῶν πλεόνων，定冠词 + 形容词 = 名词。εἴ 跟前倾词（τῳ），故加了高调符号。εἰ ... ἄρα，"即使"。ἤρεσκε 跟与格（τῳ）。τῳ =τινι。δεδιὼς 跟虚拟语气（δόξειαν），μή 为赘词。δόξειαν 跟不定式（εἶναι）。

25.1-2 [笺释] ἔφη 跟不定式（χρῆναι）。χρῆναι 跟不定式（προφασίζεσθαι，διαμέλλειν 和 λέγειν）。ἐναντίον，用作副词。ἁπάντων 修饰 ἐναντίον。ἥντινα，不定关系代词，其先行词（παρασκευήν）是不定的，故不用 ἥν（GG § 2508）。ὁ δέ，but he（见前文 1.24.5 笺释）。ὅτι，that。ὅσα，so far。εἶπεν 跟不定式（δοκεῖν，εἶναι，ἔσεσθαι，εἶναι 和 ἄξειν）。ἤ，than。πλευστέα 或作 πλευστέον，形容词，one must sail。ὅσαι，关系形容词（或关联代词），其先行词 τοσαύτας 被吸收，且被吸引到关系形容词（或关联代词）的格（主格）（GG § § 2537, 2538）。ἄλλας 作不定式 εἶναι 的主语。μεταπεμπτέας 与 ἄλλας 配合。τοῖς ξύμπασιν，定冠词 + 形容词 = 名词。ἢν =ἐάν。τι，用作副词，by any means。ὡς κατὰ λόγον，"成比例"。... καὶ τι ἄλλο δοκῇ εἶναι πρέπον ...。ἢν =ἐάν。δοκῇ 跟不定式（εἶναι）。πρέπον，分词，与 τι ἄλλο 配合。τὴν ... παρασκευήν 作 ἄξειν 的宾语。

26.1-2 [笺释] ἐψηφίσαντο + 宾格（τοὺς στρατηγοὺς）+ 不定式（εἶναι 和 πράσσειν）。ᾗ，关系副词，by which, in whatever way。δοκῇ + 与格（αὐτοῖς）+ 不定式（εἶναι）。ἄριστα，用作副词。ἔς 跟前倾词（τε），故加了高调符号，"关于"。第二个 ἔς 同上，跟

宾格（πλῆθος）。ἡλικίας ... ἐπιγεγενημένης 修饰 πλῆθος。ἐς 跟宾格（ἄθροισιν），"关于"。χρημάτων 修饰 ἄθροισιν。ὥστε，用在句首，表总结，and so, therefore。ῥᾷον，用作副词。οἱ μὲν, μὲν 是指示代词（GG § 1106）。

27.1–3［笺释］此句主干：τὰ πρόσωπα περιεκόπησαν。τούτων 修饰 τὰ πρόσωπα。τῇ πόλει τῇ Ἀθηναίων，重复定冠词结构。τὸ ἐπιχώριον，定冠词+形容词=名词。νυκτί，表时间的与格，表示在该时间点。τοὺς δράσαντας，定冠词+分词=名词。ἐψηφίσαντο + 宾格（τὸν βουλόμενον）+ 不定式（μηνύειν）。εἴ 跟前倾词（τις），故加了高调符号。ἐδόκει 跟不定式（εἶναι 和 γεγενῆσθαι）。πραγμάτων 和 καταλύσεως 修饰 ξυνωμοσίᾳ。νεωτέρων 修饰 πραγμάτων。δήμου 修饰 καταλύσεως。

28.1–2［笺释］此句主干：περικοπαί τινες καὶ τὰ μυστήρια ... μηνύεται。γεγενημέναι 与 περικοπαί 配合。ὡς, that。ἐπῃτιῶντο + 宾格（τὸν Ἀλκιβιάδην）+ 属格（ὦν）。ὦν，自主关系代词，指上文所说的情况。οἱ ... ἀχθόμενοι，定冠词+分词=名词。ὄντι ἐμποδών 跟不定式（προεστάναι）。ὄντι 与 τῷ Ἀλκιβιάδῃ 配合。προεστάναι 跟属格（τοῦ δήμου）。σφίσι, to them。αὐτοῖς, to themselves。νομίσαντες 跟不定式（εἶναι）。ὡς, that。δήμου 修饰 καταλύσει。οὐδὲν ... αὐτῶν, nothing of these things。ὅτι，"洛布本"和阿尔伯蒂的校勘本作 ὅ τι, anything which。τὴν ἄλλην，定冠词+形容词=名词，修饰 τεκμήρια。ἐς，"关于"。

29.1–2［笺释］ὁ δ', but he（见前文 1.24.5 笺释）。τῷ παρόντι，定冠词+分词=名词。ἑτοῖμος ἦν 跟不定式（κρίνεσθαι、δοῦναι 和 ἄρχειν）。πρὶν 跟不定式（ἐκπλεῖν）。εἴ 跟前倾词（τι），故加了高调符号，whether。τι τούτων, anything of these。τὰ τῆς παρασκευῆς，定冠词+属格=名词。ἐπεμαρτύρετο + 不定式（ἀποδέχεσθαι 和 ἀποκτείνειν）。πέρι αὐτοῦ = περὶ αὐτοῦ（GG § 175a）(CGCG § 60.14)。διαβολὰς 作不定式 ἀποδέχεσθαι 的宾语。ἤδη，"现在""立即"。ὅτι，"因为"。εἴη σωφρονέστερον 跟不定式（πέμπειν）。

29.3［笺释］οἱ ... ἐχθροὶ，定冠词+形容词=名词。δεδιότες 跟虚拟语气（ἔχῃ），μὴ 为赘词。ἤν = ἐάν。ἤδη，"立即"。ὅ 跟前倾词（τε），故加了高调符号。ὅτι，"因为"。οἵ 跟前倾词（τε），故加了高调符号。οἵ（"牛津本"误作 οἱ），关系代词，其先行词是ῥήτορας。ἔλεγον + 宾格（αὐτὸν）+ 不定式（πλεῖν, κατασχεῖν 和 κρίνεσθαι）。ἐλθόντα 与 αὐτὸν 配合。βουλόμενοι + 宾格（αὐτὸν）+ 不定式（ἀγωνίσασθαι）。ἥν，关系代词，其先行词是 διαβολῆς。ἔμελλον 跟不定式（ποριεῖν）。αὐτοῦ ἀπόντος，独立属格结构。κομισθέντα 和 μετάπεμπτον 与 αὐτὸν 配合。ἔδοξε + 宾格（τὸν Ἀλκιβιάδην）+ 不定式（πλεῖν）。

30.1-2［笺释］θέρους μεσοῦντος，独立属格结构。εἴρητο + 与格（τοῖς πλείστοις，ταῖς ... ὁλκάσι, τοῖς πλοίοις 和 ὅση ...）+ 不定式（ξυλλέγεσθαι）。τοῖς πλείστοις，定冠词 + 形容词 = 名词。ὅση，关系形容词（或关联代词），其先行词 τοσαύτη 被吸收，且被吸引到关系形容词（或关联代词）的格（主格）（GG §§ 2537, 2538）。ὡς ... ἀθρόοις，"一起"。εἴ 跟前倾词（τινες），故加了高调符号。εἴ τινες = ὅσοι。ὡς 跟将来时分词（ἀναξόμενοι），in order to ...。ὡς εἰπεῖν，"可以说"。ὁ ... ὅμιλος ὁ ἐν τῇ πόλει καὶ ἀστῶν καὶ ξένων，重复定冠词结构。οἱ ... ἐπιχώριοι 和 τοὺς σφετέρους，定冠词 + 形容词 = 名词。οἱ μὲν ἑταίρους, οἱ δὲ ξυγγενεῖς, οἱ δὲ υἱεῖς，插入语，用来说明 τοὺς σφετέρους，故 ἑταίρους，ξυγγενεῖς 和 υἱεῖς 都是宾格。οἱ μὲν ... οἱ δὲ ... οἱ δὲ ...，"有的……有的……有的……"。τὰ μὲν ... τοὺς δὲ ...，τὰ 和 τοὺς 都是指示代词（GG § 1106），分别作 κτήσοιντο 和 ὄψοιντοὡς 的宾语。τὰ = τὰ ἐν Σικελίᾳ；τοὺς 指出征的人。εἰ 跟前倾词（ποτε），故加了高调符号，whether。

31.1［笺释］ὡς，when。ἔμελλον 跟不定式（ἀπολιπεῖν）。ἀλλήλους 作不定式 ἀπολιπεῖν 的宾语。μετὰ 跟属格（κινδύνων），amid, under。τὰ δεινὰ ἐσῄει αὐτούς。ἐσῄει，came into one's mind。ἤ，more than。ἐψηφίζοντο 跟不定式（πλεῖν）。ὧν = τούτων ἅ（GG § 2522），τούτων 修饰 τὸ πλῆθος，ἅ 作 ἑώρων 的宾语。ἑκάστων 修饰 τὸ πλῆθος。οἱ ... ξένοι，定冠词 + 形容词 = 名词。ὡς ἐπ' ...，表达句子主语的想法或者断言（GG § 2996）。τῶν ἐς ... τὸν χρόνον，定冠词 + 介词短语 = 名词。

31.2-3［笺释］ἡ ἐς Ἐπίδαυρον ... 和 ἡ ... ἐς Ποτείδαιαν ...，定冠词 + 介词短语 = 名词。ὡς，as。κατ' ἀμφότερα，"在两方面"。οὗ，关系副词，where。τοῦ ... δημοσίου διδόντος ... παρασχόντος，独立属格结构。τὰς κρατίστας，定冠词 + 形容词 = 名词。τῶν ... τριηράρχων ... διδόντων ... χρησαμένων，独立属格结构。πρὸς 跟与格（τῷ ... μισθῷ），"除了……"。τἆλλα = τὰ ἄλλα，"在其他方面"。χρησαμένων 跟与格（σημείοις καὶ κατασκευαῖς）。τὰ μακρότατα，定冠词 + 形容词 = 名词。προθυμηθέντος ἑνός ...，独立属格结构。αὐτῷ τινι，for each one himself。τῷ ταχυναυτεῖν，定冠词+不定式=名词。

31.4-5［笺释］ξυνέβη + 宾格（ἔριν）+ 不定式（γενέσθαι）。πρός ... σφᾶς αὐτούς，among themselves。ᾧ，关系副词，wherever。ξυνέβη ... ἐπίδειξιν μᾶλλον ... ἢ παρασκευὴν εἰκασθῆναι ...。ξυνέβη + 宾格（ἐπίδειξιν 和 παρασκευὴν）+ 不定式（εἰκασθῆναι）。τῶν στρατευομένων，定冠词 + 分词 = 名词。τὴν ἰδίαν，定冠词 + 形容词 = 名词。ἅ，自主关系代词，whatever。ἔμελλεν 跟不定式（ἀναλώσειν）。τοῦ δημοσίου，定冠词 + 形容词 = 名词。ἅ，同上。εἰκὸς ἦν + 宾格（πάντα τινὰ）+ 不定式（παρασκευάσασθαι）。πάντα τινὰ，every one。ἐφόδιον 作不定式 παρασκευάσασθαι 的宾语。ὡς ἐπὶ ...，"表达句子

主语的想法或者断言"（GG § 2996）。ἤ ... ἤ ...，"或者……或者……"。τὰ πάντα = τὰ ξύμπαντα，用作副词。

31.6［笺释］整理词序：ὁ στόλος ἐγένετο περιβόητος οὐχ ἧσσον θάμβει καὶ λαμπρότητι ἢ ὑπερβολῇ, καὶ ὅτι (ἐστί) μέγιστος ... διάπλους ...。οὐχ ἧσσον ... ἤ ...，"不仅……而且……"。τόλμης 修饰 θάμβει。ὄψεως 修饰 λαμπρότητι。στρατιᾶς 修饰 ὑπερβολῇ。ὅτι，"因为"。οὕς，自主关系代词，whom。τῶν μελλόντων，定冠词 + 分词 = 名词。πρὸς, against, compared to。τὰ ὑπάρχοντα，定冠词 + 分词 + 名词。

32.1–2［笺释］ἔμελλον 跟不定式（ἀνάξεσθαι）。τὰς νομιζομένας，定冠词 + 分词 = 名词。παρ' 跟宾格（τὸ στράτευμα），throughout。οἵ，定冠词，跟前倾词（τε），故加了高调符号。οἱ ἄρχοντες，定冠词 + 分词 = 名词。ὁ ... ὅμιλος ὁ ἐκ τῆς γῆς，重复定冠词结构。εἴ τις ἄλλος = ὅσοι τῶν ἄλλων。εἴ 跟前倾词（τις），故加了高调符号。σφίσιν 与 ξυνεπηύχοντο 连读。τὸ πρῶτον，"首先"。οἱ μὲν, οἱ 是指示代词（GG § 1106）。ἠπείγοντο 跟不定式（ἀφικέσθαι）。

32.3［笺释］τὰ περὶ τοῦ ἐπίπλου，定冠词 + 介词短语 = 名词。οὐ ... οὐδέν，简单否定词 + 复合否定词，后者强调前者，仍表否定（CGCG § 56.4）。ἀλλά，"但是"。καί，even。γενομένης ἐκκλησίας，独立属格结构。ἄλλων，"其他人"（除了 Ἑρμοκράτης 之外）。τῶν ... πιστευτόντων，定冠词 + 分词 = 名词。τὰ περὶ τῆς στρατείας τῆς ...，定冠词 + 介词短语 = 名词。τῆς στρατείας τῆς τῶν Ἀθηναίων，重复定冠词结构。τῶν ... λεγόντων，定冠词 + 分词 = 名词。τὰ ἐναντία，定冠词 + 形容词 = 名词。ὡς + 分词（οἰόμενος），用作说明，in the belief that ...。οἰόμενος 跟不定式（εἰδέναι）。τὰ περὶ αὐτῶν，定冠词 + 介词短语 = 名词。

33.1［笺释］δόξω + 与格（ὑμῖν）+ 不定式（λέγειν），"你们认为我……"。ἄπιστα (ἐστίν)，形容词，中性、宾格，其主语是 δόξω 引导的插入句。τοῦ ἐπίπλου 修饰 τῆς ἀληθείας。ὅτι, that。οἱ ... λέγοντες ... ἀπαγγέλλοντες，定冠词 + 分词 = 名词。ἤ ... ἤ ...，"或者……或者……"。τὰ ... δοκοῦντα，定冠词 + 分词 = 名词。δοκοῦντα 跟不定式（εἶναι）。οὐ μόνον οὐ ... ἀλλά ...，"不仅不……反而……"。δοκοῦσιν 跟不定式（εἶναι）。κινδυνευούσης τῆς πόλεως，独立属格结构。πείθων + 宾格（ἐμαυτὸν）+ 不定式（λέγειν）。τι 作不定式 λέγειν 的宾语。σαφέστερόν，形容词比较级，跟属格（ἑτέρου），表比较。

33.2［笺释］ὅ，自主关系代词，what。πρόφασιν，宾格，用作副词，"以……为借口"。Λεοντίνων 修饰 κατοικίσει。τὸ ... ἀληθές，"实际上"。Σικελίας 和 τῆς ... πόλεως 修饰 ἐπιθυμία。ἡγούμενοι 跟不定式（ἕξειν）。τἆλλα = τὰ ἄλλα。

33.3—4［笺释］ὡς 跟独立属格结构（(αὐτῶν) παρεσομένων），表达相信的理由（GG § 2086d）。τῶν ὑπαρχόντων，定冠词＋分词＝名词。κάλλιστα，用作副词。ἀμελήσετε 跟属格（τοῦ ξύμπαντος）。τοῦ ξύμπαντος，定冠词＋形容词＝名词。εἰ ... καὶ πιστά (δόξω) τῳ (λέγειν) 或者 εἰ ... (αὐτά ἐστι) πιστά。τῳ = τινι。μὴ 跟不定过去时虚拟语气（ἐκπλαγῆ），用作命令语气，don't do it just this once。οἷοί τε 跟不定式（βλάπτειν 和 πάσχειν）。πλείω ... ἤ ...，more ... than ...。πλείω，用作副词。οὔθ' ὅτι ... (ἐστίν) ἀνωφελεῖς。ὅτι，that。πολὺ ἄμεινον，far better。ἐθελήσουσιν 跟不定式（ξυμμαχεῖν）。ἢν ἄρα，"如果到头来"。ἤ ... ἤ ...，"或者"。ἐφίενται 跟属格（ὧν）。ὧν，自主关系代词。κατεργασώμεθα ὧν ἐφίενται ἀπράκτους。οὐ ... δὴ，"决不"。ὧν = τούτων ἅ（GG § 2522），τύχωσί 跟属格（τούτων），ἅ 作 προσδέχονται 的宾语。

33.5—6［笺释］第一句主干：ὀλίγοι κατώρθωσαν。μεγάλοι 修饰 στόλοι。ἤ ... ἤ ...，"或者……或者……"。πολὺ，用作副词。τῆς ἑαυτῶν (γῆς)。πλείους，形容词比较级，跟属格（τῶν ἐνοικούντων καὶ ἀστυγειτόνων），表比较。πλείους，形容词、主格。ἤν = ἐάν。第二句主干：ἔρχονται, καταλείπουσιν ὄνομα τοῖς ἐπιβουλευθεῖσιν。περὶ σφίσιν αὐτοῖς，"由于他们自身的（过错）"。τὰ πλείω，定冠词＋形容词＝名词，用作副词。ὅπερ = ὥσπερ。τοῦ Μήδου ... σφαλέντος，独立属格结构。πολλὰ，用作副词。ὡς，that。τὸ τοιοῦτο，定冠词＋形容词＝名词。τὸ τοιοῦτο (ἐστίν) ἀνέλπιστον ξυμβῆναι ἡμῖν。

34.1［笺释］τὰ ... αὐτοῦ，定冠词＋副词＝名词。τοὺς μὲν ... τοῖς δὲ ...，这里的 τοὺς 和 τοῖς 都是指示代词（GG § 1106）。ἔς 跟前倾词（τε），故加了高调符号。ὡς，that。ἤ ... ἤ ...，"要么……要么……"。

34.2［笺释］δοκεῖ ＋ 与格（μοι）＋ 不定式（εἶναι）。ἄμεινον 跟不定式（πέμψαι）。διὰ φόβου εἰσὶ = διὰ φόβου εἶναι。διά 跟属格，加上表示状态的动词（如 εἶναι, ἔχειν 和 γίγνεσθαι 等），表示条件或者状态。μή 为赘词。ὥστε，用在句首，表总结，and so。τάχ' ἂν，"大概"。νομίσαντες 跟不定式（εἶναι 和 ἀμῦναι）。σφεῖς 相当于 αὐτοὶ（GG § 1973a）。ἤτοι，副词，"真的"。ἤ ... ἤ ...，"或者……或者……"。ἐξ ἑνός γέ του τρόπου，in some way certainly。τῶν νῦν，定冠词＋副词＝名词。ὅθεν，副词。ὅ，定冠词，跟前倾词（τε），故加了高调符号。τἆλλα = τὰ ἄλλα。

34.3—4［笺释］δεόμενοι 跟不定式（βοηθεῖν 和 κινεῖν）。第二句主干：ὅ ... εἰρήσεται。ὅ，自主关系代词，其引导的从句作句子主语。νομίζω 跟双宾格（ὅ 和 ἐπίκαιρον）。τὸ ... ἥσυχον，定冠词＋形容词＝名词。ἥκιστ'，用作副词。ὅτι πλεῖστοι，as many as。δυοῖν 和 μηνοῖν，双数。ἐθέλοιμεν 跟不定式（ἀπαντῆσαι 和 ποιῆσαι）。ὅτι，that。οὐ ... ἤ ...，"不是……而是……"。τοῦ ... πειραθῆναι，定冠词＋不定式＝名词，修饰 ὁ ἀγὼν。

ἐκείνους 作不定式 πειραωθῆναι 的主语。ὅτι，that。(ὄντες) φύλακες。(τὸ ... πέλαγος ἐστί) πολὺ 跟不定式（περαιοῦσθαι）。整理词序：... καὶ ἡμῖν ἂν εὐεπίθετος εἴη (ἡ παρασκευή) ...。(ἐστί) χαλεπὸν 跟不定式（μεῖναι）。προσπίπτουσα 与省略了的 ἡ Παρασκευή 配合。

34.5［笺释］τῷ ταχυναυτοῦντι，定冠词 + 分词 = 名词。ἁθροωτέρῳ (ὄντι)。χρήσαιντο 跟与格（κώπαις）。ἐπιθοίμεθ' (αὐτοῖς) κεκμηκόσιν。εἰ δὲ μὴ δοκοίη (ἡμῖν ἐπιθέσθαι)。ἔστι 跟不定式（ὑποχωρῆσαι），is able to ...。οἱ δὲ，but they（见前文 1.24.5 笺释）。ὡς ἐπὶ ...，表达句子主语的想法或者断言（GG § 2996）。ἢ ... ἢ ...，"要么……要么……"。πειρώμενοι 跟不定式（παραπλεῖν）。τὰ ... βέβαια，定冠词 + 形容词 = 名词。

34.6［笺释］ὥστ'，用在句首，表总结，and so。ἡγοῦμαι + 宾格（αὐτοὺς）+ 不定式（ἀπᾶραι, ἐξωσθῆναι 和 καταλῦσαι）。ἢ ... ἢ ...，"要么……要么……"。χρωμένους 跟与格（κατασκοπαῖς）。... ἐσμὲν χωρίῳ ἐν ᾧ (ἐσμὲν)。ᾧ，关系代词，其先行词是 χωρίῳ（实际上在后面主句中）（GG § 2541）。τῷ ἀδοκήτῳ，定冠词 + 形容词 = 名词。ἄλλως τε καὶ，"尤其"。τοῦ ἐμπειροτάτου ... ἡγουμένου ... λαβόντος ...，独立属格结构。τοῦ ἐμπειροτάτου，定冠词 + 形容词 = 名词。ὡς，as。εἰ 跟前倾词（τι），故加了高调符号。τι，宾格。

34.7［笺释］ὅτι，that。τὸ πλέον，定冠词 + 形容词 = 名词。τῶν ... ἀνθρώπων 修饰 αἱ γνῶμαι。τὰ λεγόμενα，定冠词 + 分词名词。τοὺς προεπιχειροῦντας，(τοὺς) προδηλοῦντας，定冠词 + 分词 = 名词，作 πεφόβηνται 的宾语。ἢ，or。γε，at least。τοῖς ... ἐπιχειροῦσι，定冠词 + 分词 = 名词，与 προδηλοῦντας 连读。ἰσοκινδύνους 与 τοὺς προεπιχειροῦντας 配合。ὅτι，that。μᾶλλον，rather。

34.8［笺释］ὅπερ，自主关系代词，what，作 πάθοιεν 的宾语。ὡς + 将来时分词（间接格）（ἀμυνουμένοις），用作说明，in the belief that ...（GG § 2086c）。ἀμυνουμένοις 与 ἡμῖν 配合。ὅτι，"因为"。τολμήσαντας 与省略了的 ἡμᾶς 配合（ἡμᾶς 作 ἴδοιεν 的宾语）。τῷ ἀδοκήτῳ，定冠词 + 形容词 = 名词。μᾶλλον ... ἢ ...，more ... than ...。τοῦ ἀληθοῦς，定冠词 + 形容词 = 名词。

34.9［笺释］πείθεσθε 跟不定式（ἑτοιμάζειν 和 παραστῆναι）。ὅτι τάχιστα，"以最快的速度"。τἆλλα = τὰ ἀλλά。τὸ ... καταφρονεῖν，定冠词 + 不定式 = 名词，作不定式 δείκνυσθαι 的主语。τοὺς ἐπιόντας，定冠词 + 分词 = 名词，作 καταφρονεῖν 的宾语。παραστῆναι + 与格（παντὶ）+ 不定式（δείκνυσθαι 和 ξυμβῆναι），to put it into one's head to ...。τὸ ... πράσσειν，定冠词 + 不定式 = 名词，作不定式 ξυμβῆναι 的主语。τὰς ... παρασκευὰς 作 πράσσειν 的宾语。νομίσαντας τὰς ... παρασκευὰς ἀσφαλεστάτας。

νομίσαντας 与省略了 ὑμᾶς 的配合（ὑμᾶς 作不定式 πράσσειν 的主语）。ὡς ἐπὶ κινδύνου, as in the face of danger。παραστῆναι ... τὸ ... πράσσειν ... ξυμβῆναι χρησιμώτατον ...。 τὸ μὲν καταφρονεῖν ... τὸ δ' ... πράσσειν ..., 表对照。ὅτι, that。ὅσον οὔπω, "差不多" "几乎"。

35.1-2［笺释］οἱ μὲν ... τοῖς δέ ... ἄλλοι δὲ ..., "有的人……有的人……其他人……", 其中 τοῖς δέ "洛布本" 作 οἱ δέ, 更明白易懂。τοῖς δέ, τοῖς 是指示代词（GG § 1106）, "对于他们来说"。ὡς, as。ἃ, 自主关系代词, whatever。ὅτι, "洛布本" 和阿尔伯蒂的校勘本作 ὅ τι, anything which。τί ... ὅ τι οὐκ = οὐδὲν ὅ τι οὐκ。αὐτοὺς = σφᾶς, 作 δράσειαν 的宾语。μεῖζον, 用作副词。τὸ πιστεῦον, 定冠词 + 分词 = 名词。φοβούμενον 与 ὀλίγον 配合。τὸ μέλλον, 定冠词 + 分词 = 名词。ὅς, 关系代词, 其先行词是 Ἀθηναγόρας。τῷ παρόντι, 定冠词 + 分词 = 名词。τοῖς πολλοῖς, 定冠词 + 形容词 = 名词。

36.1［笺释］第一短句主干：ὅστις ἢ δειλός ἐστιν ἢ οὐκ εὔνους。ὅτις, any one who, 先行词 + 关系代词（即 τις + ὅ）, 先行词是不确定的（indefinite）, 故其引导的句子相当于条件句, 故用否定词 μή, 不用 οὐ（GG § 2505b）。βούλεται + 宾格（τοὺς ... Ἀθηναίους）+ 不定式（φρονῆσαι 和 γενέσθαι）。ὑποχειρίους 和 ἐλθόντας 与 τοὺς ... Ἀθηναίους 配合。θαυμάζω 跟属格（τῆς ... τόλμης 和 τῆς ... ἀξυνεσίας）。τοὺς μὲν Ἀθηναίους ... τοὺς ... ἀγγέλλοντας ..., 表对照。τοὺς ... ἀγγέλλοντας, 定冠词 + 分词 = 名词, 用作副词, "就……而言"。τὰ τοιαῦτα, 定冠词 + 形容词 = 名词, 作 ἀγγέλλοντας 的宾语。ποιοῦντας 与 τοὺς ... ἀγγέλλοντας 配合。οἴοντο 跟不定式（εἶναι）。οἱ ... δεδιότες, 定冠词 + 分词 = 名词。τι, anything, 作 δεδιότες 的宾语。βούλονται + 宾格（τὴν πόλιν）+ 不定式（καθιστάναι）。τὸν σφέτερον (φόβον)。δύνανται, mean, signify, amount to。οἵπερ, 关系代词, 其先行词是 ἀνδρῶν。

36.3-4［笺释］句子主干：ὑμεῖς λογιεῖσθε τὰ εἰκότα。ἤν = ἐάν。ὧν = τούτων ἃ（GG § 2531a）, ἐξ 跟属格（τούτων）, ἃ 作 σκοποῦντες 和 δράσειαν 的宾语。εἰκὸς + 宾格（αὐτοῦς）+ 不定式（ἐλθεῖν）。ὑπολιπόντας、καταλελυμένους 和 ἑκόντας 与 αὐτοὺς 配合。οἴμοι + 宾格（αὐτοὺς）+ 不定式（ἀγαπᾶν）。ὅτι, that。(οὖσαι) πόλεις ...。

37.1［笺释］ἡγοῦμαι + 宾格（Σικελίαν）+ 不定式（διαπολεμῆσαι）。ἱκανωτέραν, 形容词比较级, 用作副词, 跟属格（Πελοποννήσου）, 表比较。ὅσῳ 跟比较级（ἄμεινον）, in so far as ...。ἄμεινον, 用作副词。κατὰ πάντα, "全面"。ἡγοῦμαι + 宾格（τὴν ... πόλιν）+ 不定式（εἶναι）。(εἶναι) κρείσσω, 形容词比较级, 跟属格（τῆς ... στρατιᾶς）, 表比较。ὥς, thus。ἐπιούσης 与 τῆς ... στρατιᾶς 配合。πολύ, 用作副词。οἷς, 关系代

词，其先行词是 τῆς ... στρατιᾶς。τοῖς ἡμετέροις，定冠词 + 形容词 = 名词。ἵππους，ὁπλίτας 和 τήν ... παρασκευήν 作 ἐπίσταμαι 的宾语。ἀκολουθήσοντας，πορισθησομένους 和 τινὰς 与 ἵππους 配合。ἐλθόντας 与 ὁπλίτας 配合。括号中的句子主干：τὸ ... κομισθῆναι (ἐστί) μέγα。πλοῦν 作不定式 κομισθῆναι 的主语。αὐταῖς，"（它们）本身"，alone。δεῖ + 宾格（ὅσην）+ 不定式（πορισθῆναι）。

37.2[笺释]ὥστε，用在句首，表总结，and so。παρὰ τοσοῦτον，to such an extent。δοκοῦσιν + 与格（μοι）+ 不定式（διαφθαρῆναι）。ὅσαι，关系形容词（或关联代词），其先行词 τοσαύτας 被吸收，且被吸引到关系形容词（或关联代词）的格（主格）（GG § § 2537, 2538）。ἢ πού，indeed（GG § 2865）。γε，at least。δή，表强调。ἐπὶ πολὺ，"长距离"。τό ... ξύμπαν，"总之"。ἡγοῦμαι + 宾格（αὐτοὺς）+ 不定式（κρατῆσαι）。κρατῆσαι 跟属格（τῆς γῆς）。κρείσσω，形容词比较级、宾格。

38.1-2[笺释]ταῦτα 作 γιγνώσκοντες 的宾语。οἵ，定冠词，跟前倾词（τε），故加了高调符号。ὅτι，that。τὰ σφέτερα，定冠词 + 形容词 = 名词。οὔτε ὄντα οὔτε ἂν γενόμενα = ἃ οὔτε ἔστιν οὔτε ἂν γένοιτο。οὕς，关系代词，其先行词是 ἄνδρες，作 ἐπίσταμαι 的宾语。ἤτοι，副词。κακουργοτέροις，形容词比较级，跟属格（τούτων），表比较。ἢ，"或者"。βουλομένους 和 καταπλήξαντας 与 οὕς 配合。βουλομένους + 宾格（αὐτοὺς）+ 不定式（ἄρχειν）。ἄρχειν 跟属格（τῆς πόλεως）。δέδοικα 跟虚拟语气（κατορθώσωσιν），μήποτε 为赘词。πολλὰ，用作副词。(ἐσμέν) κακοί 跟不定式（προφυλάξασθαί）。τῷ παθεῖν，定冠词 + 不定式 = 名词。αἰσθόμενοι 跟不定式（ἐπεξελθεῖν）。

38.3-4[笺释]οὐ ... πλέονας ἤ ...，not so much ...as ...。ἔστιν ὅτε，"有时"。ἤν = ἐάν。ἐθέλητε 跟不定式（ἔπεσθαι）。πειράσομαι 跟不定式（περιδεῖν）。περιδεῖν + 宾格（τι）+ 不定式（γενέσθαι）。ὧν，自主关系代词，指上文所说的情况，of which，修饰 τι。ἐφ' ἡμῶν，"在我们的时代"。τοὺς πολλοὺς，定冠词 + 形容词 = 名词，修饰 ὑμᾶς。τοὺς ... μηχανωμένους，定冠词 + 分词 = 名词。τὰ τοιαῦτα，定冠词 + 形容词 = 名词，作 μηχανωμένους 的宾语。χαλεπὸν (ἐστίν) 跟不定式（ἐπιτυγχάνειν）。κολάζων + 宾格（τοὺς ... μηχανωμένους 和 (τοὺς) αὐτοφώρους）+ 属格（ὧν），punishing someboby for something。ὧν = τούτων ἃ（GG § 2522）。τοὺς ... ὀλίγους，定冠词 + 形容词 = 名词。τὰ μὲν ... τὰ δὲ ... τὰ δὲ ...，"一方面……另一方面……另一方面……"。δοκῶ + 与格（μοι）+ 不定式（ἀποτρέπειν）。ἀποτρέπειν 跟属格（τῆς κακουργίας）。οὐχ ... μόνον ... ἀλλὰ ...，"不仅……而且……"。括号中句子：χρή 跟不定式（προαμύνεσθαι）。προαμύνεσθαι + 宾格（τὸν ... ἐχθρὸν）+ 属格（τούτων 和 τῆς διανοίας），"提防某人某事"。ὧν = τούτων ἃ（GG § 2522），ἃ 作 δρᾷ 的宾语。

38.5［笺释］ὅ，自主关系代词，which，内容在后面的问句。βούλεσθε 跟不定式（ἄρχειν 和 ἰσονομεῖσθαι）。πότερον ... ἀλλὰ ...，whether ... or ...。整理词序：ὁ νόμος ἐτέθη ἐκ τοῦ μὴ δύνασθαι ὑμᾶς μᾶλλον ἢ (τοῦ) ἀτιμάζειν (ὑμᾶς) δυναμένους。τοῦ ... δύνασθαι ... ἀτιμάζειν，定冠词 + 不定式 = 名词。ὑμᾶς 作不定式 δύνασθαι 和 ἀτιμάζειν 的主语。δυναμένους 与 ὑμᾶς 配合。μᾶλλον ἢ ...，rather than ...。δίκαιον 跟不定式（ἀξιοῦσθαι）。τοὺς αὐτούς，the citizens of the same city-state，作不定式 ἀξιοῦσθαι 的主语。ἀξιοῦσθαι 跟属格（τῶν αὐτῶν）。τῶν αὐτῶν，the same (privileges)。

39.1–2［笺释］φήσει + 宾格（δημοκρατίαν 和 τοὺς ... ἔχοντας）+ 不定式（εἶναι 和 ἄρχειν）。τοὺς ... ἔχοντας，定冠词 + 分词 = 名词。ἄριστα 和 βελτίστους，用作副词。φημι + 宾格（δῆμον，τοὺς πλουσίους，τοὺς ξυνετούς，τοὺς πολλούς 和 ταῦτα）+ 不定式（ὠνομάσθαι，εἶναι，βουλεῦσαι，κρῖναι 和 ἰσομοιρεῖν）。τοὺς πλουσίους，τοὺς ξυνετούς，τοὺς πολλούς，τοῖς πολλοῖς，τῶν ... ὠφελίμων，οἵ ... δυνάνενοι 和 οἱ νέοι，都是定冠词 + 形容词 = 名词。βέλτιστα，用作副词。μεταδίδωσι 跟属格（τῶν ... κινδύνων）。πλεονεκτεῖ 跟属格（τῶν ... ὠφελίμων）。ἀφελομένη 与 ὀλιγαρχία 配合。ἅ，自主关系代词，指上文所说的情况。οἵ，定冠词，跟前倾词（τε），故加了高调符号。ἀδύνατα 跟不定式（κατασχεῖν）。ὧν = τούτων οὕς，οὕς 是关系代词，其先行词是 τούτων（省略），关系代词 οὕς 被其先行词 τούτων 所吸引（attracted），采用了它的格（本应为宾格，却用了属格）（GG §§ 2522, 2538）。ἤ，"或者"。

40.1［笺释］κακά，用作副词。ἤ，"或者"。τὸ ... κοινόν，定冠词 + 形容词 = 名词。如果去掉中括号中的句子，即 [ἥπερ τὸ τῆς πόλεως πλῆθος]，容易理解，整理词序：...（οἱ ἀγαθοί）ἡγησάμενοι μετασχεῖν ἴσον καὶ πλέον ...。ἡγησάμενοι 跟不定式（μετασχεῖν 和 κινδυνεῦσαι）。... τοῦτο μὲν ... εἰ δ' ἄλλα ...，表对照，故 τοῦτο = τὸ αὔξειν τὸ τῆς πόλεως κοινόν，这里用作副词，in this way（或解作：τοῦτο 作 μετασχεῖν 的宾语）。ἴσον καὶ πλέον，形容词用作副词，in equal or greater。如果加上中括号中的句子，无论是 ἥπερ τὸ τῆς πόλεως πλῆθος，还是将 ἥπερ 改作 ὧνπερ（阿尔伯蒂的校勘本），①都不好解释。似乎可勉强解作：... πλέον ἥπερ，greater than ...；或者：ὧνπερ = τούτων ἅ（GG § 2522）。πλέον 跟属格（τούτων），表比较，μετασχεῖν 跟宾格（ἅ）。τὸ ... πλῆθος 作不定式 μετασχεῖν 的主语。即 ... ὧνπερ τὸ τῆς πόλεως πλῆθος (ἡγησάμενοι) μετασχεῖν ...。κινδυνεῦσαι 跟不定式（στερηθῆναι）。στερηθῆναι 跟属格（τοῦ ... παντός）。ἀπαλλάγητε 跟属格（τῶν ... ἀγγελιῶν）。ὡς，as。πρός (τοὺς) αἰσθανομένους。πρός，against。ἐπιτρέψοντας

---

① 其中的中括号也要去掉，参见霍氏《评注》，第 3 卷，页 415。

与 αἰσθανομένους 配合。

40.2［笺释］ἀξίως 跟属格（αὑτῆς）。... εἰσιν ἡμῖν，"……对我们来说是""我们有……"。οἵ，关系代词，其先行词是 στρατηγοί。πρός，at, by。ἑλομένῃ 跟双宾格（ὑμᾶς 和 ἄρχοντας）。αὐθαίρετον，用作副词。αὐτὴ ... ἐφ' αὑτῆς σκοποῦσα，"这个城邦自作主张"。αὐτὴ ... ἐφ' αὑτῆς，herself of herself。κρινεῖ τοὺς ... λόγους ... ὡς ἔργα δυναμένους ...。ὡς，as。δυναμένους，"等同于"。τοῦ ἀκούειν，定冠词 + 不定式 = 名词。πειράσεται 跟不定式（σῴζειν）。τοῦ ... ἐπιτρέπειν，定冠词 + 不定式 = 名词。φυλασσομένη 与 ἡ ... πόλις 配合。

41.1–2［笺释］εἴασε + 宾格（ἄλλον）+ 不定式（παρελθεῖν）。τὰ παρόντα，定冠词 + 分词 = 名词。σῶφρον (ἐστί) 跟不定式（λέγειν、ἀποδέχεσθαι 和 ὁρᾶν）。οὐ ... οὔτε ... οὔτε ...，简单否定词 + 复合否定词，后者强调前者，仍表否定（CGCG § 56.4）。τοὺς ἀκούοντας，定冠词 + 分词 = 名词，作 ἀποδέχεσθαι 的主语。τὰ ἐσαγγελλόμενα，定冠词 + 分词 = 名词。παρασκευασόμεθα 跟不定式（ἀμύνεσθαι）。τοὺς ἐπιόντας，定冠词 + 分词 = 名词，作 ἀμύνεσθαι 的宾语。

41.3–4［笺释］ἦν ἄρα，if indeed。μηδέν，not at all。τοῦ ... κοσμηθῆναι ...，定冠词 + 不定式 = 名词，修饰 βλάβη。τὸ κοινόν，定冠词 + 形容词 = 名词，作不定式 κοσμηθῆναι 的主语。οἷς，关系代词，其先行词是 τοῖς ἄλλοις。ἡμεῖς = οἱ στρατηγοί。τῶν ... διαπομπῶν 修饰 βλάβη。ἔς 跟前倾词（τε），故加了高调符号。ἤν τι ἄλλο = ἐς ἄλλο τι ὃ ἄν。τὰ δέ，τά 是指示代词（GG § 1106）。ὅτι，"洛布本"和阿尔伯蒂的校勘本作 ὅ τι，anything which。εἰπόντος τοῦ στρατηγοῦ，独立属格结构。

42.1–2［笺释］(μὲν) ... δ' ...，表对照，"且说"。ἔμελλον 跟不定式（ὁρμιεῖσθαί 和 στρατοπεδεύεσθαι）。ἀπορῶσιν 跟属格（ὕδατος, λιμένων 和 τῶν ἐπιτηδείων）。πρός ... τἆλλα，"通常"。πρός，with a view to。τἆλλα，all else。ὦσι ῥᾷους 跟不定式（ἄρχειν）。αἵτινες，不定关系代词。τῶν πόλεων 修饰 αἵτινες。εἴρητο 跟不定式（προαπαντᾶν）。

43.［笺释］δυοῖν，双数。ὧν，关系代词，其先行词是 Ἀττικαὶ (τριήρεις), of those。αἱ μὲν ... αἱ δ' ...，"一部分……另一部分……"。τοῖς ξύμπασιν，οἱ ἄλλοι 和 τῶν ὑπηκόων，定冠词 + 形容词 = 名词。οἱ μὲν ... οἱ δ' ...，"一部分……另一部分……"。οἱ ὀγδοήκοντα 修饰 Κρῆτες。

44.1–4［笺释］τὰ ἐπιτήδεια，定冠词 + 形容词 = 名词。ἅ，关系代词，其先行词是 πλοῖα。ἕνεκα 跟属格（ἐμπορίας）。ἅ，关系代词，其先行词是上文提及的各种船只。ὡς ἕκαστοι，"各自"。τῶν ... πόλεων ... δεχομένων ...，独立属格结构。ἔξω 跟属格（τῆς πόλεως）。ὡς，since。οὗ，关系副词，where。ἀξιοῦντες + 宾格（αὐτούς，省

略) + 不定式 ($βοηθεῖν$)。$Χαλκιδέας ὄντας$ 与 $αὐτοὺς$ 配合。$οἱ δὲ$, but they (见前文 1.24.5 笺释)。$ἔφασαν$ 跟不定式 ($ἔσεσθαι$ 和 $ποιήσειν$)。$ὅτι$，"洛布本"和阿尔伯蒂的校勘本作 $ὅ τι$, anything which。$οἱ δὲ$, 同上。$ἄριστα$, 用作副词。$βουλόμενοι$ 跟不定式 ($εἰδέναι$)。$εἰ$, whether。$ἃ$, 自主关系代词, what。

45. [笺释] $σαφῆ$ 修饰 $ὅτι$ 引导的主语从句 (作句子的主语)。$ὡς ἐπὶ τούτοις$, "在这种情况下"。$ἔς$ 跟前倾词 ($τε$), 故加了高调符号。$ἔνθα μὲν$ [= $πρὸς μὲν τοὺς$ ($ὑπηκόους$)] ... $πρὸς δὲ$ ($τοὺς αὐτονόμους$) ..., "向一个地方……向另一个地方……"。$τὰ περιπόλια τὰ ἐν τῇ χώρᾳ$, 重复定冠词结构。$τά ... ἐν τῇ πόλει$, 定冠词 + 介词短语 = 名词, 作 $ἐσκόπουν$ 的宾语。$ὅπλων$ 和 $ἵππων$ 修饰 $ἐξετάσει$。$εἰ$, whether。$τἆλλα$, "在其他方面"。$ὡς ἐπὶ ... πολέμῳ$, with a view to a war。$ὡς ἐπὶ ...$, 表达句子主语的想法或者断言 (GG § 2996)。$ὅσον οὐ$, "几乎""差不多"。

46.1–2 [笺释] $αἱ ... νῆες αἱ πρόπλοι$, 重复定冠词结构。$ὅτι$, that。$τἆλλα = τὰ ἄλλα$。$ἃ$, 关系代词, 其先行词是 $χρήματα$。$ὅτι$, "因为"。$ἐθελήσαντες$ 跟不定式 ($ξυστρατεύειν$)。$οὕς$, 关系代词, 其先行词是 $οἱ Ῥηγῖνοι$。$πρῶτον$, 副词。$ἤρξαντο$ 跟不定式 ($πείθειν$)。$ὄντας$ 与 $οὕς$ 配合。$Λεοντίνων$ 修饰 $ξυγγενεῖς$。$τὰ παρὰ τῶν Ἐγεσταίων$, 定冠词 + 介词短语 = 名词。$τοῖν ... ἑτέροιν$, 双数。$ἀλογώτερα$, 用作副词。

46.3–5 [笺释] $ἔς$ 跟前倾词 ($τε$), 故加了高调符号。$ἃ$, 关系代词, 其先行词是 $τὰ ἀναθήματα$。$πολλῷ$ 跟比较级 ($πλείω$) (GG § 1514)。$τὰ ἐκ τῶν ... πόλεων ...$, 定冠词 + 介词短语 = 名词。$ὡς$, as。$πάντων ... χρωμένων ...$, 独立属格结构。$χρωμένων$ 跟与格 ($τοῖς αὐτοῖς$)。$τοῖς αὐτοῖς$, 定冠词 + 形容词 = 名词。$ὡς ἐπὶ τὸ πολύ$, for the most part。$πολλῶν φαινομένων$, 独立属格结构。$ὡς$, that。$οἱ μέν$, $οἱ$ 为指示代词 (GG § 1106)。$τοὺς ἄλλους$, 定冠词 + 形容词 = 名词。$ὅτι$, that。$τὰ παρόντα$, 定冠词 + 分词 = 名词。

47. [笺释] $ἦν γνώμη$ 跟不定式 ($πλεῖν, βουλεύεσθαι, ἀξιοῦν, διαλλάξαι, ἀποπλεῖν, προσαγαγέσθαι$ 和 $κινδυνεύειν$)。$ὅπερ$, 关系代词, 其先行词是 $Σελινοῦντα$。$ἤν = ἐάν$。$ἀξιοῦν$ + 宾格 ($αὐτούς$) + 不定式 ($διδόναι$)。$ἢ ... ἤ ...$, "或者……或者……"。$παραμείναντας, παραπλεύσαντας, ἐπιδείξαντας, δηλώσαντας$ 和 $δαπανῶντας$, 都与 $αὐτοὺς$ 配合。$ἢν μή$, "除非"。$τι$, 用作副词, "在某种程度上"。$δι' ὀλίγου$, quick。$τοῦ ἀδοκήτου$, 定冠词 + 形容词 = 名词。$ἤ$, "或者"。$οἷοί τε$ 跟不定式 ($ὠφελῆσαι$)。$ἤ$, "或者"。$τινα$ 作不定式 $προσαγαγέσθαι$ 的宾语。$τὰ οἰκεῖα$, 定冠词 + 形容词 = 名词。

48. [笺释] $ἔφη$ 跟不定式 ($χρῆναι$)。$ἐκπλεύσαντας$ 和 $ἀπράκτους$ 与省略了的 $αὐτοὺς$ 配合 ($αὐτοὺς$ 作不定式 $χρῆναι$ 的主语)。$χρῆναι$ 跟不定式 ($ἀπελθεῖν, ἐπικηρυκεύεσθαι$

和 πειρᾶσθαι)。ἔς 跟前倾词（τε），故加了高调符号。τὰς ἄλλας，定冠词 + 形容词 = 名词。πειρᾶσθαι + 宾格（τοὺς Σικελοὺς）+ 不定式（ἀφιστάναι）。πειρᾶσθαι 还跟不定式（ποιεῖσθαι 和 πείθειν）。τοὺς μὲν … τοὺς δὲ …，"一部分……另一部分……"。ποιεῖσθαι 跟双宾格（τοὺς δὲ 和 φίλους）。(ἔφη) 跟不定式（εἶναι 和 ἔσεσθαι）。αὐτοὺς 作不定式 εἶναι 的主语。τῆς Σικελίας 修饰 προσβολῇ。προσαγομένους 和 εἰδότας 与上述省略了的 αὐτούς 配合。ὧν，关系代词，其先行词是 τὰς πόλεις。(ἔφη) 跟不定式（ἐπιχειρεῖν）。ἢν μή，"除非"。οἱ μὲν … οἱ δὲ …，"一些人……另一些人……"，分别指 οἱ Σελινούντιοι 和 οἱ Συρακόσιοι。ἐῶσι + 宾格（Λεοντίνους）+ 不定式（κατοικίζειν）。

49.1–2［笺释］ἔφη 跟不定式（χρῆναι）。χρῆναι 跟不定式（πλεῖν 和 ποιεῖσθαι）。ὡς τάχιστα，"尽可能快地"。(ἔφη) 跟不定式（εἶναι, καταφρονεῖν, περιγενέσσθαι, ἐκφοβῆσαι 和 φανῆναι）。τὸ … στράτευμα 作不定式 εἶναι 的主语。ἢν = ἐάν。πρὶν 跟不定式（ἐλθεῖν）。ἀνθρώπους 作不定式 καταφρονεῖν 的主语。ἢν，同上。σφεῖς 相当于 αὐτοί（GG§1973a），指雅典人（阿尔伯蒂的校勘本作 σφᾶς，可解作不定式 περιγενέσσθαι 的主语）。κατὰ πάντα，"在各个方面"。ὧν = τούτων ἅ（GG§2522）。

49.3–4［笺释］(ἔφη) 跟不定式（εἶναι）。εἰκὸς 跟不定式（ἀποληφθῆναι, ἥξειν, ἀπορήσειν, ξυμμαχήσειν, προϊέναι 和 διαμελλήσειν）。πολλοὺς 作不定式 ἀποληφθῆναι 的主语。τὸ ἀπιστεῖν，定冠词 + 不定式 = 名词。σφᾶς 作不定式 ἀπιστεῖν 的主语。ἐσκομιζομένων αὐτῶν，独立属格结构。τὴν στρατιὰν 作不定式 ἀπορήσειν 的主语。ἀπορήσειν 跟属格（χρημάτων）。ἢν = ἐάν。καθέζηται 的主语是 ἡ στρατία。κρατοῦσα 与 ἡ στρατία 配合。τοὺς … Σικελιώτας 作不定式 ξυμμαχήσειν, προϊέναι 和 διαμελλήσειν 的主语。περισκοποῦντας, ἐπαναχωρήσαντας 和 ἐφορμηθέντας[①] 与 τοὺς … Σικεκιώτας 配合。ἔφη 跟不定式（χρῆναι）。χρῆναι 跟不定式（ποιεῖσθαι）。ἅ，关系代词，其先行词是 Μέγαρα（"洛布本"和阿尔伯蒂的校勘本作 τὰ Μέγαρα）。ἀπέχοντα + 属格（Συρακουσῶν）+ 宾格（πλοῦν 和 ὁδόν），"距离某地多少里程"，与 Μέγαρα 配合。

50.1–5［笺释］ὡς，"由于"。ἀπεκρίναντο 跟不定式（δέξασθαι 和 παρέξειν）。τὰ ἐπιτήδεια，定冠词 + 形容词 = 名词。σφῶν αὐτῶν，of themselves。Ναξίων … δεξαμένων，独立属格结构。ὡς，"由于"。τὰ Συρακοσίων，定冠词 + 属格 = 名词。βουλόμενοι，preferring。τῇ ὑστεραίᾳ (ἡμέρᾳ)。προύπεμψαν + 宾格（δέκα (ναῦς)）+ 不定式（πλεῦσαί, κατασκέψασθαι 和 κηρῆξαι）。εἴ 跟前倾词（τι），故加了高调符号，

[①] "洛布本"和阿尔伯蒂的校勘本作 ἐφόρμησιν，霍氏赞同。参见霍氏《评注》，第 3 卷，页 425。

"whether"。ὅτι, that。τὴν ἑαυτῶν (γῆν)。κηρῆξαι + 宾格（τοὺς ... ὄντας ...）+ 不定式（ἀπιέναι）。τοὺς ... ὄντας ..., 定冠词 + 分词 = 名词。ὡς ... (φίλους καὶ εὐεργέτας), as。παρὰ 跟宾格（人）(Ἀθηναίους), "到某人那里去"。τὰ περὶ τὴν χώραν, 定冠词 + 介词短语 = 名词。ἧς, 关系代词, 其先行词是 τὴν χώραν。

51.1–3［笺释］ἐκκλησίας γενομένης, 独立属格结构。ἐκέλευον εἰπεῖν εἴ τι βούλονται ...。ἐκέλευον 跟不定式（εἰπεῖν）。εἴ 跟前倾词（τι）, 故加了高调符号, whether。τι, 宾格, anything。λέγοντος τοῦ Ἀλκιβιάδου 和 τῶν ἐν τῇ πόλει ... τετραμμένων, 独立属格结构。τῶν ἐν τῇ πόλει, 定冠词 + 介词短语 = 名词。οἱ ... φρονοῦντες, 定冠词 + 分词 = 名词。τὰ τῶν Συρακοσίων, 定冠词 + 属格 = 名词。ὡς, when。οἱ ἄλλοι, 定冠词 + 形容词 = 名词。ἐκέλευον 跟不定式（κομίζειν）。

52.1–2［笺释］ὡς, that。ὅτι, that。ὡς, when。οἱ δ', but they（见前文 1.24.5 笺释）。λέγοντες + 宾格（τὰ ὅρκια）+ 不定式（εἶναι）。τὰ ὅρκια 跟不定式（δέχεσθαι）。καταπλεόντων Ἀθηναίων, 独立属格结构。ἢν μή, "除非"。τῶν ... ἱππέων βοηθησάντων ... καὶ τῶν ψιλῶν ... διαφθειράντων, 独立属格结构。

53.1［笺释］ὡς 跟将来时分词（κελεύσοντας）, in order to。κελεύσοντας 跟不定式（ἀποπλεῖν）。ὧν = τούτων ἅ (GG § 2522), τούτων 修饰 ἀπολογίαν, ἐνεκάλει 跟宾格（ἅ）。τῶν (μὲν) ... μεμηνυμένων ... τῶν δὲ (μεμηνυμένων), "一部分（被控者）……另一部分（被控者）"（参见"洛布本"的断句）。ὡς, as。

53.2［笺释］οὐδὲν ἧσσον, no less。τῶν περὶ τὰ μυστήρια, 定冠词 + 介词短语 = 名词。τῶν ... δρασθέντων, 定冠词 + 分词 = 名词。διὰ 跟宾格（πίστιν）。(τοὺς) χρηστοὺς, 定冠词+形容词=名词。ἡγούμενοι 跟不定式（εἶναι）。χρησιμώτερον ... ἤ ...。ἤ, than。εἶναι χρησιμώτερον 跟不定式（βασανίσαι, εὑρεῖν 和 διαφυγεῖν）。τινά, anybody, 作 διαφυγεῖν 的主语。δοκοῦντα 跟不定式（εἶναι）。δοκοῦντα 和 αἰτιαθέντα 与 τινά 配合。διὰ 跟宾格（πονηρίαν）。

54.1–4［笺释］ἥν, 关系代词, 其先行词是 ξυντυχίαν。ἐπὶ πλέον, at some length。οὔτε ... οὔτε ... οὐδὲ ... οὐδέν, 多个复合否定词连用, 前三个强调最后一个, 仍表否定（GG § 2761）。τοὺς ἄλλους, 定冠词 + 形容词 = 名词。τοῦ γενομένου, 定冠词 + 分词 = 名词。Πεισιστράτου ... τελευτήσαντος 和 γενομένου ... Ἁρμοδίου ..., 独立属格结构。ὁ δέ, but he（见前文 1.24.5 笺释）。φοβηθεὶς 跟虚拟语气（προσαγάγηται）, μή 为赘词。ὡς, so far as。ὡς, when。οὐδέν, 用作副词, not at all。βίαιον, 用作副词。ἐβούλετο 跟不定式（δρᾶν）。ὡς, as if。παρεσκευάζετο (ὡς) 跟将来时分词（προπηλακιῶν）。

54.5–7［笺释］第一短句主干：κατεστήσατο τὴν ... ἀρχήν。ἄλλην, "其他的（除

了这个）""一般的"。τοὺς πολλούς，定冠词+形容词=名词。ἐπὶ πλεῖστον，"最大程度"。δή，表强调。πρασσόμενοι，中动态，跟双宾格（Ἀθηναίους 和 εἰκοστὴν）（CGCG § 30.9）。τῶν γιγνομένων，定冠词+分词=名词。τὰ ... ἄλλα，定冠词+形容词=名词，用作副词，"在其他方面"。ἐχρῆτο 跟与格（τοῖς ... νόμοις）。ἐπεμέλοντο + 宾格（τινα）+ 不定式（εἶναι）。σφῶν αὐτῶν，of their own。πλὴν καθ' ὅσον，except in so far as。αὐτῶν 修饰 ἄλλοι。τοῦ τυραννεύσαντος，定冠词+分词=名词。ὅς，关系代词，其先行词是 Πεισίστρατος。τὸν ἐν τῇ ἀγορᾷ (βωμὸν)。ἄρχων，分词。τὸν τοῦ Ἀπόλλωνος (βωμὸν)。ὕστερον，用作副词。τῷ μὲν (βωμῷ)... τοῦ δ' (βωμοῦ) ...，前者与τοὐπίγραμμα连读，后者修饰τὸ ἐπίγραμμα。(τὸ ἐπίγραμμα) ἐστιν δηλόν ...。铭文句子整理词序：Πεισίστρατος θῆκεν τόδ' μνῆμα ἀρχῆς ἧς (Πεισίστρατος λαμβάνει) ἐν τεμένει Ἀπόλλωνος。ἀρχῆς 修饰 μνῆμα。ἧς，关系代词，其先行词是 ἀρχῆς。ἧς 本应作 ἥν（作 λαμβάνει 的宾语），但这里它被其先行词吸引（attraction），用了其先行词的格（GG § 2522a）。

55.1［笺释］第一短句主干：ἰσχυρίζομαι ὅτι ...。ἀκριβέστερον，形容词比较级，跟属格（ἄλλων），表比较。αὐτῷ τούτῳ，in this itself。φαίνονται 跟分词（γενόμενοι）。ὡς，as。ὁ，定冠词，跟前倾词（τε），故加了高调符号。ἡ στήλη ... ἡ ἐν τῇ ... ἀκροπόλει，重复定冠词结构。ᾗ，关系代词，其先行词是 ἡ στήλη。οὐδ' ... οὐδείς，两个复合否定词连用，后者强调前者，仍表否定（GG § 2761）。οἷ，关系代词，其先行词是 πέντε (παῖδες)。αὐτῷ 与 γενόμενοι 连读。τῆς Καλλίου，定冠词+属格=名词。εἰκὸς + 宾格（τὸν πρεσβύτατον）+ 不定式（γῆμαι）。

55.2-4［笺释］τὸ πρεσβεύειν ... τυραννεῦσαι，定冠词+不定式=名词。ἀπ' αὐτοῦ = μετ' αὐτόν，"在他之后"。οὐ μὴν οὐδ'，nor yet again。δοκεῖ + 与格（μοι）+ 不定式（κατασχεῖν）。Ἱππίας 作不定式 κατασχεῖν 的主语。τὸ παραχρῆμα，"当场""立即"。διὰ 跟宾格（τὸ ... φοβερόν）。ἀκριβὲς ἐς ... τοὺς ἐπικούρους，"严密掌控其卫队"。πολλῷ τῷ περιόντι，with a great surplus security。τῷ περιόντι，定冠词+分词=名词。τοῦ ἀσφαλοῦς，定冠词+形容词=名词。ὡς，as。ᾧ，关系代词，指 ὡς ἀδελφὸς νεώτερος ὤν。Ἱππάρχῳ，"对 Ἵππαρχος 而言"。ξυνέβη + 与格（αὐτὸν，省略）+ 不定式（προσλαβεῖν）。ὀνομασθέντα = ὀνομαστὸν γενόμενον，与省略了的 αὐτὸν 配合（αὐτὸν 指 Ἵππαρχος）。τὰ ἔπειτα，定冠词+副词=名词。

56.1-3［笺释］ἐπαγγείλαντες + 宾格（κόρην）+ 不定式（ἥκειν）。λέγοντες 跟不定式（ἐπαγγεῖλαι）。οὐδὲ ... τὴν ἀρχήν，not at all。τὸ ... εἶναι，定冠词+不定式=名词。οἴσουσαν 和 ἀξίαν 与 κόρην 配合。... ἐνεγκόντος τοῦ Ἁρμοδίου，独立属格结构。

χαλεπῶς，"愤怒地"。πολλῷ 跟比较级（μᾶλλον）（GG § 1514）。句子主干：τὰ ... ἄλλα ἐπέπρακτο αὐτοῖς。πρὸς，towards，with。τοὺς ξυνεπιθησομένους，定冠词 + 分词 = 名词。... τὰ μεγάλα，定冠词 + 形容词 = 名词。ᾗ，关系代词，其先行词是 ἡμέρᾳ（实际上在后面主句中）（GG § 2541）。ὕποπτον 跟不定式（γενέσθαι）。τοὺς ... πέμψοντας，定冠词 + 分词 = 名词，作不定式 γενέσθαι 的主语。τὴν πομπὴν 作 πέμψοντας 的宾语。ἔδει + 宾格（αὐτοὺς 和 ἐκείνους）+ 不定式（ἄρξαι 和 ξυνεπανύνειν）。τὰ πρὸς τοὺς δορυφόρους，定冠词 + 介词短语 = 名词，用作副词，"在……方面"。οἱ ξυνομωμοκότες 和 τοὺς ... προειδότας，定冠词 + 分词 = 名词。ἤλπιζον + 宾格（τοὺς ... προειδότας）+ 不定式（ἐθελήσειν）。ἐθελήσειν 跟不定式（ξυνελευθεροῦν）。ἐκ τοῦ παραχρῆμα，"当场""立即"。σφᾶς αὐτοὺς，themselves。

57.1-4［笺释］ὡς，when。ὡς ἕκαστα，"各个部分"。τῆς πομπῆς，修饰 ἕκαστα。ἐχρῆν 跟不定式（προϊέναι）。ὡς，when。ἐνόμισαν 跟不定式（μεμηνῦσθαί 和 ξυλληφθήσεσθαι）。ὅσον οὐκ，"几乎""差不多"。ἐβούλοντο 跟不定式（προτιμωρήσασθαι）。τὸν λυπήσαντα，定冠词 + 形容词 = 名词，作不定式 προτιμωρήσασθαι 的宾语。ὥσπερ εἶχον，just as they were。ἔσω 跟属格（τῶν πυλῶν）。ὡς ... μάλιστα，"最大程度地"。ὁ μὲν ... ὁ δὲ ...，"一个……另一个……"。(δι') ἐρωτικῆς ... (δι') ὑβρισμένος。ὁ μὲν，ὁ 为指示代词（GG § 1106），是下文的 ὁ Ἀριστογείτων 的同位语。τὸ αὐτίκα，"立即"。ξυνδραμόντος τοῦ ὄχλου，独立属格结构。αὐτοῦ，just there。

58.1-2［笺释］(τούτου) ἀγγελθέντος，独立属格结构。τὸ γενόμενον，定冠词 + 分词 = 名词。τοὺς πομπέας τοὺς ὁπλίτας，重复定冠词结构。πρότερον ἢ ... = πρότερον πρίν 跟不定式（αἰσθέσθαι）。αὐτοὺς 作不定式 αἰσθέσθαι 的主语。ἐκέλευσεν + 宾格（αὐτούς）+ 不定式（ἀπελθεῖν）。αὐτὸ 指 τι χωρίον。οἱ μὲν... ὁ δὲ ...，οἱ 和 ὁ 都是指示代词（GG § 1106）。οἰόμενοι + 宾格（αὐτόν）+ 不定式（ἐρεῖν）。τι 作不定式 ἐρεῖν 的宾语，anything。φράσας 跟不定式（ὑπολαβεῖν）。οὓς，自主关系代词，whom。εἴ 跟前倾词（τις），故加了高调符号。εἴ τις，if any（CGCG § 29.42）。εἰώθεσαν 跟不定式（ποιεῖν）。

59.1-2［笺释］第一句主干：ἡ ... ἀρχὴ καὶ ἡ ... τόλμα ἐγένετο Ἁρμοδίῳ καὶ Ἀριστογείτονι。ἥ，定冠词，跟前倾词（τε），故加了高调符号。ἐκ 跟属格（τοῦ ... περιδεοῦς）。χαλεπωτέρα，用作副词。τὰ ἔξω，定冠词 + 副词 = 名词。εἴ 跟前倾词（ποθεν），故加了高调符号，whether。μεταβολῆς γενομένης，独立属格结构。οἷ，to himself（CGCG § 29.18）。

59.3［笺释］第一句主干：ἔδωκεν Ἀρχεδίκην Αἰαντίδῃ。Ἱππόκλου 修饰 τῷ παιδὶ。γοῦν，副词。αἰσθανόμενος + 宾格（αὐτοὺς）+ 不定式（δύνασθαι）。μέγα，用作副

词。铭文句子整理词序：*ἥδε κόνις κέκευθε Ἀρχεδίκην Ἱππίου, ἀνδρὸς ἀριστεύσαντος ἐν Ἑλλάδι τῶν ἐφ' ἑαυτοῦ, ἣ οὖσα πατρός τε καὶ ἀνδρὸς ἀδελφῶν τε παίδων τε τυράννων, οὐκ ἤρθη νοῦν ἐς ἀτασθαλίην*。*τῶν ἐφ' ἑαυτοῦ*，定冠词+介词短语=名词。*ἐφ' ἑαυτοῦ*，"在他本人的时代"。*ἣ*，关系代词，其先行词是 *Ἀρχεδίκην*。

59.4［笺释］*τυραννεύσας* 跟属格（*Ἀθηναίων*）。*ἔτη τρία*，表时间的宾格，表示贯穿该时间段。*τῷ τετάρτῳ* (*ἔτει*)。*τῶν φευγόντων*，定冠词+分词=名词。*ἐς* 跟前倾词（*τε*），故加了高调符号。*παρ'* 跟宾格（人）（*Αἰαντίδην*），"到某人那里去"。*ὡς*, to。*ἔτει εἰκοστῷ*，表时间的与格，表示在该时间点。

60.1［笺释］*ἐνθυμούμενος* 跟属格（*ὧν*）。*ὧν*，自主关系代词，指前文所说的事件。*ὁ δῆμος ὁ τῶν Ἀθηναίων*，重复定冠词结构。*τοὺς περὶ τῶν μυστικῶν*，定冠词+介词短语=名词。*ἐδόκει* 跟不定式（*πεπρᾶχθαι*）。*πάντα*，用作副词。

60.2［笺释］*ὡς* 跟独立属格结构（*αὐτῶν ... ὀργιζομένων*），这里表原因（GG§2086）。*τὸ τοιοῦτον* 和 *τὸ ἀγριώτερον*，定冠词+形容词=名词。*τὸ ... ξυλλαμβάνειν*，定冠词+不定式=名词。*ἀναπείθεται* 跟不定式（*μηνῦσαι*）。*τῶν δεδεμένων*，定冠词+分词=名词。*ὅσπερ*，关系代词，其先行词是 *εἷς*。*ἐδόκει* 跟不定式（*εἶναι*）。*τῶν ξυνδεσμωτῶν* 修饰 *τινὸς*。*τὰ ὄντα*，定冠词+分词=名词，the truth。*ἄρα*，加重语气，"就是""正是"。*τὸ ... σαφὲς*，定冠词+形容词=名词。*οὐδεὶς ... οὔτε ... οὔτε*，多个复合否定词连用，后者（两个）强调前者，仍表否定（GG§2761）。*ἔχει* 跟不定式（*εἰπεῖν*），is able to ...。*τῶν δρασάντων*，定冠词+分词=名词。

60.3［笺释］*ὡς*, that。*εἰ ... καὶ*, even if。*χρή* + 宾格（*αὐτόν*） + 不定式（*σῶσαι* 和 *παῦσαι*）。*παῦσαι* + 宾格（*τὴν πόλιν*）+ 属格（*τῆς ... ὑποψίας*），to hinder ... from ...。*λέγων* 跟不定式（*εἶναι* 和 *ἐλθεῖν*）。*βεβαιοτέραν ... ἢ ...*。*βεβαιοτέραν* 修饰 *σωτηρίαν*。*ὁμολογήσαντι* 和 *ἀρνηθέντι* 与 *αὐτῷ* 配合。

60.4–5［笺释］*ὁ μὲν*，*ὁ* 为指示代词（GG§1106）。*καθ' ἑαυτοῦ*, against himself。*τὸ τῶν Ἑρμῶν*，定冠词+属格=名词。*ὁ ... δῆμος ὁ τῶν Ἀθηναίων*，重复定冠词结构。*ὡς*, as。*τὸ σαφὲς*，定冠词+形容词=名词。*τοὺς ἐπιβουλεύοντας*，定冠词+分词=名词。*τοὺς ἄλλους*，定冠词+形容词=名词。*τοὺς ... καταιτιαθέντας*，定冠词+分词=名词。*τοὺς μὲν ..., τοὺς* 为指示代词（GG§1106）。*ὅσοι*，关系形容词（或关联代词），其先行词 *τοσούτους* 被吸收，且被吸引到关系形容词（或关联代词）的格（主格）（GG§§2537, 2538）。*τῶν ... διαφυγόντων*，定冠词+分词=名词。*τῷ ἀποκτείναντι*，*τῷ παρόντι* 和 *οἱ ... παθόντες*，定冠词+分词=名词。*εἰ*, whether。

61.1［笺释］*ἐναγόντων τῶν ἐχθρῶν*，独立属格结构。*οἵπερ*，关系代词，其先

行词是 τῶν ἐχθρῶν。πρὶν 跟不定式（ἐκπλεῖν）。τὸ τῶν Ἑρμῶν，定冠词 + 属格 = 名词。ᾤοντο 跟不定式（ἔχειν）。πολὺ，用作副词。τὰ μυστικά ... ἐδόκει πραχθῆναι。τὰ μυστικά，集合名词，用作单数。ἐδόκει 跟不定式（πραχθῆναι）。ἐπαίτιος 跟属格（ὤν）。ὧν，关系代词，其先行词是 τὰ μυστικά。ἐπὶ τῷ δήμῳ 与 τῆς ξυνωμοσίας 连读。

61.2-3［笺释］ἔτυχε 跟分词（παρελθοῦσα）。ᾧ，关系代词，其先行词是 καιρὸν。τι 作 πράσσοντες 的宾语。ἐδόκει 跟不定式（ἥκειν）。ἐκείνου πράξαντος，独立属格结构。ἕνεκα 跟属格（Βοιωτῶν）。ἔφθασαν 跟分词（ξυλλαβόντες）。ἡ πόλις (ἐδόκει) προδοθῆναι。καὶ，even。τινα μίαν νύκτα，表时间的宾格，表示贯穿该时间段，one whole night。τῷ ἐν πόλει Θησείῳ。οἵ ... ξένοι ... οἱ ἐν Ἄργει，重复定冠词结构。οἵ，定冠词，跟前倾词（τε），故加了高调符号。ὑπωπτεύθησαν 跟不定式（ἐπιτίθεσθαι）。παρέδοσαν + 宾格（τοὺς ὁμήρους ... τοὺς ... κειμένους）+ 不定式（διαχρήσασθαι）。

61.4-5［笺释］ὥστε，用在句首，表总结，and so。βουλόμενοι 跟不定式（ἀποκτεῖναι）。ἐπὶ，"为了……"。ὧν πέρι ἄλλων = (ἐπὶ) τοὺς ἄλλους περὶ ὧν（GG § 175a）（CGCG § 60.14）。ὧν，自主关系代词，指上文所说的事情。εἴρητο 跟不定式（προειπεῖν）。προειπεῖν 跟不定式（ἀκολουθεῖν 和 ξυλλαμβάνειν）。τό ... θορυβεῖν，定冠词 + 不定式 = 名词。οὐχ ἥκιστα，"尤其""特别"。βουλόμενοι 跟不定式（παραμεῖναι）。νομίζοντες 跟不定式（πεισθῆναι）。πεισθῆναι 跟不定式（ξυστρατεύειν）。

61.6-7［笺释］ὁ μὲν，ὁ 为指示代词（GG § 1106）。οἱ ξυνδιαβεβλημένοι，定冠词 + 形容词 = 名词。ὡς，as if。τὸ ... καταπλεῦσαι，定冠词 + 不定式 = 名词。οἱ δ᾽，but they（见前文 1.24.5 笺释）。ὡς，since。τοὺς μετ᾽ αὑτοῦ，定冠词 + 介词短语 = 名词。πολὺ 用作副词。τῶν μετ᾽ ἐκείνου，同上。

62.1-5［笺释］βουλόμενοι 跟不定式（εἰδέναι，κατασκέψασθαι 和 μαθεῖν）。εἰ，whether。τὰ διάφορα ... τὰ πρὸς Ἐγεσταίους 和 τὸ μέρος τὸ πρὸς τὸν ... κόλπον，重复定冠词结构。ἥπερ，关系代词，其先行词是 Ἱμέραν。ὡς，"由于"。τἆλλα = τὰ ἀλλὰ。κελεύοντες 跟不定式（πέμπειν）。τῆς ἑαυτῶν (γῆς)。

63.1-3［笺释］τοῦ ... χειμῶνος，表时间的属格，表示在该时间段内。ὡς ἐπὶ ...，表达句子主语的想法或者断言（GG § 2996）。πρὸς 跟宾格（τὸν ... φόβον καὶ τὴν προσδοκίαν），in accordance with。τὰ ἐπ᾽ ἐκεῖνα，定冠词 + 介词短语 = 名词。πλέον 和 πολὺ，用作副词。ἠξίουν + 宾格（τοὺς στρατηγούς）+ 不定式（ἄγειν）。οἷον，just as。δὴ，表强调。φιλεῖ 跟不定式（ποιεῖν）。ἄλλα τε καί，"尤其是""特别是"，类似 ἄλλως τε καί（GG § 2980）。εἰ ... ἤ ...，whether ... or ...。τὴν οἰκείαν (γῆν)。

64.1［笺释］ἅ，自主关系代词，that，指上文所说的情况。βουλόμενοι 跟不定式

(ἄγει 和 καταλαμβάνειν)。ὅτι πλεῖστον，as far as possible。ἐν τοσούτῳ，"与此同时"。εἰδότες + 宾格（τοὺς ἱππέας 和 χωρίον）不定式（βλάπτειν 和 λήψεσθαι）。ἢ，"或者"。τοὺς ... ψιλοὺς τοὺς σφῶν καὶ τὸν ὄχλον 作不定式 βλάπτειν 的宾语。... παρόντων ἱππέων，独立属格结构。μεγάλα 用作副词。ὅθεν，where。ἄξια 跟属格（λόγου），用作副词。ὅπερ，关系代词，其先行词是τοῦ ... χωρίου。οἳ，关系代词，其先行词是φυγάδες。ἃ，自主关系代词，what。τι 作 μηχανῶνται 的宾语。

64.2-3［笺释］τῇ δοκήσει，in their opinion。ἧσσον，用作副词。ἔφη 跟不定式（ἥκειν）。ὧν，关系代词，其先行词是ἀνδρῶν，修饰 τὰ ὀνόματα。τῶν ... εὔνων，定冠词 + 形容词 = 名词。ἔλεγε + 宾格（τοὺς Ἀθηναίους）+ 不定式（αὐλίζεσθαι）。ἔλεγε 跟不定式（ἀποκλήσειν, ἐμπρήσειν, αἱρήσειν, εἶναι, ἠτοιμάσθαι 和 ἥκειν）。βούλονται 跟不定式（ἐλθεῖν）。τοὺς παρὰ σφίσι = αὐτοὺς παρὰ σφίσι。ἐκείνους 作不定式 αἱρήσειν 的主语。ταῦτα τοὺς ξυνδράσοντας = τοὺς ταῦτα ξυνδράσοντας，作不定式 εἶναι 的主语。ὧν，关系代词，其先行词是τοὺς ταῦτα ξυνδράσοντας。

65.1［笺释］τοῦ ... θαρσεῖν καὶ εἶναι ...καὶ ... παρεσκευάσθαι ...，定冠词 + 不定式 = 名词。παρεσκευάσθαι 跟不定式（ἰέναι）。πολλῷ 跟比较级（ἀπερισκεπτότερον）（GG § 1514）。ᾗ，关系代词，其先行词是ἡμέραν，on which。προεῖπον 跟不定式（ἐξιέναι）。τὰ τῆς παρασκευῆς，定冠词 + 属格 = 名词。αἷς，关系代词，其先行词是αἱ ἡμέραι。ξυνέθεντο 跟不定式（ἥξειν）。

65.2-3［笺释］ὡς，when。τό ... στράτευμα ... τὸ ἑαυτῶν，重复定冠词结构。ὅσοι，关系形容词（或关联代词），其先行词τοσούτους 被吸收，且被吸引到关系形容词（或关联代词）的格（主格）（GG §§ 2537, 2538）。ἢ，"或者"。οἵ，定冠词，跟前倾词（τε），故加了高调符号。τὸ κατὰ τὸ Ὀλυμπιεῖον，定冠词 + 介词短语 = 名词。ὡς 跟将来时分词（καταληψόμενοι），in order to。οἱ ἱππῆς οἱ Συρακοσίων，重复定冠词结构。ὅτι，that。

66.1-3［笺释］... οὔσης τῆς ὁδοῦ ...，独立属格结构。ᾧ，关系代词，其先行词是χωρίον。ἔμελλον 跟不定式（ἄρξειν）。ἄρξειν 跟属格（μάχης）。αὐτοῦ 指 τῷ ἔργῳ。ἥκιστ' 跟不定式（λυπήσειν），史密斯（Charles F. Smith）指出，有校勘者提出将 λυπήσειν 改作 λυπήσειαν，更容易理解。... τῇ μὲν ... παρὰ δὲ τὸ ...，"在一边……在另一边……"，因为有介词 παρά，故 δέ 提前（GG §§ 1107, 1109）。ᾗ，关系副词，where。(αὐτῶν) παρασκευαζομένων，独立属格结构。ἐγγὺς 跟属格（τοῦ στρατεύματος）。ὡς，when。

67.1-3［笺释］τῇ ... ὑστεραίᾳ (ἡμέρᾳ)。ὡς ἐς ...，表真正意图（GG § 2996）。τὸ μέσον, τὸ ... ἄλλο, οἱ ἄλλοι 和 τὸ ... ἥμισυ，定冠词 + 形容词 = 名词。οἱ ξύμμαχοι οἱ ἄλλοι，重复定冠词结构。τῷ πρόσθεν，定冠词 + 副词 = 名词。οἷς，关系代词，其先行词是 τὸ ... ἥμισυ，与εἴρητο 连读。εἴρητο 跟不定式（παραγίγνεσθαι）。ἐφορῶντας 与省略了的 αὐτοὺς 配合（αὐτοὺς 作不定式 παραγίγνεσθαι 的主语）。ᾗ，关系副词，where。τοὺς σκευοφόρους 和 τῶν ἐπιτάκτων，定冠词 + 形容词 = 名词。ἐντὸς 跟属格（τῶν ἐπιτάκτων）。ὅσοι，关系形容词（或关联代词），其先行词 τοσούτους 被吸收，且被吸引到关系形容词（或关联代词）的格（主格）（GG § § 2537, 2538）。ὅσον，about。ὡς，about。τῷ δεξιῷ，定冠词 + 形容词 = 名词。ἤ，than。μέλλουσι，分词，跟不定式（ἐπιχειρήσειν），与 τοῖς Ἀθηναίοις 配合。

68.1-2［笺释］δεῖ 跟不定式（χρῆσθαι）。χρῆσθαι 跟与格（παραινέσει）。οἵ，关系代词，其先行词是 ἄνδρες。δοκεῖ + 与格（μοι）+ 不定式（εἶναι）。εἶναι ἱκανωτέρα 跟不定式（παρασχεῖν）。ἤ，than。οἱ πρῶτοί，定冠词 + 形容词 = 名词。χρὴ + 宾格（τινὰ）+ 不定式（ἔχειν）。πάντα τινὰ，every one。ἄλλως τε καὶ，"尤其" "特别"。οἵ，关系代词，其先行词是 Σικελιώτας。τὸ ... ἔχειν，定冠词 + 不定式 = 名词。ἥσσω，形容词比较级，与τὴν ἐπιστήμην 配合，跟属格（τῆς τόλμης），表比较。

68.3-4［笺释］παραστήτω，第三人称单数不定过去时命令语气，跟主格（τόδε），跟不定式（εἶναι）。πολὺ，用作副词。不定先行词 + 关系代词（ἥντινα = τινα ἥν）跟否定词（μή），相当于一个条件句，"除非"（GG § 2505b）。τοὐναντίον ... ἤ ...。σφίσιν αὐτοῖς, to themselves。ὅτι, that。οἱ μὲν ..., οἱ 为指示代词（GG § 1106）。ὅτι, that。ἧς，自主关系代词。δεῖ 跟不定式（κρατεῖν）。ἤ，"或者"。ῥᾳδίως 跟不定式（ἀποχωρεῖν）。μνησθέντες 跟属格（τῆς ... ἀξίας）。τοῖς ἐναντίοις，定冠词 + 形容词 = 名词。φοβερωτέραν，形容词比较级，跟属格（τῶν πολεμίων），表比较。

69.1［笺释］ὡς 跟将来时分词（μαχούμενοι），in order to。... τῆς πόλεως οὔσης，独立属格结构。οἱ δὲ，but they（见前文1.24.5笺释）。ὡς ... ἕκαστός，"各自"。τοῖς πλέοσι，定冠词 + 形容词 = 名词。οὐ ... οὐδὲ ... οὔτ' ... οὔτ'，简单否定词 + 复合否定词，后两者强调前二者，仍表否定（CGCG § 56.4）。ἐλλιπεῖς 跟与格（προθυμίᾳ 和 τόλμῃ）。ταῖς ἄλλαις，定冠词 + 形容词 = 名词。ἥσσους，形容词比较级，主格、复数。ἐς ὅσον = ὅσον，so far as。τῷ ... ἐλλείποντι，定冠词 + 分词 = 名词。αὐτῆς 指 ἡ ἐπιστήμη，修饰 τῷ ... ἐλλείποντι。οἰόμενοι + 宾格（τοὺς Ἀθηναίους）+ 不定式（ἐπελθεῖν）。ἀναγκαζόμενοι 跟不定式（ἀμύνασθαι）。

69.2［笺释］οἵ，定冠词，跟前倾词（τε），故加了高调符号。... καὶ τροπὰς οἵας εἰκὸς ψιλοὺς ἀλλήλων ἐποίουν，"洛布本"和阿尔伯蒂的校勘本的断句有所不同：...

καὶ τροπὰς, οἴας εἰκὸς ψιλοὺς (ποιεῖν), ἀλλήλων ἐποίουν，更容易理解。εἰκὸς 跟不定式（ποιεῖν，省略）。ψιλοὺς 作不定式 ποιεῖν 的主语。τροπὰς 作 ἐποίουν 的宾语。ἀλλήλων 修饰 τροπὰς。τὰ νομιζόμενα，定冠词 + 分词 = 名词。

69.3［笺释］οἱ δ᾽, but they（见前文 1.24.5 笺释）。μαχούμενοι 跟不定式（σχεῖν，βλάψαι，ξυγκτήσασθαί 和 ἐπιδεῖν）。τῆς ἰδίας ... σωτηρίας ... ἐλευθερίας。τὸ ... αὐτίκα 定冠词 + 副词 = 名词，用作副词，for the present。τὸ ... μέλλον，定冠词 + 分词 = 名词，for the future。τῶν ... ἐναντίων，定冠词 + 形容词 = 名词。σχεῖν οἰκείαν περὶ ... τῆς ἀλλοτρίας (γῆς), to make a foreign country their own。τὴν οἰκείαν (γῆν) 作 βλάψαι 的宾语。οἱ αὐτόνομοι，定冠词 + 分词 = 名词。ἅ，自主关系代词，whatever。最后短句：τὸ ... ὑπήκοον，定冠词 + 形容词 = 名词（集合名词，看作单数，GG § 958），与 ὑπακούσεται（被动态）连读。μέγιστον, above all。ἢν μὴ，"除非"。τὸ πρόθυμον，定冠词 + 形容词 = 名词。ἐν παρέργῳ, by the way。εἴ 跟前倾词（τι），故加了高调符号。ξυγκαταστρεψαμένοις 与 αὐτοῖς（指雅典人）配合，其宾语是 τι。阿尔伯蒂的校勘本将原文改为：ξυγκαταστρεψάμενοι ... ὑπακούσονται，霍氏赞同，[①] 更容易理解（集合名词 τὸ ... ὑπήκοον 也可以看作复数，GG § 959）。

70.1［笺释］γενομένης ... τῆς μάχης，独立属格结构。ξυνέβη + 宾格（τινὰς βροντάς，ἀστραπὰς 和 ὕδωρ）+ 不定式（γενέσθαι）。ὥστε 跟不定式（ξυνεπιλαβέσθαι，δοκεῖν 和 παρέχειν），表结果。τοῦτο 作不定式 ξυνεπιλαβέσθαι 的主语。ξυνεπιλαβέσθαι 跟属格（τοῦ φόβου）。τοῖς ... μαχομένοις καὶ ... ὡμιληκόσι，定冠词 + 分词 = 名词。ἐλάχιστα，用作副词。τοῖς ... ἐμπειροτέροις，定冠词 + 形容词 = 名词。τὰ ... γιγνόμενα，定冠词 + 分词 = 名词，作不定式 δοκεῖν 的主语。δοκεῖν 跟不定式（περαίνεσθαι）。ἔτους，属格，修饰 ὥρᾳ。τοὺς ... ἀνθεστῶτας，定冠词 + 分词 = 名词，作不定式 παρέχειν 的主语。ἔκπληξιν 作不定式 παρέχειν 的宾语。νικωμένους 与 τοὺς ... ἀνθεστῶτας 配合。

70.2-4［笺释］ὡσαμένων ... τῶν Ἀργείων 和 τῶν Ἀθηναίων (ὡσαμένων)，独立属格结构。τὸ κατὰ σφᾶς αὐτούς，定冠词 + 介词短语 = 名词。ἐπὶ πολὺ，"长距离"。εἴ 跟前倾词（τινα），故加了高调符号。ὅσον, so far as。ἀσφαλῶς εἶχε, it was safe。ὡς, as, as well as possible（GG § 2993）。τῶν παρόντων，定冠词 + 分词 = 名词。ἔς 跟前倾词（τε），故加了高调符号。σφῶν αὐτῶν，"他们自己的"。δείσαντες 后面句子的谓语动词用虚拟语气（κινήσωσι），μὴ 为赘词。ἅ，自主关系代词，τῶν χρημάτων 修饰 ἅ。οἱ λοιποὶ，定冠词 + 形容词 = 名词。

---

① 参见霍氏《评注》，第 3 卷，页 476。

71.1–2［笺释］αὐτοῦ，there。τῇ ... ὑστεραίᾳ (ἡμέρᾳ)。περὶ，about。τῶν ... σφετέρων，定冠词+形容词=名词。ὡς，about。ἐδόκει 跟不定式（εἶναι）。εἶναι δυνατὸν 跟不定式（ποιεῖσθαι）。τὸν πόλεμον 作不定式 ποιεῖσθαι 的宾语。πρὶν，until。ἤλπιζον+宾格（ἃς）+不定式（ὑπακούσεσθαι）。ἃς，关系代词，其先行词是 τινας。ὑπακούσεσθαι 跟属格（σφῶν）。τά ... ἄλλα，定冠词+形容词=名词。δέοι 跟属格（ὅσων）。ὅσων，自主关系形容词（或关联代词）。ὡς 跟将来时分词（ἐπιχειρήσοντες），in order to。

72.1–3［笺释］οἱ μὲν，οἱ 是指示代词（GG § 1106）。ὁ Ἕρμωνος 修饰 Ἑρμοκράτης。ἐς τἆλλα，"各方面"。λειπόμενος 跟属格（οὐδενὸς）。ἱκανὸς 跟与格（ἐμπειρίᾳ）。οὐκ εἴα 跟不定式（ἐνδιδόναι），to prevent。τῷ γεγενημένῳ，定冠词+分词=名词。(ἔφη) 跟不定式（ἡσσῆσθαι 和 βλάψαι）。τὴν ... γνώμην 和 τὴν ... ἀταξίαν，宾格、用作副词，"在……方面"。(ἔφη)+（αὐτοὺς，省略）+不定式（λειφθῆναι）。οὐ ... τοσοῦτόν ... ὅσον ...，not so much ... as ...。εἰκὸς 跟不定式（εἶναι）。ἄλλως τε καὶ，"尤其"。τοῖς πρώτοις，定冠词+形容词=名词。ὡς εἰπεῖν，"可以说"。(ὄντας) ἰδιώτας 与省略了的 αὐτοὺς 配合。

72.4–5［笺释］(ἔφη)+宾格（τὸ πλῆθος ... καὶ τὴν πολυαρχίαν 和 τὴν ... ἀναρχίαν）+不定式（βλάψαι）。μέγα，用作副词。τῶν ... πολλῶν，定冠词+形容词=名词。ἢν=ἐάν。οἷς，自主关系代词，to whom。ἔστιν οἷς，"对他们来说是""他们有"。ὡς πλεῖστοι，"尽可能多地"。ἄλλῃ，"（除此之外）其他的""全面的"。ἔφη 跟不定式（κρατήσειν，ἐπιδώσειν，ἔσεσθαι 和 χρῆναι）。σφᾶς 作不定式 κρατήσειν 的主语。κρατήσειν 跟属格（τῶν ἐναντίων）。κατὰ τὸ εἰκός，"完全可能"。ἀνδρείας ... ὑπαρχούσης 和 εὐταξίας ... προσγενομένης，独立属格结构。αὐτά，用作副词，of themselves，"自然地""自动地"。τὴν μὲν 和 τὴν ... εὐψυχίαν 作不定式 ἔσεσθαι 的主语。τὴν μὲν，τὴν 为指示代词（GG § 1106），指 εὐταξίας。χρῆναι 跟不定式（ἑλέσθαι，ὀμόσαι，στέγεσθαι 和 παρασκευασθῆναι）。τοὺς ... στρατηγοὺς 作不定式 ἑλέσθαι 的宾语。ἦ μὴν 用在誓言的开头，"完全真的""实实在在的"（GG § 2921, CGCG § 59.65），跟将来时不定式（ἐάσειν）。ἐάσειν 跟不定式（ἄρχειν）。ἃ，自主关系代词，whatever。δεῖ+宾格（ἃ）+不定式（κρύπτεσθαι）。ἃ 引导的从句作不定式 στέγεσθαι 的主语。τἆλλα=τὰ ἄλλα，作不定式 παρασκευασθῆναι 的主语，"（除此之外的）其他工作""全部工作"。

73.1–2［笺释］ἀκούσαντες 跟属格（αὐτοῦ）。ὡς，as。εἵλοντο 跟双宾格（αὐτόν，Ἡρακλείδην ... 和 στρατηγὸν）（CGCG § 30.10）。πείθωσι+宾格（τοὺς Λακεδαιμονίους）+不定式（ποιεῖσθαι）。τὸν ... πόλεμον 作不定式 ποιεῖσθαι 的宾语。ἐκ τοῦ προφανοῦς，"明显地""公开地"。ἢ ... ἢ ...，"要么……要么……"。ἧσσον，用作副词。

74.1–2［笺释］ὡς + 分词宾格（προδοθησομένην），被称为"独立宾格结构"，in the belief that ...（GG § 2078）。ἅ，自主关系代词，whatever。ὅτ' = ὅτε。ὅτι，that。τοῖς ... φίλοις τοῖς ἐν τῇ Μεσσήνῃ，重复定冠词结构。τὸ μέλλον，定冠词+分词=名词。οἱ δέ，but they（见前文 1.24.5 笺释）。οἱ ... βουλόμενοι，定冠词+分词=名词，作 οἱ δέ 作后半句的主语。οἱ ταῦτα βουλόμενοι，"那些同党"。ἐπεκράτουν 跟不定式（δέχεσθαι），were strong enough to。περί，about。ὡς，"由于"。οὐδέν，not at all。αὐτοῦ，there。ἐπί，for。ἅμα 跟与格（τῷ ἦρι）。

75.1–4［笺释］τὸ πρὸς τὰς Ἐπιπολάς，定冠词+介词短语=名词。ἦν ἄρα，"万一"。ἐτείχιζον 跟双宾格（τὰ Μέγαρα 和 φρούριον）（CGCG § 30.10）。ᾗ，关系副词，where。ἔτεμον 跟属格（τῆς ... γῆς）（部分属格）。πυνθανόμενοι + 宾格（τοὺς Ἀθηναίους）+ 不定式（πρεσβεύεσθαι）。εἴ 跟前倾词（πως），故加了高调符号。μὴ ... μήτ' 和 μὴ ... οὐκέτι，简单否定词+复合否定词，后者强调前者，仍表否定（CGCG § 56.4）。προθύμως 跟不定式（πέμψαι）。ἅ，自主关系代词，whatever。ἕς 跟前倾词（τε），故加了高调符号。τὸ λοιπόν，"将来"。βούλωνται 跟不定式（ἀμύνειν）。ἀφικομένων ... Ἑρμοκράτους καὶ ἄλλων ... Εὐφήμου 和 ξυλλόγου γενομένου，独立属格结构。βουλόμενος 跟不定式（προδιαβάλλειν）。

76.1–2［笺释］δείσαντες 跟虚拟语气（καταπλαγῆτε 和 πείσωσιν），μή 为赘词。αὐτήν 作 καταπλαγῆτε 的宾语，指 τὴν ... δύναμιν（将它提前表强调）。πρίν 跟不定式（ἀκοῦσαι）。ἀκοῦσαι + 宾格（τι）+ 属格（ἡμῶν），to hear ... from ...。ᾗ，关系代词，其先行词是 προφάσει。ἥν，关系代词，其先行词是 διανοίᾳ。δοκοῦσιν + 与格（μοι）+ 不定式（βούλεσθαι 和 ἐξοικίσαι）。βούλεσθαι 跟不定式（κατοικίσαι）。δή，表强调。εὔλογον 跟不定式（ποιεῖν, κατοικίζειν, κήδεσθαι 和 ἔχειν）。τὰς ... ἐνθάδε (πόλεις)。κήδεσθαι 跟属格（Λεοντίνων）。ὄντων 与 Λεοντίνων 配合。τὸ ξυγγενές，定冠词+形容词=名词。τοὺς ἐν Εὐβοίᾳ，定冠词+介词短语=名词。ὧν，关系代词，其先行词是 Χαλκιδέας，修饰 οἵδε，of them。Χαλκιδέας 作 ἔχειν 的宾语，δουλωσαμένους 与其配合。

76.3［笺释］ἐκεῖνά = τὰ ἐκεῖ 和 τὰ ἐνθάδε，定冠词+副词=名词。πειρῶνται (σχεῖν)。ὅσοι，关系形容词（或关联代词），其先行词 τοσούτων 被吸收，且被吸引到关系形容词（或关联代词）的格（主格）（GG § § 2537, 2538）。σφῶν 指 τῶν ... Ἰώνων。ὡς ἐπί ...，表达句子主语的想法或者断言（GG § 2996）。τοὺς μέν ... τοὺς δέ ... τοῖς δ' ...，三个定冠词作指示代词（GG § 1106）。ἐπενεγκόντες 跟双宾格（τοὺς μέν 和 λιποστρατίαν）。ἐπενεγκόντες + 宾格（τοὺς δέ）+ 不定式（στρατεύειν）。整理词序：... ἐπενεγκόντες τοῖς δ' ὡς ἑκάστοις εἶχον τινὰ αἰτίαν ...（ἐπενεγκεῖν）。ὡς，as。

76.4［笺释］ἄρα，"就是""正是"。οὐ ... οὔτε ... οὔθ' ...，简单否定词+复合否定词，后者强调前者，仍表否定（CGCG § 56.4）。(περὶ) τῶν Ἑλλήνων (ἐλευθερίας)。(περὶ) τῆς ἑαυτῶν (ἐλευθερίας)。περὶ 跟属格（καταδουλώσεως）。σφίσιν 指雅典人。ἐκείνῳ，指波斯人。οἱ μὲν ... οἱ δὲ ...，两个定冠词均为指示代词（GG § 1106）。ἐπὶ 跟与格（μεταβολῇ），"为了……"。ἀξυνετωτέρου (μὲν) 和 κακοξυνετωτέρου 与 δεσπότου 配合。

77.1［笺释］ἐν 跟与格（εἰδόσιν），in the presence of。πολὺ，用作副词。ὅτι，"因为"。ἔχοντες 的宾语是 παραδείγματα 和 σοφίσματα。ὡς，that, as。σφίσιν αὐτοῖς = ἀλλήλοις。βουλόμεθα 跟不定式（δεῖξαι）。προθυμότερον，用作副词。ὅτι, that。οἷ，关系代词，其先行词是 Ἴωνες，Ἑλλησπόντιοι 和 νησιῶται。ἢ ... ἢ ...，"或者……或者……"。ἕνα γέ τινα，any one whoever。

77.2［笺释］ἢ，"或者"。ὅτι，that。ταύτῃ，in this way。ὥστε 跟不定式（διιστάναι，ἐκπολεμοῦν 和 κακουργεῖν），表结果。τοὺς μὲν ... τοὺς δὲ ... τοῖς δὲ ...，三个定冠词都作指示代词（GG § 1106）。ἡμῶν 修饰 τοὺς μὲν。τοὺς μὲν 作 διιστάναι 的宾语。τοὺς δὲ 作 ἐκπολεμοῦν 的宾语。τοῖς δὲ 与 κακουργεῖν 连读（τοῖς δὲ，"洛布本"阿尔伯蒂的校勘本作 τοὺς δὲ，即作 κακουργεῖν 的宾语，更容易理解）。ὡς ἑκάστοις ... δύνανται (λέγειν)，in whatever way ... they can。τι 作 λέγοντες 的宾语。οἰόμεθα + 宾格（τὸ δεινόν）不定式（ἥξειν）。τὸ δεινόν，定冠词+形容词=名词。αὐτόν τινα，each one。αὐτοῦ 指 αὐτόν τινα。οἰόμεθα 跟不定式（δυστυχεῖν）。τὸν πάσχοντα，定冠词+分词=名词，作 δυστυχεῖν 的宾语。καθ' ἑαυτὸν，by himself。τοῦ ... ξυνοίκου προαπολλυμένου，独立属格结构。

78.1［笺释］εἴ 跟前倾词（τῳ），故加了高调符号。εἰ ... ἄρα，if indeed。παρέστηκε + 与格（τῳ = τινι）+ 不定式（εἶναι）。τὸν ...Συρακόσιον 和 ἑαυτὸν 作不定式 εἶναι 的主语。ἡγεῖται 跟不定式（κινδυνεύειν）。τῆς ἐμῆς (γῆς)。ἐνθυμηθήτω，第三人称单数不定过去时命令语气，跟不定式（κολάσασθαι 和 βούλεσθαι）。τῆς ἑαυτοῦ (γῆς)。τῇ ἐμῇ (γῇ)。τοσούτῳ ... ὅσῳ ...，inasmuch as ...。ἀσφαλέστερον，用作副词。προδιεφθαρμένου ἐμοῦ，独立属格结构。ἔχων 跟双宾格（ἐμὲ 和 ξύμμαχον）（CGCG § 30.10）。τὸν ... Ἀθηναῖον 作不定式 κολάσασθαι 的主语。τὴν ... ἔχθραν 作不定式 κολάσασθαι 的宾语。βούλεσθαι 跟不定式（βεβαιώσασθαι）。τὴν ... φιλίαν 作不定式 βεβαιώσασθαι 的宾语。οὐχ ἧσσον = μᾶλλον。

78.2［笺释］εἴ 跟前倾词（τε），τέ 跟前倾词（τις），故都加了高调符号。ἢ，"或者"。τὰ μείζω，定冠词+形容词=名词。βούλεται + 宾格（τὰς Συρακούσας）+ 不定式（κακωθῆναι）。ἐλπίζει + 宾格（βούλησιν）+ 不定式（περιγενέσθαι）。οἷόν τε 跟不定式

（γενέσθαι）。τὸν ... ταμίαν 作不定式 γενέσθαι 的主语。ἅμα ... τε ... καί ...，both ... and ...。

78.3［笺释］τοῖς ... κακοῖς 和 τοῖς ... ἀγαθοῖς，定冠词+形容词=名词。τάχ' ἄν，"大概"；ἴσως，"也许"，其中一个为赘词。βουληθείη，异态动词，形式是被动的，意思是主动的，跟不定式（φθονῆσαι）。ἐθελήσαντι 跟不定式（προσλαβεῖν）。τοὺς ... κινδύνους 作不定式 προσλαβεῖν 的宾语。προεμένῳ 和 ἐθελήσαντι 与 τινι（省略）配合。ἀδύνατον（τινι）。

78.4［笺释］εἰκὸς ἦν+ 宾格（ὑμᾶς）+不定式（προορᾶσθαι，ξυμμαχεῖν 和 φαίνεσθαι）。τὰ δεύτερα，定冠词+形容词=名词，这里用作副词。(ὑμᾶς) αὐτοὺς，"你们自己"，作不定式 ξυμμαχεῖν 的主语。ἅπερ，自主关系代词，whatever，作 δεόμενοι 的宾语。ἐκ τοῦ ὁμοίου = ὁμοίως。φαίνεσθαι 跟分词（παρασκελευομένους）。μηδὲν，not at all。γέ 跟前倾词（πω），故加了高调符号，at least。οἱ ἄλλοι，定冠词+形容词=名词。

79.1–3［笺释］τὸ δίκαιον，定冠词+形容词=名词，作 θεραπεύσετε 的宾语。τοὺς ἐπιόντας，定冠词+分词=名词。λέγοντες+宾格（ξυμμαχίαν）+不定式（εἶναι 和 βοηθεῖν）。ἥν，关系代词，其先行词是 ξυμμαχίαν。ἤν =ἐάν。τῶν ... ἐχθρῶν 修饰 τις。τοὺς πέλας，定冠词+副词=名词。ὑπ' ἄλλων（ἀδικῶνται）。ἐθέλουσι 跟不定式（ξυγκατοικίζειν）。δεινὸν（ἐστί）跟不定式（διαφθεῖραι）。βούλεσθε 跟不定式（ὠφελεῖν）。τοὺς ... ξυγγενεῖς 和 τῶν ἐχθίστων，定冠词+形容词=名词。οὐ δίκαιον（διαφθεῖραι）。(δίκαιον) 跟不定式（ἀμύνειν 和 φοβεῖσθαι）。ἤν =ἐάν。δεινή 与 τὴν παρασκευὴν 配合。ἤν =ἐάν。ὅπερ，自主关系代词，that。τἀναντία = τὰ ἐναντία，用作副词。οὐδὲ 否定 ἔπραξαν。ἅ，自主关系代词，whatever。διὰ τάχους，"迅速"。

80.1［笺释］ὥστε，用在句首，表总结，and so, therefore。εἰκὸς 跟不定式（ἀθυμεῖν，ἰέναι 和 δοκεῖν）。γε，"无论如何"。ὄντας 与 ἡμᾶς 配合（ἡμᾶς，省略，作不定式 ἀθυμεῖν 和 ἰέναι 的主语）。προθυμότερον，用作副词。ἄλλως τε καὶ，"尤其"。παρεσομένης ὠφελίας，独立属格结构。οἷ，关系代词，其先行词是 Πελοποννήσιοι（隐含于上句中）。κρείσσους，形容词比较级，跟属格（τῶνδε），表比较。τὸ παράπαν，"绝对地"。τὰ πολέμια，定冠词+形容词=名词，用作副词，"在……方面"。δοκεῖν+与格（τῳ = τινι）+不定式（εἶναι）。τὴν προμηθίαν 作不定式 εἶναι 的主语。τὸ ... βοηθεῖν，定冠词+不定式=名词，作 τὴν προμηθίαν 的解释性同位语。δή，"的确"，这里语带讽刺。ὡς，as。

80.2［笺释］ὅ，定冠词，跟前倾词（τε），故加了高调符号。ὁ ... παθὼν 和 ὁ κρατῶν，定冠词+分词=名词。τί ἄλλο ἢ ...，"除了……又是什么呢？"。τοῖς μὲν ... τοὺς δὲ ...，两个定冠词都是指示代词（GG § 1106）。ἠμύνατε+与格（τοῖς μὲν）+不定式（σωθῆναι）。

ἐκωλύσατε + 宾格（τοὺς δὲ）+ 不定式（γενέσθαι）。κάλλιον (ἐστί) 跟不定式（φυλάξαι 和 ἐᾶσαι）。τοῖς ἀδικουμένοις，定冠词 + 分词 = 名词。(τοῖς) ξυγγενέσι，定冠词 + 形容词 = 名词。προσθεμένους 与省略了的 ὑμᾶς 配合（ὑμᾶς 作不定式 φυλάξαι 和 ἐᾶσαι 的主语）。ἐᾶσαι + 宾格（τοὺς Ἀθηναίους）+ 不定式（ἁμαρτεῖν）。

80.3-5［笺释］ξυνελόντες，分词，"总之"。λέγομεν 跟不定式（εἶναι）。οὐδὲν ... οὔτε ... οὔτε ...，多个复合否定词连用，后者（两个）强调前者，仍表否定（GG § 2761）。ἔργον 跟不定式（ἐκδιδάσκειν）。ὧν，自主关系代词，which。χεῖρον，用作副词。ὅτι，that。Δωριῆς (προδιδόμεθα ὑπὸ) Δωριῶν。οὐκ ἄλλον ... ἢ ...，"不是……正是……"。τὸν ... παρασχόντα，定冠词 + 分词 = 名词。οἱ αὐτοὶ，the same (men)，作 ὑφέξετε 的主语的同位语。αἱρεῖσθε 跟不定式（λαβεῖν 和 διαφυγεῖν）。τούσδε 与 δεσπότας 配合。ἢ ... ἢ ...，"要么……要么……"。πρὸς ἡμᾶς，as regard us。

81.［笺释］ὁ ... Εὔφημος ὁ ... πρεσβευτής，重复定冠词结构。

82.1-2［笺释］τοῦ ... Συρακοσίου καθαψαμένου，独立属格结构。ἀνάγκη 跟不定式（εἰπεῖν）（GG § 2004）。ὡς，how。ὅτι，that。ἔχει δὲ καὶ οὕτως，and that is indeed the case。ἥκιστα，用作副词。ὑπακουσόμεθα 跟属格（αὐτῶν）。

82.3-4［笺释］ἀπηλλάγημεν 跟属格（τῆς ... ἀρχῆς 和 ἡγεμονίας）。οὐδὲν，not at all。προσῆκον + 与格（ἡμῖν 和 ἐκείνοις）+ 不定式（ἐπιτάσσειν），独立宾格结构，it being fitting for somebody to ...。ἐκείνους 和 ἡμᾶς 作 ἐπιτάσσειν 的宾语。μᾶλλόν ... ἢ ...，more ... than ...。τι，用作副词，"在某种程度上"。καθ' ὅσον，in so far as。τῷ παρόντι，定冠词 + 分词 = 名词。μεῖζον，用作副词。τῶν ... ὄντων，定冠词 + 分词 = 名词，修饰 ἡγεμόνες。καταστάντες οἰκοῦμεν = καθέσταμεν，we have become。νομίσαντες 跟不定式（εἶναι）。ἥκιστ'，用作副词。ᾗ，关系代词，其先行词是 δύναμιν，with which。ἐς τὸ ἀκριβὲς = ἀκριβῶς。εἰπεῖν，to say，绝对不定式（GG § 2012c）。φασὶν + 宾格（ἡμᾶς）+ 不定式（δεδουλῶσθαι）。οὓς，关系代词，其先行词是 τοὺς ... Ἴωνας καὶ νησιώτας，作不定式 δεδουλῶσθαι 的宾语。ἐτόλμησαν 跟不定式（φθεῖραι）。τὰ οἰκεῖα，定冠词 + 形容词 = 名词。ἐβούλοντο 跟不定式（ἐπενεγκεῖν）。τὸ αὐτό，定冠词 + 形容词 = 名词，指 δουλείαν。

83.1-4［笺释］ἀνθ' ὧν，therefore。ὅτι，"因为"。ὀρεγόμενοι 跟属格（τῆς ... ἰσχύος）。ὡς，that。ἢ ... ἢ ...，"或者……或者……"。τῇ τῶνδε ἐλευθερίᾳ。μᾶλλον ἢ ...，more than ...。(τῇ) τῶν ξυμπάντων (ἐλευθερίᾳ)。τῇ ἡμετέρᾳ (ἐλευθερίᾳ)。(ἐστίν) ἀνεπίφθονον 跟不定式（ἐκπορίζεσθαι）。τὴν ... σωτηρίαν 作不定式 ἐκπορίζεσθαι 的宾语。ὧν，自主关系代词，that。τὸ φοβερώτερον，定冠词 + 形容词 = 名词。τοὺς ... ὑποπτεύοντάς，定冠

词 + 分词 = 名词。τι, 用作副词, "在某种程度上"。τὸ παραυτίκα, for the moment。τὰ ξυμφέροντα, 定冠词 + 分词 = 名词。εἰρήκαμεν 跟不定式 (ἔχειν 和 ἥκειν)。τὰ ἐνθάδε, 定冠词 + 副词 = 名词。τὸ αὐτὸ, 定冠词 + 形容词 = 名词, 指 δέος。κωλύσοντες 跟不定式 (παθεῖν), μὴ 为赘词 (GG § 2739)。τοῦτο 指前文所说的奴役。

84.1–3 [笺释] μηδεὶς + 不定过去时虚拟语气 (ὑπολάβῃ), 命令语气, let no one do ...。ὡς, that。προσῆκον, 独立宾格结构, it being fitting。κηδόμεθα 跟属格 (ὑμῶν)。ὅτι, that。σωζομένων ὑμῶν, 独立属格结构。τὸ ... ἀντέχειν, 定冠词 + 不定式 = 名词。ὑμᾶς 作不定式 ἀντέχειν 的主语。ἧσσον, 用作副词。τούτων πεμψάντων, 独立属格结构。τὰ μέγιστα, 定冠词 + 形容词 = 名词, 用作副词。εὔλογον 跟不定式 (κατοικίζειν)。τοὺς ξυγγενεῖς ... τοὺς ἐν Εὐβοίᾳ, 重复定冠词结构。ὡς 跟最高级 (δυνατωτάτους), as ... as possible。τῆς σφετέρας (γῆς)。ὑπὲρ ἡμῶν, "为了我们 (的利益)"。τὰ ... ἐκεῖ, 定冠词 + 副词 = 名词, 用作副词, "在……方面"。φησὶ + 宾格 (ἡμᾶς) + 不定式 (ἐλευθεροῦν)。ὃν, 定冠词, 其先行词是 ὁ Χαλκιδεύς, 作 ἐλευθεροῦν 的宾语。δουλωσαμένους 与 ἡμᾶς 配合。τοὺς ἐνθάδε 和 τὰ ... ἐνθάδε, 定冠词 + 副词 = 名词, 后者用作副词, "在……方面"。ὅτι μάλιστα, "最大程度地" "完全"。

85.1–3 [笺释] ἢ, "或者"。两个 ὅτι, "洛布本" 和阿尔伯蒂的校勘本作 ὅ τι, anything which。πρὸς ἕκαστα, in every case。δεῖ 跟不定式 (γίγνεσθαι)。ἢ ... ἢ ..., "或者……或者……"。τοῦτο ὠφελεῖ ἡμᾶς。οὐκ ... ἀλλ' ..., "不是……而是……"。ἢν = ἐάν。χρή 跟不定式 (ἀπιστεῖν)。ὡς ἕκαστοι, "各自"。τοὺς ... πολλοὺς, 定冠词 + 形容词 = 名词。χρημάτων 修饰 φορᾷ。ὥστε, 用在句首, 表总结, and so, therefore。τἀνθάδε = τὰ ἐνθάδε, 作不定式 καθίστασθαι 的宾语。εἰκὸς 跟不定式 (καθίστασθαι)。πρὸς 跟宾格 (τὸ λυσιτελοῦν), "鉴于……"。τὸ λυσιτελοῦν, 定冠词 + 分词 = 名词。ὅ, 自主关系代词, 指上文所说的事情。(πρὸς τὸ) δέος ἐς Συρακοσίους。ἐφίενται 跟属格 (ἀρχῆς)。ὑμῶν 修饰 ἀρχῆς。ἐπὶ 跟与格 (τῷ ... ὑπόπτῳ)。ἢ, "或者"。κατ' ἐρημίαν, because of your isolation。ἡμῶν ἀπελθόντων, 独立属格结构。ἄρξαι 跟属格 (τῆς Σικελίας)。ἢν = ἐάν。ἡμῶν ... παρόντων, 独立属格结构。

86.1–2 [笺释] 不定先行词 + 关系代词 (ὅτῳ = τινι ὅ) 跟否定词 (μὴ), 相当于一个条件句, (GG § 2505b)。αὐτὸ, itself。τὸ ... πρότερον, "以前"。οὐκ ἄλλον τινα ... ἢ, "不是别的, 正是……"。περιοψόμεθα + 宾格 (ὑμᾶς) + 不定式 (γενέσθαι)。ὅτι, that, 其引导的从句指 φόβον。δίκαιον (ἐστί) + 宾格 (ὑμᾶς, 省略) + 不定式 (ἀπιστεῖν, ὑποπτεύεσθαι 和 ἀπιστεῖν)。ᾧπερ ... λογῳ ..., by which argument。ᾧπερ, 自主关系代词。ἠξιοῦτε + 宾格 (ἡμᾶς) + 不定式 (πείθειν)。ἀπιστεῖν 跟与格 (τῷ αὐτῷ)。

τῷ αὐτῷ，定冠词 + 形容词 = 名词，指 ᾧπερ ... λογῳ。ὅτι，"因为"。ἀπιστεῖν 跟与格（τοῖσδε）。πολὺ ... μᾶλλον，far more。

86.3–4［笺释］δυνατοὶ (ἐσμέν) 跟不定式（ἐμμεῖναι）。εἴ 跟前倾词（τε），故加了高调符号。ἀδύνατοι 跟不定式（κατασχεῖν）。φυλακῆς 修饰 ἀπορία。πόλεων 修饰 φυλακῆς。μείζονι，形容词比较级，跟属格（τῆς ... παρουσίας），表比较。τὰ ἐς Λεοντίνους，定冠词 + 介词短语 = 名词。τολμῶσιν 跟不定式（παρακαλεῖν）。τοὺς ... κωλύοντας καὶ ἀνέχοντας ...，定冠词 + 分词 = 名词。μέχρι τοῦδε，"直到今天"。ἀνέχοντας 跟不定式（εἶναι）。ὡς，as though。

86.5［笺释］πολὺ，用作副词。δεόμενοι 跟不定式（προδιδόναι）。τὴν ὑπάρχουσαν，定冠词 + 分词 = 名词。ἀντιπαρακαλοῦμεν 跟不定式（νομίσαι）。νομίσαι 跟不定式（εἶναι 和 παρασχήσειν）。ὁδόν 作不定式 εἶναι 的主语。τοῖσδε，"对于他们而言"。ὑμῖν，"对于你们而言"。παρασχήσειν 跟不定式（ἀμύνασθαι）。τῷ ὑπόπτῳ，定冠词 + 形容词 = 名词。ἐάσετε + 宾格（ἣν）+ 不定式（ἀπελθεῖν）。ἣν，关系代词，其先行词是 τοσῆσδε ἐπικουρίας。ἢ ... ἢ ...，"或者……或者……"。βουλήσεσθε 跟不定式（ἰδεῖν）。ὅτε，at a time when。παραγενόμενον 与 μόριον 配合。

87.1–2［笺释］οἱ ἄλλοι，定冠词 + 形容词 = 名词。ὧν，自主关系代词，which。ἀξιώσομεν 跟不定式（πείθειν）。φαμὲν 跟不定式（ἄρχειν、ἐλευθεροῦν 和 ἀναγκάζεσθαι）。ἄρχειν 跟属格（τῶν ἐκεῖ）。τῶν ἐκεῖ，定冠词 + 副词 = 名词。ὑπακούωμεν 跟属格（ἄλλου）。τὰ ἐνθάδε，定冠词 + 副词 = 名词。ἀναγκάζεσθαι 跟不定式（πράσσειν）。τοῖς ... ἀδικουμένοις，定冠词 + 分词 = 名词。παρακληθέντες 跟不定式（ἥκειν）。

87.3［笺释］ὡς，as。τῶν ... ποιουμένων，定冠词 + 分词 = 名词。ὃ，自主关系代词，which，作 ἀποτρέπειν 的宾语。χαλεπὸν (ἀποτρέπειν)。πειρᾶσθε 跟不定式（ἀποτρέπειν）。καθ' ὅσον，in so far as。τι，主格，anything。τῆς ... πολυπραγμοσύνης 和 τρόπου 修饰 τι。τι ξυμφέρει ὑμῖν。τὸ αὐτὸ，定冠词 + 形容词 = 名词，指 τι。χρήσασθε 跟与格（τούτῳ）。νομίσατε + 宾格（αὐτά）+ 不定式（βλάπτειν 和 ὠφελεῖν）。αὐτά 指 τῆς ... πολυπραγμοσύνης 和 τρόπου。πολὺ，用作副词。τῶν Ἑλλήνων 修饰 πλείους。

87.4［笺释］ᾧ，关系代词，其先行词是 χωρίῳ，in which。ὅ，定冠词，跟前倾词（τε），故加了高调符号。ὁ ... οἰόμενος ... 和 ὁ ἐπιβουλεύων，定冠词 + 分词 = 名词，πᾶς 与其配合。οἰόμενος 跟不定式（ἀδικήσεσθαι）。τὸ ... ὑπεῖναι，定冠词 + 不定式 = 名词。ἐλπίδα 作不定式 ὑπεῖναι 的主语。ἑτοίμην 修饰 ἐλπίδα。ἐλπίδα 跟不定式（ἀντιτυχεῖν 和 εἶναι）。τῷ μὲν ... τῷ δὲ ...，"对于一部分人……对于另一部分人……"，两个定冠词都是指示代词（GG § 1106），前者指 ὁ ... οἰόμενος ...，后者指 ὁ ἐπιβουλεύων。εἶναι ἀδεεῖ

跟不定式（κινδυνεύειν），μὴ 为赘词。ἀδεεῖ，单数、与格，语法上说不通，阿尔伯蒂的校勘本作 ἀδεὲς（复数、主格）。ἀναγκάζονται 跟不定式（σωφρονεῖν 和 σῴζεσθαι）。ὁ μὲν ... ὁ δ᾽ ...，"一方……另一方……"。

87.5［笺释］ἀπώσησθε τὴν ... ἀσφάλειαν。τῷ ... δεομένῳ，定冠词 + 分词 = 名词。ἐξισώσαντες (τὴν ... ἀσφάλειαν) τοῖς ἄλλοις。τοῖς ἄλλοις，定冠词 + 形容词 = 名词。ἀντὶ 跟属格（τοῦ ... φυλάσσεσθαι）。αὐτούς 作不定式 φυλάσσεσθαι 的主语。μεταλάβετε 跟不定式（ἀντεπιβουλεῦσαί）。ἐκ τοῦ ὁμοίου，on an equal footing。

88.1–2［笺释］πλὴν καθ᾽ ὅσον，except in so far as。ᾤοντο + 宾格（αὐτοὺς）+ 不定式（δουλώσεσθαι）。τὸ ὅμορον，定冠词 + 形容词 = 名词。δεδιότες 跟虚拟语气（περιγένωνται），μὴ 为赘词。τό ... πρῶτον，"第一次"。τὸ λοιπὸν，"将来"。ἐδόκει + 与格（αὐτοῖς）+ 不定式（ὑπουργεῖν）。ὡς，as。μετριώτατα，用作副词。τῷ παρόντι，定冠词 + 分词 = 名词。ἔλασσον，用作副词。δοκῶσι 跟不定式（νεῖμαι 和 ἀποκρίνασθαι）。ἴσα，形容词，中性、宾格，用作副词。ἀπεκρίναντο 跟不定式（δοκεῖν）。τυγχάνει 跟分词（ὤν）。δοκεῖν 跟不定式（εἶναι）。εὔορκον 跟不定式（ἀμύνειν）。

88.3–4［笺释］τὰ καθ᾽ ἑαυτοὺς 和 τὰ πρὸς τοὺς Σικελοὺς，定冠词 + 介词短语 = 名词。ὡς πλεῖστοι，as many as possible。οἱ μὲν，οἱ 为指示代词（GG § 1106）。οἱ πολλοὶ，"洛布本"和阿尔伯蒂的校勘本作 οὐ πολλοί，更容易理解。ὄντες ὑπήκοοι 跟属格（τῶν Συρακοσίων）。τῶν ... ἐχόντων，定冠词 + 分词 = 名词，修饰 αἱ οἰκήσεις。εἰσὶν οἳ，"有些"。

88.5–6［笺释］τοὺς ... προσχωροῦντας，定冠词 + 分词 = 名词。τοὺς μὲν ... τοὺς δὲ ...，两个定冠词都是指示代词（GG § 1106），"有的……有的……"。πεμπόντων 和 βοηθούντων 与 τῶν Συρακοσίων 配合。διεχείμαζον τόν ... χειμῶνα。ὅ，关系代词，其先行词是 τὸ στρατόπεδον。εἰ，whether。δύναιντό 跟不定式（ὠφελεῖσθαι）。τι，用作副词，"在某种程度上"。ἔστιν ὧν，some。ἔστιν ὧν πόλεων ἐπαγγελλομένων ... αὐτῶν，独立属格结构。ἐπαγγελλομένων 跟不定式（ξυμπολεμεῖν）。καὶ αὐτῶν，even themselves, of their own accord。ἐκέλευον 跟不定式（πέμπειν）。ὡς πλείστους，as many as possible。τἆλλα = τὰ ἄλλα。ὡς 跟将来时分词（ἐξόμονοι），in order to。ἐξόμονοι 跟属格（τοῦ πολέμου）。

88.7–8［笺释］τῶν Σωρακοσίων 修饰 οἱ ... πρέσβεις。ἐπειρῶντο 跟不定式（πείθειν）。πείθειν 跟不定式（περιορᾶν）。τὰ γιγνόμενα，定冠词 + 分词 = 名词。ὡς，as。ἐπιβουλευόμενα 与 τὰ γιγνόμενα 配合。ἀξιοῦντες 跟不定式（βοηθεῖν）。τὸ ξυγγενὲς，定冠词 + 形容词 = 名词。ψηφισάμενοι + ὥστε + 不定式（ἀμύνειν）。ξυναναπείθοιεν + 不定式（ἐκείνους）+ 不定式（ποιεῖσθαι 和 πέμπειν）。αὐτοῦ，there。

88.9-10［笺释］οἵ，定冠词，跟前倾词（τε），故加了高调符号。τῶν Λακεδαιμονίων μεταπεμψάντων，独立属格结构。αὐτῶν 与 τῶν Λακεδαιμονίων 配合，"（拉刻代蒙人）自己"。ξυνέβη + 宾格（τούς ... Κορινθίους，τοὺς Συρακοσίους 和 τὸν Ἀλκιβιάδην）+ 不定式（πείθειν）。δεομένους 跟宾格（τὰ αὐτά）。τὰ αὐτά，定冠词 + 形容词 = 名词。διανοουμένων τῶν ... ἐφόρων καὶ τῶν ... ὄντων ... ὄντων ...，独立属格结构。διανοουμένων，跟不定式（πέμπειν）。τῶν ... ὄντων，定冠词 + 分词 = 名词。ὄντων προθύμων 跟不定式（βοηθεῖν）。κωλύοντας 跟不定式（ξυμβαίνειν）。

89.1-2［笺释］ἀναγκαῖον 跟不定式（εἰπεῖν）。χεῖρον，用作副词。τὰ κοινά 和 τῷ ὑπόπτῳ，定冠词 + 形容词 = 名词。τῷ ὑπόπτῳ μου，"出于对我的疑虑"。τῶν ... προγόνων ἀπειπόντων，独立属格结构。τι，宾格，certain。ἄλλα τε καί，"尤其"。διατελοῦντός μου，独立属格结构。(ὄντος) προθύμου。整理词序：... περιέθετε δύναμιν τοῖς μὲν ... ἐχθροῖς ... (περιέθετε) ἀτιμίαν ἐμοὶ δὲ ...。ἐκείνων 指 τοῖς ... ἐχθροῖς。

89.3［笺释］第一短句整理词序：... ἐβλάπτεσθε δικαίως ὑπ' ἐμοῦ τραπομένου πρός τε τὰ Μαντινέων καὶ Ἀργείων καὶ ὅσα ἄλλα ἐνηντιούμην ὑμῖν ...。τὰ Μαντινέων καὶ Ἀργείων，定冠词 + 属格 = 名词。εἴ 跟前倾词（τις），故加了高调符号。τῷ πάσχειν，定冠词 + 不定式 = 名词。τοῦ ἀληθοῦς，定冠词 + 形容词 = 名词。ἀναπειθέσθω，第三人称单数命令语气。ἤ，"或者"。προσεκείμην 和 χείρω 与 με 配合。ἡγήσηται 跟不定式（ἄχθεσθαι）。

89.4-5［笺释］τὸ ἐναντιούμενον 和 τῷ δυναστεύοντι，定冠词 + 分词 = 名词。ἀπ' ἐκείνου，"由于此"。τῆς πόλεως δημοκρατουμένης，独立属格结构。τὰ πολλά，定冠词 + 形容词 = 名词，用作副词。ἀνάγκη ἦν 跟不定式（ἕπεσθαι）（GG § 2004）。τοῖς παροῦσιν，定冠词 + 分词 = 名词。ἐπειρώμεθα 跟不定式（εἶναι）。μετριώτεροι，形容词比较级，跟属格（τῆς ... ἀκολασίας），表比较。τὰ πολιτικά，定冠词 + 形容词 = 名词。τῶν πάλαι，定冠词 + 副词 = 名词。οἵ 和 οἵπερ，关系代词，其先行词是 ἄλλοι。τὰ πονηρότερα，定冠词 + 形容词 = 名词。

89.6［笺释］προέστημεν 跟属格（τοῦ ξύμπαντος）。τοῦ ξύμπαντος，定冠词 + 形容词 = 名词。δικαιοῦντες ξυνδιασῴζειν τοῦτο。ἐν ᾧ σχήματι，in which form。τοῦτο 指 σχήματι。ἐτύγχανε 跟分词（οὖσα）。ὅπερ ἐδέξατό τις，which has come down to us。ὅπερ，自主关系代词，which。οἱ φρονοῦντές ...，定冠词 + 分词 = 名词。τι，用作副词，"在某种程度上"。χεῖρον，用作副词，比较级，跟属格（οὐδενός），表比较。... ὅσῳ καὶ <μέγιστ' ἠδίκημαι>，λοιδορήσαιμι。ὅσῳ，inasmuch as。τὸ μεθιστάναι ... ἐδόκει εἶναι ἀσφαλὲς ἡμῖν ...。τὸ μεθιστάναι，定冠词 + 不定式 = 名词。ὑμῶν ... προσκαθημένων，独

立属格结构。

90.1-2［笺释］τὰ ... ἐς τὰς ... διαβολὰς，定冠词 + 介词短语 = 名词。ὧν，自主关系代词，which。βουλευτέον ὑμῖν。εἰσηγητέον ἐμοί。εἴ 跟前倾词（τι），故加了高调符号。μάθετε ἤδη，you must now learn。ἀποπειράσοντες 跟属格（τῆς ... ἀρχῆς 和 αὐτῶν）。

90.3-4［笺释］ἢ ... ἢ ...，"或者……或者……"。καί，at least。τὰ πλείω，定冠词 + 形容词 = 名词。ἐμέλλομεν 跟不定式（ἐπιχειρήσειν）。ταῖς ἡμετέραις（τριήρεσι）。ἐχούσης τῆς Ἰταλίας，独立属格结构。αἷς，关系代词，其先行词是 τριήρεις。τὰς μὲν ... τὰς δ' ...，两个定冠词作指示代词（GG § 1106）。ἠλπίζομεν 跟不定式（καταπολεμήσειν 和 ἄρξειν）。ἄρξειν 跟属格（τοῦ ... Ἑλληνικοῦ）。χρήματα ... καὶ σῖτον，宾格，用作副词，"在……方面"。ὥστε 跟不定式（γίγνεσθαι），表结果。τι，宾格，anything，作不定式 γίγνεσθαι 的主语。αὐτῶν 指 χρήματα ... καὶ σῖτον，修饰 τι。最后一句主干：τὰ ... χωρία ἔμελλε παρέξειν χρήματα ... καὶ σῖτον。ἔμελλε 跟不定式（παρέξειν）。αὐτά，itself，指 χρήματα ... καὶ σῖτον。ἄνευ 跟属格（τῆς ... προσόδου）。

91.1-2［笺释］παρὰ 跟属格（τοῦ ... εἰδότος），from。τοῦ ... εἰδότος，定冠词 + 分词 = 名词。τὰ ἀκριβέστατα，定冠词 + 副词 = 名词，作 εἰδότος 的宾语。ὡς，as。διενοήθημεν，异态动词，形式是被动的，意思是主动的。ἤν = ἐάν。ὡς 引导的从句作 μάθετε 的宾语。τἀκεῖ = τὰ ἐκεῖ，定冠词 + 副词 = 名词。μάθετε ἤδη，you must now learn。ἔσονται ἀδύνατοι 跟不定式（ἀντισχεῖν）。

91.3-4［笺释］ὃν，关系代词，其先行词是 κίνδυνον（实际上在后面主句中）（GG § 2541）作 ἐπιπέσοι 的主语。διὰ μακροῦ，"长时间"。ὥστε，用在句首，表总结，therefore。οἰέσθω，第三人称现在时命令语气，跟主格（τις），跟不定式（βουλεύειν）。ἐν τάχει，"迅速"。οἵτινες，不定关系代词，其先行词 στρατιάν（集合名词可看作复数，GG § 959）是不定的，故不用 οἵ（GG § 2508）。νομίζω + 宾格（ὃ）+ 不定式（εἶναι）。ὅ，自主关系代词，which。χρησιμώτερον，形容词比较级，用作副词，跟属格（τῆς στρατιᾶς），表比较。πέμψετε 跟双宾格（ἄνδρα Σπαρτιάτην 和 ἄρχοντα）（CGCG § 30.10）。ὡς，that，其引导的从句说明 ὅ。τοὺς ... παρόντας 和 τοὺς ... 'θέλοντας，定冠词 + 分词 = 名词。οἵ，定冠词，跟前倾词（τε），故加了高调符号。οἱ ἐνδοιάζοντες，定冠词 + 分词 = 名词。ἀδεέστερον，用作副词。

91.5-6［笺释］χρὴ 跟不定式（ἐκπολεμεῖν）。τὰ ἐνθάδε，定冠词 + 副词 = 名词。φανερώτερον 用作副词。νομίζοντες + 宾格（ὑμᾶς）+ 不定式（ἐπιμέλεσθαι）。τοῖς ἑαυτῶν，定冠词 + 属格 = 名词。ἧσσον 用作副词。χρὴ 跟不定式（τειχίζειν）。ὅπερ，自主关系代词，which，指上文所说的事情。νομίζουσι 跟不定式（διαπεπειρᾶσθαι）。

διαπεπειρᾶσθαι 跟属格（αὑτοῦ）。τῶν ἐν τῷ πολέμῳ，定冠词 + 介词短语 = 名词，修饰 αὑτοῦ。βεβαιότατα 用作副词。ἃ，自主关系代词，what，作 δεδιότας 的宾语。αἰσθάνοιτο + 宾格（αὐτοὺς）+ 分词（δεδιότας）。δεδιότας 与 αὐτοὺς 配合。ταῦτα 指 ἃ。εἰκὸς + 宾格（αὐτοὺς）+ 不定式（φοβεῖσθαι）。ἐπιστραμένους 与 αὐτοὺς 配合。τὰ ... δεινὰ，定冠词 + 形容词 = 名词。

91.7［笺释］ἃ，自主关系代词，其引导的从句用作副词，"在……方面"。τοὺς ἐναντίους，定冠词 + 形容词 = 名词。τὰ μέγιστα，定冠词 + 形容词 = 名词，用作副词。οἷς，自主关系代词，with which。τὰ πολλὰ，定冠词 + 形容词 = 名词。τὰ μὲν ... τὰ δ' ...，"一部分……另一部分……"，两个定冠词都作指示代词（GG § 1106）。τῆς ... προσόδου ... διαφορουμένης，独立属格结构。ἧσσον，用作副词。οἷ，关系代词，其先行词是 τῶν ξυμμάχων。νομίσαντες + 宾格（τὰ παρ' ὑμῶν）+ 不定式（πολεμεῖσθαι）。τὰ παρ' ὑμῶν，定冠词 + 介词短语 = 名词，the war on your part。

92.1［笺释］ἐστίν ἐν ὑμῖν 跟不定式（γίγνεσθαι）。τι，anything，作不定式 γίγνεσθαι 的主语。αὐτῶν 指上文所说的情况，修饰 τι。προθυμότερον，用作副词。ὥς 跟前倾词（γε），故加了高调符号，that。οἶμαι 跟不定式（ἁμαρτήσεσθαι）。ἁμαρτήσεσθαι 跟属格（γνώμης）。

92.2–3［笺释］ἀξιῶ 跟不定式（δοκεῖν 和 ὑποπτεύεσθαί）。δοκεῖν + 与格（οὐδενὶ）+ 不定式（εἶναι）。ὑμῶν 修饰 οὐδενὶ。ἐπέρχομαι τῇ ἐμαυτοῦ（πόλει）。τῶν πολεμιωτάτων，定冠词 + 形容词 = 名词。δοκῶν 跟不定式（εἶναι）。τὸν λόγον 作不定式 ὑποπτεύεσθαί 的主语。μου 修饰 τὸν λόγον。τῆς ... πονηρίας 和 τῆς ... ὠφελίας 修饰 φυγάς。τῶν ἐξελασάντων，定冠词 + 分词 = 名词，修饰 τῆς ... πονηρίας。ἤν = ἐάν。οὐχ ... ἤ ...，"不是……而是……"。οἱ ... βλάψαντες 和 οἱ ... ἀναγκάσαντες，定冠词 + 分词 = 名词。ἀναγκάσαντες + 宾格（τοὺς φίλους）+ 不定式（γενέσθαι）。

92.4–5［笺释］ἔχω τό ... φιλόπολι。ἐν ᾧ = ἐν τούτῳ ὅτι。... ἐν ᾧ (εἶχον) ἀσφαλῶς ...。ἡγοῦμαι 跟不定式（ἰέναι 和 ἀνακτᾶσθαι）。τὴν οὐκ οὖσαν (πατρίδα)，作不定式 ἀνακτᾶσθαι 的宾语。ὅς，自主关系代词，who。τὴν ἑαυτοῦ (πόλιν)。τὸ ἐπιθυμεῖν，定冠词 + 不定式 = 名词。πειραθῇ 跟不定式（ἀναλαβεῖν）。ἀξιῶ + 宾格（ὑμᾶς 和 (ὑμᾶς) αὐτοὺς）+ 不定式（χρῆσθαι 和 ἀποκνεῖν）。χρῆσθαι 跟与格（ἐμοί）。ὡς，that。ὅσῳ，in so far as。τὰ ... Ἀθηναίων，定冠词 + 属格 = 名词。τὰ ... ὑμέτερα，定冠词 + 形容词 = 名词。νομίσαντας 跟不定式（βουλεύεσθαι）。τῶν διαφερόντων，定冠词 + 分词 = 名词。τά ... ἐκεῖ，定冠词 + 副词 = 名词。τῆς ... Ἑλλάδος 修饰 εὔνοιαν。

93.1–2［笺释］διανοούμενοι 跟不定式（στρατεύειν）。πολλῷ 跟比较级（μᾶλλον）

（GG § 1514）。διδάξαντος ... αὐτοῦ, 独立属格结构。νομίσαντες 跟不定式（ἀκηκοέναι）。τοῦ ... εἰδότος, 定冠词+分词=名词。σαφέστατα, 用作副词。ὥστε, 用在句首, 表总结, and so。... προσεῖχον ... τὸν νοῦν 跟不定式（πέμπειν）。τοῖς ἐν τῇ Σικελίᾳ, 定冠词+介词短语=名词。τὸ παραυτίκα, "立即"。προστάξαντες 跟双宾格（Γύλιππον 和 ἄρχοντα）(CGCG § 30.10)。ἐκέλευον+ 宾格（Γύλιππον）+不定式（ποιεῖν）。τῶν παρόντων, 定冠词+分词=名词。τοῖς ἐκεῖ, 定冠词+副词=名词。

93.3–4［笺释］ὁ δὲ, but he（见前文1.24.5笺释）。ἐκέλευέν+宾格（τοὺς Κορινθίους）+不定式（πέμπειν, παρασκευάζεσθαι 和 εἶναι）。δύο ... ναῦς 作不定式 πέμπειν 的宾语。οἷ, to himself, 间接反身代词（用在从句中, 指主句的主语）（GG § § 1225, 1228b）（CGCG § 29.18）。τὰς ... λοιπὰς (ναῦς)。διανοοῦνται 跟不定式（πέμπειν）。εἶναι ἑτοίμας 跟不定式（πλεῖν）。ἥν, 关系代词, 其先行词是 ἡ ... τριήρης。ἐπί, "为了......"。ἐψηφίσαντο 跟不定式（πέμπειν）。τῷ πολέμῳ, "对于这场战争来说"。τῷδε 指 ... ἔτος。ὅν, 关系代词, 其先行词是 τῷ πολέμῳ。

94.1–4［笺释］ἅμα 跟与格（τῷ ἦρι）。τῶν ἐν τῇ Σικελίᾳ, 定冠词+介词短语=名词。οὓς, 关系代词, 其先行词是 Μεγάρων。ἐπὶ 跟属格（人）（Γέλωνος）, "在......的时代"。ὡς 跟独立属格结构（ἵππων πορισθησομένων）, in the hope of（GG § 2086d）。

95.1–2［笺释］τοῦ ... ἦρος, 表时间的属格, 表示在该时间段内。σεισμοῦ ... γενομένου, 独立属格结构。ἥ, 关系代词, 其先行词是 λείαν。ἔλασσον, 形容词比较级, 用作副词, 跟属格（ταλάντων）, 表比较。τοῖς ... ἔχουσιν, 定冠词+分词=名词。βοηθησάντων Θηβαίων, 独立属格结构。οἱ μὲν ... οἱ δ' ..., "一部分......另一部分......"。

96.1［笺释］τοῦ ... θέρους, 表时间的属格, 表示在该时间段内。ὡς, when。μέλλοντας 跟不定式（ἰέναι）。νομίσαντες 跟不定式（ἀποτειχισθῆναι 和 δυνηθῆναι）。σφᾶς 作不定式 ἀποτειχισθῆναι 的主语（如作 σφεῖς 更好理解, 即与 νομίσαντες 的主语配合）。κρατήσωσιν 跟属格（τῶν Ἐπιπολῶν）。χωρίου ἀποκρήμνου ... κειμένου, 独立属格结构。διενοοῦντο 跟不定式（φυλάσσειν）。αὐτοὺς 作不定式 δυνηθῆναι 的主语。δυνηθῆναι, 异态动词, 形式是被动的, 意思是主动的。

96.2–3［笺释］τὸ ... εἶναι, 定冠词+不定式=名词。Ἐπιπολαί 作不定式 εἶναι 的主语。τοῦ ἄλλου, 定冠词+形容词=名词。οἱ μέν, οἱ 为指示代词（GG § 1106）, μέν 与下一章第一句的 δέ 对照。ἅμα 跟与格（τῇ ἡμέρᾳ）。ἐτύγχανον 跟分词（παρειληφότες）。... τὴν ἀρχὴν αὐτοῖς ...。ἦρχε 跟属格（ὦν）。ὦν, 关系代词, 其先行词是 ἑξακοσίους λογάδας。ἤν = ἐάν。

97.1–5［笺释］τῇ ... ἡμέρᾳ, 表时间的与格, 表示在该时间点。ὅς, 关系代词,

其先行词是 τὸν Λέοντα。ἀπέχει + 属格（τῶν Ἐπιπολῶν）+ 宾格（σταδίους），"距离某地多少里程"。ἀπέχει + 属格（τῆς ... πόλεως）+ 宾格（πλοῦν 和 ὁδὸν），同上。φθάνει 跟分词（ἀναβὰς）。πρὶν 跟不定式（παραγενέσθαι）。τοὺς Συρακοσίους 作不定式 παραγενέσθαι 的主语。οἵ，定冠词，跟前倾词（τε），故加了高调符号。οἱ ἄλλοι，定冠词 + 形容词 = 名词。ὡς ἕκαστος，each of them。οἱ περὶ τὸν Διόμιλον，定冠词 + 介词短语 = 名词。πρὶν 跟不定式（προσμεῖξαι）。ἀτακτότερον，用作副词。ὅ，定冠词，跟前倾词（τε），故加了高调符号。τῶν ἄλλων，定冠词 + 形容词 = 名词。ὡς, about。τῇ ὑστεραίᾳ (ἡμέρᾳ)。ὡς, when。ἢ ... ἢ ...，"或者……或者……"。

98.1-3 [笺释] πολλῷ 跟比较级（ὕστερον）（GG § 1514）。ἔκ 跟前倾词（τε），故加了高调符号。ὡς, about。οἷς，关系代词，其先行词是 πεντήκοντα καὶ διακόσιοι (ἱππῆς)。τοὺς μὲν ... τοὺς δ' ...，两个定冠词都是指示代词（GG § 1106），"一部分……另一部分……"。ἵναπερ, in that place。διενοοῦντο 跟不定式（ποιεῖσθαι 和 περιορᾶν）。μάχην 作不定式 ποιεῖσθαι 的宾语。(αὐτῶν) ἀντιπαρατασσομένων，独立属格结构。ὡς, when。ἐκώλυον + 宾格（τοὺς Ἀθηναίους）+ 不定式（λιθοφορεῖν 和 ἀποσκίδνασθαι）。μακροτέραν，用作副词。

99.1-2 [笺释] τῇ ὑστεραίᾳ (ἡμέρᾳ)。οἱ μὲν ... οἱ δὲ ...，两个定冠词都作指示代词（GG § 1106），τῶν Ἀθηναίων 修饰这两个指示代词。Ἑρμοκράτους ... ἐσηγησαμένου，独立属格结构。ἐβούλοντο 跟不定式（διακινδυνεύειν）。ἐδόκει 跟不定式（εἶναι, γίγνεσθαι, ἀντιπέμπειν, φθάνειν 和 τρέπεσθαι）。εἶναι ἄμεινον 跟不定式（ὑποτειχίζειν）。ᾗ, 关系副词, in which direction。ἔμελλον 跟不定式（ἄξειν）。ἀποκλῄσεις 作不定式 γίγνεσθαι 的主语。τῆς στρατιᾶς 修饰 μέρος。φθάνειν 跟分词（προκαταλαμβάνοντες）。ἐκείνους 作不定式 τρέπεσθαι 的主语。παυομένους 跟属格（τοῦ ἔργου）。ἀρξάμενοι 跟分词（ἐξελθόντες）。ἐκράτουν 跟属格（τῶν περὶ τὴν θάλασσαν）。τῶν περὶ τὴν θάλασσαν，定冠词 + 介词短语 = 名词。

100.1-3 [笺释] ἐδόκει + 与格（τοῖς Συρακοσίοις）+ 不定式（ἔχειν）。τοῦ ὑποτειχίσματος 修饰 ὅσα。φοβούμενοι 跟虚拟语气（μάχωνται），μὴ 为赘词。καθ' αὑτοὺς, their own。οἵ，关系代词，其先行词是 τούς ... ὀχετούς。προύταξαν + 宾格（τριακοσίους ... λογάδας 和 τινὰς ἐκλεκτοὺς ...）+ 不定式（θεῖν）。ἡ μὲν ... ἡ δὲ ...，两个定冠词都作指示代词（GG § 1106），"一部分……另一部分……"。τὸ σταύρωμα τὸ παρὰ τὴν πυλίδα，重复定冠词结构。οἱ τριακόσιοι，定冠词 + 形容词 = 名词。τὸ προτείχισμα τὸ περὶ τὸν Τεμενίτην，重复定冠词结构。οἱ διώκοντες，定冠词 + 分词 = 名词。

101.1-3 [笺释] τῇ ὑστεραίᾳ (ἡμέρᾳ)。τὸν κρημνὸν τὸν ὑπὲρ τοῦ ἕλους，重复定冠

词结构。ὅς，关系代词，其先行词是 τὸν κρημνὸν。ταύτῃ，in this way。ᾗπερ，关系副词，where。βραχύτατον，用作副词。διὰ，through。ᾗ οἷόν τε 跟不定式（ἀποτειχίσαι）。οἱ δ᾽，but they（见前文 1.24.5 笺释）。τὸ πρὸς τὸν κρημνὸν，定冠词 + 介词短语 = 名词。κελεύσαντες + 宾格（τὰς ... ναῦς）+ 不定式（περιπλεῦσαι）。τὸν ... λιμένα τὸν τῶν Συρακοσίων，重复定冠词结构。ᾗ，关系副词，where。ἅμα 跟与格（ἕῳ）。πλὴν 跟属格（ὀλίγου）。τὸ ὑπολειφθὲν，定冠词 + 分词 = 名词。

101.4-6［笺释］οἱ μὲν ... οἱ δὲ ...，"一部分……另一部分……"。βουλόμενοι 跟不定式（ἀποκλῄσασθαι）。ἀποκλῄσασθαι + 宾格（αὐτοὺς）+ 属格（τῆς διαβάσεως）。οἱ πολλοί，定冠词 + 形容词 = 名词。προσπεσόντων αὐτῶν，独立属格结构。τοῦ εὐωνύμου τοῦ ἑαυτῶν，重复定冠词结构。τῶν διαβάντων，定冠词 + 分词 = 名词。ἤ，or。τῶν μετ᾽ αὐτοῦ，定冠词 + 介词短语 = 名词。τὸ ἀσφαλές，定冠词 + 形容词 = 名词。ἐπιόντος ... τοῦ ... στρατεύματος，独立属格结构。

102.1-4［笺释］οἱ ... καταφυγόντες，定冠词 + 分词 = 名词。τὸ πρῶτον，"第一次"。ὡς，when。τὸν κύκλον τὸν ἐπὶ ταῖς Ἐπιπολαῖς，重复定冠词结构。ἡγούμενοι 跟不定式（αἱρήσειν）。ἔτυχε 跟分词（ὑπολελειμμένος）。ἐκέλευσεν + 宾格（τοὺς ὑπηρέτας）+ 不定式（ἐμπρῆσαι）。ὡς，"因为"。ἐσομένους ἀδυνάτους 跟不定式（περιγενέσθαι）。τοὺς ἐκεῖ，定冠词 + 副词 = 名词。ἅ，自主关系代词，that，指上文所说的情况。οἱ ἄνωθεν，定冠词 + 副词 = 名词。νομίσαντες 跟不定式（γενέσθαι）。γενέσθαι ἱκανοὶ 跟不定式（κωλῦσαι）。

103.1-4［笺释］τοὺς μετὰ Λαμάχου，定冠词 + 介词短语 = 名词。παρόντος ... τοῦ στρατεύματος καὶ τοῦ ναυτικοῦ καὶ τοῦ πεζοῦ，独立属格结构。οἵ，关系代词，其先行词是 ξύμμαχοι。τἆλλα = τὰ ἄλλα。ἐνόμιζον 跟不定式（περιγενέσθαι）。ὡς，"因为"。ἐν 跟前倾词（τε），故加了高调符号。ἐν ... σφίσιν αὐτοῖς，"在他们自己中间"。Λαμάχου τεθνεῶτος 和 ἀνθρώπων ἀπορούντων ... πολιορκουμένων，独立属格结构。μᾶλλον ἢ πρίν，more than before。τῶν ... κακῶν，定冠词 + 形容词 = 名词。ὧν，关系代词，其先行词是 τοὺς στρατηγούς。ὡς，"因为"。ἢ ... ἢ ...，"或者……或者……"。τῇ ἐκείνων προδοσίᾳ。

104.1-3［笺释］βουλόμενοι 跟不定式（βοηθῆσαι）。ὡς，as。τὸ αὐτὸ，the same。ὡς，that。βουλόμενος 跟不定式（περιποιῆσαι）。ὅτι τάχιστα，"尽可能快地"。πρὸς 跟与格（ταῖς σφετέραις δέκα (ναυσὶ)），"除了"。ἔμελλον 跟不定式（πλεύσεσθαι）。δυνάμενος 跟不定式（προσαγαγέσθαι）。αὐτοὺς 作不定式 προσαγαγέσθαι 的宾语。ὅς，关系代词，其先行词是 ἀνέμου。μέγας，形容词，修饰 ὅς，按照英语习惯可以译为副词，

violently。ταύτῃ，副词，"在那个地方"。ἐς τὰ μάλιστα，"最大程度地"。ὅσαι，关系形容词（或关联代词），其先行词 τοσαύτας 被吸收，且被吸引到关系形容词（或关联代词）的格（主格）(GG §§ 2537, 2538)。ὅπερ，自主关系代词，which。ἔδοξε + 宾格（αὐτοὺς，省略）+ 不定式（πλεῖν）。λῃστικώτερον，用作副词。παρεσκευασμένους 与省略了的 αὐτοὺς 配合。

105.1–3 ［笺释］αἵπερ，关系代词，其先行词是 ναυσὶν。τὰς σπονδὰς ... τὰς πρὸς τοὺς Λακεδαιμονίους，重复定冠词结构。μᾶλλον ἢ，rather than。Ἀργείων κελευόντων，独立属格结构。κελευόντων + 宾格（αὐτοὺς，省略）+ 不定式（ἀπελθεῖν）。σχόντας 和 δῃώσαντας 与省略了的 αὐτοὺς 配合。ὅσον ... μόνον，only so much as。τὸ ἐλάχιστον，定冠词 + 形容词 = 名词。Πυθοδώρου καὶ Λαισποδίου καὶ Δημαράτου ἀρχόντων，独立属格结构。τοῦ ἀμύνεσθαι，定冠词 + 不定式 = 名词，修饰 τὴν αἰτίαν。ἀναχωρησάντων ... τῶν Ἀθηναίων ... τῶν Λακεδαιμονίων，独立属格结构。ἕτεμον 跟部分属格（τῆς γῆς）。

卷　　七

1.1–2［笺释］σαφέστερον，用作副词。ὅτι，that。οἷόν τε 跟不定式（ἐσελθεῖν）。ἀφικομένους 与省略了的 αὐτοὺς 配合（αὐτοὺς 作不定式 ἐσελθεῖν 的主语）。διακινδυνεύσωσιν 跟不定式（ἐσπλεῦσαι）。οὕς，关系代词，其先行词是 ἐκείνους καὶ στρατιὰν。ἔδοξεν + 与格（αὐτοῖς）+ 不定式（πλεῖν）。ἄλλως τε καί，"尤其"。τῶν ... νεῶν ... παρουσῶν，独立属格结构。ἅς，关系代词，其先行词是 τῶν ... νεῶν。πυνθανόμενος + 宾格（αὐτοὺς）+ 不定式（εἶναι）。

1.3–5［笺释］ἔπεισαν + 宾格（τοὺς ... Ἱμεραίους 和 αὐτούς）+ 不定式（ξυμπολεμεῖν，ἕπεσθαι 和 παρασχεῖν）。τῶν νεῶν τῶν σφετέρων，重复定冠词结构。ὅσοι，关系形容词（或关联代词），其先行词 τοσούτοις 被吸收，且被吸引到关系形容词（或关联代词）的格（主格）(GG §§ 2537, 2538)。ἔς 跟前倾词（τι），故加了高调符号。ὑπέσχοντο 跟不定式（πέμψειν）。τινα οὐ πολλὴν στρατιάν。οἵ，关系代词，其先行词是 τινές。πολὺ 和 προθυμότερον 用作副词。ἦσαν ἕτοιμοι 跟不定式（προσχωρεῖν）。τοῦ ... Ἀρχωνίδου ... τεθνηκότος，独立属格结构。ὅς，关系代词，其先行词是 τοῦ ... Ἀρχωνίδου。τοῦ Γυλίππου ... δοκοῦντος ...，独立属格结构。τοὺς ὡπλισμένους，定冠词 + 分词 = 名词。μάλιστα，"大约"。τοὺς πάντας，定冠词 + 形容词 = 名词。

2.1–4［笺释］ὡς εἶχον τάχους，as fast as they could。ὀλίγον 用作副词。μέλλοντας 跟不定式（ἐκκλησιάσειν）。ὅτι，that。Λακεδαιμονίων ἀποστειλάντων，独立属格结构。ὡς 跟将来时分词（ἀπαντησόμενοι），in order to。ὁ δέ，but he（见前文 1.24.5 笺释）。ὡς ἐς ...，表真正意图（GG § 2996）。ᾗπερ，关系副词，where。τὸ πρῶτον，"首先"。ἔτυχε 跟分词（ἐλθών）。ᾧ，关系代词，其先行词是 τοῦ καιροῦ。βραχύ 修饰 τι（宾格）。τὸ πρὸς τὴν θάλασσαν，定冠词 + 介词短语 = 名词。τῷ πλέονι，定冠词 + 形容词 = 名词。ἔστιν ἅ ... τὰ δέ ...，类似 τὰ μέν ... τὰ δέ ...，"一部分……另一部分……"，τά 为指示代词（GG § 1106）。καὶ ... καὶ ... καί ...，第一个 καί 连接 τῷ πλέονι 与后面的 ἔστιν ἅ ... τά δὲ ..., 后两个 καὶ 将 ἡμίεργα 与 ἐξειργασμένα 对举（antithesis）。

3.1-5［笺释］τοῦ ... Γυλίππου καὶ τῶν Συρακοσίων ... ἐπιόντων，独立属格结构。τὸ πρῶτον，"首先"。ὁ δὲ，but he（见前文 1.24.5 笺释）。βούλονται 跟不定式（ἐξιέναι 和 εἶναι）。πέντε ἡμερῶν，表时间的属格，表示在该时间段内。τὰ σφέτερα，定冠词 + 形容词 = 名词。εἶναι ἑτοῖμος 跟不定式（σπένδεσθαι）。οἱ δ'，but they（见前文 1.24.5 笺释）。ὡς ἐς ...，表真正意图（GG § 2996）。ὡς，when。τὴν ἄκραν τὴν ... καλουμένην，重复定冠词结构。αὐτοῦ，there。τῇ ὑστεραίᾳ（ἡμέρᾳ）。τὴν πλείστην。定冠词 + 形容词 = 名词。τὸ φρούριον τὸ Λάβδαλον，重复定冠词结构。ἐφορμοῦσα 修饰 τριήρης。

4.1-3［笺释］πρὸς τὸ ἐγκάρσιον，"呈斜角交叉"。δύναιντο 跟不定式（κωλῦσαι）。οἷοί τε 跟不定式（ἀποτειχίσαι）。οἵ，定冠词，跟前倾词（τε），故加了高调符号。τι，中性、主格。νυκτός，表时间的属格，表示在该时间段内。ἔτυχον 跟分词（αὐλιζόμενοι）。ὡς，when。ὁ δὲ，but he（见前文 1.24.5 笺释）。τοὺς σφετέρους，定冠词 + 形容词 = 名词。ᾗπερ，关系副词，in the very place in which, where。ἔμελλον 跟不定式（φρουρεῖν）。

4.4［笺释］ἐδόκει + 与格（τῷ ... Νικίᾳ）+ 不定式（τειχίσαι）。ἀντιπέρας，副词，跟属格（τῆς πόλεως）。ᾕπερ，关系代词，其先行词是 ἄκρα。προύχουσα 跟属格（τοῦ ... λιμένος）。ἐφαίνετο 跟不定式（ἔσεσθαι，ἐφορμήσειν 和 ποιήσεσθαι）。δι' ἐλάσσονος，"近距离"。σφᾶς 作不定式 ἐφορμήσειν 的主语。τῷ λιμένι τῷ τῶν Συρακοσίων，重复定冠词结构。τὰς ἐπαναγωγὰς 作不定式 ποιήσεσθαι 的宾语。ἤν = ἐάν。τι，用作副词，"在某种程度上"。τὰ ἐκ τῆς γῆς，定冠词 + 介词短语 = 名词。

4.5-7［笺释］τά ... σκεύη τὰ πλεῖστα 和 τὰ πλοῖα ... τὰ μεγάλα，重复定冠词结构。ὥστε，用在句首，and so，therefore。χρώμενοι 跟与格（τῷ ... ὕδατι）。τῶν ἱππέων τῶν Συρακοσίων，重复定冠词结构。κρατούντων 跟属格（τῆς γῆς）。διὰ，"由于"。τοὺς ἐν τῷ Πλημμυρίῳ，定冠词 + 介词短语 = 名词。εἴρητο + 与格（αἷς）+ 不定式（ναυλοχεῖν）。αἷς，关系代词，其先行词是 ναῦς。

5.1-4［笺释］χρώμενος 跟与格（τοῖς λίθοις）。οὕς，关系代词，其先行词是 τοῖς λίθοις。ἔδοξε + 与格（τῷ Γυλίππῳ）+ 不定式（εἶναι）。ἦρχε 跟属格（τῆς ἐφόδου）。μεταξὺ 跟属格（τῶν τειχισμάτων）。ᾗ，关系副词，where。νικηθέντων τῶν Συρακοσίων καὶ τῶν ξυμμάχων ... ἀνελομένων 和 τῶν Ἀθηναίων ... στησάντων，独立属格结构。ἔφη + 宾格（τὸ ἁμάρτημα 和 τὴν ὠφελίαν）+ 不定式（γενέσθαι，ἀφελέσθαι 和 ἐπάξειν）。ἐντὸς 属格（τῶν τειχῶν）。ἐκέλευεν + 宾格（αὐτοὺς）+ 不定式（διανοεῖσθαι）。διανοεῖσθαι，异态动词，形式是被动的，意思是主动的。ὡς，that。ἀξιώσουσι 跟不定式（ἐξελάσασθαι）。κρατήσαντες 跟属格（Ἰώνων καὶ νησιωτῶν καὶ ... ἀνθρώπων）。

6.1–4［笺释］νομίζοντες 跟不定式（εἶναι）。ἐθέλοιεν 跟不定式（ἄρχειν）。ἄρχειν 跟属格（μάχης）。εἶναι ἀναγκαῖον 跟不定式（περιορᾶν）。ὅσον οὐ，"几乎""差不多"。整理词序：... νικᾶν ... καὶ μηδὲ μάχεσθαι ἐποίει ταὐτὸν αὐτοῖς。νικᾶν 和 μάχεσθαι，不带定冠词的不定式作句子主语（GG § 1984）。ταὐτὸν = τὸ αὐτὸν，the same。ἔξω 跟属格（τῶν τειχῶν）。μᾶλλον ἤ，more than。ᾗ，关系副词，where。ὅπερ，关系代词，其先行词是τῷ ... κέρᾳ。ἔφθασαν 跟分词（παροικοδομήσαντες 和 παρελθόντες）。ὥστε 跟不定式（κωλύεσθαι 和 ἀπεστερηκέναι），表结果。ἀπεστερηκέναι+ 宾格（ἐκείνους）+ μὴ + 不定式（ἀποτειχίσαι）。μηκέτι ... μήτε ...，两个复合否定词连用，后者强调前者，仍表否定（GG § 2761）。

7.1–4［笺释］αἵ，定冠词，跟前倾词（τε），故加了高调符号。αἱ ... νῆες αἱ ὑπόλοιποι ...，重复定冠词结构。ἦρχε 跟属格（αὐτῶν）。τὸ λοιπόν，定冠词+形容词=名词。μέχρι 跟属格（τοῦ ... τείχους）。ἐπί，"为了……"。τῶν πόλεων 修饰 τις。εἴ 跟前倾词（τις），故加了高调符号。ἤ ... ἤ ...，"或者……或者……"。ἀφειστήκει 跟属格（τοῦ πολέμου）。τρόπῳ ᾧ，in whatever way。τρόπῳ ᾧ ἂν ἐν ὁλκάσιν ἢ πλοίοις ἢ ἄλλως ὅπως ἂν προχωρῇ，不通，或应作 ἐν ὁλκάσιν ἢ πλοίοις ἢ ἄλλῳ τρόπῳ ᾧ ἂν προχωρῇ。[①] ἤ ... ἤ ...，同上。ὡς 跟独立属格结构（τῶν Ἀθηναίων ἐπιμεταπεμπομένων），表原因。οἵ，定冠词，跟前倾词（τε），故加了高调符号。ὡς 跟将来时分词（ἐπιχειρήσοντες），in order to。ἐς τἆλλα，"普遍"。τἆλλα = τὰ ἄλλα。πολῦ，用作副词。

8.1–3［笺释］τῶν γιγνομένων，定冠词+分词=名词。νομίζων 跟不定式（εἶναι 和 εἶναι）。ὡς τάχιστα，as fast as possible。ἤ ... ἤ ...，"或者……或者……"。σωτηρίαν 作不定式的主语。φοβούμενος 跟虚拟语气（ἀπαγγέλλωσιν），μὴ 为赘词。οἱ πεμπόμενοι，定冠词+分词=名词。ἤ ... ἤ ... ἤ ...，同上。ἐλλιπεῖς 跟属格（μνήμης）。τοῦ λέγειν，定冠词+不定式=名词。τὰ ὄντα，定冠词+分词=名词。νομίζων + 宾格（τοὺς Ἀθηναίους）+ 不定式（βουλεύσασθαι）。οἱ μέν，οἱ 为指示代词（GG § 1106）。οὕς，关系代词，其先行词是 οἱ。ἔδει + 宾格（αὐτοὺς）+ 不定式（εἰπεῖν）。ὁ δέ，but he（见前文 1.24.5 笺释）。τὰ κατὰ τὸ στρατόπεδον，定冠词+介词短语=名词，作 ἔχων（"keeping"）的宾语（或者解作：διὰ + 属格（φυλακῆς 和 κινδύνων）+ ἔχων，表达条件或状态，ἔχων 无实义）。μᾶλλον ... ἤ ...，rather ... than ...。

10.［笺释］τοῦ ... χειμῶνος，表时间的属格，表示在时间段内。οἱ παρὰ τοῦ Νικίου，定冠词+介词短语=名词。εἴ 和 τίς 跟前倾词（τις 和 τι），故都加了高调符号。

[①] 参见戈姆等《评注》，第 4 卷，页 385。

ὁ ... γραμματεὺς ὁ τῆς πόλεως，重复定冠词结构。

11.1–2［笺释］τὰ ... πραχθέντα，定冠词 + 分词 = 名词。(ἐστί) καιρὸς 跟不定式 (βουλεύσασθαι)。ἐν ᾧ ἐσμέν，in what condition we are，ᾧ，自主关系代词。κρατησάντων ἡμῶν ⋯ οἰκοδομησαμένων，独立属格结构。ταῖς πλέοσι μάχαις。οὕς，关系代词，其先行词是 Συρακοσίους。οἷσπερ，关系代词，先行词是 τὰ τείχη。ἔστιν ὧν，some。τῇ ... πρώτῃ μάχῃ。τῇ ὑστεραίᾳ (ἡμέρᾳ)。

11.3–4［笺释］παυσάμενοι 跟属格（τοῦ περιτειχισμοῦ）。τῶν ἐναντίων，定冠词 + 形容词 = 名词。δυναίμεθ' 跟不定式（χρήσασθαι）。χρήσασθαι 跟与格（τῇ στρατιᾷ）。ἀπανηλωκυίας τῆς φυλακῆς ⋯ 独立属格结构。μέρος τι 作 ἀπανηλωκυίας 的宾语。τοῦ ὁπλιτικοῦ，定冠词 + 形容词 = 名词。οἱ δέ，but they（见前文 1.24.5 笺释）。ὥστε 跟不定式（εἶναι），表结果。εἶναι 跟不定式（περιτειχίσαι），be able to。ἤν = ἐάν。ξυμβέβηκέ + 宾格（ἡμᾶς αὐτούς）+ 不定式（πάσχειν）。δοκοῦντας πολιορκεῖν ἄλλους。δοκοῦντας 与 ἡμᾶς 配合，跟不定式（πολιορκεῖν）。μᾶλλον，rather。ὅσα γε，"至少就……而言"。ἐξερχόμεθα 跟属格（τῆς χώρας）。

12.1–2［笺释］ἐπ'，"为了……"。πείσων + 宾格（τὰς μὲν καὶ ... ὅσαι νῦν ἡσυχάζουσιν）+ 不定式（ξυμπολεμεῖν）。ὅσαι，关系形容词（或关联代词），其先行词 τοσαύτας 被吸收，且被吸引到关系形容词（或关联代词）的格（主格）（GG §§ 2537, 2538）。τὰς μὲν ... ἀπὸ δὲ τῶν ...，两个定冠词都是指示代词（GG § 1106），因为有介词 ἀπό，故 δέ 提前（GG §§ 1107, 1109）。διανοοῦνται 跟不定式（πειρᾶν）。ὡς，as。πειρᾶν 跟属格（τῶν τειχῶν）。

12.3–5［笺释］否定词（μηδενί）+ 不定过去时虚拟语气（δόξῃ），作命令语气，let it seem ... to nobody that ...。δόξῃ 跟不定式（εἶναι）。ὅτι，that。ὅπερ，关系代词，其先行词是 τὸ ... ναυτικόν。κἀκεῖνοι = καὶ ἐκεῖνοι。τὸ ... πρῶτον，"首先"。αἵ，定冠词，跟前倾词（τε），故加了高调符号。τοσοῦτον χρόνον，表时间的宾格，表示贯穿该时间段。ἔστιν 跟不定式（διαψῦξαι 和 παρέχειν），it is possible to。διά 跟宾格（τὸ ἀντιπάλους 和 τὰς τῶν πολεμίων (ναῦς)）。τὰς τῶν πολεμίων (ναῦς) οὔσας ἔτι πλείους。ὡς 跟将来时分词（ἐπιπλευσούμεναι），in order to。φανεραὶ 跟分词（ἀναπειρώμενοι）。αἱ ἐπιχειρήσεις καὶ ἐξουσία (εἰσὶν) ἐπ' ἐκείνοις。ἐπ' ἐκείνοις，in their power。ἐξουσία 跟不定式（ἀποξηρᾶναι）。τὰς σφετέρας (ναῦς)。

13.1–2［笺释］τοῦτο ὑπῆρχε ἡμῖν。ἀναγκαζομένοις 跟不定式（φυλάσσειν）。ἀφαιρησόμεν 跟属格（τῆς τηρήσεως）。τι καὶ βραχύ，用作副词。καί，even。τόδε 指下文的独立属格结构（τῶν ναυτῶν ... ἀπολλυμένων）。οἱ ... θεράποντες，定冠词 + 分词 = 名词。οἱ μὲν ... οἱ δὲ ..., "有的……有的……"。οἰόμενοι 跟不定式（χρηματιεῖσθαι 和 μαχεῖσθαι）。μᾶλλον ... ἤ ...，rather ... than ...。δή，表强调。τἆλλα = τὰ ἄλλα，ἀνθεστῶτα 与之配合。οἱ μὲν ... οἱ δὲ ...，同上。ὡς，as。εἰσί ... οἵ，some。πείσαντες + 宾格（τοὺς τριηράρχους）+ 不定式（ἀντεμβιβάσαι）。ἀνδράποδα 作不定式 ἀντεμβιβάσαι 的宾语。ὑπὲρ σφῶν，in their place。

14.1–3［笺释］ὅτι，that。οἱ ἐξορμῶντές ... τε καὶ ξυνέχοντες ...，定冠词 + 分词 = 名词。第二句句子主干：τό ... εἶναι καὶ ὅτι ... (ἐστίν) ἀπορώτατον。τό ... εἶναι，定冠词 + 不定式 = 名词。εἶναι οἷόν τε 跟不定式（κωλῦσαι）。τῷ στρατηγῷ 与 ἐμοί 配合。(εἰσί) χαλεπαί 跟不定式（ἄρξαι）。ὅτι，that。ὅ，自主关系代词，which。ἀνάγκη 跟不定式（γίγνεσθαι）(GG § 2004)。τά ... ὄντα，定冠词 + 分词 = 名词，作不定式 γίγνεσθαι 的主语。ὧν，自主关系代词，which。ὥστε 跟不定式（χωρῆσαι），表结果。τρέφοντα 和 ὁρῶντα 与 τά ... χωρία 配合。ἐν ᾧ ... ἐσμέν，in which condition we are。ὑμῶν ... ἐπιβοηθούντων 和 ἐκπολιορκηθέντων ἡμῶν，独立属格结构。

14.4［笺释］εἶχον 跟不定式（ἐπιστέλλειν），I was able to。ἡδίω，形容词比较级，修饰 ἕτερα，跟属格（τούτων），表比较。δεῖ + 宾格（ὑμᾶς，省略）+ 不定式（βουλεύσασθαι）。εἰδότας 与省略了的 ὑμᾶς 的配合。τὰ ἐνθάδε，定冠词 + 副词 = 名词。(ὑμῶν) βουλομένων ... αἰτιωμένων ...，独立属格结构。βουλομένων 跟不定式（ἀκούειν）。τὰ ἥδιστα，定冠词 + 形容词 = 名词。ἤν = ἐάν。τι，主格，anything。αὐτῶν 指 τὰ ἥδιστα。ὁμοῖον 用作副词。ἡγησάμην 跟不定式（δηλῶσαι）。τὸ ἀληθές，定冠词 + 形容词 = 名词。ἀσφαλέστερον，用作副词。

15.1［笺释］ὡς 跟独立属格结构（τῶν στρατιωτῶν καὶ τῶν ἡγεμόνων ... γεγενημένων），表达相信的理由（GG § 2086d）。ἅ，自主关系代词，which。τὸ πρῶτον，"首先"。ὡς 跟独立属格结构（τῶν ... ἐνθάδε ... ἀνταρκούντων），同上。τοῖς παροῦσιν，定冠词 + 分词 = 名词。ἤ ... ἤ ...，"或者……或者……"。δέον 跟不定式（μεταπέμπειν 和 ἐπιπέμπειν）。ὡς，"因为"。εἰμὶ ἀδύνατος 跟不定式（παραμένειν）。

15.2［笺释］ἀξιῶ 跟不定式（τυγχάνειν）。τυγχάνειν 跟属格（ξυγγνώμης）。ἐποίησα 跟双宾格（ὑμᾶς 和 πολλά）。ὅτι，"洛布本"和阿尔伯蒂的校勘本作 ὅ τι，anything which。ὡς 跟独立属格结构（τῶν πολεμίων ... ποριουμένων），表原因。τὰ ... ἐν Σικελίᾳ 和 τὰ ... ἐκ Πελοποννήσου，定冠词 + 介词短语 = 名词。δι᾽ ὀλίγου，"在近处"。σχολαίτερον 用作副词。τὰ μὲν ... τὰ δὲ ...，"一方面……另一方面""要么……要么……"。

16.1–2［笺释］ἀκούσαντες 跟属格（αὐτῆς）。παρέλυσαν + 宾格（τὸν ... Νικίαν）+ 属格（τῆς ἀρχῆς）。προσείλοντο δύο Μένανδρον καὶ Εὐθύδημον αὐτῷ。τῶν ... ἐκεῖ，定

冠词 + 副词 = 名词。αὐτοῦ, there。ἐψηφίσαντο 跟不定式（πέμπειν）。εἵλοντο 跟双宾格（Δημοσθένη ... καὶ Εὐρυμέδοντα 和 ξυνάρχοντας）（CGCG § 30.10）。περὶ 跟宾格（τὰς ... τροπὰς）。τοῖς ἐκεῖ, 同上。ὅτι, that。

17.1–4［笺释］ὡς 跟将来时分词（ποιησόμενος），in order to。φυλάσσοιεν + 宾格（μηδένα）+ 不定式（περαιοῦσθαι）。ὡς, when。τὰ ἐν τῇ Σικελίᾳ, 定冠词 + 介词短语 = 名词。ἄκαιρον 跟不定式（ποιήσασθαι）。τὴν ... πέμψιν 作不定式 ποιήσασθαι 的宾语。πολλῷ 跟比较级（μᾶλλον）（GG § 1514）。κωλύοιεν + 宾格（τὰς ὁλκάδας）+ 不定式（ἀπαίρειν）。

18.1–2［笺释］τῶν Συρακοσίων καὶ Κορινθίων ἐναγόντων 和 ἐσβολῆς γενομένης, 独立属格结构。ἐδίδασκε 跟不定式（τειχίζειν 和 ἀνιέναι）。ἐνόμιζον + 宾格（τοὺς Ἀθηναίους）+ 不定式（ἔσεσθαι）。ὅτι, "因为"。ἡγοῦντο + 宾格（αὐτούς 和 τὸ παρανόμημα）+ 不定式（λελυκέναι 和 γενέσθαι）。ὅτι, "因为"。εἰρημένον 跟不定式（ἐπιφέρειν）。ἤν = ἐάν。ἐθέλωσι 跟不定式（διδόναι）。 ... προκαλουμένων τῶν Ἀθηναίων, 独立属格结构。ἐνόμιζον 跟不定式（δυστυχεῖν）。εἴ 跟前倾词（τις），故加了高调符号。εἴ τις ..., any other that ...。

18.3–4［笺释］τῶν ... ἀμφισβητουμένων, 定冠词 + 分词 = 名词。 ... προκαλουμένων τῶν Λακεδαιμονίων, 独立属格结构。ἤθελον 跟不定式（ἐπιτρέπειν）。νομίσαντες + 宾格（τὸ αὐτό）+ 不定式（περιεστάναι）。τὸ αὐτό, the same, 指 τὸ παρανόμημα。ὅπερ, 关系代词, 其先行词是 τὸ παρανόμημα。τἆλλα = τὰ ἄλλα。τοῖς ἐν τῇ Σικελίᾳ, 定冠词 + 介词短语 = 名词。ὡς 跟将来时分词（ἀποπέμψοντες），in order to。τῷδε 指 ὁ χειμών。ὅν, 关系代词, 其先行词是 τῷ πολέμῳ。

19.1–3［笺释］τοῦ ... ἦρος ... ἀρχομένου, 独立属格结构。τὰ περὶ τὸ πεδίον, 定冠词 + 介词短语 = 名词。ἀπέχει + 属格（τῆς ... πόλεως）+ 宾格（σταδίους），"距离某地多少里程"。πολλῷ 跟比较级（πλέον）（GG § 1514）。ἐπί 跟与格（τῷ πεδίῳ 和 τοῖς κρατίστοις）。τοῖς κρατίστοις, 定冠词 + 形容词 = 名词。τὸ κακουργεῖν, 定冠词 + 不定式 = 名词。μέχρι 跟属格（τῆς ... πόλεως）。οἱ ... ἐν τῇ Πελοποννήσῳ, 定冠词 + 介词短语 = 名词。τοὺς βελτίστους, 定冠词 + 形容词 = 名词。ἐπιλεξάμενοι 跟双宾格（Ἔκκριτον 和 ἄρχοντα）（CGCG § 30.10）。ἦρχον 跟属格（ὧν）。ὧν, 关系代词, 其先行词是 ὁπλίτας。

19.4–5［笺释］ἐν τοῖς 一般用在最高级形容词前, 表示强调（GG § 1089）。πολλῷ 跟比较级（ὕστερον）（GG § 1514）。τοὺς μὲν ... τοὺς δὲ ..., 两个定冠词均作指示代词（GG § 1106），"有的……有的……"。προστάξαντες 跟双宾格（Ἀλέξαρχον 和 ἄρχοντα）

（CGCG § 30.10）。 ἦρχε 跟属格（ὧν）。 ὧν, 关系代词, 其先行词是 ὁπλίτας。 αἱ ... νῆες ... αἱ ... πληρωθεῖσαι, 重复定冠词结构。 τοῦ χειμῶνος, 表时间的属格, 表示在该时间段内。 ταῖς ... Ἀττικαῖς (ναυσίν)。 αὐτοῖς, to them, among them。 ἕνεκα 跟属格（οὗπερ）。 οὗπερ, 自主关系代词, which。 τὸ πρῶτον, "首先"。 μᾶλλον ἤ ..., rather than ...。

20.1-3［笺释］ἅμα 跟与格（τῷ τειχισμῷ）。 τοῦ ἦρος ... ἀρχομένου, 独立属格结构。 ἔστειλαν 跟双宾格（Χαρικλέα 和 ἄρχοντα）（CGCG § 30.10）。 εἴρητο + 与格（ᾧ）+ 不定式（παρακαλεῖν）。 ᾧ, 关系代词, 其先行词是 Χαρικλέα, ἀφικομένῳ 与之配合。 ἦν οἷόν τ' 跟不定式（χρήσασθαι）。 χρήσασθαι 跟与格（πλείστοις）。 εἴ 和 ποθέν 分别跟前倾词（ποθεν 和 τι）, 故都加了高调符号。 εἴρητο + 与格（αὐτῷ）+ 不定式（ξυστρατεύεσθαι）。 εἴ 跟前倾词（τι）, 故加了高调符号。 τοῦ στρατεύματός 修饰 τι。 περιέμενε 跟不定式（παραλαβεῖν）。

21.1-2［笺释］ὧν, 关系代词, 其先行词是 τῶν πόλεων, of which。 ἔφη 跟不定式（χρῆναι 和 ἐλπίζειν）。 χρῆναι 跟不定式（πληροῦν 和 λαμβάνειν）。 ὡς, as。 ἀπόπειραν λαμβάνειν = ἀπόπειραν ποιεῖσθαι。 ἐλπίζειν + 宾格（τι ἔργον）+ 不定式（κατεργάσεσθαι）。 αὐτοῦ = τοῦ ναυμαχεῖν。 ἄξιον 属格（τοῦ κινδύνου）, 与 τι ἔργον 配合。

21.3［笺释］τοῦ ... μὴ ἀθυμεῖν ..., 属格不定式, 表目的（通常是否定的）（GG § § 1408, 2032e）。 ἀθυμεῖν 跟不定式（ἐπιχειρῆσαι）。 λέγων + 宾格（ἐκείνους）+ 不定式（ἔχειν）。 μᾶλλον, 副词比较级, 跟属格（τῶν Συρακοσίων）, 表比较。 ἀναγκασθέντας 跟不定式（γενέσθαι）。 (λέγων) + 宾格（τοὺς ἀντιτολμῶντας）+ 不定式（φαίνεσθαι）。 τοὺς ἀντιτολμῶντας, 定冠词 + 分词 = 名词。 第三节最后短句整理词序: ᾧ ἐκεῖνοι καταφοβοῦσι τοὺς πέλας ... σφᾶς ὑποσχεῖν τὸ αὐτὸ τοῖς ἐναντίοις。 τοὺς πέλας, 定冠词 + 副词 = 名词。 ᾧ, 自主关系代词, with which。 (λέγων) + 宾格（σφᾶς）+ 不定式（ὑποσχεῖν）。 ἔστιν ὅτε, "有时"。 τὸ αὐτό, the same。 τοῖς ἐναντίοις, 定冠词 + 形容词 = 名词。

21.4-5［笺释］句子主干: ἔφη ... εἰδέναι ... Συρακοσίους ... πλέον τι ... περιγενησομένους ἢ Ἀθηναίους ...。 ἔφη 跟不定式（εἰδέναι）。 τῷ τολμῆσαι, 定冠词 + 不定式 = 名词。 τολμῆσαι 跟不定式（ἀντιστῆναι）。 πλέον τι ... ἤ, more ... than ..., πλέον τι = μᾶλλον（GG § 1068）。 τὸ τοιοῦτον, 定冠词 + 形容词 = 名词。 ἐκπλαγέντων αὐτῶν 独立属格结构。 περιγενησομένους 与 Συρακοσίους 配合。 βλάψοντας 与 Ἀθηναίους 配合。 ἐκέλευεν 跟不定式（ἰέναι 和 ἀποκνεῖν）。 τοῦ ... Γυλίππου καὶ τοῦ Ἑρμοκράτους εἴ του ἄλλου πειθόντων, 独立属格结构。 εἴ 跟前倾词（του）, 故加了高调符号。 του ἄλλου, 定冠词 + 形容词 = 名词。

22.1-2［笺释］τὴν στρατιὰν τὴν πεζὴν，重复定冠词结构。ἔμελλε 跟不定式（προσβαλεῖν）。τοῦ ἐλάσσονος (λιμένος)。οὗ，where。βουλόμενοι 跟不定式（προσμεῖξαι 和 ἐπιπλεῖν）。τὰς ἐντὸς (ναῦς)。ταῖς ... (ναυσίν)。τὰς πέντε καὶ τριάκοντα ... τὰς ἐν τῷ ... λιμένι，重复定冠词结构。τὰς ... περιπλεούσας (ναῦς)。οἱ μὲν ... οἱ δὲ ...，"一方……另一方……"。βουλόμενοι 跟不定式（βιάσασθαι 和 κωλύειν）。

23.1-4［笺释］τῶν ... Ἀθηναίων ... ἐπικαταβάντων ... προσεχόντων，独立属格结构。φθάνει 跟分词（προσπεσὼν）。τὸ μέγιστον (τεῖχος)。τὰ ἐλάσσω (τείχη)。ὑπομεινάντων τῶν φυλάκων，独立属格结构。ὡς，when。τῶν ... Συρακοσίων ... κρατούντων，独立属格结构。ἐτύγχανον 跟分词（νικώμενοι）。οἱ ... φεύγοντες，定冠词 + 分词 = 名词。αἱ ... τῶν Συρακοσίων αἱ ... νῆες，重复定冠词结构。πρὸ 跟属格（τοῦ στόματος）。ὧν，自主关系代词，which。τὸ πρῶτον，"首先"。τοὺς πολλούς，定冠词 + 形容词 = 名词。ὅσον，so far as。οὓς，自主关系代词，whom。τῷ νησιδίῳ ... τῷ πρὸ τοῦ Πλημμυρίου，重复定冠词结构。

24.1-3［笺释］τὸ ... ἕτερον，定冠词 + 形容词 = 名词。τοῖν ... τειχοῖν τοῖν ... ληφθέντοιν，重复定冠词结构（双数）。τὰ ... δύο (τείχη)。τὰ ξύμπαντα χρήματα。χρωμένων τῶν Ἀθηναίων ...，独立属格结构。χρωμένων 跟与格（τοῖς τείχεσι 和 ταμιείῳ），using ... as ...。τἆλλα = τὰ ἄλλα。μέγιστόν，用作副词。ἐν τοῖς，一般用在最高级形容词前，表示强调（GG § 1089）。τὸ στράτευμα τὸ τῶν Ἀθηναίων，重复定冠词结构。οὐ ... οὐδ' ...，简单否定词 + 复合否定词，后者强调前者，仍表否定（CGCG § 56.4）。ἔς 跟前倾词（τε），故加了高调符号。τἆλλα = τὰ ἄλλα，"（除此之外）其他""普遍地"。

25.1-4［笺释］ἐκπέμπουσι 跟双宾格（Ἀγάθαρχον 和 ἄρχοντα）（CGCG § 30.10）。οἵπερ，关系代词，其先行词是 πρέσβεις。τά ... σφέτερα，定冠词 + 形容词 = 名词。ὅτι，that。ἐποτρυνοῦσι + 宾格（τὸν ... πόλεμον）+ 不定式（γίγνεσθαι）。πυνθανόμεναι + 宾格（πλοῖα）+ 不定式（προσπλεῖν）。γέμοντα 跟属格（χρημάτων）。ἐπιτυχοῦσαι 跟属格（τῶν ... πλοίων）。τὰ πολλά，定冠词 + 形容词 = 名词。ἃ，关系代词，其先行词是 ξύλα。ἔς 跟前倾词（τε），故加了高调符号。ὁρμουσῶν αὐτῶν，独立属格结构。τῶν ὁλκάδων τῶν ἀπὸ Πελοποννήσου，重复定冠词结构。ἐδυνήθησαν，异态动词，形式是被动的，意思是主动的。τὰς ἄλλας (ναῦς)。

25.5-9［笺释］οὓς，关系代词，其先行词是 τῶν σταυρῶν。ἔκ 跟前倾词（τε），故加了高调符号。οἱ δ'，but they（见前文 1.24.5 笺释）。τοὺς πολλούς，定冠词 + 形容词 = 名词。οὓς 关系代词，其先行词是 τῆς σταυρώσεως，作 κατέπηξαν 的宾语。τῶν σταυρῶν 修饰 οὕς。ὑπερέχοντας 与 οὕς 配合，跟属格（τῆς θαλάσσης）。ὥστε 跟句子，

表结果。ἦν δεινὸν 跟不定式（προσπλεῦσαι）。(ἦν δεινὸν) μὴ ... περιβάλῃ，lest ... might impale，解释不定式 προσπλεῦσαι。οὐ 否定 προϊδών。μισθοῦ，for pay。οἷον，just as。τῶν στρατοπέδων ... ὄντων καὶ ἀντιτεταγμένων，独立属格结构。ἐχρῶντο 跟与格（ἀκροβολισμοῖς 和 πείραις）。τῆς ναυμαχίας πέρι = περὶ τῆς ναυμαχίας（GG § 175a）（CGCG § 60.14）。ὡς，"因为"。οὐ ... μᾶλλον ἢ ...，"与其说……不如说……"。τά ... ἄλλα，定冠词+形容词=名词。ὅτι，that。ἀξιώσοντας 跟不定式（ξυμβοηθεῖν）。ὡς 跟独立属格结构（τῶν Ἀθηναίων ... ὄντων），表原因。ἢν = ἐάν。διαπεπολεμησόμενον，独立宾格结构，there would be an end of war。οἱ ... ἐν τῇ Σικελίᾳ，定冠词+介词短语=名词。

26.1-3［笺释］ἔδει + 宾格（αὐτὸν，省略）+ 不定式（βοηθεῖν）。ἔχοντα 与省略了的 αὐτὸν 配合。ὅ，关系代词，其先行词是 τὸ στρατεύματα，作 ἔχοντα 的宾语。τὰ καταντικρὺ，定冠词+副词=名词。ἔστιν ἅ，some。οἵ，定冠词，跟前倾词（τε），故加了高调符号。ὅτι τάχιστα，"尽快"。

27.1-3［笺释］τῶν μαχαιροφόρων Θρακῶν。ἔδει+宾格（οὓς）+不定式（ξυμπλεῖν）。οὕς，关系代词，其先行词是 πελτασταί。ὡς，"因为"。διενοοῦντο 跟不定式（ἀποπέμπειν）。τὸ ... ἔχειν，定冠词+不定式=名词，作句子主语。τὸ ... πρῶτον，"首先"。πολλὰ，用作副词。ἐν τοῖς，一般用在最高级形容词前，表示强调（GG § 1089）。

27.4-5［笺释］τὸν ... χρόνον，表时间的宾格，表示贯穿该时间段。ἐκώλυον 跟不定式（ἀπολαύειν）。ἀπολαύειν 跟属格（τῆς γῆς）。(αὐτῶν) ἐπικαθημένων ... πλεόνων ἐπιόντων、τῆς ... φρουρᾶς καταθεούσης ... ποιουμένης ... 和 παρόντος τοῦ ... Ἄγιδος，独立属格结构。ὃς，关系代词，其先行词是 τοῦ ... Ἄγιδος。μεγάλα，用作副词。ἐστέρητο 跟属格（τῆς ... χώρας）。πλέον ἢ ...，more than ...。ἐξελαυνόντων τῶν ἱππέων ... ποιουμένων ... φυλασσόντων，独立属格结构。οἱ μὲν ... οἱ δ' ...，两个定冠词都作指示代词（GG § 1106），作 ἵπποι 的同位语，"有的……有的……"。

28.1-2［笺释］ἥ，定冠词，跟前倾词（τε），故加了高调符号。ἐδεῖτο 跟属格（τῶν ... πάντων）。τῶν ... πάντων，定冠词+形容词=名词。ἀντὶ 跟属格（τοῦ ... εἶναι）。κατέστη，it became。τὴν μὲν ἡμέραν ... τὴν δὲ νύκτα，表时间的宾格，表示贯穿该时间段。οἱ μὲν ... οἱ δὲ ...，"有的……有的……"。θέρους καὶ χειμῶνος，表时间的属格，表示在该时间段内。

28.3［笺释］ὅτι 引导的从句作句子主语。... καθέστασαν ἐς τοιαύτην φιλονικίαν ...。ἥν，关系代词，其先行词是 φιλονικίαν，作 ἠπίστησεν 的宾语。πρὶν 跟不定式（γενέσθαι）。τὸ ... ἀποστῆναι ... ἀντιπολιορκεῖν ... ποιῆσαι，定冠词+不定式=名词，作 φιλονικίαν 的同位语（用来解释它）。αὐτοὺς 作不定式 ἀποστῆναι 的主语。πόλιν 作 Συρακούσας 的同

位语。ἐλάσσω，形容词比较级，跟属格（τῆς τῶν Ἀθηναίων），表比较。καθ' αὑτὴν，be itself。τῆς δυνάμεως καὶ τόλμης 修饰 τὸν παράλογον。τοσοῦτον ... ὅσον ...，so ... inasmuch as …。οἱ μὲν ... οἱ δὲ ... οἱ δὲ ...，"有的……有的……有的……"。πλείω，形容词比较级，跟属格（τριῶν ... ἐτῶν），表比较。χρόνον πλείω ...，表时间的宾格，表示贯穿该时间段。ἐνόμιζον + 宾格（αὐτούς）+ 不定式（περιοίσειν）。ὥστε 跟陈述语气，表达实际发生的事实。κατὰ πάντα，in all respects。ἐλάσσω 形容词比较级，跟属格（τοῦ ... ὑπάρχοντος (πολέμου)），表比较。

28.4［笺释］ἅ，自主关系代词，whatever。ὑπό 跟属格（τῆς Δεκελείας）。βλαπτούσης 与 τῆς Δεκελείας 配合，"Deceleia 带来的伤害"（GG § 2053）。πολλά，用作副词。τῶν ... ἀναλωμάτων ... προσπιπτόντων，独立属格结构。τῶν κατὰ θάλασσαν，定冠词 + 介词短语 = 名词。ἀντὶ 跟属格（τοῦ φόρου）。τοῖς ὑπηκόοις，定冠词 + 形容词 = 名词。νομίζοντες 跟不定式（προσιέναι）。πολλῷ 跟比较级（μείζους）（GG § 1514）。ὅσῳ，by how much。

29.1-3［笺释］τοὺς ... Θρᾷκας τοὺς ... ὑστερήσαντας，重复定冠词结构。βουλόμενοι 跟不定式（δαπανᾶν）。προστάξαντες + 与格（Διειτρέφει）+ 不定式（κομίσαι）。εἰπόντες 跟不定式（βλάψαι）。ἤν =ἐάν。τι，用作副词，"在某种程度上"。ὁ δὲ，but he（见前文 1.24.5 笺释）。ἔς 跟前倾词（τε），故加了高调符号。τὴν ... νύκτα，表时间的宾格，表示贯穿该时间段。ἀπέχει + 属格（τῆς Μυκαλησσοῦ）+ 宾格（σταδίους），"距离某地多少里程"。ἀπροσδοκήτοις +μὴ + 宾格（τινας）+ 不定式（ἐπιθέσθαι），μὴ 为赘词（GG § 2741）。τοῦ τείχους ... ὄντος，独立属格结构。ἔστιν ᾗ ... τοῦ δὲ ... = τοῦ μὲν ... τοῦ δὲ ...，"有些地方……有些地方……"。ἀσθενοῦς、πεπτωκότος、βραχέος 和ᾠκοδομημένου 与 τοῦ τείχους 配合。πυλῶν ... ἀνεῳγμένων，独立属格结构。

29.4-5［笺释］τὸ ... γένος τὸ τῶν Θρᾳκῶν，重复定冠词结构。ὁμοῖα，用作副词。τοῖς μάλιστα (φονικοῖς)。τοῦ βαρβαρικοῦ，定冠词 + 形容词 = 名词。ἐν ᾧ，whenever, wherever。ὅπερ，关系代词，其先行词是 διδασκαλείῳ。ἔτυχον 跟分词（ἐσεληλυθότες）。ἥσσων，形容词比较级，跟属格（οὐδεμιᾶς），表比较。μᾶλλον，副词比较级，跟属格（ἑτέρας），表比较。

30.1-3［笺释］οὗ，where。ἅ，关系代词，其先行词是 τὰ πλοῖα。τοὺς πλείστους，定冠词 + 形容词 = 名词。ἐπισταμένους 跟不定式（νεῖν）。τῶν ... ἐν τοῖς πλοίοις ... ὁρμισάντων ...，独立属格结构。ὡς，when。τὰ ἐν τῇ γῇ，定冠词 + 介词短语 = 名词。ὅπερ，关系代词，其先行词是 τὸ ... ἱππικόν。οἱ ... ξύμπαντε 和 τῶν ἄλλων，定冠词 + 形容词 = 名词。οἵ，关系代词，其先行词是 τῶν ἄλλων。μάλιστα，"大约"。μέρος τι，

用作副词，in part。最后一句主干：τὰ ... κατὰ τὴν Μυκαλησσὸν τοιαῦτα ξυνέβη。τὰ ... κατὰ τὴν Μυκαλησσὸν，定冠词+介词短语=名词。χρησαμένην 跟与格（πάθει），与 τὴν Μυκαλησσὸν 配合。ἧσσον，副词比较级，跟属格（οὐδενὸς），表比较。ὡς，as。τῶν κατὰ τὸν πόλεμον，定冠词+介词短语=名词。ἀξίω 跟不定式（ὀλοφύρασθαι），与 πάθει 配合。

31.1-3［笺释］τῇ Ἠλείων Φειᾷ。ᾗ，关系代词，其先行词是 ὁλκάδα。ἔμελλον 跟不定式（περαιοῦσθαι）。ἐκ 跟属格（τῶν Μεσσηνίων）。ὅ，关系代词，其先行词是 Ἀνακτόριον。ὁ Εὐρυμέδων ἀπαντᾷ αὐτῷ ὄντι ... περὶ ταῦτα ...。ὅς，关系代词，其先行词是 ὁ Εὐρυμέδων。τοῦ χειμῶνος，表时间的属格，表示在该时间段内。τά ... ἄλλα，定冠词+形容词=名词。ὅτι，that。

31.4-5［笺释］ὅς，关系代词，其先行词是 Κόνων。ἦρχε 跟属格（Ναυπάκτου）。ὅτι，that。αἱ ... νῆες ... αἱ ... ἀνθορμοῦσαι，重复定冠词结构。μέλλουσιν 跟不定式（ναυμαχεῖν）。ἐκέλευεν+宾格（αὐτοὺς）+不定式（πέμπειν）。ὡς 跟分词宾格（οὔσας），被称为独立宾格结构，in the belief that ...（GG § 2078）。οὔσας ἱκανὰς 跟不定式（ναυμαχεῖν）。τὰς ἑαυτῶν (ναῦς) 作不定式 ναυμαχεῖν 的主语。τὰς ἐκείνων (ναῦς)。τὰς ἄριστα (ναῦς)。ὧν = τούτων ἃ（GG § 2531a），ἀφ' 跟属格（τούτων），ἃ 作 εἶχον 的宾语。τὰς ἐν τῇ Ναυπάκτῳ (ναῦς)。τὰ περὶ ... τὸν ξύλλογον，定冠词+介词短语=名词。κελεύσας+宾格（αὐτοὺς）+不定式（πληροῦν）。

32.1-2［笺释］ἔμελλον 跟不定式（ἄξειν）。κωλύσωσι 跟不定式（διελθεῖν）。ἄλλῃ，by another way。προπυθόμενος+宾格（αὐτοὺς）+不定式（πειράσειν）。πορευομένων ... τῶν Σικελιωτῶν，独立属格结构。ἀφυλάκτοις 与省略了的 αὐτοῖς 配合。μάλιστα，"大约"。πλὴν 跟属格（ἑνὸς）。τοὺς διαφυγόντας，定冠词+分词=名词。

33.1-3［笺释］σχεδόν ... τι，almost。πλὴν 跟属格（Ἀκραγαντίνων）。οἱ ... ἄλλοι ... οἱ ... περιορώμενοι，重复定冠词结构。ὡς，"由于"。τὸ ... ἐπιχειρεῖν，定冠词+不定式=名词。... τῆς στρατιᾶς οὔσης，独立属格结构。ἐκ 跟前倾词（τε），故加了高调符号。ἐπεραιώθησαν，异态动词，形式是被动的，意思是主动的。

33.4-6［笺释］ὁρμηθέντες，异态动词，形式是被动的，意思是主动的。ὅσπερ，关系代词，其先行词是 τῷ Ἄρτᾳ。πείσαντες+宾格（τοὺς Μεταποντίους）+不定式（ξυμπέμπειν）。τοὺς ... ἐναντίους，定冠词+形容词=名词。βουλόμενοι 跟不定式（ἐξετάσαι、πεῖσαι 和 νομίζειν）。εἴ 跟前倾词（τις），故加了高调符号。πεῖσαι 跟不定式（ξυστρατεύειν）。ὡς 跟最高级副词（προθυμότατα），as ... as possible。

34.1-3［笺释］οἱ ... Πελοποννήσιοι ... οἱ ἐν ταῖς ... ναυσίν，重复定冠词结构。οἵπερ，

关系代词，其先行词是 οἱ ... Πελοποννήσιοι。ἕνεκα 跟属格（τῆς ... κομιδῆς）。τῶν ὁλκάδων 修饰 τῆς ... κομιδῆς。ὡς ἐπὶ ...，表达句子主语的想法或者断言（GG § 2996）。ὥστε 跟不定式（εἶναι），表结果。ὀλίγῳ 跟比较级（ἐλάσσους）（GG § 1514）。ἐλάσσους，形容词比较级、主格，跟属格（τῶν ... νεῶν），表比较。τοῦ χωρίου ... ὄντος，独立属格结构。ᾧ，关系代词，其先行词是 τοῦ χωρίου。τὸ μεταξὺ，定冠词 + 副词 = 名词。ἦρχε 跟属格（τοῦ ναυτικοῦ）。ἦρχε 跟属格（αὐτῶν）。

34.4-8［笺释］τὸ ... πρῶτον，"首先"。ἀρθέντος ... τοῦ σημείου，独立属格结构。ἐδόκει 跟不定式（εἶναι）。χρόνον ... πολὺν，表时间的宾格，表示贯穿该时间段。ἐπ᾽ αὐτὸ τοῦτο，"就为这个目的"。ὡς 跟不定式（ἀξιοῦν），表结果。ἀξιοῦν 跟不定式（νικᾶν）。αὐτοὺς 作不定式 ἀξιοῦν 的主语。κρατησάντων τῶν Ἀθηναίων，独立属格结构。κρατησάντων 跟属格（τῶν ναυαγίων）。αὐτῶν 修饰 τὴν ... ἄπωσιν。οὐδ᾽ ... οὐδετέρων ...，两个复合否定词连用，后者强调前者，仍表否定（GG § 2761）。ἀποπλευσάντων ... τῶν Ἀθηναίων，独立属格结构。ὡς + 分词（νικῶντες），表示分词主语的意见，"以为""相信"（GG § 2086）。ὅτι，"因为"。τῶν ἐναντίων，定冠词 + 形容词 = 名词。νομίσαντες 跟不定式（ἡσσᾶσθαι 和 νικᾶν）。ὅπερ，自主关系代词，which。οἱ ἕτεροι，定冠词 + 形容词 = 名词。οἵ，定冠词，跟前倾词（τε），故加了高调符号。ἡγήσαντο 跟不定式（κρατεῖν）。οἵ τ᾽，同上。ἐνόμιζον 跟不定式（ἡσσᾶσθαι）。ὅτι，"因为"。πολὺ，用作副词。ἀποπλευσάντων ... τῶν Πελοποννησίων 和 τοῦ πεζοῦ διαλυθέντος，独立属格结构。ὡς + 分词（νικήσαντες），同上。ἀπεῖχον + 属格（τοῦ Ἐρινεοῦ）+ 宾格（σταδίους），"距离某地多少里程"。ᾧ，关系代词，其先行词是 τοῦ Ἐρινεοῦ。ὡς，"大约"。

35.1-2［笺释］παρεσκευάσθησαν，跟不定式（ξυστρατεύειν），had been induced。ἐκέλευον + 宾格（τὰς ... ναῦς）+ 不定式（παραπλεῖν）。ὡς，when。εἶπον 跟不定式（εἶναι）。βουλομένοις σφίσι εἶναι，it is according to their wish that ...。βουλομένοις + 宾格（τὸν στρατὸν）+ 不定式（ἰέναι）。τὸ αὐτὸ，the same (place)。τῇ ... ὑστεραίᾳ（ἡμέρᾳ）。πλὴν 跟属格（Λοκρῶν）。

36.1-3［笺释］ἐβούλοντο 跟不定式（ἀποπειρᾶσαι）。ἥνπερ，关系代词，其先行词是 τῇ ... παρασκευῇ。ἐπ᾽ αὐτὸ τοῦτο，"就为这个目的"。βουλόμενοι 跟不定式（φθάσαι）。πρὶν 跟不定式（ἐλθεῖν）。αὐτοὺς 作不定式 ἐλθεῖν 的主语。ὡς，in such a way as。σχήσοντές τι πλέον。ξυντεμόντες ἐς ἔλασσον，"截短"。ὡς ἐπὶ ...，表达句子主语的想法（GG § 2996）。ᾧπερ τρόπῳ，in whatever way。ἐνόμισαν 跟不定式（σχήσειν，ἔσεσθαι 和 ἀναρρήξειν）。ἔλασσον，用作副词。τὸ ... χρῆσθαι，定冠词 + 不定式 = 名词。χρῆσθαι 跟与格（ἀντιπρώροις 和 ταῖς ἐμβολαῖς）。τὰ πρώραθεν，定冠词 + 副词 =

名词。μᾶλλον ... ἤ ..., rather ... than ...。οὐκ ἐν πολλῷ = ἐν οὐ πολλῷ = ἐν στενοχωρίᾳ。πρὸς ἑαυτῶν，"对他们有利"。χρώμενοι 跟与格（ἀντιπρῴροις 和 ταῖς ἐμβολαῖς）。τὰ πρώραθεν，同上。στερίφοις 和 παχέσι 修饰 τοῖς ἐμβόλοις。

36.4［笺释］οὐκ ... οὔτε ... οὔτε ...，简单否定词＋复合否定词，后两个强调第一个，仍表否定（CGCG § 56.4）。(ἐνόμισαν) ＋ 宾格（περίπλουν 和 διέκπλουν）＋ 不定式（ἔσεσθαι）。ἔσεσθαι，to be possible。σφῶν 修饰 περίπλουν 和 διέκπλουν。ἐπίστευον 跟与格（ᾧπερ）。ᾧπερ 关系代词，其先行词是 περίπλουν 和 διέκπλουν。τῆς τέχνης 修饰 ᾧπερ。κατὰ τὸ δυνατόν，"尽其所能"。τὸ μὲν ... τὸ δὲ ... 作 τὸ δυνατὸν 的同位语。τὸ ... δώσειν，定冠词＋不定式＝名词。δώσειν 跟不定式（διεκπλεῖν）。τὸ ... κωλύσειν，定冠词＋不定式＝名词。τὴν στενοχωρίαν 作不定式 κωλύσειν 的主语。ὥστε 跟不定式（περιπλεῖν），表结果。

36.5–6［笺释］(ἐνόμισαν) ＋ 不定式（χρήσασθαι，σχήσειν，ἔσεσθαι，ταράξεσθαι 和 δυνήσεσθαι）。τῇ ... ἀμαθίᾳ δοκούσῃ εἶναι τῶν κυβερνητῶν。τὸ ... ξυγκροῦσαι，定冠词＋不定式＝名词，插入语，相当于 τῷ ... ξυγκροῦσαι（"洛布本"改作 τῷ ... ξυγκροῦσαι，但如果它是插入语，则定冠词可以不改）。χρήσασθαι 跟与格（τῷ ... ξυγκροῦσαι）。τὴν ... ἀνάκρουσιν 作不定式 ἔσεσθαι 的主语。ἤ，than。δι᾽ ὀλίγου，a short distance。τὸ στρατόπεδον τὸ ἑαυτῶν，重复定冠词结构。κρατήσειν 跟属格（τοῦ ... λιμένος）。αὐτούς 作不定式 ταράξεσθαι 的主语。ἤν = ἐάν。τὸ αὐτό，the same (place)。ὅπερ，自主关系代词，指上文所说的情况。οὔσης ... τῆς ἀνακρούσεως，独立属格结构。δυνήσεσθαι 跟不定式（περιπλεῦσαι）。σφῶν ἐχόντων ...，独立属格结构。αὐτούς 作不定式 δυνήσεσθαι 的主语。ἄλλως τε καί，"尤其"。τοῦ Πλημμυρίου ... ἐσομένου 和 τοῦ στόματος ... ὄντος ...，独立属格结构。

37.1–3［笺释］τὸν ... πεζὸν ... τὸν ἐκ τῆς πόλεως，重复定冠词结构。ὀλίγῳ 跟比较级（πρότερον）(GG § 1514)。καθ᾽ ὅσον，in so far as。οἱ ἀπὸ τοῦ Ὀλυμπιείου，定冠词＋介词短语＝名词。οἵ，定冠词，跟前倾词（τε），故加了高调符号。τοῦ ἐπὶ θάτερα，定冠词＋介词短语＝名词。τὸ πρῶτον，"首先"。οἰόμενοι ＋ 宾格（αὐτούς）＋ 不定式（πειράσειν）。οἱ μὲν ... οἱ δὲ ...，"有的……有的……"。τοῖς προσιοῦσιν，定冠词＋分词＝名词。τῶν ἔξω，定冠词＋副词＝名词。μάλιστα，"大约"。

38.1–3［笺释］ἐπὶ πολύ，"大部分"。τῆς ... ἡμέρας 修饰 πολύ。πειράσαντες 跟属格（ἀλλήλων）。δυνάμενοι 跟不定式（παραλαβεῖν）。εἰ μή，except。ἤ，"或者"。τῇ ὑστεραίᾳ (ἡμέρᾳ)。δηλοῦντες 跟分词（ποιήσουσιν）。τὸ μέλλον，定冠词＋分词＝名词，"将来"。τὸ ... γενόμενα，定冠词＋分词＝名词。ἐλπίζων ＋ 宾格（αὐτούς）＋ 不定式

（ἐπιχειρήσειν）。ἠνάγκαζεν + 宾格（τοὺς ... τριηράρχους）+ 不定式（ἐπισκευάζειν）。εἴ 和 τίς 跟前倾词（τις 和 τι），故都加了高调符号。ὅ，关系代词，其先行词是τοῦ ... σταυρώματος。ἀντί 跟属格（κλῃστοῦ），in place of。ὅσον，"大约"。εἴ 跟前倾词（τις），故加了高调符号。τὴν ἡμέραν，表时间的宾格，表示贯穿该时间段。μέχρι 跟属格（νυκτός）。

39.1–2［笺释］τῇ ὑστεραίᾳ（ἡμέρᾳ）。τῇ ... ἐπιχειρήσει τῇ αὐτῇ，重复定冠词结构。ἐπὶ πολύ，"大部分"。τῆς ἡμέρας 修饰 πολύ。πειρώμενοι 跟属格（ἀλλήλων）。τῶν μετὰ Συρακοσίων，定冠词 + 介词短语 = 名词。πείθει + 宾格（τοὺς ... ἄρχοντας）+ 不定式（κελεύειν）。ὡς 跟宾格（人）（τοὺς ... ἐπιμελομένους），"到某人那里去"。ὅτι τάχιστα，"尽快"。κελεύειν 跟不定式（μεταστῆσαι 和 ἀναγκάσαι）。τοὺς ... ἄρχοντας，τοὺς ... ἐπιμελομένους 和 τῶν πωλουμένων，定冠词 + 分词 = 名词。ἀναγκάσαι + 宾格（πάντας）+ 不定式（πωλεῖν）。δι' ὀλίγου，"经过一小段时间"。

40.1–3［笺释］οἱ μέν，οἱ 是指示代词（GG § 1106）。αὐτοῦ，there。νομίσαντες + 宾格（αὐτούς）+ 不定式（ἀνακρούσασθαι）。ὡς + 分词宾格（ἡσσημένους），被称为独立宾格结构，in the belief that ...（GG § 2078）。σφῶν，属格的自由使用（GG § 1388），指 αὐτούς。τὰ ... ἄλλα ... τὰ ἀμφὶ τὸ ἄριστον，重复定冠词结构。ὡς 跟现在时分词（οἰόμενοι），表相信的理由（GG § 2086）。οἰόμενοι 跟不定式（ναυμαχῆσαι）。τῆς ... ἡμέρας，表时间的属格，表示在该时间段内。οἱ δέ，but they（见前文 1.24.5 笺释）。οἱ πλείους，定冠词 + 形容词 = 名词。

40.4–5［笺释］χρόνον ... τινα，表时间的宾格，表示贯穿该时间段。ἀπέσχοντο 跟属格（ἀλλήλων）。ἐδόκει + 宾格（τοῖς Ἀθηναίοις）+ 不定式（ἁλίσκεσθαι 和 ἐπιχειρεῖν）。ὑπὸ σφῶν αὐτῶν，by themselves。διαμέλλοντας，如果是与格，与 τοῖς Ἀθηναίοις 配合，更容易理解。但这里作宾格，可以解作与 τοὺς Ἀθηναίους 配合，即 ἐδόκει + 宾格（τοὺς Ἀθηναίους）+ 不定式，意思不变。ὅτι τάχιστα，"尽快"。χρώμενοι 跟与格（ταῖς ναυσίν）。ἀντιπρώροις，二尾型形容词，修饰 ταῖς ναυσίν。διενοήθησαν，异态动词，形式是被动的，意思是主动的。ἐπὶ πολύ，"大部分"。οἱ ... ἀκοντίζοντες，定冠词 + 分词 = 名词。μεγάλα，πολύ 和 μείζω，用作副词。οἱ ἐν τοῖς ... πλοίοις，定冠词 + 介词短语 = 名词。ἔς 跟前倾词（τε），故加了高调符号。

41.1–4［笺释］κατὰ κράτος，"全力"。μέχρι 跟属格（τῶν ὁλκάδων）。αἱ κεραῖαι ... αἱ ... ἠρμέναι，重复定冠词结构。ἐγγύς 跟属格（αὐτῶν）。ἡ ἑτέρα，定冠词 + 形容词 = 名词。τοὺς μὲν ... τοὺς δέ ...，两个定冠词都作指示代词（GG § 1106），"有的……有的……"。εἶχον τὴν ἐλπίδα 跟不定式（εἶναι）。πολύ，用作副词。ἐδόκουν 跟不定式

($χειρώσεσθαι$)。$τὸν\ πεζὸν$ 作不定式 $χειρώσεσθαι$ 的主语。

42.1–2［笺释］$οἱ\ μὲν$，$οἱ$ 是指示代词（GG § 1106）。$ὡς$ 跟将来时分词（$ἐπιθησόμενοι$），in order to。$ταῖς\ ξενικαῖς$，定冠词+形容词=名词。$τῷ\ αὐτίκα$，定冠词+副词=名词。$εἰ$，whether。$τοῦ\ ἀπαλλαγῆναι$，定冠词+不定式=名词。$ἀπαλλαγῆναι$ 跟属格（$τοῦ\ κινδύνου$）。$οὔτε\ ...\ οὐδὲν\ ...$，两个复合否定词连用，后者强调前者，仍表否定（GG § 2761）。$τῷ\ προτέρῳ$ ($στρατεύματι$)。$ὡς$，as，considering that。

42.3［笺释］$ὡς$，how。$νομίσας$ 跟不定式（$εἶναι$）。$εἶναι\ οἷόν\ τε$ 跟不定式（$διατρίβειν$ 和 $παθεῖν$）。$ὅπερ$，自主关系代词，which。$τὸ\ πρῶτον$，"首先"。$ὡς$，"由于"。$ἣν$，关系代词，其先行词是 $στρατιᾷ$。$οἰόμενοι$ 跟不定式（$εἶναι$）。$ὥστε$ 跟不定式（$ὠφελεῖν$），表结果。$ὅτι$，that。$τῷ\ παρόντι$，定冠词+分词=名词。$τοῖς\ ἐναντίοις$，定冠词+形容词=名词。$ἐβούλετο$ 跟不定式（$ἀποχρήσασθαι$）。$ἀποχρήσασθαι$ 跟与格（$τῇ\ ...\ ἐκπλήξει$）。$ὅτι\ τάχος$，"洛布本"和阿尔伯蒂的校勘本作 $ὅ\ τι\ τάχος$，= $ὅτι\ τάχιστα$，"尽快"。

42.4–6［笺释］$ᾧ$，关系代词，其先行词是 $τὸ\ παρατείχιστα$。$ἐκώλυσαν$+宾格（$τοὺς\ Ἀθηναίους$）+不定式（$περιτειχίσαι$）。$σφᾶς$ 作不定式 $περιτειχίσαι$ 的宾语。$κρατήσειέ$ 跟属格（$τῆς\ ἀναβάσεως$ 和 $τοῦ\ ...\ στρατοπέδου$）。$ὁρῶν$ 跟不定式（$ὑπομεῖναι$）。$σφᾶς\ οὐδένα$，作不定式 $ὑπομεῖναι$ 的主语。$οὐδὲ\ ...\ οὐδένα$，两个复合否定词连用，后者强调前者，仍表否定（GG § 2761）。$ἠπείγετο$ 跟不定式（$ἐπιθέσθαι$）。$οἱ$，to himself，间接反身代词（用在从句中，指主句的主语）（GG §§ 1225, 1228b）（CGCG § 29.18）。$ἢ\ ...\ ἢ\ ...$，"要么……要么……"。$ἡγεῖτο$ 跟不定式（$ἕξειν$，$ἀπάξειν$ 和 $τρίψεσθαι$）。$Ἀθηναίους\ τε\ τοὺς\ ξυστρατευομένους\ καὶ\ τὴν\ ...\ πόλιν$ 作不定式 $τρίψεσθαι$ 的主语。$ἄλλως$ = $ἀπράκτως$。$τὸ\ πρῶτον$，"首先"。$ἐπεκράτουν$ 跟与格（$τῷ\ ...\ πεζῷ$ 和 $ταῖς\ ναυσίν$）。$καθ'\ ἕτερα$，"在任一方面（海上、陆上）"。$ὅτι\ μὴ$，except（GG § 2765）。

43.1–2［笺释］$ἔδοξε$+与格（$τῷ\ Δημοσθένει$）+不定式（$ἀποπειρᾶσαι$）。$ἀποπειρᾶσαι$ 跟属格（$τοῦ\ παρατειχίσματος$）。$ὡς$，when。$τῶν\ ἐναντίων$，定冠词+形容词名词。$ἐδόκει$ 跟不定式（$διατρίβειν$）。$τοὺς\ ...\ ξυνάρχοντας$，定冠词+分词=名词。$ὡς$，as。$ἡμέρας$，表时间的宾格，表示贯穿该时间段。$ἐδόκει$+宾格（$αὐτοὺς$，省略）+不定式（$εἶναι$）。$εἶναι\ ἀδύνατα$ 跟不定式（$λαθεῖν$）。$ἀδύνατα$ 一般作（$εἶναι$）$ἀδύνατον$，即中性、单数、无人称，但修昔底德爱用中性、复数（GG § 1052）。$προσελθόντας$ 和 $ἀναβάντας$ 与省略了的 $αὐτοὺς$ 配合。$ἢν$ = $ἐάν$。$ἔδει$+宾格（$αὐτοὺς$，省略）+不定式（$ἔχειν$）。$τειχίζοντας$ 与省略了的 $αὐτοὺς$ 配合。

43.3–4［笺释］$ᾗπερ$，关系副词，where。$τὸ\ πρῶτον$，"首先"。$ὅ$，关系代词，其

先行词是 τὸ τείχισμα。οἱ ... πλείους，定冠词 + 形容词 = 名词。ἃ，关系代词，其先行词是 τὰ στρατόπεδα。ἐν μὲν ... ἐν δὲ ... ἐν δὲ ...，"其一……其二……其三……"。τοῖς ἑξακοσίοις，定冠词 + 数词 = 名词。οἳ，关系代词，其先行词是 τοῖς ἑξακοσίοις。

43.5–7［笺释］οἱ δ'，but they（见前文 1.24.5 笺释）。ἀμυνομένους 与省略了的 αὐτοὺς 配合（αὐτοὺς 作 ἔτρεψαν 的宾语）。τὸ πρόσθεν，定冠词 + 副词 = 名词。γένωνται βραδεῖς τοῦ περαίνεσθαι。γένωνται βραδεῖς = ὑστερήσωσι，跟属格（τοῦ περαίνεσθαι，定冠词 + 不定式 = 名词）。ἕνεκα 跟属格（ὧν）。ὧν，自主关系代词，whatever。ἀπὸ τῆς πρώτης，"从一开始"。ὑπομενόντων τῶν φυλάκων，独立属格结构。οἱ μετ' αὐτοῦ，定冠词 + 介词短语 = 名词。... τοῦ τολμήματος ... γενομένου，独立属格结构。τὸ πρῶτον，"首先"。προϊόντων ... τῶν Ἀθηναίων，独立属格结构。ὡς 跟独立属格结构（(τῶν Ἀθηναίων) κεκρατηκότων καὶ βουλομένων），in the hope of（GG § 2086d）。διὰ 跟属格（τοῦ ... μεμαχημένου）。τοῦ ... μεμαχημένου，定冠词 + 分词 = 名词。τῶν ἐναντίων，定冠词 + 形容词 = 名词。ὡς τάχιστα，"尽快"。βουλομένων 跟不定式（διελθεῖν）。ἀνέντων σφῶν，独立属格结构。ἀνέντων 跟属格（τῆς ἐφόδου）。

44.1［笺释］整理词序：... οὐδὲ ἦν ῥᾴδιον πυθέσθαι οὐδ' ἀφ' ἑτέρων ἦν ἕκαστα ὅτῳ τρόπῳ ξυνηνέχθη。οὐδ' ... οὐδὲ ...，两个复合否定词连用，后者强调前者，仍表否定（GG § 2761）。ἦν ῥᾴδιον 跟不定式（πυθέσθαι）。ἦν，自主关系代词，which。ἕκαστα 作 ἦν 的同位语。... (ἕκαστα ἐστὶν) σαφέστερα。οἱ παραγενόμενοι (ἴσασι)，定冠词 + 分词 = 名词。πλὴν 跟句子。τὸ καθ' ἑαυτόν，定冠词 + 介词短语 = 名词。ᾗ，关系代词，其先行词是 νυκτομαχίᾳ。

44.2–3［笺释］ὡς，as。εἰκὸς 跟不定式（προορᾶν 和 ἀπιστεῖσθαι）。τὴν γνῶσιν 作不定式 ἀπιστεῖσθαι 的主语。τοῦ οἰκείου，定冠词 + 形容词 = 名词。οἱ μὲν ... οἱ δ' ...，"有的……有的……"。τοῦ ... στρατεύματος 修饰 πολύ。τὸ μὲν ... τὸ δ' ...，"有的……有的……"。ὅτι，"洛布本"和阿尔伯蒂的校勘本作 ὅ τι，anything which。χρὴ 跟不定式（χωρῆσαι）。τὰ πρόσθεν，定冠词 + 副词 = 名词。τῆς τροπῆς γεγενημένης，独立属格结构。ἦν χαλεπὰ 跟不定式（διαγνῶναι）。

44.4［笺释］οἵ，定冠词，跟前倾词（τε），故加了高调符号。ὡς 跟分词（κρατοῦντες），表示分词主语的意见，"以为""相信"（GG § 2086）。χρώμενοι 跟与格（κραυγῇ）。ὃν ἀδύνατον 跟不定式（σημῆναι）。τῳ = τινι。τοὺς προσφερομένους，定冠词 + 分词 = 名词。οἵ τε，同上。σφᾶς αὐτούς，themselves。ἐνόμιζον 跟双宾格（τὸ ἐξ ἐναντίας 和 πολέμιον, φίλιον）。εἰ，"即使"。τῶν ... φευγόντων，定冠词 + 分词 = 名词。χρώμενοι 跟与格（τοῖς ἐρωτήμασι）。τὸ ... εἶναι，定冠词 + 不定式 = 名词，being able to，跟不定

式（γνωρίσαι）。σφίσι ... αὐτοῖς，to themselves。τοῖς πολεμίοις，定冠词+形容词=名词。

44.5–8［笺释］τὸ ... ἐκείνων，定冠词+属格=名词。τὸ ... ἀγνοεῖσθαι，定冠词+不定式=名词。αὐτοὺς 作不定式 ἀγνοεῖσθαι 的主语。ἧσσον，用作副词。ὥστ' 跟句子，therefore。ἐντύχοιέν 跟与格（τισι）。κρείσσους，形容词比较级，跟属格（τῶν πολεμίων），表比较。οἵ，定冠词，跟前倾词（τε），故加了高调符号。ὅσον，so far as。ὥστε 用在句首，同上。οὐ μόνον ... ἀλλὰ ...，"不仅……而且……"。οἱ πολλοί，定冠词+形容词=名词。... οὔσης τῆς ... καταβάσεως，独立属格结构。οἱ σωζόμενοι 和 οἱ ... ἥκοντες，定冠词+分词=名词。ἐμπειρίᾳ 跟属格（τῆς χώρας）。εἰσὶν οἵ，"有些"。διαμαρτόντες 跟属格（τῶν ὁδῶν）。οὕς，关系代词，其先行词是 εἰσὶν οἵ，作 διέφθειραν 的宾语。

45.1–2［笺释］τῇ ... ὑστεραίᾳ (ἡμέρᾳ)。ᾗ，关系副词，where。πλείω ἤ ...，more than ...。βιασθέντες 跟不定式（ἄλλεσθαι）。οἱ μὲν ... οἱ δ' ...，"有的……有的……"。

46.［笺释］ὡς，"由于"。ὡς 跟分词（ὤν），表示分词主语的意见，"以为" "相信"（GG §2086）。ἐν ἐλπίδι 跟不定式（αἱρήσειν）。τὰ ἐν ταῖς Ἐπιπολαῖς，定冠词+介词短语=名词。

47.1–4［笺释］τῆς ... ὥρας ... οὔσης ...，独立属格结构。ᾗ，关系代词，其先行词是 τῆς ... ὥρας。ᾧ，关系代词，其先行词是 τὸ χωρίον。χαλεπόν，unhealthy。τά ... ἄλλα，定冠词+形容词=名词，用作副词，in general。ὅτι，that。ἐδόκει+与格（τῷ ... Δημοσθένει）+不定式（χρῆναι）。χρῆναι 跟不定式（μένειν）。ἅπερ，自主关系代词，whatever。ἐψηφίζετο 跟不定式（ἀπιέναι 和 διατρίβειν）。ἕως ἔτι，"趁现在……还"。οἷόν τε 跟不定式（περαιοῦσθαι 和 κρατεῖν）。τοῦ στρατεύματος 修饰 ταῖς ... ναυσί。ἔφη 跟不定式（εἶναι，εἶναι 和 εἶναι）。εἶναι ὠφελιμώτερον 跟不定式（ποιεῖσθαι）（GG §2001）。τοὺς ... ἐπιτειχίζοντας，定冠词+分词=名词。ἤ，than。οὕς，关系代词，其先行词是 Συρακοσίους，作不定式 χειρώσασθαι 的主语。εἶναι ῥᾴδιον 跟不定式（χειρώσασθαι）。εἶναι εἰκὸς 跟不定式（προσκαθῆσθαι）。ἄλλως = ἀπράκτως。δαπανῶντας 与省略了的 αὐτοὺς 配合（αὐτοὺς 作不定式 προσκαθῆσθαι 的主语）。

48.1［笺释］ἐνόμιζε+宾格（τὰ πράγματα）+不定式（εἶναι）。ἐβούλετο 跟不定式（ἀποδεικνύναι 和 γίγνεσθαι）。ἀποδεικνύναι 跟双宾格（αὐτὰ 和 ἀσθενῆ）。σφᾶς 作不定式 γίγνεσθαι 的主语。ψηφιζομένους 和 καταγγέλτους 与 σφᾶς 配合。τὴν ἀναχώρησιν 作 ψηφιζομένους 的宾语。ἐνόμιζε 跟不定式（λαθεῖν）。πολλῷ 跟比较级（ἧσσον）（GG §1514）。ἧσσον，用作副词。

48.2［笺释］τὸ δέ τι καί，"此外"。τὰ τῶν πολεμίων，定冠词+属格=名词。ὧν，自

主关系代词。ἤ, than。οἱ ἄλλοι, 定冠词 + 形容词 = 名词。ᾐσθάνετο 跟属格（αὐτῶν）。αὐτῶν 指 τὰ τῶν πολεμίων。ἐλπίδος 跟不定式（ἔσεσθαι 和 ἐκτρυχώσειν）。πονηρότερα, 形容词被比较级，跟属格（τῶν σφετέρων, 定冠词 + 形容词 = 名词）。ἤν = ἐάν。αὐτοὺς 作 ἐκτρυχώσειν 的宾语。ἄλλως τε καί, "尤其"。(σφῶν) θαλασσοκρατούντων, 独立属格结构。ἐπὶ πλέον, far more。ἦν, "是""有"。τι, 主格。βουλόμενον 与 τι 配合，跟不定式（ἐνδοῦναι）。ὡς 跟宾格（人）（αὐτόν），"到某人那里去"。εἴα 跟不定式（ἀπανίστασθαι）。

48.3［笺释］ἅ, 自主关系代词，whatever。ἐπ' ἀμφότερα ἔχων, "在两者之间摇摆"。ἔφη 跟不定式（ἀπάξειν 和 εἰδέναι）。ὅτι, that。ἀποδέξονται 跟属格（σφῶν）。ὥστε 跟不定式（ἀπελθεῖν），表结果，用来解释 ταῦτα。αὐτῶν ψηφισαμένων, 独立属格结构。ἔφη 跟不定式（ψηφιεῖσθαί, γνώσεσθαι 和 πείσεσθαι）。τοὺς αὐτούς, the same (persons)，作不定式 ψηφιεῖσθαί 的主语。ἀκούσαντας 与 τοὺς αὐτούς 配合，跟属格（ἄλλων）。περὶ σφῶν αὐτῶν, "关于他们自己的事情"。ὧν, 自主关系代词，whatever。τούτων 指 ὧν。αὐτοὺς 作不定式 πείσεσθαι 的主语。

48.4［笺释］ἔφη 跟不定式（βοήσεσθαι 和 βούλεσθαι）。τοὺς πλείους, 定冠词 + 形容词 = 名词，与 πολλούς 一起做不定式 βοήσεσθαι 的主语。οἵ, 关系代词，其先行词是 τοὺς πλείους。ὡς + 分词（ὄντες），表示分词主语的意见，"以为""相信"（GG § 2086）。ἀφικομένους 与 πολλούς 配合。τἀναντία = τὰ ἐναντία, 用作副词。ὡς, that。βούλεσθαι 跟不定式（ἀπολέσθαι 和 παθεῖν）。μᾶλλον ἤ, rather than。

48.5-6［笺释］ἔφη + 宾格（τά ... Συρακοσίων, 定冠词 + 属格 = 名词）+ 不定式（εἶναι）。ἥσσω, 形容词比较级，跟属格（τῶν σφετέρων, 定冠词 + 形容词 = 名词），表比较。ἔφη + 宾格（αὐτούς）+ 不定式（ἀπορεῖν, ἀμηχανήσειν, ἀνηλωκέναι 和 προσοφείλειν）。ξενοτροφοῦντας, ἀναλίσκοντας 和 βόσκοντας 与 αὐτούς 配合。ἐνιαυτόν, 表时间的宾格，表示贯穿该时间段。τὰ μὲν ... τὰ δ' ..., "一方面……另一方面……"。ἤν = ἐάν。τῷ ... διδόναι, 定冠词 + 不定式 = 名词。ἔφη + 宾格（τὰ πράγματα）+ 不定式（φθερεῖσθαι）。μᾶλλον ἤ, rather than。整理词序：... τὰ πράγματα, ὄντα ἐπικουρικὰ ... ὥσπερ τὰ σφέτερα。τὰ σφέτερα, 定冠词 + 形容词 = 名词。ἔφη + 宾格（αὐτούς, 省略）+ 不定式（χρῆναι）。χρῆναι 跟不定式（τρίβειν 和 ἀπιέναι）。προσκαθημένους 与省略了的 αὐτούς 配合。ὧν, 关系代词，其先行词是 χρήμασιν。κρείσσους, 形容词比较级，跟属格（ὧν），表比较。πολύ, 用作副词。

49.1［笺释］τὰ ἐν ταῖς Συρακούσαις, 定冠词 + 介词短语 = 名词。ὅτι, that。τὸ βουλόμενον, 定冠词 + 分词 = 名词。ἦν, "是""有"。βουλόμενον + 宾格（τὰ πράγματα）+ 不定式（γίγνεσθαι）。τοῖς Ἀθηναίοις 分别与 ἦν 和 γίγνεσθαι 连读。ὥστε 跟不定式

($ἀπανίστασθαι$)，表结果。$μᾶλλον ἤ$，rather than。$ἐθάρσησε$ 跟不定式（$κρατήσειν$）。

49.2［笺释］$τοῦ προσκαθῆσθαι$，定冠词＋不定式＝名词。$δεῖ$ 跟不定式（$ἀπάγειν$ 和 $τρίβειν$）。$αὐτοῦ$，there。$ἔφη$ 跟不定式（$χρῆναι$）。$χρῆναι$ 跟不定式（$ποιεῖν$）。$ἀναστάντας$ 与省略了的 $αὐτοὺς$ 配合（$αὐτοὺς$ 作不定式 $ποιεῖν$ 的主语）。$ἤ ... ἤ ...$，"或者……或者……"。$τὰ τῶν πολεμίων$，定冠词＋属格＝名词。$ᾗ$，关系代词，其先行词是 $στενοχωρία$。$ᾗ$，关系代词，其先行词是 $εὐρυχωρία$。$τὰ ... χρήσιμα ἔσται σφῶν$。$σφῶν$，表语属格。

49.3-4［笺释］$τό ... ξύμπαν εἰπεῖν$，"总之"。$ἔφη$ 跟不定式（$ἀρέσκειν$，$ἐξανίστασθαι$ 和 $μέλλειν$）。$ἀρέσκειν$ 跟不定式（$μένειν$）。$οἱ$，to himself，间接反身代词（用在从句中，指主句的主语）（GG § 1225, 1228b）（CGCG § 29.18）。$οὐδενὶ τρόπῳ$，"决不"。$τῷ αὐτῷ$，the same (place)。$ὅτι τάχιστα$，"尽快"。$ἀντιλέγοντος ... τοῦ Νικίου$，独立属格结构。句子主干：$ὄκνος ... καὶ μέλλησις καὶ ... ὑπόνοια ἐνεγένετο$。$μή$ 跟在 $ὑπόνοια$ 后面，赘词。$τι$，宾格。

50.1-4［笺释］$ἁμαρτὼν$ 跟属格（$τοῦ Ἀκράγαντος$）。$... ὄντος αὐτοῦ$，独立属格结构。$τοῦ ἦρος$，表时间的属格，表示在该时间段内。$δόντων Κυρηναίων$，独立属格结构。$Σικελία ἀπέχει πλοῦν$。$αὐτῶν ἐλθόντων$，独立属格结构。$ὡς$ 跟将来时分词（$ἐπιθησόμενοι$），in order to。$τὰ ἑαυτῶν$，定冠词＋属格＝名词。$τὸ βέλτιον$ 和 $τοῖς πᾶσι$，定冠词＋形容词＝名词。$ὡς$，"由于"。$ἀλλ' ἤ$，except。$ἀξιῶν$ 跟不定式（$ψηφίζεσθαι$）。$προεῖπον$ 跟不定式（$παρασκευάσασθαι$）。$ὡς$，as。$μελλόντων αὐτῶν$，独立属格结构。$ἦν ἕτοιμα$ 跟不定式（$ἀποπλεῖν$）。$ἐτύγχανε$ 跟分词（$οὖσα$）。$οἱ Ἀθηναῖοι οἵ ... πλείους$，重复定冠词结构。$οἵ$，定冠词，跟前倾词（$τε$），故加了高调符号。$ἐκέλευον$ ＋ 宾格（$τοὺς στρατηγοὺς$）＋不定式（$ἐπισχεῖν$）。$τι$，用作副词，"在某种程度上"。$τῷ τοιούτῳ$，定冠词＋形容词＝名词。$ἔφη$ 跟不定式（$διαβουλεύσασθαι$）。$πρίν$ 跟不定式（$μεῖναι$）。$ὡς$，as。$τρὶς ἐννέα ἡμέρας$，表时间的宾格，表示贯穿该时间段。

51.1［笺释］$πολλῷ$ 跟比较级（$μᾶλλον$）（GG § 1514）。$ἐπηρμένοι$ 跟不定式（$ἀνιέναι$）。$τὰ τῶν Ἀθηναίων$，定冠词＋属格＝名词。$ὡς$，since。$αὐτῶν κατεγνωκότων$，独立属格结构。$αὐτῶν = τῶν Ἀθηναίων$。$κατεγνωκότων$ 跟不定式（$εἶναι$ 和 $ἐπιβουλεῦσαι$）。$μηκέτι ... μήτε ... μήτε ...$，多个复合否定词连用，后两者强调前者，仍表否定（GG § 2761）。$κρεισσόνων$，形容词比较级，跟属格（$σφῶν$），表比较。$σφῶν = τῶν Συρακοσίων$。$βουλόμενοι$ ＋宾格（$αὐτοὺς$）＋不定式（$εἶναι$）。$εἶναι χαλεπωτέρους$ 跟不定式（$προσπολεμεῖν$）（GG § 2001）。$ὡς τάχιστα$，"尽快"。$αὐτοῦ$，there。$Βουλόμενοι$ 跟不定式（$ἀναγκάσαι$）。$ἀναγκάσαι$ ＋ 宾格（$αὐτοὺς$）＋不定式（$ναυμαχεῖν$）。$ἐν ᾧ$，自主关系代

词，"在那里"。

51.2［笺释］ἡμέρας，表时间的宾格，表示贯穿该时间段。ὅσαι = ταύτας ὅσαι，ὅσαι，关系形容词（或关联代词），其先行词 τοσαύτας 被吸收，且被吸引到关系形容词（或关联代词）的格（主格）（GG §§ 2537, 2538）。ἐδόκουν + 与格（αὐτοῖς）+ 不定式（εἶναι）。τῇ ... προτέρᾳ (ἡμέρᾳ)。ἐπεξελθόντος μέρους τινὸς 和 ... οὔσης ... τῆς ἐσόδου，独立属格结构。

52.1–2［笺释］τῇ ... ὑστεραίᾳ (ἡμέρᾳ)。βουλόμενον 跟不定式（περικλῄσασθαι）。τῶν ἐναντίων 和 τὸ μέσον，定冠词 + 形容词 = 名词。κἀκεῖνον（= καὶ ἐκεῖνον）和 αὐτόν 指 τὸν Εὐρυμέδοντα。

53.1–2［笺释］βουλόμενος 跟不定式（διαφθείρειν）。τοὺς ἐκβαίνοντας，定冠词 + 分词 = 名词。βουλόμενος + 宾格（τοὺς Συρακοσίους）+ 不定式（ἀφέλκειν）。ῥᾷον，用作副词。τῆς γῆς ... οὔσης，独立属格结构。τοῖς πρώτοις，定冠词 + 形容词 = 名词。τὴν λίμνην τὴν Λυσιμέλειαν，重复定冠词结构。

53.3–4［笺释］ὕστερον，用作副词。 ... τοῦ στρατεύματος παρόντος，独立属格结构。τὰς ναῦς τὰς ... πολλὰς，重复定冠词结构。τὰς λοιπὰς (ναῦς)。βουλόμενοι 跟不定式（ἐμπρῆσαι）。τὸ ... προσελθεῖν，定冠词 + 不定式 = 名词。τὴν ὁλκάδα 作不定式 προσελθεῖν 的主语。ἀπηλλάγησαν 跟属格（τοῦ κινδύνου）。

54.［笺释］τῆς ἄνω τῆς ... ἀπολήψεως，重复定冠词结构。整理词序：Ἀθηναῖοι (ἔστησαν τροπαῖον) τε τροπῆς ἧς(ἧν) ... οἱ Τυρσηνοὶ ἐποιήσαντο καὶ (τροπῆς) ἧς (ἧν) αὐτοὶ (ἐποιήσαντο) τῷ ... στρατοπέδῳ. τροπῆς 修饰 τροπαῖον。ἧς，关系代词，其先行词是 τροπῆς，本应该作 ἧν（作 ἐποιήσαντο 的宾语），但这里被其先行词吸引（attraction），用了其先行词的格（GG § 2522a）。

55.1–2［笺释］γεγενημένης ... τῆς νίκης ...，独立属格结构。οὐ ... οὔτ' ... οὔτ'...，简单否定词 + 复合否定词，后二者强调前者，仍表否定（CGCG § 56.4）。δυνάμενοι 跟不定式（ἐπενεγκεῖν）。τι，用作副词，"在某种程度上"（或解作：宾格，与 τὸ διάφορον 配合）。ᾧ，关系代词，其先行词是 τὸ διάφορον，by which。πολλῷ 跟比较级（κρείσσονος）（GG § 1514）。τὰ πλείω，定冠词 + 形容词 = 名词，用作副词，"在……方面"。τά ... πρὸ αὐτῶν，定冠词 + 介词短语 = 名词，用作副词，"在……方面"。ὃ，自主关系代词，which，指上文所说的情况。πολλῷ 跟比较级（μᾶλλον）（GG § 1514）。

56.1–2［笺释］διενοοῦντο 跟不定式（κλῄσειν）。μηδ' εἰ，"即使"。τοῦ ... σωθῆναι，定冠词 + 不定式 = 名词。αὐτοὶ 既修饰句子主语，又修饰不定式的主语。νομίζοντες + 宾格（τὰ πράγματα）+ 不定式（εἶναι）。ὅπερ ἦν，"情况就是如此"。τῶν παρόντων，

定冠词 + 分词 = 名词。δύναιντο 跟不定式（κρατῆσαι）。κρατῆσαι 跟属格（Ἀθηναίων καὶ τῶν ξυμμάχων）。νομίζοντες 跟不定式（φανεῖσθαι, ἐλευθεροῦσθαι, ἀπολύεσθαι, ἔσεσθαι 和 θαυμασθήσεσθαι）。τὸ ἀγώνισμα 作不定式 φανεῖσθαι 的主语。σφίσιν，"对于他们而言"。ἐς τοὺς ... Ἕλληνας，"在希腊人的眼里"。τοὺς μὲν ... τοὺς δὲ ...，"一部分……另一部分……"，两个定冠词都是指示代词（GG § 1106），指 τοὺς Ἕλληνας。τοὺς μὲν 作不定式（ἐλευθεροῦσθαι）的主语。τοὺς δὲ 作不定式 ἀπολύεσθαι 的主语。ἀπολύεσθαι 跟属格（φόβου）。τὴν ... δύναμιν 作不定式 ἔσεσθαι 的主语。ἔσεσθαι δυνατὴν 跟不定式（ἐνεγκεῖν）。δόξαντες 跟不定式（εἶναι）。αἴτιοι 跟属格（αὐτῶν）。αὐτῶν 指上文所说的事情。τῶν ἔπειτα (ἀνθρώπων)。πολὺ，用作副词。

56.3–4［笺 释］ὅτι, that。περιεγίγνοντο 跟属格（Ἀθηναίων 和 τῶν ... ξυμμάχων）。τῶν ξυμβοηθησάντων，定冠词 + 分词 = 名词。ἐμπαρασχόντες + 宾格（τὴν ... πόλιν）+ 不定式（προκινδυνεῦσαι）。προκόψαντες 跟属格（τοῦ ναυτικοῦ）。μέγα μέρος，用作副词，"在很大程度上"。πλήν 跟属格（τοῦ ... λόγου τοῦ ἐν ... τῷ πολέμῳ，重复定冠词结构）。

57.1–2［笺释］第一句主干：τοσοίδε ἐπολέμησαν ἐπὶ Συρακούσας。τοῖς μὲν ... τοῖς δὲ ...，两个定冠词都作指示代词（GG § 1106），即 τοῖς Ἀθηναίοις μὲν ... τοῖς Συρακοσίοις δὲ ...。οὐ ... τι μᾶλλον，not at all。οὐ ... οὐδὲ ...，简单否定词 + 复合否定词，后者强调前者，仍表否定（CGCG § 56.4）。ἔσχεν，不定过去时单数，应作 ἔσχον（复数）（见阿尔伯蒂的校勘本），跟属格（τῆς ξυντυχίας）。ὡς ἑκάστοις ἔσχεν τῆς ξυντυχίας，"这要依各个城邦的具体情况而定"。ἢ ... ἢ ...，"或者……或者……"。χρώμενοι 跟与格（τῇ ... φωνῇ καὶ νομίμοις）。οἵ，关系代词，其先行词是 Αἰγινῆται。(οἱ) Ἑστιαιῆς οἱ ἐν Εὐβοίᾳ，重复定冠词结构。

57.3–7［笺释］τῶν ... ἄλλων，οἱ ... ὑπήκοοι 和 οἱ ... αὐτόνομοι，定冠词 + 形容词 = 名词。εἰσὶ ... οἳ，some。τῶν ... ὑπηκόων，定冠词 + 形容词 = 名词。φόρου 修饰 ὑποτελῶν。τὸ πλεῖστον，定冠词 + 形容词 = 名词。τοὺς ἅμα Γυλίππῳ Λακεδαιμονίους。ἠναγκάζοντο 跟不定式（πολεμεῖν）。τὸ νησιωτικὸν，定冠词 + 形容词 = 名词。ὅτι，"由于"。ἐκράτουν 跟属格（θαλάσσης）。τῶν μὲν ... τῶν δὲ ...，两个定冠词都作指示代词（GG § 1106），即 τῶν Κορινθίων μὲν ... τῶν Συρακοσίων δὲ ...。τοῦ εὐπρεποῦς，定冠词 + 形容词 = 名词。τὸ Κορινθίων ἔχθος，"对科林斯人的敌意"。

57.8–11［笺释］τῶν ... ἄλλων，定冠词 + 形容词 = 名词。ἕνεκα 跟属格（τῆς ξυμμαχίας, τῆς Λακεδαιμονίων ... ἔχθρας 和 τῆς ... ὠφελίας）。μᾶλλον ἢ, rather than。εἰωθότες 跟不定式（ἰέναι）。ἡγούμενοι 跟双宾格（τοὺς ... Ἀρκάδας 和 πολεμίους）（CGCG § 30.10）。οὐδὲν ἧσσον，"不少""一样"。ξυνέβη + 宾格（αὐτοὺς，省略）+ 不定式

（ἐλθεῖν）。τοῖς Κρησί，"就克里特人而言"。ξυγκτίσαντας 和 ἑκόντας 与省略了的 αὐτοὺς 配合。τὸ ... πλέον，定冠词 + 形容词 = 名词，用作副词。Δημοσθένους φιλίᾳ，"出于与得摩斯忒涅斯的友谊"。Ἀθηναίων εὐνοίᾳ，"出于对雅典人的好意"。οἵδε，关系代词，其先行词是 Ἀκαρνάνων τινὲς。καιρῶν 修饰 ἀνάγκαις。οἵπερ，关系代词，其先行词是 Ἐγεσταῖοί。τὸ πλέον，定冠词 + 形容词 = 名词。

58.1-4［笺释］Ἀκραγαντίνων ἡσυχαζόντων，独立属格结构。τῷ ἐπ' ἐκεῖνα，定冠词 + 介词短语 = 名词。ᾧ，关系代词，其先行词是 τοῦ ... μορίου。τῶν ἐν Σικελίᾳ，定冠词 + 介词短语 = 名词。παρεχόμενοι 跟双宾格（Σπαρτιάτην 和 ἡγεμόνα）（CGCG § 30.10）。δύναται 跟不定式（εἶναι），means。τῶν ἔξω Πελοποννήσου，定冠词 + 介词短语 = 名词。τοὺς ἐπελθόντας，定冠词 + 分词 = 名词。κατὰ πάντα，"各类"。ὡς εἰπεῖν，"可以说"。τοὺς ἄλλους，定冠词 + 形容词 = 名词。ὅτι，"因为"。οὐκέτι οὐδὲν οὐδετέροις，多个复合否定词连用，后二者强调前者，仍表否定（GG § 2761）。

59.1-3［笺释］ἐνόμισαν 跟不定式（εἶναι）。καλὸν (ἀγώνισμα) 跟不定式（ἑλεῖν 和 διαφυγεῖν）。αὐτοὺς 作不定式 διαφυγεῖν 的主语。μηδὲ ... μήτε ... μήτε ...，多个复合否定词连用，后二者强调前者，仍表否定（GG § 2761）。μάλιστα，"大约"。τἆλλα = τὰ ἄλλα。ἢν = ἐάν。τολμήσωσι 跟不定式（ναυμαχεῖν）。ἐς οὐδέν，not in any respect。

60.1-2［笺释］ἐδόκει + 与格（τοῖς ... Ἀθηναίοις）+ 不定式（εἶναι，省略）。βουλευτέα，本可以作 βουλευτέον，但修昔底德爱用中性、复数（GG § 1052）。οἵ，定冠词，跟前倾词（τε），故加了高调符号。τῶν ... ἄλλων，定冠词 + 形容词 = 名词，修饰 ὅτι。ὅτι，that，其引导的从句修饰 τὴν ... ἀπορίαν。ὡς 跟将来时分词（ἐκπλευσόμενοι），in order to。ἀπεῖπον 跟不定式（ἐπάγειν）。ἔμελλον 跟不定式（ἕξειν）。τὸ λοιπόν，"将来"。ἐβουλεύσαντο 跟不定式（ἐκλιπεῖν，φρουρεῖν，πληρῶσαι，κομίζεσθαι，ἀποχωρεῖν 和 ἀντιλήψεσθαι）。τὰ ... τείχη τὰ ἄνω，重复定冠词结构。οἷόν τε 跟不定式（γενέσθαι）。ὅσαι，关系形容词（或关联代词），其先行词 τοσαύτας 被吸收，且被吸引到关系形容词（或关联代词）的格（主格）（GG § § 2537, 2538）。πάντα τινά，every one，作 ἐσβιβάζοντες 的宾语。τοῖς ἀσθενοῦσιν，定冠词 + 分词 = 名词。ἢν = ἐάν。ᾗ，关系副词，by whatever way。ἀντιλήψεσθαι 跟属格（τινος χωρίου）。ἢ ... ἢ ...，"或者……或者……"。

60.3-5［笺释］οἱ μέν，οἱ 是指示代词（GG § 1106）。ὡς ταῦτα ἔδοξεν αὐτοῖς。ὡς，as。ἀναγκάσαντες 跟不定式（ἐσβαίνειν）。ἐδόκει 跟不定式（εἶναι）。μετέχων 跟属格（ἡλικίας）。τἆλλα = τὰ ἄλλα。ὡς，as。τὰ πολλά，定冠词 + 形容词 = 名词。τῷ ... κρατηθῆναι，定冠词 + 不定式 = 名词。τὸ εἰωθὸς，定冠词 + 分词 = 名词。πολὺ，用作副词。ὡς τάχιστα，"尽快"。βουλομένους 跟不定式（διακινδυνεύειν）。

61.1–3［笺释］ὁ ... ἀγὼν ὁ μέλλων，重复定冠词结构。ἤ，than。ἤν = ἐάν。ἔστι τῳ ἐπιδεῖν，it is possible for everyone to see again。τῳ = τινι。χρὴ 跟不定式（ἀμυνεῖν 和 πάσχειν）。ὅπερ 自主关系代词，that。οἱ ἀπειρότατοι，定冠词 + 形容词 = 名词。οἷ，关系代词，其先行词是 οἱ ἀπειρότατοι。διὰ παντός，"永远"。ἔμπειροι 跟属格（πολέμων）。μνήσθητε 跟属格（τῶν ... παραλόγων）。ἐλπίσαντες + 宾格（τὸ τῆς τύχης，定冠词 + 属格 = 名词）+ 不定式（στῆναι）。μεθ' 跟属格（ἡμῶν）。παρασκευάζεσθε ὡς ἀναμαχούμενοι。ὡς 跟将来时分词（ἀναμαχούμενοι），in order to。ἀξίως 跟属格（τοῦ πλήθους）。ὑμῶν αὐτῶν，of yourselves，修饰 αὐτοί。

62.1［笺释］第一句主干：ἀρωγὰ ἡτοίμασται。ἅ，关系代词，其先行词是 ἀρωγά。μέλλοντα 跟不定式（ἔσεσθαι）。ἔσεσθαι ἐπὶ τῇ ... στενότητι。οἷς，关系代词，其先行词是 τὸν ... ὄχλον 和 τὴν ... παρασκευήν。τῶν παρόντων，定冠词 + 分词 = 名词。ἐσκεμμένα μετὰ τῶν κυβερνητῶν。ἐσκεμμένα 与 ἀρωγά 配合。

62.2［笺释］此句主干：τοξόται ... καὶ ἀκοντισταὶ ... καὶ ὄχλος ἔσται πρόσφορα。ἐχρώμεθα 跟与格（ᾧ）。ᾧ，自主关系代词，which。διὰ 跟宾格（τὸ βλάπτειν）。τὸ βλάπτειν，定冠词 + 不定式 = 名词。τὸ τῆς ἐπιστήμης，定冠词 + 属格 = 名词，作不定式 βλάπτειν 的宾语。ἐν 跟与格（τῇ ... πεζομαχίᾳ）。

62.3–4［笺释］第一句主干：ὅσα ... ἐπιβολαί ηὕρηται ἡμῖν。χρὴ 跟不定式（ἀντιναυπηγῆσαι）。ᾧ，关系代词，其先行词是 τῶν ἐπωτίδων。αἵ，关系代词，其先行词是 ἐπιβολαί。σχήσουσι = κωλύσουσι。ἤν = ἐάν。τὰ ἐπὶ τούτοις，定冠词 + 介词短语 = 名词。ὥστε 跟不定式（πεζομαχεῖν），表结果。τὸ ἐᾶν... φαίνεται ὠφέλιμον。τὸ ἐᾶν，定冠词 + 不定式 = 名词。ἐᾶν + 宾格（(ἡμᾶς) αὐτοὺς 和 ἐκείνους）+ 不定式（ἀνακρούεσθαι）。ἄλλως τε καί，"尤其"。ὅσον，so far as。τῆς γῆς ... οὔσης，独立属格结构。

63.1［笺释］χρὴ + 宾格（ὑμᾶς，省略）+ 不定式（διαμάχεσθαι，ἐξωθεῖσθαι 和 ἀξιοῦν）。μεμνημένους 与省略了的 ὑμᾶς 配合，跟属格（ὧν）。ὧν，自主关系代词，指上文所说的事情。ξυμπεσούσης ... νεώς，独立属格结构。ἀξιοῦν 跟不定式（ἀπολύεσθαι）。πρότερον ... ἤ ...，before ... than ...。

63.2［笺释］ἧσσον，用作副词比较级，跟属格（τῶν ναυτῶν），表比较。ὅσῳ ... μᾶλλον，"更甚"。τῶν ἄνωθεν，定冠词 + 副词 = 名词，修饰 τὸ ἔργον。ὑπάρχει + 与格（ἡμῖν）+ 不定式（ἐπικρατεῖν），it is possible to ...。τὰ πλείω，定冠词 + 形容词 = 名词，作不定式 ἐπικρατεῖν 的宾语（或者：用作副词）。

63.3［笺释］τῷ αὐτῷ τῷδε = τῷ παραινεῖν。δέομαι 跟不定式（ἐκπεπλῆχθαι 和 ἐνθυμεῖσθαι）。τι，用作副词，in any way。ὥς，how。ἀξία 跟不定式（διασώσασθαι）。

οἷ，自主关系代词。ἡμῶν 修饰 τῆς ... φωνῆς。μετείχετε 跟属格（τῆς ἀρχῆς）。τῆς ἀρχῆς τῆς ἡμετέρας，重复定冠词结构。κατὰ 跟宾格（τὸ ὠφελεῖσθαι），"在……方面"。τὸ ὠφελεῖσθαι，定冠词 + 不定式 = 名词。ἐς 跟前倾词（τε），故加了高调符号，"关于"，跟宾格（τὸ φοβερὸν 和 τὸ ... ἀδικεῖσθαι）。τὸ φοβερὸν 和 τοῖς ὑπηκόοις，定冠词 + 形容词 = 名词。τὸ ... ἀδικεῖσθαι，定冠词 + 不定式 = 名词。πολὺ 和 πλέον，用作副词。

63.4［笺释］ὥστε，用在句首，表总结，therefore。τῆς ἀρχῆς 修饰 κοινωνοί。καταφρονήσαντες 跟属格（Κορινθίων 和 Σικελιωτῶν）。οὓς，关系代词，其先行词是 Κορινθίων，作 νενικήκατε 的宾语。ὧν，关系代词，其先行词是 Σικελιωτῶν，修饰 οὐδείς。οὐδ' ... οὐδείς ...，两个复合否定词连用，后者强调前者，仍表否定（GG § 2761）。ἠξίωσεν 跟不定式（ἀντιστῆναι）。ὅτι，that。κρείσσων，形容词比较级，跟属格（ῥώμης），表比较。

64.1［笺释］ὑπομιμνήσκω 跟双宾格（τούς ... Ἀθηναίους 和 τάδε）（CGCG § 30.10）。ὅτι，that。ὁμοίας ταῖσδε，"与这里（西西里）的战舰一样"。ἡλικίαν（ὁμοίαν τοῖσδε）。εἴ τε τι ἄλλο ἢ τὸ κρατεῖν ξυμβήσεταί ὑμῖν。εἴ 跟前倾词（τε），故加了高调符号。τούς ... πολεμίους 和以下一系列宾格均作 ὑπομιμνῄσκω 的宾语。τοὺς ... ὑπολοίπους，定冠词 + 形容词 = 名词。ἐσομένους ἀδυνάτους 跟不定式（ἀμύνασθαι）。τούς ... αὐτοῦ，定冠词 + 副词 = 名词。τοὺς ἐπελθόντας，定冠词 + 分词 = 名词。οἱ μὲν ... οἱ δὲ ...，"这些人……那些人……"，两个定冠词都作指示代词（GG § 1106）。οἷς，关系代词，其先行词是 Συρακοσίοις。

64.2［笺释］ὥστε，用在句首，表总结，so, therefore。εἴπερ 跟前倾词（ποτέ），故加了高调符号。καθ' ἑκάστους，"每一个人"。ὅτι，that。οἱ ... ἐσόμενοι，定冠词 + 分词 = 名词。ὧν，关系代词，其先行词是 τῶν Ἀθηνῶν。εἴ 和 τίς 分别跟前倾词（τις 和 τι），故都加了高调符号。προφέρει = προέχει，跟属格（ἑτέρου）。ἢ ... ἢ ...，"或者……或者……"。

65.1–3［笺释］ἐκέλευε 跟不定式（πληροῦν）。παρῆν + 与格（τῷ ... Γυλίππῳ 和 τοῖς Συρακοσίοις）+ 不定式（αἰσθάνεσθαι），it was possible for someone to ...。ὅτι，that。τἆλλα = τὰ ἄλλα。ὡς ἕκαστα，"逐一"。ἐπὶ πολὺ，"一长段"。οἵ，定冠词，跟前倾词（τε），故加了高调符号。

66.1［笺释］ὅτι，that，其引导的从句作 εἰδέναι 的宾语。τὰ προειργασμένα (ἐστί) καλά，定冠词 + 分词 = 名词。... ἔσται ὑπὲρ καλῶν ...。τῶν μελλόντων，定冠词 + 分词 = 名词，修饰 καλῶν。οἵ，定冠词，跟前倾词（τε），故加了高调符号。οἱ πολλοί，定冠词 + 形容词 = 名词。δοκεῖτε + 与格（ἡμῖν）+ 不定式（εἰδέναι）。ἀντελάβεσθε 跟属格

（αὐτῶν）。εἴ 跟前倾词（τις），故加了高调符号。μὴ ἐπὶ ὅσον δεῖ，not sufficiently。

66.2［笺释］Ἀθηναίους 作上句 σημανοῦμεν 的宾语。(ἐπὶ) τῆς Πελοποννήσου καὶ ...。τὴν ... μεγίστην ἀρχήν。τῶν νῦν (Ἑλλήνων)。ἀνθρώπων 修饰 (ὑμεῖς) πρῶτοι。ᾧπερ 关系代词，其先行词是 τῷ ναυτικῷ。πάντα，用作副词，everywhere。τὴν δ' (ναυμαχίαν)。τοῦ εἰκότος，定冠词 + 分词 = 名词。

66.3［笺释］ἀξιοῦσι 跟不定式（προύχειν）。ᾧ，自主关系代词，where。τό ... ὑπόλοιπον，定冠词 + 形容词 = 名词。αὐτὸ 指 τό ... ὑπόλοιπον。ἀσθενέστερον，形容词比较级，跟属格（ἑαυτοῦ），表比较。ἤ，than。τὸ πρῶτον，"一开始"。τῷ παρ' ἐλπίδα，定冠词 + 介词短语 = 名词。ὅ，自主关系代词，which。εἰκὸς + 宾格（Ἀθηναίους）+ 不定式（πεπονθέναι）。

67.1［笺释］τό ... ὑπάρχον，定冠词 + 分词 = 名词。ᾧπερ，关系代词，其先行词是 τό ... ὑπάρχον。τῆς δοκήσεως προσγεγενημένης，独立属格结构。αὐτῷ 指 τό ... ὑπάρχον。τῆς δοκήσεως 跟不定式（εἶναι）。τὸ κρατίστους 和 τοὺς κρατίστους，定冠词 + 形容词 = 名词，前者作不定式 εἶναι 的主语。τὰ πολλά，定冠词 + 形容词 = 名词，用作副词，"一般地"。

67.2–3［笺释］τὰ ... τῆς ἀντιμιμήσεως，定冠词 + 属格 = 名词。τῆς παρασκευῆς ...，修饰 τῆς ἀντιμιμήσεως ...。οἱ δ'，but they（见前文 1.24.5 笺释）。τὸ καθεστηκὸς，定冠词 + 分词 = 名词。ὡς εἰπεῖν，so to speak。οἵ，关系代词，其先行词是（ὁπλῖται 和 ἀκοντισταὶ 等）。χρή 跟不定式（ἀφεῖναι）。... ταράξονται ἐν σφίσιν αὐτοῖς ...。εἴ 跟前倾词（τις），故加了高调符号。τόδε 作 πεφόβηται 的宾语。ὅτι，that。τὸ δρᾶν，定冠词 + 不定式 = 名词。τι 作 δρᾶν 的宾语。ὧν，自主关系代词，修饰 τι。τὸ βλάπτεσθαι，定冠词 + 不定式 = 名词。ὧν = τούτων ἅ（GG § 2531a）。

67.4［笺释］τὸ ... ἀληθέστατον，定冠词 + 形容词 = 名词。ὧν = τούτων ἅ（GG § 2531a）。οἰόμεθα 跟不定式（πεπύσθαι）。ὑπερβαλλόντων ... τῶν κακῶν，独立属格结构。μᾶλλον ἤ，more ... than ...。παρασκευῆς 和 τύχης 修饰 πίστει。καθεστήκασιν ἐς ἀπόνοιαν 跟不定式（ἀποκινδυνεῦσαι）。ἤ ... ἤ ...，"或者……或者……"。ὡς，"因为"。χεῖρον，用作副词，比较级，跟属格（τῶν ... παρόντων），表比较。τῶν ... παρόντων，定冠词 + 分词 = 名词。

68.1–2［笺释］νομίσωμεν 跟不定式（εἶναι）。τοὺς ἐναντίους，定冠词 + 形容词 = 名词。οἵ，关系代词，其先行词是 τοὺς ἐναντίους。ὡς ἐπί ...，表达句子主语的想法或者断言（GG § 2996）。τοῦ προσπεσόντος，定冠词 + 分词 = 名词。δικαιώσωσιν 跟不定式（ἀποπλῆσαι）。τὸ θυμούμενον，定冠词 + 分词 = 名词。νομίσωμεν (τὸ) ἀμύνασθαι εἶναι ἥδιστον. ἐκγενησόμενον ἡμῖν 和 τὸ λεγόμενόν που 都应该看作插入语（用逗号分开）。ἐκγενησόμενον ἡμῖν 说明不定式 (τὸ) ἀμύνασθαι. τὸ λεγόμενόν，定冠词 + 分词 = 名词。ὡς，that。οἵ，关系代词，其先行词是 ἐχθροὶ 和 ἔχθιστοι。τὴν ἡμετέραν (γῆν)。ἐν ᾧ，whereby。τἄλγιστα (= τὰ ἄλγιστα) 和 τὰ ἀπρεπέστατα，定冠词 + 形容词 = 名词。τῇ πάσῃ πόλει。

68.3［笺释］ὧν，关系代词，其先行词是上文的 ἐχθροὶ 和 ἔχθιστοι。πρέπει + 宾格 (τινα) + 不定式 (μαλακισθῆναί 和 νομίσαι)，it is fitting for somebody to ...。νομίσαι + 宾格 (τὸ ... ἀπελθεῖν) + 形容词 (κέρδος)。αὐτοὺς 作不定式 ἀπελθεῖν 的主语。τὸ δὲ，τὸ 作指示代词 (GG § 1106)，指 τοῦτο。πραξάντων (ἡμῶν)，独立属格结构。ἐκ τοῦ εἰκότος，"很可能"。ἅ，自主关系代词，whatever。βουλόμεθα 跟不定式 (κολασθῆναι 和 παραδοῦναι)。τούσδε 作不定式 κολασθῆναι 的主语。πρὶν，副词。οἵ，关系代词，其先行词是 οὗτοι。ἐκ τοῦ σφαλῆναι，if they fail。τοῦ σφαλῆναι 和 τὸ εὐτυχῆσαι，定冠词 + 不定式 = 名词。ἐλάχιστα 和 πλεῖστα，用作副词。

69.2［笺释］τῶν παρόντων，定冠词 + 分词 = 名词。ὡς，how。ὅσον οὐκ，"差不多""几乎"。ἔμελλον 跟不定式 (ἀνάγεσθαι)。νομίσας + 宾格 (πάντα 和 ἱκανὰ) + 不定式 (εἶναι 和 εἰρῆσθαι)。σφίσιν，on their side，指 Νικίας 和其同僚。αὐτοῖς 指他们手下的军队。ὅπερ，自主关系代词，which。ἀξιῶν 跟不定式 (προδιδόναι 和 ἀφανίζειν)。τό ... καθ' ἑαυτόν，定冠词 + 介词短语 = 名词，"属于他自己的（品质）"，作不定式 προδιδόναι 的宾语。τι ὑπῆρχε ᾧ。ᾧ，关系代词，其先行词是 τό ... καθ' ἑαυτόν。ὧν，自主关系代词，of whom，修饰 οἱ πρόγονοι。τὰς ... ἀρετάς 作不定式 ἀφανίζειν 的宾语。ὑπομιμνῄσκων 跟属格 (τῆς ἐλευθερωτάτης πατρίδος 和 τῆς ... ἐξουσίας)。τῆς ἐν αὐτῇ ἀνεπιτάκτου πᾶσιν ἐς τὴν δίαιταν ἐξουσίας = ὅτι ἑκάστῳ ἐν αὐτῇ ἀνεπιτάκτως διαιτᾶσθαι ἔξεστι。αὐτῇ 指 τῆς ... πατρίδος。τῷ τοιούτῳ，定冠词 + 形容词 = 名词。 ... ἄνθρωποι οὐ ὄντες φυλαξάμενοι πρὸς τὸ δοκεῖν τινὶ ἀρχαιολογεῖν ...。πρός，with regard to。τὸ δοκεῖν，定冠词 + 不定式 = 名词。δοκεῖν + 与格 (τινὶ) + 不定式 (ἀρχαιολογεῖν)。ὑπὲρ ἁπάντων ... προφερόμενα = ἃ ὑπὲρ ἁπάντων ... προφέρεται。ἅ，自主关系代词，whatever，其引导的从句作 λέγων 和 εἴποιεν 的宾语。ἔς 跟前倾词 (τε)，故加了高调符号。

69.3-4［笺释］ὁ μέν，ὁ 是指示代词 (GG § 1106)。μᾶλλον ἤ，rather than。νομίσας 跟不定式 (παρῃνῆσθαι)。ὡς ἐπὶ πλεῖστον ἐδύνατο，"尽可能地" (GG § 1086)。ὅτι μεγίστη，"最大限度地"。τοῖς ἐν ταῖς ναυσίν，定冠词 + 介词短语 = 名词。ὅπως 后面句子的谓语动词用祈愿语气 (γίγνοιτο)。τὸ θαρσεῖν，定冠词 + 不定式 = 名词。βουλόμενοι 跟不定式 (βιάσασθαι)。τὸ ἔξω，定冠词 + 副词 = 名词。

70.1–2［笺释］τὸν ἀριθμὸν，宾格，用作副词，"在……方面"。ᾗπερ，关系副词，in the very place in which, where。ἦρχον 跟属格（τοῦ ναυτικοῦ）。τοῦ παντὸς 和 τὸ μέσον，定冠词＋形容词＝名词。ἐκράτουν 跟属格（τῶν ... νεῶν）。αὐτῷ 指 τῷ ζεύγματι。ἐπειρῶντο 跟不定式（λύειν）。τῶν Συρακοσίων καὶ ξυμμάχων ἐπιφερομένων，独立属格结构。μόνον，用作副词。τῶν προτέρων，定冠词＋形容词＝名词。

70.3［笺释］τὸ ἐπιπλεῖν，定冠词＋不定式＝名词。ἡ ἀντιτέχνησις (ἐγίγνετο) ἀγωνισμὸς。οἵ，定冠词，跟前倾词（τε），故加了高调符号。ἐθεράπευον 跟不定式（λείπεσθαι）。τὰ ἀπὸ τοῦ καταστρώματος 作不定式 λείπεσθαι 的主语。λείπεσθαι 跟属格（τῆς ... τέχνης）。πᾶς τέ τις 相当于 τὸ ξῦμπαν。ἠπείγετο 跟不定式（φαίνεσθαι）。ᾧ，自主关系代词，which。

70.4［笺释］ξυμπεσουσῶν ... νεῶν，独立属格结构。ἀπέλιπον βραχὺ ＝ ὀλίγου ἐδέησαν，即 ἐδέησαν＋属格（ὀλίγου）＋不定式（γενέσθαι）。τὸ ... εἶναι，定冠词＋不定式＝名词。τὰς ἀνακρούσεις καὶ διέκπλους 作不定式 εἶναι 的主语。ὡς，"因为"。τύχοι 跟分词（προσπεσοῦσα 和 ἐπιπλέουσα）。ἢ ... ἢ ...，"或者……或者……"。τὸ φεύγειν，定冠词＋不定式＝名词。ἄλλῃ ＝ νηΐ。

70.5–6［笺释］ὅσον ... χρόνον，表时间的宾格，表示贯穿该时间段。οἱ ἀπὸ τῶν καταστρωμάτων，定冠词＋介词短语＝名词。ἐχρῶντο 跟与格（τοῖς ἀκοντίοις καὶ τοξεύμασι καὶ λίθοις）。ἐπειρῶντο 跟不定式（ἐπιβαίνειν）。ξυνετύγχανέ 跟不定式（ἐμβεβληκέναι，ἐμβεβλῆσθαι，ξυνηρτῆσθαι，περιεστάναι 和 παρέχειν）。τὰ μὲν ... τὰ δὲ ...，on the one side ... on the other side …。αὐτοὺς 作不定式 ἐμβεβλῆσθαι 的主语。ἔστιν ᾗ，"有时"。καί，"甚至"。δύο ... πλείους ναῦς 作不定式 ξυνηρτῆσθαι 的主语。τῶν μὲν ... τῶν δ' ...，on the one side ... on the other side …，修饰 φυλακὴν 和 ἐπιβουλήν（作不定式 περιεστάναι 的宾语）。καθ' ἓν ἕκαστον，"一对一"。κατὰ πολλά，"一对多"。ἔκπληξίν 和 ἀποστέρησιν 作不定式 παρέχειν 的宾语。ὧν ＝ τούτων ἃ（GG § 2531a）。

70.7［笺释］第一短句主干：ἡ παρακέλευσις καὶ βοὴ ἐγίγνετο τοῖς κελευσταῖς。ἐπιβοῶντες 跟不定式（βιάζεσθαι 和 ἀντιλαβέσθαι）。τὸν ἔκπλουν 作不定式 βιάζεσθαι 的主语。εἴ 跟前倾词（ποτε），故加了高调符号。(ἐπιβοῶντες) 跟不定式（εἶναι）。εἶναι καλόν 跟不定式（κωλῦσαί 和 ἐπαυξῆσαι）。κωλῦσαί＋宾格（αὐτοὺς）＋不定式（διαφυγεῖν）。ἑκάστους 作不定式 ἐπαυξῆσαι 的主语。

70.8［笺释］εἴ 和 τινά 分别跟前倾词（τινα 和 που），故都加了高调符号。(ἠρώτων) εἰ，(they asked) whether。οἰκειοτέραν，形容词比较级，跟属格（τῆς θαλάσσης），表比

较。(ἠρώτων) εἰ，同上。οὕς，关系代词，其先行词省略（指Ἀθηναίους）。Ἀθηναίους，"洛布本"将其删去，更容易理解。ἴσασι+宾格（οὕς）+不定式（διαφυγεῖν）。φεύγουσιν，及物动词。τούτους ... (τοὺς) φεύγοντας。

71.1-2［笺释］ὅ，定冠词，跟前倾词（τε），故加了高调符号。ἰσορρόπου τῆς ναυμαχίας καθεστηκυίας，独立属格结构。ὁ αὐτόθεν，定冠词+副词=名词。οἱ ἐπελθόντες，定冠词+分词=名词。δεδιότες 跟虚拟语气（πράξωσιν），μὴ 为赘词。χείρω，形容词比较级，用作副词，跟属格（τῶν παρόντων），表比较。τῶν παρόντων，定冠词+分词=名词。πάντων ... ἀνακειμένων ...，独立属格结构。ὅ τε，同上。τοῦ μέλλοντος，定冠词+分词=名词。ἐοικώς，分词，跟与格（οὐδενὶ）。τὸ ἀνώμαλον，定冠词+形容词=名词。ἠναγκάζοντο 跟不定式（ἔχειν）。

71.3［笺释］... οὔσης τῆς θέας 和 πάντων ... σκοπούντων，独立属格结构。τὸ αὐτὸ，the same (place)。τοὺς σφετέρους，定冠词+形容词=名词。ἐτρέποντο 跟不定式（στερῆσαι）。στερῆσαι+宾格（σφᾶς）+属格（τῆς σωτηρίας），"剥夺某人……"。οἱ ... βλέψαντες，定冠词+分词=名词。ἐχρῶντο 跟与格（ὀλοφυρμῷ）。τὸ ἡσσώμενον，定冠词+分词=名词。ἀπὸ 跟属格（τῆς ὄψεως）。τῶν δρωμένων，定冠词+分词=名词。τῶν ἐν τῷ ἔργῳ，定冠词+介词短语=名词。μᾶλλον，rather。τι，作宾语。τὸ ἀκρίτως，定冠词+副词=名词。ἴσα，like。τοῖς χαλεπώτατα，定冠词+副词=名词。ἢ ... ἢ ...，"或者……或者……"。

71.4-5［笺释］πάντα ἦν ἀκοῦσαι。ἦν 跟不定式（ἀκοῦσαι），was able to。ἀναγκάζοιτο 跟不定式（φθέγγεσθαι）。οἱ ἐπὶ τῶν νεῶν，定冠词+介词短语=名词。πρίν γε δή，"直到最后"。ἐπὶ πολὺ，"长时间"。ἀντισχούσης τῆς ναυμαχίας，独立属格结构。χρώμενοι 跟与格（κραυγῇ καὶ διακελευσμῷ）。

71.6-7［笺释］ἄλλη，elsewhere。τὰ γιγνόμενα，定冠词+分词=名词。οἱ μὲν ... οἱ δὲ ...，"有的……有的……"。τὸ λοιπὸν 和 οἱ πλεῖστοι，定冠词+形容词=名词。σφᾶς αὐτοὺς，themselves。ἔκπληξις ἦν ἐλάσσων οὐδεμιᾶς。ἐλάσσων，形容词比较级，跟属格（οὐδεμιᾶς），表比较。τῷ παρατίκα，定冠词+副词=名词。τῶν ξυμπασῶν，定冠词+形容词=名词。διαφθαρεισῶν ... τῶν νεῶν，独立属格结构。τὸ ... σωθήσεσθαι ἦν ἀνέλπιστον τοῖς Ἀθηναίοις。τὸ ... σωθήσεσθαι，定冠词+不定式=名词。ἢν μή，"除非"。

72.1-2［笺释］γενομένης ... τῆς ναυμαχίας ... 和 νεῶν ... καὶ ἀνθρώπων ἀπολομένων，独立属格结构。τῶν ... κακῶν，定冠词+形容词=名词。νεκρῶν ... πέρι ... ναυαγίων = περὶ νεκρῶν ... ναυαγίων（GG § 175a）（CGCG § 60.14）。ἤ，"或者"。ἐπενόουν 跟不定式（αἰτῆσαι）。τῆς ... νυκτὸς，表时间的属格，表示在该时间段内。ἐβουλεύοντο 跟不定

式（ἀναχωρεῖν）。

72.3–4［笺释］ἐποιεῖτο γνώμην 跟不定式（βιάσασθαι）。πληρώσαντας 与省略了的 αὐτοὺς 配合（αὐτοὺς 作不定式 βιάσασθαι 的主语）。τὰς λοιπὰς，定冠词＋形容词＝名词。ἢν ＝ ἐάν。ὅτι，that。ἢ，than。ὡς，about。τοῖς ... ἐναντίοις，定冠词＋形容词＝名词。ἢ，than。ξυγχωροῦντος Νικίου 和 βουλομένων ... αὐτῶν，独立属格结构。βουλομένων 跟不定式（πληροῦν）。ἤθελον 跟不定式（ἐσβαίνειν）。τὸ καταπεπλῆχθαί ... καὶ ... οἴεσθαι，定冠词＋不定式＝名词。οἴεσθαι 跟不定式（κρατῆσαι）。

73.1［笺释］οἱ μὲν，οἱ 作指示代词（GG § 1106）。ὡς 跟将来时分词（ἀναχωρήσοντες），in order to。νομίσας 跟不定式（εἶναι）。βουλήσεται 跟不定式（ποιεῖσθαι）。τοῖς ... οὖσιν，定冠词＋分词＝名词。ὡς，that。χρεὼν 跟不定式（περιιδεῖν，ἀποικοδομῆσαι 和 φυλάσσειν）。περιιδεῖν＋宾格（αὐτοὺς）＋不定式（ἀποχωρῆσαι）。τῆς νυκτὸς，表时间的属格，表示在该时间段内。ἃ，自主关系代词，what。Συρακοσίους καὶ τοὺς ξυμμάχους 作不定式 ἀποικοδομῆσαι 和 φυλάσσειν 的主语。τὰ στενόπορα，定冠词＋形容词＝名词。

73.2［笺释］οἱ δὲ，but they（见前文 1.24.5 笺释）。ταῦτα 作 ξυνεγίγνωσκον 的宾语。ἧσσον，副词比较级，跟属格（ἐκείνου），表比较。ἐδόκει＋宾格（αὐτοὺς，省略）＋不定式（εἶναι）。τοὺς ... ἀνθρώπους 与省略了的 αὐτοὺς 配合。ἑορτῆς οὔσης，独立属格结构。ἔτυχε 跟分词（οὖσα）。τὴν ἡμέραν，表时间的宾格，表示贯穿该时间段。ξυνεγίγνωσκον 跟不定式（δοκεῖν）。δοκεῖν 跟不定式（ἐθελῆσαι）。ἐθελῆσαι 跟不定式（ὑπακοῦσαι）。τοῦ περιχαροῦς，定冠词＋形容词＝名词。δοκεῖν＋宾格（τοὺς πολλοὺς 和 πάντα）＋不定式（τετράφθαι 和 ἐλπίζειν）。ἐλπίζειν＋宾格（αὐτοὺς）＋不定式（πείθεσθαι 和 ἐξελθεῖν）。μᾶλλον ... ἢ ...，rather ... than ...。πείθεσθαι 跟属格（σφῶν）。τῷ παρόντι，定冠词＋分词＝名词。

73.3–4［笺释］ὡς，when。ἄπορα ἐφαίνετο τοῖς ἄρχουσι。ἐπὶ τούτοις，"在这种情况下"。δεδιὼς 后面句子的谓语动词用虚拟语气（προφθάσωσιν），μὴ 为赘词。τὰ χαλεπώτατα，定冠词＋副词＝名词。τῶν ἑταίρων ... τῶν ἑαυτοῦ，重复定冠词结构。οἳ，关系代词，其先行词是 τῶν ἑταίρων 和 ἱππέων。ἐξ ὅσου ＝ ἐς τοσοῦτον ἐξ ὅσου。ἔμελλεν 跟不定式（ἀκούσεσθαι）。ὡς，as though。τινες ἦσαν，"有一些人"。τῶν ἔνδοθεν，定冠词＋副词＝名词。ἐκέλευον 跟不定式（φράζειν）。φράζειν＋与格（Νικίᾳ）＋不定式（ἀπάγειν）。τῆς νυκτὸς，表时间的属格，表示在该时间段内。ὡς，"因为"。Συρακοσίων ... φυλασσόντων，独立属格结构。τῆς ἡμέρας，表时间的属格，同上。παρασκευασάμενον，与 τὸ στράτευμα 配合，跟不定式（ἀποχωρεῖν）。οἱ μὲν，οἱ 作指示

代词（GG § 1106）。*οἱ ἀκούσαντες*，定冠词 + 分词 = 名词。

74.1［笺释］*οἱ δέ*, but they（见前文 1.24.5 笺释）。*πρός*, in view of。*τὴν νύκτα*，表时间的宾格，表示贯穿该时间段。*νομίσαντες* 跟不定式（*εἶναι*）。*καὶ ὥς*, even thus。*ἔδοξεν* + 与格（*αὐτοῖς*）+ 不定式（*περιμεῖναι*，*καταλιπεῖν* 和 *ἀφορμᾶσθαι*）。*τὴν ... ἡμέραν*，表时间的宾格，同上。*ὡς ἐκ τῶν δυνατῶν*, as best they could。*ὅτι χρησιμώτατα*, what was most useful。*τὰ ... ἄλλα*，定冠词 + 形容词 = 名词。*αὐτὰ ὅσα*, only so much as。

74.2［笺释］*τὰς ... ὁδοὺς τὰς κατὰ τὴν χώραν*，重复定冠词结构。*ᾗ*，关系副词，by which。*ἦν εἰκός* + 宾格（*τοὺς Ἀθηναίους*）+ 不定式（*ἰέναι*）。*ὡς* 跟将来时分词（*κωλύσοντες*），in order to。*ᾗ*，关系副词，wherever。*τὰς ... ἄλλας*，定冠词 + 形容词 = 名词。*οὐδενὸς κωλύοντος*，独立属格结构。*ὡς*, as。

75.1–2［笺释］*ἐδόκει* + 与格（*τῷ Νικίᾳ καὶ Δημοσθένει*）+ 不定式（*παρεσκευάσθαι*）。*τρίτῃ ἡμέρᾳ*，表时间的与格，表示在该时间点。*καθ' ἕν*, one at a time, in one respect。*οὐ ... μόνον ... ἀλλά ...*，"不仅……而且……"。*ὅτι*, that，其引导的从句解释 *οὐ καθ' ἓν μόνον τῶν πραγμάτων*。*ἦν δεινὸν ... ἀντὶ ... ἐλπίδος*。*ξυνέβαινε* + 与格（*ἑκάστῳ*）+ 不定式（*αἰσθέσθαι*）。*ἀλγεινά* 作不定式 *αἰσθέσθαι* 的宾语。

75.3［笺释］*τῶν ... νεκρῶν ... ὄντων*，独立属格结构。*οἱ ζῶντες*，定冠词 + 分词 = 名词。*πολύ*，用作副词。*λυπηρότεροι*，形容词比较级，跟属格（*τῶν τεθνεώτων*），表比较。*τῶν τεθνεώτων*，*τοῖς ζῶσι* 和 *τῶν ἀπολωλότων*，定冠词 + 分词 = 名词。*ἀθλιώτεροι*，形容词比较级，跟属格（*τῶν ἀπολωλότων*），表比较。

75.4［笺释］*ἐπιβοώμενοι* 跟不定式（*ἄγειν*）。*εἴ*、*τινά*、*πού* 分别跟前倾词（*τινα*，*που* 和 *τις*），故都加了高调符号。*ἢ ... ἤ ...*，"或者……或者……"。*τῶν ... ξυσκήνων ... ἀπιόντων*，独立属格结构。*εἴ* 跟前倾词（*τῳ = τινι*），故加了高调符号。*προλίποι* 跟与格（*τῳ*）。*ἄνευ* 跟属格（*ἐπιθειασμῶν* 和 *οἰμωγῆς*）。*ὥστε* 跟不定式（*ἀφορμᾶσθαι*），表结果。*τὸ στράτευμα* 作不定式 *ἀφορμᾶσθαι* 的主语。*τὰ ... πεπονθότας*，定冠词 + 分词 = 名词。*μείζω ἤ ...*, more than ……。*τὰ ... δεδιότας*，定冠词 + 分词 = 名词。*δεδιότας* 跟虚拟语气（*πάθωσιν*），*μή* 为赘词。*τῶν ἐν ἀφανεῖ*，定冠词 + 介词短语 = 名词。

75.5［笺释］*σφῶν αὐτῶν*，"他们自己的"。*ἤ*, than。*ἐῴκεσαν* 跟与格（*πόλει*）。*ἐλάσσους*，形容词比较级、主格，跟属格（*τεσσάρων*），表比较。*οἵ*，定冠词，跟前倾词（*τε*），故加了高调符号。*οἱ ἄλλοι*，定冠词 + 形容词 = 名词，与下文的 *οἱ ὁπλῖται* 等对比。*τούτων* 修饰 *οἱ ἄλλοι*。*ὅτι*，"洛布本"和阿尔伯蒂的校勘本作 *ὅ τι*, anything which。*τὸ εἰωθός*，定冠词 + 分词 = 名词。*οἱ μὲν ... οἱ δέ ...*，"有些……有些……"。*οἱ πλεῖστοι*，定冠词 + 形容词 = 名词。

75.6 [笺释] καὶ μὴν,"而且"。τῶν κακῶν,定冠词+形容词=名词。τὸ μετὰ πολλῶν,定冠词+介词短语=名词。τῷ παρόντι,定冠词+分词=名词。ῥᾳδία,用作副词。ἄλλως τε καὶ,"尤其"。τοῦ πρώτου,定冠词+形容词=名词。

75.7 [笺释] τὸ διάφορον,定冠词+形容词=名词。οἷς,关系代词,其先行词是 τῷ ... στρατεύματι(集合名词看作复数)。ἀντὶ 跟属格 (τοῦ ... ἥκειν)。τοῦ ... ἥκειν,定冠词+不定式=名词。αὐτοὺς 作不定式 ἥκειν 的主语。δουλωσομένους 与 αὐτοὺς 配合。δεδιότας 跟虚拟语气 (πάθωσι),μὴ 为赘词。τοῦτο 作 πάθωσι 的宾语。ξυνέβη+ 与格 (οἷς) +不定式 (ἀπιέναι 和 ἀφορμᾶσθαι)。ἀντὶ 跟属格 (εὐχῆς 和 παιάνων)。ὧν,关系代词,其先行词是 εὐχῆς 和 παιάνων。τούτων 修饰 τοῖς ... ἐφιφημίσμασιν。δεδιότας,προσέχοντας 和 πεζούς(形容词)与 αὐτοὺς 配合。προσέχοντας 跟与格 (ὁπλιτικῷ 和 ναυτικῷ)。ἀντὶ 跟属格 (ναυβατῶν)。μᾶλλον ἢ ...,rather than ...。ταῦτα ἐφαίνετο αὐτοῖς。

76. [笺释] ὡς,as。τῶν ὑπαρχόντων,定冠词+分词=名词。χρώμενος 跟与格 (βοῇ)。καθ᾽ οὕς,"各部分"。οὕς,关系代词,其先行词是 τὸ στράτευμα(集合名词看作复数)。βουλόμενος 跟不定式 (ἐφελεῖν)。τι,用作副词,"在某种程度上"。ὡς ἐπὶ πλεῖστον,as far as possible。

77.1–2 [笺释] τῶν παρόντων,定冠词+分词=名词。χρὴ 跟不定式 (ἔχειν 和 καταμέμφεσθαι)。δεινοτέρων ἢ 跟属格 (τοιῶνδε),表比较。ὑμᾶς ... αὐτοὺς,"他们自己",作不定式 καταμέμφεσθαι 的宾语。μηδὲ ... μήτε ... μήτε ... 和 οὐδενὸς ... οὔτε ... οὔτ᾽ ...,多个复合否定词连用,后二者强调前者,仍表否定 (GG § 2761)。κἀγώ = καὶ ἐγώ。τοι,let me tell you。οὐδενὸς 修饰 ῥώμην。δὴ,表强调。ὡς,how。(ἐγώ) δοκῶν 跟不定式 (εἶναι)。ὕστερός 跟属格 (του)。τὰ ἄλλα,定冠词+形容词=名词。τοῖς φαυλοτάτοις,定冠词+形容词=名词。οἴκαια,"牛津本"排印错误,应为 δίκαια。

77.3 [笺释] ἀνθ᾽ ὧν,"尽管如此"。ὧν,自主关系代词,指上文所说情况。τοῦ μέλλοντος,定冠词+分词=名词。οὐ κατ᾽ ἀξίαν δὴ φοβοῦσιν = φοβοῦσι ἐλασσόνως ἢ κατ᾽ ἀξίαν。κατ᾽ ἀξίαν,"按照其重要性"。τάχα ... ἂν,"很可能""大概"。εἰ 跟前倾词 (τῳ = τινι),故加了高调符号。

77.4–5 [笺释] εἰκὸς +宾格 (ἡμᾶς) +不定式 (ἐλπίζειν)。ἐλπίζειν +宾格 (τά ... ἀπὸ τοῦ θεοῦ) +不定式 (ἕξειν)。τά ... ἀπὸ τοῦ θεοῦ,定冠词+介词短语=名词。ἀξιώτεροι 跟属格 (οἴκτου 和 φθόνου)。ἢ,than。ὑμᾶς αὐτοὺς,"你们自己"。ὅτι,that。οὐδεμία ... οὔτ᾽ ... οὔτ᾽ ...,多个复合否定词连用,后二者强调前者,仍表否定 (GG § 2761)。τῶν ἐν Σικελίᾳ,定冠词+介词短语=名词。ὥστ᾽ 跟不定式 (εἶναι),表

结果。τὴν ... πορείαν 作不定式 εἶναι 的主语。ἡγησάμενος ἕκαστος，独立属格结构。ἤ，than。ἡγησάμενος+宾格（τοῦτο）+不定式（ἕξειν）。ᾧ，关系代词，其先行词是χωρίῳ（实际上在后面主句中）（GG § 2541）。ἀναγκασθῇ 跟不定式（μάχεσθαι）。ἕξειν，will be。κρατήσας 与 ὑμᾶς 配合。

77.6〔笺释〕νύκτα καὶ ἡμέραν，表时间的宾格，表示贯穿该时间段。τῆς ὁδοῦ 修饰 σπουδῇ。ἢν = ἐάν。ἀντιλαβώμεθα 跟属格（τοῦ ... χωρίου）。τὸ Συρακοσίων δέος，"对叙拉古人的恐惧"。νομίζετε 跟不定式（εἶναι）。τῷ ἐχυρῷ，定冠词 + 形容词 = 名词。ὡς 跟宾格（人）（αὐτοὺς），"到某人那里去"。εἰρημένον，绝对宾格，跟不定式（ἀπαντᾶν 和 κομίζειν），since it has been stated。ἄλλα，"洛布本"和阿尔伯蒂的校勘本无，更容易理解。

77.7〔笺释〕τό ... ξύμπαν，"总之"。ὃν ἀναγκαῖον（绝对宾格）（= τὸ ἀναγκαῖον）跟不定式（γίγνεσθαι）。ὡς 跟独立属格结构（ὄντος χωρίου ...），表原因。ὅποι，副词。ἢν = ἐάν。τοὺς πολεμίους，定冠词 + 形容词 = 名词。οἵ，定冠词，跟前倾词（τε），故加了高调符号。ὧν = τούτων ἅ（GG § 2522）。τευξόμενοι 跟属格（τούτων），obtaining，ἐπιθυμεῖτέ 跟不定式（ἐπιδεῖν）。ἅ 作不定式 ἐπιδεῖν 的宾语。πόλις (ἐστίν) ἄνδρες ... τείχη ... νῆες。κεναί 跟属格（ἀνδρῶν）。

78.1–3〔笺释〕εἰ 跟前倾词（πῃ），故加了高调符号。οὐδὲν ἧσσον (ἐπῄει)。τοῖς καθ' ἑαυτὸν，定冠词 + 介词短语 = 名词，"对于其部下"。τὸ δὲ，but it（见前文 1.24.5 笺释），指 τὸ στράτευμα。τὸ Νικίου 和 τὸ Δημοσθένους，定冠词 + 属格 = 名词。ἐντὸς，副词。(τοὺς) παρατεταγμένους，定冠词 + 分词 = 名词。κρατήσαντες 跟属格（τοῦ πόρου）。τὸ πρόσθεν。定冠词 + 副词 = 名词。

78.4–6〔笺释〕τῇ ἡμέρᾳ 和 τῇ ... πρῴ，表时间的与格，表示在该时间点。ὡς，about。αὐτοῦ，there。βουλόμενοι 跟不定式（λαβεῖν 和 φέρεσθαι）。ὕδωρ 作不定式 φέρεσθαι 的主语。τι，作宾语。τῷ πρόσθεν，定冠词 + 副词 = 名词。ᾗ，关系副词，in which。ἔμελλον 跟不定式（ἰέναι）。ἐν τούτῳ，"与此同时"。τὴν δίοδον τὴν ἐν τῷ πρόσθεν，重复定冠词结构。τῇ ὑστεραίᾳ (ἡμέρᾳ)。χρόνον ... πολὺν，表时间的宾格，表示贯穿该时间段。οἷόν τ' 跟不定式（ἀποχωρεῖν）。

79.1–3〔笺释〕πρῴ，表时间的与格，表示在该时间点。ἐβιάσαντο 跟不定式（ἐλθεῖν）。τὸν λόφον ... τὸν ἀποτετειχισμένον，重复定冠词结构。πρὸ 跟属格（ἑαυτῶν）。ὑπὲρ，over, beyond。οἱ ἄνωθεν，定冠词 + 副词 = 名词。δυνάμενοι 跟不定式（βιάσασθαι）。ἔτυχον 跟分词（γενόμεναι）。τοῦ ἔτους ... ὄντος，独立属格结构。(οἷα) φιλεῖ 跟不定式（γίγνεσθαι）。ὧν，自主关系代词，指前文所说的事情。ἐνόμιζον + 宾格

（ταῦτα）+ 不定式（γίγνεσθαι）。

79.4-6［笺释］ἀναπαυομένων ... αὐτῶν，独立属格结构。μέρος τι 作宾语。τοῦ ὄπισθεν，定冠词 + 副词 = 名词。αὐτοὺς 作 ἀποτειχιοῦντας 的宾语。ᾗ，关系副词，by which。κἀκεῖνοι = καὶ ἐκεῖνοι。σφῶν αὐτῶν，"他们自己的"。μᾶλλον，副词，"更"，修饰谓语动词（或者解作：形容词，修饰 τὸ πεδίον）。τῇ ὑστεραίᾳ (ἡμέρᾳ)。τοῖς ὑστάτοις，定冠词 + 形容词 = 名词。εἴ 跟前倾词（πως），故加了高调符号。ἐπὶ πολύ，"长时间"。ἤ，"或者"。

80.1-3［笺释］τῆς ... νυκτός，表时间的属格，表示在该时间段内。ἐδόκει + 与格（τῷ Νικίᾳ καὶ Δημοσθένει）+ 不定式（ἀπάγειν）。ὡς πλεῖστα，as many as possible。ᾗ，关系副词，in which。διενοήθησαν，异态动词，形式是主动的，意思是被动的。τοὐναντίον = τὸ ἐναντίον，用作副词。ἤ，than。τὸ ... μέρος ... τὸ πρὸς Καμάριναν ...，重复定冠词结构。οἷον φιλεῖ ἐγγίγνεσθαι。φόβοι καὶ δείματα 作 οἷον 的同位语。τοῖς μεγίστοις，定冠词 + 形容词 = 名词。ἄλλως τε καὶ，"尤其"。διὰ πολεμίας (γῆς)。πολύ，用作副词。ἀπεχόντων 与 πολεμίων 配合。ταραχὴ ἐμπίπτει αὐτοῖς。ἰοῦσιν，分词，与 αὐτοῖς 配合。

80.4-6［笺释］πολλῷ，用作副词。τὸ ... Δημοσθένους (στράτευμα)。τὸ ἥμισυ，定冠词 + 形容词 = 名词。μάλιστα，about。ἀτακτότερον，用作副词。τὴν ὁδὸν τὴν Ἑλωρίνην 和 τῷ ποταμῷ τῷ Κακυπάρει，重复定冠词结构。ἤλπιζον + 宾格（τοὺς Σικελοὺς）+ 不定式（ἀπαντήσεσθαι）。οὕς，关系代词，其先行词是 τοὺς Σικελούς。ταύτῃ，in this way, there。αὐτήν 指 φυλακήν。τὸν Ἐρινεὸν ποταμόν。

81.1-3［笺释］ἐν τούτῳ，"与此同时"。ὡς，when。ἤ，定冠词，跟前倾词（τε），故加了高调符号。... εἶχον τὸν Γύλιππον ἐν αἰτίᾳ ἀφεῖναι ...。αἰτίᾳ 跟不定式（ἀφεῖναι）。κατὰ τάχος，"迅速"。ᾗ，关系副词，in which way, where。κεχωρηκότας 与 τοὺς Ἀθηναίους 配合。ὡς，when。τοῖς ... ὑστέροις，定冠词 + 形容词 = 名词。ὡς，"因为"。τῆς νυκτός，表时间的属格，表示在该时间段内。ταὐτό = τὸ αὐτό, the same。τῷ πρόσθεν，定冠词 + 副词 = 名词。θᾶσσον，用作副词。νομίζων + 宾格（τὸ ὑπομένειν ... μάχεσθαι 和 τὸ ... ὑποχωρεῖν）+ 不定式（εἶναι）。τὸ ὑπομένειν ... μάχεσθαι 和 τὸ ... ὑποχωρεῖν，定冠词 + 不定式 = 名词。ὡς τάχιστα，"尽快"。ἑκόντας 和 μαχομένους 与 τοὺς Ἀθηναίους 配合（τοὺς Ἀθηναίους，省略，作不定式 εἶναι 的主语）。τοσαῦτα ... ὅσα ...，so far ... as ...。

81.4-6［笺释］ἐτύγχανέ 跟分词（ὤν）。τὰ πλείω，定冠词 + 形容词 = 名词，用作副词，for the most part。τὸ ... ἐπικεῖσθαι (αὐτῷ)，定冠词 + 不定式 = 名词。τοὺς πολεμίους 作 ἐπικεῖσθαι 的主语。μᾶλλον ἤ ...，rather than ...。ἔς 跟前倾词（τι），故

加了高调符号。ᾧ, 关系代词, 其先行词是 χωρίον。ἔνθεν καὶ ἔνθεν, on both sides。 ἐχρῶντο 跟与格（προσβολαῖς 和 μάχαις）。τὸ ... ἀποκινδυνεύειν, 定冠词+不定式=名词。 πρὸς 跟属格（ἐκείνων 和 τῶν Ἀθηναίων）,"有利于……"。μᾶλλον ... ἤ ..., rather ... than ...。 τις φειδὼ ἐγίγνετο τῳ。φειδώ 跟不定式（προαναλωθῆναί）。τῳ = τινι。ἐνόμιζον + 宾格 （αὐτούς）+ 不定式（λήψεσθαι）。

82.1-3［笺释］εἴ 跟前倾词（τις）, 故加了高调符号。βούλεται 跟不定式（ἀπιέναι）。 ὡς σφᾶς, to them。τοὺς ἄλλους ... τοὺς μετὰ Δημοσθένους, 重复定冠词结构。(ὁμολογίᾳ) ὥστε 跟不定式（παραδοῦναι 和 ἀποθανεῖν）, on condition that ...。μὴ ... μηδένα ..., 简单否定词+复合否定词, 后者强调前者, 仍表否定（CGCG § 56.4）。ἐνδείᾳ 跟属格 （τῆς ... διαίτης）。σφᾶς αὐτούς, themselves。ὅ, 关系代词, 其先行词是 τὸ ἀργύριον。 οἱ μετ' αὐτοῦ, 定冠词+介词短语=名词。τῇ ἡμέρᾳ, 表时间的与格, 表示在该时间点。 τὸν ποταμὸν τὸν Ἐρινεόν, 重复定冠词结构。πρὸς 跟宾格（τι）, to, towards。

83.1［笺释］τῇ ὑστεραίᾳ (ἡμέρᾳ)。ὅτι, that。οἱ μετὰ Δημοσθένους, 定冠词+介词短语=名词。σφᾶς αὐτούς, themselves。κελεύοντες + 宾格（κἀκεῖνον）+ 不定式 （δρᾶν）。κἀκεῖνον = καὶ ἐκεῖνον。τὸ αὐτό, 定冠词+形容词=名词。ὁ δ', but he（见前文 1.24.5 笺释）。σπένδεται 跟不定式（πέμψαι）。

83.2-5［笺释］ὡς, when。(αὐτοὺς) παραδεδωκότας。ἐπικηρυκεύεται 跟不定式 （εἶναι）。εἶναι ἑτοῖμος 跟不定式（ξυμβῆναι）。ξυμβῆναι 跟不定式（ἀποδοῦναι）。ὅσα 引导的从句说明 ταῦτα。ὥστε 跟不定式（ἀφεῖναι 和 δώσειν）, on condition that。αὐτούς 作不定式 ἀφεῖναι 的主语。μέχρι οὗ, "直到"。δώσειν 跟双宾格（ἄνδρας 和 ὁμήρους） （CGCG § 30.10）。εἶχον πονήρως, "他们处境糟糕"。τὸ ἡσυχάζον, 定冠词+分词=名词。 ἔμελλον 跟不定式（πορεύσεσθαι）。ὅτι, that。πλήν 跟属格（ἀνδρῶν）。τῆς νυκτός, 表时间的属格, 表示在该时间段内。ᾗ, 关系副词, in whatever way。

84.1-2［笺释］τὸν ... τρόπον, 宾格, 用作副词, "以……方式"。ἅμα μὲν ... ἅμα δ' ..., partly ... partly ...。οἰόμενοι 跟不定式（ἔσεσθαι）。τι, 用作副词, "在某种程度上"。ἤν = ἐάν。τοῦ πιεῖν, 定冠词+不定式=名词。

84.3-5［笺释］ὡς, when。πᾶς ... τις, everyone。βουλόμενος 跟不定式（διαβῆναι）。 ἀναγκαζόμενοι 跟不定式（χωρεῖν）。οἱ μὲν ... διεφθείροντο περὶ ... τοῖς δορατίοις ... οἱ δὲ ... κατέρρεον σκεύεσιν。οἱ μὲν ... οἱ δὲ ..., "有的……有的……"。περί 跟与格（τοῖς δορατίοις), 表外部原因（GG § 1693.2b）。τὰ ἐπὶ θάτερά, 定冠词+介词短语=名词。 τοὺς πολλούς, 定冠词+形容词=名词。ἐν σφίσιν αὐτοῖς, among themselves。οἵ, 定冠词, 跟前倾词（τε）, 故加了高调符号。τοὺς ἐν τῷ ποταμῷ, 定冠词+介词短语=名词。

οὐδὲν ἧσσον，"不少""一样"。ἡματωμένον 与 τὸ ὕδωρ 配合。τοῖς πολλοῖς，同上。

85.1［笺释］νεκρῶν ... κειμένων 和 διεφθαρμένου τοῦ στρατεύματος，独立属格结构。τοῦ μὲν ... τοῦ δὲ ...，"一部分……另一部分……"，两个定冠词作指示代词（GG § 1106），与τοῦ στρατεύματος 配合。εἴ 跟前倾词（τι），故加了高调符号。πιστεύσας 跟与格（αὐτῷ 和 τοῖς Συρακοσίοις）。μᾶλλον ... ἤ ...，rather ... than ...。ἐκέλευεν + 宾格（ἐκεῖνον）+ 不定式（χρήσασθαι 和 παύσασθαι）。Λακεδαιμονίους 作不定式 χρήσασθαι 和 παύσασθαι 的主语。χρήσασθαι + 与格（ἑαυτῷ）+ 宾格（ὅτι），to deal with somebody in some way。ὅτι，"洛布本"和阿尔伯蒂的校勘本作 ὅ τι，anything which，这里用作副词。παύσασθαι 跟分词（φονεύοντας）。φονεύοντας 与 Λακεδαιμονίους 配合。

85.2-4［笺释］ἐκέλευεν 跟不定式（ζωγρεῖν）。τούς ... λοιπούς，定冠词 + 形容词 = 名词，ζῶντας 与之配合。τοὺς τριακοσίους，定冠词 + 形容词 = 名词。οἵ，关系代词，其先行词是 τοὺς τριακοσίους。τῆς νυκτός，表时间的属格，表示在该时间段内。τοὺς διωξομένους，定冠词 + 分词 = 名词。τὸ ... ἁθροισθέν 和 τὸ ... διακλαπέν，定冠词 + 分词 = 名词。τὸ κοινόν，定冠词 + 形容词 = 名词。διεπλήσθη 跟属格（αὐτῶν）。τῶν ... ληφθέντων，定冠词 + 分词 = 名词，与 αὐτῶν 配合。μέρος ... τι，作主语。ἐλάσσων，形容词比较级、主格，跟属格（οὐδενός），表比较。τῶν ἐν τῷ πολέμῳ，定冠词 + 介词短语 = 名词，修饰 οὐδενός。ταῖς ... προσβολαῖς ταῖς ... γενομέναις，重复定冠词结构。οἱ μὲν ... οἱ δὲ ...，"有的……有的……"。

86.1-2［笺释］τῶν ... αἰχμαλώτων 和 τοὺς ... ἄλλους，定冠词 + 形容词 = 名词。νομίσαντες 跟不定式（εἶναι）。ἄκοντος (ὄντος) τοῦ Γυλίππου，独立属格结构。ἐνόμιζέν + 宾格（τὸ ἀγώνισμα）+ 不定式（εἶναι）。καλὸν 跟不定式（κομίσαι）。κομίσαι τοὺς ἀντιστρατήγους Λακεδαιμονίοις。οἷ，to himself，间接反身代词（用在从句中，指主句的主语）（GG § § 1225, 1228b）（CGCG § 29.18）。ἐπὶ τοῖς ἄλλοις，"在其他（功绩）之上"。

86.3［笺释］ξυνέβαινε + 宾格（Δημοσθένη）+ 不定式（εἶναι）。τὸν ... πολεμιώτατον 和 τὸν ... ἐπιτηδειότατον，定冠词 + 形容词 = 名词。τὰ ἐν τῇ νήσῳ καὶ ...，定冠词 + 介词短语 = 名词。τὰ αὐτά，the same (reason)。προυθυμήθη 跟不定式（ἀφεθῆναι），ὥστε 可以省略。πείσας + 宾格（τοὺς Ἀθηναίους）+ 不定式（ποιήσασθαι）。

86.4-5［笺释］ἀνθ' ὧν = ἀντὶ τούτων ὅτι ...，for these reasons。οἵ，定冠词，跟前倾词（τε），故加了高调符号。κἀκεῖνος = καὶ ἐκεῖνος。ὡς ἐλέγετο，"据说"。οἱ μὲν ... ἄλλοι δὲ ...，οἵ 作指示代词（GG § 1106）。ὅτι，"因为"。δείσαντες 跟虚拟语气（ποιήσῃ 和 γένηται），μή 为赘词。οὐχ ἥκιστα，"尤其"。ὅτι，"因为"。τι，作主语。ὁ μέν，ὁ

作指示代词（GG § 1106）。ἤ，"或者"。ὅτι ἐγγύτατα，"最接近"。ἐγγύτατα 跟属格（τούτων）。ὧν ἄξιος 跟不定式（ἀφικέσθαι）。δυστυχίας 作不定式 ἀφικέσθαι 的主语。ἐπ' ἐμοῦ，"在我的时代"。整理词序：... διὰ τὴν πᾶσαν ἐπιτήδευσιν νενομισμένην ἐς ἀρετὴν。

87.1-2［笺释］τοὺς ... ἐν ταῖς λιθοτομίαις，定冠词＋介词短语＝名词。τοὺς ... χρόνους，表时间的宾格，表示贯穿该时间段。整理词序：... ἐν ... κοίλῳ καὶ ὀλίγῳ χωρίῳ ὄντας πολλούς ...。οἵ，定冠词，跟前倾词（τε），故加了高调符号。τὸ πρῶτον，"首先"。τὸ ἀστέγαστον，定冠词＋形容词＝名词。τοὐναντίον ＝ τὸ ἐναντίον，用作副词。... ποιούντων αὐτῶν 和 τῶν νεκρῶν ... ξυννενημένων，独立属格结构。τῷ αὐτῷ，定冠词＋形容词＝名词。οἷ，关系代词，其先行词是 τῶν νεκρῶν。τὸ τοιοῦτον，定冠词＋形容词＝名词。εἰκός 跟不定式（κακοπαθῆσαι）。ἐμπεπτωκότας 与省略了的 αὐτούς 配合（αὐτούς 作不定式 κακοπαθῆσαι 的主语）。οὐδὲν ... οὐκ ...，复合否定词＋简单否定词，双重否定，即肯定。ὅτι，"洛布本"和阿尔伯蒂的校勘本作 ὅ τι，anything which。

87.3-6［笺释］ἡμέρας ... ἑβδομήκοντά τινας，表时间的宾格，表示贯穿该时间段。εἴ 跟前倾词（τινες），故加了高调符号。ἤ，"或者"。τοὺς ἄλλους 和 οἱ ξύμπαντες，定冠词＋形容词＝名词。(ἐστί) χαλεπὸν 跟不定式（ἐξειπεῖν）。ἐλάσσους，形容词比较级、主格，跟属格（ἑπτακισχιλίων），表比较。ξυνέβη ＋ 宾格（τοῦτο ἔργον）＋ 不定式（γενέσθαι 和 δοκεῖν）。τῶν κατὰ τὸν πόλεμον ...，定冠词＋介词短语＝名词。δοκεῖν 跟与格（ἔμοιγε）。ὧν ＝ τούτων ἅ（GG § 2522），τούτων 和 Ἑλληνικῶν 修饰 μέγιστον，ἅ 作 ἴσμεν 的宾语。τοῖς ... κρατήσασι 和 τοῖς διαφθαρεῖσι，定冠词＋分词＝名词。κατὰ πάντα，"在所有方面"。οὐδὲν ὀλίγον ἐς οὐδέν，"没有一样是小的"。τὸ λεγόμενον，定冠词＋分词＝名词，用作副词，as the saying is。οὐδὲν ... οὐκ ...，复合否定词＋简单否定词，双重否定，即肯定。ὅτι，"洛布本"和阿尔伯蒂的校勘本作 ὅ τι，anything which。τὰ ... γενόμενα，定冠词＋分词＝名词。

卷 八

1.1［笺释］*ἐπὶ πολύ*，"长时间"。*ἠπίστουν* 跟与格（*τοῖς ... διαπεφευγόσι*）。*τοῖς ... διαπεφευγόσι*，定冠词 + 分词 = 名词。*ἠπίστουν* 跟不定式（*διεφθάρθαι*），*μή* 为赘词。*χαλεποί*，angry。*τοῖς ξυμπροθυμηθεῖσι*，定冠词 + 分词 = 名词。*ὁπόσοι*，关系形容词（或关联代词），其先行词（*τοσούτοις*）被吸收，且被吸收入关系形容词（或关联代词）的格（主格）（GG § § 2537, 2538）。*τι*，用作副词，in any way。*ὡς*，that。

1.2［笺释］*τῷ γεγενημένῳ*，定冠词 + 分词 = 名词。*ἅμα μέν ... ἅμα δέ ...*，"一方面……另一方面……"。*στερόμενοι* 跟属格（*ὁπλιτῶν*，*ἱππέων* 和 *ἡλικίας*）。*τῷ κοινῷ*，定冠词 + 形容词 = 名词。*ἀνέλπιστοι* 跟不定式（*σωθήσεσθαι*）。*τῷ παρόντι*，定冠词 + 分词 = 名词。*ἐνόμιζον* + 宾格（*τούς ... πολεμίους*）+ 不定式（*πλευσεῖσθαι* 和 *ἐπικείσεσθαι*）。*ἄλλως τε καί*，"尤其"。*κρατήσαντας* 与 *τούς ... πολεμίους* 配合。*κατὰ κράτος*，"全力"。

1.3–4［笺释］*ὡς*，as。*τῶν ὑπαρχόντων*，定冠词 + 分词 = 名词。*ἐδόκει* 跟不定式（*χρῆναι*）。*χρῆναι* 跟不定式（*ἐνδιδόναι, παρασκευάζεσθαι, ποιεῖσθαι, σωφρονίσαι* 和 *ἑλέσθαι*）。*τὰ τῶν ξυμμάχων*，定冠词 + 属格 = 名词，与 *τὴν Εὔβοιαν* 一起作不定式 *ποιεῖσθαι* 的宾语。*τι*，宾格，anything，作不定式 *σωφρονίσαι* 的宾语。*τῶν ... κατὰ τὴν πόλιν*，定冠词 + 介词短语 = 名词。*ἀρχήν τινα* 作不定式 *ἑλέσθαι* 的宾语。*οἵτινες*，不定关系代词，其先行词（*ἀρχήν τινα*）是不定的，故不用 *οἵ*（GG § 2508）。*τῶν παρόντων*，定冠词 + 分词 = 名词。*ὡς*，as。*τὸ παραχρῆμα*，定冠词 + 副词 = 名词。*ὅπερ*，自主关系代词，which，作不定式 *ποιεῖν* 的宾语。*φιλεῖ* 跟不定式（*ποιεῖν*）。*ἦσαν ἕτοιμοι* 跟不定式（*εὐτακτεῖν*）。*ὡς*，as。

2.1［笺释］*τοῦ ... χειμῶνος*，表时间的属格，表示在该时间段内。(*οἰόμενοι*) *ὡς*，(thinking) that。*ἤν* = *ἐάν*。*ἀποστατέον* 跟属格（*τοῦ πολέμου*）。*ἐθελοντί*，副词。*νομίσαντες* + 宾格（*αὐτούς* 和 *τὸν ... πόλεμον*）+ 不定式（*ἐλθεῖν* 和 *ἔσεσθαι*）。*τὰ ἐν* τῇ Σικελίᾳ，定冠词+介词短语=名词。νομίσαντες 跟不定式（εἶναι）。καλὸν 跟不定式（μετασχεῖν）。μετασχεῖν 跟属格（οὗ）。οὗ，关系代词，其先行词是τὸν ... πόλεμον。ξυμπροθυμηθέντες 跟不定式（ἀπαλλάξεσθαι）。ἐπὶ πλέον ἢ πρὶν，more than ever。ἀπαλλάξεσθαι 跟属格（ταλαιπωρίας）。διὰ τάχους，"迅速"。

2.2［笺释］οἱ ... ὑπήκοοι，定冠词+形容词=名词。ἦσαν ἑτοῖμοι 跟不定式（ἀφίστασθαι）。τὸ ... κρίνειν ... ὑπολείπειν，定冠词+不定式=名词。ὡς，that。ἔσονται οἷοί τ' 跟不定式（περιγενέσθαι）。τὸ ... θέρος，表时间的宾格，表示贯穿该时间段。

2.3–4［笺释］ὅτι，"因为"。τοῦ ναυτικοῦ προσγεγενημένου，独立属格结构。ἅμα 跟与格（τῷ ἦρι）。ὡς εἰκὸς，"肯定"。ἔμελλον 跟不定式（παρέσεσθαι）。διενοοῦντο 跟不定式（ἅπτεσθαι）。ἅπτεσθαι 跟属格（τοῦ πολέμου）。λογιζόμενοι 跟不定式（ἀπηλλάχθαι 和 ἡγήσεσθαι）。ἀπηλλάχθαι 跟属格（κινδύνων）。... τελευτήσαντος αὐτοῦ，独立属格结构。τὸ λοιπὸν，"将来"。ὁ ἀπὸ τῶν Ἀθηναίων (κίνδυνος)。τὸ Σικελικὸν，定冠词+形容词=名词。ἡγήσεσθαι 跟属格（τῆς ... Ἑλλάδος）。

3.1–2［笺释］τά ... τῶν ξυμμάχων，定冠词+属格=名词。Οἰταίων 修饰 τῆς λείας。τὴν πολλὴν，定冠词+形容词=名词。τοὺς ἄλλους τοὺς ... ὑπηκόους，重复定冠词结构。μεμφομένων καὶ ἀκόντων τῶν Θεσσαλῶν，独立属格结构。ἠνάγκασε + 宾格（Ἀχαιοὺς ... καὶ τοὺς ἄλλους ...）+ 不定式（δοῦναι）。ἔς 跟前倾词（τε），故加了高调符号。ἐπειρᾶτο 跟不定式（προσάγειν）。τά ... ἄλλα，定冠词+形容词=名词。ὡς 跟将来时分词（ἑξόμενοι），in order to。ἑξόμενοι 跟属格（τοῦ πολέμου），cling to。

4.［笺释］ὅπως 后面句子的谓语动词用祈愿语气（εἴη）。ὅ，关系代词，其先行词是 τό ... τείχισμα。τἆλλα = τὰ ἀλλὰ，用作副词，"在其他方面"。εἴ 和 πού 分别跟前倾词（που 和 τι），故都加了高调符号。ἐδόκει 跟不定式（ἀναλίσκεσθαι）。τὰ τῶν ξυμμάχων，定冠词+属格=名词。ἀποστήσονται 跟属格（σφῶν）。

5.1–2［笺释］πρασσόντων ... ἀμφοτέρων ... ὄντων ... ἀρχομένων，独立属格结构。οὐδὲν ἄλλο ἢ ···，no other than ···。ὡς 跟宾格（人）（Ἆγιν），"到某人那里去"。ὁ δὲ，and he（见前文 1.24.5 笺释）。ὡς ἄρχοτας，as commanders。οἱ δ'，and they（见前文 1.24.5 笺释）。ὡς，"大约"。βουλόμενοι 跟不定式（ἀποστῆναι）。ξυμπρασσόντων ... τῶν Βοιωτῶν，独立属格结构。ἀναπείθεται + ὥστε + 不定式（ἐπισχεῖν），ὥστε 可以省略。Εὐβοίας πέρι = περὶ Εὐβοίας（GG § 175a）(CGCG § 60.14）。διδούς 跟双宾格（Ἀλκαμένῃ 和 ἁρμοστὴν）。ὅς，关系代词，其先行词是 Ἀλκαμένη。ἔμελλε 跟不定式（πλεῖν）。

5.3–4［笺释］ὅσον χρόνον，表时间的宾格，表示贯穿该时间段。ἦν κύριος 跟不定式（ἀποστέλλειν，ξυναγείρειν 和 πράσσειν）。εἴ 和 ποί 分别跟前倾词（ποι 和 τινα），故

加了高调符号。πολὺ，用作副词。ὡς εἰπεῖν，"可以说"。ὑπήκουον 跟属格（αὐτοῦ 和 τῶν ... Λακεδαιμονίων）。ἤ，than。ὁ μὲν，ὁ 为指示代词（GG § 1106）。ὄντες ἑτοῖμοι 跟不定式（ἀποστῆναι）。παρά，from。ὅς，关系代词，其先行词是Τισσαφέρνους。τῷ Ἀρταξέρξου，定冠词 + 属格 = 名词。τῶν κάτω，定冠词 + 副词 = 名词。

5.5 ［笺释］ὑπισχνεῖτο 跟不定式（παρέξειν）。ἐτύγχανε 跟分词（πεπραγμένος）。οὕς，关系代词，其先行词是τοὺς ... φόρους。δυνάμενος 跟不定式（πράσσεσθαι）。ἐνόμιζε 跟不定式（κομιεῖσθαι，ποιήσειν，ἄξειν 和 ἀποκτενεῖν）。τοὺς ... φόρους 作不定式 κομιεῖσθαι 的宾语。ποιήσειν 跟双宾格（Λακεδαιμονίους 和 ξυμμάχους）。ἤ ... ἤ ...，"要么……要么……"。

6.1 ［笺释］τὸ αὐτό，the same。ὁ Λαοφῶντος，ὁ Ἀθηναγόρου 和 τῷ Φαρνάκου，定冠词 + 属格 = 名词。τῆς ἑαυτῶν (πόλεως)。πέμψαντος Φαρναβάζου，独立属格结构。ἅπερ，自主关系代词，whatever。ἀποστήσειε + 宾格（τάς ... πόλεις）+ 属格（τῶν Ἀθηναίων），"让……叛离……"。

6.2 ［笺释］πρασσόντων ... ἑκατέρων, τῶν ... ἀπὸ τοῦ Φαρναβάζου καὶ τῶν ἀπὸ τοῦ Τισσαφέρνους，独立属格结构。τῶν ... ἀπὸ τοῦ Φαρναβάζου ... ，τῶν ἀπὸ τοῦ Τισσαφέρνους 和 τῶν ἐν τῇ Λακεδαίμονι，定冠词 + 介词短语 = 名词。οἱ μὲν ... οἱ δὲ ...，"一方……另一方……"。πείσουσι 跟不定式（πέμπειν）。

6.3-4 ［笺释］τὰ τῶν Χίων καὶ Τισσαφέρνους，定冠词 + 属格 = 名词。παρὰ πολύ，by far，much more。ἐς τὰ μάλιστα，"最大限度"。εἰ，whether。αἵ，定冠词，跟前倾词（τε），故加了高调符号。... αὐτοῖς εἰσιν，"……对他们来说是""他们有……"。τἆλλα = τὰ ἀλλά，用作副词，"在其他方面"。εἰ，同上。ἀπαγγείλαντος (αὐτοῦ)，独立属格结构。ὡς，that。ἐποιήσαντο 跟双宾格（τούς ... Χίους καὶ τοὺς Ἐρυθραίους 和 ξυμμάχους）。ἐψηφίσαντο 跟不定式（πέμπειν）。ὡς 跟独立属格（νεῶν ὑπαρχουσῶν），表原因。ἤ，than。ὧν，自主关系代词，whatever。

6.5 ［笺释］τὸ ... πρῶτον，"首先"。ἔμελλον 跟不定式（πέμψειν）。ὅς，关系代词，其先行词是Μελαγχρίδαν。σεισμοῦ γενομένου，独立属格结构。ἀντὶ 跟属格（τοῦ Μελαγχρίδου 和 τῶν ... νεῶν）。δέον 跟属格（ἑνός）。τῷ πολέμῳ ...，"对于这场战争来说"。τῷδε 指 ὁ χειμών。ὅν，关系代词，其先行词是 τῷ πολέμῳ。

7. ［笺释］ἐπειγομένων τῶν Χίων ... δεδιότων ...，独立属格结构。ἐπειγομένων 跟不定式（ἀποστεῖλαι）。δεδιότων 跟虚拟语气（αἴσθωνται），μή 为赘词。τὰ πρασσόμενα，定冠词 + 分词 = 名词。κρύφα，副词，跟属格（αὐτῶν）。ὅπως 后面句子的谓语动词用虚拟语气（κελεύσωσι）。ὡς τάχιστα，"尽快"。ὑπερενεγκόντες 跟双宾格（τὰς ναῦς 和

τὸν Ἰσθμὸν)（CGCG § 30.9）。κελεύσωσι 跟不定式（πλεῖν）。ἃς，关系代词，其先行词是 τὰς ναῦς。τὰς ἄλλας，定冠词＋形容词＝名词。δέουσαι 跟属格（μιᾶς）。

8.1–2［笺释］οὖν，接续前文（8.6.1），"却说"。ὑπέρ 跟属格（τοῦ Φαρναβάζου）。ἅ，关系代词，其先行词是 τὰ χρήματα。διενοοῦντο 跟不定式（πλεῖν）。ἔδοξε＋宾格（αὐτούς，省略）＋不定式（πλεῖν 和 ἀφικέσθαι）。ἔχοντας 跟双宾格（Χαλκιδέα 和 ἄρχοντα、Ἀλκαμένη 和 ἄρχοντα）（CGCG § 30.10），与省略了的 αὐτούς 配合。ὅς，关系代词，其先行词是 Χαλκιδέα。ὅνπερ，关系代词，其先行词是 Ἀλκαμένη。τὸ τελευταῖον，"最后"。

8.3–4［笺释］(ἔδοξε) ＋宾格（τὰς ἡμισείας (ναῦς) 和 ταύτας）＋不定式（διαφέρειν 和 ἀποπλεῖν）。ὅπως 后面句子的谓语动词用虚拟语气（ἔχωσιν）。μᾶλλον ... ἤ ...，rather ... than ...。τὰς ἀφορμωμένας (ναῦς) 和 τὰς ... ἐπιδιαφερομένας (ναῦς)。ὅτι，"因为"。ὡς，as。

9.1［笺释］ἐπειγομένων αὐτῶν ...，独立属格结构。προυθυμήθησαν 跟不定式（ξυμπλεῖν）。ἅ，关系代词，其先行词是 τὰ Ἴσθμια。ἦν ἕτοιμος 跟不定式（λύειν 和 ποιήσασθαι）。ἐκείνους 作不定式 λύειν 的主语。τὸν στόλον 作不定式 ποιήσασθαι 的宾语。ἴδιον，用作副词。

9.2–3［笺释］... ξυγχωρούντων ... τῶν Κορινθίων 和 διατριβῆς ἐγγιγνομένης，独立属格结构。τὰ τῶν Χίων，定冠词＋属格＝名词。ἀρνουμένων τῶν Χίων，独立属格结构。ἐκέλευον 跟宾格（τὸ πιστόν）。πιστόν 跟不定式（ξυμπέμπειν）。τὸ ξυμμαχικόν，定冠词＋形容词＝名词。οἱ δ'，and they（见前文 1.24.5 笺释）。αἴτιον 跟属格（τῆς ἀποστολῆς）。οἱ ... πολλοί 和 οἱ ... ὀλίγοι，定冠词＋形容词＝名词。οἱ ... ξυνειδότες 和 τὰ πρασσόμενα，定冠词＋分词＝名词。βουλόμενοί 跟不定式（ἔχειν）。τι，作宾语。προσδεχόμενοι ＋宾格（τοὺς Πελοποννησίους）＋宾格（ἥξειν）。ὅτι，"因为"。

10.1–4［笺释］τὰ τῶν Χίων，定冠词＋属格＋名词。ὅπως 后面句子的谓语动词用虚拟语气（λήσουσιν）。οἱ δὲ，and they（见前文 1.24.5 笺释）。ἔχοντες 跟双宾格（Ἀλκαμένη 和 ἄρχοντα）（CGCG § 30.10）。τὸ πρῶτον，"首先"。ὡς，when。ἐπὶ πολύ，"长距离"。τὰς ἄλλας，定冠词＋形容词＝名词。προσβαλόντων τῶν Ἀθηναίων ... ἀποβάντων，独立属格结构。τὰς πλείους，定冠词＋形容词＝名词。

11.1–3［笺释］ἐπέταξεν ＋宾格（ἱκανάς (ναῦς)）＋不定式（ἐφορμεῖν）。ταῖς ... λοιπαῖς (ναυσί)。ᾧ，关系代词，其先行词是 τὸ νησίδιον。τῇ ὑστεραίᾳ (ἡμέρᾳ)。οἵ，定冠词，跟前倾词（τε），故加了高调符号。πολλῷ 跟比较级（ὕστερον）（GG § 1514）。οἱ ἄλλοι，定冠词＋形容词＝名词。ἐπενόησαν 跟不定式（κατακαῦσαι）。ἔδοξεν ＋与格（αὐτοῖς）＋不定式（ἀνελκύσαι）。ἔδοξεν＋宾格（αὐτούς，省略）＋不定式（ἔχειν）。

προσκαθημένους 与省略了的 αὐτοὺς 配合。ὅτι, that。εἴρητο 跟不定式（πέμψαι）。ἐβούλοντο 跟不定式（πέμπειν）。πέμπειν 跟双宾格（Χαλκιδέα 和 ἄρχοντα）。ὡρμημένων αὐτῶν，独立属格结构。τὰ περὶ τὴν ... καταφυγὴν，定冠词+介词短语=名词。ὅτι,"因为"。ἁπτόμενοι 跟属格（τοῦ ... πολέμου）。διενοοῦντο 跟不定式（πέμπειν 和 μετακαλεῖν）。τὰς ναῦς τὰς ἐκ τῆς ἑαυτῶν (γῆς)，重复定冠词结构。ἀλλὰ,"相反"。καί,"甚至"。

12.1［笺释］πείθει+ 宾格（Ἔνδιον καὶ τοὺς ... ἐφόρους）+ 不定式（ἀποκνῆσαι）。ὅτι, that。πρὶν 跟不定式（αἰσθέσθαι）。Χίους 作不定式 αἰσθέσθαι 的主语。ῥᾳδίως 跟不定式（πείσειν）。πείσειν+ 宾格（τὰς πόλεις）+ 不定式（ἀφίστασθαι）。λέγων 跟不定式（φανεῖσθαι）。πιστότερος，形容词比较级，跟属格（ἄλλων），表比较。

12.2-3［笺释］ἔλεγε 跟不定式（εἶναι 和 γενέσθαι）。εἶναι καλὸν 跟不定式（ἀποστῆσαί 和 ποιῆσαι）。ποιῆσαι 跟双宾格（βασιλέα 和 ξύμμαχον）。τοῦτο 作不定式 γενέσθαι 的主语。Ἄγιδος 修饰 τὸ ἀγώνισμα。ἐτύγχανε 跟分词（ὤν）。ὁ μὲν, ὁ 为指示代词（GG § 1106）。τοῦ Λακεδαιμονίου，定冠词+属格=名词。διὰ τάχους,"迅速"。

13.［笺释］αἱ ... νῆες αἱ μετὰ Γυλίππου，重复定冠词结构。ἦρχεν 跟属格（ὧν）。ὧν，关系代词，其先行词是 τῶν ... νεῶν。(τοῦ) Μενίππου。αἱ λοιπαί，定冠词+形容词=名词。πλὴν 跟属格（μιᾶς）。

14.1-3［笺释］ἐπιτύχοιεν 跟与格（ὅσοις）。τοῦ μὴ ... γενέσθαι，属格不定式，表目的（通常是否定的）（GG § § 1408, 2032e）。προξυγγενόμενοι 跟与格（τισί）。τῶν ... Χίων 修饰 τισί。(τούτων) ... κελευόντων，独立属格结构。κελευόντων 跟不定式（καταπλεῖν）。προειπόντας 与 αὐτοὺς 配合。οἱ πολλοὶ 和 τοῖς ὀλίγοις，定冠词+形容词=名词。ὥστε 跟不定式（τυχεῖν），表结果。τυχεῖν 跟分词（ξυλλεγομένην）。βουλὴν 作不定式 τυχεῖν 的主语。γενομένων λόγων ... δηλωσάντων，独立属格结构。ὡς, that。τὰ περὶ τῆς πολιορκίας ...，定冠词+介词短语=名词。ἀφίστανται 跟属格（Ἀθηναίων）。τὴν ἤπειρον τὴν Πολίχναν，重复定冠词结构。εἴ 跟前倾词（τι），故加了高调符号。τι，主格。ἀναχώρησιν σφίσιν αὐτοῖς。ἥ，关系代词，其先行词是 τῆς νησῖδος。οἱ ... ἀφεστῶτες，定冠词+分词=名词。

15.1-2［笺释］νομίσαντες + 宾格（τὸν κίνδυνον 和 τοὺς ... ξυμμάχους）+ 不定式（περιστάναι 和 ἐθελήσειν）。ἐθελήσειν 跟不定式（ἡσυχάζειν）。τῆς ... πόλεως μεθεστηκυίας，独立属格结构。ἐγλίχοντο 跟不定式（ἄψασθαι）。ἄψασθαι 跟属格（ὧν）。ὧν，关系代词，其先行词是 τά ... τάλαντα。τῷ εἰπόντι ... ἐπιψηφίσαντι，定冠词+分词=名词。ἤ,"或者"。ἐψηφίσαντο 跟不定式（κινεῖν, πληροῦν 和 πέμπειν）。τὰς ... ὀκτὼ (ναῦς)。

τῶν ... ἐφορμουσῶν，定冠词 + 分词 = 名词。αἳ，关系代词，其先行词是 τὰς ὀκτὼ (ναῦς)。τὰς μετὰ Χαλκιδέως (ναῦς)。ἦρχε 跟属格（αὐτῶν）。ἐψηφίσαντο + 宾格（ἄλλας ... δώδεκα (ναῦς)) + 不定式（βοηθεῖν）。ἀπολιπούσας 与 ταύτας 配合。ταύτας 指 ἄλλας ... δώδεκα (ναῦς)。αἳ，关系代词，其先行词是 τάς ... ναῦς。τὰς ἐν τῷ Σπειραίῳ (ναῦς)。τοὺς ... ἐλευθέρους，定冠词 + 形容词 = 名词。ἀντί 跟属格（τῶν ... νεῶν）。διενοοῦντο 跟不定式（πληροῦν）。τὴν βοήθειαν τὴν ἐπὶ τὴν Χίον，重复定冠词结构。

16.1–3［笺释］μίαν (ναῦν)。ἠξίου + 宾格（αὐτούς）+ 不定式（ἡσυχάζειν）。ὁ πεζὸς ... ὁ τῶν ... καὶ Ἐρυθραίων，重复定冠词结构。ὡς，when。τὰς ναῦς ... τὰς ἀπὸ τῆς Χίου，重复定冠词结构。αἱ δὲ，but they（见前文 1.24.5 笺释）。τὸ πρῶτον，"首先"。ὡς 和 ὡς，when。ὃ，关系代词，其先行词是 τὸ τεῖχος。τὸ πρὸς ἤπειρον (τεῖχος)。ἦρχε 跟属格（ὧν）。ὧν，关系代词，其先行词是 τῶν βαρβάρων。

17.1–4［笺释］ὡς，when。ὡς 跟将来时分词（ἀποστήσοντες），in order to。ἐβούλετο 跟不定式（φθάσαι 和 προσθεῖναι）。τοῖς προεστῶσι 和 τῷ ἀποστείλαντι，定冠词 + 分词 = 名词。ὅτι πλείστας (πόλεις)，"尽可能多的（城邦）"。μετὰ 跟属格（τῆς ... δυνάμεως）。τὸ πλεῖστον，定冠词 + 形容词 = 名词。πολὺ，用作副词。ὃς，关系代词，其先行词是 τὸν Θρασυκλέα。ἔτυχεν 跟分词（παρὼν 和 ξυνδιώκων）。δεούσαις 跟属格（μιᾶς）。ὡς，when。ἡ ... ξυμμαχία ... ἡ πρώτη，重复定冠词结构。Μιλησίων ... ἀποστάντων，独立属格结构。

18.1–3［笺释］οἱ πατέρες οἱ βασιλέως，重复定冠词结构。ἔστω，κωλυόντων，πολεμούντων，ἐξέστω 和 ὄντων，现在时第三人称命令语气。ἢ，"或者"。ὅπως 后面句子的谓语动词用虚拟语气（λαμβάνωσιν）。μήτε ... μηδέν，两个复合否定词连用，后者强调前者，仍表否定（GG § 2761）。τὸν πόλεμον τὸν πρὸς Ἀθηναίους，重复定冠词结构。ἐξέστω 跟不定式（ποιεῖσθαι），let it be possible to ...。κατάλυσιν 作不定式 ποιεῖσθαι 的宾语。ἢν = ἐάν。ὄντων，出现在柏拉图笔下和铭文中，一般作 ἔστων（"洛布本"和阿尔伯蒂的校勘本作 ἔστων）（GG § 768a），在大约公元前 300 年以后的阿提卡铭文中作 ἔστωσαν。ταὐτά = τὰ αὐτά。

19.1–4［笺释］βουλόμενοι 跟不定式（πυθέσθαι 和 ἀφιστάναι）。ἐλθούσης ... ἀγγελίας ...，独立属格结构。ἀγγελίας 跟不定式（ἀποπλεῖν）（参考：动词 ἀγγέλω 跟不定式）。ὅτι，"因为"。ἃς，关系代词，其先行词是 ναῦς。ὕστερον，副词比较级，跟属格（Θρασυκλέους），表比较。ὡς，when。αἱ ... λοιπαὶ (νῆες)。τῶν ἀνδρῶν ... φθασάντων，独立属格结构。αἱ ... ἄλλαι (νῆες)。

20.1–2［笺释］ᾧπερ，关系代词，其先行词是 Ἀρτύοχος。ἀναχωρήσαντος ... τοῦ ...

πεζοῦ，独立属格结构。εἴ 跟前倾词（τι），故加了高调符号。τι，作主语。ἀπελθόντος αὐτοῦ，独立属格结构。ὥστε 跟不定式（δέχεσθαι），表结果。καί，"也"。ὡς，when, since。

21.[笺释] τοῖς δυνατοῖς，定冠词+形容词=名词。οἵ，关系代词，其先行词是 Ἀθηναίων。ἔτυχον 跟分词（παρόντες）。ὁ δῆμος ὁ Σαμίων，重复定冠词结构。ἐς διακοσίους，"将近200（人）"。τοὺς ... τῶν δυνατωτάτων，定冠词+属格=名词。τῶν δυνατωτάτων，定冠词+形容词=名词。Ἀθηναίων ... ψηφισαμένων，独立属格结构。ψηφισαμένων αὐτονομίαν σφίσιν。ὡς，as, since。βεβαίοις 与 σφίσιν 配合。τὰ λοιπά，定冠词+形容词=名词，the rest "从此以后"。μετεδίδοσαν 跟属格（ἄλλου οὐδενὸς）。ἐξῆν 跟不定式（ἐκδοῦναι 和 ἀγαγέσθαι），it was allowed to ...。οὔτε ... οὐδενὸς，两个复合否定词连用，后者强调前者，仍表否定（GG § 2761）。οὔτε ... οὐδ' ... οὐδ' ... οὐδενὶ ...，同上，最后一个否定词强调前三个。τοῦ δήμου 修饰 οὐδενί。

22.1-2[笺释] τοῦ ... θέρους，表时间的属格，表示在该时间段内。ἤρξαντο跟不定式（ἀποστῆσαι）。ἀπολείποντες 跟属格（προθυμίας）。ἄνευ 跟属格（Πελοποννησίων）。παρόντες，阿尔伯蒂的校勘本作 παρόντων，即与 Πελοποννησίων 配合，全句更好理解。βουλόμενοι 跟不定式（ξυγκινδυνεύειν）。ὡς πλείστους，as many as possible。εἴρητο 跟不定式（ἰέναι）。τῶν παρόντων，定冠词+分词=名词。ἦρχε 跟属格（αὐτοῦ 和 τῶν ... νεῶν）。αἱ λοιπαί (νῆες)。

23.1-2[笺释] δέ，"且说"。τρίτην ἡμέραν，表时间的宾格，表示贯穿该时间段。αὐτοῦ ἥκοντος，独立属格结构。ἦρχε 跟属格（ὧν）。ὧν，关系代词，其先行词是 νῆες。τῇ ... ἡμέρᾳ，表时间的与格，表示在该时间点。εἴ，跟前倾词（τι），故加了高调符号。τι，用作副词，"在某种程度上"。τῇ ὑστεραίᾳ (ἡμέρᾳ)。ὅτι，that。

23.3-4[笺释] ἐκράτησαν 跟属格（τῶν ... νεῶν）。τοὺς ἀντιστάντας，定冠词+分词=名词。πυνθανόμενος+宾格（ἅ）+属格（τῶν ... Ἐρεσίων καὶ τῶν ... νεῶν），"从……得知……"。ἅ，自主关系代词，指上文所说的情况，whatever。αἵ，关系代词，其先行词是 τῶν ... νεῶν。ὡς，when。ταῖς τρισὶ ταῖς Χίαις (ναυσὶ)，重复定冠词结构。ἐλπίζων+宾格（τοὺς Μηθυμναίους）+不定式（θαρσήσειν 和 ἐμμενεῖν）。ἐμμενεῖν 跟与格（τῇ ἀποστάσει）。

23.5-6[笺释] ὡς，"由于"。τὰ ἐν τῇ Λέσβῳ，定冠词+介词短语=名词。ὅς，关系代词，其先行词是 ὁ ... πεζός。ἐμέλλησεν 跟不定式（ἰέναι）。τά ... ἐν τῇ Λέσβῳ，同上。πλήν 跟属格（τῶν αἰτίων）。τῶν αἰτίων，定冠词+形容词=名词。αἰτίων 跟属格（τῆς ἀποστάσεως）。

24.1–2［笺释］τοῦ ... θέρους，表时间的属格，表示在该时间段内。οἵ，定冠词，跟前倾词（τ'），故加了高调符号。τρίτῃ ἡμέρᾳ，表时间的与格，表示在该时间点。ὅ，关系代词，其先行词是τροπαῖον。ὡς，"因为"。μετά 跟属格（κράτους）。ἔκ，跟前倾词（τε），故加了高调符号。ἅ，关系代词，其先行词是τείχη（实际上在后面主句中）（GG § 2541）。

24.3–4［笺释］ἔν 跟前倾词（τε），故加了高调符号。τοὺς προσβοηθήσαντας，定冠词 + 分词 = 名词。οἱ δέ, but they（见前文 1.24.5 笺释）。ᾐσθόμην 跟属格（ὧν）。ὧν，关系代词，其先行词是Χῖοι。ὅσῳ ... τόσῳ ..., as much ... as ...。τὸ μεῖζον，定冠词 + 形容词 = 名词。ἐχυρώτερον，用作副词。

24.5［笺释］前半句主干：... οὐδ' ... πρότερον ἐτόλμησαν ποιήσασθαι τὴν ἀπόστασιν ἢ ἔμελλον ...καὶ ᾐσθάνοντο τοὺς Ἀθηναίους ...。οὐδ' ... πρότερον ... ἤ ..., not ... until ...。δοκοῦσι 跟不定式（πρᾶξαι）。τοῦτο 作 πρᾶξαι 的宾语。τὸ ἀσφαλέστερον，定冠词 + 形容词 = 名词。μετά 跟属格（ξυμμάχων）。ἐτόλμησαν 跟不定式（ποιήσασθαι）。τὴν ἀπόστασιν 作不定式 ποιήσασθαι 的宾语，将它提前表强调。ἔμελλον 跟不定式（ξυγκινδυνεύσειν）。ἀντιλέγοντας，"反过来主张"，跟 ὡς（"that"）引导的宾语从句。后半句主干：εἰ ... ἐσφάλησαν ... ξυνέγνωσαν τὴν ἁμαρτίαν μετὰ πολλῶν ...。τι，用作副词，"在某种程度上"。μετά 跟属格（πολλῶν）。ταὐτά = τὰ αὐτά。ταὐτά ἔδοξε 跟与格（οἷς）。οἷς，关系代词，其先行词是πολλῶν。不定式 ξυναναιρεθήσεσθαι 用来解释ταὐτά。τὰ τῶν Ἀθηναίων，定冠词 + 属格 = 名词，作不定式 ξυναναιρεθήσεσθαι 的主语。

24.6［笺释］ἐνεχείρησάν 跟不定式（ἀγαγεῖν）。εἰργομένοις 和 πορθουμένοις 与 αὐτοῖς 配合。τινες αὐτοῖς，"对于他们来说一些人""他们中的一些人"。εἰργομένοις 跟属格（τῆς θαλάσσης）。οὕς，自主关系代词，指上文所说的事情，有学者建议改作 οὗ，更容易理解，即 αἰσθόμενοι 跟属格（οὗ）。οἱ ἄρχοντες，定冠词 + 分词 = 名词。αἵ，关系代词，其先行词是νεῶν。ὅπως 后面句子的谓语动词用虚拟语气（καταπαύσουσι）。μετριώτατα，用作副词。ἤ ... ἤ ..., "或者……或者……"。οἱ μέν, οἵ 为指示代词（GG § 1106）。

25.1–5［笺释］τοῦ ... θέρους τελευτῶντος，独立属格结构。δεούσαις 跟属格（δυοῖν）。ὧν，关系代词，其先行词是ναυσί, of them。Φρυνίχου καὶ Ὀνομακλέους καὶ Σκιρωνίδου στρατηγούντων，独立属格结构。ὡς ἐπ' ...，表达句子主语的想法或者断言（GG § 2996）。ἀτακτότερον，用作副词。ὀλίγῳ 跟比较级（ἐλάσσους）（GG § 1514）。ἐλάσσους，形容词比较级，跟属格（ἀνδρῶν），表比较。ὑποχωρησάντων αὐτῶν，独立属格结构。ὡς, when。τὸ ἄλλο，定冠词 + 形容词 = 名词。κρατοῦντες 跟属格（τῶν

Μιλησίων）。ξυνέβη + 宾格（τοὺς Ἴωνας）+ 不定式（κρατῆσαι）。κρατῆσαι 跟属格（τῶν Δωριῶν）。κατὰ σφᾶς, against themselves。… ὄντος τοῦ χωρίου, 独立属格结构。ῥᾳδίως 跟不定式（προσχωρῆσαι）。τἆλλα = τὰ ἀλλὰ, 作不定式 προσχωρῆσαι 的宾语。

26.1［笺释］ἀγγέλεται 跟不定式（παρεῖναι）。τὰς … ναῦς 作不定式 παρεῖναι 的主语。ὅσον οὐ, "差不多""几乎"。Ἑρμοκράτους … ἐνάγοντος, 独立属格结构。ἐνάγοντος 跟不定式（ξυνεπιλαβέσθαι）。ξυνεπιλαβέσθαι 跟属格（τῆς … καταλύσεως）。αἵ, 定冠词, 跟前倾词（τε）, 故加了高调符号。ἃς, 关系代词, 其先行词是 αἱ … ἐκ Πελοποννήσου（ναῦς）。ὡς, to。προσταχθεῖσαι 跟不定式（κομίσαι）。

26.2-3［笺释］ἐβούλοντο 跟不定式（εἰδέναι）。τὰ περὶ τῆς Μιλήτου, 定冠词 + 介词短语 = 名词。ἐλθόντος … Ἀλκιβιάδου, 独立属格结构。οἷπερ = οἷ, where, to which。τοῦ κόλπου 修饰 οἷπερ。τὰ περὶ τῆς μάχης, 定冠词 + 介词短语 = 名词。βούλονται 跟不定式（διολέσαι）。τὰ … ἐν Ἰωνίᾳ, 定冠词 + 介词短语 = 名词。ὡς τάχιστα, "尽快"。παρῄνει 跟不定式（βοηθεῖν 和 περιιδεῖν）。περιιδεῖν（τὴν Μίλητον）ἀποτειχισθεῖσαν。

27.1［笺释］οἱ μέν, οἱ 为指示代词（GG § 1106）。ἅμα 跟与格（τῇ ἕῳ）。ἔμελλον 跟不定式（βοηθήσειν）。ὡς, when。τὰ τῶν νεῶν, 定冠词 + 属格 = 名词。βουλομένων τῶν ξυναρχόντων, 独立属格结构。βουλομένων + 宾格（αὐτοὺς, 省略）+ 不定式（διαναυμαχεῖν）。ὑπομείναντας 与省略了的 αὐτοὺς 配合。οὐκ … οὔτ᾽ …, 简单否定词 + 复合否定词, 后者强调前者, 仍表否定（CGCG § 56.4）。οὔτ᾽ … οὐδ᾽ … οὐδενὶ …, 多个复合否定词连用, 后者（两个）强调前者, 仍表否定（GG § 2761）。ἔφη 跟不定式（ποιήσειν 和 ἐπιτρέψειν）。ἐπιτρέψειν 跟与格（ἐκείνοις 和 ἄλλῳ οὐδενὶ）。

27.2［笺释］这句话"牛津本""洛布本"和阿尔伯蒂的校勘本各有差异，主要分歧是要不要删去 ἔξεστιν, 因为它与 ἔσται 意思差不多。前两个文本删去了，后一个保留。笔者认为删去后更好理解。句子主干: ἔσται ἀγωνίσασθαι, (ἔφη) διακινδυνεύσειν。ὅπου, 副词, where。ἔσται 跟不定式（ἀγωνίσασθαι）, it would be possible to …。ἐν ὑστέρῳ, at a later time。εἰδότας 与省略了的 αὐτοὺς 配合（αὐτοὺς 作不定式 ἀγωνίσασθαι 的主语）。αὐτὰς 指 ὁπόσας … ναῦς πολεμίας。ὅσαις … ταῖς σφετέραις（ναυσί）。καθ᾽ ἡσυχίαν, "从容地"。παρασκευασαμένους 与省略了的 αὐτοὺς 配合（"牛津本"和阿尔伯蒂的校勘本作 παρασκευασαμένοις, 即与 ὅσαις … ταῖς σφετέραις（ναυσὶ）配合）。εἴξας, 分词, 跟与格（τῷ αἰχρῷ, "牛津本"和阿尔伯蒂的校勘本作 τῷ αἰχρῷ ὀνείδει）。(ἔφη) 跟不定式（διακινδυνεύσειν）。

27.3［笺释］(ἔφη) + 宾格（Ἀθηναίους）+ 不定式（εἶναι, περιπίπτειν 和 ἐνδέχεσθαι）。εἶναι αἰσχρὸν 跟不定式（ὑποχωρῆσαι）。ἀλλά, "相反"。(εἶναι) αἴσχιον 跟不定式

（$\xi\upsilon\mu\beta\acute{\eta}\sigma\epsilon\sigma\theta\alpha\iota$）。$\mathring{\eta}\nu = \mathring{\epsilon}\acute{\alpha}\nu$。$o\mathring{\upsilon}\ \mu\acute{o}\nu o\nu\ ...\ \mathring{\alpha}\lambda\lambda\grave{\alpha}\ ...$，"不仅……而且……"。$\tau\grave{\eta}\nu\ \pi\acute{o}\lambda\iota\nu$ 作不定式 $\pi\epsilon\rho\iota\pi\acute{\iota}\pi\tau\epsilon\iota\nu$ 的主语。$\pi\epsilon\rho\iota\pi\acute{\iota}\pi\tau\epsilon\iota\nu$ 跟与格（$\tau\hat{\omega}\ \alpha\mathring{\iota}\sigma\chi\rho\hat{\omega}$）。$\mathring{\eta}$，关系副词，in so far as。$\mathring{\epsilon}\nu\delta\acute{\epsilon}\chi\epsilon\sigma\theta\alpha\iota$ 跟不定式（$\mathring{\epsilon}\pi\iota\chi\epsilon\iota\rho\epsilon\hat{\iota}\nu$ 和 $\mathring{\iota}\acute{\epsilon}\nu\alpha\iota$）。$\mathring{\eta}$，"或者"。$\mathring{\eta}\ \pi o\upsilon\ \delta\grave{\eta}\ ...\ \gamma\epsilon\ ...$, much less。[①]$\beta\iota\alpha\zeta o\mu\acute{\epsilon}\nu\eta$，暗含在没有准备的情况下（与上文的 $\pi\alpha\rho\alpha\sigma\kappa\epsilon\upsilon\hat{\eta}s$ 有所配合），故用阴性。

27.4–6［笺释］$\acute{\omega}s\ \tau\acute{\alpha}\chi\iota\sigma\tau\alpha$，"尽快"。$\mathring{\epsilon}\kappa\acute{\epsilon}\lambda\epsilon\upsilon\epsilon$ + 宾格（$\alpha\mathring{\upsilon}\tau o\grave{\upsilon}s$，省略）+ 不定式（$\mathring{\alpha}\pi o\pi\lambda\epsilon\hat{\iota}\nu$ 和 $\pi o\iota\epsilon\hat{\iota}\sigma\theta\alpha\iota$）。$\mathring{\alpha}\nu\alpha\lambda\alpha\beta\acute{o}\nu\tau\alpha s$，$\kappa\alpha\tau\alpha\lambda\iota\pi\acute{o}\nu\tau\alpha s$ 和 $\xi\upsilon\nu\alpha\gamma\alpha\gamma\acute{o}\nu\tau\alpha s$ 与省略了的 $\alpha\mathring{\upsilon}\tau o\grave{\upsilon}s$ 配合。$\hat{\alpha}$，自主关系代词，whatever。$\acute{o}\pi\omega s$ 后面句子的谓语动词用虚拟语气（$\hat{\omega}\sigma\iota\nu$）。$\kappa\mathring{\alpha}\kappa\epsilon\hat{\iota}\theta\epsilon\nu = \kappa\alpha\grave{\iota}\ \mathring{\epsilon}\kappa\epsilon\hat{\iota}\theta\epsilon\nu$。$\tau o\grave{\upsilon}s\ \mathring{\epsilon}\pi\acute{\iota}\pi\lambda o\upsilon s$ 作不定式 $\pi o\iota\epsilon\hat{\iota}\sigma\theta\alpha\iota$ 的宾语。$\mathring{\eta}\nu = \mathring{\epsilon}\acute{\alpha}\nu$。$\acute{\omega}s$, as。$\acute{\epsilon}\delta o\xi\epsilon\nu$ 跟不定式（$\epsilon\hat{\iota}\nu\alpha\iota$）。$\tau\hat{\omega}\ \alpha\mathring{\upsilon}\tau\acute{\iota}\kappa\alpha$，定冠词 + 副词 = 名词。$\mu\hat{\alpha}\lambda\lambda o\nu\ \mathring{\eta}$，rather than。$o\mathring{\upsilon}\kappa\ ...\ \mu\acute{o}\nu o\nu\ ...\ \mathring{\alpha}\lambda\lambda\grave{\alpha}\ ...$，"不仅……而且……"。$\kappa\alpha\tau\grave{\alpha}\ \tau\acute{\alpha}\chi o s$，"迅速"。

28.1–2［笺释］$\mathring{\alpha}\mu\alpha$ 跟与格（$\tau\hat{\eta}\ \acute{\epsilon}\omega$）。$\mathring{\eta}\mu\acute{\epsilon}\rho\alpha\nu\ \mu\acute{\iota}\alpha\nu$，表时间的宾格，表示贯穿该时间段。$\tau\hat{\eta}\ \mathring{\upsilon}\sigma\tau\epsilon\rho\alpha\acute{\iota}\alpha$（$\mathring{\eta}\mu\acute{\epsilon}\rho\alpha$）。$\tau\grave{\alpha}s\ ...\ \nu\alpha\hat{\upsilon}s\ ...\ \tau\grave{\alpha}s\ \mu\epsilon\tau\grave{\alpha}\ X\alpha\lambda\kappa\iota\delta\acute{\epsilon}\omega s$，重复定冠词结构。$\tau\grave{o}\ \pi\rho\hat{\omega}\tau o\nu$，"首先"。$\mathring{\epsilon}\beta o\acute{\upsilon}\lambda o\nu\tau o$ 跟不定式（$\pi\lambda\epsilon\hat{\upsilon}\sigma\alpha\iota$）。$\hat{\alpha}$，关系代词，其先行词是 $\tau\grave{\alpha}\ \sigma\kappa\epsilon\acute{\upsilon}\eta$。$\acute{\omega}s$，when。$\pi\epsilon\acute{\iota}\theta\epsilon\iota$ + 宾格（$\alpha\mathring{\upsilon}\tau o\grave{\upsilon}s$）+ 不定式（$\pi\lambda\epsilon\hat{\upsilon}\sigma\alpha\iota$）。$\mathring{\eta}$，关系代词，其先行词是 $\H{I}\alpha\sigma o\nu$。（$\tau\hat{\omega}\nu\ \mathring{\epsilon}\nu\ \H{I}\alpha\sigma\omega$）$\pi\rho o\sigma\delta\epsilon\chi o\mu\acute{\epsilon}\nu\omega\nu$，独立属格结构。$\pi\rho o\sigma\delta\epsilon\chi o\mu\acute{\epsilon}\nu\omega\nu$ + 宾格（$\tau\grave{\alpha}s\ \nu\alpha\hat{\upsilon}s$）+ 不定式（$\epsilon\hat{\iota}\nu\alpha\iota$）。$o\mathring{\upsilon}\ ...\ \mathring{\alpha}\lambda\lambda'\ \mathring{\eta}\ ...$, no other than ...。

28.3–5［笺释］$\mathring{\alpha}\phi\epsilon\sigma\tau\hat{\omega}\tau\alpha$ 跟属格（$\beta\alpha\sigma\iota\lambda\acute{\epsilon}\omega s$）。$\pi\alpha\rho\alpha\delta\iota\delta\acute{o}\alpha\sigma\iota\nu$ 跟不定式（$\mathring{\alpha}\pi\alpha\gamma\alpha\gamma\epsilon\hat{\iota}\nu$）。$\tau o\acute{\upsilon}s\ ...\ \mathring{\epsilon}\pi\iota\kappa o\acute{\upsilon}\rho o\upsilon s\ \tau o\grave{\upsilon}s\ \pi\epsilon\rho\grave{\iota}\ \tau\grave{o}\nu\ \H{A}\mu\acute{o}\rho\gamma\eta\nu$，重复定冠词结构。$\pi\alpha\rho\grave{\alpha}\ \sigma\phi\hat{\alpha}s\ \alpha\mathring{\upsilon}\tau o\acute{\upsilon}s$, to themselves。$\acute{o}\tau\iota$，"因为"。$o\acute{\iota}\ \pi\lambda\epsilon\hat{\iota}\sigma\tau o\iota$，定冠词 + 形容词 = 名词。$\xi\upsilon\nu\acute{\epsilon}\beta\eta\sigma\alpha\nu$ 跟不定式（$\lambda\alpha\beta\epsilon\hat{\iota}\nu$）。$\lambda\alpha\beta\epsilon\hat{\iota}\nu$ + 宾格（$\sigma\tau\alpha\tau\hat{\eta}\rho\alpha$）+ 属格（$\hat{\omega}\nu$），to take something for somebody。$\hat{\omega}\nu$，关系代词，其先行词是 $\tau\grave{\alpha}\ \mathring{\alpha}\nu\delta\rho\acute{\alpha}\pi o\delta\alpha$。$\Lambda\alpha\kappa\epsilon\delta\alpha\iota\mu o\nu\acute{\iota}\omega\nu\ \pi\epsilon\mu\psi\acute{\alpha}\nu\tau\omega\nu$，独立属格结构。$\Pi\epsilon\mu\psi\acute{\alpha}\nu\tau\omega\nu$ 跟双宾格（$\Pi\epsilon\delta\acute{\alpha}\rho\iota\tau\acute{o}\nu$ 和 $\mathring{\alpha}\rho\chi o\nu\tau\alpha$）（CGCG § 30.10）。$\alpha\mathring{\upsilon}\tau o\hat{\upsilon}$，there。

29.1–2［笺释］$\tau o\hat{\upsilon}\ ...\ \chi\epsilon\iota\mu\hat{\omega}\nu o s$ 和 $\tau o\hat{\upsilon}\ ...\ \chi\rho\acute{o}\nu o\upsilon$，表时间的属格，表示在该时间段内。$\tau\rho o\phi\acute{\eta}\nu$ 作 $\delta\iota\acute{\epsilon}\delta\omega\kappa\epsilon$ 的宾语。$\mathring{\epsilon}\beta o\acute{\upsilon}\lambda\epsilon\tau o$ 跟不定式（$\delta\iota\delta\acute{o}\nu\alpha\iota$）。$\mathring{\eta}\nu = \mathring{\epsilon}\acute{\alpha}\nu$。$\acute{\epsilon}\phi\eta$ 跟不定式（$\delta\acute{\omega}\sigma\epsilon\iota\nu$）。$\H{E}\rho\mu o\kappa\rho\acute{\alpha}\tau o\upsilon s\ ...\ \mathring{\alpha}\nu\tau\epsilon\iota\pi\acute{o}\nu\tau o s$，独立属格结构。($\acute{\omega}\sigma\tau\epsilon/\acute{\omega}s$) $\pi\alpha\rho\alpha\delta o\hat{\upsilon}\nu\alpha\iota$，表目的的不定式（GG § 2009; CGCG § 51.16）。$\pi\alpha\rho\grave{\alpha}$ 跟宾格（$\pi\acute{\epsilon}\nu\tau\epsilon\ \nu\alpha\hat{\upsilon}s$），勉强解作 near, somewhat。$\mathring{\eta}$, than。$\tau o\hat{\iota}s\ \mathring{\alpha}\lambda\lambda o\iota s$，定冠词 + 形容词 = 名词。$\acute{o}\sigma\omega$, according as。$\pi\lambda\epsilon\acute{\iota}o\upsilon s$，形容词比较级，跟属格（$\tau o\hat{\upsilon}\ \mathring{\alpha}\rho\iota\theta\mu o\hat{\upsilon}$），表比较。

---

① $\mathring{\eta}\ \pi o\upsilon\ ...\ \gamma\epsilon\ ...$，参见 J. D. Denniston, *The Greek Particles*, Second Edition, Revised by K. J. Dover, Bristol: Bristol Classical Press, 1996, p. 282。$\delta\grave{\eta}$，表强调。

30.1–2［笺释］*τοῦ ... χειμῶνος*，表时间的属格，表示在该时间段内。*τὰς ἀπὸ Χίου* (*ναῦς*)。*τὰς ἄλλας* (*ναῦς*)。*ἐβούλοντο* 跟不定式 (*ἐφορμεῖν* 和 *πέμψαι*)。*τῶν ... ὁπλιτῶν* 修饰 *μέρος*。*οἱ ... ἄλλοι*，定冠词 + 形容词 = 名词。

31.1–4［笺释］*ὡς*, as, when。*τότε*, "那时" "如前述"。*ἔτυχε* 跟分词 (*καταλεγόμενος*)。*ἐπέσχεν* 跟属格 (*τούτου*)。*τὰ περὶ τὴν ξυμμαχίαν*，定冠词 + 介词短语 = 名词。*τάς ... Πελοποννησίων ναῦς*。*ἐκέλευεν* + 宾格 (*τοὺς ... φρονοῦντας*) + 不定式 (*ἀνοικίζεσθαι* 和 *προσχωρεῖν*)。*τοὺς ... φρονοῦντας*，定冠词 + 分词 = 名词。*τὰ Ἀθηναίων*，定冠词 + 属格 = 名词。*ὡς*, when, since。*δυνάμενος* 跟不定式 (*ἑλεῖν*)。*ἡμέρας ... ὀκτὼ*，表时间的宾格，表示贯穿该时间段。*τὰ μὲν ... τὰ δὲ ...*，"一部分……另一部分……"，两个定冠词作指示代词 (GG § 1106)，作 *ὅσα* 的同位语。*ὡς*, to。

32.1–3［笺释］*ὄντος ... αὐτοῦ*，独立属格结构。*βουλόμενοι* 跟不定式 (*ἀποστῆναι*)。*ὡς*, as。*οἵ*，定冠词，跟前倾词 (*τε*)，故加了高调符号。*τῶν νεῶν* 修饰 *ἄλλαι*。*ὑπῆρχον* 跟与格 (*αὐτῷ*)。*ἐπαγγελλομένων ... τινων Λεσβίων*，独立属格结构。*ὡς*, that。*χρὴ* + 宾格 (*αὐτοὺς*, 省略) + 不定式 (*ἀποστῆσαι、ἕξειν* 和 *κακώσειν*)。*παραγενομένους* 与省略了的 *αὐτοὺς* 配合。*ἢ ... ἢ ...*，"或者……或者……"。*ἕξειν* 跟双宾格 (*σφᾶς* 和 *ξυμμάχους*)（CGCG § 30.10）。*ἤν* = *ἐάν*。*τι*，用作副词，"在某种程度上"。*οἱ δ᾽*, but they（见前文 1.24.5 笺释）。*ἔφη* 跟不定式 (*προήσειν*)。

33.1–4［笺释］*τάς ... πέντε* (*ναῦς*)。*ἅς*，自主关系代词。*ἦ μὴν*，用在誓言的开头，"完全真的" "实实在在的"（GG § 2921, CGCG § 59.65），跟将来时不定式 (*ἐπιβοηθήσειν*)。*ἤν* = *ἐάν*。*τι*, 宾格, anything。*ἐλθούσης ... ἐπιστολῆς*，独立属格结构。*ὡς*, that。*παρὰ τοσοῦτον*, so close。*ἐγένετο* + 与格 (*αὐτῷ*) + 不定式 (*περιπεσεῖν*), it was possible for somebody to ...。*περιπεσεῖν* 跟与格 (*τοῖς Ἀθηναίοις*)。*τὰ περὶ τῶν δοκούντων*，定冠词 + 介词短语 = 名词。*τῶν δοκούντων*，定冠词 + 分词 = 名词。*δοκούντων* 跟不定式 (*προδιδόναι*)。*ὡς*, when。*ἀπολύσαντες* 跟属格 (*τῆς αἰτίας*)。*ὁ μὲν ... ὁ δὲ ...*，两个定冠词作指示代词 (GG § 1106)，"一个……另一个……"。

34.［笺释］*ὡς*, when。*αἱ ... τῶν Χίων* (*νῆες*)。*αἱ ... τῶν Ἀθηναίων αἱ ... ὁρμήσασαι*，重复定冠词结构。*οἱ μὲν ... οἱ δ᾽ ...*，两个定冠词为指示代词 (GG § 1106)，"有的……有的……"，作 *ἄνδρες* 的同位语。*αἱ ἄλλαι*，定冠词 + 形容词 = 名词。

35.1–4［笺释］*τοῦ ... χειμῶνος*，表时间的属格，表示在时间段内。*ἦρχε* 跟属格 (*ὧν*)。*ὧν*，关系代词，其先行词是 *ναυσίν*。*ἡ δ᾽*, but she（见前文 1.24.5 笺释）。*οἱ ἐν τῇ Μιλήτῳ*，定冠词 + 介词短语 = 名词。*ὡς*, when。*ἐκέλευον* + 宾格 (*αὐτοὺς*) + 不定式 (*φυλάσσειν* 和 *ξυλλαμβάνειν*)。*ταῖς μὲν ... ταῖς δὲ ...*，两个定冠词作指示代词

（GG § 1106），"一部分……另一部分……"。ὀλίγου，almost。τῇ ... ὑστεραίᾳ (ἡμέρᾳ)。ὡς 跟独立属格（φαρξαμένων αὐτῶν 和 ἐπεσελθόντων ... τῶν ... διαφυγόντων），表原因（GG § 2086）。

36.1–2［笺释］Ἀστυόχου ἥκοντος，独立属格结构。τὰ κατὰ τὸ στρατόπεδον，定冠词 + 介词短语 = 名词。οἵ，定冠词，跟前倾词（τε），故加了高调符号。τὰ τοῦ πολέμου，定冠词 + 属格 = 名词。整理词序：αἱ ... ξυνθῆκαι αἱ ... γενόμεναι ἐδόκουν τοῖς Πελοποννησίοις εἶναι ἐνδεεῖς。αἱ ... ξυνθῆκαι αἱ ... γενόμεναι，重复定冠词结构。ἐδόκουν+ 与格（τοῖς Πελοποννησίοις）+ 不定式（εἶναι）。Θηριμένους παρόντος，独立属格结构。

37.1–2［笺释］ξυνθῆκαι 跟不定式（εἶναι, ἰέναι, πράσσεσθαι 和 ἰέναι）（参考：动词 συντίθημι 跟不定式）。τοὺς παῖδας τοὺς βασιλέως，重复定冠词结构。ἢ ... ἢ ...，"或者……或者……"。μὴ ... μηδὲ ... μηδενὶ ... μήτε ... μήτε ...，简单否定词 + 复合否定词，后者强调前者，仍表否定（CGCG § 56.4）。μηδὲ ... μήτε ... μήτε 和 μηδὲ ... μηδὲ ... μηδὲ ... μηδενί，多个复合否定词连用，后两个（或最后一个）强调前者（或四个），仍表否定（GG § 2761）。Λακεδαιμονίους 和 τοὺς ξυμμάχους τοὺς Λακεδαιμονίων（重复定冠词结构）作不定式 ἰέναι 和 πράσσεσθαι 的主语。φόρους 作不定式 πράσσεσθαι 的宾语。Δαρεῖον βασιλέα 和 ὧν 引导的从句作不定式 ἰέναι 的主语。ἄρχει 跟属格（ὧν）。ὧν，自主关系代词。

37.3［笺释］ἢν = ἐάν。τι，anything，作 δέωνται 的宾语。ἢ ... ἢ ... ἢ ...，"或者……或者……或者……"。Δέωνται 跟属格（βασιλέως，Λακεδαιμονίων 和 τῶν ξυμμάχων）。τι，用作副词，"在某种程度上"。ὅτι，"洛布本"和阿尔伯蒂的校勘本作 ὅ τι，anything which。整理词序：(ξυνθῆκαι) ἔχειν καλῶς (αὐτοῖς) ποιοῦσι τοῦτο。(ξυνθῆκαι) 跟不定式（ἔχειν）。ἔχειν καλῶς，to be well。ποιοῦσι，分词，与省略了的 αὐτοῖς 配合。

37.4［笺释］τὸν ... πόλεμον τὸν πρὸς Ἀθηναίους καὶ ...，重复定冠词结构。(ξυνθῆκαι) 跟不定式（πολεμεῖν，ποιεῖσθαι 和 παρέχειν）。ἀμφοτέρους (αὐτοὺς) 作不定式 πολεμεῖν 的主语。ἢν = ἐάν。τῇ χώρᾳ τῇ βασιλέως，重复定冠词结构。μεταπεμψαμένου βασιλέως，独立属格结构。βασιλέα 作不定式 παρέχειν 的主语。

37.5［笺释］ἢν = ἐάν。ὁπόσαι，类似 ὅσαι，关系形容词（或关联代词），其先行词（τοσούτων）被吸收，且被吸收入关系形容词（或关联代词）的格（主格）（GG § § 2537, 2538）。(ξυνθῆκαι) 跟不定式（κωλύειν 和 ἀμύνειν）。τοὺς ἄλλους，定冠词 + 形容词 = 名词，作不定式 κωλύειν 和 ἀμύνειν 的主语。τὸ δυνατόν，定冠词 + 形容词 = 名词。τῶν ἐν τῇ ... χώρᾳ，定冠词 + 介词短语 = 名词。ἢ，"或者"。ἄρχει 跟属格

(ὅσης)。τὴν Λακεδαιμονίων (γῆν)。τὴν τῶν ξυμμάχων (γῆν)。κωλυέτω 和 ἀμυνέτω，第三人称命令语气，跟主格（βασιλεὺς）。

38.1–5［笺释］κρατοῦντες 跟属格（γῆς 和 θαλάσσης）。ἄλλως τε ... καὶ，"尤其"。ἀπέχον + 属格（τῆς ... πόλεως）+ 宾格（πολὺ），"距离某地多少里程"。ἐν σφίσιν αὐτοῖς，among themselves。ἄλλως，"此外"。τῶν μετὰ Τυδέως ... τεθνεώτων 和 τῆς ... πόλεως ... κατεχομένης，独立属格结构。κελεύοντες + 宾格（τὸν Ἀστύοχον）+ 不定式（βοηθεῖν）。ὡς，when。περὶ αὐτοῦ ... ὡς ἀδικοῦντος = ὡς αὐτοῦ ἀδικοῦντος，ὡς 跟独立属格结构，表目的（GG § 2086）。τὰ ... ἐν τῇ Χίῳ，定冠词 + 介词短语 = 名词。ταῖς ἐν τῇ Μιλήτῳ (ναυσὶ)。

39.1–4［笺释］Καλλιγείτου ... Τιμαγόρου ... πρασσόντων，独立属格结构。ἄρχων，分词，跟属格（αὐτῶν）。ὧν，关系代词，其先行词是 ξυμβούλους。εἴρητο 跟不定式（ξυνεπιμέλεσθαι，ἀποπέμπειν，παύειν 和 καθιστάναι）。ξυνεπιμέλεσθαι 跟属格（τῶν ... ἄλλων）。ᾗ，关系副词，in whatever way。μέλλει 跟不定式（ἕξειν）。ἢ ... ἢ ... ἢ ...，"或者……或者……或者……"。ὡς，跟宾格（人）（Φαρνάβαζον），"到某人那里去"。ἢν = ἐάν。ὃς，关系代词，其先行词是 Κλέαρχον。προστάξαντας 跟双宾格（Κλέαρχον 和 ἄρχοντα）（CGCG § 30.10）。ἢν，同上。παύειν + 宾格（Ἀστύοχον）+ 属格（τῆς ναυαρχίας），to hinder somebody from ...。τὰς τρεῖς (ναῦς)。ὅπερ，自主关系代词，that。δεδιότες 跟虚拟语气（μηνώσωσι），μὴ 为赘词。τοῖς ἐν τῇ Σάμῳ，定冠词 + 介词短语 = 名词。ὡς 跟分词（ὄντες），表示分词主语的意见，"以为""相信"（GG § 2086）。τοῦ ξυμπαρακομισθῆναι，定冠词 + 不定式 = 名词，修饰 ἀγγελίαν。

40.1–3［笺释］οὐδὲν ἧσσον，"不少""一样""继续"。διαμέλλοντα 与 τὸν Ἀστύοχον 配合。πέμποντες 跟双宾格（ἀγγέλους 和 τὸν Ἀστύοχον）（CGCG § 30.10）。ἠξίουν + 宾格（τὸν Ἀστύοχον）+ 不定式（βοηθῆσαι 和 περιιδεῖν）。τὴν μεγίστην (πόλιν)。ἔκ 跟前倾词（τε），故加了高调符号。τοῖς Χίοις ... ὄντες，"……对喀俄斯人来说是""喀俄斯人有……"。πλὴν 跟属格（Λακεδαιμονίων）。ὡς，when。ἔδοξε + 不定式（ἱδρῦσθαι）。οἱ πολλοὶ，定冠词 + 形容词 = 名词。πρὸς 跟宾格（人）（αὐτοὺς）。τὰ πλεῖστα，定冠词 + 形容词 = 名词。ἔφασαν 跟不定式（χρῆναι）。χρῆναι 跟不定式（βοηθῆσαι）。δυνατὸν 跟不定式（κωλῦσαι）。τειχιζομένου τοῦ Δελφινίου ... ὄντος 和 ἐρύματος ... προσπεριβαλλομένου，独立属格结构。ὡς，when。τὸ βοηθεῖν，定冠词 + 不定式 = 名词。

41.1–2［笺释］ὅτι，that。νομίσας + 宾格（πάντα ... τἆλλα）+ 不定式（εἶναι）。τἆλλα = τὰ ἄλλα。τὸ ... ξυμπαρακομίσαι ... περαιωθῆναι，定冠词 + 不定式 = 名词。ναῦς ... τοσαύτας 作不定式 ξυμπαρακομίσαι 的宾语。τοὺς Λακεδαιμονίους 作不

定式 περαιωθῆναι 的主语。οἳ，关系代词，其先行词是 τοὺς Λακεδαιμονίους。τὸ ἐς τὴν Χίον，定冠词 + 介词短语 = 名词。ὃς，关系代词，其先行词是 σεισμοῦ。ἔτυχε 跟分词（γενόμενος）。ὧν = τούτων ἃ，τούτων 修饰 μέγιστός，ἃ 作 μεμνήμεθα 的宾语（GG § 2522）。τῶν ἀνθρώπων ... πεφευγότων，独立属格结构。πλήν 跟属格（τῶν ἐλευθέρων）。

41.3–4［笺释］νυκτὸς，表时间的属格，表示在该时间段内。ἀναγκάζεται 跟不定式（ἐκβιβάσαι 和 πλεῖν）。τοὺς ναύτας 作不定式 ἐκβιβάσαι 的宾语。ὥσπερ εἶχε，as they were。ἃς，关系代词，其先行词是 τὰς ... ναῦς。ἅσπερ，关系代词，同上。οἱ ἐν τῇ Σάμῳ，定冠词 + 介词短语 = 名词。

42.1–4［笺释］ὥσπερ εἶχε，as they were。πρὶν 跟不定式（γενέσθαι）。εἴ 跟前倾词（πως），故加了高调符号。τὰ ... ὄντα，定冠词 + 分词 = 名词。ἅμα 跟与格（τῇ ἕῳ）。διεσπασμένου τοῦ ναυτικοῦ，独立属格结构。τοῦ μὲν ... τοῦ δὲ ...，"一部分……另一部分……"，两个定冠词都作指示代词（GG § 1106），作 τοῦ ναυτικοῦ 的同位语。... ὄντος ... τοῦ ... κέρως 和 τοῦ ... ἄλλου ... πλανωμένου，独立属格结构。κατὰ τάχος，"迅速"。ἤ，than。νομίσαντες + 宾格（ταύτας）+ 不定式（εἶναι）。ἅσπερ，关系代词，其先行词是 τὰς ἀπὸ τῆς Καύνου ναῦς（实际上在后面主句中）（GG § 2541）。μέχρι οὗ，"直到……"。αἱ πλείους（νῆες）。ταῖς λοιπαῖς（ναυσὶ）。ξυμμιγεισῶν τῶν ... νεῶν ...，独立属格结构。

43.1–2［笺释］ὡς，when。τὰ τῆς ναυμαχίας，定冠词 + 属格 = 名词。τοῖς ἐν τῇ ἠπείρῳ Λωρύμοις。εἴ 跟前倾词（τι），故加了高调符号。τῶν ... πεπραγμένων，定冠词 + 分词 = 名词。εἴ τι，同上。ἤρεσκεν 跟与格（αὐτοῖς）。ἄριστα 和 ξυμφορώτατα，用作副词。

43.3–4［笺释］τὰ ποιούμενα，定冠词 + 分词 = 名词。ἔφη + 宾格（τὰς σπονδὰς）+ 不定式（ξυγκεῖσθαι）。οὐδετέρας ... οὔτε ... οὔτε ...，多个复合否定词连用，后两者强调前者，仍表否定（GG § 2761）。τὰς Χαλκιδέως（σπονδάς）。τὰς Θηριμένους（σπονδάς）。ἔφη 跟不定式（εἶναι 和 ἐνεῖναι）。ἀξιώσει 跟不定式（κρατεῖν）。κρατεῖν 跟属格（ταύτης）。ταύτης 指 χώρας ὅσης ...。ἦρξαν 跟属格（ὅσης）。ἐνεῖναι（ἔνειμι 的现在时不定式），跟不定式（δουλεύειν 和 περιθεῖναι），to be made, to mean。τὰ μέχρι Βοιωτῶν，定冠词 + 介词短语 = 名词。τοὺς Λακεδαιμονίους 作不定式 περιθεῖναι 的主语。ἀντ' 跟属格（ἐλευθερίας）。ἐκέλευε 跟不定式（σπένδεσθαι）。ἑτέρας (σπονδάς) 作不定式 σπένδεσθαι 的宾语。ἤ，or else, otherwise, at any rate。(ἔφη) 跟不定式（χρήσεσθαι 和 δεῖσθαι）。χρήσεσθαι 跟与格（ταύταις）。δεῖσθαι 跟属格（τῆς τροφῆς）。οὐδὲ ... οὐδέν ...，两个复

合否定词连用，后者强调前者，仍表否定（GG § 2761）。

44.1［笺释］οἱ δ᾽，but they（见前文 1.24.5 笺释）。(τινῶν) ἐπικηρυκευομένων，独立属格结构（或解作：ἐπικηρυκευομένων ... ἀνδρῶν 独立属格结构；τῶν δυνατωτάτων，定冠词+形容词=名词）。εἶχον τὴν γνώμην 跟不定式（πλεῖν）。ἐλπίζοντες 跟不定式（προσάξεσθαι）。νῆσον 作不定式 προσάξεσθαι 的宾语。ἡγούμενοι 跟不定式（ἔσεσθαι）。δυνατοὶ 跟不定式（τρέφειν）。αἰτοῦντες 跟双宾格（χρήματα 和 Τισσαφέρνην），asking for something from somebody（CGCG § 30.9）。

44.2–4［笺释］τοὺς πολλούς，定冠词+形容词=名词。τὰ πρασσόμενα，定冠词+分词=名词。ἄλλως τε καί，"尤其"。... οὔσης τῆς πόλεως，独立属格结构。τοὺς ἐκ τοῖν δυοῖν πολέοιν，定冠词+介词短语=名词。ἔπεισαν + 宾格（Ῥοδίους）+ 不定式（ἀποστῆναι）。ἀποστῆναι 跟属格（Ἀθηναίων）。βουλόμενοι 跟不定式（φθάσαι）。τὸ ... παραχρῆμα，"当即"。οἱ δὲ ...，but they（见前文 1.24.5 笺释），指 οἱ Πελοποννήσιοι（"洛布本"将 οἱ Πελοποννήσιοι 看作插入语，更容易理解）。τὰ ... ἄλλα，otherwise。ἡμέρας ὀγδοήκοντα，表时间的宾格，表示贯穿该时间段。

45.1–2［笺释］πρὶν 跟不定式（ἀναστῆναι）。αὐτοὺς 作不定式 ἀναστῆναι 的主语。... ἀφικομένης ἐπιστολῆς，独立属格结构。ἐπιστολῆς 跟不定式（ἀποκτεῖναι），ὥστ᾽ 可以省略。παρά，to。ὅσον ἐδύνατο，"尽可能"。ὥστε 跟不定式（δίδοσθαι），表结果。τριώβολον 作不定式 δίδοσθαι 的主语。τοῦτο 指 τριώβολον。κελεύων+ 宾格（τὸν Τισσαφέρνην）+ 不定式（λέγειν）。ὡς，that。ἐπιστήμονες 跟属格（τοῦ ναυτικοῦ）。τοῖς ἑαυτῶν，定冠词+属格=名词。οὐ τοσοῦτον ... ὅσον ...，not so much ... as ...。οἱ μὲν ... οἱ δὲ ...，"有的……有的……"，作 οἱ ναῦται 的同位语。ὧν，关系代词，其先行词是 τοιαῦτα。

45.3–6［笺释］ἐδίδασκεν+ 宾格（αὐτὸν）+ 不定式（πεῖσαι），ὥστε 可以省略。ὥστε 跟不定式（ξυγχωρῆσαι），表结果。ταῦτα，用作副词，"在这方面"。πλὴν 跟属格（τῶν Συρακοσίων）。δεομένας 跟属格（χρημάτων）。ὡς，that。ἀξιοῦσι+ 宾格（ἄλλους）+ 不定式（κινδυνεύειν）。ἔφη + 宾格（τὰς ... πόλεις）+ 不定式（ἀδικεῖν）。αἵ，关系代词，其先行词是 τὰς ... πόλεις。πρότερον ἤ 跟不定式（ἀποστῆναι）。ὑπὲρ σφῶν αὐτῶν，"为了他们自己的利益"。ἐθελήσουσιν 跟不定式（ἐσφέρειν）。ἀπέφαινε 跟不定式（ἀποδώσειν）。ἤν =ἐάν。ἀποδώσειν 跟双宾格（τὰ εἰκότα ... 和 τὰς πόλεις）。τὰ εἰκότα ...，定冠词+分词=名词。εἰκότα 跟不定式（ὠφελήσειν）。

46.1［笺释］παρῄει 跟不定式（ἐπείγεσθαι、βουληθῆναι 和 ἐᾶν）。ἐπείγεσθαι 跟不定式（διαλῦσαι）。βουληθῆναι（异态动词，其形式是被动的，意思是主动的）+ 宾格（αὐτὸν，省略）+ 不定式（δοῦναι）。κομίσαντα 和 πορίζοντα 与省略了的 αὐτὸν 配合。

ἤ ... ἤ ...，"或者……或者……"。ὅσπερ，关系代词，其先行词是ναῦς。τοῖς αὐτοῖς，to the same (people)。ἐάν+宾格（ἀμφοτέρους）+不定式（ἔχειν）。ἐάν跟不定式（ἐξεῖναι）。ἐξεῖναι+与格（βασιλεῖ）+不定式（ἐπάγειν）。τοὺς ... λυπηροὺς和τοὺς ἑτέρους，定冠词+形容词=名词。

46.2［笺释］γενομένης ... τῆς ... ἀρχῆς，独立属格结构。ἐξεῖναι跟不定式（ἀπορεῖν和εἶναι）。αὐτὸν作不定式ἀπορεῖν的主语，指Τισσαφέρνης，不是指波斯国王，因为不定式ἐᾶν的主语（省略）就是Τισσαφέρνης。οἷς = οἷστισι，with whom。τοὺς κρατοῦντας，定冠词+分词=名词。ἢν μή，"除非"。βούληται跟不定式（διαγωνίσασθαι）。不定式κατατρῖψαι引导的句子用来解释τάδ'（作不定式εἶναι的主语）。τοὺς Ἕλληνας作不定式κατατρῖψαι的宾语。αὐτοὺς περὶ ἑαυτούς，one against the other。μετά跟属格（τῆς ... ἀσφαλείας）。

46.3［笺释］ἔφη+宾格（τοὺς Ἀθηναίους）+不定式（εἶναι和ἐφίεσθαι）。ἐφίεσθαι跟属格（τῶν κατὰ γῆν）。τῶν κατὰ γῆν，定冠词+介词短语=名词。ἔχοντας与τοὺς Ἀθηναίους配合。πολεμεῖν = ὥστε πολεμεῖν。τοὺς μὲν ... τοὺς δὲ ...，两个定冠词作指示代词（GG § 1106），分别作ξυγκαταδουλοῦν和ἐλευθερώσοντας的宾语。σφίσι ... αὐτοῖς，to themselves。τοὐναντίον，"相反"。ἔφη+宾格（Λακεδαιμονίους）+不定式（ἥκειν和εἶναι）。ἐλευθερώσοντας与Λακεδαιμονίους配合。εἶναι εἰκὸς跟不定式（ἐλευθεροῦν和ἐλευθερῶσαι）。Λακεδαιμονίους作不定式ἐλευθεροῦν的主语。ἢν μή，"除非"。第二个μή令人费解，有学者主张删掉，有的主张改为πῃ。

46.4–5［笺释］ἐκέλευε+宾格（τὸν Τισσαφέρνην，省略）+不定式（τρίβειν和ἀπαλλάξαι）。ὡς μέγιστα，as much as possible。ἀποτεμόμενον与省略了的τὸν Τισσαφέρνην配合。τὸ πλέον，定冠词+形容词=名词，用作副词。τῶν ποιουμένων，定冠词+分词=名词。ὅσα，so far as。ἦν跟不定式（εἰκάσαι），it was possible to ...。整理词序：... προσθεὶς ἑαυτὸν ἐς πίστιν τῷ ... Ἀλκιβιάδῃ ...。ὡς，as。εἴα跟不定式（ναυμαχεῖν）。ἀλλά，"相反"。φάσκων+宾格（τὰς ... ναῦς）+不定式（ἥξειν）。φάσκων跟不定式（ἀγωνιεῖσθαι）。τά ... ἄλλα，"在其他方面"。καταφανέστερον，用作副词。ἤ，than。ὥστε跟不定式（λανθάνειν），表结果。

47.1［笺释］ἅμα μὲν ... ἅμα δὲ ...，"不仅……而且……"。παρ' ἐκείνοις，by the side of them，under their protection。νομίζων跟不定式（εἶναι）。ὅτι，that。ἔσται跟不定式（κατελθεῖν），it would be possible to ...。ἐνόμιζε跟不定式（πεῖσαι）。τοῦ τοιούτου，定冠词+形容词=名词。φαίνοιτο跟分词（ὤν）。ὅπερ，自主关系代词，just that。

47.2［笺释］αὐτὸν指Ἀλκιβιάδης。παρ' αὐτῷ，by the side of him，αὐτῷ指Τισσαφέρνης。τὰ μὲν καὶ ... τὸ δὲ πλέον καὶ ...，"一方面……更多的是……"。Ἀλκιβιάδου ... προσπέμψαντος，独立属格结构。ὥστε 跟不定式（μνησθῆναι），表意图（GG § § 2257, 2258）。τοὺς βελτίστους，定冠词 + 形容词 = 名词。ὅτι，that。βούλεται 跟不定式（ξυμπολιτεύειν）。οὐ ... οὐδὲ ...，分别否定其后的词，"洛布本"将后者删掉了，更容易理解。τῇ ... ἐκβαλούσῃ δημοκρατίᾳ。τὸ ... πλέον，"更多地"。ἀπὸ σφῶν αὐτῶν，"他们自觉自愿"。τὸ καταλῦσαι，定冠词 + 不定式 = 名词。

48.1［笺释］ὑποτείνοντος αὐτοῦ，独立属格结构。ὑποτείνοντος 跟不定式（ποιήσειν 和 πιστεῦσαι）。ποιήσειν 跟双宾格（Τισσαφέρνην ... καὶ βασιλέα 和 φίλον）。βασιλέα 作不定式 πιστεῦσαι 的主语。θ᾽ = τε。οἱ δυνατώτατοι，定冠词 + 形容词 = 名词。οἵπερ，关系代词，其先行词是 οἱ δυνατώτατοι。ἐλπίδας 跟不定式（περιποιήσειν 和 ἐπικρατήσειν）。περιποιήσειν τὰ πράγματα ἐς ἑαυτούς。ἐπικρατήσειν 跟属格（τῶν πολεμίων）。

48.2-3［笺释］ἔς 跟前倾词（τε），故加了高调符号。τοὺς ἐπιτηδείους，定冠词 + 形容词 = 名词。ὅτι，that。Ἀλκιβιάδου ... κατελθόντος 和（αὐτῶν）δημοκρατουμένων，独立属格结构。τι，用作副词，"在某种程度上"。τοῖς πρασσομένοις 和 οἱ ... ξυνιστάντες ...，定冠词 + 分词 = 名词。τὸ εὔπορον，定冠词 + 形容词 = 名词。σφίσιν αὐτοῖς，among themselves。τοῦ ἑταιρικοῦ 修饰 τῷ πλέονι。τῷ πλέονι，定冠词 + 形容词 = 名词。τὰ ἀπὸ τοῦ Ἀλκιβιάδου，定冠词 + 介词短语 = 名词。

48.4［笺释］τοῖς ... ἄλλοις，定冠词 + 形容词 = 名词。ἤρεσκεν 跟与格（Φρυνίχῳ）。οὐδέν，not at all。ὅ，定冠词，跟前倾词（τε），故加了高调符号。ὁ ... Ἀλκιβιάδης ἐδόκει αὐτῷ δεῖσθαι ...。ἐδόκει + 与格（αὐτῷ）+ 不定式（δεῖσθαι、σκοπεῖσθαι）。ὅπερ καὶ ἦν，as was indeed the case, which was true。οὐδέν，同上。μᾶλλον ... ἤ ...，rather ... than ...。δεῖσθαι 跟属格（ὀλιγαρχίας 和 δημοκρατίας）。ἤ，than。(ἐδόκει) + 与格（αὐτῷ）+ 不定式（εἶναι、εἶναι 和 ἔχειν），It seemed to him that ..., He thinks ...。σφίσι，"对于他们（雅典人）自己来说"。τῷ βασιλεῖ，"对于国王来说"。τοῦτο 作不定式 εἶναι 的主语。Πελοποννησίων ... ὄντων ... ἐχόντων，独立属格结构。τὰς ἐλαχίστας πόλεις。πιστεύει 跟与格（οἷς）。οἷς，关系代词，其先行词是 Ἀθηναίοις。προσθέμενον 与省略了的 αὐτὸν 配合（αὐτὸν 作不定式 ἔχειν 的主语）。ἐξόν 跟不定式（ποιήσασθαι），being possible to ...。ποιήσασθαι 跟双宾格（Πελοποννησίους 和 φίλους）。ὧν，关系代词，其先行词是 Πελοποννησίους。

48.5［笺释］τάς ... πόλεις，宾格，用作副词，"在……方面"。ἔφη 跟不定式（ὑπεσχῆσθαι）。αἷς，关系代词，其先行词是 τάς ... πόλεις。σφᾶς 作不定式 ὑπεσχῆσθαι 的主语，ὀλιγαρχίαν 作其宾语。ὅτι，"因为"。δή，表强调。ἔφη 跟不定式（εἰδέναι）。

ὅτι, that。οὐδὲν ... οὔθ' ... οὔθ' ...，多个复合否定词连用，后者（两个）强调前者，仍表否定（GG § 2761）。αἱ ἀφεστηκυῖαι 和 αἱ ὑπάρχουσαι，定冠词 + 分词 = 名词。ἔφη + 宾格（αὐτούς）+ 不定式（βουλήσεσθαι）。βουλήσεσθαι 跟不定式（δουλεύειν）。ἤ，"或者"。οὐ ... μᾶλλον ἤ = ἧσσον ... ἤ。τύχωσι 跟不定式（εἶναι）。τούτων 修饰 ὁποτέρου。

48.6［笺释］τοὺς ... καλοὺς κἀγαθούς，宾格，用作副词，"在……方面"。(ἔφη) + 宾格（αὐτούς）+ 不定式（νομίζειν）。νομίζειν 跟不定式（παρέξειν，ὠφελεῖσθαι，εἶναι，ἀποθνῄσκειν 和 εἶναι）。ὄντας 与 αὐτούς 配合。ἐλάσσω，用作副词，比较级跟属格（τοῦ δήμου），表比较。τῶν κακῶν，定冠词 + 形容词 = 名词。ὧν，关系代词，其先行词是 τῶν κακῶν。τὰ πλείω，定冠词 + 形容词 = 名词，用作副词。αὐτούς 作不定式 ὠφελεῖσθαι 的主语。τὸ ... ἐπ' ἐκείνοις，定冠词 + 介词短语 = 名词，作不定式 εἶναι 的主语。ἄκριτοι，形容词，古希腊语习惯用法，按照英语习惯，应当译为副词。βιαιότερον，用作副词。τὸν ... δῆμον 作不定式 εἶναι 的主语。

48.7［笺释］(ἔφη) 跟不定式（εἰδέναι）。ὅτι, that。οὔκουν ... οὐδέν，两个复合否定词连用，后者强调前者，仍表否定（GG § 2761）。οὐδὲν ἀρέσκειν ἑαυτῷ。τῶν ... πρασσομένων，定冠词 + 分词 = 名词，修饰 οὐδέν。τῷ παρόντι，定冠词 + 分词 = 名词。

49.［笺释］οἱ ... ξυλλεγέντες，定冠词 + 分词 = 名词。τῶν ἐν τῇ ξυνωμοσίᾳ，定冠词 + 介词短语 = 名词。τὸ πρῶτον，"首先"。τά ... παρόντα，定冠词 + 分词 = 名词。παρεσκευάζοντο 跟不定式（πέμπειν）。πέμπειν 跟双宾格（Πείσανδρον καὶ ἄλλους 和 πρέσβεις）（CGCG § 30.10）。ποιήσειαν 跟双宾格（Τισσαφέρνην 和 φίλον）。

50.1–2［笺释］ὅτι 和 ὅτι, that。δείσας 跟虚拟语气（δρᾷ），μή 为赘词。πρός, in view of。τῶν ... λεχθέντων，定冠词 + 分词 = 名词。ἤν = ἐάν。ὡς, as。ὄντα 与省略了的 αὐτόν 配合（δρᾷ κακῶς αὐτόν）。τι，宾格。ὡς, to。τὸν Ἀστύοχον τὸν ... ναύαρχον，重复定冠词结构。ὅτι, that。ποιῶν 跟双宾格（Τισσαφέρνην 和 φίλον）。τἆλλα = τὰ ἀλλὰ。ξυγγνώμην 跟不定式（εἶναι 和 βουλεύειν）。μετὰ 跟属格（τοῦ ... ἀξυμφόρου）。

50.3［笺释］διενοεῖτο 跟不定式（τιμωρεῖσθαι）。τὸν ... Ἀλκιβιάδην 作不定式 τιμωρεῖσθαι 的宾语。ἄλλως τε καί，"尤其"。παρ' 和 παρά, to, towards。τὰ ἐπισταλέντα，定冠词 + 分词 = 名词。προσέθηκέ ἑαυτὸν Τισσαφέρνει。ὡς ἐλέγετο，"据说"。τῶν ἄλλων，定冠词 + 形容词 = 名词。κοινοῦσθαι = ὥστε κοινοῦσθαι（"洛布本"将 κοινοῦσθαι 删去，更容易理解）。

50.4–5［笺释］κατά, against。τοὺς ... ὄντας，定冠词 + 分词 = 名词。ἀξιῶν 跟不定式（ἀποθνῄσκειν）。τά ... πρότερα，定冠词 + 形容词 = 名词。ὅτι, that。ὅτι, that。τὸ στράτευμα τὸ τῶν Ἀθηναίων ... τὸ ἐν τῇ Σάμῳ，重复定冠词结构。εἴη ἕτοιμος 跟不定

式（παρασχεῖν）。παρασχεῖν + 与格（αὐτοῖς）+ 不定式（διαφθεῖραι）。καθ' ἕκαστα, in detail。... οὔσης Σάμου, 独立属格结构。ᾧ τρόπῳ, in what way, how。ὅτι, that。ἀνεπίφθονόν 跟不定式（δρᾶσαι 和 διαφθαρῆναι）。οἷ = αὐτῷ, to himself, 间接反身代词（用在从句中，指主句的主语）（GG §§ 1225, 1228b）（CGCG § 29.18）。ἐκείνους 指雅典人。κινδυνεύοντι 与 οἷ（= αὐτῷ）配合。μᾶλλον ἤ, rather than。τῶν ἐχθίστων, 定冠词 + 形容词 = 名词。αὐτὸν 作不定式 διαφθαρῆναι 的主语。

51.1［笺释］ὡς, since。ὅσον οὐ, "差不多" "几乎"。ὡς, that。μέλλουσιν 跟不定式（ἐπιθήσεσθαι）。... οὔσης τῆς Σάμου 和 τῶν νεῶν ... ὁρμουσῶν, 独立属格结构。γίγνεται ἐξάγγελος 跟不定式（χρῆναι）（参考：动词 ἐξαγγέλλω 跟不定式）。χρῆναι 跟不定式（τειχίζειν 和 ἔχειν）。ὡς τάχιστα, "尽快"。τἆλλα = τὰ ἄλλα。ἦν κύριος 跟分词（πράσσων）。

51.2–3［笺释］οἱ μὲν, οἱ 为指示代词（GG § 1106）。ἐκ τοῦ τοιούτου, "由于这个缘故"。καὶ ὡς (ἡ Σάμος) μέλλουσα (τειχισθήσεσθαι)。καὶ ὡς, already, as it was = in any case。ὅτι, that。μέλλουσιν 跟不定式（ἐπιθήσεσθαι）。δόξας, 分词，主语是 ὁ Ἀλκιβιάδης, 跟不定式（εἶναι 和 ἀνατιθέναι）。τὰ ἀπὸ τῶν πολεμίων, 定冠词 + 介词短语 = 名词。ὡς, as。ἀλλά, "相反"。ταὐτά = τὰ αὐτά。

52.［笺释］παρεσκεύαζε 跟宾格（人）（Τισσαφέρνην）, make somebody ready work on somebody。ὅτι, "因为"。πλέοσι, 形容词比较级，跟属格（τῶν Ἀθηναίων）, 表比较。δεδιότα 和 βουλόμενον 与 Τισσαφέρνην 配合。βουλόμενον 跟不定式（πεισθῆναι）。ἄλλως τε καὶ, "尤其"。τῶν Πελοποννησίων 修饰 τὴν ... διαφοράν。... ὄντων αὐτῶν, 独立属格结构。ᾗ, 关系代词，其先行词是 τῇ Κνίδῳ。τοῦ ἐλευθεροῦν, 定冠词 + 不定式 = 名词。τοὺς Λακεδαιμονίους 作不定式 ἐλευθεροῦν 的主语。τὰς ... πόλεις 作不定式 ἐλευθεροῦν 的宾语。ἐπηλήθευσεν τὸν ... λόγον。φάσκων 跟不定式（εἶναι）。εἶναι ἀνεκτὸν 跟不定式（ξυγκεῖσθαι）。ξυγκεῖσθαι 跟不定式（κρατεῖν）。βασιλέα 作不定式 κρατεῖν 的主语。κρατεῖν 跟属格（τῶν πόλεων）。ὧν, 关系代词，其先行词是 τῶν πόλεων。ἦρχον 跟属格（ὧν）。ἢ ... ἤ ..., "或者……或者……"。

53.1–3［笺释］ὡς, that。ἐξείη + 与格（αὐτοῖς）+ 不定式（ἔχειν 和 περιγενέσθαι）。δημοκρατουμένοις 与 αὐτοῖς 配合。τὸν αὐτὸν τρόπον, 用作副词。ἔχειν 跟双宾格（βασιλέα 和 ξύμμαχον）（CGCG § 30.10）。περιγενέσθαι 跟属格（Πελοποννησίων）。ἀντιλεγόντων ... πολλῶν καὶ ἄλλων 和 τῶν ... ἐχθρῶν διαβοώντων, 独立属格结构。ὡς, that。Εὐμολπιδῶν καὶ Κηρύκων ... μαρτυρομένων καὶ ἐπιθειαζόντων, 独立属格结构。ἐπιθειαζόντων 跟不定式（κατάγειν）。τῶν ἀντιλεγόντων, 定冠词 + 分词 = 名

词，修饰 ἕνα。εἴ 跟前倾词（τινα），故加了高调符号，whether，"洛布本"作 ἥντινα，whatever。Πελοποννησίων ... ἐχόντων 和 βασιλέως ... Τισσαφέρνους ... παρεχόντων，独立属格结构。ἐλάσσους，形容词比较级，跟属格（σφῶν），表比较。(χρημάτων) ὄντων，独立属格结构。πείσει + 宾格（βασιλέα）+ 不定式（μεταστῆναι）。παρά，to。ὅτι，that。ἔστιν 跟不定式（γενέσθαι），it is possible to ...。εἰ μή，"除非"。σωφρονέστερον，用作副词。πιστεύῃ 跟与格（ἡμῖν）。τὸ πλέον ... ἤ ...，more ... than ...。τῷ παρόντι，定冠词 + 分词 = 名词。ἐξέσται+ 与格（ἡμῖν）+ 不定式（μεταθέσθαι）。ἤν = ἐάν。τι，主格，anything。ὅς，关系代词，其先行词是 Ἀλκιβιάδην。τῶν νῦν，定冠词 + 副词 = 名词。οἷός τε 跟不定式（κατεργάσασθαι）。τοῦτο 作不定式 κατεργάσασθαι 的宾语。

54.1-2［笺释］τὸ ... πρῶτον，"首先"。τὸ περὶ τῆς ὀλιγαρχίας，定冠词 + 介词短语 = 名词。διδασκόμενος 跟不定式（εἶναι）。σωτηρίαν 作不定式 εἶναι 的主语。ὡς，that。ἐψηφίσαντο + 宾格（τὸν Πείσανδρον 和 ἄνδρας）+ 不定式（πράσσειν）。τά ... πρὸς τὸν Τισσαφέρνην καὶ τὸν Ἀλκιβιάδην，定冠词 + 介词短语 = 名词。δοκοίη + 与格（αὐτοῖς）+ 不定式（ἔχειν）。

54.3-4［笺释］διαβαλόντος ... τοῦ Πεισάνδρου，独立属格结构。παρέλυσεν + 宾格（Φρύνιχον καὶ τὸν ξυνάρχοντα）+ 属格（τῆς ἀρχῆς），"解除某人某职"。ἀντέπεμψαν 跟双宾格（Διομέδοντα καὶ Λέοντα 和 στρατηγούς）(CGCG § 30.10)。φάσκων + 宾格（τὸν Φρύνιχον）+ 不定式（προδοῦναι）。νομίζων 跟不定式（εἶναι）。τοῖς ... πρασσομένοις，定冠词 + 分词 = 名词。αἵπερ，关系代词，其先行词是 τάς ... ξυνωμοσίας。ἐτύγχανον 跟分词（οὖσαι）。παρασκευάσας + 宾格（τἆλλα）+ ὥστε + 不定式（διαμέλλεσθαι）(GG § 2271aN)。τἆλλα = τὰ ἄλλα。τοῖς παροῦσιν，定冠词 + 分词 = 名词。ὡς，to，towards。

55.1-3［笺释］τοὺς προσβοηθήσαντας，定冠词 + 分词 = 名词。μᾶλλον ἤ ...，rather than ...。εἴ 跟前倾词（ποι），故加了高调符号。ὅτι，that。οἱ δέ，and they（见前文 1.24.5 笺释）。διενοοῦντο 跟不定式（βοηθήσειν）。ἐκράτησεν 跟属格（νεῶν）。ἐπεκβοηθησάντων ... τῶν Ἀθηναίων ... τρεψαμένων，独立属格结构。τὸ ἄλλο τὸ περὶ τὸν Πεδάριτον，重复定冠词结构。

56.1-2［笺释］ἔκ 跟前倾词（τε），故加了高调符号。μᾶλλον ἤ ...，rather than ...。ὡς，to，towards。τὰ ἀπὸ Τισσαφέρνους，定冠词 + 介词短语 = 名词。(αὐτοῦ) φοβουμένου ... βουλομένου，独立属格结构。βουλομένου 跟不定式（τρίβειν）。ὥστε 跟不定式（ξυμβῆναι），表结果。τὸν Τισσαφέρνην 作不定式 ξυμβῆναι 的主语。ὡς μέγιστα，"尽可能高"。

56.3［笺释］整理词序：ὁ Τισσαφέρνης δοκεῖ μοι βουληθῆναι τὸ αὐτό。μέν ... δέ ...，

表对照。καὶ ὣς, already, as it was= in any case。ἐβούλετο 跟不定式（δοκεῖν）。δοκεῖν + 与格（τοῖς Ἀθηναίοις）+ 不定式（εἶναι）。ἀδύνατος 跟不定式（πεῖσαι）。ὡς, that。δοκεῖν+宾格（τοὺς Ἀθηναίους）+ 不定式（διδόναι）。διδόναι (τῷ) Τισσαφέρνει。πεπεισμένῳ 和 βουλομένῳ 与 (τῷ) Τισσαφέρνει 配合。βουλομένῳ 跟不定式（προσχωρῆσαι）。ἱκανά，用作副词。

56.4［笺释］ὑπὲρ 跟属格（τοῦ Τισσαφέρνους）。ὥστε 跟不定式（γενέσθαι），表结果。τὸ τῶν Ἀθηναίων,"雅典人一方"，作不定式 γενέσθαι 的主语。ἐπὶ πολὺ, most。ὅτι,"洛布本"和阿尔伯蒂的校勘本作 ὅ τι, anything which。(τῶν Ἀθηναίων) ξυγχωρούντων，独立属格结构。ἠξίου 跟不定式（δίδοσθαι）。τὰς ἐπικειμένας νήσους。ἐναντιουμένων τῶν Ἀθηναίων，独立属格结构。οἷς，自主关系代词，指上文说的事情，与 ἐναντιουμένων 连读。δείσας 跟虚拟语气（φωραθῇ），μὴ 为赘词。φωραθῇ 跟分词（ὤν）。ἠξίου 跟不定式（ἐᾶν）。ἐᾶν+ 宾格（βασιλέα）+ 不定式（ποιεῖσθαι 和 παραπλεῖν）。ναῦς 作不定式 ποιεῖσθαι 的宾语。νομίσαντες 跟不定式（ἐξηπατῆσθαι）。

57.1–2［笺释］βουλόμενος 跟不定式（κομίσαι, παρέχειν 和 ἐκπεπολεμῶσθαι）。ἅς, 关系代词，其先行词是 ξυνθήκας。δεδιὼς 跟虚拟语气（ἡσσηθῶσιν 和 γένηται），μὴ 为赘词。ἢν = ἐάν。ἀπορῶσι 跟属格（τῆς τροφῆς）。ἢ ... ἢ ...,"或者……或者……"。ἀναγκασθέντες 跟不定式（ναυμαχεῖν）。κενωθεισῶν τῶν νεῶν，独立属格结构。ἄνευ 跟属格（ἑαυτοῦ）。ἅ, 自主关系代词，whatever。ἐφοβεῖτο 跟虚拟语气（πορθήσωσι），μὴ 为赘词。ἐβούλετο 跟不定式（ἐπανισοῦν）。

58.1–4［笺释］Δαρείου βασιλεύοντος 和 ἐφορεύοντος ... Ἀλεξιππίδα，独立属格结构（Ἀλεξιππίδα, 属格，多里斯方言拼写）。ξυνθῆκαι 跟不定式（εἶναι, ἰέναι 和 κωλύειν）（参考：动词 συντίθημι 跟不定式）。τὴν βασιλέως χώραν 作不定式 εἶναι 的主语。βασιλέως, 表语形容词。βουλευέτω, 第三人称单数命令语气，跟主格（βασιλεὺς）。Λακεδαιμονίους ... καὶ τοὺς ξυμμάχους 作不定式 ἰέναι 的主语。βασιλέα 作不定式 ἰέναι（省略）的主语。μὴ ... μηδενί, 简单否定词 + 复合否定词，后者强调前者，仍表否定（CGCG § 56.4）。μηδὲ ... μηδὲ ... μηδενί ..., 多个复合否定词连用，后者强调前二者，仍表否定（GG § 2761）。ἢν = ἐάν。ἢ,"或者"。Λακεδαιμονίους καὶ τοὺς ξυμμάχους 作不定式 κωλύειν 的主语。ἢ,"或者"。κωλυέτω, 第三人称单数命令语气，跟主格（βασιλεὺς）。

58.5–7［笺释］ξυνθῆκαι 跟不定式（παρέχειν, εἶναι, παρέχειν, ἀποδοῦναι 和 καταλύεσθαι）（参考：动词 συντίθημι 跟不定式）。Τισσαφέρνην 作不定式 παρέχειν 的主语。ταῖς ναυσὶ ταῖς ... παρούσαις, 重复定冠词结构。τὰ ξυγκείμενα, 定冠词 + 分词 = 名词。αἱ νῆες αἱ βασιλέως, 重复定冠词结构。Λακεδαιμονίους ... καὶ τοὺς ξυμμάχους 作

不定式 εἶναι 的主语。εἶναι 跟不定式（τρέφειν），to be possible to ...。ἐφ' ἑαυτοῖς，"取决于他们自己"。ἤν =ἐάν。ἐθέλωσι 跟不定式（λαμβάνειν）。Τισσαφέρνην 作不定式 παρέχειν 的主语。Λακεδαιμονίους ... καὶ τοὺς ξυμμάχους 作不定式 ἀποδοῦναι 的主语。τελευτῶντος τοῦ πολέμου，独立属格结构。αἵ，定冠词，跟前倾词（τε），故加了高调符号。αἱ τῶν ξυμμάχων（νῆες）。αἱ βασιλέως（νῆες）。πολεμούντων，第三人称复数命令语气，跟主格（αἱ ... νῆες 等）。ὅτι，"洛布本"和阿尔伯蒂的校勘本作 ὅ τι，anything which。βούλωνται 跟不定式（καταλύειν）。

59.［笺释］παρεσκευάζετο 跟分词（ἄξων）。τἆλλα = τὰ ἀλλὰ。ἐβούλετο 跟不定式（εἶναι）。εἶναι δῆλος 跟分词（παρασκευαζόμενος）。

60.1–3［笺释］τελευτῶντος ... τοῦ χειμῶνος，Ἀθηναίων ἐμφρουρούντων 和 Ἀθηναίων ἐχόντων，独立属格结构。ἦν ἀδύνατα 跟不定式（βλάπτειν），ἀδύνατα 一般作 (ἐστίν) ἀδύνατον，即中性、单数、无人称，但修昔底德爱用中性、复数（GG § 1052）。μεγάλα，用作副词。οἱ δὲ，but they（见前文 1.24.5 笺释）。ὡς，as。οἱ μὲν ... οἱ δὲ ...，"一方……另一方……"。ἄνευ 跟属格（ναυμαχίας）。οἷόν τε εἶναι = οἷόν τε，跟不定式（βοηθῆσαι），it is possible to ...。τῷ πολέμῳ，"对于这场战争来说"。τῷδε 指 ὁ χειμὼν。ὅν，关系代词，其先行词是 τῷ πολέμῳ。

61.1–3［笺释］τοῦ ... θέρους，表时间的属格，表示在该时间段内。ἅμα 跟与格（τῷ ἦρι）。ἐν ὅσῳ，while。ἠναγκάσθησαν 跟不定式（ναυμαχῆσαι）。ἔτυχον 跟分词（κεκομισμένοι）。... ὄντος Ἀστυόχου，独立属格结构。ὅς，关系代词，其先行词是 Λεοντά。τοῦτο 指 Λεοντά，"洛布本"将其删去，更容易理解。αἵ，关系代词，其先行词是 ναῦς。ἔτυχον 跟分词（οὖσαι）。ὧν，关系代词，其先行词是 ναῦς，of them。ἐπεξελθόντων ... τῶν Χίων ... καταλαβόντων ... ἀναγαγομένων，独立属格结构。τὰς τῶν Ἀθηναίων ...（ναῦς）。... γενομένης ναυμαχίας，独立属格结构。ἔλασσον，用作副词。

62.1–3［笺释］τοῦ Δερκυλίδου ... παρεξελθόντος，独立属格结构。ὕστερον，形容词比较级，用作副词，跟属格（δυοῖν ἡμέραιν）（双数），表比较。κατὰ τάχος，"尽快"。ὧν，关系代词，其先行词是 ναυσὶν，of them。κρατήσας 跟属格（τῶν Λαμψακηνῶν）。ποιησάμενος 跟双宾格（σκεύη ... καὶ ἀνδράποδα 和 ἁρπαγὴν）。τοὺς ... ἐλευθέρους，定冠词 + 形容词 = 名词。ὡς，when。ἐδύνατο 跟不定式（ἑλεῖν）。τὸ ἀντιπέρας，定冠词 + 副词 = 名词。ἀντιπέρας 跟属格（τῆς Ἀβύδου）。ἥν，关系代词，其先行词是 Σηστὸν πόλιν。

63.1–4［笺释］οἱ ἐν τῇ Μιλήτῳ 和 τὰ περὶ τῆς ναυμαχίας，定冠词 + 介词短语 = 名词。δυοῖν νεοῖν，双数、与格。ὡς，since。τὸ ... ἔχειν，定冠词 + 不定式 = 名词。τά ...

ἐν ... τῷ στρατεύματι，定冠词 + 介词短语 = 名词。βεβαιότερον，用作副词。προυτρέψαντο + 宾格（τοὺς δυνατωτάτους）+ 不定式（πειρᾶσθαι），ὥστε 可以省略。πειρᾶσθαι 跟不定式（ὀλιγαρχηθῆναι）。ἐπαναστάντας 与τοὺς Σαμίους 配合（原文无，可以从上下文推知），αὐτοὺς 作 ἐπαναστάντας 的宾语。ἐν σφίσιν αὐτοῖς，among themselves。οἱ ἐν τῇ Σάμῳ，同上。ἐσκέψαντο 跟不定式（ἐᾶν，εἶναι，ὁρᾶν，ἀντέχειν 和 ἐσφέρειν）。ἐᾶν，to let him go。Ἀλκιβιάδην 和 αὐτοὺς 作 ἐᾶν 的宾语。αὐτὸν 作不定式 εἶναι 的主语。εἶναι ἐπιτήδειον 跟不定式（ἐλθεῖν）。ἐπὶ σφῶν αὐτῶν，by themselves。ὡς，as。ὅτῳ τρόπῳ，how。τὰ τοῦ πολέμου，定冠词 + 属格 = 名词。ἅμα ... καὶ ...，"不仅……而且……"。αὐτοὺς 作不定式 ἐσφέρειν 的主语。ἤν = ἐάν。ὡς，"因为"。ἤ，than。σφίσιν αὐτοῖς，"为了他们自己"。

64.1–3［笺释］τοὺς ἡμίσεις，定冠词 + 形容词 = 名词。τἀκεῖ = τὰ ἐκεῖ。εἴρητο + 与格（αὐτοῖς）+ 不定式（καθιστάναι）。τῶν ... πόλεων 修饰 ὀλιγαρχίαν。αἷς，关系代词，其先行词是 τῶν ... πόλεων。τοὺς ... ἡμίσεις ... ἄλλους。τἆλλα = τὰ ἄλλα。ᾑρημένον 跟不定式（ἄρχειν）。τὰ ἐπὶ Θρᾴκης，定冠词 + 介词短语 = 名词。ἀπελθόντος αὐτοῦ，独立属格结构。μηνὶ，表时间的与格，表示在该时间点。μάλιστα，"大约"。ὡς 跟分词（προσδεόμενοι 和 προσδεχόμενοι），表示分词主语的意见，"以为""相信"（GG § 2086）。προσδεόμενοι 跟属格（τῆς ... ἀριστοκρατίας）。

64.4–5［笺释］φυγὴ，集合名词。τῶν ... ἐπιτηδείων，定冠词 + 形容词 = 名词。ἔπρασσε 跟不定式（κομίσαι 和 ἀποστῆσαι）。μάλιστα，as nearly as possible。ἃ ἐβούλοντο ξυνέβη αὐτοῖς ... ὀρθοῦσθαι ... καταλελύσθαι ...。ἃ，自主关系代词，whatever。ξυνέβη + 与格（αὐτοῖς）+ 不定式（ὀρθοῦσθαι 和 καταλελύσθαι）。这两个不定式说明 ἃ ἐβούλοντο。τὴν πόλιν 作不定式 ὀρθοῦσθαι 的主语。τὸν ... δῆμον 作不定式 καταλελύσθαι 的主语。τἀναντία = τὰ ἐναντία，跟与格（τοῖς ... καθιστᾶσι）。ἐγένετο 跟不定式（δοκεῖν），it turned out to。τοῖς ... καθιστᾶσι，定冠词 + 分词 = 名词。τῶν ὑπηκόων，定冠词 + 形容词 = 名词。τῶν πρασσομένων，定冠词 + 分词 = 名词。προτιμήσαντες 跟属格（τῆς ... εὐνομίας），"关心""在乎"。

65.1–3［笺释］οἱ ... ἀμφὶ τὸν Πείσανδρον，定冠词 + 介词短语 = 名词。ἔστιν ἀφ' ὧν χωρίων，from some places。ἔστιν τὰ，"有的"，因有介词 ἀφ，故变成 ἔστιν ἀφ' ὧν。σφίσιν αὐτοῖς，to themselves。ἔχοντες 跟双宾格（ὁπλίτας 和 ξυμμάχους）（CGCG § 30.10）。τὰ πλεῖστα，定冠词 + 形容词 = 名词。ὅσπερ，关系代词，其先行词是 Ἀνδροκλέα。ἕνεκα 跟属格（τῆς ... δημαγωγίας）。οἰόμενοι χαριεῖσθαι τῷ Ἀλκιβιάδῃ。οἰόμενοι 跟不定式（χαριεῖσθαι）。διέφθειραν αὐτόν。ὡς 跟将来时分词（间接格

（*κατιόντι* 和 *ποιήσοντι*），in the belief that ...（*κατιόντι*，现在时分词，此词只有现在时，但带有将来时的意思）（GG § 2086b）。*ποιήσοντι* 跟双宾格（*τὸν Τσσαφέρνην* 和 *φίλον*）。*μᾶλλόν*，rather。*τι*，用作副词，"在某种程度上"。*ἐκ τοῦ φανεροῦ* = *φανερῶς*。*αὐτοῖς*，"被他们"。*ὡς*，that。*ἢ*，than。*τοὺς στρατευομένους*，定冠词 + 分词 = 名词。*μεθεκτέον* 跟属格（*τῶν πραγμάτων*）。*ἢ*，than。*οἳ*，关系代词，其先行词是 (*τοῖς*) *πεντακισχιλίοις*。*οἷοί τε* 跟不定式（*ὠφελεῖν*）。

66.1［笺释］*τοὺς πλείους*，定冠词 + 形容词 = 名词。*ἔμελλον* 跟不定式（*ἕξειν*）。*οἵπερ*，自主关系代词，"正是那些人"。*μέντοι ὅμως*，"但还是""然而"。*ἡ ἀπὸ τοῦ κυάμου βουλὴ*。*ὅτι*，"洛布本"和阿尔伯蒂的校勘本作 *ὅ τι*，anything which。*τοῖς ξυνεστῶσι*、*οἱ λέγοντες* 和 *τὰ ῥηθησόμενα*，定冠词 + 分词 = 名词。

66.2–3［笺释］*τῶν ἄλλων*，定冠词 + 形容词 = 名词，修饰 *οὐδεὶς*。*τὸ ξυνεστηκός*、*τῶν δρασάντων* 和 *ὁ ... πάσχων*，定冠词 + 分词 = 名词。*καὶ*，actually。... *ὥστε ὁ μὴ πάσχων τι ... ἐνόμιζεν κέρδος ...*。*ἡγούμενοι* + 宾格（*τὸ ξυνεστηκὸς*）+ 不定式（*εἶναι*）。*πλέον ... ἢ ...*, more ... than ...。*ἐτύγχανεν* 跟分词（*ὄν*）。*ὄντες ἀδύνατοι* 跟不定式（*ἐξευρεῖν*）。*αὐτὸ* 指上文所说的情况。*εἶχον* 跟不定式（*ἐξευρεῖν*），they were able to ...。

66.4［笺释］*ταὐτὸ* = *τὸ αὐτό*，the same。*ἦν ἀδύνατον* 跟不定式（*προσολοφύρασθαί*）。*ἀγανακτήσαντα* 与省略了的 *αὐτὸν* 配合（*αὐτὸν* 作不定式 *προσολοφύρασθαί* 的主语）。*ὥστε* 跟不定式（*ἀμύνασθαι*），表结果。*ἐπιβουλεύσαντα* 与省略了的 *αὐτὸν* 配合（*αὐτὸν* 作不定式 *ἀμύνασθαι* 的主语）。*ἢ ... ἢ ...*，"或者……或者……"。*ᾧ*，自主关系代词，to whom。

66.5［笺释］*οἱ τοῦ δήμου*，定冠词 + 属格 = 名词。*ὡς* 跟独立宾格（*μετέχοντά τινα*），in the belief that ...（GG § 2078）。*μετέχοντά* 跟属格（*τῶν γιγνομένων*）。*τῶν γιγνομένων*，定冠词 + 分词 = 名词。*ᾤετο* + 宾格（*οὓς*）+ 不定式（*τραπέσθαι*）。*οὓς*，自主关系代词，whom。*τὸ ἄπιστον* 和 *τῶν ὀλίγων*，定冠词 + 形容词 = 名词。

67.1［笺释］*οὖν*，接续前文，"却说"。*οἱ περὶ τὸν Πείσανδρον*，定冠词 + 介词短语 = 名词。*εἴχοντο* 跟属格（*τῶν λοιπῶν*），cling to。*τῶν λοιπῶν*，定冠词 + 形容词 = 名词。*γνώμην* 跟不定式（*ἑλέσθαι*），表动议的内容。*ἑλέσθαι* 跟双宾格（*ἄνδρας* 和 *ξυγγραφέας*）（CGCG § 30.10）。*εἶπον* 跟不定式（*ἐσενεγκεῖν*）。*ὅτι*，"洛布本"和阿尔伯蒂的校勘本作 *ὅ τι*，anything which。*ἄριστα*，用作副词。

67.2–3［笺释］*ἔξω* 跟属格（*πόλεως*）。*ἀπέχον* + 属格（省略）+ 宾格（*σταδίους*），"距离某地多少里程"。*μάλιστα*，"大约"。*αὐτὸ ... τοῦτο* 指的是 *γνώμην*，其内容用不定式（*ἐξεῖναι*）表达。*ἐξεῖναι* 跟不定式（*εἰπεῖν*）。*ἦν*，关系代词，其先行词是 *γνώμην*。

Ἀθηναίων 修饰 τις。ἦν = ἐάν。ἢ ... ἢ ...，"或者……或者……"。τὸν εἰπόντα，定冠词 + 分词 = 名词。λαμπρῶς，"毫不掩饰地"。ἐλέγετο 跟不定式（ἄρχειν, μισθοφορεῖν, ἑλέσθαι, ἑλέσθαι, ἄρχειν 和 ξυλλέγειν）。μήτε ... μηδεμίαν ...，两个复合否定词连用，后者强调前者，仍表否定（GG § 2761）。μηδεμίαν 作不定式 ἄρχειν 的主语；ἀρχὴν 作不定式 ἄρχειν 的宾语。ἑλέσθαι 跟双宾格（πέντε ἄνδρας 和 προέδρους）（CGCG § 30.10）。τούτους 作不定式 ἑλέσθαι 的主语。τρεῖς（ἄνδρας）。πρὸς ἑαυτόν，in addition to himself。αὐτοὺς 作不定式 ἄρχειν 和 ξυλλέγειν 的主语。τετρακοσίους（ἄνδρας）。ἄριστα，用作副词。τοὺς πεντακισχιλίους（ἄνδρας）。

68.1［笺释］ὁ μὲν ... ἦν Πείσανδρος。ὁ μὲν，ὁ 为指示代词（GG § 1106）。τἆλλα = τὰ ἀλλά，"在其他方面（除此之外）""整个地"。ἐκ τοῦ προφανοῦς，"公开地"。ὁ ... ξυνθεὶς ... ἐπιμεληθεὶς ἦν Ἀντιφῶν。ὁ ... ξυνθεὶς ... ἐπιμεληθεὶς，定冠词 + 分词 = 名词。ἐκ πλείστου，for the longest time。τῶν καθ' ἑαυτὸν，定冠词 + 介词短语 = 名词，of his own day。ὕστερος 跟属格（οὐδενὸς），表比较。κράτιστος 跟不定式（ἐνθυμηθῆναι 和 εἰπεῖν）。ἅ，自主关系代词，whatever。οὐ ... οὐδ' ... οὐδένα ...，简单否定词 + 复合否定词，后者强调前者，仍表否定（CGCG § 56.4）。διὰ 跟宾格（δόξαν）。τοὺς ... ἀγωνιζομένους，定冠词 + 分词 = 名词，作不定式 ὠφελεῖν 的宾语。δυνάμενος 跟不定式（ὠφελεῖν）。τι，宾格，anything。

68.2［笺释］"洛布本"和阿尔伯蒂的校勘本将 μετέστη ἡ ... κατέστη 删去，更容易理解。τὰ τῶν τετρακοσίων，定冠词 + 属格 = 名词。τῶν μέχρι ἐμοῦ，定冠词 + 介词短语 = 名词，"直到我的时代""迄今"。"洛布本"断句： ... ὑπὲρ αὐτῶν τούτων，αἰτιαθεὶς ὡς ξυγκατέστησε ...，更容易理解。ὑπὲρ αὐτῶν τούτων，in defending these very acts。ὡς，as。

68.3-4［笺释］διαφερόντως，副词，跟属格（πάντων）。νομίζων + 宾格（αὐτὸν）+ 不定式（κατελθεῖν）。κατὰ τὸ εἰκὸς，in all probability。τὰ δεινά，定冠词 + 形容词 = 名词。πολύ，用作副词，quite。ὁ τοῦ Ἄγνωνος，定冠词 + 属格 = 名词。τοῖς ξυγκαταλύουσι，定冠词 + 分词 = 名词。ἀδύνατος 跟不定式（εἰπεῖν 和 γνῶναι）。ὥστε，用在句首，表示总结，and so, therefore。ἦν χαλεπὸν 跟不定式（παῦσαι）。παῦσαι + 宾格（τὸν ... δῆμον）+ 属格（ἐλευθερίας），"剥夺某人某物"。οὐ μόνον ... ἀλλά ...，"不仅……而且……"。εἰωθότα 跟不定式（ἄρχειν）。ἄρχειν 跟属格（ἄλλων）。ὄντα 和 εἰωθότα 与 τὸν ... δῆμον 配合。

69.1-2［笺释］οὐδενὸς ἀντειπόντος，独立属格结构。τοὺς τετρακοσίους（ἄνδρας）。ἤδη ὕστερον，"紧接着"。οἱ μὲν ... οἱ δ' ...，"有的……有的……"。ἕνεκα 跟属格（τῶν ...

卷　八 | 393

πολεμίων)。τῇ ... ἡμέρᾳ，表时间的与格，表示在该时间点。τοὺς ... ξυνειδότας，定冠词 + 分词 = 名词。εἰώθεσαν 跟不定式（ἀπελθεῖν）。εἴρητο + 与格（τοῖς ... ἐν τῇ ξυνωμοσίᾳ）+ 不定式（πειμένειν 和 ἐπιτρέπειν）。αὐτοῖς τοῖς ὅπλοις，"他们的武器"。ἤν = ἐάν。τοῖς ποιουμένοις，定冠词 + 分词 = 名词。

69.3–4［笺释］τῶν ἐποίκων，定冠词 + 形容词 = 名词。οὕς，关系代词，其先行词是 τῶν ἐποίκων。οἷς，关系代词，其先行词是Ἄνδριοι ... 等。τούτων ... διατεταγμένων，独立属格结构。οἱ τετρακόσιοι (ἄνδρες)。οἱ ... νεανίσκοι，定冠词 + 形容词 = 名词。ἐχρῶντο 跟与格（οἷς）。οἷς，关系代词，其先行词是 οἱ ... νεανίσκοι。εἴ 和 τί 分别跟前倾词（τι 和 που），故都加了高调符号。δέοι 跟不定式（χειρουργεῖν）。εἶπον + 与格（αὐτοῖς）+ 不定式（ἐξιέναι）。ἔφερον ... καὶ ἐδίδοσαν (τὸν μισθόν) τοῦ ... χρόνου。ἐξιοῦσιν 与 αὐτοῖς 配合。

70.1［笺释］ὡς，when。ἥ，定冠词，跟前倾词（τε），故加了高调符号。οὐδέν，not at all。οἱ τετρακόσιοι (ἄνδρες)。ἀπεκλήρωσαν + 宾格（πρυτάνεις）+ 属格（σφῶν αὐτῶν），"从……中选出……"。σφῶν αὐτῶν，"他们自己"。ἐχρήσαντο 跟与格（εὐχαῖς καὶ θυσίαις）。πολὺ，用作副词，修饰其后的分词。μεταλλάξαντες 跟属格（τῆς ... διοικήσεως）。πλὴν = πλὴν ὅτι。τοὺς φεύγοντας，定冠词 + 分词 = 名词。ἕνεκα 跟属格（τοῦ Ἀλκιβιάδου）。τά ... ἄλλα，"在其他方面（除了上述没有召回流亡者之外）""总体上"。

70.2［笺释］οἵ，关系代词，其先行词是 ἄνδρας。ἐδόκουν 跟不定式（εἶναι）。εἶναι ἐπιτήδειοι 跟不定式（ὑπεξαιρεθῆναι）。τοὺς δὲ，τοὺς 为指示代词（GG § 1106）。λέγοντες 跟不定式（βούλεσθαι 和 εἶναι）。βούλεσθαι 跟不定式（διαλλαγῆναι）。εἶναι εἰκὸς 跟不定式（ξυγχωρεῖν）。αὐτὸν 作不定式 εἶναι 的主语。

71.1［笺释］ὁ δὲ，but he（见前文 1.24.5 笺释）。νομίζων + 宾格（τὴν πόλιν 和 τὸν δῆμον）+ 不定式（ἡσυχάζειν 和 παραδώσειν）。εἴ 跟前倾词（τε），故加了高调符号。νομίζων 跟不定式（ἡσυχάζειν）。τῷ παρόντι，定冠词 + 分词 = 名词。πιστεύων μὴ 跟不定式（ταράσσεσθαι）（GG § 2726）。αὐτούς 作不定式 ταράσσεσθαι 的主语。οὐδὲ ... πάνυ τι，"不很"。τοῖς ... ἐλθοῦσιν，定冠词 + 分词 = 名词。τῶν τετρακοσίων (ἀνδρῶν)。πολλῷ 跟比较级（ὕστερον）（GG § 1514）。τῶν ἐλθόντων，定冠词 + 分词 = 名词。ἐλπίσας + 宾格（αὐτοὺς）+ 不定式（χειρωθῆναι 和 ἁμαρτεῖν）。ἢ ... ἢ ...，"或者……或者……"。ᾗ，关系副词，"as"。τὸν ἔνδοθέν τε καὶ ἔξωθεν，定冠词 + 副词 = 名词。κατὰ τὸ εἰκὸς，in all probability。ἁμαρτεῖν 跟属格（λήψεως）。τῶν ... τειχῶν 修饰 λήψεως。κατ' αὐτὰ，"就它（长墙）而言"。

71.2–3［笺释］ὡς, when。τὰ ... ἔνδοθεν, 定冠词+副词=名词。τὸ ... προσελθεῖν, 定冠词+不定式=名词。ἐκράτησαν 跟属格（ὅπλων 和 νεκρῶν）。δή, 表强调。οἱ μετ' αὐτοῦ, 定冠词+介词短语=名词。κατὰ χώραν, "在原地"。τοὺς ... ἐπελθόντας, 定冠词+分词=名词。τινὰς ἡμέρας, 表时间的宾格，表示贯穿该时间段。οἱ τετρακόσιοι (ἄνδρες)。 οὐδὲν ἧσσον, "不少""一样""继续"。κἀκείνου (= καὶ ἐκείνου) ... προσδεχομένου καὶ παραινοῦντος, 独立属格结构。βουλόμενοι 跟不定式（διαλλαγῆναι）。

72.1–2［笺释］ὡς, that。ἐπὶ 跟与格（βλάβῃ 和 σωτηρίᾳ）, "为的是……"。ὅτι, that。οἱ πράσσοντες, 定冠词+分词=名词。διδάξοντας 跟不定式（ἐλθεῖν 和 ξυνελθεῖν）。Ἀθηναίους 作不定式 ἐλθεῖν 的主语。βουλεύσοντας 与 Ἀθηναίους 配合。ᾧ, 关系代词，其先行词是 πρᾶγμα。πεντακισχιλίους (ἄνδρας) 作不定式 ξυνελθεῖν 的主语。ἄλλα, "洛布本"作 τἆλλα, 更容易理解。τὰ πρέποντα, 定冠词+分词=名词。πρέποντα 跟不定式（εἰπεῖν）（或解作：ἐπιστείλαντες εἰπεῖν ἄλλα τὰ πρέποντα）。δείσαντες 跟虚拟语气（ἐθέλῃ 和 μεταστήσωσιν）, μή 和 μή 为赘词。ἐθέλῃ 跟不定式（μένειν）。ὅπερ, 自主关系代词，just that。 ... ἀρξαμένου τοῦ κακοῦ, 独立属格结构。τοῦ κακοῦ, 定冠词+形容词=名词。

73.1–2［笺释］τὰ περὶ τὴν ὀλιγαρχίαν, 定冠词+介词短语=名词。ξυνέβη 跟不定式（γενέσθαι）。ὅνπερ, 关系代词，其先行词是 τὸν χρόνον, 表时间的宾格，表示贯穿该时间段。οἱ τετρακόσιοι (ἄνδρες)。 οἱ ... ἐπαναστάντες, 定冠词+分词=名词。δῆμος, 集合名词。τοῖς δυνατοῖς, 定冠词+形容词=名词。ἔμελλον 跟不定式（ἐπιθήσεσθαι）。τοῖς ἄλλοις, 定冠词+形容词=名词。ὡς, as。ὄντι 与 τοῖς ἄλλοις 配合。

73.3–4［笺释］ὥρμηντο 跟不定式（ἐπιτίθεσθαι）。τοῖς ... πλέοσιν, 定冠词+形容词=名词。οἱ δὲ, but they（见前文 1.24.5 笺释）。τὸ τιμᾶσθαι, 定冠词+不定式=名词。τὸ μέλλον, 定冠词+分词=名词，作 αἰσθόμενοι 的宾语。τῷ μὲν ... τῷ δὲ ..., 两个定冠词均作指示代词（GG § 1106）, "前者……后者……"。οἷ, 关系代词，其先行词是 ἄλλοις。ἐδόκουν 跟不定式（ἀναντιοῦσθαι）。τοῖς ξυνεστῶσιν, 定冠词+分词=名词。ἠξίουν+宾格（αὐτοὺς）+不定式（περιιδεῖν）。σφᾶς 作不定式 περιιδεῖν 的宾语。ἥν, 关系代词，其先行词是 Σάμον。

73.5–6［笺释］οἱ δὲ, and they（见前文 1.24.5 笺释）。μετῆσαν+宾格（ἕνα）+不定式（ἐπιτρέπειν）。ὅ, 定冠词，跟前倾词（τε）, 故加了高调符号。κατέλειπον 跟双宾格（τινάς ναῦς 和 φύλακας）(CGCG § 30.10)。ὥστε, 用在句首，表示得出一个有力的结论，"因此"。οἱ τριακόσιοι (ἄνδρες)。βοηθησάντων ... τούτων ... τῶν Παράλων, 独立属格结构。οἱ ... πλέονες, 定冠词+形容词=名词。τῶν τριακοσίων (ἀνδρῶν)。τοὺς αἰτιωτάτους, τοῖς ... ἄλλοις 和 τὸ λοιπὸν，定冠词 + 形容词 = 名词。μνησικακοῦντες 跟与格（τοῖς ... ἄλλοις）。

74.1-3［笺释］τὸν Ἀρχεστράτου，定冠词 + 属格 = 名词。οἵ，定冠词，跟前倾词（τε），故加了高调符号。τὰ γεγενημένα，定冠词 + 分词 = 名词。κατὰ τάχος，"迅速"。τοὺς ... ἄρχοντας，定冠词 + 分词 = 名词。καταπλευσάντων αὐτῶν，独立属格结构。οἱ τετρακόσιοι (ἄνδρες)。ἤ, or。ἀφελόμενοι 跟双宾格（τοὺς ... ἄλλους 和 τὴν ναῦν）（CGCG § 30.9），deprive something of something。ἔταξαν 跟不定式（φρουρεῖν）。ὡς，when。τὰ παρόντα，定冠词 + 分词 = 名词。τὸ μεῖζον，定冠词 + 形容词 = 名词。τὰ ἐκ τῶν Ἀθηνῶν，定冠词 + 介词短语 = 名词。ὡς，that。ἔστιν 跟不定式（ἀντειπεῖν），it is possible to ...。τοὺς ἔχοντας，定冠词 + 分词 = 名词。ὅτι，that。διανοοῦνται 跟不定式（εἴρξειν）。τοὺς προσήκοντας，定冠词 + 分词 = 名词。τῆς ... γνώμης，表语属格。ἤν = ἐάν。

75.1［笺释］οἱ δὲ, and they（见前文 1.24.5 笺释）。τοὺς ... ποιήσαντας，定冠词 + 分词 = 名词。τῶν ἄλλων，定冠词 + 形容词 = 名词。τοὺς μετασχόντας，定冠词 + 分词 = 名词。τὸ ... πρῶτον，"首先"。ὥρμησαν 跟不定式（βάλλειν）。τῶν διὰ μέσου，定冠词 + 介词短语 = 名词。τῶν πολεμίων ἀντιπρώρων ... ἐφορμούντων，独立属格结构。

75.2-3［笺释］ὅ，定冠词，跟前倾词（τε），故加了高调符号。ὁ τοῦ Λύκου，定冠词 + 属格 = 名词。βουλόμενοι 跟不定式（μεταστῆσαι）。τὰ ἐν τῇ Σάμῳ，定冠词 + 介词短语 = 名词。προειστήκεσαν 跟属格（τῆς μεταβολῆς）。ὥρκωσαν + 宾格（τοὺς στρατιώτας）+ 同源宾语（τοὺς ... ὅρκους），made someone swear ...。τοὺς ἐκ τῆς ὀλιγαρχίας，定冠词 + 介词短语 = 名词。ἦ μήν，用在誓言的开头，"完全真的" "实实在在的"（GG § 2921, CGCG § 59.65），跟将来时不定式（δημοκρατήσεσθαί, ὁμονοήσειν, διοίσειν, ἔσεσθαι 和 ἐπικηρυκεύσεσθαι）。τοῖς τετρακοσίοις (ἀνδροις)。οὐδέν, not at all。οἱ ἐν τῇ ἡλικίᾳ，定冠词 + 介词短语 = 名词。τὰ ἀποβησόμενα，定冠词 + 分词 = 名词。νομίζοντες + 宾格（ἀποστροφὴν）+ 不定式（εἶναι）。νομίζοντες 跟不定式（διαφθαρήσεσθαι）。

76.1-3［笺释］τὸν χρόνον，表时间的宾格，表示贯穿该时间段。οἱ μὲν ... οἱ δὲ ...，"一方……另一方……"。ἀναγκάζοντες + 宾格（τὴν πόλιν 和 τὸ στρατόπεδον）+ 不定式（δημοκρατεῖσθαι 和 ὀλιγαρχεῖσθαι）。ἥ，关系代词，其先行词是 ἐκκλησίαν。εἴ 跟前倾词（τινα），故加了高调符号。ὑπῆρχον 跟属格（ὧν）。ὧν，关系代词，其先行词是 στρατηγούς。ἐν σφίσιν αὐτοῖς, among themselves。ἄλλας ... καὶ ..., in particular。ὡς, that。δεῖ 跟不定式（ἀθυμεῖν）。ὅτι, "因为"。ἀφέστηκεν 跟属格（αὐτῶν）。ἐποιοῦντο ...

παραινέσεις 跟不定式（μεθεστάναι）。τοὺς ... ἐλάσσους，定冠词+形容词=名词，作不定式 μεθεστάναι 的主语。τῶν πλεόνων，定冠词+形容词=名词。ἐς πάντα，in every way。

76.4［笺释］ἐχόντων ... σφῶν ...，独立属格结构。ἐποιοῦντο ... παραινέσεις 跟不定式（ἀναγκάσειν, ὑπάρχειν, ἀμυνεῖσθαι 和 εἶναι）。ἀναγκάσειν+宾格（τάς ... πόλεις）+不定式（διδόναι）。ἄρχουσιν 跟属格（ὧν）。ὧν，关系代词，其先行词是 τάς ... πόλεις。καὶ εἰ，just as if。ἥ，关系代词，其先行词是 πόλιν ... Σάμον。ἦλθε παρ' ἐλάχιστον 跟不定式（ἀφελέσθαι）。παρ' ἐλάχιστον δή，"差一点点"。τὸ ... κράτος 作不定式 ἀφελέσθαι 的宾语。ἀμυνεῖσθαι τοὺς ... πολεμίους，to defend themselves against the enemy。οὗπερ，关系副词，where。εἶναι δυνατώτεροι 跟不定式（πορίζεσθαι）。σφεῖς，相当于 αὐτοί，既作 εἶναι 的主语，又作其附属成分，即不定式 πορίζεσθαι 的主语（GG§1228b. N. 1）。τὰ ἐπιτήδεια，定冠词+形容词=名词。δυνατώτεροι，形容词比较级，跟属格（τῶν ἐν τῇ πόλει，定冠词+介词短语=名词），表比较。

76.5［笺释］ἐποιοῦντο ... παραινέσεις 跟不定式（κρατεῖν）。αὐτοὺς 作不定式 κρατεῖν 的主语。κρατεῖν 跟属格（τοῦ ... ἔσπλου）。προκαθημένους 与 αὐτοὺς 配合。ἐς τοιοῦτον καταστήσονται，it will come to this ...①（τῶν ἐν τῇ πόλει) βουλομένων，独立属格结构。βουλομένων 跟不定式（ἀποδοῦναι）。"洛布本"将原文改作：... ὅτι νῦν ἐς τοιοῦτο καταστήσονται μὴ βουλόμενοι ...，似乎没有必要。ὥστε 跟不定式（εἶναι），表结果。εἶναι δυνατώτεροι 跟不定式（εἴργειν 和 εἴργεσθαι）。εἴργειν+宾格（ἐκείνους）+属格（τῆς θαλάσσης），to keep somebody away from ...。ἤ，than。

76.6［笺释］整理词序：ὃ πρὸς τὸ περιγίγνεσθαι ... ἡ πόλις ἦν χρήσιμος σφίσι εἶναι βραχύ ... τι καὶ ἄξιον οὐδενὸς ...。ἦν χρήσιμος 跟不定式（εἶναι）。ὅ，用在句首（有时用 ἅ），as to what，"至于……方面"（GG§2494）。τὸ περιγίγνεσθαι，定冠词+不定式=名词。περιγίγνεσθαι 跟属格（τῶν πολεμίων）。ἄξιον 跟属格（οὐδενός）。ἐποιοῦντο ... παραινέσεις 跟不定式（ἀπολωλεκέναι, ἡμαρτηκέναι, σῴζειν 和 πειράσεσθαι）。οἵ γε = ἐπεὶ ἐκεῖνοί γε。οἵ，自主关系代词，指"在雅典搞寡头统治的人"。εἶχον 跟不定式（πέμπειν），was able to ...。ἕνεκα 跟属格（οὗπερ）。οὗπερ，关系代词，其先行词是 βούλευμα。κρατεῖ 跟属格（στρατοπέδων）。ἀλλά，"相反"。ἐν τούτοις，"在这方面"。τοὺς μὲν，τοὺς 为指示代词（GG§1106），作不定式 ἡμαρτηκέναι 的主语。καταλύσαντας 与 τοὺς 配合。ἐκείνους 作不定式 σῴζειν 的宾语。πειράσεσθαι 跟不定式（προσαναγκάζειν）。

---

① 参见霍氏《评注》，第3卷，页979。

ὥστε 跟不定式（εἶναι），表结果。τούτους 作不定式 εἶναι 的主语。οἵπερ，关系代词，其先行词是 τούτους。παρὰ σφίσι, among themselves。

76.7［笺释］ἤν = ἐάν。ποιήσωσιν 跟双宾格（Ἀλκιβιάδην 和 κάθοδον, ἄδειάν）。ἄσμενον 跟不定式（παρέξειν）。τό ... μέγιστον, 定冠词 + 形容词 = 名词，用作副词，"最重要的是"。ἤν = ἐάν。σφάλλωνται 跟属格（ἁπάντων）。ἐποιοῦντο ... παραινέσεις 跟不定式（εἶναι）。ἔχουσι 与 αὐτοῖς 配合。... τὰς ἀποχωρήσεις εἶναι πολλὰς ...。τὰς ἀποχωρήσεις 作不定式 εἶναι 的主语。αἷς, 关系代词，其先行词是 τὰς ἀποχωρήσεις。

77.［笺释］σφᾶς αὐτοὺς, themselves。τὰ τοῦ πολέμου, 定冠词 + 属格 = 名词。οἱ δέ, but they（见前文 1.24.5 笺释）。τῶν τετρακοσίων (ἀνδρῶν)。ὡς, when。αὐτοῦ, there。

78.［笺释］κατὰ σφᾶς αὐτοὺς, among themselves。διεβόων 跟不定式（κινδυνεύσειν）。ὡς, that。τοῦ μὲν ... ἐθέλοντος, 独立属格结构，τοῦ 为指示代词（GG § 1106）。ἐθέλοντος 跟不定式（ναυμαχεῖν）。λέγονται 跟不定式（στασιάζειν）。τῷ αὐτῷ, the same (place)。ἄλλως，"只不过"。κινδυνεύσειν 跟不定式（διατριβῆναι）。διεβόων + 宾格（τὸν ... Τισσαφέρνην）+ 不定式（κομίζειν）。τάς ... ναῦς 和 τροφὴν 作 κομίζειν 的宾语。ὅτι, that。ἔφασαν 跟不定式（χρῆναι）。χρῆναι 跟不定式（μέλλειν）。μέλλειν 跟不定式（διαναυμαχεῖν）。

79.1–2［笺释］δόξαν + 与格（αὐτοῖς）+ ὥστε + 不定式（διαναυμαχεῖν）。κελεύσαντες + 宾格（τοὺς Μιλησίους）+ 不定式（παριέναι）。ὡς πρὸς，"朝向"。αἵ, 关系代词，其先行词是 ταῖς ... ναυσί。ἔτυχον 跟分词（ὁρμοῦσαι）。διέχει + 属格（τῆς ἠπείρου）+ 宾格（ὀλίγον），"距离某地多少距离"。ὡς, when。νομίσαντες 跟不定式（εἶναι）。εἶναι ἱκανοὶ 跟不定式（διακινδυνεῦσαι）。περὶ τοῦ παντὸς, about everything。

79.3–6［笺释］προσεδέχοντο + 宾格（τὸν Στρομβιχίδην）+ 不定式（προσβοηθήσειν）。οἱ μὲν ..., οἱ 为指示代词（GG § 1106）。ἐπί, upon。τῶν πλησιοχώρων, 定冠词 + 形容词 = 名词。τῇ ὑστεραίᾳ (ἡμέρᾳ)。μελλόντων αὐτῶν ..., 独立属格结构。μελλόντων 跟不定式（ἐπιπλεῖν）。προσγενομένων ... τῶν νεῶν, 独立属格结构。βουλόμενοι 跟不定式（διαναυμαχῆσαι）。ὡς, since。

80.1–4［笺释］νομίσαντες 跟不定式（εἶναι）。ἀπορήσαντες 跟ὁπόθεν 引导的从句。ἄλλως τε καί，"尤其"。Τισσαφέρνους ... διδόντος, 独立属格结构。ὡς 跟宾格（人）(τὸν Φαρνάβαζον)，"到某人那里去"。τὸ πρῶτον，"首先"。ἦν ἑτοῖμος 跟不定式（παρέχειν）。ἐπεκηρυκεύετο 跟不定式（ἀποστῆναι）。αἱ μὲν ... λαβόμεναι αἱ πλείους, 重复定冠词结构。μὲν ... δὲ ..., 表对照。λαβόμεναι 跟属格（Δήλου）。αἱ ... δέκα (ναῦς)。οἱ ἐκ τῆς Σάμου, 定冠词 + 介词短语 = 名词。

81.1–2［笺释］οἱ ... προεστῶτες，定冠词 + 分词 = 名词。ἐχόμενος 跟属格（τῆς ... γνώμης），cling to。ὥστε 跟不定式（κατάγειν），表结果。ψηφισαμένων αὐτῶν，独立属格结构。ὡς 跟宾格（人）（τὸν Τισσαφέρνην），"到某人那里去"。γενομένης ... ἐκκλησίας，独立属格结构。τῶν μελλόντων，定冠词 + 分词 = 名词。παρὰ 跟与格（人）（τῷ Τισσαφέρνει），by the side of。οἵ，定冠词，跟前倾词（τε），故加了高调符号。οἱ ... οἴκοι，定冠词 + 副词 = 名词。ὡς μάλιστα，"最大限度地"。

81.3［笺释］ὡς，that。ἦ μήν，用在誓言的开头，"完全真的""实实在在的"（GG § 2921, CGCG § 59.65），跟将来时不定式（ἀπορήσειν 和 κομιεῖν）。τῶν ἑαυτοῦ，定冠词 + 属格 = 名词，修饰 τι。τι，主格。ἤν = ἐάν。πιστεύσῃ 跟与格（Ἀθηναίοις）。αὐτοὺς 作不定式 ἀπορήσειν 的主语，ἀπορήσειν 跟属格（τροφῆς）。ἤν，同上。δέῃ 跟不定式（ἐξαργυρῶσαι）。ὑπισχνεῖτο 跟不定式（πιστεῦσαι）。πιστεῦσαι 跟与格（Ἀθηναίοις）。αὐτῷ 指 Τισσαφέρνης。

82.1［笺释］οἱ δὲ，but they（见前文 1.24.5 笺释）。εἵλοντο 跟双宾格（αὐτὸν 和 στρατηγόν）（CGCG § 30.10）。τῶν προτέρων，定冠词 + 形容词 = 名词。ἠλλάξαντο + 宾格（τήν ... ἐλπίδα）+ 属格（οὐδενὸς），"拿……交换……"。τῆς ... σωτηρίας 和 τῆς ... τιμωρίας 修饰 τήν ... ἐλπίδα。ἦσαν ... ἕτοιμοι 跟不定式（καταφρονεῖν 和 πλεῖν）。διὰ τὸ αὐτίκα，原文可能有误，大概意思是"立即"，但此短语一般不用来表时间，也许可以解作 παραυτίκα。ἐκ τῶν λεχθέντων，"受了他的话的影响"。τῶν λεχθέντων，定冠词 + 分词 = 名词。

82.2–3［笺释］ὁ δὲ，but he（见前文 1.24.5 笺释）。τὸ ... πλεῖν，定冠词 + 不定式 = 名词，作 διεκώλωσε 的宾语。ὑπολιπόντας 与省略了的 αὐτοὺς 配合（αὐτοὺς 作不定式 πλεῖν 的主语）。πολλῶν ἐπειγομένων，独立属格结构。ἔφη 跟不定式（πράξειν）。τὰ ... τοῦ πολέμου，定冠词 + 属格 = 名词，作不定式 πράξειν 的宾语。ὡς 跟宾格（人）（Τισσαφέρνην），"到某人那里去"。δοκῇ 跟不定式（κοινοῦσθαι）。πάντα 作不定式 κοινοῦσθαι 的宾语。βουλόμενος 跟不定式（εἶναι 和 ἐνδείκνυσθαι）。ὅτι，that。οἷός τέ 跟不定式（ποιεῖν）。ξυνέβαινε + 与格（τῷ Ἀλκιβιάδῃ）+ 不定式（φοβεῖν）。τοὺς Ἀθηναίους 和 τὸν Τισσαφέρνην 作不定式 φοβεῖν 的宾语。

83.1–2［笺释］ἀπιστοῦντες 跟与格（τῷ Τισσαφέρνει）。πολλῷ 跟比较级（μᾶλλον）（GG § 1514）。δὴ，表强调。ξυνηνέχθη + 宾格（τὸν Τισσαφέρνην）+ 不定式（ἐπιδεδωκέναι），it happened that somebody does something ...。κατὰ 跟宾格（τὸν ... ἐπίπλουν），"关于……"。ὡς，when。ἠθέλησαν 跟不定式（ναυμαχῆσαι）。πολλῷ 跟比较级（ἀρρωστότερον）（GG § 1514）。γενόμενον 与 τὸν Τισσαφέρνην 配合。ἐπιδεδωκέναι ἐς τὸ μισεῖσθαι。τὸ μισεῖσθαι，定冠词+不定式=名词。πρότερον，副词比较级，跟属格（τούτων），表比较。

83.3［笺释］τῶν ἄλλων τῶν ... ἀνθρώπων，重复定冠词结构。ἀξίων 跟属格（λόγου）。ὡς，that。τὸ ... διδόμενον，定冠词+分词=名词。τοῦτο 指 τὸ ... διδόμενον（与 μισθὸν 配合）。ἢ ... ἢ ...，"或者……或者……"。ἀνελογίζοντο+宾格（τοὺς ἀνδρώπους 和 Ἀστύοχον）+不定式（ἀπολείψειν 和 εἶναι）。αἴτιον 跟属格（πάντων）。

84.1–5［笺释］ὄντων ... αὐτῶν ...，独立属格结构。ὅσῳ ... τοσούτῳ ...，the more ... so much the more ...。ὁ δὲ，but he（见前文1.24.5笺释）。αὐθαδέστερόν 和 τι（somewhat），用作副词。ὡς，when。οἷα，just as。δὴ，表强调。ὥρμησαν 跟不定式（βάλλειν），ὥστε 可以省略。ὁ δὲ，同上。ἔφη+宾格（Μιλησίους καὶ τοὺς ἄλλους τοὺς ἐν τῇ βασιλέως）+不定式（χρῆναι）。χρῆναι 跟不定式（δουλεύειν 和 ἐπιθεραπεύειν）。τοὺς ἄλλους τοὺς ἐν τῇ βασιλέως (γῇ)，重复定冠词结构。τὰ μέτρια，定冠词+形容词=名词，用作副词。εἴασαν+宾格（αὐτὸν）+不定式（θάψαι）。οὗ，where。οἱ παρόντες，定冠词+分词=名词。

85.1–4［笺释］ὄντων ... τῶν πραγμάτων，独立属格结构。τῶν παρ' ἑαυτοῦ，定冠词+介词短语=名词。κατηγορήσοντα 跟属格（τῶν ... Μιλησίων）。ἐπὶ，"为了……"。τῇ αὐτοῦ καταβοῇ。ὃς，关系代词，其先行词是 τὸν Ἑρμοκράτη。ἔμελλε 跟不定式（ἀποφαίνειν）。τὰ τελευταῖα，"最后"。φυγόντος ... τοῦ Ἑρμοκράτους 和 ἑτέρων ἡκόντων ... στρατηγῶν，独立属格结构。Ποτάμιδος καὶ Μύσκωνος καὶ Δημάρχου，作 στρατηγῶν 的同位语。πολλῷ 跟比较级（μᾶλλον）（GG § 1514）。ἄλλα τε καὶ，"尤其"。ὡς，that。αἰτήσας 跟双宾格（αὐτὸν 和 χρήματα）（CGCG § 30.9）。οἷ，to himself，间接反身代词（用在从句中，指主句的主语）（GG §§ 1225, 1228b）（CGCG § 29.18）。

86.1–2［笺释］τῶν τετρακοσίων (ἀνδρῶν)。οὓς，关系代词，其先行词是 οἱ ... πρεσβευταί，作 ἔπεμψαν 的宾语。τοὺς ἐν τῇ Σάμῳ，定冠词+介词短语=名词。παρόντος τοῦ Ἀλκιβιάδου，和 ἐκκλησίας γενομένης，独立属格结构。ἐπεχείρουν 跟不定式（λέγειν）。τὸ ... πρῶτον，"首先"。ἤθελον 跟不定式（ἀκούειν）。ἐβόων 跟不定式（ἀποκτείνειν）。τοὺς ... καταλύοντας，定冠词+分词=名词。

86.3–4［笺释］οἱ δ'，but they（见前文1.24.5笺释）。ὡς，that。ἀπήγγελλον 跟不定式（ἐξεῖναι）。ἐξεῖναι 跟不定式（ποιῆσαι）。σφῶν ἀρχόντων，独立属格结构。ὅτι，that。τῶν πεντακισχιλίων 修饰 πάντες，μεθέξουσιν 跟属格（τῶν πραγμάτων 或者 τῆς πόλεως，省略）（或者解作：μεθέξουσιν 跟属格 τῶν πεντακισχιλίων）。οἵ，定冠词，跟前倾词（τε），故加了高调符号。οὔτε ... οὐδέν ...，两个复合否定词连用，后者强调前者，仍表否定（GG § 2761）。ἐπὶ τοῖς σφετέροις，"占有他们自己的（财产）"。κατὰ χώραν，"在原地"。(ἐκείνων) εἰπόντων，独立属格结构。γνώμας 跟不定式（πλεῖν）。δοκεῖ 跟不定式（ὠφελῆσαι 和 γενέσθαι）。ἔλασσον，形容词比较级，用作副词，跟属格（οὐδενὸς），表比较。ὡρμημένων ... τῶν ... Ἀθηναίων ...，独立属格结构。ὡρμημένων 跟不定式（πλεῖν）。σφᾶς αὐτοὺς，themselves。ἐν ᾧ，"在那种情况下"。σαφέστατα，用作副词。

86.5–6［笺释］τῷ τότε (χρόνῳ)。ἱκανὸς 跟不定式（κατασχεῖν）。ἔπαυσε + 宾格（αὐτοὺς，省略）+ 属格（τοῦ ... ἐπίπλου），hindered (somebody) from a thing。τοὺς ... ὀργιζομένους，定冠词 + 分词 = 名词。ὅτι，that。κωλύοι + 宾格（τοὺς ... πεντακισχιλίους）+ 不定式（ἄρχειν）。ἐκέλευεν + 宾格（αὐτοὺς）+ 不定式（ἀπαλλάσσειν 和 καθιστάναι）。τοὺς ... τετρακοσίους (ἄνδρας)。τοὺς πεντακοσίους (ἄνδρας)。τι，主格。ὥστε 跟不定式（ἔχειν），表结果。τοὺς στρατευομένους 作不定式 ἔχειν 的主语。ἀποκρινάμενος 跟不定式（ἐπαινεῖν）。

86.7［笺释］τἆλλα = τὰ ἄλλα，"在其他方面"。ἐκέλευεν 跟不定式（ἀντέχειν 和 ἐνδιδόναι）。μηδὲν，not at all。σῳζομένης τῆς πόλεως，独立属格结构。ἀποκρινάμενος 跟不定式（εἶναι 和 ἔσεσθαι）。εἶναι ἐλπίδα 跟不定式（ξυμβῆναι）。πρὸς ... σφᾶς αὐτοὺς，among themselves。τὸ ἕτερον，定冠词 + 形容词 = 名词。ἢ ... ἢ ...，"或者……或者……"。τὸ ἐν Σάμῳ，定冠词 + 介词短语 = 名词。... ἔσεσθαι τις ὅτῳ διαλλαγήσεταί ...。ὅτῳ，with whom。

86.8–9［笺释］ἐπαγγελλόμενοι + 与格（τῷ ... δήμῳ）+ ὥστε + 不定式（βοηθεῖν）（GG § 2271a N）。εἰπών 跟不定式（παρεῖναι）。οἵ，关系代词，其先行词是 τῶν Παράλων。ἐτάχθησαν 跟不定式（περιπλεῖν）。ὡς，"因为"。τῶν ... καταλυσάντων ...，定冠词 + 分词 = 名词，表语属格。ᾗπερ，关系副词，in the very place in which，where。

87.1［笺释］τοῦ ... θέρους，表时间的属格，表示在时间段内。βουλόμενος 跟不定式（ἀπολύεσθαι）。ᾧ，关系代词，其先行词是 τὸν καιρὸν。τἆλλα = τὰ ἄλλα。ὡς 跟分词（ἀττικίζοντι），表相信的理由（GG § 2086）。ἀττικίζοντι 与 αὐτῷ 配合。ὡς ἐδόκει δή，as he would have them believe。πρὸς αὐτοὺς，in their eyes。παρασκευάζετο 跟不定式（πορεύεσθαι）。ἐκέλευεν + 宾格（τὸν Λίχαν）+ 不定式（ξυμπορεύεσθαι）。ἔφη 跟不定式（προστάξειν）。προστάξειν 跟双宾格（Τάμων 和 ὕπαρχον）（CGCG § 30.10）。ὥστε 跟不定式（διδόναι），表结果。

87.2–3［笺释］ταὐτό = τὸ αὐτό，the same。ῥᾴδιον 跟不定式（εἰδέναι）。ὅτι ... ἐστι σαφές。οἱ μὲν ... οἱ δὲ ... ἄλλοι δ' ...，"有的……有的……还有的……"。τὰ τῶν Πελοποννησίων，定冠词 + 属格 = 名词。διενοήθη，异态动词，形式是被动的，意思是

主动的。ᾧ，关系代词，其先行词是 ὁ Τάμως。καὶ ὣς，already, as it was = in any case。ἔμελλε 跟不定式（χρήσεσθαι）。χρήσεσθαι 跟与格（αὐτοῖς）。ὡς，that。ἕνεκα 跟属格（τῆς ἐς Λακεδαίμονα καταβοῆς）。τοῦ λέγεσθαι，属格不定式，表目的（通常是否定的）（GG § 1408, 2032e）。ὡς，that。ἀλλὰ，"相反"。

87.4［笺释］δοκεῖ + 与格（ἐμοὶ）+ 不定式（εἶναι 和 διαπολεμῆσαι）。εἶναι σαφέστατον 跟不定式（ἀγαγεῖν）。ἕνεκα 跟属格（διατριβῆς καὶ ἀνοκωχῆς）。φθορᾶς μέν ... ἀνισώσεως δέ ...，用来说明 διατριβῆς καὶ ἀνοκωχῆς。εἰ 跟前倾词（γε），故加了高调符号。κατὰ τὸ εἰκὸς，in all probability。οἵ，关系代词，其先行词是 Λακεδαιμονίοις。τῷ παρόντι，定冠词 + 分词 = 名词。μᾶλλον ἤ，rather than。

87.5-6［笺释］πρόφασιν，用作副词，"以……为借口"。ἥν，关系代词，其先行词是 πρόφασιν（实际上在后面的主句中）（GG § 2541）。ἔφη 跟不定式（ξυλλεγῆναι）。ὁ δὲ，but he（见前文 1.24.5 笺释）。ἐν τούτῳ，"在这种情况下"。τά ... αὐτά，the same。ὡς ἐπὶ ...，表达句子主语的想法或者断言（GG § 2996）。κελεύσαντος αὐτοῦ，独立属格结构。

88.［笺释］τοῖς ἐν τῇ Σάμῳ，定冠词 + 介词短语 = 名词。ἤ ... ἤ ...，"或者……或者……"。ὑποσχόμενος 跟不定式（ἄξειν 和 κωλύσειν）。κωλύσειν 跟不定式（ἐλθεῖν）。ὡς εἰκός，"很可能"。ἐκ πλέονος，"长时间""早就"。ὅτι，that。ἔμελλε 跟不定式（ἄξειν）。βουλόμενος 跟不定式（διαβάλλειν）。ὡς μάλιστα，as much as possible。αὐτὸν 作不定式 διαβάλλειν 的宾语。ἀναγκάζοιτο 跟不定式（προσχωρεῖν）。ὁ μὲν，ὁ 为指示代词（GG § 1106）。

89.1［笺释］τὰ παρὰ τοῦ Ἀλκιβιάδου，定冠词 + 介词短语 = 名词。ὡς，that。κελεύει 跟不定式（ἀντέχειν 和 ἐνδιδόναι）。ὅτι，that。ἔχει ... ἐλπίδας 跟不定式（διαλλάξειν 和 περιέσεσθαι）。τὸ στράτευμα 作不定式 διαλλάξειν 的宾语。περιέσεσθαι 跟属格（Πελοποννησίων）。τοὺς πολλοὺς，定冠词 + 形容词 = 名词。τῶν μετεχόντων ...，定冠词 + 分词 = 名词。μετεχόντων 跟属格（τῆς ὀλιγαρχίας）。ἀπαλλαγέντας 跟属格（τοῦ πράγματος）。πολλῷ 跟比较级（μᾶλλον）（GG § 1514）。ἐπέρρωσαν τοὺς πολλοὺς。

89.2［笺释］τῶν πάνυ［στρατηγῶν］τῶν ἐν τῇ ὀλιγαρχίᾳ καὶ ... ὄντων，重复定冠词结构。πάνυ，fully。οἵ，关系代词，其先行词是 Θηραμένη 等。μετέσχον 跟属格（τῶν πραγμάτων）。ἐν τοῖς πρώτοι，ἐν τοῖς 一般用在最高级形容词前，表示强调（GG § 1089）。ὡς，as。τοὺς ... πρεσβευομένους，定冠词 + 分词 = 名词。μή 为赘词。δράσωσι 跟双宾格（τὴν πόλιν 和 τι ... κακὸν）（CGCG § 30.9）。ἄνευ 跟属格（τῶν πλεόνων）。τῶν πλεόνων，定冠词 + 形容词 = 名词。οὐ τὸ ἀπαλλαξείειν τοῦ ἄγαν ἐς ὀλίγους ἐλθεῖν ἀλλά ...，

原文难以读通，阿尔伯蒂的校勘记作：ᾤοντο ἀπαλλαξείειν τοῦ ἄγαν ἐς ὀλίγους οἰκεῖν, ἀλλὰ ...，即 ᾤοντο 跟不定式（ἀπαλλαξείειν）。ἀπαλλαξείειν 跟属格（τοῦ ... οἰκεῖν）。τοῦ ... οἰκεῖν，定冠词 + 不定式 = 名词。ᾤοντο 跟不定式（χρῆναι）。χρῆναι 跟不定式（ἀποδεικνύναι 和 καθιστάναι）。τοὺς πεντακισχιλίους (ἄνδρας)。

89.3-4［笺释］οἱ πολλοὶ 和 τῷ τοιούτῳ，定冠词 + 形容词 = 名词。ᾧπερ，关系代词，其先行词是 τῷ τοιούτῳ。ἀξιοῦσιν 跟不定式（εἶναι）。πολὺ，用作副词。αἱρέσεως γιγνομένης，独立属格结构。τὰ ἀποβαίνοντα，定冠词 + 分词 = 名词。ὡς，"因为"。τῶν ὁμοίων，定冠词 + 形容词 = 名词。τὰ ἐν τῇ Σάμῳ ... καὶ ὅτι ... ἐπῆρε αὐτοὺς σαφέστατα。τὰ ἐν τῇ Σάμῳ，定冠词 + 介词短语 = 名词。σαφέστατα，用作副词。τὸ τῆς ὀλιγαρχίας ἐδόκει αὐτοῖς ἔσεσθαι ...。τὸ τῆς ὀλιγαρχίας，定冠词 + 属格 = 名词。ἐδόκει + 与格（αὐτοῖς）+ 不定式（ἔσεσθαι）。ἠγωνίζετο 跟不定式（γενέσθαι）。

90.1［笺释］οἱ ... ὄντες，定冠词 + 分词 = 名词，Φρύνιχός ... Ἀρίσταρχος ... Πείσανδρος καὶ Ἀντιφῶν καὶ ἄλλοι οἱ δυνατώτατοι 是其同位语。τῶν τετρακοσίων (ἄνδρων)。ἐναντίοι 跟与格（τῷ ... εἴδει）。ὅς，关系代词，其先行词是 Φρύνιχός。ἐν τοῖς μάλιστα，ἐν τοῖς 一般用在最高级形容词前，表示强调（GG § 1089）。ἐκ πλείστου，"最长时间"。ἐναντίος 跟与格（τῷ δήμῳ）。τὰ ἐν τῇ Σάμῳ，定冠词 + 介词短语 = 名词。πολλῷ 跟比较级（μᾶλλον）（GG § 1514）。τούς ... πολλοὺς，定冠词 + 形容词 = 名词。τοὺς δοκοῦντας ...，定冠词 + 分词 = 名词。δοκοῦντας 跟不定式（εἶναι）。

90.2-3［笺释］κατὰ τάχος，"迅速"。τὰ αὐτοῦ，定冠词 + 副词 = 名词。τὰ ἐκ τῆς Σάμου，定冠词 + 介词短语 = 名词。ἐπιστείλαντες 跟不定式（ξυναλλαγῆναι）。ὅστις，不定关系代词，anything which。ὡς，as。οἱ μετ᾽ αὐτοῦ 和 τοὺς ἐν Σάμῳ，定冠词 + 介词短语 = 名词。ἢν = ἐάν。

90.4-5［笺释］ξὺν 跟与格（τῷ ... τείχει）。ὥστε 跟不定式（ἄρχειν），表结果。ἄρχειν 跟属格（τοῦ ἔσπλου）。καθεζομένων ... ἀνθρώπων ...，独立属格结构。τό ... παλαιὸν τὸ πρὸς ἤπειρον、τὸ ἐντὸς τὸ ... τεῖχος 和 τὸν ἐπὶ τῷ στόματι ... τὸν ... πύργον。重复定冠词结构。ᾗπερ，关系代词，其先行词是 στοάν。ἐγγύτατα 跟属格（τούτου）。ἐχομένη 跟属格（τούτου），clinging to。ἦρχον 跟属格（αὐτῆς）。ἥν，关系代词，其先行词是 στοάν。ἠνάγκαζον + 宾格（πάντας）+ 不定式（ἐξαιρεῖσθαι）。τὸν σῖτον ... τὸν ὑπάρχοντά τε καὶ τὸν ἐσπλέοντα，重复定冠词结构。προαιροῦντας 跟不定式（πωλεῖν），与 πάντας 配合。

91.1-2［笺释］οὖν，接续前文（8.90.2-3），"回头说""却说"。ἐκ πλέονός，"较长时间"。τοῖς ξύμπασι，定冠词 + 形容词 = 名词。φάσκων + 宾格（τὸ τεῖχος）+ 不定

式（$κινδυνεύσειν$）。$κινδυνεύσειν$ 跟不定式（$διαφθεῖραι$）。$ἐτύγχανον$ 跟分词（$ὁρμοῦσαι$ 和 $παρασκευαζόμεναι$），it so happened that。$Εὐβοέων ἐπικαλουμένων$，独立属格结构。$ὧν$，关系代词，其先行词是 $νῆες$，of them。$ἦρχε$ 跟属格（$αὐτῶν$）。$ἔφη$ + 宾格（$ἅς$）+ 不定式（$προσπλεῖν$ 和 $λήσειν$）。$ἅς$，关系代词，其先行词是 $νῆες$。$μᾶλλον ἤ$，rather than。$τοῖς τειχίζουσι$，定冠词 + 分词 = 名词。$εἰ μή$，"除非"。$λήσειν$ 跟分词（$διαφθαρέντας$）（GG § 1873）。$διαφθαρέντας$ 与 $ἅς$ 配合。

91.3 [笺释] $ἦν δέ τι καὶ τοιοῦτον$，there really was something of the kind。$τῶν ... ἐχόντων$。定冠词 + 分词 = 名词。$ἐβούλοντο$ 跟不定式（$ἄρχειν, αὐτονομεῖσθαι, διαφθαρῆναι$ 和 $ξυμβῆναι$）。$ἄρχειν$ 跟属格（$τῶν ξυμμάχων$）。$ἐξειργόμενοι$ 跟属格（$τούτου$）。$μὴ$ 否定不定式 $διαφθαρῆναι$。$πρὸ$ 跟属格（$τῶν ἄλλων$）。$ἄνευ$ 跟属格（$τειχῶν καὶ νεῶν$）。$καὶ ὁπωσοῦν$，"无论如何"。$ξυμβῆναι$ 跟不定式（$ἔχειν$）。$τὰ τῆς πόλεως$，定冠词 + 属格 = 名词。

92.1–2 [笺释] $ἐβούλοντο$ 跟不定式（$φθῆναι$）。$φθῆναι$ 跟分词（$ἐξεργασάμενοι$）（GG § 1873）。$οὖν$，接续前文（8.91.3），"却说"。$κατ' ὀλίγους$，"在少数人当中"。$τὰ λεγόμενα$，定冠词 + 分词 = 名词。$πολὺ$，用作副词，far。$ὁ ... πατάξας$，定冠词 + 分词 = 名词。$ὁ ... ξυνεργὸς$，定冠词 + 形容词 = 名词。$μὲν ... δὲ ...$，表对照。$τοῦ κελεύσαντος$，定冠词 + 分词 = 名词。$ἤ$，than。$ὅτι$，that。$οὐδενὸς γεγενημένου ... νεωτέρου$，独立属格结构。$τῶν ἔξωθεν$，定冠词 + 副词 = 名词。

92.3–5 [笺释] $ἔφη$ 跟不定式（$εἶναι$ 和 $εἶναι$）。$εἶναι εἰκὸς$ 跟不定式（$κατακολπίσαι, ὁρμεῖν$ 和 $εἶναι$）。$εἰ μή$，"除非"。$οἵσπερ$，自主关系代词，which。$εἶναι οἷόν τε$ 跟不定式（$ἡσυχάζειν$）。$... λόγων ... προσγενομένων$，独立属格结构。$ἥπτοντο$ 跟属格（$τῶν πραγμάτων$）。$οἷς$，关系代词，其先行词是 $οἱ ... ὁπλῖται$。$τῶν περιπόλων τῶν ... τεταγμένων$，重复定冠词结构。$τὸ ... μέγιστον$，插入语，"最重要的是"。

92.6 [笺释] $ὡς$，when。$ἔτυχον$ 跟分词（$ξυγκαθήμενοι$）。$ἦσαν ἑτοῖμοι$ 跟不定式（$ἰέναι$）。$πλὴν$，阿尔伯蒂的校勘本删去了。$ταῦτ' ἦν$，it was this way, this state of things, what was going on。$τοῖς τετρακοσίοις$ ($ἀνδροῖς$)。$τοῖς μετ' αὐτοῦ$，定冠词 + 介词短语 = 名词。$ὁ δὲ$，but he（见前文 1.24.5 笺释）。$ἔφη$ 跟不定式（$εἶναι$）。$εἶναι ἑτοῖμος$ 跟不定式（$ἰέναι$）。$ὅς$，关系代词，其先行词是 $ἕνα$。

92.7 [笺释] $οἵ$，定冠词，跟前倾词（$τε$），故加了高调符号。$οἱ ... ἐν τῷ ἄστει$，定冠词 + 介词短语 = 名词。$ᾤοντο$ + 宾格（$τόν ... Πειραιᾶ、τὸν ξυνειλημμένον$ 和 $τοὺς ἐκ τοῦ ἄστεως$）+ 不定式（$κατειλῆφθαι、τεθνάναι$ 和 $παρεῖναι$）。$οἵ τε$，同上。$οἱ... ἐν τῷ Πειραιεῖ$，定冠词 + 介词短语 = 名词。$ὅσον οὔπω$，"差不多""几乎"。

92.8 ［笺释］μόλις，修饰主句的谓语动词。τῶν ... πρεσβυτέρων διακωλυόντων，独立属格结构。τοὺς ἐν τῷ ἄστει，定冠词＋介词短语＝名词。Θουκυδίδου ... παρόντος ... γιγνομένου ... ἐπιβοωμένου，独立属格结构。ἐπιβοωμένου 跟不定式（ἀπολέσαι）。ἐφεδρευόντων ... τῶν πολεμίων，独立属格结构。ἀπέσχοντο 跟属格（σφῶν αὐτῶν）。

92.9–10 ［笺释］ὅσον καὶ ἀπὸ βοῆς ἕνεκα，as far as shouting went，"仅大声叫嚷一番而已"。οἱ ἐναντίοι，定冠词＋形容词＝名词。τῷ ἀληθεῖ，定冠词＋形容词＝名词，"真的"。οἱ ... ὁπλῖται ... οἱ πλεῖστοι，重复定冠词结构。εἰ，whether。δοκεῖ＋与格（αὐτῷ）＋不定式（οἰκοδομεῖσθαι 和 εἶναι）。ὁ δέ，but he（见前文 1.24.5 笺释）。δοκεῖ＋与格（ἐκείνοις）＋不定式（καθαιρεῖν）。ἔφη 跟不定式（ξυνδοκεῖν）。οἵ，定冠词，跟前倾词（τε），故加了高调符号。

92.11 ［笺释］ὡς，that。χρή 跟不定式（ἰέναι）。βούλεται＋宾格（τοὺς πεντακισχιλίους）＋不定式（ἄρχειν）。ἀντί 跟属格（τῶν τετρακοσίων）。(ὥστε) ὀνομάζειν。βούλεται＋宾格（δῆμον）＋不定式（ἄρχειν）。φοβούμενοι 跟虚拟语气（ὦσι 和 σφαλῇ），μή 为赘词。τῷ ὄντι，定冠词＋分词＝名词，"存在""事实"。τίς 跟前倾词（τι），故加了高调符号。τι，用作副词，"在某种程度上"。ἤθελον＋宾格（τοὺς πεντακισχιλίους）＋不定式（εἶναι 和 εἶναι）。ὄντας δήλους 与 τοὺς πεντακισχιλίους 配合。ἡγούμενοι 跟双宾格（τὸ ... καταστῆσαι ... 和 δῆμον）（CGCG § 30.10）。ἡγούμενοι＋宾格（τὸ ... ἀφανὲς）＋不定式（παρέξειν）。τὸ ... καταστῆσαι ...，定冠词＋不定式＝名词。τὸ ... ἀφανές，定冠词＋形容词＝名词。

93.1–3 ［笺释］τῇ ... ὑστεραίᾳ (ἡμέρᾳ)。ὅν，关系代词，其先行词是τόν ... Ἀλεξικλέα。ἀνὴρ ἀνδρί，"一对一"。ἔπειθον＋宾格（οὕς ... αὐτούς）＋不定式（ἡσυχάζειν 和 παρακατατέχειν）。ἴδοιεν 跟双宾格（οὕς 和 ἀνθρώπους）（CGCG § 30.10），identified somebody as somebody。οὕς，自主关系代词，whom。τοὺς ἄλλους，定冠词＋形容词＝名词。λέγοντες 跟不定式（ἀποφανεῖν，ἔσεσθαι，διαφθείρειν 和 ἀνῶσαι）。τοὺς τετρακοσίους 作不定式 ἔσεσθαι 的主语。ἐν μέρει，"轮流"。ᾗ，关系副词，in such a way as。λόγων γιγνομένων，独立属格结构。ἤ，than。ξυνεχώρησάν 跟不定式（ποιῆσαι），ὥστε 可以省略。

94.1 ［笺释］ὅσον οὐ，"差不多""几乎"。ἀγγέλλονται 跟不定式（παραπλεῖν）。... καὶ πᾶς τις [τῶν πολλῶν ὁπλιτῶν] αὐτὸ ...，阿尔伯蒂的校勘本作：... καὶ πᾶς τις τῶν πολλῶν αὐτὸ ...。πᾶς τις，everyone。ἐνόμιζεν＋宾格（αὐτὸ τοῦτο）＋不定式（εἶναι）。τὸ ... λεγόμενον，定冠词＋分词＝名词。τῶν μετ' αὐτοῦ，定冠词＋介词短语＝名词。ὡς ἐς ...，表真正意图（GG § 2996）。ἐδόκει 跟不定式（καταπεπτωκέναι）。

94.2-3［笺释］*τάχα*，"也许"。*τι*，用作副词，"在某种程度上"，与后面的 *καὶ ἀπὸ ... λόγου* 连读。*εἰκὸς* 跟不定式（*ἀνέχειν*）。*αὐτὸν* 作不定式 *ἀνέχειν* 的主语。*ὡς*，that。*ἐς δέον*，at a critical moment。*ὡς*，when。*ὡς* 跟独立属格结构（*τοῦ ... πολέμου ... ὄντος ...*），表达相信的理由（GG § 2086d）。*οἱ μὲν ... οἱ δὲ ... οἱ δὲ ...*，"有人……有人……还有人……"。

95.2［笺释］*κατὰ τάχος*，"迅速"。*ἀναγκασθέντες* 跟不定式（*χρήσασθαι*）。*χρήσασθαι* 跟与格（*πληρώμασιν*）。*οἷα*，"鉴于"。*πόλεώς ... στασιαζούσης*，独立属格结构。*τοῦ μεγίστου*，定冠词+形容词=名词。*ἐν τάχει*，"迅速"。*βουλόμενοι* 跟不定式（*βοηθῆσαι*）。*ἀποκεκλημένης τῆς Ἀττικῆς*，独立属格结构。*πέμπουσι* 跟双宾格（*Θυμοχάρη* 和 *στρατηγὸν*）（CGCG § 30.10）。

95.3-4［笺释］*ὧν ἀφικομένων*，独立属格结构。*ὧν*，关系代词，其先行词是 *Θυμοχάρη* 和 *ναῦς*。*ξὺν* 跟与格（*ταῖς ... ἐν Εὐβοίᾳ (ναυσὶ)*）。*ἠναγκάζοντο* 跟不定式（*ναυμαχεῖν*）。*ἀπέχει* + 属格（*τῆς ... πόλεως*）+ 宾格（*σταδίους*），"距离某地多少里程"。*ὡς*，when。*οἰόμενοι* + 宾格（*τοὺς στρατιώτας*）+ 不定式（*εἶναι*）。*οἱ δὲ*，but they（见前文 1.24.5 笺释）。*ἔτυχον* 跟分词（*ἐπισιτιζόμενοι*）。*(τῶν νεῶν) πληρουμένων*，独立属格结构。*φθάσειαν* 跟分词（*προσπεσόντες*）（GG § 1873）。*ἐξαναγκάσειαν* + 宾格（*τοὺς Ἀθηναίους*）+ 不定式（*ἀνάγεσθαι*）。*ὅπως τύχοιεν*，just as they were，"没有准备""仓促"。*χρὴ* 跟不定式（*ἀνάγεσθαι*）。

95.5-7［笺释］*ὀλίγον ... τινα χρόνον*，表时间的宾格，表示贯穿该时间段。*ὡς*，as。*οἷ*，自主关系代词，those who。*τὸ τείχισμα τὸ ἐν τῇ Ἐρετρίᾳ*，重复定冠词结构。*ὃ*，关系代词，其先行词是 *τὸ τείχισμα*。*τοὺς μὲν ... τοὺς δὲ ...*，"一些人……另一些人……"，*τοὺς* 是指示代词（GG § 1106），作 *ἄνδρας* 的同位语。*πολλῷ* 跟比较级（*ὕστερον*）（GG § 1514）。*πλὴν* 跟属格（*Ὠρεοῦ*）。*τἆλλα = τὰ ἄλλα*，in general。*τὰ περὶ αὐτὴν*，定冠词+介词短语=名词。

96.1-2［笺释］*ὡς*，when。*τὰ περὶ τὴν Εὔβοιαν*，定冠词+介词短语=名词。*τῶν πρίν*，定冠词+副词=名词。*δόξασα* 跟不定式（*εἶναι*）。*οὔτε ... οὐδὲν ...*，两个复合否定词连用，后者强调前者，仍表否定（GG § 2761）。*στρατοπέδου ... τοῦ ἐν Σάμῳ ἀφεστηκότος*，独立属格结构。*τοῦ ἐν Σάμῳ*，定冠词+介词短语=名词。*ἄλλων ... νεῶν ... οὐσῶν ... τῶν ἐσβησομένων*，独立属格结构。*τῶν ἐσβησομένων*，定冠词+分词=名词。*αὐτῶν ... στασιαζόντων*，独立属格结构。*ἄδηλον ὄν*，独立宾格结构，it being unclear。*σφίσιν αὐτοῖς*，among themselves。*ἣ*，关系代词，其先行词是 *ἡ ξυμφορὰ*。*τὸ μέγιστον*，"最重要的是"。*ἧς*，关系代词，其先行词是 *Εὔβοιαν*。*πλείω ἢ* 跟属格（*τῆς*

Ἀττικῆς），表比较，more than ...。

96.3—5［笺释］δι' ἐγγυτάτου，"最接近"。τολμήσουσι 跟不定式（πλεῖν）。ἐρῆμον 跟属格（νεῶν）。ὅσον οὐκ，"几乎""差不多"。ἐνόμιζον + 宾格（αὐτοὺς）+ 不定式（παρεῖναι）。ὅπερ，自主关系代词，指前文所说的情况，that。ἢ ... ἢ ...，"或者……或者……"。ἠνάγκασαν + 宾格（τὰς ... ναῦς）+ 不定式（βοηθῆσαι）。τὰ μέχρι Εὐβοίας，定冠词 + 介词短语 = 名词。ὡς εἰπεῖν，"可以说"。ξυμφορώτατοι + 与格（Ἀθηναίοις）+ 不定式（προσπολεμῆσαι）。οἱ μὲν ... οἱ δὲ ...，"一个……另一个……"。ἄλλως τε καί，"尤其"。πλεῖστα 和 ἄριστα，用作副词。

97.1—3［笺释］οὖν，"不管怎样"。τοῖς ἠγγελμένοις，定冠词 + 分词 = 名词。οὗπερ，in the very place in which，where。ᾗπερ，关系代词，其先行词是 μίαν ἐκκλησίαν。ἐψηφίσαντο 跟不定式（παραδοῦναι）。ἐψηφίσαντο + 宾格（τοσούτους）+ 不定式（εἶναι）。ὁπόσοι 类似 ὅσοι，即 ὅσοι 为关系形容词（或关联代词），其先行词 τοσούτους 被吸收，且被吸引到关系形容词（或关联代词）的格（主格）(GG § § 2537, 2538)。αὐτῶν，表语属格。ἐψηφίσαντο + 宾格（μηδένα）+ 不定式（φέρειν）。μηδένα ... μηδεμιᾷ ...，两个复合否定词连用，后者强调前者，仍表否定（GG § 2761）。ὧν，关系代词，其先行词是 ἐκκλησίαι。τἆλλα = τὰ ἄλλα。τὸν ... χρόνον，表时间的宾格，表示贯穿该时间段。ἐπί ... ἐμοῦ，"在我的时代"。φαίνονται 跟分词（πολιτεύσαντες）。ἤ，定冠词，跟前倾词（τε），故加了高调符号。τοὺς ὀλίγους 和 τοὺς πολλούς，定冠词 + 形容词 = 名词。ἐψηφίσσαντο 跟不定式（κατιέναι）。παρὰ 跟宾格（人）（ἐκεῖνον 和 τὸ ... στρατόπεδον），"到某人那里去"。διεκελεύοντο 跟不定式（ἀνθάπτεσθαι）。ἀνθάπτεσθαι 跟属格（τῶν πραγμάτων）。

98.1—4［笺释］οἱ ... περὶ τὸν Πείσανδρον καὶ Ἀλεξικλέα，定冠词 + 介词短语 = 名词。ἔτυχε 跟分词（στρατηγῶν）。κατὰ τάχος，"迅速"。τοὺς βαρβαρωτάτους，定冠词 + 形容词 = 名词。ἀνδρῶν ... ἀναχωρούντων，独立属格结构。διαφθορᾶς 修饰 ξυμφοράν。τοὺς ἐν τῇ Οἰνόῃ，定冠词 + 介词短语 = 名词。ὡς，that。οἱ ἐν τῇ πόλει，定冠词 + 介词短语 = 名词。τἆλλα = τὰ ἄλλα。δεῖ + 宾格（κἀκείνους）+ 不定式（παραδοῦναι）。ἐπὶ τούτοις，"以此为条件"。λέγων 跟不定式（ξυμβεβάσθαι）。οἱ δέ，but they（见前文 1.24.5 笺释）。πιστεύσαντες 跟与格（αὐτῷ，省略）。ὡς，as。ἀνδρὶ στρατηγῷ 与省略了的 αὐτῷ 配合。οὐκ ... οὐδέν，简单否定词 + 复合否定词，后者强调前者，仍表否定（CGCG § 56.4）。τὸ πολιορκεῖσθαι，定冠词 + 不定式 = 名词。

99.［笺释］第一句有主语（οἱ ... Πελοποννήσιοι），但没有谓语动词。ὡς，that。τῶν ... προσταχθέντων，定冠词 + 分词 = 名词，修饰 οὐδείς。ὅ，定冠词，跟前倾词

($\tau\epsilon$)，故加了高调符号。$\acute{o}$ ... $\Phi\acute{\iota}\lambda\iota\pi\pi os$ $\acute{o}$ $\xi\upsilon\mu\pi\epsilon\mu\phi\theta\epsilon\grave{\iota}s$ ...，重复定冠词结构。$\acute{o}\tau\iota$，that。$\pi\acute{a}\nu\tau a$，用作副词。$\mathring{\eta}\nu$ $\pi\rho\acute{o}\theta\upsilon\mu os$ 跟不定式（$\mathring{a}\pi o\sigma\tau\mathring{\eta}\sigma a\iota$）。$\tau\grave{a}s$ ... $\pi\acute{o}\lambda\epsilon\iota s$ 作不定式 $\mathring{a}\pi o\sigma\tau\mathring{\eta}\sigma a\iota$ 的主语，$\mathring{a}\pi o\sigma\tau\mathring{\eta}\sigma a\iota$ 跟属格（$\tau\mathring{\omega}\nu$ $\mathring{A}\theta\eta\nu a\acute{\iota}\omega\nu$）。$\mathring{\epsilon}\lambda\pi\acute{\iota}\zeta\omega\nu$ 跟不定式（$\sigma\chi\acute{\eta}\sigma\epsilon\iota\nu$）。$\tau\iota$，宾格。$\tau o\grave{v}s$ $\mathring{\epsilon}\nu$ $\Sigma\acute{a}\mu\omega$，定冠词 + 介词短语 = 名词。$a\mathring{\iota}$，关系代词，其先行词是 $\mathring{\epsilon}\kappa\kappa a\acute{\iota}\delta\epsilon\kappa a$ ... $\nu\mathring{\eta}\epsilon s$。$\tau\iota$ $\mu\epsilon\rho os$，part of。$\pi\acute{\epsilon}\nu\tau\epsilon$ $\mathring{\eta}$ $\mathring{\epsilon}\xi$ $\mathring{\eta}\mu\acute{\epsilon}\rho as$，表时间的宾格，表示贯穿该时间段。$\mathring{\eta}$，or。

100.1–5［笺释］$\phi\theta\acute{a}\sigma\eta$ 跟分词（$\mathring{\epsilon}\sigma\pi\lambda\epsilon\acute{v}\sigma as$）（GG § 1873）。$\acute{o}\tau\iota$，that。$\nu o\mu\acute{\iota}\sigma as$ + 宾格（$a\mathring{v}\tau\grave{o}\nu$）+ 不定式（$\kappa a\theta\acute{\epsilon}\xi\epsilon\iota\nu$）。$a\mathring{v}\tau o\mathring{v}$，there。$\epsilon\mathring{\iota}$ $\mathring{a}\rho a$，if really, if indeed（GG § 2796）。$\mathring{\epsilon}\kappa\acute{\epsilon}\lambda\epsilon v\epsilon\nu$ 跟不定式（$\pi a\rho a\sigma\kappa\epsilon v\acute{a}\zeta\epsilon\iota\nu$）。$\tau\mathring{a}\lambda\lambda a$ = $\tau\grave{a}$ $\mathring{a}\lambda\lambda a$。$\acute{\omega}s$ 跟将来时分词（$\pi o\iota\eta\sigma\acute{o}\mu\epsilon\nu os$），in order to。$\mathring{\eta}\nu$ = $\mathring{\epsilon}\acute{a}\nu$。$\mathring{\epsilon}\beta o\acute{v}\lambda\epsilon\tau o$ 跟不定式（$\mathring{\epsilon}\xi\epsilon\lambda\epsilon\mathring{\iota}\nu$）。$o\acute{\iota}$ $\mathring{a}\delta v\nu a\tau\acute{\omega}\tau a\tau o\iota$，定冠词 + 形容词 = 名词。$\mathring{\epsilon}\kappa$ 跟前倾词（$\tau\epsilon$），故加了高调符号。$\acute{\omega}s$，"大约"。$\tau\mathring{\omega}\nu$ $\mathring{\epsilon}\kappa$ $\tau\mathring{\eta}s$ $\mathring{\eta}\pi\epsilon\acute{\iota}\rho ov$，定冠词 + 介词短语 = 名词。$\acute{\omega}s$，"大约"。$\mathring{A}\nu a\xi\acute{a}\nu\delta\rho ov$ ... $\mathring{\eta}\gamma ov\mu\acute{\epsilon}\nu ov$，独立属格结构。$\mathring{a}\pi o\kappa\rho ov\sigma\theta\acute{\epsilon}\nu\tau\epsilon s$ 跟属格（$\tau\mathring{\eta}s$ $\pi\epsilon\acute{\iota}\rho as$）。$o\mathring{v}\nu$，接续前文，"却说"。$\delta\iota\epsilon\nu o\epsilon\mathring{\iota}\tau o$ 跟不定式（$\pi o\iota\epsilon\mathring{\iota}\sigma\theta a\iota$）。$\pi\rho o\sigma\beta o\lambda\grave{\eta}\nu$ 作不定式 $\pi o\iota\epsilon\mathring{\iota}\sigma\theta a\iota$ 的宾语。$\acute{\omega}s$，when。$\mathring{\omega}\nu$，关系代词，其先行词是 $a\acute{\iota}$ ... $\nu\mathring{\eta}\epsilon s$。$\acute{\omega}s$ 跟将来时分词（$a\acute{\iota}\rho\acute{\eta}\sigma o\nu\tau\epsilon s$），in order to。$\mathring{\eta}\nu$ = $\mathring{\epsilon}\acute{a}\nu$。$\kappa a\tau\grave{a}$ $\kappa\rho\acute{a}\tau os$，"用武力"。

101.1–3［笺释］$\delta vo\mathring{\iota}\nu$ $\mathring{\eta}\mu\acute{\epsilon}\rho a\iota\nu$，表时间的属格（双数），表示在该时间段内。$\tau\mathring{\eta}$ $\tau\rho\acute{\iota}\tau\eta$（$\mathring{\eta}\mu\acute{\epsilon}\rho a$）。$\delta\iota\grave{a}$ $\tau a\chi\acute{\epsilon}\omega\nu$，"迅速"。$\tau\mathring{\omega}$ $\mathring{a}\nu\tau\iota\pi\acute{\epsilon}\rho as$，定冠词 + 副词 = 名词。$\mathring{\epsilon}\tau\iota$ $\pi o\lambda\lambda\mathring{\eta}s$ $\nu v\kappa\tau\grave{o}s$，表时间的属格，表示在该时间段内，"已入夜"。$\delta\iota\grave{a}$ $\tau a\chi\acute{\epsilon}\omega\nu$，同上。$\pi\rho\omega\acute{\iota}\tau\epsilon\rho o\nu$，形容词比较级，跟属格（$\nu v\kappa\tau\mathring{\omega}\nu$），表比较。$\epsilon\mathring{\iota}\sigma\grave{\iota}$ ... $a\mathring{\iota}$，"有些"。

102.1–3［笺释］$\delta\epsilon o\acute{v}\sigma a\iota s$ 跟属格（$\delta vo\mathring{\iota}\nu$）（双数）。$\acute{\omega}s$，when。$o\mathring{\iota}$，定冠词，跟前倾词（$\tau\epsilon$），故加了高调符号。$\tau\mathring{\eta}$ $\pi o\lambda\epsilon\mu\acute{\iota}a$（$\gamma\mathring{\eta}$）。$\acute{o}\tau\iota$，that。$\tau\mathring{\eta}s$ ... $\nu v\kappa\tau\grave{o}s$，表时间的属格，表示在该时间段内。$\acute{\omega}s$ $\epsilon\mathring{\iota}\chi o\nu$ $\tau\acute{a}\chi ovs$，as fast as they could。$\beta ov\lambda\acute{o}\mu\epsilon\nu o\iota$ 跟不定式（$\mathring{\epsilon}\kappa\pi\lambda\epsilon\mathring{v}\sigma a\iota$）。$\mathring{\epsilon}\kappa\pi\lambda\epsilon\mathring{v}\sigma a\iota$ 跟宾格（$\tau\grave{a}s$ ... $\nu a\mathring{v}s$）。$\pi\rho o\epsilon\iota\rho\eta\mu\acute{\epsilon}\nu\eta s$ $\phi v\lambda a\kappa\mathring{\eta}s$，独立属格结构。$\acute{\epsilon}\xi ov\sigma\iota\nu$ 跟属格（$a\mathring{v}\tau\mathring{\omega}\nu$），follow closely。$\mathring{\eta}\nu$ = $\mathring{\epsilon}\acute{a}\nu$。$\tau\grave{a}s$ ... $\mu\epsilon\tau\grave{a}$ $\tau o\mathring{v}$ $M\iota\nu\delta\acute{a}\rho ov$（$\nu a\mathring{v}s$）。$\pi o\iota ov\mu\acute{\epsilon}\nu\omega\nu$（$a\mathring{v}\tau\mathring{\omega}\nu$），独立属格结构（此词"洛布本"作 $\pi o\iota ov\mu\acute{\epsilon}\nu as$，即与 $\tau\grave{a}s$ ... $\mu\epsilon\tau\grave{a}$ $\tau o\mathring{v}$ $M\iota\nu\delta\acute{a}\rho ov$（$\nu a\mathring{v}s$）配合，更容易理解。阿尔伯蒂的校勘本作：... $\kappa a\tau\iota\delta\acute{o}\nu\tau os$ $\tau\grave{\eta}\nu$ $\delta\acute{\iota}\omega\xi\iota\nu$ $\epsilon\mathring{v}\theta\grave{v}s$ $\pi o\iota ov\mu\acute{\epsilon}\nu ov$, ...，可解作：$\kappa a\tau\iota\delta\acute{o}\nu\tau os$ 和 $\pi o\iota ov\mu\acute{\epsilon}\nu ov$ 与 $\tau o\mathring{v}$ $M\iota\nu\delta\acute{a}\rho ov$ 配合，也容易理解）。$a\acute{\iota}$ ... $\pi\lambda\epsilon\acute{\iota}ovs$（$\nu\mathring{\eta}\epsilon s$）。$a\acute{\iota}$ ... $\pi\lambda\acute{\epsilon}ov\sigma a\iota$（$\nu\mathring{\eta}\epsilon s$）。$\tau\grave{\eta}\nu$ $\mu\acute{\iota}a\nu$（$\nu a\mathring{v}\nu$）。

103.1–3［笺释］$\tau a\mathring{\iota}s$ ... $\mathring{\epsilon}\xi$ $\mathring{A}\beta\acute{v}\delta ov$（$\nu av\sigma\grave{\iota}$）。$\tau a\mathring{\iota}s$ $\mathring{a}\lambda\lambda a\iota s$（$\nu av\sigma\grave{\iota}$）。$\tau\grave{\eta}\nu$ $\mathring{\eta}\mu\acute{\epsilon}\rho a\nu$，表时间的宾格，表示贯穿该时间段。$\acute{\omega}s$，when。$\psi\epsilon v\sigma\theta\acute{\epsilon}\nu\tau\epsilon s$ 跟属格（$\tau\mathring{\omega}\nu$ $\sigma\kappa o\pi\mathring{\omega}\nu$）。$o\mathring{\iota}\acute{o}\mu\epsilon\nu o\iota$ + 宾格（$\sigma\phi\mathring{a}s$）+ 不定式（$\lambda a\theta\epsilon\mathring{\iota}\nu$）。$\kappa a\theta$' $\mathring{\eta}\sigma v\chi\acute{\iota}a\nu$，"从容不迫"。$\acute{\omega}s$，when。$\kappa a\tau\grave{a}$ $\tau\acute{a}\chi os$，"迅

速"。αἱ，关系代词，其先行词是 δύο ... ναῦς。θρασύτερον，用作副词。ἡμέρᾳ，表时间的与格，表示在该时间点。τὰς ἐκ τῆς Ἴμβρου (ναῦς)。ὅσαι，关系形容词（或关联代词），其先行词 τοσαύτας 被吸收，且被吸引到关系形容词（或关联代词）的格（主格）（GG §§ 2537, 2538）。πέντε ἡμέρας，表时间的宾格，表示贯穿该时间段。

104.1–3［笺释］ἐπὶ κέρως，in column。ὡς，when。μέχρι 跟属格（Ἀρριανῶν 和 Δαρδάνου）。τὸ ... δεξιὸν κέρας。τὸ ... ἕτερον (κέρας)。αἱ ... πλέουσαι (νῆες)。τὸ ... ἀριστερὸν (κέρας)。ὡς ἕκαστοι，each by themselves。

104.4–5［笺释］ἐπειγομένων ... τῶν Πελοποννησίων，独立属格结构。ἐπειγομένων 跟不定式（ξυμμεῖξαι，ἀποκλῆσαι 和 ἐξῶσαι）。τὸ δεξιὸν (κέρας)。τῷ εὐωνύμῳ (κέρᾳ)。ἀποκλῆσαι + 宾格（αὐτοὺς）+ 属格（τοῦ ... ἔκπλου），to cut somebody from something。τὸ μέσον，定冠词 + 形容词 = 名词。ᾗ，关系副词，in the place in which, where。οἱ ἐναντίοι ἐβούλοντο ἀποφάρξασθαι αὐτούς。οἱ ἐναντίοι，定冠词 + 形容词 = 名词。ἐβούλοντο 跟不定式（ἀποφάρξασθαι）。τὸ ... εὐώνυμον (κέρας)。ᾗ，关系代词，其先行词是 τὴν ἄκραν。最后一句主干：καθίσταντο τὸ πλῆθος。τῷ ... μέσῳ，"在中军方面"。τοιούτου ξυμβαίνοντος，独立属格结构。ἄλλως τε καί，"尤其"。χρώμενοι 跟与格（ἐλάσσοσι (ναυσὶ)）。ἐλάσσοσι 与 ἀσθενέσι καὶ διεσπασμέναις ταῖς ναυσὶ 配合。τοῦ χωρίου τοῦ περὶ τὸ Κυνὸς σῆμα ... ἔχοντος，独立属格结构。τοῦ χωρίου τοῦ περὶ τὸ Κυνὸς σῆμα，重复定冠词结构。ὥστε 跟不定式（εἶναι），表结果。τὰ ... γιγνόμενα，定冠词 + 分词 = 名词，作不定式 εἶναι 的主语。τῷ ... ἐπέκεινα，定冠词 + 副词 = 名词。

105.1–2［笺释］οὖν，"于是"。τὸ μέσον，定冠词 + 形容词 = 名词。τὸ ξηρὸν，定冠词 + 形容词 = 名词。πολὺ，用作副词。οἱ περὶ τὸν Θρασύβουλον 和 οἱ περὶ τὸν Θράσυλον，定冠词 + 介词短语 = 名词。ἐδύναντο 跟不定式（ἀμῦναι）。ἀμῦναι 跟与格（τῷ μέσῳ）。τοῦ δεξιοῦ (κέρως)。τοῦ εὐωνύμου (κέρως)。οἱ ἄλλοι，定冠词 + 形容词 = 名词。πρὶν，finally。τὸ... διώκειν，定冠词 + 不定式 = 名词。ἄλλοι 作不定式 διώκειν 的主语（类似 αὐτοὶ），κρατήσαντες 与之配合。ἤρξαντο 跟不定式（γενέσθαι）。μέρει τινί，in a part。

105.3［笺释］οἱ περὶ τὸν Θρασύβουλον，定冠词 + 介词短语 = 名词。παυσάμενοι 跟属格（τῆς ἐπεξαγωγῆς）。τὰς κατὰ τὸ ... μέρος (ναῦς)。τὰς πλείους (ναῦς)。οἵ，定冠词，跟前倾词（τε），故加了高调符号。ἐτύγχανον 跟分词（ἐνδεδωκότες 和 ὁρμήσαντες）。τοὺς ἄλλους，定冠词 + 形容词 = 名词。

106.1–5［笺释］γεγενημένης ... τῆς τροπῆς 和 καταφυγόντων τῶν Πελοποννησίων，独立属格结构。τὸ πρῶτον，"首先"。τοῖς ἐναντίοις，定冠词 + 形容词 = 名词。κατὰ βραχὺ，"一系列小的""逐渐的"。ἀπηλλάγησαν 跟属格（τοῦ ... καταμέμφεσθαι καὶ ... νομίζειν）。τοῦ ... καταμέμφεσθαι καὶ ... νομίζειν，定冠词+不定式=名词。σφᾶς ... αὐτούς，themselves，作不定式 καταμέμφεσθαι 的宾语。ἀξίους 跟属格（του）。του，前倾代词 τις 的属格，anything。τῶν ἐναντίων 和 τοῖς ἐναντίοις，定冠词+形容词=名词。οὗ，关系副词，where。ἀπέστειλαν 跟双宾格（τριήρη 和 ἄγγελον）（CGCG § 30.10）。οἱ δὲ，but they（见前文 1.24.5 笺释）。ἀφικομένης τῆς νεὼς，独立属格结构。πολύ，用作副词。ἐνόμισαν+宾格（τὰ πράγματα）+不定式（εἶναι）。δυνατὰ 跟不定式（περιγενέσθαι）。ἢν=ἐάν。

107.1-2［笺释］ἡμέρᾳ τετάρτῃ，表时间的与格，表示在该时间点。ὑπὸ σπουδῆς，"迅速"［修昔底德用过 κατὰ σπουδήν（1.93.2; 2.90.3），μετὰ σπουδῆς 和 διὰ σπουδῆς 也是自然的表达，但 ὑπὸ σπουδῆς 显得奇怪］。τοὺς ἐν τῇ γῇ，定冠词+介词短语=名词。τῶν ... νεῶν τῶν αἰχμαλώτων，重复定冠词结构。ὅσαι，关系形容词（或关联代词），其先行词 τοσαύτας 被吸收，且被吸引到关系形容词（或关联代词）的格（主格）（GG § § 2537, 2538）。τὰς ... ἄλλας (ναῦς)。

108.1-3［笺释］ὅτι，that。ἀποστρέψειε 跟宾格（τάς ... ναῦς）。ὥστε 跟不定式（ἐλθεῖν），表结果。ὅτι，that。πεποιήκοι 跟双宾格（τὸν Τισσαφέρνην 和 φίλον）。μᾶλλον ... ἢ πρότερον，rather ... than before。πρός 跟与格（αἷς），"除了"。αἷς，自主关系代词，which。ἐξέπραξε 跟双宾格（Ἁλικαρνασσέας 和 χρήματα）（CGCG § 30.9）。ὡς，when。

108.4-5［笺释］ὄντων ... τῶν Πελοποννησίων，独立属格结构。ὅσπερ，关系代词，其先行词是 Ἀρσάκου。τοὺς ... κατοικήσαντας，定冠词+分词=名词。ἕνεκα 跟属格（καθάρσεως）。τοῖς βελτίστοις，定冠词+形容词=名词。ὡς ἐπὶ ...，表达句子主语的想法或者断言（GG § 2996）。τοὺς ἑαυτοῦ，定冠词+属格=名词，作 περιστήσας 的宾语。φοβούμενοι 跟虚拟语气（παρανομήσῃ），μή 为赘词（"牛津本"和阿尔伯蒂的校勘本为 μήποτε，"洛布本"为 μή ποτε）。τι，宾格。ἄλλα，这里的意思是"而且"，有学者建议改作 ἅμα。ἐπιβάλλοντος αὐτοῦ，独立属格结构。ἅ，自主关系代词，whatever。ἐδύναντο 跟不定式（φέρειν）。

109.1-2［笺释］τὸ ἐν τῇ Μιλήτῳ καὶ Κνίδῳ，定冠词+介词短语=名词。νομίσας 跟不定式（διαβεβλῆσθαί）。δείσας 跟虚拟语气（βλάπτωσι），μή 为赘词。ἀχθόμενος εἰ 跟句子，表示烦恼的内容，εἰ 本身无实在意义（GG § 2247）。μᾶλλον，副词比较级，跟属格（τῶν πρὸς τοὺς Ἀθηναίους），表比较。τι，用作副词，"在某种程度上"。διενοεῖτο 跟不定式（πορεύεσθαι）。πρός 跟宾格（人）（αὐτούς），"到某人那里去"。

μέμψηταί 跟属格（τῶν ... γεγενημένων）。τῶν ... γεγενημένων，定冠词 + 分词 = 名词。ἀπολογήσηται τὰς διαβολὰς。τῶν ἄλλων，定冠词 + 形容词 = 名词。ὡς εὐπρεπέστατα，as plausibly as (he could)。

后　　记

本书虽以一己之力完成，但在我 2006 年春彻底转向古希腊史领域以后，得到过许多人的帮助。其中 Ευάγγελος Χρυσός（Evangelos Chrysos）教授尤其令我难忘。2008 年 10 月，我有幸得到国家留学基金委的资助，赴希腊雅典大学历史与考古系访学。经清华大学历史系张绪山教授介绍，老先生愿意做我的合作导师。他是拜占庭研究的权威，当时已经退休，但被任命为希腊议会一个基金会的负责人。办公室在外交部大楼的顶楼。我第一次到他的办公室，他让我到顶楼的阳台上看风景。只见议会大厦就在对面，宪法广场尽收眼底，远处的雅典卫城巍然耸立，清晰可见，再远处就是层层叠叠的房屋，一直沿着旁边的山坡，爬到山腰，甚至快到山顶。回到房间，他问我感受，我脱口而出："A good view！"

老先生见我不懂现代希腊语，推荐我到雅典大学的语言班学习，并要求对方减免学费，最后我只交了 150 欧元（本来要收 490 欧元），学了 5 个月。后来，他见我每月 550 欧元的奖学金太少，吩咐秘书让希腊文化部多发我一个月的奖学金。老先生还写介绍信，让我顺利使用英国和美国在雅典开办的古典研究学院的附属图书馆。总之，老先生为我做了很多。遗憾的是，我的研究领域在古典时期，老先生的满腹学问在我这里无施展之地。对于老先生和希腊，我心怀感激，却无以为报。现在把这本小书献给他，聊表一片心意。

在希腊访学的 10 个月里，笔者还得到一些朋友的无私帮助。留学雅典大学的杨少波先生，是我的北大校友。他对我诚恳而又热情，邀请我到他家吃过几次饭（最后一次是请我们一家三口），领着我游览，一起看电影、谈学术、聊天，介绍我认识了旅居希腊多年的罗彤女士、新华社记者梁业倩女士、驻希使馆一等秘书梁斌先生等。我的北大同窗吕录华（当时在驻欧盟使团工作），介绍我认识了驻希使馆的临时代办郑曦原先生和政治处主任刘威先生等。郑先生还请我为使馆人员举办了一次讲座。赵法欣、庞国庆、陈悦等几位留学雅典大学的中国学生给了我许多生活上的帮助。有了这些朋友的帮助和陪伴，我在希腊的头一个月的种种不适，都烟消云散，访学生活一天比一天充实和精彩！在此，我向他们表达由衷的感谢！

　　本书的写作始于2009年，完成于2023年6月。虽历经辛苦，但出版却成了大难题。多次碰壁之后，经由同事杜华老师和中国农业大学赵丙祥老师牵线搭桥，样稿转到中国社会科学院外国文学研究所贺方婴老师手里，贺老师又推荐给了著名学者、中国人民大学教授刘小枫先生。刘先生几乎立即同意将拙稿收入其主编的由中国社会科学出版社出版的"古典学研究丛编"。刘先生学识渊博，中西兼通，尤其熟谙古典学。拙稿能得到这位学术前辈的垂青，可谓荣幸之至！感激之情无以言表。

　　最后，我要感谢责任编辑郝玉明女士以及相关工作人员，没有他们的辛勤付出，就不会有本书的顺利出版。

2024年5月15日
于武昌沙湖之滨